史部・政書類

皇明制書・
憲章類編

北京圖書館古籍珍本叢刊

46

書目文獻出版社

目錄

皇明制書

十四卷

據明鎮江府丹徒縣刻本影印

皇明制書

大明令

洪武元年正月十八日欽奉
聖旨朕惟律令者治天下之法也令以教之于先律以
齊之於後古者律令至簡後世漸以繁多甚至有
不能通其義者何以使人知法意而不犯哉人既
難知是啓吏之奸而陷民於法朕甚憫之今所
定律令芟繁就簡使之歸一直言其事庶幾人
人易知而難犯書曰刑期于無刑天下果能遵
令而不蹈於律刑措之効亦不難致兹命頒行
四方惟爾臣庶體予至意欽此

皇明制書總目録

大明令卷之一

吏令

戶令

禮令

兵令

刑令

按察司不得批牌行都布二司經歷司
敬遵
令旨
官屬禮儀
定禮儀以一典章

皇明制書

大明令卷之一

吏令

凡在流品人員果有文武長才通曉治體廉潔者臺憲官具實跡

奏聞

凡内外大小官員年七十者聽令致仕其有

特旨選用者不拘此限

凡内外管屬衙門官吏有係父子兄弟叔姪者皆須從卑迴避

凡流官注擬並須迴避本貫

凡各處府州縣官員任内以戸口增田野闢為尚所行事蹟從監察御史按察司考覈明白開坐實跡申聞以憑黜陟

凡有司合設司吏每名下許保貼書貳名

應天府司吏壹拾陸名

各府以秋粮為額

貳拾萬石之上壹拾肆名

壹拾萬石之上壹拾名

壹拾萬石之下捌名

各州以秋粮為額

壹拾萬石之上壹拾名

伍萬石之上捌名

伍萬石之下陸名

各縣不拘粮額並設陸名

凡府州縣長官到任須要將交割前官應有戸口田粮總數先申上司轉達都省以憑考驗

凡内外衙門公事小事伍日程中事七日程大事十日程並要限内結絶若事干外郡官司追會或踏勘田土者不拘常限

凡内外諸衙門公事當該掾吏每日一勾銷首領官每旬一檢舉各省檢校官每季一檢校遲者隨事察行錯者依例改正

凡各衙門官吏人等如有爭論婚姻錢債田土等事許令家人陳告毋得擅動公文違者以不應論罪

凡中書省吏房行止科置立文簿一扇編排字號當該掾典掌管首領官一員提調將在選官員各三代年甲籍貫歷事根脚到任月考滿得代改除月日貫址等第逐一備細附寫以憑

照勘如有漏附者依律治罪

凡諸衙門官吏照刷出遲錯公罪未曾決罰或得代改除遷發者皆聽罰贖丁憂致仕點革者勿論

凡官吏丁憂除公罪不問外其犯贓罪及係官錢粮依例勾問

凡各處任滿官員須要隨即將帶家小起離任所親賫解由到省次日引見如到來當該房分不行引見問罪

凡各處府州縣有司官員任任三年不許注代許令親賫三載任内行過事蹟赴京朝覲如無窺避依舊復任其佐二官首領官一體三載来朝如一時勾當者輪換前来

凡公事失錯自覺舉者免罪同僚應連坐者一人覺舉人皆免罪其斷罪差錯已論決者不用此令

凡文職在京官以叁拾月為一考每一考陞一等外任官三週歲為一任每一任陞一等先儘考滿給由在選者銓注次及舉到人材其正從四品不分内外陸拾月陞叁品正從三品非有司定奪其奉

上命陞除者除貳品以上散官對品其餘職事雖高散官仍從本等

凡中書省大都督府御史臺及在京諸衙門在外行中書省提刑按察司掾令史書吏知印宣使奏差典吏貼書及以下諸衙門吏員歷俸叁拾月為滿

凡中書省大都督府御史臺在外行中書省公使人今後曾支首領九十月無過者於站官内銓注

凡各衙門知印宣使奏差俱從吏論職官補吏及各衙門未入流品首領官皆同

户令

凡各處漏口脱户之人許赴所在官司出首與免本罪收籍當差

凡嫡庶子男除有官廕襲先儘嫡長子孫其分析家財田産不問妻妾婢生止依子數均分姦生之子依子數量與半分如別無子立應繼之人為嗣與姦生子均分無應繼之人方許承紹全分

凡嫁娶皆由祖父母父母主婚祖父母父母俱
無者從餘親主婚若夫亡攜女適人者其女
從母主婚若已定婚未及成親而男女或有
身故者不追財禮其定婚夫作盜及犯徒流
移鄉者女家願棄聽還聘財其定婚女犯姦
經斷夫家願棄者追還聘財伍年無故不娶
及夫逃亡過三年不還者並聽經官告給執
照別行改嫁亦不追財禮
凡無子者許令同宗昭穆相當之姪承繼先儘
同父周親次及大功小功緦麻如俱無方許
擇立遠房及同姓為嗣若立嗣之後却生親
子其家產與元立子均分並不許乞養異姓為
嗣以亂宗族立同姓者亦不得尊卑失序以
亂昭穆
凡婦人夫亡無子守志者合承夫分須憑族長
擇昭穆相當之人繼嗣其改嫁者夫家財產
及原有粧奩並聽前夫之家為主
凡招婿須憑媒妁明立婚書開寫養老或出舍
年限止有一子者不許出贅如招養老女婿
者仍立同宗應繼者一人承奉祭祀家產均
分如未立繼身死從族長依例議立
凡戶絕財產果無同宗應繼者所生親女承分無
女者入官
凡妻犯七出之狀有三不去之理不得輒棄犯
姦者不在此限
七出
無子　淫泆　不事舅姑
多言　盜竊　妬忌
惡疾
三不去
與更三年喪　前貧賤後富貴
有所娶無所歸
凡買賣田宅頭疋務赴投稅除正課外每契本
一紙納工本銅錢肆拾文餘外不許多取
凡民年八十之上止有一子若係有田產應當
差役者許令顧人代替出官無田產者許存
侍丁與免雜役
凡民間寡婦三十以前夫亡守志者五十以後
不改節者旌表門閭除免本家差役
凡客店每月置店曆一扇在內付兵馬司在外

付有司署押訖逐日附寫到店客商姓名人
數起程月日月終各赴所司查照如有客商
病死所遺財物別無家人親屬者告官為
見數行移招召父兄子弟或已故之人嫡妻
識認給還一年後無識認者入官
凡諸色人等造酒麯貨賣者須要赴務投稅
方許貨賣違者並依匿稅科斷其自行造酒
家用者麯貨不在投稅之限如賣酒之家自
無麯貨者須要收買曾經投稅麯貨造酒貨
賣依例辦納酒課若係自行造麯者其麯亦
須赴務投稅
凡軍民醫匠陰陽諸色戶計各以原報抄籍為
定不得妄行變亂違者治罪仍從原籍
凡祖父母父母在者子孫不許分財異居其父
祖許令分析者聽
凡民間賦稅自有常額諸人不得於諸王駙馬
功勳大臣及各衙門　妄獻田土山場窰冶遺
害於民違者治罪
凡嫡孫為祖後而承廕入仕者祖亡服斬衰三
年在官者依律奔喪丁憂違者治罪

凡內外軍民官司並不得指以和顧和買擾害
於民如果官司缺用之物照依時值對物兩
平收買或客商到來中賣物貨並仰隨即給
價如或減駁價值及不即給價者從監察御
史按察司體察或赴上司陳告犯人以不應
治罪
凡內外大小衙門非奉中書省明文不得自擅
科派中書省非奉
奏准亦不許科派
凡斛斗秤尺司農司照依中書省原降鐵斗鐵
升較定則樣製造發直隸府州及呈中書省
將發行省依樣製造較勘相同發下所屬府
州各府正官提調依法製造較勘付與各州
縣倉庫收支行用其牙行市鋪之家須要赴
官印烙鄉村人民所用斛斗秤尺與官降相
同許令行使
凡典賣田土過割稅糧各州縣置簿附寫正官
提調收掌隨即推收年終通行造冊解府毋
令產去稅存與民為害
凡鰥寡孤獨每月官給糧米三斗每歲給綿布

一。定務在存恤監察御史按察司官常加體
察
凡男女婚姻各有其時或有指腹割衫襟為親
者並行禁止
凡各處解納一應官物除段疋必須經手司官
頭目管解外其餘寶鈔布貨雜物本處民人止
令送物到縣如物數多本縣限七日內辨驗
交收在官隨即省會人戸田家毋得生事刁
蹬官府應辦夫力差有職役人員管解至本
府各府亦依前限驗收轉解赴行省其行省
差有職役人員一同各府解物人通行數解
赴都省所據各處官司置立勘合文簿凡遇
解物應合差夫撥船隻驗物多寡書填名數
差遣並不差撥原納物里長人戸送納違者
俱以不應論罪

禮令

凡在朝班次各依品從毋得差錯違者從糾儀
官舉罰
凡進賀
表箋文詞皆須　雅端楷細書僉名用印不許犯應合
迴避字樣其表匣封褁拜送依見行儀式
凡文武官員公服各依品從不得僭用
一公服俱右衽
一品紫羅服大獨科花直徑五寸
二品紫羅服小獨科花直徑五寸
三品紫羅服散搭花直徑二寸
四品五品紫羅服小雜花直徑一寸五分
六品七品緋羅服小雜花直徑一寸
八品九品綠羅服無花紋
未入流品檀褐綠寀衫
帶俱用紅鞓
一品玉帶
二品花犀帶
三品四品荔枝金帶
五品至九品烏角帶
未入流品者黑角束帶　以上俱展角幞頭
凡官員祖父母年及七十果無以次人丁自願
離職侍養者聽親終服滿方許求敘
凡孝子順孫義夫節婦志行卓異者有司正官
舉明監察御史按察司體覆轉達上司正官

旌表門閭
凡喪服等第並依舊制
斬衰三年　斬衰者用至麄麻布不縫下邊謂之斬衰
子為父
嫡孫為祖後者為祖　為曾高後者亦同
女在室為父　已許嫁同
女嫁反在父室為父　謂父喪朞年內被出者
父為嫡子
妻為夫
妾為主

為夫之父
為人後者為所後父　過房與人做孩兒為後父
齊衰三年　齊衰者亦用稍細麻布縫下邊謂之齊衰
子為母　父在同
女在室為母　已許嫁同
為祖後者祖卒為祖母　為曾高後者亦同
母為長子
女嫁反在室為母　謂母喪朞年內被出者
婦為夫之母
繼母與母同

慈母與母同
繼母為長子
妾為主之長子
為人後者為所後母　過房與人做孩兒為後母
齊衰杖期
父卒母嫁及出妻之子　為母報服亦同
為祖後者祖在為祖母　為曾高後者亦同
父卒嫡繼慈養母歸宗為之服若改嫁從者為之服　報服亦同
夫為妻

齊衰期年
為祖父母　父所生庶母亦同
為伯叔父母
為兄弟
為衆子
為兄弟之子　女在室同
為嫡孫
為姑姊妹女在室者　適人無夫子者同
女在室者為弟兄　姪女在室同
婦人無夫子者為兄弟姪　姪女乃姊妹在室同

女爲祖父母 出嫁同
妾爲其子
妾爲其父母
庶子爲其母 謂嫡母在室
女適人爲兄弟之爲父後者
爲人後者爲其父母 報服亦同
女適人者爲父母
妾爲嫡妻
爲繼父之同居者
妾爲主之衆子
舅姑爲嫡婦
爲夫親兄弟之子 男女同
齊衰五月
爲曾祖父母
女爲曾祖父母 出嫁同
齊衰三月
爲高祖父母
女爲高祖父母 出嫁同
爲繼父不同居 謂先曾同居今不同居
大功九月 大功者以麄熟布 長殤九月 中殤七月

爲同堂兄弟 姊妹在室同
爲衆孫 女在室同
爲女適人者
爲姑姊妹適人者
女適人爲兄弟姪 姑姊妹及姪女在室者同
出母爲女
爲人後者爲其兄弟 報服亦同
女適人者爲伯叔父母 報服亦同
爲人後者爲其姑姊妹在室者 報服亦同
爲夫之祖父母
爲夫之伯叔父母
爲兄弟子之婦
爲夫兄弟子之婦
夫爲人後者其妻爲本生舅姑
爲衆子婦
爲子之長殤中殤 男女同
爲叔父之長殤中殤
爲姑姊妹之長殤中殤
爲兄弟之長殤中殤
爲嫡孫之長殤中殤 嫡曾玄孫同

爲兄弟之子長殤中殤
爲夫之兄弟之子長殤中殤男女同
小功五月 小功者以稍麁熟布爲之
爲伯叔祖父母
爲兄弟之孫
爲兄弟之孫女在室者
爲同堂伯叔父母
爲同堂兄弟之子
爲同堂兄弟之女在室者
爲從祖姑姊妹之在室者 報服亦同
爲從祖祖姑之在室者 報服亦同
爲再從兄弟
爲外祖父母
爲同堂姊妹適人者 報服亦同
爲母之兄弟姊妹 報服亦同
爲人後者爲其姑姊妹適人者 報服亦同
爲孫女適人者
爲夫同堂兄弟之子
爲夫兄弟之孫
妯娌相爲服

爲夫之姑姊妹在室者適人同 報服亦如之
爲嫡母之父母兄弟姊妹
爲庶母慈已者
爲嫡孫之婦
母出爲繼母之父母兄弟姊妹
爲兄弟妻 報服亦同
爲男女之下殤
爲叔父姑姊妹兄弟之下殤
爲嫡孫之下殤
爲衆孫之長殤 男女同
爲兄弟之子之下殤男女同
爲同堂兄弟姊妹之長殤
爲人後者爲其姑姊妹兄弟之長殤
出嫁姑爲姪之長殤 男女同
爲夫兄弟之子下殤 男女同
爲夫之叔父之長殤
緦麻三月 緦麻者以稍細熟布爲之
爲族兄弟
爲族曾祖父母
爲兄弟之曾孫　爲族祖父

爲兄弟之曾孫女之在室者
爲外孫男女同
爲同堂兄弟之孫同堂兄弟之孫女在室同出嫁則無服
爲再從兄弟之子再從兄弟之女在室同出嫁則無服
爲曾孫玄孫
爲從母兄弟姊妹
爲舅之子　爲姑之子
爲族曾祖姑在室者報服亦同
爲族祖姑在室者報服亦同
爲族姑在室者報服亦同
爲從祖姑姊妹適人者報服亦同
女適人者爲同堂伯叔父母報服同
庶子爲父後者爲其母
爲從祖祖姑適人者
爲人後者爲外祖父母
爲兄弟之孫女適人者報服亦同
爲夫兄弟之曾孫
爲夫同堂兄弟之孫
爲夫再從兄弟之子男女同
爲衆孫之婦

爲庶母父之妾有子者
爲乳母
爲妻之父母報服亦同
爲夫之曾祖父母
爲夫之從祖祖父母
爲兄弟孫之婦
爲夫兄弟孫之婦
爲夫之從祖父母
爲同堂兄弟子之婦
爲甥之婦
爲夫之外祖父母
爲外孫婦
爲同堂兄弟之妻
爲夫之舅姨
爲夫同堂兄弟子之婦
爲夫之從父兄弟之妻
爲夫之從姊妹在室及適人者
爲姊妹之子之婦
子爲父母妻妾爲夫皆葬既葬除之
爲從父兄弟姊妹之中殤下殤

爲衆孫之中殤下殤男女同
爲從祖叔父之長殤
爲舅姊之長殤
爲從祖兄弟之長殤
爲從父兄弟之子長殤
爲兄弟之孫長殤
爲從祖姑姊妹之長殤
爲人後者爲其兄弟之中殤下殤
出嫁姑爲姪之中殤下殤男女同
爲人後者爲其姑姊妹之中殤下殤
爲人後者爲從父毋兄弟之長殤
爲夫之叔父之中殤下殤
爲夫之姑姊妹之長殤
准禮有三殤年十九至十六爲長殤十五至十二爲中殤十一至八歲爲下殤長殤中殤降正服一等下殤降長殤中殤一等卽生三歲至七歲者爲無服之殤其已娶已嫁則服之如成人

凡官民服色冠帶房舍鞍馬貴賤各有等第上可以兼下下不可以僭上官員任滿致仕與見任同其父祖有官身沒非犯除名不叙子孫許居父祖房舍衣服車馬比父祖同有官者依品級其

御賜者及軍官軍人服色不在禁例

一房舍並不得施用重栱重簷樓房不在重簷之限職官一品二品廳堂七間九架屋脊許用花樣獸吻梁棟斗栱簷桷綵色繪飾正門三間五架門綠油及獸面銅鐶三品至五品廳堂五間七架許用獸吻梁棟斗栱簷桷青碧繪飾正門三間三架其門黑油獸面擺錫鐶六品至九品廳屋三間七架梁棟止用土黃刷飾正門一間三架黑門鐵鐶庶民所居堂舍不過三間五架不用斗栱彩色彫飾

一衣服並不得用金繡五爪龍紋官一品二品獅金花三品四品服金搭子五品服金紬膝襴六品以上許服四爪龍七品以下文官不許龍鳳文止服金六花八品九品服金四花

一冠帶

職官一品至四品帽頂帽珠繫腰通用金
玉珠寶粧飾五品六品帽頂許用金玉
帽珠用珊瑚琥珀繫腰用金銀犀角七
品至九品帽頂許用銀或鍍金帽珠用
水晶琥珀繫腰用銀減鐵以上帽子帽
花許用製造字樣及龍鳳紋靴子通用
金線花樣
職官妻女一品至三品服渾金衣首飾釧
鐲用金玉珠寶四品五品妻女服金搭
子衣首飾用金玉珠六品至九品服銷
金衣并金紗搭子首飾用金珠惟耳環
許用玉珠以上通用綵繡
庶民男女衣服並不得僭用金綉許用紵
絲綾羅紬絹素紗金首飾一件金耳環
一對餘止用銀翠帽頂帽珠並不得用
金玉珊瑚琥珀靴不得製造花樣金線
粧飾
一車輿並不得雕飾龍鳳紋
職官一品至三品許用減金粧飾銀螭綉
帶青幔四品五品素獅頭繡帶青幔六
品至九品用素雲頭素帶青幔轎子
比同車製
庶民車用黑油齊頭平頂皂幔轎子比同
車製並不許用雲頭
一帳幔並不得用赭黃龍鳳紋
職官一品至三品許用金花刺繡紗羅四
品五品刺繡紗羅六品以下許用素紗
羅
庶民用紗絹
一傘蓋
職官一品二品銀葫蘆茶褐羅表紅裏三
品四品紅葫蘆茶褐羅表紅裏以上皆
三簷五品紅葫蘆青羅表紅裏六品以
下惟用青絹皆重簷雨傘通用油絹
庶民並不得用羅絹涼傘許用油紙雨傘
一鞍轡並不許用雕飾龍鳳紋
職官一品二品用金粧飾三品至五品用
銀六品以下惟用鍮石減鐵
庶民不得描金惟用銅鉄粧飾
一器皿不許造龍鳳紋

職官一品二品許用金玉三品至五品惟
酒盞用金六品以下酒盞用銀
庶民惟酒盞用銀餘並禁止

一墳塋石獸
職官一品塋地九十步墳高一丈八尺二
品塋地八十步墳高一丈四尺三品塋
地七十步墳高一丈二尺以上石獸並
六四品塋地六十步五品塋地五十步
墳高八尺以上石獸並四六品塋地四
十步七品以下二十步墳高六尺以上
去步皆從塋心各數至邊五品以上許
用碑龜趺螭首六品以下許用碣方趺
圓首
庶人塋地九步穿心一十八步止用壙誌

一品官服色鞍轡等物除官府及應用之家
許令織造外其私下與不應用之家製
造者工匠依律治罪

一民間房舍須要並依令內定式其有僭越
雕飾者剷平彩粧青碧者塗作土黃
其斗栱梁架成造歲久不須改毀今後
蓋造違禁者依律論罪

一內使官帽已有定製服色比同七品

一校尉冠帶鍍金束帶象牙綵環已有定
製服色同八品

一諸衙門掾令史宣吏書吏奏差服色各依
出身應得品級服用

凡朝賀聽
詔進
表入班之際偶值雨雪許便服行禮

凡民間嫁娶並依朱文公家禮

凡國學生員一品至九品文武官子孫弟姪年一
十二歲以上者充補以一百名為額民間俊
秀年一十五歲以上能通四書大義願入國學
者中書省
聞奏入學以五十名為額

凡文武官員輸忠効力歿於
王事者於見授品級上陞二等褒贈其子降父官授
品級一等承襲歿於鋒鏑者於見授品級
上陞三等褒贈其子對品授品級承襲無
子者於應襲人內降等錄用所在官司立廟

歲時致祀

凡三皇廟祀春祭三月三日秋祭九月九日配饗禮儀並依定式在京牛羊等物各府州縣祭物官給米叁石

凡社稷等祀春祭二月上戊日秋祭八月上戊日祭社稷於西南郊立春後丑日祭風師於東北郊立夏後申日祭雷師雨師於西南郊其壇壝石主並依舊儀在京官給祭物各府州縣祭社稷官給米叁石風雷雨師官給米各二石

凡武成王廟祀在京春祭二月上戊日秋祭八月上戊日用牛羊等物致祭

凡孔子廟祀春祭用二月上丁日秋祭八月上丁日配享禮樂並依定式在京用牛羊等物各府州縣祭物官給米叁石

凡封贈等第

正從一品封贈三代

爵國公　勲正上柱國 從柱國

母妻並國夫人

正從二品封贈二代

爵郡公　勲正上護軍 從護軍

母妻並郡夫人

正從三品封贈二代

爵郡侯　勲正上輕車都尉 從輕車都尉

母妻並郡夫人

正從四品封贈父母

爵郡伯　勲正上騎都尉 從騎都尉

母妻並郡君

正五品封贈父母

爵縣子　勲雲騎尉

母妻並縣君

從五品封贈父母

爵縣男　勲武騎尉

母妻並縣君

正從六品封贈父母

父止用散官　母妻並恭人

正從七品封贈父母

父止用散官　母妻並宜人

凡公侯伯子男五等封爵其功勲大臣止封公爵百年後許封侯爵

兵令

凡府州縣額設祗候禁子弓兵於該納稅粮三石之下二石之上人戶內差點除納稅粮外與免雜泛差役毋得將粮多人戶差占

應天府

祗候貳拾名　禁子叁拾名

各府以秋粮為額

貳拾萬石之上

祗候貳拾名　禁子壹拾伍名

壹拾萬石之上

祗候壹拾捌名　禁子壹拾叁名

壹拾萬石之下

祗候壹拾伍名　禁子壹拾貳名

各州縣以秋粮為額

壹拾萬石之上

祗候壹拾伍名　禁子壹拾名

弓兵叁拾名

伍萬石之上

祗候壹拾叁名　禁子捌名

弓兵叁拾名

伍萬石之下

祗候壹拾名　禁子柒名

弓兵叁拾名

州縣所屬巡檢司設弓兵叁拾名

沿江巡檢司設弓兵壹百名

凡水站使客通行正路每站設船壹拾隻使客分行偏路每站設船伍隻每船壹隻設水夫壹拾名於舊額有粮站戶內點充除稅粮外其餘雜泛差役並行優免如舊額站戶不敷於有司相應人戶內納粮伍石之上拾石之下差充不拘壹戶貳戶相合俱驗所納粮之數計日應當

凡急遞鋪每一十五里設置一所每鋪（設鋪兵四）名鋪司一名於附近有丁力粮近一石五斗之上二石之下者點充須要少壯正身與免雜泛差役

每鋪置備下項什物

十二時辰輪子一箇

紅綽屑一座并牌額

鋪曆二本（上司行下一本各府申上一本）

遇夜常明燈燭

鋪兵每名合備什物

夾板一副　鈴攀一副
纓鎗一副　油絹三尺
軟絹袍袱一條　箬帽簑衣各一件
紅悶棍一條　回曆一本（互見儀掌兵部）

凡新附城郭鎮市鄉村軍官軍人不得指以招安爲名影占民戶及掠奪財物强占房屋倉字逼取妻女違者究治

凡軍民以籍爲定軍官頭目無得巧立名色徑行勾捉百姓充軍民戶亦不得詐稱各官軍人貼戶躲避差役果有在逃軍人在内申奉大都督府在外申奉行中書省明文方許勾取

凡有軍情在外各府軍民官司申行省行移各道按察司行省一咨中書省一咨大都督府各道按察司申御史臺在内直隸都督軍民官司一申中書省一申大都督府一申御史臺省　府
臺各官
聞奏如都督府御史臺與中書省互相知會隱匿不速
聞奏者以姦臣論罪輕者流竄烟瘴重者處以極刑

凡出使人員関支分例應合將帶從人名數一品十從二品八從三品四品六從五品四從六品七品三從八品九品二從掾史令史書吏知印宣使奏差二從軍官不在此限其水站乘船正官一名許帶行李二伯斤從人一名許帶行李五十斤馬站馳驛每馬一疋稍帶行李不過一十斤馳馱馬一疋不過六十斤多餘夾帶者俱以不應論罪

凡各處城樓窩鋪腹裏有軍城池每二十丈置一鋪邊境城池每十丈置一鋪其總兵官隨機應變增置者不在此限無軍處所有司自行設置常加點視毋致踈漏損壞提調官任滿得代相沿交割違者治罪

凡經過使客正官一名支分例米三升從人一名支米二升宿頓使客正官支米五升從人支米三升水路俱支經過分例陸路遇晚関宿頓分例

凡軍民但有公私營幹在内並令兵馬指揮司出給文引在外軍人告給行省管軍官及指揮司文引百姓告給所管州縣文引各處把截官辯驗明白然後放行軍人出離信地百里之外無文引者同逃軍論

凡各站有分例去處所在有司於商稅及諸色課
程內撥留粮米差點有役人員掌管遇有使客
依例支給不許稽停支過數開申合干上司

刑令

五刑

笞罪五等

一十　二十　三十　四十　五十

杖罪五等

六十　七十　八十　九十　一百

徒罪五等

該杖一百二十者杖一百加徒一年

該杖一百四十者杖一百加徒一年半

該杖一百六十者杖一百加徒二年

該杖一百八十者杖一百加徒二年半

該杖二百者杖一百加徒三年

流罪三等

二千里　二千五百里　三千里

死罪二等

絞　斬

十惡

一曰謀反　二曰謀大逆

三曰謀叛　四曰惡逆

五曰不道　六曰大不敬

七曰不孝　八曰不睦

九曰不義　十曰內亂

八議

一曰議親　二曰議故

三曰議功　四曰議賢

五曰議能　六曰議勤

七曰議貴　八曰議賓

已上有犯罪者條具所犯

奏請

裁其犯十惡者不用此令

贖刑

笞一十贖銅半斤

杖一十贖銅一斤

徒一年贖銅一百二十斤

徒一年半贖銅一百四十斤

徒二年贖銅一百六十斤

徒二年半贖銅一百八十斤

徒三年贖銅二百斤

流二千里贖銅二百二十斤

流二千五百里贖銅二百四十斤

流三千里贖銅二百六十斤

凡年七十以上十五以下及篤廢殘疾犯笞杖徒流者聽贖若有教令之人罪坐教令者其犯奸盜死罪并十惡者不用此令犯徒流之罪有祖父母父母年及八十已上別無以次侍丁者依例斷决留養

獄具

枷長五尺五寸頭闊一尺五寸死罪重二十五斤流罪二十斤杖罪一十五斤皆以乾木爲之長短輕重刻誌其上

杻長一尺六寸橫闊三寸厚一寸

鐵索長一丈　鐐連鐶重三斤

笞大頭徑二分七釐小頭徑一分七釐長三尺五寸

杖大頭徑三分二釐小頭徑二分二釐長三尺五寸

訊杖大頭徑四分五釐小頭徑三分五釐長三尺五寸

已上笞杖皆須削去節目用較板如法較勘毋令筋膠諸物裝釘應决者並用小頭其决笞及杖者臀受拷訊者臀腿分受其犯重罪贓證明白抗拒不招者衆官圓坐明立案驗方許用訊

凡犯罪六十以下各縣斷决八十以下各州斷决一百以下各府斷决徒流以下申聞區處

凡各衙門首領官果有過犯自有常憲本衙門正官毋得擅問

凡各府推官職專理獄通署刑名文字不預餘事凡有解到罪囚必先推詳實情然後圓審各衙門不許差占

凡各府司獄專管囚禁如有冤濫許令檢舉申明如有本府不准直申憲司各衙門不許差占府州縣牢獄仍委佐貳官一員提調其男女罪囚須要各另監禁司獄官常切點視州縣無司獄去處提牢官點視若獄囚患病即申提牢官驗實給藥治療除死罪枷杻外其餘徒流杖罪囚人病重者開疏枷杻令親人

入視笞罪以下保管在外醫治病痊依律斷
决如事未完者復收入禁即與歸結
凡詞訟事干兩處州縣者元告官司申牒被告
府分歸問
凡訴訟皆須自下而上明注年月指陳實事不
得稱疑誣告抵罪及生越訴者以不應論拘
該官司如應受理而不為受理者許赴上司
陳告
凡鬬毆詞訟犯人依律保辜若有招罪重者依
法監禁罪輕者保管在外其餘元告證佐干
連人等毋令隨衙妨廢生理違者究治
凡鞫問罪囚必須依法詳情推理毋得非法苦
楚鍛鍊成獄違者究治
凡所在重刑須要追勘一切完備在京申御史
臺在外從監察御史提刑按察司審錄無冤
有司結案待報若犯人番異或家屬稱冤聽
牒移推
凡六品以下官員犯贓罪至徒流者臺憲就
便斷罪外其餘干係處重罪名并五品以
上追問明白

奏聞區處雜犯六品以下行省按察司斷决五品以上
移文會議申臺
奏聞
凡軍官有犯取受在內除都督府官并各衛指
揮千戶從御史臺
奏聞六品以下議擬施行在外監察御史巡歷去處軍
官有犯取受者密切實封呈臺
奏聞區處施行
凡犯罪有二罪俱發以重者論罪相等者從一科
斷
凡年老及篤廢殘疾之人除告謀反叛逆及子孫
不孝聽從赴官陳告外其餘公事許令同居親
屬通知所告事理的實之人代告誣告者罪坐
代訴之人
凡婦人有犯奸罪去衣受理餘罪單衣斷决並免
徒流刺字
凡差使人員不許接受詞狀審理罪囚違者以不
應論
凡竊盜已經斷放或徒年役滿仰原籍官司收充
警跡其初犯刺臂者二年無過所在官司保勘

除籍起去原刺字樣若係再犯刺臂者須候三年無過依上保勘有能拿獲強盜三名竊盜五名者不限年月即與除籍起刺數多者依常人一體給賞

凡常人捕獲強盜一名竊盜三名各賞銀二十兩強盜五名以上竊盜十名以上各與一官名數不及折筭賞銀應捕人不在此限強竊盜賊止追正贓給主無主者沒官若諸人典當收買盜賊贓物不知情者勿論止追原贓其價於犯人名下追徵給主

凡犯罪未發而自首告免其罪輕罪雖發因首重罪者止坐輕罪自首有不盡不實者坐以不盡不實之罪至死者減一等其於人損傷於物不可賠償事發逃亡及奸者不在自首之例

凡職官犯罪四十以下標附過名還職五十解任離職杖六十降一等七十降二等八十降三等九十降四等俱解見任流官於雜職內敘用雜職於邊遠敘用其官吏犯公罪至九十者不在解見任之限止標附過名杖一百者無問公私罪犯並不敘

凡檢屍圖式各府刊印每副三幅編立字號半印勘合發下州縣如遇初復檢驗屍傷劃時委官將引首領官吏仵作行人親詣地所呼集應合聽檢人等眼同仔細檢驗定執生前端的致命根因依式標注署押一幅付苦主一幅粘連附卷一幅繳申上司其初復檢驗官司行移體式並依已行舊制

凡家人共盜並依凡盜首從科斷謂父子兄弟之類同居盜者

凡強竊盜賊未發而自首及於事主處首露者免罪若能捕獲同伴者依常人一體給賞若犯及

侵損於人者不准首

凡計贓以銅錢四伯文為一貫

凡竊盜衆人盜一家財物者併贓論若盜二家以上者從一家贓多者論

凡以赦前事告言人罪者以其罪罪之若係干錢糧婚姻田土事須追究雖已經赦必合改正徵收者不拘此例

凡取受未發覺悔過還主者即同自首

凡竊盜已離盜所事主追逐因而拒捕被事主殺死者須驗事主在身行傷依律勿論若無所傷

有司體勘其賊是否蹤跡爲盗之人與事主有無讐嫌明白歸斷

凡各處知府知州知縣有犯公罪笞四十以下者許令贖銅

凡犯籍沒者除反叛外其餘罪犯止沒田産孳畜

凡詞訟之人有司置立口告文簿一扇選設書狀人吏一名如應受理者即便附簿發付書狀隨即施行如不應受理者亦須書寫不受理緣由明白附簿官吏署押以憑稽考

凡贓罪之法三死三流各同一贓（如犯死罪贓二等即坐流三千里贓二等即坐徒二年犯流三千里者贓一等亦坐徒三年之類）

凡今後若遇國家赦恩除見禁未曾斷決罪囚該赦者並行釋放其有已經斷決徒流及遷徙煙瘴地面安置之人即係已絕事理除徒役候年滿放回外其餘流遠安置之人並不許放還

凡同居大功以上親及外祖父母外孫若孫之婦夫之兄弟及兄弟妻有罪許相容隱或奴婢爲本使者亦勿論其小功以下相隱減凡人三等犯謀反惡逆不用此令

凡殺人償命者徵燒埋銀一十兩不償者徵銀二十兩應償命而遇赦原者亦追二十兩同謀下手人驗數均徵給付死者家屬

凡在官受贓去官事發前任受贓改除事發並依見任追斷

凡犯流罪者妻妾家屬父母子孫願隨者聽移鄉人家口准此若流移人身喪雖經附籍願還鄉者聽若謀叛造蠱及讐殺者家口不在聽還之例

凡計贓者皆據犯處當時物價若計傭賃器物爲贓者亦依犯時價值其傭賃雖多不得過本物之價

凡以贓致罪者彼此俱罪之贓沒官用強生事逼取之贓給主

凡諸人自縊溺水身死別無他故親屬情願安葬官司詳審明白准告免檢若事主被強盜殺死苦主告免檢者官爲相視傷損將屍給親埋葬其獄囚患病責保看治而死者情無可疑亦許親屬告免檢復外據殺傷而死者親屬雖告不聽免檢

凡犯罪自首之人若法許容隱親代首者與自首同其罪人不自首而父首子弟首兄尊長首有服卑幼皆如罪人身自首法卑幼告訐尊長者與犯人自首同仍依干名犯義例科卑幼罪

凡僧尼道士犯罪經斷並令還俗當差

凡家人共犯止坐尊長侵損於人各依凡人首從論

凡籍沒犯人家產田地內有祖先塋墳者不在抄劄之限

凡犯罪應合籍沒家產除謀反叛逆外其餘遇革者革前未曾抄劄到官革後原免革前已抄劄者沒官

凡故殺子孫若遇謀故殺人不赦者依律科斷其誣賴於人遇革者所誣之人罪若該原犯人止從故殺子孫科斷如所誣之人罪不該原亦從重論

凡竊盜遇赦並免刺字

凡但犯强盜謀故殺人遇赦不原其起內有犯杖罪者依律斷決其不係同謀上盜之人擬合釋放

凡軍官軍人犯罪該徒流刺字者止決合斷杖數並免徒流刺字依舊充軍如有犯該死罪者議擬
聞奏取旨
上裁

凡軍官犯贓杖罪者依例降等隨即叙用至徒流者充軍建立事功依例擢用至死罪者議擬
聞奏取旨
上裁

凡官吏人等取受以一事而受數家財物者止以一家贓重者坐罪

凡馬牛老病不堪為用告給判狀方許宰殺筋角納官不告官者同私宰論病死者申官開剝違者治罪

凡民官月俸錢米相兼罰俸止罰俸錢軍官月支全米如遇罰俸合與民官一體扣筭追罰俸錢

凡告事者告人祖父不得指其子孫為證告人兄不得指其弟為證告人夫不得指其妻為證告人本使不得指其駈奴婢為證違者治罪

凡親戚勳舊文武大臣之家但號家人伴當犯罪

止坐犯人諸衙門依律取問占恡不發者犯人
於所犯罪上加一等斷罪若係干重事不發者
聞奏
凡
特旨臨時處决罪名不著為律令者大小衙門不得引
此為例若輙引比律致令罪有輕重者以故入
人罪論
凡諸奸邪進讒言左使殺人者雖遇
大赦不在原免
凡
律令自頒降日為始若犯在以前者並依新律議斷
凡牢獄禁繫囚徒年七十以上十五以下廢疾散
收輕重不許混雜枷扭常須洗滌蓆薦常須鋪
置冬設煖匣夏備凉漿無家屬者日給食米一
升冬給絮衣一件夜給燈油病給藥醫並於本
處有司係官錢粮内支散獄司預期申明關給
毋致缺悞有官者犯私罪除死罪外徒流鎖收
杖罪以下散禁公罪自流以下皆散收司獄官
常切拘鈐獄卒不得苦楚囚人提牢官不時點
視違者禁子嚴行斷罪獄官申牒上司究治

凡犯罪時未老疾而事發時老疾者依老疾論犯
罪幼小事發時長大依幼小論
凡婦人除犯惡逆奸盗殺人入禁其餘雜犯責付
有服宗親收領聽候一應婚姻田土家財等事
不許出官告狀必須代告若夫亡無子方許出
官理對或身受損害無人為代告許令告訴
凡誣告者抵罪反坐告二人以上但誣告一人者
隨其輕重抵罪告二事以上重事告實輕事招
虚或衆事罪等但一事告實者皆免罪若告二
事以上輕事告實重事招虚或告一事誣輕為
重者笞杖徒流皆反坐所剩
誣告合杖罪為徒罪或誣告合杖徒罪為流罪或
誣告合近流為遠流者皆反坐所剩徒一年折
杖二十半年加一等流三等亦各折杖二十誣
告合杖徒流為死罪者反坐以死
凡官吏於詞訟人内關有服親及婚姻之家并受
業師及舊有讐嫌之人俱合迴避
凡徒役
湖廣省所屬
江北府州縣發興國鐵爐拘役

江南府州縣發黃梅鐵爐拘役
江西省所屬
江東府州縣發新喻鐵爐拘役
江西府州縣發進賢鐵爐拘役
浙江省所屬犯徒者發两淮盐運司所屬盐場拘役
江淮省所屬犯徒者發两浙盐運司所屬盐場拘役
直隸府州
江北府州縣發两浙盐運司所屬盐場拘役
江南府州縣發两淮盐運司所屬盐場拘役
凡官吏犯贓至流罪者不問江南江北並發两廣
福建府分及龍南安遠汀州漳州煙瘴地面安
置其上項煙瘴地面附近州府之人犯贓並發
迤北邊塞處所
凡江南府分里長犯贓罪至徒者除湖廣行省所
轄府分及九江南康池州等府依律徒役外其
餘去處里長依律斷訖將本人見種田土沒官
連同居共爨家小遷徙江北地面住坐照依所
沒田地頃畝數目撥付荒田為業耕種

工令

凡各處官司雜造軍器軍裝等物須要鋒利堅固
堪中支用局官常切比較工程合用材料從實
申請置簿開寫以憑稽考提調正官嚴加點檢
但有不堪究治追陪
凡局院成造叚疋務要緊密顏色鮮明丈尺斤両
不失原樣局官常切比較工程合用絲料從實
申請提調正官嚴加提督但有不堪究治追陪

大明令卷終

皇明制書

洪武禮制卷之二

進賀禮儀

一凡

天壽聖節正旦冬至在京文武百官行朝賀禮在外衙門
先期拜表稱賀至期前一日文武官於本衙門内
齋沐宿歇至日於所在大衙門内會同文武官具
服告

天祝壽行禮

一凡遇

天壽聖節在外五品以上衙門止進表文一通正旦冬至

拜進

上位表文

中宮箋文

皇太子箋文各一通在外各王府并各布政司各道按
察司及直隷府州表箋俱各差官齎進禮部各州
表箋進于各府各府進于布政司其餘五品以上
衙門隷布政司者亦進于布政司布政司差官類
進禮部其各都司及直隷衛所差官齎進五軍都
督府各處守禦指揮使司及守禦千户所進于都
指揮使司都指揮使司差官類進五軍都督府至
日禮部官以各處所進表箋目通類奏

聞

一凡表箋止作散文不許循習四六舊體務要言詞
典雅不犯應合迴避凶惡字樣仍用硃筆圏點句
讀表用黄紙箋用紅紙爲函外用夾板夾護拜進
並依見行儀式

一凡進

上位表箋及一應文字若有

御名

廟諱合依古二名不偏諱嫌名不諱若有二字相連者
必須迴避寫字之際不必缺其點畫

一凡在外衙門進賀表箋前期一日結綵于公廨及
街衢文武官皆齋沐於本衙門内宿歇其日清晨
設龍亭于庭中設儀仗于庭外露臺上之東西設
鼓樂于露臺南之東西北向設表箋案于龍亭前
設香案于表箋案前設進表箋官位于龍亭之東
鼓初嚴各官具服鼓次嚴引禮引班首具服詣香
案前捧印用印訖以表箋置于案班首退于幕次
鼓三嚴各官入班贊禮唱班齊鞠躬樂作四拜平

身樂止唱進表引禮引班首由東階陞詣香案前
賛跪傳賛衆官皆跪唱搢笏班首搢笏執事者以
表箋跪授班首班首跪授進表箋官進表箋官跪
受表箋置龍亭中賛内外官俯伏興班首復位賛
禮唱鞠躬樂作四拜平身樂止唱搢笏鞠躬三舞
蹈跪山呼者三唱出笏俯伏興樂作四拜平身樂
止金鼓儀仗鼓樂百官具服前導進表箋官在龍
亭後靠東行至郊外置龍亭南向儀仗鼓樂東列
如前儀文武官東西侍立班首取表箋授進表官
進表官跪於馬上受表即行百官以次退

出使禮儀

一凡使者欽齎
詔書至
王府至王城門外一里遠下馬随龍亭由中門靠東邊
入龍亭至殿中使者立於殿外東序西向候行禮
畢使者見
王行四拜禮
一凡使者欽齎
詔書至各處開讀預期一日報知本處官司照依已降儀
式迎接行禮使者到郊外下馬候龍亭到來（親捧）
詔書置龍亭中使者立於龍亭之東本處官具服行五拜
禮訖衆官前導使者上馬在龍亭後東邊行至衙
門下馬随龍亭後由中門入至廳上立於龍亭之
東候衆官四拜訖使者取
詔授開讀人開讀人跪受使者復立位所宣讀訖（開讀人捧）
詔授使者使者復置龍亭中候衆官行禮畢本處官便服
與使者於後廳行禮使者居東本處官居西（俱各拜）
一凡使者欽齎
勑符丹符到處必係機密重事不許先期報知亦不許本
處官司迎接若與衆官直至本衙門開看置
勑符於案使者立於案東衆官四拜使者取
符宣讀訖
符復置於案衆官再行四拜禮畢本處官遂與使者行禮
若與一兩人止於本家接符從便豈放使者以
符授本官本官叩頭開看禮畢乃與使者行禮
一凡遇
詔赦經過道路官員軍民人等即於道傍俯伏候
詔赦過畢方起
一凡出使在外如遇

詔赦到各處出迎郊外與本處官一同随班行五拜三叩頭禮有職者随品序列無職差使人便服随具服班之後不許攙越行禮畢同本處官導龍亭至衙門中随大班依上項班次行

一凡行人開讀

詔赦宴會則與本處正官並坐位在東席其餘公差行人之類在外不許預坐官照品級序列

一凡出使官員及行人公差在外如遇凡節朝賀有職者随品序列無職差使人便服随具服班之後不許攙越一同大班行禮若係賫

詔勑使臣則於月臺上先行五拜三叩頭禮退

一凡行人奉

旨公差在外與本處官列東西坐行人居東如在州縣則居中靠東坐非特

旨差使賫各衙門印信公文止許投下公文随即入舘不許在廳與在職官列坐

一凡致仕官或因病及年高在閑者凡遇節慶赴所在衙門一同行禮老者筋力衰微少者疾妨動止不在此例

詔勑出使人員隨班次圖

迎接

有品從者具朝服隨班次行

禮無品從者便服

文班

一品　二品　三品　四品　五品　六品　七品　八品　九品

行人班次

武班

一品　二品　三品　四品　五品　六品　七品　八品　九品

雜職官

出使人員隨班次圖

出使官員具服依品從班次行禮若
詔勑使臣遇慶賀行禮於日臺上
先行五拜三叩頭禮退

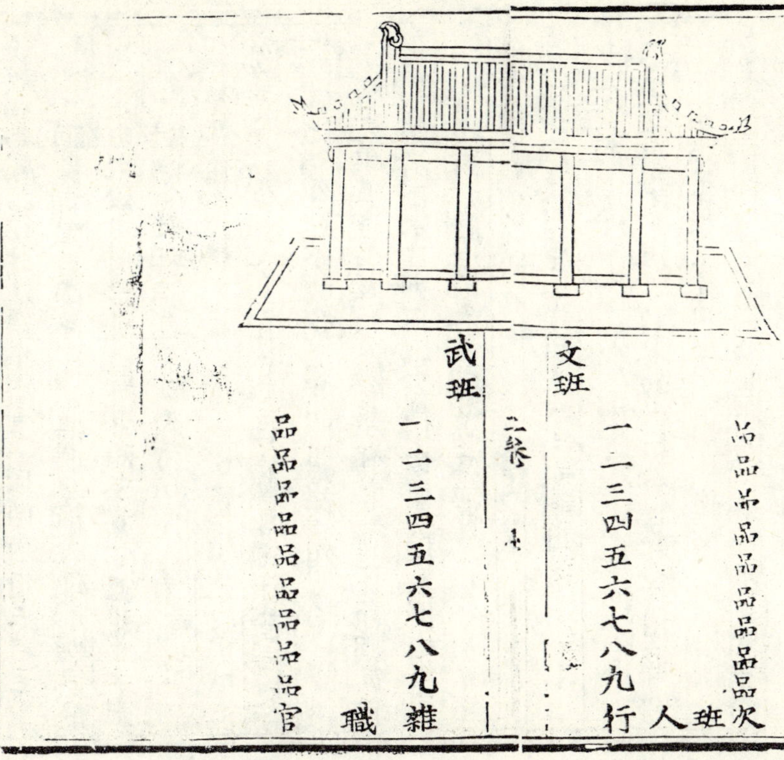

祭祀禮儀

禮部照得
聖朝開國以來設立各布政司府州縣
社稷風雲雷雨山川等壇原定行禮獻官以守禦武官
為初獻文官為亞終獻洪武十四年七月初二日
欽奉
聖旨節該今後各布政司府州縣祭祀只教各處文職長
官一員行三獻禮武官不與祭欽此切以官有職
掌禮貴誠一有司春告秋報為民祈福文官職在
事神治民武官職掌兵戎務專捍禦古之刑官尚
不使與祭而況兵又為刑之大者乎以此欽依不
令武官與祭所以嚴事神之道而達幽明之交也
今定儀式須布天下有司宜遵守毋忽

社稷 府州縣同

壇制東西二丈五尺南北二丈五尺高三尺（用官造尺）
四出陛各三級壇下前十二丈或九丈五尺東西
南各五丈繚以周牆四門紅油由北門入
石主長二尺五寸方一尺埋於壇南正中去壇二尺
五寸止露圓尖餘埋土中
神號 各布政司寓治之所雖係布政司官致祭亦合稱府社府稷

府稱府社之神府稷之神
州稱州社之神州稷之神
縣稱縣社之神縣稷之神
神牌二以木為之硃漆青字身高二尺二寸濶四寸五分厚九分座高四寸五分闊八寸五分厚四寸五分
臨祭設於壇上以矮卓盛頓祭畢藏之

房屋

神廚三間用過梁通連深二丈四尺中一間濶一丈五尺九寸傍兩間每間濶一丈二尺五寸
鍋五口每口二尺五寸

庫房間架與神廚同內用壁不通連
宰牲房三間深二丈二尺五寸三間通連中一間闊一丈七尺五寸九分傍二間各闊一丈於中間正中鑿宰牲小池長七尺深二尺濶三尺以磚砌四面安頓木案於上宰牲血水聚於池內祭畢擔去人照舊蓋房門用鎖○宰牲房前舊有小池者仍舊制不必更改無者不必鑿池止於井內取水
滌牲桶四隻寬大可以容牲
祝板以木為之白紙寫文粘其上祭畢焚之

祝文

維洪武　年歲次　某月　朔　日
某官某等敢昭告于
某社之神
某稷之神曰品物資生烝民乃粒養育之功司土是賴
維茲仲春秋禮宜告報祀謹以牲帛醴齊粢盛庶品式
陳明薦尚　享

祭器

牲匣四以木為之硃漆底蓋各高六寸長三尺三寸
闊二尺二寸蓋兩頭用銅環二箇底兩傍用銅環四箇

案卓

神牌案二高壹尺一寸闊一尺九寸長三尺三寸
籩豆簠簋案四高一尺一寸闊一尺九寸長三尺三寸
牲匣案四高六寸闊二尺四寸長三尺五寸

祝案一高一尺一寸闊一尺九寸長三尺三寸
酒罇案一高二尺七寸五分闊一尺五寸長五尺
卓面剜三孔仍用木板一片橫裝於剜孔之下以盛酒尊
爵帛案一高二尺七寸五分闊二尺三寸長三尺
籩豆簠簋俱用瓷楪簠簋楪稍大
酒尊三用瓷尊每尊用蓋布巾一酌酒杓一
爵六用瓷爵
鉶一用瓷椀
香爐二設於壇之左右
盥洗

尊一用瓷甕　酌水杓一
盆一錫銅瓷隨用　帨巾二
案一高二尺七寸五分闊二尺三寸長三尺

祭物

羊一　豕一　帛一黑色長丈八尺　鉶一盛和羮
籩四　棗　栗　鹽　藁魚
豆四　韭菹　醓醢猪肉醡　菁菹　鹿醢或用兎
簠二　黍　稷
簋二　稻　粱

祭期每歲仲春仲秋上戊日

獻官各布政司及府州縣凡遇祭祀隨處但長官一員行三獻禮餘官止陪祭武官並不預祭

儀注

齋戒

正祭前三日獻官并陪祭官執事人等沐浴更衣散齋二日各宿別室致齋一日同宿祭所散齋仍理事務惟不飲酒不食葱韭薤蒜不弔喪問疾不聽樂不行刑不判署刑殺文字不預穢惡事致齋惟理祭事

省牲

正祭前一日執事者設香案於牲房外贊引引獻官常服詣省牲所贊省牲執事者牽牲於香案前過贊引贊省牲畢遂烹牲以毛血少許盛餘盤其餘毛血以淨器盛貯祭畢埋之其牲須要連皮煑熟供祭

陳設

前期執事掃除壇之上下并設獻官幕次于中門外執事者依圖式陳設

正祭

其日清晨執事者各實籩豆酒尊等器并滌爵諸祭官獻官具祭服簽祝板于幕次執事者捧祝于案置帛于篚取毛血盤置神位前牲案下將行禮執事者以牲匣盛牲置于案未啓蓋通贊唱執事者各就位唱陪祭官各就位唱獻官就位贊引引獻官入就位通贊唱瘞毛血執事者以毛血瘞於坎遂啓牲匣蓋

迎神

通贊唱迎神鞠躬拜興拜興拜興拜興平身獻官陪祭官皆四拜興平身

奠帛行初獻禮

通贊唱奠帛行初獻禮捧帛者捧帛執爵者執爵以俟贊禮唱詣盥洗所引禮引獻官至盥洗所贊搢笏執事酌水進巾獻官盥手帨手訖贊盥手帨手不贊出

笏獻官出笏贊詣酒尊所贊司尊者舉冪酌酒執事者各以爵受酒贊詣某社神位前引獻官詣神位前贊跪搢笏獻官跪搢笏捧帛者跪進于獻官之右獻官受帛（贊獻帛獻官獻帛以帛授）執事者奠于案執爵者進于獻官之右獻官受爵贊獻爵獻官獻爵以爵授執事者奠于神位前（凡進帛進爵皆在獻官之右奠帛奠爵皆在獻官之左）贊出笏獻官出笏贊俯伏興平身獻官俯伏興平身贊詣某稷神位前（同上儀）贊詣讀祝位獻官詣讀祝位贊跪獻官跪贊讀祝讀祝者取祝跪讀于獻官之左畢興置祝于案贊俯伏興平身

獻官俯伏興平身贊復位獻官復位

亞獻

通贊唱行亞獻禮贊引引獻官詣酒尊所贊司尊者舉冪酌酒執事者各以爵受酒贊詣某社神位前引獻官詣神位前贊跪搢笏獻官跪搢笏執爵者跪進爵于獻官之右獻官受爵贊獻爵獻官獻爵以爵授執事者奠于神位前贊出笏獻官出笏贊俯伏興平身獻官俯伏興平身贊詣某稷神位前（同上儀注）贊俯伏興平身獻官俯伏興平身（贊復位獻官復位）

終獻同亞獻儀

飲福受胙

通贊唱飲福受胙執事者設飲福位于壇之中稍北執事者先於社神前取羊一腳置于盤執事者於酒尊所酌酒一爵立俟于飲福位之右贊引請獻官詣飲福位贊跪搢笏獻官跪搢笏執事者以爵跪進于獻官之右獻官受爵贊飲福酒獻官飲訖以虛爵授執事者執事者跪受爵于獻官之左以退贊進胙執事者以胙跪進于獻官之右獻官受胙以胙授執事者執事者跪受于獻官之左捧由

中道出贊出笏獻官出笏贊俯伏興平身獻官俯伏興平身贊復位贊兩拜獻官陪祭官皆兩拜

徹饌

通贊唱徹饌執事者各詣神位前以籩豆稍移動

送神

通贊唱送神贊鞠躬拜興拜興拜興拜興平身獻官陪祭官皆四拜興平身

望瘞

通贊唱讀祝官捧祝進帛官捧帛各詣瘞所獻官陪祭官移身分東西立俟捧祝帛者由中道過獻官

拜位通贊唱望瘞贊引贊詣望瘞位引獻官至望
瘞位執事者以祝帛焚于坎中將畢以土實坎贊
引通贊同唱禮畢

風雲雷雨山川城隍之神

凡各布政司府州縣春秋仲月上旬擇日同壇祭
設三神位風雲雷雨居中山川居左城隍居右（若府州縣則稱曰某府某州某縣境內山川之神某府某州某縣城隍之神）風雲雷
雨帛四山川帛二城隍帛一俱白色附郭府州
縣官止隨班行禮不必別祭其祭祀祭器獻官
及齋戒省牲陳設正祭迎神（非與社稷禮同）但臨祭時
執事者先以毛血瘞于坎（通贊下唱瘞毛血）奠帛初獻
先詣風雲雷雨神位前次詣山川神位前次詣
城隍神位前次詣讀祝所跪獻終獻同初獻（下唱奠帛讀祝）
飲福受胙其胙於風雲雷雨神位前取牟
一腳徹饌送神望燎（亦同社稷儀但改瘞字爲燎字）

祝文

維洪武　年　月　日
某官某等敢昭告于
風雲雷雨之神
某府州縣境內山川之神
某府州縣城隍之神曰惟
神妙用神機生育萬物奠我民居足我民食
某等欽承
上命（戍守方面布政司用忝我茲土府州縣用）今當仲春秋謹具牲醴庶品用伸
常祭尚享

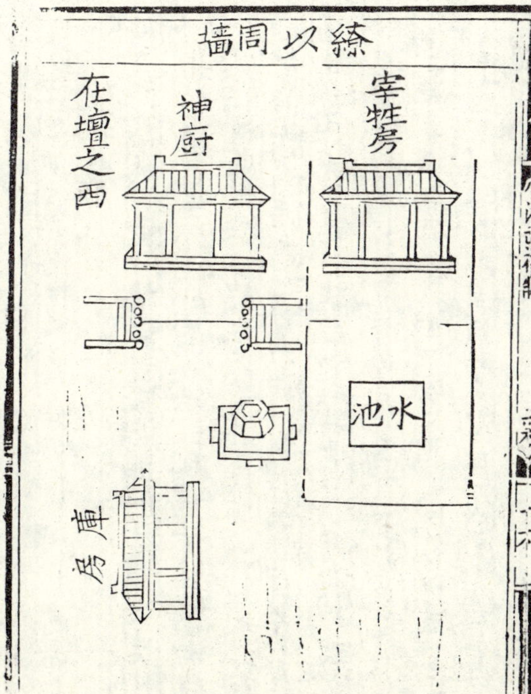

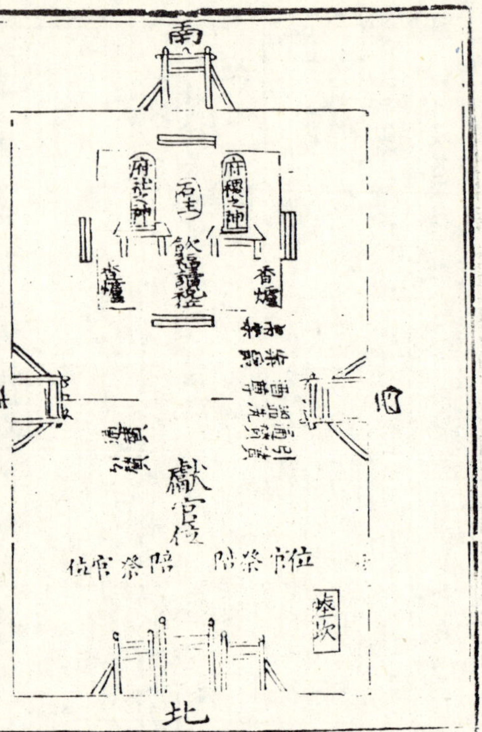

陳設圖

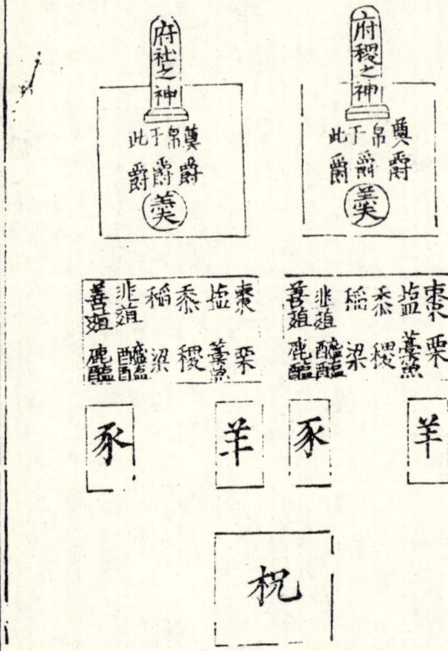

風雲雷雨山川城隍壇陳設與社稷同

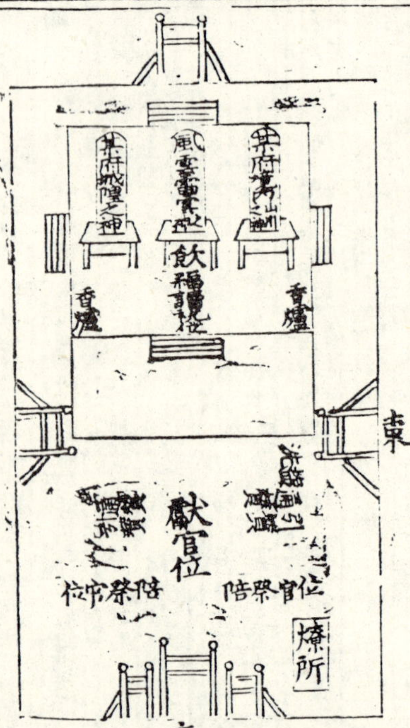

嶽鎮海瀆帝王陵廟

凡五嶽五鎮四海四瀆及帝王陵廟已有勅定擬致祭去處所在官司以春秋仲月上旬擇日致祭近布政司者布政司官致祭近府州縣者府州縣官致祭各用帛一五嶽五鎮四海各隨方色四瀆用黑色帝王陵廟用白色其牲物祭器儀注並與社稷同但[illegible]官奠帛[illegible]就讀祝惟瘞毛血望燎與祭風雲雷雨等神同其四海四瀆祝帛俱沉以中毛血仍瘞之

祝文

五嶽如東嶽則稱曰東嶽泰山之神西嶽華山南嶽衡山北嶽恒山中嶽嵩山皆倣此

惟

神靈峙方嶽鍾秀厚祇主司生民其功允大
時維仲春秋謹具牲醴庶品用伸常祭尚　享

五鎮（如東鎮則稱東鎮沂山之神　鎮會稽　鎮霍山　鎮醫無閭　倣此）

惟
神鍾秀崇高一方巨鎮封表有年功著民社
時維仲春秋謹具牲醴庶品用伸常祭尚　享

四海（如東海則稱東海之神　西海南海北海皆倣此）

惟
神靈鍾坎德萬水所宗功利深廣濟濟斯民
維時仲春秋謹具牲醴庶品用伸常祭尚　享

四瀆（如淮瀆則稱東瀆大淮之神西瀆大河南瀆大江北瀆大濟皆倣此）

惟
神鍾德靈長發源成溪潤澤所加溥利民物
時維仲春秋謹具牲醴庶品用伸常祭尚　享

歷代帝王陵寢

惟
某帝王功加當時德垂後世陵寢所在仰止
益虔維時仲春秋謹具牲醴庶品用伸祀禮尚享

守禦官祭旗纛（文官不預祭）

凡各處守禦官俱於公廨後築臺立旗纛廟設軍
牙六纛神位春祭用驚蟄日秋祭用霜降日
祭物用羊一豕一帛一白色祝一香燭酒果
先與各官齋戒一日至日守禦長官武服行
二獻禮若出師則取旗纛以祭班師則仍置
于廟儀注與社稷同（但瘞毛血望燎與風雲雷雨等神同）

祭文

惟
神正直無私指麾軍士助揚威武皆仗神功
某等欽承
上命守禦茲土惟茲仲春秋謹以牲醴庶品用伸常祭尚　享

以上各項祭祀壇廟宰牲房屋牲帛日期並
依已定制度合用牲匣籩豆簠簋尊爵盥
洗等器並如社稷壇樣制成造（但案卓用高卓）

祭厲

凡各府州縣每歲春清明日秋七月十五日冬十
月一日祭無祀鬼神其壇設於城北郊閒府州
名郡厲縣名邑厲祭物牲用羊三豕三飯米三
石香燭酒紙隨用

儀注

先期三日主祭官齋沐更衣（用常服）備香燭酒

棠詣本處城隍發告文通贊者贊鞠躬拜興拜
興平身詣神位前跪進爵獻爵奠爵俯伏興平
身復位鞠躬拜興拜興平身焚告文禮畢至日
設城隍位於壇上祭物用羊一豕一設無祀鬼
神牌於壇下左右（如府則曰本府境內無祀鬼神）祭物用羊二
豕二鮮置于器同羹飯等鋪設各鬼神位前執
事者陳設畢通贊者唱執事者各就位陪祭官
各就位主祭官就位鞠躬拜興拜興拜興拜興
平身詣神位前跪三獻酒俯伏興平身復位讀
祭文訖鞠躬拜興拜興拜興拜興平身以祭文
同紙焚訖贊禮畢

祭文（府州縣同）

維洪武　年　月　日某官某遵承
禮部劄付為祭祀本府闔境無祀鬼神等衆事
該欽奉
皇帝聖旨普天之下后土之上無不有人無不有鬼神人
鬼之道幽明雖殊其理則一故天下之廣兆民
之衆必立君以主之君總其大又設官分職於
府州縣以各長之各府州縣又於每一百戶內
設一里長以細領之上下之職綱紀不紊此治人
之法如此（細一作綱）
天子祭
天地神祇及天下山川王國各府州縣祭境內山川及祀
典神祇庶民祭其祖先及里社土穀之神上下
之禮各有等第此事神之道如此尚念冥冥之
中無祀鬼神昔為生民未知何故而歿其間有
遭兵刃而橫傷者有死於水火盜賊者有被人
取財而逼死者有被人強奪妻妾而死者有遭
刑禍而負屈死者有天災流行而疫死者有為
猛獸毒蟲所害者有為飢餓凍死者有因戰鬪
而殞身者有因危急而自縊者有因牆屋傾頹
而壓死者有死後無子孫者此等鬼魂或終
於前代或歿於近世或兵戈擾攘流移於他鄉
或人煙斷絕久缺其祭祀姓名泯沒於一時祀
典無聞而不載此等孤魂死無所依精魄未散
結為陰靈或倚草附木或作為妖怪悲號於星
月之下呻吟於風雨之時（怪一作中）凡遇人間節令
心思陽世魂杳杳以無歸身墮沉淪意懸懸而
望祭興言及此憐其慘悽故勅天下有司依時
享祭在京都有泰厲之祭在王國有國厲之祭

在各府州有郡厲之祭在各縣有邑厲之祭在
一里又各有鄉厲之祭期於神依人而血食人
敬神而知禮仍命本處城隍以主此祭欽奉如
此令某等不敢有違謹設壇於城北以三月清明日七月十五日十月一日置備牲醴羹飯專祭本府闔境無祀
神鬼等衆靈其不昧來享此祭凡我一府境內
人民儻有忤逆不孝不敬六親者有奸盜詐僞
不畏公法者有拗曲作直欺壓良善者有躲避
差徭靠損貧戶者似此頑惡奸邪不良之徒神必報於
城隍發露其事使遭官府輕則笞決杖斷不得
號爲良民重則徒流絞斬不得生還鄉里若事
未發露必遭陰譴使舉家並染瘟疫六畜田蠶
不利如有孝順父母和睦親族畏懼官府遵守
禮法不作非爲良善正直之人神必達之
城隍陰加護佑使其家道安和農事順序父母
妻子保守鄉里我等闔府官吏人等如有上欺
朝廷下枉良善貪財作弊蠹政害民者靈必無私一體
昭報如此則鬼神有鑒察之明官府非諂諛之
祭尚　享

告城隍文

某府遵承
禮部劄付爲祭祀本府無祀神鬼事該欽奉
皇帝聖旨普天之下后土之上無不有人無不有鬼神
人鬼之道幽明雖殊其理則一今國家治民事
神已有定制尚念冥冥之中無祀神鬼昔爲生
民未知何故而歿其間有遭兵刃云云與前府州縣祭文同
興言及此憐其慘悽故勑天下有司依時享
祭命本處城隍以主此祭鎮控壇場鑒察諸鬼
等類其中果有生爲良善誤遭刑禍死於無辜
者神當達於所司使之還生中國來享太平之
福如有素爲兇頑身死刑憲雖獲善終亦出僥
倖者神當達於所司屛之四裔善惡之報神必
無私欽奉如此今某等不敢有違謹於　年
月　日於城北設壇置備牲醴羹飯享祭本府
無祀神鬼等衆然幽明異境人力難爲必資
神力庶得感通今特移文于
神先期分遣諸將召集本府闔境鬼靈等衆至
日悉赴壇所普享一祭
神當欽承
勑命鎮控壇場鑒察善惡無私昭報爲此合行牒請

照驗欽依施行

里社

凡各處鄉村人民每里一百戶內立壇一所祀五土五穀之神專為祈禱雨暘時若五穀豐登每歲一戶輪當會首常川潔淨壇場遇春秋二社預期率辦祭物至日約聚祭祀其祭用羊一豕酒果香燭紙隨用祭畢就行會飲會中先令一人讀抑強扶弱之誓其詞曰凡我同里之人各遵守禮法毋恃力凌弱違者先共制之然後經官或貧無可贍周給其家三年不立不使與會其婚姻喪葬有乏隨力相助如不從眾及犯姦盜詐偽一切非為之人並不許入會讀誓詞畢長幼以次就坐盡歡而退務在恭敬神明和睦鄉里以厚風俗

儀注

前祭一日會首及預祭之人各齋戒一日會首先遣執事人掃除壇所為瘞坎於壇所之西北方深取足容物會首洗滌廚房鑊器以淨室為饌所至晚宰牲執事者以碟取毛血與祭器俱置於饌所（祭器用磁瓦器）祭日未明執事者於廚中烹牲設五土五穀神位於壇上五土居東五穀居西設讀祝所於壇上居間設會首拜位於壇下中間俱南向設預祭人位於其後設引禮及諸執事人位又於其後執事者於饌所實祭物於碟內鮮牲體置於二俎置酒於尊書祝文于紙祭物既備執事者各捧設于神位前燃香明燭目會首以下各服常服盥手入就拜位立定執事者執壺於尊中取酒立于五土神位之左引禮者唱鞠躬拜興拜興平身會首以下皆鞠躬拜興拜興平身執事者取毛血瘞于坎中引禮引會首詣五土神位前唱跪會首詣五土神位前跪舉盃執壺者斟酒引禮唱三祭酒會首三祭酒訖引禮唱俯伏興平身執壺者詣五穀神位之左引禮引會首詣五穀神位前唱跪會首詣五穀神位前跪舉盃執壺者斟酒引禮唱三祭酒會首三祭酒訖引禮唱俯伏興平身會首俯伏興平身引禮唱就讀祝位讀祝者取祝立於讀祝位之左會首詣讀祝所引禮唱跪會首跪唱讀祝讀祝者跪讀祝訖興置祝于案引禮唱俯伏興平身會首俯伏興平身引禮唱復位

會首復位引禮唱鞠躬拜興拜興平身會首以
下皆鞠躬拜興拜興平身執事者徹祭物讀祝
者取祝文焚瘞于坎所禮畢行會飲讀誓文禮

祝文

維洪武　年　月　日
某府某州某縣某鄉某里某人等謹致祭于
五土之神
五穀之神曰惟
神參贊造化發育萬物凡我庶民悉頼生植時
維仲（春東作方興／秋歲事有成）謹具牲醴恭伸（祈告／報祭）伏願雨
暘時若五穀豐登官賦足供民食充裕神其鑒
之尚　享

鄉厲

凡各鄉村每里一百戶內立壇一所祭無祀鬼神
專祈禱民庶安康孳畜蕃盛每歲三祭春清明
日秋七月十五日冬十月一日祭物牲酒隨鄉
俗置辦其輪流會首及祭畢會飲讀誓等儀與
祭里社同

祭文

某縣某鄉某村某里某社里長某人承本縣官
裁旨該欽奉
皇帝聖旨普天之下后土之上無不有人無不有鬼神
人鬼之道幽明雖殊其理則一故天下之廣（云云）
（與前府州縣祭文同）欽奉如此今某等不敢有違謹設壇
於本里以（三月清明日七月十五日十月一日）率領某人等百家
聯名于此置備羹飯肴物祭于本里無祀神鬼
等衆靈其不昧依期來享凡我一里之中百家
之內倘有忤逆不孝不敬六親者有姦盜詐僞
（云云與前府州縣祭文同）使其家道安和農事順序父母妻
子保守鄉里如此則鬼神有鑒察之明我民無
諂諛之祭靈其無私永垂昭格尚　享

祭告城隍文

某府某縣某鄉某村某里里長某人率領某里
人民某人等聯名謹具狀告于
本縣城隍之神今來某等承奉
縣官裁旨遵依
上司所行爲祭祀本鄉無祀鬼神事該欽奉
皇帝聖旨普天之下后土之上無不有人無不有鬼神
人鬼之道幽明雖殊其理則一今國家治民事
神已有定制尚念冥冥之中有等不在祀典之

神不得血食之鬼魂無所依私顯靈惟悲號於
星月之下呻吟於風雨之時憐其慘悽故勅天
下有司依時祭享鄉村里社一年三祭仍命禮
請本處城隍以主此祭鎮控壇場鑒察諸鬼等
類其中果有生爲良善誤遭刑禍死於無辜者
神必達於所司使之還生中國永享太平之福
如有生爲凶惡身死刑憲雖獲善終出於僥倖
者神必屛之四裔善惡之報神必無私欽奉如
此令某等不敢有違欽依於某年某月某日就
本里設壇謹備羹飯肴物祭享于本鄉無祀神
鬼等衆然幽明異境人力難爲必資神力庶得
感通今特虔誠告于
神先期分遣諸將遍歷所在招集本里鬼靈等
衆至日悉赴壇所受祭神當欽承
勅命鎮控壇場鑒察善惡無私昭報爲此謹具狀告
本縣城隍之神俯垂
照鑒謹狀

服色

一文武官朝服
凡文武官朝見服梁冠赤羅衣白紗中單俱用青
飾領緣赤羅裳青緣赤羅蔽膝大帶用赤白二
色絹革帶佩綬白襪黑履一品至九品俱以冠
上梁數帶綬分等第
一品
冠八梁加籠巾貂蟬封公者服之
冠七梁加籠巾貂蟬封侯者服之
已上革帶與佩俱用玉綬緑黃赤紫四色絲織
成雲鳳四色花錦下結青絲網綬環二用玉笏
用象牙
二品　冠六梁革帶綬環用犀餘同一品
三品
冠五梁革帶用金佩用玉綬用黃緑赤紫四色
絲織成雲鶴花錦下結青絲網綬環二用金笏用象牙
四品　冠四梁佩用藥玉餘並同
五品
冠三梁革帶用銀鍍金佩用藥玉綬用黃緑赤
紫四色絲織成盤鵰花錦下結青網綬環二用

銀鍍金笏用象牙
六品七品御史冠上加獬豸
冠二梁革帶用銀佩用菜玉綬用黃綠赤二色
絲織成練鵲花錦下結青絲網綬環二用銀笏用槐木
八品九品
冠一梁革帶用銅佩用菜玉綬用黃綠二色絲
織成鸂鶒花錦下結青絲網綬環二用銅笏用槐木

一文武官陪祭服
凡文武官一品至九品青羅衣白紗中單俱用皂領
緣赤羅裳皂緣赤羅蔽膝方心曲領其冠帶佩
綬等第並同朝服

一凡各處雜職未入流品人員若遇朝賀進表箋
陪班行禮止用烏紗帽紅團領衫黑角束帶

一凡文武官常朝視事以烏紗帽團領衫束帶為
公服一品玉帶二品花犀帶三品金鈒花帶四
品素金帶五品銀鈒花帶六品七品素銀帶八
品九品烏角帶

一凡年老致仕及侍親辭閑官員許用紗帽束帶
若為事黜降者服與庶人同

一凡官員人等衣服不得用玄黃紫三等顏色其
餘青綠緋碧及淺淡顏色聽從穿着其
朝參官員四時並用顏色衣服不純素

文武階勳
文職
正一品
初授特進榮祿大夫
陞授特進光祿大夫
加授贈特進光祿大夫上柱國
從一品
初授榮祿大夫
陞授光祿大夫　加授贈光祿大夫柱國
正二品
初授資善大夫　陞授資政大夫
加授贈資德大夫正治上卿
從二品
初授中奉大夫　陞授通奉大夫
加授贈正奉大夫正治卿
正三品
初授嘉議大夫　陞授通議大夫
加授贈正議大夫資治尹

從三品
初授亞中大夫　陞授中大夫
加授贈太中大夫資治少尹
正四品
初授中順大夫　陞授中憲大夫
加授贈中議大夫贊治尹
從四品
初授朝列大夫　陞授朝議大夫
加授贈朝請大夫贊治少尹
正五品
初授奉議大夫　陞授奉政大夫
加授贈奉政大夫脩正庶尹
從五品
初授奉訓大夫　陞授奉直大夫
加授贈奉直大夫協正庶尹
正六品
初授承直郎　陞授承德郎
從六品
初授承務郎　陞授儒林郎儒出身
宣德郎吏役材幹等出身

正七品
初授承事郎　陞授文林郎儒出身
宣義郎吏役材幹等出身
從七品
初授從仕郎　陞授徵事郎
正八品
初授迪功郎　陞授脩職郎
從八品
初授迪功佐郎　陞授脩職佐郎
正九品
初授將仕郎　陞授登仕郎
從九品
初授將仕佐郎　陞授登仕佐郎
武職
正一品
初授特進榮祿大夫　陞授特進光祿大夫
加授贈特進光祿大夫上柱國
從一品
初授榮祿大夫　陞授光祿大夫
加授贈光祿大夫柱國

正二品
初授驃騎將軍　陞授金吾將軍
加授贈龍虎將軍上護軍
從二品
初授鎮國將軍　陞授定國將軍
加授贈奉國將軍護軍
正三品
初授昭勇將軍　陞授昭毅將軍
加授贈昭武將軍上輕車都尉
從三品
初授懷遠將軍　陞授定遠將軍
加授贈安遠將軍輕車都尉
正四品
初授明威將軍　陞授宣威將軍
加授贈廣威將軍上騎都尉
從四品
初授宣威將軍　陞授顯武將軍
加授贈信武將軍騎都尉
正五品
初授武德將軍　陞授武節將軍

加授贈武節將軍驍騎尉
從五品
初授武畧將軍　陞授武毅將軍
加授贈武毅將軍飛騎尉
正六品
初授昭信校尉　陞授承信校尉
加授贈承信校尉雲騎尉
從六品
初授忠顯校尉　陞授忠武校尉
加授贈忠武校尉武騎尉
正七品
初授忠翊校尉　陞授忠勇校尉
從七品
初授敦武校尉　陞授修武校尉
正八品
初授進義校尉　陞授保義校尉
從八品
初授進義副尉　陞授保義副尉
給授文職散官定式
初授

白身入仕　雜職初入流
任內未經初考遷調改除　改除陞等
有罪及闒茸不稱職貶降者
量才任用降等不係貶降者　考覈平常
陞授
初考稱職
任內已經初考遷調改除仍係本等品級者
任內已得陞授未經再考遷調改除仍係本等
品級者
加授　兩考六年後事蹟顯著者

加贈
照依生前事蹟當得加授者
凡白身入仕并雜職初入流者與對品初授散官
任內歷俸三年初考稱職與陞授散官又歷三
年再考功蹟顯著方與加授散官若考覈平常
者止與初授　其任內未經初考遷調改除者
仍照見授職事與初授散官已經初考合得陞
授遷調改除仍係本等品級者與陞授散官若
陞等者止與對品初授　或有已得陞授未經
再考遷調改除仍係本等品級者仍照見授職
事與陞授散官已經再考合得加授遷調改除
仍係本等品級者與加授散官若陞等者止與
對品初授　其有先曾歷仕二品三品等職今
次除用若係有罪及闒茸不稱職貶降者照依
見授職事與初授散官若量才任用不係貶降
但令授職事比與原授降等其原授散官
誥命仍舊者亦照見授職事與對品初授散官俱於三年
之後照例陞授　其加贈一節考驗本人生
前功蹟合得加授者照例給與

吏員資格

一凡內外有出身吏員俱以三年為滿給由止據
見歷俸月不許通理
正七品出身
五軍都督府提控
從七品出身
五軍都督府掾史　六部都吏
正八品出身
六部令史
從八品出身
五軍都督府知印

正九品出身

五軍都督府典吏　六部知印

在外二品衙門令史　在京三品衙門令史

從九品出身

六部典吏　在外二品衙門知印

在外各衛令史　察院書吏

在外三品衙門書吏　諫院書吏

雜職出身在京三品衙門典吏

內府倉庫司局吏攢

在外二品衙門典吏　內外四品衙門司吏

一凡內外無出身吏員亦以三年為滿陞轉

五品六品衙門司吏在外三品內外四品衙門典

吏滿日於四品衙門司吏在京三品在外二

品衙門典吏內陞轉無缺給由（如是軍吏不在此限）

七品衙門司吏五品六品衙門典吏滿日於五

品衙門司吏內陞轉無缺給由

八品以下衙門吏攢七品衙門典吏滿日於六

品七品衙門司吏內陞轉無缺給由

在京各倉庫局闌場所等衙門吏攢滿日與

五品六品衙門司吏同

奏啓本格式

某衙門某官臣姓某等謹

奏為某事備由云云今將原發事由照行事理備細開

坐謹具奏

聞

某事云云緣由畢

前件事理議擬依某律科斷施行

某事云云緣由畢

前件云云伏候

聖旨

如有句問職官或支撥錢粮之類則依此式寫

已上某字起至某字止　計字若干　紙幾張

右　謹　奏

聞　如一事奏請則於此下寫伏候

勑旨謹奏

洪武　年（申）月　日某衙門某官臣姓某

某官臣姓某

年月日下止列見在某官臣姓銜名不得於背後

書字或有差故缺員者不必列銜

某衙門某官臣姓某謹

奏為雨澤事據某人狀呈洪武幾年幾月幾日某

時幾刻下雨至某時幾刻止入土幾分謹具奏
聞
已上為雨澤字起至入土幾分止計字若干箇紙幾張。
右謹奏
聞
洪武　年　月　日列銜如前式
啓本同此式但奏字寫作啓字。若有請。則敕旨字寫作令旨餘皆倣此。

行移體式

在京

一五軍都督府照會六部劄付各都指揮使司承宣布政使司并金吾前後羽林左右虎賁左右軍衛及府軍左右前後十衛經歷司各護衛歷司各外衛指揮使司提刑按察司應天府各長史司兵馬指揮司守禦千戶所其察院並各司凡有事務各府經歷司令典吏抄案本司呈府施行事畢經歷司回牒監察御史并磨勘司

一六部咨呈五軍都督府平咨各都指揮使司照會承宣布政使司劄付太常司欽天監太醫院翰林院光祿司太僕寺提刑按察司應天府鹽運司各外衛指揮使司金吾前後羽林左右虎賁左府軍衛府軍前後左右十衛經歷司各護衛經歷司直隸府州各長史司兵馬指揮司國子學典簿其察院事務六部都吏赴院抄案磨勘司事務六部令史赴司抄案呈部施行事畢主事回牒監察御史并磨勘司

一金吾前後羽林左右虎賁左并府軍衛府軍左右前後十衛俱係經歷司呈五軍都督府并六部各布政司平關各外衛并提刑按察司及在京三品衙門故牒兵馬指揮司其察院事務各衛經歷司令典吏抄案本司呈衛磨勘司事務各衛令史抄案呈衛施行事畢經歷司回關監察御史并磨勘司

一在京并直隸各外衛指揮使司申五軍都督府呈六部平關各衛并提刑按察司及在京三品衙門故牒兵馬指揮司其察院磨勘司事務俱係令史抄案呈衛施行事畢經歷司回關監察御史并磨勘司

一太常司欽天監太醫院翰林院光祿司太僕寺呈部平關提刑按察司并三品衙門其察院磨

勘司事務俱係令史抄案呈本衙門施行事畢首領官回報監察御史并磨勘司品級相等者平關七品以下者牒上回報

一國子學凡有行移本學典簿呈六部平關應天府其察院事務典簿抄案呈學磨勘司事務令史抄案呈學施行事畢典簿牒呈監察御史磨勘司

一應天府申五軍都督府呈六部牒呈各都指揮使司布政使司平關提刑按察司并國子學故牒在外各府兵馬指揮司帖下州縣其察院磨勘司事務本府令史抄案呈府施行事畢經歷司牒呈監察御史磨勘司

一察院故牒各道提刑按察司經歷司其磨勘司事務察院書吏赴司抄案呈院施行事畢監察御史回關磨勘司

一兵馬指揮司申五軍都督府六部牒呈金吾羽林府軍等衛并各外衛指揮使司應天府牒上在外各府平關各州帖下各縣其察院事務本司首領官抄案呈司施行事畢本司回牒監察御史

在外

一各都指揮使司呈五軍都督府平咨六部各布政使司照會提刑按察司故牒各衛并護衛指揮使司應天府劄付長史司各府州

一各處承宣布政使司呈五軍都督府咨呈六部平咨各都指揮使司照會提刑按察司應天府劄付金吾羽林府軍等十衛經歷司長史司并所屬鹽運司各府州

一各護衛指揮使司凡有事務行移本衛經歷司轉呈五軍都督府六部并長史司平關提刑按察司并內外三品衙門及各衛故牒各府帖下州縣所屬千百戶所

一各外衛指揮使司申五軍都督府呈六部牒呈都指揮使司平關提刑按察司故牒各府帖下州縣并所屬千百戶所

一各道提刑按察司呈五軍都督府六部牒呈都司布政司平關在京三品衙門并在外各衛指揮使司鹽運司故牒在內四品衙門及在外各府長史司帖下內外五品至七品衙門其察院事務本司經歷司牒呈回報

一各鹽運司申六部呈各布政使司平關按察司并三品衙門故牒各府帖下州縣

一直隸各府申六部在外各府申都指揮使司布政使司牒呈按察司各衛并護衛指揮使司塩運司牒長史司故牒守禦千戶所兵馬指揮司帖下所屬各州縣

一各府長史司呈五軍都督府六部及各布政使司都指揮使司牒呈提刑按察司牒各府帖下各護衛經歷司故牒審理所

一各處守禦千戶所直隸申五軍都督府在外申都指揮使司呈各衛牒呈按察司牒上各府故牒各州帖下各縣所屬百戶

一直隸各州申六部在外各州直隸布政司統屬申本司係各府所屬止申本府并按察司各衛并護衛指揮使司平關兵馬指揮使司帖下屬縣

一各縣申府并按察司各衛并護衛指揮使司及在京兵馬指揮司若係各州所屬申州故牒倉庫稅課司局遞運河泊所驛塲等雜職衙門

一各處倉庫司獄巡檢稅課司局遞運河泊所驛塲等雜職衙門申府如內有各州所（屬州但牒呈各縣各處雜職衙門倂準此）

署押體式

照會式

某軍都督府為某事云云云云合行照會可照驗施行須至照會者

照會某部

洪武　年　印　月　日

某事

照會　左都督押　同知都督押　僉都督押

右都督押　同知都督押　僉都督押

六部照會各布政使司文移同

照會　尚書押　侍郎押

侍郎押

都指揮使司照會按察司文移同

照會　都指揮使押

各布政使司照會按察司同

照會　左布政使押　左參政押　左參議押

右布政使押　右參政押　右參議押

咨呈式

某部為某事云云合行咨呈伏請
照驗施行須至咨呈者
右咨呈
某軍都督府
洪武　年印月　日尚書姓名押　侍郎姓名押
某事

各布政使司咨呈六部文移同
洪武　年　月　日
左布政使姓名押　左參政姓名押　左參議姓名押
右布政使姓名押　右參政姓名押　右參議姓名押

平咨式
某部為某事云云合行移咨請
照驗施行須至咨者
右　咨
某都指揮使司
洪武　年印月　日
某事

咨　尚書押　侍郎押
侍郎押

都指揮使司咨各處文移同

咨　都指揮使押

各布政使司咨各處文移同

咨　左布政使押　左參政押　左參議押
右布政使押　右參政押　右參議押

劄付式
某軍都督府為某事云云合下仰照驗云云須至
劄付者
右劄付某衛指揮使司准此
洪武某事年印月　日

劄付　左都督押　同知都督押　僉都督押
右都督押　同知都督押　僉都督押

六部劄付各衙門文移同

劄付　尚書押　侍郎押
侍郎押

各都指揮使司劄付各衙門文移同

劄付　都指揮使押

各布政使司劄付所屬衙門文移同

劄付　左布政使押　左參政押　左參議押
右布政使押　右參政押　右參議押

呈狀式

某衛親軍指揮使司經歷司承奉
本衛某文爲某事云云　奉此合行具呈伏乞
照驗施行須至呈者
右　呈
某軍都督府
洪武　年印　月　日經歷姓名　知事姓名
某事

各護衛經歷司呈各衙門文移同
應天府爲某事云云　合行具呈
照驗施行須至呈者
右　呈
某　部
洪武　年印　月　日府尹姓名　府丞姓名　治中姓名　通判姓名　[illegible]
某事
太常司欽天監太醫院翰林院光祿司太僕寺
呈部文移同
提刑按察司呈五軍都督府六部文移同

洪武　年印　月　日按察使姓名　副使姓名　僉事姓名
某事
各都司布政使司呈五軍都督府外衛呈六部鹽
運司
呈布政司守禦某千戶所呈各衛同
長史司呈都府六部等衙門文移同
洪武　年印　月　日長史姓名
某事

申狀式

某府爲某事云云　合行申覆伏乞
照驗施行須至申者
右　申
某處承宣布政使司
洪武　年印　月　日知府姓名　同知姓名　通判姓名　推官姓名
某事
直隸府州申六部在外府州申都司應天府申五
軍都督府同
各外衛指揮使司申五軍都督府鹽運司申部
文移同
洪武　年印　月　日指揮使姓名　同知姓名　僉事姓名
某事

兵馬指揮司申都府六部同
守禦千戶所申都府都指揮使司文移同
洪武某年某月　日正千戶姓名　副千戶姓名
各州申府按察司各衛等衙門文移同
洪武某年某月　日知州姓名　同知姓名　判官姓名
各縣申府州等衙門文移同
洪武某年某月　日知縣姓名　縣丞姓名　主簿姓名
平關式
某衛親軍指揮使司爲某事云云合行移關請
照驗施行須至關者

右　　關
某衛指揮使司
洪武某年某月　日
關　指揮使押　同知押　僉事押
　　同知押　僉事押
各府平關各衙門文移同
關　知府押　同知押　推官押
　　通判押
各州平關各衙門文移同

關　知州押　同知押
　　判官押
各縣平關各衙門文移同
關　知縣押　縣丞押
　　主簿押
牒呈式
某府爲某事云云合行牒呈伏請
照驗施行須至牒呈者
右　牒　呈
某處提刑按察司

洪武某年某月　日知府姓名押　同知姓名押　通判姓名押　推官姓名押
應天府牒呈都司布政司各府牒呈各衛指揮使司
鹽運司兵馬指揮司牒呈各衛指揮使司
應天府同
按察司牒呈都指揮使司布政使司文移同
洪武某年某月　日按察使姓名押　副使姓名押　僉事姓名押
長史司及守禦千戶所牒呈按察司應天府經歷司
國子學典簿牒呈察院磨勘司同
平牒式
某府長史司爲某事云云合行移牒請

照驗施行須至牒者

右　牒

某　府

洪武某年印月　日

牒　長史押

各府牒長史司文移同

牒上式

某處守禦千戶所爲某事云云合行牒上請

照驗施行須至牒者

右　牒　上

某　府

洪武某年印月　日

牒　正千戶押　副千戶押　副千戶押

兵馬指揮司牒上各外府同

故牒式

某衛指揮使司爲某事云云合行故牒云云可照驗施行須

至故牒者

右　故　牒

某　府

洪武某年印月　日

牒　指揮使押　同知押　僉事押

同知押　僉事押

都指揮使司故牒各衛及應天府鹽運司故牒各

府應天府故牒外府并兵馬指揮司

同

下帖式

某府爲某事云云合下仰照驗云云須至帖者

右下某縣准此

洪武某年印月　日

帖　知府押　同知押　推官押

通判押

某州爲某事云云合下仰照驗云云須至帖者

右下某庫倉准此

洪武某年印月　日

帖　知州押　同知押

判官押

官吏俸祿

官員歲支祿米

正一品　祿米一千石　俸鈔一百貫

從一品　祿米八百五十石　俸鈔八十五貫

正二品　祿米七百石　俸鈔七十貫

從二品　祿米伍百伍十石　俸鈔五十五貫
正三品　祿米四百石　俸鈔四十貫
從三品　祿米三百石　俸鈔三十貫
正四品　祿米二百七十石　俸鈔二十七貫
從四品　祿米二百四十石　俸鈔二十四貫
正五品　祿米一百八十石　俸鈔一十八貫
從五品　祿米一百六十石　俸鈔一十六貫
正六品　祿米一百石　俸鈔一十貫
從六品　祿米九十石　俸鈔九貫
正七品　祿米八十石　俸鈔八貫

從七品　祿米七十五石　俸鈔七貫五百文
正八品　祿米七十石　俸鈔七貫
從八品　祿米六十五石　俸鈔六貫五百文
正九品　祿米六十石　俸鈔六貫
從九品　祿米五十石　俸鈔伍貫

雜職

月支俸米

提控案牘、吏目典史司獄各關倉庫并稅課
等司局批驗鐵冶所大使月支三石副使
二石五斗

欽天監陰陽官并各長史司引禮舍人月支三石
各群群長月支三石群副二石五斗
國子學掌饌月支三石
州學正實授月支二石五斗
縣學教諭府州縣學訓導實授月支二石
河泊所官月支二石
閘壩官并教坊司和聲郎月支一石五斗
行人司行人月支一石二斗

欽依長住俸

各處巡檢　遞運所官　驛丞

吏員

月支俸米

二石五斗

五軍都督府提控　六部都吏　各布政使司通吏

二石二斗

五軍都督府掾史　六部令史
各都指揮使司令史各布政使司令史

二石

通政司太常司太醫院欽天監翰林國史院
光祿司太僕寺各衛應天府令史各道按察

司塩運司磨勘司察院書吏國子學寶鈔提
舉司各府司吏
一石五斗
五軍都督府知印　六部知印
各都指揮使司知印　各布政使司知印
一石二斗
五軍都督府典吏　六部典吏
各都指揮使司典吏　各布政使司典吏
各都指揮使司承差　各布政使司承差
各長史司各州高寶司儀鸞司都府斷事官
各千戶所　衛鎮撫塩課提舉司司吏
一石
通政司太常司太醫院欽天監光祿司太僕
寺各道按察司塩運司寶鈔提舉司各衛
國子學應天府典吏
各道按察司塩運司承差　光祿司各署司吏
供奉司兵馬指揮司都指揮司斷事司司吏
審理工正奉祠典寶紀善良醫典儀典膳所司
吏　殿廷儀禮司司吏
各布政司理問所司吏

儀衛司司仗典仗各牧監各群司吏
京縣并各縣司吏鋪長
各百戶所并所鎮撫司吏
太常司祠祭署典牧所欽天監司曆龍江提
舉司會同館判祿司司吏
諫院書吏　城門郎茶塩馬司司吏
內府寶鈔承運廣積甲乙丙丁戊字庫司吏攢典
尚染針工皮作司牧司菓類料局兵仗司尚
佩監司吏　磨勘司典吏
抄紙印鈔局司吏　惠民局阜民司司吏
生藥庫攢典　軍器鑄印鞍轡局司吏
雜造寶源局司吏司庫在外雜造寶泉等局
司吏　龍江石灰山関司吏
孳牧孳生所司吏　龍江抽分竹木局攢典
八斗
各長史司都府斷事官儀鸞司典吏
月支食米六斗
光祿司各署典吏　典牧孳牧所典吏
審理工正奉祠紀善典寶典儀良醫典膳孳
生各所典吏

雜造寶源鞍轡抄紙印鈔等局典吏

各牧監典吏　各處司獄司獄典

上元江寧縣典吏　批驗茶引所攢典

都稅司并龍江稅課司司攢典

兵馬指揮司典吏　大軍龍江石灰山倉攢典

龍江聚寶門宣課司太平門稅課司司吏攢典

龍江鹽倉檢校批驗所攢典　城門郎典吏

軍儲一倉至二十倉攢典

各長史司廣有等倉攢典

不與俸并食米吏典

在外倉庫攢典　各處稅課司局吏攢

各處遞運所批驗所司吏并閘壩驛吏

理刑所典吏　各都司斷事司典吏

在外府州縣典吏

洪武禮制終

皇明制書
諸司職掌
吏部卷之三
尚書侍郎之職掌天下官吏選授勲封考課之
政令其屬有四曰選部司封司勲考功
選部
郎中員外郎主事掌天下官吏班秩品命
選官
作缺
凡內外官員考滿侍親致仕丁憂殘疾極刑
考功司勲来付案呈本部立案作缺類寫
缺本赴
內府銓注如遇本科遷調改降及內外衙門開到
為事提問等項官員本部立案作缺仍連
送選部移付司勲照勘明白開附轉續帖
黄考功附寫行止如事故不明難以作缺
者本科自行照勘回報明白者壹體作缺
開附貼黄行止○
類選
凡考功付到考滿官司勲付到起復官及內

外衙門送到降用裁減截替別用官員就
憑来文附簿立案○起復考滿官止憑来
付案呈本部審實相同比例無差就便謄
録選本引選○本科該管裁減改降截替
并為事釋放罷閑起取官員隨令備供歷
任脚色開寫公私過名赴堂題判送司勲
考功查對貼黄紀録明白類奏照例選用
如有公過差錯就行引問取招移付考功
紀録通問如隱匿的決及贓私等項追名
及改換出身有害於事者具
奏送問○進士監生通經秀才人材孝廉賢良方正
等項俱憑來文附簿責供年籍住址出身
名色丁產營生過名分成等第然後引奏
選用○陰陽醫術行移太醫院欽天監考
試如果堪用照例具
奏引選不堪用者將原舉官吏依貢舉非其人律
付考功紀録本人放回仍督令別舉僧道
亦憑僧道録司考試堪用申送本部俱該
類奏引選○其應選官員人等除僧道陰
陽醫士就除原籍其餘俱各照例避貫銓

注如無相應見鈌借除在京在外者皆仍
支合得俸給通理月日○凡在京初入仕
者試職其在京實授試職官員凡有陞除
即與實授量才授職比與前任品級降等
者亦實授外任官員果有才德薦舉陞除
任京者亦實授若因朝
覲給由等項到部遇有鈌員就便對品改除者實
授陞除者試職如遇
特旨陞降及與實授者不在此限○在京已入流
倉官不須試職未入流品官員俱與實授
舉人出身第一甲三名第一名從六品第
二名第三名正七品賜進士及第第二甲
從七品賜進士出身第三甲正八品賜同
進士出身○在外承差有鈌於能幹人員
內取用考滿省徃考功來付於行人內用
起復者徃司勲來付於五府六部知印內
用○五府六部知印有鈌具
奏於識字人材內取用

抄選

凡

內府除授官員令主事抄寫處所到部呈堂具本覆
奏附選京官就令赴任行移在京各衙門在外官
員関領劄付其布政司正佐官員関領照
會俱定限到任仍行取到任月日候回報
立案送司勲附黃如遇
特旨陞改降除官員皆要具本覆奏附選一體行
移其在外官員赴任一千五百里之外者
移咨兵部應付脚力

衙門

凡內外開設裁革減併一應衙門欽奉
聖旨或據准各處來文開到各項緣由若係開設復
設衙門定擬衙門品級合設官員數目具
奏附寫官制照例除官設吏若係裁革減併衙門
具
奏銷除官制見任官吏取问移付該科別用俱咨
禮部鑄銷印信仍立案連送付司勲貼黃
鈌科作鈌司封行移設吏

官制

凡內外各司府州縣衙門并合屬倉庫河泊
所税課司局驛遞閘垻僧道醫術大小衙

門合設官員及五軍都督府并各衛所軍
職文官制度并今典名數務要周知

官

在京

宗人府

正官

宗人令　左右宗人正

左右宗人

首領官

經歷一員

吏部

正官

尚書一員　左右侍郎各一員

屬官選部司封司勳考功四部

郎中各一員　員外郎各一員

首領官選部等四部　主事各一員

司務四員

戸部

正官

尚書一員　左右侍郎各一員

屬官浙江等十三部

郎中各一員　員外郎各一員

首領官浙江等十二部主事各二員内北平部四員

照磨所　照磨一員　檢校一員

司務四員

所屬衙門

寶鈔提舉司

提舉一員　副提舉一員

典史一員

抄紙局

大使一員　副使一員

印鈔局

大使一員　副使一員

寶鈔廣惠庫

大使一員　副使二員

廣積庫

大使一員　副使一員

典使一員　副使二員

贓罰庫

大使一員　副使二員

外承運庫
大使一員　副使一員
甲乙丙丁戊字庫
大使各一員　副使六員丙丁字庫二員
軍儲倉
大使一員　副使一員
龍江塩倉檢校批驗所
大使一員　副使一員

禮部
正官
尚書一員　左右侍郎各一員
屬官儀部祠部主客部膳部
郎中各一員　員外郎各一員
首領官儀部等四部　主事各一員
司務四員
所屬衙門
儀禮司　司正一員　左右司副二員
左右司丞四員　鳴賛四員
序班四十四員
行人司

司正一員　左右司副二員
行人三百四十五員
鑄印局
大使一員　副使一員
教坊司
奉鑾一員　左右韶舞二員
左右司樂一員

兵部
正官
尚書一員　左右侍郎各一員
屬官司馬職方駕部庫部
郎中各一員　員外郎各一員
首領官司馬等四部　主事各二員
司務四員
所屬衙門
典牧所
提領一員　大使一員
副使一員　典史一員
會同館
大使一員　副使一員

大勝關
大使一員　副使一員

刑部
正官
尚書一員　左右侍郎各一員
屬官浙江等十二部
郎中各一員　員外郎各一員
首領官浙江等十二部　主事各一員
照磨所　照磨一員　檢校一員
司務四員
司獄司　司獄六員

工部
正官
尚書一員　左右侍郎各一員
屬官營虞水屯四部
郎中各一員　員外郎各一員
首領官營部等四部　主事各二員
司務四員
所屬衙門
文思院
大使一員　副使二員
巾帽局
大使一員　副使一員
針工局
大使一員　副使一員
營膳所
所正二員　所副二員
所丞二員
皮作局
大使一員　副使二員
顏料局
大使一員
寶源局
大使一員　副使一員
鞍轡局
大使一員　副使一員
軍器局
大使一員　副使二員
龍江提舉司
提舉一員　副提舉二員

典史一員
龍江抽分竹木局
大使一員　副使四員
大勝港抽分竹木局
大使一員　副使二員

都察院
正官
左右都御史二員　左右副都御史二員
左右僉都御史四員
首領官　經歷一員　都事一員
屬官浙江等十二道
監察御史六十員
司務四員
司獄司　司獄六員
通政使司
正官
通政使一員　左右通政二員
左右參議二員
首領官　經歷一員　知事一員
中書舍人二十員

吏科
都給事中一員　左右給事中二員
給事中四員
戶科
都給事中一員　左右給事中二員
給事中八員
禮科
都給事中一員　左右給事中二員
給事中六員
兵科
都給事中一員　左右給事中二員
給事中十員
刑科
都給事中一員　左右給事中二員
給事中八員
工科
都給事中一員　左右給事中二員
給事中四員
天門待詔一員
閣門使四員

觀察使十員

太常寺

正官

卿一員　少卿二員　寺丞二員

首領官　典簿二員

屬官

博士二員　協律郎二員

賛禮郎六員　司樂二員

天地壇祠祭署　奉祀一員　祀丞二員

山川壇籍田祠祭署

奉祀一員　祀丞一員

祖陵祠祭署　奉祀一員　祀丞二員

皇陵祠祭署　奉祀一員　祀丞二員

揚王墳祠祭署

奉祀一員　祀丞一員

徐王墳祠祭署

奉祀一員　祀丞一員

大理寺

正官

卿一員　左右少卿二員

左右寺丞二員

屬官左右二寺

左右寺正二員　左右寺副四員

左評事四員　右評事八員

司務二員

應天府

正官

府尹一員　府丞一員

治中一員　通判二員

推官一員

首領官經歷一員　知事一員

所屬衙門

上元江寧二縣

知縣各一員　縣丞各一員

主簿各一員　典史各一員

儒學　教授一員

陰陽學正術一員

醫學　正科一員

司獄司司獄一員

江東巡檢司

巡檢一員
都稅司
大使一員　副使一員
龍江宣課司
大使一員　副使四員
聚寶門宣課司
大使一員　副使二員
太平門稅課司
大使一員　副使一員
秣陵鎮巡檢司
巡檢一員
織染局
大使一員　副使一員
龍江稅課局
大使一員　副使一員
龍潭稅課局
大使一員　副使一員
大勝驛丞一員
江東驛丞一員
龍江水馬驛丞一員
龍江遞運所

大使一員　副使一員
批驗茶引所大使一員
龍江東外河泊所官二員
石灰關
大使一員　副使一員
龍江關
大使一員　副使四員
光祿司
正官
卿一員　少卿二員　司丞二員
首領官　典簿二員　録事一員
屬官
大官珍羞良醞掌醢四署
署正各一員　署丞各四員
監事各四員
司牲司
大使一員　副使一員
大僕寺
正官
卿一員　少卿二員　寺丞四員

首領官　主簿一員
所屬衙門
各牧監
監正各一員　監副各一員
録事各一員
各群　群長各一員
國子監
本監
祭酒一員　司業一員　監丞二員
典簿一員
屬官
博士五員　助教一十五員
學正一十員　學録七員
典籍一員　掌饌二員
中都國子監
本監
祭酒一員　司業一員　監丞一員
典簿一員
屬官
博士一員　助教二員　學正一員

學録一員　掌饌一員
華蓋殿大學士
武英殿大學士
文華殿大學士
文淵閣大學士　東閣大學士
左右春坊
大學士各一員　左右庶子各一員
左右諭德各一員　左右中允各二員
左右贊善各二員　左右司直郎各二員
司經局
洗馬二員　校書二員　正字二員
翰林院
正官
學士一員　侍讀學士二員
侍講學士二員
首領官　孔目一員
屬官
侍讀二員　侍講二員　博士五員
典籍二員　侍書二員　待詔六員
史官

修撰三員　編修四員　檢討四員

尚寶司

卿一員　少卿一員　司丞三員

欽天監同回回監

正官

監正各一員　監副各二員

首領官

主簿各一員

屬官

春夏中秋冬官各一員

五官靈臺郎各八員

五官保章正各二員

五官挈壺正各三員

五官監候各三員

五官司曆各二員

五官司辰各八員

漏刻博士各六員

太醫院

正官

院使一員　院判二員

首領官　吏目一員　屬官御醫四員

所屬衙門

惠民局

大使一員　副使一員

生藥庫

大使一員　副使一員

左右中前後五軍都督府經歷司

經歷各一員　都事各一員

五軍都督府斷事官

正官

斷事官一員　左右斷事官二員

首領官

司務二員　提控案牘二員

司獄司

司獄一員

屬官左右中前後五司

稽仁各一員　稽義各一員

稽禮各一員　稽智各一員

稽信各一員

中東西南北城五兵馬指揮司

正官

指揮各一員　副指揮各四員

首領官　吏目各一員
各衛
經歷司　知事各一員
倉　副使
留守中等衛各門千戶所
吏目各一員
牧馬千戶所吏目一員
僧録司
左右善世二員　左右闡教二員
左右講經二員　左右覺義二員
道録司
左右正一二員　左右演法二員
左右至靈二員　左右玄義二員
神樂觀
提點一員　知觀一員
在外
各布政使司
正官
左右布政使各一員　左右參政各一員
左右參議各一員

首領官　經歷各一員　都事各一員
照磨所　照磨一員
理問所
理問各一員　副理問各一員
提控案牘各一員
所屬衙門
庫雜造軍器寶泉織染局
大使各一員　副使各一員
陝西四川茶馬司
大使各一員　副使各一員
廣西裕民司　雲南滇池魚課司
大使各一員　副使各一員
各府
正官
知府各一員　同知各一員
通判各一員　推官各一員
首領官　經歷各一員　知事各一員
所屬衙門
司獄司　司獄各一員
儒學　教授各一員

倉稅課司雜造織染局稅課分司

大使　副使

府州縣巡檢司巡檢各一員

陰陽學　正術各一員

醫學　正科各一員

僧綱司

都綱各一員　副都綱各一員

道紀司

都紀各一員　副都紀各一員

府州縣水馬驛　驛丞

府州縣遞運所　大使

府州縣河泊所　所官

各州若不及三十里長有所屬縣分者裁減同知無所屬縣分者裁減同知判官

正官

知州各一員　同知各一員

判官各一員

首領官吏目各一員

所屬衙門

儒學　學正各一員

陰陽學　典術各一員

醫學　典科各一員

各處稅課局茶課司　大使　副使

長淮廣濟二關

大使各一員　副使各二員

各處鐵冶批驗茶塩引所　大使

各處閘埧　閘官　埧官

州縣倉　大使　副使

僧正司

僧正各一員

道正司

道正各一員

各縣若不及二十里長者裁減縣丞主簿

正官

知縣各一員　縣丞各一員

主簿各一員

首領官典史各一員

所屬衙門

儒學　教諭各一員

陰陽學　訓術各一員

醫學訓科各一員

僧會司　僧會一員

道會司　道會各一員

四川阜民司福建銀屏山銀場局
大使各一員　副使各二員
陝西司竹局
大使一員
各按察司
正官
按察使各一員　副使各二員
僉事員數不等
首領官　經歷各一員　知事各一員
司獄司　司獄各一員
各塩運使司
正官
運使各一員　同知各一員
副使各一員　判官員數不等
首領官　經歷各一員　知事各一員
各塩課提舉司
正官
提舉各一員　同提舉各一員
副提舉員數不等
首領官吏目各一員
煎塩提舉司

正官
提舉一員　同提舉一員
副提舉一員
首領官典史一員
各塩運司提舉司所屬塩課司倉庫
大使　副使
中都留守司并各都指揮使司經歷司
經歷各一員　都事各一員
中都留守司并各都指揮使司斷事司
斷事各一員　副斷事各一員
吏目各一員
各衛經歷司　知事各一員
各守禦千戶所吏目各一員
王府官
長史司
正官　左右長史各一員
首領官典簿各一員
屬官
審理所
審理正各一員　審理副各一員

典膳所
典膳正各一員　典膳副各一員
奉祠所
奉祠正各一員　奉祠副各一員
典樂各一員
典寶所
典寶正各一員　典寶副各一員
紀善所
紀善各二員
良醫所
良醫正各一員　良醫副各一員
典儀所
典儀正各一員　典儀副各一員
引禮舍人各三員
各倉庫
大使各一員　副使各一員
宣慰使司
正官
宣慰使各一員　同知各一員
副使各一員　僉事各一員
經歷司
經歷各一員　都事各一員
宣撫司
正官
宣撫各一員　同知各一員
副使各一員　僉事各一員
經歷司
經歷各一員　知事各一員
安撫司
正官
安撫各一員　同知各一員
副使各一員　僉事各一員
首領官　知事各一員
招討司
正官
招討　副招討
首領官吏目
長官司
正官
長官　副長官
首領官　吏目

蠻夷長官司
長官　副長官
蠻夷官
𦍒民官
千夫長
千夫長　副千夫長
百夫長
軍民萬戶府經歷司
經歷一員　知事一員
吏

在京衙門該設吏典
宗人府
提控　典吏
中軍都督府
提控　掾史　典吏
門吏　承發　架閣庫典吏
掌關防文簿典吏
左右前後軍都督府
提控　掾史　典吏
承發　架閣庫　典吏

掌關防文簿典吏
吏禮兵工部
都吏　令史　典吏
承發　架閣庫　典吏
戶部
都吏　令史　典吏
承發　架閣庫　典吏
照磨所　司吏　典吏
刑部
都吏　令史　典吏
承發　架閣庫典吏掌簿籍典吏
照磨所　司吏　典吏
都察院
都吏　令史　典吏
看奏本典吏　承發　巡按書吏
十三道
書吏　典吏　承發
通政使司
令史　典吏
大理寺

書吏　典吏　承發
架閣庫典吏
五軍都督府斷事官
司吏　典吏　承發
架閣庫典吏
五司　司吏　典吏
太常司
司吏　典吏
祀祭署　司吏
國子監
司吏　典吏
典簿廳　典吏
光禄司
令史　典吏
太官等署　司吏　典吏
司牲司　司吏
王府典膳所司吏
太醫院
司吏　典吏
惠民局　司吏

生藥庫　司吏
欽天監
司吏　典吏
五官司曆司吏
翰林院　司吏
儀禮司　司吏
會同館　司吏
行人司　司吏
鑄印局　司吏
太僕寺
令史　典吏
各牧監司吏
各群　司吏
應天府
令史　典吏　承發
經歷司典吏　司獄司獄典
上元縣
司吏　典吏　鋪長
江寧縣
司吏　典吏　承發

書狀　鋪長
本府儒學司吏
顏料局司吏
龍江遞運所　司吏　典吏
龍江龍潭稅課局　司吏　攢典
都稅司　司吏　典吏
聚寶門龍江宣課司司吏　攢典
大平門稅課司　司吏　攢典
織染局　司吏　典吏
秣陵鎮等巡檢司司吏

東陽等驛　驛吏
龍江石灰山大勝關　司吏
東西南北城中兵馬司　司吏　典吏
甲乙丙丁戊字贓罰廣惠承運廣積庫
司吏　攢典
寶鈔提舉司　司吏　典吏
抄紙印鈔局　司吏　典吏
軍儲倉　攢典
龍江鹽倉批驗所批驗茶引所　攢典
典牧所　司吏

司牧局　司吏
牧馬千戶所金駝群養馬看山百戶所司吏
午門端門承天門東上門東中門東安門西上
門西中門西安門北上門北中門北安門門
吏
軍器局　司吏
龍江提舉司　司吏
營繕所文思院　司吏
巾帽針工局　攢典　典吏
龍江大勝港抽分竹木局司吏

寶源皮作鞍轡局　司吏　典吏
錦衣衛
令史　典吏　承發
千戶所百戶所　司吏
鎮撫司司吏　典吏　倉攢
鞍轡火藥局　司吏草場柴場所司吏
王府儀衛司司吏
金吾前衛
令史　典吏
衛鎮撫司司吏　所鎮撫司司吏

千戶所撥守大理等旗軍所場所司吏
羽林左右府軍左右前後旗手神策驍騎右
鎮南虎賁右水軍右龍驤天策豹韜
興武鷹揚江陰前十九衛
令史　典吏
留守中千戶所司吏　鎮撫司司吏
倉攢典　柴草場　司吏
虎賁左廣洋三衛
令史　典吏
千戶所司吏　衛鎮撫司司吏
所鎮撫司司吏　倉攢典
應天和陽留守左右水軍左龍虎武德橫海
龍江九衛
令史　典吏
千戶所司吏　鎮撫司司吏
倉攢典
瀋陽左右留守前後英武蒙古右六衛
令史　典吏
千戶所司吏　鎮撫司司吏
廣武衛

令史　典吏
千戶所司吏　倉攢典
飛熊衛
令史　典吏
千戶所司吏
蒙古左衛
令史　典吏
千百戶所司吏　鎮撫司司吏
倉攢典
在外衙門該設吏典
各布政司
通吏　令史　典吏　承發
架閣庫典吏　庫攢典
經歷司　典吏
理問所　司吏　典吏
各府
司吏　典吏　承發
經歷司　典吏　司獄司獄典
各州縣
司吏　典吏　承發

各府州縣儒學　司吏
各府州縣稅課司局　司吏　攢典
各府州縣倉　攢典
各府庫攢典
各遞運所　司吏　典吏
各水馬驛　驛吏
各巡檢司　司吏
按察司
書吏　典吏　承發
經歷司典吏司獄司典吏架閣庫典吏

鹽運司
書吏　典吏　承發
經歷司典吏　鹽倉攢典
批驗所攢典
鹽課提舉司　庫攢典
司吏　典吏
鹽課司司吏
各都指揮使司
令史　典吏　承發
經歷司典吏　架閣庫典吏

斷事司　司吏　典吏
各衛
令史　典吏　鎮撫司司吏
千戶所司吏
各守禦千戶所司吏

還職役官吏人材生員

凡在京各衙門送到還職官員俱憑來文隨即附籍查對缺冊如未作缺者立案類寫手本赴吏科給憑已作缺未除官者立案給憑就連送付缺科銷缺司動續黃作缺已除官者見送官員若照欽定事例戴罪還職者立案給憑赴任仍將新官類奏取回或就彼調用若不係戴罪還職先已除官代替者不必發回就令備供腳色過名查考類選別用但有過名紀錄的決并戴罪者俱付考功紀錄司動附黃還役吏送赴司封轉發還役人材生員人等咨發原該衙門收管辦事

給假

凡內外官吏給假省親遷葬者須要具奏俱

量地遠近附簿定限行移應天府給引照
回仍行體勘至期各還職役不在作缺之
數如違限日久不到者就行提問

司封部

封爵

郎中員外郎主事掌邦之封爵

見封

一凡公侯伯子男見職授封者必須隨即奏請
封號爵祿等級駙馬婚禮俱用具
奏給授
誥命劄付翰林院撰文具手本送中書舍人書寫
尚寶司用
寶完備擇日具奏頒降

一凡功臣歿後加封公追封爲王侯追封爲公
合封三代者照依追贈封爵一體追封其
襲爵子孫非建立奇功異能生死只依本
爵
一凡命婦因子孫官爵封母并祖母者並加
太字追封則不用
一凡封贈公侯伯子男者其公侯夫人各從
爵伯子男夫人止封夫人不須用爵
一凡功臣封號如開國輔運守正文臣之類非
特奉
聖旨不與
一凡見封公侯伯子男封贈三代并妻室合依
欽定事例各依見授名爵照例封贈

封贈三代

公
父祖父曾祖父各封某國公
母祖母曾祖母各封某國夫人

本官妻封某國夫人
侯
父祖父曾祖父各封某侯
母祖母曾祖母各封某侯夫人
本官妻封某侯夫人
伯子男同

襲封

凡受封官身死須以嫡長男承襲如嫡長男
事故則嫡孫承襲如無嫡子嫡孫以嫡次
子孫承襲如無嫡次子孫方許庶長子孫

承襲不許攙越仍用具
奏給授
誥命劄付翰林院撰文具手本送中書舍人書寫
尚寶司用
寶完備具奏頒降及孔氏襲封衍聖公如之其湖廣
四川雲南廣西土官承襲務要本司委官
體勘別無爭襲之人明白取具宗支圖本
并官吏人等結狀呈部具奏照例承襲移
付選簿附選司勳貼黃考功附寫行止類
行到任見到者関給劄付頒給

誥勑
封贈
加贈
一凡文職官一品至五品武職官一品至六品
照依生前散官果有功績合加封者例與加贈
追封
一凡公侯一品贈三代二品三品贈二代四品
至七品贈父母妻室
一凡文官一品至七品止封散官職事其合封
三代二代并父母及妻者照依子孫見授職
事照例封贈
一凡封贈文官散官如上階特進光祿大夫光
祿大夫之類非特奉
聖旨者不與
一凡文官應封贈祖父母父母妻室者照依欽
定資格一品贈三代二品三品贈二代四品
至七品贈一代各照見授職事依例封贈
正一品至從七品曾祖父祖父父各照見授職
事對品封贈
正從一品曾祖母祖母母妻各封贈夫人
正從二品祖母母妻各封贈夫人
正從三品祖母母妻各封贈淑人
正從四品母妻各封贈恭人
正從五品母妻各封贈宜人
正從六品母妻各封贈安人
正從七品母妻各封贈孺人
一凡遇前項封贈依例具本奏
聞吏科給事中置立文簿附寫各該封贈爵職欽用
勑符御寶本部抄録具印信手本送中書舍人書
寫

誥勑其文職官員申請封贈本部行移保勘如果於
例相應然後照例施行
一凡文官一品至七品止封贈散官職事其合
封一代二代三代者俱照見授職事父母見
任者不封已致仕并不在任者封之雖在任
棄職就封者聽
一凡諸子應封父母嫡母在所生之母不得封
嫡母亡得並封若所生母未封贈不得先封
其妻
一兩子當封從一高者婦人因其子封贈而夫
子兩有官亦從一高者
一應封妻者止封正妻一人如正妻生前未封
已歿繼室當封者正妻亦當追贈其繼室止
封一人
一凡命婦因子孫品級封母并祖母者並加太
字若已亡歿或曾祖祖父在者不加
一凡正從七品至正從六品止封一次陞至正從
五品封贈一次陞至正從三品封贈一次陞至
正從二品封贈一次陞至正從一品封贈一
次

一凡曾祖父母祖父母父母曾犯十惡姦盜除
名等罪及例所封妻不是以礼娶到正室或
係再醮倡優婢妾並不許申請
一凡諸職官曾犯贓不許申請封贈之後但犯
取受之贓並行追奪其祖父原有官進一階
非因子封贈者不在追奪之例
一凡婦人因夫子得封者不許再嫁如不遵守
將所授
誥勑追奪斷罪離異
一凡在京官四品以上試職實授領給
誥命取自
上裁已給
誥命者亦須三考滿方許封贈五品以下官初到任
試職一年後考覈堪用者與實授仍具奏領
給
誥勑不堪用者與除其已給
誥勑者亦須一考方許封贈
一凡在外官員三年為一考稱職者領給
誥勑再考稱職聽請封贈其有才能卓異之人出自
特恩者不拘此例

廕叙

一凡用廕者以嫡長子若嫡長子有癈疾立嫡長子之子孫曾玄同如無立嫡長子同母弟曾玄同如無立繼室所生如無立次室所生如絶嗣者傍廕其親兄弟各及子孫如無傍廕伯叔及其子孫

一凡用廕者孫降子曾孫降孫及傍廕者皆於合叙品從降一等

一凡職官子孫廕叙正一品子正五品叙從一品子從五品叙正二品子正六品叙從二品子從六品叙正三品子正七品叙從三品子從七品叙正四品子正八品叙從四品子從八品叙正五品子正九品叙從五品子從九品叙正六品子於未入流品相應上等職事品叙從六品子於未入流品中等職事内叙正七品子於未入流品下等職事内叙

一凡職官用廕各止一名年及二十五以上願試本經或四書能通大義其有不通者發還習學再試

一凡廕官各具父祖歷仕緣由去任身故歲月并所

授

誥勅彩畫宗支指實該承廕人姓名年甲本處官司體勘房親揭照籍冊別無詐冒及無癈疾過犯等事上司審驗相同保結申覆令親賫文解赴部

一凡廕叙其遠方地面官員宜照原籍於附近布政司所轄去處銓用

誥勅　兼冊封鐵券之事

一公侯一品至五品皆授以

勅命婦人誥勅同夫品級

一公侯誥用玉軸一品官同伯子男誥用犀軸二品官同三品四品官用抹金軸五品以下用角軸

一在京官四品以上試職實授須給

誥命取自

上裁五品以下官初任試職一年後考覈堪用者與實授初給誥勅已入初合官不須試職後一年任滿給與勅命守支未入流品官員俱與實授不給勅命任外官員三年爲一考稱職者須給誥勅陞除官員合與實授者於本任内

歷事一年後方可出給誥勑若有才能卓異
之人出自
特恩者不拘此例欽天監翰林院太醫院正官須
給誥勑取自
上裁本部遇有應給誥勑官員具本奏
聞仍具印信手本開寫合授散官并年籍脚色送中
書舍人依書寫完備本部具印信手本送尚
寶司於
御前用
寶訖具奏
御前領給其有追奪爲事官員誥勑具本奏繳
内府會同吏科給事中中書舍人於勘合底簿内
附寫爲事緣由眼同燒毁

散官

一自榮禄大夫至將仕佐郎凡九等十八級所
除官員合得散官照依定制奏
聞給授及選部付到在京各衙門實授官員及考功
者過試職一年堪用并三年稱職官合得初
授陞授散官具奏行移該衙門轉行給授
一凡白身人入仕并雜職人等初入流者與對品
初授散官任内歷俸三年初考稱職與陞授
散官又歷俸三年再考功蹟顯著方與加授
初考遷調改除者仍照見授職事與初授散
官已經初考合得陞授遷調改除仍係本等
品級者照見授職事與陞授散官若陞等者
止與對品初授或有已得陞授未經再考遷
調改除仍係本等品級者照見授職事與陞
授散官已經再考合得加授遷調改除仍係
本等品級者與加授散官若陞等者止與對
品初授其有先曾歷任二品三品等職今次
降用若係有罪及闒茸不稱職貶降者照依
見授職事與初授散官若量才任使不係貶
降但今授職事比與原授降等其原授散官
誥勑仍舊者亦照見授職事與對品初授散
官俱於三年之後照例陞授其加贈一節考
驗本人生前功蹟合得加授者照例給與

正一品　初授特進榮禄大夫　陞授特進光禄大夫
從一品　初授榮禄大夫　陞授光禄大夫
正二品　初授資善大夫　陞授資政大夫　加授資德大夫

從二品　初授中奉大夫　陞授通奉大夫　加授正奉大夫
正三品　初授嘉議大夫　陞授通議大夫　加授正議大夫
從三品　初授亞中大夫　陞授中大夫　加授太中大夫
正四品　初授中順大夫　陞授中憲大夫　加授中議大夫
從四品　初授朝列大夫　陞授朝議大夫　加授朝請大夫
正五品　初授奉議大夫　陞授奉政大夫
從五品　初授奉訓大夫　陞授奉直大夫
正六品　初授承直郎　陞授承德郎
從六品　初授承務郎　陞授儒林郎　儒出身　宣德郎　吏才幹出身
正七品　初授承事郎　陞授文林郎　儒出身　宣議郎　吏才幹出身
從七品　初授從仕郎　陞授徵仕郎
正八品　初授迪功郎　陞授修職郎
從八品　初授迪功佐郎　陞授修職佐郎
正九品　初授將仕郎　陞授登仕郎
從九品　初授將仕佐郎　陞授登仕佐郎

吏役

凡在外各衙門送到考滿吏典於在京對品衙門内用在京各衙門考滿吏典照依資格陞用無缺借用仍支合得俸裁革減併吏對品衙門用借撥者支前役俸農吏罷閒官生員監生承差為事方吏遇缺撥用各支本等俸其五品以下衙門吏典該與俸米食米者照例支給若罷閒求充截替市井吏遇缺量度撥用止支九品衙門司吏俸一石工滿并為事斷發吏遇缺撥用月支食米五斗每月通類行移各衙門收役并勾取在逃吏自首行勾日淺未曾撥補准首仍送着役若及日久窺伺撥補避難及已移文原籍勾解者俱送刑部問罪仍發本部聽用若各衙門退回奸猾託稱不諳吏事舊吏照地方發邊遠充軍為事還役吏典在京者行移各該衙門收役在外者劄付應天府給引轉發着役

勘合

凡本部四子部付到合行各布政司并直隸府州事件通類具手本赴吏科関眝勘合仍附寫底簿開列前件以憑回銷

皂隷

凡本部額設皂隷照依原定則例分撥跟官聽差如有事故行移兵部照缺取補

到任須知

凡除授官員於吏科給憑就行關領到任須知
前去本衙門到任務要照依須知内條款事
例逐一遵守施行毋得視為文具

司勲部

郎中員外郎主事掌邦國官人之勲級

勲級

文勲

凡文職官員一品至五品應合授勲者照依散
官定擬奏
聞給授

正一品左柱國右柱國　從一品柱國
正二品正治上卿　從二品正治卿
正三品資治尹　從三品資治少尹
正四品贊治尹　從四品贊治少尹
正五品脩正庶尹　從五品協正庶尹

武勲

凡武職官員一品至六品應合授勲者照依散
官定擬奏
聞給授

正一品左柱國右柱國　從一品柱國
正二品上護軍　從二品護軍
正三品上輕車都尉　從三品輕車都尉
正四品上騎都尉　從四品騎都尉
正五品驍騎尉　從五品飛騎尉
正六品雲騎尉　從六品武騎尉

資格

官

正一品
宗人府宗人令　左右宗正　左右宗人

正二品
六部尚書　都察院左右都御史
襲封衍聖公　真人

從二品
左右布政司

正三品
六部侍郎　左右副都御史　通政司
大理寺卿　太常司卿　應天府尹
按察使

從三品光禄司卿　太僕寺卿　鹽運司
布政司左右叅政　宣慰使

正四品

左右僉都御史　大理寺少卿　左右通政

太常寺少卿　太僕寺少卿　應天府丞

宣慰司同知　按察司副使　各府知府

從四品

國子監祭酒　中都國子監祭酒

布政司左右条議　鹽運司同知

宣慰司副使　宣撫司宣撫

正五品

翰林院學士　左右春坊大學士　尚寶司卿

華蓋殿大學士　六部郎中　應天府治中

武英殿大學士　欽天監回回監正　左右春坊左右庶子

文淵閣大學士　通政司左右条議　光禄司少卿

東閣大學士　大醫院使　大理寺左右寺丞

文華殿大學士　五軍都督府斷事官　各府同知

王府長史司左右長史　宗人府經歴

按察司僉事　宣慰司僉事　宣撫司同知

從五品

五軍都督府經歴　左右斷事

春坊左右諭德　六部員

尚寶司少卿　翰林院侍讀學士　侍講學士

司經局洗馬　各州知州　鹽運司副使

鹽課提舉司提舉　招討司招討　宣撫司副

使

安撫司安撫

正六品

尚寶司丞　六部主事　太常司丞

欽天監回回監副　太僕寺丞　京縣知縣

太醫院判　閤門使　兵馬司指揮

王府審理正　翰林院侍讀　侍講　國子監司業

中都國子監司業　欽天監回回監五官正

大理寺左右寺正　左右春坊左右中允

都察院經歴　神樂觀提點

僧録司左右善世　道録司左右正一

中都留守司經歴　斷事　各府通判

都司經歴　斷事　長官司長官　副招討

宣撫司僉事　安撫司同知　應天府通判

從六品

大理寺左右寺副　左右春坊左右贊善

左右春坊左右司直郎　翰林院脩撰

光祿司丞　應天府推官　光祿司各署正
僧録司左右闡教　道録司左右演法
塩運司判官　布政司經歷　理問所理問
各州同知　塩課提舉司同提舉
安撫司副司　長官司副長官

正七品

五軍都督府都事　監察御史
太常司博士典簿　京縣丞　通政司經歷
大理寺左右評事　兵馬副指揮
都察院都事
營繕所正　翰林院編脩　按察司經歷
五軍斷事官五司稽仁　稽義　稽禮　稽智
稽信
王府審理副　煎塩提舉司　都司都事
都司副斷事　各府推官　各縣知縣
中都留守司都事副斷事　安撫司僉事
蠻夷官司長官

從七品

中書舍人　太僕寺主簿　應天府經歷
光祿司典簿　各署丞　翰林院檢討

太常司各處祠祭等署奉祀　各州判官
欽天監回回監五官靈臺郎　塩運司經歷
塩課提舉司副提舉　布政司都事
宣慰司經歷　理問所副理問
蠻夷長官司副長官

正八品

六科都給事中　各衛知事　通政司知事
京縣主簿　國子監丞　户刑部照磨
中都國子監丞　寶鈔龍江提舉司提舉
欽天監回回監主簿　五官保章正
太常司協律郎　典牧所提領
太醫院御醫　僧録司左右講經
道録司左右至靈　翰林院五經博士
煎塩提舉司同提舉
王府典寶正　奉祠正　良醫正
典膳正　紀善
元符宮崇真宮靈官　營膳所副
各府經歷　各縣丞　按察司知事
宣慰司都事

從八品

六科左右給事中　塩運司并應天府知
事
欽天監回回監　五官挈壺正
光禄司禄事各署監事
儀禮司正　翰林院典籍
神樂觀知觀　僧録司左右覺義
道録司左右玄義
王府典膳副　奉祠副　典寶副　良醫副
國子監助教　典簿　博士　宣撫司經歴
太常司各祠祭等署祀丞　布正司照磨　崇真宫副靈官

正九品
六科給事中儀禮司左右司副　左右司丞
太常司贊禮郎　各府知事　各縣主簿
國子監學正　行人司正　户刑部檢校
司經局校書　典牧所大使　各牧監正
欽天監回回監五官司曆龍江寶鈔提舉
司副提舉
王府長史司典簿　典儀正　奉祀所典樂
會同館大使　欽天監回回監五官監候
茶塩馬司大使　承運庫大使　翰林侍書

寶鈔廣惠廣積贓罰甲乙丙丁戊字庫大
使皮作鞍轡寶源顔料局大使應天府織
染局大使
文思院大使　煎塩提舉司副提舉
教坊司奉鑾　宣撫司安撫司知事　營膳所丞
從九品
都税司大使　國子監學録　典籍
司經局正字　欽天監五官司晨漏刻博
士
各牧監副　儀禮司鳴贊　序班

軍儲倉大使　茶塩馬司副使
寶鈔廣惠廣積贓罰甲乙丙丁戊字庫
副使
宣課司大使　太常司樂　典牧所副使
府學教授　行人司副　會同館副使
府倉大使　各府税課司大使軍器局大使
布政司庫寶泉雜造織染軍器局大使
王府典儀副　司牲司大使　承運庫副使
皮作鞍轡寶源局副使各府織染雜造局
大使　翰林院待詔觀察使　文思院副使

承天門待詔　大醫院吏目　各州吏目
五軍斷事官提控案牘　巡檢　司獄
千戶所吏目陰陽學正術　醫學正科
僧綱司都綱道紀司都紀
塩課提舉司吏目　太平門稅課司大使
教坊司左右韶舞左右司樂
應天府織染局大使　杭州府城南稅課司大使

未入流

司務阜民大使　副使　遞運所大使
河泊所官　閘大使　副使　各州學正
各縣典史　教諭　閘壩官行人司行人
驛丞　群長　國子監掌饌
軍儲倉副使　牧監録事　府倉副使
州縣衛倉大使　副使　稅課司副使
稅課分司大使　副使　醫學典科訓科
陰陽學典術　訓術　翰林院孔目
王府引禮舍人　僧綱司副都綱道紀司副都
紀僧正司僧正道正司道正　僧會司僧會
道會司道會　斷事司吏目　司牲司副使
都稅司副使　宣課司副使
茶塩課司大使　副使

塩運司衛府州庫大使
布政司寶泉軍器織染雜造局副使
廣西慶遠裕民司大使　副使
布政司理問所提控案牘
茶塩批驗所大使　副使
長史司倉庫大使　副使
巾帽針工二局大使　副使
布政司庫副使　司竹局大使
兵馬指揮司吏目　鉄冶所大使
各府織染雜造局副使　長官司吏目
太平門稅課司副使　京衛倉副使
河州衛軍民指揮使司　稅課司大使
工部軍器局副使　遼陽稅課司大使
揚州府邵伯瓜洲稅課司大使　副使
青州府樂安稅課司大使
杭州府城南稅課司副使
塩倉大使　副使　稅課局大使　副使
抄紙局大使　副使　印鈔局大使　副使
鑄印局大使　副使　抽分竹木局大使
副使　生藥庫大使　副使

惠民局大使　副使　銀場局大使　副使

吏

在京

未入流品衙門吏攢滿日於九品衙門吏員內用

九品衙門吏攢滿日於八品衙門司吏七品衙門典吏內用

八品衙門司吏七品衙門典吏滿日於七品衙門書吏六品衙門典吏內用

七品衙門書吏滿日於五品衙門司吏內用

六品衙門司吏滿日於五品衙門司吏內用

五品衙門典吏滿日於五品衙門司吏四品衙門典吏內用

五品衙門司吏滿日於四品衙門司吏三品衙門典吏內用

四品衙門典吏滿日於四品衙門司吏三品衙門典吏內用

四品衙門司吏滿日於三品衙門令史省吏二品衙門典吏內用

三品衙門典吏滿日於三品衙門令史二品衙門典吏內用

三品衙門令史胥史滿日於二品衙門令史一品衙門典吏內用

二品衙門典吏滿日於二品衙門令史一品衙門典吏內用

二品衙門令史滿日於一品衙門掾史對品衙門都吏內用都吏滿日於一品衙門提控內用

一品衙門典吏滿日於對品衙門掾史內用

掾史滿日於對品衙門提控內用

在外大小衙門吏典不許陞轉三十六月考滿給由赴京聽用

貼黄

凡除授過官員開寫年籍鄉貫住址脚色貼黄通類具奏赴

內府用寶附貼如有陞調改降官員續附轉貼及本部選部考功付并各衙門開到官員事故明白下落緣由通類具奏開揭如無的確下落行移該開及原任衙門照勘明白以憑施行

實寫

凡事故官員照依揭下貼黃於事故冊内類姓開寫年籍脚色鄉貫住址歷仕俸月過名及事故下落緣由以憑存照

丁憂

凡内外官吏人等例合丁憂者務要經由本部京官具奏關給内府孝字號勘合吏典人等劄付應天府給引照回在外官吏人等移文知會所在官司給引回還除祖父母父母承重丁憂外期年喪服不許守制及移文原籍官司体勘明白開寫是否承重祖父母及嫡親父母取具官吏里老人等結罪文狀回報如有詐冒就便觧部仍以聞喪月日爲始不計閏二十七月服滿起復若有過期不行移文催取到部果無事故在家遷延者咨送法司問罪

致仕

凡官員年七十已上若果精神昏倦許令親身赴京面奏如准本部查照相同方許去

官離職

侍親

凡官員父母年七十之上許令移親就禄侍養如果父母老疾去官路遠户内别無以次人丁者方許親身赴京面奏揭籍定奪及吏員人等父母年老别無人丁者務要經由本部移文體勘是實明白奏准方令離役俱候親終服滿起復赴部聽用

更名復姓

凡官吏人等或年幼過房乞養欲復本姓者經由本部移文原籍官司体勘是實及官幼名改諱具奏改正貼黃仍行知會移咨户部改附籍開吏員人等幼名改諱者移文本部准改

雜行

官吏俸給

凡本部官吏人等俸給每月初間明白立案及帶支衙内將實支官吏姓名同該支米数造冊赴部劄付該部官員放支仍將實支米数回呈立案

印色
凡本部合用印色支銷盡絕移咨工部轉行
該庫放支
紙劄
凡本部合用紙劄移咨刑部於贓罰鈔內関
支價鈔買用明白立案開銷以憑稽考
考功部
郎中員外郎主事掌文職官吏之考課
考覈
官
一凡在京六部太常司光祿司通政司大理
寺國子監太僕寺欽天監翰林院太醫院
儀禮司屬官五軍都督府各衛軍職文官
應天府首領官并所屬上元江寧二縣官
俱從本衙門正官考覈應天府五品以下
官監察御史從都御史考覈給事中從都
給事中考覈
東宮官王府官尚寶司中書舍人都給事中儀禮
司行人司正官從本衙門將該考官員行
過事蹟幷應有過犯備細開寫送本部考

覈欽天監翰林院太醫院正官都御史試
職實授頒給
誥勅取自
上裁其有
特恩實授給與誥勅者不拘此例
一凡在京官初入仕者俱令試職一年後考
覈堪用者與實授不堪用降黜量才録用
其在任未經考覈試職官遇有調除仍於
本衙門及別衙門本等職事內用通理月
日降除及對品改除者止理見任月日俱
候一年照例考覈或有為事釋免再任除
授者試職照例考覈
一凡六部五品以下官太常司光祿司通政
司大理寺國子監太僕寺欽天監翰林院
太醫院儀禮司屬官歷任三年聽於本衙
門正官察其行能驗其勤惰從公考覈明
白開寫稱職平常不稱職詞語送監察御
史考覈本部覆考其在京軍職文官俱從
監察御史考覈各以九年通考其四品以
上官員任滿黜陟取自

上裁其在外有司官員三年考滿給由到京考覈平
常稱職者遇缺借除京官亦以九年通考
若行人司行人以一年為滿從本司正官
考覈分豁稱職不稱職呈送禮部轉送本
部覆考稱職者於從九品內陞用不稱職
者於未入流品官內敘用有過罰差一年
儀禮司序班任職一年本司考覈堪用不
堪用送禮部轉行本部覈考堪用請
旨實授不堪用黜降若三年考滿俱發監察御史考
覈送本部覆考但係一應京官三年考滿
具奏俱於在京對品內調用
一凡通政司光祿司翰林院尚寶司給事中
中書舍人
東宮官俱係近侍官員監察御史係耳目風紀之
司太醫院欽天監及
王府官不係常選任滿黜陟取自
上裁
一凡在京五品以下官俱令試職候一年後考
覈定奪比先除授已經試職一年二年之
上及已實授一年二年之上者一例考覈

試職堪任用者與實授及已實授堪任用
者俱給與
誥勅三年考滿許請封贈其試職及已實授而不堪
任用者一体黜降其有經考滿後任者不
必再考須給
誥勅聽請封贈已入流倉官不須試職候一年任滿
給與
勅命守支未入流品官員俱與實授不給
勅命以上付本司封其奏須給施行
一凡在外有司府州縣官三年考滿先行呈
部移付選部作缺銓註司勳開黃仍令給
由其見任官將本官任內行過事蹟保勘
覆實明白出給紙牌攢造事蹟功業文冊
紀功文簿稱臣僉名交付本官親賫給由
如縣官給由到州州官當面察其言行辦
事勤惰從實考覈稱職平常不稱職詞
語州官給由到府府官給由到布政司考
覈如之以上俱從按察司官覆考仍將
考覈覆考詞語呈部直隸府州縣官考
覈如前其府官給由送監察御史考覈本

部覆考具奏以上三年考滿給由考覈平
常稱職者於對品内别用不稱職正官佐
貳官黜降首領官雜犯吏役俱以九年通
考黜陟其雲南有司官員任滿給由一体
考覈不稱職者黜降緣係邊方具奏復任

九年通考

一凡各處布政司按察司塩運司首領官屬
官從本衙門正官考覈按察司首領官從
監察御史考覈其餘衙門並從本道按察
司覆考其茶馬司塩馬司塩課提舉司正
官至首領官并在外軍職文官任滿俱送
本處布政司正官考覈仍送本處按察司
覆考布政司官四品以上按察司塩運司
五品以上俱係正官佐二官三年考滿給
由進牌别無考覈衙門從都察院考覈本
部覆考具奏黜陟取自
上裁

一凡内外雜職官三年給由無私過未入流陞
從九品從九品陞正九品稅課司局及河
泊所倉庫官先於户部查理粮課軍器織
染雜造等局官送工部查理造作花銷明
白送部通類具奏若倉官收粮不及千石
者本等用虧折陪納足備者照依品級降
用其有私笞者本等用但犯賍私并私罪
曾經杖断未入流降邊遠從九品降未入
流不識字者本等用如有學無成效及罷
閑生員除授雜職若犯贓私杖罪發在京
衙門書寫

一凡各處府州縣學訓導與教官一体歷俸
九年考滿給由其訓導給由到部出題考
試將所試文字送翰林院批考通經者於
縣學教諭内叙用若不通經者本處復充
訓導自來不通經者量才别用教官考覈
稱職陞一等平常者本等用不稱職者黜
降不通經者别用若承差考滿無私過於
行人内用其犯私笞杖罪發行人司聽差
一年無過陞用有贓私者發在京衙門充
吏其五軍都督府知印三年考滿於從八
品内陞用六部知印三年考滿於正九品
内陞用

一凡內外入流并雜職應考官員任滿給由
赴本部從實考較才能優劣依例黜
陟如有殊功異能超邁等倫者取自
上裁
繁而稱職無過陞二等有私笞公過陞一等
有紀録徒流罪一次本等用二次降一等
三次降二等四次降三等五次以上雜職
內用
繁而平常無過陞一等有私笞公過本等用
有紀録徒流罪一次降一等二次降二等

三次降三等四次以上雜職內用
簡而稱職與繁而平常同
簡而平常無過本等用有私笞公過降一
等有紀録徒流罪一次降二等二次雜職
內用三次以上黜降
考覈不稱職初考繁處降二等簡處降三
等若有紀録徒流罪者俱於雜職內用
一凡九年之內
二考稱職一考平常從稱職
二考稱職一考不稱職或二考平常一考
稱職或稱職平常不稱職各一考者俱
從平常
二考平常一考不稱職從不稱職
一繁簡則例
在外府以田粮十五萬石以上州以七萬
石以上縣以三萬石以上或親臨
王府都司布政司按察司并有軍馬守禦路當
驛道邊方衝要供給去處俱為事繁府州
縣田粮在十五萬七萬三萬石之下僻靜
去處俱為事簡

在京衙門俱從繁例
吏
凡在京大小衙門及在外布政司并直隷府
州縣吏典各以三年考滿給由其倉攢典
以週歲為滿除稅課司庫局攢典考滿之
日隨即交割明白給由府州縣倉攢典將
經收粮斛支銷盡絕方許給由應有府州
縣吏典考滿當即給由如布政司府州縣
過違一年直隷并在京過違半年給由到
部俱送法司取問如不過違者隨付司封

照依咨格擬用

事故

極刑

凡在京衙門及在外布政司并直隷府州縣官吏果有家屬干犯極刑除緦麻疎遠異姓親屬不准外其小功已上親例合迴避務要開寫為因何事得何罪名係何衙門取問處決實跡親身赴京陳告以憑行移原籍及任所并原取問衙門照勘取具原籍官吏里隣結狀并宗支圖本及任所官吏保結明白以憑定擬奏
准方許去官離職

老疾

凡在京衙門及在外布政司并直隷府州縣官吏具告老病殘疾劄付大醫院轉行惠民局委官相視明白果成篤癈殘痼疾者分豁堪與不堪醫治明白具奏取自
上裁

行止

凡在京及在外府州縣官員除授之時投報供狀當即於簿內附寫歷任脚色始末緣由或任內調除如有事故開附行止以憑稽考

紀録

凡有在京衙門及在外布政司并直隷府州縣見任官員但係兵刑等部都察院等衙門或因事提問等項問過應有的決紀録公私過名開咨本部於紀録文冊內明白附寫候九年通考以憑黜陟其有司官員三年考滿給由到部供報任內公私過名於冊內比查除上司未行知會紀録罪名另行抄録外有已行知會任內公私過名隱匿不報者議擬具奏法司問罪

貢舉

凡各府州縣每歲於所轄隅廂鄉都內拔選容止端謹無過人材一名申送布政司考覈轉行按察司覆考堪充歲貢開坐考過詞語差人送部應有賢良方正及山林岩穴隱逸之士并通曉經書儒士秀才孝廉俱各訪求到官審無過犯違碍不

拘名数差人伴送到部或内外官員人等
薦舉人材秀才即便行移原籍官司起取
赴部如儒士秀才出題考試果否通經賢
良隱逸等項人材量其才能定其高下仍
取本戶丁粮数目作何營生及戶内有無
雜役事故供結明白然後開發選部選
用如將鄙猥不堪之人一槩朦朧濫舉
原舉官吏依貢舉非其人律問罪

朝覲

凡在外官員三年徧行朝
覲其各布政司按察司塩運司府州縣及土官
衙門流官等衙門官員帶首領官吏各一
員名理問所官一員照依到任須知依式
對款攢造文冊及將原領
勅諭諸司職掌内事蹟文簿具本親賫
奏繳以憑考覈各衙門先儘正官正官到任日
淺佐二官到任日久必先佐二官来若係
裁革未及五十里長州縣止設正官首
領官各一員去處只令首領官吏来朝
其程途遠近各量里路比照行人馳驛日
期起程本衙門逮將起程月日申部遠者
不許過期近者不許預先離職俱限當年
十二月二十五日到京其來朝官員服色
各照品級花樣及欽依今定樣製務要新
鮮潔淨俱各自備脚力不許馳驛及指此
為由科擾於民

諸司職掌

凡諸司置立文簿將行過事跡逐件從實
開寫承行發落緣由務要簡當毋令輪
差典吏一名依期賫赴本管上司查考布
政司考府府考州州考縣務從實効除將
勅諭事理令諸司進課官吏賫擎前去及行移布政
司并直隸府州縣照依
勅諭事理各置紅油木牌刊寫青字於本衙門公廳
上常川懸掛永為遵守每歲進課之時將
考過事跡各賫赴京奏繳以憑通考若遇
三年朝
覲来朝官吏先將舊年春夏秋三季未来考冬季事
跡未完許於次年進課之時令該吏
進呈毋得誑惑繁文因而生事科擾

皇明制書

諸司職掌

戶部卷之三

尚書侍郎之職掌天下戶口田粮政令按古其屬有四曰民部度支金部倉部洪武二十三年爲天下庶務浩繁欽改爲十二部曰浙江江西湖廣陜西廣東山東福建北平河南山西四川廣西各令清理一布政司戶口錢粮等事仍量其繁簡帶管直隷府州每一部内仍分爲民度金倉四科以領其事其有應合行移内外衙門文書俱各案呈本部參詳允當以憑施行

十二子部郎中員外郎主事各掌該部所屬戶口田粮等項

民科

州縣

圖志

凡十二部所屬布政司府州縣地理人物圖志所載古今沿革山川險易戶口賦税多寡之数俱要週知

田土

凡各州縣田土必須開報各戶若干及條段四至係官田者照依官田則例起科係民田者照依民田則例徵斂務要編入黄冊以憑徵收税粮如有出賣其買者聽令增收賣者即當過割不許洒派詭寄犯者律有常憲其民間開墾荒田從其自首自實三年後官爲收科仍仰所在官司每歲開報本部以憑稽考

凡公侯禄米各有等第皆於浙西蘇松等府官田内撥賜其佃戶仍於有司當差

凡民間有犯法律該籍沒其家者田土合拘收入官本部書填勘合類行各布政司府州縣將犯人戶下田土房屋召人佃賃照依沒官則例收科仍將佃戶姓名及田地頃畝房屋間数同該科稅粮賃錢数目開報合干上司轉達本部知數

十二布政司并直隷府州田土總計捌百肆拾玖萬六千五百二十三頃零

浙江布政司田土計五十一萬七千五十一頃五十一畝

湖廣布政司田土計二百二十萬二千一百七

十五頃七十五畝
河南布政司田土計一百四十四萬九千四百六十九頃八十二畝零
江西布政司田土計四十三萬一千一百八十六頃一畝
北平布政司田土計五十八萬二千四百九十九頃五十一畝
陝西布政司田土計三十一萬五千二百五十一頃七十五畝
廣西布政司田土計一十萬二千四百三頃九十畝

山東布政司田土計七十二萬四千三十五頃六十二畝
山西布政司田土計四十一萬八千六百四十二頃四十八畝零
廣東布政司田土計二十三萬七千三百四十頃五十六畝
四川布政司田土計一十一萬二千三十二頃五十六畝
福建布政司田土計一十四萬六千二百五十九頃六十九畝
雲南布政司田土
直隸蘇州府田土計九萬八千五百六頃七十一畝
寧國府田土計七萬七千五百一十六頃一十一畝
徐州田土計二萬八千二百四十一頃五十四畝
滁州田土計三千一百五十頃四十五畝
池州府田土計二萬一千八百四十四頃四十五畝
揚州府田土計四萬二千七百六十七頃三十四畝

廬州府田土計一萬六千二百二十三頃九十九畝
安慶府田土計二萬一千二十九頃三十七畝
松江府田土計五萬一千三百二十二頃九十畝
鳳陽府田土計四十一萬七千四百九十三頃九十畝
應天府田土計七萬二千七百一頃二十五畝
廣德州田土計三萬四十七頃八十四畝
淮安府田土計一十九萬三千三百三十頃二

十五畝
徽州府田土計三萬五千三百四十九頃七十七畝零
常州府田土計六萬九千七百三十一頃八十八畝
鎮江府田土計三萬八千四百五十二頃七十畝
太平府田土計二萬六千二百一十一頃七十九畝
和州田土計四千二百五十二頃二十八畝

農桑
凡民間一應桑株各照彼處官司原定則例起科絲綿等物其絲綿每歲照例折絹俱以十八兩爲則折絹一疋所司差人類解到部劄付承運庫收納以備賞賜支用其樹株菓價等項並皆照例徵收錢鈔除彼處存留支用外其餘錢鈔一體類解本部行移該庫交收仍將存用數目出給印信通關具本入遞奏繳本部查領附卷作數其進納絹疋錢鈔一節俱照依後項金科課程條款一體施行

災傷
凡各處田禾遇有水旱災傷所在官司踏勘明白具實奏
聞仍申合干上司轉達本部立案具奏差官前往災所覆踏是實將被災人户姓名田地頃畝該徵税粮數目造冊繳報本部立案開寫災傷緣由具奏如奉
旨賑濟仍定奪大小男女口數則例差官前去賑濟給賞畢日仍將散過粮鈔分豁備細數目造冊繳報以憑稽考

户口
丁口
凡各處户口每歲取勘明白分豁舊管新收開除實在總數縣報於州州類總報之於府府類總報之於布政司布政司類總呈達本部立案以憑稽考仍每十年本部具奏行移各布政司府州縣攢造黄冊編排里甲分豁上中下三等人户遇有差役以憑點差若有逃移者所在有司必須窮究所逃去處移文勾取赴官依律問罪仍令復業

十二布政司幷直隸府州人户總計一千六十五
萬二千八百七十户人口總計六千五十四
萬五千八百二十一口
浙江布政司
人户二百一十三萬八千二百二十五
户
人口一千四十八萬七千五百六十七
口
湖廣布政司
人户七十七萬五千八百五十一户
人口四百七十萬二千六百六十口

江西布政司
人户一百五十五萬三千九百二十三户
人口八百九十八萬二千四百八十一户
河南布政司
人户三十一萬五千六百一十七户
人口一百九十七萬二千五百四十二口
北平布政司
人户三十三萬四千七百九十二户
人口一百九十二萬六千五百九十五

口
陝西布政司
人户二十九萬四千五百二十六户
人口二百三十一萬六千五百六十九
口
廣西布政司
人户二十一萬一千二百六十三户
人口一百四十八萬二千六百七十一口
山東布政司
人户七十五萬三千八百九十四户
人口五百二十五萬五千八百七十六口

山西布政司
人户五十九萬五千四百四十四户
人口四百七萬二千一百二十七口
廣東布政司
人户六十七萬五千五百九十九户
人口三百萬七千九百三十二口
福建布政司
人户八十一萬五千五百二十七户
人口三百九十一萬六千八百六口

四川布政司
人戶二十一萬五千七百一十九戶
人口一百四十六萬六千七百七十八口

雲南布政司
人戶五萬九千五百九十六戶
人口二十五萬九千二百七十口

直隸

蘇州府
人戶四十九萬一千五百一十四戶
人口二百三十五萬五千三十口

寧國府
人戶九萬九千七百三十二戶
人口五十三萬二千二百五十九口

徐州
人戶二萬二千六百八十三戶
人口一十八萬八百二十一口

滁州
人戶三千九百四十四戶
人口二萬四千七百九十七口

池州府
人戶三萬五千八百二十六戶
人口一十九萬八千五百七十四口

揚州府
人戶一十二萬三千九十七戶
人口七十三萬六千一百六十五口

廬州府
人戶四萬八千七百二十戶
人口三十六萬七千二百口

安慶府
人戶五萬五千五百七十三戶
人口四十二萬二千八百四口

松江府
人戶二十四萬九千九百五十戶
人口一百二十一萬九千九百三十七
口

鳳陽府
人戶七萬九千一百七戶
人口四十二萬七千二百三口

應天府
人戶一十六萬三千九百一十五戶

人口一百一十九萬三千六百二十口

廣德州

人户四萬四千二百六十七户

人口二十四萬七千九百七十九口

淮安府

人户八萬六百八十九户

人口六十三萬二千五百四十一口

徽州府

人户一十二萬五千五百四十八户

人口五十九萬二千三百六十四口

常州府

人户一十五萬二千一百六十四户

人口七十七萬五千五百一十三口

鎮江府

人户八萬七千三百六十四户

人口五十二萬二千三百八十三口

太平府

人户三萬九千二百九十户

人口二十五萬九千九百三十七口

和州

人户九千五百三十一户

人口六萬六千七百二十一口

賦役

凡各處有司十年一造黄册分豁上中下三等人户仍開軍民灶匠等籍除排年里甲依次充當外其大小雜泛差役各照所分上中下三等人户點差

婚姻

凡民間男女嫁娶不許同姓及尊卑親屬相爲婚姻違者律有常憲

讀法

凡民間須要講讀

大誥律令勑諭老人手榜及見丁着業牌面沿門輪遞務要通曉法意仍仰有司時加提督

會計

糧儲

凡所在有司倉廩儲積粮斛除存留彼處衛所二年官軍俸粮外務要會計周歲該支數目分豁見在若干不敷若干餘剩若干每歲開報合干上司轉達

本部定奪施行仍将次年實在粮米及
該收該用之數一體分豁舊管新收
開除實在開報

草料

凡各處倉場收積草料以備軍馬往来支
用草於本處官司照田粮徵收料於秋
粮内折納務要常存預備果係調撥軍
馬及有本部印信文憑方許支給仍仰
所在官司将支過數目申報合干上司
作數

轉運

凡有軍馬去處所需錢粮等項本部必先
查考某處蓄積有餘某處歲用不給量
其水陸路程地里遠近難易計其人夫
多寡明白具奏差官於粮多去處撥運
缺粮衛分支用

雜行

凡一應錢粮等事行移各布政司及直隷
十八府州本部預為編置勘合并底簿
二扇一扇本部收貯一扇發下各司府
州如有行移将各該事件移付通類科
通行於原編底簿内附寫置立前件書
填勘合内云洪武某年某月某日書填
某字幾號勘合照會某布政司或劄付
某府州仰比對硃墨字號相同行下所
屬照依坐去勘合内事件施行候事完
呈報到部於前件下註寫回銷緣由以
憑稽考其内外倉庫司局等衙門官員
任滿須從本部查考任内錢粮等項如
是收支明白別無虧欠然後咨發吏部
聽用若有虧少及收支不明必須究問
至若本部官員考覈及皂隷更替公用
印色紙劄等事悉皆理之

度支科

經費

賞賜

凡在京賞賜該用鈔錠本部量数具
奏於
内府關支凡有欽賞官軍人等當該衙門将該賞名
鈔数於本部委官處磨筭相同将該賞

數目附簿驗名給散其委官仍將日逐各起賞過鈔數開呈本部以憑備照候季終本部將原開并賞過鈔数通類具
奏及賞賜胡椒蘇木錢鈔等項亦如之其在外如有欽依賞賜官軍及賑濟飢民等項本部約量會計鈔錠具
奏委官赴
内府照數関領點閘明白於户科給批差人管運仍行移所在官司如運鈔到彼照依坐去則例眼同驗名給散造册回報本部以憑稽考

月糧

凡内外衛所正伍旗軍歲用糧米已行各該有司編置勘合對撥着令人户自行依期送納外其在京有未對軍人及未入正伍等項滞支人數如遇按月支糧百户所將所管軍人造册申繳千户所本所類總繳申本衛該衛類總具觧申繳合干上司轉達本部磨筭相同明立文案編給半印勘合字號仍定奪合於本衛倉某年分某字廒某項米内支給將文册繳回原行衙門轉下該倉眼同該衛委官及本倉官攢照數放支如有事故扣除還官支畢將實支扣除數目申達本部知數仍於原編字號底簿内注寫實支扣除數目以憑稽考其支過粮數另於
内府粮册内明白注銷其在外衛所軍人支粮亦合一體造册編給勘合放支

月塩

凡内外大軍関支月塩有家小者月支二斤無家小者月支一斤其在京衛分如遇按月支塩將該支軍名塩數造册申繳合干上司轉達本部磨筭相同立案將原繳文册出給勘合字號坐定軍名塩數劄付龍江塩倉放支如有事故就便扣除支畢將實放扣除数目申報本部於原編勘合字號底簿内注銷以憑稽考仍立案備照其在外衛所軍士月塩亦有支鈔去處每塩一斤折鈔一百

文照例行移有司於係官錢內支給如
有事故一體扣除不支

雜支

凡倉庫一應関支錢粮及工部成造軍裝等項必須計其所用物料轉行本部劄付各該倉庫照數支給將支過數目申報作數其各司府州縣遇有祭祀及慶賀等項俱於係官錢粮內支用務要明白花銷開申上司以憑稽考

廪祿

俸給

凡在京五軍都督府首領官吏并六部通政司大理寺等衙門官吏俸給本部每歲於秋粮內會定數目起運撥赴各衙門倉內收貯按月造冊照依品從等第分豁該支粮數委官驗名支給其各衛軍官俸給已將人户對定編給勘合自行依期送納供給其首領官吏俸給該衛造冊到部定倉放支年終通為稽考及在外各布政司府州縣官吏俸給照例每米一石折鈔二貫五伯文按月於係官錢鈔內支給其支過數目通行歲報本部以憑查考

正一品每員月支米八十七石歲該一千四十四石

五軍左右都督

從一品每員月支米七十四石歲該八百八十八石

五軍左右都督同知

正二品每員月支米六十一石歲該七百三十二石

六部尚書　左右都御史

五軍僉都督　中都留守正

都指揮使

從二品每員月支米四十八石歲該五百七十六石

左右布政使　都指揮同知

正三品每員月支米三十五石歲該四百二十石

六部侍郎　副都御史

通政使　太常司卿
太理寺卿　按察使
應天府尹　都指揮僉事
各衛指揮使　中都留守副
從三品每員月支米二十六石歲該三百一
十二石
光禄司卿　太僕寺卿
布政司參政　鹽運使
宣慰使　各衛指揮同知
正四品每員月支米二十四石歲該二百八
十八石
僉都御史　太常司少卿
左右通政　大理寺少卿
太僕寺少卿　應天府丞
按察司副使　各府知府
宣慰司同知　各衛指揮僉事
從四品每員月支米二十一石歲該二百五
十二石
國子監祭酒　布政司參議
鹽運司同知　宣慰司副使

宣撫司宣撫　中都國子監祭酒
正五品每員月支米一十六石歲該一百九
十二石
宗人府經歷　常寶司卿
六部郎中　通政司參議
太醫院使　光禄司少卿
欽天監正　欽天囬囬監正
大理寺丞　翰林院學士
左右春坊大學士　左右春坊左右庶子
應天府治中　按察司僉事
各府同知　宣撫司同知
五軍斷事官　王府長史
各千户所正千户
從五品每員月支米一十四石歲該一百六
十八石
尚寶司少卿　五軍都督府經歷
六部員外郎　侍讀學士
侍講學士　鹽運司副使
各州知州　鹽課司提舉
宣慰司僉事　宣撫司副使

招討司招討　安撫司安撫
左右春坊左右諭德
各衛鎮撫　各千户所副千户
司經局洗馬
正六品每員月支米一十石歲該一百二十
石
尚寶司丞　六部主事
太常司丞　太僕寺丞
欽天監副　欽天監五官正
欽天回回監副　欽天回回監五官正
翰林侍讀　翰林侍講
大理寺正　太醫院判
都察院經歷　兵馬指揮
國子監司業　京縣知縣
各府通判　都司經歷
斷事司斷事　安撫司同知
各長官司長官　宣撫司僉事
招討司副招討　留守司經歷
左右春坊左右中允
中都國子監司業　王府審理正

各百户所百户　儀衛司儀衛正
從六品每員月支米八石歲該九十六石
大理寺副　光祿司丞
翰林脩撰　光祿司各署正
應天府推官　布政司經歷
理問所理問　鹽運司判官
各州同知　鹽課司同提舉
安撫司副使　各長官司副長官
左右春坊左右司直郎
左右贊善　各千户所鎮撫
正七品每員月支米七石五斗歲該九十
石
太常司博士　太常司典簿
五軍都督府都事　都察院都事
監察御史　通政司經歷
大理寺評事　翰林編脩
營繕所正　兵馬司指揮
京縣縣丞　各縣知縣
王府審理副　按察司經歷
各府推官　安撫司僉事

都司都事　斷事司副斷事
各衛經歷　煎盐提舉

中都留守司都事
五軍斷事司稽仁稽義稽礼稽智稽信並同

從七品每員月支米七石歲該八十四石
中書舍人　翰林檢討
光禄司典簿　光禄司各署丞
光禄司各署奉祀
欽天監五官靈臺郎欽天回回監同
應天府經歷　太僕寺主簿

布政司都事　理問所副理問
各州判官　盐運司經歷
宣慰司經歷　儀衛司儀衛副
盐課提舉司副提舉

正八品每員月支米六石五斗歲該七十八石
都給事中　太常司協律郎
通政司知事　翰林院五經博士
太醫院御醫　欽天監主簿
欽天監五官保章正
京縣主簿　國子監丞

典牧所提領　寶鈔提舉司提舉
龍江提舉司提舉
各府經歷　各縣縣丞
按察司知事　宣慰司都事
中都國子監丞　各衛知事
遼東煎盐司提舉　王府典膳正
典寶正　奉祀正
紀善　良醫正
照磨所照磨　營膳所副

從八品每員月支米六石歲該七十二石
左右給事中　國子監典簿
國子監博士　助教
光禄司録事　各署監事
翰林典籍　儀禮司正
五官挈壺正　各署祀丞
王府典膳副　典寶副
奉祠副　良醫副
應天府知事　盐運司知事
宣撫司經歷　儀衛司典仗

正九品每員月支米五石五斗歲該六十六

石

太常司贊禮郎　翰林侍書
儀禮司副司丞　國子監學正
行人司正　寶鈔提舉司副提舉
五官監候　文思院大使
會同館大使　寶源局大使
給事中　太僕寺各牧監正
鞍轡局大使　皮作局大使
應天府織染局大使
龍江提舉司副提舉

各府知事　各縣主簿
茶馬司大使　宣撫司知事
典牧所大使　安撫司知事
王府典簿　典樂
典儀正　教坊司奉鑾
五官司曆　内府庫大使
甲乙丙丁戊字等庫大使
承運庫大使　照磨所檢校
寶鈔廣源廣惠廣積贓罰等庫大使
營繕所丞

從九品每員月支米五石歲該六十石
太常司司樂　翰林待詔
五官司辰　漏刻博士
行人司副　國子監學録
典籍　司經局校書
正字　儀禮司鳴讚
序班　都稅司大使
會同館副使　典牧所副使
宣課司大使　文思院副使
寶源副使　鞍轡局副使
軍儲倉大使　皮作局副使
各牧監副　監丞
馭良　司牧局大使
司牲局大使　寶泉局大使
軍器局大使　斷事官提控案牘
王府典儀副　各布政司庫大使
府學教授　各府司獄
巡檢　雜造局大使
應天府織染局副使
府倉大使　茶馬司副使

吏目　教坊司韶舞
教坊司司樂　内府庫副使
甲乙丙丁戊字庫副使
寳鈔廣源廣惠廣積贓罸等庫副使
承運庫副使

廩給

凡公差人員廩給已有定例其驛傳并府州縣應合支用去處必須照依文憑驗日支給仍將歲支數目通類開報合干上司以憑稽考

行粮馬草

凡遇行軍馬疋日支粮草已有定例其應付一節該衛先具軍馬數目開呈本部立案出給批文差官賫領經過官司并驛分照依坐去軍人馬疋數目照例驗程支給其有為事編發應支行粮人數亦合照例關支仍仰所在官司將文過數目申達上司作數其所賫批文候至所止地方隨即赴官告繳遞回本部於各編底簿内銷注

金科

庫藏

課程

凡府州縣税課司局河泊所歲辦商税魚課并引由契本等項課程已有定額其辦課衙門所辦錢鈔金銀布絹等物不動原封年終具印信文解明白分豁存留起解數目解赴所管州縣其州縣轉解於本府府解布政司布政司通類委官起解於次年三月以裏到京本部將解到金銀錢鈔布絹等物不動原封照依来文分豁明白劄

付該庫交收出給印信長单及具手本關領勘合回部照數填寫責付原解官收執將所解物件同原領長单并勘合於
内府各門照進且如銅錢布疋赴甲字庫交納鈔錠廣惠庫交納金銀絹疋承運庫交納其勘合既於各門照進該庫收訖就於長单後批寫實收數目用印鈐蓋仍付原解官賫赴本部告繳立案附卷備照仍令該部主事廳於原解官差批内將實收過數目批迴候進課畢日將已解并存用課數通行

比對原額如有虧欠照依所虧数目具本
奏
聞類行各司府州着落辦課衙門經該官吏人等追理
足備差人觧赴京庫交納
凡十二布政司并直隸府州縣有起解税粮折收金銀錢鈔并贓罰物件應進
内府收納者其行移次第皆倣此
各布政司并直隸府州課程錢鈔并金銀布帛
等項折收總計三百六十三萬七百七十
八錠有零
外有各處土產茶塩硝礬朱砂水銀等物雖有定額数目瑣碎難以備載

贓罰
凡各處官民犯法律合籍沒家財及有不才
官吏接受贓私追徵到金銀錢鈔衣服等
項俱各劄付贓罰庫交收其行移次第照
依課程事例施行

鈔法
凡印造
大明寶鈔與歷代銅錢兼行使用每鈔一貫准銅錢一千
文其寶鈔提舉司每歲於三月内興工印
造十月内住工其所造鈔錠本司具印
信長單及開領勘合將實進鈔錠照数
填寫送赴
内府庫收貯以備賞賜支用其民間行使及税課司
局河泊所收受課鈔除挑揀偽鈔外其餘
不分油汚水迹破爛務要收受如有沮壞
照依本部原給鈔法榜文内例治罪其合
用桑穰数目本部每歲預爲會計行移
浙江山東河南北平及直隸淮安等府出
產去處依例官給價鈔收買所在官司應
付脚力差人起觧赴京仍申達本部本部
將來文立案劄付寶鈔提舉司交收及
出給印信長單具手本赴
内府開領勘合填寫付差來人於
承天門照進赴提舉司交收取獲實收回部入卷
備照

塩法
凡天下辦塩去處每歲塩課各有定額年終
各該運司并塩課提舉司將周歲辦過塩
課出給印信通關具本入遞奏繳本部委
官於

内府户科領出立案附卷作数叉查照繳到通関内
該辦塩課比對原額有虧照数追理其各
商與販塩貨各照行塩地方發賣不許変
亂合用引目各運司申報本部委官関領
本部将来文立案委官於
内府印造候畢日将造完引目呈堂関領回部督匠
編號用印完備明立文案給付差来官裁領
回還取領状入卷備照其各處有司凡有
軍民客商中賣官塩賣畢随即将退引赴
住賣官司依例繳納有司類觧各運司運
司按季通類觧部本部查抹不用凡遇開
中塩粮務要量其彼處米價貴賤及道路
遠近險易明白定奪則例立案具奏出榜
給發各司府州幷淮浙等運司張掛召商
中納

兩浙塩運司
塩場三十五處歳辦塩二十二萬四百五
十七引二百斤零

福建塩運司
塩場七處歳辦塩一十萬四千五百七十
二引三百斤零

山東塩運司
塩場一十九處歳辦塩一十四萬三千三
百八十七引一百五十斤零

兩淮塩運司
塩場二十九處歳辦塩三十五萬二千五
百七十六引一百斤零

北平河間塩運司
塩場二十四處歳辦塩六萬三千一百五
十三引三百斤零

廣東塩課提舉司
塩場一十四處歳辦塩四萬六千八百五
十五引一百斤零

海北塩課提舉司
塩場一十五處歳辦塩二萬七千四十引二百斤零

陜西
西和縣歳辦塩一十三萬一千五百三十斤零
漳縣歳辦塩五十一萬五千六百七十斤零

四川塩課提舉司
上流等九井塩課司歳辦塩一百九十一

萬九千五百七十斤零
永通等七井鹽課司歲辦鹽八十四萬四
千七百七十斤
郁山井鹽課司歲辦鹽二十二萬六千八
百斤
金井鹽課司歲辦鹽一十六萬四千二百
斤零
雲安場等二井鹽課司歲辦鹽二百一十
二萬四千六百二十斤
通海等三井鹽課司歲辦鹽二十四萬四
千三百三十斤零
福海等六井鹽課司歲辦鹽四十九萬七
百七十斤
廣福等三井鹽課司歲辦鹽二十二萬四
千四百七十斤零
華池等三井鹽課司歲辦鹽二十二萬四
千二百二十斤
新羅等二井鹽課司歲辦鹽七十二萬五
千五百斤
富義等一十一井鹽課司歲辦鹽一百八
十八萬八千斤
羅泉等二井鹽課司歲辦鹽三十二萬一
千三百斤零
黄市等二井鹽課司歲辦鹽六十九萬四
十斤
仙泉井鹽課司歲辦鹽三萬八千八百五
十斤

雲南

五井鹽課提舉司歲辦鹽二十七萬二千
一百三十七斤零又折綿布七百二
十段 每段長一丈一尺濶八寸
黑鹽井鹽課提舉司歲辦鹽五十七萬二
千三百四十斤零
安寧鹽井鹽課提舉司歲辦鹽七十七萬
二千六百八十斤零
白鹽井鹽課提舉司歲辦鹽二十一萬七
百二十斤零

河東鹽運司

歲辦鹽六千八十萬斤

行鹽地方

山東鹽運司
濟南府　兖州府　交州府
東昌府　萊州府　東平州
開封府　登州府　徐州
邳州　宿州

兩浙鹽運司
杭州府　紹興府　寧波府
台州府　温州府　蘇州府
衢州府　處州府　徽州府
嘉興府　湖州府　松江府
嚴州府　常州府　鎮江府
廣信府　金華府　廣德州

兩淮鹽運司
應天府　寧國府　太平府
揚州府　鳳陽府　廬州府
安慶府　池州府　淮安府
和州　南昌府　九江府
南康府　建昌府　贛州府
南安府　臨江府　撫州府
吉安府　袁州府　瑞州府
饒州府　武昌府　黄州府
沔陽州　岳州府　夷陵州
荆州府　常德府　長沙府
澧州　沅州　衡州府
德安府　辰州府　安陸州
靖州　襄陽府　寶慶府

廣東鹽課提舉司
廣州府　肇慶府　惠州府
韶州府　南雄府　潮州府
德慶州

海北鹽課提舉司
雷州府　高州府　廉州府
桂林府　郴州府　梧州府
潯州府　慶遠府　南寧府
平樂府　瓊州府　永州府
郴州　太平府　田州府
思明府　鎮安府　龍州
泗城州　奉議州　利州
桂陽州

四川鹽課提舉司

成都府　嘉定府　叙州府
潼川州　保寧府　順慶府
廣元　夔州府　廣安府
雅州
福建塩運司
福州府　興化府　泉州府
汀州府　漳州府　邵武府
建寧府　延平府
陝西漳縣西和二縣
鞏昌府　臨洮府　河州

雲南布政司
五井塩課提舉司
黒塩井塩課提舉司
安寧塩課提舉司
白塩井塩課提舉司

權量

斛斗秤尺

凡天下官民人等行使斛斗秤尺已有一定法則須行各司府州縣收掌務要如式成造較勘相同印烙給降民間行使其在京倉庫等處合用斛斗秤尺等項本部較勘印烙發用

時估

凡民間市肆買賣一應貨物價值須從州縣親民衙門按月從實申報合干上司遇有買辦軍需等項以憑照價收買

倉科

徵收

稅粮

凡各處秋夏稅粮已有定額每歲徵收必先預爲會計除對撥官軍俸粮并存留學粮廩給孤老口粮及常存軍衛二年粮斛以備支用外餘粮通行定奪立案具奏其奏本內並云爲徵收某年秋粮事該照在京并在外衛所官軍等項合用俸粮擬合預爲會計徵收議得各司府州今歲該徵秋粮除已對定官軍俸粮外其供應
内府光禄司等衙門合用熟粳糯米芝麻黄豆等項并五軍六部等衙門官吏俸給廩給故

官兜男及六倉預備海運糧儲擬於蘇州常州等府存收運納其餘秋糧存留學糧廩給孤老口糧及撥軼各處軍衛倉收貯常存二年糧儲以備支用如有糧多足用去處臨期定奪收支及該設糧長去處委官一員率領該設糧長正身務要齊足定限　月二十日以裏赴

京面聽

宣諭関領勘合回還辦糧

凡徵收稅糧律有定限其各司府州縣如

有新增續認一体入額科徵所據該辦稅糧糧長督併里長里長督併甲首甲首催督人户裝載糧米糧長點看見数率領里長并運糧人户起運若係對撥者運赴所指衛分照軍交收存留者運赴該倉收貯起運折收者照依定撥各該倉庫交納取獲通關奏繳本部委官於

内府户科領出立案附卷存照以憑稽考

凡糧長関領勘合回還催辦秋糧務要依期送納畢日赴各該倉庫將納過數目於勘合内填寫用印鈐蓋其糧長將填完勘合具本親齎

進繳仍赴部明白銷注如是查出糧有拖欠勘合不完明白究問追理

十二布政司并直隸府州夏稅秋糧總

夏稅

米麥肆百柒拾壹萬貳千玖百石

錢鈔叁萬玖千捌百錠

絹貳拾捌萬捌千肆百捌拾柒疋

秋糧

米貳千肆百柒拾叁萬肆百伍拾石

錢鈔伍千柒百叁拾錠

絹伍拾玖疋

浙江布政司

夏稅

麥捌萬伍千伍百貳拾石

錢鈔貳萬陸百玖拾錠

絹壹拾叁萬玖千壹百肆拾疋

秋糧

米貳百陸拾陸萬柒千貳百柒石
錢鈔捌拾陸錠
絹伍拾玖疋

北平布政司
夏稅
麥叁拾伍萬叁千貳百捌拾石
絹叁萬貳千玖百陸拾貳疋
秋粮
米捌拾壹萬柒千貳百肆拾石

福建布政司
夏稅
麥陸百陸拾伍石
錢鈔壹萬貳千柒百伍錠
絹貳百柒拾叁疋
秋粮
米玖拾柒萬柒千肆百貳拾石

江西布政司
夏稅
米柒萬玖千伍拾石
錢鈔陸千肆百伍錠

絹壹萬伍千肆百柒拾柒疋
秋粮
米貳百伍拾捌萬伍千貳百伍拾陸石

湖廣布政司
夏稅
米麥壹拾叁萬捌千柒百陸拾陸石
絹貳萬陸千肆百柒拾捌疋
秋粮
米貳百叁拾貳萬叁千陸百柒拾石

廣東布政司
夏稅
麥伍千叁百貳拾石
秋粮
米壹百肆萬肆千柒拾捌石

河南布政司
夏稅
麥伍拾伍萬陸千伍拾玖石
絹壹萬柒千貳百貳拾陸疋
秋粮
米壹百陸拾肆萬貳千捌百伍拾石

山東布政司
夏稅
麥柒拾柒萬叁千貳百玖拾柒石
絹貳萬叁千玖百叁拾貳疋
秋糧
米壹百捌拾萬伍千陸百貳拾石
廣西布政司
夏稅
麥壹千捌百陸拾玖石
秋糧
米肆拾玖萬貳千叁百伍拾伍石
山西布政司
夏稅
麥柒拾萬柒千叁百陸拾柒石
秋糧
米貳百玖拾萬叁千伍百柒拾石
陝西布政司
夏稅
麥陸拾柒萬陸千玖百捌拾陸石
秋糧
米壹百貳拾叁萬陸千壹百柒拾捌石
四川布政司
夏稅
麥叁拾貳萬伍千伍百伍拾石
秋糧
米柒拾肆萬壹千貳百柒拾捌石
雲南布政司
夏稅
麥壹萬捌千柒百叁拾石
秋糧
米伍萬捌千叁百肆拾玖石
直隸應天府
夏稅
麥壹萬壹千貳百陸拾石
絹壹千肆百陸疋
秋糧
米叁拾貳萬陸百壹拾陸石
松江府
夏稅
麥壹拾萬柒千肆百玖拾柒石

絹陸百陸拾陸疋
秋粮
米壹百壹拾壹萬貳千肆百石
錢鈔叁千柒拾貳錠

蘇州府
夏稅
麥陸萬叁千伍百石
絹壹萬肆千壹百伍拾柒疋
秋粮
米貳百柒拾肆萬陸千玖百玖拾石
錢鈔貳千叁百貳拾壹錠

寧國府
夏稅
麥陸萬貳千陸百壹拾石
絹叁百壹拾壹疋
秋粮
米壹拾捌萬貳千伍拾石

安慶府
夏稅
麥壹萬玖千肆百柒拾捌石

秋粮
米壹拾壹萬貳千壹百伍拾捌石

太平府
夏稅
麥貳萬壹千叁百玖拾石
絹貳百壹拾柒疋
秋粮
米柒萬陸千貳百玖拾石

和州
夏稅
麥捌百柒拾伍石
秋粮
米叁千玖百伍拾玖石

揚州府
夏稅
麥伍萬柒千柒百壹拾石
秋粮
米貳拾肆萬玖拾陸石

鳳陽府
錢鈔貳百伍拾壹錠

夏稅
麥玖萬叁千叁百壹拾伍石
絹壹千肆百肆拾柒疋
秋粮
米壹拾叁萬柒千壹百陸拾石

滁州
夏稅
麥壹千肆百伍石
秋粮
米肆千壹百陸石

徐州
夏稅
麥陸萬貳千叁百石
絹叁千壹百肆拾貳疋
秋粮
米柒萬玖千叁百肆拾石

廣德州
夏稅
麥陸千柒拾石
絹壹百伍拾柒疋

秋粮
米貳萬肆千伍百石

鎮江府
夏稅
麥捌萬捌百玖拾陸石
絹叁百伍拾柒疋
秋粮
米貳拾肆萬叁千柒百伍拾石

廬州府
夏稅
麥壹萬伍千捌百叁拾石
秋粮
米柒萬伍千叁百陸拾石

池州府
夏稅
麥壹萬柒千壹拾陸石
絹貳拾柒疋
秋粮
米壹拾壹萬貳千玖百肆拾伍

徽州府

夏税
麥肆萬捌千柒百伍拾石
絹玖千柒百壹拾捌疋
秋粮
米壹拾壹萬陸千陸百伍拾肆石
常州府
夏税
麥壹拾壹萬玖千叁百貳拾石
絹壹千叁百玖拾肆疋
秋粮
米伍拾叁萬叁千伍百壹拾伍石
淮安府
夏税
麥貳拾萬壹千貳百貳拾石
秋粮
米壹拾伍萬叁千肆百玖拾石
鋪墊
凡在京徵收芻草俱於田畝內照例科
徵當徵收之時本部先行定擬具
奏行移該管有司限定期日先取部運官吏姓名

開報候起運之日照數填定撥各該衛
所并典牧千戶所等衙門交納以備支
用其在外衙門亦各照依已定則例徵
收施行
倉庫
盤撥粮斛
凡內外衛所軍粮不敷於有粮倉分照數
盤撥如是在倉粮儲正數支銷盡絕積
出附餘或有積預備腐爛虧折必須委
官盤點見數仍將盤過數目分豁某字
厫若干開報合干上司以憑稽考追究
內外倉厫
凡天下設置倉厫其在各該衛所常存二
年粮斛分為二十四厫收貯以備支用
其在各司府州縣各有倉厫收貯粮米
以給歲用且如在京衛所倉粮必須查
勘見數分豁某字厫原收某年分秋粮
米若干本部措造印信文冊一本進赴
內府該科收貯凡各衛支過月粮本衛具手本奏
進與同本部發貨於原進府內注銷仍呈報本部知數

其在外倉廒凡有勘合下倉放支亦必
稟請提調正官眼同支給比候年終將
支過数目同實在粮斛通行開報以憑
稽考

户部職掌三卷終

皇明制書

諸司職掌

禮部卷之四

尚書侍郎之職掌天下禮儀祭祀宴饗貢舉之政令其屬有四曰儀部曰祠部曰膳部曰主客部

儀部

郎中員外郎主事掌貳尚書侍郎舉其儀制而辨其名数

朝賀

正旦冬至朝賀儀

一凡正旦冬至前一日尚寶司陳設

御座于奉

天殿及寶案于御座之東設香案于

丹陛之南教坊司設中和韶樂于

殿内之東西北向其日清晨錦衣衛陳鹵簿儀仗

於

丹陛及丹墀之東西設羽扇于殿内東西列車輅

步輦于丹墀東西相向鳴鞭四人左右

北向教坊司陳大樂于

丹陛之東西北向儀禮司設同文玉帛案于

丹陛之東金吾衛設護衛官于殿内及

丹陛之東西陳甲士于午門外奉

天門外及丹墀東西錦衣衛設將軍于奉

天門外丹陛丹墀及奉天門列旗幟于奉

天門外東西典牧官陳仗馬犀象于文武樓南東西相向欽天監設司晨郎報時位于内道東近北立糾儀御史二人于丹墀北東西相向内賛二人于殿内外賛二人于

丹墀北東西相向設傳

制官表等官位于殿内東西相向皷初嚴文武官具

朝服齊班于午門外皷次嚴引禮引百官由左右掖門入詣丹墀東西北向立皷三嚴執事官詣

華盖殿伺候内官跪奏

皇帝具衮冕陞座鍾聲止儀禮司官跪奏各執事官行禮賛五拜禮畢賛供事執事官各就位

儀禮司官跪奏請

陞殿駕興中和韶樂奏聖安之曲尚寶官捧寶前行

導

駕官前導扇開簾捲尚寶官置寶于案樂止鳴鞭報
時鷄唱暁對賛唱排班齊賛禮唱鞠躬大
樂作賛四拜平身樂止典儀唱進表大樂
作給事中二人詣同文案前導引序班舉
案由東門入置殿中樂止内賛唱宣表目
宣表目官跪宣訖俯伏興唱宣表展表官
取表宣表官至簾前外賛唱衆官皆跪宣
表訖内外皆唱俯伏興平身序班即舉表
案于殿東外賛唱衆官皆跪代致詞官跪
于

丹陛中致詞云具官臣某兹遇正旦則云三陽開泰萬物咸新冬至則云律應黄鍾日當長至恭惟
皇帝陛下膺乾納祐奉天永昌賀訖外賛唱衆官皆
俯伏興樂作四拜興平身樂止傳
制官詣
御前跪奏傳
制賛俯伏興由東門出至丹陛之東西向立稱有
制賛禮唱跪百官皆跪宣
制正旦則云履端之慶冬至則云履長之慶與卿等同之賛禮唱俯伏

興平身樂止賛搢笏鞠躬三舞蹈賛跪唱
山呼百官拱手加額曰萬歲唱山呼曰萬
歲唱再山呼曰萬萬歲凡呼萬歲樂工軍
校齊聲應之賛出笏俯伏興大樂作賛四
拜平身樂止儀禮司官跪奏禮畢中和樂
作奏官安之曲
駕興尚寶官捧[illegible]駕官前導至
華蓋殿樂止司禮[illegible]官以次出
中宮[illegible]前朝賀儀
一凡[illegible]前期一日女官陳設

御座于宫中殿[illegible]于丹墀之南其日清晨内官陳
設儀仗于
丹陛之東西及丹墀東西女官率執者立于
御座之左右陳女樂于
丹陛東西北向設箋案于殿東門外設班首拜位
于中道之東西設命婦拜位于丹墀北向
設司賛位于丹墀東西設司賓位于命婦
班之北東西相向設内賛二人位于殿内
東西命婦至宫門外司賓引命婦入就拜
位女官具服侍班如常儀尚儀等官詣

內奉迎尚儀奏請陞座
皇后具服出導從如常儀樂作陞座樂止司贊唱班
齊樂作贊四拜樂止外贊唱進牋引牋案
女官前導舉牋案女官二人舉案由殿東
門入樂作至殿中樂止贊衆命婦跪內贊
唱宣牋目宣牋目女官宣訖興唱宣牋展
牋女官詣案前取牋宣牋女官宣訖興舉
案者舉案于殿東贊命婦皆興司賓引班
首由東階陞樂作自東門入至殿中樂止
內贊唱跪班首跪衆命婦皆跪班首稱某
夫人妾某氏茲遇（正旦則云履端之節　冬至則云履長之節）敬
詣
皇后殿下稱賀內贊司贊同唱興班首及殿外命婦
皆興司賓引班首由西門出降自西階樂
作至拜位樂止贊拜樂作四拜樂止司言
前跪將
旨由東門出至于丹陛東西向立稱有
旨司贊唱跪衆命婦皆跪司言宣
旨（正旦則云履端之慶　冬至則云履長之慶）與夫人等同之贊興衆命婦
皆興司贊唱拜樂作四拜樂止尚儀跪奏
禮畢
皇后輿樂作還宮樂止引禮引命婦以次出
東宮正旦冬至朝賀儀
一凡正旦冬至日典璽官設
東宮座于文華殿中錦衣衛設儀仗於殿外東西教
坊司陳大樂于
文華門內東西北向府軍衛列甲士旗幟于門外
錦衣衛設將軍十二人于殿中門外及
文華門外東西相向立儀禮司官設牋案于殿東
門外設文武官拜位于
文華門外設傳
令宣牋等官位于殿內東西執事官先行四拜禮訖
各就位引禮引各官詣
文華門外北向立儀禮司官啓請
陞座導引官奉迎
東宮具冕服出樂作陞座樂止贊禮唱班齊鞠躬樂
作四拜興平身樂止唱進牋給事中前
導牋案由殿東門入置殿中內贊唱宣
牋目宣訖俯伏興平身唱宣牋外贊唱
跪展牋官詣案前取牋宣牋官宣訖內

外皆贊俯伏興平身即舉案于殿東外
贊唱衆官皆跪代致詞官中道跪致詞
云具官臣某等茲遇正旦則云三陽開泰萬物咸新冬至則云律應黃鐘日當長至
敬惟
皇太子殿下茂膺景福賀畢唱衆官皆俯伏興平身
傳令官跪啓傳
令由東門左出至丹陛東西向立稱有
令贊衆官皆跪宣令正旦云履端之節冬至云履長之節同臻嘉慶贊
俯伏興樂作四拜平身樂止儀禮司官
跪啓禮畢

萬壽聖節百官朝賀禮儀

一凡
萬壽聖節百官朝賀禮儀與正旦冬至同但致詞云
恭惟
皇帝陛下萬壽令節臣某等誠懽誠忭敬祝
萬萬歲詞不傳
制

中宮千秋節命婦朝賀禮儀

一凡
中宮千秋節命婦朝賀禮儀與正旦冬至同但致詞
云茲遇千秋令節敬詣
皇后殿下稱賀不傳
旨

東宮千秋節百官朝賀禮儀

一凡
東宮千秋節百官朝賀禮儀與正旦冬至同但致
詞云茲遇
皇太子殿下壽誕之晨臣某等敬祝
千歲壽不傳
令

朝儀

京官常朝儀

一凡朝班序立公侯序于文武班首次駙馬
次伯自一品以下各照品級文東武西
依次序立風憲糾儀官居下朝北紀事
官居文武第一班之後稍近上便於觀
聽不許攙越如有事奏請要從班末
行至
御前跪奏不許於班內橫過奏畢即復入班序立

一凡文武百官于
御前侍坐遇有大小官員奏事必須起立候奏事畢
復坐不許倨坐失儀如有特
旨賜坐則復坐
一凡文武百官出入朝門各照品級第加遜
敬如一品以下官遇公侯駙馬加敬禮
立則旁立行則後從三品四品官遇一
品官加遜禮行立俱後從五品以下官
倣此俱不許攙越失儀如有
宣召不在此限

一凡百官朝叅遇有
聖諭教戒須要專心致意拱聽分明即便省身克已
不許放肆
一凡百官
御前奏對務必從實知則為知不許妄對
一凡大小官員隨從
上位行丹墀身常朝北不許南向或左或右環轉隨
侍如
上位陞奉天門及丹陛其隨從官員不得徑行中
道并

王道如有
旨令行方許于側邊隨行
一凡官員入朝門須要拱手端行威儀整肅
不許私揖及吐唾不敬
一凡文武百官於奉
天華蓋武英等殿奏事必須穿着皁鞾方許入
殿違者從糾儀御史禮部儀禮司官糾劾送法
司如律
百官朝見禮儀
一凡朝見稽首頓首五拜乃臣下見

君上之禮先拜手稽首四拜後一拜叩頭成禮稽首
四拜者百官見
東宮親王之禮其見父母亦行四拜禮其餘官長
及親戚朋友稍卑止行兩拜禮
常朝君父之禮
一凡各王大朝行八拜禮常朝一拜扣頭禮
凡伯叔兄見
天子在朝行君臣禮於便殿內行家人禮伯叔兄坐
東面西坐受
天子四拜伯叔兄就於受禮位坐天子居正中南面

坐所以尚親親之義以存君臣之禮

一皇后父見

上行君臣禮后見父母行家人禮

皇太子見

皇后父母皇后父母立於東西向皇太子立於西東向行四拜禮皇后父母立受兩拜荅兩拜

諸蕃朝貢

一凡蕃王來朝先遣禮部官勞於會同館次日於

奉天殿朝見

上位蕃王服其國服若嘗賜朝服者則服朝服行八拜禮禮畢即詣

文華殿朝見

皇太子行四拜禮見

親王亦行四拜禮親王立受兩拜荅兩拜其從官隨蕃王班後行禮凡遇宴會蕃王班次合居公侯伯之下如蕃王朝見之後遇有恩賜及蕃國遣使朝貢皆如常朝儀

庶人常見禮儀

一凡民間子孫弟姪甥婿見尊長生徒見師範奴婢見家長父別行四拜禮尋常近別行揖禮其餘親戚長幼照依等第父別行兩拜禮尋常近別行揖禮平交同

冠服

皇帝冕服

衮冕十二章

冕版廣一尺二寸長二尺四寸冠上有覆玄表朱裏前後各有十二旒旒五采玉珠十二玉簪導朱纓

圭長一尺二寸

玄衣纁裳衣六章織日月星辰山龍華蟲裳六章織宗彝藻火粉米黼黻

中單以素紗為之

紅羅蔽膝上廣一尺下廣二尺長三尺織火龍山三章

革帶佩玉長三尺三寸

大帶素表朱裏兩邊用緣上以朱錦下以綠錦

大綬六采用黃白赤玄縹綠織成純玄

質五百首小綬三色同大綬間織三玉
環
朱襪赤舃祭
天地宗廟及正旦冬至
聖節則服之　皮弁服
皮弁服其皮弁用烏紗冒之前後各十二縫
每縫中綴五采玉十二以爲飾玉簪導
紅組纓其服絳紗衣蔽膝隨衣色白玉
佩革帶玉鉤䚢緋白大帶白襪黑舃
東宮冠服
衮冕九章
冕九旒旒九玉金簪導紅組纓兩玉瑱
圭長九寸五分
玄衣纁裳衣五章織山龍華蟲宗彝
火裳四章織藻粉米黼黻
白紗中單黼領
蔽膝隨裳色織火山二章
革帶金鉤䚢玉佩
綬五采用赤白玄縹綠織成純赤質三百
三十首小綬三色同大綬間織三玉環

大帶白表朱裏上緣以紅下緣以綠白襪
赤舃陪祀
天地宗廟及正旦冬至朝賀則服之
親王冠服
衮冕九章
冕五采玉珠九旒紅組纓青纊充耳金簪
導
圭長九寸二分五釐
青衣纁裳衣五章織山龍華蟲火宗彝裳
四章織藻粉米黼黻
白紗中單黼領青緣
蔽膝隨裳色織火山二章
革帶金鉤䚢佩玉
綬五采赤白玄縹綠織成純赤質三百二
十首小綬三色同大綬間織三玉環
大帶表裏白羅朱綠緣
白襪朱履助祭謁
廟正旦冬至等朝賀則服之
世子冠服
衮冕七章

冕三采玉珠七旒紅組纓青纊充耳金簪

導

圭長九寸

青衣纁裳衣三章織華蟲宗彝裳四章

織藻粉米黼黻

素紗中单青領褾襈赤韍

革帶佩白玉玄組綬

綬紫蒨用紫黄赤三采織成間織三白玉

環

白襪赤舄

文武官冠服

一文武官朝服梁冠赤羅衣白紗中单俱用

青飾領緣赤羅裳青緣赤羅蔽膝大帶

用赤白二色絹革帶佩綬白襪黑履一

品至九品俱以冠上梁數分等第

公冠八梁加籠巾貂蟬立筆五折四柱香草

五段前後用玉為蟬

侯冠七梁加籠巾貂蟬立筆四折四柱香草

四段前後用金為蟬

伯冠七梁加籠巾貂蟬立筆二折四柱香草

二段前後玳瑁為蟬俱左插雉尾

駙馬冠與侯同不用雉尾

一品冠七梁不用籠巾貂蟬革帶與佩俱用

玉綬用緑黄赤紫四色絲織成雲鳳四

色花錦下結青絲網綬環二用玉笏用

象牙

二品冠六梁革帶綬環用犀餘同一品

三品冠五梁革帶用金佩用玉綬用黄緑赤

紫四色織成雲鶴花錦下結青絲網綬

環二用金笏用象牙

四品冠四梁革帶用金佩用藥玉餘同

五品冠三梁革帶用銀鈒花綬用黄緑赤紫

四色織成盤鵰花錦下結青絲網綬環

二用銀鍍金笏用象牙

六品七品冠二梁御史加獬豸革帶用銀佩

用藥玉綬用黄緑赤三色絲織成練鵲

花錦下結青絲網綬環二用銀笏用槐

木

八品九品冠一梁革帶用烏角佩用藥玉綬

用黄緑二色絲織成鸂鶒花錦下結青

絲綱綬環二用銅笏用槐木
一文武官朝服於
大祀慶成正旦冬至
聖節及頒降開讀詔赦進　表傳制則服之
公服
一文武官公服用盤領右衽袍或紵絲紗羅絹
從宜制造袖寬三尺
一品至四品緋袍　五品至七品青袍
八品九品綠袍　未入流雜職官袍
笏帶與八品以下同
公服花樣

一品用大獨科花徑五寸
二品小獨科花徑三寸
三品散搭花無枝葉徑二寸
四品五品小雜花紋徑一寸五分
六品七品小雜花徑一寸　八品以下無
幞頭用漆紗二等展角各長一尺二寸
其雜職官員幞頭用垂帶
笏依朝服爲之
腰帶
一品用玉或花或素　二品用犀

三品四品用金荔枝　五品以下用烏角
鞓用青革仍垂撻尾於下　靴用皂　其在
京文武官於每日早晚
朝奏事及侍班謝
恩見辭則服之　在外文武官員於每日清早公座服之
一凡各處雜職未入流品官員若遇大
朝賀進表等陪班行禮止用公服
祭服
一文武官陪祭服一品至九品青羅衣白紗
中單俱用皂領緣赤羅裳皂緣赤羅
蔽膝方心曲領其冠帶佩綬等第並

同朝服
常服
一品官常服用雜色紵絲綾羅綵繡　庶民止
用紬絹紗布不許別用
一花樣公侯駙馬用麒麟白澤
文官一品二品仙鶴錦雞
三品四品孔雀雲鴈
五品白鷴　六品七品鷺鷥鸂鶒
八品九品黃鸝鵪鶉練鵲
風憲官用獬豸
武官一品二品獅子　三品四品虎豹

五品熊羆　六品七品彪
八品九品犀牛海馬
一官員及軍民僧道人等衣服帳幔並不許
玄黄紫三色并織繡龍鳳紋違者罪
及染造之人其朝見人員四時并用
顏色衣服不許純素

命婦冠服

一品冠用金事件　珠翟五箇珠牡丹開頭
二箇珠半開三箇翠雲二十四片翠
牡丹葉一十八片翠口圈一付上帶

金寶鈿花八箇
金翟二箇口啣珠結二箇
二品至四品冠用金事件珠翟四箇珠牡丹
開頭二箇珠半開四箇翠雲二十四
片翠牡丹葉一十八片翠口圈一付
上帶金寶鈿花八箇金翟二箇口啣
珠結二箇
一品至四品霞帔用雲霞紋鈒花金墜子褙
子用雲霞文
五品至六品冠用抹金銀事件　珠翟三箇

珠牡丹開頭二箇　珠半開五箇
翠雲二十四片　翠牡丹葉一十八片
翠口圈一付上帶抹金銀寶鈿花八箇
抹金銀翟二箇口啣珠結子二箇霞帔
用雲霞文
五品鍍金鈒花銀墜子　六品鈒花銀墜子
七品至九品冠用抹金銀事件　珠翟二箇
珠月桂開頭二箇　珠半開六箇
翠雲二十四片　翠月桂葉一十八片
翠口圈一付上帶抹金銀寶鈿花八箇

抹金銀翟二箇口啣珠結子二箇
七品霞帔褙子與六品同
八品九品霞帔用繡纏枝花墜子與七品同
褙子繡枝團花

房屋器用等第

一凡官員蓋造房屋並不許歇山轉角重簷
重栱繪畫藻井其樓房不係重簷
之例聽從自便
公侯前廳七間或五間兩厦九架造中
堂七間九架後堂七間七架門屋三

間五架門用金漆及獸面擺錫環家
廟三間五架俱用黑板瓦蓋屋脊用
花樣瓦獸梁棟斗栱簷桷綵色繪飾
窻枋柱用金漆或黑油飾其餘廊廡
庫廚從屋等房從宜蓋造俱不得過
五間七架
一品二品廳堂五間九架屋脊許用瓦
獸梁棟斗栱簷桷青碧繪飾門屋三
間五架門用綠油及獸面擺錫環
三品至五品廳堂五間七架屋脊用瓦

獸梁棟簷桷青碧繪飾正門三間三
架門用黑油擺錫環
六品至九品廳堂三間七架梁棟止用
土黃刷飾正門一間三架黑門鐵環
一品官房舍除正廳外其餘房舍許從宜
蓋造比正屋制度務要減小不許太
過其門窻戶牖並不許用朱紅油漆
一庶民所居房舍不過三間五架不許用
斗栱及彩色裝飾
一器皿公候一品二品酒注酒盞用金餘
用銀
三品至五品酒注用銀酒盞用金
六品至九品酒注酒盞用銀餘皆用磁
漆木器並不許用硃紅及抹金描金
雕琢龍鳳紋
庶民酒注用錫酒盞用銀餘磁漆
一傘蓋一品二品銀葫蘆頂茶褐羅表青
絹裏三簷
三品四品用紅葫蘆頂茶褐羅表紅絹
裏三簷以上傘蓋俱用黑色茶褐雨

傘俱用紅油絹
五品用紅葫蘆頂青羅表紅絹裏兩簷
雨傘同四品
六品至九品用紅葫蘆頂青絹表紅絹
裏兩簷雨傘俱用油紙
一官員遮面屏風槅子並用雜色漆飾不
許雕刻龍鳳紋并金飾硃漆
一官員鞍轡公侯一品二品用銀減鐵事
件鞦用描銀
三品至五品用銀減鐵事件鞦用油畫

六品至九品用擺錫鐵事件鞊用油畫
一凡軍官軍士應用弓矢止是黑漆弓袋
箭囊並不許用硃漆描金粧飾
一已上服色器皿房屋等項並不許雕刻
刺繡古帝王后妃聖賢人物故事及
日月龍鳳獅子麒麟犀象等形

親王冠禮

一前期三日各執事官于本部習儀至日傳
制遣官持節行禮
一前期儀衛司先設

王邸在東序張帷幄設裀褥于序中又張帷于序
儀禮司設掌贊官
勑戒等官序立位于王邸東稍西向具九旒冕翼善
冠絳紗袍等服并網巾金簪二物各以箱盛
候持節者至禮部儀禮司等官啓
王出迎門外贊禮導王行節入王邸置中庭樂作贊
王詣香案前四拜畢禮部等官啓就冠席西南向
內侍二人夾侍樂止引禮引賓贊以次詣
盥洗樂作搢笏盥手樂止通贊與儀二
人露臺東西向冠席在東序南

在西南向行禮位之時諸執事官陞自東階
稍西向掌冠者執網巾陞賓降一等受之
進
王席前稍北面立祝曰惟茲吉日冠以成人克敦孝
友福祿來臻畢供奉官束髮掌冠跪進網
巾樂作贊冠者跪正之興立掌冠後內侍
跪進服訖樂止掌冠啓王復坐執翼善冠
陞賓降二等受之右手執冠後左手執冠
前進如前儀祝曰冠禮斯舉寔由成德敬
慎威儀惟民之則畢跪進冠興樂作掌冠

啓復坐贊冠進跪脫翼善冠興內侍跪脫
袍服執衮冕者陞賓降三等受之進前儀
祝曰冠至三加命服用章敬神事上永固藩
邦跪進服興樂作贊冠跪簪結紘興立掌
冠後
王興內侍跪進衮服訖樂止禮部官引
王降自東階樂作由西階陞醴席南向坐樂止引
禮引掌冠詣盥洗樂作搢笏盥手訖陞西
階樂止贊冠者取爵詣司尊所酌醴授賓
賓跪進席前北面祝曰旨酒嘉薦載芬

載芳受茲景福百世其昌畢
王搢圭受爵樂奏喜千春之曲飲訖奠爵出圭進
饌饌訖引
王降自西階詣東序易服訖樂止請
王詣拜位樂作引禮引宣勅戒官至中庭西向立
稱有
制王跪樂止宣勅戒曰孝于君親友于兄弟親賢
愛民率由禮義毋溢毋驕永保富貴樂
作俯伏興四拜興樂止禮部官啓禮畢引
王還樂止掌冠等官復
命王是日謁
廟畢就詣
父皇及東宮前謝次日百官稱賀畢詣
王府行叩頭禮

婚禮

親王婚禮儀式

定親禮物

金五十兩
珎珠一十兩重用紅綠紗銷金袋二箇
花銀四百兩重
各色紵絲四十疋用紅綠羅銷金束子一百二十箇
大紅羅二疋用紅綠羅銷金束子六箇
生紗二疋用紅綠羅銷金束子六箇
熟絹四十疋
綿臙脂一百箇金花臙脂二兩重用抹金花
擺合一對六兩重
鉛粉二十袋計一十兩重用紅綠羅銷金袋二箇
北羊四牽用紅綠銷金蓋袱四條并牽羊紅麻索四條
猪二口
鵝二十隻
酒八十瓶用紅綠羅銷金小蓋袱八十條每條墜角折二銅錢四箇
圓餅八十箇用紅紙花貼面
末茶一十袋用紅綠羅銷金袋一十箇
果六合
白熟米二石作四合每合上用染紅米二升
麪四十袋用紅紙花貼面

媒人

紵絲二疋用紅綠羅銷金束子六箇
熟絹二疋

開合

紵絲一疋用紅綠羅銷金束子三箇
熟絹一疋
已上禮物媒人并內官一員送至
妃家媒人就引妃家回奉禮物從
西華門入如命官則
皇帝前復命外命婦則
皇后前復命
納徵
禮物
玉穀圭一裹玉圭錦袋二件盛玉圭銷金雲鳳硃紅木匣一箇內錦褥一片

玄纁紵絲五疋玄三疋纁二疋用紅綠羅銷金束子一十五箇
珠翠燕居冠一頂冠盖全
冠上火珠博鬢結子等項全
金鳳二箇金寶鈿花二十七箇金簪
一對冠上珊瑚鳳冠觜一副
燕居服四套
大紅紵絲一件　大紅線羅一件
大紅素紗一件　青線羅一件
大帶四條內大紅線羅三條青線羅一條
玉革帶一副

玉事件九件
金事件三件
玉花綵結綬一副紅綠線羅絛結大紅線羅繫帶
綵結上玉綬花一箇
綬帶上玉墜珠六顆
綬帶上金垂頭花板四片金葉兒六箇
白玉鉤碾鳳紋珮一副
玉事件二十件串珠全
金鉤二箇
紅羅銷金夾袱大小五條包燕居服及玉革帶等用

珠面花四副
珠花四枝金脚八錢重
金脚四珠環一雙金脚五錢重
梅花環一雙金脚五錢重
金钑花釧一雙二十兩重
金光素釧一雙二十兩重
金龍頭連珠鐲一雙一十四兩重
金八寶鐲一雙八兩重外寶石一十四塊
金四百兩九成色二百兩八成色二百兩
花銀一千六百兩

珎珠二十四兩重箇用紅綠紗銷金袋二

寶鈔五十貫

乘馬四疋紅籠頭錦韂四副

各色紵絲六十疋用紅綠羅銷金束子一百八十箇

各色綾六十疋用紅綠羅銷金束子一百八十箇

各色紗六十疋用紅綠羅銷金束子一百八十箇

各色羅六十疋用紅綠羅銷金束子一百八十箇

各色錦六十疋用紅綠羅銷金束子一百八十箇

大紅羅四疋用紅綠羅銷金束子一十二箇

生紗四疋用紅綠羅銷金束子一十二箇

各色絹三百疋

白綿二十觔

臙脂二合重二兩金臙脂合一對重一十兩

鉛粉二十袋重一十兩用紅綠羅銷金袋二箇

北羊三十二牽用紅綠銷金蓋袱三十二條牽羊紅麻索三十二條

猪一十六口

鵝三十二隻

酒二百瓶用紅綠羅銷金蓋袱二百條每條鑵角折二銅錢四箇

末茶三十二袋用紅綠羅銷金袋三十二箇

果二十合

響糖二合　芝麻纏糖二合

茶纏糖二合　砂仁糖二合

胡桃纏糖二合　木彈二合

蜜煎二合　棗子二合

乾葡萄二合　胡桃二合

圓餅六百箇用紅紙花貼面

白麵一百二十袋用紅紙花貼面

紅紗單袱大小一十二箇

開合

紵絲八疋用紅綠羅銷金束子二十四箇

媒人

紵絲一十二疋用紅綠羅銷金束子三十六箇

徵納禮儀

前一日尚寶司陳設

御座于

奉天殿內官監禮部設冠服首飾金銀段疋等儀物于

文樓下教坊司設中和樂于殿內其日清晨錦衣衛設儀仗于

丹陛丹墀之東西教坊司設大樂于

丹陛之東西北向及設樂于
午門外設護衛將軍文武官執事官如常儀禮
司設百官侍立位于
文武樓南設玉帛案于殿内之東鼓三嚴文武
官具朝服至侍立位東西相向鍾聲止
儀禮司跪奏請陞殿
皇帝具皮弁服導駕奉引如常儀樂作陞座樂止
鳴鞭訖序班舉玉帛案置於殿中引
正使副使入就拜位贊鞠躬樂作贊
四拜興平身樂止承制官詣
御前跪承
制俯伏興由東門稍東出序班舉玉帛案隨上置丹
墀中道承制官稱有
制贊禮贊跪宣
制曰今聘某官某女爲某王妃命卿等行納徵禮贊
禮贊俯伏興樂作四拜平身樂止儀禮
司奏禮畢
駕興樂作鳴鞭樂止引禮引玉帛案由
奉天門東門及
午門東門出置玉圭玄纁于綵輿執事官引

文樓下儀物由
午門東門出以次陳列正副使行至
御橋外收服乘馬至妃家
妃家行納徵禮
前一日妃家設正副使幕次于大門外
道左南向設香案于正堂中設受玉帛
案于香案之南其日禮物至妃家引禮
捧玉圭玄纁先行正副使隨之至幕次
執事者陳禮物及冠服等物于正堂捧
玉帛者俟于幕次東西向禮官一員先
入至正堂立于東西向主婚者出見立于西東向
禮官曰奉
制命正使某官某副使某官某爲某王行納徵禮引
禮引主婚者出迎引禮引正使捧玉圭
副使捧玄纁先行主婚者隨行引禮引
至正堂置玉圭玄纁于案正使立于案
之左西南向副使立于案之右東南向
贊禮引主婚者就拜位贊鞠躬四拜興
平身贊詣前跪贊捧圭正使捧玉圭授主婚者主
婚者受玉圭以授執事者執事者跪受興置于案

贊捧帛副使捧玄纁授主婚者主婚者受玄纁以
授執事者執事者跪受興置于案贊主婚者俯伏
興平身贊復位贊四拜興平身禮畢正
副使出主婚者至正副使前致詞云請
禮從者酒饌畢主婚者捧帛以勞正副使
正副使出主婚者送至門外正副使詣
皇帝前復命妃家回儀從
西華門入內官監監官奏
聞

發冊儀物

金冊一副兩葉計足色金一百兩重造每葉高一尺二寸闊五寸周尺
籠冊錦一片紅絹裏
聯貫冊葉用紅絲條
墊冊錦褥一箇紅綃裏
裹冊紅羅銷金小夾袱一條
渾金瀝粉雲鳳冊盝一箇內用紅紵絲裝襯花銀釘鉸一副重一兩二錢嵌金絲鉄鎖鑰一副
覆盝紅羅銷金大夾袱一條
九翬一鳳冠一頂
冠上大花九樹小花九樹寶鈿九箇
翠雲傅鬢描金珠皂羅額珠肩心珠牌
環金冠上金鳳四箇牌環脚一雙
翟衣三套描金雲鳳沉香色木匣一箇銅鎖鑰壹扛全
青紵絲綉翟衣一件青紵絲綉蔽膝
一件玉色線羅中单一件紅緑襈
青線羅綉翟衣一件青線羅綉蔽膝
一件玉色線羅中单一件紅緑
襈
青紗綉翟衣一件青紗綉蔽膝一件
玉色紗中单一件
青紅線羅銷金大帶一條上有青紵絲
副帶一條
五色線錦綬一副上有玉環二箇青紅
羅綵結全
白玉鈎碾鳳文珮一副
玉事件二十件串珠全
金鈎子并圈二箇
五色線錦襯一副
白玉革帶一副青紵絲裹鞓描金文翟衣

王事件一十件　金事件五件

青紵絲舄一雙上有珠六顆

青羅襪一雙

紅羅銷金夾袱大小五條包裹翟衣玉珮玉帶等用

鳳轎一乘

錦坐褥一箇

錦踏褥一箇

紅交床一把紅穿條全

紅簾一扇青羅銷金沿邊綉帶全

紅羅銷金轎衣一件瀝水頂罩全

紅油絹銷金雨轎一件瀝水頂罩全

綵結四串抹金銀香圓寶盖四

副計八件共花銀一十六兩

儀仗

紅杖二　清道旗二

絳引旛二　戟氅二

斑劒二結子絹袋全　儀刀二結子紅絹袋全

梧杖二絹袋全　鐙杖二絹袋全

立瓜二絹袋全　卧瓜二絹袋全

骨朶二絹袋全　響節四絹袋全

紅綉傘一把絹袋全

青方傘二把絹袋攀全

紅綉團扇四把絹袋全

青綉團扇四把絹袋全

紅紗燈籠四箇竿全

拂子二箇結子全

坐障一竿全

行障二竿全

抹金交椅脚踏一副除木外計花銀

一百兩重搭座踏褥結子全

抹金銀水罐一箇重六十兩

抹金銀水盆一箇重六十兩

抹金銀唾盂一箇重一十六兩

抹金銀唾壺一箇重一十八兩

抹金銀香爐一箇重一十六兩

抹金銀香合一箇一十八兩

鑾執宮人銷金羅袍一十四領抹金鈒

花銀帶一十四條翠花紗帽一十四

頂皂麂皮靴一十四雙

女轎夫衣袍一十六領汗褡一十六副銅

束帯一十六條花紗帽一十六頂紅
綿布鞦韆一十六雙
發冊命使儀注
其日清晨內官監錦衣衛尚寶司教
坊司文武執事等官于
奉天殿陳設如納徵儀儀禮司設冊案于殿內之
東承制官持節官位于殿內之東西
向設正使副使拜位于丹墀正使在
東副使在西錦衣衛設蓋冊黄傘一
于殿門外禮部陳設綵輿于
午門外內官陳王妃鳳轎儀仗于綵輿之南鼓三
嚴引禮引文武官入就侍立位鐘聲止儀
禮司跪奏請陞殿
皇帝服皮弁服導駕官奏引如常儀樂作陞座樂止
捲簾鳴鞭訖引禮引正副使各就拜位贊
禮贊鞠躬樂作贊四拜平身樂止承制官
詣
御前跪承制俯伏興由東門稍東出持節官舉節
舉冊官舉案隨行亦由東門稍東出校尉
擎傘遮護冊行至丹墀御道中持節官
立于案東西向傳制官稱有
制贊禮唱跪宣
制曰今冊某官某女為某王妃命卿等持節行禮贊
禮贊俯伏興鞠躬四拜興平身樂止持節
官以節授正使引禮引節冊及正副使由
東道至
奉天門由
東門出至
午門外置冊于綵輿儀禮司官奏禮畢
駕興樂作百官捲班以次出儀仗鳳轎前行引禮引
節及綵輿正副使隨行過
御橋改服持節正副使俱上馬至
妃府行冊禮
冊至妃家行禮儀注
是日妃府先設幕次于大門之外南向設
香案于正廳冊使至引禮引正副使至幕
次禮官先入見主婚者禮官曰奉
制命正使某官某副使某官某持節行冊禮主婚者
出迎引禮引正使持節副使捧冊入主婚
者隨行至正廳正副使立于香案東南向

引禮引主婚者至拜位贊禮贊鞠躬四拜
興平身退立于西南 引禮引接冊內官詣前贊
禮贊舉冊副使以冊授內官內官跪受訖 贊禮贊請詣中
堂行禮內使二人引捧冊內官入中堂正
副使仍前立候內官出告行禮畢正使副
使以節出主婚者請禮正副使如納徵儀

受冊儀注

其日妃府陳設香案于中堂設冊案于香
案之南設妃拜位于冊案之南妃服翟衣
訖俟內官捧冊入置于案贊禮女官一員
居東一員居西妃拜位前相向立 宣冊女
官展冊女官立于東引禮女官二員分左
右引妃出房至冊案前拜位女使執事者
立于西贊禮女官贊四拜興宣冊女官稱
有
制女官贊跪妃跪 贊宣冊宣冊女官詣冊案前取冊立宣于香案東 女官宣
冊訖以冊入于盝贊受冊宣冊官捧冊立授妃妃受冊
女官贊以冊授執事者妃以冊受女使女使跪受興置于案
女官贊妃興又贊四拜禮畢內官出告正副使行禮畢
執事者徹香案冊案設妃座引禮請妃陞
座衆命婦及應賀者序立于庭北向贊四
拜禮畢妃降座

催粧禮物

北羊二牽紅綠絹銷金蓋袱二條
酒二十瓶紅綠羅銷金蓋瓶袱二十條每絲纏頭折二銅錢四箇
果二合用花四枝
已上禮物內官一員送至妃家

鋪房

一妃家於親迎前擇日將房奩床帳等物至
王府鋪房禮部預先奏知至日妃家備鼓樂迎引從
午門東角門入鼓樂止于門西 妃姆或親戚入
內陳設

醮戒儀注

其日內官監設
上位
中宮御座于宮中設大樂儀仗于丹陛之東西執膳
內官先備酒金爵果合以俟
上位服皮弁服
中宮燕居服出樂作陞座樂止
王服衮冕贊引引王由殿東門入詣

上位前贊禮贊鞠躬樂作贊四拜興平身樂止執事
者以爵斟酒立于
御前之東贊禮贊王詣前跪贊搢圭贊受爵執事者以爵立授王王受爵飲訖以爵授執事者執事者跪受以退
贊禮贊出圭恭聽
戒命隨旨意致戒詞王聽戒辭訖贊俯伏興平身贊復位贊
鞠躬樂作贊四拜興平身樂止贊禮引王詣
中宮前禮同贊禮畢引禮引王出妝袞冕具皮弁服
行親迎禮
妃受醮戒儀
親迎日妃家先於祠堂陳設祭物妃服燕
居冠服妃父母同妃詣祖宗前奠酒讀祝
禮畢執事者具酒饌命妃飲食訖父母坐
於正堂女執事引妃詣父母前各四拜父
母隨意致戒辭妃聽受訖次辭諸尊長禮
畢改服翟衣以俟
親迎儀注
其日儀衛司先設
王儀杖象輅于
承天門外妃家先設王幕次于中門之外設香案

帛案于正堂之中是日王受
命訖引禮引王由
午門東門出典儀具服跪請陞輅王陞輅儀從前導由過
御橋樂作至妃家門外引禮跪請王降輅導引至
幕次禮官一員先入至正廳立于東西向主
婚者出見立于西東向禮官曰某王奉
制行親迎禮引禮二人具服引主婚者迎王于幕次
之外內官二員具服引王出幕次主婚者
請王入中堂王先行主婚者從後隨內官具服捧禮物
入至于中堂主婚者進立于堂中之左妃
母立于堂中之右東西楣向王至中堂女執事
二人引妃出房立于妃母之下內官引王
至案前內官捧帛進王王以帛寘于案內
官引王稍退近東西向立贊禮引主婚詣
帛案前行八拜禮儀畢後執事者徹案引禮
內官導王先出女轎夫舁鳳轎至于中門
之內內官具妃儀仗于中門之外女執事
引妃出內官跪啟請王詣轎所啟請揭簾
妃陞轎內官啟請王陞輅前行妃具儀從
後行王至

承天門外降輅候妃至內官跪啓請王揭簾妃降
轎王先行至內釋皮弁服具袞冕至
奉先殿前候妃入
午門陞轎將至
奉先殿降轎行
廟見禮
廟見儀注
是日內官于
奉先殿陳設牲醴祝帛訖每廟犢一羊一帛二共一篚祝共一
贊引二人引王二人引妃至
奉先殿詣
德祖玄皇帝皇后神御前王在東妃在西贊王與妃皆兩拜
贊跪王跪妃亦跪贊搢圭王搢圭贊進帛執事者以帛跪
進于王右贊受帛王受帛以授執事者贊奠帛執事者以帛奠神御
前贊進爵執事者以爵跪進于王右贊受爵王受爵以授執事者
贊獻爵執事者以爵奠于
玄皇帝皇后前贊再進爵執事者以進爵贊受爵王受爵以授執
事者贊獻爵執事者以爵奠于
玄皇帝皇后前贊俯伏興王俯伏興妃亦興贊王復位贊
王與妃皆兩拜平身次詣

懿祖皇帝皇后
熙祖皇帝皇后
仁祖皇帝皇后上禮同贊詣讀祝位王詣讀祝位贊跪王跪妃亦
跪讀祝訖贊俯伏興平身王俯伏興平身妃亦興贊王
復位贊王與妃皆兩拜平身贊執事者捧祝
帛各詣燎所贊詣燎位王與妃詣燎位贊禮畢引禮
引王及妃還宮行合巹禮
合巹儀注
其日內官先于
王宮設王座于東西向設妃座于西東向各設拜位于
座之南設酒案于正中稍南置兩爵兩巹于
案上執事者啓請王具皮弁服訖贊引導王
與妃至宮門贊引二人導王前陞二人導妃
後陞贊請就拜位王與妃各就拜位贊兩拜王與妃皆兩拜訖
贊請陞座王與妃皆陞座執事者二人舉饌案進于
王及妃之前女官司尊者取金爵斟酒以
進王與妃各受爵飲訖女官進饌王與妃舉饌訖女官再以
金爵進酒王與妃皆飲訖女官進饌王與妃皆舉饌訖女
官再以巹盞酌酒合和以進王與妃皆飲訖又進饌
王與妃皆舉饌凡三舉酒饌畢執事者徹饌案贊王

與妃興就拜位相向贊兩拜禮畢王從者餕
妃之饌妃從者餕王之饌
朝見儀注
第二日清晨王冕服妃翟衣贊引各引詣
宮至
宮門外以俟
皇帝服皮弁服
中宮服燕居服陞座贊引引王及妃自東門入王先
入妃從之贊禮贊詣
皇帝前王立于東妃立于西宮人以棗栗盤立于妃之右
贊王與妃皆四拜執事者二人舉案至
皇帝前宮人以棗栗盤授妃妃捧棗栗盤置于案上
執事者舉案妃隨捧進至
皇帝前妃復位贊禮贊王與妃皆四拜興贊引引王
及妃詣
皇后前宮人以腶脩盤立于妃左贊王與妃皆四拜
興執事者二人舉案至
皇后前正中宮人以腶脩盤授妃妃捧腶脩盤置于
案上執事者舉案妃隨舉進至
皇后前妃復位贊四拜王與妃皆四拜興執事者以

皇帝前棗栗案徹于東
皇后前腶脩案徹于西
贊禮畢贊引引王及妃出是日賜王與妃
宴
盥饋
第三日清晨妃服翟衣贊引引妃出陞輿
將至
宮內門降輿由東門入俟膳至贊引引妃詣
皇帝前贊四拜尚食以膳授妃妃捧膳置于案復位
又贊四拜贊引引妃詣
皇后前禮同贊引引妃退位於西南俟膳畢贊引引
妃出
王與妃見東宮儀注
是日王與妃朝
見訖王具皮弁服妃服翟衣詣
東宮前行四拜禮
東宮皮弁服坐受
東宮妃翟衣立受兩拜荅兩拜
回門禮物
花銀三百兩重

雜色紵絲三十二疋紅綠羅銷金束子九十六箇

北羊四牽紅綠絹銷金蓋袱四條紅麻索四條

酒四十瓶紅綠銷金蓋袱四十箇

果四合

回門儀注

其日內官先將禮物至妃家

王與妃儀仗導從如常儀王先行至妃府妃父出迎王先入妃父從之至正廳王立東西向妃父立下西東向王於妃父前行四拜禮妃父母立受兩拜答兩拜禮畢王中坐其餘親屬見王皆坐受王行四拜禮妃至入中堂於父母前行四拜禮父母正面坐受其餘親屬見妃各序家人禮

王府供用器皿

金器

壺瓶一對六十兩重

酒注一對六十兩重

盂子一對二十兩重

贄禮盤二面六十兩重

盤盞二副二十兩重

托裏胡桃木椀四箇六十四兩重

楞邊胡桃木托子四箇五兩重

托裏胡桃木鍾子一對一十一兩重

撒盞一對八兩重

葫蘆盤盞一副一十兩重

茶匙一雙一兩重

匙一雙伍兩重

筯一雙伍兩重

銀器

果合一對一百六十兩重

汁瓶二對一百兩重

茶瓶一對五十兩重

湯鼓四箇八十兩重

按酒楪一十二箇四十二兩重

果楪一十二箇三十兩重

菜楪一十二箇二十四兩重

漆器

硃紅戧金大托盤二面紅紗罩二

硃紅戧金饅頭肉盤四箇紅紗罩二

小車子一乘貼金釘鉸全并頂上

抹金銅火珠一箇四角銅鳳四箇
紅紵絲車衣一副頂裙瀝水頂裹
紫羅帶全
錦坐褥一箇黃綿布骨子黃絹裹綿
花裝
紅平羅車衣一副頂裙瀝水頂裹絹
紫羅帶全
錦背靠褥二箇綠紵絲邊黃綿布骨子
黃絹裹綿花裝
紅素油絹雨衣一副
紅油儀仗木架二座

公主婚禮
冊公主
前期告
奉先殿用祝帛豬羊行禮如常儀
冊文
維洪武某年歲次某某月某日
皇帝制曰古之君天下者有女必封爾次長女今已成
人未有封號特以某郡為爾之號配某
官某之子彼為駙馬爾為公主旣入其官

之門恪遵婦道以奉舅姑閨門整肅內
助常佳毋累父母生身之恩爾惟敬哉
謁廟
受冊次日引禮引公主謁
奉先殿用香燭
駙馬受
誥其日駙馬受誥如常儀
誥文
夫婦之道人之大倫婚姻以時禮之所
重帝女子嫁必擇勳舊為姻此古今通
義也朕今命爾某為駙馬都尉當堅夫
道荷寵毋慢永肅其家以稱親親之意
恪遵朕言勿怠

公主受醮戒
其日早公主具禮服辭
奉先殿申時內官陳設儀仗于
正宮內丹陛之東西大樂陳于
丹墀執事女官備金爵酒壺果合以俟內贊女官
二員于
殿之東西

皇帝常服
皇后燕居服陞座公主具禮服引禮女官引公主詣
皇帝前贊拜樂作四拜樂止贊跪贊受爵女官以爵
斟酒立授公主公主受酒飲訖以爵授執事者執事跪受虚爵
退復位贊恭聽
戒命隨旨意訓戒公主聽受訖贊興贊復位贊拜樂
作四拜興樂止引禮女官又引公主詣
皇后前贊拜樂作四拜興樂止贊跪贊受爵執事女
官斟酒立授公主公主受酒飲訖以爵授執事者執事者跪受虚爵以退贊恭聽
戒命隨旨意戒訓公主聽受訖贊興贊復位贊拜樂作四
拜興樂止禮畢公主換燕居冠服命婦
送至宮門引禮引公主由宮門東門出
過宮門西上陞輦至右門內公主降輦
駙馬揭簾公主陞轎內使備儀仗鼓樂
前導并合女樂三十六人接引至府公侯
百官命婦送至府各回家
駙馬受醮戒
其日早駙馬父與駙馬具家用祭限告
祠堂畢至午後駙馬父坐于正堂駙馬

具見尊長服引禮引駙馬至拜位贊鞠
躬兩拜興平身贊跪贊搢笏贊受爵執
事者斟酒駙馬駙馬受酒飲訖以爵授執事者
贊聽訓戒訖駙馬父隨意致戒辭駙馬聽
贊出笏俯伏興贊復位贊鞠躬兩拜興
平身禮畢駙馬便服上馬行親迎禮若駙
馬父母俱存則父母所坐于正堂行礼如前儀
親迎
其日駙馬受醮戒訖具儀從鼓樂前導
至
午門西下馬至朝房具朝服候申時序班二人具服
引駙馬由
午門西角門入至右紅門內官二員具服接引駙
馬至內使監前候報公主醮戒將畢引
駙馬至
右門西東向立公主至駙馬揭簾公主陞轎駙馬先由
午門西角門出至上馬處上馬先至府候公主至
揭簾公主降轎同謁祠堂
謁祠堂
執事者先於祠堂設祭物畢引禮女使

引駙馬及公主至祠堂拜位駙馬立于東公主立于西贊禮贊鞠躬拜(駙馬公主皆兩拜)引禮引駙馬詣高祖考妣神位前(公主仍立于拜位)贊跪(駙馬跪公主亦跪)贊搢笏(駙馬搢笏)贊進爵(執事者以爵跪進于駙馬右)贊受爵(駙馬受爵以授執事者)贊獻爵(執事者以爵奠于高祖考妣神位前)贊再進爵(執事者以爵進)贊受爵(駙馬受爵以授執事者)贊獻爵(執事者以爵奠于高祖妣神位前)贊出笏俯伏興(公主亦興)引禮又引駙馬詣曾祖考妣祖考妣各神位前(如前儀訖)贊詣讀祝所(駙馬至讀祝位)贊跪(駙馬跪公主亦跪)讀祝訖俯伏興(公主亦興)贊復拜位贊拜(駙馬公主俱四拜)禮畢導

還府行合巹位

合巹

其日女使陳設駙馬座于室東(西向)公主座于室西(東向)各設拜位于座之南設酒案于室中(稍南)置兩盞兩巹(即葫蘆盞)于案上饌案二于室中贊引二人導駙馬二人導公主就拜位贊兩拜(駙馬公主相向皆兩拜)請就位駙馬公主各就位執事者捧饌案置于駙馬公主前執事者二人以二盞斟酒以進(駙馬公主皆飲酒)執事者進饌(駙馬公主皆舉筯)執事者再斟酒(駙馬公主皆飲酒)執事者再進饌(駙馬公主皆舉筯)執事者以兩巹盞斟酒合和以進(駙馬公主皆飲訖)執事者又進饌(駙馬公主皆舉筯)執事者徹饌案贊駙馬公主興就拜位(駙馬公主相向皆兩拜)禮畢

見舅姑

一公主見舅姑舅姑坐于東西向公主立于西東向行四拜禮舅姑荅兩拜

賜駙馬冠帶衣服

紗帽一　金帶一(後以玉帶)

紵絲羅衣各一襲斜皮靴一雙

鞍馬二

宴禮

大宴

一是日尚寶司設
御座于
奉天殿錦衣衛設黃麾于殿外之東西金吾等衛設
護衛官二十四員于殿東西教坊司設
九奏樂歌于殿内設大樂于殿外立三
舞雜隊于殿下光禄司設酒亭于
御座下之西膳亭于御座下之東珍羞醯醢亭于酒膳
亭之東西設
御筵于御座之東西設群臣四品以上位于殿内之東西
設群臣酒尊食卓於殿外設五品以下
位卓於丹墀東西兩廡司壷尚食各供乃事引
禮引群臣殿外東西相向立儀禮司跪奏
請陞座
駕興大樂作陞座鳴鞭樂止鳴贊引文武官四品以
上由東西門入至殿中横班北向立五品以
下官列于殿外丹墀北向立樂作贊四拜樂
止光禄司官進御筵大樂作捧案至
御前樂止進花樂作進訖樂止光禄司官開爵注酒捧詣
御前進第一爵酒贊内外官皆跪教坊司跪奏進酒飲畢
贊衆内外官俯伏興樂作贊四拜平身樂止

贊各就位序班随進群臣卓散花樂作散訖
樂止序班即進群臣爵第二爵酒教坊司跪
奏二奏皇風之曲樂作光禄司官斟酒
御前序班随斟群臣酒教坊司跪奏進酒俟
皇帝舉酒群臣以次舉飲訖樂止光禄司官進湯鼓
吹響節前導至殿外鼓吹止殿上樂作群臣
起立光禄司官進湯
御前群臣復坐叙班即供群臣湯樂止教坊司跪奏
進湯樂作俟
皇帝舉筯群臣次舉
皇帝進湯訖贊饌成樂止武舞入教坊司跪奏平
定天下之舞舞畢出第三爵酒教坊司跪奏
三奏眷皇明之曲樂作進酒如前儀樂止教
坊司跪奏樂奏撫安四夷之舞舞畢出第四
爵酒教坊司跪奏四奏天道傳之曲樂作進
湯如前儀食畢教坊司跪奏樂奏車書會同
之舞舞畢出第五爵酒教坊司跪奏振皇綱
之曲進酒如第三爵儀飲畢教坊司跪奏百
戲呈應舞畢出第六爵酒教坊司跪奏六奏
金陵之曲進酒進湯如前儀教坊司跪奏八

鑾獻寶進呈舞畢出第七爵酒教坊司跪奏
七奏長楊之曲進酒如前儀教坊司跪奏採
蓮隊子呈應畢出第八爵酒教坊司跪奏八
奏芳醴之曲進酒進湯如前儀食畢教坊司
跪奏魚躍于淵呈應畢出第九爵酒教坊司跪
奏九奏駕六龍之曲進酒如前儀[illegible]光祿
御前爵序班隨收群臣盞光祿司官進湯進大膳大
樂作群臣起立進訖復坐序班供群臣飯教
坊司跪奏進膳食訖贊膳成樂止光祿司官
收膳訖教坊司跪奏百花隊舞呈應舞畢出
鳴贊唱徹案序班徹群臣桌訖光祿司官即徹
御案贊宴成群臣皆出席北向立序班即徹群臣座殿
外官皆詣丹墀北向立贊鞠躬樂作贊四拜
平身樂止群臣分東西立儀禮司跪奏禮畢
駕興大樂作鳴鞭百官以次出

中宴

一凡中宴禮儀同前但進酒七爵

常宴

一凡常宴同中宴禮儀但百官一拜三叩頭進
酒或三爵或五爵而止

一凡文武官每遇筵宴四品以上文東武西各
照品級上
殿侍坐五品以下於殿下丹墀內文東武西各照品
級序坐其奉特
旨賜殿內坐者不在此限如在奉天門則四品以上
官坐于門上五品以下官坐于丹墀內務
要容止恭肅不許攙越諠譁

傳制

一凡大祀前三日陳設如常儀文武官各具朝
服詣丹墀拜位鐘聲止儀禮司跪奏請陞
皇帝御華蓋殿具皮弁服出陞座樂止鳴鞭訖贊四
拜傳制官詣
御前跪請傳制由東門出至傳制位稱有制贊跪宣
制云洪武某年正月某日大祀
天地於南郊今文武百官自某日為始致齋三日當
敬慎之傳訖贊俯伏興樂作又四拜平身
樂止奏禮畢
一凡遣官祭祀前一日陳設如常儀次日各官
具服於丹墀北向立

皇帝御華蓋殿具皮弁服鍾聲止執事官行一拜叩
頭禮訖儀禮司跪奏請陞殿樂作陞座樂
止捲簾鳴鞭訖唱排班班齊百官一拜叩
頭畢分東西立引禮引敵官詣拜位贊四
拜平身傳制官詣
御前跪奏傳制俯伏興由東門靠東出至丹陛東西
向立稱有制唱跪宣
制（祭孔子則曰某年月日祭先師孔子大成至聖文宣王祭帝王則曰先聖歷代帝王）命卿行
禮贊俯伏興樂作四拜樂止禮畢

進春

一是日早文武百官各具朝服于丹墀北向
立應天府官置春案於丹墀中道之東引
禮引府縣官就拜位贊鞠躬樂作四拜平
身樂止典儀唱進春引府縣官舉春案樂
作由東陛陞殿置于
丹陛中道俯伏興平身樂作又四拜禮畢鳴贊唱排
班引禮引文武官北向立贊班齊致詞官
詣中道之東跪奏云新春吉辰禮當慶
賀贊鞠躬樂作贊五拜三叩頭訖樂止儀
禮司奏禮畢

頒詔

一陳設如常儀至
皇帝陞殿鳴鞭百官一拜叩頭畢引禮引受詔官詣
拜位執事官舉詔案于丹墀中道或吏部
或兵部官奏訖贊鞠躬樂作四拜平身樂
止執事官舉詔案置于丹墀中道贊跪俯
伏興樂作又四拜樂止禮畢

開讀

前期一日尚寶司設
御座於
奉天殿設
寶案于殿東錦衣衛設
雲蓋于
奉天門教坊司陳中和韶樂于殿內禮部設宣讀
案于
承天門上西南向其日清晨陳設如（常儀教坊司設大樂于）
午門外
承天門外東西相向儀禮司設百官拜位於
承天門外橋南校尉四人擎雲蓋于殿內簾前鼓
初嚴文武百官各具朝服鼓次嚴引禮引

公侯侍班干
午門外東西相向鍾聲止儀禮司跪奏請
陞殿
皇帝服皮弁服導[illegible]前導中和樂作
陞座樂止鳴鞭[illegible]禮部官奉
詔書請
寶案前用寶訖捧置雲蓋中校尉擎執雲蓋由殿
東門出大樂作自東陛降由
奉天門至
金水橋南
午門外樂作公侯前導迎至
承天門上鳴贊唱排班引禮引文武官[illegible]唱
班齊鞠躬樂作贊四拜樂止[illegible]宣
陞案稱有
制贊衆官皆跪禮部官捧
詔書授宣讀官宣讀官受
詔書唱宣讀宣讀官宣訖禮部官捧
詔置雲蓋中贊禮唱俯伏興樂作四拜樂止唱搢
笏鞠躬三舞蹈跪唱山呼百官拱手加額
曰萬歲唱山呼百官拱手加額曰萬歲唱
再山呼百官拱手加額曰萬萬歲凡呼萬
歲樂工軍校擊鼓齊聲應之唱出笏俯
伏興樂作四拜興平身樂止序班即報儀
禮司跪奏禮畢禮部官捧
詔書分授使者畢
駕興中和樂作鳴鞭樂止百官以次退
一凡遇有
詔書禮部差人賫往各處開讀所差人員必預先
教其捧詔進退禮儀
一凡使者欽賫詔書至各處開讀預期一日
報知本處官司照依已降儀式迎接行禮
一凡使者欽賫
勑符丹符到處多係機密重事不許先期報知亦
不許本處官司迎接使者與衆官直至本
衙門開看置
勑符於案使者立于案東衆官四拜使者取符宣
讀訖復置于案衆官再行四拜禮畢本處
官遂與使者行禮若與一二人止於本家
接符從便安放使者以符授本官本官叩
頭開看畢乃與使者行禮

一凡使者欽賫詔書至總兵官處近營十里先令
人報知總兵官設香案于營內南向列
金鼓旗仗率領諸將出營迎接見使者
下馬立于道傍俟
詔書過總兵官并衆官上馬後從至營門外各下馬
使者前行總兵官并後從至營內使者
捧
詔書置于案使者立于案東西向總兵官并衆官行
四拜禮使者取
詔書以授宣讀官衆官皆跪宣讀畢以授使者復置
于案衆官皆俯伏興平身行四拜禮禮
畢使者東立西向總兵官西立東向行
兩拜相見禮畢使者居東總兵官居西
相向敘坐
一凡使者欽賫
勑諭勑符手詔至總兵官處干係機密軍務經過去
處不許報知本處官司亦不許迎接徑
至總兵官營外先密遣人報知總兵官
設香案于兵幕南向總兵官親出營迎
接使者下馬捧
制諭勑符前往總兵官後從至兵幕使者取
制諭勑符置于案使者立于案東西向總兵官行五
拜禮禮畢悉令屏去左右使者取
制諭勑符親授總兵官開看畢即收卷復置于案使
者東立西向總兵官西立東向行兩拜
相見禮畢使者居東總兵官居西相向
敘坐
一凡總兵官奉
命征討凡遇使者賫到制諭勑符手詔依儀行禮即使
依
旨奉行如有應合復奏事理隨時具奏請旨不許遲延
命違則如律

表箋

一天壽聖節在外五品以上衙門止進表文一通

正旦冬至拜進

皇帝表文中宮箋文東宮箋文各一通在外各王府并各布政司按察司及直隸府州表箋俱各差官賫進禮部各州表箋進于各府各府進于布政司其餘五品以上衙門隸布政司者亦進于布政司布政司差官類進禮部其各都司及直隸衛所差官賫進五軍都督府至日禮部官以各處所進表箋目通類奏聞

貢舉

一凡舉保孝廉人才秀才及山林隱逸本部即行所屬委自正官選求民間果係名實相副素無過犯之人有司起送到部咨發吏部聽用

一歲貢生員到部本部奏聞送翰林院考試如果中式者送國子監讀書其入學五年以上及二次不中者發充吏典提調官吏及教官訓導照例決罰

學校

一在京國子監中都國子監及天下府州縣學校本部悉掌之

一科舉凡遇子午卯酉年則鄉試辰戌丑未則會試畢則殿試其取中舉人咨發吏部聽用

一禮射書筭已有定式各處學校生員務要講習精熟以備考試

旌表

一本部據各處申來孝子順孫義夫節婦理當旌表之人直隸府州咨都察院差委監察御史覈實各布政司所屬從按察司體覆着落府州縣官同里甲親隣保勘相同然後明白奏聞即行移本處旌表門閭以勵風俗

印信

一凡開設各處衙門合用印信劄付鑄印局官依式鑄造給降其有改鑄銷毀等項悉領之

雜行

一凡本部缺吏員皂隸即行移當該衙門撥補

諸司職掌三卷終

大祀殿

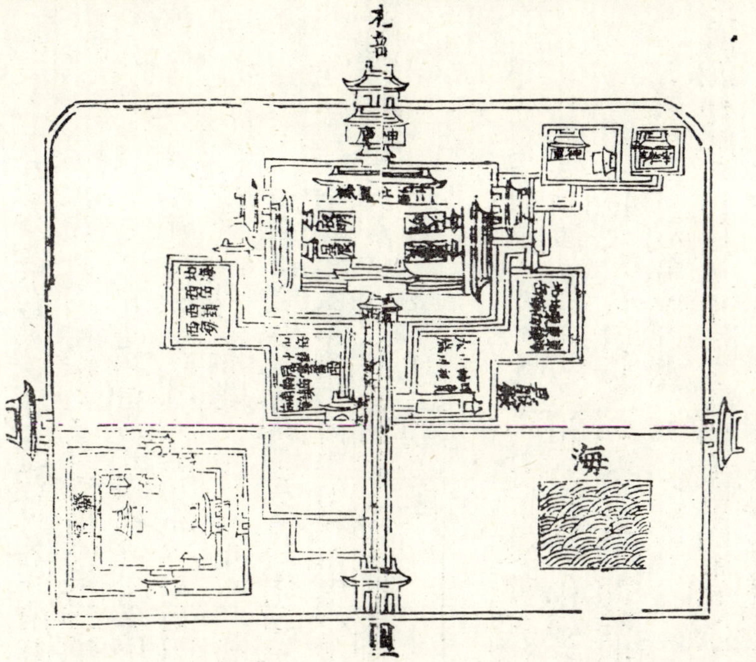

太廟

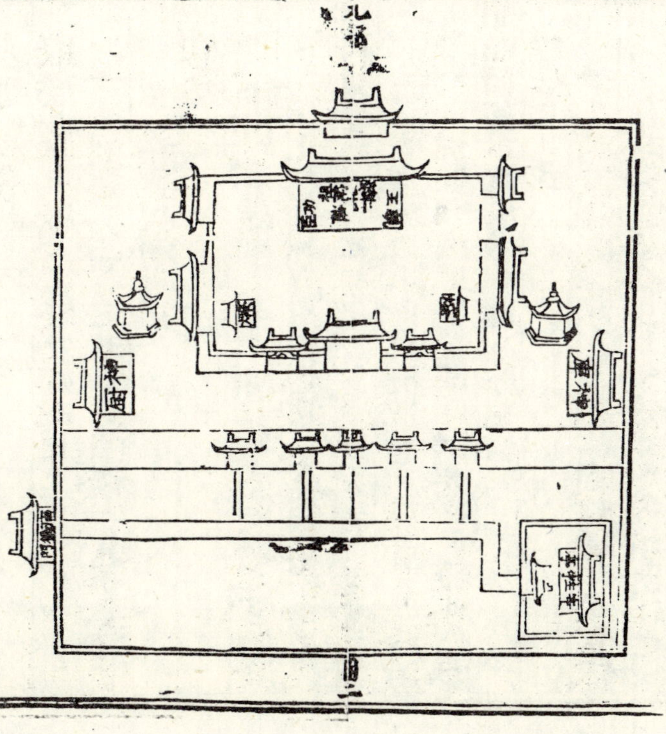

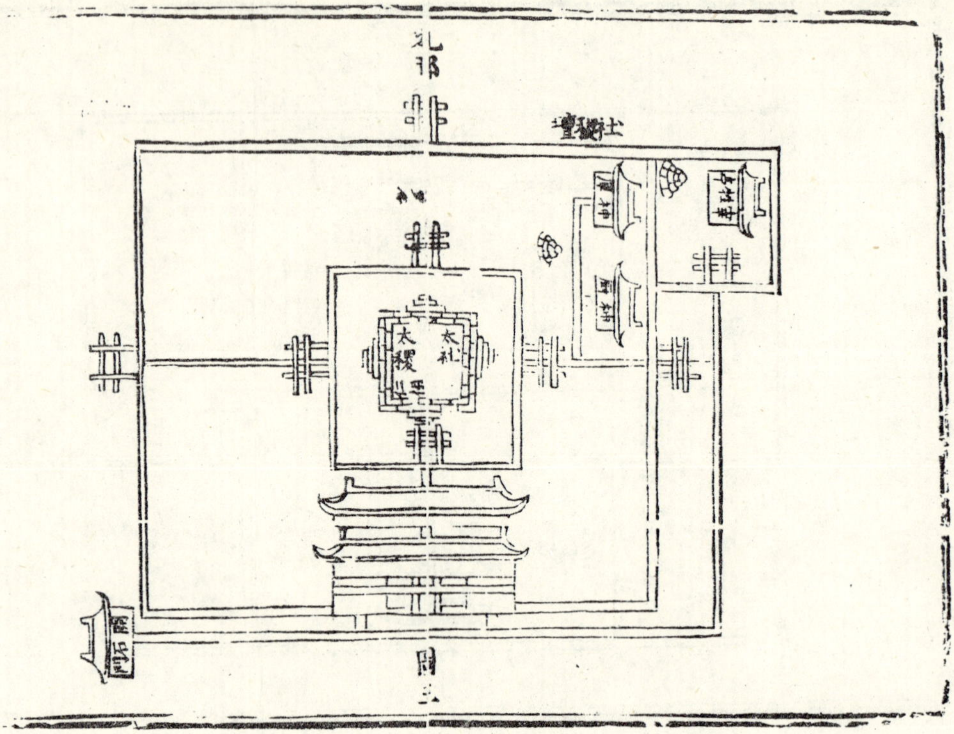
北門
社稷壇
太社
太稷

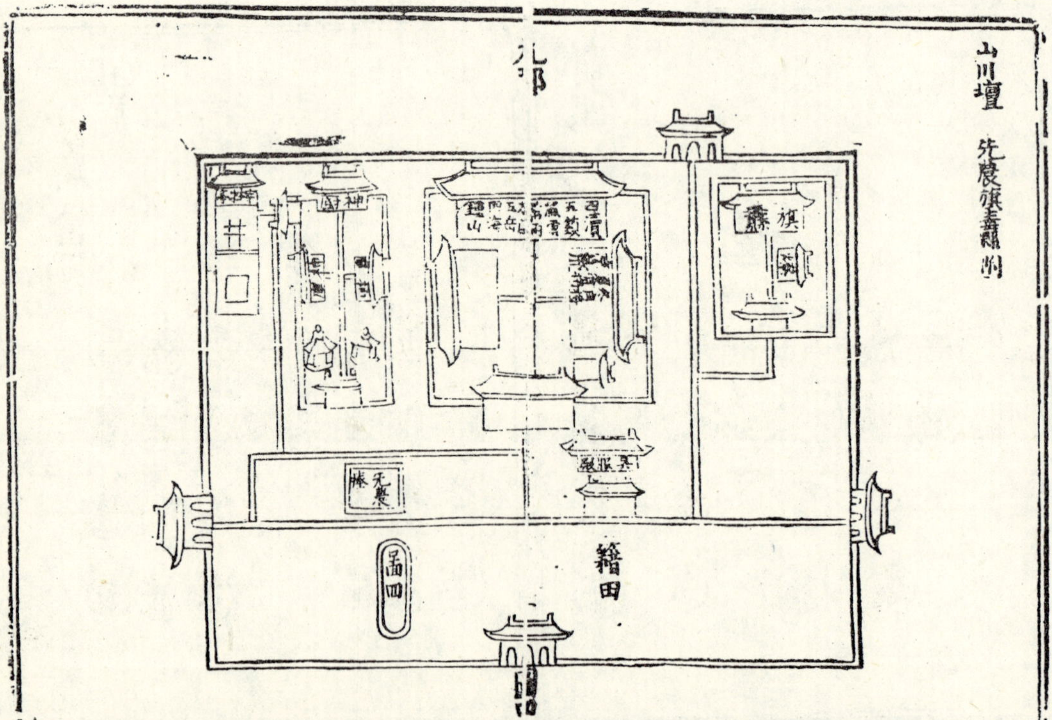
山川壇　先農旗纛附
北門
籍田

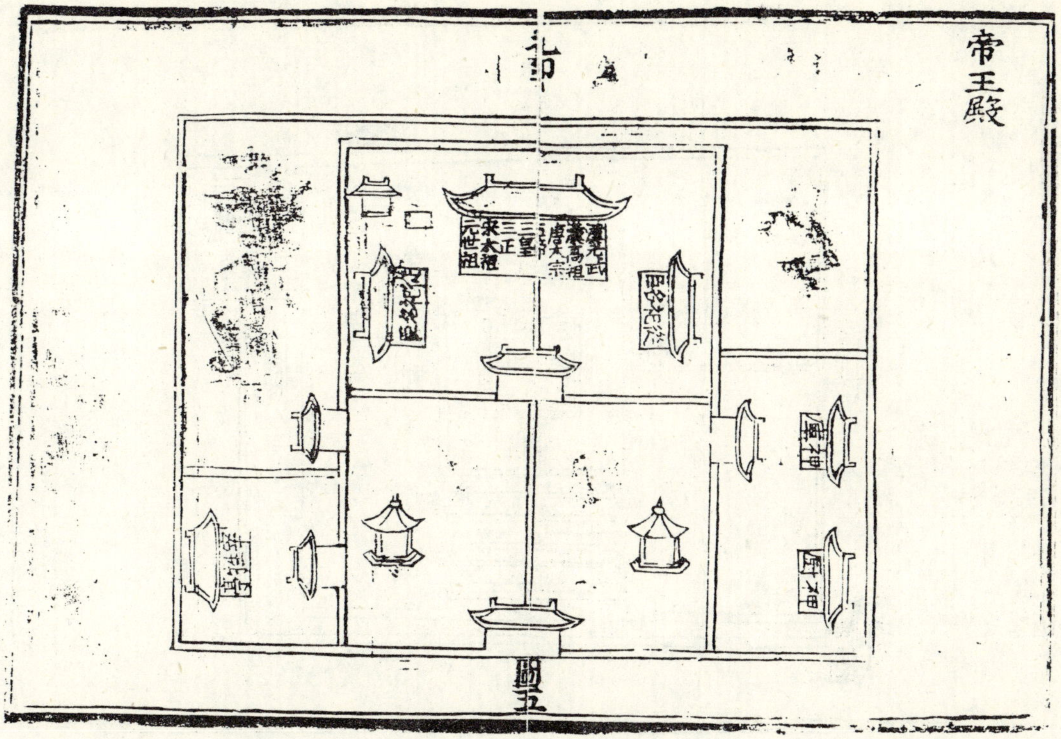
帝王殿

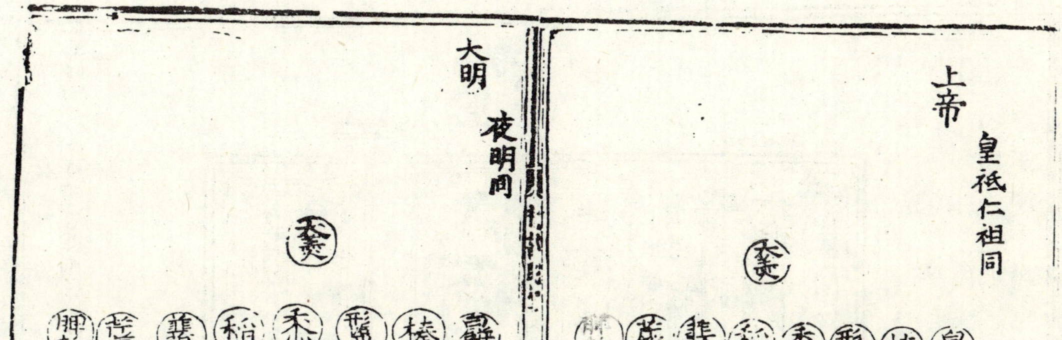
上帝
皇祇仁祖同
大明
夜明同
黍
稷
稻
粱
榛
菱
芡
栗
形鹽
鹿脯

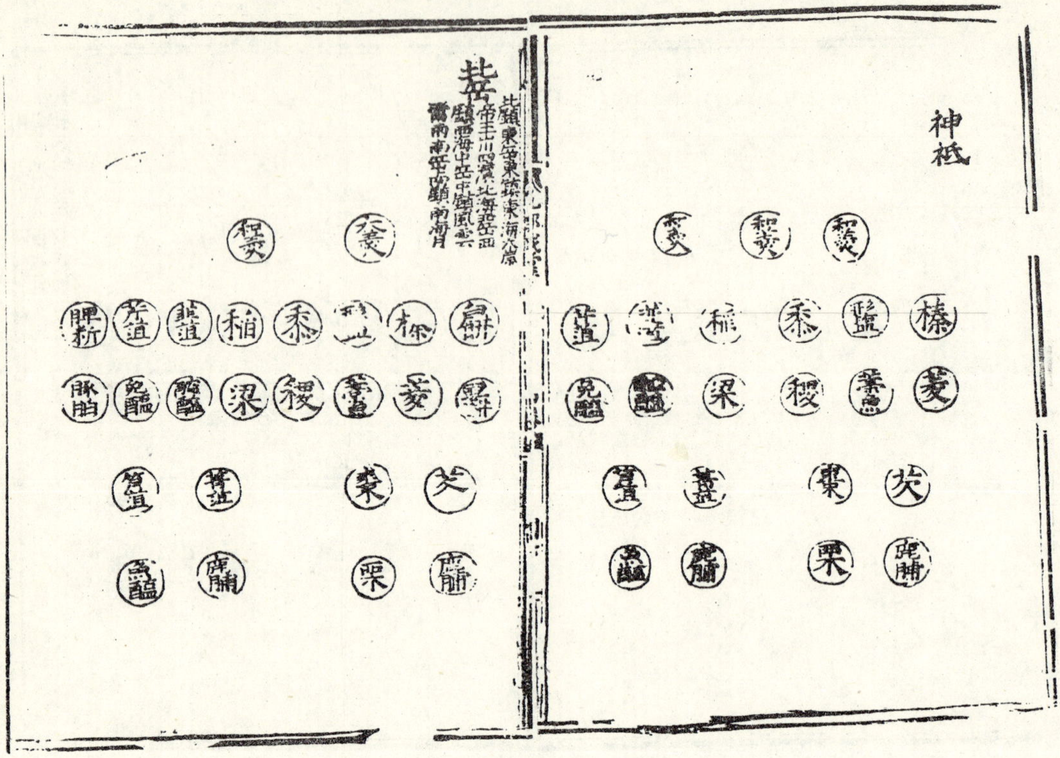
神祇

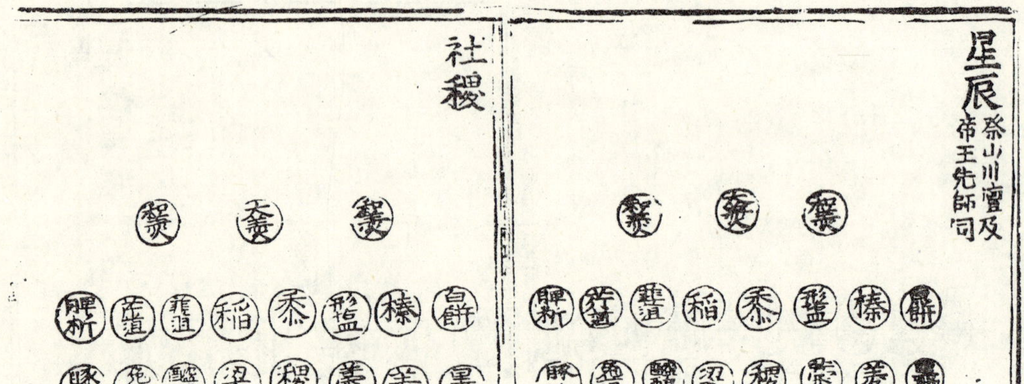
星辰
祭山川壇及
帝王先師同
社稷

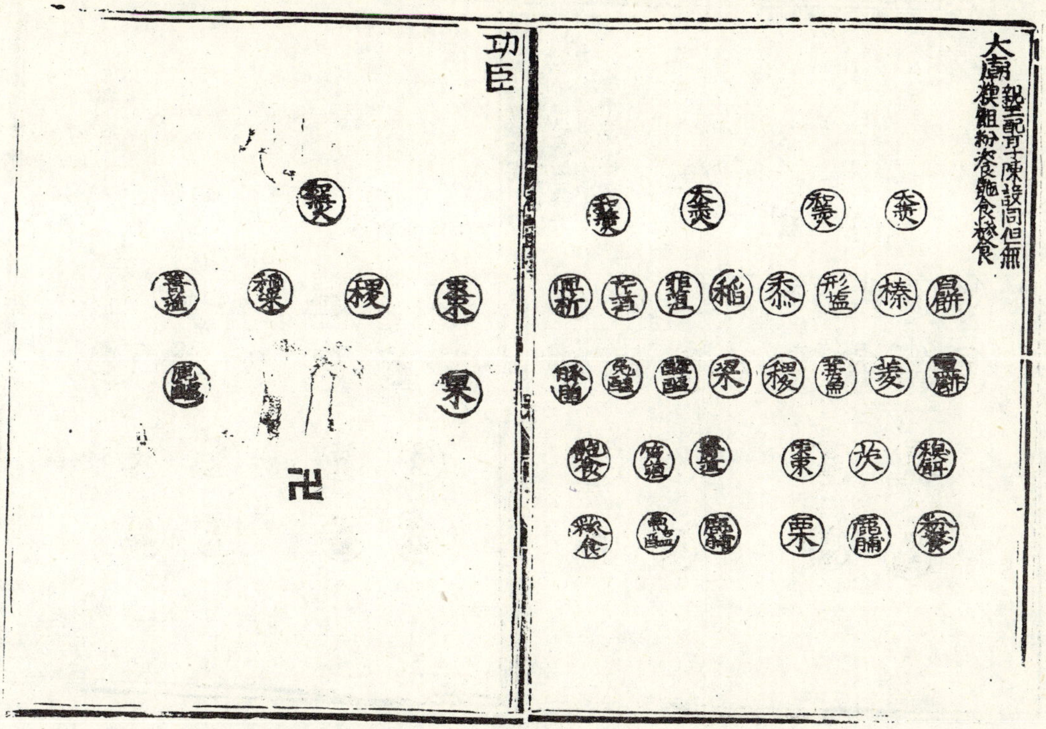
大廟
設四配有子陳設同但無
糗餌粉餈酏食糝食
功臣

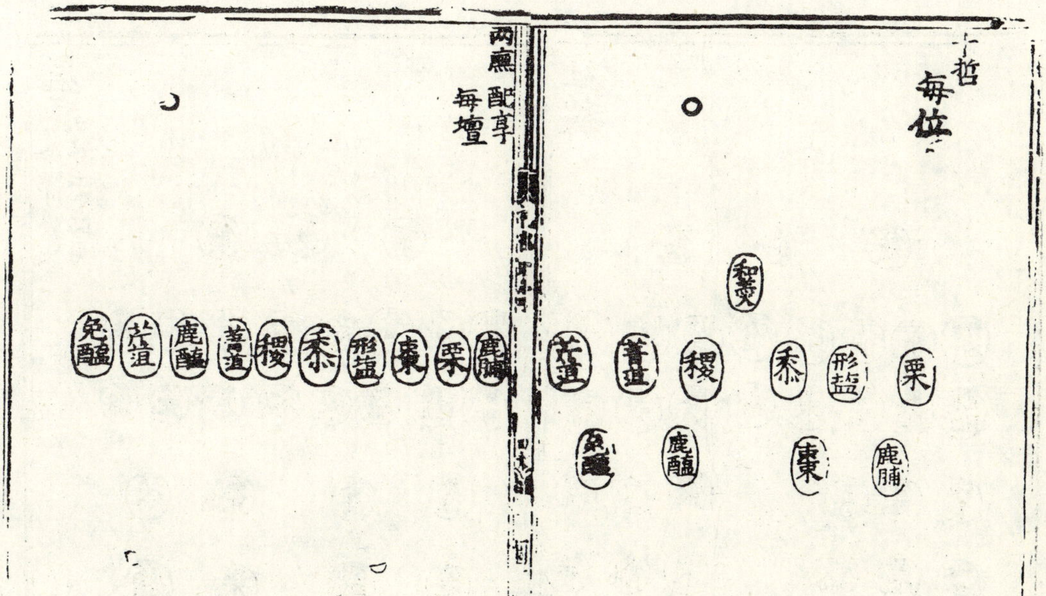
十哲
每位
兩廡
配享
每壇

祠部

郎中員外郎主事掌祠祀享祭天文漏刻國忌廟諱卜筮醫藥道佛之事

祭祀

郊祀

一齋戒

凡齋戒前二日太常司官宿於本司次日具本奏

聞致齋三日次日進銅人傳制諭文武百官齋戒（不飲酒不食葱韭薤蒜不問病不弔喪不聽樂不理刑名不與妻妾同處）

當日本部官同太常司官於城隍廟發咨仍於各廟焚香三日

一告廟

凡正祭前二日用祝文酒菓

奉先殿告

仁祖配

上帝

皇祇

告廟祝文

維洪武某年歲次某甲子某月某日

孝子皇帝　敢昭告于

皇考仁祖淳皇帝茲以正月某日恭祀

上帝

皇祇于大祀殿謹請

皇考配

神伏惟

鑒知謹告

一省牲（用牛二十八 犢二 羊二十三 兔十三 豕二十四）

正祭前二日太常司官奏

聞明日與光祿司官省牲次日省牲畢一同復

命就奏定分獻官二十四員

一正祭陳設（共二十七壇後增壇一）

正殿三壇（後增壇一）

上帝（南向）

犢一

登一實以大羹（煑肉汁不用鹽醬）

籩十二實以形鹽　薧魚　棗　栗　榛　菱

芡　鹿脯　白餅（白麪造）黑餅（蕎麥麪造）

糗餌（米粉造）粉餈（糯米飯造）

豆十二實以韭菹（以韭切去本末取中四寸）菁菹

芹菹　筍菹　醓醢（豬肉醢用鹽酒料物調和）
鹿醢　兔醢　魚醢　脾析（用牛百葉切細湯熟）
用鹽酒造用　豚拍（豬肉上肉）　酏食（用糯米飯羊脂熬熟）
糝食（用牛羊豕肉細切與粳米飯同熬）
簠簋各二實以黍　稷　稻　粱
玉用蒼璧
帛一蒼色織成郊祀制帛四字
皇祇南向
犢一　登一　籩十二　豆十二　簠簋各二
玉用黃琮

帛一黃色郊祀制帛
仁祖配位在東西向
犢一　登一　籩十二　豆十二　簠簋各二
玉用蒼璧
帛一蒼色郊祀制帛
共設酒尊六爵九篚三于東南西向
祝文案一于殿西
丹墀四壇
大明在東西向
犢一　登一　籩十（無糗餌粉餈下同）　豆十（無飽食糝食下同）

簠簋各二
酒尊三　爵三　篚一
帛一紅色禮神制帛
夜明在西東向
犢一　登一　籩十　豆十　簠簋各二
帛一白色禮神制帛
酒尊三　爵三　篚一
星辰一壇在東西向
犢一　羊三　豕三　登一　鉶二盛和羹（[illegible]）
籩豆各十　簠簋各二　酒盞三十

帛一白色禮神制帛
酒尊三　爵三　篚一
星辰二壇
陳設同前
東十壇
北嶽壇
犢一　羊一　豕一　登一　鉶二籩豆各十
簠簋各二　酒盞十（今二十盞）
帛一黑色禮神制帛（今帛二）
設酒尊三　爵三　篚一

北鎮壇　陳設同前

東嶽壇　陳設同　帛一青色禮神制帛

東鎮壇　陳設同

東海壇　陳設同

太歲壇　陳設同　帛一白色禮神制帛

帝王壇　陳設同　帛十六白色禮神制帛　酒盞三十

山川壇　陳設同　帛二白色禮神制帛　酒盞三十

神祇壇　羊五豕五　鉶三無大羹　籩豆各八　簠簋各二

酒盞三十　帛一白色禮神制帛

酒尊三　爵三　篚一

四瀆壇　陳設與北嶽同　帛四黑色禮神制帛　酒盞三十

西十壇

北海壇

陳設與北嶽同

西嶽壇

陳設同　帛一白色禮神制帛下同

西鎮壇

西海壇

陳設並同

中嶽壇鍾山附

陳設同　帛二黃色禮神制帛　酒盞三十

中鎮壇　陳設同　帛一黃色禮神制帛　酒盞十

風雲雷雨壇　陳設同　帛四白色禮神制帛　酒盞三十

南嶽壇　陳設同　帛一紅色禮神制帛　酒盞十

南鎮壇

南海壇

陳設並同

一儀注

典儀唱樂舞生就位執事官各司其事陪祀
官分獻官各就位導引官導引
皇帝至御位内贊奏就位典儀唱燔柴瘞毛血迎神協
律郎舉麾奏樂樂止内贊奏四拜百官同
典儀唱奠玉帛奏樂内贊奏陞壇至
上帝前奏搢圭執事官以玉帛跪進于
皇帝右奠訖奏出圭至
皇祇前奏搢圭執事官以玉帛跪進于
皇帝左奠訖奏出圭至
仁祖前奏搢圭執事官以玉帛跪進于

皇帝右奠訖奏出圭復位樂止典儀唱進俎奏樂儀齊
即昇饌至内贊奏陞壇至
上帝前奏搢圭進俎至
皇祇前奏進俎出圭至
仁祖前奏搢圭進俎出圭復位樂止典儀唱行初獻禮
奏樂内贊奏陞壇至
上帝前奏搢圭執事官以爵跪進于
皇帝右奏獻爵出圭至
皇祇前奏搢圭執事官以爵跪進于
皇帝前奏獻爵出圭請讀祝位跪讀祝樂止讀祝官

取祝跪于
神位右讀訖樂作奏俯伏興平身百官同至
仁祖前奏搢圭獻爵出圭復位樂止典儀唱行亞獻禮
奏樂内贊奏陞壇至
上帝前奏搢圭執事官以爵跪進于
皇帝右奏獻爵出圭至
皇祇前奏搢圭執事官以爵跪進于
皇帝左奏獻爵出圭至
仁祖前奏搢圭執事官以爵跪進于
皇帝右奏獻爵出圭復位樂止典儀唱行終獻禮奏

樂儀同亞獻樂止太常卿進立殿西向東唱賜
福胙内贊奏詣飲福位跪搢圭光祿司
官以福酒跪進奏飲福酒光祿司官以
胙跪進奏受胙出圭俯伏興平身復位
奏四拜百官同典儀唱徹饌奏樂執事官
各壇徹饌樂止典儀唱送神奏樂内贊
奏四拜百官同樂止典儀唱讀祝官捧祝
進帛官捧帛掌祭官捧饌各詣燎瘞位
奏樂執事　各執祝帛饌出内贊奏禮
畢

一分獻儀注
典儀唱行初獻禮贊引引獻官詣
神位前搢笏執事官以帛進于分獻官奠訖執事官
以爵進于分獻官贊引贊獻爵出笏
贊引引至酒尊南北向立典儀唱行亞
獻禮執事官以爵進于獻官贊引贊獻
爵典儀唱行終獻禮儀同亞
贊引引分獻官復位徹饌執事官各壇
徹饌典儀唱送神典儀唱讀祝官捧祝
進帛官捧帛掌祭官捧饌各詣瘞位執

事官各執帛饌詣燎所
一祝文
維洪武某年歲次某甲子正月
嗣天子臣　敢昭告于
昊天上帝
后土皇地祇時維孟春三陽開泰敬率臣僚以玉帛犧
齊粢盛庶品恭祀于
大祀殿備茲燎瘞
皇考仁祖淳皇帝配
神尚

享
一樂章
迎神　樂奏中和之曲
荷蒙
天地兮君主華夷欽承踴躍兮備陛而祭誠惶無已兮
寸衷微仰瞻俯首兮惟願来期想龍翔鳳舞兮慶雲
飛必昭昭穆穆兮降壇遺
奠帛　樂奏肅和之曲
天垂風露兮雨澤霑黄壤氤氲兮氣化全民勤畎畝兮
束帛鮮臣當設宴兮奉来前

進俎　樂奏凝和之曲
庖人兮列鼎肴羞兮以成方俎兮再獻願享兮以歆
初獻　樂奏壽和之曲武功之舞
聖靈兮皇皇穆嚴兮金床臣令樂舞兮景張酒行初獻
兮捧觴
亞獻　樂奏豫和之曲文德之舞
載斟兮載將百辟陪祀兮具張感聖情兮無已拜手
稽首兮願享
終獻　樂奏熙和之曲文德之舞
三獻兮樂舞揚肴羞具納兮氣藹而芳祥光朗朗兮

上下方兄日吉兮時良

徹饌 樂奏雍和之曲

粗陳菲薦兮神喜將感

聖心兮何以忘民福留兮佳氣昂臣拜手兮謝恩光

送神 樂奏安和之曲

旌幢燁燁兮雲衢長龍車鳳輦兮駕飛揚遙瞻冉冉兮上下方必恭民兮永康

望燎 樂奏時和之曲

進羅列兮燎熾方炬焰發兮煌煌神變化兮束帛將臧至恩兮無量

時享太廟

一齋戒

凡齋戒前一日太常寺官宿於本司次日具本

奏致齋三日次日進銅人

一省牲 牛九羊八山羊十豕十九鹿一兔四

凡正祭前二日太常寺官奏明日與光祿司官省牲至次日省牲畢同復

命

一正祭陳設

皇高祖前

犢一羊一豕一登二鉶二籩豆各十二

簠簋各二帛二 白色奉先制帛

皇曾祖

陳設同

皇祖

陳設同

皇考

陳設同

共設酒尊三金爵八磁爵十六篚四于殿東

設祝文案于殿西

親王配享四壇 共二十一位

第一壇

犢一羊一豕一登二鉶二 籩豆各十

簠簋各二 帛二 展親制帛 爵六

第二壇

犢一羊一豕一登六鉶六 籩豆各十

簠簋各二 帛六 展親制帛 爵十八

第三壇

陳設與二壇同

第四壇

犢一羊一豕一登七鉶七　籩豆各十
簠簋各二　帛七　爵二十一
共設酒尊三于殿東南北向　篚四
功臣配享十壇
各壇
羊一豕一鉶一籩豆各二　帛一報功制帛
簠簋各一　爵三　篚一
共設酒尊三于殿西南北向
一儀注
典儀唱樂舞生就位執事官各司其事導引
引官導引
皇帝至御位內贊奏就位典儀奏迎神奏樂樂止內
贊奏四拜百官同典儀唱奠帛行初
獻禮奏樂執事官各捧帛金爵受
酒獻于
神御前讀祝官取祝跪于
神御右內贊奏跪典儀唱讀祝讀祝訖進于
神御前內贊奏俯伏興平身百官同樂止典儀唱行亞獻
禮執事官各以磁爵受酒獻
神御前樂止典儀唱行終獻禮儀同亞獻樂止太常司少進

立殿東西向唱賜福胙光祿司官
捧福酒胙自
神御前中門左出至
皇帝前內贊奏跪搢圭光祿司官以福酒跪進內贊
奏飲福酒光祿司官以胙跪進內
贊奏受胙出圭俯伏興平身內贊奏
四拜百官同典儀唱徹饌奏樂執事
官徹饌樂止太常卿詣
神御前跪奏禮畢請還宮奏樂內贊奏四拜百官同樂止
典儀唱讀祝官捧祝進帛官捧帛
各詣燎位奏樂內贊奏禮畢
一祝文
維洪武某年某月　日
孝玄孫皇帝　敢昭告于
高曾祖考四廟太皇太后
時維孟春夏秋冬禮嚴祭祀謹以牲醴庶品用
伸追慕之情尚
享
一歲暮祝文
時當歲暮明旦新正謹率群臣以牲醴庶

品恭詣
太廟用伸追慕之情尚
享
一樂章
迎神 中和之曲
慶源發祥世德惟崇致我眇躬開基建功京都之内
親廟在東維我子孫永懷祖宗氣體則同呼吸相通
来格来崇皇靈顯融
初獻 壽和之曲 武功之舞 思皇
先祖燿靈于天源衍慶流繇高逮玄玄孫受命追遠其

先明禋世崇億萬斯年　亞獻 豫和之曲 文德之舞
對越至親儼然如生其氣昭明感格在庭如見其形
如聞其声愛而敬之發乎衷情　終獻 熙和之曲 文德之舞
承前人之德化家為國毋曰予小子基命成績欲報
其德昊天罔極殷勤三獻我心悅懌　徹饌 雍和之曲
樂奏儀肅神其燕嬉告成于
祖亦佑皇妣敬徹不遲以終祀禮祥光煥揚錫以嘉祉
還宮 安和之曲
顯兮幽兮神運無迹鸞馭逍遥安其所適其靈在
天其主在室子子孫孫孝思無斁

祭社稷 春秋仲月上戊日
一齋戒 與祭太廟禮同
一告廟 祝文與大祀同
正祭前二日用祝文菓酒
奉先殿告
仁祖配
社稷
一省牲 禮與太廟同牛三羊三豕三鹿一兎二
一正祭陳設
大社 在東北向

犢一羊一豕一登一鉶二　籩豆各十二
簠簋各二　帛一 黑色禮神制帛
玉用兩圭有邸
太稷 在西北向
陳設同
仁祖配位 在東西向
陳設同 無玉
共設酒尊三爵九篚三于壇西北東向
祝文案一
一儀注

典儀唱樂舞生就位執事官各司其事導引官
導引
皇帝至御位內贊奏就位典儀唱瘞毛血迎神奏樂樂
止內贊奏四拜（百官同）典儀唱奠玉
帛行初獻禮奏樂執事官各捧
玉帛爵獻于
神位前讀祝官取祝跪于
神位左內贊奏跪典儀唱讀祝讀訖進于
太社神位前內贊奏俯伏興平身（百官同）樂止典儀唱行
亞獻禮奏樂執事官各捧爵獻于

神位前樂止典儀唱行終獻禮（儀同亞獻）太常卿進立
于壇西東向唱賜福胙光祿司官
捧福胙自
神位前由正門左出至
皇帝前內贊奏搢圭光祿司官以福酒跪進內贊奏
飲福酒光祿司官以胙跪進內贊
奏受胙出圭俯伏興平身內贊奏
四拜（百官同）典儀唱徹饌奏樂執事
官各詣
神位前徹饌樂止典儀唱送神奏樂內贊奏四拜（百官同）

樂止典儀唱讀祝官捧祝進帛官
捧帛掌祭官捧饌各詣瘞位奏樂
內贊奏禮畢

一祝文
維洪武某年某月　日
皇帝　敢昭告于
太社之神
太稷之神惟
神贊輔
皇祇發生嘉穀粒我烝民萬世永賴時當仲春（秋）禮嚴

（告祀）（報謝）謹以玉帛牲齊粢盛庶品備茲瘞
祭
皇考仁祖淳皇帝配
神尚
享

一樂章
迎神
予惟土穀兮造化功為民立命兮當報崇民歆且舞
兮朝雍雍備筵率職兮候迓迎想聖來兮祥風生欽
當稽首兮告拜年豐

初獻

氤氳氣合兮物遂蒙民之安命兮荷陰功于將玉帛
兮獻微衷初斟醴薦兮民福洪

亞獻

予今樂舞兮再捧觴願神昭格兮軍民康思必穆穆
兮靈洋洋感厚恩兮拜禎光

終獻

干羽飛旋兮酒三行香煙繚繞兮雲旌幢予今稽首
兮忻且惶神顔悦兮霞彩彰

徹饌

粗陳微禮兮神喜將琅然絲竹兮樂舞揚願祥普降
兮遐邇方烝民率土兮盡安康

送神

氤氳氤氳兮祥光張龍車鳳輦兮駕飛揚遥瞻稽首
兮去何方民福留兮時雨暘

望瘞

捧肴羞兮詣瘞方鳴鸞率舞兮聲鏗鏘思
神納兮民福昂予今稽首兮謝恩光

祭山川 仲秋

一齋戒

凡齋戒前一日太常司官宿於本司次日
具奏本奏致齋二日次日進銅人

凡正祭前二日太常司官同本部官詣城
隍廟發咨

一省牲 禮與太廟同牛十四羊十三豕十四鹿一兔七

一正祭陳設

正殿七壇

太歲

犢一羊一豕一登一鉶二
簠簋各二　籩豆各十
帛一 白色禮神制帛　酒盞三十

風雲雷雨

陳設同
帛四 白色禮神制帛

五嶽

陳設同
帛五 五色禮神制帛各依方位下同

五鎮

陳設同
帛五 五色禮神制帛

四海

陳設同
帛四 四色禮神制帛

四瀆

陳設同　帛四黑色禮神制帛

鍾山

陳設同　帛一白色禮神制帛

共設酒尊三爵七籩七于殿東南西向設祝文

案于殿外正道西

東廡祭壇

京畿山川

犢一羊一豕一登一鉶二籩豆各十

簠簋各二　帛一白色禮神制帛　酒盞三十

夏季月將

陳設同　帛三白色禮神制帛

冬季月將

陳設同　帛三白色禮神制帛

共設酒尊三爵三籩三于殿南北向

西廡三壇

春季月將

秋季月將

陳設同前

都城隍

陳設同　帛一白色禮神制帛

共設酒尊三于壇南北向　爵三　籩三

一儀注

典儀唱樂舞生就位執事官各司其事導引官

引

皇帝至御位內贊奏就位典儀唱迎神奏樂執事官詣

神位前斟第一層酒樂止內贊奏四拜百官同典儀唱

奠帛行初獻禮奏樂執事

官各捧帛爵獻于

神位前讀祝官取祝跪于

皇帝左內贊奏跪典儀唱讀祝讀畢置于案上內贊奏

俯伏興平身百官同樂止

典儀唱行亞獻禮奏樂執

事官各詣

神位前斟第二層酒樂止典儀唱行終獻禮執事官詣

神位前斟第三層酒樂止太常司卿立殿東西向唱賜

福胙典儀唱飲福受胙光

祿司官捧福胙自

神位前由正門左出至

皇帝前內贊奏跪搢圭光祿司官以福酒跪進內贊

奏飲福酒光祿司官以胙
跪進內賛奏受胙出圭俯
伏興平身奏兩拜 百官同
典儀唱徹饌奏樂執事官
各于
神位前徹饌樂止典儀唱送神奏樂內賛奏四拜 百官同
典儀唱讀祝官捧祝掌祭
官捧帛饌各詣燎位奏樂
內賛奏禮畢

一祝文

維洪武某年某月　日
皇帝　致祭于
太歲之神
風雲雷雨之神
嶽鎮海瀆山川月將城隍之神惟
神主司民物恭賛
天地化機發育有功歷代相承有秋報之禮今農事告
成謹以牲帛醴齊粢盛庶品用伸報祭尚享

一樂章

迎神

吉日良辰祀典式陳京畿山川城隍之神濯濯厥靈
昭鑒我心以候以迎來格來歆

奠帛

靈旗莅止有赫其威一念潛通幽明昭遠有帛在篚
物薄而微
神兮安留尚祈享之

初獻

神兮安留有薦必受享祀之初奠玆醴酒晨光初昇祥
徵應候何以侑觴樂陳雅奏

亞獻

我祀維何奉玆犧牲爰酌醴齊二觴再升洋洋如在
式燕以寧庶察微衷交于
神明

終獻

執事有嚴品物斯薦黍稷非馨式將其意薦玆酒醴
成我常祀
神其顧歆永言樂只

徹饌

春祈秋報率為我民我民之生賴於我
神維神佑之康寧是臻祭祀云畢神其樂歆

送神

三獻禮終九成樂作神人以和既燕且樂雲車風馭
靈光昭灼瞻望以思邈彼寥廓

望燎

俎豆既徹禮樂已終
神之云旋倏將焉從以望以燎庶幾感通時和歲豐惟
神之功

祭歷代帝王

一齋戒

凡齋戒前一日太常官宿于本司次日
具本奏致齋二日傳
制遣官行禮

一省牲 牛五 羊五 豕六 鹿一 兎八

凡正祭前一日獻官承
制果詣本壇省牲

一正祭陳設

五室十六位

每室

犢一　羊一　豕一

每位

登一　鉶二　籩豆各十　簠簋各二
帛一 白色禮神制帛

已上五室共設酒尊三爵四十八篚五
十中室東南西向設祝文案于西

一儀注

典儀唱樂舞生就位執事官各司其事
贊引引獻官至盥洗所贊搢笏出

笏引至拜位贊就位典儀唱迎神
協律郎舉麾奏樂樂止贊四拜陪祭官同典儀唱奠帛行初獻禮奏樂執
事官各捧帛爵進于
神位前贊引贊詣
三皇神位前搢笏執事官以帛進于獻官奠訖執事官
以爵進于獻官贊獻爵凡三出笏
詣
五帝神位前儀同前爵凡五詣
三王神位前爵凡三詣
漢高祖光武唐太宗皇帝神位前爵凡三詣
宋太祖元世祖皇帝神位前爵凡二儀並同前出笏詣
讀祝所跪讀祝讀祝官取祝跪于
獻官左讀畢進于
神位前贊俯伏興平身復位樂止典儀唱行亞獻禮奏
樂執事官各以爵獻于
神位前樂止典儀唱行終獻禮儀同亞獻典儀唱飲福
受胙贊詣飲福位跪搢笏執事官
以爵進飲福酒執事官以胙進受
胙出笏俯伏興平身復位贊兩拜

典儀唱徹饌奏樂執事官各于
神位前徹饌樂止典儀唱送神奏樂贊四拜平身樂止
典儀唱讀祝官捧祝掌祭官捧帛
饌各詣瘞位樂止贊禮畢

從祀名臣

東廡第一壇

風后　皐陶　龍　伯益　傅說　召公奭　召穆公虎
張良　曹參

羊一　豕一　鉶九　籩豆各二棗栗菁葅鹿醢
簠簋各一黍稷共六稻粱共六　帛九白色禮神制帛　酒盞二十七
饌盤一　篚一

第二壇

周勃　馮異　房玄齡　李靖　李晟　潘美
岳飛　木華里　博尔忽　伯顏

羊一　豕一　鉶十　籩豆各二　簠簋各一
帛十　酒盞三十　饌盤一　篚一

西廡第一壇

力牧　夔　伯夷　伊尹　周公旦　太公望
方叔　蕭何　陳平

陳設與東廡第一壇同

第二壇

鄧禹　諸葛亮　杜如晦　郭子儀　曹彬　韓世忠

張浚　博爾术　赤老温

陳設同

一祝文

維洪武某年歲次某甲子某月　日

皇帝謹遣具官某致祭于

太昊伏羲氏

炎帝神農氏

黃帝軒轅氏

帝金天氏

帝高陽氏

帝高辛氏

帝陶唐氏

帝有虞氏

夏禹王

商湯王

周武王

漢高祖皇帝

漢光武皇帝

唐太宗皇帝

宋太祖皇帝

元世祖皇帝

曰昔者奉

天明命相繼為君代

天理物撫育黔黎彝倫攸序井井繩繩至今承之生民

多福思不忘而報特祀以春秋惟

帝兮英靈來歆來格尚

享

一樂章

迎神

仰瞻兮

聖容想鸞輿兮景從降雲衢兮後先來俯鑒兮微衷荷

聖臨兮蒼生有崇瞻諸帝兮是臨予頓首兮幸蒙

奠帛

秉微誠兮動

聖躬來列坐兮殿庭予今願兮效勤捧禮帛兮列酒尊

鑒予情兮欣享方旋駕兮雲程

初獻

酒行兮爵盈喜氣兮雍雍重荷蒙兮載瞻載崇群臣

忻兮躍從顧覩穆穆兮
聖容

亞獻

酒斟兮禮明諸
帝熙和兮悅情贏職奔走兮滿庭陳籩豆兮殽重亞獻兮
顧成

終獻

獻酒兮至終早整雲駕兮將還宮予心眷戀兮
神聖欲攀留兮無從躡雲衢兮緩行得遙瞻兮達九重

徹饌

納肴羞兮領陳烝民樂兮幸生將何以兮崇報維歲
時兮載瞻載迎

送神

旛幢繚繞兮導來蹤駕輿冉冉兮歸天宮五雲擁兮
祥風從民歡聖佑兮樂年豐

望燎

神機不測兮造化功彌羞禮帛兮薦火中望瘞庭兮稽
首顧神鑒兮寸衷

祭先師孔子 春秋仲月上丁日遣官行禮

一齋戒

一省牲 儀並同前犢十一山羊五豕九鹿一兔五牛一

一正祭陳設

正壇

犢一羊一豕一登一籩豆各十　鉶二
簠簋各二帛一 白色禮神制帛
共設酒尊三爵三　篚一于壇東南西向
設祝文案于壇西

四配位

每位羊一　豕一　登一　鉶二籩豆各十
簠簋各一　爵三　帛一　篚一

十哲

東五壇豕一五分　帛一　篚一　爵三
每位鉶一　籩豆各四　簠簋各一
酒盞一十

西五壇

陳設同

東廡 五十三位共十三壇

共豕一　帛一　篚一　爵三
每壇籩豆各四　簠簋各一　酒盞四

西廡 五十二位共十三壇

陳設並同東廡

一儀注

典儀唱樂舞生就位執事官各司其事分獻
官陪祀官各就位贊引引獻官
至盥洗所贊詣盥洗位搢笏出笏
引至拜位贊就位典儀唱迎神奏
樂樂止贊四拜（陪祭官同）典儀唱奠
帛行初獻禮奏樂執事官捧帛爵
詣
神位前贊引贊詣
大成至聖文宣王神位前搢笏執事以帛進奠訖執事
以爵進贊引贊獻爵出笏詣讀
祝位跪讀祝讀祝官取祝跪于
獻官左讀訖俯伏興平身贊
詣
兗國復聖公神位前搢笏獻爵出笏詣
郕國宗聖公神位前（儀同前）詣
沂國述聖公神位前詣
鄒國亞聖公神位前（儀並同前）贊復位樂止典儀唱行
亞獻禮奏樂執事以爵獻于
神位前樂止典儀唱行終獻禮奏樂（儀同亞獻）樂止
典儀唱飲福受胙贊詣飲福位
跪搢笏執事以爵進贊飲福酒
執事以胙進贊受胙出笏俯伏
興平身復位贊二拜（陪祭官同）
典儀唱徹饌奏樂執事各
詣
神位前徹饌樂止典儀唱送神奏樂贊引贊四拜（陪祭官）典儀唱讀祝官捧祝掌祭
官捧帛饌各詣瘞位典儀唱望
瘞奏樂贊引贊詣望瘞位樂止
贊禮畢

一祝文

維洪武某年歲次某甲子　月　日
皇帝遣具官某致祭于
大成至聖文宣王惟
王德配
天地道冠古今刪述六經垂憲萬世謹以牲帛醴齊粢
盛庶品祗奉舊章式陳明薦以
兗國復聖公

郕國宗聖公
沂國述聖公
鄒國亞聖公配尚
享
一樂章
迎神　執麾者唱　樂奏咸和之曲
大哉
宣聖道德尊崇維持王化斯民是宗典祀有常精純並
隆神其來格於昭聖容
奠帛　執麾者唱　樂奏寧和之曲
自生民來誰底其盛維王神明度越前聖粢帛具成
禮容斯稱黍稷非馨惟神之聽
初獻
大哉聖王實天生德作樂以崇時祀無斁清酤惟馨
嘉牲孔碩薦羞神明庶幾昭格
亞獻終獻
百王宗師生民物軌瞻之洋洋神其寧止酌彼金罍
惟清且旨登獻于三於嘻成禮
徹饌
犧象在前豆籩在列以享以薦既芬既潔禮成樂備

人和神悅祭則受福率遵無越
送神
有嚴學宮四方來宗恪恭祀事威儀雍雍歆享惟馨
神馭還復明禋斯畢咸膺百福
祭先農遣應天府官祭
一齋戒二日
一省牲牛一羊一豕一鹿一兔一
一正祭陳設
先農之神南向
犢一羊一豕一登一鉶二籩豆各十
簠簋各二　帛一青色禮神制帛
設酒尊三　爵三篚一于壇東南西向
設祝文案于壇西
一儀注
典儀唱樂舞生就位執事官各司其事贊引
引獻官至盥洗所贊詣盥洗所
搢笏出笏贊引贊引贊就位典
儀唱瘞毛血迎神奏樂樂止贊
引贊四拜陪祭官同典儀唱奠
帛行初獻禮奏樂贊引贊詣

神位前搢笏執事官以帛跪進于獻官奠訖執事以爵

跪進于獻官贊引贊獻爵

出笏詣讀祝所跪讀祝讀祝官

取祝跪于獻官左讀祝畢進于

神位前贊引贊俯伏興平身復位樂止典儀唱行亞獻

禮奏樂執事以爵獻于

神位前樂止典儀唱行終獻禮儀同亞獻典儀唱飲福

受胙贊引贊詣飲福位執事以

爵進贊引贊飲福酒執事以胙

進贊引贊受胙出笏俯伏興平

身復位贊引贊兩拜典儀唱徹

饌奏樂執事于

神位前徹饌樂止典儀唱送神奏樂贊引贊四拜樂止

典儀唱讀祝官捧祝掌祭官捧

帛饌各詣瘞位典儀唱望瘞贊

引贊詣望瘞位贊禮畢

一祝文

維洪武某年歲次某甲子

皇帝謹遣具官某致祭于

先農之神惟

神初興農事乃種嘉穀為民立命萬世永賴今將東

作親畊籍田謹以牲醴庶品用脩常祀尚

享

一樂章

迎神

東風起蟄地脉奮然蒼龍掛角燁燁天田民命惟食

創物有先圜鍾既奏有降斯筵

奠帛

帝出乎震天發農祥神降于筵藹藹洋洋禮神有帛

其色惟蒼豈伊具物誠敬之將

初獻

九穀未分庶草攸同表別嘉種實在先農黍稌斯豐

酒醴是共獻奠之初以祈感通

亞獻

倬彼甫田其隰其原耒耜云載驂御之間報本思享

亞獻惟虔

神其歆之自古有年

終獻

帝籍之典享祀是茲潔豐嘉粟咸仰于斯時惟親

耕享我農師禮成于三以訖陳詞

徹饌

於赫先農歆此絜脩于籩于爵于饌于羞禮成告徹

神惠敢留饎及終畝豐年是求

送神

神無不在於昭于

天曰迎曰送于亨之筵冠裳在列金石在懸往無不之

其佩翩翩

望燎 瘞

祝帛牲醴

先農既歆不留不褻瘞之厚深有幽其瘞有赫其臨

曰禮之常匪今斯今

祭旗纛 每年衛指揮祭

一齊戒 二日

一省牲 牛一 羊一 豕一

一正祭陳設

神七位 南向

旗頭大將

六纛大神

伍方旗神

主宰戰船正神

金鼓角銃砲之神

弓弩飛鎗飛石之神

陣前陣後神祇五昌等衆

犢一 羊一 豕一 登一 鉶二 籩豆各十

簠簋各二 帛七 黑二白五禮神制帛

共設酒尊三 爵一 篚一 于壇東南西向

設祝文案于壇西

一儀注

贊引引獻官至盥洗所 贊詣盥洗所

贊就位 迎神 作樂 執事官

神位前斟酒訖 贊引贊四拜 陪祭官同 贊奠帛行

初獻禮作樂執事捧帛爵
進贊引贊詣
神位前執事以帛進奠訖執事以爵進贊獻
爵訖贊復位跪讀祝讀訖
贊俯伏興平身樂止贊引
唱行亞獻禮執事于
神位前斟酒樂止唱行終獻禮儀同亞獻唱飲
福受胙贊詣飲福位跪飲
福酒受胙以下儀與祭先農同

合祀神祇

一在京十一廟

北極真君祭物用素
道林真覺普濟禪師祭物用素
都城隍
祠山廣惠
五顯靈順
漢秣陵尉蔣忠烈
晉成陽卞忠貞公
宋濟陽曹武惠王
南唐劉忠肅王
元衛國忠肅王
故功臣

一各處聖帝明王忠臣烈士載在祀
典不係淫祀者其廟宇陵
寢皆要備知其處每年定
奪日期或差官往祭或令
有司自祭本部悉理之

一天下府州縣合祭風雲雷雨山川社
稷城隍孔子及無祀鬼神等

有司務要每歲依期致祭其壇壝廟宇制度牲醴祭器體式具載洪武礼制

犧牲

一凡祭祀所用牲醴脯醢等物必須預
備看養臨期依數供辦不
可有缺

曆日

一在京欽天監每歲算曆已成則預
先行移各布政司刊印九
月初一日進曆仍頒賜京官

一頒曆儀注

前期一日尚寶設
御座于奉天殿教坊司設中和樂于殿內其日陳
設如常儀儀禮司設
御曆案于殿內設曆案于丹陛中道設百官
曆案于丹陛下鼓初嚴引礼引
文武官進曆官入品侍立位鼓
三嚴執事文武官詣
華蓋殿行五拜三叩頭禮畢傳制受曆侍從等官
各就位
帝服皮弁服出樂作陞座捲簾樂止鳴
鞭訖引禮引進曆官就位贊禮
唱鞠躬樂作贊四拜平身樂止
典儀唱進曆引禮引進曆官由
東階陞詣
丹陛案前贊跪搢笏取曆由殿東門靠東
入至殿中內贊亦唱跪外贊亦唱衆
官皆跪唱進曆監官以曆置于
案內贊唱出笏俯伏興外贊
亦唱俯伏興平身內贊唱復位

引禮引進曆官由百官門出樂
作引至拜位樂止贊禮唱鞠躬
樂作四拜平身樂止進曆官退
執事舉百官曆案于丹墀中道
鳴贊唱排班班齊鞠躬樂作贊
四拜平身樂止傳制官詣
御前跪奏傳制俯伏興由殿東門靠東出至
丹陛東西向立稱有
制贊禮唱跪衆官皆跪宣
制曰欽天監進某年大統曆其賜百官頒行

天下贊禮唱俯伏興樂作贊
四拜平身唱頒曆頒曆官取
曆散于百官散畢
駕興百官以次出

藝術

一凡天文地理醫藥卜筮師巫音樂
等項藝術之人本部務要備
知以憑取用

一在外行術占卜之人聽於本鄉不許越
境興造妖妄等事

僧道

一僧道度牒欽依三年一出給仍要各司考
試能通經典者申送到部具奏出
給

一各布政司并直隸府州縣申呈開設
僧道衙門舉保到僧人劄付僧
録司道士劄付道録司考試如
果中式就申吏部施行

祥異

一凡各處獻來祥瑞本部准其事狀

如有非時災異即時奏
聞若遇日月交蝕則預先行移諸司救護

一日蝕儀注
前期結綵於禮部儀門及正堂設
香案于露臺上向日設金鼓
手于儀門內兩傍設樂人于
露臺下設各官拜位于露臺
上下俱向日立至期欽天監官報
日初食百官具朝服典儀唱班
齊贊禮唱鞠躬樂作四拜興平
身樂止跪執事捧鼓詣班首前
班首擊鼓三声衆鼓齊鳴候欽
天監官報復圓贊禮唱鞠躬樂
作四拜平身樂止礼畢

一月食儀注同前但百官便服於都
督府救護

喪葬

一優給則例
凡陣亡失陷傷故渰没者全支邊遠
守禦出征并出海運粮病故

者減半
一品米六十石麻布六十疋
二品米五十石麻布五十疋
三品四品米四十石麻布四十疋
五品六品米三十石麻布三十疋

一公侯亡故
不分病故陣亡止給麻布一百疋
本部奏輟朝三日仍具手本
行移在京衙門知會
一將引本官家人赴

內府給與布疋
一咨工部造辦冥器棺槨及擡舉人
匠磚石造墳安葬
一劄付欽天監選擇墳地
一具手本赴光祿司備辦祭物
遣官行禮
一本部奏議封謚
一自初喪至除服以次遣官致祭
聞喪　入殮　首七至終七　下葬
百日　新冬々周年　二周　除服

一都督至都指揮亡故
本部奏輟朝二日移咨工部造辦棺
槨等項仍備辦祭物自初喪至
除服節次遣官致祭　聞喪
下葬　百日　周年　除服
如合優給者照前則例并咨兵部
照例追贈
一指揮使至指揮僉事亡故
本部移咨工部造墳安葬亦節次
遣官致祭　安靈　下葬

周年　除服
照例優給追贈
一衛所鎮撫千百戶亡故
本部移咨工部造墳安葬止二次遣
官致祭　安靈　下葬
照例優給追贈
一公侯及在京一品二品父母妻喪三
品四品父母喪授封贈及致仕
者各照品級造墳安葬在外
止祭祀未封贈者無

一在外都指揮使至指揮僉事止是本
部遣人往祭一次若回京安葬則
照例祭祀造墳千百戶別無祭
葬例
一公侯在外病故聞喪止輟朝一日靈
櫬到京仍輟朝三日下葬輟朝
一日

膳部
郎中員外郎主事掌邦國牲豆酒膳辦
其品數
膳羞
一凡遇正旦
聖節冬至或吉慶筵宴所用諸品膳羞酒醴並
須調提光祿司供辦若管待諸
番國朝貢人等使客并四夷來降
土官人等茶飯物料本部自行
備辦其宴之日是會同館管待
令教坊司供應若奉
旨管待之人俱於本部筵宴正官主席
一土官使客到會同館除柴米鋪陳本
館應付外本部照依正從名數
每五日一次支送下程
一管待物料先期一日本部劄付膳部
照依時價收買仍令物户親賫
赴部對物給價其合用羊隻上
事聽具手本赴光祿司關領原
編羊隻字號勘合於司牧局照

號関取造辦管待畢日仍回呈
本部開具買過物件同支過價
鈔数目主事廳回呈関過羊隻
字號毛色斤重本部判送案
通類開銷

一管待物件則例每正一桌
菓子伍色　按酒五色　小割
湯三品　正飯用羊

一支送下程則例五日每正一名
猪肉二斤八两　乾魚一斤四两
酒一瓶　麵二斤　塩醬各二两
茶油各一两　花椒二錢五分
燭每房伍枝　已上下程若奉
旨優待不拘此例

一衍聖公張真人到京下程
鵝二隻　麵一十五斤　酒四瓶
茶醬各一斤　燭一十枝

一買辦管待物料鈔貫若支銷盡絶
本部照例具奏依数関領鈔錠
回部收貯在庫聽候買辦如支

銷已盡依上関用

廚役

一凡選取各項廚役或事故新僉光禄司
具呈本部照数類行各處選取精
壯慣熟無過犯殘疾之人起送到
部轉發光禄司着役若有廚役病
故遣下家小呈送到部劄付應
天府給引或遞送回還原籍

俸給

一每歲會計合用俸米数目户部定撥
粮長到部送納本部劄付膳部
并委官眼同依数交收在倉隨
即出給倉鈔付納户收領候齊
足出給通関一樣三本交付粮
長收領仍將收過米数通咨户
部其所收粮米專一放支本部
并合屬衙門官吏月俸

一本部官吏該支月俸每月初本部
通類立案劄付膳部及委官
或儀部祠部主客部官一員眼

同放支膳部主事聽出給印信
俸帖付官吏收執赴倉關支仍
將放過某字號倉糧米數目分
豁正米数目回呈本部判送膳
部立案

一帶支大常司翰林院等衙門官吏俸
給每月預先將合支數目開呈本
部立案通類劄付膳部委官照
依各衙門賫到印信俸帖赴倉
依数關支畢日依数開呈

一帶支衙門
大常司　光祿司　翰林院
春坊　儀禮司　司經局
欽天監　行人司　鑄印局
教坊司　欽天回回監

藏冰

一每歲冰結之時本部堂上官預先奏
聞膳部官赴内官監關取鑰匙錦衣衛差撥力
士或工部差撥脚夫各備器具赴
正陽門外打掃冰窨就行戶部
關撥新鮮稻草并蘆席襯墊
完備伺候冰凍揀擇潔淨去
處取冰節次赴冰窨内如法
收藏封鎖將鑰匙送赴内官仍
移付祠部照例祭祀着令軍人
看守以備應用
内府冰窨收藏冰雪係内官監官自行提調合
用襯墊蘆席稻草本部照例
移咨戶部依數支撥就差人送
内府冰窨處所交收

器皿

一凡宴享合用一應器皿及各項廚役懸
帶雙魚銅牌光祿司開呈本部
移咨工部照數造完轉發光祿
司收用

一鑄完廚役雙魚銅牌本部賫印信手本
開寫號數送赴
内府印綬監收掌凡遇光祿司廚役合用銅牌本司
自具手本赴監關用

行移

一凡有一應行移在外事務儀部等四
部各開事件移付通具印信
手本赴禮科関填勘合照會
各布政司并劄付直隸府州照
依坐去勘合内事件轉行所屬
作急理辦如有遲悞不完仍行
催督每於年終各該有司分豁
已未完結事件連原填去勘合
張數造冊差人親齎奏繳仍用
備細開報本部以憑查銷

主客部
郎中員外郎主事掌諸番朝貢等事

朝貢

一凡諸番國及四夷土官人等或三年壹
朝或每年朝貢者所貢之物會同
舘呈報到部主客部官赴舘點檢
見數過有
表箋移付儀部其方物分豁進貢
上位若干
殿下若干開寫奏本發落人夫管領先具手本
関領
内府勘合依数填寫及開報門單於次日早
朝照進
内府或於
奉天門或
奉天殿丹陛或
華蓋殿及
文華殿前陳設本部正官奏啓
進納若遇慶賀
聖節正旦貢獻之物初到即以数目具本奏

聞物候至日通進
內府陳設交收
一凡進馬騾到於會同館即令典牧所差醫獸
辨驗兒騍騸及毛色齒歲明白備
寫手本交收及令本館放支草料
喂養仍撥人夫管領至期進

內府行列於丹墀東伺候
御前牽過同手本交付御馬監官收領
一凡進象駝到於會同館令盡鞴次日早
進

內府
御前奏進如候
聖節正旦冬至陳設進收日遠先行奏
聞象送馴象所駝送御馬監收養至期令進
內府陳設
一凡進虎豹禽鳥之類到於會同館就令畜
養之人喂養具數奏
聞送所司收領至期進
內府丹墀內陳設
一凡進金銀器皿珎寶段疋之類須有貢獻之

人驗視明白具寫奏本仍以器具裝
盛或黃袱封裹分撥館夫一同貢獻
之人收管先期一日関填勘合開報
門單次日早照進
內府於
殿前丹陛等處陳設一一交付長隨內使收受
一凡進蘇木胡椒香蠟藥材等物萬數以上者
船至福建廣東等處所在布政司隨
即會同都司按察司官檢視物貨封
船完密聽候先將番使起送赴京呈
報數目除國王進貢外番使人伴附
搭買賣物貨官給價鈔收買然後布
政司仍同各衙門官將貨稱盤見數
分豁原報附餘數目差人起解前來
本部委官及行戶部都察院委官會
同差督人夫運進承運等庫稱盤
入庫本部先期開寫各庫該收物貨
手本於
午門外関領各門勘合填寫照進并出給長單令
該庫批寫實收数目回部備照

一朝貢諸番及四夷土官去處

番國

高麗國東海　暹羅國南海　琉球國南海

占城國南海　真臘國南海　安南國南海

日本國東海　爪哇國南海　瑣里

西洋鎖里　三佛齊　浡泥國

百花國　覽邦國　彭亨國

淡巴國　須文達那國

西南夷

四川

烏蒙軍民府　烏撒軍民府

芒部軍民府　金筑安撫司

盧山長官司　慕役長官司

西堡長官司　大華長官司

寧谷寨長官司　頂營長官司

十二營長官司　安順州

貴州宣慰司　平茶洞長官司

播州宣慰司　龍州

程番長官司　永寧州

鎮寧州　康佐長官司

建昌衛　建安州

禮州　栢興州

酉陽宣撫司　木瓜長官司

方番長官司　勒都簇長官司

邛部軍民府　黎州

普安軍民府　德昌府

長河西　東川軍民府

阿昔簇長官司　天全六番招討司

蛒匝簇長官司　占藏先結簇長官司

祁命簇長官司　比定簇長官司

阿昔洞簇長官司　班班簇長官司

者多簇長官司　麥匝簇長官司

石砫宣慰司　泥溪長官司

雷坡長官司　沐川長官司

平夷長官司　蠻夷長官司

馬湖府　岳希蓬長官司

隴木頭長官司　靜州長官司

里州　建昌府

闊州　中縣

碧舍縣　會川府

武安州　永昌州
隆州　姜州
黎溪州　麻龍縣
會理州　威龍州
昌州　普濟州

廣西
龍英州　江州
龍州　思明府
陀陵縣　養利州
上下凍州　思陵州
萬承州　安平州
太平州　都結州
羅陽縣　思城州
結倫州　鎮遠州
左州　崇善縣
茗盈州　南丹州
結安州　永康縣
思同州　東蘭州
那地州　全茗州
利州　鎮安府

田州府　泗城州
奉議州

雲南
姚安軍民府　姚州
元江府　廣通縣
平緬宣慰司　車里軍民宣慰司
八百宣慰司　麗江府
景東府　楚椎府
鶴慶府　尋甸府
鄧川州　海東土官
寰居土官　小雲南土官
臨安府習峩縣　大理府

湖廣
施南宣慰司　忠建安撫司
思南宣慰司　永順宣慰司
臻部六洞黃坡等處長官司
保靖宣慰司　曲靖軍民府

西域
西天泥八剌國　朵甘
沙州　烏思藏

撒立畏兀兒　撒來
撒馬兒罕

賓客

一凡四夷歸化人員及朝貢使客初至會同
館主客部官隨即到彼點視正從定
其高下房舍鋪陳一切處分安妥仍
加撫綏使知
朝廷恩澤
一下程分豁正從人數劄付膳部五日一次照
例支送酒肉茶麵飲食之物
一管待量其來人重輕合與茶飯者定擬食品
卓數劄付膳部造辦主客部官一員或
主席或分左右隨其高下序坐以禮管
待仍令教坊司供應

給賜

一凡諸番四夷朝貢人員及公侯官員人等一
切給賜如往年有例者止照其例無例
者斟酌高下等第題
奏定奪然後本部官具本奏
聞關領給賞
一凡賞賜金銀鈔錠匹帛之類金銀請長隨内
官關領匹帛係內承運庫收貯冠帶衣
靴係工科工部官收掌鈔錠係戶部官
收掌主客部官分揀開具其物或於
奉天門或
奉天殿丹墀或
華蓋殿用卓鋪放引受賜人朝北立說物所引受賜
人叩頭畢以物授之如多至十人百人俱
先以所賜之物唱名分授各人行列叩
頭畢於該科出帖赴
午門倒換勘合照出所賜之物俟令次日謝
恩
一凡遠夷之人或有長行頭疋及諸般物貨不
係貢獻之數附帶到京願納入官者照
依官例具
奏關給鈔錠酬其價值

諸司職掌四卷終

皇明制書

諸司職掌

兵部卷之五

尚書侍郎之職掌天下軍衛武官選授之政其屬有四曰司馬職方駕部庫部

司馬部

郎中員外郎主事掌武官勲禄品命

銓選

官制

凡内外大小軍職衙門官員俱有額数

都督府

左都督右都督都督同知都督僉事

留守司

正留守　副留守　指揮同知

都指揮司

都指揮使二員　都指揮同知二員

都指揮僉事四員

衛

指揮使一員　指揮同知二員

指揮僉事四員　衛鎮撫二員

所

正千户一員　副千户二員

所鎮撫二員　百户一十員

儀衛司

儀衛正一員　儀衛副二員

典仗六員

勲禄

凡武官一品至六品所授上柱國至武騎尉曰勲歳支俸米曰禄遇有除授官員須要明白照品定擬其品級次第詳於吏部職掌

武官資格

凡内外軍職官員俱有原定資格

正一品

左都督　右都督

從一品

都督同知

正二品

都督僉事　正留守　都指揮使

從二品

都指揮同知

正三品
副留守　都指揮僉事　各衛指揮使
從三品
留守司指揮同知　各衛指揮同知
正四品
各衛指揮僉事
正五品
儀衛正　正千戶
從五品
衛鎮撫　儀衛副　副千戶
正六品
典仗　百戶
從六品
所鎮撫

除授官員

凡武官或有功陞除或調除別衛或為事復職若見缺官員應合調補遇有前項官員到部須要審取從軍脚色委官賫赴
內府比對貼黃中間歸附年月征克地方陞轉月日衛所流官世襲相同然後具本明着緣由連人引至
御前陳奏請
旨轉調除授或奉
特旨陞遷隨將欽與職事花名衛所流官世襲及陞調緣由就於
御前陞選仍照選簿內條寫榜文次日入奏將引選過官員看畢抄榜給憑定限到任仍行該府轉行所在衛所催任繳憑

襲職替職

凡軍官亡故年老征傷須以嫡長兒男承襲替職或嫡長男早喪及篤廢殘疾則嫡孫襲替如無嫡子嫡孫則庶長子孫襲替若嫡庶子孫俱無方許弟姪襲替其應合承繼弟男子姪務要曾經操練弓馬熟閑幷當該衛所正官保結呈送其審供查黃引選等項緣由並與除授官員相同

陞用總小旗

凡總小旗缺役務選年深精壯勇敢軍人小旗幷鎗軍人幷鎗得勝陞小旗小旗幷鎗得勝陞總旗須憑各府照會開繳當該衛所保結文

狀到部然後類寫具奏請
旨惟用仍咨呈該府行下各該衛所收補或奏
旨取用年深總旗除授須自各衛取勘從軍脚色保結呈
送到部仍審實來歷相同具本引奏選用其
附選出榜抄榜給憑催任一如除授官員施
行

貼黃

寫黃續黃

凡除官開寫年籍從軍脚色赴
內府清理明白寫黃仍寫內外貼黃與正黃關防走號

合同請
寶鈔記正黃送銅櫃收貯內外黃各置文簿附貼亦於
內府收掌遇有陞調襲替官員次日即具陞轉襲替緣
由奏
關貼揭續附如有事故亦須總為置簿揭下附貼以憑稽
考

缺官

凡遷調致仕并犯罪罷職等項官員行移到部知
會即便作缺類寫缺本進赴
內府遇有欽依除調補缺官員隨於

編前銓注以憑附選

更名復姓

凡軍官或年幼過房乞養今將本姓或幼名到部
更改必須明著緣由奏
聞准改仍將改換緣由續附貼黃

優給

凡軍官亡故遺下嫡長子女年未出幼或母年老
或無嫡子嫡孫次及庶子或弟或姪合得優
給養贍者須憑各衛保結起送到部審取故
官從軍脚色一體委官賚赴

內府比對貼黃相同具奏如是奏
旨欽與優給隨即於
御前附寫欽與優給文簿扣筭出幼年分明白開寫歲數
至某年住支或奏
特旨陞等優給及流官將與世襲亦須隨即明白注寫通
行抄出緣由立案行移錦衣衛作數放支其
征進陣亡傷故病故總小旗兒男一體引奏
定奪

誥勑

給授

凡武官所授一品至五品曰誥命六品以下曰
勑命具有應合給授者須憑各官報到從軍脚
色比對内外貼黄年籍并見授職事流世相
同然後奏
聞謄黄照品定奪散官寫誥給授如犯法得罪應合追奪
刑部進送
内府收貯若充軍征進者置簿編收其與刑及亡故無
嗣者會官燒毁

正一品　初授特進榮祿大夫　陞授特進光祿大夫
從一品　初授榮祿大夫　陞授光祿大夫
正二品　初授驃騎將軍　加授龍虎將軍　陞授金吾將軍
從二品　初授鎮國將軍　加授奉國將軍　陞授定國將軍
正三品　初授昭勇將軍　加授昭武將軍　陞授昭毅將軍
從三品　初授懷遠將軍　加授安遠將軍　陞授定遠將軍
正四品　初授明威將軍　加授廣威將軍　陞授宣威將軍
從四品　初授宣武將軍　加授信武將軍　陞授顯武將軍
正五品　初授武德將軍　陞授武節將軍
從五品　初授武略將軍　陞授武毅將軍
正六品　初授昭信校尉　陞授承信校尉
從六品　初授忠顯校尉　陞授忠武校尉

封贈

凡武職有功應封贈祖父母父母妻室者照依欽
定資格一品封贈三代二品三品封贈二代
四品以下封贈一代各照見任職事依例
封贈
正一品至從六品
曾祖父祖父父各照見授職事對品
封贈
正從一品
曾祖母祖母母妻各封贈夫人
正從二品
祖母母妻各封贈夫人
正從三品
祖母母妻各封贈淑人
正從四品
母妻各封贈恭人
正從五品
母妻各封贈宜人
正從六品
母妻各封贈安人

加贈

凡武官歿於王事者照依生前職事加贈二等

死於鋒鏑者照依生前職事褒贈三等

軍務

開設衛所

凡天下要衝及邊防去處奏

旨剏立衛所即便行移禮部鑄印作缺入奏請

旨除調官員仍行所在官司開設撥軍守禦

整點軍士

凡內外衛所軍士隊伍俱有定數如是奏

旨差人點視填給勘合戶由於內明寫收軍來歷緣由除開設衛門原有旗軍外其續後調到補伍軍士必須窮究原伍旗軍下落明白庶不迷失軍伍如是伍內空歇未填勘合亦須咨呈該府着令勾補以憑填給其新收軍人應關戶由者一體照戶出給勘合戶由

聲息

凡腹裏邊境險要去處或有嘯聚者飛報聲息到部火速入奏毋得遲滞

賞賜

凡奉

特旨賞賜軍官須憑來文開寫姓名職事衛所欽賞銀鈔段疋等項數目審對明白具本引奏繳

職方部

郎中員外郎主事之職掌天下地圖及城隍鎮戍烽堠之政

城隍 謂城池也

凡天下都司并衛所城池軍馬數目必合周知或遇所司移文修築須要奏

聞差人相度准令守禦軍士或所在民人築造然後施行

計天下都司衛所

都司壹拾柒處　留守司壹處

內外衛叁百貳拾玖處守禦千戶所陸拾伍處

上十二衛

金吾前衛　金吾後衛　羽林左衛

羽林右衛　府軍衛　府軍左衛

府軍右衛　府軍前衛　府軍後衛

虎賁左衛　錦衣衛　旗手衛

五軍都督府所屬衛所

左軍都督府

在京

留守左衛　鎮南衛　水軍左衛
驍騎右衛　龍虎衛　英武衛
瀋陽左衛　瀋陽右衛

在外

浙江都司
杭州右衛　杭州前衛　台州衛
寧波衛　處州衛　紹興衛
海寧衛　寧國衛　溫州衛
臨山衛　松門衛　金鄉衛
定海衛　海門衛　盤石衛
觀海衛　海寧千戶所　衢州千戶所
嚴州千戶所　湖州千戶所

遼東都司
定遼左衛　定遼右衛　定遼中衛
定遼前衛　定遼後衛　鐵嶺衛
東寧衛　瀋陽中衛　海州衛
蓋州衛　金州衛　復州衛
義州衛　遼海衛　三萬衛
廣寧左屯衛　廣寧右屯衛　廣寧前屯衛
廣寧後屯衛　廣寧中護衛

山東都司
青州左護衛　青州護衛　兗州護衛
兗州左護衛　登州衛　青州左衛
萊州衛　寧海衛　濟南衛
平山衛　德州衛　樂安千戶所
膠州千戶所　諸城千戶所　滕縣千戶所

右軍都督府

在京

虎賁右衛　留守右衛　水軍右衛
武德衛　廣武衛

在外

雲南都司
雲南左衛　雲南右衛　雲南前衛
大理衛　楚雄衛　臨安衛
景東衛　曲靖衛　金齒衛
洱海衛　蒙化衛　馬隆衛
平夷衛　越州衛　六涼衛
鶴慶千戶所

貴州都司
貴州衛　永寧衛　普定衛
平越衛　烏撒衛　普安衛
層臺衛　赤水衛　威清衛
興隆衛　新添衛　清平衛
平壩衛　安莊衛　龍里衛
安南衛　都勻衛　畢節衛
黄平千戸所
四川都司
成都左護衛　成都右護衛　成都中護衛
成都左衛　成都右衛　成都前衛
成都後衛　成都中衛　寧川衛
茂州衛　建昌衛　重慶衛
敘南衛　蘇州衛　瀘州衛
松潘軍民指揮司　巖州衛
青州千戸所　保寧千戸所　威州千戸所
雅州千戸所　大渡千戸所
陝西都司
西安左護衛　西安右護衛　西安中護衛
西安左衛　西安右衛　西安前衛
西安後衛　華山衛　秦川衛
延安衛　綏德衛　平涼衛
慶陽衛　寧夏衛　臨洮衛
鞏昌衛　西寧衛　漢中衛
涼州衛　莊浪衛　蘭州衛
秦州衛　岷州軍民指揮司
洮州衛　河州軍民指揮司
甘肅衛　山丹衛　永昌衛
鳳翔千戸所　金州千戸所　寧夏中護衛
甘州中護衛　西河中護衛
廣西都司
桂林左衛　桂林右衛　桂林中衛
南寧衛　柳州衛　馴象衛
梧州千戸所
中軍都督府
在京
留守中衛　神策衛　廣洋衛
應天衛　和陽衛　牧馬千戸所
在外
直隸

楊州衛　和州衛　高郵衛
淮安衛　鎮海衛　滁州衛
太倉衛　四州衛　壽州衛
邳州衛　大河衛　沂州衛
金山衛　新安衛　蘇州衛
儀真衛　徐州衛　安慶衛
宿州千戶所
中都留守司　鳳陽右衛　鳳陽衛
鳳陽中衛
留守左衛　留守中衛　長淮衛
皇陵衛
懷遠衛　洪塘千戶所
河南都司
歸德衛　陳州衛　弘農衛
汝寧衛　潼關衛　河南衛
睢陽衛　宣武衛　信陽衛
彰德衛　武平衛　南陽衛
寧國衛　懷慶衛　寧山衛
潁川衛　安吉衛　潁上千戶所
河南左護衛　河南中護衛　河南右護衛

前軍都督府

在京
天策衛　龍驤衛　豹韜衛
龍江衛　飛熊衛

在外
直隸
九江衛
湖廣都司
茶陵衛　永州衛　武昌左衛
黄州衛　施州衛　岳州衛
蘄州衛　安陸衛　長沙護衛
辰州衛　武昌衛　襄陽衛
常德衛　沅州衛　寶慶衛
沔陽衛　長沙衛　衡州衛
瞿塘衛　鎮遠衛　平溪衛
清浪衛　偏橋衛　五開衛
九溪衛　荆州左護衛　荆州中護衛
靖州衛　永定衛　郴州千戶所
夷陵千戶所　桂陽千戶所　德安千戶所
忠州千戶所　安福千戶所　道州千戶所
大庸千戶所　天平千戶所　麻遼千戶所

枝江千户所　武岡千户所　崇山千户所
長寧千户所　武昌左右中三護衛

福建都司
福州中衛　福州左衛　福州右衛
興化衛　泉州衛　漳州衛
福寧衛　鎮東衛　平海衛
永寧衛　鎮海衛

福建行都司
建寧左衛　建寧右衛　建陽衛
延平衛　邵武衛　汀州衛

將樂千户所

江西都司
南昌左衛　南昌前衛　袁州衛
贛州衛　吉安衛　饒州千户所
安福千户所　會昌千户所　永新千户所
南安千户所　建昌千户所　撫州千户所
鉛山千户所　廣信千户所

廣東都司
廣州前衛　廣州左衛　廣州右衛
南海衛　潮州衛　雷州衛
海南衛　清遠衛　惠州衛
肇慶衛　廣州後衛　程鄉千户所
高州千户所　廉州千户所　萬州千户所
儋州千户所　崖州千户所　南雄千户所
韶州千户所　德慶千户所　新興千户所
陽江千户所　新會千户所　龍川千户所

後軍都督府

在京
横海衛　鷹揚衛　興武衛
江陰衛　蒙古左衛　蒙古右衛

在外

北平都司
燕山左衛　燕山右衛　燕山前衛
大興左衛　永清左衛　永清右衛
濟州衛　濟陽衛　彭城衛
通州衛　薊州衛　密雲衛
真定衛　永平衛　山海衛
遵化衛　居庸關千户所

北平行都司
大寧左衛　大寧右衛　大寧中衛

大寧前衛　大寧後衛　會州衛

營州中護衛　興州中護衛

山西都司

太原左衛　太原右衛　太原前衛

振武衛　平陽衛　鎮西衛

潞州衛　蒲州千户所廣昌千户所

沁州千户所　寧化千户所鴈門千户所

山西行都司

大同左衛　大同右衛　大同前衛

蔚州衛　朔州衛

北平三護衛

燕山左護衛　燕山右護衛燕山中護衛

山西三護衛

大原左護衛　大原右護衛大原中護衛

軍役

凡內外衛所軍士俱有定數大率以五千六百名為一衛一千一百二十名為一千户所一百一十二名為一百户所其有衛分軍士數多千百户所統則一每一百户內設總旗二名小旗一十名管領鈐束大小䢖

維以成隊伍管軍官員操練撫綏務在得宜毋敢紊乱空歇若逃故老疾勾丁代補中間冒觧同名并各項充軍重復非止一端條開于後

收補軍士

凡遇各布政司并直隸府州縣勾觧內外衛所逃故軍人正身并户丁到部審實明白逃軍照例斷發有能自首者免罪從役其補役户丁如在京衛分填給勘合差人送發該衛交割在外衛所送赴該府通數差人押送取收管回照仍行移各衛收役年老殘疾發回兊換壯丁其幼小户下無丁者年十三四以上送衛操練七八歲以下或發在營或發原籍依親行移該衛紀録候長成勾補其有奸頑故推老疾不將壯丁補役者問罪如律仍勾壯丁若長觧不行用心管押以致逃脱依律責限發回根捕受賍脫放送法司問罪其有民人首報投軍并遠年歇役軍丁首報着役無衛分者照發外衛有原衛者就發充軍仍行原籍

官司體勘若有規避提送法司問罪。

重役

凡有陳告一戶或為梁集首報收集或為事問
發在京在外衛所重復充軍二名三名者
須行各衛着落當該官吏保勘明白及揭
照黃冊果係同戶別無人丁具

奏定奪其有為事充罪充軍正身并丁多者不准如有隱
瞞丁口朦朧陳告者問罪如律

冒名

凡有陳告本戶係是民籍止與故軍同名同姓
被里甲人等賣放正軍朦朧冒解者發回
合干有司提對曾經府縣陳告不理着令
所管上司衙門歸問若俱不理必須給批
差人先提當該吏典并事內干問人數送
法司對問其有干問府縣官員具

奏提取若被在衛軍人供指就便送法司對問果係故軍
生前妄報坐名勾取者揭照黃冊是實改
正發回為民仍行原衛着落親管官旗挨
勾應補正軍

軍士缺伍

凡內外衛所軍人或有死亡戶絕或有陞調或
為事起發等項缺下隊伍須要行移衛所
保勘明白許令除豁即於多餘軍內撥補
若死亡止有幼丁許令本衛紀録在伍作
數其在逃未獲務要根勾正身俱各不許
撥補

老疾軍人

凡內外衛所軍人或征進工作傷殘或患痼疾
及年老不堪征差者須要保勘相驗是實
許令戶下壯丁代役若無少壯止有幼小
人丁許令該衛紀録操練仍令老疾隨營
如果戶絕無人揭籍查勘明白具

奏除豁聽令隨營或依親還鄉缺下軍伍於多餘軍內撥
補

關津

設置巡檢司

凡天下要衝去處設立巡檢司專一盤詰往來
姦細及販賣私鹽犯人逃軍逃囚無引面
生可疑之人須要常加提督或遇所司呈
禀設置巡檢司差人踏勘果係緊關地面

奏
聞准設行移工部蓋造衙門吏部銓官禮部鑄印行移有司照例於丁粮相應人户内僉點弓兵應役

断發迯軍囚徒

凡各處巡檢司弓兵并老人里甲人等獲解内外衛所迯軍及囚徒無引入并販賣私塩犯人等項到部審問明白一次二次在迯囚軍本部照例刺字依律杖断原伍旧軍并餘丁照例刺字若係在京軍人調發外衛在外衛所軍人仍發原衛着役隨營塩徒編發充軍私塩進納載塩船隻驢疋入官原捕弓兵人等照例給賞其有征進在迯并三次在迯軍人及囚徒無引等項俱送法司并原問衙門查照發落

烽堠 謂煙墩也

凡邊防去處合設煙墩并看守堠夫務必時加提調整點須要廣積柴草晝夜輪流看望遇有警急晝則舉煙夜則舉火接遞通報毋致損壞有悞軍情聲息

圖本

凡天下要衝及險阻去處合畫圖本并軍人版籍須令所司成造送部務知險易

駕部

郎中員外郎主事掌邦國輿輦車乘及天下傳驛廐牧

鹵簿

凡正旦冬至
聖節會同錦衣衛陳鹵簿大駕於殿之東西須要各依次序毋得錯亂有失朝儀

黄麾一對　降引旛五對　告止旛五對
傳教旛五對　信旛五對　龍頭竿五對
戈氅十對　戟氅十對　儀鍠氅十對
朱雀幢一　玄武幢一　青龍幢一
白虎幢一　金節三對　豹尾二對
羽葆幢二對　梧杖三對　立瓜三對
臥瓜三對　儀刀三對　戟十二對
班劒三對　響節十二對　龍戟三對
鐙杖三對　金鉞三對　骨朶三對
金水罐一　金盆一　金蹈踏一

金馬杌一　鞍籠一　紅紗燈籠六對
紅油紙燈籠三對　紫羅素方傘四把
紅羅銷金傘一把　紅羅銷金雨傘一把
羽葆幢三對　降引旛一對　儀鍠氅三對
戈氅三對　戟氅三對　金節二對
響節六對　骨朶二對　金鉞二對
金鐙二對　立瓜二對　臥瓜二對
班劍二對　梧杖二對　儀刀二對
戟六對　紗燈三對　魫燈三對
帳房一座　幃幙一對　金馬杌一副

親王儀仗

金交椅一把脚踏全　間抹金盆罐一副
金香爐一箇　抹金銀香盒一箇
班劍一對　儀刀四對　梧杖一對
響節四對　羽葆幢一對　降引旛一對
骨朶一對　臥瓜一對　立瓜一對
金鉞一對　金鐙一對　儀鍠氅一對
殳叉一對　傳教旛一對　信旛一對
告止旛一對　金節一對　挑心節一把
麾幢一對　戟十對　夾矟一對

矟十對　楯十對　戈氅一對
戟氅一對　紅羅銷金圓傘一把
紅羅素方傘四把　黃羅直柄繡傘四把
紅羅曲柄繡傘四把　紅羅單龍扇十把
黃羅單龍扇十把　黃羅雙龍扇二十把
紅羅雙龍扇二十把　紅羅素扇二十把
黃羅素扇二十把　紅羅繡雉方扇十二把
紅羅繡花扇十二把　玉輅一乘　大輅一乘
九龍車一乘　步輦一乘　誕馬十二疋

羽儀

凡郊祀弔喪臨祭車駕出入合用某等羽儀導引會同錦衣衛酒要各依定制陳布毋得相紊

儀仗

凡
皇太子親王出入合用儀仗依制陳導如有損壞移咨
工部如法脩飾

皇太子儀仗
金交椅一把脚踏全　金盆罐一副手巾全
紅紵絲拜褥一條　青孔雀扇六把
青花扇四把　青方扇四把

紅綉直柄傘二把銀鈴全　青方傘二把
紅羅曲盖綉傘二把　紅羅綉圓傘二把
紅羅青方傘四把　紅羅青圓傘二把
紅羅青方傘二把　紅羅銷金雨傘二把
紅羅綉方扇四把　紅羅綉圓扇四把
青羅綉孔雀圓扇六扇　紅紗燈籠一對

守衛軍士食錢

凡在京上十二衛守衛隨
駕軍人每名一直三日食錢鈔三百文先期一日令各
衛將軍名數自手本報進
內府本部官一員備類軍名并該支鈔貼總數送禮科
關鈔令該管守衛官領去給散如有公差患
故名數食錢明白扣除不許剋將軍人頂替
冒支

牌面

凡隨
駕官員分士校尉須憑牌面守衛其牌面
內府印綬監掌管輪直官員人等於簿上明白附寫花
名畫字給領如遇下直務要交割明白勾消
兵無差失其在外新設衛所中數守禦夜巡

銅牌須要定奪數目編置字號移咨禮部鑄
印就送該府給發

驛傳

凡天下水馬驛遞運所專一遞送使客飛報軍
情轉運軍需等項合用馬驢船車人夫必因
地理要衝偏僻量宜設置其僉點人夫設置
馬驢船車什物等項俱有定例須要常加提
督有司整治或差人點視不許空歇但有人
夫馬驢船車什物損壞缺少將有司并驛所
當該官吏坐罪仍督并修理補買

馬驛

凡馬驛設置馬驢不等如衝要去處或設馬八
十疋六十疋三十疋其餘雖非衝要亦係經行
道路或設馬二十疋十疋五疋大率上馬一疋
該粮一百石中馬一疋該粮八十石下馬一疋
該粮六十石其僉點人户先儘各驛附近去處
僉點如果不敷許於相隣府縣點差糧户粮數
不及百石者許衆户輳数共當一夫其合買馬
疋鞍轡鐙衫什物驛夫各照田粮驗數出備
一各驛馬疋須分上中下三等馬膊上懸掛小牌

明馬等第憑符應付
一各驛馬夫須置銅鈴遇有緊急公務將懸帶馬上前路驛分專一聽候鈴声隨即供應不致妨誤
一各驛馬鞍已置木綿及氈塌軟座經過使客不許將氈衫於馬鞍上墊坐如遇陰雨方許給付氈衫雨帽

水驛

凡水驛設船不等如遇使客通行正路或設船二十隻十五隻十隻其分行偏路亦設船七隻五隻大率每船設該水夫十名於有司人戶納粮五石之上十石之下點充不拘一戶二戶相合俱驗所該粮數輪流應當

遞運所

凡遞運所設船多寡不等如六百料者每隻水夫十三名五百料者每隻水夫十二名四百料者每隻水夫十一名三百料者每隻水夫十名其水夫皆於五石以下粮戶內點差
一每所設置車輛不等如大車一輛載米十石者人夫三名牛三頭布袋十條小車一輛載米二石者人夫一名牛一頭每夫一名辦々一頭於十五石粮戶內點充如無相應人戶許衆戶輳粮共當
一遞運船隻俱用紅油刷飾每船置牌一面開寫本船字號料數及水夫姓名檣舵篙櫓纜索鐵貓篾纜等項一應合動什物數目常川懸掛務要牌不離船以憑點視如是船隻什物損壞缺少即申合干有司委官計料修補
一遞到官物所官驗實物件斤重多寡隨即計筭船隻料數差撥裝運不許將前路運船越過遞送其長押人員不許索要過料船隻及多取水夫夾帶私已物貨所官亦不許狥情應付

開設驛所

凡新開地方堪設驛分遞運所或舊設驛所相離窵遠往復不便可以添設須要差人踏勘明白取勘彼處鄉村市鎮畫圖貼說回報驗其里路遠近同應設驛所船車馬驢數目具奏移咨工部盖造衙門吏部銓官禮部鑄印合用人夫行移有司照例僉點

市民馬户

凡市民馬户俱係浙江并直隸蘇松等府市居人民編發鳳陽河南陜西北平等處緊要驛分當站每上馬一疋一百三十八户中馬一疋一百十八户下馬一疋九十八户每馬各就見定户内選丁多者四户充馬頭在驛走遞如馬頭户絶體勘明白仍於本馬原編户内僉補

囚充站户　民充站户并舘夫附

凡囚充水馬人夫俱係為事免罪發充前後正身病故須要户丁補役不在消乏之例

應合給驛

一賫擎
詔旨制諭

一飛報軍務重事

一奉
特旨差遣給驛者

一
親王進賀
表箋及差官賫王奏本赴京奏事

一欽差各部官監察御史往各處追問等項并帶去問事人監生書吏人等水路驛船陸路驛疋

一公侯駙馬都督將帶從人一名
應付脚力

一在京差辦事官行人舍人往各處催辦公事水路應付順便船隻陸路遠者應付脚力或車輛驛疋

一四夷番使各處土官來
朝并回還水路遞運船隻陸路脚力

一力士校尉差去雲南四川兩廣福建水路應付巡檢司船裝送

一文武官員到任一千五百里之外

一老疾軍人軍屬寡婦并病故官員並家小還鄉

一為事編發差試百户管領前去雲南遼東大寧等處充軍并撥守雲南大寧遼東等處補役軍人水路應付船隻

陳告消乏

凡糧僉水馬遞運人户陳告消乏驛所郎申有

司體勘是实就便僉替不許刁蹬靠損

符驗

凡在内公差人員係干軍情重務及有
特旨差遣給驛水部填給勘合所差人員轉赴
内府関領符驗給驛前去事完就便銷繳

急遞鋪

凡十里設一鋪每鋪設鋪長一名鋪兵要路十
名僻路或五名或四名於附近有丁力田粮
一石五斗之上二石之下點充須要少壮正
身每鋪設十二時日晷一個以驗時刻鋪門
首置立牌門一座并牌額全常明燈燭一副
簿曆二本鋪兵每名合置夾板一副鈴攀一
副纓鎗一把棍一條回曆一本
一遞送公文照依古法一晝夜通一百刻每三
刻行一鋪晝夜須行三百里但遇公文到鋪
不問角數多少須要隨即遞送無分晝夜鳴
鈴走遞前鋪聞鈴鋪司預先出鋪交收隨即
於封皮格眼内填寫時刻該遞鋪兵姓名速
令鋪兵用袱包褁夾板拴繫賫小回曆一本
急遞至前鋪交收於回曆上附寫到鋪時刻
以憑稽考毋致停滯差迷如是公文到来不
即遞送停積等待因而失悮事機者問罪
一各州縣於額設司吏内選充鋪長一名專一
巡點所轄鋪分督令各鋪司兵如法走遞親
臨府州縣提調官常加檢點鋪長失於整點
隨即問罪每月置立文簿當該提調官署押
附寫遞過公文時刻角數以憑稽考
一無印信文字不許入遞其各衙門但有入遞
公文須要堅厚好紙封褁轉遞各鋪明白附
曆於上開寫並無破損并不曾拆動原封但
有磨擦破壞及拆動原封者就將来文封皮
上寫記原遞鋪兵姓名遞發及将遞来鋪兵
拘提觧官有司即為追究
一鋪舍損壞什物不完鋪兵數少及有老弱之
人在鋪當役者有司提調官吏即便修理僉
點補替

馬政

廄牧

凡太僕寺所屬十四牧監九十八群專一提調
牧養孳生馬騾驢牛其養户俱係近京民人

或五户十户共養一疋每騾馬歲該生駒一疋若人户不行用心孳牧致有虧欠倒死就便着令補買還官每歲將上年所生馬駒起解赴京調撥本寺每遇年終比較或群監官員怠惰或人户奸頑致有馬疋瘦損虧欠數多依例坐罪

關換

凡官軍關撥馬疋操練行移到部須要該衛官吏保結關馬官軍原有馬疋下落果係曾經征進慣戰人數及無馬疋方總具奏關撥後有事故該衛拘收還官其官軍人等奉
旨關換馬疋亦須備知數目

折糧

凡各處起解折糧馬疋到部須令歡當辨驗明白具奏送御馬監交收

收買

凡官給價鈔於各處收買并恭換到馬疋或就彼處給軍騎坐或起解赴京交納須知其數

力士校尉

凡力士校尉俱係隨駕人數於民間丁多相應人户內僉點有力少壯無過犯體氣之人應當昔撥錦衣旗手等衛着役如有事故即照原籍另户僉補知解到部照依所補姓名送發該衛果係在逃正身就送該衛發落若正身不獲解到户丁照地方發遣充軍仍挨勾正身

庫部

郎中員外郎主事掌邦國戎器儀仗辨其出入之數

軍器

凡內外官軍合用衣甲鎗刀弓失等器必須總知其數如遇各衛移文到部申索轉行工部定奪關撥

勘合

凡本部應有行移并催攝一應公務須將出事緣由開寫於本赴
內府關填勘合照會各布政司劄付直隸府州務要將坐去事件施行作急回報每遇年終查理但有未完事件將各司府州承行官吏具奏提問務要完結

給聚

凡文武官員并軍士人等搬取家小完聚行移所在官司起取審實送發完聚或有陳告父母兄弟伯叔子姪先因遠年兵革離散令知下落告取完聚須要行移所在官司體勘相同以憑給聚其有應給之人見當軍役具奏定奪及軍屬寡婦還鄉行移應天府給引照回

根捕逃軍勾補軍士

凡各衛所開報逃故并老疾勾丁代役軍人先須查對鄉貫住址明白具手本赴
內府給批差人前去着落有司官吏逃軍根捉正身如正身未獲先將戶丁起解補役仍根捉正身補替其故軍勾取戶內壯丁補役如別無壯丁止有幼小兒男取官吏保結回報行移該衛照勘相同紀錄候長成勾補若送回老疾軍人就留原籍住坐將戶下壯丁起解替役如勾無戶籍或住址差拗名姓不同或係另籍民戶及有戶絕無丁有司體勘回申到部行移該衛照勘在營有無長幼人丁并着落原管官旗務要挨究明白回報定奪勾補若衛所官吏并老疾軍人朦朧妄報依律問罪如原勾軍數不完及勾到軍人中途在逃仍着落原差人員前去勾捉若在外遷延違限送法司問罪

雜行

俸給

凡本部官吏人等并合屬五城兵馬司典牧所大勝關會同館等衙門官吏俸給每月初明白立案將實支官吏姓名并該支米數劄付該部填給勘合奏官下倉放支如有事故臨倉扣除還官仍將實支米數回呈立案

印色

凡本部合用印色支鈔盡絕移咨工部轉行該庫放支

紙劄

凡本部合用紙劄移咨刑部於贓罰鈔內關支價鈔買用明白立案開銷以憑稽考

考覈

凡本部所屬太僕寺并各牧監群五城兵馬司

典牧所大勝關會同館并衙門官吏但有考滿必從本衙門開報年籍鄉貫腳色職役并行過事蹟到部以憑考覈咨送吏部定奪

拘收皮張

凡軍民官司解到馬騾驢牛等項皮張鬃尾觔肉臟變賣錢鈔到部錢鈔具手本送赴該庫交納皮張鬃尾咨送工部交收仍取實收附卷

軍士塩粮

凡馬步軍士月支粮塩并典牧所養馬象人冬夏布疋月支塩粮遇有公文到部總其名數行移該部放支

皂隷

凡各衙門官員合用根隨皂隷俱於法司取撥答校囚人應役必須明立文案簿籍開寫姓名鄉貫應該拘役年月發送某衙門着役遇滿撥替其有在逃即便根捉仍送法司問罪若病故者照名行移法司撥補

兵部卷之終

皇明制書

諸司職掌

刑部卷之五

尚書侍郎之職掌天下刑名及徒隷勾覆關禁之政令其屬古有四部曰憲部比部司門部都官部洪武二十三年因天下庶務浩繁欽改為十二部曰浙江江西福建山東北平四川山西湖廣廣東廣西河南陜西各令清理一布政司刑名等事其雲南布政司隷陜西部仍量其繁簡帶管直隷府州并在京衙門每部仍分憲比司門都官四科以領其事凡遇刑名各照部分送問發落

浙江部帶管

中軍都督府　神策衛　和陽衛

留守中衛　廣洋衛

直隷和州

江西部帶管

前軍都督府　龍驤衛　府軍前衛

龍江衛　天策衛

直隷廬州府

福建部帶管
刑部　金吾後衛　應天衛
牧馬千戶所
直隸常州府　廣德州
山東部帶管
左軍都督府　兵部　羽林右衛
尚寶司　典牧所
直隸鳳陽府　滁州
北平部帶管
吏部　金吾前衛　太醫院

直隸蘇州府
四川部帶管
工部　府軍衛　僧録道録司
直隸松江府
山西部帶管
旗手衛　徐州
翰林院　驍騎右衛　龍虎衛
直隸鎮江府　欽天監　五城兵馬司
湖廣部帶管
右軍都督府　虎賁右衛　留守右衛

水軍右衛
直隸池州府　寧國府
廣東部帶管
府軍左衛　水軍左衛　虎賁左衛
錦衣衛　留守左衛
直隸應天府
廣西部帶管
通政使司　鎮南衛　五軍斷事官
直隸徽州府　安慶府
河南部帶管

禮部　羽林左衛　武德衛
府軍右衛　光祿司　太常司
國子監　儀禮司　教坊司
直隸揚州府　淮安府
陝西部帶管
後軍都督府　豹韜衛　府軍後衛
蒙古左右衛　橫海衛　興武衛
江陰衛　鷹揚衛　大理寺
行人司
直隸太平府

雲南布政司
浙江等十二部郎中員外郎主事各掌本布政司幷
帶管在京衙門直隸府州刑名等事

憲科

律令

職制　公式　儀制　人命

名例　盜賊　詐僞　鬬毆

伸寃

問擬刑名

凡欽下幷各布政司等衙門送原告連狀到部先
於原告簿內附寫告人姓名鄉貫住址幷將
告詞於詞狀簿內全文抄畢連人狀判送該
部承行該部先行立案眷差皂隸將引原告
前去召保聽候提人對問取訖保狀附卷照
出合問人數具呈本部具手本赴
內府刑科給批差人提取及提人到部判送該部歸
問先將犯人名數立案眷齎公文司獄司寄收監
候引問仍差原召保皂隸前去拘喚原告與
被告通行對問復行案呈本部將原給批文
赴
內府刑科銷繳其引問一干人證先審原告詞因明
白然後放起原告拘喚被告審問如被告服
則審干證人如干證人供與原告同詞卻問
被告如各執一詞則喚原被告干證人一同
對問觀看顏色察聽情詞其詞語抗厲顏色
不動者事理必真若轉換支吾則必理虧畧
見真僞然後用笞決勘如又不服則用杖決
勘仔細磨問求其真情若犯重罪贓證明白
故意持頑不招者則用杻拷問情狀既實取
訖招供服辨判押入卷明立文案開具原發
事由問擬招罪照行事理死罪徒流者具寫
奏本笞杖罪名止具公文連囚牒發大理寺
審候平允回報復行立案除十惡重囚決不
待時外餘令司獄司仍前監收聽候依時
奏處决其餘各付該部發落（工役付河南部編軍付陝西部贓罰付湖廣部）
其有發回寧家者主事廳出批送應天府經
歷司交割給引寧家

除撥官吏

凡本部十二部遇有除到官員幷撥到吏典與北
平部掌行將年籍鄉貫住址備細腳色開供

明白明立文案遇有官吏陞除調用及事故
即便作缺行移吏部除撥

會計糧儲

凡本衙門官吏人等合用俸給每歲會計若干
移咨戶部定撥糧長到部送納劄付福建部
并委官眼同依數交收在倉臨期出給倉鈔
付納戶收領候齊足出給通關一樣二本交
付糧長收領仍將收過米數通咨戶部知數

月支俸給

凡本部官吏人等俸給食米每月各部照曆所
將各官吏人等（分豁陞遷事故）除實在并合支
俸給食米數目開付福建部本部查理無差
明立文案將前項數目案呈本部劄付該管
主事於倉上關領鈔赴於內府開倉仍出給
半印勘合將合支米數填寫明白當付各官
家人收領放糧主事於原奉劄付內查照相
同然後附簿放支

比科

律令

戶役　田宅　倉庫

課程　錢債　市廛

類進贓罰

凡各布政司并直隸府州應有追到贓物彼處
官司用印鈐封批差長解人管解到部照依
地方發下該部承行仍照來文內開到金銀
鈔貫段匹紬絹等項數目案呈本部具手本
差官齎赴
內府關領進物勘合回部照數填寫明白又具長單
一樣二紙編寫字號用使半印勘合堂上官
押字用印對查無差將前項贓物原封不動
就差原解人同將勘合長單進赴
內府該庫各門守衛官并門吏於各長單書名畫字
用訖照過關防放進到庫庫官眼同原解人
拆開原封照依原進數目檢閱無欠交收入
庫將勘合并長單一紙本庫收留存照外有
長單一紙本庫官吏出給實收押字用印交
付原解人收齎仍於各門打訖照出關防回
部附卷仍將長解原批上批寫解到金銀鈔
貫等項贓物已於某年月日進赴
內府某庫納訖某部批回原解人將批文齎回該衙

門備照其本部問擬犯人除恐嚇詐欺强買賣有餘利科斂求索係取與不和用强生事逼抑取受之贓並還物主外餘有接受贓枉法不枉法彼此俱罪之贓并應合抄劄犯人家財俱各見數責付庫子收領下庫聽候類解取訖領狀附卷每年春夏秋冬四季庫子將收過各部一應贓物備細開寫自某年某月某日為始至某年某月終收到某部某部追抄犯人某人等名下金銀鈔貫段匹等項若干開呈湖廣部照數案呈本部開給勘合

出具長單如前進納湖廣部照依批回移付各部知會各部又於原卷查照相同然後附卷備照

收買紙劄

凡本衙門合用奏啓本案驗行移簿籍與人寫招服辨一應紙劄山西部掌行每季會計合用奏啓本等紙劄若干估計合用鈔若干本部明立文案開付湖廣部於贓罰鈔內照數關支差官前去街市及客商販賣去處照依時價兩平收買數足到部堂上官用印封[illegible]

責付庫子收領在庫聽候各部將各季用紙數目呈堂判送湖廣部若案照數關支候至季終銷用盡絶各部開稱為某事用過某色紙若干逐一開付本部將各部花銷紙數查理明白將來付附卷其餘季分如前施行

處决重囚

一凡大理寺秋後覆奏處决重囚如本寺牒至即差皂隷照名於司獄司將犯人押赴法場仍令主事廳具手本會請監察御史等官公同處决批回附卷

詳擬罪名

凡各布政司并直隷府州遇有問擬刑名笞杖就彼决斷徒流遷徙充軍雜犯死罪解部審録發落其合的决絞斬凌遲處死罪名各處開坐備細招罪事由照行事理呈部詳議比律允當者則開緣由具本發大理寺覆擬如覆擬平允行移各該衙門如法監收聽候依時差官審决如有决不待時重囚詳擬允當隨即具奏差官前去審决其有情詞不明或出入人罪失出入者駁回改正再問故出入

情弊顯然具奏連原問官吏提問

歲報罪囚

凡本部問發罪囚每遇年終各該部分開稱自洪武某年正月初一日爲始至十二月終本部通問發過囚人若干內凌遲若干斬若干絞若干斬罪免死終身工役若干絞罪免死終身工役若干流罪若干徒罪若干充軍若干隨營若干杖罪若干笞罪若干疑放寧家若干俱付山東部通類如前案呈本部開坐奏
聞

司門科

律令

宮衛　關津　郵驛　軍政

廄牧　營造　河防

編發囚軍

凡本部問有應合充軍者必須照依律與大誥內議擬明白大理寺審擬停當開付陝西部本部置立文簿注寫各人姓名年籍鄉貫住址明白照依南北籍編成排甲每一小甲管軍一十名總甲管軍五十名每百戶該管一百一十二名一樣造册二本將各總小甲軍人姓名年籍鄉貫住址并該管百戶姓名充軍衛分注寫明白一本進赴
內府收照一本同總小甲軍人齎付該管官旗去充軍仍咨呈該府作數如浙江河南山東陝西山西北平福建并直隸應天廬州鳳陽淮安揚州蘇州松江常州和州滁州徐州人發雲南四川屬衛江西湖廣四川廣東廣西并直隸太平寧國池州徽州廣德安慶人發北平大寧遼東屬衛其軍人遇有逃故該管百戶具呈合干上司照籍勾補

合編充軍

販賣私鹽　詭寄田粮　私充牙行

閑吏　私自下海　應合抄劄家屬

積年民害官吏　誣告人充軍　無籍戶

攬納戶　土豪　舊日山寨頭目

更名易姓家屬　不務生理　遊食

斷指誹謗　小書生　主文

幫虎　伴當　野牢子　直司

皂隸獄卒

凡本衙門皂隸并司獄司看監獄卒山東部堂行各部將一應皂隸開稱本部皂隸若干名內跟官幾名聽差幾名直廳幾名本部直堂幾名跟官幾名務要明立文案遇有更替本部將新僉皂隸取訖年籍鄉貫住址供狀分豁明白發下該部撥役將另替皂隸令主事廳出批送應天府給引寧家

營造

凡本衙門并司獄司堂廳門窗書案桌椅僉杖鐵鍋寒衣等項并官吏公廨牆垣牢房遇有損壞不堪及應有營造俱係四川部掌行案呈本部移咨工部量撥囚人修造係干重務者奏

聞

都官科

律令

捕亡　婚姻　犯姦　雜犯

斷獄

提調牢獄

凡本部見問囚人設置司獄司監禁每日山東部案呈差委主事一員躬親提調一應牢獄各部每夜又各委官各點本部囚數應押而押應枷杻而枷杻應鎖鐐而鎖鐐將監門鎖閉牢固封鎖其總提牢官將鎖匙拘收督令司獄輪撥獄卒直更提鈴至天明各提牢官將監門鎖封看訖令司獄於總提牢官處關領鎖匙眼同開鎖照依各部取囚勘合內名數點放出監各該獄卒管押赴部問畢隨即押回監收頃刻不得摘離左右務要內情不得外出外情不得內入使人知幽囚困苦之狀以頓挫其頑心又行提督司獄人等常加潔淨不致刑具顛倒獄囚飯食以時接遞毋得作弊刁蹬其有冤抑不伸及淹禁日久不與決者提牢官審究明白呈堂整治

拘役囚人

凡本部問擬刑名除直犯死罪的決外其餘笞杖徒流雜犯死罪應合准工者議擬明白審録允當開付河南部本部置立文簿編成字號注寫各囚姓名年籍鄉貫住址并為事緣

由工役年限日期分豁滿日充軍疎放終身
工役凡遇修砌城垣街道脩蓋官員房屋及
起築功臣墳塋等項其該衙門移文到部照
依工作處所合用物料等因撥付監工人員
收領前去工役取訖領狀在卷本部一樣造
冊二本編寫字號并領去囚人姓名年籍鄉
貫住址及為某事工役幾年幾日分豁滿日
充軍疎放終身工役監工某人領去某處工
作一本進赴
內府一本咨發工部收照候各囚工滿監工人員查

理役過工程具呈工部計算無欠合准工滿
比查原冊相同連人咨發本部又於原卷簿
內查理相同然後具手本差官齎赴
內府底冊內前件項下注銷明白合疎放者引赴
御橋叩頭畢送應天府給引寧家合充軍者付發陝
西部照籍編發
真犯死罪
律令
十惡　變亂成法　朦朧奏啓
棄毀制書印信　漏泄軍情大事

強占良家妻女　背夫在逃改嫁
收父祖妾伯叔母嬸弟嫂　拒捕
失悞軍機殺傷來降人及逼勒逃竄
激變良民失陷城池　造妖書妖言
強盜　盤詰姦細　盜制書印信
誣執翁姦　刼囚　白晝搶奪傷人
發塚見屍　罪人詈貴人因而傷人
謀故鬪毆等項殺人　威逼期親尊長致死
奴婢毆罵家長　妻妾毆夫篤疾
強姦　姦家長妻女　竊盜三犯

詐偽　誣告故入人死罪已決
告謀逆不受理以致攻陷城池
罪囚反禁在逃　故禁故勘平人致死
放火故燒人房屋盜財物者
邀取實封公文　從軍征討私逃再犯
秋糧違限一年之上不足　三犯逃軍
師巫假降邪神及妄稱彌勒佛會
軍人私出外境擄掠傷人
死囚之子孫為父母等自殺
大誥

僧道不務祖風　說鈔擱錢　窩藏奸人
逸夫　濫設吏卒
耆民赴京面奏事務阻當者
擅立幹辦等項名色　閑民同惡
官吏下鄉　擅差職官　魚課擾民
經該不解物　不對關防勘合　關隘騙民
居處僭
上用
市民為吏卒　造作買辦不與價
空引偷軍　慶節和買　臣民倚法為奸
官吏長解賣囚　寰中士夫不為君用

鄉民除患　阻當耆民赴京
雜犯死罪
律令
盜倉庫錢粮　官吏受贓過滿
稱訴冤枉借用印信封皮
私越冒度關津出外境
私將人口軍器出境及下海
投匿名文書告人罪
毆制使及本管長官折傷
凌虐罪囚致死者　逓送逃軍妻小出京城

大誥
官民犯罪重作輕或盡行買免
攬納戶安保　斷指誹謗
申明誡諭
凡貪官污吏玩法頑民有犯罪名各該部分取
問明白議擬審允依律發落外將各人所犯
情由罪名開付廣西部明立文案照依原犯
情罪備榜差人發去各囚原籍張掛申明誡
諭其
欽依戴罪官員各該部分自行備榜發去原籍任所張
掛曉諭取各囚原籍任所官司回文到部完

卷
官吏過名
凡本部十二部遇有問失出入人罪躭悞公事
含糊行移等項一應犯該公罪官吏該管者
官收贖吏移付廣西部紀録候一季終照數
類決杖罪以上升取到各衙門官公罪招状
各部亦開付廣西部明立文案候年終案呈
通咨吏部紀録通考黜陟
類填勘合

凡本衙門遇有追贓提人合行下各布政司直隸府州追問刑名并取招斷決等項開寫犯人姓名鄉貫住址贓物等項并備細緣由移付廣東部置立文簿逐件附寫每布政司府州類至四五件六七件案呈本部照依原編定字號勘合文簿將案呈事件逈具手本差官於底簿內附寫明白前赴

內府刑科關填勘合完備領回本部押字用印照會布政司劄付直隸府州施行

抄劄

凡本部各子部凡問擬犯該姦黨等項合抄劄者明白具本開寫某人所犯合依某律該某罪財產人口合抄入官牒發大理寺審録平允回報各部備由開寫犯人鄉貫住址明白案呈本部具手本赴

內府刑科填批差人前去抄劄戶下成丁男子如法枷扭同抄到人口金銀細軟馬騾驢羊差人觧部如前該庫進納麄重什物變賣價鈔牛隻農具入官并田地房屋召人佃賃照例當差

應合抄劄

律

姦黨　謀反大逆　姦黨　造僞鈔

殺一家三人　採生折割人爲首

大誥 共十則

攬納戶　民拿經該不解物

洒派包荒田土　倚法爲姦

安保過付詭寄田粮　空引偷軍黥刺在逃

官吏長解賣囚豪中士夫不爲君用

獄具

凡司獄司所設一應獄具山東部掌行務要較勘如法或有損壞案呈本部官爲修理置辦

皇明制書

諸司職掌

工部卷之五

尚書侍郎之職掌天下百工山澤之政令其屬有四

曰營部虞部水部屯部

營部

郎中員外郎主事掌經營興造之衆務

營造

內府造作

凡

內府宮殿門舍墻垣如奉

旨成造及脩理者必先委官督匠度量材料然後興工其

工匠早晚出入姓名數目務要點闡關察機密

所計物料并各色人匠明白呈禀本部行移支

撥其合用竹木隸抽分竹木局磚瓦石灰隸聚

寶山等窰冶硃漆彩畫隸營繕所丁線等項隸

寶源局設若臨期輪班人匠不敷奏

聞起取撮工

儀從

民製造

帝皇太子親王鹵簿車駕等項儀仗及脩理者除金銀

器皿於

內府成造其餘器仗照數行下軍器等局委官督工計

料依式脩造完備進赴

鑾駕房收貯供用

軍器局造

戟　稍　節　角　鑼　刃盾

弓箭　小鼓　仗鼓　掆鼓　金鉦　骨朵

夾稍　樂人大鼓

營繕所造

清道御仗　交椅杌　脚踏杌　馬杌

頭管　戲竹　龍笛　笛　板

針工局造

金鼓旗　白澤旗　令旗　紅曲盖

紫方傘　紅方傘　傳教旛　告止旛

降引旛　紅團扇　青團扇　紅方扇

紅綉傘　紅銷金傘　儀鍠氅　戈氅

戟氅　信旛　幢　麾

寶源局造

香爐　香盒　交椅　脚踏

銀盆　水罐

鞍轡局造

拂子　鞍籠　誕馬錦韉

巾帽局造

立瓜　卧瓜　鐙仗　響節　儀刀

梧仗　班劍　幢竿　殳叉　斧

城垣

凡

皇城京城墻垣遇有損壞即便丈量明白見數計料所用磚灰行下聚寶山黑窰等處關支其合用人工咨呈都府行移留守五衛差撥軍士脩理若在外藩鎮府州城垣但有損壞係干緊要去處者隨即度量彼處軍民工料多少入奏脩理如係腹裏去處於農隙之時興工

壇場

凡

天地壇場若有損壞去處合脩理者督工計料脩整合漆飾者行下營繕所差工漆飾所用木石磚灰顔料等項行下抽分竹木局等衙門照數關支

廟宇

凡歷代聖帝明王忠臣烈士及名山嶽鎮應合祭祀神祇廟宇務要時常整理如遇新創及奉

旨起造功臣宰堂須要委官督工計料依制建造

公廨

凡在京文武衙門公廨如遇起蓋及脩理者所用竹木磚瓦灰石人匠等項或官爲出辦或移咨刑部都察院差撥囚徒著令自辦物料人工脩造果有係干動衆奏

聞施行

倉庫

凡在京各衙門倉庫如有損壞應合脩理者即便移文取索人匠物料脩整如本處倉庫不敷應合添蓋者須要相擇地基計料如式營造所用竹木磚石灰瓦丁線等項行下抽分竹木局等衙門關支如是工匠物料不敷預爲措辦足備以候應用

營房

凡在京各衛軍人營房及駝馬象房如有起蓋脩理所用物料官爲支給若合用人工隸各衛者各衛自行定奪差軍隸有司者定奪差撥囚徒或用人

夫修造果有係干動衆奏
聞施行
土墻營房每間合用
析條五根　椽木五十根　蘆柴一束半
釘二十五枚　瓦一千五百片　石灰五斤
獄具
凡在京各衙門合用刑具皆須較勘如法應合應付
者方許應付
應天府採辦
笞　杖　杋
龍江提舉司成造
枷　杻
寶源局打造
鐵索　鐵鐐
工匠
工役囚人
凡在京犯法囚徒或免死工役終身或免徒流笞
杖罰役准折如遇造作去處度量所用多寡若
重務者用重罪囚徒細務者用笞杖之數臨期
奏
聞移咨法司差撥差人監管督工其當該法司造勘合文
冊一本發本部收掌一本發
內府收貯如遇囚徒工完委官查理工程無欠行移原
問衙門再查犯由明白於
內府銷號合該放者發應天府給引寧家合充軍者咨
呈都府照地方編發若在工有逃竄之數即便
差人勾提果有病故等項相視明白埋瘞移咨
原問衙門銷號如是缺工未完移文撥補
則例
每徒一年蓋房一間餘杖罪三百六十日准徒一
年共蓋房一間杖罪不拘杖數每三名共蓋房
一間
每正工一日
計買物料等項八百文為准
雜工三日為准
挑土并磚瓦附近三百擔每擔重六十斤為准
半里二百擔　一里一百擔
二里五十擔　三里三十五擔
四里二十五擔　五里二十擔
六里一十七擔　七里一十五擔

八里一十三擔　九里一十一擔
十里一十擔
打墻每墻高一丈厚三尺闊一丈就本處取土為
准

輪班人匠

凡天下各色人匠編成班次輪流將㑹原編勘合為
照上工以一季為滿完日隨即查原勘合及工程
明白就便放回週而復始如定造作數多輪班之
數不敷定奪奏
聞起取撥一本戶差役定例與免二丁餘丁一體當差設
若單丁重役及一年一輪者聽除一名年老殘疾
戶無丁者相視揭籍明白疎放其在京各色人匠
例應一月上工一十日歇二十日若工少人多量
加歇役如是輪班各匠無工可造聽令自行趂作
計各色人匠一十二萬九千九百七十七名

五年一班
木匠三萬三千九百二十八名
裁縫匠四千六百五十二名

四年一班
鋸匠九千六百七十九名
瓦匠七千五百九十名
油漆匠五千一百三十七名
竹匠一萬二千七百八名
五墨匠二千七百五十三名
粧鑾匠五百七十三名
雕鑾匠五百二名
鐵匠四千五百四十一名
雙線匠一千八百九十九名

三年一班
土工匠一千三百七十六名
熟銅匠一千二百四名
穿甲匠二千五十一名
搭材匠一千一百一十二名
筆匠一百二十名
織匠一千四十三名
絡絲匠三百四十名
挽花匠二百九十一名
染匠六百名

二年一班
石匠六千一十七名

艌匠九千三百六十名
船木匠一萬五百六名
箬篷匠四百七十七名
櫓匠三十九名
蘆篷匠二十二名
戧金匠五十四名
絛匠一百四十九名
刊字匠一百五十名
熟皮匠九百九十二名
扇匠六十六名
魫燈匠七十五名
氈匠二百九十九名
毯匠一百五十八名
捲胎匠一百九名
鈹匠一百二名
削藤匠四十八名
木桶匠九十四名
鞍匠一十二名
銀匠九百一十四名
銷金匠五十九名

索匠二百五十五名
穿珠匠一百四名
一年一班
表褙匠三百一十二名
黑窑匠二千三百七十三名
鑄匠一千六十名
繡匠一百五十名
蒸籠匠二十三名
箭匠四百二十一名
銀硃匠八十四名
刀匠一十二名
琉璃匠一千七百一十四名
剉磨匠一千一百二十五名
弩匠一百一十二名
黃丹匠二十二名
藤枕匠三十四名
刷印匠五十八名
弓匠一百六十二名
旋匠四十六名
缸窑匠一百九名

洗白匠三十名
羅帛花匠六十九名

虞部

郎中員外郎主事掌天下虞衡山澤之事而辨其時禁

採捕

野味

凡每歲祭祀及供
御并歲時筵宴合用野味預先行移各司府州着落所屬於山林去處多辦走獸湖泊去處多辦飛禽照依坐定歲辦数目令各處獵戶除春夏孕字之時不採外當於秋間採捕其合頃活野味依例用寬大籠櫃差人沿途如法喂養肥壯到部出給長單一樣二本并関給勘合進赴
内府光禄司交收將長單一本批迴入卷一本就留本司備照如有倒死不堪之数驗其鮮物人在路果無延緩稽遲日期者止是着令陪償起解如是故行遲緩者問罪

計各處歲辦壹萬肆千貳百伍拾隻

湖廣叁千隻

本司分派附近府州貳千伍百隻

坐去窵遠府州五百隻

辰州府八十隻

永州府一百隻

衡州府七十隻

寶慶府六十隻

襄陽府一百二十隻

郴州三十隻

靖州二十隻

安陸州二十隻

江西壹千隻

本司分派附近府分八百隻

坐去窵遠府貳百隻

南安府壹拾伍隻

袁州府陸拾隻

贛州府肆拾隻

吉安府陸拾伍隻

直隸柒千伍百隻

河南壹千貳百隻

浙江捌百隻

山東七百五十隻

皮張

凡各處每歲差人起解雜色皮張及各該軍衛屯田去處倒死頭足皮貨到部照例開給長單勘合付解人進納若熟皮劄付丁字庫交收生皮劄付皮作局熟造類進該或成造軍器等項皮張不敷須要預為收買其收貯在庫之數務要時常整點不致腐壞

計各處歲辦雜皮貳拾壹萬貳千張

江西貳萬張

浙江貳萬張

河南壹萬張

福建壹萬張

山東壹萬伍千張

四川壹萬張

廣西壹萬張

廣東壹萬張

湖廣貳萬張

陜西貳萬張

北平貳萬張

山西貳萬張

直隸貳萬貳千張

翎毛

凡造箭合用翎毛或各處歲辦或官為收買如遇差人起解到部劄付丁字庫交收仍出給長單勘合付解人進納

計各處歲辦壹千叁百伍拾伍萬陸千根

江西叁百萬根

浙江叁百萬根

河南陸拾萬根

福建伍拾萬根

山東陸拾萬根

四川壹拾萬根

廣西壹拾萬根

廣東壹拾萬根

湖廣貳百萬根

陜西伍拾萬根

北平伍拾萬根

山西伍拾萬肆千根

直隸貳百伍萬貳千根

禁令

凡歷代帝王忠臣烈士先聖先賢名山嶽鎮神祇凡有德澤於民者皆建廟立祠因時致祭各有禁約設官掌管時常點視不許軍民於內作踐褻瀆其有荒蕪山場蘆蕩去處如遇官府營造取用竹木蘆柴等項須要臨時定奪禁約設若官無所用聽民採取

軍器軍裝

凡軍器專設軍器局軍裝設針工局鞍轡設鞍轡局掌管時常整點若有缺少件数隨即行下本局筭計物料委官監督定立工程如法造完差人進赴
內府該庫收貯如遇軍職衙門關支仍須計較可否果係應合關人數即便奏
聞照依軍法定律支給如係舊管征差軍士不應關給者行移駁問馬鞍務要查勘本軍先前曾無關過或轉納何處要見明白纔方放支不許含糊一槩支給若直隸及各布政司呈禀成造亦須定奪具奏行下依式造完明白支撥仍拘收原関舊損件数入官脩理若各處有司歳造之数起解到部務要辨驗堪中行下該庫交收如有不堪者就將原經手人員取問其軍裝衣鞋別無定例若有奉
旨給賞臨期下庫支給

軍法定律每一百戶

銃手一十名　刀牌手二十名　弓箭手三十名　鎗手四十名

軍器局造

二意角弓　交趾弓　黑漆鈚子箭　有蠟弓弦
無蠟弓弦　魚肚鎗頭　蘆葉鎗頭　馬軍鴈翎刀
步軍腰刀　將軍刀　馬軍叉　紅油圓牌
水磨鐵帽　水磨頭盔　水磨鎖子　護項頭盔
紅漆齊腰甲　水磨齊腰鋼甲　水磨柳葉鋼甲
水銀摩挲長身甲　併鎗馬赤甲

針工局造

長胖襖　袒衳袴

鞍轡局造

鞍　轡　鞭

窰冶

磚瓦

凡在京營造合用磚瓦每歳於聚寶山置窰燒造所用蘆柴官為支給其大小厚薄樣制及人工蘆柴数目俱有定例如遇各處支用明白行下

各該管官員放支管事作頭每季交督仍將所燒過物件支銷其見在之數明白交割若脩砌城垣起盖倉庫營房所用磚瓦數多須要具
奏看落各處人民共造如燒造琉璃磚瓦所用白土例於太平府採取

琉璃窰

每一窰裝二樣板瓦坯二百八十箇計匠七工用五尺圍蘆柴四十束

每一窰粧色二百八十箇計匠六工用五尺圍蘆柴三十束四分用色三十二斤八兩九錢三分二厘

黑窰

每中窰一座裝到大小不等磚瓦二千二百箇計匠八十八工用五尺圍蘆柴八十八束

陶器

凡燒造供用器皿等物須要定奪樣制計筭人工物料如果數多起取人匠赴京置窰興工設或數少行移饒處等府燒造

鑄器

凡鑄造銅鍋銅櫃等器及打造銅鍋銅竈鐵窗鐵猫等件行下寶源局定奪模範及計筭合用銅鐵木炭等項明白具數呈部行下丁字庫抽分竹木局放支督工依式鑄造

鑄造

生銅壹斤用炭壹拾貳兩

黃熟銅壹斤用炭壹斤

紅熟銅壹斤用炭壹斤

生鐵壹斤用炭壹斤

打造

紅熟銅壹斤用炭八斤

黃熟銅壹斤用炭八斤

爪鐵壹斤用炭壹斤八兩

銅鐵

凡各處爐冶每歲煽煉銅鐵彼先行移各司歲辦後至洪武十八年四月内
欽依住罷至今不曾復設如果缺用即須奏
聞復設爐冶採取生礦煽煉着令有司差人陸續起解照例送庫收貯如係腹邊用鐵去處就存聽用

計各處爐冶該鐵壹千八百四十七萬五千二十六斤

湖廣六百七十五萬二千九百二十七斤
廣東一百八十九萬六千六百四十一斤
北平三十五萬一千二百四十一斤
江西三百二十六萬斤
陝西一萬二千六百六十六斤
山東三百一十五萬二千一百八十七斤
四川四十六萬八千八十九斤
河南七十一萬八千三百三十六斤
浙江五十九萬一千六百八十六斤
山西一百一十四萬六千九百一十七斤
福建一十二萬四千三百三十六斤

鑄錢
凡在京鼓鑄銅錢行移寶源局委官於
內府置局每季計筭人匠數目其合用銅炭油蔴等項
物料行下丁字庫等衙門放支如遇鑄完收貯奏
聞差官類進
內府司鑰庫交納取批回實收長單附卷若在外各布政
司一體鼓鑄本部類行各司行下寶源局委官監
督人匠照依在京則例鑄完錢數就於彼處官庫
收貯聽候支用

則例
當拾錢一千箇爊模用油一十一兩二錢鑄錢連
火耗用生銅六十六斤六兩五錢炭五十三斤
一十五兩二錢
當五錢二千箇爊模用油一斤四兩鑄錢連火耗
用生銅六十六斤六兩五錢炭五十三斤一十
五兩二錢
當三錢三千三百三十三箇爊模用油一斤一十
四兩鑄錢連火耗用生銅六十五斤九兩二錢
五分炭五十二斤八兩三錢五分
折二錢五千箇爊模用油二斤五兩五錢鑄錢連
火耗用生銅六十六斤六兩五錢炭五十三斤一
十五兩二錢
小錢一萬箇爊模用油一斤四兩鑄錢連火耗用
生銅六十六斤六兩五錢炭五十三斤一十五
兩二錢
穿錢麻
當十錢每串五百箇用一兩
當五錢每串五百箇用八錢
當三錢每串一千箇用一兩

折二錢每串一千箇用七錢
小錢每串一千箇用五錢
銅一斤鑄錢不等 外增火耗一兩
當十錢一十六箇折小錢一百六十文
當五錢三十二箇折小錢一百六十文
當三錢五十四箇折小錢一百六十文
折二錢八十箇折小錢一百六十文
小錢一百六十文
鑄匠每一名一日鑄
當十錢一百二十六箇
當五錢一百六十二箇
當三錢二百三十四箇
折二錢三百二十四箇
小錢陸百三十箇
銼匠每一名一日銼
當十錢二百五十二箇
當五錢三百二十四箇
當三錢四百六十八箇
折二錢六百四十八箇
小錢一千二百六十箇

各處爐座錢数
山東二十二座半每歲鑄錢一千二百一十二萬
二千文
山西四十座每歲鑄錢二千三百三十二萬八千文
河南二十二座半每歲鑄錢一千三百一十二萬
二千文
浙江二十一座每歲鑄錢一千一百六十六萬四
千文
江西一百一十五座每歲鑄錢六千七百六萬八
千文
北平二十一座每歲鑄錢一千二百八十三萬四
百文
廣西一十五座半每歲鑄錢九百三萬九千六百文
陝西三十九座半每歲鑄錢二千三百三萬六千
四百文
廣東一十九座半每歲鑄錢一千一百三十七萬
二千四百文
四川一十座每歲鑄錢五百八十三萬二千文
顏料
凡合用顏料專設顏料局掌管淘洗青緑将見在甲

字庫石礦按月計料支出淘洗分作等第進納若燒造銀硃用水銀黄丹用黑鉛俱一體按月支料燒煉完備逐月差匠進赴甲字庫收貯如果各色物料缺少定奪奏

聞行移出產去處採取或給價收買鈔法紫粉所用數多止用蛤粉蘇木染造時常預為行下本局多為備辦用度如缺蛤粉一體收買

黑鉛一斤燒造黄丹一斤五錢三分五厘

水銀一斤燒造銀硃一十四兩八分二硃三兩五錢二分

次青碌石礦一斤淘造淨青碌一十一兩四錢三分

暗色碌石礦一斤淘造淨石碌一十兩八錢七分六厘

蛤粉一斤染造紫粉一斤一兩六錢

硇砂一斤燒造硇砂碌一十五兩五錢

紙劄

凡每歲印造茶塩引由契本揺粮勘合等項合用紙劄着令有司抄解其合用之數如庫缺少定奪奏

聞行移各司府州縣依每年紙數抄造解納如遇起解到部隨即辯驗堪中如法差人進赴乙字庫收貯聽用

產紙地方分派造解額數

陝西十五萬張　湖廣十七萬張

山西十萬張　山東五萬五千張

福建四萬張　北平十萬張

浙江二十五萬張　江西二十萬張

河南五萬五千張　直隷三十八萬張

石灰

凡在京營造合用石灰每歲於石灰山置窑燒煉所用人工窑柴數目俱有定例如遇各處支用明白行下各該管人員放支其管事作頭每季交替仍將所燒過物料支銷見在之數明白交割

每窑一座該止附石灰一萬六千斤合燒五尺圍蘆柴一百七十八束計七十五工

水部

郎中員外郎主事掌天下陂池川瀆之政令

河渠

凡各處閘堤陂堰引水可灌田畝以利農民者務要
時常整理疏浚如有河水橫流泛溢損壞房屋
田地禾稼者須要設法隄防止遏或所司呈禀
或人民告訴即便定奪奏
聞若隸各布政司者照會各司直隸者劄付各府州或差
官直抵處所踏勘丈尺闊狹度量用工多寡若
本處人民足完其事就便差遣倘有不敷着令
隣近縣分添助人力所用木石等項於官見有
去處支用或發遣人夫於附近山場採取務在
農隙之時興工毋妨民業如水患急於害民其
功可卒成者隨時脩築以禦其患

橋道

凡各處河津合置橋梁者所在官司起造若當用
渡船去處須要置造船隻僉點水手其通行驛
道或有損壞須於農隙之時脩理所用椿木灰
石等項於本處丁多戶內起夫附近山場採辦
若在京橋梁道路本部自行隨時計工成造脩
理果有係干動衆具
奏施行

舡隻

凡在京并沿海去處每歲海運遼東粮儲船隻每
年一次脩理其各衛征戰風快船隻等項若有
缺少損壞及當脩理者務要會計木釘灰油麻藤
及所用工具依數撥用如有不敷亦當預為規
畫或令軍民採辦或就客商收買或外處撥支
審度便利定擬奏
聞行下龍江提舉司計料明白行移各庫放支物料其工
程物件照依料例文冊然後與工如或新造海
運船隻須要度量產木水便地方差人打造其
風快小舡就京打造者亦須依例計造木料等
項就於各場庫支撥若內外有船隻務要周知
其數設或需索運用酌量勞逸多寡撥與其各
湖河泊所帶辦魚油鰾每歲催督進納備用

一千料海船壹隻合用
杉木三百二根　雜木一百四十九根
株木二十根　榆木舵桿二根　栗木二根
櫓坯三十八枝　丁線三萬五千七百四十二箇
雜作一百六十一條箇　桐油三千一十二斤八兩
石灰九千三十七斤八兩
艌麻一千二百五十三斤三兩二錢

船上什物

絡麻一千二百九十四斤

黃藤八百八十五斤　白麻二十斤

棕毛二千二百八十三斤一十二兩

四百料鑽風海船一隻合用

杉木二百二十八根　桅心木二根

雜木六十七根　鐵力木舵桿二根

櫓坯三十枝　松木五根

丁線一萬八千五百八十箇

雜作九十四條箇

石灰三千五斤一十三兩

桐魚油一千一斤一十五兩

艌麻七百二十九斤八兩八錢

船上什物

絡麻五百七十四斤一十四兩四錢

黃藤三百八十二斤八兩　棕毛七十二斤

白麻一十斤

車輛

凡大小車輛若有成造及修理者務要計筭合用木植魚膠鐵線等項物料行下丁字庫等衙門依數放支如式修造其有司預備車輛必須備知其數倘或需索使用酌量勞逸多寡撥與

牛車一輛合用

榆木三根　棗木一根

槐木一根　杉木板枋一根

魚線膠一斤　鐵箍捌箇

鐵釘四十枚　鐵穿四箇

車澗八條　車頭二箇

織造

叚疋

凡供用衣服叚疋及祭祀制帛等項須於內府置局如法織造依時進送每歲公用叚疋務要會計歲用數目并行外局織造所用物料除蘇木明礬官庫支用蚕絲紅花藍靛於所產去處稅粮內折收槐花梔子烏梅於所產令民採取按歲差人進納該庫支用

丹礬紅每斤染紅用

蘇木一斤　黃丹四兩

明礬四兩　梔子二兩

黑綠每斤用

靛青二斤八两　槐花四两

明礬三两

深青每斤用靛青四斤

蚕絲湖州府六萬斤

紅花

山東七千斤　河南八千斤

藍靛

應天府二萬斤　鎮江府二萬斤

楊州府二萬斤　淮安府二萬斤

太平府二萬斤

槐花

衢州府六百斤　金華府八百斤

嚴州府六百斤　徽州府一千斤

寧國府八百斤　廣德州二百斤

烏梅

衢州府一千五百斤　金華府二千斤

嚴州府一千四百斤　徽州府一千五百斤

寧國府一千五百斤　廣德州五百斤

梔子

衢州府五百斤　金華府五百斤

嚴州府二百斤　徽州府五百斤

寧國府五百斤　廣德州二百斤

誥勅

凡文武官員

誥勅照依品級制度如式製造所用五色紵絲誥身誥帶

黄蠟花椒白麵紙劄等項差人赴

内府織染局等衙門関支其公侯襲封鐵券行下寳源

局依式打造所用瓜鐵木炭須於丁字庫抽分

竹木局関支如遇完備進赴

内府鐫嵌

鐵券尺寸

公

一様高一尺　濶一尺六寸五分

二様高九寸五分　濶一尺六寸

侯

三様高九寸　濶一尺五寸五分

四様高八寸五分　濶一尺五寸

五様高八寸　濶一尺四寸五分

伯

六様高七寸五分　濶一尺三寸五分

七様高六寸五分　濶一尺二寸五分

冠服

凡製造

皇帝皇太子親王袞冕袍服務要擇日興工仍擇日以進
其餘婚禮粧奩并太常司祭服凈衣及給賜衣
服冠帶喪禮衫巾並行移針工巾帽二局如法
製造其給賜衣服冠帶須要預先多辦以備不
時賞賜

給賜衣服冠帶

圓領　貼裏　紗帽　角帶

器用

凡供用器物及祭祀器皿并在京各衙門合用一
應什物行下該局如法成造若金銀銅鐵等器
隸寶源局皮革隸皮作局竹木隸營繕所疋帛
隸文思院皆須度量所料物色委官覆實相同
不許多支妄費

斛斗秤尺

凡使用斛斗秤尺着令本秤等匠計筭物料如法
成造所用鐵力木杉木板枋生鐵等項行下龍
江提舉司等衙門照數放支其合用鍮鉤行下

寶源局督工鑄造如是成造完備移咨工部較
勘施用

屯部

郎中員外郎主事掌天下屯田之政令

屯種

開墾

凡邊防郡縣守禦去處新立衛分撥軍開墾荒田
屯種須要計筭頃畝數目及田地肥瘠人力勤
惰務在不曠征徭不失軍餉

農具

凡屯種去處合用犁鏵耙齒等器着令有司撥官鐵
炭鑄造發用若木植令衛軍於出産山場自行
採辦造用係干動撥官物具奏施行

牛隻

凡屯種合用牛隻設或不敷即便移文取索若官
廐數多差人發遣如果路途窵遠此間地方出
産可以收買務在公私兩便就給官價民間買
用其孳生數目每歲年終通報

計天下屯牛二十五萬五千六百六十四隻

河南都司三萬六千三百一十九隻
水牛二千二百四十七隻
黄牛三萬四千七十二隻
廣西都司九百五十隻
水牛三百六十七隻
黄牛五百八十三隻
山東都司五千九百九十九隻
水牛四百一十九隻
黄牛五千五百八十隻
北平都司一萬七千四百六十六隻
水牛八百四十六隻
黄牛一萬六千六百一十隻
山西行都司黄牛一萬七千八百一十五隻
山西都司黄牛九千一百四十三隻
四川都司八千一百九十隻
水牛六千五百二十九隻
黄牛一千二百四十八隻
犏牛三百二十二隻
毛牛九十一隻
湖廣都司四千六百六十七隻
水牛三千九百三十四隻
黄牛七百三十三隻
廣東都司四百八十二隻
水牛四百一十三隻
黄牛六十九隻
浙江都司二千二百四十六隻
水牛一千二百五十四隻
黄牛九百九十二隻
江西都司四百九十九隻
水牛三百六十六隻
黄牛一百三十二隻
陝西都司二萬七千四百六十七隻
水牛四十六隻
黄牛二萬六千六百八十三隻
犏牛七百三十八隻
雲南都司一萬五千二百八十四隻
水牛九千七百八十二隻
黄牛五千五百二隻
貴州都司五千二百七十二隻
水牛四千五百六十八隻

黄牛七百四隻
北平行都司一萬八千五百三十七隻
水牛一萬八千五百三十四隻
黄牛三隻
直隸四萬五千八百五十隻
水牛七千四百一隻
黄牛三萬八千四百四十五隻
犏牛四隻
中都留守司二萬五千六百隻
水牛一千九百四十八隻
黄牛二萬三千六百五十二隻
遼東都司一萬三千八百七十八隻
水牛一十三隻
黄牛一萬三千八百六十五隻

墳塋

凡武職官員或歿於矢石或死於任所先由禮部定奪應合造墳者移咨知會仍審安塟去處若在京者與擇墳地會計工程照例應撥囚徒磚灰造墳中間有公侯伯合用硃紅槨冥器誌石磚灰人工別無定例度量支撥其槨具冥器行下寶源軍器營繕針工鞍轡局所依例料造應付若有旨許令祖墳或就任所安塟及立享堂者臨期定奪施行

造槨并冥器磚灰

公　侯　伯

造槨無冥器

都督同知僉事　指揮使

紅漆槨　誌石
磚四千五百箇　石灰四千五百斤
囚五十名

指揮同知僉事

黑漆槨　誌石
磚三千四百五十箇　石灰三千四百五十斤
囚三十名

正副致仕千戶衛鎮撫

磚一千五百箇　石灰一千五百斤
囚一十二名

百戶所鎮撫

磚二百四十箇　石灰二百四十斤
囚六名

千百戶鎮撫骨殖安葬磚灰囚減半

寶源局造

公侯都督兵器內用

小銅佘一面　小銅竈一箇

小火筯一雙　小銅火盆一箇

掛誌事件

鐵束二道　鐵鍋二箇

兩尖釘二百箇　釵環一副

軍器局錫造

水盆一　茶盞一

杓一　壺瓶一

酒甕一　唾盂一

水盆一　香爐一

香盒一　燭臺一對

茶匙筯連瓶一副　茶鍾一

茶盞一　碗二

棗二燈臺盞一副　碟十二

油瓶一　匙筯連瓶一副

營繕所木造

牙仗二　骨朶二

交椅一　脚踏一

交床一　馬杌一

誕馬二　食卓一

香卓一　床一

拄杖一　箱一

凳二　枕一

揮一　清道一對

樂人八　控士二

門神二　儀仗人十二

女使八　武士四

䯻六　五穀倉一

凉醬瓶二　鎗二

斧二　班劍二

紅旗二　金一

鼓二　箭三

弓一　甲一

盔一　弩一

鍋竈一副　火爐一

針工局造

青羅攢罩一　紅紵絲幔帳一

紅銷金紗廚一　茶褐羅盒一

紅絹旗二　桃頭一
紅紵絲綿被一　紅絹夾被一
綿衣卧单一　紵絲褥一
布手巾一　袊一
韉一

鞍轡局

小鞍籠一　小弓箭袋一副

抽分

凡龍江大勝港俱設立抽分竹木局如遇客商興販竹木柴炭等項照例抽分及令軍衛自設場分收貯柴薪按月給與禁軍孫老等燒用竹木等物堆垛在場令各局按旬奏申知數遇有用度以憑計料揀定數目度量関填勘合支撥如是營造數多抽分不敷定奪奏
聞給價收買或差人砍辦

三分取一
蘆柴　茅草　稲草　芦苗草　蒹草
三十分取二
杉木　軟篾　椶毛　黄藤　白藤
十分取二
松木　松板　杉篙　杉板　檀木
黄楊　梨木　雜木　檜柸
鋤頭柄　竹掃箒　芦苗苕箒　猫竹
水竹　雜竹　木炭　煤炭　竹交椅
筆竹　黄藤鞭桿　木柴　箭竹

夫役

凡在京城垣河道每歲應合脩繕其用工數多須於農隙之時於近京免粮應天太平鎮江寧國廣德等五府州預先定奪奏
聞行移各府起取除役占等項照依欽定則例優免外其餘人戶每四丁共輳一夫着令各備鍬杵藍擔委官部領定限十月初赴京計定工程分撥做造滿日放回若有不當夫役及做工未滿逃回者並行治罪及各處起到倉脚夫俱發應天府收籍為民遇有官差度量差撥着令輪流周而復始若差使數多做工日久照例每名日給工錢五百文坊長減半以周養贍

優免二丁
水馬驛夫　遞運船水夫　會同舘夫
輪班人匠　在京見役皂隸　校尉力士

見任官員　廩膳生員訓導　馬船夫　軍戶
光祿司廚子　防送夫　鋪兵
免一丁凡年七十以上及癈疾之人

雜行

凡催促軍需物料勾提囚匠等項欽置勘合如遇
四子部合行事理或五件十件類具手本責差
該吏齎赴
內府工科関填勘合行移各司承奉理辦如有不完舉
奏提問其官吏給由缺官條格等項及本部并
合屬官吏俸給按月放支仍每歲會計行移戶
部撥支遇有當行行移吏部等衙門定奪施行

農桑

已見戶部民科農桑項下

都察院

右左都御史副都御史僉都御史職專糾劾百司
辯明冤枉提督各道及一應不公不法等事
其屬有十二道監察御史凡遇刑名各照道
分送問發落其有差委監察御史出巡追問
審理刷卷等事各具事目請
旨點差

十二道監察御史照刷卷宗衙門

浙江道

中軍都督府　留守中衛　廣洋衛
府軍左衛　神策衛　應天衛
和陽衛　直隸廬州府

江西道

前軍都督府　府軍前衛　豹韜衛
龍江衛　龍驤衛　天策衛
直隸淮安府

福建道

戶部　金吾後衛　飛熊衛
直隸池州府　常州府

北平道

吏部　金吾前衛　旗手衛
直隸蘇州府

廣西道

通政使司　鎮南衛　五軍斷事官
直隸安慶府　徽州府

四川道

工部　府軍衛

直隸松江府　廣德州
山東道
兵部　羽林右衛　典牧所
直隸鳳陽府　徐州　遼東都司
廣東道
刑部　虎賁左衛
直隸應天府
河南道
禮部　太常司　羽林左衛
國子監　翰林院　欽天監
光祿司　儀禮司　教坊司
直隸楊州府
陝西道
後軍都督府　江陰衛　蒙古左右衛
府軍後衛　鷹揚衛　興武衛
橫海衛　大理寺　行人司
直隸和州
湖廣道
右軍都督府　武德衛　水軍右衛
廣武衛　虎賁右衛　留守右衛

五城兵馬司　直隸寧國府
山西道
左軍都督府　留守左衛　英武衛
錦衣衛　水軍左衛　驍騎右衛
府軍右衛　龍虎衛
直隸鎮江府　太平府

十二道監察御史職掌

糾劾百司

凡文武大臣果係姦邪小人搆黨爲非擅作威福紊乱朝政致令聖澤不宣災異迭見但有見聞不避權貴具奏彈劾

凡百官有司才不勝任猥瑣闒茸善政無聞肆貪壞法者隨即糾劾

凡大小祭祀敢有臨事不恭牲幣不潔褻瀆神明有乖典禮失於舉行及刑餘疾病之人陪祭執事者隨即糾劾

凡朝會行禮敢有攙越班次言語喧譁有失禮儀及不具服者隨即糾問

凡在外有司擾害良善貪贓壞法致令田野荒蕪民人受害體訪得實具

奏提問
凡學術不正之徒上書陳言變亂成憲希求進
用或才德無可稱擬身自拔者隨即糾劾以
戒奔競
問擬刑名
凡欽下或通政司發下告人連狀到院責令供
狀明白保管聽候照出狀內被告人數入流
官員具呈本院奏
聞提取其軍民人等給批差人提取理對招供明白取訖
服辯無招干連隨即保管聽候有罪人數牢固
監禁追徵所招贓仗完足責令庫子收貯議
擬罪名開寫原發事由問擬招罪照行事理
徒流遷徙死罪充軍人數具寫奏本笞杖以
下止具牒文僉押完備連囚赴堂備說所犯
情節罪名審無異詞然後入遞將囚押送大
理寺審錄候平允回報若罪名不當駁回再
問仍將所駁招罪參詳明白再擬改正或有
番異則監收聽候調別衙門再問其餘審允
人數除笞杖徒流徙罪就工囚人備開年甲住址
畧節招罪工役限期呈堂編發工役的決笞
杖人數書寫斷單開具合得罪名會請刑部
等官公同斷決取完僉批單入卷其充軍囚
人具手本送編軍御史處照地方編發取收
管附卷絞斬死罪仍令司獄司轉送重囚監
牢固枷扭聽候大理寺依時覆
奏回報具手本會請刑部等官公同處決仍取決訖月
日批單附卷無招疎放并笞杖的決還職着
役寧家人數另具公文差人管送各該衙門
給憑發回取批收附卷原收贓仗候季終通
類具呈本院出給長單差委御史解赴
內府該庫交納足備取獲庫收附卷如有追無見贓囚
人責供明白類行原籍追徵及照出合問人
數隨即呈提前項審過囚人設有病故請官
相視明白取獲批單附卷若干係重囚牒報
大理寺知會候本宗事完通具結絕緣由呈
堂照驗 餘與刑部同
出巡
凡分巡按治州郡必須遍歷不拘限期風憲官
吏務要同行不許先後相離其經過去處除
差撥弓兵防護依律開支廩給憑付脚力買

辦心紅紙劄之[illegible]擅令所司和買貨物
私役夫匠多用鋪[illegible]項亦不得縱容官吏
出郭迎送其分巡地面果係原籍及按臨之
人設有讎嫌並[illegible]毋得沽恩報仇朦朧
擧問
凡至按臨處所先將非因審録卷宗吊刷外稍
有餘暇首先親詣各處祭祀壇場點其祭器
墻宇有無完缺其次詣恤孤老審問衣粮曾
無支給巡視倉庫查算錢粮有無虧欠勉勵
學校考課生員有無成效中間但有欺弊即
便究問如律
凡受軍民詞訟審係戶婚田宅鬭毆等事必須
置立文簿抄寫告詞編成字號用印關防立
限發與所在有司追問明白就便發落具由
回報若告本縣官吏則發該府若告本府官
吏則發布政司若告布政司官吏則發按察
司若告按察司官吏及伸訴各司官吏枉問
刑名等項不許轉委必須親問干礙軍民官
員隨即奏
聞請

旨亦不得擅自提取
凡至所在體知有司若官守法奉公廉能昭著
者隨即擧
奏其姦貪廢事蠹政害民者究問如律
凡至地方所有合行事件着令首領官吏抄案
承行
一科差賦役仰本府凡有一應差役須於黃冊
丁粮相應人戶內週而復始從公點差毋得
放富差貧那移作弊重擾於民先具見役里
長姓名同重甘結罪文狀并依准回報
一圩岸壩堰陂塘仰行府縣提調官吏查勘緊
管地面應有圩岸壩堰坍缺陂塘溝渠湧塞
務要趂時脩築堅完疏洗流通以備旱潦毋
致失時及因而擾害於民先具依准回報
一荒閑田土仰本府正官多方設法召民開墾
趂時布種其合納秋粮須候年限滿日科徵
毋致抛荒仍將任內開過田畝數目同依准
繳報
一站驛仰行提調官常川整點各驛船馬鋪陳
什物一切完備仍鈐束慣熟稍水人夫常川

在驛聽候遞送使客毋得失悮先具站船人
夫什物馬驢頭疋數目并不致違悮結罪文
狀繳報
一急遞鋪仰行提調官常川點視鋪舍合用什
物完備嚴督鋪長司兵常川在鋪走遞公文
毋致磨擦及稽遲沉匿仍禁約往來差使人
員不得役使司兵損壞鋪舍如有缺壞即便
脩理具各鋪司兵姓名田粮什物數目回報
一橋梁道路仰令提調官常加點視但有損壞
去處即於農閑時月併工脩理務要堅完毋
致阻碍經行具依准回報
一稅粮課程仰本府即將歲辦稅粮諸色課程
各名數目保結開報
一戶口仰本府取勘籍定戶口分豁城市鄉都
舊管收除實在增減數目開坐回報
一學校仰提調官凡遇廟學損壞即為脩理完
備敦請明師教訓生徒務要作養成材以備
擢用毋致因循弛廢仍將見在師生員名繳
報
一收買軍需等項仰本府照依按月時估兩平

收買隨即給價毋致虧官損民及縱令吏胥
里甲鋪戶人等因而剋落作弊違錯具依准
回報
一額造段疋等物仰本府即將織染局見在各
色人匠機張歲辦數目関支顏料等物開坐
回報
一升斗秤尺仰行提調官照依原降樣式較勘
均平毋容嗜利之徒私自造置欺詐小民具
依准回報
一詞訟仰本府應有詞訟疾早從公依律歸結
毋得淹延妨廢民生及聽吏胥增減情詞出
入人罪仍將見問應有囚數分豁已未完結
盡實開報毋得隱瞞自取罪愆具依准回報
一皂隸弓兵仰行本府并合屬取勘額設名數
籍貫田粮數目開坐毋得多餘濫設有害於
民具依准回報
一節義仰本府取勘境內應有孝子順孫義夫
節婦果有志能卓異明著實跡結罪舉保毋
得擧富遺貧影蔽差徭扶同作弊具依准回
報

一原設申明旌善亭但有損壞仰本府嚴督所屬即便併工脩理條列榜示使善惡知所勸懲毋得視爲文具因而廢弛先將都隅處所同善惡人數回報

一印信衙門仰照勘本府并所屬應有印信大小衙門保結回報

一上年分巡官有無寄收贓罰仰本府取勘見數開坐已未起解數目回報

一取勘仰本府將所屬去處四至八到畫圖貼說繳報

一講讀律令仰本府并合屬官吏須要熟讀詳玩講明律意取依准回報

一鰥寡孤獨仰本府將所屬養濟院合支衣粮依期按月關給存卹養贍毋使失所仍具孤貧名數同依准狀呈

一倉庫房屋仰行本府提調官常川點視若有損壞即便脩理及設法關防斗級人等作弊仍將見在錢粮等物分豁上年舊管今歲收除實在備細數目同官吏結罪文狀繳報

一官吏脚色仰取勘本府并合屬見在官吏姓名年甲籍貫歷任脚色到任月日回報

刷卷

凡監察御史并按察司分司巡歷去處先行立案令各該軍民衙門抄案從實取勘本衙門并所屬有印信衙門合刷卷宗分豁已未照刷已未結絕號記張縫依式粘連刷尾同具點檢單目并官吏不致隱漏結罪文狀責令該吏親賫赴院以憑逐宗照刷如刷出卷內事無違枉俱已完結則批以照過若事已施行別無違枉未可完結則批以通照若事已行可完則批以稽遲若事已行已完雖有違枉而無規避則批以失錯若事當行不行當舉不舉有所規避如錢粮不追人贓不照之類則批以埋沒各卷內有文卷不立月日顛倒文在乎推究得實隨其情而擬其罪其曰照過曰通照曰遲錯曰埋沒此皆照駁之總名而照刷之方又各有其法今將六房照刷事例各畧舉于後

一照刷吏房起取罷閑官吏文卷假如應天府某年月日承奉吏部劄付仰行所屬應有爲

事罷開官員取勘見數一名名起送聽用當日立案行移上元等幾縣取勘花名先申到府案催各縣陸續照依原報名數申觧完絶取獲批收明白巻丙行移又無違錯事理則刷尾批云照過設若起觧未盡行催不絶則批通照其或各縣開稱事故文書到後或半月或數日不行催問則批云事屬稽遲及有先申某今觧某本作某却作某之類則批云事屬差錯如是原申十名已觧六名外有四名未觧經年歇案不催中間情弊不無則駁之日埋没照刷州縣吏房巻同

一照刷戸房開墾荒田巻假如揚州府承戸部劄付仰行所屬應有荒閑田土召人開墾合納税粮三年後定例什據江都等縣申報人戸姓名開過田畝數目立案候至年限滿日已將起科則例花名粮數目移付徵收秋粮巻收科了當巻内别無稽遲差錯事件則批刷尾云照訖若年限未滿申報未絶則批通照其或縣申稱見行開墾先具人戸花名到府遷五月或數十日不行立案

行催開過田數則批云事屬稽遲其有原開頃畝該科秋粮十石却作千石之類則批差錯至於原申開過田土比候年限已滿或逾年不行收科或將原報頃畝减多作少其弊顯然則當駁之以埋没照刷州縣戸房巻同

一照刷禮房買辦祭祀猪羊果品香燭等項文巻先看何年月日承奉禮部劄付開到本府合該祭祀社稷先聖先賢及風雲雷雨山川無祀鬼神等壇若干處每壇計用猪若干羊若干果品香燭等項若干其價照依本處時估對物收買仰於官鈔内放支當日立案定限行移所屬州縣收買要見回報是何行人物戸時估及差委何官眼同收買送官應用仍查筭原估與收買價鈔相同已用與原買之數無異俱有行人物戸領狀在巻祭祀已畢事無施行則批以照過若或已買在官祭祀日期未臨雖皆有發付收領明白事無施行則批以通照其或經遠日久纔方立案行移祭期將臨其收買猪羊等項尚有未備顯是怠慢則批以事屬稽遲若或分泒各行人

物戶所買品數皆同而價鈔不一且如春丁祭先師孔子該猪六口每口價鈔二百貫却共作一千二百五十貫附卷及查行人物戶領狀實領一千二百貫并查放支官錢卷內亦止一千二百貫既已明白別無規避則批以事屬差錯其或猪羊等項已備祭祀已畢但不見所用過鈔貫花銷不見是何行人物戶收領價鈔及有無餘下物件未用責付何人收領朦朧不明顯有規避則批以事屬埋沒照刷州縣禮房卷同

一照刷兵房勾補軍役文卷先看本府何年月日承奉兵部劄付或都司布政司各衛公文坐勾補役軍丁若干名若當日立案行移各該州縣立定期限解府各該州縣照依坐下名數隨即解到卷內見在原獲合干上司實收事無施行則於刷尾批以照過若於當日立案照依名數行下各該州縣或全不解到已經節次移文催併差人坐守起解雖已盡絕如無實收則批以通照又或經過三五日甚至十數日纔方立案行移雖各該州縣依數起解未見實收則批事屬稽遲若行移不遲名數不缺中間原坐張某今解李某案內不見審實緣由及駁問所司官吏雖有實收則亦批事屬差錯其或已承上司明文雖已立案經年不見催舉間或行移如勾十名止解到五六名已解到者不見實收未解者又不舉問顯有窺避則批曰事屬埋沒照刷州縣兵房卷同

一照刷刑房貪賍壞法文卷先看本府何年月日據某人所告詞狀當日曾無立案將本人引審或監或保若監收原告要見為何緣故明白立案取具司獄司收管在卷若或保在原告要見立案批差皂隸取獲保狀附卷其狀內合問人數查照曾無立案分豁被告干連着落所司提解其或當日立案差人定限分豁被告干連着落所司提解又當看本府何年月日據所司依期解到坐提人數要見當日立案將各人引問責與原告對理且如甲告乙受丙贓五十貫乙招如告又告丁贓四十貫丁供明白甲自招虛又當着甲乙丙之

招詞丁之供狀同甲乙丙之服辯曾無題押
人卷乙招贓鈔曾無立案追徵既已追徵曾
無納足有無該庫收貯領狀又看有無立案
引律擬罪發落又於發落案內先看原發事
由中間曾無增減原狀緊關情節查比解到
月日有無淹禁次於問擬招罪項下詳看乙
所招受贓情節比甲所告是否同異却於前
件議得項下參詳甲乙丙之罪名比律允當
丁無招涉依例疎放又於照行事理要見准
工者差人起解的決者立案摘斷免科者疎
放寧家追足乙名下招受贓鈔責令該庫收
貯取獲領狀在卷如原發事由內無增減原
狀緊關情節問擬招罪內無故失出入人罪
前件議得下比照律條所擬允當照行事理
內無人贓埋沒之弊俱已完結事無施行則
批以照過若或已提未到人數累催不到原
追贓鈔催促未足則批以通照其或受狀不
即立案已經數日方總施行以致提人未到
則批曰事屬稽遲若案內字樣不同粘連顛
倒以致月日參差官不題押吏不書名之類

事已完結而無　規避則批事屬差錯若或囚
人招出人贓照行事理內不照追提以致經
年不行顯有　規避則批曰事屬埋沒照例州
縣刑房卷同
一照刷工房成造船隻文卷先看何年月日承
奉工部劄付坐下本府該造船若干隻每隻
計用丁線大小不等若干斤桐油若干斤麻
穰若干斤其價照依時直對物收買抑於官
錢內放支合用木植着落人夫採斫當日立
案定限行移所屬州縣起集人夫採辦木植
要見回報起到人夫若干名并所請處所及
已收買丁線等物時價差委何人帶領各匠
若干名前來場所興造次將引各行具領收
支鈔依數收買物料成造船隻查筭原估與
收買價鈔相同已用與原計物料無異船隻
已起限期不違事無施行俱有各行收買物
料領狀在卷則批以照過若或行移不遲興
工不後物料不缺人匠不少支用物料未盡
原定限期不違船隻未起事有施行則批以
通照其或經遏數日總方立案行移其所屬

州縣合辦物料人匠雖已不缺而船隻亦起
終是怠慢則批云事屬稽遲若或派料或多
或少用工或衆或寡且如每船合辦五十丁
線二百斤却買二百五十斤合辦三十丁線
三百斤却買二百五十斤之類以致船隻未
起又違限期中間收買價鈔並無剋落查考
各行領狀在卷文案明白別無窺避則批事
屬差錯其或船隻已完不見各船已用物料
花銷餘下丁線等物不見責令是何庫分收
貯原計料數多已收買數少顯有窺避則批
云事屬埋沒照刷州縣工房卷同

追問

凡在外軍民人等赴京或擊
登聞鼓或通政司投狀陳告一應不公冤枉等事欽差
監察御史出巡追問照出合問流品官員就
便請
旨拿問帶同原告一到追問處所着令原告供報被告干
連人姓名住址立案令所在官司抄案提人
案驗後仍要抄行該吏書名畫字如後呈解
原提被告人到不許停滯即於來解內立案
將原被當官引問取訖招供服辯判押入卷
明立文案開具原發事由問擬招罪照行事
理除無招笞杖輕罪就彼摘斷徒流死罪人
卷帶回審擬奏
聞發落餘並與問擬刑名相同

審録

凡在外布政司按察司都司并直隸府州刑名
有犯死罪囚人收監在彼止開招罪申達合
干上司詳擬允當移文本院通類具
奏點差監察御史會同刑部委官按臨審决其到所在
官司隨即令首領官吏抄案各該衙門追吊
原行文卷赴官㕘詳招罪果無出入及審取
犯人服辯無異就令所司抄案差委獄卒將
犯人押赴法塲各照原擬處决將原吊卷宗
發還該衙門收照却行具本開坐决過犯人
花名回奏仍呈原委官司知會若囚人番異
原招即令合辦理重提一干人証到官從公對
問明白帶回審録發落其原問官吏果有受
贓出入人罪情弊通行具
奏拿問

通政司

一本司官職專出納
帝命通達下情關防諸司出入公文奏報四方臣民實封
建言陳情伸訴及軍情聲息災異等事

出納

帝命

凡有
帝命必當詳審覆奏允當然後施行

通達下情

凡有四方陳情建言伸訴冤枉民間疾苦善惡
等事知必隨即奏
聞及告不法不公等事事重者於底簿內謄寫所告緣由
齎狀奏
聞仍將所奉
旨意於上批寫送該科給事中轉令該衙門抄行常事者
另置底簿將文狀編號用使關防明立前件
連人狀送當該衙門整理月終奏繳底簿送
該科督併承行衙門回銷

開拆實封

凡天下臣民實封入遞或人齎到司須於公廳
眼同開拆仔細檢看事干軍情機密調撥軍
馬及外國來降進貢方物急缺官員提問軍
職有司官員并請
旨定奪事務即於底簿內謄寫略節緣由當將原來實封
御前陳奏畢就於奏本後批寫
旨意送該科給事中收轉令該衙門抄出施行其進繳稅
粮文冊勘合通關起解軍囚等項附簿明白
止送該科收不須入奏

關防諸司公文勘合

本司置立出入文簿令各房令典分掌凡內外
衙門公文到司必須辨驗允當隨即於簿內
編號注寫某衙門行某處爲某事公文用日
照之記勘合用驗正之記關防畢令鋪兵於
文簿內書名畫字遞送若行移不當及違式
差錯洗補互相推調等項事理重者入奏區
處常事照依欽定事例在外貼送當該衙門
如律在京衙門退回改正將發過公文并差
錯件數月終類奏文簿繳進若各處公文事
干軍情災異機密重事隨即入奏送該科給
事中收如呈稟五軍六部都察院等衙門公

文緊要者入奏仍用欽降勘合用使本衙門
印信云隅
旨意貼送當該衙門覆奏施行若誤遞到有施行者奏訖
亦貼送當該衙門無施行者亦入奏送該科
給事中收照

月奏

凡本司發過五軍六部都察院及內外諸司衙門
公文并照駁各衙門差錯公文實封并件及
行移勘合原告文狀拿人起數給由人員每
月類奏年終通行類數開奏

大理寺

本寺官具所屬左右寺官職專審錄天下刑名凡罪
有出入者依律照駁事有冤枉者推情辯明
務必刑歸有罪不陷無辜

審錄囚人參詳罪名

凡刑部十二部都察院十二道五軍都督府斷
事官五司問擬一應囚人犯該死罪徒流者
具寫奏本發審笞杖罪名者行移公文發審
另行入遞預先差人連案同囚送發到寺
照依該管地方先從左右寺審錄若審得

囚無冤枉者取訖各囚服辯在官案呈本寺
連囚引領赴堂圖審無異取據原問衙門
司獄司印信收管入卷將囚連案責付原押
人收領回監聽候發落候遞到各項奏本
公文到寺將奏本批白立案務要仔細參
詳情犯罪名比照律條如罪名合律者徃
擬本寺依式具本同將原來奏本繳送該
科給事中編號收掌然後印押平允回報
原衙門如依施行如罪名不合律者依律
照駁亦依式具本將原來奏本繳送該科

收編駁回原衙門再擬如二次改擬不當仍
前駁回議擬候三次改擬不當照例將當該
官吏具奏送問或中間招情有未明者必須
駁回再問若公文不必抄白就即立案其叅
詳罪名准擬合律照駁不合律及送問等項
並如前行若審得囚人告訴冤枉果有明白
證佐取責所訴詞狀案呈本寺連囚引領赴
堂圓審相同將囚連案依前發回原問衙門
聽候發落奏本公文到寺將原來奏本依式
具本如前繳送該科公文止留本寺立案
然後仰令左右寺抄案備開囚人供詞行移
隔別衙門再問若二次番異者再取本囚
供狀在官照例具奏會同六部都察院
通政司等衙門堂上圓審回奏施行

合律照駁式

大理寺卿臣某等謹
奏爲李甲告不應事刑部某部問擬李甲等一十六
名數內合律一十五名不合律張丙一名
有照駁謹具
奏
聞
一照駁
前件本寺照得張丙合得計贓准竊盜一貫之
上律杖七十罪無出入其刑部某部却依不
應律笞四十未審故失已出張丙杖罪三十
所據不當官吏除尚書某侍郎某取自
上裁其子部某部官吏某人合送法司問罪仍令照
一准擬
事內干連人王乙等合得笞罪十名陳丁等
合得杖罪四名李申一名無罪釋放
洪武　年　月　日

番異式

大理寺卿臣某等謹
奏爲某事某衙門問擬某人一名審問番異原招罪
囚合隔別衙門再問謹具奏
聞
洪武　年　月　日

一次番異式

大理寺卿臣某等謹
奏爲某事某衙門問擬某人等二名除審擬允當外

數內某人一名先爲某衙門具本發審若係公文者則
云移文發審本囚告訴寃枉取責供詞在官已經照
例行移隔別衙門再問去後今據某衙門
發審仍前執稱寃枉除再取供詞在官外
本囚合照例會各衙門堂上官圓審謹具
奏
聞
准擬某人合得某罪一名
洪武　年　月　日
請
旨發落
凡律內該載請
旨發落者本寺具本開寫犯由罪名奏　聞取自
上裁即將奉到
旨意於奏本年月後批寫訖就寫某官批於下押字具錄
右奉
旨意者亦同此批寫訖回寺立案備云前項
旨意於平允內開寫回報於各衙門施行
詳擬罪名
凡在外都司布政司按察司幷直隸衛所府
州一應刑名問擬完備將犯人就彼監收
具由申達合干上司都司幷衛所申都督
府布政司幷直隸府州申呈刑部按察司
呈都察院其各衙門備開招罪轉行到寺
詳擬凡罪名合律者回報如擬施行內有
犯該重刑本寺具奏
聞回報不合律者駁回再擬中間或有招詞事情含糊不
明者駁回再問
月報囚數
凡本寺每月審過刑部等衙門一應囚數分豁
死罪徒流杖笞等項罪名置立印信文冊着
令架閣庫典吏日逐明白附寫候至月終通
類具本奏
聞
處決重囚
凡本寺審過刑部等衙門死罪囚人犯該十惡
決不待時者每月於本寺類奏
聞訖移文回報各該衙門處決不係十惡者待秋分後類
奏處决

五軍都督府斷事官
斷事官左右斷事官職專總督左右中前後五司
官問斷五軍所轄都司衛所軍官軍人刑名
其五司官稽仁稽義稽禮稽智稽信則分問
各司該管地方都司衛所刑名等事
左右中前後五司
問擬刑名
凡奉五軍都督府劄付發下犯人若干名到廳
連案送該司承行該司隨即立案將送到一
干人證當官引問對證明白取訖各人親書
招供服辯在官如囚別無冤枉依律定擬罪
名具本備云原發事由問擬招罪前件議得
照行事理官吏僉書完備引囚赴廳圓審無
異將奏本連囚牒繳大理寺審錄候本寺將
各囚審錄無冤比律允當勘合平允回報該
司照依擬定罪名發落如囚犯該死罪者發
下司獄司牢固監收聽候處決犯該徒流者
照例送工部轉發工役犯該杖笞合決斷者
具手本會請監察御史刑部大理寺等衙門
官公同斷決供證明白無罪者軍送該府轉

發屬衛着役民送兵部給引寧家本宗事內
或有照出合問軍官呈廳具奏請
旨行移該府提取如干問有司入流官員亦須具奏請
旨行移兵部提取發来歸結若有干問衛所令典旗軍
及有司令典民人不須具奏就行該府兵部
提發歸結
起解贓罰
凡各司問過犯人所受贓物或金或銀或錢鈔
段匹等件照數於犯人名下追足責付庫子
下庫收貯按季各司閘官一員照開辯驗無
偽細開各起犯人原受金銀鈔段等件具呈
本廳備呈該府出給長單責令原管官員并
經手庫子進赴
內府贓罰庫交納足備取獲實收附卷存照
月報軍官
凡各司見行監問為事軍官每月初旬分豁某
衛指揮千百戶衛所鎮撫為某事某年月日
入監逐一開呈本廳備呈該府以憑具
奏
處決重囚

凡各司問過重囚除十惡決不待時外有該秋
後處決者發下司獄司牢固監收候大理寺
秋分後覆奏
聞訖回報各司即将合決犯人押赴法場仍具手本會請
監察御史刑部大理寺等衙門官公同處決
批回附卷

詳擬罪名

凡各都司據各斷事官問擬犯人招罪明白
備呈該府定奪各府連呈判送五軍斷事
官等擬本廳連案送該司承行該司隨即
抄案
所問招詞或合原擬笞杖徒流絞斬罪名比律
允當具本備開原發事由問擬招罪照行
事理牒繳大理寺覆擬候平允回報到司
連案繳呈本廳具呈該府轉行各都司
如擬施行

雜行

工役囚人

凡各司問擬囚人犯該笞杖徒流准工者問坐招
犯具呈本廳編立字號造冊二本一本進繳
內府工科一本連囚牒發工部轉發工役候工滿本部
仍将各囚送回本廳查照原擬工限相同扣
筭工程無欠明白具手本赴工科於進繳字
號冊內銷訖原號就将囚人引赴
承天門叩頭疎放

官吏俸給

凡五司并司獄司官吏俸給按月初旬呈申到
廳同将本廳官吏俵給通行造冊一本備
開官吏姓名合得俸粮數目牒繳吏部
主事廳照數放支本廳仍出印信俸帖差
人賫領前去吏部倉依數關支施行

公用紙劄

凡本廳并五司合用紙劄於官收贓罰鈔內
關支差官一員照依按月時估價值兩平
收買於各宗卷內銷用仍将用過紙數盡
實花銷明白附卷

牢獄

司獄司額設司獄二員專一監收五司見問囚
人驗罪輕重如法枷鎖按月五司輪委官
一員親臨提調其監禁事理並與刑部同

分問衙門、

左司

在京

驍騎右衛　英武衛　鎮南衛

龍虎衛　留守左衛　水軍左衛

瀋陽左衛　瀋陽右衛　府軍左衛

羽林左衛

在外

浙江都司　山東都司　遼東都司

左司

左司

府軍右衛　水軍右衛　留守右衛

虎賁右衛　廣武衛　武德衛

在外

陝西都司　四川都司　廣西都司

貴州都司　雲南都司

中司

在京

旗手衛　和陽衛　廣洋衛

留守右衛　牧馬所　神策衛

應天衛　府軍衛　虎賁左衛

在外

直隸衛所　河南都司

前司

在京

豹韜衛　龍江衛　飛能衛

金吾前衛　府軍前衛　天策衛

龍驤衛

在外

湖廣都司　江西都司　廣東都司

福建都司　福建行都司

後司

在京

錦衣衛　興武衛　金吾後衛

府軍後衛　横海衛　鷹揚衛

江陰衛

蒙古左衛　蒙古右衛　留守後衛

在外

北平都司　北平行都司　山西都司

山西行都司

諸司職掌三卷終

御製孝慈錄序

喪禮之說闡周朝已備至秦火乃亡漢儒采諸說以成書號曰周禮儀禮或云新書而未行歷代儒臣往往以爲定式以佐人主若識時務者則采可行而行之其有俗士執古以匡君君不明斷是以妨務而害理中道廢焉朕觀其所以於事甚繁洪武七年秋九月貴妃薨勑禮官以定議詔翰林稽諸古典三日而後來奏人各以周禮儀禮以爲定式所云父在爲母服期年若庶母則無服又引子游問孔子魯昭公之服有二以孔子不許爲必然朕思之再三迂儒俗士果不識時務孰不知孔子之說有大義存焉宰予問期年之喪可服孔子以爲不仁與昭公之事何異乎不然當是時諸侯不有天王　自專孔子務以三綱五常教不善昭公諸侯也其喪禮又出天王　孔子欲更其禮可乎在孔子必不教人不忠所以不言期之非及宰予問居之論孔子却言其非可見母之期服不近人情焉今之迂儒止知其一不知其二是古非今昭然矣且禮出於天子上行下效焉今天子皇子母服庶母則無服五服之

外則不服若以其說爲必然則堯之德靡矣堯乃親九族而平章百姓豈獨五服之外者歟於是命諸儒遍考諸書以報又數日來奏古今論喪服者凡四十有二人願服期年者十四人願服三年者二十八人比服期年者增倍由是觀之三年之喪豈不合人情者乎夫父母之恩一也父服三年父在爲母則期年豈非低昂太甚乎其於人情何如也且古不近人情而太過者有之若父母新喪則或五日三日或六七日飲食不入口者乃是孝朝抵暮而悲號焉又三年不語焉

禁令服內勿生子爲朕覽書度意實非萬古不易之法若果依前式其孝子之家爲已死者傷見生者十亡八九則孝禮頹爲民人則生理罷焉王家則國事荼焉又聞周公無逸篇述殷王中宗享國七十五年高宗享國五十九年祖甲享國三十三年自時厥後惟耽樂之從或十年或七八年或五六年或四三年壽可稽而短可考豈不明矣然周公止知如是不知定期服已失人倫終致後王壽短而社稷移者亦由庶母無服爲或父歸而子乘之人倫安在所以壽促而王

綱解。迂儒茫然哉。朕觀官生之君。好内山林之士任爲股肱爪牙。暴貴其身致君牽制文義優游不斷國之危亡。非迂儒者誰。其喪禮之論荅。時文之變態迂儒乃不能審勢而制宜。是古非今灼見其情。甚不難矣。每聞漢唐有忌議喪事者。在朕則不然。禮樂制度出自天子。於是立爲定制子爲父母。庶子爲其母。皆斬衰三年。嫡子衆子爲庶母。皆齊衰杖期。使内外有所遵守。

洪武七年冬十一月一日

皇明制書

古今論母喪服者凡四十二人

願服三年者二十八人

願服期年大功等服者十四人

三年者二十八人

聖賢定論三人

論語孔子謂宰予曰子生三年然後免於父母之懷夫三年之喪天下之通喪也

中庸孔子曰三年之喪達乎天子父母之喪無貴賤一也

孟子謂滕文公曰三年之喪齊疏之服飦粥之食自天子達於庶人三代共之

春秋左氏傳曰三年之喪雖貴遂服禮也

歷願服者二十五人

魯昭公爲母夫人歸氏服三年出春秋魯昭公十一年

前漢河間王良服其歸母喪三年良獻王五世孫出前漢書

前漢丞相公孫弘服其母喪三年弘武帝時出前漢書

前漢薛脩服其母喪三年脩丞相薛宣之弟前漢書薛宣傳

後漢帛彪服父母喪三年彪明帝時人出後漢書帛彪傳

後漢桓郁服其母喪三年郁章帝時人出後漢書桓榮列傳

後漢東平王敞服其母喪三年（敞安帝時宗室出後漢書列傳）

後漢安帝詔長吏不爲親行三年喪者不得選舉（出通鑑綱目）

司徒劉愷上言刺史一州之表二千石千里之師職在宣美風俗宜以身先之乃詔大臣行三年喪（愷安帝時人出東漢會要）

陳忠上疏曰父母於子同氣異息一體而分三年乃免於懷抱先王緣人情而著其節制服三年喪（忠安帝時人出後漢書）

後漢東海王臻服其母喪三年（臻順帝時人出後漢書）

後漢桓帝聽刺史二千石行三年喪

後漢桓帝延熹九年荀爽對策曰古者大喪三年不呼其門所以崇國厚俗篤化之道也事失宜正過勿憚改天下通喪可如舊禮（爽桓帝時人出東漢會要）

晉武帝居王太后喪一遵古禮素服以終三年（出晉書本紀）

晉康帝居杜太后喪周忌有司奏期年應改服詔不從素服如舊（出通典）

後魏孝文帝居太后馮氏喪勺飲不入口者五日哀毀過禮（出通典）

後周高祖居叱奴太后之喪處倚廬朝夕進一溢米卒終三年之制五服之內亦令依禮（出通鑑綱目）

唐高宗上元元年武后上表曰夫禮緣人情而立制因時而爲範變古者未必是循舊者不足多也至如父在爲母服止一期雖心喪三年服由尊降竊謂子之於母慈特深生養劬瘁息斯極矣今請父在爲母終三年之服詔依之

唐玄宗開元禮五服之制父在爲母加服齊衰三年開元七年嘗改其制至二十年以齊衰三年爲定及頒禮乃一切依行焉（出唐會要）

刑部郎中田再思議曰父在爲母三年行之踰四紀編之於格服之已久前王所是疏而爲律後王所是著而爲令何必乖先帝之旨阻人子之情而欲服之期年與伯叔母齊乎（再思玄宗時人出通典）

唐張說爲兵部侍郎以母喪免既期年詔起爲黃門侍郎固請終制天下高之（說玄宗時人出唐書）

（張竑傳）

唐高祖武德二年勑三年之喪謂之達禮其文官自今已後並許終制（出唐會要）

唐李晟二子愿愬居母喪大祥而除官晟奏二子終禫而後朝請（晟德宗時人出唐會要）

宋仁宗寶元中王恪言父母相繼亡殁乞通持五十四月服制詔許通持服（出宋會要）

宋神宗熙寧七年命官參酌舊例定爲新式三年之喪父母及繼母慈母已所生母並三年（出宋會要）

期年及大功等服者一十四人

齊宣王欲短喪（孟子非之出孟子）

前漢丞相翟方進喪母既葬三十六日除服視事（方進成帝時人出前漢書列傳）

晉武帝武元楊后之喪既葬博士張靖議皇太子亦宜從制俱釋服（靖武帝時人出晉書）

晉太宰武陵王有所生母喪求齊衰三年詔服大功（武陵王穆帝時宗室出通典）

晉梁王逢母喪求服三年詔服大功（逢晉哀帝時宗室出通典）

晉哀帝周太妃薨僕射江虨啓於禮應服緦麻（虨哀帝時人出通鑑綱目）

晉孝武帝太子所生母陳淑媛卒有司請服練冠麻衣既葬而除（出通書）

唐玄宗開元五年盧履冰上言准禮父在爲母服期年（履冰玄宗時人出唐書儒學傳）

元行沖奏曰父在當爲母齊衰期而心喪三年（行沖名澹玄宗時人出唐書儒學傳）

唐德宗有后喪皇太子及舒王誼將行三年之制柳冕奏太子請依魏晉故事卒哭而除服心喪終制（冕德宗時人出唐書列傳）

穆質上疏言遵三年之制則太重從三十日之服則太輕惟行古之道以期年乃得禮之中（質亦德宗時人出唐書列傳）

宋太祖母杜太后之喪太祖及弟光義光美俱以日易月二十七日釋服（出宋史）

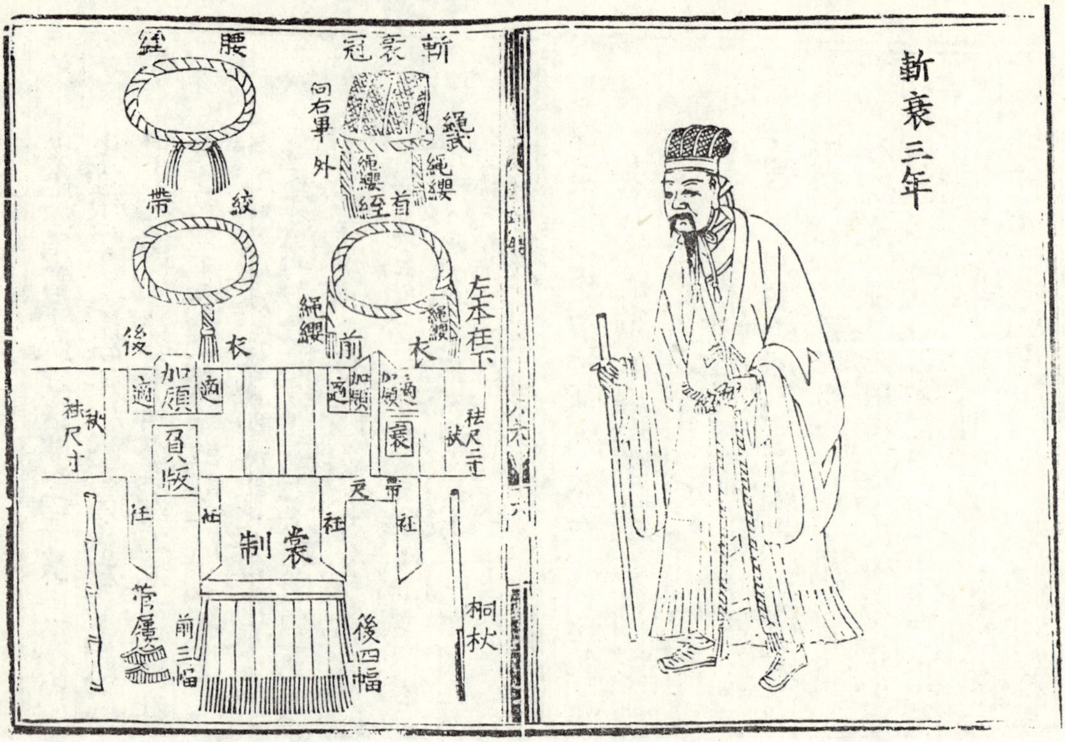

斬衰制度

按朱文公家禮云斬不緝也衣裳皆用極麤生布旁及下際皆不緝衣長過腰足以掩裳上際縫外向背有負版用布方尺八寸綴於領下垂之負版在後者以其負荷悲哀在於背也前當心有衰用布長六寸廣四寸綴於左衿之前衰之言摧也義當心者明孝子有哀摧之志也左右有辟領各用布方八寸屈其兩頭相著為廣四寸綴於領下在負版兩旁各攙負版一寸左右辟領謂之適者以哀戚之情當有指適緣於父母不念餘事也兩腋之下有衽各有布三尺五寸上下各留一尺正方一尺之外上於右旁裁入六寸便於盡處相望斜裁却以兩方左右相沓綴於衣兩旁垂之向下狀如燕尾以掩裳旁際裳前三幅後四幅縫內向前後不連每幅作三㡇㡇謂屈其兩邊相著而空其中其用布與裁制之法按楊復附註喪禮記云衣二尺有二寸蓋指衣身自領至腰之長而言用布八尺八寸中斷以分左右為四尺四寸者二又取四尺四寸者二中摺以分前後為二尺二寸者四疊為四重從一角當領處四寸下取方裁入四寸乃所謂適辟領者辟猶開

也從壹角當領取方裁開入四寸故曰辟領以此辟領四寸反摺向外加兩肩以為左右適辟領四寸既反摺向外加兩肩以為左右適故後之左右各有四寸虛處當脊相並謂之闊中前之左右各有四寸虛處當肩相對亦謂之闊中通八寸此則衣身所用布之處與裁之之法別用布一尺六寸以塞前後闊中布一條縱長一尺六寸橫闊八寸又縱摺而中分之其下一半裁斷兩端各四寸除去不用只留中間八寸以加後之闊中元裁辟領處而塞其闕當脊相並處其上一半全一尺六寸不裁以布之中間從項上分左右對摺向前垂下以加於前之闊中與元裁斷處當肩相對處相接以為左右領夫下一半加於後之闊中者用布八寸而上一半從項而下加前之闊中又倍為一尺六寸此則衣領所用之布與裁之之法凡衣裳用布一丈四寸者衣身八尺八寸衣領一尺六寸合為一丈四寸此是用布正數又當少寬其布以為針縫之用此即衣身衣領之數若負衰帶下及兩衽又在此數外但領必有袷古者布幅闊二尺二寸除衣領用布闊八寸外更餘闊一尺四寸而長一尺六寸可以分作三條足用為袷又

按喪服記及註袂二尺二寸緣衣身二尺二寸故左右兩袂亦二尺二寸欲使縱橫皆正方袪尺二寸袪乃袖口袂二尺二寸縫合其下一尺留上一尺二寸以為袖口衣帶下尺緣古者上衣下裳分別上下不相侵越衣身二尺二寸[illegible]至腰而止無以掩裳上際故於衣帶之下[illegible]布一尺上屬於衣橫繞於腰以腰闊狹為準所以掩裳上際綴兩衽於其旁○度用指尺以中指節為寸

冠制冠比衣裳用稍細紙糊為材廣三寸長足跨頂前後裹以布為三㡇皆向右縱縫之用麻繩一條從額上約之項後交過前各[illegible]之以為武居冠兩頭入武內向外反屈之縫[illegible]武武之餘繩垂下為纓結於頤下

首経以有子麻為之其圍九寸麻本在左從額前向右圍之從頂過後以其末加於本又以繩為纓以固之如冠之制

腰経圍七寸有餘兩股相交兩頭結之各存麻本散垂三尺其交結處兩旁各綴細纓繫之

絞帶用有子麻繩一條大半腰絰中屈之為兩服各一尺餘乃合之其大如絰圍腰從左過後至前乃以其右端穿兩服間而反揷於右在絰之下

杖父用竹本在下母用桐上圓下方

菅屨以菅草為屨若今之蒲鞋

婦人用極麄生布為大袖孝衫長裙蓋頭皆不緝竹釵麻鞋衆妾則以褙子代大袖凡婦人皆不杖

叙服

子為父母

庶子為所生父母

子為繼母

子為慈母 母卒父命他妾養已者

子為養母 謂自幼過房與人

女在室為父母

女嫁反在室為父母 謂已嫁被出而歸在父母家者

嫡孫為祖父母承重及曾高祖父母承重者

同 父不在故嫡孫為祖承重服若父母俱亡而子孫為曾高祖後者同

為人後者為所後父母

為人後者為所後祖父母承重

夫為人後則妻從服

婦為舅姑 即公婆

庶子之妻為夫之所生母

妻妾為夫

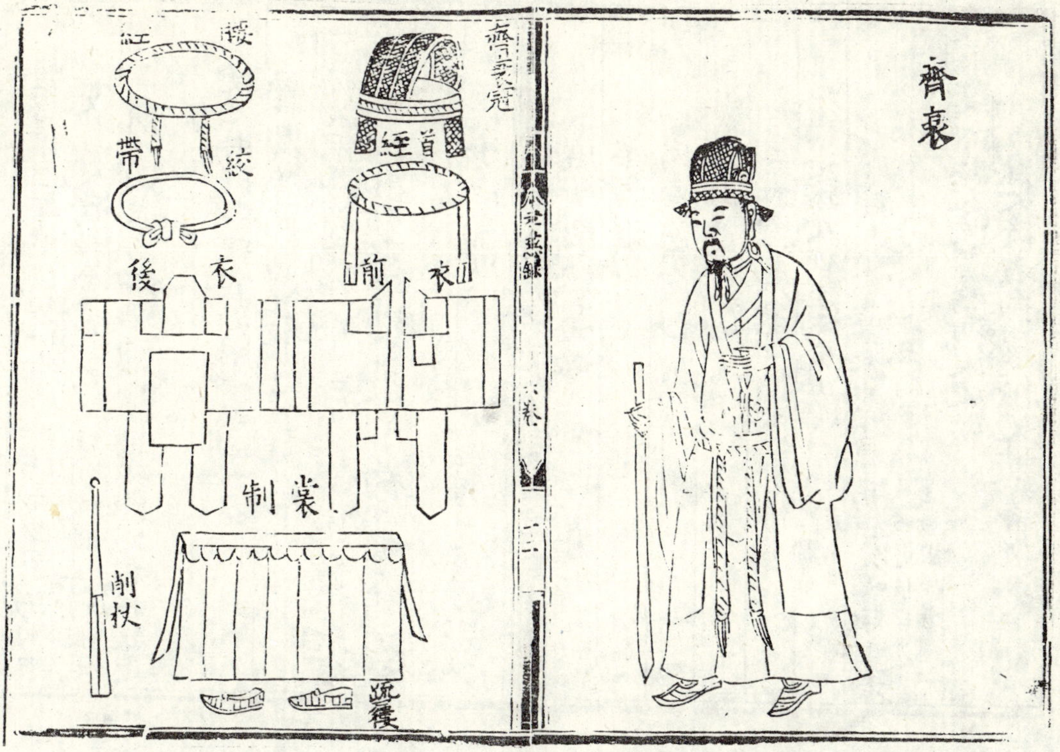

齊衰制度

按朱文公家禮云齊衰者用次等麄生布齊者緝其傍及下際餘同斬衰之制

冠制以布為武及纓餘同斬衰

首絰以無子麻為之圍七寸餘本在右末繫本下布纓制與斬衰絰同

腰絰圍五寸餘制同斬衰

絞帶齊衰以下以布為之而屈其右端尺餘

削杖以桐為之上圓下方

疏屨麄屨也以疏草為之

婦人衣服制同斬衰但用布稍細大功以下同

齊衰杖期

服制同前

敘服

嫡子衆子為庶母（謂父之妾）

嫡子衆子之妻為夫之庶母

為嫁母出母（即親生母因父卒改嫁及父在被出者）

父卒繼母改嫁而已從之者

夫為妻

齊衰不杖期

服制同前

叙服

父母為嫡長子及衆子

父母為女在室者雖適人而無夫與子者亦同

繼母為長子及衆子

慈母為長子及衆子

孫為祖父母

父母女雖適人不降

為伯叔父母即伯伯姆姆叔叔嬸嬸

妾為夫之長子及衆子為所生母

為兄弟

為兄弟之子及兄弟之女在室者即姪男及姪女

為姑及姊妹在室者雖適人而無夫與子者同

妾為嫡妻

嫁母出母為其子

女在室及雖適人而無夫與子者為其兄弟及兄弟之子姊妹及姪女在室者同

繼母改嫁為前夫之子從已者

為繼父同居兩無大功之親者謂繼父無子孫伯叔兄弟已身亦無伯叔兄弟之類

婦人為夫親兄弟之子

婦人為夫親兄弟之女在室者

女出嫁為父母

妾為其父母

為人後者為其父母即本生父母

女適人為兄弟之為父後

祖為嫡孫

父母為長子婦

齊衰五月

服制同前

叙服

為曾祖父母女雖適人不降

齊衰三月

服制同前

叙服

為高祖父母女雖適人不降

為繼父先曾同居今不同居者

為繼父雖不同居而兩有大功以上親者

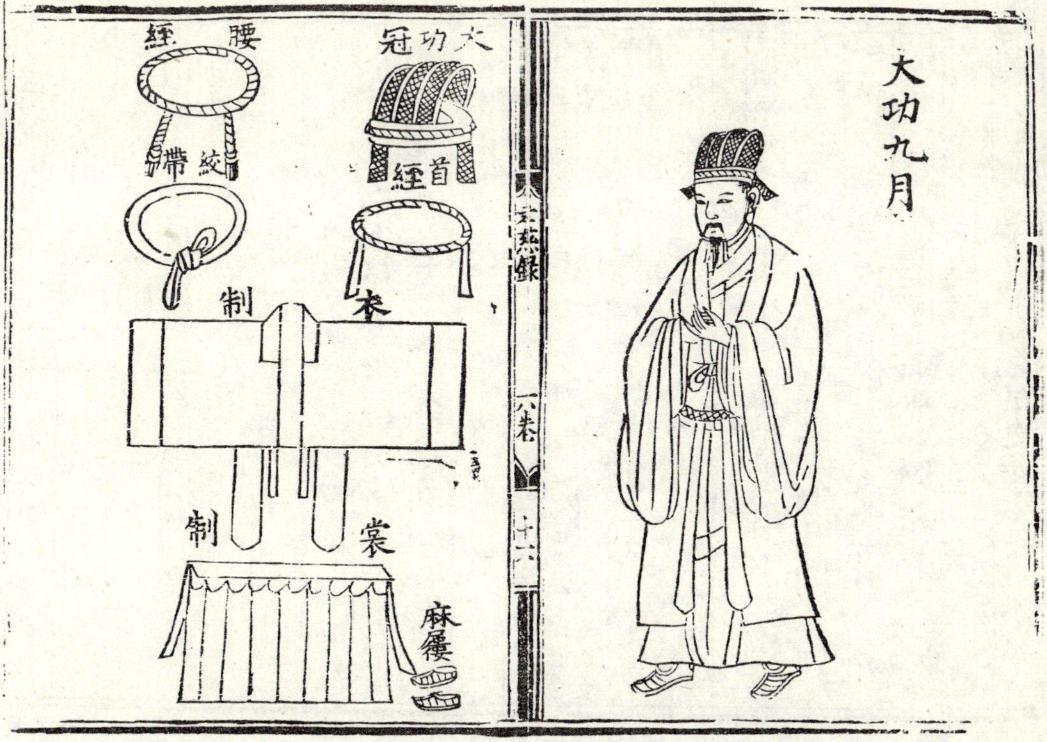

大功制度

衣用稍麄熟布無負版衰辟領服制同齊衰

冠制三辟積向右以布為武纓制同齊衰

首絰以無子麻為之圍五寸餘本在右末繫本下布纓制與齊衰服同

腰絰以熟布為之圍四寸餘制與齊衰同

絞帶以布為之制同齊衰

麻屨以麻為之

叙服

為同堂兄弟及姊妹在室者

為姑姊妹及兄弟之女出嫁者

父母為衆子婦

為女之出嫁者

祖為衆孫（女在室同）

為兄弟之子之婦（即姪婦）

婦人為夫之祖父母（即夫之公婆）

婦人為夫之伯叔父母（即夫之伯伯姆姆叔叔嬸嬸）

婦人為夫兄弟之子婦（即姪婦）

婦人為夫兄弟之女嫁人者

女出嫁為本宗伯叔父母（即伯伯姆姆叔叔嬸嬸）

女出嫁為本宗兄弟及兄弟之子
女出嫁為本宗姑姊妹及兄弟之女在室者
為人後者為其兄弟及姑姊妹在室者
夫為人後者其妻為夫本生父母
為兄弟之子為人後者

小功制度

衣用稍熟細布制度同前

冠制三辟積向左餘與齊衰同

首絰以牡麻爲之圍四寸餘

腰絰以熟麻爲之圍三寸餘制同齊衰

絞帶以布爲之制同齊衰

繩屨以麻繩爲屨若今之麻鞋

敘服

爲伯叔祖父母（謂祖之兄弟即伯公伯婆叔公叔婆）

爲同堂伯叔父母（謂父母之伯叔兄弟）

爲再從兄弟及再從姊妹在室者（謂同曾祖兄弟即父伯叔兄弟之子女）

爲同堂兄弟之子（即堂姪）

爲從祖祖姑在室者（謂祖之親姊妹即姑婆）

爲從祖姑在室者（即堂姑是父之同堂伯叔姊妹）

爲同堂兄弟之女在室者（即堂姪女）

爲兄弟之妻

爲人後者爲其姑姊妹適人者

爲嫡孫婦

爲同堂姊妹之出嫁者

爲同堂姊妹

爲兄弟之孫及兄弟之女孫在室者（即姪孫）

爲外祖父母（即外公外婆）

爲母之兄弟姊妹（即舅舅姨姨）

爲同母異父之兄弟姊妹

爲姊妹之子（即外甥）

爲夫之姑及夫之姊妹（在室出嫁同）

爲夫兄弟及夫兄弟之妻

爲夫兄弟之孫及夫兄弟之孫女在室者

爲夫同堂兄弟之子及夫同堂兄弟之女在室者

母出爲繼母之父母兄弟姊妹

庶子爲嫡母之父母兄弟姊妹（母死則不服）

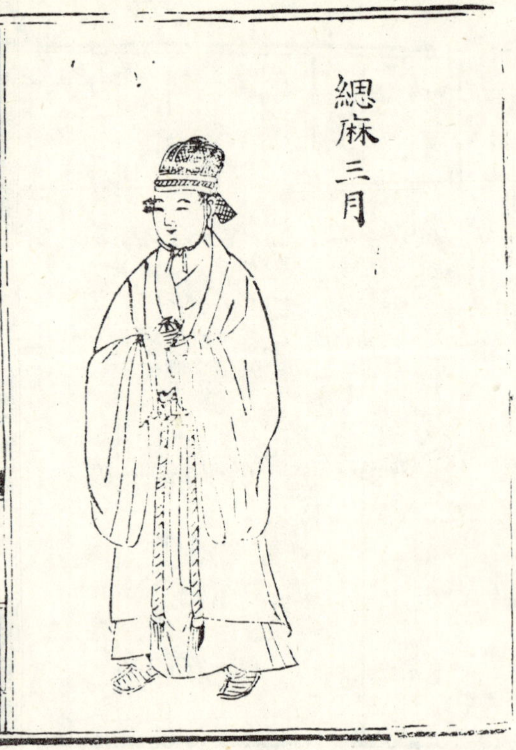

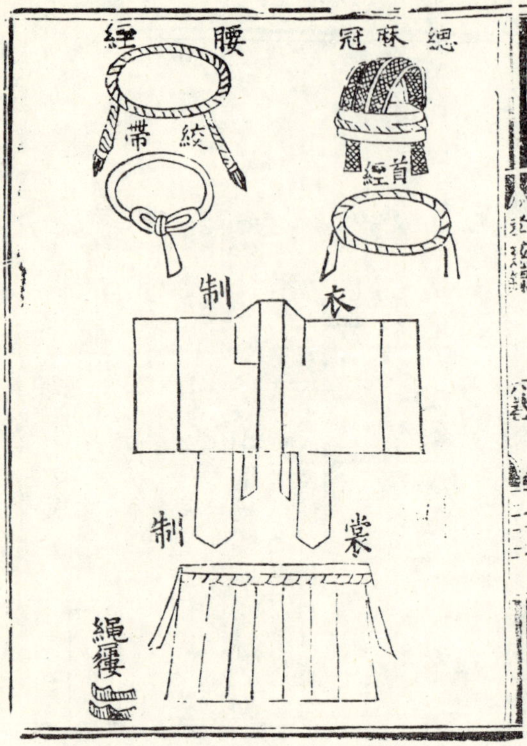

緦麻制度

衣用極細熟布此五服內輕之極者故以緦如絲者為衰裳又以澡治莩垢之麻為絰帶故曰緦麻古絲二字通用服制同齊衰

冠制以熟絹為之三辟積向左澡纓澡謂治莩垢制同齊衰

首絰以熟麻為之圍三寸為度制同齊衰

腰絰以熟麻為之圍二寸為度制同齊衰

絞帶以布為之制同齊衰

繩屨以麻繩為屨若今麻鞋

緦服

為族曾祖父母謂曾祖之兄弟及妻即太伯公伯婆叔公叔婆

為族伯叔祖父母謂祖之同堂兄弟即堂伯公伯婆叔公叔婆

為族父母謂父之再從兄弟同曾祖者即族伯伯姆姆叔叔嬸嬸

為族兄弟及族姊妹在室者謂三從兄弟姊妹同高祖者

為族曾祖姑在室者謂曾祖之姊妹即太公婆

為族祖姑在室者謂祖之同堂姊妹即堂姑婆

為族姑在室者謂父之再從姊妹族姑

為兄弟之曾孫女在室同即曾姪孫

為曾孫玄孫

為同堂兄弟之孫女在室同出嫁則無服

為再從兄弟之子女在室同即同曾祖兄弟之子

為從祖祖姑及從祖姑及從祖姊妹之出嫁者從祖祖姑謂祖之親姊妹從祖姑父之同堂姊妹從祖姊妹已身再從姊妹

為兄弟之孫女出嫁者

為同堂兄弟之女出嫁者堂姪女

為乳母

為舅之子

為姑之子

為兩姨兄弟

為外孫男女同

為壻

為妻之父母妻亡而別娶亦同妻之親母雖嫁出猶服

為兄弟孫之婦

為同堂兄弟子之婦

為同堂兄弟之妻

為外孫婦

為甥婦

婦人為夫之曾祖高祖父母

為夫之從祖祖父母即夫祖親兄弟伯公伯婆叔公叔婆

為夫之從祖父母夫之堂伯叔

為夫兄弟之曾孫

為夫之同堂兄弟

為夫同堂兄弟之婦

為夫同堂兄弟之孫孫女同

為夫再從兄弟之子

為夫兄弟孫之婦

為夫同堂兄弟子之婦

為夫同堂兄弟之妻

為夫同堂姊妹在室出嫁同

為夫之外祖父母

為夫之舅及夫之姨

為夫之從祖祖姑及從祖姑在室者從祖祖姑是夫之姑婆從祖姑是夫之堂姑

女出嫁為本宗從祖祖父母即伯公伯婆叔公叔婆

女出嫁為本宗從祖父母即堂伯堂叔

女出嫁為本宗同堂兄弟之子女即堂姪堂姪女

女出嫁爲本宗從祖祖姑及從祖姑在室者從祖祖姑即姑婆從祖姑即堂姑

女出嫁爲本宗同堂姊妹之出嫁者

爲人後者爲本生外祖父母

孝慈録卷之終

皇明制書

禮儀定式卷之七

禮部為禮儀事切照禮治天下之大本也古今帝王為治之道莫先於禮三代而下迄漢唐宋其禮制之詳雖各因時制宜然所以行於天下者具載簡冊歷歷可考也欽惟

聖朝自混一以來嘗命儒臣酌古準今定禮立制頒示中外葢亦有年矣然其間或失於簡畧或傷於繁碎故不能無過不及之差洪武二十年冬十一月

皇上以萬機之際勅本部尚書臣李原名等同六部都察院通政司翰林大理等官從加詳定釐而新之以圖永久臣等承

命惟謹伏取舊制增損畧例以謂人臣事

君之忠其肅恭寅畏之心見於進退之際莫不有其節一失其節則非禮矣故制朝參之禮八條以謂燕饗雖通達下情然品級之分則秩然不可紊故制筵宴之禮二條若出使之人其職雖微然必序於公侯之上者葢其所將者

君命也可輕視其人乎主將受

命即當致力奉行以報平日

寵遇之恩然間有僭慢弗以為意者是葢天討之所不容已也故制出使之禮三條若五拜者是臣見

君之禮也以下四拜者子見親之禮也餘雖貴不過二拜者以見天下之尊無二也故制官員拜禮二條至於公坐公聚揖見相避之儀葢少之事長賤之事貴各知其分而不敢踰者此禮之所當然也至於冠帶服色居室等制

朝廷所以辨上下也上可以兼下下不可以僭上苟一越其制則上下且混然無別矣此禮之所當謹也斯禮之制頒行中外凡諸臣庶能守之而不失行之而不怠則可以永享天祿矣敬哉毋忽

禮部為傳奉事該本部題正德貳年閏正月十六日
該司禮監太監李榮傳奉
聖旨文武職官禮儀等級各有舊制禮部便查照先年榜
例申明禁約如有違犯的事發必罪不饒欽此欽遵
傳奉到部除補本覆奏送科備照外照得
累朝制度互有損益因時制宜條件各異歲月積久官員
人等罔知遵依况本部遠年舊刻榜文不全查得
長安左右門張掛永樂宣德等年榜文左邊全文見在
右邊中半殘缺察者禮儀定式等例係文武職官禮
儀品級者類開上
請取自
聖裁本部備云出榜申明禁約使文武職官一體遵守緣係傳奉
欽依事理未敢擅便正德二年二月初二日本部右侍郎
劉　等具題本月初八日奉
聖旨這累朝榜例既查明白恁部裏便通行申明曉諭着
一體遵守京城内安車禁轎既年久不了罷轎扇
并筵宴侍從都照例行服色除欽賞的不在此限
欽此除通行在京文武各衙門遵依外合就開單
移咨前去煩照本部題奉
欽依内事理轉行各該衙門一體欽遵施行須至咨者

禮儀定式前序
洪武二十年冬十月二十三日
皇上御奉
天門召六部都察院通政司左春坊大理寺衆臣等
諭曰近者臣僚尊卑體統多未得宜爾等宜著為禮儀以
為定式臣等欽承
上命謹載拜稽首而退次日禮部定到禮儀合行事宜為
款一十有四分條三十有七以進
玉音賜允越三日禮部尚書臣李原名傳
旨命臣倫為序乃不敢以不敏辭臣聞治國必以禮為
禮必本於義蓋禮義行則貴賤之位定而尊卑之分
明欽惟
國家自開基混一以來其大經大法次第續已頒行有
曰禮制曰律令曰
大誥而臣民咸知所欽遵特於禮節文其間委曲之詳
有未盡舉
皇上是以惓惓
軫念繇是
命春官定此禮儀以布中外臣謂惟禮可以格人心之
非人苟能格其非心則處事自合於宜而義著矣故

當各安其分以盡爲人臣之道斯禮也達乎公侯駙
馬大夫士使之皆有所持循導守大小有倫尊卑有
序秩然不相紊亂其所以辯上下定民志正綱紀厚
風化誠有補於
治道於戲凡在中外大小臣屬俱宜深體
上意敬而無怠慎終于始斷然毋踰禮毋僭分當爲所當
爲毋爲所不當爲如此於禮曰義庶幾其可是爲序
以覘

洪武二十年冬十一月　日奉議大夫左春坊大
學士臣董倫謹序

禮儀定式目録凡一十四款計三十七條

禮儀定式目録終

禮儀定式

朝參凡八條

一凡朝班序立公侯序於文武班首次駙馬次伯自
一品以下各照品級文東武西依次序列風憲糾
儀官居下朝北紀事官居文武第一班之後稍近
上便於觀聽不許攙越如有事奏務要從班末行
至
御前跪奏不得於班內穿過奏畢即便入班序立

一凡文武百官於
御前侍坐遇有大小官員奏事必須起立候奏事畢復坐
不許踞坐失儀如有
特旨賜坐則復坐

一凡文武百官出入
朝門各照品級第加敬遜如一品以下官遇公侯駙馬
加敬禮立則旁立行則後從三品四品官遇一品
二品官加遜禮行立俱後從五品以下倣此不許
攙先越次失儀如有事
宣召不在此限

一凡百官朝參遇有
聖諭教誡須當專心致意拱聽分明即便省身克已不許

放肆馳心外想
一凡百官自入
午門內不許吐唾如朝叅近侍
御前有患病咳嗽者即許退班
一凡百官
御前奏對務必從實知則為知不許妄對
一凡大小官員如隨從
上位行丹墀身常朝北不得向南或左或右環轉隨侍不
許背北如
上位陞奉天門及
丹陛其隨從官員不得徑行中道并
王道如有
旨令行方許於側邊隨行
一百官凡入
朝門須要拱手端行威儀整肅不許行私揖禮
筵宴禮儀凡二條
一凡文武百官每遇筵宴四品以下文東武西各照
品級次第上
殿侍坐五品以下於
殿外丹墀內文東武西各照品級序坐

其奉
特旨賜
殿內坐者不在此限如遇
奉天門則公侯坐于門內四品以上官坐于門外五品
以下官坐于
丹墀內各照品級文東武西務要容止恭肅不許攙越
諠譁簡慢
一凡百官於
奉天等門謝恩見辭武官等殿並要容止須穿禮鞋方許上
殿違者禮部官監察御史儀禮司糾舉送法司如律
出使禮儀凡三條
一凡使者欽齎
詔書至總兵官處近營十里先令人報知總兵官設香
案於營內南向列金鼓旗仗率領諸將出營迎接
見使者下馬立于道傍俟
詔書過總兵官并衆官上馬後從至營門各下馬使者
前行總兵官并衆官後從至營內使者捧
詔書置于案使者立于案東西向總兵官并衆官行四
拜禮興拜興拜興拜興平身使者取
詔書以授宣讀官衆官皆跪宣讀畢仍授使者復置于

案衆官皆俯伏興平身行四拜禮（拜興拜興拜興拜興平身）禮畢使者東立西向總兵官西立東向行兩拜相見禮畢使者居東總兵官居西相向序坐

一凡使者欽齎

制諭勅符手詔至總兵官處干係機密軍務經過去處不許報知本處官司亦不許迎接徑至總兵官營外先差遣人報知總兵官設香案於兵幕南向總兵官親出營迎接使者下馬捧

制諭勅符前行總兵官後從至兵幕使者取

制諭勅符置于案使者立於案東西向總兵官行五拜禮（拜興拜興拜興拜興叩頭興拜興平身）禮畢捲令屏去左右使者取

制諭勅符親授總兵官開看畢即收捲復置于案使者東立西向總兵官西立東向行兩拜相見禮畢使者居東總兵官居西相向序坐

一總兵將軍奉

命征討凡遇使者齎到

制諭勅符手詔依儀行禮開看畢即便依

旨奉行如有應合覆奏事理隨時具奏請

旨不許遲違方

命違則如律

官員拜禮（凡二條）

一凡

朝見稽首頓首五拜乃臣下見

君上之禮先稽首頓首四拜後一拜叩頭成禮稽首四拜者百官見

東宮親王之禮其見父母亦行四拜禮其餘官長及親戚朋友相見止許行兩拜禮

一凡公侯駙馬相見各行兩拜禮一品官見公侯駙馬一品官居右行兩拜禮公侯駙馬居左答禮二品見一品二品居右行兩拜禮一品居左答禮三品見二品三品居右行兩拜禮二品居左答禮四品見三品四品居右行兩拜禮三品居左答禮五品見四品五品居右行兩拜禮四品居左答禮六品以下倣此如三品見一品四品見二品行兩拜禮一品二品官答受從宜餘品倣此如有親戚尊卑之分從行私禮

官員公坐（凡一條）

一大小衙門官員每日公坐行肅揖禮佐貳官揖長官長官答禮首領官揖長官佐貳官長官佐貳官拱手

司屬官見上司官　凡一條

一凡屬官見上司官必序立於堂階之上起揖

上官拱手首領官答揖其公幹節序見上司官

皆行兩拜禮長官拱手首領官答禮

公聚序坐

凡文武官公聚各依品級序坐若資品相同者各照衙門次第若王府官屬與朝官坐立各照品級俱在朝官之次

官員相遇迴避等第　凡八條

一凡駙馬遇公侯分路而行一品二品遇公侯駙馬引馬側立須其過二品見一品二品趨右讓道而行三品遇公侯駙馬引馬迴避遇一品引馬側立遇二品趨右讓道而行四品遇一品以上官引馬迴避遇二品引馬側立遇三品趨右讓道而行五品遇二品以上官引馬迴避遇三品引馬側立遇四品趨右讓道而行六品遇三品以下官引馬迴避遇四品引馬側立遇五品趨右讓道而行七品遇四品以上官引馬迴避遇五品引馬側立遇六品趨右讓道而行八品遇五品以上官引馬迴避遇六品引馬側立遇七品趨右讓道而行九品遇六品以上官引馬迴避遇七品引馬側立遇八品趨右讓道而行

品級相等者分路而行如有親戚尊卑之分聽從迴避

一凡內官出入遇駙馬於道必須下馬遇公侯一品二品官引馬側立遇三品四品官分路而行

一凡公侯駙馬一品二品官隨從者人等非跟隨本官而私自出入者凡遇文武百官必須下馬遣者治罪

一凡所屬官遇上司官引馬迴避所屬官品級高者遇上司官卑者分路而行

一官員應合迴避而路窄不可迴避者則下馬拱立應分路者不得占中道

一凡文武官員出入應合開道而自不開道致令應避官員不曾迴避者不問若因而生事者止問上官

一京師人煙輻輳其街市軍民人等買賣及乘坐驢馬出入者遙見公侯駙馬一品以下至四品官過往即便下馬讓道

一官員當避路者若不

宣召及祠祭官詣祠所并有捕逐者在道雖遇應避之官不避

在京官員常行儀從凡一條

凡文武百官自四品以上儀從並依舊制從宜五品官止許引道一人六品以下不許引道其出郊在外儀從仍依舊制不拘此例

官員傘蓋凡一條

凡百官合用傘蓋一品二品銀浮屠頂茶褐羅表青絹裏三簷三品四品用紅浮屠頂茶褐羅表紅絹裏三簷已上傘蓋俱用黑色茶褐雨傘俱用紅油絹五品用紅浮屠頂青羅表紅絹裏兩簷雨傘紅油絹六品七品八品九品用紅浮屠頂青絹表紅絹裏兩簷雨傘俱用油紙

官員冠帶凡二條

一凡公冠八梁加籠巾貂蟬立筆五折四柱香草五段前後用玉為蟬侯冠七梁加籠巾貂蟬立筆四折四柱香草四段前後用金為蟬伯冠七梁加籠巾貂蟬立筆二折四柱香草二段前後用玳瑁為蟬俱左插雉尾駙馬冠與侯同不用雉尾一品冠七梁不用籠巾貂蟬二品冠六梁三品冠五梁四品冠四梁五品冠三梁六品七品冠二梁風憲官加獬豸八品九品冠一梁

一凡公侯駙馬一品用玉帶二品用犀帶三品鈒花金帶四品素金帶五品鈒花銀帶六品七品素銀帶八品九品烏角帶務依品級服用不許僭越并束玳瑁瑪瑙等帶有亂品級

官員服色凡二條

一凡衣服花様公侯駙馬用麒麟白澤文官一品二品仙鶴錦雞三品四品孔雀雲鴈五品白鷴六品七品鷺鷥鸂鶒八品九品黃鸝鵪鶉練鵲風憲官用獬豸武官一品二品獅子三品四品虎豹五品熊羆六品七品彪八品九品犀牛海馬

一凡文武百官軍民僧道人等衣服帳幔並不許用玄黃紫三色并織繡龍鳳文

官員房舍凡一條

一凡官員蓋造房屋並不許歇山轉角重簷重拱繪畫藻井其樓房不係重簷之例聽從自便公侯前廳七間或五間兩廈九架造中堂七間九架後堂七間七架門屋三間五架門用金漆及

獸面擺錫環家廟三間五架俱用黑版瓦蓋屋
脊用花樣瓦獸梁棟斗栱簷桷彩色繪飾窓枋
柱用金漆或黑油飾其餘廊廡廚庫從屋等房
從宜蓋造俱不得過五間七架

一品二品廳堂五間九架屋脊許用瓦獸梁棟斗
栱簷桷青碧繪飾門屋三間五架門用綠油及
獸面擺錫環

三品至五品廳堂五間七架屋脊許用瓦獸梁棟
簷桷青碧繪飾正門三間三架門用黑油擺錫
環

六品至九品廳堂三間七架梁棟止用土黃刷飾
正門一間三架黑門鐵環

已上品官房舍除正廳堂外其餘房舍許從宜
蓋造但比正屋制度務要減小不許太過其門
窓戶牖並不許用硃紅油漆

官員器皿床榻鞍轡弓矢凡四條

一公侯一品二品酒注酒盞用金餘用銀三品至
五品酒注用銀酒盞用金餘用磁漆六品至九
品酒注酒盞用銀餘用磁漆木器並不許用硃
紅及稜金描金雕琢龍鳳

一官員床面屏風槅子並用雜色漆飾不許雕刻
龍鳳紋并金飾硃漆

一官員鞍轡公侯一品二品用銀減鐵事件鞊用
描銀三品至五品用銀減鐵事件鞊用油畫六
品至九品用擺錫鐵事件鞊用油畫

一弓矢凡軍官軍士應用弓矢止是黑漆弓袋箭
囊並不許用硃紅描金粧飾

右前件凡三件

一在京公侯駙馬文武百官及官員舍人國學生
員俱要將頒行已定禮儀常加講習務在遵守

一在外有司務要督屬州縣及督令儒學生員民
間子弟講習遵守毋視為文具若以違
制論罪

一定到禮儀制度內有條列該載未備者悉依原
定舊制遵守

一先該南京御史奏稱南京官員不問官爵崇卑
無分寒暑並無涼傘乞要禁革
本部查得成化年間該南京守備等官題稱南
京官員遇雨許用油傘城內不許張涼傘等因
節奉

憲宗皇帝聖旨是傘蓋雖是定制但京城不用乃臣下
敬上之禮兩京事體相同如何可用禮部便行文書
去禁約欽此今次比照前例覆題奉
孝宗皇帝聖旨是城内不許張用涼傘止許用油傘欽此
弘治十五年例

一又該南京給事中奏乞張用傘蓋
本部查例覆題奉
聖旨是城内止許用油傘欽此
弘治十八年九月例

一傳奉
欽依在京官員暑月一槩執打大扇亦乖禮體今
後除叁品以上大臣外其餘止許用撒扇遮日欽此
正德元年五月例

巾帽靴制
凡文武官員除本等紗帽外遇雨水戴雨帽公差出
外許戴帽子入城不許

一合穿靴
文武百官并同籍父兄伯叔弟姪子婿儒士生員
及各衙門吏典知印承差欽天監天文生太醫院
醫士瑜伽僧正一道士將軍散騎舍人帶刀之
人正五馬軍馬軍總小旗
以上永樂二年榜

一見行舊例
大祀慶成宴本部照依成化四年會官題奉
欽依事理將筵宴位次畫圖先期張掛曉示各官

殿上
公侯駙馬伯都督尚書左右都御史侍郎副都御
史通政使大理寺卿詹事太常寺卿府尹太
僕寺卿僉都御史祭酒學士通政大理太常
太僕寺少卿順天府府丞儀賓朝鮮國陪
臣達官都指揮使

中左門
翰林院侍讀侍講春方經筵官尚寶司官通
政司叅議大理寺寺丞詹事府府丞國子監
司業都左右給事中帶俸少卿等官太常
寺寺丞順天府治中欽天監太醫院堂上官
朝覲布政司按察司官

中右門
皇親都指揮使等官指揮同知達官都指揮同
知都指揮僉事

皇親指揮使等官文直都指揮
丹陛東近上
修撰等官給事中御史中書舍人
丹墀東
郎中員外郎等
丹墀西
指揮使等官
弘治十六年例
朝公卿大臣乘安車肩輿
一景泰年間在京文職官自三品以上許乘轎其餘不許因太監汪直奏要禁革該本部查例具題奉
憲宗皇帝聖旨是照景泰年例行欽此
成化十三年例
一先該河南等道監察御史奏稱要行禁約八人擡轎本部議得合通行兩京及在外文武衙門官員除奉有
特旨及文職例應乘轎者乘轎應乘馬者不許乘轎等因覆題奉
孝宗皇帝聖旨是今後違例乘轎及擅乘八人轎者還嚴加禁約違了的着指名來說欽此
弘治七年例
一官員合用儀從人數
公十人
候八人
伯六人
一品至三品六人
四品至六品四人
七品至九品二人
一出使禮儀遵依洪武禮制
一官員人等服飾傘蓋器皿鞍轡房屋巾帽穿靴等制一遵禮制榜冊違者治罪
已上官民服舍器用務要照依等第上可以兼下下不可以僭上其服色器用之類如有違僭者令出一月之内許令改正若蓋造房舍各遵禮制榜冊定式其廊廡庫廚等房許從宜添蓋但比正屋制度減小不可太過如有故行違式僭分及工匠不依定式成造者並許諸人首告
已上宣德四年榜禮儀定式同

禮儀定式後序

萬方之所承式在
京師京師之所承式在
朝廷所謂正朝廷以正百官正百官以正萬民正
四方者也
皇上奄有四海君臨天下以來治定制禮上之
朝廷有儀注次之京兆又次之外府州縣有洪武
禮制中外奉行亦有年矣乃者
皇上萬幾冗隙載命禮曹與爾廷臣詳定朝儀繁簡
適中以聞尚書臣李原名侍郎臣張衡則如
旨條奏即日復召六部都察院通政司左春坊大理
寺群臣等
面折厥衷惟允已乃以頒示永為定式其條朝參
八筵宴二出使三拜禮二公座司屬見禮公聚
序坐三官員相遇引避入常行儀從一以至傘
蓋冠帶服色器皿鞍轡弓矢屋舍床榻之類是
依品從毋敢踰越此禮之常經然也中間拜禮
先稽首頓首四拜後叩首一拜為見
君之禮拜止于四為見
東宮各親王之禮見父母同四拜禮見親戚官長
止兩拜禮如官者非隨從公侯駙馬其自出入
者遇文武百官須下馬讓道其承
宣召以下數事遇應避之官不避及司屬見禮應
避路者有親戚尊卑之分聽行私禮此則禮之
從宜者要在本乎常經合乎人情而已總之則
朝參第四條於
聖諭教戒毋放肆怠惰思為省身克己之道其諸條中
最切要者大槩能以
聖戒存心斯能於臣職無所不用其心矣豈但遵奉
儀而已哉

洪武二十年冬仲望日翰林學士奉議大夫兼
左春坊左贊善臣劉三吾拜手謹序

禮儀定式終

皇明制書

教民榜文卷之八

戶部為教民事洪武二十一年三月十
九日本部尚書郁新等同文武百
官於
奉天門早
朝欽奉
聖旨自古人君代天理物建立百司分理庶務
以安生民當時賢人君子惟恐不為君
用及為君用無不盡心竭力效其勤劳
顯父母榮妻子立美名於天地間豈
有壞法之為所以官稱其職民安其
生朕自混一四海立綱陳紀法古建
官內設六部都察院外設布政司按
察司府州縣名雖與前代不同治体
則一柰何所任之官多出民間一時
賢否難知儒非真儒吏皆猾吏往往
貪贓壞法倒持仁義殃害良善致令
民間詞訟皆赴京來如是連年不已今
出令昭示天下民間戶婚田土鬬毆相爭一
切小事須要經由本里老人里甲斷決若係
姦盜詐偽人命重事方許赴官陳告是令
出後官吏敢有紊亂者處以極刑民人敢
有紊亂者家遷外化前已條例昭示爾
戶部再行申明
一民間戶婚田土鬬毆相爭一切小事
不許輙便告官務要經由本管里
甲老人理斷若不經由者不問虛
實先將告人杖斷六十仍發回里甲
老人理断
一老人里甲與鄉里人民住居相接田
土相鄰平日是非善悪無不周知凡
囙有陳訴者即須會議從公部断許用
竹篦荊條量情决打若不能决断
致令百姓赴官紊煩者其里甲老
人亦各杖断六十年七十巳上者
不打依律罰贖仍着落果断若里
甲老人循情作弊顛倒是非者依
出入人罪論老人里甲合理詞訟
戶婚　田土　鬬毆　争占

失火　竊盜　罵詈　錢債
賭博　擅食田園瓜菓等
私宰耕牛　棄毀器物稼穡等
畜產咬殺人　卑幼私擅用財
褻瀆神明　子孫違犯教令
師巫邪術　六畜踐食禾稼等
均分水利
一凡老人里甲剖決民訟許於各里申明亭
議決其老人須令本里衆人推舉平日公
直人所敬服者或三名五名十名報名在
官令其剖決若事干別里須會該里老人
里甲公同剖決其坐次先老人次里長次
甲首論齒序坐如里長年長於老人者坐
於老人之上如此剖判民訟抑長幼有序
老者自然尊貴
一老人理詞訟不問曾朝覲未曾朝覲但年
五十之上平日在鄉有德行有見識衆所
敬服者俱令剖決事務辯別是非有年雖
高人見識短淺不能辯別是非者亦置老
人之列但不剖決事務

一本里老人遇有難決事務或子弟親戚有
犯相干須會東西南北四隣里分或三里
五里衆老人里甲剖決如此則有見識多
者是非自然明白
一老人里甲剖決詞訟本以便益官府其不
才官吏敢有生事羅織者罪之
一老人有犯罪責許衆老人里甲公同會議
審察所犯若實輕者就便剖決再不許與
衆老人同列理訟若有所犯重者亦須會
審明白具由送所在有司觧送京来不許
有司擅自拏問若有司擅自拏問者許老
人具由来奏罪及有司
一老人中有等不行正事倚法為姦不依衆
人公論擅據衆事者許衆老人拏赴京来
一老人毋得指以斷決為由挾制里甲把持
官府不當本等差役違者家遷化外
一鄉里中凡有姦盜詐偽人命重事許赴本
管官司陳告其官吏明知此等不係老人
里甲理斷之一槩推調不理者治以重罪若
里甲老人合理之事頑民故違號令徑直

告官其當該官吏不即挾斷發與所理因而稽留作弊詐取財物者亦治以重罪

一姦盜詐僞人命重事前例以令有司決斷今後民間除犯十惡強盜及殺人老人不理外其有犯姦盜詐僞人命非十惡非強盜殺人者本鄉本里內自能含忍省事不願告官繫累受苦被告伏罪亦免致身遭刑禍止於老人處決斷者聽其所以老人不許推調不理若里老人等已行剖斷發落其刁頑之徒事不干已生事訴告攪擾有司官吏生事羅織以圖賄賂者俱治以罪

一民間詞訟已經老人里甲處置停當其頑民不服展轉告官捏詞誣陷者正身處以極刑家遷化外其官吏人等不察所以一槩受理因而貪贓作弊者一體罪之

一老人里甲剖決民訟毋得置立牢獄不問男子婦人犯事不許拘禁晝則會問晚則放回事若未了次日再來聽問敢有監禁生事者治以重罪

一里甲老人凡本管人民有事自來陳告方許辯理若民些小詞訟本人自能含忍不願告訴若里甲老人風聞尋趁勾引生事者杖六十有贓者以贓論

一民間一里之中若有強劫盜賊逃軍逃囚及生事惡人一人不能緝捕里甲老人即須會集多人擒拏赴官違者以罪罪之

一老人里甲不但與民果決是非務要勸民為善其本鄉本里人民務要見丁着業凡有出入互相周知大誥內已有條款務要申明遵守違者論罪

一本鄉本里有孝子順孫義夫節婦及但有一善可稱者里老人等以其所善實跡一聞朝廷一申上司轉聞于朝若里老人等已奏有司不奏者罪及有司此等善者每遇監察御史及按察司分巡到來里老人等亦要報知以憑覈實入奏

一本鄉本里但有無籍潑皮平日刁頑為非作歹不受教訓動輙把持挾制此非良善之民衆老人嚴加懲治如是仍前不改拏

送有司解赴京來若有司循情脫放不解
者許老人奏聞
一每鄉每里各置木鐸一箇於本里內選年
老或殘疾不能生理之人或瞽目者令小
兒牽引持鐸循行本里如本里內無此等
之人於別里內選取俱令直言叫喚使衆
聞知勸其為善毋犯刑憲其詞曰孝順父
母尊敬長上和睦鄉里教訓子孫各安生
理毋作非為如此者每月六次其持鐸之
人秋成之時本鄉本里內衆人隨其多寡

資助粮食如鄉村人民住居四散窵遠每
一甲內置木鐸一箇易為傳曉
以銅為之
中懸木舌
木鐸式
一鄉里有等頑民平日因被老人責罰懷挾
私恨以告狀為由朦朧將老人排捏妄告
者事發頑民治以重罪
一本里有遞年有犯法官吏人等或工役或
充軍逃回者有別處逃來者老人須要家

至戶到叮嚀告誡里內人民毋得隱藏將
此等軍囚送赴官司起解免致連年勾擾
隣里親戚受害設若隱藏在鄉事發必然
被其連累
一朝廷設官分職本為安民除授之際不知
賢否到任行事方見善惡果能公勤廉潔
為民造福者或被人誣陷許里老人等遵
依大誥內多人奏保以憑辯理如有贓貪
害民者亦許照依先降牌內事例再三勸
諫如果不從指陳實跡綁縛赴京以除民

害凡保奏者須要衆皆稱善綁縛者須要衆
知其惡務在多人方見公論若止三五人
十數人稱其善惡人情偏向朝廷難以准
信若見官長正直設計引誘貪贓或以贓
物排陷妄行綁縛及有不才官員因是平
日與其交通賄賂却稱為善妄來保奏如
此顛倒是非亂政壞法得罪深重豈能保
其身家
一兩浙江西等處人民好詞訟者多雖細微
事務不能含忍徑直赴京告狀設若法司

得人審理明白隨即發落往往亦要盤纏如法司囚人數多一時發落不及或審理不明淹禁月久死者亦廣其干連之人無罪而死者不少詳其所以皆由平日不能互相勸誡不忍小忿動輒經由官府以致身亡家破如此者連年不已曾無警省今後老人須要將本里人民懇切告誡凡有戶婚田土鬬毆相爭等項細微事務互相含忍設若被人凌辱太甚情理難容亦須赴老人處告訴量事輕重剖斷責罰亦得伸其抑鬱免致官府繁冗若頑民不遵榜諭不聽老人告誡輒赴官府告狀或徑赴京越訴許老人擒拿問罪

一河南山東農民中有等懶惰不肯勤務農業以致衣食不給朝廷已嘗差人督併耕種今出號令此後止是各該里分老人勸督每村置鼓一面凡遇農種時月五更擂鼓衆人聞鼓下田該管老人點閘若有懶惰不下田者許老人責決務要嚴切督併見丁着業毋容惰夫游食若是老人不肯勸督農人窮窘為非犯法到官本鄉老人有罪

一鄉里人民貧富不等婚姻死喪吉凶等事誰家無之今後本里人戶凡遇此等互相賙給且如某家子弟婚姻某家貧窘一時難辦一里人戶每戶或出鈔一貫每戶一百便是百貫每戶五貫便是五百貫如此資助豈不成就日後某家婚姻亦依此法輪流賙給又如某家或父或母死喪在地各家或出鈔若干或出米若干資助本家或棺槨或僧道修設善緣等事皆可了濟日後某家倘有此事亦如前法互相賙給雖是貧家些小錢米亦可措辦如此則輕易舉行之日久鄉里自然親愛

一民間子弟七八歲者或十一二歲者此時欲心未動良心未喪早令講讀三編大誥誠以先入之言為主使知避凶趨吉日後皆成賢人君子為良善之民免貽父母憂慮亦且不犯刑憲永保身家

一鄉飲酒禮本以序長幼別賢否乃厚風俗

之良法已令民間遵行今再申明務要依
須降法式行之長幼序坐賢否異席如此
日久豈不人皆向善避惡風俗淳厚各為
太平之良民
一鬼神之道陰陽表裏人雖無見冥冥之中鬼
神鑒察作善作惡皆有報應嚮者已令鄉
村各祭本鄉土穀之神及無祀鬼神今再
申明民間歲時依法祭祀使福善禍淫民
知戒懼不敢為惡如此則善良日增頑惡
日消豈不有補於世道

一如今天下太平百姓除本分納粮當差之
外別無差遣各宜用心生理以足衣食每
戶務要照依號令如法栽種桑株棗柿綿
花每歲養蚕所得絲綿可供衣服棗柿
豐年可以賣鈔使用遇儉年可當粮食此
事有益爾民里甲老人如常提督點視敢
有違者家遷化外
一民間或有某水可以灌溉田苗某水為害
可以隄防某河壅塞可以疏通其當里老
人會集踏看丈量見數計較合用人工併

如何修築如何疏通定奪計策畫圖貼說
赴京來奏以憑為民興利除害
一自古民人納粮當差本以求安近年以來
有司不才官吏不能教民為善惟務貪贓
於納粮當差之際往往接受寬限錢鈔放
富差貧致令愚民傚傚合納粮不肯依期
送納虛買收本分差役不肯趁事赴工
今後民人凡遇納粮當差不許買求官府
該納稅粮依期送納本等差役即便應當
若本等稅粮已納差役已當其官吏粮里

人等重行科歛差使者許受害之家會集
多人綁縛赴京治以重罪
一元朝天下鄉村人家子弟讀書者多洪武
初年命各處鄉村設立社學教訓子弟使
為良善其不才有司里甲人等倚此作弊
將有丁子弟本有暇讀書却受財賣放不
令入學無丁子弟無暇讀書却逼令入學
致以民人受害所以革去社學今後民間
子弟許令有德之人不拘所在亦不拘子
弟名數每年十月初開學至臘月終罷

如丁多有暇之家常讀常教者聽其有司
官吏里甲人等敢有干與攪擾者治以重
罪
一父母生身之恩至大其鞠育劬劳詳載大
誥今再申明民間有祖父母父母在堂者
當隨家貧富奉養無缺已亡者依時祭祀
展其孝敬為父母者教訓子弟為子弟者
孝敬伯叔為妻者勸夫為善如此和睦宗
族不犯刑憲父母妻子朝夕相守豈不安
享太平

祝文式

維洪武某年歲次某甲子某月某朔某日
孝孫某同闔門眷屬告于
高曾祖考妣之靈
曰昔者
祖宗相繼鞠育子孫懷抱提携劬劳萬狀
每進四時交代隨其寒煖增減衣服撙
節飲食或憂近於水火或恐傷於蚊虫
或懼懼以疾病百計調護惟恐不安此
心懸懸未嘗暫息使子孫成立至有今
日者皆祖宗劬劳之恩也雖欲報之莫
知所以為報茲者節届春夏秋冬天氣將温熱涼寒
追感昔時不勝永慕謹備酒殽羮飯
率闔門眷屬以獻尚享

一各處教官訓導遞年作表誹謗大逆不臣
事發杭州等學訓導吕德輝等若干
俱已伏誅今後天下教官人等務要
依先聖先賢格言教誨後進使之成材
以備任用敢有不依聖賢格言妄生異
議瞽惑後生乖其良心者誅其本身全
家遷發化外

一鄉里人民住居相近田土相隣父祖以來非
親即識其年老者有是父祖輩行有是伯
叔輩行有是兄輩行者雖不是親也是同
鄉朝夕相見與親一般年幼子弟皆須敬
讓敢有輕薄不循教誨者許里甲老人量
情責罰若年長者不以禮道後生倚恃年
老生事羅織者亦治以罪務要隣里和睦
長幼相愛如此則日久自無爭訟豈不優
遊田里安享太平

一鄉里人民或有生理不前家道消乏因遇非災橫禍缺少用度不得已要將父祖所置田地産業變賣者許其明立文契從便出賣里隣親戚合該畫字不許把持刁蹬措索財物酒食違者治罪

一各處衛所軍士專在禦侮防奸保安黎庶邇年以來有因征進在逃有在衛逃亡及有為事充軍逃故者各該衛所往往差人勾丁補役捉拏正身其良善里甲老人不敢隱占即時勾發有等無知之徒罔知利害互相隱蔽買囑有司却作無勾戶絶等項虛揑回申及至再行差人挨究却又有丁如此作弊捷罪者亦多今後老人里甲凡遇勾軍即便發遣免致官府徃復差人勾擾連累鄉里不得安業若有名姓差訛冒名勾取者許於老人里甲處陳告其老人里甲即與從審窮究將應合當軍人的確姓名連人觧送免致赴京陳告展轉照勘紊煩官府其應合當軍人恃頑不行赴衛欺瞞官府揑詞妄告者許老人指實呈詳有司問罪如是老人不理亦治以罪

一民間詞訟已令自下而上陳告越訴者有罪所司官吏往往不遵施行致令越訴者多今後敢有仍前不遵者以違制論的决

一榜文内坐去事理皆係教民孝弟忠信禮義廉耻等事所在官吏老人里甲人等當體朝廷教民之意各宜趍善避惡保守身家常川遵守奉行毋視虛文務在實效違此令者各照所犯罪之

一直隸府州縣從監察御史在外布政司府州縣從各道按察司常加申明務要依榜文内事理永遠遵守敢有視為泛常不行申明者治之以罪

一凡理訟老人有事聞奏憑此赴京不須文引所在關隘去處毋得阻當餘人不許如有假作老人名目賫此赴京言事者治以重罪欽此本部今將

聖旨事意備云刋印頒布天下仰欽遵施行

洪武三十一年四月　日

教民榜文終

皇明制書

稽古定制序

昔先王制禮所以别尊卑定貴賤使上下秩然不敢有亂其朝代雖有更革禮樂制度多是相因中間雖損益以合時宜然相因者甚多其所損益小過不及而已自三代以至唐宋莫不皆然我朝自定天下以来立綱陳紀制禮作樂頒布天下已有年矣至若官民房屋墳塋碑碣亦嘗歷考前代典章斟酌損益著為定制豈期姦臣胡惟庸等擅作威福謀為不軌故意紊亂條章是致諸功臣之家不肯遵守雖祖宗墳塋碑碣亦不樹立甚者無如藍生越禮犯分其房屋家奴至於數百馬坊廊房皆用九五間數又於本家墻垣内起蓋店舍招集百工技藝之人在内居住與民交易如此不才利不知其所以及至謀逆事發諸功臣相繼敗露然後知其不遵定制蓋欲背朝廷以待亂而已其不遵者以此又如自古賢人君子出仕於朝食君之禄一心在公務造民福其於財利之事畧不經營為何蓋身受重爵所食之禄皆出民供不耕不蠶坐享富貴若又興販與民爭利豈賢人君子所為是以唐宋為因為官之家亦有不諳道理興販沽賣侵民之利所以各有禁令我朝文武官員間有不循禮法既享厚禄猶且貪心不已往往令子弟奴僕家人坐賈行商侵奪民利甚至出外中鹽倚恃官威挾制所司攙越資次壞法多端今特命翰林斟酌唐宋制度定到墳塋碑碣丈尺房屋間架及食禄之家興販禁例編類成書永為遵守嗚呼敬聽朕言永享太平之福

洪武二十九年十一月望日序

皇明制書

稽古定制卷之九

房屋

唐制

一凡王公以下屋舍不得施重栱藻井重栱謂四鋪作五鋪作及六鋪七鋪八鋪作者即今之疊栱是也藻井謂天花板井口內畫以水藻者是也三品以上堂舍不得過五間九架廈兩頭門屋不得過三間五架五品以上堂舍不得過五間七架廈兩頭門屋不得過三間兩架仍通作烏

頭大門烏頭大門即今之綽楔門是也六品七品以下堂舍不得過三間五架門屋不得過一間兩架非常參官不得造抽心舍及施懸魚瓦獸乳梁裝飾抽心舍即今之穿廊也懸魚謂殿宇屋山頭博風板合尖下所垂之物是也瓦獸謂官府屋上所設獸頭及殿宇轉角上飛仙海馬之類乳梁謂短梁也在壓柵方之上其祖父舍宅門廕子孫雖廕盡聽依仍舊居住其王公以下及庶人第宅皆不得造樓閣臨人家庶人所造房舍不得過三

間四架門屋一間兩架不得輒施裝飾

宋制

一凡公宇棟施瓦獸門設梐枑諸州正衙門及城門並施鴟尾不得施拒鵲梐枑謂官府門首拒馬叉子鴟尾謂殿宇屋脊兩頭吻獸是也拒鵲謂屋脊瓦獸上鉄叉以拒烏鵲者也六品以上宅舍許作烏頭門父祖宅舍有者子孫許仍之凡民庶家不得施重栱藻井及五色文采為飾仍不得四鋪飛簷庶人屋舍許五架門一門兩廈而已

一凡屋舍非邸殿樓閣臨街市之處毋得為四鋪作鬧鬬八制鬬八謂天花板上鬬八角井口內畫水藻者是也非品官毋得起門屋非宮室寺觀毋得彩畫棟宇及朱黝漆梁柱窗牖雕鏤柱礎

一太祖詔自今觀察防禦團練使刺史知州通判等罷任日具官舍有無破損及增脩文帳以次交付其幙職州縣官得替日具曾脩葺及創造屋宇曆子方許給由如損壞不完者殿一選

一承平時在京官多無廨宇外任官有廨舍而新舊交承不容他官居占今後職事官並以見占屋宇為廨舍更不許移易

一英宗詔官員廨宇不得種植蔬菜出賣止許供家食用而已如有犯者即重行降黜雖經赦不得敘用

今定制

一凡官民房屋並不許蓋造九五間數及歇山轉角重簷重栱繪畫藻井硃紅門窗其樓房不在重簷之例

公侯前廳中堂後堂各七間門屋三間俱用黑版瓦蓋屋脊用瓦獸梁棟斗栱簷桷綵色繪飾門窗枋柱俱用黑漆油飾及門用獸面擺錫環家廟三間俱用黑版瓦蓋屋脊用花樣瓦獸梁棟斗栱簷桷綵色繪飾門窗枋柱用黑漆或黑油飾其餘廊廡庫廚從屋等房從宜蓋造俱不得過廳堂正屋制度

一品二品廳堂各七間屋脊許用瓦獸梁棟斗栱簷桷青碧繪飾門屋三間門用綠油獸面擺錫環

三品至五品廳堂各七間屋脊許用瓦獸梁棟斗栱簷桷青碧繪飾門屋三間門用黑油擺錫環

六品至九品廳堂各三間梁棟止用粉青刷飾正門一間門用黑油鉄環

一凡品官房屋除正廳外其餘房舍許從宜蓋造比正屋制度務要減小不許太過其門窗戶牖並不許用硃紅油漆

一在京功臣宅舍地勢寬者住宅後許留空地十丈住宅左邊右邊各許留空地五丈若見住

舊居所在地勢窄隘已有年矣左右前後皆是軍民所居止仍舊居不許那移軍民以留空地

一京城係人烟輻輳去處其地有限設使官員之家往往窺覷住宅左右前後空地日侵月占圍在牆內作園種植蔬菜及為遊翫處所甚妨軍民居住且京城官員不下數千若一槩倣傚京城內地多為菜園百十萬軍民何處居住今後官員住宅照依前定丈尺不許多留空地如有過此即便追出與軍民居住今

子孫赴官告給閑地另於城外量撥

一在京文職官員所居房屋臨時奏請量撥居住

一凡庶民所居房舍不得過三間五架不許用斗栱及綵色裝飾其餘從屋雖十所二十所隨宜蓋造但不得過三間

墳塋

唐制

一品方九十步墳高一丈八尺

二品方八十步墳高一丈六尺

三品方七十步墳高一丈四尺

四品方六十步墳高一丈二尺

五品方五十步墳高一丈

六品以下並方二十步墳高不過八尺

宋制與唐制同

今定制

公侯塋地周圍一百步墳高二丈圍墻高一丈

一品塋地周圍九十步墳高一丈八尺圍墻高九尺

二品塋地周圍八十步墳高一丈六尺圍墻高八尺

三品塋地周圍七十步墳高一丈四尺圍墻高七尺

四品塋地周圍六十步墳高一丈二尺圍墻高六尺

五品塋地周圍五十步墳高一丈圍墻高四尺

六品塋地周圍四十步墳高八尺

七品以下塋地周圍三十步墳高六尺

碑碣石獸

唐制

五品以上立碑螭首龜趺高不過九尺七品以上立碣圭首方趺趺上高四尺其石獸等三品以上六事五品以上四事

宋制與唐制同

今定制

公侯

石碑螭首高三尺二寸碑身高九尺闊三尺六寸龜趺高三尺八寸

石人二　石馬二　石羊二

石虎二　石望柱二

一品

石碑螭首高三尺碑身高八尺五寸闊三尺四
寸龜趺高三尺六寸
石人二　石馬二　石羊二
石虎二　石望柱二
二品
石碑盖用麒麟高二尺八寸碑身高八尺闊三
尺二寸龜趺高三尺二寸
石人二　石馬二　石羊二
石虎二　石望柱二
三品
石碑盖用天祿辟邪高二尺六寸碑身高七尺
五寸闊三尺龜趺高三尺一寸
石虎二　石羊二　石馬二
石望柱二
四品
石碑圓首高二尺四寸碑身高七尺闊二尺八
寸方趺高三尺
石虎二　石馬二　石望柱二
五品
石碑圓首高二尺二寸碑身高六尺五寸闊一
尺六寸方趺高二尺八寸
石羊二　石馬二　石望柱二
六品
石碑圓首高二尺碑身高六尺闊二尺四寸方
趺高二尺六寸
七品
石碑圓首高一尺八寸碑身高五尺五寸闊二
尺二寸方趺高二尺四寸
食祿之家不得與民爭利
唐制
凡諸王公主及官人不得遣官屬親事奴客部
曲等在市肆興販及於邸店沽賣出舉其遣
人於外處要買給家非商利者不在此例
宋制
凡品官及有蔭之人不許興販
凡命官得解出舉人并有蔭子弟及在監州縣公
人之家不得販鹽為其恃賴勢力並撓[illegible]
大搭斤重故也
今定制
凡公侯內外文武四品以上官不得令子弟家[illegible]

奴僕於市肆開張舖店生放錢債及出外行商
中鹽興販物貨其有頭匹器物之類遣人於外
賣買以給家用不係商賈取利者不在禁例
一古先哲王之制大邑不過三國之一中五之一
小九之一且如國王所居之城九里公侯所居
之城止得二里伯止得一里二百八十八步子
男止得一里古人尊卑之分如此今已往功臣
之家不守分限往往於住宅前後左右多占地
丈蓋造亭館或開掘池沼以為遊翫似此越禮
犯分所以不能保守前功共享太平之福

一古人於地有王氣之處往往埋金以厭之或井
其地以洩之前代帝王如此用心今京城已故
各官多有不諳道理於住宅內自行開挑池塘
養魚種蓮以為玩好非惟洩斷地脉實於本家
不利以致身亡家破今後京城內官員宅院不
許開挑池塘亦不得於內取土築墻掘成坑坎

稽古定制終

浙江等處承宣布政使司承准
行在工部堂字壹千陸百陸拾玖號勘合為民
情等事准行在禮部咨行在禮科抄出浙江
嚴州府知府萬觀奏一件故官房屋事臣近見
已故官員之家先前有因父祖伯叔任官之時
遵奉
國朝稽古定制照品級造屋居住以後祖父伯叔
病故多被小人訟其子孫僭住違式房屋其受
理官司亦不究其造屋原因輒便依告提問如
律房屋斷沒入官臣竊稽諸唐制其祖父舍宅
門廕子孫雖廕盡聽依仍舊居住前件如蒙
准奏乞
勅工部行移內外衙門但有故官之家曾依品級

起造房屋者除因貪汚黜罷者令改折外其
能守法奉公終于本等職事許令子孫永遠
居住如此不惟厲仕者廉謹之心亦祖父舍宅
門廕子孫之盛典也前件會官議得合准所
言宜從行在工部施行未敢擅便具本正統
叁年叁月貳拾日早各官於
奉天門奏奉
聖旨是欽此除欽遵外移咨到部擬合通行除外
合行本司轉屬照依奏奉
欽依內事理一體欽遵施行

稽古定制卷之九終

皇明制書

憲綱卷之十

皇帝勑諭禮部都察院

朝廷建風憲任之耳目綱紀之寄所以肅百僚而貞百度也憲綱之書肇於洪武厥後官制不同所宜因時改書而中外憲臣往往有任情增益者我

皇考宣宗章皇帝臨御臣下屢以為言遂勑禮部同翰林儒臣考洪武舊文而申明之并以洪武永樂以來

祖宗所定風憲事體著在簡冊者悉載其中永示遵守而益之以訓戒之言凡出臣下所自增者並削去之

書成

先皇帝上賓未及頒行朕嗣位之初切以風憲為重勑有司嚴選務在得人外之憲臣復以憲綱為言朕令

於

先朝所考定中益以見行事宜爾禮部即用刊印頒布中外諸司遵守爾都察院其下各道御史及在外按察司官欽遵奉行其洪武以後憲綱凡係臣下自增者不用敢有故違必罪不恕欽哉故諭

正統四年十月二十六日

憲綱事類目録

憲綱三十四條

糾劾百司　朝會禮儀　祭祀禮儀

點差御史　官吏取受　囑託公事

禁再糾劾　互相糾劾　出巡期限

出巡隨從　分巡迴避　巡視倉庫

追問刑名　親問公事　理斷詞訟

沮壞風憲　裝誣風憲　擬斷公事

約會問事　巡按失職　照刷文卷

審理罪囚　直言所見　舉明孝義

巡按卷宗　聲訴冤枉　官吏訴罪

迴避讎嫌　禁約迎送　講讀律令

選用風憲　選用吏典　比律事理

公用物件

○憲體十五條

出巡相見禮儀四條

巡歷事例三十六條

刷卷條格六條

憲綱事類

憲綱三十四條

糾劾百司

凡風憲任紀綱之重為耳目之司內外大小衙門官員但有不公不法等事在內從監察御史在外從按察司糾舉其糾舉之事須要明著年月指陳實跡明白具奏若係機密重事實封

御前開拆並不許虛文泛言若挾私搜求細事及糾言不實者抵罪

朝會禮儀

凡大朝會行禮若有失儀聽糾儀御史舉劾常朝大小衙門官員奏事理有未當及失儀者聽侍班御史并給事中劾奏依律罰俸

祭祀禮儀

凡祭祀

郊社

宗廟山川等神若有怠於職事及失儀者並聽糾儀御史舉劾依律責罰

點差御史

凡點差御史分巡并追問審理等事都察院具事目請

旨點差回京之日不須經由本院徑赴

御前復奏

官吏取受

凡告有司官吏人等取受或出首贓私等事直隸赴巡按監察御史在外赴按察司并分司及巡按監察御史處陳告追問明白依律施行其應

請

旨者奏聞挐問若軍官有犯在京從都察院在外從巡按監察御史按察司并分司密切奏

請施行其各都司及衛所首領官有犯即便挐問

囑託公事

凡都察院官及監察御史按察司官吏人等不許於各衙門囑託公事違者比常人加三等有贓者從重論

禁再糾劾

凡糾舉官員生殺予奪悉聽

上命若已有

旨發落不許再劾

互相糾劾

凡都察院按察司堂上官及首領官各道監察御
史吏典但有不公不法及曠職廢事貪淫暴横
實迹該科糾劾毋得徇私容蔽其所糾舉並要
明具實跡奏
請按問明白覆奏區處其有挾私妄奏者抵罪

出巡期限

凡監察御史各道按察司官每出巡審囚刷卷必
須徧歷不拘限期

出巡隨從

凡監察御史巡按許帶書吏一名照刷文卷許帶
人吏二名若應用監生臨期奏請按察司官分
巡許帶吏典二名承差一名皆須官吏監生承
差同行不許相離御史及按察司官陸路給驛
馬水路應付站船監生吏典承差陸路並騎驛
驢水路應付遞運船俱支廩給經過去處量撥
弓兵防送不許别帶吏典皂隸人等

分巡迴避

凡分巡地面果係原籍并先曾歷仕寓居處所並
須迴避

巡視倉庫

凡在京及各布政司并巡歷地方倉庫局務等衙
門但係錢粮出納去處從監察御史按察司并
分司官不時巡視若有作弊就便究治

追問刑名

凡監察御史按察司官有追問諸衙門官員取受
不公刑名等事除軍官京官并勲舊之臣及在
外文職五品以上官具奏請
旨方許取問其餘六品以下取問明白從公決斷之後仍
具奏聞若奏
特旨委問者須將始終緣由議罪回奏取旨
上裁

親問公事

凡監察御史按察司官分巡去處如有陳告官吏
取受不公等事須要親行追問不許轉委違者
杖一百

理斷詞訟

凡有告爭戶婚田土錢粮鬬訟等事須於本管衙
門自下而上陳告歸問如理斷不公或冤抑不
理者直隸赴巡按監察御史在外赴按察司或
分司及巡按監察御史處陳告即與受理推明

如果得實將原問官吏依律究治其應請旨者具實奏聞若見問未經結絶又赴本管上司告理不許輒便受狀追卷變易是非須要即時附簿發下原問官司立限歸結如理斷不當及應合歸結而不歸結者即便究問遠者監察御史按察司體察究治如不係分巡時月及巡歷已過所按地面却有陳告官吏不公不法者隨即受理追問

沮壞風憲

凡都察院幷監察御史按察司綱紀所繫其任非輕行事之際一應諸衙門官員人等不許挾私沮壞違者杖八十若有干礙合問人數敢無故占悋不發者與犯人同罪

裝誣風憲

凡監察御史按察司官巡歷去處若有官吏犯罪畏避追問故將財物婦女潛入公廨設計裝誣沮壞風憲者並許取問實封奏聞犯人處重財物沒官婦女發有司收問其出巡官吏仍不得自生嫌疑廻避致妨巡歷

擬斷公事

凡監察御史按察司官巡歷去處所問公事有擬斷不當者都察院按察總司隨即改正當該吏典罪之如律仍將原問御史及分司官擬斷不當事理具奏得
旨方許取問

約會問事

凡有軍民相干詞訟等事移文到日其應該會問官員隨即前去若無故不即會問及偏徇占悋者從監察御史按察司官按問其應請
旨者具實奏聞

巡按失職

凡監察御史按察司官巡歷去處但知有司等官守法奉公廉能昭著者隨即舉聞若奸貪廢事蠹政害民者即便拏問其應請
旨者具實奏聞若知善不舉見惡不拏杖一百發烟瘴地面安置有贓者從重論

照刷文卷

凡在京大小有印信衙門并直隸衛所府州縣幷衙門在外各都司布政司按察司文卷除干碍軍機重事不刷外其餘卷宗從監察御史每歲

一次弍二歲三歲一次照刷五軍都督府六部
大理寺令該吏具報畫百太常寺通政司太僕
寺光祿寺鴻臚寺國子監翰林院各衛令首領
官吏具報其餘衙門正官首領官通著呈報以
憑查刷都察院堂上及各道文卷俱照例送刷
中間干碍追究改正事理照依已定行移體式
施行如有遲錯其經該官員應請
旨者奏請取問其餘官吏就便依照刷文卷律治罪其各
都司布政司按察司所屬衛所府州縣等衙門
文卷從本處按察分司照刷若有遲錯一體依
例施行其照刷之際務要盡心若有獄訟淹滯
刑名違錯錢粮埋沒賦役不均等項依律究問
遲者舉行錯者改正合追理者即與追理務要
明白立案催督結絕不能盡職者監察御史從
都察院按察分司從總司體察奏聞究治

審理罪囚

凡各都司布政司所屬并直隸府州縣軍民諸衙
門應有罪囚追問完備杖罪以下依律決斷徒
流死罪議擬備申上司詳審直隸聽刑部巡按
監察御史在外聽按察司并分司審錄無異徒
流罪名就便斷遣至死罪者議擬奏聞事內干
連人數先行摘斷不須對問者發落寧家必合
存留待對者知在聽候直隸去處從刑部委官
與巡按監察御史在外從都司布政司按察司
及巡按監察御史公同審錄處決如翻異原招
事有冤抑者即與從公辨理若果冤抑并將原
問原審官吏按問其應請
旨者奏聞區處若審錄無異故延不決及明稱冤枉不與
伸理者並依律罪之

直言所見

凡
國家政令得失軍民利病一切興利除害等事並聽監
察御史按察司官各陳所見直言無隱若建言
創行事理必須公同評議互相可否務在得宜
方許實封陳奏

舉明孝義

凡孝子順孫義夫節婦忠臣烈女志行卓異可勵
民風者所在有司舉申監察御史按察司覆實
移文所司以憑奏聞旌表

巡按卷宗

凡監察御史行過文卷從都察院磨勘按察分司行過文卷聽總司磨勘如有遲錯即便舉正中間果有枉問事理應請
旨者具實奏聞

聲訴究枉

凡按察司官斷理不公不法等事果有冤枉者許赴巡按監察御史處聲冤監察御史枉問許赴通政司遞狀送都察院伸理都察院不與理斷或枉問者許擊登聞鼓陳訴

官吏訴罪

凡風憲官問定官員贓罪如有冤屈許本犯從實聲訴若果真犯實跡不肯伏罪或揑造挾讎等項為詞擬捨原問者於本犯上加二等科罪仍押至
午門前聽候再審

迴避讎嫌

凡監察御史按察司官追問公事中間如有讎嫌之人並聽移文陳說迴避若朦朧懷私按問致有違枉者於反坐上加二等科罪所問雖實亦以不應科斷

禁約迎送

凡監察御史按察司官巡歷去處各衙門官吏不許出郭迎送違者舉問如律若容令迎送不行舉問者罪同如有規避者從重論都司布政司府州官所至亦同

講讀律令

凡
國家律令并續降條例事理有司官吏須要熟讀詳玩明曉其義監察御史按察司官所至之處令其講讀或有不能通曉者依律究治

選用風憲

凡都察院各道監察御史并首領官按察司官并首領官自今務得公明廉重老成歷練之人奏請除授不許以新進初仕及知印承差吏典出身人員充用

選用吏典

凡都察院及按察司吏典須於考退生員與應取吏員相參補用不許用曾犯姦貪罪名之人

比律事理

凡監察御史按察司官追問輕重刑名中間果有律令該載不盡者比擬律條開具請

公用物件
凡都察院合用筆墨心紅具奏劄付京府按察司
合用筆墨心紅紙劄行移附郭府分監察御史
按察分司巡歷去處合用紙劄筆硃墨灯油柴炭
行移所在有司並支給官鈔收買應用具實銷
筭

憲體十五條
一風憲為朝廷耳目宣
上德達下情乃其職任所至之處須訪問軍民休戚及利
所當興害所當革者隨即舉行或有水旱灾傷
當奏者即具奏不可因循苟且曠廢其職
一風憲存心須用明白正大不可任一己之私昧
衆人之公凡考察官吏廉貪賢否必於民間廣
詢密訪務循公議以協衆情毋得偏聽及輒憑
里老吏胥人等之言顛倒是非亦毋得搜求細
事羅織人過使奸人得志善人遭屈
一風憲之官當存心忠厚其於刑獄尤須詳慎若
刻薄不仁專行酷害不思罪有大小罰有重輕
而一槩毒刑以逞動輒箠人至死不惟有失

廷欽恤之意抑且禍及身家雖悔無及
一居風憲者須用持身端肅公勤詳慎毋得驕傲
怠惰凡飲食供帳只宜從儉不得踰分
一風憲之職其任至重行止語默必須循理守法
若纖毫有違則人人得而非議之為風憲之累
矣故所至州縣取假分毫之物即自玷溷在我
無瑕方可律人
一所至之處博采諸司官吏行止廉勤公謹者禮
待之薦舉之汙濫奸佞者戒飭之糾劾之勸懲
得體人自敬服大抵心正無私則事公當
一所至之處須用防閑未行事之先不得接見閑
雜人凡官吏稟事除公務外不得問此地出產
何物以防下人窺伺作弊
一分巡所至不許令有司和買物貨及盛張筵宴
邀請親識并私役夫匠多用導從以張聲勢自
招罪愆
一巡按之處不得令親戚人等於各府州縣等衙
門囑託公事及營充勾當
一出巡同事之人須相協和並若有所見不同而行
事乖外者可於無人之處從容陳說利害以開

導之彼心既悟必能從正凡人有言須虛心以
聽不可偏執己見若聽者能從則言者亦不可
矜為己功大抵同僚同事當如兄弟相親相愛
積誠相與未有不相契者凡有善相讓有過相
規相規之言只兩人自知切不可對衆發之庶
其能從凡處同僚不可推惡避勞不可妨彼利
己不可揚己抑人必務協和以相助益不但憲
司如此諸司處同僚者亦皆當然
一學校者禮讓之地凡監察御史按察司官所至
下學先詣

大成殿拜謁禮畢退詣明倫堂生員講說經史監察御
史按察司官中坐本處提調七品以上正佐官
序坐於左教授學正教諭訓導序坐於右聽講
餘皆立聽布政司官下學亦同若布政司按察
司官與御史一同下學御史左邊正面坐布政
司按察司官依品級右邊正面坐問答之際教
官生員不許行跪禮
一總兵鎮守官受朝廷委任以防奸禦侮凡調度
軍馬區畫邊務風憲官皆無得干預其相見相
待之禮尤須謙敬如總兵鎮守官有犯違法重

事須用體覆明白指陳實跡具奏請
旨不許擅自辱慢其軍職有犯具奏請
旨已有定例風憲官巡歷去處亦須以禮待之並不得輕
易陵辱
一在外鄉試自有布政司官提調按察司官監試
其巡按及公差問理等項監察御史毋得干預
及列名於鄉試小録甚失大體其所試生徒若
有情弊聽行糾舉亦不得生事誣執其在京鄉
試及會試合用監察御史監試如有兄弟子姪
之類在試[illegible]迴避

一初到按臨之處其都司布政司按察司及衛所
府州縣官相見之後各回衙門辦事每日不許
伺候作揖及早晚聽事遇有事務許喚首領官
吏抄案或佐貳官一員前來發落不許輒喚正
官或有合令正佐官計議事務及正佐官自來
稟白者不在此例按察司官分巡同都司布政
司官所至亦同違者從風憲官舉劾
一各衙門問過罪囚或有合斷事理干礙計稟者
先令有司定擬罪名然後參考事例明白方可
發落不可輒自與決恐有別例議論不同宜從

所長

出巡相見禮儀四條

一方面官與御史初相見左右對拜方面官來見
御史前門外下馬由正道入御史迎至後堂方
面官坐左御史坐右及御史回望司前下馬由
正道入方面官迎至後堂御史坐左方面官坐
右首領官初見行拜禮御史中立還拜
一中都留守司官各處按察司官相見並如前儀
一各衛指揮鹽運司運使同知各府知府初見御
史按察司官上手立對拜鹽運司副使判官各
府同知通判推官各州知州同知判官各縣知
縣及守禦千戶初見御史按察司官中立答拜
各衛并鹽運司各府州首領官各縣縣丞主簿
初見行拜禮御史按察司官起身舉手各縣典
史及倉場庫務陰陽醫學僧道等官初見行拜
禮御史按察司官坐受舉手其指揮運使運同
知府知州問答之際不許行跪禮
一府州縣儒學教官生員初見行拜禮御史按察
司官出位中立還拜教官生員相見之後不許
每日伺候作揖有妨肄業

巡歷事例三十六條

凡巡歷所至之處所有按治事例合用申明仰令
本府州縣衙門并守禦官依上施行各另
回報

府州縣

一農桑乃生民衣食之源仰本府州縣行移
提調官常用心勸諭農民趁時種植仍將
種過桑麻等項田畝計科絲綿等項分豁
舊有新收數目開報
一學校為盛賢育才之地仰本府州縣提調
官及學官常用心訓誨生徒肄習課業講
論經史治道等事以備擢用不許懈怠廟
學損壞即為修理仍將見在師生員名開
報
一存恤孤老仁政所先仰本府州縣行移所
屬凡有鰥寡孤獨廢疾無依之人俱收入
養濟院常加存恤合得衣粮依期按月支
給毋令失所遇有疾病督醫治療仍將見
在名數具報
一古聖帝明王先師先賢陵墓山川社稷祀

典祠壇仰本府州縣提調所屬常須潔淨
有損壞者即爲脩理仍禁牧放樵採
一山林隱逸懷材秉義之士仰本府州縣官
究心搜挙送赴京以偹擢用
一仰本府州縣取勘所屬應有孝子順孫義
夫節婦忠臣烈女果有志行卓異明著實
跡舉保申達毋得舉富遺貧扶同作弊
一原設旌善亭申明亭但有損壞仰本府州
縣嚴督所屬即便併工脩理榜示姓名行
實使善惡知所勸懲毋得視爲文具因而

廢弛先將坊都設亭處所及善惡姓名具
報
一鄉飲酒禮仰本府州縣行屬照依原降圖
式舉行毋得尊卑失序其城市鄉村所司
宜一體申明遵行無爲文具
一荒閑田土仰本府州縣行屬多方設法召
民開墾趂時布種其合納稅粮須候例限
滿日科徵毋致抛荒
一圩岸堤堰陂塘仰本府州縣提調官常川
体勘境內應有圩岸堤堰坍缺陂塘溝渠

壅塞務要趂時修築堅完疏濬流通以偹
旱潦毋致失時有傷禾稼及因而擾害於
民
一戶口仰本府州縣取勘所屬籍定戶口分
豁城市鄉都舊管收除實在数目開報
一橋梁路道仰本府州縣提調官常加點視
但有損壞隨即脩理務要堅完毋致阻碍
經行
一本府州縣及所屬應有印信大小衙門并
見在官吏姓名年甲籍貫歷仕脚色到任

日月一一開報
一本府州縣及所屬但有急缺官員隨即徑
申吏部以憑除授不許稽遲
一歲辦錢粮仰本府州縣提督所屬依期徵
收足備起解所指倉庫交納取獲收回照
不許稽遲
一課程仰本府州縣即將歲辦各色課程数
目逐一開報
一倉庫房屋仰本府州縣提調官常加點視
若有損壞即便脩理及嚴加關防官吏斗

級庫子人等收支作弊仍將見在錢糧等
物分豁新舊收除實在備細數目繳報
一仰本府州縣嚴督所屬凡有一應差役須
於黃冊丁粮相應人戶內從公點差周而
復始毋致放富差貧那移作弊重擾於民
一境內盜賊仰衛府州縣嚴督所屬捕盜官
及應捕之人令晝夜用心巡察擒獲務要
盡絕無遺民患仍將捕盜官及應捕之人
職名開報
一巡檢司及關津把隘官兵仰衛府州縣督
令用心守把凡經過之人驗引明白即便
放行不許縱放逃軍逃囚及奸細之人仍
嚴禁約官兵人等不許生事刁蹬取財害
民
一鈔法仰本府州縣行屬嚴加省諭所管城
市鄉村商賈人民務要流通毋致阻滯
一斛斗秤尺仰本府州縣正官照依原降式
樣較勘相同官民通用仍將官降式樣常
於街市懸掛聽令比較毋容嗜利之徒增
減作弊

一時估仰本府州縣行屬務要每月初旬取
勘諸物時估逐一覆實依期開報毋致高
擡少估虧官損民
一軍需軍器國用所資但係上司行下製造
仰本府州縣提調官嚴督工匠如法製造
務要堅利精銳不許怠忽其收買物料務
依時估給價不許剋減作弊
一上司收買一應物料仰本府州縣照依按
月時估兩平收買隨即給價毋致虧官損
民及縱令吏胥里甲鋪戶人等因而尅落
作弊
一站驛仰本府州縣提調官時常整點各驛
船馬鋪陳什物俱要完備仍鈐束慣熟梢
水人夫馬夫常川在驛聽候遞送毋致失
誤先具站船人夫什物馬驢頭匹數目開
報
一歲造段匹等物仰本府州縣即將織染局
見在各色人匠機張及歲辦并關支顏料
等物數目開報
一急遞鋪仰本府州縣行移所屬提調官及

鋪長時常點視境內鋪舍及合用什物務
要完備如有缺壞即便脩補仍嚴督鋪司
鋪兵晝夜在鋪聽候走遞公文不許暫離
凡遞公文不許磨擦封皮及稽遲沉匿仍
出榜各鋪禁約往來差使官員人等不許
役使鋪兵損壞鋪舍

一皂隸弓兵仰本府州縣取勘額設名數及
點充月日開報毋得多餘濫設欺隱為奸
及經年不替妨民生理

一仰本府州縣應有詞訟狀早從公依律歸
結毋得淹延妨民生理及聽奸吏增減情
詞出入人罪仍將見問囚數分豁已未歸
結畫實開報毋得隱漏

一獄禁所當矜卹仰本府州縣官并司獄
官常加點視督令獄卒將見禁囚人如法
收禁冬設煖柙夏備涼漿合得囚粮依數
支養若有疾病令醫治療不許縱令獄卒
人等尅落衣粮非理淩虐因而瘦死及將
平民枉禁違錯仍具獄官吏卒名數及見
監囚數開報

一應有沒官金銀段匹銅錢及贓罰等項仰
本府州縣取勘見數開坐已未起解數目
具報

守禦衙門

一指揮千百戶鎮撫總小旗並要撫卹軍士
各令得所不許生事害勒取財物及尅
減月粮

一凡係衛所去處務要高城深濠垜堞堅壯
如有損壞即撥軍餘脩理不許怠慢常常
嚴督軍士各遵紀律守禦地方不許擅離
信地擾害人民仍於門禁關津守把盤詰
奸細但有鄉村人民挑擔物貨柴薪等項
入城貨賣不許指以盤結為由生事刁蹬
因而勒要錢物

一不許縱容潑皮軍餘出入府縣把持官府
欺害良善

一管軍官不得縱令軍人離役虛申逃亡冒
名代替及私占用營運買賣或作佃戶等
項役使

刷卷條例 六條

凡監察御史并按察司分司巡歷去處先行立案令各該軍民衙門抄案從實取勘本衙門并所屬有印信衙門合刷卷宗分豁已未照刷已未結絕印記張縫依式粘連刷尾同具點檢單目并官吏不致隱漏結罪文狀責令該吏親賫赴院以憑逐宗照刷如刷出卷內事無違枉俱已完結則批以照過若事已施行別無違枉未可完結則批以通照若事已行可完而不完則批以稽遲若事已行已完雖有違枉而無規避則批以失錯若事當行不行當舉不舉有所規避則批以違錯如錢粮不追人贓不照之類則批以埋沒各卷內有文案不立月日顛倒又當推究得失隨情擬罪其曰照過曰通照曰遲錯曰埋沒此皆照駁之總名而照刷之方又各有其法今將六房照刷事例略舉于後

一照刷吏房起送赴部官吏文卷假如順天府某年月日承奉吏部劄付仰行所屬應有合該起送官吏取勘見數一名名起送聽用當日立案行移太興等縣取勘花名先申到府案催各縣陸續照依原報名數申觧完絕取獲批收明白卷內行移又無遲錯事理則卷尾批云照過設若起觧未盡行催不絕則批通照其或各縣開稱事故文書到後或半月或數日不行催問則批云事屬稽遲户有先申某令解某本作其卻作某之類則批云事屬差錯如是原申十名已觧六名外有四名未解經年歇案不催中間情弊不無則駁之曰埋沒照刷州縣吏房卷同

一照刷户房開墾荒田卷假如保定府承奉户部劄付仰行所屬應有荒閑田土召人開墾合納稅粮三年後依例科徵據清苑等縣申報人户姓名開過田畆數目立案候至年限滿日已將起科則例花名田粮數目移付徵收秋粮卷收科了當卷內別無稽遲差錯事件則批刷尾云照過設若年限未滿申報未絕則批通照其或各縣申稱見行開墾先具人户花名到府遷延三五日或數十日不行立案行催開過田數則批云事屬稽遲其有原開頃畆該科

秋粮十石却作千石之類則批差錯至於
原申開過田土比候年限已滿或逾年不
行收科或將原報頃畝減多作小其弊顯
然則當駁以埋沒照刷州縣戶房卷同
一照刷禮房買辦祭祀猪羊果品香燭等項
文卷先看何年月日承奉禮部劄付開到
本府合該祭祀社稷先聖先賢及風雲雷
雨山川無祀鬼神等壇若干處每壇計用
猪若干羊若干果品香燭等項若干其價
照依本處時估對物收買仰於官鈔內放
支當日立案定限行移所屬州縣收買要
見回報是何行人物戶時估及差委何官
眼同收買送官應用仍查筭原估與收買
價鈔相同已用與原買之數無異俱有行
人物戶領狀在卷祭祀已畢事無施行則
批以照過若或已買在官祭祀日期未臨
雖皆有發付收領明白事無施行則批以
通照其或經遠日久絕方立案行移祭期
將臨其收買猪羊等項尚有未備顯是怠
慢則批以事屬稽遲若或分派各行人物

戶所買品數皆同而價鈔不一且如春二
祭先師孔子該猪六口每口價鈔二百貫
却共作一千二百五十貫附卷及查行人
物戶領狀實領一千二百貫并查放支官
錢卷內亦止一千二百貫既已明白別無
規避則批以事屬差錯其或猪羊等項已
備祭祀已畢但不見所用過鈔貫花銷不
見是何行人物戶收領價鈔及有無餘下
物件未用責付何人收領朦朧不明顯有
規避則批以事屬埋沒照刷州縣禮房卷
同
一照刷兵房勾補軍役文卷先看本府何年
月日承奉兵部劄付或都司布政司各衛
公文坐勾補役軍丁若干名當日立案行
移各該州縣立定限期解府各該州縣照
依坐下名數隨即解到卷內見有原獲合
干上司實收事無施行則於刷尾批以照
過若或當日立案照依名數行下各該州
縣或先解若干或全不解到已經節次移
文催併差人坐守起解雖以盡絕而無實

收則批以過照又或經過三五日或一歲
日方纔立案行移雖各該州縣依數起解
未見實收則批事屬稽遲若行移不遲名
數不缺中間原坐張某今解李某案內不
見審實緣由及駁問所司官吏雖有實收
則亦批事屬差錯其或承上司明文雖已
立案經年不見催舉間或行移如勾十名
止解到五六名已解者不見實收未到者
又不舉問顯有規避則批曰事屬埋沒照
刷州縣兵房卷同

憲綱　二十九

一照刷刑房贓罰壞法文卷先看本府何年
月日據某人所告詞狀當日曾無立案將
本人引審或監或保若監收原告要見為
何緣故明白立案取具司獄司收管在卷
若或保放原告要見立案批差皁隸取獲
保狀附卷其狀內合問人數查照曾無立
案分豁被告干連着落所司提解其或當
日立案差人定限分豁被告干連着落所
司提解又看本府何年月日據所司依限
解到坐提人數要見當日立案將各人引

問責與原告對理且如甲告乙受丙贓五
十貫乙招如告又告丁贓四十貫丁供明
曰甲自招虛又看甲乙丙之招詞丁之供
狀同甲乙丙之服辯曾無題押入卷乙招
贓鈔曾無立案追徵既已追徵曾無納足
有無庫收領狀又看有無立案引律擬罪
發落又於發落案內先看原發事由中間
曾無增減原狀緊關情節查比解到月日
有無淹禁次於問擬招狀項下詳看乙所
招情節比甲所告是否同異却於前件議

三十

得項下參詳甲乙丙之罪名比律允當丁
無招涉依例疏放又於照行事理要見准
工者差人起解的決者立案摘斷充科者
疏放寧家追足乙名下招受贓鈔責令該
庫收貯取獲領狀在卷如原發事由內無
增減原狀緊關情節問擬招罪內無故失
出入人罪前件議得下比照律條所擬允
當照行事理內無人贓埋沒之弊俱已完
結事無施行則批以照過若或已提未到
人數累催不到原追贓鈔催促未足則批

以通照其或受狀不即立案已經數日方緣施行以致提人未到則批曰事屬稽遲若案內字樣不同粘連顛倒以致月日參差官不題押吏不書名之類事已完結而無規避則批事屬差錯若或因人避從贓照行事理內不照追提以致歷年不行顯有規避則曰事屬埋沒照刷州縣刑房卷同

一照刷工房成造船隻文卷先看何年月日承奉工部劄付坐下本府該造船若干隻每隻計用釘線大小不等若干斤桐油若干斤麻穰若干斤其價照依時估對物收買仰於官錢內放支合用木植着落人夫採斫當日立案定限行移所屬州縣起集人夫採辦木植要見回報起到人夫若干名并所詣處所及已收買釘線等物時價差委何人帶領各匠若干名前來某處興造次將引各行具領狀支鈔依數收買物料成造船隻查算原估與收買價鈔相同已用與原計物料無異船隻已起限期不遠事無施行俱有各行收買物料領狀在卷則批以照過若或行移不遲興工不後物料不缺人匠不少支用物料未盡原定限期不遠船隻未起事無施行則批以通照其或經違數日緩方立案行移其所屬州縣合納辦物料人匠雖已不缺而船隻亦起終是怠慢則批云事屬稽遲若或泒料或多或少用工或衆或寡每船合辦五寸釘線二百斤却寫作二百五十斤之類查考中間收買之數及價鈔並無赴落又有各行領狀在卷如數明白別無規避則批事屬差錯其或造船已完不見各船用過物料花銷數目及餘下釘線等物責令是何庫分收貯原計料數多後收買數少顯有規避則批云事屬埋沒照刷州縣工房卷同

吏部條例

吏部為建言民情等事稽勳清吏司案呈奉本部送
准禮部咨弘治十一年月日不等於禮科抄出吏部
等衙門聽選等官人等建言民情事件該通政使司
官於
奉天門奏合着禮部會官議奉
聖旨是欽此欽遵抄出到部會同各部都察院通政司大
理寺科道議將除有例見行及泛言難准外數內六
十四件合准所言宜從吏部等衙門查勘定奪施行
弘治十一年七月初六日早各官於
奉天門奏奉
聖旨是欽此欽遵計開聽選官王价言稱天下諸司大小
衙門官吏監生知印承差考滿給由丁憂為事聞喪
扣奉附過等項吏部先年悉有舊例通行各衙門遵
守緣各處衙門有行而未到者有到而案卷無存者
中間又有失行者以致各項官員一遇考滿丁憂為
事等項起文給批各無定式及至到部查駁不同多
至參問中間雖有中途患帖十無一實如蒙乞
勑吏部通將先年行過舊例重新逐一開款明白備寫定
式通行天下大小衙門各置木牌板榜刊刻齊整安
置公堂左右永為遵守前件吏部查行續准文選驗
封考功等清吏司備將見行事例各開付前來擬合
通類案呈施行等因到部參照前事合就連送本司
仰將後開見行事例開单移付驗封清吏司類行浙
江等十三布政司并南北直隸府州各行所屬七品
以上衙門着落當該官吏查照先今事理將後開條
例各置木牌板榜刊刻安置公堂左右永為遵守此
後遇有起復給由考滿等項官吏悉照前例施行
計開給由紙牌違礙事例
一不填字號漏用印信墨污有跡破損及遭風水濕無
告官文憑俱參問
一墨欄偏斜寫不過幅襟頭差錯行款歪斜用印偏倒
字樣潦草開除復歷俸月日與貼黃不同開籍貫寫
官銜不盡空上司官名牌面年月下不僉小日僉名牌
前稱臣牌後年月下不稱臣落寫背書及背書吏稱
臣不盡字俱駁候年終類奏
給由官吏違礙事例
一給由官吏前考三十六箇月次考及三考亦歷三十
六箇月前考若歷三十七箇月次考三考俱歷三十
七箇月准理若多歷少歷者俱參問

一在京衙門堂上官及監察御史調除外任及推官保
送都察院理刑黜改知縣者雖品級相等俸月俱不
准通理其餘例該考覈調除外任者品級相等俱准
通理
一在外有司大小官員除後三年六年俱要赴部給由
雖有專責差占三年六年亦要一次赴部給由違者
送問仍照察簡則例降一級
一在外所屬例該考覈官員其合干上司考覈詞語不
開稱職平常及不稱職字樣并全無考覈詞語者俱
參問行查

一歷俸六年止開三年事蹟給由者送問還職仍令回
任補造六年牌冊給由其丁憂復除補任考滿不開
前任事蹟者參問行查
一在外考滿官公文批牌內不開除授到任考滿年月
日期增減十歲以上戶口有無新增俸月多歷少歷
不開前任隱匿過名洗改縻爛字樣者俱參問係少
歷者復除補轉若批牌公文內但有一件無礙者免
送問
一考滿官員一二考滿後如有公差摘占再有歷過俸
月務要開具明白違者歷俸不及一月改正一月之

上 招半年之上送問其遇例納米免其赴部一二
考給由官員滿後歷過俸月亦要扣算明白開具違
者 照前例行彼處巡按御史提問
一給由官吏患病二年之上雖有堪信文憑不准不及
二年者患帖無告官痊可日期亦不准送問
一增減不及十歲差錯籍貫出身除授復任年月日不
開署職背書該吏名缺不曾開報及丁憂起復除共
轉九年不開前後備細俸月俱准改正
一考滿官員中途聞喪不將牌本文冊赴所在官司告
繳收藏在家至起復之日方纔告繳者送問

一前任歷俸月日少許通理前任日多另歷三年假如
初考滿後不及十八箇月就於次考內通理若過十
八箇月之上須於三考內通理違者參問
一在外起送三年六年并九年考滿官俱要合干上司
府州縣衙門查勘明白一一具結起送如無一處印
信保結者聽候查取發落
一官患病三箇月者將該支俸糧住支調理痊可之日
照舊支給同署官僚毋得扶同坐視曠職虛費錢粮
事發通行查究如律
一考滿官患病三箇月之內月日并住俸罰俸不作實

歷者俱叅問其教官患病隨即住俸遣者送問
一考滿官三年六年九年給由赴部俱要備造功
業須知青冊各一本送部查考違者叅問
一在外有司大小官員三年六年例該給由者許令依
期赴部給由如或地方災傷或盜賊生發事情重大
不可缺官將應留緣由奏
請定奪不許擅留若有
旨准留者南北直隸俱於巡撫處各布政司俱於本布政
司照例考覈將三年六年考滿牌冊奏繳前來俟九
年通考到部查照前項事蹟照例黜陟其有歷俸八
年之上仍作六年給由者該衙門即便省令補輳九
年方許起送若朦朧起送赴部經該官吏并給由官通
行叅究治罪
一教官九年考滿冐報舉人者送問
一教官九年考滿無府州縣并委官保結者聽候行查
一丁憂起復并更調改除教官九年考滿不開前任事
蹟者送問
一例該考覈教官九年考滿無上司考語并詞語無稱
否字樣者教官且奏入選差錯官吏照例叅問
一驛遞閘壩司獄河泊稅課司局織染茶塩批驗所等

官三年六年考滿隸北直隸者赴本部隸南直隸者
赴南京吏部隸各布政司者赴各布政司給由查理
明白就令復職各布政司將各官考滿牌冊具本差
人類繳候九年通考給由赴部以憑查考黜陟違者
送問公文內不具該府州縣官吏保結者聽候行查
一驛丞九年考滿公文牌冊內事蹟不行明白開報應
付過使客備細花名起數者送問
一考滿巡檢任內捉獲軍囚等項須內要見所犯事由
强盜要見每起幾名打劫是何人民財物偽印要見
偽造某何衙門印信各送是何衙門問罪作何發落
强盜作何問擬偽印曾無假造私鑄覆勘是實就將
原問過招罪緣由抄粘通具[illegible]州縣并巡檢司官吏
不扶保結起送考滿者行查叅問弘治九年三月初二
日為因各巡檢事蹟不明無憑查勘守候人難又該
本部題
准今後巡檢到任之後如有捉獲前項人犯俱要申報巡
按御史或自行問理備抄招由或轉行所在官司問
理取具招由冐行叅詳明白將招由陸續呈繳都察
院轉送本部按候各巡檢考滿至日查有御史繳到
招由者筭為功蹟無招由者不筭功蹟

一沿海巡檢考滿亦要查勘明白畫圖貼說粘連通具府州縣并巡檢司官吏不扶保結起送違者行查究問

一倉官守候二年之上放支不盡絕者仍聽全支本等俸給不及二年仍支全俸者參問

一倉官正糧守支盡絕即當住俸若止交盤餘米變賣蘆蓆仍支贓俸者參問

一倉官守支聞奉上司委署別衙門印信遷延過違年限者參問

一前任倉官未滿聞喪去任起復到部復除倉官俸月准通理另歷週歲違者參問

一倉官收糧不及千石草不及十萬束者歷俸週歲許交盤給由違者參問

一半年無糧草收受倉官起送到部別用若到任之時雖曾盤收前官糧米亦不係經收之數照例起送違者參問

一倉官考滿公文內無放糧盡絕年月日期者行查一

一大同宣府遼東甘肅等處收草官攢俱以九年為期或公年前後遇例差官經盤堆垛如法數目不少者准令起送

一給由吏典役內若有患病公差月日例該准作實歷若除此之外另歷者扣以多歷送問

一兩考役滿吏年及四十五歲以上者例該為民不許起送

一倉攢不分前考後考役內有無糧草收放批咨內俱要明白開寫有糧草收放者要見經收糧草若干何年月日放支盡絕易放查扣違者行查一

一吏典一考滿後除丁憂外無故歇役三年之上者不許轉參及兩考滿後不行給由展轉捏故歇役三年之上者不許起送就彼俱發為民違者將收參起送官吏參問一考滿後有接丧丁憂服滿之後遷延一年之上不行起復者亦問發為民兩考滿後歇役未及三年者果有事故實蹟各該司府州縣等衙門咨呈申結內俱要明白開寫起送赴部查照定奪聽在三年之內起送過違程限到部者仍照例送問重歷如有一考滿後并丁憂服滿歇役三年之上補參及兩考滿後不行起部給由并歇役三年之上轉參三考者務要查勘中間若有經手錢糧塩課馬匹不完或人多無缺挨參未到日逐在官盡卯書辦不曾空閑各該官司備將前項情由駁勘是實方許具結起

送若一考滿後在弘治四年十一月初四日題例之
前轉參者亦准照例起送
一吏典在役託故歇役半年之上在外遊蕩不行執役
者問發為民
一給由知印承差批咨內洗改緊關字樣及多歷少歷
者參問充吏者遇革仍發重歷
一給由吏役內曾經犯有徒杖等項逋名者備抄原籍
衙門問過印信招由粘連公文起送看無干碍行止
方許入考如無招者不收考若隱匿不報查出通行
參問

一雲貴二三考吏典兩考滿後展轉歇役三年之上補轉
者照依兩考滿後無故歇役三年之上不行給由事
例就彼問發為民中間若有經手錢粮塩課馬匹不
完或人多無缺挨參未到日逐在官畫卯書辦不曾
空闕者各該官司備將前項情由駁勘是實方許具
結起送若一考滿後在弘治四年十一月初四日題
例之前轉參日亦准照例起送
丁憂起復官吏違碍事例
一不給司府州批行查
一官吏監生人等給批除水程外違限一年之上者送

問行查
一官作缺不明無上司衙門印信執照行查貼黃關防
詐偽冊及開報明白者免無者行查
一兩考吏役滿起復原籍原役衙門俱要粘結起送無
者行查
一服制內外為事無招及有招開送職還役字樣不明
者行查
一長孫丁祖父母憂不開何年父故及有無伯兄應否
承重丁養父母憂不開自幼過房者行查
一兩考吏役滿柒年之上起復到部者行查本部告放

丁憂者不論
一辦事官吏在部丁憂回家十年之上方纔起復者行
查省祭給假到家丁憂者不論
一新除未任官丁憂起復要賫有開喪地方告繳原憑
給與公文執照起復起部查無憑未繳者行查
一咨申不粘該府州縣官吏里老軍旗保結及粘而無
盖縫印信者行查
一巡檢倉場庫務所局驛遞閘壩等官丁憂去任不告
給上司印信帖文及雖給上司印信帖文而經手錢
粮數目開報不明者行查

一各
王府官丁憂去任不告給長史司明文擅行查一
一給假到家丁憂并本部告致丁憂起復到部原給文
引或被火盜遭風失落隨即具告所在官司行拘該
管地方火甲隣佑人等結勘明白給與印信明文執
照違者行查一
一印信模糊不明行查一
一不開父母病故并聞喪服滿月日參問本部告致丁
憂有聞喪病故月日可查者免
一洗改病故聞喪服滿月日者參問

一那移聞喪病故月日參問
一服制以聞喪日為始不計閏二十七箇月或少守止
二十六箇月者送問假如閏正月初二日聞喪就作
二月初一日起扣筭二十七箇月服滿不除閏月筭
者參問
一孝字號勘合損污及遭風水濕不告所在官司明文
者參問
一京官關領孝字號勘合回家守制如遇接服丁憂不
將原領勘合赴部改填者送問
一京官公差養病在外如遇丁憂不赴京關領孝字號

勘合者參問
一減十歲之上者參問
一例限外稱疾不開得患痊可日期者參問稱疾而不
曾給有所在官司印信明文者不准
一病痊後除到京水程外外違限二箇月之上者參問
一患病二年之上雖有文憑參問
一丁憂回家接服守制不預申部者參問申結開報明
白者免
一不具白牌及牌內隱匿過名者參問
一服滿後除例限外違限二箇月之上者參問在京北

直隸例限四箇月河南山東六箇月山西陝西浙江
江西湖廣南直隸俱八箇月福建兩廣貴州四川俱
十箇月雲南一年
一倉場鹽場官攢聞喪丁憂原籍公文可驗者合干上
司將經手引鹽糧草交與見任官攢接管隨即給與
明文放回守制不許故違拘留守支違者經該拘留
官吏參問
一聞喪過限者參問如原籍程途三千里限一年不及
三千里限半年過此限違一日不回守制者口外為
民

一將舊妻詐作新妻者口外為民父母見在詐作死亡
者口外充軍
一為事問革老疾退任詐稱丁憂起復者參問發口外
為民扶同起送僉書官吏以枉法贓論
一官吏在外而父母在家故者戶下人丁隨即告官移
文原任給文回家守制毋得過限在京者徑申本部
驗實放回
一聽選官并陰陽醫生人等給假等項違限事例
一起送陰陽醫生公文內俱要本學官生并里老合干
府州縣保結數內欠少者駁查其前官老疾致仕無
奏詞者案候
一陰陽醫學前官為事問革為民所舉陰陽醫生同姓
不開是否前官弟姪兒男者駁查與前官一籍或係
弟男子姪不准雖同姓而各籍無干者准選其老疾
致仕病故者不拘
一陰陽醫生不開軍民籍貫年甲及軍籍不開聽繼人
丁充軍衛所并無額內字樣者俱駁查
一陰陽醫生本處無相應人許於隣近州縣訪保
一陰陽醫生年未及二十五歲者駁查
一兩京官給假歷任六年之上省親十年之上祭掃行
勘無碍本部覆
奏送順天府給引除往回水程外許在家兩箇月違限
一年之上住俸五箇月一年半之上提問
一官吏監生妻故送幼子還鄉行勘是實官題本許在
家兩箇月若違限半年之上雖有堪信文憑亦送法
司問罪監生吏典俱呈堂送順天府給引不拘違限
一各
王府官系父省祭
親王奏來本部覆
奏行令就彼放回
一在部聽選未到官員給假每月初七十七二十七
堂審次日送順天府給引亦許在家兩箇月有事故
者不拘違限
一選授在外官員隨即領憑赴任若過違憑限半年之
上不到任者雖有中途患帖不准照例問罪過一年
之上者不許到任起送革職為民
一各處起送聽選官員舉人監生給領本司咨批在家
延住除水程外違限一年之上雖有患帖不准送問
行查
一各處聽選舉人監生并官員在家[illegible][illegible]文引遺失燒

毀等項原籍告有官吏里老隣佑人等顯跡結狀與
咨批粘連開寫明白方許准信中途失落雖告有堪
信文憑亦不准理駁查
一上粮納銀正八從八正九從九品官員與考中正八
從八正九從九并一等雜職同一年取用其上粮納
銀冠帶雜職與考中一等雜職不同各另行取今後
各處不許將上粮納銀雜職作一等雜職年分混同
起送違者查出送問發回照舊省祭
一各處起送僧道公文內俱要原籍府州縣并各寺觀
僧人道衆結狀并親供內欠少者駁查

一各處僧道公文不開軍民籍貫度牒字號出家來歷
及軍籍不開應繼人丁充軍衛所并額內僧道字樣
者駁查
一僧道年未及二十五歲不准收選駁回
聽撥吏典違礙事例
一辦事吏典恃頑不肯辦事私自在逃若開逃一年之
上不復役者為民
一吏典為事脫逃雖無贓私及遇革亦照文職官為事
脫逃事例為民
一聽撥當該吏典給引回家取討盤纏有違限二年之

上到部者暫令聽候仍行原籍查勘無礙回報前來
方許實撥
除授給由官員違礙新例
一今後新官到任比對本部文憑字號期限相同方許
到任管事如字號期限不同即係詐偽拏送合干上
司究問
一今後給由官員給領批文之後除水程外但過違四
箇月之上到部者照例送問若過違一年之上到部
者聽本部備查曠職廢事緣由奏
請革職中間雖有患病印信文憑俱不准理

一今後到任官員若有過違限外除憑限外河南山
東山西陝西南北直隸遠過限一箇月之上浙江江
西湖廣福建遠過限三箇月之上雲南貴州四川廣東
廣西遠限四箇月之上應奏者指實參
奏應提問者徑自提問中間若果係患病三箇月之上
不能痊愈者具告本管上司明白具
奏行勘明白方免提問若所在官朦朧出給患帖結狀
者事發問擬枉法贓罪若違限一年之上照例就將
本官起送赴部革職為民其布按二司齎進
賀慶表箋官員違限者一體參究

皇明制書

軍政條例

行在兵部為條例事該本部尚書張本等奏天下衛
所邇年以來勾取逃亡等項軍人為因比先未曾
奏定條例頒布申明其各該衛所往往泛濫申填勘合
差人前去各府州縣勾取所差人員每歲不下二三
萬數該勾軍士又不從實開寫原報姓名鄉貫并充
軍來歷緣由以致差去官旗通同有司里老人等作
弊將有勾者捏故回申無勾者展轉攀指數內應分
豁者不與分豁重復勾擾連年不絕其所勾次數少
者三五次二十八九次多者十餘次至二十次不止以
此軍伍不清民被其害今後該勾軍士除曾經三次
以上回申丁盡戶絕等項無勾者照依先次奏
准事理暫且存勾候各處衛所造冊完日通類奏
請開豁其餘逃亡等項軍士合無通將條例申明遵守逃
軍每三箇月或半年一次類勾故軍并殘疾等項軍
人每一年一次類勾務要將各軍原報姓名鄉貫并
充軍來歷及逃故等項緣由造冊填給勘合責付差
去人員照例勾取庶革姦弊將條例開坐宣德四年
六月初九日早於

奉天門欽奉
聖旨是都准行欽此本月十三日早本部官又奏欲將條
例抄發各都司衛所并布政司府州縣恐後傳寫錯
誤及日久埋沒不遵合無刊印成書發去永為遵守
奉
聖旨是欽此除欽遵外今將條例列于後
一逃軍除自首免問責限起解外其餘挐獲者就於
原籍并所在官司取問明白初犯再犯依律的決差
親屬隣里管解原衛所着役三犯者監候申詳依
律處决先將戶丁解補里隣人等仍照隱藏逃軍
榜例治罪窩家發附近衛所充軍若窩家係軍人
發邊遠衛分充軍其窩家如或懼罪不挐將逃軍
轉送他所藏躲者不分軍民俱發煙瘴地面充軍
所在官司知情故縱者依律坐罪
一逃軍正身未獲照依榜例先將戶丁解補仍責限
根要正身得獲替出戶丁寧家
一各處有司起解逃軍及軍人軍丁務要量地方遠
近定立程限責令長解人等依限管送若長解人
等縱容在家遷延不即起程照依榜例違限半年
之上者依律坐罪一年之上者收發附近衛所充

軍犯人發邊遠充軍
一旗軍有逃回原籍或詐稱病故或更改姓名於各
衙門充當吏卒主文寫發撥置害民或出家為僧
為道投充生員或於豪強勢要官員富民之家作
家人伴當看莊種田等項名色及冒給文引在外
買賣并於隣境別都妄作民人另立戶籍照依榜
例許令出首改正觧赴原衛着役敢有違者逃軍
發邊遠充軍里隣窩家人等照依隱藏逃軍榜例
問斷
一勾補軍役若正軍戶下本有人丁比先朦朧揑作
無勾即便改正勾觧與免前罪如仍扶揑回申照
依榜例軍丁發邊遠充軍原保結里隣人等收發
附近衛所充軍官吏依律坐罪
一勾軍人員合照依宣德四年二月內奏
准事例選差的當人員并在營有丁之人前去不許泛差
隻身無籍之徒
一新勾軍士合照依宣德元年四月內奏奉
聖旨榜文內事理限半月之內收幇月粮一箇月整理房
屋候安插定方許差操如是不遵生事害在內
監察御史在外巡按御史按察司官及鎮守官員
巡察將故違之人軍吏總小旗就行拏問軍官具
奏定奪其原降榜文都司衛所置立板榜各於公廳常
川懸掛永為遵守
一存恤軍士合照依宣德四年二月內欽奉
勑諭內事理每軍一名優免原籍戶下人一丁差役若在
營有餘丁亦免一丁差使令其專一供給軍士盤纏
一勾軍違限合照依宣德四年二月內奏奉
聖旨事意違限二年之上者官追俸旗軍就於戶下選丁
補伍再限一年以裏將所勾軍数赴京回話一年
以裏又不赴京全家調發別衛全人餘丁戶下一
般起調正犯人各該衛所拔拏觧京若官吏人等
容情不行舉拏不能仍照榜例許巡按御史按察
司拏解
一勾軍務要填給勘合差人前去勾取其各該衛所
不許擅用關牒批帖徑行有司勾擾違者許所在
官司將差去人捉拏觧京若係職官奏
請提問
一各衛所軍士有等殷實之家本身并戶丁精壯不
行應役却乃買求官吏將買到軟弱家人小厮并
義女使女招到女壻人等冒名頂替以致隊伍不

精又有頑民通同軍士變亂版籍將户下人丁過房典賣招贅作壻影射差徭若有此等作弊之人許令改正男女歸宗違者官吏依律坐罪正軍全家調發别衛充軍頂替之人就收本衛補伍如果正軍户無人丁方許將少壯義男并同籍女壻收補仍禁約有司今後勾觧軍人務要選取應繼壯丁不許容情將所買軟弱小廝家人義女使女招到女壻朦朧頂觧違者一體治罪

一各處軍户内應繼壯丁多有怕充軍役故自傷惑者今後若有此等許鄰里首挐全家發煙瘴地面充軍

一凡有陳告父兄弟姪兒男先年充軍在逃獲斷爲事調發及遠年欲役勾發别衛者原籍又勾户丁補伍查勘别無另項緣由許令轉達兵部覆勘開諮將重勾户丁就發寧家聽補見役衛分軍伍

一凡有陳告本户係是民籍止與故軍同名同姓冒勾補役從公揭查逓年黄冊體勘是實别無相干就便分諮寧家仍查正軍户内應繼人丁補伍若正軍户絶又挨無名籍轉達兵部覆勘開諮其同名姓之人已到衛所當軍食粮三年以上者不准

一有等族屬疏遠并異姓人原係同籍在後分户若爲事充軍在分户之前合令原户人丁觧補如爲事充軍在分户之後止許於爲事人名下勾取如是聞知親屬爲事充軍恐的連累捏合文憑妄作分户在前及祖孫父子分居并充軍食粮年遠者不准

一同籍父祖伯叔人等生前各另充軍事故勾取先儘本房内人丁觧補若本房無丁别房有三丁以上者照名勾發各衛補伍别房人丁不及三丁以上者將本房無丁緣由轉達兵部定奪開諮

一同户有兩名三名充當各衛軍役壯丁消乏止有幼丁二人合候出幼轉達兵部定衛將一丁充軍一丁聽補軍役餘衛軍伍開諮

一招募等項軍士如有先全户見丁充軍事故今次俱各照名勾補合將一名先行觧發通將實有人丁開報兵部議擬奏
聞定奪

一正軍在營已有壯丁就收補伍不許原籍勾取若已行勾取有司體勘是實回報原衛將在營人丁收役軍衛不許違例勾擾

一義男女婿將義父妻父之家當軍死亡止許於義
父妻父之家勾補若係在逃通行責限根捉如是
義父妻父之家戶絕轉達兵部覆勘開豁不許於
義男女婿之家一槩勾擾
一故軍戶下止有人丁年七十以上或篤廢殘疾不
堪充軍者保勘是實明白回報定奪不必起送官
吏人等不許因而作弊將不係此等老疾之人朦
朧妄報脫免軍役違者論罪
一比先有將幼小兒男過房與人爲男爲婿各家俱
係正軍事故見在止有過房子或女婿一人在戶
合將義父妻父之家作戶絕開豁存留過房子并
女婿聽補親父之家軍役若親父之家係民籍仍
令補當義父妻父之家軍伍
一官員軍民之家有家人義男女婿等項自願投充
軍役及爲已事發充軍者事故止於本人當房人
丁內勾解補役若當房死絕轉達兵部覆勘開豁
不許一槩混擾
一軍戶有等倚恃豪強因充糧里老人每遇勾取之
際買求官吏及勾軍人員挾制小民佃戶朦朧保
結及有里老人等俱係軍戶遞年互相捏故回申

許照榜例首告改正如是仍不改正事發正軍解
發原衛戶下再罰討一丁發附近衛所充軍
一山西等處抽丁等項軍士原選并續勾軍丁俱係
精壯之人到衛不久往往買求貪汚頭目人等令
戶下軟弱人丁私自輪流替換以致軍伍不精今
後敢有仍前作弊替換合照榜例許原籍官司里
老人等捉拏及許原衛同伍旗軍并諸色人等指
實赴親臨上司及把總操備官員處陳告依律照
例問斷事內作弊人員就行拏問其軍士果有殘
疾并軟弱不堪差操照例相驗明白方許勾丁替
換
一軍戶之家多有全家在逃躲避及官司遞年勾取
里老隣佑明知逃避去處暗地取索財物容情不
行拏解今後若有此等作弊之人照依榜例正軍
發邊遠充軍知情保結里老隣人等發附近衛所
充軍
一爲事編發及調衛旗軍多有更易姓名鄉貫及到
衛所又不將原籍原衛丁口從實供報着役之後
或逃或故衛所止憑原報鄉貫姓名坐勾有司回
無名籍似此迷失者多今後若有此等作弊之人

照依榜例正軍發邊遠充軍家下另僉壯丁補伍
里隣知而不首者依律問斷
一今後紀録軍丁年方出幼當發補役其原衛所離原籍千里之外合照榜例發附近衛所收役充軍具由申達兵部轉行原衛所開豁原伍
一僧道為事發充各衛軍役亡故勾補者合照依洪熙元年二月内
欽依事例僧道為事充軍有事故丁的都照力士不勾丁的例前項軍丁除已起解到衛外今後照例住勾轉達兵部開豁軍伍
一各州縣勾觧逃軍及補役軍丁多有於所在官司冒給家人文引供送其實家人不行隨送前來及到衛所不一兩箇月即將冒給文引照身逃回原籍及影射各處潛住或經商或受雇於人今後若有此等作弊之人照依榜例正軍發邊遠充軍家下另選壯丁一名補伍
一故軍户下止有人一丁為僧為道若在未充軍之先出家給有度牒者轉達兵司覆勘開豁軍伍如在已充軍之後出家仍發充軍
一故軍户下止有人一丁充生員起觧兵部

奏送翰林院考試如有成効照例開豁軍伍若無成効仍發充軍
一今後所勾軍士若有丁盡户絶并山後等處人氏挨無名籍等項委的無勾者軍衛務要查見各軍從軍緣由差的當人員會同有司官吏里老人等從公挨勘三次有司保結回申委無勾取軍衛有司各另造冊備開各軍来歷根因并三次所差人員及回申官吏人等姓名明白通將無勾緣由轉繳兵部以憑開豁經該官吏毋得推調遷延展轉泛填勘合虚文擾害及勾軍人員不許妄指平民違者治罪

宣德四年六月　日

行在兵部榜文為清理軍伍事先該本部查出天下都司衛所每歲差去勾軍官旗不下一萬六七千名較其所勾之軍百無一二到衛有自洪武永樂年間差出到今三十餘年在外娶妻生子住成家業通同軍户窩藏不回本部屢奏前弊欽蒙
勑各布政司按察司并巡按監察御史挨拏其各該官員間已遵行然勾軍官旗多有懷姦挾詐往往東潛西躲以致姦弊不革官府被其攪擾百姓罹其苦

害徒有勾軍虛名而無補伍實效已經會議奏
准令在京在外都司衛所不許填給勘合差人勾軍止將逓
年逃故等項軍人姓名貫址造冊送部轉發清勾
合用監察御史十七員分定地方清理宣德十年十
一月二十二日本部官奏節該奉
聖旨是這近年水旱飢荒百姓逃移還未盡復業待明年
秋成後着去欽此已經通行天下都司衛所并浙江
等布政司直隸府州欽遵去後今照天下都司衛所
逓年逃故等項軍士數多遇警調用不敷今內外衛
所將該勾逃故等項軍名貫址造冊陸續到部即

日秋成欲照先奉
欽依事理將原係清理軍政監察御史陳毅等分定地方請
勑前去着落各布政司按察司直隸府州各委官一員分
投嚴督所屬州縣將冊內坐去軍人照名勾解補伍
庶爲充當今將充軍合行事宜欲便出給榜就令監
察御史齎去通行曉諭禁約未敢擅便開坐正統
元年八月十二日本部尚書王驥等於
奉天門奏奉
聖旨是若府州縣今年有災傷人民缺食處宜加優恤待
來年秋成後整理不許急迫重有擾害欽此除欽

遵外本部合將
聖旨事意備云榜示仰欽遵施行
一清理軍政監察御史按臨去處令布政司按察司
直隸府州委官分投拘刷軍丁督解其御史往
来巡察提督比較若軍衛管軍官員苦害軍士尅
減粮賞差撥不公賣放買閑等項體察明白指實
奏拏問若有司官吏里隣長解人等通同作弊將逃軍
并應繼及已解軍丁縱容埋沒不行拏解及户有
壯丁却將老幼殘疾家人義男等項頂解并粮里
人等懷挾私讎故將平民以同名姓頂他人軍役

之類以致良善受害者就便拏問並依軍政條例
發落其餘詞訟發該管衙門整理不許妨悞軍政
每歲八月終照巡撫官事例具清解過軍數回京
若有軍政窒礙事理會議奏
請施行
一各處起解軍丁并逃軍正身務要連當房妻小同
解赴衛着役若止將隻身起解當該官吏照依本
部奏
准見行事例就便拏問妻無妻小者審勘的實止解本身
一比先爲事官吏軍民人等法司問招之際多有奸

詐之徒更易姓名改換鄉貫供招在官編發充軍
有至中途脱逃者有到衛所即逃者該衛照依原
報鄉貫差人勾捉有司里隣人等皆稱族無名籍
又有假以永樂十九年以後至二十一年八月十
五日以前未到衛所蒙
恩宥釋放或詐諸衙門文書潛回鄉里坊里粮老隣人等
放其欺誑軍衛有司兩無挨究榜文至日限兩月
以裏許令赴所在官司或御史處首告就收本處
附近衛所入伍當軍轉達本部行移原衛除豁軍
伍如限外不首不問遠年近日或被人首發或挨

究得出犯人決杖一百連家小發煙瘴地面充軍
里隣人等知情不行挨捉收發附近衛所充軍官
吏依律科斷果係永樂十九年以後二十二年八
月十五日以前未到衛所先曾到部查理明白給
引放回者造冊繳部查考若有奸詐不實照例決
發
一山東山西等處洪武永樂年間抽棌軍士因私家
父子兄弟不和互相推調其衛所受其買囑容其
替換每人一年往来輪流在役者不過消遣月日
未滿即逃連年勾擾軍伍久空榜文至日清理幷

該管官員於本户内議選壯丁一名連妻小常川
該衛充軍户下供給軍裝果有老疾等項衛所照
相驗是實方許勾替如是仍前輪替者將該管官
員幷符同官吏里老人等拏問如律
一各處比先因家下貧難被勾軍官旗苦害不得已
携家逃移在外有年今次招撫回還復業該勾軍
丁且記名在官候次年觧補其逃軍不在此例如
是不係遠年全家在外止是附近潛躲里老人等
妄作逃户符同埋沒者依律究問
一有司差人觧軍務要選取有丁力之家差遣押觧

照依地里遠近定立程限比併批迴若軍在二千
里之外者照依奏
准事例軍丁驗日支給口粮如先過該管都司將所觧軍
人就於本都司交割轉發該衛收役若衛所在都
司腹裏者只觧衛所交收仍申本都司知會其司
衛官吏不許刁蹬留難隨即批迴若有留難許清
軍御史稽考究問仍令有司官吏將批收子細辨
驗但有詐偽就便追問發落
一在京在外衛所官員多有將殷實軍人占作軍伴
冒支月粮辦納月錢責放回家作放馬取討衣鞋

等項名色遷延潛住及山東山西等處新解到衛
軍丁親管官員不行存恤指以出辦軍裝等項爲
由搜檢指勒財物逼迫在逃榜文至日里隣人等
即便挨拏送官審出前項情弊指實轉呈清理軍
政監察御史具
奏拏問有贓者降調
一榜文至日凡有逃軍并已解在家潛住軍丁限兩
月之內赴所在官司首告與免本罪連妻小差人
鮮發原衛所當軍若限外不首里隣人等符同隱
藏不拏事發正犯決杖一百發煙瘴地面充軍里

隣長解人等收發附近衛所充軍
一各處人户先因被災缺食及因勾丁補役全家流
移在外清軍監察御史按臨去處省諭該管官吏
里老人等趂今冬催撫各回原籍復業修葺田園
所司照例存恤優免粮差補役軍丁待次年解衛
官吏里老人等不行催發照依行在户部榜文事
例治罪
一在京在外衛所官員多有軍士事故不將在營人
等收補及將見役軍人因户下不供軍裝妄作事
故造册一槩勾擾今次清理官員按臨去處有告

前弊行移查勘若有軍在役及在營有丁衛所朦
朧造報勾擾者將經該官員具
奏拏問
一浙江等布政司并直隸蘇松等府州縣人民中間
多有父祖從軍子孫畏継軍役不於本户附籍却
於別州縣過継作贅或冒他人户籍或寄異姓户
内父祖事故勾丁有司里老受賕即以丁盡户絶
回申又有爲事充軍在後原籍共户伯叔弟姪畏
懼勾繼買囑里書人等各另開作民户或偵死絶
影射捏作户絶榜文至日俱限兩月以裏赴所在

官司首告改正與免本罪仍令收入本户聽継軍
役若執迷不首被人首發或挨究得出正犯決杖
一百發煙瘴地面充軍里隣窩家俱發附近衛所
充軍官吏失於挨拏依律問罪
一先該廣西都司南丹奏議潯州河池等衛所奏稱
缺軍本部已將浙江等都司并江南直隸鎮江蘇
州等衛所清出帶操軍士奏
准發回廣西都司南丹等衛補伍及各處衛所原帶操軍
士今次奏
准俱收入正伍當軍將充軍衛所貫址造册開報本部行

移原衛開豁軍伍若比先在逃者照依原行事例
問發原衛補伍附近衛所不許朦朧擅收違者官
吏依律治罪軍人問斷原衛
一逃年差出勾軍官旗人等有在勾軍處所并順路
回還原籍潛住不回者榜文至日糧里人等即便
挨拏送官犯人枷釘解京若容隱不拏照窩藏逃
軍例問發
一凡軍政合行事宜已有原降軍政條例此不該載
宜一一遵奉施行

正統二年計議事例

一各處自首并挨拏逃軍正身中間多有老弱殘疾
不堪應役者緣係原逃不免一例差人起解有至
中途不能行步因而病故者間有解到不堪差操
虛費糧賞今後合無逃軍正身除少壯者依例問
解若有殘疾并年六十以上老弱相驗明白不堪科
決依律收贖存留原籍依親就於本户選取壯丁
一丁解補若無壯丁止有幼丁依例紀録如此
則老弱不致失所軍伍亦無空缺所司不許将少
壯逃軍符同脱放違者究問
一各處逃軍并補役户丁俱連妻小給批起解中間
有行至中途本身病故解人仍将妻小解赴各該
衛所交割路程窎遠有瞻受凌辱不能訴告及到
衛所無所依歸難以存活今後有解軍至中途病
故者解人即赴所在官司告相明白責付長解收
埋給與堪信文憑就将妻小付解人執照領回原
籍收發寧家另於户内選取壯丁一名差人解補
一宣德元年三年清理各衛軍人中間有因正軍在
逃未獲暫将户丁收發附近衛所收操後有正身
自首原衛所着役行移帶操衛所取回户丁聽繼
其衛所官吏推稱收操年久占恡不發合無着令
衛所有司査理但有此等軍丁行勘是實别無另
項即便發回原籍聽繼原衛軍役帶操衛所除豁
名伍不許占恡若有故違者清理軍政監察御史
査問
一先該本部奏
准着落布政司按察司直隷府州各委官一員分投嚴督
所屬州縣将冊内坐去軍人照名勾解庶為允當
中間有等畏避清軍煩難營求别差展轉改委不
惟不知首尾抑且人不信服合無照依催糧官員
事例令其專一清理不許别差如此則責有所歸

事無稽誤

一各處軍户有於洪武年間或抽丁或收集充當附近衛所軍役後因為事等項問調別衛充軍其原衛因地里近便不將調衛緣由聲說朦朧又勾户丁收補在伍今次清理後調衛所發冊坐勾户有人丁有司不敢回結又將户丁起解往往具告重復及行原衛查取却稱入伍年深及奏勘合不許擅自開豁等因展轉占留不發今後遇有此等軍丁合無即行原衛查勘是實別無另項就將原衛軍伍除豁將收補在伍户丁發回有司聽繼後調衛所軍役庶不重復人難

一軍政條例內開所勾軍士若有丁盡户絕并山後等處人民挨無名籍等項三次有司保結回申委無勾取軍衛付即另造冊開繳具部開豁今照各處衛所官吏不行遵守定例已經五次十次保結無勾軍人一槩造冊開勾今後各處衛所將先曾三五次保結并今次重行清審明白無勾者俱且住勾不許重復造冊勾擾若有故違查勘是實

照依原奏

准榜例查問當該官吏

一宣德五年以後各衛所在逃正軍及病故勾取户丁懼怕原衛所路遠妄把宣德三年清軍事例俱不經由有司輙自投托附近衛所收伍帶操今原衛所發冊坐勾附近衛所執稱食糧年遠不發今後但有此等軍人取發原衛若有似前妄自比例收操許清理軍政監察御史將經該官吏指實具奏拏問軍人斷發原衛所着役庶得行伍不缺軍政肅

清

一宣德三年清出軍士為因路遠收發附近衛所帶操有等奸狡之徒不知感激仍復在逃先該本部奏

准但係在逃者問斷原衛所補伍以禁奸頑中間又有至今不行着役官府被其欺誑里隣受其擾害若使長解管押必是仍復在逃雖有清軍之名而無補伍實効今後清出逃軍正身并軍丁查勘果係先曾起解恃頑又逃不行赴衛着役者不須再差長解止連妻小牢固鎖項着落有司遞解原衛所補伍該管官旗即將印信收管繳報原籍官司查照沿途有司如有剋削錢物苦害軍士及不行隨即遞解者清軍監察御史按察司官體察得實就便拏問若有受財賣放者就將賣放之人問發該衛所

充軍補伍挨獲正軍問斷邊遠充軍不惟軍伍不
缺抑且奸頑可革矣
一清得各處軍丁多有宣德元年三年清出之數俱
赴行在兵部南京兵部訴告冒解查得各軍多有
父祖充軍子孫妄作民户報籍者又有同籍充軍捏
作分户在前者似此奸詐之徒先被清出起解要
得脱免却行捏故妄告本部不知其由俱各放回
照勘衛所未勾則推照勘未結州縣差却稱起解
未行今後若有丁許告冒解者合無暫發該衛收
役行移州縣照勘如果告實的將原清里老依律
問罪取回本軍改正爲民若是妄告就行本衛如
法究治庶絶奸詐之計
一軍戎之役人皆畏避今清出軍丁有良善守法者
依聽起解其中間有等無籍之徒因見清解百般用
計搜求細故捏作大事或告官吏或告糧里及至
提對却暗要財物自行招虛多則延緩一年少則
躱避半載既得財物養家又免速於起解今後清
出軍丁合無除親父母妻子有人命重事許訴外
其餘一應事務許令户丁告理其起解軍丁不許
訐告他事遠者釘解赴衛庶革奸頑生事害人延

緩之弊
一據江西吉安等府吉水等縣申查得軍政條例内
開紀録軍丁年方出幼當發補役其原衛所離原
籍千里之外合照榜例發附近衛所充軍具由申
達兵部轉行原衛開豁原伍除遵依外今冊内清
勾雲南大理等衛軍丁陳兒仔等内先不曾紀録
即今年出幼户内别無以次人丁又兼家貧年小
未曾婚娶若發原衛不無失所具申叅照前項軍
丁比與紀録出幼軍丁事同一體欲便送發附近
衛所充軍緣無事例未敢擅便如蒙乞
勑行在兵部轉行各處清理軍伍官員將前項未曾紀録
軍丁自十五歲以上至二十歲以下户内别無壯
丁者查勘明白俱照紀録出幼軍丁事例送發附
近衛所充軍轉達本部開豁原伍如此則事歸一
體軍伍不缺　前件查得先已有例今既出幼
户無人丁此與紀録在官者事同一體合准收發
附近衛所充軍户有壯丁者不准
一據江西臨江等府清江等縣該民人黄辰生等状告
本户充四川建昌等衛軍役見有弟姪兄黄隱住
等在衛當軍不缺及有餘丁黄禮等往營随住今

被本衛又行朦朧造冊勾擾等因切思各該衛所
似此重復勾擾者多乞行各都司衛所從實查勘
若在衛有人當軍不缺及在營有丁先前朦朧造
冊原籍勾取者許令檢舉改正行移各軍原籍官
司住勾及今後造冊之時務要從實查勘明白如
果各軍逃故在營無丁方許造冊原籍勾取如是
仍前一槩將不缺伍軍人及在營有丁不行收補
朦朧造冊原籍勾擾者從查勘得出將衛所經該
官吏照依行在兵部見行榜例具
奏拏問　前件議得係見行事例今又議得各衛所
軍士在逃該衛申勾其逃軍自首并捉獲復役者
有軍丁先解未到發冊後解到因冊內有名又將
戶丁勾解查理不無往復人難今後清軍官員到
處若軍戶有告正軍并戶丁及在營有丁着役不
缺衛所重復勾擾者着落里隣人等保勘是實該
勾戶丁令其聽候行移該衛查勘果有見在免其
勾解若軍士在衛缺伍及有軟弱殘疾勾替者里
隣人等不行從實呈解符同保勘行查不實軍丁
里隣俱依律問決令里隣人等勾解赴衛如正軍
少壯及故軍在營有丁不行收補衛所重復造勾

者經該官吏照依榜例具
奏拏問
正統二年九月巡按直隸監察御史曹習古奏言在
一件妄指軍役事照得直隸蘇州等府浙江等布政
司人民洪武年間為事法司提問有未曾到京中
途先已病故者有在監病故者其事內人犯後蒙
斷發充軍到衛有逃回原籍生事詐騙同起為事
先已病故子孫財物不遂者又有衛差回還勾軍
將曾來勘合擅自添寫前項病故人名詐要各人
子孫盤纏不與者其逃軍又有被糧里等獲解衛
者俱各挾讎後回原衛却將比先病故并糧里姓
名捏作一同為事問發充軍在逃名色妄報在營
其衛所官旗不查原卷案其欺瞞輒便准信朦朧
移文勾取因循擾害今發冊坐勾各人詐稱冤枉
告要分豁如蒙乞
勑該部行移有司府州縣着落各該清軍官員從公查勘
前項被誣妄勾軍名明白即與分豁庶免冤枉前
件合准所言欲行清理軍政監察御史并直隸蘇
州等府浙江等布政司行屬着落各該清軍官員
查勘但有此等妄勾軍名勘合保結呈繳赴部轉

行該衛取問明白將挾讎妄報官軍依律治罪被
害之人就與分豁
一件重役事宣德四年行在兵部題隆軍政條例內
開逃軍自首及紀錄出幼者俱發附近衛所收操
以後直隸府州幷各布政司將自首逃軍及出幼
軍丁照例陸續收發附近衛所收操外今原衛發
冊坐取其有司將不係廣西軍士一槩又要將戶
內壯丁起解原衛將比先收發近衛軍人柰係食
糧仍令在衛操備以此軍政不一如蒙乞
勅該部行移有司將前項原收逃軍幷幼丁除係廣西該
發外其餘依舊附近衛所收操仍行原衛開豁軍
伍庶得軍政歸一抑且事無重複前件合依所言
欲行清理軍政監察御史幷直隸蘇州等府浙江
等布政司轉屬着落各該官吏除廣西軍士該發
外其餘各都司衛所軍士照舊收操仍將各軍原
伍明白申達本部開豁

正統三年計議事例

一山東山西河南陝西北京直隸人民原充兩廣雲
南貴州四川行都司福建沿海衛分湖廣五開銅
鼓寧遠等衛軍役者今次清出俱照今議改補東
西北一帶邊衛補伍其北人有原係北方邊衛軍
者俱照舊解補不在改動事例

今定解補

順天府北京直隸山東人民改解遼東衛分補伍河
南幷江北直隸人民改解萬全都司衛分補伍
山西人民改解山西行都司衛分補伍
陝西人民改解陝西行都司幷寧夏衛分補伍

一兩廣雲南貴州福建江西贛州南安二府浙江台
州溫州處州三府湖廣辰州寶慶衡州永州四府
靖州郴州二州四川重慶夔州敘州馬湖四府潼
川州瀘州嘉定州雅州龍州人民原充遼東萬全
山西陝西二行都司幷寧夏等衛軍役者今次清
出俱照今議改發南方各處邊衛補伍其前項南
人有原係南方邊衛軍役俱照舊解補不在改動
事例

今定解補

廣西廣東貴州三布政司解廣西及本都司衛分補伍
雲南人民改解本都司邊衛補伍
湖廣辰州四府靖州等三州人民改解本都司五開
銅鼓九溪偏橋鎮遠邊衛補伍

江西贛州南安二府人民改解廣東邊衛補伍
福建人民改解廣東浙江沿海衛分補伍
浙江温台處三府人民改解福建沿海邊衛補伍
四川重慶夔州叙州馬湖四府潼川州瀘州嘉定州
雅州龍州人民改解四川行都司衛分補伍應天
府并南直隸府州浙江杭州湖州嘉興紹興四府
湖廣武昌黄州漢陽德安襄陽五府沔陽安陸二
州江西九江南昌饒州南康臨江瑞州六府俱改
北京衛分補伍
浙江嚴州金華衢州寧波四府湖廣荆州岳州常德

長沙四府江西建昌撫州袁州吉安廣信五府俱
改南京衛分補伍
遼東萬全并山西陜西二行都司等處邊衛逃軍
及近年土豪塩法編發充軍者俱不在此例
一各處見清軍士近因連年解發長解人民艱難
正統二年十月内行在兵部已行奏
准暫於各處附近衛所收操候正統三年各清軍御史回
日具奏定奪今照前項議定合行事宜合無先
行清軍御史將各處清出南北極邊軍數造册
回日送部定與改解衛分仍行各官前去依議

解發
正統三年改調衛分
一山東山西河南陜西南北直隸人民原充兩廣
雲南貴州四川行都司福建沿海衛分湖廣
開銅鼓寧遠偏橋鎮遠沅州平溪靖州辰州
溪清浪施州衛軍役者今次清出俱照今議
補東西一帶邊衛補伍其北人有原充北方邊
衛軍役者俱照舊解補不在改動事例
北直隸
順天府調三萬衛　大名府調定遼中衛

順德府調定遼左衛　廣平府調定遼右衛
河間府調鐵嶺衛　真定府調義州衛
保定府調審陽中衛　永平府調遼海衛
山東布政司
濟南府調定遼前後衛　兖州府調海州衛
萊州府調蓋州衛　登州府調復州衛
東昌府調廣寧衛　青州府調金州衛
江北直隸
鳳陽府調宣府左衛　楊州府調宣府前衛
淮安府調宣府右衛　廬州府調萬全左衛

滁州調萬全右衛　和州調永寧衛
滁州調懷安衛　安慶府調隆慶左衛
河南山西二布政司所屬人民原充南方極邊衛分
軍役今該勾軍丁改解山西行都司幷萬全都司
衛所充軍俱待正統四年秋成豐熟繞方解發
開封府調保安衛　河南府調蔚州左衛
彰德府調開平衛　衛輝府調龍門衛
懷慶府調龍門守禦千戶所　南陽府調長安守禦千戶所
汝寧府調懷來衛　太原府甘州俱調大同右衛
平陽府調大同左衛　大同府調天城陽和二衛
澤州調大同前衛　汾州調高山衛
潞州調大同後衛　遼州府安東中屯衛
陝西布政司所屬人民原充南方極邊衛分軍役今
次該勾軍丁改解陝西行都司屬衛充軍俱待寇
平之日繞方解發
西安府調永昌山丹二衛　延安府調寧夏前衛
鳳翔府調涼州衛　鞏昌府調鎮番衛
平涼府調西寧衛　慶陽府調寧夏中衛
漢中府調莊浪衛
一兩廣雲南貴州福建江西贛州南安二府浙江台州
溫州處州三府湖廣辰州寶慶衡州永州四府靖
州郴州二州四川人民原充遼東萬全山西陝西
二行都司幷寧夏等衛軍役者今次清出俱照今
議改發南方各處邊衛補伍其前項南人有原係
南方邊衛軍役者俱照舊解補不在改動事例

廣西布政司
桂林府調潯州衛　柳州府調南丹衛
梧州府調馴象衛　潯州府調河池守禦千戶所
南寧府調慶遠衛　平樂府調向武守禦千戶所
慶遠府調南丹衛　太平府調郴州衛
田州府調郴州衛　思明府調武宣守禦千戶所
江州府調慶遠衛　泗城州調懷集守禦千戶所
龍州調南丹衛　南丹州調向武守禦千戶所

廣東布政司
廣州府調南寧衛　惠州府調容縣守禦千戶所
肇慶府調武宣守禦千戶所　韶州府調鬱林守禦千戶所
南雄府調梧州守禦千戶所　瓊州府調灌陽守禦千戶所
潮州府調桂林中衛　雷州府調賀縣守禦千戶所
廉州府調柳州衛　高州府調桂林右衛

貴州布政司

思州思南鎮遠三府俱調赤水衛
石阡銅仁黎平三府俱調安莊衛
普安鎮寧永寧安順四州俱調興隆衛
雲南布政司
雲南府大理府俱調金齒衛
臨安府曲靖軍民府俱調景東衛
楚雄澂江二府俱調蒙化衛
姚安鶴慶武定三軍民府俱調廣南衛
廣西廣南二府尋甸元江二軍民府俱調洱海衛
金齒軍民指揮使司麗江軍民府永寧孟定孟艮
景東順寧五府俱調騰衝守禦千戶所
湖廣布政司
寶慶府調五開衛　辰州府調銅鼓衛
衡州府調九溪衛　永州府調鎮遠衛
靖州調五開衛　郴州調偏橋衛
江西布政司
贛州府調廣州衛　南安府調碣石衛
福建布政司
福州府調南海衛　邵武府調雷州衛
建寧府調潮州衛　延平府調海康守禦千戶所

興化府調清海守禦千戶所　泉州府調龍川守禦千戶所
漳州府調廣海衛　汀州府調海寧守禦千戶所
浙江布政司
溫州府調鎮海衛　台州府調鎮東衛
處州府調平海衛
四川布政司
成都府調貴州衛　重慶府調寧番衛
順慶府調越巂衛　保寧府調建昌衛
叙州馬湖二府調鹽井衛　夔州府調建昌前衛
瀘州調鹽井衛　潼川州調迷易守禦千戶所
嘉定州調會川衛　雅州調寧番衛
龍州調建昌衛　眉州調建昌前衛
一浙江湖廣江西三布政司所屬并江南直隸府州人民原充遼東萬全山西陝西二行都司并寧夏等衛軍役者今次清出疾故軍丁改調北京衛分充軍
杭州府調蔚州左衛　湖州府調神武後衛
嘉興府調神武中衛　紹興府調義勇中衛
武昌府調行在府軍衛　黃州府調行在虎賁左衛
漢陽府調行在旗手衛　德安府調行在金吾前衛

襄陽府調燕山前衛　沔陽州調濟州衛
安陸州調濟陽衛　九江府調行在羽林左衛
南昌府調行在羽林右衛　饒州府調行在府軍左衛
南康府調行在府軍右衛　瑞州府調行在金吾後衛
臨江府調通州衛　應天府調大興左衛
太平府調義勇右衛　鎮江府調義勇前衛
蘇州府調武成中衛　常州府調燕山左衛
松江府調燕山右衛　徽州府調武成前衛
寧國府調武成後衛　池州府調神武左衛
廣德州調燕山右衛

一浙江湖廣江西三布政司所屬人民原充遼東萬全山西陝西二行都司并寧夏等衛軍役者今次清出軍丁改發南京衛分充軍
嚴州府調鷹揚衛　金華府調江陰衛
衢州府調橫海衛　寧波府調龍江左衛
常德府調豹韜衛　長沙府調龍虎衛
荊州府調鎮南衛　岳州府調龍江右衛
建昌府調和陽衛　撫州府調武德衛
袁州府調水軍左衛　吉安府調水軍右衛
廣信府調應天衛

軍政條例卷之十二終

皇明制書

問刑條例卷之十三

刑部等衙門太子太保尚書等官　臣白昂等謹

題爲

開讀事本部等衙門會題前事先該　委官監察御史王

鼎署郎中事員外郎楊茂仁項亨　明署左寺正事左

寺副朱華呈各奉本部院寺劄帖　弘治十一年十二月

二十一日節該欽奉

詔書內一款法司問囚近來條例太多人難遵守中間有

可行者三法司查議停當條陳定奪　其餘冗瑣難行者

悉皆革去欽此欽遵備將法司歷年見行及申明問

刑條例查出開呈以憑會議等因奉此依奉查呈前

來會同太子少保都察院左都御史等官閔珪等大

理寺卿等官王軾等通行查議停當除冗瑣難行遵奉

明詔革去者不開外將情法適中經久可行者條陳上

請定奪等因開坐具題奉

聖旨你每還會同各該衙門再議停當來說欽此欽遵會

同吏部等衙門太子太傅尚書等官屠滽等將前項

條例查照明白再加議處停當理合開陳具奏伏候

命下之日刊行內外問刑衙門問擬罪囚悉照此例施行

永爲遵守等因開坐具題奉

聖旨是有點的六條還再議停當來說欽此欽遵續該本部

等衙門會同將今奉

欽依點出六條舊例再議明白具題弘治十三年三月初二日奉

聖旨都照舊行欽此欽遵

一奉

詔查議

太子太保刑部尚書　臣白昂

左侍郎　臣屠勲

臣陳道

右侍郎　臣何鑑

太子少保都察院左都御史　臣閔珪

右都御史　臣佀鍾

右副都御史　臣顧佐

大理寺卿　臣王軾

左少卿　臣王鏊

臣劉瓛

右少卿　臣何鈞

左寺丞　臣劉憲

右寺丞　臣吳胥

一奉
旨會議
太子太傅吏部尚書臣屠滽
左侍郎臣林瀚
右侍郎臣韓文
太子少保戶部尚書臣周經
左侍郎臣許進
右侍郎臣李孟暘
太子少保禮部尚書臣徐瓊
左侍郎臣張昇
右侍郎臣焦芳
少保兼太子太傅兵部尚書臣馬文升
左侍郎臣王宗彝
右侍郎臣楊謐
太子太保工部尚書臣徐貫
左侍郎臣曾鑑
右侍郎臣史琳
通政使司掌司事禮部左侍郎臣元守直
通政使臣沈祿
左通政臣王敞
右通政臣陳璚
左參議臣姜清
右參議臣陳鼎
臣李浩

問刑條例

一凡軍民諸色人役及舍餘審有力者與文武官吏監生生員冠帶官知印承差陰陽生醫生老人舍人不分笞杖徒流雜犯死罪俱令運炭運灰運磚納料納米等項贖罪若官吏人等例該革去職役與軍民人役審無力者笞杖罪的決徒流雜犯死罪各做工擺站哨瞭發充儀從情重者前監炒鐵死罪五年流罪四年徒罪照徒年限其在京軍丁人等無差占者與例難的決之人笞杖亦令做工

一文武職官犯該充軍為民枷號與軍民罪同者照例擬斷應奏
請旨具奏發落

一文職犯贓武職為事衆証明白奏
請提問者文職行令住俸武職支俸俱聽提不許管事

一文武官吏人等犯罪例該革去職役為民遇着

者取問明白罪雖有免仍革去職役為民
一雲貴軍職及文職五品以上官并各處大小土
官犯該笞杖罪名不必奏提有俸者照罪罰俸
無俸者罰米其徒流以上情重者仍舊奏提
一文職官吏監生生員冠帶官知印承差陰陽生
醫生但有職役者犯贓犯姦并一應行止有虧
俱發為民其知印承差笞杖公罪完吏犯在革
前重歷
一內官內使小火者閽者等犯罪請
旨提問與文職運炭納米等項一例擬斷但受財枉法滿
貫不擬充軍俱奏
請發落
一凡先係應議以後革爵者之子孫犯罪徑自提
問發落
一在京在外大小軍職問革見任帶俸差操者俱
不許管軍管事若在外犯該充軍降調者奏行
兵部施行其餘照例發落
一凡軍職并土官有犯強盜人命等項真犯死罪
者先行該管衙門拘繫備由奏提若軍職有犯
別項罪名勢行拘審實有干礙然後參提

一軍職有犯監守常人盜受財枉法滿貫律該斬
絞罪者俱發邊方立功五年滿日還職仍於原
衛所帶俸差操其犯該竊盜掏摸盜官畜產白
晝搶奪姦宿所部內軍妻女行止有虧者俱發
原籍為民凡無原籍者本衛所隨住若監守常
人盜枉法不滿貫與求索科歛誆騙計贓滿貫
問該流罪減至杖一百徒三年者俱運炭納米
等項完日還職帶俸差操其減至杖九十徒二
年半以下與別項罪犯俱照常發落原係管事
者照舊管事原係帶俸者照舊帶俸若犯前項
流罪遇例通減二等至杖九十徒二年半者仍
帶俸差操
一軍職被告若不奉養繼祖母繼母及毆本宗大
功以上尊長小功尊屬并毆傷外祖父母及妻
之父母者俱要行勘明白方許論罪其縱容抑
勒女及妻妾并子孫之婦妾與人通姦及姦內
外有服親屬與雇工人女與人并姦同僚妻女但
係敗倫傷化者問發為民
一軍職年七十以上十五以下及廢疾犯該雜犯
死罪者運炭納米等項發落免發立功

一納粟軍職有犯若原係總小旗千百戶指揮等官遇例納粟補官者俱照見任軍職立功等項事例施行若由白衣納粟授職者止照常例運炭納米等項發落其犯姦盜詐偽說事過錢誆騙財物行止有虧者俱問罪革職

一
皇陵戶
皇陵衛軍旗守衛軍與守衛上直操備官旗舍餘將軍校尉勇士力士運粮駕送
黃馬快船官旗犯笞杖罪俱令納鈔

一舍人舍餘無官之時犯該雜犯死罪有官事發運炭納米等項完日還職仍發原衛所帶俸差操若犯該流罪減至杖一百徒三年者俱令運炭納米等項還職原管事者照舊管事原帶俸者照舊帶俸其舍人犯竊盜掏摸盜官畜產白晝搶奪姦宿本衛本所軍妻女行止有虧敗倫傷化者不分曾否受官俱問革為民

一凡各衛所舍人舍餘總小旗犯笞杖者有力運炭納米等項外或令納鈔無力的決

一兩京
孝陵
長陵等陵祠祭署奉祀祀丞太常寺典簿神樂觀提點協律郎贊禮郎司樂等官并樂舞生有犯姦盜詐偽失誤供祀并一應贓私罪名不分輕重俱各罷黜仍照例發落若訐告詞訟及因人連累并一應公錯犯笞杖者納鈔徒罪以上者運炭等項各還職着役

一僧道官係京官具奏提問在外依律徑自提問受財枉法滿貫亦問充軍及僧道有犯姦盜詐偽逞私爭訟怙終故犯并一應贓私罪名有玷

清規妨碍行止者俱發還俗若犯公事失錯因人連累及過誤致罪於行止戒規無碍者悉令運炭納米等項各還職為僧為道

一欽天監官為事該為民者本監降用該充軍者備由奏
請定奪

一天文生有犯徒流依律決杖一百餘罪收贖笞杖有力納鈔無力的決其犯竊盜掏摸搶奪等項亦刺字充警并雜犯死罪俱做工不在收贖之限

一各處義官犯該行止有虧者革去冠帶不碍
行止者不革
一錦衣衛總小旗并將軍犯該一應姦盜搶奪誆
騙恐嚇求索枉法不枉法等項罪名但係行止
有虧者俱各調衛總小旗仍立功將軍充軍
一凡校尉犯該一應姦盜搶奪誆騙恐嚇求索枉
法不枉法等項罪名但係行止有虧者俱咨調
衛充軍
一沿邊沿海旗軍舍餘犯該監守常人盜竊盜掏
摸搶奪至徒罪以上者俱送總兵官處查撥缺
人墩臺守哨年限滿日疏放若總兵官裁殺守
項不在就行本處巡撫巡按或分巡官一體查
撥仍行總兵官處知會其的決項徒罪以上有力
納米等項無力巡哨
一凡應解軍丁除真犯死罪外若犯監守常人盜
竊盜掏摸搶奪至徒罪以上者審實解該衛
收伍轉發守哨年限滿日就彼發落其犯別項徒罪
以上俱止杖一百解發着伍
一上班京操及運糧官員旗軍人等犯該人命強
盜等項重罪者照舊拘擬外其侵旗軍人等就便
提問外其餘一切小事俟下班回還交糧畢日
官參奏與旗軍人等各提問
一各州縣里甲解户納户鋪户但有差占及供送
人來京犯罪俱查理明白笞杖的決發落徒罪
以上審無力者與逃民俱遞回原籍官司各照
彼中事例發落
一養象軍放犯該雜犯死罪無力做工徒流罪決
杖一百俱住支月粮各照年限常川養象滿日
仍舊各食粮養象笞杖的決
一
內府匠作犯該監守常人盜竊盜掏摸搶奪者俱問罪
送發工部做工炒鐵等項其餘有犯徒流罪者
拘役住支月粮笞杖准令納鈔
一在京軍民各色匠役犯該雜犯死罪無力做工
徒流罪拘役俱住支月粮笞杖納鈔或的決若
犯竊盜掏摸搶奪等項應情重者亦擬炒鐵等項
發落不在拘役之限民匠仍刺字充警
一兩京工部各色作頭犯該雜犯死罪無力做工
與侵盜誆騙受財枉法徒罪以上者依律拘役
滿日俱革去作頭止當本等匠役若累犯不悛

情犯重者監候奏
請發落杖罪以下與别項罪犯拘役滿日仍當作頭

一太常寺厨役但係訐告詞訟及因人連累問該笞杖罪名者納鈔仍送本寺着役徒罪以上及姦盜詐僞并有誤供祀等項不分輕重俱的決做工改撥光禄寺應役

一養牲官軍有犯姦盜詐僞失誤供祀并一應贓私罪名不分輕重官黜罷照例發落軍發原伍若訐告詞訟及因人連累一應公錯犯該笞杖罪名者納鈔并犯徒罪以上不得行止者運炭

等項各還職着役

一太常寺光禄寺厨役私自逃回原籍潛住許里甲人等首官解部不許潛貼盤纏其在原籍中途及到部挾詐誆騙告害人者問罪立案不行逃回至三次以上者問發口外為民

一教坊司官俳精選樂工演習聽用若樂工投托勢要挾制官俳及抗拒不服拘喚者聽申禮部送問就於本司門首枷號一箇月發落官俳徇私聽屬放富差貧縱容營外逃躲者參究治罪革去職役

一樂户雜犯死罪無力做工流罪依律決杖一百拘役四年徒杖笞罪俱不的決止擬拘役滿日着役若犯竊盜掏摸搶奪等項亦刺字充警

一婦人有犯姦盜不孝并審無力與樂婦各依律決罰其餘有犯笞杖并徒流雜犯死罪該決杖一百者審有力與
命婦軍職正妻俱令納鈔

一先犯雜犯死罪運炭納米等項未完及做工等項未滿又犯雜犯死罪者決杖一百除杖過數目准鈔六貫再收贖鈔三十六貫又犯徒流笞

杖罪者決其應得杖數五徒三流各依律收贖鈔貫仍照先擬發落若三次俱犯雜犯死罪者
奏
請定奪

一先犯徒流罪運炭做工等項未曾完滿又犯雜犯死罪除去先犯罪名止擬後犯死罪運炭做工等項若又犯徒流罪者依已徒而又犯徒將所犯杖數或的決或納鈔仍總徒不得過四年又犯笞杖者將後犯笞杖或的決或納鈔仍照先擬發落

一先犯笞杖運炭做工等項未曾完滿又犯徒流
罪將先犯罪名或的決或納鈔止擬後犯徒流
罪又犯雜犯死罪除去先犯笞杖止擬後犯死
罪各運炭做工等項又犯笞杖罪或先重後輕
或先輕後重將輕者或的決或納鈔仍將重者
令其運炭做工等項發落
一在京法司問擬囚犯有已徒而又犯徒律該決
訖所犯杖數總徒四年有
大誥及遇蒙
恩例通減二等者俱照三流同為一減律例減徒一年其

餘徒罪運炭納米做工擺站等項者俱照舊例
免杖
一在京囚犯遇蒙
恩例通減二等者罪雖遇例減等若律應仍盡本法及例
該充軍為民立功調衛等項者仍依律例一體
擬斷發遣
一在京在外運炭納米贖罪等項囚犯監追半年
之上如果貧難改撥做工擺站的決等項發落
若軍職監追三箇月之上不完者在京就改做
工在外先發還職仍令將該支俸粮實米照該

納米數扣除任官准算
一在外徒罪囚犯發充儀從者每月追銀三錢照
徒年追足即將囚犯先行發落所追銀兩轉送
該府聽其雇人充當不許將犯人拘禁擾害違
者先將該府旗校人等拿問輔導等官參奏究
問果碍
宗室儀賓具由奏
請定奪
一凡問發充軍及口外為民者免其運炭納米等
項并律該決杖就拘當房家小起發隨住其餘

人口存留原籍辦納粮差若發邊衛充軍者原
係邊衛發極邊原係極邊衛者發口外為
民者原係口外并邊境民人發別處極邊
一凡真犯死罪免死并叛逆家屬子孫及例該永
遠充軍者止在本房勾補盡絕即與分豁其餘
雜犯死罪并徒流等罪照例充軍及口外為民
者俱止充本身
一凡問該充軍者在京行兵部定衛在外係巡撫
有行者巡撫定衛巡按有行者巡按定衛其所
屬自問者有巡撫處申呈巡撫無巡撫處巡按

定擬仍抄招行兵部知會其問該口外為民者
亦抄招解送户部編發
一文職官吏監生知印承差人等但係年老事故
或考察退任并為事問革例不入選者若買求
官吏增减年歲改洗文卷隱匿過名或詐作丁
憂起復以圖選用事發問罪吏部門首枷號一
箇月未曾除授者發原籍已經除授者發口外
俱為民
一選除出外文職除領
勑人員并京官陞除外其餘若延緩過半月之上不辭

朝出城者叅提問罪若已辭出城復入城潛住者改降
別用過違憑限半年之上不到任者雖有中途
患病亦不准信問罪還職過違一年之上者不
許到任起送吏部革職為民
一在外大小文職若九年已滿托故在任久住不
行赴部及不申缺者叅提究問就彼放回原籍
冠帶閒住
一弘治元年四月初二日節該欽奉
聖旨罷閒官吏在京潛住有擅出入禁門交結的各門官
子細盤詰拿送錦衣衛着實打一百發烟瘴地面永遠

充軍欽此
一各處官吏軍民僧道人等來京妄稱諳曉扶鸞
禱聖書符呪水一切左道亂正邪術扇惑人民
為從者及稱燒煉丹藥出入内外官家或擅入
皇城夤緣作弊希求進用屬軍衛者發邊衛充軍屬有
司者發口外為民若容留潛住及薦舉引進隣
甲知情不舉并
皇城各門守衛官軍不行閑防捉拏者各叅究治罪
一文職官吏人等若將遠年亡故父母詐作新喪
者問發為民若父母見在詐稱死亡者發口外

獨石等處充軍其父母喪若原籍程途三千里
之上限一年不及三千里者限半年過限匿不
舉哀不離職役者俱發口外為民
一監生生員撒潑嗜酒挾制師長不守監規學規
者問發充吏挾妓賭博出入官府起滅詞訟說
事過錢包攬物料等項者問發為民
一應試生儒舉人監生但有懷挾文字銀兩幷越
舍與人換寫文字者俱問發充吏三考滿日為
民若係官吏就發為民其官旗軍人夫匠人等
受財代替及帶傳遞及縱容不舉察捉拏者旗

軍調邊衛食粮差操官罰俸一年大匠發口外
為民若冒頂正軍入塲看守屬軍衛者發邊衛
屬有司者發附近俱充軍
一在外吏典除役内丁憂外若一考滿後不行轉
参兩考滿後不行給由展轉捏故在役管事或
歇役三年之上者就彼問發為民中間雖有事
故亦不准理故違收参起送官吏参問治罪若
兩考役滿援丁憂服滿遷延三年之上不行
起復者亦發為民其未及三年者果有事故實
跡各該衙門保結起送吏部查照定奪雖在三
年之内起送過限到部者送問重歴
一吏典撒潑抗拒誣告本管官員及把該誆騙詐
欺恐嚇取財未得入己并偷盗自首者俱發原
籍為民
一各處鎮守内臣所在精選能通書筭軍餘二名
總兵官并分守監鎗守備等官各一名令其跟
隨書辦與免征操奏本公文内俱照令典僉書
以防欺弊其餘官軍號稱主文干預書辦者聽
巡撫巡按并按察司官舉問俱調極邊衛所帶
俸食粮差操

一各處司府州縣衛所等衙門主文書筭快手皂
隸總甲門禁庫子人等久戀衙門說事過錢把
持官府飛詭稅粮起滅詞訟陷害良善及賣放
強盗誣執平民為從事發有顯跡情重者旗軍
問發邊衛民并軍丁發附近俱充軍情輕者問
罪枷號一個月縱容官員作罷軟黜退失覺察
者照常發落若各鄉書手飛詭稅粮二百石以
上者問發邊衛充軍
一軍户子孫畏懼軍役另開户籍或於别府州縣
入贅冒籍等項及至原衛發冊清勾買囑原籍
官吏里書人等捏作丁盡户絶回申者俱問罪
正犯發煙瘴地面里書人等發附近衛所俱充
軍官吏參究治罪
一凡無子立嗣除依律令外若繼子不得於所後
之親聽其告官別立其或擇立賢能及所親愛
者不許宗族指以次序告爭并官司受理若義
男女婿為所後之親喜悦者聽其相為依倚不
許繼子并本生父母用計逼逐仍依
大明令分給財産若無子之人家貧聽其賣産自贍
一告爭家財田産但係五年之上并雖未及五年

驗有親族寫立分書已定出賣文契是實者斷
令照舊管業不許重分再贖告詞立案不行
一布按二司分巡分守官直隸巡按御史嚴督府
州縣掌印正官審編均徭從公查照歲額差使
於該年均徭人户丁粮有力之家止編本等差
役不許分外加增餘剩銀兩貧難下户并逃亡
之数聽其空閑不許徵銀及額外濫設聽差等
項科差違者聽巡撫巡按等官糾察問罪奏
請改調若各官容情不舉各治以罪鎮守衙門不許干預
均徭

一各布政司并直隸府州掌印官如遇各部派到
物料從公斟酌所屬大小豐歉坐派若豪猾規
利之徒買囑該吏妄稟偏派下屬擾害民者
俱問發附近衛所充軍各該掌印官聽從者參
究治罪
一凡用強占種屯田者問罪官調邊衛帶俸差操
旗軍軍丁人等發邊衛充軍民發口外為民管
屯等官不行用心清查者糾奏治罪
一軍民人等將爭競不明并賣過及民間起科僧
道將寺觀各田地朦朧投獻

王府及內外官豪勢要之家捏契典賣者投獻之人問
發邊衛永遠充軍田地給還寺觀及應得之人
管業其受投獻家長并管莊人參究治罪山東
河南北直隸各處空閑地土
祖宗朝俱聽民儘力開耕永不起科若有占奪投獻者悉
照前例問發
一各處勢豪大户無故恃頑不納本户秋粮五十
石以上問罪監追完日發附近二百石以上發
邊衛俱充軍
一弘治三年二月二十七日節該欽奉

聖旨鍾鎊再過奇遇節次重出領狀冒支官粮好生不遵
祖訓就將他每禄米革去十分之二以示懲戒今後將軍
儀賓有犯都照這例行欽此
一官吏監生吏典旗軍人等關過俸粮及預支應
得粮米遇有事故調用等項五斗以上失於還
官者事發止問不應追粮還官五斗以下俱免
追問
一在京大小衙門當該吏典有患病一箇月者勘
實就將該支俸粮截日住支名缺行移吏部撥
補待病痊日仍送原役衙門收候參補若有妊

懶托故以圖改撥者問發原籍爲民
一王府祿米若本府官員内使旗校管莊人等干預撥置
折收銀兩多收米麥索要財物及邀截納户
用強兌支并擅自差人下府州縣催徵騷擾
者旗校人等杖罪以上發邊衛充軍官員内
使監候奏
請發落其縣學官及布按兩司巡守官縱容不舉并府州縣
官聽從差來人役徵擾者俱參問奏
請降調

一在京在外并各邊但係一應收放糧草去處若
職官子弟積年光棍跟子買頭小脚跟官伴當
人等三五成群搶奪籌斛占堆行槩等項打攪
倉場及欺凌官攢或挾詐運納軍民財物者杖
罪以下於本處倉場門首枷號一箇月發落徒
罪以上與再犯杖罪以下免其枷號屬軍衛者
發邊衛屬有司者發附近俱永遠充軍
一京通并馬房倉場等處收受草束若豪強光攬之徒
恃強將不堪水濕小草充數囑託監收官員收
受者拿送問罪枷在本處倉場門首三箇月發

落
一内外倉場等處糧草并各處軍需等項不拘起
運存留但有包攬誆騙不行完納事發問罪責
限三箇月以裏納完者照常發落過期不完者
儘其財產陪納發邊衛充軍經年不完者仍枷
號一箇月照前發遣各邊武職主使家人伴當
跟隨交結人員挾勢攬納作弊者參問降二級
聽使之人仍照前例問發
一各處掌印官將所屬起解一應錢糧批文妄作
人情攬與内外勢要官豪者問發爲民干碍勢

豪參究治罪
一各邊召商上納糧草若内外勢要官豪家人開
立詭名占窩轉賣取利者俱問發邊衛充軍干
碍勢豪參究治罪
一官軍漕運將正耗糧米照數交兌不許折收輕
賫及中途糶賣違者軍餘欠十石小旗欠五十
石總旗欠一百石以上者俱問發邊衛哨瞭百
户欠三百石千户欠五百石指揮欠一千石把
總都指揮等官欠三千石以上俱問發原衛帶
俸差操若總欠數多總督漕運總兵等官另行

奏

請定奪原買官粮責付領運交納所得價銀入官

一四犯紙劄照依時估聽其自行買納若無籍之徒及管押吏典人等通同作弊分外增騙錢物者問罪枷號一箇月發落若監追紙劄三箇月之上不能完納者放免

一在京在外問完囚犯但有入官還官給主贓物值銀一十兩以上監追年久儘其家產變賣陪納并家產盡絶全無家產變賣及變賣雖是未盡止遺不堪家產無人承買者各勘實具本犯情

罪輕重監追年月久近贓數多寡奏

請定奪若該追贓物止直銀八九兩以下及埋產銀監追一年之上勘實全無家產變賣者俱照本犯原擬發落仍召保營辦完納

一軍官旗軍但有監追入官還官給主贓物直銀八九兩以下一年之上不能完納者將犯人暫發立功納鈔等項各完滿日還職着役仍將各人俸粮月粮照贓数扣除入官還官給主

一越境與販官私引塩至二千斤以上者問發附近衛所充軍原係腹裏衛所者發邊衛充軍其

客商收買餘塩買求掣摯至二千斤以上者亦照前例發遣經過官司縱放及地方甲隣里老知而不舉各治以罪巡捕官員乘機興販至二千斤以上亦照前例問發

一貧難軍民將私塩肩挑背負易米度日者不必禁捕其豪強塩徒聚衆撑駕大船張掛旗號擅用兵仗響器者巡捕巡塩官兵尋訪擒捕若拒敵殺傷人命者俱梟首示衆

一各處塩場無籍之徒號稱長布衫趕船虎光棍好漢等項名色把持官府詐害客商犯該徒罪

以上及再犯杖罪以下者俱發邊衛充軍

一各塩運司總催名下該管塩課納完者方許照名填給通關若總催買囑官吏并覆盤委官指倉揹囤扶同作弊者俱問發邊衛充軍

一成化十八年閏八月二十九日節該欽奉

憲宗皇帝聖旨私茶有興販夾帶五百斤的照見行私塩例押發充軍欽此

一在京在外税課司局批驗茶引所但係一應税納錢鈔去處賫令客商人等自納若權豪無籍之徒結黨把持攔截生事及將爛鈔低錢搪塞

攬擾商稅者問罪枷號三箇月發落
一在外衙門官員通同勢要賣納戶等項課鈔者
問罪賣鈔之人發邊衛充軍鈔貫入官官員縱無贓私奏
請降用
一內外放債之家不分文約久近係在京住坐軍
匠人等揭借者止許於原借之人名下索取不
許赴原籍逼擾如有執當印信関單勘合等項
公文者提問原債不追
一凡勢豪舉放私債交通運粮官挾勢擅拿官軍
綁打凌辱強將官粮准還私債者問罪屬軍衛
者發邊衛充軍屬有司者發口外為民運粮官
叅究治罪
一典當田地器物等項不許違律起利若限滿備
價贖取或計所收花利已勾一本一利者交還
原主損壞者陪還其田地無力贖取聽便再種
二年交還凡負欠私債兩京不赴法司而赴別
衙門在外不赴軍衛有司而越赴巡撫巡按三
司官處各告理及輙具本狀奏訴者俱問罪立
案不行若兩京別衙門聽從施行者一體叅究
私債不追

一舉放錢債買囑各衛委官擅將欠債軍職折俸
銀物領去者問擬誆詐委官問擬受財聽屬罪
名
一聽選官吏監生人等借債與債主同赴任所取
償至五十兩以上者連債主俱問發口外充軍
一兩京兵部并在外巡撫巡按按察司官點視各
衛所印信如有軍職將印當錢使用者叅問帶
俸差操
一凡
王府文武官
王妃家父母儀賓俱請
旨提問其儀賓犯該充軍有碍發遣奏
請定奪
一凡
王府旗軍舍餘匠校人等犯該笞杖者納鈔及徒罪以
上無力者在京俱做工在外俱發將軍中尉儀
賓府充當儀從
一凡
王府文職因人連累并一應過誤律該笞杖罪名者議
擬納鈔贖罪還職不必解京就彼奏

請發落若係希圖改調故意犯贓有碍行止等項及犯該
徒流以上者俱解京奏
請改調邊遠叙用重者從重論其護衛儀衛司軍職有犯
私罪杖以上者奏行兵部上
請改調若犯因公笞杖罪名俱照文職罰贖還職管事各
處
郡王將軍中尉郡主縣主郡君縣君鄉君事有違錯與
長史教授無干者不坐若有事不與轉達出城
不行勸阻長史等官參奏提問
一凡

王府人役犯罪巡撫巡按都布按三司官徑自提問衛
所府州縣俱要行文長史司及教授提人會官
約問
王府各官不許占悋不發若犯該強盜詐偽及搶奪鬬
毆人命等項重情事須急捕者所在官司捉拿
監候然後移文會問
一各
王府不許擅自招集外人凌辱官府擾害百姓擅作威
福打死人命受人投獻地土進送女子及強取
人財物占人妻妾收留有孕婦女以致夫亡不

明昌亂
宗支及畜養術士招尤惹釁無故出城遊戲違者巡撫巡
按等官即時奏
聞先行追究設謀擾置之人應提問者就行提問應奏提
者奏提杖罪以上官員奏
請降調邊方旗校舍餘人等發邊衛充軍
一凡
王府人役假借威勢侵占民田攘奪財物致傷人命除
真犯死罪外徒罪以上俱發邊衛充軍
一各處

郡王并將軍中尉凡有奏
請務令長史司具啓
親王知會參詳可否若應該具奏者然後給批差人賫
奏如違該衙門將賫奏人員并教授一體參究
其所奏事件仍行長史司具啓
親王查勘參詳明白具奏方總施行若機密重事或與
親王事有干涉及郡王分封相離窵遠不在一城居住
者許令徑自具奏本府將軍以下俱啓
王代奏若事與
親王無干及不係機密重情無故驀越具奏者所司備

請區處若已經參詳奏行勘問未結重復奏擾就將奏詞
查前例上
立案不行
一凡
王府發放一應事務所司隨即奏
聞必待
欽准方許奉行若不奏
聞及已奏不待回報擅自承行者一體治以重罪其在京
各
王出府之日法司即查前例通行長史司知會遵守
問刑條例
一各
王府郡主儀賓該鈒花金帶胷背獅子縣主儀賓鈒
金帶郡君儀賓光素金帶胷背俱虎豹縣君儀
賓鈒花銀帶鄉君儀賓光素銀帶胷背俱彪故
違僭用者革去冠帶戴平頭巾於本處儒學讀
書習禮三年方許復職
一各處
郡王除正妃外妾媵多不過四人鎮國輔國將軍除正
夫人奉國將軍除正淑人外妾媵各不過三人
鎮國中尉除恭人輔國中尉除宜人奉國中尉

除安人外妾媵各不過二人生子之日先行開
具姓名奏報以後
請名請封庶無僭差若是濫收過數將輔導隱匿不奏官
員參提究問奏
請降調邊方
一文職本身并族屬有女爲
王妃或爲夫人男爲儀賓等項俱各見任及有子孫者
本身不許陞除京職如已亡故及無子孫者行
京官或原籍官司保勘是實一體除授轉陞若
保勘隱情及雖開報以存作亡以有作無扶同
問刑條例
申結者並化問發邊衛充軍保勘之人屬有司
者發口外爲民屬軍衛者發邊衛充軍
一
王府選婚若先通媒合納賄營求及扶同保勘婚配不
當者經該官吏媒合人等通坐以枉法罪名營
求撥置之人問發邊衛充軍
一各處樂工縱容女子擅入
王府及容留各府將軍中尉在家行姦并軍民旗校人
等與將軍中尉賭博誆哄財物及擅入府内教
誘爲非者俱問發邊衛充軍該管色長並革役

一僧道府不得過四十名州不得過三十名縣不
得過二十名若額外擅收徒弟者問發口外為
民住持還俗僧道官知而不舉者罷職
一凡漢人出家習學番教不拘軍民曾否關給度
牒俱問發原籍各該軍衛有司當差若漢人冒
作番人者發邊衛充軍
一皇城各門各鋪上直守衛該管官旗鈐束不嚴及容情
故縱所管軍人離直點視不到十名以上者各
杖一百指揮降千户千户降百户衛鎮撫降所

鎮撫百户及所鎮撫各降總旗總旗降小旗小
旗降軍俱調邊衛帶俸食粮差操若受財賣放
者不分人贓多寡問罪亦照前降調其留守五
衛晝夜輪流點城官員但受財賣放者一體參
問降調若止是巡點不嚴以致軍士不全問罪
還職其各該直宿官旗軍人點視不到一二次
者送問三次以上者問發邊衛差操
一擅入
午門長安等門内叫訴冤枉奉
旨勘問得實者問罪枷號一箇月若涉虚者仍杖一百發

口外衛分充軍其臨時奉
旨將犯人拿問者所訴情詞不分虚實立案不行仍將
本犯枷號一箇月發落
一聖駕出郊衝突儀仗妄行奏訴者追究主使教唆捏寫本
狀之人俱問罪各杖一百發邊衛充軍所奏情
詞不分虚實立案不行
一天地山川壇内縱放牲畜作踐及私種籍田外餘地并奪
取籍田禾把者俱問罪牲畜入官犯人枷號一

箇月發落
一京城内外街道若有作踐掘成坑坎淤塞溝渠
蓋房侵占或傍城使車撤放牲口損壞城脚及
大明門前御道棊盤并護門柵欄
正陽門外御橋南北本門月城將軍樓觀音堂關王廟
等處作踐損壞者俱問罪枷號一箇月發落
一東西公生門
朝房官吏人等或帶住家小或做造酒食或寄放貨櫃
開設卜肆停放馬騾取土作坯撤穢等項作踐
問罪枷號一箇月發落

一成化十年九月十八日節該欽奉
憲宗皇帝聖旨都城外四圍沿河居住軍民人等越入壕
塹偷魚割草竊取磚石等項輕則量情懲治重則參奏
拿問枷號示衆若該城徇情縱容不理及四鄰知而不
首的都治以罪其守門官軍亦不許於城外河邊栽種
蔬菜牧放頭畜因而引惹外人入内作踐違者一體治
罪欽此
一兩京堂上文職四品以下及五府管事并在京
在外鎮守守備等項公侯伯都督等官不分老
少俱不許乘轎違者參問其餘軍職若上馬拿

交床出入擡小轎者先將服役之人問罪指揮
以下參問京衛調外衛外衛調邊衛俱帶俸差
操
一凡軍官子孫告要襲替移文保勘若十年之外
人文不曾到部雖稱患病事故者不准襲替發
回原籍爲民其經該官司查勘明白過違二年
不與保送并勘捐財物者問發帶俸差操
一凡用財買囑冒襲軍職不分與者受罪俱照奉
太宗皇帝欽定妄告襲職不實的官連那保勘的官都罷
了職揭了黄永不得襲事例問斷仍扒招罪全

文繳送兵部查照揭黄若朦朧保送違礙子孫
弟姪襲替者經該官吏問罪照常發落仍不准
其襲替
一凡保到軍職應襲兒男弟姪但有姻族并無干
人奏告奸生乞養倫序不明等情已經勘明繳
報兵部原告又行捏詞奏告者問罪屬軍衛者
調邊衛差操屬有司者發口外爲民應襲者與
入選原詞立案不行
一凡軍職襲替有不由軍功例該減革却行捏奏
兵部官吏且壞選法者問調邊衛帶俸差操

一各處土官襲替其通事把事人等及各處逃流
軍囚客人撥置土官親族不該承襲之人爭襲
劫奪讎殺者俱問發極邊烟瘴地面充軍
一輪操軍人軍丁沿途劫奪人財殺傷人命占奪
車船作踐田禾等項許被害之人赴所在官司
具告拿解兵部轉送法司究問除真犯死罪外
徒罪以上俱調發邊衛充軍其管操指揮千百
户等官往回不許與軍相離若不行鈐束并故
縱劫奪殺人等項者參問調衛
一凡擅殺平人報功其本管將官頭目失於鈐束

者問罪，量其所殺多寡，輕則降級調衛，重則罷職充軍，俱奏
請定奪

一官軍軍丁有將戶內弟姪子孫過房與人，或被官豪勢要和買改易姓名者，不分年歲遠近，許其贖取歸宗，聽繼，若占恡不發者，所在官司追究治罪，其該冒名頂軍丁者，問發極邊衛分充軍

一京衛及在外衛所解到新軍，以投文日為始，不過十日，將收管批迴給付長解，若刁蹬留難者，

該吏軍吏、總小旗提問，衛所掌印并本管官不拘曾否得財，參問帶俸差操

一在京在外各都司衛所勾到新軍，官吏旗甲附寫名數，半月內幫支月糧，各照地方借房安插，存恤三個月，方許送營差操，不許指稱使用等項勒要財物，逼累在逃，若一年之內求索財物，因而逼累在逃者，指揮十名以上，千戶鎮撫六名以上，百戶四名以上，各問罪，降一級，每十名、六名、四名各照數遞降，不及前數及不曾得財者，照常發落

一各處清解軍丁，選揀精壯親丁，僉點相應長解，批內明開相貌年甲，在京者起解兩京兵部，在外者徑解該衛，若不係同宗子孫頂替起解，及將長解正身賣放在家，執批前來，雇人頂名者，正軍問調別衛，頂軍就收本衛，長解并受雇之人及里老鄰佑知情不首者，俱發附近各充軍

一各處備倭哨守，其把總等官縱容舍餘人等代替正軍者，正軍問調沿海衛分，舍餘人等就收該衛充軍，把總等官參問治罪

一凡校尉事故，必須籍冊有名親生兒男弟姪替

補，若官旗將別姓朦朧詐冒替補者，問罪，官旗調外衛帶俸食糧差操，冒替之人亦調衛充軍

一失誤軍機，除律有正條者議擬監候，奏
請外，若賊擁大眾入寇，官軍卒遇交鋒，損傷被虜數十人之上，不曾虧折大眾，或被賊眾入境，虜殺軍民數十人之上，不曾虜去大眾，或被賊白晝黑夜突入境內，搶掠頭畜衣糧數多，不曾殺虜軍民者，俱問守備不設，被賊侵入境內，虜掠人民本律，發邊遠充軍，若是交鋒入境，損傷虜殺四五人，搶去頭畜衣糧不多者，亦問前罪，發內情輕

律重有碍發落者仍備由奏
請處置其有被賊入境將人探夜不收及飛報聲息等項
公差官軍人等一時殺傷捉去事出不測者俱
問不應杖罪還職如或境外被賊殺虜人探夜
不收非智力所能防範者免其問罪
一凡各邊及腹裏地方遇賊入境若是殺虜男婦
十名口以上牲畜三十頭隻以上不行開報者
軍民職官問罪降一級加前數一倍者降二級
加二倍者降三級甚者罷職其上司及總兵等
官知情扶同事發參究治罪

一凡都指揮跟隨軍伴六名指揮四名千百户鎮
撫二名不管事者一名但有額外多占正軍五
名以下問罪降一級六名之上降二級甚至十
名以上者止於降三級其賣放軍人包納月錢
者亦照前名數分等降級甚者罷職發邊衛充
軍守禦
一軍職役占餘丁至五名以上者問罪降一級十
名以上者降二級二十名以上者降三級三十
名以上者奏
請發落若賣放者仍照前項名數分等降級

一凡各處鎮守總兵内外官跟隨軍伴二十四名
協守副總兵二十名遊擊將軍與分守内外官
十八名監鎗内官十六名守備内外官十二名
俱不許額外役占及賣放軍人辦納月錢違者
許巡撫巡按官查照軍職役占賣放事例上
請其巡按御史年終仍將各官有無多占賣放緣由具奏
一各邊關堡墩臺等項守備去處若官軍用財買
閑者官員問罪調極邊衛分守禦旗軍人等發
沿邊枷號一箇月常川守哨若原在腹營官軍
逃回原籍潛住及架砲夜不收守墩軍人畨夜

回家輪班不去者俱照前項調衛枷號守哨發
落
一五軍圍子手并
皇城内外守衛軍士及紅盔將軍下班之日其本管官
員及守門内官把總指揮等官不許擅撥與人
做工等項役使違者參問雖不係自己占用亦
照私役軍人事例發落
一軍職賣放并役占軍人二罪俱發其賣放已至
十名以上役占不及數者依賣放甚者事例罷
職見軍役占已至十名以上賣放不及數者依

役占甚者事例減降三級賣放役占俱至十名
以上者從重發落俱不及十名者并數通論降
級役占軍人五名又占餘丁十名及包納月錢
滿貫者從重降級仍發立功滿日照所降品級
於原衛所帶俸差操
一軍官軍人遇有征調點選已定至期起程不問
已未關給賞賜若有避難在逃者依律問斷其
征期已過送兵部編發宣府獨石等處沿邊墩
臺哨瞭半年滿日放回原衛還職着役若仍發
出征及哨瞭在逃者依從征私逃再犯者律處

絞
一在京在外守禦城池軍人在逃一次二次者問
罪照常發落三次依律處絞
一輪操官軍逃在京城內外潛住者俱照奉
憲宗皇帝欽定初犯打七十再犯打一百送操事例發落
官旗無力納鈔者就在原問衙門单衣決打若
逃回原籍原衛者以越關論其在逃三次者不
分華前華後各免決打納鈔京衛調外衛外衛
調邊衛俱帶俸食粮差操
一凡京操軍一班不到者送營罰班半年軍兩班

官一班不到者發附近居庸密雲山海等關罰
班半年官兩班軍三班不到者發大同宣府等
邊衛罰班一年官三班不到者邊衛罰班年半
其補班月日各另扣筭俱先送法司問罪畢日
免其納鈔杖斷送回兵部發遣若該班不到自
行出首者止問越關等罪照例補操罰班免發
邊衛前項自首及該班不到并承批管解扶同
捏故軍職俱不必參奏徑自送問
一各邊衛備官軍失班不來者備行各該巡按御
史督属拏獲問罪免其納鈔的決差人解送各

邊鎮巡官查審軍一班不到者在原備邊處罰
班五箇月軍兩班官一班不到者改撥本處沿
邊城堡罰班八箇月軍三班官兩班以上不到
者極邊城堡罰班一年其補班月日各另扣筭
若來遲不曾失班者止補來遲月日
一弘治十一年十一月内節該欽奉
聖旨今後各王府軍校逃回在京潛住的着錦衣衛五城
兵馬各照地方嚴加訪察務要得獲都军固押發極邊
衛分充軍窩藏及兩隣不首事發一體發遣充軍欽此
一居庸山海等關隘引送口外邊衛逃軍過關并

守把盤詰之人知情故縱者俱問發邊衛充軍

一官民人等擅造二桅以上違式大船將帶違禁物貨下海前往番國買賣潛通海賊同謀結聚及為嚮導劫掠良民者正犯處以極刑全家發邊衛充軍若止將大船雇與下海之人分取番貨及雖不曾造有大船但糾通下海之人接買番貨者俱問發邊衛充軍其探聽下海之人番貨到來私下收買販賣若蘇木胡椒至一千斤以上者亦問發邊衛充軍番貨入官若小民撑使單桅小船於海邊近處捕取魚蝦採打柴木者巡捕官旗軍兵不許擾害

一成化十年七月十三日節該欽奉

憲宗皇帝聖旨陝西榆林等處近邊地土各營堡草場界限明白敢有那移條款盜耕草場及越出邊墻界石種田者依律問擬追徵花利完日軍職降調甘肅衛分差操軍民係外處者發榆林衛充軍係本處者發甘肅充軍有毀壞邊墻私出境外者枷號三箇月發落欽此

一各邊將官并管軍頭目私役及軍民人等私出外境釣豹捕鹿砍木掘鼠等項并把守之人知情故縱該管里老官旗軍吏扶同隱蔽者除真犯死罪外其餘俱調發烟瘴地面民人里老為民軍丁充軍官旗軍吏帶俸食粮差操

一川廣雲貴陝西等處但有漢人結交夷人互相買賣借貸誆騙財物引惹邊釁及潛住苗寨教誘為亂貽患地方者俱發邊衛永遠充軍

一弘治十一年二月十五日節該欽奉

聖旨這比小王子等差使臣人等赴京朝貢官員軍民人等與他交易止許光素紵絲絹布衣服等件不許將一應兵器并違禁銅鐵等物敢有違犯的都拿來處以極刑欽此

一官員軍民人等私將應禁軍器賣與夷人圖利者比依將軍器出境因而走泄事情者律各斬為首者仍梟首示衆

一在京在外軍民人等與朝

貢夷人私通往來投托管顧撥置害人因而透漏事情者俱問發邊衛充軍軍職有犯調邊衛帶俸差操通事并伴送人等係軍職者從軍職之例係文職有贓者革職為民

一凡夷人朝

貢到京會同館開市五日各鋪行人等將不係違禁之

物入舘兩平交易染作布絹等項立限交還如
賒買及故意拖延騙勒夷人久候不得起程幷
私相交易者問罪仍於舘前枷號一箇月若各
夷故違潛入人家交易者私貨入官未給賞者
量爲遞減通行守邉官員不許將曾經違犯夷
人起送赴京
一會同舘内外四鄰軍民人等代替夷人收買違
禁貨物者問罪枷號一箇月發邉衛充軍
一成化十四年十一月初四日節該欽奉
憲宗皇帝聖旨遼東開設馬市許令海西幷朶顔等三衛
夷人買賣開市每月初一日至初五日開一次廣寧每
月初一日至初五日十六日至二十日開二次各夷止
將馬匹幷土產物貨赴彼處委官驗放入市許賫有物
貨之人入市與彼兩平交易不許通事交易人等將各
夷欺侮愚弄虧少馬價及偷盜貨物亦不許撥置夷人
指以失物爲由扶同詐騙財物分用敢有擅放夷人入
城及縱容官軍人等無貨者任意入市有貨者在内過
宿規取小利透漏邉情事發問擬明白俱發兩廣煙瘴
地面充軍遇赦並不原宥欽此
一各邉夜不收出境探聽賊情若與夷人私擅交

易貨物者除有犯死罪外其餘問調廣西烟瘴
地面衛所食粮差操
一私自販賣硫黄五十斤焰硝一百斤以上者問
罪硝黄入官賣與外夷者不拘多寡比照私將
軍器出境律條坐罪其合成火藥賣與塩徒者
問發邉衛充軍兩鄰知而不舉者各治以罪
一甘肅西寧等處遇有番夷到来本都司委官關
防提督聽與軍民人等兩平交易若勢豪之家
主使弟男子姪家人頭目人等將夷人好馬奇
貨包收逼令減價以賤易貴及將粗重貨物幷
瘦損頭畜拘收取覔用錢方許買賣者聽使之
人問發附近衛分充軍干碍勢豪及委官知而
不舉通同分利者參問治罪
一光祿寺買辦一應物料弘治四年十一月内節
該欽奉
聖旨姦頑之徒稱是報頭等項名色在街攙賒作弊害人
的拿来枷號三箇月滿日還從重發落欽此
一凡私宰耕牛幷私開圈店及知情販賣牛隻與
宰殺者俱問罪枷號一箇月發落再犯累犯者
免其枷號俱發邉衛充軍弘治十二年九月初

一日又節該欽奉
聖旨私宰耕牛屢有禁例近来人多玩法不行遵守都察
院便出榜申明禁約今後違犯的照例治罪每宰牛一
隻追罰牛五隻欽此
一司府州縣起解備用馬匹各要經由分管太僕
寺寺丞等官驗中起解若有馬販交通官吏醫
獸人等兜攬作弊者俱問罪枷號一箇月發邊
衛充軍再犯累犯者枷號一箇月發極邊衛分
充軍
一大同三路官旗舍人軍民人等將不堪馬匹通

同光棍引赴內外官處及管軍頭目收買私馬
詭令伴當人等出名情囑各守備等官俵與軍
士通同醫獸作弊多支官銀者俱問罪官旗軍
人調別處極邊衛所帶俸食粮差操民并舍餘
人等俱發附近充軍引領光棍并作弊醫獸及
詭名伴當人等各枷號一箇月發落干礙內外
官員奏
請提問
一官軍將所領官馬耕田走遞馱載物件或兩人
共騎或婦女騎坐者問罪俱罰馬一匹若借倩

人騎坐等項枷號半箇月及借與人者各彼此
罰馬一匹
一下班官軍將原領馬匹兌與見操缺馬官軍領
騎餧養若有擅騎回衛者問罪罰馬一匹解兵
部給操其原領馬匹倒失者追陪
一各處水馬驛遞運所夫役巡檢司弓兵若有用
強包攬不容正身着役多取工錢害人攬擾衙
門者問罪旗軍調發邊衛民并軍丁人等發附
近俱充軍其官吏通同縱容者各治以罪若不
曾用強多取工錢者不在此例

一會同館夫供役三年轉發該管有司收當民差
另僉解補不許過役更易姓名捏故僉補違者
官吏一體坐罪若五年以上不行替役及近館
無籍軍民人等用強攬當者俱問發邊衛充軍
一運河一帶用強包攬閘夫溜夫二名之上俱問
罪旗軍發邊衛民并軍丁人等發附近各充軍
攬當一名不曾用強生事者問罪枷號一箇月
發落
一各鋪司兵若有無籍之徒不容正身應當用強
包攬多取工錢致將公文稽遲沉匿等項問罪

旗軍發邊衛民弁軍丁人等發附近俱充軍其
提調官該吏鋪長各治以罪
一南北直隸山東等處各屬馬驛僉到馬頭情願
雇募土民代役者聽若用強包攬者問罪旗軍
發邊衛民弁軍丁人等發附近俱充軍其有光
棍交通包攬之徒將正身姓名捏寫虛約投托
官豪勳戚之家前去原籍妄拿正身家屬逼勒
取財者所在官司應提問者收問應奏人員參
留奏
請提問俱照前例充軍該管官司坐視縱容者參究治罪

一沿河一帶省親省祭丁憂起復弁陞除外任及
內外公差官員名有乘坐馬快舡隻興販私鹽
起撥人夫弁帶去無籍之徒辱罵鎖綁官吏勒
要銀兩者巡撫巡按巡河巡鹽管洪管閘等官
就便拿問干礙應奏官員奏
請提問其軍衛有司驛遞衙門若有懼勢應付者參究治罪
一跟隨內臣將官頭目不分有無職役人等若非
奏帶不許報功果係奏帶獲功該陞職役只合
註於本管衙門不許希求註於錦衣衛違者該
陞職役俱革罷扶同勘報者參究治罪若文武

職官人等不由銓選推舉徑自朦朧奏
請希求進用當緣奔競乞
恩傳奉等項沮壞
祖宗選法者俱問罪武職降級調衛旗軍舍餘發邊衛俱
帶俸食粮差操文職黜退為民
一凡臨陣報有斬獲賊級者紀功官從公審驗若
用錢買者賣者俱問罪係官旗就在本衛係軍
發邊衛民弁軍丁人等發附近俱充軍若虜寇
犯邊官軍明知被虜人口遺棄在彼因而妄殺
冒作賊級或虜寇近邊剳營猶未入境官軍覘

知寡弱乘機擣巢斬獲老弱婦女妄作犯邊以
圖功次陞賞與殺平人者一體論斷
一在京坐營管操內外官弁把總以下官若將馬
匹私占騎用及撥與人騎坐者五匹以下降一
級以上降二級其各邊分守守備把總管隊等
官將騎操弁驛傳走遞官馬撥與人騎坐及
私用伺候等項亦照前例問擬
一
黃舡附搭客貨及夾帶私物者小甲客商人等俱問發
極邊衛分永遠充軍貨物入官若客商人等止

是空身附搭者亦連當俱發附近充軍其駕快船使附搭客
貨及夾帶私物者客商人等俱發口外充軍貨物入官
若客商人等止是空身附搭者照常發落
一漕運船隻除運軍自帶土宜貨物外若附帶客商勢要人等
酒麵糯米花草竹木板片器皿貨物者將本船運軍并附載人
員參問發落貨物入官其把總等官有犯降一級回衛帶
俸差操民運船不在此例
一成化十五年九月初四日節該欽奉
憲宗皇帝聖旨鳳陽　皇陵皇城并泗州
祖陵所在應禁山場地上巡山官軍務要常川用心巡視

不許諸色人等砍伐樹株取土取石開窯燒造放火燒
山及於皇城內外耕種牧放安歇作踐如有此等或被
人告發或體訪得出正犯處死家口俱發邊遠充軍巡
山官軍敢有科歛銀兩饋送不行用心巡視及守備留
守等官貪圖賄賂不行嚴加約束以致下人恣肆作弊
不能禁治都一體重罪不饒欽此
一正統二年四月初九日節該欽奉
英宗皇帝聖旨天壽山係
祖宗陵寢所在山前山後樹木正要愛養培護近聞有等
無籍小人往往入山偷砍樹木其該管軍衛有司官員

及旗甲里老人等坐視不行鈐束論罪都該處死錦衣
衛輪差的當官校往來巡視但有犯的都拿將來處以
重罪家屬發邊遠東邊衛充軍若差去官校賣放作弊及
託此生事擾人的也一體治罪不饒欽此
一西山一帶密邇京師地方內外官豪勢要之家
私自開窯賣煤鑿山賣石立廠燒灰者問罪枷
號一箇月發邊衛充軍干碍內外官員參奏提
問
一大同山西宣府延綏寧夏遼東薊州紫荊密雲
等邊分守守備備禦并府州縣官員禁約該管

官旗軍民人等不許擅自入山將應禁林木砍
伐販賣違者問發南方煙瘴衛所充軍若前項
官員有犯軍職俱降二級發回原衛所都司終
身帶俸差操文職降邊遠敘用鎮守并副參等
官有犯指實參奏其經過河道守把官軍容情
縱放者究問治罪
一盜掘銀礦銅錫水銀等項礦砂但係山洞捉獲
曾經持仗拒捕者不論人之多寡礦之輕重及
聚衆至三十人以上分礦至三十斤以上者俱
不分初犯再犯問發邊衛充軍若不及數又不

拒捕初犯枷號三個月發落再犯免其枷號亦發邊衛充軍其私家收藏道路背負者止理見獲照常發落不許巡捕人員逼令展轉攀指違者參究治罪

一凡發掘

王府將軍夫人郡主縣主及歷代帝王名臣先賢墳塚開棺為從及發見棺槨者不分首從俱發邊衛發而未至棺槨為首者發附近各充軍

一凡發塚開棺槨見屍為從者俱發煙瘴地面充軍

一強盜殺傷人放火燒人房屋姦污人妻女打劫牢獄倉庫及干係城池衙門并積至百人以上不分曾否傷人俱隨即奏

請審决梟首示衆

一盜

內府財物者係雜犯死罪准贖外若盜

乘輿服御物者仍作真犯死罪依律議擬

一凡倉庫錢糧若宣府大同甘肅寧夏榆林遼東四川建昌松潘廣西貴州并各沿邊沿海去處有監守盜糧二十石草四百束銀二十兩錢帛等物直銀一十兩以上常人盜糧四十石草八百束銀二十兩錢帛等物直銀二十兩以上俱問發邊衛永遠充軍兩京各衙門漕運及京通臨淮徐德六倉并腹裏節差給事中御史查盤去處若有監守盜糧四十石草八百束銀二十兩錢帛等物直銀二十兩以上常人盜糧八十石草一千六百束銀四十兩錢帛等物直銀四十兩以上亦照前擬充軍其餘腹裏節差巡守等官查盤去處若有監守盜糧八十石草一千六百束銀四十兩錢帛等物直銀四十兩以上

常人盜糧一百六十石草三千二百束銀八十兩錢帛等物直銀八十兩以上亦照前擬充軍若盜沿邊沿海糧四百石草八千束銀二百兩錢帛等物直銀二百兩以上不分監守常人俱照奉弘治三年二月二十三日

欽定事例斬首示衆其四等人犯俱依律併贓論罪仍各計入己之贓數滿方照前擬斷不及數者照常發落若正犯逃故者於同爨家屬名下追賠不許濫及各居親屬其各處徵收在官軍需物料應該起解折價銀兩即係腹裏去處錢糧如有

侵盜者追贓完日亦照前例擬斷發落
一各衛所管軍頭目人等將明正公文關出官軍
粮料布花等物若指以公用差使為由因而侵
欺粮料一百石大布一百疋綿花一百斤錢帛
等物直銀三十兩以上者問擬如律軍職立功
五年滿日降一級帶俸差操旗軍人等枷號一
箇月發極邊墩臺守哨五年滿日疎放
一在外官庫被盜銀至一千兩以上一箇月不獲
經該并巡捕官俱各住俸半年不獲提問被盜
二三次者奏
請降調其該道分巡分守官參奏罰治不及前數者俱照
常發落庫子儘其財產均追陪償候真贓得獲
照數給還若各官妄拿平人逼認盜贓追陪者
亦問罪降調
一各處大戶家人佃僕結搆為盜殺官劫庫劫獄
放火許大戶隨即送官追問若大戶知情故縱
除真犯死罪外其徒流杖罪及窩賊三名以上
屬軍衛者發邊衛屬有司者發附近各充軍
一皇親功臣管莊家僕佃戶人等勾引外處來歷不明之

人窩藏為盜坐家分贓者問發邊衛充軍其該
管家長參究治罪
一知強竊盜贓而接買受寄若馬騾等畜至二頭
匹以上銀貨坐贓至滿貫者俱問罪不分初犯
再犯枷號一箇月發落若三犯以上不拘贓數
多寡與知強盜後而分贓至滿貫者俱免枷號
發邊衛充軍
一屯官司差人追徵錢粮勾攝公事并捕獲罪人
但聚衆至十人以上中途打奪為從者如係親
屬并同居家人照常發落若係異姓同惡相濟
及搥師打手俱發邊衛充軍
一凡號稱喇虎窩主項名色白晝在街撒潑口稱
聖號及總甲快手應捕人等指以巡捕勾攝為由各毆打
平人搶奪財物者除真犯死罪外犯該徒罪以
上不分人多人少若初犯一次屬軍衛者發邊
衛充軍屬有司者發口外為民雖係初犯若節
次搶奪及再犯累犯笞杖以上者俱發原搶奪
地方枷號一箇月照前發遣若里老隣佑知而
不舉所在官司縱容不問各治以罪
一正統八年七月十一日節該欽奉

英宗皇帝聖旨今後竊盜初犯刺右臂的革後再犯刺左
臂若兩臂俱刺赦後又犯的准三犯論還將所犯赦前
赦後明白開奏定奪欽此
一養馬人戶將官馬盜賣與人至三匹以上者問
擬盜官畜產罪名發附近衛所充軍
一誆騙聽選官吏監生人等財物者問罪枷號吏
部門首三箇月俱發煙瘴地方充軍若官吏監
生人等央浼營幹致被誆騙者亦照前例發遣
一凡指稱內外大小官員名頭并各衙門打點使
用名色誆騙財物計贓犯該徒罪以上者俱不

分首從發邊衛充軍
一成化十五年十月二十二日節該欽奉
憲宗皇帝聖旨管莊僕佃人等占守水陸關隘抽分指取
財物挾制把持害人的都發邊衛永遠充軍欽此
一各處客商輻輳去處若牙行及無籍之徒用強
邀截客貨者不論有無誆賒貨物問罪俱枷號
一箇月如有誆賒貨物仍監追完足發落若監追
年久無從賠還累死客商屬軍衛者發邊衛屬
有司者發附近俱充軍
一投充

王府及鎮守總兵兩京內臣功臣戚里勢要之家作為
家人伴當等項名色事干嚇騙財物撥置打死
人命強占田地等項情重者除真犯死罪外其
餘俱問發邊衛充軍各該勢豪之家容留及占
恡不發者參究治罪
一楊村蔡村河西務等處如有用強攔截民運糧
舡在家包僱車輛逼勒多出腳錢者問追給主
仍發邊衛充軍
一朝
覲聽選給由等項人員及解送軍匠物料聽奏儀賓會

試舉人歲貢生員人等到京若在京及原籍來
京一應親識閑雜人等設謀奏告欺詐嚇取財
物者問罪枷號一箇月發落原詞立案不行
一凡設方略而誘取良人與略賣良人子女不分
已賣未賣俱問發邊衛充軍若略賣至三口以
上及再犯三犯不分革前革後俱用一百斤枷
枷號一箇月照前發遣其窩主與買主并牙保
隣佑人知情不首者各治以罪若婦人有犯罪
坐夫男若不知情及無夫男者止坐本婦照常
發落

一凡將妻妾作姊妹及將拐帶不明婦女或將親女并居喪姊妹嫁賣與人作妻妾使女名色騙財之後設詞托故公然領去或瞰起程中途聚衆行兇邀搶人財者除真犯死罪外其餘屬軍衛者發邊衛充軍屬有司者發口外為民媒人知情罪同若婦人有犯罪坐夫男若不知情及無夫男者止坐本婦照常發落

一凡兄與伯叔謀奪弟姪財產官職等項故行殺害者問罪屬軍衛者發邊衛充軍屬有司者發口外爲民仍斷給財產一半與被殺家屬養贍

一殺一家非死罪三人及支解人爲首監故者將財產斷付被殺者之家妻子流二千里仍剉碎死屍梟首示衆

一凡謀故殺死總小旗者就於犯人戶內勾取壯丁抵充軍數其旗役仍令本戶餘丁補當

一收贖過失殺人絞罪追鈔三十三貫六伯文銅錢八貫四伯文與被殺者之家營葬

一應該償命罪囚遇蒙
赦宥俱照
大明令追銀二十兩給付被殺家屬如果十分貧難者量

追一半

一故殺妻妾及弟姪子孫與子孫之婦及故將妻妾男婦等項打傷墮胎圖賴人者俱問罪屬軍衛者發邊衛屬有司者發附近各充軍

一兇徒因事忿爭執持鎗刀弓箭銅鐵簡劍鞭斧扒頭流星骨朶麥穗秤錘兇器但傷人及誤傷傍人與凡剜瞎人眼睛折跌人肢體全抉人耳鼻口唇斷人舌毀敗人陰陽者俱問發边衛充軍若聚衆執持兇器傷人及圍繞房屋搶檢家財棄毀器物姦淫婦女除真犯死罪外徒罪以

上俱不分首從發边衛永遠充軍

一鬬毆傷人辜限內不平復延至限外而死情真事實者仍擬死罪奏
請定奪

一凡因事聚衆將本管官及公差勘事催收錢粮等項一應監臨官毆打綁縛者俱問罪不分首從屬軍衛者發極边衛分充軍屬有司者發口外爲民若止是毆打爲首者俱照前充軍爲民問發若爲從與毆罵者武職并總小旗俱改調衛所文職并監生生員冠帶官吏典承差知印

華夫職役為民軍民舍餘人等各枷號一箇月
發落其本管并監臨官與軍民人等飲酒賭博
宿娼自取凌辱者不在此例
一義父毋毆殺故殺義子者若過房在十五歲以
下曾蒙恩養或十六歲以上曾分有財產配有
室家者依毆殺乞養異姓子孫律坐罪若過房
雖在十五歲以下恩養未久或十六歲以上不
曾分有財產配有室家者依故殺雇工人律坐
罪其告義男夫婦毆罵者行勘明白亦依前擬
歲數若曾蒙恩養及分有財產配有室家者取

問如律若恩養未久及不曾分有財產配有室
家者俱依雇工人毆罵家長律坐罪
一凡在
長安門外等處妄以究枉辱罵原問官者問罪用一百
斤枷枷號一箇月發落婦人有犯罪坐夫男若
不知情及無夫男者止坐本婦照常發落
一凡毆罵公侯駙馬伯及兩京文職三品以上者
問罪枷號一箇月發落
一軍民人等干已詞訟若無故不行親齎并隱下
壯丁故令老幼殘疾婦女家人抱賫奏訴者俱

各立案不行仍提本身或壯丁問罪
一凡將本狀用財雇寄與人赴京奏訴者并攬
受雇受寄之人屬軍衛者俱發邊衛充軍屬有
司者俱發口外為民原詞立案不行
一各處軍民詞訟除叛逆機密等項重事許其赴
京奏告其有親鄰全家被人殘害及無主人命
官吏侵盜係官錢粮并一應干已事情俱要赴
下而上陳告若有驀越奏告者俱問罪除四川
行都司所屬及雲貴兩廣各給引照回若四川
其餘地方并南北直隸浙江等處各遞回所司

聽理若將不干已事混同開款奏告者法司參
詳止將干已事件開款施行其不干已者明白
開款立案不行
一各處軍民奏訴冤枉事情若曾經巡按御史布
按二司官問理及法司查有原行見監重囚或
在配所拘役等項令家人抱賫奏告者免其問
罪給引照回其被人誣枉重情見監未結法司
查無原行丙并軍役戶婚田土等項干已事情
曾經上司結不明或親身及令家人老幼婦
女抱賫奏告者各問罪給引照回奏詞轉行原

籍官司候人到提問
一親賫本状弁抱奏告者若給引照回案候三箇
月之上不到及遞回中途買脫到彼投首者各
查提問罪原詞不分虛實俱立案不行其被奏
告之人用財買求原奏告人脫逃者仍照詞通
提究問歸結
一江西等處客人在於各處買賣生理若有負欠
錢債等項事情止許於所在官司陳告提問發
落若有蓦越赴京奏告者問罪遞回奏告情詞
不問虛實立案不行

一犯罪逃走來京奏訴者不分雲貴兩廣并四
川行都司所屬及宣慰宣撫等司軍民人等一
体問罪遞回聽理
一凡事官吏軍民人等赴京奏訴一應事情審係
被人奏告曾經巡撫巡按或兩京法司見問未
結者仍行原問各該衙門併問歸結若曾被人
在巡撫巡按官或兩京法司具告事發却又朦
朧赴隔別衙門告理或隱下被人奏告緣由牽
扯別事赴京奏行別衙門勘問者查審明白俱
將奏告情詞立案不行仍將犯人轉發原問衙

門收問歸結若已經巡撫巡按官或兩京法司
問結發落人犯赴京奏訴冤枉者方許改調無
碍衙門勘問辯理
一凡土官衙門人等詞訟先從合干上司申告勘
問應奏
請旨具奏若上司不與受理許申巡撫巡按查究若土官
及土人夷人蓦越赴京奏訴係土官所轄者免
問係軍衛有司所轄者問罪俱給引照回聽理
所奏事情除叛逆機密并地方重事外其餘戶
婚田土等項俱行巡撫巡按等官或都布按三

司審係干己事情查提問斷仍將越訴罪名併
問其妄捏叛逆重情全誣十人以上并教唆受
雇替人妄告與盜空紙用印奏訴者俱照依土
俗事例發落若文書已到案候三箇月之上原
告不行出官聽理者將原詞立案不行仍回報
原行衙門知會如再赴京奏告查究明白不分
軍民夷人遞回原籍官司問斷奏詞除重事外
其餘不分虛實俱立案不行仍行巡撫等官查
提究問其漢人投入土夷地方冒頂夷人親屬
頭目名色妄奏代人報讐占騙財產者問發边

衛充軍

一在京校尉軍匠舍餘人等并各處運粮操備官員旗軍起觧軍匠物料等項人役將原籍詞訟因便奏告者各問罪立案不行

一在外刁徒身背黄袱頭插黄旗口稱奏訴直入衙門挾制官吏者所在官司就拿送問若係干已事情及有冤枉者照常發落不係干已事情别無冤枉并追究主使之人一體問罪屬軍衛者俱發邊衛充軍屬有司者俱發口外為民

一凡奔越赴京及赴巡撫巡按按察司官處各奏告叛逆等項機密重事不實并全誣十人以上屬軍衛者發邊衛充軍屬有司者發口外為民

一代人捏寫本狀教唆或扛幫赴京及赴巡撫巡按并按察司官處各奏告叛逆等項機密強盜人命重事不實并全誣十人以上者俱問發邊衛充軍

一軍職五年一次考選見任管軍管事若營求囑託者就指名黜退不令帶俸差操其刁潑之徒不得與選輙生事端教唆陷害已選官員者問罪不分官軍俱調邊衛帶俸食粮差操

一各衛所京操官員故行搆訟不肯赴操者除犯該死罪并立功降調罪名另行更替外其餘悉聽掌印官申呈巡撫巡按衙門鎖項差人觧兵部發操若有抗違不服或挾私排陷者參奏問調邊衛帶俸差操掌印官縱容不舉參究治罪

一文武官吏人等犯該為民等項罪名不分已未結正伸訴冤枉者准行辯理其有妄奏冤枉摭拾原問官員勘問涉虚原問為民者發口外為民原問充軍者發極邊衛所充軍

一凡粮長并一應主守錢粮人員及攬頭如有侵欺花費事發之行捏詞誣賴平人指攀同類搆害納户者問罪俱立案不行若隱下侵欺事發情由朦朧奏告者行至該管官司查出事發緣由將原詞一體立案不行

一曾經考察考覈被劾人員若懷挾私讐妄捏擿拾經該官員别項贓私不干已事者不分見任致仕閑住一体問發為民所奏情詞不問虚實立案不行

一毆罵祖父母父母及夫之祖父母父母告詞者奏

請定奪再犯者雖有息詞不與准理止將所犯罪名奏
請發落若祖父母父母聽信後妻愛子蠱惑謀襲官職爭
奪財產等項捏告打罵者究問明白不拘所犯
次數亦與辯理
一繼母告子不孝及伯叔父母兄姊伯叔祖同堂
伯叔父母兄姊奏告弟姪人等打罵者俱行拘
四隣親族人等審勘是實依律問斷若有誣枉
即與辯理果有顯跡傷痕輸情服罪者不必行
勘
一在外軍民詞訟除叛逆機密重事許鎮守總兵

參將守備等官受理外其餘不許濫受輒行軍
衛有司問理兩京詞訟干係地方者許內外守
備官員受理其餘戶婚田土鬭毆人命一應詞
訟悉遵
舊制赴南京通政使司告送法司問理其在外軍衛有
司不係掌印官不許擅受詞訟
一在京在外問刑例應委官勘問及行軍衛有司
會勘者如財產等項限一箇月勘檢人命限兩
箇月駁勘者亦限一箇月如遠及托故推調不
即赴勘者參奏提問仍另行委官作急勘報

一問刑衙門行文軍衛有司提人遷延三箇月以
上不到經該官吏住俸候事完之日方許關支
半年不到經該官員參奏提問
一文職官吏監生知印承差受財枉法至滿貫絞
罪者發附近衛所充軍
一京官假託在役名色受財賣放辦事吏典者官
以贓論吏發原籍為民若吏典恃頑私自在逃
一年以上者亦問發為民
一在京在外衙門不許罰取紙劄筆墨銀硃器皿
錢穀銀兩若奉明文修理衙門學校倉廒橋梁

等項方許勸諭或罰取木植甎瓦石灰等料自
不經手委人修理若指稱修理不分有無罪犯
用强科罰米穀至五十石銀至二十兩以上絹
帛貴細之物直銀二十兩以上者縱有修理不
准花銷起送吏部降一級叙用
一文武職官索取土官夷人猺獞財物犯該徒三
年以上者俱發邊衛充軍
一僞造并盜用通政使司關防印記及僞寫工部
批迴賣放人匠者俱問罪於本衙門門首枷號
三箇月發落

一起解軍士揑買偽印批迴者除真犯死罪外解人發附近軍士調邊衛充軍

一詐為將軍總兵官五府六部等衙門文書律該絞罪者依律問斷外若詐為察院布政司按察司府州縣及其餘衙門文書誆騙科斂財物者問發邊衛充軍

一凡偽造鹽引印信賄屬運司吏書人等將已故并遠年商人名籍中鹽未歷填寫在引轉賣誆騙財物為首者依律處斬外其為從并經紀牙行店戶運司吏書一應知情人等但計贓滿貫者不拘曾否支鹽出場俱發邊衛充軍

一私鑄銅錢為從者問罪用一百斤枷枷號一箇月民匠舍餘發附近充軍旗軍調發邊衛食粮差操若販賣行使者亦枷號一箇月照常發落

一偽造假銀及知情買使之人俱問罪於本處地方枷號一箇月發落

一廣西雲貴湖廣四川等處但有冒籍生員食粮起貢及買到土人倒過所司起送公文頂名赴吏部投考者俱發口外為民賣與者行移所在官司追贓問罪若已授職依律問以詐假官死

罪賣者發边衛充軍其提調經該官吏朦朧起送者各治以罪

一凡詐冒內官恐嚇官司誆騙財物者除真犯死罪外其餘枷號一箇月發边衛充軍所在官司阿諛故縱不行擒拿者各治以罪

一假充大臣家人名目豪橫鄉村生事害民強占田土房屋招集流移住種者許所在官司拿問發边衛充軍若隱瞞不舉者各治以罪

一凡詐冒

皇親族屬姻黨家人在京在外巧立名色挾制財物侵

占地土并有禁山場攔當船隻措要銀兩出入大小衙門屬託公事賍買錢鈔私鹽包攬錢粮假稱織造私開牙行擅搭橋梁侵漁民利及往來河道吹打響器張掛旗號經過軍民有司衙門需索人夫酒食勒要車輛船隻者除真犯死罪外徒罪以上俱於所犯地方枷號一箇月發边衛充軍若被害之人赴所在官司告訴不即受理及雖受理覬望遷延不即問斷參奏者各治以罪

一凡詐冒錦衣衛校尉巡捕名色占宿公館妄拿

平人嚇取財物生事扇惑擾害軍民者除真犯
死罪外其餘俱枷號一箇月發边衛充軍所在
軍衛有司驛遞等衙門阿從故縱者各治以罪
一親屬犯姦至死罪者不分成姦與未成姦俱依
本律科斷仍将未成緣由奏
請定奪
一軍職宿娼及和娶樂人為妻妾者問調別衛帶
俸差操
一軍職犯姦除姦所捕獲及刁姦坐擬姦罪者俱
革職為民其指姦之人非姦所捕獲者仍擬還職

一僧道官僧人道士有犯挾妓飲酒者俱問發原
籍為民若姦拜認義父母親屬俱發边衛充軍
一武職有犯容止僧尼在家與人姦宿者公侯伯
問擬住俸戴平頭巾閒住都督都指揮指揮千
百戶鎮撫住俸閒住有犯挾妓飲酒者公侯伯
罰俸一年不許侍衛管軍管事都督以下帶俸
差操原係帶俸者常川帶俸
一凡買良家子女一口以上作妾并義女等項名
目縱容與人通姦者問罪本夫義父姦夫姦婦
家門首枷號一箇月發落若樂工私買良家子

女為娼者不分買賣媒合人等亦問罪俱於院
門首枷號一箇月婦女俱發歸宗地方火甲隣
佑并該管官俳色長容隱不首者各治以罪
一凡賭博人犯若自來不務生理專一沿街賭博
酗酒撒潑或誆騙竊盜人財或不孝不弟曾經
法司問斷及開張賭坊者定為第一等若平昔
不係撒潑兇徒止是與人賭博但有銀兩衣服
者定為第二等俱問罪枷號一箇月若止将銅
錢至求勝負競賭酒食或年十六以下在傍看
戲及在外軍匠人等初至京師被人誘引在內

者定為第三等照常發落其職官有犯亦照前
例各分等第一第二等者奏
請枷號各發為民
一先年淨身人曾經發遣若不候
朝廷收取官司明文起送私自来京圖謀進用者問發
邊衛充軍
一弘治五年十月二十四日節該欽奉
聖旨今後敢有私自淨身的本身并下手之人處斬全家
發邊遠充軍兩隣及歇家不舉首的問罪有司里老人
等仍要時常訪察但有此等之徒即便捉拿送官如或

等處一體治罪不饒欽此

一成化八年六月十六日節該欽奉

憲宗皇帝聖旨各邊倉場若有故燒係官錢粮草束者拿問明白將正犯梟首示衆燒毀之物先儘犯人財產折剉陪償不敷之數着落經收看守之人照數均陪欽此

一放火故燒人田場積聚之物及延燒人房屋者徒罪以上俱發邊衛充軍

一成化二十一年閏四月二十九日節該欽奉

憲宗皇帝勅旨各處盜賊生發如事干城池衙門殺官刧庫刼獄并積至百人以上者限一箇月以裏不獲聽鎮守巡撫巡按官將分巡分守守備及府州縣衛所巡司掌印巡捕官住俸戴罪挨拿盡絕照舊支俸管事半年不獲者不分司府州縣衛所巡司掌印巡守巡捕等官俱聽巡按御史提問三司掌印官照依常例發落其餘每一起將州縣守禦千戶所巡司掌印巡捕官并專一地方守備等項及府衛巡捕官降一級每二起府衛掌印官降一級每三起分巡分守官降一級俱調邊遠去處欽此

一各處巡撫巡按等官遇有報到賊情即行都布按三司分巡分守及掌印官嚴督捕盜官兵入

等處緝捕如有隱匿賊情不行開報事發之日應提問者就便拿問應奏者奏

請拏問其二次不報者住俸挨捕三次不報者戴罪挨捕至四次以上不報者不分軍民職官俱監候奏

請降等叙用

一文武職官有犯避難因而在逃者依律問擬罷職不叙其武職或因公雜犯及上下陵逼等項曠職二箇月者問罪還職仍帶俸差操半年以上者調發邊衛差操若文武職官犯罪事發脫逃者除真犯死罪并例該充軍者照本等律例問擬外雜犯死罪并徒流罪俱問發為民原該為民者發口外為民杖罪以下例應還職者若緣事避罪在逃經問斷送發運炭等項役難無力因而在逃者止問本罪照原擬發落

一官吏旗校舍餘軍民人等有因為事問發或為民充軍或罷職冠帶閑住或降調出外各來京潛住者問擬明白原係為民者發口外為民充軍者發邊衛充軍冠帶閑住者發回原籍為民口外為民者改發口外衛分充軍

一在京五軍都督府選差官舍押解充軍犯人若受財賣放犯該枉法絞罪者官舍立功滿日還

職調外衛帶俸差操中間又犯姦盜囚犯婦女
者照前滿日革職為民舍人發邊衛充軍徒罪
以下及無贓者官發立功一年滿日還職帶俸
差操舍人抵充軍役候拿獲者發若酷害軍犯
搜檢財物縱不脫放亦照前充軍立功事例施
行其該府原選差掌印首領官吏參究治罪
一雜犯死罪立功做工在逃者行提問罪牢固解
至配所從新立功拘役若立功逃回生事害人
者立功滿日就註彼處衛所終身帶俸差操
一凡問發充軍人犯逃回原犯真犯死罪免死充

軍者照依原問死罪處決雜犯死罪以下充軍
者問罪枷號三箇月改發極邊衛分充軍
一撥置
王府軍民人等問發充軍逃回再犯者許隣佑火甲諸
人首告所在官司即便緝拿問罪枷號三箇月
改調極邊烟瘴衛分永遠充軍若影射藏匿及
占恡不發者就將輔導官參究隣里火甲知而
不首者各治以罪
一凡問發直隸隆慶保安二州為民人犯但有在
逃及違限不赴配所者俱行提問罪改發遼東

自在安樂二州為民
一法司問斷過各處進丕等項人犯發各衙門程
遞者除原有杻鐐及牢固字樣照舊外其押解
人役若擅加杻鐐非法亂打搜檢財物剝脫衣
服逼致死傷及受財故縱并聽憑狡猾之徒買
求殺害者除真犯死罪外徒罪以上屬軍衛者
發邊衛充軍屬有司者發口外為民
一法司凡遇一應稱冤調問及東廠錦衣衛奏送
人犯如有冤枉及情可矜疑者即與辯理具奏
發落毋拘成案若明知冤枉不與辯理者以故

入人罪論
一法司遇有重囚稱冤原問官員輒難辯理者許
該衙門移文會同三法司錦衣衛堂上官就於
京畿道會問辯理果有冤枉及情可矜疑者奏
請定奪
一內外問刑衙門一應該問死罪并竊盜搶奪重
犯須用嚴刑考訊其餘止用鞭朴常刑若酷刑
官員不論情罪輕重輒用挺棍夾棍腦箍烙鐵
等項慘刻刑具如一封書鼠彈箏攔馬棍燕兒
飛等項名色或以燒酒灌鼻竹簽釘指及用經

寸觔杵不去稜節竹片乱打覆打或打脚踝或
鞭脊背若但傷人不曾致死者不分軍民職官
俱奏
請降級調用因而致死者俱發原籍為民如因公事考訊
管杖臂腿去處致死者依律科斷不在降調之
例
一凡律該決不待時重犯鞫問明白曾經大理寺
詳允奏奉
欽依處決者各該部院并該科即便覆奏會官處決不必
監至秋後

一各處軍器局造作長鎗斬馬刀牌甲弓箭不如
法者都布按三司堂上委官各府衛掌印官并
管局委官參問降級
一各處巡按御史都布按三司分巡分守官查盤
軍器若衛所官旗人等侵欺物料那前補後虛
数開報及三年不行造冊奏繳者官降一級帶
俸差操旗軍人等發邊衛充軍其各該都司并
分巡分守官怠慢誤事者參究治罪
一河南地方盜決及故決河防毀害人家漂失財
物淹沒田禾犯該徒罪以上爲首者若係旗舍

餘丁民人俱發附近充軍係軍調發邊衛

問刑條例卷之十三終

皇明制書

附録節行事例卷之十三

在外郡縣迎接詔赦開讀禮儀

凡朝廷遣使各處開讀
詔赦如至開讀處所本處官員具龍亭綵輿儀仗鼓樂出
郭迎接朝使既至下馬取
詔書置龍亭中南向朝使立于龍亭之東本處官具服北
向行五拜三叩頭禮衆官及鼓樂前導朝使上馬隨龍
亭後行至衙門外衆官先入文武官分東西序立俟
龍亭至公廳中朝使立于龍亭之東西向如有出使
官員贊者先贊曰出使官行禮引贊引出使官於公
廳前露臺上行五拜禮畢退於露臺之東西向立贊
者唱衆官排班有武官處文左武右排班如無武官
處文官依次左右排班班齊樂作贊四拜禮朝使捧
詔書授展讀官展讀官跪受詣開讀案宣讀出使官於露
臺之東北向跪衆官皆跪宣讀訖展讀官捧
詔授朝使朝使捧詔復置龍亭中衆官俯伏興四拜平身
搢笏鞠躬三舞蹈跪山呼三俯伏興四拜禮平身畢
本處官班首詣龍亭前跪問
聖躬萬福朝使鞠躬答曰
聖躬萬福衆官乃退易服而見朝使行兩拜禮朝使答禮
畢本處官復具鼓樂送
詔于官亭

迎接詔赦儀仗班次圖　此二圖出官制

橫瓜鉞斧瓜槌劍令旗鼓樂文官耆儒甲士鼓角金
鼓旗

傘手　天丁　天丁　天丁　天丁

龍亭　香案

天丁　天丁　天丁　天丁

橫瓜鉞斧瓜槌劍令旗鼓樂武官耆儒甲士鼓角金
鼓旗

開讀詔赦文武官拜位圖式

傘 [illegible] 橫爪鉞斧爪槌劍令旗鼓樂丹墀 文官拜位 生員吏
典耆儒僧道甲士鼓角金鼓旗

龍亭

[illegible] 橫爪鉞斧爪槌劍令旗鼓樂丹墀 武官拜位 千百戶總小
旗甲士鼓角金鼓旗

天壽聖節正旦冬至祝贊詞語 儀注詳見洪武禮制內進賀禮儀條
某布政使司某官臣某等 或某布政司某府州縣某官臣某等 荷
國厚

恩以享禄位皆賴
天生我
君保民致治今茲
聖節（正旦 冬至）
聖壽益增（正旦）臣某等下情無任欣躍感戴之至
千秋節慶賀儀注幷祝贊詞語
凡遇
千秋節各官於所在大衙門具服慶賀先行四拜禮畢晉
詣香案前致詞畢復位再行四拜禮畢○致詞某布
政使司某官臣某等茲遇

皇太子殿下壽誕之晨臣某等敬祝
千歲壽
郡縣拜慶陳設儀仗文武官班行次圖

此圖載舊刻本與前二圖頗詳畧不同故皆存之以備考

出使禮儀

禮部為禮儀事洪武二十七年三月十一日署本部
事主事盖霖等同文武百官早於
奉天門欽奉
聖旨今後行人司各衙門非特旨不許差遣行人官是今
新除將出使禮儀徒禮部教他演習欽此除欽遵外
參照出使禮儀具洪武禮制及禮儀定式內詳開條
款著為定制使者遵奉已久今奉前因除將各項禮
儀通類條例刊印文用給付行人司永為定制遵守
當年五月十一日晚本部同行人司官於

武英殿門樓下奏奉
聖旨是欽此今將定到禮制條列于后
總目計二十條
開讀遣使一條　奉使王國三條
奉使諸司一十四條　奉使蕃國二條
○開讀遣使一條
一凡開讀遣使前期一日尚寶司設
御座於
奉天殿設寶案於殿東錦衣衛設
雲蓋於

奉天門教坊司陳中和韶樂于殿内禮部設宣讀案於
承天門上西南向其日清晨陳設如常儀教坊司設大樂于
午門外
承天門外東西相向儀禮司官設百官拜位于
承天門外橋南設使者侍班位于
詔亭之左校尉四人擎雲蓋于殿内簾前鼓初嚴文武
百官各具朝服鼓次嚴引禮公侯侍班于
午門外東西相向鍾聲止儀禮司官跪奏請
陞殿
皇帝服皮弁服導駕官前導中和樂作

陞座樂止鳴鞭捲簾禮部官捧
詔書詣
寶案前用寶訖捧置雲蓋中校尉擎執雲蓋由東門出
大樂作自東陛降由
奉天門至金水橋南午門外樂作公侯前導迎至
承天門二鳴贊排班引禮引文武官就拜位引使者就
位訖唱班齊鞠躬樂作贊四拜興平身樂止宣讀官
陞案稱有
制贊衆官皆跪禮部官捧
詔書授宣讀官宣讀官受

詔書賫宣讀訖禮部官捧
詔書至雲蓋中贊俯伏興樂作四拜樂止贊搢笏鞠躬
三舞蹈跪唱山呼百官拱手加額曰萬歲第二呼如
前第三呼萬萬歲凡呼萬歲軍校樂工擊鼓人等齊
應之唱出笏俯伏興樂作四拜平身序班即報儀禮
司儀禮司官跪奏禮畢禮部官捧
詔書分授使者畢
駕興中和樂作鳴鞭樂止百官以次退
○奉使王國三條
一凡欽賞

詔書至
王國至王城門外一里遠下馬隨龍亭由中門並東邊
入龍亭立殿中使者立於殿外東序西向俟行禮畢
使者見　王行四拜禮或因事經過見
王並行四拜禮
一凡欽賞
詔書至
王國武官隨　王侍衛文官具朝服出郊奉迎安奉
詔書于龍亭中衆臣前導　王具冕服於王城門外五
丈餘地奉迎至　王宮置龍亭於　王殿

王於殿前臺上先行五拜禮畢陞殿立於龍亭東側武官護衛文官於臺下自行十二拜禮跪聽開讀

一凡欽賞

詔勅如遇

親王在路有預王府事理先令人啓

王知道就於館舍去處照依已定儀制行禮

○奉使諸司一十四條

一賞

詔書至各處開讀預期一日報知本處官司照依已降

儀式迎接行禮使者到郊外下馬候龍亭到來親捧

詔書置龍亭中使者立於龍亭之東本處官具朝服行

五拜三叩頭禮訖衆官前導使者上馬在龍亭後東邊行至衙門下馬隨龍亭後由中門入至廳上立於龍亭之東候衆官四拜訖使者取

詔書授開讀人開讀人跪受使者復立位所宣讀訖開讀人捧

詔書授使者使者復置龍亭中候衆官行禮畢本處官便服與使者於後廳行相見禮使者居東本處官居西俱答拜禮畢本處樂復興鼓樂送

詔書於官亭

一凡欽賞

詔書至總兵官處近營十里先令人報知總兵官設香案於營内南向列金鼓儀仗率領諸將出營迎接見

使者下馬立於道傍

詔書過總兵官并衆官上馬後從至營外各下馬使者前行總兵官并衆官後從至營内使者捧

詔書置于案使者立於案東西向總兵官并衆官四拜禮畢取

詔書授宣讀官衆官皆跪宣讀畢以授使者復置于案

衆官皆俯伏興拜禮畢使者居東總兵官居西行兩

拜相見禮畢復東西相向序坐

一凡欽賞

制諭勅符手詔至總兵官處干係機密重務經過去處不許報知本處官司亦不許迎接逕至總兵官營内先密遣人報知總兵官設香案於其營總兵官親出迎接使者下馬捧

制諭勅符手詔置于案使者立於案東西向總兵官行

五拜三叩頭禮畢悉令屏去左右人使者捧

制諭勅符手詔親授總兵官開看畢即收卷復置于案

若與一二人止於本家設香案接

符從使者安放使者以

符授本官本官叩頭開看畢乃與使者行兩拜相見禮

畢東西相向序坐
一凡總兵官奉
命征討凡遇使者賫
制諭勑符手詔依儀行禮即便依
旨奉行如有應合復奏事理隨即具奏請
旨不許遲延方命違則如律
一凡遇
詔赦經過道路官員軍民人等即於道傍俯伏候
詔赦過畢方起
一凡出使在外如遇
詔赦到各處郊迎與本處官員一同隨班行五拜三頭
禮隨品序列同本處官導龍亭至衙門中隨大班依
上項班次行禮
一凡開讀
詔赦宴會則與本處正官並坐位在東席其餘公差照
品序列如奉
旨公差在外東西坐在州縣則居中靠東坐
一凡出使在外如遇旦節朝賀隨班序列一同大班行禮若賫
赦勑則於月臺上先行五拜三叩頭禮退
一凡欽賞酒醴等物賜勞賢能有功之人到郊外

令人報知待龍亭至捧
上賜置龍亭中受賜官行五拜三叩頭禮至本衙門侍
立待行四拜禮畢使者詣前稱有
制如東官則稱有令下同贊跪使者宣　制曰
皇帝聞其官有某功遣行人某以某物酒醴并其物嘉勞
宣畢使者以
上賜授本官本官跪受以授左右贊俯伏興平身禮畢
使者與本官行兩拜相見禮
一問王公大臣疾病是日使者奉
命至病者家攝受問者或尊長或子弟出接大門之右引禮引
使者入至正廳東南向立引攝受問者入就拜所
拜位北向贊鞠躬四拜平身使者詣前稱有
制贊跪使者宣　制曰
皇帝聞某官某病遣行人某勞問宣畢贊俯伏四拜平身
攝受問者入病者處出復命引禮引使者出攝受問
者送出大門之外
一凡弔王公大臣喪前期有司設使者宣
制位于喪家正廳北南向設喪主受弔位于正廳之南
北向設主婦以下立哭位于殯北幕下其日使者至
喪家引禮引喪主去杖免絰衰立哭出迎於中門外

後先入就廳前拜位引禮引使者入内外止哭使者
就位贊鞠躬四拜平身使者稱有
制贊跪使者稍前宣　制曰
皇帝聞某官薨遣行人某弔宣畢俯伏興四拜平身禮畢
内外哭贊禮引使者出引禮引喪主隨出中門拜送
使者引禮引喪主杖哭而入
一凡賻王公大臣喪前期有司於喪家設使者宣
制位於廳上之東北設主喪者以下拜位於廳前設主
婦以下立哭位於殯北幕下其日使者於
午門前以龍亭盛賻物用儀仗前導至喪家引禮

喪主以下去杖免絰衰服止哭出迎於大門外執事
者導龍亭先入就廳置于正中南向贊禮引使者入
于東北引禮引喪主以下入就位贊鞠躬四拜平身
使者稱有
制贊跪使者稍前宣　制曰
皇帝遣行人某冊贈故某官為某爵宣畢贊鞠躬四拜平
身使者於龍亭取冊授代受冊者代受冊者捧置于
靈座上使者出代受冊者送至大門外喪主代受冊
者入以冊文録黄設祭儀于靈前引禮引喪主至靈
前就拜位贊鞠躬兩拜平身上香祭酒畢讀黄執事

者展黄立讀于靈前之左讀畢贊鞠躬兩拜平身焚
黄引禮引喪主詣燎所執事捧黄至燎所焚訖贊禮
畢
一凡致奠于王公大臣前期有司於喪家靈前陳設祭
儀几案設使者致奠位于靈前讀祝位于靈左喪主
以下立位於靈右主婦以下哭位於殯北幕下其日
使者至喪家引禮引喪主去杖免絰衰服止哭出迎
于大門外復先入就位引禮引使者入就至奠位贊
詣香案前贊上香三祭酒三使者立上香立祭酒訖復
位贊詣讀祭文讀祭文者取祭文立讀訖贊焚祭文讀

祭文者捧祭文詣燎所焚訖贊禮畢使者出喪主拜
送于大門之外杖哭而入
奉使蕃國二條
一凡欽賞
詔書入蕃境先遣　人馳報蕃王蕃王遣官遠接前期
令有司於國門外公館結設綵幄龍亭於正中設香
案於龍亭之南備金鼓儀仗樂器伺迎引入國城内
街巷結綵王宮内設
闕亭於殿上正中設香案於前設使者立位于香案之
東開讀案位設於殿陛之東北設蕃王拜位于殿中

北向設衆官拜位于　之南異位重行北向
設捧詔官位于開讀案之北宣詔官位于捧詔官之
南展詔官二人位于宣詔官之南俱西向司禮二人
位于蕃王拜位之北引禮二人位于司禮之南引班
四人位于衆官拜位之北俱東西相向遠接官迎
詔書出館至國門金鼓在前次耆老人等行次衆官具
朝服行王冕服行次龍亭行使者常服行于龍亭之
後近至宮中金鼓分列于門外之左右耆老分列于
庭中之東西置龍亭于殿上正中使者立龍亭之東
引禮引王就拜位引班引衆官各就拜位司贊唱鞠
躬樂作四拜平身樂止使者向前詣南向稱有
制贊跪蕃王與衆官皆跪開讀宣讀者　展讀官　詣
案使者詣龍亭捧
詔書授捧詔官詣前受詔跪受訖即授與展讀
官展開宣讀訖捧詔官於宣詔案捧詔授使者仍置
于龍亭中贊俯伏興鞠躬樂作四拜平身樂止贊搢
笏鞠躬三舞蹈山呼萬歲第二呼仍前第三呼萬萬
歲贊出笏俯伏興樂作四拜平身樂止禮畢引禮引
蕃王退引班引衆官以次退釋服使者以
詔書付所司須行蕃王使者分賓主行兩拜禮使者居
東蕃王居西如蕃王陪臣行禮使者立受
一凡欽賞印賜蕃王至蕃境先遣人馳報王遣官遠接
前期有司於國門外公館設幄結綵置龍亭於正中
備金鼓儀仗鼓吹於館所以伺迎引於國城內街巷
結綵王宮內設
闕亭於殿上正中設香案於前設蕃王受賜位於香案
之前拜位司贊等位同前陳儀仗于殿之東西遠接
官接見使者迎至館所以
上賜置于龍亭中遣使馳報王是日王率百官出迎于
國門之外遠接官迎
上賜出館至國門金鼓在前次後衆官常服乘馬行次
王乘馬行次儀仗鼓樂次
上賜龍亭使者常服乘馬行於龍亭之後迎至宮中金
鼓分列殿庭之東西置龍亭於殿上之正中使者立
於龍亭之東引禮引蕃王引班引衆官各就拜位贊
鞠躬樂作四拜平身樂止引禮引蕃王詣香案前使
者稱有
制贊跪蕃王與衆官皆跪使者宣　制曰
皇帝勅遣行人某持印賜爾國王某并某物宣畢使者捧
所賜印并物西向授蕃王蕃王受以授左右訖贊俯

伏興平身引禮引番王復位　贊鞠躬樂作四拜平身
樂止禮畢引禮引番王入殿西立東向使者東立西
向行兩拜相見禮使者降自東陛番王降自西陛還
官送使者下館
出使禮儀畢
禮部議到合差行人事例開坐本月二十三日本部
同各衙門官於
奉天門奏奉
聖旨是整點驛傳決罰有司審錄重囚不許差欽此除外
合將奏

准事例開坐劄付本司文書到日仰欽遵守施行須至劄
付者
一合差　開讀詔赦　奉使四夷　諭勞　賞賜
賑濟　徵聘賢才　整點大軍　軍務　祭祀
持旨差遣不拘此例　　右劄付行人司准此
勅行人司官
制曰行人之設出自周禮始於春秋其所設也務要
王命播告衆中其任甚重非忠義秉然語出成章不異
上命必爲斯任若司是職者尤爲艱哉所以艱哉者稽道
里之遠邇諭以急緩驗其辭色進退節度規矩弗

移曾無　若此之能方稱是職爾其等令授行人
司官尚克欽承無替朕命
洪武二十七年三月　日
○在京在外官員資格俸給内各品級項下官員或
有例不支俸今亦並皆序列者限於資級故耳
正一品　每員月支俸米八十七石歲該一千四十四石
太師　太傅　太保　五軍都督府左右都督
宗人府宗人令　左右宗正　左右宗人
從一品每員月支俸米七十四石歲該八百八十八石
少師　少傅　少保　五軍左右都督同知

太子太師太傅太保　駙馬都尉
正二品每員月支俸米六十一石歲該七百三十二石
太子少師少傅少保　六部尚書
左右都御史　五軍都督僉事
中都留守正　各都司都指揮使
襲封衍聖公　天師　真人
從二品每員月支俸米四十八石歲該五百七十六石
各布政司左右布政使　各都司都指揮同知
正三品每員月支俸米三十五石歲該四百二十石
六部侍郎　左右副都御史　太常寺卿

大理寺卿　詹事府詹事　通政使
太子賓客　京府府尹　中都留守副
各按察司按察使　都指揮僉事
各衛指揮使
從三品每員月支俸米二十六石歲該三百一十二石
光祿寺卿　太僕寺卿
布政司左右參政　都轉塩運司塩運
苑馬寺卿　行太僕寺卿
各衛指揮同知　宣慰司宣慰使
正四品每員月支俸米二十四石歲該二百八十八石
左右僉都御史　詹事府少詹事
太常寺少卿　大理寺左右少卿
左右通政　鴻臚寺卿
太僕寺少卿　京府府丞
按察司副使　行太僕寺少卿
苑馬寺少卿　各府知府
各衛指揮僉事　宣慰司同知
從四品每員月支俸米二十一石歲該二百五十二石
國子監祭酒　布政司左右參議
塩運司同知　宣慰司副使

宣撫司宣撫　中都國子監祭酒
正五品每員月支俸米一十六石歲該一百九十二石
華蓋謹身文華武英四殿并文淵閣東閣大學士
宗人府經歷　尚寶司卿
六部郎中　通政司左右參議
大理左右寺丞　光祿寺少卿
翰林院學士　左右春坊大學士
太醫院使　左右庶子
欽天監正　京府治中
上林苑左右監正　五軍都督府斷事官
按察司僉事　各府同知
宣撫司同知　宣慰司僉事
王府長史司左右長史　儀衛司正
各千戶所正千戶
從五品每員月支俸米一十四石歲該一百六十八石
尚寶司少卿　六部員外郎
侍讀侍講學士　左右春坊左右諭德
司經局洗馬　鴻臚寺左右少卿
五軍都督府經歷　各衛鎮撫
儀衛司副　各所副千戶

盐運司副使　　盐課司提舉
市舶河渠二提舉司提舉
各州知州　　宣撫司副使
招討司招討　　安撫司安撫
正六品每員月支俸米十石歲該一百二十石
尚寶司丞　　翰林院侍讀侍講
六部主事　太僕寺丞　　太常寺丞
大理寺左右寺正　　詹事府丞
左右春坊左右中允　　國子監司業
京府通判　　京縣知縣
中都國子監司業　　欽天監副
欽天監春夏中秋冬五官正
上林苑左右監副　　太醫院判
都察院經歷　　閤門使
苑馬寺丞　　五城兵馬指揮
都司經歷　　斷事司斷事
各府通判　　安撫司同知
中都留守司經歷　　斷事
各長官司長官　　宣撫司僉事
招討司副招討　　各百戶所百戶

王府審理正　　儀衛司典仗
僧錄司左右善世　　道錄司左右正一
神樂觀提點
大岳太和玉虛遇真淨樂五龍南岩紫霄等
宮提點
從六品每員月支俸米八石歲該九十六石
大理寺左右寺副　　鴻臚寺左右寺丞
光祿寺丞　　翰林脩撰
左右春坊左右贊善左右司直郎
光祿寺大官珍羞良醞掌醢四署署正
京府推官　　布政司經歷
理問所理問　　盐運司判官
盐課司同提舉　　安撫司副使
各州同知（州若不及三十里長有所屬縣分者裁減同知無所屬縣分者裁減同知判官）
市舶河渠二司副提舉　　各長官司副長官
各千戶所鎮撫　　僧錄司左右闡教
道錄司左右演法
正七品每員月支俸米七石五斗歲該九十石
六科都給事中　　行人司正
太常寺博士　典簿　　大理寺左右評事

翰林院編脩　都察院都事
十三道監察御史　五軍都督府都事
通政司經歷　工部營繕所正　京縣縣丞
按察司經歷　各府推官
王府審理副　五城兵馬司副指揮
安撫司僉事　都司都事　副斷事
中都留守司都事　副斷事
各縣知縣　煎塩提舉司提舉
五軍斷事五司稽仁稽義稽禮稽智稽信普同
上林苑左右監丞蕃育嘉蔬二署典署

鑾輿長官司長官　苑馬寺各監監正
從七品每員月支俸米七石歲該八十四石
六科左右給事中　給事中　翰林檢討
行人左右司副　太僕寺主簿
中書舍人　詹事府主簿
光祿寺典簿　光祿寺各署丞
欽天監五官靈臺郎　京府經歷
布政司都事　理問所副理問
各州判官　各衛經歷　塩運司經歷
宣慰司經歷　招討使司經歷

鑾輿副長官　苑馬寺主簿
儀衛司儀衛副　塩課司副提舉
天地壇祠祭署山川壇籍田祠祭署奉祀
孝陵長陵獻陵景陵等祠祭署奉祀
鍾山泗州鳳陽盱眙宿州五祠祭署奉祀
正八品每員月支俸米六石五斗歲該七十八石
工刑二部幷都察院照磨　翰林院五經博士
行人司行人　通政司知事
國子監丞　太常寺協律郎
太醫院御醫　欽天監主簿

欽天監五官保章正　工部營繕所副
上林苑監　育嘉蔬二署署丞
戶部大通關寶鈔龍江三提舉司提舉
兵部典牧所提領　各衛知事
衛河清江二提舉司提舉　京縣主簿
宣慰司都事　遼東煎塩司提舉
按察司知事　各府經歷
各縣縣丞縣若不及二十里者裁減縣丞主簿
苑馬寺所屬監副　中都國子監丞
王府紀善所紀善　典寶正　典膳正

鍾山泗州鳳陽盱眙宿州五祠祭署祀丞
三茅山元符宮華陽洞閤皂山崇真宮副靈
官
正九品每員月支俸米五石五斗歲該六十六石
都察院并户刑二部檢校　翰林侍書
國子監學正　太常寺贊禮郎
鴻臚寺司儀司賓二署署丞
欽天監五官監候　五官司曆
司經局校書　禮部教坊司奉鑾
户部大通關寶鈔龍江三提舉司副提舉

兵部會同館典牧所大使　太僕寺各牧監正
工部營繕所丞文思院大使　寶源皮作氊
顏料四局并織染局大使
内府户部所屬寶鈔行用廣惠承運賍罰等庫并甲
乙丙丁戊字等庫大使廣積庫大使
上林苑監典簿　蕃育嘉蔬二署録事
布政司照磨檢校　茶馬司大使
按察司照磨　衛河清江副提舉
各府各衛知事　各縣主簿
煎塩副提舉　宣撫司宣慰司知事

王府長史司典簿　典樂　典儀所典儀正
從九品每員月支俸米五石歲該六十石
大常寺司樂　郊壇犧牲所吏目屬大常
承天門武英殿右順門待詔　翰林待詔
詹事府録事　刑部都察院司獄
六部都察院大理等司務
欽天監五官司晨　漏刻博士
國子監學録　典籍　司經局正字
鴻臚寺鳴讚　序班　通事舍人
春坊左右司諫　教坊司左右韶舞左右司樂

兵部會同館典牧所副使
工部文思院寶源皮作顏料鞍轡織染所局副
使軍器局大使　太醫院吏目
户部寶鈔行用廣惠廣積承運賍罰等庫并
甲乙丙丁戊字十五庫副使及御馬倉軍儲
倉廣盈庫大使　光禄寺司牲典牧二
局大使
京府照磨司獄　都稅宣課并各門稅課司及
織染局與各草場大使府學教授
朝陽四門所吏目

王府伴讀教授典儀副　司牲司并承運庫大使
孔顔孟三氏教授　中都留守司司獄
各都司儒學教授　司獄　庫大使
各布政司庫　寶泉雜造織染軍器大使
茶馬司副使　市舶河渠二司吏目
按察司檢校　吏目　司獄
塩運司儒學教授　塩課提舉司吏目
各府照磨　司獄　各府學教授
府倉庫局大使　稅課司大使　醫學正科
陰陽學正術　僧綱司都綱　道紀司都紀

各州吏目　各所吏目
各州縣巡檢司巡檢　副巡檢
宣慰司儒學教授　宣撫司照磨　吏目
宣撫招討安撫三司吏目苑馬寺苑園長
未入流品每員月支俸米二石
戶部大通關寶鈔龍江三提舉司典史
御馬倉庫儲倉廣盈庫副使
寶鈔廣惠廣積承運贓罰等庫并甲乙
丙丁戊字五庫典史
抄紙印鈔二局大使　副使

長安東安西安北安等門倉副使
龍江張家灣塩倉檢校　批驗所大使　副使
兵部典牧所典史　大通關大勝關大使副使
禮部鑄印局大使　副使
工部軍器局副使　龍江并瓦屑垻等處抽分
竹木局大使　副使
光禄寺司牲司與司牧局副使
國子監掌饌　翰林院孔目
太醫院惠民藥局生藥局大使　副使
京府照磨所檢校　京府儒學訓導

都稅宣課各門稅課司副使　各門分司副使
織染局草場副使　驛丞　河泊所官
倉　遞運所金銀場鉄冶批驗所大使副使
五城兵馬指揮司吏目　京縣典史京衛倉副使
孔顔孟三氏學録　孔廟司樂管勾典籍
中都留守司斷事司并各都司斷事司吏目
儒學訓導　倉庫副使　草場大使副使
各布政司提控按牘　倉庫局副使
茶課司茶塩批驗所茶倉大使　副使
塩課司儒學訓導

批驗塩引所塩課司塩倉分司倉庫大使

副使

塩課提舉司庫大使副使　兩淮塩提舉司典史

衛河清江二提舉司典史　苑馬寺録事

各府檢校　税課司倉庫局副使　府學訓導

茶塩批驗所大使副使　茶倉大使分司副使

魚課司金銀場局鉄冶所大使副使

遞運所大使副使　水馬驛丞

河泊所官遞運官驛丞河泊官州縣有皆未

入流

僧綱司副都講　道紀司副都紀

各州儒學學正訓導　醫學典科

陰陽學典術　倉庫局織染局大使副使

閘垻官府州縣有　僧正司僧正　道正司道正

各縣典史　儒學教諭　訓導

税課局倉庫局大使副使

醫學訓科　陰陽學訓術

僧會司僧會　道會司道會

遼陽税課司大使　陝西河州衛庫大使

宣德倉大使　副使

王府引禮舍人

宣慰司儒學訓導　倉庫大使副使

長官司吏目

儒學教諭訓導

○吏員資格

在京未入流品衙門吏攅滿日於九品衙門吏員内用

九品衙門吏攅滿日於八品衙門司吏七品衙門

典吏内用

八品衙門司吏七品衙門典吏滿日於七品衙門

書吏六品衙門典吏内用

七品衙門書吏滿日於五品衙門司吏内用

六品衙門司吏滿日於五品衙門司吏内用

五品衙門典吏滿日於五品衙門司吏四品衙門

典吏内用

五品衙門司吏滿日於四品衙門司吏三品衙門

典吏内用

四品衙門典吏滿日於四品衙門司吏三品衙門

典吏内用

四品衙門司吏滿日於三品衙門令史胥吏二品

衙門典吏内用

三品衙門典吏滿日於三品衙門令史胥吏二品
衙門典吏內用
三品衙門令史胥吏滿日於二品衙門令史一品
衙門典吏內用
二品衙門典吏滿日於二品衙門令史一品衙門
典吏內用
二品衙門令史滿日於一品衙門掾史對品衙門
都吏內用都吏滿日於一品衙門提控內用
一品衙門典吏滿日於對品衙門掾史內用掾史
滿日於對品衙門提控內用

在外大小衙門吏典不許轉三十六月考滿給由
赴京聽用
吏員出身
一品二品衙門提控　都吏　通吏出身從七品
一品二品衙門掾史　令史　典吏出身正八品
內府門吏出身正八品
三品衙門令史　胥吏　書吏出身從八品
三品衙門典吏　四品衙門令史出身正九品
四品衙門典吏　五品衙門司吏　典吏
巡按書吏　各道書吏出身從九品

六品　七品　八品　九品并雜職衙門吏典
都察院各道典吏出身雜職
吏員月支俸米
月支米貳石伍斗　五府提控　六部都察院都吏
布政司通吏
月支俸米貳石　五府掾史　六部都察院通政司令史
太常寺光祿寺太僕寺應天府各都司各布政司
并各衛令史　鴻臚寺國子監并各府司吏
大理寺胥吏　按察司鹽運司書吏
內府庫局司牧局顏料局太醫院欽天監司吏

都察院典吏
月支米壹石　五府六部典吏　各道并巡按書吏
光祿寺太僕寺大理寺國子監應天府并各都司
各衛典吏　光祿寺各署太常寺祠祭署司吏
翰林院各斷事司各千戶所各衛鎮撫各所鎮撫
司吏
欽天監司曆會同館并各牧監各群司吏
典牧所織染局皮作局龍江提舉司寶鈔提舉司
抄紙印鈔局司吏
惠民局軍器局寶源局鑄印局鞍轡局雜造局[illegible]

江石灰山関營繕所并犠牲所司吏
内府庫各理問所各塩課提舉司各百戶所各州各
縣司吏　各布政司各按察司各塩運司典吏
各長史司并審理工正奉祠典寶紀善典膳良
醫典儀等所并五城兵馬司吏

新官到任儀注

禮部陶字一百一十七號勘合為禮儀事洪武二十一年五月十一日本部尚書李原名等於
奉天門欽奉
聖旨恁禮部將這儀注行移各處學校教生員每講習今後但有新官到任就着他做禮生贊引内中諭僚属的言語也着他代說教人省得欽此今開前去仰行所屬轉行儒學施行承此使司備開前去仰依承勘合事理欽遵施行奉此今開前去合行文書到日速行所屬儒學教生員每講習通曉今後但有新官到任務要遵依剳付坐到勘合内禮儀事理欽依遵守施行毋得故違欽定體式

一凡有司新官受職赴任未到城一舍（二三十里）而止先令人報知禮房書吏告示官屬及父老人等相率出城來會令洒掃在城應祀神祇祠宇備牲醴祭儀以俟謁官至城外齋宿三日第四日清晨父老人等導引入城遍詣諸神祠如儀致祭其合用犠牲若係天下通祀山川城隍等神俱用二牲其餘境内忠臣烈士土神許用一牲祭物俱於本處不係贓罰官錢内辦

祭神祝文

維某年月日某衙門某官某奉
命來官務專人事主典神祭今者謁
神特與神誓神率幽冥陰陽表裏予有政事未備希神默相使我政無務舉以安黎庶予倘怠政姦貪陷害僚屬淩虐下民　神其降殃謹以牲醴致祭　神其鑒知尚　享

一祭神之禮凡新官到任之日詣諸神廟祭祀禮房先備牲酒等物陳設禮生父老人等導引新官同僚属官吏詣廟贊禮唱執事者各就位主祭官就位唱鞠躬四拜興平身贊禮唱行初獻禮引贊引新官詣神位前唱跪新官跪贊禮唱衆官皆跪唱獻爵執事者捧爵于左跪授新官獻畢仍授執事者以爵奠于神位前贊禮唱讀祝執事者捧祝跪讀畢贊唱俯伏興平身贊禮唱行亞獻禮執事者

以爵酌酒奠于神位前終獻如亞獻儀但減受胙
并徹饌三獻畢贊禮唱鞠躬四拜興平身贊禮唱
焚祝文執事者以祝文同紙錢於紙炉內焚化贊
禮畢一本無執事等就位人唱排班班齊鞠躬四拜以下俱同
一新官到任之日本衙門預備儀仗皂隸前期一日
出城伺候至日清晨首領官率領各房吏典并合
屬官生員人等迎接入城先詣神廟祭祀畢便服
引至本衙門儀門前下馬具公服從中道入先於
月臺上望
闕設香案禮生引新官詣香案前行五拜三叩頭禮
畢上廳坐公座皂隸排衙報時辰擡書案至前吏
房以公座呈押畢去公服便服回座
一參見禮先從門子庫子次弓兵祗禁次坊鄉里長
次陰陽醫者次合屬吏典次六房吏典俱行兩拜
禮新官坐受次坊鄉老人次大誥秀才次生員次
合屬官參見亦行兩拜禮新官拱手答禮次首領
官參見行兩拜禮新官起立拱手答禮次佐二官
行兩拜禮新官出公座答禮如是佐二官到任先
受所屬拜首領官行禮畢後至長官前行兩拜禮
長官出公座答禮畢乃諭僚屬曰

朝廷設官置吏欲其敬神恤民親賢遠奸興利除害某
不敏忝茲重任尚賴一二僚屬及邑中長者匡其
不逮庶免後艱其四境之內利有當興弊有當革
者某等當共勉力為之以安黎庶諭畢署押公文
各房吏典將該管一應已未完結事件施行次第
逐一開寫須知呈報新官署押文書如係長官則
交割印信倉庫鑰匙等件畢照依各房呈報須知
事目逐一發落署理公事畢將所祭牲酒與官屬
父老亨飲而退以後凡遇外境出入即於本衙門
設壇總祭其九年考滿仍具牲酒率官屬父老人等
辭廟致祭就以祭物出郊餞別而去祝文及所諭之言俱礼生代說
一公座照得各司府州縣每日公座排衙已有常例
洪武二十二年五月內已行欽定新官到任儀注
條例去後近體知在外有司不行遵守今開定式
發去仰各該官吏依奉施行違者治罪今後每日
清晨令直廳皂隸人等整頓牙仗儀具伺候各官
陞廳公座擊鼓排衙初次執牙仗者鞠躬唱某官
陞廳公座揖二次執牙仗者鞠躬唱左右分班伺
候揖三次執牙仗者鞠躬唱在衙人馬平安揖畢
執牙仗皂隸人等分東西立廳候中道者報時訖

皂隸內一人於正廳前居中北向執躬唱請畫卷
然後各房吏典作揖以次東西立畫卯畢將公座
自下而上呈押署事
一申明到任祭祀禮儀永樂元年四月初九日奉
禮部歲字十三號勘合為祭祀事一件祭祀事准
都察院咨該江西按察司按察使周觀政言各處新
官到任祭祀之禮相仍已久有各壇另祭者且如
南昌府在城有布政司按察司府縣理問所等衙
門官員到任考滿者衆有總壇致祭者牲醴數少
有各壇另祭者牲醴數多往往勞民傷財禮儀舛
許乞賜申明定制務在繁簡得宜事神治民兩得
其當具奏
欽依着該衙門整理移咨施行查得洪武十八年欽立
石碑內儀注該有司官授職赴任及九年考滿者
於境內應祀神祇遍謁祭告山川社稷城隍用二
牲其餘忠臣烈士土神用一牲遇有外境出入於
本衙門外設壇總祭已自明白本部議得如布政
司按察司附郭府州縣等衙門官員授職到任但
是日期前後相隔不遠皆以上官為班首其餘隨
班遍謁境內應祀神祇如儀致祭九年考滿致祭

之禮亦然在外一府一州一縣事同一體如止一
員亦合照依致祭其外境出入如三年一考六年
再考赴京朝
賀及因事還職不拘員數多寡合從本處上司衙門
外設壇總祭如止一衙門官員則就本衙門外設
祭不在遍謁之例永樂元年二月二十八日早本部官於
奉天門題奏
聖旨是只依舊例定將去欽此除覆奏外擬合通行除
外仰本府所屬一體欽遵施行
宣德十年七月內奉
都察院丑字六百二十六號勘合為申明禮儀
事准禮部咨各布政司按察司府州縣新官到任
於本處城隍廟告請應祀諸神用猪羊二牲總祀
具本各官題奏奉
聖旨是都准議欽此
〇官吏更姓給由丁憂起復等項事例
一凡官吏人等或年幼過房乞養欲復本姓者經由
吏部移文原籍官司體勘是實及官幼名改諱具
奏改正貼黃仍行知會移咨戶部改附籍冊吏員
人等幼名改諱者移文本部准改

一凡軍官或年幼過房乞養今將本姓或紹名到兵部
更改必須明著緣由奏
聞准改仍將改換緣由續附貼黃
一凡在京六部太常司光祿司通政司大理寺國子
監太僕寺欽天監翰林院太醫院儀禮司屬官五
軍都督府各衛軍職文官應天府首領官并所屬
上元江寧二縣官俱從本衙門正官考覈應天府
五品以下官從監察御史考覈監察御史從都御
史考覈給事中從都給事中考覈
東宮官王府官尚寶司中書舍人都給事中儀禮司
行人司正官從本衙門將該考官員行過事蹟并
應有過犯備細開寫送吏部考覈欽天監翰林院
太醫院正官都御史試職實授須給
誥勅取自
上裁其有
特恩實授給與誥勅都不拘此例
一凡六部五品以下官太常司光祿司通政司大理
寺國子監太僕寺欽天監翰林院太醫院儀禮司
屬官歷任三年聽於本衙門正官察其行能驗其
勤惰從公考覈明白開寫稱職平常不稱職詞語
送監察御史考覈吏部覆考其在京軍職文官俱
從監察御史考覈各以九年通考其四品以上官
員任滿黜陟取自
上裁其在外有司官員三年考滿到京考覈平常稱職
者過缺借除京官亦以九年通考
一凡通政司光祿司翰林院尚寶司給事中中書舍
人
東宮官俱係近侍官員監察御史係耳目風紀之司
太醫院欽天監及
王府官不係常選任滿黜陟取自
上裁
一凡在外有司府州縣官三年考滿先行呈部移付
選部作缺銓注司勳開黃仍令給由其見任官將
本官任內行過事蹟保勘覆實明白出給紙牌攢
造事蹟功業文冊紀功文簿稱臣僉名交付本官
親賚給由如縣官給由到州州官當面察其言行
辦事勤惰從實考覈稱職平常不稱職詞語送府
州官給由到府府官給由到布政司考覈如之以
上俱從按察司官覆考仍將考覈覆考詞語呈部
直隸府州縣官考覈[illegible]並府官給由送監察御

史考覈吏部覆考類奏以上三年考滿給由考覈
平常稱職者於對品內別用不稱職正官佐二官
黜降首領官發充吏役俱以九年通考黜陟具雲
南有司官員任滿給由一體考覈不稱職者黜降
緣係邊方具奏復任九年通考
一凡各處布政司按察司鹽運司首領官屬官從本
衙門正官考覈按察司首領官從監察御史考覈
其餘衙門並從本道按察司覆考其茶馬司鹽馬
司鹽課提舉司正官至首領官并在外軍職文官
任滿俱送本處布政司正官考覈仍送本處按察
司覆考布政司官四品以上按察司鹽運司五品
以上俱係正官佐二官三年考滿給由進牌別無
考覈衙門從都察院考覈吏部覆考具奏黜
陟取自
上裁
一凡內外雜職官三年給由無私過未入流陞從九品從
九品陞正九品稅課司局及河泊所倉庫官定於戶
部查理稅課軍器織染雜造等局官送工部查理
造作花銷明白送部通類具奏其倉官收糧不及
千石者本等用虧折陪納足備者照依品級降用

其有私　笞者本等用但犯贓私并私罪曾經杖斷
未入流降邊遠從九品降未入流不識字者本等
用加有學無成教及罷閑生員除授雜職者犯贓
私杖罪發在京衙門書寫
一凡各處府州縣學訓導與教官一體歷俸九年考
滿給由其訓導給由到部出題考試將所試文字
送翰林院批考通經者於縣學教諭內敘用若不
通經者本處復充訓導自來不通經者量科別用
教官考覈稱職陞一等平常者本等用不稱職者
黜降不通經者別用
一凡內外入流并雜職應考官員任滿給由赴京吏
部從實考較才能優劣依例黜陟果有殊功異能
超邁等倫者取自
上裁
繁而稱職無過陞二等有私笞公過陞一等有紀錄
徒流罪一次本等用二次降一等三次降二等四
次降三等五次以上雜職內用
繁而平常無過陞一等有私笞公過本等用有紀
錄徒流罪一次降一等二次降二等三次降三等
四次以上雜職內用

簡而稱職與繁而平常同
簡而平常無過本等用有私笞公過降一等有紀録
徒流罪一次降二等二次雜職内用三次以上黜
降
考覈不稱職初考繁處降二等簡處降三等若
有紀録徒流罪者俱於雜職内用
一繁簡則例
在外府以田粮十五萬石以上州以七萬石以上
縣以三萬石以上或親臨
王府都司布政司按察司并有軍衛守禦路當驛道

邊方衝要供給去處俱為事繁府州縣田粮在十
五萬七萬三萬石之下僻静去處俱為事
簡
在京衙門俱從繁例
一内外倉官週歳考滿截俸守支不及千石者交
盤給由送戸部查粮千石之上者陞用一級茶塩
倉官每引准粮一石不及千石與收粮同雖各有
私笞及不識字者俱本等用虧粮倍納足備者
降用一級犯贓私及私罪曾經杖断未入流降
邊遠從九品降雜職

一内府庫官週歳考滿交盤経收物件戸部查理明
白送部無私過本等用有私罪并不識字者照
倉官例降用
一内外雜職官考滿除税課司局河泊所塩課司
在外庫官送戸部查理造作花銷比先俱三年
為滿就便陞降洪武二十九年十月初四日定例
都做九年為滿無私過陞一等有私罪并不
識字者照例降用職掌内有私笞本等用
一巡檢拏獲逃軍囚盗徒二百名之上無私杖罪陞
一等有私杖罪對品用一百名之上無私杖者對

品用有私杖者降雜職三十名之上無私杖者降
雜職有私杖者降邊遠雜職不滿三十名者發充
軍拏獲強盗及聚衆搶刼逃軍以除民害者九名
五名三名之上為一起二十名之上無私杖者陞
一級有私杖者對品用十名之上無私杖對品用
有私杖者降雜職三名至九名無私杖者降雜職
有私杖降邊遠雜職拏聚衆強盗逃軍二十名至
五十名及獲逃軍逃囚二百名之上或止拏聚衆
強盗逃軍六十名之上又拏偽造寶鈔及偽造各
衙門印信並不拘此例奏

閏定奪此係洪武二十五年閏十二月十三日定例
一凡在京大小衙門及在外布政司并直隸府州縣
吏典各以三年考滿給由　倉攢典以週歲為滿
除稅課司庫局攢典考滿之日隨即交割明白給
由府州縣倉攢典將經收粮斛支銷盡絕方許
給由應有府州縣吏典考滿當即給由如布政司
府州縣過違一年直隸并在京過違半年
給由到部俱送法司取問如不過違者隨付司
封照依資格撥用
一官吏給由以考滿日為始各照原定年限赴部
如年限已滿限內在途患病半年或七八箇月者
以所在官司病痊起程日期為始每日一站筭程到
京有病帖者准若病八箇月之上者雖有病帖亦
不准遭風者有所在官司文憑者准三箇月若給
由到部違年限四日者不問四日之上者送問
一前任日少許通理前任日多另歷三年違者送
問如初考歷俸未及十八箇月或改調除許於
初考內輳歷若十八箇月之上另歷三年待第
三考內輳先任作一考後又歷十七箇月零十
四日係前任日少例合與今任通理若先任一
考後又歷十八箇月零二十日係前任日多例
另歷三年
一凡官吏給由赴部水[illegible]其十三布政司與南直
隸俱限一年到部北直隸限半年
一領憑赴任若違憑限半年之上不到任者雖有
中途患病文帖不准照例送問過違一年之上
者不許到任起送吏部革職為民（成化六年三月二十五日奏行）
一省親祭祖除原定期限外到家止許住一箇月
若限內患病未及二年有患帖者准若二年之
上雖有患帖亦不准送問
一凡內外官吏人等例合丁憂者務要經由本部
京官具奏關給
內府孝字號勘合吏典人等劄付應天府給引照
回在外官吏人等移文知會所在官司給引回
還除祖父母父母承重丁憂外期年喪服不許
守制及移文原籍官司體勘明白開寫是否承
重祖父母及嫡親父母取具官吏里老人等結罪
文狀回報如有詐冒就便解部仍以聞喪月日為
始不計閏二十七月服滿起服若有過期不行移
文催取到部果無事故在家遷延者就送法

司問罪

一在京在外衙門官吏但遇閏月丁憂初一日至初五日聞喪者不准作數謂之不計閏二十七箇月初六日以後聞喪者此月准算謂之連閏二十七箇月若後遇有閏月亦不計閏二十七箇月果無閏月止計二十七箇月還者照聞喪少守制例

一不開聞喪并服滿月日送問

一在京在外衙門官吏父母死一年之上聞喪者送問

一舊喪詐新喪并前已故父母葬後作新喪者送問

一詐見在父母喪者免死充軍

一今後官吏人等聞喪若原籍程途三千里之上限一年不及三千里者限半年過違此限匿一日者發口外隆慶永寧州縣為民天順二年八月二十五日奏行

一凡官吏起復赴部水程北直隸限四箇月河南山東限六箇月浙江江西湖廣山西陝西南直隸限八箇月四川貴州廣東廣西福建限十箇月雲南交阯限一年

一服未滿患病二年有患病文書者准不送問若二年之上雖有患病文書亦不准送問如服已至二十六箇月方患病自患病日起至痊可月日剛滿二年起程且在水程月日內起復到部執有先前告官撥醫調治下帖准不送問若患病二年有零日亦不准

一病帖內無告官痊可月日送問

一到狀與公文不同送問

一不報為事還職緣由取招

一不報除授到任考滿月日送問　一不報硃語取招

一俸月爭差不及一月許改正一月之上取招半年之上革職

一當具牌不具牌者送問如在任所聞喪者具牌歷任一考二考半考為事還職聽選聞喪者不用牌考滿給由到部在考功聽候聞喪者服滿再具牌如中途聞喪者將所賫脚冊本赴所在官司具告差人賫繳回家守制服滿再具牌

一舊官還職替回官員不用牌

一牌內不依原定成式揩造及過名項下私罪報作公罪等項者送問公罪報作私罪者取招若俱隨牌首到免科

一牌內擦洗跡污或多守制少守制者送問

一新除官員領憑聞舊官復職新官未任就部留用改除者要開前除未任緣由

一差錯鄉都貫址并漏報者改正

一不報舊名取招係迴避字樣改正

一不報前任歷任脚色并到任考滿月日送問

釋奠禮儀

一祭祀每歲於春秋二仲月上丁行禮（按其月用仲以時之正也其日用丁以丁為陰火文明之象也一云二八月爲陰丁屬火取陰火文明之象）

一齋戒正祭前一日獻官幷陪祭官執事人等沐浴更衣散齋二日各宿別室致齋一日同宿齋所散齋仍理事務惟不飲酒不食葱韭薤蒜不弔喪問疾不聽樂不行刑不判署刑殺文字不預穢惡事致齋惟理祭事

一省牲正祭前一日執事者設香案於牲房外贊引者引獻官常服贊者唱詣省牲所唱省牲（執事者牽牲於香案前過）贊引者唱省牲畢遂烹牲以毛血少許盛餘盤其餘毛血以淨器盛貯祭畢埋之（其牲須要連皮煮熟供祭）

祭器

牲匣二以木為之硃漆底蓋各高六寸長三尺三寸闊二尺二寸蓋兩頭用銅環二箇底兩傍用銅環四箇

篚箱九付以竹為之有底蓋

酒罇三　酒杓三　冪布三　登五　鉶十二

籩一百四十四　豆一百四十四

簠三十四　簋三十四

爵一百三十六以上籩豆簠簋罇爵俱用磁器

一案卓

祝案一高一尺一寸闊一尺九寸長三尺三寸

酒罇案一高二尺七寸五分闊一尺五寸長五尺卓面剜三孔仍用木板一片橫裝於剜孔之下以盛酒罇三（酒罇用三先師四配十哲一皆設于殿前之東）

爵帛案一高二尺七寸五分闊二尺三寸長三尺

盥洗案一高二尺七寸五分闊二尺三寸長三尺

尊一（用瓷甕）　酌水杓一　盆一（用錫銅瓷隨宜）　帨巾一

一祭物

帛九段（俱用潔白闊中者每段長一丈八尺○按其色以白尚其質也）

羊二　豕六　鹿一　兔一　香　燭（隨用）

黍（黍米）　稷（稷米）　稻（稉米）　粱（粱米）　棗　栗

榛（榛子）　芡（即雞頭也如無用胡桃荔枝圓眼代）

菱（用菱米或鮮菱肉）

韭菹（用生韭菜切去本末取中三寸淡用如無韭根亦可）

菁菹（用菁菜略經沸湯切作長段淡用）

芹菹（用空芹菜切作長段如無芹根亦可）

筍菹（用乾筍煮過以水洗淨切作長段用）

鹿脯（宰活鹿肉切作塊洒浮　如無鹿麞鹿代）

醓醢用猪肉細切小方塊然後用鹽葱花椒蒔蘿茴香拌勻作鮓
鹿醢用鹿肉細切小方塊然後用油鹽葱椒等料同醓醢法製造作鮓
兔醢宰活兔去皮用淨肉同醓醢法製造作鮓
魚醢用魚肉細切小方塊同醓醢法製造作鮓
大羹大羹者即上古煮肉汁也不用鹽梅調和存古禮也
和羹以猪脊肉為之而用鹽梅調和以腰子肉蓋面也
藁魚藁者乾也商者度也商度其燥溼之宜以為用也
形鹽形鹽者即禮所謂刻為虎形之類是也

一雅樂器用

麾旛一　柷一　敔一　應鼓一
搏拊二　瑟二　琴六　塤二
篪二　簫二　笛二　排簫二
鍾二十四　磬石二十四　鍾架二　磬架一
笙六　歌工六人
此堂上之樂也
舞干三十六　籥三十六　旌節二　舞生三十六人
此堂下堦之樂也

樂器舞干各府學俱有洪武年間頒降器用州縣學無者無樂之處不許用俗樂

一正祭陳設

國子監廟學陳設圖先師位於祭物有犢籩豆各十四配每位羊豕各一餘俱於府州縣學同

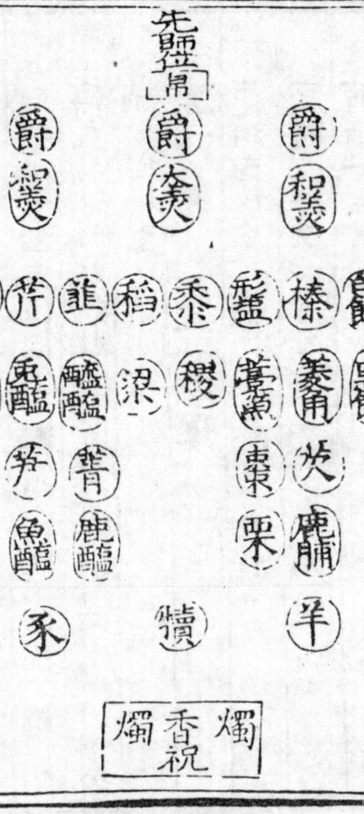

府州縣學陳設圖

先師位設祭物于案另設小几于前置香燭祝板于上

爵三
登一盛太羹
鉶二盛和羹
簠二盛黍稷
簋二盛稻粱
籩八盛形鹽　藁魚　棗　栗　榛　菱　芡　鹿脯
豆八盛韭菹　菁菹　芹菹　笋菹　醓醢　鹿醢　兔醢　魚醢
篚箱一盛帛

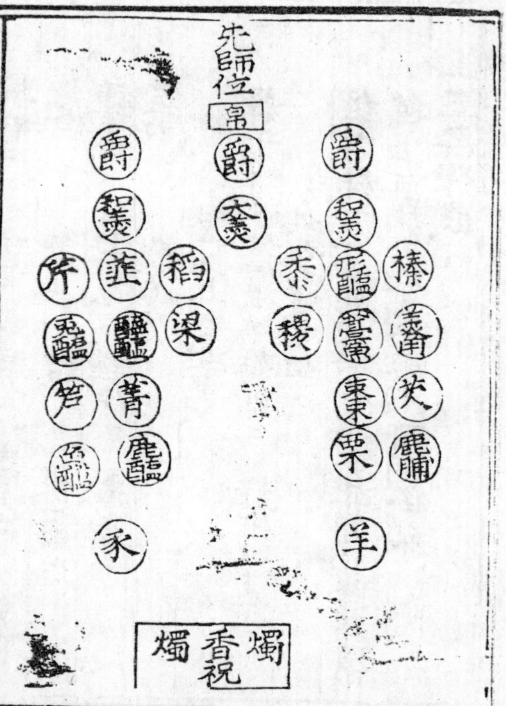

四配位每一位設祭物于案另設一小几于前置香炉

爵三

登一盛大羹

鉶二盛和羹

簠一盛黍

簋一盛稷

籩六盛形鹽　藁魚　棗　栗　菱　鹿脯

豆六盛菁菹　芹菹　笋菹　鹿醢　兔醢　魚醢

篚箱一盛帛

牲四位共用羊一豕一各分作四分每一分用方木盤盛置于案

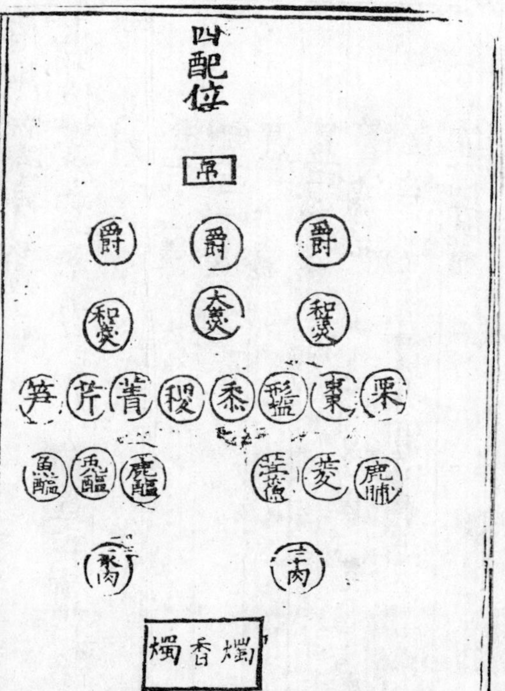

十哲位

東五位各設祭物于案另於前中總設一小几置香燭

下上○西五位同

爵五每位各用一爵至行禮時執帛者注酒于爵分獻官行禮時與獻一爵于香案上

鉶一盛和羹

簠一盛黍　簋一盛稷

籩四盛刑鹽　棗　栗　鹿脯

豆四盛菁菹　芹菹　鹿醢　兔醢

篚箱一盛帛

牲共用豕一作五分每一方用方木盤盛置于案

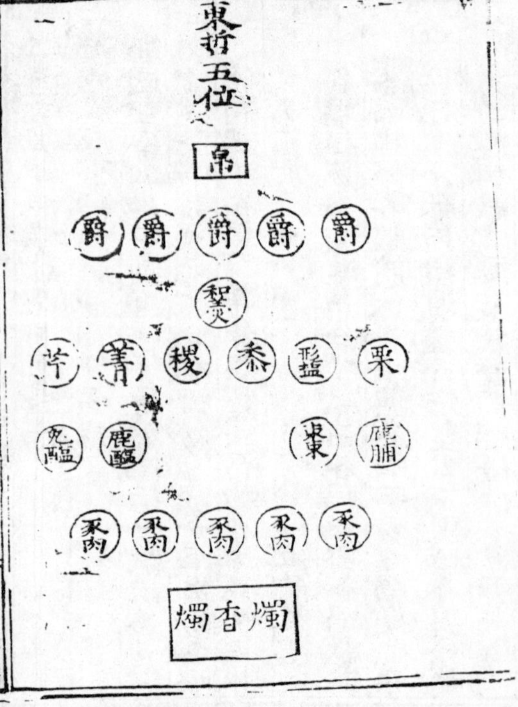

兩廡東廡五十四位西廡五十五位兩廡俱每四位共一卓
每廡中間總設一香案分獻官行禮時總獻帛一
段酒一爵于上○中門外設罍洗酒罇
每四位共一卓
爵四 每位各用一爵至行禮時執事者沃酒于爵無爵酒盞亦可
簠一盛黍　簋一盛稷
籩四盛刑鹽　棗　栗　鹿脯
豆四盛菁葅　芹葅　鹿醢　兔醢
牲每廡各用豕一䏲。䏲分作五十四分西廡分作
五十五分每分用方木盤盛置于案

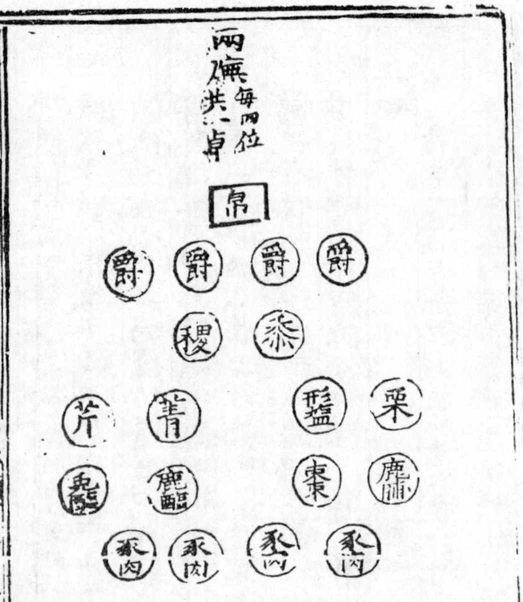

一獻官 在外布政司府州縣長官
一分獻官 以本學儒職及老成儒士充之
一祭服 除流官及各執事與社稷同其餘陪祭儒士用深衣幅巾
一庭設燎爐火炬
右增分獻官行禮一節永樂七年奉
禮部宿字一百六十一號勘合內一件建言事分
獻禮行於初獻之後焚帛埋瘞在廟之西北
一儀注
正祭通贊唱樂舞生各就位唱執事者各司其事唱
陪祭官各就位唱分獻官各就位唱獻官就位唱瘞

毛血唱迎神樂作舞朱作唱鞠躬各陪祭官同拜興
拜興拜興拜興平身樂止唱奠帛行初獻禮樂作舞
引贊唱詣盥洗所唱搢笏盥畢唱出笏唱詣酒尊所
唱司尊者舉冪唱酌酒各執事者捧帛爵先行至唱詣
大成至聖文宣王神位前唱跪唱搢笏唱進帛唱獻帛唱
進爵唱獻爵唱出笏唱俯伏唱興唱平身唱詣讀祝
位唱跪通贊唱衆官皆跪引贊唱讀祝讀畢通引俱
唱俯伏唱興唱平身引贊唱詣
兖國復聖公神位前唱跪唱搢笏唱進帛唱獻帛唱進
爵唱獻爵唱出笏唱俯伏唱興唱平身唱詣

郕國宗聖公神位前儀同前唱詣
沂國述聖公神位前儀同前唱詣
鄒國亞聖公神位前儀同前通贊唱行分獻禮咯引分
獻者各唱詣盥洗所各唱搢笏盥畢各唱出笏各唱
詣酒尊所各唱司尊者舉冪各唱酌酒各執事者捧
帛爵前行至各神前各詣東哲西哲東廡西廡神位前各唱跪
各唱搢笏各唱進帛各唱獻帛各唱進爵各唱獻爵
各唱出笏各唱俯伏各唱興各唱平身各唱復位樂
止已上分献行禮通贊於宗聖公下便唱各引分獻
者照應與獻官處贊禮聲同唱復位疾徐務要節奏

不可有先後參差不齊通贊唱行亞獻禮樂作舞作
引贊唱詣酒尊所唱司尊者舉冪唱酌酒各執事者
前行至殿唱詣
大成至聖文宣王神位前唱跪唱搢笏唱進爵唱獻爵唱
出笏唱俯伏唱興唱平身唱詣
兖國復聖公神位前儀同前唱詣
郕國宗聖公神位前儀同前唱詣
沂國述聖公神位前儀同前唱詣
鄒國亞聖公神位前儀同前唱復位樂止通贊唱行終
獻禮樂作舞作儀同亞獻舞畢旌節引舞生退通贊

唱飲福受胙引贊唱詣飲福位唱跪唱搢笏唱飲福
酒飲畢唱受胙執事者執胙由中階而下唱出笏唱
俯伏唱興唱平身唱復位通贊唱鞠躬各陪祭官同
拜興拜興平身通贊唱徹饌樂作各執事者詣各神位前徹饌樂止
通贊唱送神樂作唱四拜興平身陪祭官同通贊唱
讀祝者捧祝唱進帛者捧帛唱各詣瘞位唱望瘞樂
作引贊唱詣望瘞位焚帛樂止唱禮畢

一祝文

維某年歲次某甲子某月某甲子朔某日某甲子
某布政司某官某或某府州縣某官某等

敢昭告于
大成至聖文宣王惟 王德配
天地道冠古今删述六經垂憲萬世兹維仲春仲秋謹以牲帛
醴齊粢盛庶品式陳明薦以
兖國復聖公
郕國宗聖公
沂國述聖公
鄒國亞聖公配尚
享
一樂章係諸司職掌所載
迎神 執麾者唱 樂奏咸和之曲
大哉
宣聖道德尊崇維持王化斯民是宗典祀有常精純並隆
神其來格於昭聖容
奠帛 執麾者唱 樂奏寧和之曲
自生民來誰底其盛維王神明度越前聖粢帛具成
禮容斯稱黍稷非馨惟神之聽
初獻
大哉聖王實天生德作樂以崇時祀無斁清酤惟馨
嘉牲孔碩薦羞神明庶幾昭格
亞獻終獻同 執麾者唱 樂奏景和之曲
百王宗師生民物軌瞻之洋洋神其寧止酌彼金罍
惟清且旨登獻于三於嘻成禮
徹饌
犧象在前豆籩在列以享以薦既芬既潔禮成樂備
人和神悦祭則受福率遵無越
送神
有嚴學宮四方來宗恪恭祀事威儀雝容歆享惟馨
神馭還復明禋斯畢咸膺百福
附行香禮儀
有司下學行香禮儀
前件議得各處儒學每遇朔望有司官務要至日五
更詣學謁
廟師生出大門迎接行禮畢請至明倫堂師生作揖教
官訓導侍坐生員東西序立講書提調官考課畢各
官退師生仍送至大門外回學其别廟行香師生不
必隨行如遇春秋祭祀迎接
詔旨師生仍依定例

祭無祀鬼神勘合（儀注詳見洪武礼制）

洪武二十九年八月　日承奉
禮部陶字三百七號勘合一件建言事禮科抄出徐州蕭縣縣丞齊福陳言祭祀事各處有司凡祭無祀鬼神有於城隍廟請城隍牌者有於民間取鬼神牌者有於省壇之家搬取祭器者有不分早暮行禮者有跪於無祀鬼神獻酒者有燒以紙錢誣神者有傾撒祭餘羹飯者褻神未便今議得各處無祀鬼神壇各置城隍及無祀鬼神牌位并祭器收頓在庫凡遇祭祀之日設於壇所晡時祭祀其主祭并陪祭人員齋沐行禮用紙焚燒祭文等項照依原定洪武禮制施行毋得褻瀆不便除會官議擬具
奏外合行開坐前去欽遵施行

祀先凡例

一公侯及品官之家宜造屋三間於居宅之東奉祀祖先如未能造屋及祠堂窄狹須請神主出中堂享祭若高祖年遠子孫不能記其排行名諱者則開其位只祭三代

一凡牲二品以上許用一羊一猪五品以上用羊六品以下用一猪皆分為四體熟薦凡祭祀稱家有無如不能具全牲許買猪羊等肉為饌但要嚴潔忠誠

一凡祭享之處不問何向但以前為南後（為北左為東右為西）

一祭物每二位共用二卓近内一卓設蔬五楪果五楪饌五楪（用燖羊頭蹄肝肺煎肉片肉魚鷄鵝之類）并鹽楪醋楪匙筯羹飯酒盞近外一卓設羊一盤猪一盤麵食一盤（饅頭餅之類）米食一盤（糍糯米餅之類）所用器皿各随官品等第稱家有無用之其官卑物不能全備者止用一卓可也

一除四時仲月正祭外如年節清明端午七月十五重陽歲除夜則随宜獻時食酒饌羹飯奠酒一盏不用祝文仍焚紙錢

一如祖考忌日只祭祖考及祖妣祖妣忌日只祭祖妣及祖考不必徧舉仍請神主出中堂（享祭餘位忌日祭同）

一祝板以淨木為之長一尺高五寸厚二分用白厚紙虛

糊在板祭時於紙上書填（祝文祭畢揭紙焚之收板於祠堂後祭再用）

一庶民祭三代祭物稱家有無用之拜禮則同

○祀先儀注

祭祀日期

春二月夏五月秋八月冬十一月就各月內選日

致祭或用春分夏至秋分冬至亦可

齋戒

內外見任官祭之前一日主祭者致齋不飲酒不食葱韮蒜薤不近穢惡留心祀事是夕率子弟沐浴更衣宿于外舍明日（行事其有官而非見任者預散齋二日致齋一日）

陳設

祭祀前一日主祭者率執事人洒掃祭所洗拭椅卓依前圖祀設神主位復於東西壁邊設附食位（如伯叔如兄弟死而無子孫者皆俾附祀先時附祭故謂之附祭）以此為上無則不設又設香案于中置祝板香爐香合于其上又設大卓于堂東壁角置酒甕酒勺盞酒甕巾酒注酒盞于其上酒卓前設酒架置祭酒一瓶于架上又設大卓於堂西壁角置饌合并祭器于其上主祭者率服親監宰牲及監洗合用祭器至申時主婦監造一應祭饌

鞭春禮儀

永樂八年八月二十九日奉

禮部荒字一百七十號勘合為醫者等事內

一件建言事

禮科抄出山西平陽府隰州儒學訓導史創啓言事件除會官議擬具

奏外今將議到鞭春事開坐連送依議施行於本部卷簿內查得洪武十八年八月十二日江西吉安府知府湯盤陳言鞭春等事本部議禮儀奏

准已經通行欽遵去後今言前事及查在應天府經歷司手本開到迎春事例每年至到部擬合通行申明照得在外鞭春稽考洪武禮制無所該載各處有司每歲迎拜芒神或用常服或用祭服或用公服亦有輙用朝服者各隨己見於禮不一難以通行如

蒙

准言合無令禮部定立儀式遍行天下通行遵守然則禮有定規而人無妄行矣○前件鞭春禮儀洪武年間已有定例宜從禮部申明今查得每歲有司預期塑造春牛并芒神立春前一日各官常服輿迎府州縣門外土牛南向芒神在東西向至日

清晨陳設香燭酒菓各官具朝服贊引替排班
齊贊鞠躬四拜興平身班首詣前跪衆官皆跪贊
奠酒凡三贊俯伏興復位又四拜畢各官執綵杖
排立於土牛兩傍贊者曰長官擊鼓三聲擂鼓贊
者曰鞭春各官環擊土牛者三贊禮畢興迎一作迎牛者三作擊牛匝

○日蝕儀注

前期結綵於禮部儀門及正堂設香案於露臺上
向日設金鼓于儀門內兩傍設樂人于露臺下
設各官拜位于露臺上下俱向日立至期欽天監
官報日初食百官具朝服典儀唱班齊贊禮唱鞠
躬樂作四拜興平身樂止跪執事者捧鼓詣班首
前班首擊鼓三聲衆鼓齊鳴候欽天監官報復圓
贊禮唱鞠躬樂作四拜平身樂止禮畢○在外於
布政司府州縣會同文武官行禮

○月蝕

儀注同前但百官便服在內於中軍都督府救護
在外於都司衛所救護

○鄉飲酒禮律儀

一鄉飲酒禮每歲正月十五日十月初一日二次舉
行
一各處府州縣於儒學行鄉飲酒禮酒殽於係官錢
內從實約量支辦務要豐儉得宜
一凡府州縣行鄉飲酒禮除僎賓外衆賓序齒列坐
其僚屬則序爵
一鄉飲之設所以尊高年尚有德興禮讓敢有諠譁
失禮者許揚觶者以禮責之其或因而失禮者主
席之人會衆罪之○觶音至罰盃也
一儀注凡鄉飲酒禮主官衆官於庠門外會集衆賓
贊禮四人立東西階之側通贊唱排班班齊唱揖
平身主肅賓至進賢樓下唱揖平身至次門下唱
揖平身至明倫堂下三讓主賓舉禮三讓唱升階
至月臺中執事擊鼓唱升堂執事鋪席唱排班班
齊唱拜興拜興兩拜平身唱主賓以下各就席坐
坐畢通贊唱揚觶引贊至司正前唱詣揚觶所通
贊唱主賓以下皆起引贊引司正至所執事者以
酒授司正唱揚觶揚觶畢引贊通贊同唱揖平身
引贊唱飲酒飲畢引贊通贊同唱揖平身引贊唱

復位通贊唱主賓以下皆坐坐畢通贊唱讀律誥引贊至讀律誥生前唱詣讀律誥所通贊唱主賓以下皆起引贊引生至所遂展律誥引贊通贊同唱揖平身引贊唱讀律誥讀畢引贊通贊同唱揖平身引贊唱復位通贊唱主賓以下皆坐坐靜通贊唱供案唱斟酒執事者斟酒斟畢唱飲酒酒三行通贊唱供湯執事通湯遍畢唱請湯主賓皆請湯畢通贊唱供饌執事充厨披割猪首畢執事下饌遍畢通贊唱請饌訖通贊又唱讀律誥其禮如前讀訖執事者按行斟酒或五行或十行供湯供饌其禮供如前至罷通贊唱撤案撤畢執事鋪席唱主賓以下皆起唱賓酬主主酬賓賓主相酬皆行兩拜禮唱排班班齊唱鞠躬拜興拜興平身主賓皆兩拜平身唱主送賓引禮四人引送庠門外唱排班班齊主賓東西相向唱揖平身禮畢乃退

○鄉飲酒賓主介僎序列圖

主府知府州知州縣知縣無則佐貳官代位于東南○大賓以致仕官為之位于東北○僎賓擇鄉里年高有德之人位于西北○介以次長位于西南○三賓以賓之次者為之位于賓主介僎之後○司正以教職為之主揚觶以罰之○贊禮者以老成生員為之

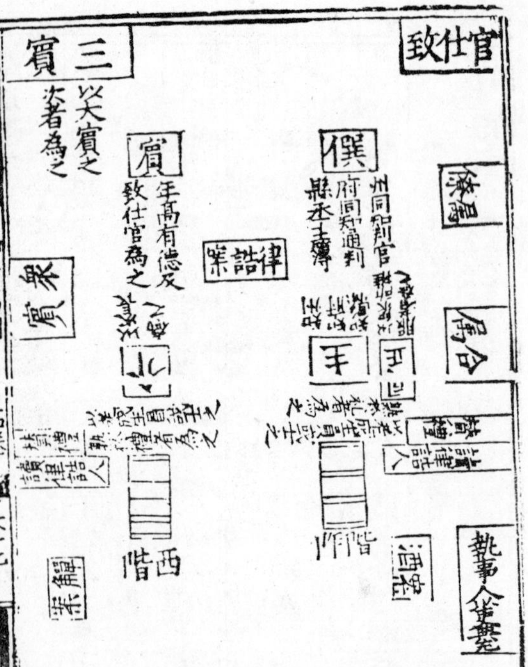

按鄉飲酒義賓主象天地也介僎象陰陽也三賓象三光也讓之三象月之三日而成魄也四面之坐象四時也六十者坐五十者立侍以聽政役所以明尊長也六十者三豆七十者四豆八十者五豆九十者六豆所以明養老也

○諸司官員不許住察院

一肅清

憲綱事該巡按陝西監察御史梁乾奏准各處府州縣建立察院分司專為監察御史按察司官出巡聽理詞訟照刷文卷而設不許諸司官員干涉所先該

監察御史許資亦奏前因欲行浙江等按察司作
巡按直隸監察御史備榜於各處察院分司門首
常川張掛曉諭敢有仍前違犯許令所在官司及
門子人等即於巡按監察御史及按察司官處指
實陳告具
奏拿問明正其罪以警將來是按察司并各該衙門官
員人等仍前故縱者事發一體究問等因宣德五
年　月　日本院官具本於左順門奏奉
聖旨是欽此欽遵
○內外官員優免戶下差役例

洪武十三年七月戶部爲民情事奉
太祖高皇帝聖旨六部都察院應天府兩縣判祿司儀禮
司行人司隨朝官員各戶合納稅粮外其餘一應
雜泛差役盡行免了欽此弘治十七年戶部爲陳
言民情以革弊政事該本部左侍郎王　等題該
順天府府尹冀　奏該五部查得舊例六部都察
院等衙門隨朝官員本戶雜泛差役丁差全免內
官免二丁內使免一丁　又查弘治七年該辦事吏
余彥達奏京官之家不拘品秩崇卑一槩多寡全
不優免方面知府等官各免人丁十丁田粮二十

石同知以下至知縣等官免人丁五丁粮十石八
品以下教職等官及監生舉人生員之家各免人
丁四丁粮四石雜職省祭官聽選等官及吏典之
家各免人丁三丁粮三石以勵養廉等因該禮部
會議行有司斟酌施行原無議定有司遂以爲例
輙便遵行事屬差錯合無通行各處今後除隨朝
文職內官內使丁差俱照舊例優免其餘見任方
面官員之家各免人丁十丁知府免八丁同知以
下至知縣等官各免人丁三丁八品以下至雜職
省祭聽選等官及監生舉人生員吏典之家俱一

例各免二丁着爲定例題奉
孝宗皇帝聖旨准擬欽此欽遵正德十六年二月十六日
戶部爲釐夙弊以正版籍事本部尚書楊　題該
南京戶科給事中孫懋奏稱內外仕宦之家量其
官職崇卑定爲優免則例如京官三品以上免田
四頃五品以上三頃七品以上二頃九品以上一
頃外官則遞減之無田者准田免丁等因該本部
開立前件議擬優免田粮等項事宜俱照條陳內
事理施行題奉
聖旨是都准擬議行欽遵

一敬遵
令旨事查得弘治十三年十月內該巡撫四川右副都
御史鍾蕃題該禮部議得今後巡撫巡按并都布
按三司以下衙門遇有各長史司行到一應
令旨事務其巡撫巡按三司等官務要會同看詳計議
應施行者即便施行不許故違若事情重大該
奏
聞者作急會本奏
聞請
旨其各長史司官員職專輔導今後奉
王令旨行事務要停當如有窒礙難行者亦當竭忠諫
止有懷奸倚勢撥置
親王輒以私情傳行
令旨於各衙門以致擾有司軍民貽害地方者許巡
撫巡按三司等官會同糸奏治罪
一官屬禮儀事查得弘治十七年七月內節該巡撫
四川右副都御史鍾蕃奏為嚴禮法以塞訟源事
該禮部題查得節該題
准事例
親王到國除本府官屬照例稱臣其餘文武官員稱
賀禮儀止具職名原不稱臣係是
聖祖欽定禮儀似亦有據其陪祀慶
賀見
王等項悉遵禮制
一禮部為定禮儀以一典章事奉
聖旨禮部看了來說欽此欽遵臣切照
皇明祖訓所載出使官便服行禮及洪武十八年定出
使官員一體隨班禮儀其歲月不無後先則遵
守必須歸一但總兵撫按等官俱係
欽差人員緣未開載是否出使名目內稱出使官員亦無
明開是何職銜其到
王府應否便服或隨班行禮一者委難適從况事干
祖訓舊制非臣等所敢輕議合無本部會官參酌禮制由
聖斷使可遵守正德十三年四月初九日本部尚書毛
等具題本月十八日奉
聖旨是還會議了來說欽此欽遵抄出到部臣等會同吏
部等衙門少保兼太子太保尚書等官陸　議得
洪武十八年所定慶賀
王到國及正旦冬至　王壽日等禮除
王府官屬至今遵奉如儀其在外衛府等衙門摘撥佐

二官隨班行禮一節查於洪武十九年該禮部
欽奉
太祖高皇帝聖旨今後親王所在去處凡遇正旦冬至千
秋節日只許本國在城軍民官員慶賀在外
府州縣衛所及守邊衙門不必慶賀欽此欽遵
其出使官一体隨班禮亦係洪武十八年所定
自洪武末年祖訓頒行以來凡遇
王國慶賀出使官俱便服行四拜礼前項隨班禮儀又
已停罷且 會典之作一遵
孝宗皇帝 勅旨以本朝官職制度為綱事物名數儀
文等級為目凡有籍冊可據者先後且載其
因革損益間與行不同者亦存其舊所以
王國礼儀雖洪武十八年所定或與 祖訓不同但載
會典再議得 大明律一出使不復 命條下開有凡奉
制勅出使不復 命及不繳納
聖旨符驗等語見今各處總兵巡撫巡按等官正係奉
有 制勅
聖旨符驗人員其與持 節制使賫
詔行人及凡京官領
勅在外公幹者均為出使況 祖訓亦開有朝臣奉使至
王府雖三公大將軍亦必四拜等語但撫按等官多
係節年添設故
皇朝礼制諸書於出使官職御有所未載今
寧王具奏要得集議明白行礼歸一臣等欽奉
勅旨會議如前合無今後
王國礼儀一遵
祖訓為當其總兵撫按等官俱照出使官員便服行四
拜礼但事關礼儀 重典未敢擅便伏乞
聖裁俟 命下之日通行各 王府及各該文武衙門
永為遵守正德十三年五月十二日本部等衙
門尚書等官毛 等具題二十八日奉
聖旨是這礼儀既會議明白總兵撫按等官都着遵
照 祖訓并 累朝相承事例行礼還寫書
與王欽此欽遵

節行事例卷之終

憲章類編

〔明〕勞堪撰

四十二卷

據明萬曆六年自刻本影印

皇明憲章類編序

憲章類編者浙藩左使勞君

蒐擷

皇明政要成帙而名之也君嘗為
右轄于閩刻是編比入浙換
一策謁予且請予序予四三
繙閱而嘆曰我

祖宗經制區宇之彝章用以定功
保大者其固在斯乎固在斯
乎予其可無言邪昔者孔子
幸周禮之在魯嘗學而從之
以為興周道而東之具而易
禮樂革制度折言破律亂名
改作王制所禁又若是其嚴

也豈非以帝王綜建興常矩
矱萬世天下臣民所宜緝守
而勿之替況有監二代而郁
郁如周之盛者乎惟我
國家肇造迄今叡垂剛潤成周
讓烈
聖神之所規恢鴻碩之所建白綱

挈條晰可以軼往憲来顧其
袐在蘭臺散寄外史庶寮博
綜而難周老儒力購而不贍
今勞君才兼世具以其政事
之餘力馳騁貫穿彙次就編
其勤至矣
熙朝之大禮大政大發劃大利

害
郊廟宮府之崇嚴文武脩攘之纖
瑣裁斷於開天之初緣飾於
纘運之日一展讀間皆若端
拜而議蓋博如孔子得之賢
人所識為多今觀是編則已
能識其大可謂賢矣夫道有

弛張事在均調居今之世志
古之道所以自鏡也古有好
覩故事見謂稱上意而或有
琴瑟改調之說有論議制作
見謂補弊而又有報罷條陳
之利害而遵祖宗之防制諸
豈無据矜勢之輕重相縣時

之沿革迭就循守法之理則
更張者治絲之棼達抹弊之
權則膠守者信度之履故髖
髀斧斤之論不行至激而為
七國而祖其緒言反以見功
於元朔之世居重馭輕之制
不守乃變而為獷騎藩鎮至

令名臣策士輒欲復之於貞
元太和之間而竟有不能跡
其所以得失孰非當世法戒
之林哉夫孔子從周故答季
孫之田賦則曰有周公之典
而不欲其苟而行至不勝其
文則身憂之而復有四代之

斟酌故曰欲知上世則審周
道然則講求故實權劑時幾
仰以作求
祖德翊亮
聖明運忠益於廷謨厝經綸於國
是以肇我
明萬萬年之治成憲具是編可攷
學士大夫不可以不觀吾又
謂不可以徒觀也是亦勞君
請序之意也與
萬曆六年九月吉旦
賜進士第資善大夫南京工部
尚書前兵刑工三部侍郎奉
勑提督軍務巡撫浙江江西等處

地方都察院右副都御史提
督湖廣學校副使監察御史
姑蘇徐栻撰

憲章類編目錄

燒荒　各邊林木
海防　大漢将軍
京操　練習說

第二十八卷

一洪武死事諸臣　建文死事諸臣
永樂死事諸臣　洪熙死事諸臣
正統死事諸臣　景泰死事諸臣
一天順死事諸臣　成化死事諸臣
正德死事諸臣　封賞功勳

一洪武開國功臣　洪武征西功臣
一洪武平雲南功臣　洪武作孝陵功臣
洪武海運功臣　洪武征胡功臣
洪武間以父功封侯伯　洪武征南功臣
洪武征蠻功臣　洪武間降王
洪武間歸降封爵　元主孫封侯
洪武間降胡　建文戰功
永樂靖難功臣　永樂推戴功臣
永樂間以父功封　永樂征西功臣
永樂間以侯征交趾進公　永樂征交趾功臣
永樂間戰功　永樂征胡功臣
永樂捕倭功臣　永樂中戰歿功臣
永樂中降胡　洪熙間追封靖難功臣
洪熙征胡功臣　宣德征胡功臣
正統征胡功臣　正統征蠻功臣
正統間以營建功封　景泰禦胡功臣
景泰征蠻功臣　天順奪門功臣
天順禦胡功臣　天順征蠻功臣

成化禦胡功臣　成化征蠻征番功臣
成化間以營建封　正德捕反功臣
正德禦胡功臣　文臣封爵　查理封拜冒濫
功臣贅　功臣儀仗戶
勳臣提督軍務　勳臣出鎮
遣功臣還鄉　召功臣還京
功臣起第鳳陽奉朝請　進功臣祿秩
革復功臣爵　功臣免為民
將領失機　武臣致仕

第二十九卷至三十卷

第三十一卷至三十二卷

第二十三卷
御史臺　都察院
總督等都御史　御史
河南道考滿　巡按等御史
第二十四卷至三十五卷
察言司　通政使司
大理寺　六科
尚寶司　寶璽
僉牌金牌銅符銅牌符驗　牙牌

祭牌　中書科
中書選科道　太常寺
光禄寺　國子監
勲臣領國子監事　分序撥歷
會饌錢鈔　蔭子入監
外戚親屬入監　外夷子弟入監
群牧監　太僕寺
鴻臚寺　行人司
大都督府　五軍都督府

都督撫治屯營□　副副將軍
掛印總兵　邊軍入衛
錦衣衛　都督江彬錢寧等
京衛　拱衛司
都尉司都尉府　五城兵馬司
欽天監　曆法
夏冬至日夜刻　太醫院
上林苑監　行在府部
順天府　漕運司

外戚　外戚封爵世除
附馬都尉封侯　宮人親屬
元宮人　正德間以義兒封伯
正德間内官兄弟封伯
第三十六卷
太監内使　鎮守太監
織造太監　太監審録
太監總督軍務　太監監督軍務
太監提督市舶　命官教内官

憲章類編卷之一

賜進士出身中奉大夫浙江布政使司左布政使臣勞堪編

開國

高皇帝濠州鍾離東鄉人先世居沛徙句容累世積德行
仁隱約田里宋季大父徙渡淮居泗上父世珍又徙鍾
離母陳生四子帝最少帝生于元天曆戊辰之九月丁
丑是夕赤光滿室上燭于天里中人皆見之競呼朱氏
火起相率捄護及至無有也歲甲申四月喪父不數日

喪伯兄又喪母值旱饑疫窘甚鄉人劉繼祖與地始獲
窆時帝年甫十七九月入皇覺寺逾月僧乏食帝西至
合肥歷光固汝潁凡三年復還皇覺寺壬辰春定遠人
郭子興起兵攻拔濠州據之元將徹里不花憚不敢進
惟日掠良民以邀元主之賞人無生路　帝乃禱於神
以卜出處唯從雄吉閏三月朔遂入濠見郭子興子興
育徐王馬氏女為已女遂納為館甥九月彭早住趙均
用為元兵所敗自徐奔濠子興遂為二人所制帝為釋
之帝恩威日著豪傑樂從於是李善長湯和徐達等數

十人率先歸附姊子李文忠先同其父母避亂與帝相
失其父禎聞帝駐師滁陽遂攜來歸時年十二定遠人
沐英年方十歲父母俱亡帝見而憐之與文忠皆賜姓
朱氏托后撫育如子
乙未春正月取和陽　帝駐兵和州謀渡江值巢湖水寨
軍師俞通海等率舟師來降遂以夏六月朔渡江率徐
達胡大海馮國用常遇春湯和李善長鄧愈廖永安等
統兵引舟東下首克牛渚採石進攻太平克之耆儒
陶安李習率父老出迎安因獻言曰四海鼎沸豪傑並

爭悉多攻城屠邑志在子女玉帛爾非有撥亂救民安
天下之心明公率衆渡江神武不殺人心悅服順天應
人以行吊伐天下不足平也帝善其言因問吾欲取金
陵如何安曰金陵古帝王都據以臨四方何向不克
上甚悅乃改太平路為府命習知府事留安參幕府
丙申春三月克金陵元御史大夫福壽死之改集慶路為
應天府建江南行中書省尋取鎮江夏四月取廣德
丁酉春三月克常州常州先為偽吳張士誠所陷及是士
誠遣弟士德以數萬衆來援徐達伏兵擒之士誠奉書

請和　帝復書數其罪士誠不報達請益兵圍之城遂
下　夏四月取寧國六月徵前池州學正朱升入見顧
問稱旨遂叅密議是月取江陰　秋八月取揚州
戊戌春正月帝自將精兵十萬由寧國歷徽州道蘭谿
至婺州拔其城改婺州路爲寧越府置行中書省徵王
禕爲省掾商略機務
己亥春正月取諸暨三月　帝遣使往慶元招諭方國
珍國珍遣使奉書幣以温台慶元三郡來獻且以次子
關爲質帝曰國珍既誠信來歸何以質子爲厚賜關而

遣之國珍又以金玉飾馬鞍來獻悉却之　秋九月取
衢州冬十一月取處州時胡深與石抹宜孫統龍泉
慶元松陽遂昌兵欲閉關爲守拒討士民咸請于深願
内附以全民命深知時事已去乃解甲出見軍師胡大
海一郡遂不受兵上素聞深名召至南京擢左司員外
郎深有言上甚善之仍詔深還處州招集舊所部兵卒
以從
庚子閏五月僞漢陳友諒以舟師圍太平行樞密院判花
雲死之　賊直犯龍江　帝授諸將方略敗之　六月

取信州　秋八月　上帥師伐僞漢拔江州陳友諒走
武昌　上至江西改龍興路爲洪都府　九月取建昌
饒州二路
壬寅春正月取江西諸路王禕撰平江西頌上覽而喜曰
吾固知浙東有二儒者卿與宋濂爾學問之博卿不如
濂才思之雄濂不如卿以禕爲江南提學司校理二月
苗獠軍叛殺胡大海王愷死之
癸卯秋七月　上親帥諸將發舟師二十萬擊陳友諒于
彭蠡湖之康郎山常遇春等與之聯舟大戰乘風縱火

湖水盡赤敵將張定邊迎戰遇春射之定邊中矢走友
諒退保鞋山八月遇春率諸將遡流而上友諒出戰我
兵遣火舟火筏禦之敵奔潰友諒中流矢死其僞平章
陳榮以下悉以樓船車馬士卒十萬來降其子理奔武
昌冬十月遇春率兵圍武昌
甲辰春正月李善長徐達等奉　上爲吳王建國號曰吳
二月以武昌圍久不下　上往視師督諸將擊之陳理
啣璧出降荊湖之地望風皆附　七月取廬州九月取
中興及歸峽澧衡等路

乙巳春正月取寶慶路贛州饒州南雄悉降胡深取福建浦城崇安建陽陳友定守将屯兵四萬于錦江深還兵擊之友定率銳卒逆戰深馬蹶被執死之　夏五月取安陸襄陽　冬閏十月取泰州

丙午春三月取高郵　夏四月取淮安安豐諸路及濠泗徐潁諸州　冬十一月討張士誠遣徐達同常遇春率兵二十萬先薄湖州圍其城士誠親引兵來援達等與之戰于皁林虜其元師及甲士三千餘人以降将呂珍等徇于城下其左丞張天騏遂舉城降時朱文忠以兵攻杭

州及紹興華雲龍攻嘉興皆下之　十二月議以明年為吳元年

丁未吳元年春正月取松江沅州　九月徐達常遇春圍蘇州執張士誠及其官屬将校皆檻送建康士誠閉目不食比至　上欲全之士誠自縊死　是月取通州無錫州及台溫慶元三路　冬十月遣徐達常遇春率甲士二十五萬北伐以定中原馳檄諭齊魯河洛燕薊秦晉諸處　命胡廷瑞率安吉寧國等軍南取八閩航海以趨廣東楊璟率荆湘之衆以取廣西　十一月北取沂州嶧州益都南取慶元諸路　十二月北取般陽濟寧萊州濟南東平南入杉關取邵武建寧延平　命湯和廖永忠會討方國珍國珍遣子明完奉表乞降其弟國珉親率所部詣和于軍門和送國珍等于建康時山東諸郡悉奉圖籍來降

洪武戊申元年正月征南大将軍湯和克延平執陳友定

洪武元年正月胡廷瑞等率兵取建寧元守将達里麻率衆降廷瑞執元叅政陳子琦送京師　湯和廖永忠等取延平械元平章陳友定以歸東南海上晏然　楊璟

攻永州元兵大敗獲其萬戶丁武等千餘人馬百餘匹

二月楊璟遣千戶王廷将兵取寶慶王師先克寶慶尋為元将周文貴所陷至是廷擊敗之貴遁去城遂下

胡廷瑞等由海道進兵克興化元守将陳國珍納款泉漳潮諸郡縣相繼降附福建悉平　命平章廖永忠為征南将軍叅政朱亮祖為副率師由海道取廣東　命都督康茂才總率步騎大軍往山東同大将軍徐達等併取中原　三月徐達引兵遡黃河克永城歸德許州取汴梁　陳州守将左君弼降楊璟等兵圍永州月餘

不下璟乃分兵進取全州元守將遁民以城降於是道
州寧州桂陽藍山常寧武岡守將皆降　廖永忠等率
舟師自福州航海趨廣東先遣書招諭元分省左丞何
真真廣州東莞人少英偉好書劒元末邑人王成陳仲
王構亂真請于行省舉義兵除之仲玉就擒成築砦自
守真募人能縛成者予鈔十千於是成家奴縛成出求
賞真如數與之使人具湯鑊駕諸轉輪車上成懼以為
將烹已也真乃縛其奴于上促烹之使數人鳴鼓推車
號於衆曰四境有如奴縛主者視此於是人服其賞罰
[illegible]觀望之元授以分省左丞或勸為尉佗計者輒斥
絕之永忠等師至潮州真上其印章并籍所部郡縣户
口兵馬錢糧奉表歸附　夏四月朔　廖永忠等師至
東莞元將盧左丞張元帥聞何真既附各率所部來降
遂入廣州時偽參政邵宗愚據三山寨遣人約降遷延
不至永忠知其詐乃發兵直抵其寨破之獲宗愚及其
黨皆斬馳檄諭海南海北諸郡縣悉來歸　陸仲亨率
師略定英德清遠連州肇慶等處進攻德慶元守將張鵬
程棄城走廣東悉平　廖永忠上何真降表于京師

上謂真保境安民不勞師旅先期來歸其視漢唐竇融
李勣寔讓特召真乘傳入朝賜宴仍賜白金千兩文綺
百疋將校各賜有差授真江西行省參政　楊璟等兵
克永州引兵進攻靖江
命御史大夫鄧愈統領
襄陽等衛官軍征取淮漢迤北未附州郡愈遣指揮王
成吳復等攻唐州克之又取南陽生擒蔡國公史克新
等二十七員軍士一千五百人　徐達率諸將進攻河
南府傅友德分兵取河南諸山寨元將詹同脫因帖木
兒[illegible]衆五萬迎戰常遇春單騎執弓矢衝入其陣一箭[illegible]
前鋒大呼殺入敵敗走詹同等奔陝州其衆悉降遂營
于府城北門其行省平章梁王阿魯温請降乘勝進克
陝州直抵潼關李思齊部將張德欽薛穆飛等拒戰馮
勝先登擊敗之遂入潼關思齊棄輜重奔鳳翔我師遂
取華州時陝西州郡皆李思齊張思道郎張良弼三人所據
徐達大軍克裕州執元守將平章郭雲時河南諸郡皆
下雲獨守裕州累戰不克後以孤軍戰敗被執上嘉其
忠義釋而用之　六月癸丑楊璟等克靖江路先是周
德興克全州即分兵據靖江險要以絕其聲援至是璟

與張彬合兵攻之元平章也兒吉尼督衆固守璟遣指
揮丘廣攻奪其水隘朱亮祖亦自平樂率師來會攻益
力也兒吉尼勢窮出戰指揮胡海擊敗之獲其萬户皮
彦高璟因使彦高陰購其把水元帥張榮榮麾下裴觀
以書射璟營約降漏下二鼓觀縋城出見璟備言儲積
空虛人無固志可立取之狀璟乃給白皮帽百餘使歸
為識約四鼓從寳賢門入至期璟命諸將率衆徑進也
兒吉尼倉皇出走追執之璟下令禁止侵掠復遣兵攻
下柳州招諭兩江溪峒　秋七月巳巳朔　廣西左江

太平土官黄英衍右江田州土官岑伯顏等遣使齎印
章詣楊璟軍門降　上親畫征進圖遣使授徐達各衛
糧船俱赴濟寧餽運　勅諭新授北方守令曰牧民之
任愛民為先况新附之邦生民凋瘵爾等宜善撫之
上在汴梁復勅徐達乘機進取宜調益都徐州濟寧諸
將悉會東昌以俟征進　元平章阿思蘭以象州降初
思蘭自全州之敗退保象州廖永忠遣指揮耿元璧等
追擊之思蘭乃率所部詣永忠獻銀印三銅印三十七
金牌五座廣西悉平　上將發汴梁徐達等自陳橋入辭

上諭之曰朕與卿等率衆渡江誓除亂以安天下前代
革命之際兵戈相加肆行屠戮朕實不忍爾諸將帥當
以為戒克城之日毋擄掠毋焚蕩毋妄殺人必使市不
易肆民皆按堵凡元之宗戚皆善待之庶幾上答天心
下慰人望以成朕伐罪救民之志有不恭者必罰無赦
車駕發汴梁還京師以馮勝為右副將軍守汴　閏七
月巳亥朔　遣使犒北征將士　徐達等率師發汴梁
次安丘遣薛顯傅友德分布士馬自中灤渡河取衛輝
元守將龍二棄城走彰德　徐達師至彰德龍二復出

走其部將楊義卿以船八十艘來降遂下磁州進攻廣
平元平章周昱先棄城遁邯鄲縣令都文玉率耆老降
遂克趙州　徐達師次臨清遣人持檄詣東昌趣張興
祖華雲龍各率兵來會　傅友德游騎獲元將李寶臣
張處仁遂以為嚮道徐達因遣友德開道以通步騎顧
時浚閘以通舟師韓政孫興祖俱以師會臨清徐達命
韓政守東昌以鎮撫臨清達率馬步舟師北至德州常
遇春張興祖等俱以師會　徐達師至長蘆元守將遁
去命指揮費子賢等守之復諭分兵守青州　徐達師

至直沽獲海舟七艘作浮橋以濟師又令常遇春張興、
祖各率師水陸並進元丞相也速等捍禦海口望風奔
遁師至河西務元平章俺普率兵迎敵我師與戰大敗
之擒其將校三百餘人俺普等悉遁師至通州元將五
十八國公出戰我伏兵中起斬首數千級擒元宗室梁
王孛羅遂克通州元主聞之遂集三宮后妃太子夜從
建德門北遁上都　八月庚午徐達師至燕都齊化門
填壕登城而入執其監國宗室淮王帖木兒丞相慶童
平章迭兒左右丞張康伯丁敬等戮之獲玉印二玉璽

一封其府庫圖籍珍寶及宮殿等門以兵守之宮人妃
主令其宦寺護侍號令士卒無得侵暴人民按堵市不
易肆　詔以汴梁為北京金陵為南京　徐達遣使獻
平元都捷表至京師　九月戊戌朔　徐達改故元都
安貞門為安定門建德門為德勝門　九月甲子徐達
常遇春傅友德等率兵發北平取未下州郡　冬十月
戊辰朔　常遇春克真定先是真定路達魯花赤紱納
錫彰聞王師取元都乃具朝服登城北面再拜墜崖死
元左丞自河中率衆攻潼關都督僉事郭興部將于光

奮擊之元兵大敗自是李思齊等不敢復窺潼關　馮
宗異湯和取潞州　十一月戊辰朔　徐達率兵發北
平取山西　十二月丁卯朔　元擴廓帖木兒據太原
率兵出鴈門關徐達謂諸將曰王保保率師遠出太原
必覷北平我與爾等乘其不備直抵太原傾其巢穴則
彼進不得戰退無所依此兵法所謂批亢擣虛也遂率
兵徑進常遇春曰我騎兵雖集步兵未至未可與戰莫
若遣精兵夜襲其營其衆可亂主將可縛也達然之會
擴廓帖木兒部將豁鼻馬潛遣人約降且請為內應達

於是遣兵夜襲其軍擴廓帖木兒方然燭坐帳中使兩
童子執書以侍衆覺變擾亂擴廓帖木兒倉卒亟納靴
未竟跣一足踰帳後出馳騎遁去豁鼻馬以其將校降
得兵四萬人馬四萬餘匹擴廓帖木兒奔大同遂走甘
肅
洪武二年正月副將軍常遇春自太原師師征大同元
守將竹貞等棄城走　三月徐達師至鹿臺遂入奉元
路元行省平章李思齊張思道等遁去西臺御史桑哥
失里守關家洞達遣兵攻之不屈與妻子俱投崖下死

左丞拜泰古逃入終南山郎中王可仰藥死檢校阿失
不花縊死三原縣尹朱春謂其妻曰吾當以死報國妻
曰卿能盡忠妾獨不能盡節遂俱投崖下死　常遇春
等率師自西安進取鳳翔李思齊西奔臨洮遇春勒兵
入城獲其部將薛平章　四月徐達兵至鳳翔會諸將
議師所向諸將咸以張思道之才不如李思齊慶陽易
於臨洮欲先由豳州取慶陽然後從隴西攻臨洮達曰
不然思道城險而兵悍未易猝拔臨洮之地西通番夷
北界河湟我師取之其人足以備戰鬭其土足以供軍

儲今以大軍壓之思齊不西走胡則束手就降矣臨洮
既克則旁郡自下諸將然之達乃留湯和守營壘金興
旺余思明等守鳳翔遂移師趨隴州　徐達師至鞏昌
元守將梁子中等出降　馮宗異師至臨洮李思齊降
徐達師至會州部將有欲括州縣羊馬以供軍用者達
曰西北之民素以畜牧為生今奉命吊伐本以安民若
盡括其所資彼將何以為生不許　甲申臨洮捷奏至
上遣使諭徐達曰將軍提師西征所至克捷今李思齊
又納降矣但未知慶陽寧夏攻取如何張思道兄弟多

譎詐若其來降宜審處之勿墮其計也軍中之事亦宜
慎之　辛卯處士張翼卒翼南直隸常州無錫人氣岸
孤騫不同側媚士雖是貴人言不循理必面折不貸或
譏翼疾惡太甚翼曰天生我口用以出言當言而訥惡
用口為張士誠據姑蘇陷無錫爲騶之徒首纓絳帕手
執戈矛巡門嘯呼民情洶洶恐旦暮屠戮翼大書邵堯
夫聽天吟於屏曰上天生我上天死我一聽於天有何
不可鄉曲問訝者翼不荅指以示之　吳元年丁未徐
達破姑蘇縛士誠送京師遣胡大海帥師征無錫偽吳

將莫天祐猶聚土擘固守達命使者諭降天祐俱殺之
達怒傳令大海曰即不下遂屠其城翼知事急往見天
祐曰將軍固守為張氏也張氏已就縛矣又將誰為況
決不能守耶天兵如雷犯者摧折一城死生只在今夕
願熟慮之天祐沉思良久擲帽於地曰誠如君言翼乃
縋南城而下走謁大海曰無錫亦良民不幸居割據之
中耳目塗塞幸公奉揚天威特為生民請命大海覩翼
言貌非常喜曰君誠福人哉城不受兵矣遂命翼還翼
叩城門呼曰急開吾事濟矣天祐開門出降所活數十

萬人子籌至正末舉鄉貢入國朝薦應奉翰林文字積
官禮部尚書　丁酉徐達師至蕭關遂下平凉遣將士
招諭華亭等處指揮朱明克延安因以明守之　辛丑
張良臣以慶陽降　戊申張良臣復據慶陽叛　乙卯
徐達遣指揮曹崇送李思齊赴京師　六月常遇春克
開平元主先已北奔俘其宗王慶生及平章鼎住等斬
之凢得將士萬人車萬輛馬三萬匹牛五萬頭薊北悉
平　七月己亥常遇春還軍次柳河川得疾而卒年僅
四十聞至　上爲之悲慟詔李文忠領其衆　蜀明昇

遣使來貢賜璽書荅之　八月癸亥朔　常遇春柩至
龍江　上親出迎爲文以祭之　元兵攻大同李文忠
等帥師擊敗之擒其將脫列伯　上親蹠張中十事命
宋濂作傳中江西臨川人少習儒以春秋應進士不第
遂放情山水遇異人授以太極數學時天下大亂與人
言避兵之方從則吉違則凶　歲壬寅　上師下豫章
鄧愈因薦中召至問曰予定豫章兵不血刃市不易肆
生民自此蘇息否中對曰未也旦夕此地當流血廬舍
焚燬殆盡鐵柱觀亦爲灰燼惟一殿存耳及指揮康泰

反一如中言陳友諒圍豫章三月不解　上舉兵伐之
召問中中對曰五十日當大勝亥子之日獲其首領其怂
戰必在南康　上因命中從行舟次孤山無風不能進
中曰當祭之祭已風大作遂達彭蠡湖常遇春與敵戰
于康郎山被圍其勢甚危僉謂不可救中曰亥時當自
出如期果出連戰輒大勝陳友諒中飛矢死降其衆五
萬初豫章受圍上問何日圍解中曰當在七月丙戌暨
報至乃乙酉蓋日官算曆是月當差一日實在丙戌解
去其他奇中往往類此爲人狷介寡與人言嘗戴鐵冠

人因號曰鐵冠道人云　癸未克慶陽初張良臣自負
城險又養子七人皆精悍善戰故欲拒守以圖大功及
王師列營城下以困之良臣不得逞數出戰又不利及
遣人赴寧夏求援皆被獲内外音問不通糧餉乏絶至
煮人汁丸泥爲食其部下知事不濟爭開門納降徐達勒
兵入北門良臣父子俱投井中達引出斬之及其黨崇
知院等二百餘人盡殲焉以都督僉事陳德守之　九
月廖永忠朱亮祖等自廣西班師還京　十月遣使致
書元主曰朕本布衣因海内鼎沸不能自寧静覩群雄

割據荼毒生靈於心不忍君又不能控禦致諸將各懷不軌外為元臣内實自謀靡有戡定禍亂以安生民者乃親率諸將西平湖湘漢沔南取交廣東定吳越八閩兩江皆入版圖方欲息兵以觀君之為計而君之將臣張思道李思齊王保保三人者不為國謀分據秦晉互相讐殺民遭塗炭朕乃命大將軍自前歲出由齊魯經河洛次燕趙我師未至君已棄宗社去朕謂君自知胡無百年之運能順天道歸我中國故土上策也未幾邊將來報君率殘兵留連開平朕思君前日宗社奠安國

用富實尚不能削平群盗今遠寄沙漠欲效漢之匈奴唐之突厥出没不常以為邊患是君之計不審也方今中國封疆盡為我有華夏已平外夷咸附若命將出師直抵陰山之北則君雖有百萬之衆亦不過死灰之餘燼涸轍之朽鮒耳何能為哉比時君即遁逃亦將無所往矣朕以誠心待人明示機策改圖易慮安分順天以存宗祀不亦善乎君其圖之　十一月壬辰朔　徐達北征還入見　上撫勞之　十二月楊璟自使蜀還言明昇闇弱諭之不悟若舉兵取之　上曰兵之所加

必貴有名西蜀之地彼亦安能久據但朕意俟其悔悟來歸則師可不勞民亦無苦也姑緩之　李文忠以所俘朧列伯等獻京師　上曰彼亦為其主耳事敗至此情有可矜其釋之仍賜冠服　十二月王保保襲蘭州鞏昌守將于光死之王保保偵知徐達南還悉兵至蘭州城下圍城數里指揮張温堅守不與戰以待援兵時鷹揚衛指揮于光守鞏昌將兵來援至蘭州之馬蘭灘卒遇保保兵戰敗被執至蘭州城下使呼張温出降光大呼曰我不幸被執公等堅守徐總兵將大軍至矣敵

怒殺之城中聞光言守益固保保進攻不利且懼大軍至乃引去光南康都昌人自少磊落有大志徐壽輝初起略湖口陷都昌署光為江東宣慰陳友諒弑壽輝光乃輕騎謁　上于龍江授行樞密院判官從　上征九江下黄梅戰鄱陽降武昌皆預有功歷遷鷹揚衛指揮使從徐達平淮東浙西擒張士誠取汴梁克陝洛下潼關同都督郭興守之後移守鞏昌王保保屢引兵來攻光輒擊却之至是被執而死　上聞之遣官諭祭尋命祀享功臣廟

洪武三年春正月辛卯朔　上以王保保為西北邊患復命徐達鄧愈湯和馮勝往征沙漠　三月徐達師至定西王保保退屯車道峴　四月徐達率師出安定駐沈兒峪口與王保保隔深溝而壘日數定戰王保保發兵千餘人由間道從東山下潛刼東南壘左丞胡德濟倉卒不知所措我師敗績達親率兵急擊之敵乃退遂斬東南壘指揮及將校數人以狥軍中股栗明日整衆出戰諸將爭奮莫敢不力遂大敗保保兵於川北亂塚間保保僅與其妻子數人從古城北遁去　遣使齎書

與元主曰前者兩致書於君而使者久不還豈君尚以往昔君民之分謂不當相與通問耶是大不然君者天下之義主何常之有顧人心天命何如耳今日之事非予所欲寔以四方兵爭所在紛擾斯民無主不得已而提兵一起薄海歸心此誠天命非人力也君其奉天順人遣使通好庶幾藉我之盛強號令其部落尚得牧養於近塞以奉宗祀若計不出此猶欲以殘兵出沒為邊民患則予大舉六師深入沙漠君將悔之無及矣近北平守將以雲中所獲爾平章火兒忽荅右丞哈海等八

人至京詢之皆君倚任之人是用待以不死再令齎書詣前惟君其審圖之　徐達械送浙江左丞胡德濟至京師　上念其舊勞特命宥之仍遣諭達曰胡德濟臨事畏縮將軍不以軍法從事乃械送京師請朝廷治之將軍欲効衛青不斬蘇建獨不見穰苴之待莊賈乎軍中有犯悉歸之朝廷則將軍之威玩而號令不行矣胡左丞之失律正當就軍中戮之足以警衆所謂閫外之事將軍制之若送至朝廷朝廷必議其功過又非閫外之比矣彼嘗有救信州之功守諸暨之勞故不忍加誅

懼將軍緣此緩其軍法是用遣使即軍中諭意自今務威克厥愛毋事姑息　五月徐達分遣鄧愈招諭吐蕃自將取興元　孫興祖兵次於三不剌川遇胡兵力戰死于五郎口興祖濠州人年十九從　上取和陽既而拔采石取太平克金陵下毘陵南征北伐平定中原取元都歷官都督至是以戰死年三十五　上甚悼之遣使致祭贈北平行中書省左丞封燕山侯謚忠愍仍塑像祭於功臣廟　徐達與馮勝傅友德李思齊由曲陽入沔州又遣金興旺由鳳翔入連雲棧以合兵攻興元興

元守将劉思忠金慶祥迎降　李文忠師師趨應昌聞
四月二十八日元主已殂即督兵兼程以進復遇元兵
與戰大敗之追至應昌遂破其城獲元主孫買的里八
剌并后妃宫人暨諸王省院達官士卒還人俱送京師
惟太子愛猷識里達臘與數騎遁去文忠追至北慶州
不及而還師過興州元将士軍民五萬餘人悉降　六月
左副将軍李文忠捷奏至時百官奏事奉天門聞元主
殂遂相率稱賀　上曰元主守位三十餘年荒淫自恣
遂至於此因謂治書侍御史劉炳曰爾本元臣今日之

捷爾不當賀因命禮部榜示凡北方捷至嘗仕元者不
許稱賀　中書省李文忠所奏捷音榜諭天下　上覽
之見其有侈大之詞深責省臣曰卿等為宰相當法古
昔致君於聖何習為小吏浮薄之言不知大體妄加詆
誚元雖夷狄君主中國且将百年朕與卿等父母皆賴
其生養元之興亡自是氣運於朕何預而以此張之四
方有識之士見之口雖不言其心未必以為是也可即
改之　李文忠遣送元主孫買的里八剌等至京師省
臣楊憲等請獻俘于廟　上曰古者雖有獻俘之禮武

王伐殷曾用之乎憲曰武王事不可知唐太宗嘗行之
上曰太宗是待王世充若遇隋之子孫恐不行此禮元
雖夷狄入主中國百年之内生齒浩繁家給人足朕之
祖父亦預享其太平雖古有獻俘之禮不忍加之只令
服本俗衣以朝朝畢賜以中國衣冠就令謝恩復謂憲
曰故國之妃朝于君者元有此禮不必效之但令衣本
俗服於中宫朝見畢賜之中國服亦令就謝賜買的
里八剌第宅於龍山封為崇禮侯　丁丑頒平定沙漠
詔于天下　仍遣使齎詔諭安南高麗占城是日百官

表賀　上諭之曰卿等試言元之所以亡朕之所以興
劉基進曰自古夷狄未有能制中國者元腥羶華夏幾
及百年天實厭之又況末主荒淫政殘民困烏得不亡
陛下應天順人神武不殺救民水火安得不興　上曰
當元之季君則晏安臣則跋扈國用不經征歛日促天
怒人怨盜賊蜂起羣雄角逐竊據州郡天下已非元有
矣向使元君克畏天命不自逸豫其臣各盡乃職罔敢
驕奢天下豪傑豈得乘隙而起耶朕取天下於羣雄非
取於元氏今獲其遺胤朔漠清寧天寔命之詩曰商之

子孫其麗不億上帝既命侯于周服天命如此可不畏哉　遣使詔諭元宗室部落臣民　朕既為天下主華夷無間姓氏雖異撫字如一爾等無或執迷以貽後悔其邊塞韃靼百姓因元喪亂征徭繁重供億勞苦朕甚憫焉詔書到日悉安所居無自驚擾以廢耕牧　十月遣使致書元太子愛猷識理達剌曰君之將擴廓帖木兒自太原奔潰後今年四月七日復大敗于定西逍去已命將追捕旦夕必擒近獲徹里帖木兒乃君舊所用人特令致書適元史告成朕以今先君為三十餘年之

主不可無謚以垂後世用謚曰順已著於史君之子買的里八剌亦封崇禮侯歲給食祿及其來者與之同居無恙但不知君之為況何如進退之間其審圖之　十一月徐達李文忠等班師還至龍江車駕出勞于江上達等奉車駕還宮明日　上御奉天殿達等上平沙漠表稱賀　上親祀上下神祇告伐明昇命湯和傅友德等帥師分道伐蜀　上諭和等曰朕以明玉珍僭事大之禮且念明昇稚弱不忍加兵彼乃惑於羣言反以兵犯我與元故命卿等率師伐之唯在嚴紀律以懷降附

無肆殺掠昔王全斌之事可以為戒卿等慎之　命徐達往北平操練軍馬葺治城池濟南濟寧青萊徐州等衛悉聽節制　命馮勝往陝西繕脩城池鄧愈往襄陽訓練軍馬運糧餉以給軍士

洪武四年二月故元遼陽行省平章劉益以遼東郡地圖并籍其兵馬錢糧數遣使奉表來降詔置遼東衛指揮使司以益為指揮同知　四月傅友德攻蜀階州克之湯和克歸州分遣趙庸曹良臣率兵取容美洞及會周德興合攻茅岡覃垕寨平之仍次師歸州　傅友德

兵至文州距城三十里蜀人斷白龍江橋以阻我師友德督兵脩橋以渡至五里關蜀平章丁世真等集兵據險都督汪興祖躍馬直前中飛石死友德怒督兵急攻破之世真遁去遂拔文州　上以湯和傅友德等出師伐蜀已逾三月未報復命朱亮祖為征虜右副將軍率兵往助之　五月傅友德造戰艦成將進兵漢州欲以軍中消息達湯和而山川懸隔適江暴漲乃以木牌數千書克階文綿州日月投漢江順流而下蜀守者見之為解體　六月傅友德拔漢州　上聞湯和駐兵大溪

口欲候水平進師恐其逗留緩事適階州捷至乃下詔切責之和猶遲疑未決及得傅友德水牌于江流乃進兵自白鹽山伐木開道以趨夔州　廖永忠進兵瞿唐峽以山峻水急蜀人設鐵索飛橋橫據關口舟不得進乃密遣壯士數百人舁小舟踰山渡關以出其上流人持糗糧帶水以禦饑渴山多草木令將士皆衣青蓑衣魚貫嚴石間蜀人不之覺度其已至乃率精銳出墨葉渡分為兩道夜五鼓以一軍攻其陸寨一軍攻其水寨攻水寨將士皆以鐵裹頭船置火器而前黎明蜀人盡銳來拒永忠已破其陸寨矣既而將士舁舟出江者一時俱發上流揚旗鼓譟而下蜀人出不意大駭而下流之師亦擁舟前進發火筒火砲夾擊大敗之其將鄒興中火箭死遂焚其三橋斷其橫江鐵索擒同僉蔣達等八千餘人斬首千餘級溺死者無算飛天張鐵頭張等皆遁去永忠入夔州明日湯和兵亦至永忠乃與和分道並進和率步騎永忠率舟師約會于重慶　戊戌蜀平章丁世真率衆寇文州指揮僉事朱顯忠死之　廖永忠率舟師自夔州乘勝抵重慶明昇與其右丞劉仁將奔成都昇母彭氏泣曰事勢如此縱往成都延命旦夕何益仁曰然則奈何彭氏曰大軍入蜀勢如破竹今城中兵民皆破膽心悸豈能効力若敺之拒守死傷必多亦終不免不如早降昇遂遣使詣永忠軍全城納款湯和至重慶會廖永忠以兵駐朝天門外明昇面縛銜璧與母彭氏及其屬奉表詣軍門降永忠解縛受璧撫諭戴壽向大亨等令其子弟往成都招諭遣指揮萬德送昇等并降表于京師　遼東衛遣人奏言元將吶哈出據金山擾邊為遼陽患乞益兵以備乃遣黃儔齎書諭吶哈出曰前者萬戶黃儔回聞將軍威震遼左英資如是足以保定一方然既往不復君子當察昔在趙宋君主天下宣綱陳紀黎庶奠安逮至末年權綱解紐故元太祖興于朔方世祖入統中國此皆天道非人力也元之疆宇非不廣人民非不多甲兵非不衆城郭非不堅及紅巾起于汝潁羣盜徧于中原盜名僭號者繼出小明王稱帝于亳徐真一稱帝于蘄陳友諒稱帝于九江張士誠稱王于姑蘇明昇稱帝于西蜀彼四帝一王皆擁兵數萬割據中夏踰二十年朕本淮氏為羣雄所

遏因集衆禦亂遂渡江與將軍會于太平比待他性特
加禮遇且知將軍爲名家故縱北歸今又十七年矣朕
見羣雄無成調兵四出北定中原南定閩越東取方氏
西收巴蜀四帝一王皆爲俘虜惟元君奔北自臣華夷
悉定天下大安此天命非人力也近聞將軍居金山大
張威令吾兵亦守遼左與將軍旌旗相望將軍若能遣
使通問貢獻姑容就彼順其水草猶可自逞一方不然
胡無百年之運大厦既傾非一木可支釁孽之後先惟將軍
洎思之儔至金山納哈出拘留不遣　七月傅友德兵

圍成都僞夏丞相戴壽知院向大亨等出城拒戰以象
載甲士列陣前友德命指揮李莫等以弓矢火器衝之
象中矢卻走壽兵躪藉死者甚衆友德亦中流矢會湯
和遣報重慶之捷壽等亦聞重慶已降寧家無恙遂無
鬭志乃籍府庫倉廩遣其子詣軍門納款友德許之翌
日壽等率其屬降得士馬三萬初保寧城有韓氏女年
十七遭明氏兵亂慮爲所掠乃僞爲男子服混處民間
既而被虜居兵伍中七年人莫知其爲女子後從王珍
兵掠雲南邂逅其叔父贖之歸成都人稱爲韓貞女云

乙丑指揮萬德送明昇并降表至京師諸司定議受降
禮　上曰明昇與宋孟昶不同昶專治國政所爲奢縱
昇年幼事由臣下宜免其叩頭伏地是日昇及其官屬
朝見授昇歸義侯賜冠帶衣服及居第于京師　淮安
侯華雲龍統兵至雲州擒故元平章僧家奴盡俘其衆
八月江夏侯周德興等克保寧是時全蜀已下惟吳友
仁尚據保寧　上遣使諭湯和曰吾付將軍以大任而
臨事往往逗撓何以總軍政寄國命乎和等聞詔遣周
德興會傅友德兵克其城執吳友仁械送京師蜀地悉

平　十二月徐達還京師
洪武五年正月遣翰林待制王禕蘇成齎詔往雲南諭
梁王禕見梁王把都曰聖上聰明神聖天命人心所歸
惟爾有衆僻在西南未洽聲教故遣使來諭令能急奉
版圖歸職方則按堵如故而高官厚祿不汝吝也否則
魚游釜底終取夷滅梁王留禕不遣　徙歸德侯陳理
歸義侯明昇於高麗　上御武樓與諸將臣籌邊徐達
曰今天下大定惟王保保遁居和林出沒邊境臣願率
將士勦絕之上曰姑置之諸將曰王保保若在終必爲

冦上曰卿等必欲征之須兵幾何達曰得兵十萬足矣
上曰兵須十五萬分三道以進於是命達出中路李文
忠出東路馮勝出西路　上以古州田州澧州等處洞
蠻常梗化作亂命鄧愈周德興吳良討之愈率楊璟黃
彬出澧州德興率趙庸左君弼出南寧良率李伯昇出
靖州三道並進　三月都督藍玉兵至土剌河遇王保
保擊敗之保保遁去　四月鄧愈兵至澧州遣楊璟等
討散毛柿溪赤溪安福等三十九洞平之　五月徐達
兵至嶺北與虜戰敗績　六月馮勝傅友德率師至甘

肅故元將上都驢降　李文忠追虜至土剌河虜將哈
剌章悉騎渡河文忠督兵搏戰宣寧侯曹良臣指揮周
顯常榮張耀俱戰歿文忠馬中流矢指揮李榮以所乘
馬授文忠自奪虜騎乘之文忠麾衆更進士卒皆殊死
戰虜遂敗走獲人馬以萬計曹良臣等死事聞　上命
恤其家遣官祭葬各樹碑墓道表之　秋七月湯和等
兵至斷頭山遇虜兵與戰不利指揮章存道死之　九
月周德興等討婁鳳安田等州諸洞蠻悉平之遂克泗
成州　十月征西將軍馮勝自甘肅班師至京　十一

月征南將軍鄧愈楊璟等班師還京　靖海侯吳禎還京
師先是禎督餉定遼盡收遼東未附之地至是還上曰
海內悉歸版圖固可喜亦可懼禎曰威德加於四海復
何憂上曰君天下者在德不在地今之天下即元之天
下地非不廣而元主荒淫國祚隨滅可不懼乎禎對曰
聖慮深遠臣愚不及此　命賞征甘肅京衛軍士一萬
四百三十五人白金四萬四千兩時公侯都督指揮千
百戶以匿所獲馬騾牛羊者不賞　上因諭之曰為將
者不私其身況於物乎昔漢祭遵為將憂國奉公宋曹

彬平南唐所載惟圖書汝等能法古人則令名無窮今
之不賞汝等當自省之諸將皆叩頭謝罪而退　詔徐
達李文忠等還京　十二月遣使與元幼主書曰朕觀
前代獲亡國子孫必獻俘廟社誇示中國其有陽示優
待者不久非鴆即殺君家待宋幼主至削髮為僧終不
免於一死朕則不然君之子至京今已三年優待有加
君宜遣使取歸朕本布衣生長君朝混於民間豈有志
於今日自辛卯盜起汝潁蘄黃間君家天運已去人心
已離四海土崩民罹荼毒朕始議興師保身救民一時

僣稱名號者盡為俘虜君之父子亦不守宗社北遁沙
漠此天運非人力也故特致書以達朕意君宜察焉
又與元臣劉仲德朱彦德二生書曰朕觀二生乃間氣
所鍾古今如二生者絕少何也至正之君蒙塵而崩幼
主孤弱大臣無不叛去獨二生竭力守護誠可嘉尚今
特遣使者諭爾君令取其子買的里八剌歸二生宜察之
毋教人絕父子之倫爾君之宗祀不絕二生之家族亦
可長保如其不然中國以六軍出討旌旗數百里綿亘
如陰山二生若忠於君身膏草野名垂千載亦奇男子

事也或不能徇國偷生苟免將何面目與朕相見惟熟
慮之
洪武六年正月命徐達李文忠往山西北平練兵防邊
既而召還命陸仲亨何文輝代領其衆　六月徐達遣
指揮李玉入奏分遣李文忠等統兵分駐山西北平等
處相機招討殘胡詔可之　八月上以徐達等久出師
遣使齎勑諭之曰卿等與朕平定天下勳業已成而瑣
瑣殘胡不能盡討致連年出師勞民擾衆孰任其咎昔
田單攻狄久之不下問計於魯仲連仲連曰將軍在即

墨時飲食起居與士卒同甘苦身先士卒所以致勝今
將軍東有夏邑之奉西有淄上之娛黃金橫帶馳騁乎
淄澠之間有生之樂無死之心所以不勝也卿等皆起
布衣一旦至此遂忘昔日之艱難豈不祀仲連之誚乎
卿等宜益懋其功以副朕懷
洪武七年四月蘭州八里麻民郭買的叛誘番兵入寇
詔立賞格購捕之蘭州衛遣其兄着沙與其弟火石歹
往招之郭買的不從着沙石歹夜斬其首以歸衛官以
其事聞請賞之　上曰買的雖固死然為兄弟者告之

不從執之而已手自殺之有乖天倫若賞之非所以令
天下也但以其所獲牛馬給之　壬辰方國珍死　徐
達以獲故元官屬軍民五千九百八十八人入奏　上
命官屬送京師軍民居之塞內　九月上遣宦者咸禮
表卜花帖木兒送崇禮侯買的里八剌北還厚賜之復
遺其父愛猷識理達剌織金文綺辭行　上諭之曰爾
本元君子孫國已就俘曩欲即遣爾歸以爾年幼道里
遼遠恐不能達今既長成朕不忍令爾久客於此故特
遣歸見爾父母親戚以全骨肉之愛又諭二宦者曰此

爾君之嗣不幸至此長途跋涉爾善視之因致書於愛猷識理達剌曰昔君在應昌所遺幼子南來朕待以殊禮已經五年念君流離沙漠後嗣未有故特遣咸禮衰等護其歸焉不絕元之嗣君其審之　十二月遣靖海侯吳禎往淛東收籍方氏台温明三郡故兵禎既至三郡無賴惡少挾私逞怨蔓引平民富室為兵瀕海大擾寧海知縣王士弘曰吾寧獲死罪不可誣良民為兵即上封事辭甚懇切　上即詔罷之三郡之民賴以復安士弘潞州人擢南雄府通判卒于官三郡之民悲思之

詔鄧愈湯和還京

洪武八年三月大將軍徐達等還自北平　八月故元將王保保卒先是保保自定西之敗走和林愛猷識理達剌復任以事後從徙金山之北至是卒于哈剌那海之衙庭其妻毛氏自縊死　九月上命湖廣行省叅政吳雲使雲南諭之曰今四夷賓服獨雲南未奉正朔殺我使臣欲以兵取之恐勞師費財卿能為朕作陸賈乎雲對曰臣奉陛下威德曉以禍福彼必效順若冥頑不從興師未晚遂遣雲行時元梁王使其臣鐵知院等二十餘人使漠北為徐達所獲送京師　上釋之命與雲偕行至雲南之沙糖口鐵知院等謀曰吾屬奉使不達被執而還罪必不免於是共逼雲胡服辮髮詐為元使改易制書以紿梁王雲不從鐵知院等知不可奪遂殺之雲常州宜興人仕元為翰林待制王師克元都以故官送赴京授弘文館校書郎歷湖廣叅政竟死是命

洪武九年三月　上謂羣臣曰嘗聞智力足以取天下而不足以得人心朕之始事論智不如張士誠論力不如陳友諒朕惟誠心待物不以詐力加人而人卒敗者要之智力有窮也羣臣皆頓首服

洪武十一年四月元嗣君愛猷識理達剌殂于沙漠

六月遣使致祭故元幼主于沙漠

洪武十八年正月命江夏侯周德興等往河南招集故元將校　十一月信國公湯和等平蠻師還

洪武十九年十一月詔長興侯耿炳文率陝西都指揮使司延安等二十一衛及西安護衛官軍往北平聽征

洪武二十年春正月壬子朔命馮勝為征虜大將軍傅友德藍玉為左右副將軍趙庸王弼胡定郭英為左右

參將商暠參贊軍事率師二十萬討納哈出又命李景
隆鄧鎮吳良等皆隨征師行　五月納哈出棄金山巢
穴營於新泰州去遼陽千八百里　六月馮勝駐師金
山東壯遣藍玉至納哈出營降其衆初納哈出分兵為
三營一曰榆林深處一曰養鵞莊一曰龍安一秃河輜
重富盛畜牧蕃息虜主數招之不往及是大將軍逼之
納哈出計無所出乃刺吾因勸之降納哈出猶豫未決
勝遣指揮往諭之納哈出乃遣使至勝營陽為納款而
實覘兵勢勝遂遣玉往一秃河受其降虜使見勝還報

納哈出聞之指天嘖嘖曰天不復與我有此衆矣遂率
數百騎自詣玉納降玉大喜出酒與之飲甚相歡納哈
出顧其下咄咄語將脫去時常茂在座其麾下有解胡
語者以告茂茂直前縛之納哈出大驚起欲就馬茂拔
刀砍之傷臂不得去耿忠遂以衆擁之見勝納哈出所
部妻子將士凡十餘萬在松花河北聞納哈出被傷遂
驚餘衆欲來追勝遣前降將觀童往諭之於是其衆悉
降勝以禮遇納哈出復加慰諭令耿忠與同寢食遣使
奏捷于京仍奏常茂驚潰虜衆遂班師悉以納哈出來

降將卒妻子及其輜重俱南行仍以都督濮英等將騎
兵三千為殿　閏六月濮英殿大軍還道為虜所乘死
之初納哈出之降也餘衆驚潰者皆竄匿及聞大將軍
旋師以其降衆俱行甚憾之乃設伏於途候大軍過而
邀之英等後至伏發英猝為所乘衆寡不敵遂見執英
絕食不言乘間自剖腹而死英廬州人少以勇敢聞累
功陞中軍都督僉事至是沒于虜　上聞之驚悼特贈
開國輔運推誠宣力武臣追封金山侯謚忠襄　大將
軍馮勝捷奏至　上以常茂驚潰虜衆即令械送京師

八月　上聞大將軍馮勝等在軍事多不律遣使勑諭勝
及副將軍傅友德藍玉王弼郭英曰古之名將為國效
忠勲名千載在我朝若徐達常遇春平定華夏未常待
一不義所以功成名遂近以沙漠未清命爾等率師何
馮勝膺大將軍之任而乃專為已私播惡胡中降虜致
恨古之名將豈如是耶及旋師之際部伍無法致使濮
英等人馬三千陷沒于虜又不聽朕命擅發留守大寧
軍卒遂遺殘胡後患凡若此者論以國法皆在不原朕
以將軍嘗有戰功姑容自新若改行易慮庶可保全以

啇後功往來人言頗多舉其大槩於將軍亦稱哉馮勝
械常茂至茂勝之婿也勝每於衆中辛折之茂不堪出
不遜語勝啣之及降納哈出而虜衆驚潰勝欲自觧故
歸咎於茂而奏之茂既至陳所以降納哈出之故　上
曰如爾所言勝亦不能無罪命收其總兵官印召勝還
令藍玉行總兵官事馮勝等以故元降將納哈出所部
官屬將校三千三百餘人送至京師　九月納哈出等
赴京入見　上賜納哈出以一品服封為海西侯其所
部官屬悉賜衣服冠帶靴以指揮千百戶有差俾各食

祿不任事分隸雲南兩廣福建各都司處之
洪武二十一年二月故元四大王來降　上以其元之
子孫憫而宥之且厚其賜賚命隨西平侯沐英戍守雲
南大將軍藍玉送降胡寡婦一百六十二人至京命以
文綺帛衣四百八十餘襲鈔一千二百三十錠給賜之
三月大將軍藍玉等率師十五萬由大寧進至慶州聞
虜主脫古思帖木兒在捕魚兒海從間道兼程而進
四月藍玉等兵破故元主脫古思帖木兒于捕魚兒海
獲其次子地保奴等六十四人及故太子必里禿妃并

公主等五十九人又追獲吳王朶兒只代王達里麻平
章八蘭等二千九百九十四人軍士男女七萬七千三
十七口得寶璽圖書金銀印章馬駝牛羊車輛各籍數
入奏遂班師　五月藍玉遣使至京上表奏捷　上遣
使齎勑勞之　六月藍玉遣人送虜主次子地保奴及
后妃公主等至京地保奴及后妃獻金印金牌賜鈔二
百錠命有司給第宅廩餼俾就居京師既而有言玉私
元主妃事　上怒曰玉無禮如此豈太將軍所為哉元
主聞之惶懼自盡地保奴由是有怨言　上聞之曰朕

初以元世祖主中國時有恩惠及民不可無嗣嘗與儒
臣議欲封地保奴以盡待亡國之禮彼乃如此豈可以
久居内地於是遣使護送居琉球仍厚遺賚遣之　七
月海西侯納哈出卒　八月沐英調寧正帥兵會傅友
德軍討東川　命故海西侯納哈出子察罕襲封爵改
封瀋陽侯納哈出故部屬行省平章朱髙等一千餘人
自遼東來降藍玉等還朝　上謂玉曰爾率將士北征
功勞最大但虜主妃降不能遇之以禮又恃勞遣人入
朝覘伺此豈人臣之道哉今憫爾功勞屈法宥爾爾其

率德改行以慎厥終玉頓首謝宴征北諸將於奉天殿

洪武二十二年秋七月征南將軍傅友德有疾命還京師尋召從軍諸將皆還

洪武二十三年三月燕王率師至迤都故元太尉乃兒不花丞相咬住忽哥赤知院阿魯帖木兒等皆降

洪武二十四年八月　上以江南地薄有還都之意皇太子巡視關洛諭之曰天下山川惟關洛號為險固向命汝弟入封關中已二十數年汝可一游以省觀風俗慰勞士民於是擇文武之臣扈從皆給道里費仍命經過

府縣以宿頓聞　遣使敕諭皇太子曰爾自幼至長未嘗遠出今命爾巡行陝西方渡江之際天道赫然有變雷起東南以造化言之雷天威也爾前行雷從後威震之兆也然一旬之間久陰不雨占法主陰謀事爾宜慎舉動節飲食嚴宿衛親君子遠小人務在存仁養性施恩布惠以回天意庶更之嘉兆未可恃也爾其慎之

洪武二十四年十一月皇太子還自陝西志欲定都洛陽畫圖以獻

洪武二十五年十一月藍玉兵次柏興州遣百戶毛海以計誘致月魯帖木兒檻送京師伏誅玉遂班師

憲章類編卷之一終

憲章類編卷之二

靖難

洪武三十一年十二月以工部右侍郎張昺掌北平布
政司事謝貴張信為北平都指揮使時諸藩不靖廷臣
建議凡藩國所在悉更置守臣必素召重望者居之乃
以昺為北平布政黃子澄齊泰計將削奪燕藩故以貴
等為北平都司俾通王府官屬以覘察動靜
革除建文元年二月北平按察副使張璉坐藩府事謫
典史北平右布政使曹昱坐罪削籍　是月燕王來朝行
皇道入登陛不拜監察御史曾鳳韶劾王不敬戶部侍
郎卓敬上書論劾皆不報
革除建文元年三月燕王還國燕世子及其弟高煦高
燧留京師未幾遣還北平俄北平按察僉事湯宗上變
告言按察使陳瑛密受燕府金錢有異謀逮瑛安置廣
西燕山左護衛百戶倪諒亦上變告逮府中官旗于諒
周鐸等伏誅遂勑都督宋忠率兵三萬及燕府護衛徤
卒屯開平名備胡都督徐凱練兵臨清都督耿瓛練兵
山海關　召燕府胡騎指揮關童等還京　調北平永
清兩衛官軍屯彰德順德　四月當是時燕府威名最
盛於諸王最長地勢形便兵力又最強朝廷深疑之齊
泰黃子澄徐輝祖侍郎卓敬日夜謀所以防燕者長史
葛誠教授余逢辰亦稍泄其謀張昺謝貴馬宣彭二每
遇中朝使者至北平亦頗傳語言謂宜早為備燕王固
知之自京師歸即托疾久之遂稱病篤大暑圍火爐搖
顫曰寒甚寒甚宮中亦杖而行朝廷稍不為意誠逢辰
密告昺貴曰殿下本無恙公等勿解防恐一日不可測
已而三都督密謀益急　五月岳池教諭程濟上書言
某月某日西北兵起大難在宗室中朝廷謂非所宜言
逮至京將殺濟召入仰面大呼曰陛下且囚臣至期無
兵死而未晚遂下之獄　秋七月甲戌燕府兵起號靖
難北平掌布政司事侍郎張昺都指揮使謝貴彭二燕
府長史葛誠教授余逢辰死之遂奪省城九門都指揮
使俞瑱走居庸關馬宣走薊州宋忠率師至居庸關退
兵懷來留瑱守關燕府上書言　皇考太祖高皇帝艱
難百戰萬死一生定天下成帝業傳之萬世封建諸子

鞏固宗社為磐石安不世皇考賔天陛下嗣承大寳一
姦臣齊泰黄子澄葷包藏禍心恣讒奮毒假陛下之威
權剪皇家之支葉𣗳榑梧桂梗五弟不數年間並見削
奪雖有愆過未聞不軌輙削王爵奪王土轉徙流離行
路矜惻栢充可憫闔室自焚聖人在上胡寧忍此盖非
出陛下之心皆姦臣所為也心尚未足又以加臣臣守
藩于燕二十餘年寅畏小心奉法循分陛下嗣統以来
臣事君之誠明於皎日誠以君臣大分骨肉至親恒思
加慎為諸王先而姦臣跋扈蔽陛下之聰明誣直為枉

加禍無辜執臣奏事人箠楚刺爇備極苦毒迫言臣謀
不軌遂分布宋忠謝貴張昺等於北平城内外甲馬馳
突於街衢鉦皷喧闐於遠邇圍守臣府周匝嚴密小大
凛凛如臨湯火已而護衛人執貴昺始詢知奸臣欺詐
之謀號地呼天擗踊無訴竊念臣於懿文皇太子同父
母兄弟也今事陛下如事天也權奸之心不止害臣譬
伐大樹先剪附枝親藩夷滅朝廷孤立奸臣得志社稷
危矣伏望陛下廓日月之明奮雷霆之斷渙發德音去
此兇慝以肅清朝廷以永安宗社以保全親藩遥仰天

門敬攄愚懇惟陛下念之臣又竊計奸權之黨必已蟠
結深固恐陛下未易除之伏覩祖訓有云如朝無正臣
内有奸惡則親王訓兵待命天子密詔諸王統領鎮兵
討平之臣謹俯伏俟命惟陛下念之念之　甲戌通州
衛指揮房勝以城降燕　丙子北平都指揮使馬宣起
兵薊州攻北平不克死之毛指揮遂以薊州降燕遵化
衛指揮蔣玉密雲衛鄭亨文各以其城降燕　巳卯俞
瑱師潰於居庸退依宋忠於懷來　甲申燕府攻懷來
忠敗績　被獲都指揮彭聚孫泰戰死都指揮莊得

敗走　丙戌永平指揮趙彝郭亮以城降燕　庚戌大
寧總兵劉貞都督陳亨都指揮卜萬引大寧兵號十萬
出松亭　駐沙河進攻遵化　壬辰燕府援遵化貞等
退保松亭關亨陰輸款於燕忌萬不敢發燕府間萬貞
亨縛萬下獄聞於朝籍萬家　是月以長興侯耿炳文
為征虜大将軍駙馬都尉李堅都督寗忠為左右副将
軍帥師北進詔天下曰朕奉　高皇帝遺詔纂承大統
宵衣旰食思圖善以安民豈意國家不幸骨肉之親屢
謀僭逆去年周庶人𣗳潛為不軌辭連燕齊湘三王朕

以親親之故不忍暴其過止正榑罪餘皆不問今年齊
王榑謀逆事覺推問犯者又言與湘王栢燕王某同謀
栢自知罪惡難逃先已自焚死榑已廢爲庶人朕以某
王於親最近未忍究其事今乃親兵犯闕不得已遣長
興侯耿炳文等率兵三十六萬往討其罪咨爾中外臣
民軍士各宜懷忠守義與國同心永安至治祭告天地
宗廟社稷書諭諸王削燕屬籍時帝方鋭意文治日與
方孝孺等討論周官法度以爲北兵不足憂黄子澄謂
北兵素强且兼有營劉之旅不早禦之恐河北遂失又

請命安陸侯吴傑江陰侯吴高都督都指揮盛庸潘忠
楊松顧成徐凱李文陳暉平安等各率偏師步騎號百
萬數道並進期直搗北平檄山東河南山西三省合給
軍餉　七月赦程濟出獄擢爲翰林編脩充軍師護諸
將北行　置平燕布政使司于真定刑部尚書暴昭掌
布政司事　七月徵雲南兵入京備征　八月耿炳文
兵三十萬至真定都督徐凱兵十萬駐河間都督潘忠
楊松先鋒駐鄚州　壬子中秋夕燕府率衆渡白溝河
圍雄縣破其城盡殺守陴卒屠其民潘忠楊松兵渡月

樣橋接戰遇伏大敗被執燕府遂進至鄚州奪戰馬輜
重炳文部將張保降燕言炳文兵三十萬先至者十三
萬分營滹沱河南北燕府厚撫保遣歸詐言兵敗被執
幸守者困得脫竊馬歸又令言雄鄚敗狀燕兵旦夕且
至令河南兵北移得併力破之易炳文聞保言果移南
營過河　壬戌燕府至真定炳文出城逆戰敗績兩副
將軍李堅甯忠及都督顧成何托都指揮劉燧皆被執
成降燕　丙寅燕府攻真定不克還北平　是月以曹
國公李景隆爲征虜大將軍馳至軍中會諸將北進帝

聞耿炳文敗績始有憂色謂黄子澄曰奈何子澄對曰
勝敗兵家常事無足慮今天下全盛士馬精强兵甲堅
利糧餉充足區區一隅豈足當天下之力調兵五十萬
四面攻之衆寡不敵必成擒矣曰孰堪將者子澄曰李
景隆可以當之前不用耿炳文而用景隆豈有此失遂
遣景隆代炳文以高巍參贊軍務巍復上書言臣願使
燕披忠膽大陳義禮曉以禍福及親親之誼遂遣往燕
巍自稱國朝處士臣某上書燕國大王其詞曰志慕仲
連子善與人排難解紛名世不朽我　太祖升遐遺詔

內外臣民同心輔政我聖明天子嗣登寶位誕布維新之政下養老之詔天下感戴奚啻考妣朝野皆曰內有聖明君王外有骨肉藩翰帝王之治可待不意大王與朝廷有隙張皇三軍抗禦六師竟不知其意何出在朝諸臣孰言伏義以順討逆臣以為動干戈孰若和解使帝者復帝王者復王君臣之義大明骨肉之親愈厚臣所以得奉明詔置死度外來見大王欲盡一言求頸血汚逆者稱臣宿許太祖生當殞首死當結草之願也昔周公聞流言即避位居東若太王始知讒逆者擒送京

師或戮而奏聞或解其護衛或質所愛子孫釋骨肉猜忌之疑塞讒賊離間之口不與周公比隆哉慮之不及此遂檄遠邇大興甲兵襲疆宇任事者得藉口以為殿下假誅左班文臣實欲效漢吳王倡七國以誅晁錯為名家必自毀然後人毀之恐一奸雄豪傑鳩集無賴因時乘釁率衆數萬突起而橫擊之萬一有失大王獲罪先帝矣今大王據北平取密雲下永平襲雄縣掩真定易若建瓴但自興兵以來今經數月尚不能出區區蕞爾一隅之地較以天下十五而未有一焉大王將士殆

亦疲矣況朝廷天下無限之師大王以一國有限之衆應之大王同心之士大約不過三十萬大王與我聖天子義則君臣親則骨肉尚生離間之疑況三十萬異姓之士可保終身困迫而死於殿下乎大王信臣言上表謝罪按甲休兵朝廷寬宥再脩親好天意順人心和太祖在天之靈亦安矣不然執迷不回僥倖悖事恐與伯夷叔齊泰伯仲雍求仁讓國之義徑庭矣幸而兵勝得成後世公論謂何倘有蹉跌取譏萬世於是時也追複臣言可得乎巍白髮書生蜉蝣微命生死不懼者但

父蒙　太祖教養無能補報洪武十七年旌表愚臣孝行臣竊自負既為孝子當為忠臣死忠死孝臣至願也書再上不報　谷王橞自宣府還京齊泰等慮遼王植寧王權通燕召二王還京遼王至寧王不至徙封遼王於荊州詔削寧王護衛　御史韓郁上書言諸王親則太祖遺體貴則孝康皇帝手足尊則陛下叔父使二帝在天之靈子孫為天子而弟與子遭殘戮其心安乎臣每念至此未嘗不流涕也此皆堅儒偏見病藩封太重疑慮太深而至此乎啓臣齒寒人人自危周王既廢湘

王自焚代府被摧而齊臣又告王反矣為討者必曰兵不舉則禍必加是朝廷執政激之使然燕舉兵兩月矣前後調兵不下五十餘萬而一矢無獲謂之國有謀臣可乎經營已久軍需輒乏將不効謀士不効力徒使中原無辜赤子困於轉輸命不聊生日甚一日九重之憂方深而出入帷幄與國事者方且洋洋自得彼其勸陛下必削藩國者果何心哉諺曰親者割之不斷疏者續之不堅殊有理也陛下不察不待十年悔無及矣臣雖至愚感恩至厚不敢不言幸少垂洞鑒興滅繼絕釋代

王之囚封植湘王之墓還周王于京師迎楚蜀為周公俾其各命世子持書勸燕罷兵守藩以慰宗廟之靈明詔天下撥亂反正篤厚親親宗社幸甚不聽　九月江陰侯吳高都指揮耿瓛楊文帥遼東兵圍永平大將軍李景隆乘傳至德州山東參政鐵鉉調兵食景隆合兵五十萬進營河間燕府率衆援永平高等退保山海關安陸侯吳傑兵潰於真定傑遁還京謫為南寧衛指揮使　冬十月燕府出劉家口襲破大寧都指揮朱鑑死之都指揮房寬王權皆降燕　劉貞陳亨自松亭關

兵來援亨及營州中護衛指揮徐理陳文襲貞破其營貞遁廣寧浮海還京　李景隆聞燕府攻大寧引兵渡蘆溝橋攻北平築壘九門景隆攻麗正門幾破城中婦女並乘城擲瓦石景隆令不嚴驟退北平守益堅景隆別將攻通州敗績　甲寅燕府盡拔大寧諸軍及兀良哈三衛胡騎挾寧王入松亭關趣援北平　十一月庚午李景隆移營白河西先鋒都督陳暉渡河而東遇燕府戰敗績景隆七營兵合戰皆潰景隆盡棄其輜重拔其衆南奔駐德州　癸酉九門兵皆潰　乙亥燕府再

上書言臣叨奉宗藩見惡權姦橫加大惡上書自陳今歷三月未蒙垂察疊發大兵討罪不已竊聞朝廷論臣有不軌之事八謹陳其詳惟陛下垂察其一謂臣護衛踰額祖訓職掌條王府官軍不拘數目各王府皆然此奸臣枉臣一也其二謂臣不當無事操練軍馬祖訓兵衛條王教練軍士遍數不拘此奸臣枉臣二也其三謂臣不當於各衛選用官軍祖訓軍職條王府武官千户百户從王於所部軍職內選用開奏直詣御前領降誥勑此奸臣枉臣三也其四謂臣私養韃靼健卒本洪武

中歸附處於北平皇考命於護衛歲給衣糧備虜此奸
臣枉臣四也其五謂臣招致各處異人術士養於府中
日夕論議爲非竟無主名此奸臣枉臣五也其六謂臣
府中守禦四門不當僭擬皇城守禦之制更番甚嚴祖
訓兵衛條凡王府守禦宿衛護衛均番此奸臣枉臣六
也其七謂臣宮室僭侈此　皇考所賜祖訓營繕條燕
因元之舊非臣僭越此奸臣枉臣七也其八謂臣第二
子高煦過涿州擅笞驛官此臣失教然笞一驛官遂指
爲臣不軌之迹寃濫已甚何以服天下後世此奸臣枉

臣八也且陛下與臣皆出　太祖高皇帝孝慈高皇后
於屬最親奸臣猶得誣以極惡則疎遠小臣天下細民
欲寘死地可望雪理耶其不獨亂天下傾危宗社不已
也盖今諸王之中臣序爲長周齊湘代岷五府已去獨
臣未去臣去則楚蜀秦晉諸國不難去矣寧王無罪比
又削其護衛譬諸人身手足皆去身能全乎伏望陛下
鑒臣愚誠思宗社大計斷然不惑去此奸慝臣某頓首
頓首　罪黜都指揮僉事周成袁成張瞎皆降燕　是
月燕府傳檄言我父皇奉天承運華夷一統長子立爲

皇太子餘子封王各守藩屏以爲子孫萬代計不幸皇
太子薨逝秦晉二王繼殞父皇慈念皇太子遂立其次
子爲皇太孫居東宮洪武三十一年閏五月十日父皇
賓天皇太孫即帝位我諸王不敢以叔道尊亢臣子之
情至矣盡矣帝年幼沖任用奸邪小人屏棄典刑殘害
骨肉天變屢見恬不脩省此皆齊尚書黃太卿左班文
職等官讒佞于君恣行不道今天下但知有齊尚書等
不知有皇帝皇帝被奸臣惑溺父皇陵土未乾周代湘
齊岷五王相繼竄流齊尚書等又使惡少謝貴爲北平

都司官張昺爲布政司官與本府長史葛誠合謀六月
圍我王牆柵我王門殺我守王城卒諸軍披甲執杖銃
鼓吽呼聲震城野七月初旬且引兵入王城以都指揮
張信言泄其奸不得已起兵擒獲逆賊謝貴等七月十
六日擒宋忠殺都指揮孫泰俞瑱八月十六日破雄縣
擒都督潘忠楊松二十五日破真定走耿炳文擒左副
將軍駙馬李堅右副將軍甯忠右都督顧成何杞都指
揮劉燧江陰侯吳高都督耿瓛楊文以遼東兵圍永平
余直抵永平高等夜遁還兵大寧都指揮房寬來降終

朱鑑都督劉貞陳亨守松亭關不告來降余襲破其營
擒亨貞單騎遁去大寧遂平未幾齊尚書黃大卿等左
班文職又矯詔曹國公李景隆領兵五十餘萬十月十
六日攻北平圍城甚急余以寡敵衆景隆大敗斬首十
萬九千餘級景隆夜遁去余本　太祖高皇帝親子母
孝慈高皇后皇太子親弟恭居諸王之長禮曰父之讎
不共戴天兄弟之讎不反兵今奸臣齊尚書黃大卿等
余必不與共戴天也故欽遵祖訓統兵三十萬誅討左
班文職奸臣傳檄天下藩屏諸王暨官吏軍民咸使知

朝廷左班文職奸臣大逆不道我父皇之讎為子者義
在必報也　十二月燕間遼東守將吳高削爵徙廣西
專命楊文守遼東　庚申燕府攻廣昌守將楊宗以城
降　是月峨府典膳李英等伏誅　薊州鎮撫曾濬起
兵攻北平不克死之衛官張倫等率兩衛官軍南奔結
盟報國　罷齊泰黃子澄留京師　還肅王楧於蘭縣
叅贊大將軍軍務高巍使燕　以錢芹為行軍署都事
革除建文二年正月燕府攻蔚州守將王忠李遠以城
降　二月丁酉燕兵攻大同　是月韃靼可汗坤帖木

兒兎刺王猛哥帖木兒款北平李景隆率兵出紫荊關
援大同　燕府自居庸關還北平景隆遣書燕府請息
兵王荅書索齊泰黃子澄　武臣犯法被黜者悉赦還
降燕燕盡復其故官　四月李景隆兵次德州郭英吳
傑等兵次真定約日合兵進攻北平先是　上遣中官
賜景隆璽書及斧鉞渡江忽大風雷雨暴至舟破盡沉
諸江至是復賜景隆益專總紀律不嚴號令煩數諸將
易玩之　辛丑燕師渡馬駒橋南駐武清癸丑李景隆
軍至河間先鋒都將平安至白溝河郭英等自真定進

營保定期會於白溝河　燕師進至固安乙卯營中大
雨平地水深二尺　己未燕師渡白溝河平安伏精兵
萬騎邀擊燕王曰平安豎子往從吾出塞征胡識吾用
兵以故敢為先鋒今日吾且破之使心膽俱喪安驍勇
善戰互有勝負俄都指揮何清陣動戰敗被執安收兵
還營李景隆胡觀郭英吳傑等合兵六十萬聯營白溝
河藏火器一窩蜂揣馬丹于地中人馬遇之輒爛夜與
燕兵大戰燕府從三騎殿後迷失道下馬伏地視河流
辨東西始知營在上流倉卒渡河而北　庚申燕師濟

河胡騎三百叛降燕燕胡騎指揮省吉盡掩殺之是日李景隆諸軍進戰破燕後軍房寬狼狽走燕師復戰驍将瞿能父子皆戰沒李景隆麾諸騎兵乘敵後燕府見張玉朱能兵福陣動急又見陣後塵起曰敵繞出我後矣馳騎赴之戰甚力左右曰敵衆我寡難與持久宜退就王等併力景隆等呼噪益進矢石俱發注如雨燕府馬三易三被創矢三服並射盡乃持劍奮擊劍又缺折急走登隄佯麾鞭若招後繼者景隆等疑有伏不敢上隄而燕兵復馳入陣陣動會旋風折大将旗景隆軍大亂燕兵乘風縱火燔諸營郭英等潰而西景隆潰而南委棄輜重器械輩畜萬萬計景隆璽書斧鉞盡為燕所獲殺溺死者二十萬人燕兵復追至月樣橋降十萬餘人景隆單騎走德州　壬戌燕遣人攻德州　五月辛未李景隆自德州奔濟南　癸酉燕將陳亨張信入德州奪軍餉百萬轉掠濟陽儒學教諭王省坐明倫堂伐鼓聚諸生曰堂名明倫且勿多論只說君臣之義何如一省大哭諸生亦哭遂以頭觸柱死之參贊高巍遇參政鐵鉉於臨邑相持慟哭共誓效死遂趨濟南守城　丁

丑燕師迫濟南　己卯李景隆出兵合戰城下敗績奔入城燕兵以箭射書城中使急降濟陽生員高賢寧作周公輔成王論射城外請罷兵燕師圍濟南攻之急鐵鉉高巍徐盛統兵悉力防禦大挫燕衆　辛巳燕兵隄水灌濟南濟南人大懼鐵鉉曰無恐計且破之不三日遁矣令登陴皆哭呼曰旦日且降盡輟守具出千人城外伏地請降又請退兵十里無驚動城中人燕府大喜是時燕府在軍逾年往來戰守甚苦僅得永平保定及北平三府諸府縣雖破旋堅守不降至是聞濟南降曰濟南中原要會得濟南斷南北即不下金陵畫中原自守可以徐圖江淮遂下令退軍受降軍中大喜呼萬歲鐵鉉懸鐵板城門上伏壯士闉堵中約候燕府入城呼千歲即下鐵板板橋乃遣人請燕府入城撫諭燕府乘肩輿張蓋率勁騎數人渡橋直至城下門開守陴者皆登城伏堵比其入門門中人即呼千歲鐵板亟下傷燕王馬首燕王棄馬取從馬走走至橋橋下伏兵發斷橋橋不可動燕王得過橋復合兵圍濟南鉉令守陴者罵燕燕軍大怒攻益急鐵鉉隨機應敵間出兵累敗燕兵

是月都督僉事朱榮兼師遁還京誅之　六月遣監察
御史周觀政監徐州兵　是月遣尚寶司丞李得成使燕
議罷兵　以儀賓曾瑄褚富署都督僉事　秋七月李
得成還自濟南下獄既而釋之　平安率兵二十萬進
次單家橋欲分兵出御河奪燕餉舟　復德州　高燧
出軍良鄉平安兵不果進　八月戊申濟南圍解　盛
庸兵至德州逐燕將陳旭自德州遁歸北平　九月乙
丑燕王至北平　十月清遠戍卒羅義上書下獄尋釋
之　詔諸將無使朕負殺叔父名　是月平安與燕兵

戰華山斬燕將陳亨時安及吳傑駐定州盛庸駐德州
徐凱陶銘城滄州相為犄角困北平滄州城潰凱銘督
士卒脩城燕兵佯出攻遼東至通州循河而南渡直沽
晝夜兼行至滄州城下列營凱等始覺倉卒收築城具
出戰敗績入城守燕兵攻破其東北凱及都督程暹都
指揮趙滸胡原李英張傑皆被執時降燕者數萬人北
將譚淵夜殺降卒三千人凱等皆降赴北平　封盛庸
歷城侯　以鐵鉉為山東布政使帝以濟南完守賞鉉
等却敵功命翰林院檢討賜銀幣吏部魯主事須詔命

封三代尋陞鉉兵部尚書官軍姜貴等五十四人以濟
南功陞官有差　召李景隆還赦不誅　以盛庸為平
燕將軍充總兵官節制諸軍陳暉平安為左右副總兵
馬溥徐真為左右參將鐵鉉參贊軍務督諸兵北進
十一月盛庸駐德州燕師移直沽之舟至長蘆載降獲
輜重順流而北燕王自率衆循河而南盛庸出兵襲後
不克燕兵至臨清移屯館陶掠大名焚我軍餉　十二月
甲午燕師至汶上掠濟寧盛庸鐵鉉率兵躡其後營於
東昌先鋒將孫霖營滑口燕將朱榮劉江襲破霖都指

揮唐禮被執霖走　乙卯燕兵至東昌盛庸背城而陣
燕擊其左不動退而衝其中堅盛庸麾兵圍燕王數重
王易服躍馬出西南去燕軍為火器所乘大敗盛庸兵
大呼譟奮擊殺燕大將張玉　丙辰復戰又敗燕軍步卒
先走盛庸乘之殺傷萬計北平震動燕師退駐館陶盛
庸飛檄真定滄德諸將水陸犄角邀燕師歸路
革除建文三年正月歷城侯盛庸遣人來獻東昌之捷
詔諭天下　召齊泰黃子澄議軍國事　丙子燕府還
北平　丁丑享太廟以告捷　二月乙巳燕府復率衆南

出巳酉至保定盛庸合諸軍二十萬駐德州約吳傑平安出真定攻北平　三月辛未盛庸兵至單家橋巳卯營於夾河　辛巳燕府率兵至夾河庸結陣甚堅燕兵掠庸陣陣旁火車火銃强弩戰盾固匝不能動燕兵退庸出千騎追之燕即率萬騎步兵三之直薄庸陣庸陣堅不動燕步卒攻左掖騎兵擣中堅庸始麾諸軍力戰斬燕大將譚淵燕復以勁騎掩庸陣後燕將朱能張武等從燕合戰庸軍火器不及發戰盾又中鐵鑕相牽不能先後遂却都指揮莊得驍將楚智皂旗張等皆陷陣

戰沒是夕戰酣迫暮各斂兵入營燕以十餘騎逼庸營野宿明日引馬鳴角穿營而去以上有詔旨無使余負殺叔父名也諸將相顧不敢發一矢燕既還營復嚴陣約戰燕軍東北庸軍西南自辰合戰至未兩軍相勝負屢退屢進將士皆疲各坐息少頃復起戰相持不退忽東北風大起塵埃障天沙礫擊面庸軍中昏暗不辨咫尺燕兵大呼乘風縱左右翼橫擊庸軍大敗燕軍追奔至滹沱河庸走還德州當是時庸恃東昌之捷輕敵謂此舉必破北平將士咸攜金銀銅器錦綉衣袍曰破北平張筵痛飲至是盡為燕兵所獲　癸未真定諸將率師駐單家橋　甲申燕率兵徑趨橋與平安等大戰安擒燕將薛祿祿脫走吳傑平安初欲與盛庸合勢比出真定聞庸敗又聞燕散遣徤兒四出索餉遂進兵襲燕三月罷兵部尚書齊泰太常卿黃子澄以謝燕　閏三月乙未燕兵掠真定吳傑移軍滹沱河燕令騎兵過河上流步卒輜重從下流渡遇傑兵不戰傑移營槀城燕兵亦至槀城戊戌合戰互有勝負巳亥傑與平安列方陣西南燕攻其東北以驍騎循河出其軍後大戰傑安

發火器大弩射燕矢下如雨集王旗如蝟毛安陣間縛樓高數丈安登望燕兵見戰勝大喜麾諸軍力戰燕見安登樓率精騎直趨攻樓安見燕兵馳至急下樓墜而走會大風發屋拔樹傑軍亦敗都指揮鄧戩陳鵬等皆被執安傑還真定　巳酉燕兵掠順德辛亥掠廣平癸丑掠大名　是日貽書燕府語以謫斥齊泰黃子澄可罷兵不聽乃上書曰臣聞虞舜用辟首去四凶殷湯之聖不吝改過皆帝王之盛美萬世所師法也臣奉藩以來今歷二紀粟粟不敢違越皆緣姦臣齊泰黃子澄懷

莽操之逆圖志傾危於宗社造滔天之禍剪藩輔之親
屢削諸王次及於臣誣直為枉餙虛為實加之大惡冒
以深誅發天下之兵殫府庫之財擠臣一家並寘死地
臣嘗瀝忠懇號噭訴於天天居甚高畧無見聽夫小杖
則受大杖則走臣雖至愚豈忍父子俱被無辜之戮而
令陛下受枉殺親王之名哉故以兵自防誠非得已上
賴天地宗廟之靈鑒臣忠誠憫臣非罪俯垂庇佑大軍
所至無不摧衂然臣不敢為喜恒用傷悼誠念此皆
皇考所養兵民而姦臣一旦盡驅之白刃之下使濺血

成川暴骸蔽野嗚呼寃哉彼實何罪故夙夜拳拳秉誠
攄欵籲天地籲祖考冀開發聖明助震威斷早戮姦賊
用除禍本庶幾以清朝廷以安宗社以全親族以息兵
民而天下有太平之望比聞姦臣齊泰黄子澄皆已竄
逐于外臣一家長幼皆欣喜舞忭有更生之慶謂陛下
日月之明已宣雷霆之威已震朝廷可以遂清宗社可
以綏安親族可望保全生靈可望休息天下可望太平
帝舜之去四凶成湯之改過不吝陛下兼有之然臣猶
未能盡釋於心者臣初聞齊黄被黜即以徧告三軍將

士曰明天子已洞察我之非辜而去權姦矣旦夕必下
寬貸洗雪之恩吾與若等可以解甲而休帖席而卧矣
將士皆曰誠所願見但慮非出誠心而姦臣始為退避
之計以弭我耳然我豈可輙自弛以束手就擒哉如其
果出誠心則吳傑平安盛庸之衆當悉召還而今猶聚
境上侵迫不已則是姦臣之身雖出而姦臣之計實行
臣思其言恐亦人事之或然者也夫聖人感人至誠而
已至誠可孚豚魚而况人乎陛下推誠待下誰不悅從
若徒示以去姦臣之名而實仍用姦臣之計此非獨欲

欺陛下之藩親將遂傾陛下之宗室莽操之事前鑒甚
明此不待智者而後知也姦臣之計臣前書陳奏已詳
知陛下不信但試察其所行所言果忠於朝廷乎果其
自為乎惟陛下明之於心度之於理參之於古驗之於
今力斷而行之無終為憸邪所蔽天下幸甚宗社幸甚
非獨臣一家一國之幸也書至　上召方孝孺視書對
曰今諸軍大集燕兵久羈大名暑雨為沴不戰自罷急
令遼東諸將入山海關攻永平真定諸將渡盧溝橋擣
北平彼顧巢穴歸援我以大軍躡其後必成擒矣我固

欲緩之彼奏適至宜且與報書往返逾月彼心解而我
離我謀定而勢合上曰善乃命方孝孺草詔言罷兵遣
大理少卿薛嵓持報燕又為榜諭數千言刻印萬張授
嵓令至燕軍中密散諸將士嵓見燕王王問上意云何
嵓曰朝廷言殿下旦釋甲暮即旋師王怒曰是紿我也
嵓惶恐不能對燕將士譁欲殺嵓嵓戰慄流汗伏地王
令護送嵓南還　夏四月嵓至自燕軍言燕軍強盛孝孺
惡之曰此為燕游說也　五月吳傑平安盛庸出兵扼
燕餉道燕遣其指揮武勝奉書於朝曰比荷聖明允臣

所奏特遣大理少卿薛嵓下詔軍中諭以偃兵息民雖
臣將士不能無疑於權姦之欺臣之父子益已欣戴陛
下之仁矣而嵓歸未十日吳傑平安盛庸頻疊發兵絕
臣糧運要殺臣將校數百人臣將士守臣約束不敢赴
鬬而彼必欲求釁略不見捨與比所下詔旨背馳誠有
以中臣將士之所疑孤臣父子之所欣幸也如謂朝廷
息兵之命傑等有所不知不聞薛嵓之來往復皆經其
軍中其可謂不知不聞耶此皆奸臣之所為而陛下深
居九重有所不知不聞也臣之所恃者陛下至尊至親

也今為姦臣所惡陛下雖有憐之之心而不能見庇則
臣自救之計敢一日而忽哉臣之忠誠計薛嵓歸必能
詳達但前日詔旨如此今日姦臣矯制如彼外情洶洶
不敢不聞伏惟擴明奮斷以固皇業以安天下斯臣亦
有保全之望臣無任戰兢俟命之至　上覧書曰燕王
本　皇考孝康皇帝母弟於朕為叔父柰何必用兵為
也召方孝孺諭意孝孺對曰陛下即欲罷兵兵一散即
難復聚彼或長驅犯闕何以禦之今軍聲大振不日有
捷書來聞願陛下無惑其言勝等縛下錦衣衛獄　六

月辛酉燕遣李遠等南掠餉道壬申遠等至濟寧又至
沛縣焚餉舟萬艘河水盡熱魚鱉皆死漕卒敗走京師
大震　壬午都督袁宇率兵三萬邀擊李遠中伏敗績
殺觀海衛指揮張壽壽飲中言國事危急坐妖言論死
秋七月己丑彰德守將都督趙清禦燕兵戰敗癸巳燕
兵破尾尖寨丁酉平安邀擊燕將劉江於平村　戊戌
遣錦衣衛千戶張安遺燕世子書先是方孝孺門人林
嘉猷嘗被燕召至北平居邸中久之知高煦及三郡王
不睦於世子屢譖於父內臣黃儼素好險世子惡儼儼

曲事三郡王三郡王與世子守壯平高煦從父軍中時
時傾世子孝孺言於帝曰兵家貴間燕父子兄弟可間
而離也帝問云何孝孺言其故帝曰奈何間之孝孺曰
世子見疑必北歸而吾餉道通矣帝曰善立命孝孺草
書遣張安詒世子令歸朝且許王燕地世子得書不啓
封并安致父所三郡王令儼先已馳使告父世子且反
父疑之問高煦高煦曰世子故與太孫善厚語未竟世
子書至燕王曰嗟呼幾殺吾子　壬寅太同守將都指
揮房昭引兵入紫荊關掠保定下邑駐易州西水寨約

期進攻北平燕府聞之即日還兵援保定　八月丁巳
燕府渡滹沱河留其將孟善守保定　丙子真定總兵
遣都指揮韋諒率兵餉饋援房昭　丁丑燕兵圍西水
寨遣其別將朱榮圍定州　九月甲辰燕兵攻定州
平安兵進攻北平不克還次真定　冬十月丙辰真定諸
將都指揮花英鄭琦率步騎三萬援西水寨燕府自定
州馳還英等列陣義眉山下燕潛兵出陣後合戰敗績
英琦及都指揮王恭指揮詹忠等被執房昭韋諒走西
水寨遂破　燕府還北平　十一月遼東總兵官楊文

圍永平燕將郭亮固守不能克文出兵攻昌黎遇燕將劉
江戰敗指揮王雄等七十一人皆被執　平安戰敗燕
將李彬於楊村　韃靼通燕寇鐵嶺　十二月丙寅燕
府復出北平　勅駙馬都尉梅殷鎮守淮安　以徐真
馬溥為左右府都督僉事充參將率偏師北進
革除建文四年春正月德州裨將都指揮葛進率步騎
萬人為先鋒渡滹沱河遇燕將李遠於藁城戰敗　平
安率兵十萬復通州不克指揮賈榮等兵敗于衡水燕
兵攻破東阿戊戌遂破東平指揮詹璟被執吏目鄭華

死之　燕攻汶上都指揮薛鵬被執庚戌燕兵攻沛縣
指揮王顯降燕知縣顏伯瑋及主簿唐子清典史黃謙
死之　以祭酒張顯宗為工部右侍郎募兵江西　是
月晦燕兵至徐州　二月諸軍皆營於濟寧餉卒遇敵于
鄒縣潰走　甲戌燕兵攻徐州城中兵出戰敗績　三
月甲申燕兵自徐州進攻宿州平安統精兵四萬為先
鋒追躡燕兵　壬辰燕兵過渦河平安兵進至淝河遇
伏戰敗胡騎指揮火耳灰哈三帖木兒皆被執　平安
等兵駐宿州燕將譚清斷徐州餉道燕兵攻破蕭縣知

縣鄭恕死之　夏四月甲寅平安兵營於小河亘十餘里張左右翼緣河而東遇燕騎兵合戰斬其將陳文再戰又勝斬其將王真燕王督戰急幾爲安樂所及安馬蹶弗得前燕番將王騏躍馬入陣援燕王得脱裨將丁良朱彬被執是役也燕軍中大懼議將還北平平安諸軍營小河南燕兵據河北甲戌徐輝祖率兵會諸將及燕兵大戰於齊眉山自午至酉會大霧斂兵還營乙亥燕諸將欲還北平不敢顯言輒請退屯小河東就麥觀隙而動燕府不聽朱能鄭亨獨力言渡河非計諸將多不肯從燕府曰欲渡河者左不欲渡河者右諸將多趨左燕府大怒曰任汝所之諸將始不敢言何福引兵會平安燕軍中益懼燕府數日不解甲矣　丁丑平安營於靈璧燕遮其餉道何福等出壁來援敗績辛巳大戰又敗績左右副總兵都督陳輝平安左右參將都督馬溥徐真都指揮孫成等三十七人內臣四人禮部侍郎陳性善大理寺丞彭與明欽天監副劉伯完指揮王貴等一百五十人皆被執何福走既而燕兵縱性善與明伯完貴皆歸與明裂冠裳棄官變姓名去性善衣朝服

躍入河死之　五月己丑燕府至泗州守將周景初降燕　辛卯盛庸率馬步騎數萬戰艦數千列營淮南燕營淮北燕將丘福朱能潛濟出庸後庸走盡棄其戰艦軍資燕遂渡淮至盱眙翰林脩撰王艮閉門涕泣與妻子永訣服毒死之　諸將分屯鳳陽淮安以遏燕兵燕欲從淮安取道渡江以駙馬都尉梅殷守禦嚴備恐攻之不克欲從靈璧出鳳陽渡淮知府徐安毀橋斂舟不得渡遂徑趨揚州　庚子燕兵至天長揚州指揮王禮千户徐政張勝江都知縣張本執守將崇剛御史王彬降燕剛彬皆不屈死之　燕兵遂至揚州高郵指揮王傑降燕　燕兵至儀真　詔天下勤王曰燕兵勢將犯闕中外臣民坐視予之困苦而不予救乎凡文武吏士宜即日勤王共除大難宗社再安予不敢忘報詔下京城内外臣民慟哭遣刑部侍郎金其禮部侍郎黄觀國子祭酒張顯宗翰林脩撰王叔英等分道徵兵入援召黄子澄還蘇州府知府姚善寧波府知府王璡率師勤王　遣慶成郡主至燕兵議割地罷兵不聽　是月遼東兵潰於直沽理問徐讓縣丞衛徤使燕還以爲衛鎮

撫軍前差遣　勑刑部尚書侯太轉餉淮安　燕兵掠鳳陽種馬　六月癸丑朔　燕兵至浦口諸将盛庸等迎戰　燕王欲且議和北還會高煦引胡騎至大喜遽起披甲仗鉞見高煦撫其背令努力高煦殊死戰諸軍小却上急遣都督僉事陳瑄率舟師援盛庸瑄乃降燕　乙卯燕兵遂渡江盛庸率海艘出高資港嚴陣以待燕王奮力先登大戰庸敗走鎮江守将童俊降燕時兵部侍郎陳植督師江上有督将密議降燕者植責以大義督将恨之遂殺植率衆迎燕自陳邀賞燕王立誅之具棺

歛葬遣官護葬于白石山　庚申燕兵營于龍潭上遣李景隆都督王佐尚書茹瑺至龍潭再議割地罷兵分遣諸王守京師諸城門景隆等見燕伏地納款頓首稱臣呼萬歲不已　壬戌李景隆等歸言燕必欲得齊泰黄子澄輩　上令景隆等再往言諸臣皆竄逐外郡俟縛至遣來景隆等惶懼不敢行上令諸王與景隆偕行燕府曰勿多言不得姦臣吾必不已諸王歸上會羣臣慟哭或勸上且幸浙或曰不若幸湖湘方孝孺請堅守京城以待四方之援議不决魏國公徐輝祖開國公常

昇分道出師禦戰将士離散不肯向敵翰林脩撰王叔英太常少卿廖昇慟哭與家人訣自縊死甲子遣人賫蠟書四出促勤王兵爲燕游騎所獲靖難兵屯金川門上手誅徐增壽於左順門又欲誅李景隆不果　乙丑谷王橞與李景隆開金川門迎靖難兵入城徐輝祖率師迎戰敗績　安王楹及文武羣臣茹瑺蹇義夏原吉劉儁古朴劉季篪薛嵓董倫王景胡靖李貫吳溥楊榮楊溥黄淮芮善解縉金幼孜胡濙陳洽方賓宋禮王達鄒緝楊士奇胡儼等迎附茹瑺先率臣叩頭勸進詐史

遣人布告天下召募丁壯悉令解散是日僉都御史程本立户部侍郎郭任禮部侍郎黄魁衡府紀善周是脩大理寺丞鄒瑾御史魏公冕給事中龔泰等死之須臾宫中火起上變服削髮自御溝出至郊壇遁去先是淮上諸将敗上召程濟還京濟善術數至是從上潜行每遇險濟以術脫去相從數十年後随至京莫知所終城破之夕高巍縊死驛舍郎官御史給舍相與縋城遯去者四十餘人　燕榜示討左班文職姦臣黄子澄齊泰陳迪方孝孺練子寧黄觀胡閏王鈍盧迥侯泰暴昭

鄭賜黃福張紞毛泰陳繼之董鏞曾鳳韶王度高翔謝昇尹昌隆宋徵卓敬王叔英廖昇巨敬不拘軍民人等有綁縛至者量授官級尋復揭姦臣榜于朝堂增徐輝祖鐵鉉姚善甘霖鄭公智葉仲惠王璡黃希范陳彥回劉璟程通戴德彝王良盧原質茅大芳胡子昭韓永葉希賢林嘉猷蔡運盧振牛景先周璿等五十餘人　方孝孺聞宮中自焚持斬衰晝夜哭鎮撫伍雲執以獻將用之孝孺不屈乃下獄遣人再三諭之不從既而召草即位詔即斬衰入見悲慟徹殿陛燕王曰予欲法周公輔成王耳孝孺曰成王今安在王曰渠自焚死孝孺曰成王即不存何不立成王之弟王曰先生毋太苦命左右授筆草詔孝孺投筆于地哭且罵曰今復繫獄　壬申葬建文皇帝初宮中火起時皇后馬氏赴火死及　上入宮詰問宮人內侍以建文君所在皆指認后尸為建文君召翰林侍講王景問葬禮景曰當葬以天子之禮上從之　遷興宗孝康皇帝主於陵仍稱懿文皇太子遷呂太后於懿文陵下徐輝祖于獄革其祿米　召淮南總兵駙馬梅殷入見上曰都尉在軍無乃勞乎殷對曰勞而無功徒自愧耳上甚銜之　齊泰被執至京發之　蘇州知府姚善被執至京上詰之曰汝一郡守何敢抗我善大聲曰臣各為其主耳命殺之善友常熟黃鉞聞善被刑登琴川橋西向再拜赴水死　黃子澄練子寧執至京併方孝孺皆磔之逮及親族　宥前御史尹昌隆初靖難兵南下昌隆上言今事勢日去北來章奏有周公輔成王之語不若罷兵息戰許其入朝彼既欲伸大義于天下不應便相違戾設有不虞便須舉位讓之猶不失為藩王若因循不斷進退無據雖欲求為長安布衣不可得矣昌隆至是被執將就刑當陛大呼曰臣曾上章勸以位讓陛下奏牘尚存可覆按也　上命停刑檢其奏流涕曰早從此言南北生靈可免酷禍朕亦無此勞苦也詔貸其死且命為北平按察知事　御史曾鳳韶自殺　兵部尚書鐵鉉擁殘兵駐淮南擒至不屈令一顧終不可得命磔之　責戶部侍郎卓敬不奉迎乘輿敬厲聲不遜　上憐其才且繫獄僧道衍惡敬殺之初禮部侍中黃觀奉詔募兵上游且督諸郡勤王至安慶聞變痛哭謂人曰吾妻翁氏有志節必不

辱招魂葬之江上明日家人自京奔至言翁夫人暨二
女同被執有象奴得之索釵釧出市酒殺夫人急攜二
女投淮清橋下死觀慟哭至李陽河聞建文君避去朝
服東向再拜投湍流中死　七月大理少卿胡閏不屈
死之　八月召禮部尚書陳迪太常少卿盧原質不屈
死之　執刑部尚書侯太下錦衣獄死　縛戶部侍郎
盧迥就刑迥不屈長謳而死　鄭賜黃福皆自陳為姦
臣所累乞宥罪令復其官以茹瑺李景隆言并宥張紞
復為吏部尚書紞自經於部之後堂侍郎毛太亦死之

左拾遺戴德彝都御史茅大芳刑部侍郎胡子昭不屈
死之　左僉都御史景清犯駕磔殺之　得建文時羣
臣封事千通命解縉等檢閱凡言兵食事宜者留覽其
詞涉干犯者悉焚不問因從容問縉及脩撰李貫等曰
詞涉干犯者爾等宜皆有之衆未對貫獨頓首曰臣貫
實未嘗有也　上曰爾以未有為美耶食其祿當任其
事國家危急時官近侍者獨無一言可乎不必曲自遮
蔽也後貫坐累繫獄十年死　九月逮谷府長史劉璟
下獄自經死璟基之仲子　十一月陳瑛奏追治廢[illegible]

黃冠王叔英周是脩王良顏伯瑋皆不順天命效死建
文計其存心與叛逆等並宜罪上曰彼食其祿自盡其
心耳勿問又曰諸臣盡忠於　太祖故盡忠於建文但
惡其道若誘建文變亂成法耳　初上過江時胡廣金幼
孜黃淮胡儼解縉楊士奇周是脩約同死難惟是脩具
衣冠詣應天府學拜先聖畢自為贊繫於衣帶自縊死
於東廡下餘皆負約

永樂十一年正月　勑諭齊黃等遠親未拿者悉皆宥
之有來告者勿論　時翰林庶吉士錢習禮江西吉水人
與練子寧有姻婭　是逮治姦黨習禮偶獲免而恒為
鄉人所持習禮不自安以告學士楊榮榮乘間以聞
上欣然曰使練子寧今日在此朕固當用之況習禮乎
即日下令禁止於是黨禁漸解

憲章類編卷之二終

憲章類編卷之三

登極

大明太祖高皇帝洪武元年春正月乙亥即皇帝位
上自壬辰起兵歷十有七年至是戊申正月文武羣臣
百司衆庶合詞勸進尊為　皇帝以統一天下乃祭告
天地于鍾山之陽即位於南郊定有天下之號曰大明
建元洪武
洪武十三年六月庚午朔詔受朝於正殿
洪武三十一年閏五月辛卯皇太孫即皇帝位詔曰天
降下民作之君我皇太祖高皇帝受天明命統有萬邦
宵衣旰食弘濟斯民凡事有益于天下者無所不用其
心政教休明規模宏遠朕以眇躬纂承大統恭依遺詔
於洪武三十一年閏五月十六日即皇帝位夙夜祗懼
思所以克相上帝寵綏四方以無忝我皇祖之大命永
惟寬猛之宜誕布維新之政其以明年為建文元年大
赦天下於戲德惟善政政在養民當遵先聖之言期致
雍熙之盛百辟卿士體朕至懷

革除建文元年正月詔薦賢養老墾田興學考察官吏
旌孝賑貧掩骼埋胔贖民鬻子減田租
革除建文四年六月丙寅諸王及文武羣臣請正天位
丁卯諸將上表勸進戊辰諸王上表勸進己巳燕王謁
孝陵還御奉天殿即皇帝位　命府部等諸司凡建文
中所改易洪武政令條格悉復其舊革除建文年號仍
以洪武紀年是年稱洪武三十五年　九月詔諭四夷
君長
永樂二十二年八月丁巳以嗣位遣官告天地宗廟社
稷　皇太子躬告几筵即皇帝位朝羣臣大赦天下以
明年為洪熙元年
洪熙元年六月庚戌　皇太子即皇帝位命文武百官
免賀免宣表止行五拜三叩頭禮遂頒詔大赦天下以
宣德十年正月壬午皇太子即皇帝位
正統十四年九月癸未郕王即皇帝位遙尊上為太上
皇帝詔赦天下改明年為景泰元年
天順元年正月上皇復即皇帝位
天順八年正月乙亥皇太子即皇帝位

成化二十三年九月壬寅皇太子即皇帝位其以明年
為弘治元年
弘治十八年五月十八日皇太子即位詔以明年為正
德元年
正德十六年三月上遺詔取興獻王長子嗣皇帝位丁
卯司禮太監韋霦壽寧侯張鶴齡駙馬都尉崔元皇親
邵蕙大學士梁儲尚書毛澄齎捧詔諭金符趨安陸藩
府奉迎　戊寅遣迎官至安陸藩府　上候迎府門外
至承運殿行禮開讀畢　上陞座藩府及安陸州衛官

侍班乃進金符　上親受之遣迎官遂行朝見禮賞賚
有差　夏四月壬午　上辭興獻王寢墓成拜慟哭從
官莫不感泣　癸未車駕發安陸　上不忍遽離聖母
嗚咽涕泣聖母曰吾兒此行荷負重任慎無輕言　上
對曰謹受教駕行安陸民人老幼攀戀扈從内臣張佐
戴永長史袁宗皐指揮駱安等凡四十餘人所過約束
不擾至河南渡河有父老拿舟者曰昔我　聖天子初
生之年此河清三百里者三日當時謂黄河清聖人出
今果然矣　丁亥禮部員外郎楊應奎具合行禮儀遂

啓　上知此係楊廷和令儀制郎中余才所擬請　上
至京由東安門入居文華殿次日文武百官于文華殿
朝畢三上箋勸請即位俟令旨俞允擇日具儀　壬寅
駕至良鄉　上覽禮部具儀謂袁宗皐曰遺詔以吾嗣
皇帝位非為皇子此所具儀何謂也　癸卯　上至京
城外御行殿楊廷和請　上由東安門入居文華殿上
箋勸進擇日登極　上遂從行殿受箋由大明門入奉
中登極詔天下以明年為嘉靖元年凡所關利弊洗盡
德聞弊政薄海内外無不鼓舞快觀

萬壽聖節

洪武五年九月聖誕前一日中書右丞相汪廣洋請行
賀禮　上曰朕已令罷此禮卿等其體朕懷時高麗國
遣陪臣進表稱賀并皇太子千秋節　上詔中書悉諭
免之
洪武十三年七月上以古人父母既沒生日當倍悲痛
即位以來常不受賀至是李善長等累請乃許之其在
外諸司五品以上者自明年始聽其表賀

洪武二十年九月乙未天壽聖節受朝賀宴羣臣於奉天殿皇太子宴國戚暨東宮官於文華殿

景泰元年十一月　上皇萬壽聖節禮部尚書胡濙等請羣臣朝　帝詔免朝

正德二年八月世宗肅皇帝生于興邸

列聖年紀

太祖戊辰生生二十五年入淮西從郭元帥三年起兵渡江明年定建康為吳國公八年為吳王四年即

皇帝位是年滅胡享國三十有一年

建文洪武丁巳生生六年而其兄虞懐王薨又十年而其父懿文太子薨當是時　高皇帝年六十五立為太孫七年而嗣帝位四年而巳

成祖生九年而　太祖建國大明又二年封燕王十年之國北平十九年而靖難三年即皇帝位享國二十有三年

仁宗洪武戊午生年十八封燕世子又四年有靖難之師又三年　文皇即位又三年立為太子二十年而即

位逾年而崩

宣宗生四年而　成祖入南京及九年而為太孫又十三年為太子逾年即位享國十有一年

英宗宣德丁未生明年立為太子又七年即位十四年而非狩明年還京師居南宮蓋七年復即位享國二十有三年

景泰少英宗一歲八歲而封郕王二十二歲而居守監國遂即帝位八年二月崩是天順元年

憲宗生二年而有土木之變立為太子又三年廢為沂

王又五年復立為太子八年而即帝位享國二十有四年

孝宗成化庚寅生於西宮越六年而憲宗始知之遂立為太子十二年而即位享國十有九年

武宗弘治辛亥生明年立為太子十三年而即位享國十有七年

世宗正德丁卯八月生於興邸十四年而即帝位享國四十有五年

國朝年號

洪武元年戊申　二年己酉　三年庚戌
四年辛亥　五年壬子　六年癸丑
七年甲寅　八年乙卯　九年丙辰
十年丁巳　十一年戊午　十二年己未
十三年庚申　十四年辛酉　十五年壬戌
十六年癸亥　十七年甲子　十八年乙丑
十九年丙寅　二十年丁卯　二十一年戊辰
二十二年己巳　二十三年庚午　二十四年辛未
二十五年壬申　二十六年癸酉　二十七年甲戌

二十八年乙亥　二十九年丙子　三十年丁丑
三十一年戊寅
建文元年己卯　二年庚辰　三年辛巳
四年壬午
永樂元年癸未　二年甲申　三年乙酉
四年丙戌　五年丁亥　六年戊子
七年己丑　八年庚寅　九年辛卯
十年壬辰　十一年癸巳　十二年甲午
十三年乙未　十四年丙申　十五年丁酉

十六年戊戌　十七年己亥　十八年庚子
十九年辛丑　二十年壬寅　二十一年癸卯
二十二年甲辰
洪熙元年乙巳
宣德元年丙午　二年丁未　三年戊申
四年己酉　五年庚戌　六年辛亥
七年壬子　八年癸丑　九年甲寅
十年乙卯
正統元年丙辰　二年丁巳　三年戊午

四年己未　五年庚申　六年辛酉
七年壬戌　八年癸亥　九年甲子
十年乙丑　十一年丙寅　十二年丁卯
十三年戊辰　十四年己巳
景泰元年庚午　二年辛未　三年壬申
四年癸酉　五年甲戌　六年乙亥
七年丙子
天順元年丁丑　二年戊寅　三年己卯
四年庚辰　五年辛巳　六年壬午

七年癸未　八年甲申
成化元年乙酉　二年丙戌　三年丁亥
四年戊子　五年己丑　六年庚寅
七年辛卯　八年壬辰　九年癸巳
十年甲午　十一年乙未　十二年丙申
十三年丁酉　十四年戊戌　十五年己亥
十六年庚子　十七年辛丑　十八年壬寅
十九年癸卯　二十年甲辰　二十一年乙巳
二十二年丙午　二十三年丁未

弘治元年戊申　二年己酉　三年庚戌
四年辛亥　五年壬子　六年癸丑
七年甲寅　八年乙卯　九年丙辰
十年丁巳　十一年戊午　十二年己未
十三年庚申　十四年辛酉　十五年壬戌
十六年癸亥　十七年甲子　十八年乙丑
正德元年丙寅　二年丁卯　三年戊辰
四年己巳　五年庚午　六年辛未
七年壬申　八年癸酉　九年甲戌

十年乙亥　十一年丙子　十二年丁丑
十三年戊寅　十四年己卯　十五年庚辰
十六年辛巳

恩赦

洪武元年八月己卯詔大赦天下與民更始惟十惡不原

洪武七年十一月詔分別應赦諸人

洪武十三年五月甲午雷震謹身殿大赦天下

洪武十七年三月大赦

洪武三十一年十二月建文帝盡釋刺面軍及因徙還鄉里

革除建文四年七月成祖大赦唯名在姦臣榜者不宥

永樂十九年正月御北京新殿大赦天下詔曰朕荷天地祖宗之佑繼承大寶統馭萬方祇勤撫綏夙夜無間乃者倣成周卜洛之規建立兩京為子孫帝王永遠之業爰自經營以來賴天下臣民殫心竭力趨事赴工今宮殿告成朕御正朝祇事天地宗社眷懷黎庶嘉與維

新弘敷寬恤之仁用洽好生之德大赦天下
永樂二十二年八月仁宗即位大赦天下　十一月
御劄付禮部尚書呂震曰建文中奸臣其正犯已悉受
顯戮家屬初發教坊司錦衣衛浣衣局并習匠及功臣
家為奴者悉宥為民給還田土謫充軍者亦宥為民
洪熙元年六月宣宗即位頒詔大赦天下
正統六年十一月上都北京大赦天下
正統十四年六月南京奉天三殿災下詔赦天下
景泰元年八月上皇還京大赦天下
景泰三年五月立子見濟為皇太子生母杭氏為皇后
大赦天下
天順元年七月承天門災詔大赦天下
成化元年正月詔釋戍邊陳循江淵俞士悅等各回原
籍王文子宗彝于謙子冕謙婿朱驥並放回籍
成化二十一年正月以星變赦天下
成化二十三年九月孝宗即位詔赦天下
弘治五年三月冊立皇太子詔赦天下
弘治十八年五月武宗即位大赦天下

恩例

洪武至宣德六年八年間登極立中宮東宮及上慈闈
尊號徽號詔皆無文武官封贈廕子試署實授恩例
正統登極詔始令署都督僉事事都指揮署都指揮僉
事事指揮實授
景泰登極詔始令在京文官及在外方面官一考無贓
犯者照洪熙宣德年例與誥敕
景泰三年立懷獻太子詔始令署郎中員外郎主事試
中書實授又與土木死事諸臣誥敕封贈廕子入監不
願入監者聽
天順復位詔始令內外文武署職試職因功陞授者與
實授天順八年兩宮徽號詔始封兩京文武七品以上
官父母署職試職實授
成化二十三年上慈闈尊號詔兩京文武官七品至四
品先封父母三品以上與誥命
弘治登極詔內外文武署職試職實授內外武官天順
八年正月以前功陞試職署職遇例實授該世襲者子

孫仍襲其未實授及以後功陞試職署職實授
弘治五年立東宮詔文武官試職署職年半以上者實
授不及年半者扣至實授
弘治十一年清寧宮災詔兩京文官署職試職理刑者
實授歷任未及一考者與誥勑其誥勑准給未領因事
降調非貪淫酷刑者仍給與
弘治十八年上兩宮尊號詔文武官署職試職實授兩
京七品以上文官未及一考與誥勑父母已封者服色
許與子同

嘉靖登極詔正德十四年文武官員人等因諫止巡遊
跪門責打降級改除為民充軍者該部具奏起取復職
酌量陞用打死者追贈諭祭仍廕子入監讀書充軍故
絕者一體追贈諭祭優養親屬
嘉靖元年尊號詔兩京文官未及一考者與誥勑父母
已封者服色許與其子同誥勑准給未領因事降調非
貪淫酷刑者仍給與
嘉靖九年大報禮成詔兩京文官未及一考無過者給
與誥勑

嘉靖十九年皇子生詔始令兩京三品以上文官例該
廕子未及一考者廕子入監兩京文官未及一考者在
外七品以上歷任三年無過者與誥勑文官五品以上
武官四品以上署職試職者并試職御史實授仍與誥
勑
按詔恩各從其類上　慈闈徽號則有封贈父母恩
立　東宮則有廕子入監恩災異脩省則有蠲逋減
刑恩　登極則大赦矣立　中宮及　東宮出閣皆
無恩例若建太子平大賊誅大奸亦有詔皆以類從
惟蠲逋減刑每詔有之　九廟災時議下詔寬卹蠲
有欲褒親廕子者其謬甚矣

駕帖

成化十三年六月雲南巡撫王恕疏奏近該臣等題為
外夷脫回中華軍丁蒙差刑部郎中鍾蕃錦衣百户宋
鑑前來行勘提取盧安等到官鞫問間忽百户汪清齎
捧駕帖與鍾蕃等臣竊疑之臣聞帖駕下各衙門則用
司禮監印信該科掛號皇城各門俱打照出關防皆所

以禁詐偽也今齎擦駕帖既無該監印信該科字號又
無各門關防況錢能等交通外國攪擾夷方之事兵部
奏行臣與御史甄希賢會問而木邦等處節有緬書告
訴臣不得不從實上聞其罪彼皁否朝廷自有祖宗法
度在臣豈敢有一毫重輕於其間哉上下所司究之

大行遺詔顧命喪禮

洪武三十一年五月甲寅 上不豫 閏五月乙酉召
齊泰受顧命輔皇太孫 上崩於西宮壽七十一遺詔

皇太孫嗣位

永樂二十二年七月己丑上親征阿魯台班師車駕次
蒼崖戍 上不豫 庚寅車駕次榆木川大漸遺命傳
位皇太子且云喪服禮儀一遵 太祖皇帝遺制辛卯
上崩太監馬雲等以六師在遠外秘不發喪密與楊榮
金幼孜議喪事一遵古禮含斂畢載以龍轝所至御幄
朝夕上食如常儀 壬辰龍轝次雙峯楊榮等奉遺
命馳訃皇太子 八月癸卯朔 甲辰楊榮及御馬監
少監海壽至自行在致 大行皇帝遺命皇太子哭慟

幾絕進榮等問故復[illegible]孫親王以下皆慟哭[illegible]
服宮中設几筵朝夕哭奠皇太子命皇太孫馳赴開平
恭迎 大行皇帝龍轝以先帝所賜東宮圖書親授之
曰此 大行皇帝初受我者今吾以授汝但有事來報
來即用此識之皇太孫稽首受之遂行皇太子命行營
大小官軍悉聽皇太孫節制 乙巳百官素服朝夕哭
臨思善門外 己酉龍轝次雕鶚皇太孫至御營哭迎
軍中始發喪六軍號慟 壬子皇太孫奉龍轝及郊皇
太子親王及文武羣臣皆衰服哭迎至大內奉安于仁

智殿 九月癸未禮部尚書呂震奏 太宗皇帝遺命
喪服一如 太祖高皇帝倣漢制以日易月今已踰二
十七日請上釋衰服烏紗冠素服黑角帶臨朝上命六
部都察院詳議以聞震與部院共奏宜素服烏紗冠黑
角帶羣臣皆從君服上曰梓宮在殯朕何忍遽易自是
臨朝素帶麻衣麻絰朝退仍衰服 十二月初太宗班
師疾作頓劇已而崩於榆木川中官馬雲等皆倉惶莫
知所措密召榮幼孜入幕中榮等循古制用衣衾殯斂
或有欲以他事寫勑用寶遣人馳報者榮曰先帝在即

稱敕賓天而稱獲罪非輕乃令中官以先帝崩逝月日
并遺命傳位之意具啓馳報榮初抵京上哀慟未及訪
問至是有以為言者遂降敕奬諭之
洪熙元年五月庚辰　上不豫召蹇義楊士奇黄淮楊
榮至思善門命士奇寫敕遣中官海壽馳召皇太子
辛巳　上疾大漸遺詔天下傳位皇太子是日　上崩
于欽安殿宫中以皇太子未至未發喪沐浴襲奠飯含
如禮　六月辛丑皇太子至自南京頒遺詔於天下
宣德十年春正月癸酉朔　上不豫　乙亥　上崩於

乾清宫壽三十八　皇太子方九歲祖母張太后取金
符入内浮言籍籍楊榮楊士奇哭臨畢請見皇太子即
叩頭呼萬歲群臣亦隨呼萬歲浮議乃息
天順八年春正月　上不豫既而大漸諭處後事命太
監牛玉執筆書之一曰東宫即位百日成昏二曰定后
妃名分三曰命勿以殯御殉葬四曰殯歛器服從舊書
畢命玉持付閣臣潤色玉至閣李賢與陳文彭時驚愴
捧誦歎曰所言闗大體非上英明不能及此而止殉一
事尤高出古今真盛德事也十七日庚午上崩

成化二十三年八月庚辰　上不豫　甲申命皇太子
暫視朝於文華殿文武百官朝皇太子如常儀　戊子
上大漸召皇太子至命早即帝位敬天法祖勤政愛民
與凡國事之切要者誨諭備至太子頓首受命　己丑
上崩壽四十一遺詔諭文武羣臣
弘治十八年五月　上不豫初六日昧爽司禮監太監
戴義出左掖門急宣劉健李東陽謝遷入乾清宫至寢
殿　上便服坐榻中健等叩頭上令近前健等直叩榻
下上曰朕承祖宗大統在位十八年今年三十六歲矣

乃得此疾殆不能興故與先生每相見時少健等曰陛
下萬壽無疆偶爾違和暫須調攝安得遽為此言　上
曰朕自知之亦有天命不可強也因呼水漱口掌御藥
事太監張愉勸　上進藥不答　上又曰朕為祖宗守
法度不敢怠荒凡天下事先生每多費心因執劉健手
若將永訣者上又曰朕蒙皇考厚恩選張氏為皇后生
東宫今十五歲矣尚未選婚社稷事重可亟令禮部舉
行皆應曰諾時司禮太監陳寬李榮蕭敬等皆至羅跪
榻外　上曰授遺旨太監扶安李璋捧筆硯戴義就榻

前書之上又曰東宮聰明但年幼好逸樂先生每勤請
他出來讀書輔他做好人健等皆叩頭曰臣等敢不盡
力健等遂出調旨傳禮部行之初七日
正德十六年二月　上不豫　三月十四日丙寅　上
崩遺詔曰　皇考孝宗皇帝親弟興獻王長子某聰明
仁孝德器夙成倫序當立遵奉祖訓兄終弟及之文告
于宗廟請于慈壽皇太后即日遣官迎取來京嗣帝位

尊謚

洪武戊申元年上恭詣太廟追尊四代考妣為皇帝皇
后
洪武二年二月製太廟四代帝后冠服成命各以二龕
貯以金飾木櫃藏於各廟仍用八龕祝告焚之
洪武十五年八月謚皇后馬氏為孝慈皇后
洪武三十一年六月　上大行皇帝謚曰聖神文武欽
明啓運俊德成功統天大孝高皇帝廟號太祖追謚孝
慈皇后曰孝慈昭憲至仁文德承天順聖高皇后
革除建文元年正月詔尊皇考懿文皇太子為孝康皇
帝廟號興宗皇妣懿敬皇太子妃呂氏為孝康皇后是
日祔廟
成祖革除建文四年六月遷興宗孝康皇帝主於陵仍
稱懿文皇太子呂后為皇太子妃
永樂元年五月文武百官進　太祖高皇帝及孝慈高
皇后尊謚
永樂二十二年九月禮部同文武群臣進　大行皇帝
尊謚曰體天弘道高明廣運聖武神功純仁至孝文皇
帝廟號太宗仁孝皇后尊謚曰仁孝慈懿誠明莊獻配
天齊聖文皇后
洪熙元年七月　上大行皇帝尊謚曰敬天體道純誠
至德弘文欽武章聖達孝昭皇帝廟號仁宗
宣德十年正月英宗上大行皇帝尊謚曰憲天體道英
明神聖欽文昭武寬仁純孝章皇帝廟號宣宗
正統七年十月尊太皇太后張氏誠孝昭皇后
天順六年九月皇太后孫氏崩尊謚曰孝恭章皇后
天順七年七月追謚宣德廢后靜慈仙師胡氏為恭讓
章皇后

天順八年憲宗二月上大行皇帝尊謚曰法天立道仁
明誠敬昭文憲武至德廣孝睿皇帝廟號英宗
成化十一年十二月己亥上恭仁康定景皇帝尊謚
至是郕王始復帝號云
成化二十三年九月孝宗詔奉冊寶上 大行皇帝尊
謚曰繼天凝道誠明仁敬崇文肅武宏德聖孝純皇帝
廟號憲宗　十一月尊謚聖母淑妃為孝穆皇太后建
奉慈殿于宫中奉安神主一歲五享四時薦新忌辰祭
祀並如奉先殿之儀先是詔廷臣議太后享禮周洪謨

倪岳上言周以姜嫄為帝嚳次妃后稷之母故周禮有
享先妣樂舞蓋指姜嫄而魯頌閟宮之詩特見其名此
別廟以祀之證也至宋元德懿德二后既有別廟之享章
獻章懿二后遂有奉慈之建每歲五享四時薦新上食
如常儀今 孝穆神主宜於奉先殿傍別立廟歲時祭
享一如奉先殿之儀 上從之時有縣丞徐頊者上疏
請究皇妣薨逝之由以復不共戴天之讐當時診視太
醫院使方賢治中吳衡俱宜逮治下禮部議禮部覆本
請拘萬家親戚眷屬曾經出入宮闈者究問萬安劉吉

皆與萬家通好懼其發謂吾直曰我與萬家久不往來
直慰之曰此事只宜寬處共與大獄株連蔓引豈先帝
之意哉安等喜曰此言是也乃擬旨以為外面浮議已
之惟訪求親屬之在廣西者或云皇妣本姓李入宮時
誤報李為紀訪求數年竟不得其的 上孝思不已
弘治十七年三月 上太皇太后周氏尊謚孝肅貞順
康懿光烈輔天成聖睿皇后
弘治十八年六月 上大行皇帝尊謚曰建天明道誠
純中正聖文神武至仁大德敬皇帝廟號孝宗頒徽號

詔于天下咸使聞知
正德十三年二月謚大行太后王氏曰孝貞純皇后
正德十六年五月 上大行皇帝尊謚曰承天達道英
肅睿哲昭德顯功宏文思孝毅皇帝廟號武宗

加謚

嘉靖十七年加上 太祖尊謚曰開天行道肇紀立極
大聖至神仁文義武俊德成功高皇帝
太宗曰成祖啓天弘道高明肇運聖武神功純仁至孝

文皇帝尊謚皇考睿宗曰知天守道弘德淵仁寬穆純
聖恭儉敬文獻皇帝 慈孝貞順仁敬誠一安天誕聖
獻皇后
嘉靖十五年四月 上坐天壽山行宮面諭大學士夏
言曰皇嫂孝靖皇后謚用六字於禮未備還用全謚九
月 上御文華殿面授言御筆定謚孝靜皇后為孝靜
莊惠安肅溫誠順天偕聖毅皇后
按國制凡謚 皇帝十七字 皇后十三字皇妃
東宮東宮妃无字

泗州皇祖陵

熈祖陵在泗州基運山 德祖懿祖就基運山陵望祭
按基運山設泗州祠祭署奉祠一人以朱氏世官朱
本宗人婿也陵戶三百十四家長至正旦太牢三清
明中元孟冬朔望少牢三奉祀行事

中都皇陵

洪武二年二月詔立皇陵碑 加仁祖淳皇帝陵名曰
英陵 山名翊聖山 四月更英陵曰皇陵立衛守之
洪武七年六月立皇陵祠祭署以汪文為署令劉英為
署丞專典祀事二人 上故里人也故命以是官俾子
孫世守之
洪武十一年四月重建皇陵碑 上以前所建碑恐代
草者有文飾至是復親製文命江陰侯吳良督工刻之
洪武十九年八月命禮部制德祖玄皇帝玄皇后 懿
祖恒皇帝恒皇后 熈祖裕皇帝裕皇后衮冕冠服命
皇太子至泗州盱眙縣脩繕祖陵葬衣冠祭告

按皇陵置中都留守司皇陵衛皇陵祠祭署奉祀二
人劉氏汪氏祀丞一人汪氏趙氏劉義惠侯繼祖孫
二汪氏皆汪氏老母孫陵戶三千三百四十二家長
至正旦太牢清明中元孟冬少牢奉祀行事朔望少
牢留守行事弘治元年勑內官一人監護

聖祖系裔

德祖為始祖德祖生 懿祖懿祖生 熈祖熈祖生
仁祖仁祖生四子南昌王盱眙王臨淮王 太祖其第

四子也南昌二子長文正文正生靖江王守謙次山陽王時眙王招信王　仁祖有一弟壽春王壽春四子霍丘王下蔡王安豐王蒙城王霍丘一子寶應王安豐四子六安王來安王都梁王英山王諸王俱無後惟靖江王分國桂林府禮數如親王

南京孝陵 山名神烈山

洪武三十一年閏五月十六日辛卯大行高皇帝葬孝陵

永樂二年五月己酉錦衣衛奏明日　上詣孝陵請具法駕上曰不用但以騎士數人前導已而顧侍臣曰明日皇考忌日正屬感慕之時何用法駕非為辟除道路則前導騎士亦可不用

永樂十七年十一月丁巳甘露降孝陵松柏三日

按　孝陵四十妃嬪祔葬陵設神宮監孝陵祠祭署清明中元冬至太牢正旦清明中元帝后忌忌聖旦一酒果勳戚大臣一人奉祀事國有大事遣大臣祭告孝陵東有懿文太子陵祀禮視孝陵四孟歲暮忌辰加牲署官行事

昌平山陵

永樂七年五月己卯營山陵於昌平縣遂封其山為天壽山

按成祖擇壽陵久不得吉壤永樂七年　仁孝皇后尚未葬禮部尚書趙羾以江西地理術人廖均卿至昌平徧閱諸山得昌平東黃土山最吉　成祖即日臨視定議封為天壽山

永樂二十二年十一月太宗葬長陵　帝后下有十六妃祔

洪熙元年九月仁宗葬獻陵　帝后下有七妃祔

宣德五年二月乙未上奉皇太后率皇后謁長陵獻陵車駕發京師三月壬寅駐蹕陵下開平守將陳𨗄務數事上舉其屯田守備可行者付所司施行　戊申上奉皇太后率皇后還京師

宣德十年六月戊申葬宣宗景陵　帝后下有七妃祔

天壽山七陵惟景陵規制獨小至嘉靖十五年稍大之

天順八年二月葬英宗裕陵
成化四年九月庚申祔葬孝莊睿皇后於裕陵　后下
有十八妃祔
成化二十三年十月壬午奉憲宗皇帝梓宫葬于茂陵
帝后紀皇后邵皇后下有十四妃祔
弘治元年夏四月　天壽山大風雹　上遣官祭告戒
諭群臣脩省
弘治十八年六月奉安孝宗于泰陵　惟帝后二寳山無
妃祔
正德十三年夏四月朔　上以大行太后梓宫將祔葬
親詣天壽山祭告六陵
正德十六年五月武宗葬康陵　帝后下一妃祔
按七陵各置陵衛神宫監祠祭署如孝陵正旦酒果
清明中元冬至聖旦太牢分遣勳戚大臣祀懸忌大
牢專遣勳戚大臣祭

西山陵墳

西山有恭讓胡皇后陵景皇帝后二陵世廟孝絜皇后
繼張后二陵　憲廟廢昊后諸帝妃懷獻世子悼恭太
子哀冲太子莊敬太子越靖王秀懷王蘄獻王勝懷王
衛恭王許悼王忻穆王申懿王雍靖王岐惠王涇簡王
蔚悼王類殤王薊殤王戚懷王均思王景王墳及諸殤
公主諸阿保夫人墳南京韓憲王張順妃李麗妃墳咸
以時祀牲醴庶羞各有差

西内老佛事

正統五年十二月廣西思恩州知州岑瑛遇一老僧於
道從者呵之不避詰其度牒檢之乃楊應能也遂自言
曰此非吾姓名吾乃托此而逃者也汝獨不聞乎自金
川失守大内火起吾遂潛由地道以出自湖湘入蜀至
雲南復至閩最後入廣西至横州南門壽佛寺居焉居
十五年僧徒歸者日衆吾復遁往南寧陳步江一寺而
歸者復如之乃又去南寧雲遊西方以度歲月迤邐至
此淪落江湖垂四十年老朽待盡早晚入土無能為矣
行道傷嗟君侯獨無憐憫之心乎願送骸骨歸瑛大駭
聞于巡按御史奏之驛送赴京號為老佛　途次賦詩云淪落江湖四

十秋歸來白髮已蒙頭乾坤有主家何在江漢無情自流長樂宮中雲氣散朝元閣上雨聲愁新蒲細柳年年綠野老吞聲哭未休　及至京朝廷未審何人以尚膳太監吳亮
建文時內使也使之審視老佛見亮即曰汝非吳亮耶
亮曰不是曰我昔御便殿時棄片肉於地汝伏地餂食
之何謂不是聞楊士奇尚在能出一認乎亮佯為不知
已而復命遂取老佛入西內居之
按弘治中禮部主事楊循吉嘗奏請追謚建文君以
景皇帝及元順帝為比謂順帝知天命歸我太祖遂
避位而去其後也得謚為順帝況建文君又非勝國
之君可擬者以親親言之國當視景帝以避位言之尤當
視順帝追謚之典豈容已哉伏覩天順初英廟憫建
庶人無辜釋其囚而聽其昏娶出入萬曆建元詔復
死事諸臣祀于其鄉則加建文謚號比諸景帝行當
恭覩盛典矣　按老佛即建文君也正統初出滇南
至廣西一日呼寺僧謂曰我建文皇帝也寺僧大懼
白官府迎至藩堂南面趺足坐地自稱朱允炆曰胡
濙名訪張僊偈為我也衆聞之悚然聞于朝乘傳之
京師有司皆以王禮見比至入居大內以壽終葬西

山不封不樹

上皇在南宮

景泰元年八月奉上皇居南宮　十一月上皇萬壽聖
節禮部尚書胡濙等請群臣朝　帝詔免朝　十二月
胡濙請明年正旦百官朝上皇於延安門不許　荊憲
王請朝上皇不許
景泰二年春正月　上皇在南宮　六月錦衣衛指揮
盧忠有罪誅之時上皇居南宮忠上變妄言帝怒殺中
官阮浪等猶欲窮治不已忠嘗屏人請卜者仝寅筮之
寅以大義叱之曰是大凶兆死不足贖忠懼乃佯狂為
風狀學士商輅與司禮太監王誠等言盧忠是箇風子
豈可聽信他壞了大體傷骨肉之情後追問忠果謂供養
真武得其通報以妄言伏誅寅山西安邑人少瞽而性
聰警學京房易占斷多奇中名聞四方正統間客游大
同上皇既北狩陰遣使命鎮守太監裴當問寅寅筮得
乾之初九附奏曰大吉可以賀矣龍君象也四初之應
也龍潛躍必以秋應以壬午浹歲而見龍變化之物也

庚者更也庚午中秋車駕其還乎還則必幽勿用故也
或躍應焉或之者疑之也後七八年必復辟午火德之
王也丁者壬之合也其歲丁丑月壬寅日壬午乎自今
歲數更九躍則必飛九者乾之用也南面子衝午也其
君位乎故曰大吉既而也先復入寇京師戒嚴寅時在
后亨幕中召問休咎寅筮之曰無能為也且彼氣已衰
戰之必克虜果敗云踰年也先欲奉上皇南還時亨以
為詐獨撫寧伯朱謙上書懇請朝廷持不敢發寅力言
于亨曰虜人順天舉義我中國反失奉迎之禮獨不為

夷狄笑乎亨遂與于謙協議遣使虜果乘輿來歸
景泰三年春正月　上皇在南宮　五月　上皇在南
宮
景泰四年春正月　上皇在南宮
景泰五年春正月　上皇在南宮　五月下禮部郎中
章綸及御史鍾同于獄時所立皇太子見濟遘疾殤鍾
同手疏請朝南宮復沂王為皇太子未上以示都御史
劉廣衡廣衡止之以諷胡濙濙縮頸不敢對曰作死作
死同不聽竟上之下禮部會多官議適章綸疏陳脩德

弭災十四事其一謂太上皇君臨天下十有四年是天
下之父也陛下嘗受冊封是上皇之臣也伏望時節率
群臣朝見于南宮以敦同氣之情以隆尊崇之禮又當
復汪后于中宮以正天下之母儀復沂王於儲宮以定
天下之大本如此則和氣可致天意可回災沴可消矣
晡時疏入　帝覽畢大怒日已瞑宮門閉乃傳旨自門
隙中出命錦衣衛即刻逮綸入獄拷訊又明日併鍾同逮
治白加榜掠流血被體逼令誣招大臣并南宮通謀復
加炮烙之刑窮治慘酷瀕死卒無一語及他乃會官擬大風

雨黃沙四塞乃密敕錦衣衛緩其獄令囚禁終身　兵
部觀政進士常熟楊集以書上于謙略曰姦人黃竑進
易儲之說以迎合上意本為脫死之計耳公等國家柱
石乃戀宮僚之賞而不思所以善後乎脫章綸鍾同死
杖下而公坐享崇高奈清議何謙以書示王文文曰書
生不知朝廷法度然有膽氣當進一級處之遂出集為
六安州知州　給事中吳江徐正密請召見便殿屏左
右言今日臣民有望上皇復位者有望廢太子沂王嗣
位者陛下不可不慮宜出沂王於所封沂州增高南城

數尺伐去城邊高樹宮門之鎖亦宜灌鐵帝怒黜為雲
南衛經歷尋謫戍鐵嶺衛
景泰六年春正月　上皇在南宮
景泰七年春正月　上皇在南宮
天順元年春正月　景帝不豫　時儲嗣未定內外憂
懼閣臣王文與太監王誠謀欲取襄王子立為東宮其
事漸泄既而景帝病亟僉謂　上皇子宜復立惟王文
之意不然陳循輩亦知之吏部侍郎李賢因會議問學
士蕭鎡鎡曰既退矣不可再也文又對衆曰今只請立

東宮安知朝廷之意在誰衆始覺其有異謀矣十一日
早文武群臣集于左掖門僉奏乞蚤建元良以安人心
左都御史蕭維禎舉筆曰更建字為擇字如何衆從之
奏上不允且云待十七日視朝咸謂奏詞擇之一字非
復立之意於是京師競傳王文于謙已遣人齎金符取
襄王世子矣石亨知帝病甚必不起乃與掌兵都督張
軏張輗左都御史楊善副都御史徐有貞謀迎上皇復
位遂結中官曹吉祥蔣冕白于皇太后許焉十六日既
暮軏輗等會于有貞宅時有邊報北虜欲寇京師有貞

以為宜乘此為名納兵入內誰曰不可軏首肯之有貞
復升屋覽步乾象亟下曰時在今夕不可失矣將出有
貞焚香祝天與家人訣曰事成社稷之福不成滅族之
禍遂往會亨收掌門鑰開門納兵時已漏下四鼓天色
晦冥亨軏等惶惑顧謂有貞曰事當濟否有貞大言曰
時至矣勿退遂薄南宮城毀垣壞門而入亨等入見上
皇出問曰爾等何為俯伏合詞請陛下即位遂共掖登
輿有貞前導忽星月開朗上皇顧問卿等為誰各以姓
名對遂升奉天殿登御座初文武群臣約是日入候景

帝出視朝頃之南城呼譟震地群臣失色須臾鐘鼓大
鳴　上皇復位矣群臣遂入賀改景泰八年為天順元
年

景泰繼位

正統十四年八月上車駕北狩戊辰報至京師　己巳
皇太后召百官入集闕下命郕王權總萬幾於午門南
面見百官啓事施行　辛未皇太后詔立皇長子見深
為皇太子時年二歲仍命郕王為輔代總國政撫安天

下　癸酉早朝九卿科道交章劾王振擅權誤國之罪
郕王諭以朝廷自有處置百官言振罪惡滔天傾危宗
社今日若不速正典刑滅其族屬何以安人心因慟哭
聲徹中外王起入內衆隨擁入太監金英傳令旨且退
衆奮欲捽英英懼復傳旨言籍沒王振等家英脫身入
錦衣衛指揮馬順從旁叱各官且去給事中王竑憤起
捽馬順首曰馬順平昔助王振為惡禍延生靈今日至
此尚不知警衆爭毆之蹴踏分裂頃刻而斃血流庭中
復索振所親信長隨王毛二人亦毆殺之都御史陳鎰

奏令旨籍振宅并其黨執振姪錦衣衛指揮王山至反
接跽于庭衆共唾罵之衆競諠譁班行雜亂無復朝儀
王亦疑懼屢起欲退還宮兵部侍郎于謙直前扶掖勸
止之且請降令旨馬順罪惡應死勿論奬諭百官各歸
蒞事皆拜謝而出明日移王座入奉天門左受朝　命
籍王振家振宅在京城內外凡數處重堂邃閣擬于宸
居珍奇寶玉綺繡金銀凡十餘庫是日磔王山于市族
屬無少長皆斬　庚辰皇太后遣太監金英傳旨皇太
子幼冲未能踐祚理萬幾郕王年長宜早正大位以安

國家議者亦以時方多故人心危疑思得長君以弭禍
亂於是文武群臣交章勸進擇日行禮　九月癸未郕
王即皇帝位改明年為景泰元年在位七年
景泰八年正月景泰帝不豫　上皇復位改景泰八年
為天順元年
天順元年二月乙未朔　皇太后誥諭廢景泰帝仍為
郕王歸西宮越數日命郕王所立皇太后吳氏復為宣
廟賢妃廢皇后汪氏復為郕王妃　欽天監奏革除景
泰年號　上曰朕心有所不忍姑仍舊　癸丑郕王薨

於西宮葬祭禮悉如親王謚曰戾妃嬪唐氏等俱殉葬
成化三年五月荊門州學訓導高瑤上言正統己巳之
變先帝既已北狩　皇上方在東宮虜騎薄於都城宗
社危如一髮使非郕王繼統國有長君則禍亂何由而
平鑾輿何由而還迨夫先帝復辟其貪天之功以為己
力者遂加厚誣使不得正其終節惠膺祀未稱典禮伏
望特敕禮官集議追加廟號以盡親親之恩事下禮部
議之　十二月禮部等衙門會議高瑤所奏追加景泰
廟號事僉謂郕王繼位六七年間行事具在實錄其廟

號非臣下所敢輕議請自上裁左庶子黎淳奏曰正統
十四年八月冊立陛下為皇太子至九月群臣又奉郕
王即帝位改元景泰緣陛下為皇太子在前郕王即帝
位在後事理有礙至天順元年正月先帝復位欽遵聖
烈慈壽皇太后聖旨仍以景泰為郕王誥告天下人倫
正天理得而名正言順矣高瑤建言乃欲加郕王廟號
臣惟朝廷既立皇太子則異時居天子之位乃皇太子
也曾未半月群臣又立親王為天子則前時所立之皇
太子將何為哉若曰主少國疑四方多事周成王之時

姬旦實有功之叔父何不遂取天位若曰神器久虛不
可無人共和之際周召皆王國之懿親何不共分姬室
特以君臣有定分皇太子為君親王為臣天經地義民
彝物則截然一定而不可易也今多官會議依違苟簡
略無定見猶欲煩瀆聖聽豈臣愚之所能喻哉先帝明
並日月此事處置已久人心已定今若誤聽高瑤之言
一加郕王廟號必將祭告太廟改易舊制而行祔廟承
祧之禮必將遷啓梓宮改造山陵而加珠襦玉匣之典
必將追贈皇太后皇后之稱必當盡復當時所用之人

所行之政且高瑤此言誣先帝於不明陷陛下於不孝
昔魯隱公內不承國於先君上不稟命於天子諸大夫
扳而立之是爭亂造端故春秋首書元年春王正月而
削公即位正大倫也郕王之即位內承國於何君上稟
命於何主不過群臣扳己以立而遂立耳律之隱公允
合無異為人君父而不通春秋之義者必蒙首惡之名
是故昌邑王既廢未聞復為漢某帝更始既廢未聞復
為漢某王誠不敢悖逆春秋務不明之過加於先君而
欲全孝道於子孫也陛下昔為皇太子名正言順誰得

私議郕王乃敢廢之易以己子至使先帝久遭幽閉此
非郕王所自為也當時館閣大臣陳循等貪圖富貴密
運姦謀從諛為之也至於天順元年郕王有疾陳循自
合迎請先帝復位卻乃率領群臣奏乞早選元良正位
東宮當時皇太子見在欲選何人以臣愚見若非南城
迎駕之功先帝終無出路但迎駕者又皆貪圖富貴之
小人氣盈志滿驕奢淫佚靡所不為是故高爵厚祿尊
顯於元年者賞其迎駕之功也嚴刑峻法誅戮於後來
者罰其驕矜之罪也陛下即位之初有罪群邪寒心破

膽及見取田商輅復職内閣然後次然自以為得計又
皆私竊效慕希求進用彼小人者但欲得官豈顧貽患
臣謂高瑶此舉非欲尊禮郕王特為群邪進用之地此
必有小人主使之者不然彼草茅疎遠安敢妄言上誣
先帝之明使後世視為口實今之議者亦豈可不察乎
此隐忍曲從而煩陛下之議哉疏入
上曰景泰已往過失朕不介意俱不必行
成化十一年十二月戊子命復郕王帝號

憲章類編卷之三終

憲章類編卷之四

嘉靖初議大禮

正德十六年四月世宗　戊申命禮部會多官議興獻王主祀稱號毛澄請之内閣楊廷和出文獻通考檢漢定陶王宋濮王事授之曰是足爲據異論者即奸邪當斬　會試中式舉人張璁詣同鄉禮部侍郎王瓚曰今上繼統非爲人後與漢哀帝宋英宗事體不同瓚信之遂形諸言楊廷和令言官論瓚改調南京以侍讀學士汪俊代之　五月癸丑禮部尚書毛澄會同府部堂官翰林科道上議主祀漢成帝立定陶王爲太子立楚孝王孫景爲定陶王奉共王祀今　上入奉大統宜別立興獻王後以主祀事宜令益王第二子崇仁王厚炫襲封奉祀又稱號宜如宋英宗濮安懿王故事稱　孝宗爲皇考改稱興獻王爲皇叔父興獻王妃爲皇叔母議上　上曰此事體重大其再議　六月毛澄汪俊會府部大臣翰林科道上議武宗以神器授上有父道焉特以昭穆同止稱皇兄與獻王雖有罔極恩斷不可以稱

諸孝廟者稱之因復録魏明帝詔上之留中　勑尊本生父母　七月庚戌大理寺辦事進士張璁上疏其略曰朝議擬尊聖考爲皇叔父聖母爲皇叔母不過拘執漢定陶王宋濮王故事耳言者謂孝宗德澤在人不可無後夫孝宗誠不可忘使聖考尚存嗣位今日恐弟亦無後兄之義今聖考往矣稱以皇叔父幽冥之中固不得而知但迎養聖母稱以皇叔母則當以君臣禮見恐子無臣母之義故謂繼統　武宗而尊崇其親則可謂繼嗣　孝宗以自絶其親則不可夫統與嗣不同而非必父死子立也惟聖明體察　上遣司禮監官以疏送至内閣楊廷和曰秀才焉知國家事體復持入　甲子上御文華殿召楊廷和蔣冕毛紀入諭曰至親莫如父母因授以手勑曰卿等所言俱有理但朕罔極之恩無由得報今尊父爲興獻皇帝母興獻皇后祖母康壽皇太后廷和等退而上言禮謂所後者爲父母而以其所生者爲伯叔父母盖不惟降其服而又異其名也臣等不敢阿諛順旨仍封還手勑　八月　上以聖母將至命禮部具儀初議由東安門入再議由大明左門入

上遂斷由大明中門入謁廟　毛澄等上言興獻
號　皇上未即裁定張璁乃力非廷議御史盧瓊遂論
恐聖知因邪說而生惑大禮踵衰世而不經宜將張璁
戒諭不聽　九月毛澄等復上請謂大禮未定給事中
史于光歷數張璁建議之偏誠懼其上搖聖志下起羣
疑還宜將張璁戒諭不聽　上命備駕奉迎聖母禮部
奏請用王妃儀仗　上命錦衣衛治母后駕儀聖母不
入　上涕泣啓慈壽皇太后願避位躬奉聖母歸藩羣
臣惶怖　十月己卯張璁齎疏至左順門楊廷和令齎

撰揚維聰偕庶吉士十餘人沮之璁不聽遂上疏及大
禮或問以進　上覽之留中　辛巳勅禮部曰聖母慈
壽皇太后懿旨以朕承大統本生父興獻王宜稱興獻
帝母興獻后憲廟貴妃邵氏皇太后仰承慈命不敢固
違　壬午聖母至由大明中門入　上候迎午門內入
見奉先殿奉慈殿　乙酉兵部主事霍韜同知馬時中
監生何淵巡檢房濬各上疏議大禮一如張璁之議
上令禮部知之　十一月丙辰遣司禮監官至內閣諭
令擬加皇太后興獻后尊號楊廷和等上言少俟來年

皇上大昏禮成加上　十一月張璁大禮或問留中者
始下禮部看詳時大學士楊一清家居寓書吏部尚書喬
宇曰張生此論終當從之宇不聽　乙亥給事中熊
浹疏言大禮亦如張璁之議巡撫雲南都御史何孟春
奏興獻帝宜止稱皇叔請去父字喬宇尋以孟春為吏
部侍郎熊浹陞僉事時費宏初起用為大學士以浹為
鄉人恐廷和致疑遂外補之　十二月選張璁為南京
刑部主事尚書石瑤語之曰第慎之大禮說終行也
楊廷和寓書致仕都御史林俊俊上奏曰司馬光謂秦

漢而下自旁支入承大統或推尊所生父母為帝為后
皆取譏當時貽議後世陛下何忍襲為之奏入留中
起林俊為工部尚書疏辭不允　庚寅御批加興獻帝
興獻后尊號皇字楊廷和等上言恐紊一代綱常攜萬
世公論敢封還御批若加皇字是忘所後而重本生任
私恩而棄大義臣等不得辭其責者願罷歸　上曰卿
等所言皆大義朕奉昊天至情不必拘於史志可勉録
皇號　內閣九卿翰林科道連章累疏皆言張璁倡為
邪說願罷斥之後璁等據經累疏極言大合　上意以

全大孝從之大明會典可考

南北郊

社稷山川祔

洪武元年正月命中書省禮部定議郊廟及百神祀典李善長等奏有國大祀曰圜丘方丘宗廟社稷各具沿革以進遂建南北郊太社稷　二月壬寅朔　陶安奏言天子大社必受霜露風雨以達天地之氣若亡國之社則屋之不受天陽今於社稷壇創屋非禮若祭而遇風雨則於齋宮望祭　帝是之　○十一月庚子冬至祀昊天

上帝于圜丘

洪武二年二月禮部尚書崔亮奏按禮運宜增天下神祇壇於圜丘之東方丘之西其神主皆題曰天下神祇詔從之　八月上以郊禮諸祭壇而不屋行禮之際或雨沾服失容因諭禮官考求前代壇宇可以便於行事者禮部尚書崔亮奏宋祥符九年南郊值雨則就太尉廳望祭元經世大典壇垣內外亦嘗建屋以備風雨請依此制於二丘壇南建殿九間社稷壇北建殿七間如值風雨則於此望祭上從之　十一月乙巳冬至祀天于圜丘奉　仁祖淳皇帝配

洪武三年五月戊申夏至祭地于方丘

洪武四年十一月丙辰冬至祀天于圜丘　上還御奉天殿百官行慶成禮

洪武五年戊午夏至祭地于方丘

洪武六年正月壬子祭告太歲風雲雷雨嶽鎮海瀆鍾山等神　九月鑄太和鍾成建樓於圜丘齋宮之東北懸之每郊祀候駕起則鍾聲作登壇則止禮畢升駕又擊之

洪武七年秋七月議增圜丘方丘從祀　九月禮部太常司奏議祭祀拜禮　上命節為十二拜始迎神四拜至飲福受胙四拜又至送神四拜著為定儀

洪武十年八月詔改建圜丘于南郊初圜丘在鍾山之陽方丘在鍾山之陰上以分祭天地人情有所未安至是欲舉合祀之典廼命即圜丘舊址為壇而以屋覆之名曰大祀殿命改建社稷壇于午門之右社稷共為一壇　冬十月新建社稷壇成先是禮部尚書張籌奏天地社稷宗廟崇敬之禮一也書稱成湯顧諟天之明命

以承上下神祇社稷宗廟罔不祗肅後世列為中祀矣
所以崇祀之意至唐升為上祀國初仍列中祀臨祭之
日或具通天冠絳紗袍或以皮弁行禮祭未有定今既
考用古制右社稷左宗廟有事社稷則奉　仁祖皇帝
配其禮重矣宜升為上祀具冕服以祭　上是之至是
行奉安禮上冕服乘輅百官具祭服詣舊壇以遷主告
洪武十一年二月祭太社太稷前二日詣奉先殿告
仁祖淳皇帝配祭日陳設太社在東太稷在西俱北向
淳皇帝在東西向
洪武十二年春正月己巳朔　己卯合祀天地於南郊
大祀殿自齋戒百官至將祭之夕天宇澄霽升壇星緯
昭煥祥飆慶雲光彩煒燿　上心甚悅禮成勅中書翰
臣曰朕周旋祀事十有一年見其儀太繁乃以義起更
其儀式合祀社稷既祀神乃歡今十二年春始合天地
太祀而上下悅若有響答於朕心爾中書下翰林令儒
臣記其事以彰上帝皇祇之昭格
洪武二十年正月甲子大祀天地于南郊禮成天氣清
明聖情悅豫侍臣進曰此陛下敬天之誠所致　上曰
所謂敬天者不獨嚴而有禮當有其實天以子民之任
付於君為君者欲求事天必先恤民恤民者事天之實
也即如國家命任守令之事若不能福民則是棄君之
命不敬孰大焉又曰為人君者父天母地子民皆職分
之所當盡祀天地非祈福於己實為天下蒼生也
洪武二十一年三月增脩南郊壇壝於大祀殿丹墀內
疊石為臺四東西相向以為日月星辰四壇又於內壝
之外亦東西相向疊石為臺凡二十各高三丈有奇周
以石欄陛降為磴道臺之上琢為山形鑿龕以置神位
以為五嶽五鎮四海四瀆次風雲雷雨山川太歲天下
諸神及歷代帝王之壇壝之後樹以松柏外壝東南鑿
池凡二十區冬月伐氷藏凌陰以供夏秋祭祀之用其
歷代帝王及太歲風雲雷雨嶽鎮海瀆山川月將城隍
諸神並停春祭每歲八月中旬擇日祭之日月星辰既
已從祀其朝日夕月禜星之祭悉罷之仍命禮部更定
郊廟社稷諸祀禮儀著為常式　十二月朔建文帝如
郊壇明年將有事南郊故特至省牲滌器嚴飭百吏禮
畢還宮

革除建文元年春正月庚辰大祀天地於南郊始奉
太祖高皇帝配　方孝孺進郊祀頌
革除建文二年正月辛未大祀天地於南郊明日宴慶
成羣臣大歡會賦詩詔頒示天下
革除建文四年秋七月壬午朔成祖大祀天地于南郊
洪熙元年正月勑禮部太常寺今年正月十五日大祀
天地神祇奉皇祖皇考配仍著典章垂憲萬世
天順二年正月大祀天地于南郊
正德元年六月辛酉雷震郊壇門

按國初郊廟社稷先農為大祀巳而改先農及山川
帝王先師旗纛為中祀諸神小祀嘉靖中以朝日夕
月天神地祇為中祀大祀致齋三日中祀二日祀有
牲牲四等曰犢曰牛曰太牢曰少牢色尚騂或黝天
地日月加玉馬玉三等曰蒼璧曰黃琮曰玉牲大祀
入滌九旬中祀三旬小祀一旬餘禮不用牲用果脯
從其族也或用素羞祀有帛大祀中祀京師用制帛
制帛五等曰郊祀曰奉先曰禮神曰展親曰報功小
祀素帛禮佛帛王國司府州縣亦用帛小祀則否凡
事有樂樂四等曰九奏曰八奏曰七奏曰六奏奏樂
有歌有舞堂上舞堂下舞皆八佾佾有文有武先師
六佾佾去武小祀則否凡助祭文臣五品武臣四品
以上嘉靖中都給事中乞得助祭帝社稷無助祭大
臣五六人陪拜焉小祀則否
嘉靖九年更定南北郊禮南郊　皇天上帝南向太祖
西向東一壇大明西一壇夜明東二壇二十八宿西二
壇雲師雨師風師雷師北郊　皇地祇北向　太祖西向
東一壇中嶽東嶽南嶽西嶽北嶽基運山翊聖山神烈山
西向西一壇中鎮東鎮南鎮西鎮北鎮天壽山純德山

東向東二壇東海西海南海北海西向西二壇大江大
淮大河大漢東向

祈穀崇雩禮

按世廟以歲饗禘行祈穀禮於南郊大饗殿祭上帝
用騂犢蒼玉禮三獻樂九奏舞八佾　上禱雨祭上
帝如祈穀禮去玉
嘉靖九年　上欲于奉天殿中行秋報禮冊陛上行大

雩禮夏言言秋報大祀殿奉　文皇帝配以作
上分配祖宗之敬第與祈報之義大學士丘濬欲於南郊
兆旁擇地為雩壇歲孟夏後行雩祭禮　上既以孟春
上辛祈穀於上帝自二月至於四月雨暘時若則大雩
之祭可遣官攝如雨澤愆期上禱焉

奉天殿合祀

洪武十年十一月丁亥冬至始合祀天地于奉天殿祀
文曰禮以義起貴乎情文兩盡曩者建國之初遵依周

禮分祀天地于南北郊周旋九年於心未安誠以人君
者父母天地仰覆載生成之恩一也及其嚴奉禋祀則
有南北之異揆以人事人子事親曷敢異處竊惟典禮
其分祀者禮之文也其合祀者禮之情也徒泥其文而
情不安不可謂禮方改建大祀殿功未就緒今朝堂適
成時當冬至謹合祀於殿庭自今以春首合祀于南郊
永為定禮謹奉皇考仁祖淳皇帝配惟上帝皇地祇鑒
之

朝日夕月壇

洪武三年正月禮部奏定朝日夕月禮稽古者朝日壇
宜築於城東門外高八尺夕月壇宜築於城西門外高
六尺朝日以春分日夕月以秋分日星辰則祔祭於月
壇從之

按國初有朝日夕月之祭洪武二十一年罷嘉靖九
年復朝日壇在東郊西向春分之日祭大明之神用
太牢玉禮三獻樂七奏舞八佾甲丙戊庚壬年　皇

帝親祀祭服拜跪飲福受胙餘年遣文臣攝祭夕月壇
在西郊東向秋分之日祭夜明之神樂六奏牲玉獻舞
如朝日從祀二十八宿木火土金水五星周天星辰南
向用太牢丑辰未戌年　皇帝皮弁服親祀拜跪飲福
受胙餘年遣武大臣攝祭

太廟

洪武元年二月定宗廟時享禮四孟歲除凡五　十一
月己亥上詣太廟告曰臣以今年十一月初三日冬至

祀上帝于南郊先告祖考知之歷代有天下者皆以祖
配天茲獨未敢者以功業猶有未就政治或有缺失恐
無以承上帝好生之德故不敢輒奉以配候南郊竣事
當率百司恭詣殿庭告成大禮以共享上帝之錫福
洪武二年正月更定太廟時享春以清明夏以端午秋
以中元冬以冬至　六月丁亥造太廟器成先是　上
諭禮官曰禮緣人情因時宜不必泥古近世祭祀皆用
古籩豆之屬宋太祖曰吾先人亦不識此孔子曰事死
如事生事亡如事存今造宗廟祭器只依當時所用器

是造酒壺盂盞之屬皆擬平時之所用又置揮椸枕簟
篋笥帷幔之屬皆象其平生所為
洪武三年九月詔翰林侍讀學士魏觀自今太廟祝文
止稱孝子皇帝不稱臣凡遣太子行禮止稱命長子某
勿稱皇太子著為令
洪武十一年秋享太廟太常官奏栗未熟請以桃代
上曰諸祭果實不必常品有即用之著為令
洪武三十一年四月己丑享太廟畢　上步出廟門徘
徊顧立指桐梓謂太常寺臣曰往年種此因感愴泣下

又曰昔太廟始成還主就室禮畢朕退而休息夢朕
考妣曰西南有警覺即視朝果得邊報祖考神明照臨
在上無時不存爾等當祭祀宜加敬慎旦暮中使供灑
掃奉神主恐有不虔當以時省視務令齋潔以安神靈
成化三年十月南京司禮監內官家人阮權盜南京太
宗神御珠冠金盆等物事覺伏誅
成化四年九月辛未祔享孝莊睿皇后神主于太廟
正德元年六月辛酉雷震太廟
　按宗廟前殿後寢殿後有祧殿皆九楹各翼兩廡寢

殿藏主如同堂異室之制祭出主於殿畢歸主於寢
殿　高皇帝高皇后中宮　文皇帝文皇后　昭皇
帝昭皇后　章皇帝章皇后　睿皇帝睿皇后　純
皇帝純皇后　敬皇帝敬皇后　獻皇帝獻皇后
毅皇帝毅皇后　敘列左右室皆南向祧殿藏　德
祖玄皇帝后　懿祖恒皇帝后　熙祖裕皇帝后
仁祖淳皇帝后　恭仁康定景皇帝貞惠安和景皇
后不得入宗廟　孝潔陳皇后未祔廟別殿祀焉立
春特享　皇帝祭太祖太臣八人祭諸帝內臣八人

獻諸后立夏時祫 太祖南向 成祖西向北上上於七宗七宗東西相向立秋時祫如夏禮立冬時祫亦如之季冬中旬擇日大祫 德祖 懿祖 熙祖 仁祖 太祖異室南向 成祖 仁宗 英宗 孝宗 睿宗東叙西向 宣宗 憲宗 武宗西叙東向 成祖北上如時祫 皇帝獻德祖帝后大臣十二人分祭諸帝内臣十二人獻諸后

奉先殿崇先殿

洪武三年十二月建奉先殿於乾清宮左自大廟一歲五享之外每日焚香朔望薦新節序及生辰皆於此祭祀用常饌行家人禮

按奉先殿藏 列聖帝后神主朔望薦時食嘉靖初尊皇考為皇帝未祔廟亦未祔奉先殿別立崇先殿既建九廟主皆還於廟中時食之薦在奉先殿承天又有隆慶殿奉 獻皇帝后

世廟

按世廟 睿宗獻皇帝廟也 世宗既尊 皇考為獻皇帝遂不敢祔宗廟別為世廟祀禮如宗廟既尊稱 睿宗祔太廟享祫如列聖而徹世廟之禮

大饗殿

嘉靖十七年 上欲宗祀 皇考以配上帝乃撤南郊大祀殿建大饗殿饗上帝尊謚皇考獻皇帝侑饗是秋殿未成乃大饗於宮右乾隅玄極寶殿遂升祔 皇考於太廟仍藏主於原寢

大禘

洪武七年八月御史答禄與權言古之王天下者既立始祖之廟又推始祖所自出之帝祀之於始祖之廟而以始祖配之故曰禘禘者大也王者之大祭也周祭太王為始祀推本后稷以為自出之帝今 皇上受命已七年矣而禘祭未舉宜命群臣參考酌古今而行之以成一代之典事下禮部太常寺翰林院議以為虞夏商周世系明白其始祖所從出可得而推故禘禮可行漢唐

來世系無考莫能明其始祖所自出當時所謂禘祭不過祫祀祧主序昭穆而祭之乃古之大祫非禘也宋神宗嘗曰禘者所以禘祖之所自出莫知祖之所自出禘禮不可行也今國家既已追尊四廟而始祖之所自出者未有所考則于禘祭之禮似難舉行 上是其議

按大禘禮至嘉靖十年三月勑諭朕仰惟 太祖肇創洪圖 奠清宇宙掃除腥羶復我文明克享天心君臨億兆必自上世之積德乃出中夏之元聖顧追報之禮未舉而昧幼之懷罔遂朕躬承 祖鑒恭行

大禘禮今孟夏之吉祀始自出之祖于太廟奉 皇祖配每逢辛丙之年一舉著為成範欽哉親撰祝文定擬神牌冠服陳設圖儀凡祭書神牌于太廟曰皇初祖帝神南向牛一羊一豕一 太祖配位西向牛一羊一豕一禮三獻樂六奏舞八佾祭畢燎牌位

奉慈殿

奉慈殿在奉先殿右 孝宗生 母孝穆紀太后不得祔太廟奉先殿 孝宗即位初作奉慈殿別祀太后已而 憲宗生母孝肅周太皇太后世宗 皇考獻皇帝生母孝惠邵太皇太后皆祀殿中孝肅中室孝穆孝惠在右室主書皇太后太皇太后歲享薦禮如太廟奉先殿嘉靖八年二月禮部言 悼靈皇后正位中宮上佐宗祀者七年禮宜祔享太廟但今九廟已備唐宋故事后於太廟未有本室創別廟祀之禮喪服小記婦祔於祖姑祖姑三人則祔於親者 孝惠太皇太后實 皇考獻皇帝生母 悼靈皇后主請祔奉慈殿 孝惠太皇太后之側 制曰可嘉靖十五年八月 孝惠神主

遷於陵殿禮官言初擬奉遷 悼靈皇后於奉先殿旁室今殿無旁室惟斜鄰西廡似非奉安元后之地惟殿盡西一室空虛清閟宜遷奉歲時享祀或有事祭告祖宗 列聖宜一體設饌但不啓匱不定祝稱斯為合禮制曰可又言謚稱悼靈考之謚法類非全美宜更定褒稱是月改謚孝潔皇后 是年上諭禮官曰廟中帝記一后陵祔葬乃有二三后廟祀陵祀本不同奉慈三后主既不得祔廟又不祔陵殿似黜之非親之也禮官遂請奉孝肅於裕陵孝穆孝惠于茂陵殿 上又曰皇

太后太皇太后本子孫尊稱稱曆皇后純皇后又嫌於
適改主題皇后不得書帝謚罷奉慈薦禮

侑廟功臣

按侑廟功臣位次中山王十二人洪武年定河間王
四人洪熙年定皆序封爵首王次公次侯開國功臣
靖難功臣各自為序至嘉靖十六年進誠意伯位六
王之下群公之上以為不倫及營國公郭英進視彝
兩朝功臣叙爵於是營國公列永義侯之上誠意稱

列寧國公之下

祧廟

成化二十三年十月孝宗詔集議祧廟國朝自德祖至
英宗九朝已備及憲宗山陵畢神主將升祔於制當祧
廟乃下禮部集群臣議少詹事楊守陳上言天子禮七
廟祖有功宗有德乃孔子之言凡號太祖者即始祖
當尊以配天若商周之棄稷皆以功論不以統論也宋
之僖祖及我德祖可比商祖乙周亞圉非契稷比議者
徒謂大儒嘗有取于王安石之說遂使七廟之間既有
始祖又有太祖既以配天又不正南向之位名與實乖
皆非禮也今憲廟升祔請并祧德懿熙三祖自　仁祖
以下為七廟異時祧盡則以　太祖擬商周契稷而祧
主藏于後寢祫禮行于前廟時享則尊太祖祫祭則尊
德祖各不失尊庶無悖禮禮部尚書周洪謨及侍郎倪
岳議以為此說固所以尊太祖然豈太祖崇本尊親之
意哉國家自德祖以上無可復推則德祖視周后稷
太祖太宗視周文武皆百世不祧懿祖而下當以次祧

遷今憲宗升祔當祧懿祖宜於太廟寢殿之後別建廟
祧主之所如古夾室之制每歲暮合享則奉祧主仍居
舊位以應古祫祭之制　上從之　建祧廟于太廟正
殿後奉藏　懿祖神主及儀物於其中奉遷　熙祖于
正殿東第一室　仁祖以下皆以次奉遷祔　憲宗神
主於西第四室每歲暮則復奉　懿祖神座於正殿之
右居　熙祖之上行祫祭之禮

宮殿門闕

洪武丙午十二月命有司立廟社建宮室典營繕者以
宮室圖進見有雕琢奇麗者悉去之
洪武戊申元年正月居新宮
洪武十年十月觀心亭成　上臨幸焉時宋濂來朝乃
召語之曰人心易放操存為難朕日酬庶務罔敢自暇
自逸况有事于天地宗廟社稷尤用祗惕是以作此亭
名曰觀心卿為朕記之傳示永久　改作大內宮殿成
闕門曰午門翼以樓觀中三門東西為左右掖門午門
內曰奉天門門之左右為東西角門內正殿曰奉天殿

上御之以受朝賀殿之左右有門左曰中左門右曰中
右門兩廡之間左曰文樓右曰武樓奉天之後曰華蓋
殿華蓋之後曰謹身殿殿後則後宮之正門也奉天門
外兩廡之間有門左曰左順門右曰右順門左順門之
東為東華門內有殿曰文華殿東宮視事之所也右順
門之西為西華門內有殿曰武英殿　上齋戒時斋也
制度皆如舊而稍加增益規模益閎壯矣　十一月
上以大內宮殿新成制度不侈甚喜因謂侍臣曰人主
嗜好所繫甚重躬行節儉方能養性崇尚侈靡必至喪

德朕嘗念昔居淮右頻年饑饉艱於衣食今富有四海
何求不遂何欲不得然檢制其心惟恐驕盈夙夜兢惕
弗遑底寧故凡有興作必量度再三不獲已而後為之
宮壼之間皇后亦躬服澣濯皆非故為矯飾實恐暴殄
天物剥傷民財不敢不謹且節儉之守非徒治天下者
當守治家者亦宜守之爾等歲祿有限而日用無窮費
或過度何從辦集侵牟剥削皆原于此須體朕懷共崇
節儉庶幾無悔
洪武十三年五月甲午雷震謹身殿

革除建文元年十二月省躬殿成殿在乾清坤寧二宮
間為退朝燕息之所置古經聖訓其中以尚寶丹書之
旨更書器色宮室之戒命方孝孺為銘
革除建文二年八月改謹身殿為正心殿
革除建文二年八月承天門災詔求直言未幾乙字庫
災九月承天門成改為皐門遂改午門為端門端門為
應門前門為路門
成祖革除建文四年十一月新作奉天殿成
永樂四年閏七月文武群臣淇國公丘福等請建北京

宮殿備巡幸

永樂五年八月　勑宋禮金純古朴師逵劉觀等以營建北京取財於外宜節量人力俾無咨怨各盡乃心毋忽

永樂十四年八月作西宮初上至北京仍御舊宮及是將徹而新之乃命工部作西宮為視朝之所

永樂十八年北京宮殿成

永樂十九年夏四月庚子奉天華蓋謹身三殿災

正統六年冬十月修建奉天華蓋謹身三殿及乾清坤寧二宮成

正統八年四月雷震奉天殿鴟吻

正統十四年六月丙辰南京宮殿災是夜雷電大震風雨驟作謹身殿火起延及奉天華蓋二殿奉天諸門皆盡燬

天順元年秋七月初六日承天門災

天順三年十一月南内離宮成

成化三年六月雷震南京午門正樓

成化九年七月東直門火

成化二十三年六月雷震南京午門

弘治十一年十月乾清宮災

正德元年六月辛酉雷震奉天殿

正德九年正月乾清宮災

正德十六年十一月世宗　甲戌乾清宮成　上自文華殿入居之

皇城門禁

洪武二十八年十二月申定皇城門禁約凡朝叅午門先放直日都督將軍及應直帶刀指揮千百户鎮撫散騎舍人然後文武官以次而入不許攙越其上直官軍三日一易於朝退辰時交代凡内官内使火者出門須比對銅符若本無銅符及有不比對輙放行者守門官軍治以重罪仍密加搜檢有公差帶金銀段疋出者憑勘合照驗亦須明白附寫往某處公幹及記所帶衣服顏色件數回日點對有不同者即時奏聞其工匠人等出入各門依例搜檢有誤帶鈔物者許附寄各門如出門夾帶鈔物者許執奏凡官軍民人有事入不許阻遏

及問其事情違者官軍皆坐罪

洪武二十九年五月命詹事府翰林院尚寶司中書舍人六科給事中儀禮司於午門内出入者各給牌為驗

祖宗法制

宣宗四年十一月有建言洪武永樂中法制有當改易以從宜者　上謂侍臣曰自古帝王創業垂統必有成憲以貽子孫能謹守之足以保天下若自作聰明或惑於小人而變更之不免生禍亂如唐府兵制近古幾

一變為彍騎再變為方鎮遂使武夫悍卒得專方面唐遂以亡宋之賦役祖宗時皆有定制其後變為新法民不勝擾自是朝政反覆國事日非卒致夷虜之禍是皆可監　侍臣對曰子孫惟恭儉則能保守　上曰然亦須任老成人如宋常得李沆其人任用之豈有改祖法之事

京都

洪武元年八月詔以汴梁為北京金陵為南京

永樂元年正月以北平為北京

永樂十四年十一月復詔群臣議營建北京先是車駕至自北京工部奏請擇日興工　上以營建事重恐民力不堪乃命文武群臣復議之於是文武群臣上疏曰伏惟北京乃聖上龍興之地北枕居庸西峙太行東連山海南俯中原沃壤千里山川形勝足以控四夷制天下誠帝王萬世之都也比年聖駕巡狩萬國來同民物阜成禎祥協應天意人心昭然可見然陛下重於勞民延緩至今臣等切惟宗社大計正陛下當為之時況今

漕運已通儲蓄充溢財用具備軍民一心營建之辰天實啓之乞早賜聖斷勅所司擇日興工以成國家悠久之計以副臣民之望　上從之

永樂十八年九月北京宮殿將成欽天監言明年正月初一日上吉宜御新殿遂遣夏原吉齎勅召皇太子期十二月終至北京　十一月以明年御新殿受朝詔天下　十二月乙卯皇太子太孫將至行在夏原吉先入奏　上喜賜鈔一百錠命諸司先期分官出候于良鄉

戊午立春　上御奉天殿文武群臣行賀禮　初營建

北京凡廟社郊祀壇場宮殿闕規制悉如南京而高敞壯麗過之復於皇城東南建皇太孫宮東安門外東南建十王邸通為屋八千三百五十楹自永樂十五年六月興工至是成陞營繕司郎中蔡信為工部右侍郎營繕所副吳福慶等七員為所正所丞楊青等六員為所副以木瓦匠金珩等二十三人為所丞賜督工文武官員及軍民夫匠鈔各有差

永樂十九年春正月甲子朔　上以北京郊社及宮殿成是日早躬詣太廟奉安五廟太皇太后神主命皇太子詣天地壇奉安昊天上帝后土皇地祇神主皇太孫詣社稷壇奉安太社太稷神主黔國公沐晟詣山川壇奉安山川諸神主禮畢　上御奉天殿受朝賀　戊寅大赦

正統六年十一月定都北京　上御奉天殿朝群臣大赦天下　永樂初議遷都十八年定都于北洪熙初仁宗欲都南京至是宮殿完仍定都北京遂為永制

京都形勢説

本朝之都燕也蓋與古不同稍難于周漢而大勝于東漢趙宋矣夫周漢建都西北地資建瓴之險人籍風氣之勁天下莫之競焉東漢宅雒已失全勢宋人捐燕雲則又無限胡之防故卒不能為守我　朝都燕雖風氣之稟士馬之強不及周漢然據險防胡居外馭內其視周漢一也故自其常論之則　京後為最急宣大次之遼東次之陝西又次之去　京有遠近也夫　京師為最急則大寧之內徙三衛之盤據不可不講也宣大次之則獨石之孤懸豐勝之淪沒不可不講也講大寧則遼薊無阻隔而遼東之右臂伸講豐勝則山陝有交應而甘肅之左臂伸此立國之宏規保安之上畫也而永樂宣德之間但知兀良哈之誠款開平之艱遠豐勝之可口不立甘心棄土略不顧惜得非往事之恨乎自其變論之則大寧不可復而　京後之重垣宜設宣遼不可合而花當朶顏之交搆宜防開平東勝已淪異域而宣大之士馬不可一日忘戰而成化弘治之間但知火篩之通貢山海之征商宣大之鑿塹築敵臺　京後之防一不措之籌策又非往事之恨乎夫始也籍開創之威

東斥大寧西闢豐勝無難也繼也籍生養之富大垣
京後盛兵宣大無難也時日因循不以為意偷玩既久
釁孽乃生虜犯太原則增忻代澤潞之兵而秉寧鴈之
塞虜犯洪蔚廣昌則城宣府之塞而弛東北之防夫阻
太原之寇在力戰于大同偏頭之間恤洪蔚之擾當不
忌乎潮河川黃花鎮之備增忻代澤潞之兵則度支急
弛東北之防則畿輔震近年之經營得徵亦有過乎嗟
夫白刃在前不顧流矢虜既目宣大矣垣宣大可也朔
晉所獨防患未然因垣宣大而併垣　京後亦可也積
薪必燃防川必決以宣大為餌而先垣　京後亦可也
悉力宣大置　京後不講則所謂輕重緩急之間失權
多矣於戲往有恨無能追也近有過亦幸無大失也今
宣大之垣按告成而隆永之荼毒極慘慄矣大城　京
後以萬金湯宣大以戰而為守　京後以守而為戰宣大
遇秋則秉塞餘時有入與之戰　京後有警則秉塞餘時分為番
休以習禁軍之勞逸斯皆所謂即體酌用備形勢之道也

京都城門

洪武十九年十二月詔中軍都督府造通濟聚寶三山
洪武等門
洪武二十三年四月築京都外城
正統四年五月新作京城九門成

觀天臺

永樂二十二年十二月作觀天臺於禁中

中都

洪武二年九月壬辰朔　詔以臨濠為中都命有司建
置城池宮闕如京師之制
洪武三年十二月中都營建落成古塗山氏之國即大禹會萬國諸侯之所
洪武五年十月　上以營中都恐力役妨農詔自今雜
犯死罪可矜者免死發臨濠輸作
洪武八年冬十月　上命皇太子秦王晉王楚王靖江
王出遊中都以講武事詔太子賛善宋濂長史趙壎等
從既行上閱輿地志得濠梁古蹟命內臣馳驛賜東宮
令濂詢訪隨處言之皇太子至池河得上所賜示濂濂

曰臨濠古跡唯塗荊二山最著皆在鍾離縣西八九里間岡巒相屬淮水繞荊山之陰神禹鑿之水始流山間民免脩阻之患昔人所謂覩河洛者思禹功此亦一大觀也　十一月壬寅皇太子過中都乃徃游焉命濂作記其諸古跡濂随處進說甚有規益事畢遂還京師

十一月詔江陰侯吴良監鑄大鐘于鳳陽

洪武十一年九月賜中都國子學助教貝瓊致仕瓊浙江崇德人篤志好學博通經史年四十八始領元鄉薦張士誠據姑蘇累徵不就洪武三年薦脩元史六年擢國子助教九年遷中都國子助教至是致仕明年卒于家所著有清江文集

洪武十六年三月復鳳淮縣賦視豐沛

洪武二十七年正月以中都國子監為鳳陽府儒學

按中都無城有陵在故以陵為城城可無設如得城則於陵守力疎又以臨淮城輔之可援應

卷之四終

憲章類編卷之五

親征

征虜酋本雅失里

永樂七年九月遣書諭

皇太子曰比遣丘福等率兵北征皆沒於虜辱國如此若不再舉殄滅之邊禍未已今選將練兵來春朕決意親征凡國家之事爾當慎重不可忽也　十月上召諸將諭以親征之策

永樂八年二月　上親征虜酋本雅失里命胡廣楊榮金幼孜扈從命皇長孫留守北京以親征胡虜詔告天下　丁未車駕發北京　三月丁卯朔　甲戌　駐蹕鳴鑾戍瓦刺順寧王馬哈木遣完者不花荅哈帖木兒等貢馬謝恩賜綵幣襲衣　乙亥　上大閱誓師　丙子車駕次凌霄峰登絕頂望漠北顧胡廣等曰元盛時此皆民居今萬里蕭條尚敢倔強果何所恃哉因問廣等曰諸將此來不聞進一言何也對曰成筭在上星火之輝何能上裨日月上曰是何言也聖人有資於芻蕘之言何況君臣之間古稱好問則裕自用則小朕有所為必盡衆人之情曷嘗專任一已以掩群策　丙申駐蹕清水源去營三里許平泉躍出洋溢四達士馬飲之不渴賜名神應泉　夏四月丁酉朔　癸卯車駕次玄石坡製銘勒于立馬峰之石銘曰維日月明維天地壽玄石勒銘與之悠久　壬子車駕次禽胡山製銘刻石曰瀚海為鐔天山為鍔一掃胡塵永清沙漠賜其泉名靈濟　甲寅車駕次廣武鎮賜其泉名清流製銘刻石曰於鑠六師用殲醜虜山高水清永彰我武　五月

乙卯車駕至斡難河追及虜虜拒戰　上登山布陣麾先鋒逆擊一呼而敗之本雅失里窮迫以七騎度河遁去遂班師　六月　班師至靖虜鎮阿魯台詐降逆戰敗走上追擊大敗之　秋七月車駕次開平宴勞將士遣楊榮齎書諭皇太子以七月十七日抵北京　壬午車駕至北京

征瓦刺

永樂十二年二月詔親征瓦刺先是朝廷封阿魯台為

王㐫剌馬哈木等怨焉自是朝貢不至遂議親征命安
遠侯柳升將中軍武安侯鄭亨寧陽侯陳懋豐城侯李
彬領左右哨成山侯王通都督譚清領左右掖都督劉
江朱榮等為前鋒　三月車駕發北京皇太孫從行
夏四月甲辰朔　五軍出塞　五月癸酉朔　駐蹕楊
林　上閱武之暇皇太孫侍每語以創業守成之難
六月壬寅朔　虜寇荅里巴馬哈木太平把禿孛羅等
率衆逆我師　上麾柳升等發神機銃砲斃賊數百人
親率鐵騎擊之虜大敗殺其王子十餘人斬虜首數十

級餘衆敗走上還帳中皇太孫入見上語以虜敗之故
皇太孫叩首稱賀上曰此虜尚未還夜中尤須慎防遏
明追撲之必盡殲乃已皇太孫對曰陛下督戰勤勞天
威所加虜衆破膽矣今既敗走假息無所寧敢返顧乎
請不須窮追宜及時班師上然之　庚戌班師　戊午
駐蹕三峯山之西南和寧王阿魯台遣所部都督朶
兒只晳卜等來朝命中官王安齎勑往勞之　己巳
車駕次黒山峪勑皇太孫以班師告天地宗廟社稷遂
頒詔天下　秋七月壬申朔　癸巳　駐蹕宣府　己

亥駐蹕沙河皇太子遣兵部尚書金忠指揮使楊義進
迎鑾表至　八月辛丑朔　車駕至北京　上御奉天
殿受賀大宴文武群臣及從征將校命禮部會議將士
功賞

征阿魯台

永樂十九年十月阿魯台數寇邊
永樂二十年二月命英國公張輔等同六部官議北征
餽運　三月　邊將奏虜寇阿魯台犯興和先是阿魯

台為㐫剌馬哈木等所敗窮蹙日甚以其妻孥部落奔
竄而南保息塞外奉　表稱臣遣使貢駝馬　上曰虜
性黠詐勢窮来歸非其本心然天地之仁發育而已豈
有所擇哉遂納其貢而禮其使詔封阿魯台為和寧王
母妻皆為夫人賜金帛俾仍居漠北阿魯台感上恩德
屢遣使貢馬又遣其子来朝數年畜牧益蕃生聚益富
而兇悖之心復萌其朝貢之使既歸往往就途刼掠朝
廷使者至彼或恣慢侮亦有拘留之不以禮待者其部
屬屢為邊患每因其使行戒諭之而怙終不悛至是夫

寇興和親征之議遂決在廷文武之臣羣謀僉同命五府整兵户部理餽饟諏日啓行遂誓將士　丁丑以親征告天地宗廟社稷戊寅軷祭于承天門遣官告旗纛太歲風雲雷雨等神車駕發北京遣官祭居庸山川

辛巳駐蹕鷄鳴山虜寇興和者聞　上親征遂夜遁諸將請急追之上曰虜非有他計能譬諸狼貪一得所欲急走追之徒勞少俟草青馬肥道開平踰應昌出其不意直抵窟穴破之未晚　夏四月　辛丑駐蹕龍門戍卒言虜倉猝遁去遺馬二千餘匹於洗馬嶺勑宣府指

揮王禮盡收入城　乙卯駐蹕雲州閱兵顧謂侍臣曰今從征之士皆各處簡擇來者若不閱習何以禦敵兵法以虞待不虞者勝又曰設備於已失之後者非上策朕所以愼重而不敢忽也　五月　辛酉端午節駐蹕獨石賜隨征文武群臣宴　乙丑車駕度偏嶺命將士獵於道傍山下　上顧從臣曰朕非好獵顧卒隨朕征討道中惟畋獵可以馳馬揮戈振揚武事作其驍勇之氣耳　丁卯大閱諸將曰兵行猶水水因地而順流兵因敵而作勢水無常行兵無常勢能因敵變化取勝者

謂之神今先使之習熟行陣猝遇寇至麾之左則左右則右前則前後則後無往不中節矣　戊辰觀士卒射一小旗二發皆中賜牛羊各一鈔二錠銀碗二　上曰賞重則人勸是日上親製平虜三曲俾將士歌以自勵

庚午召英國公張輔安遠侯柳升寧陽侯陳懋武安侯鄭亨陽武侯薛禄隆平侯張信應城伯孫亨新寧伯譚忠興安伯徐亨令就營中馳射　上親觀之惟輔升懋連中餘或半中孫亨不中被罰罷其領兵之任張信托病不至降充辦事官　上謂諸將曰為將之道勇智

貴兼全弓馬便捷所向無敵勇也計筭深遠無所遺失智也智勇全而後可以建功業勇而無智一卒之能耳汝曹勉之　辛未車駕發隰寧次西涼亭西涼亭者故元往來巡游之所　上望其頹垣遺址樹木欝然謂侍臣曰元氏創此將遺子孫為不朽之圖豈計有今日書云常厥德保厥位厥德靡常九有以亡況一亭乎可以為殷鑒矣因下令禁軍士斬伐樹木　癸酉車駕發西涼亭次閱安下令軍中牧放樵採皆不得出長圍之外時營陣大營居中營外分駐五軍建左哨右哨左掖右

掖以總之步卒居內騎卒居外神機營在騎卒之外神機營外有長圍各周二十里　上顧侍臣論用兵之法因召諸將諭曰卿等嘗從朕征討百戰成功試言今日驅除此寇之策諸將叩頭言臣等淺陋惟成算是命上曰兵法云多算勝少算不勝蓋用兵之際智在勇先不可忽也馭衆之道固須部伍整肅進退以律然必將帥撫士卒如父兄於子弟則士卒附將帥亦如手足之捍頭目上下一心乃克有濟至於同列尤須和協一隊當敵則各隊策應左右前後莫不皆然譬如舟行遇風同

舟之人齊力以奮波濤雖險靡不獲濟爾等勉之　癸未車駕發威鎮次行州命戶部以山西河南山東所運糧六萬餘石儲於山海　六月丙戌朔　癸巳車駕次威遠川開平報虜復攻萬全　上召諸將問計皆曰宜分兵還擊之上曰不然此詐謀也虜慮大軍徑擣其巢穴故爲此牽制之術然其衆不多知大軍北行必已喪膽況敢攻城哉不足慮也　秋七月丙辰朔　己未車駕次殺胡原前鋒都督朱榮等獲阿魯台部屬送御營備言阿魯台所部聞大軍出皆憂懼曰有背叛而逭者

繼聞車駕親征阿魯台舉家惴慄其母及妻間之罵曰大明皇帝何負爾而必欲爲逆天負恩事爾死固宜而使吾屬駢首就縛而俘囚將死無葬身處皆汝所貽禍也阿魯台盡棄其馬駝牛羊輜重于闊欒海之側與其家屬直北走矣　上曰獸窮則走然此黠虜未當遽信或挾詭謀示弱以誤我不可不嚴備前哨繼獲虜部曲亦言虜悉衆夜遁矣驗之而信召都督朱榮吳成等還發兵盡收虜所棄牛羊駝馬焚其輜重上召文武群臣諭曰朕非欲窮兵黷武虜爲邊患驅之足矣將士遠來

亦宜休息遂命旋師　是夜召諸將諭曰阿魯台敢爲悖逆者以有兀良哈爲之羽翼也今阿魯台遠遁而兀良哈尚敢入寇當還師翦之諸將請分兵進擊遂簡步騎二萬分五道以行且授之方畧曰兵貴神速所謂迅雷不及掩耳可也諸將頓首受命　上曰官軍至彼虜必西走朕當以兵從西要之遂率精騎數萬馳往命鄭亨王通薛祿將之　庚午上率師至屈裂兒河虜寇數萬餘驅牛馬車輛西奔陷山澤中上麾騎兵爲左右翼齊進寇望官軍勢盛欲突而走上率前鋒衝之斬首數

百級寇自蹂蹴死者相枕藉餘衆散走上乘高望之見寇復聚乃麾兵繞山出其右又分兵渡河斷其後又麾兵出其左先令甲士持神機弩伏深林中戒曰寇經此則發又命嚴陣山下以待已而寇盡棄其輜重馳突而左上麾御前騎士與山下兵馳追之寇奪走而林間神機弩競發寇大潰死傷不可數計餘寇尚數百人躍馬而走上曰必有首虜在其中須擊之率騎兵追奔三十餘里抵其巢穴斬首虜數十人生擒其黨伯兒伯克等盡收其人口牛羊駝馬焚其輜重兵器暮次豐潤屯諸

將皆頓首賀 上曰用兵吾豈得已哉諸將曰天道福善禍淫陛下奉天伐罪以保寧兆民豈過舉也 八月乙酉朔 以班師遺書諭皇太子及頒詔天下 九月乙卯朔 丁巳車駕度居庸關次龍虎臺饗隨駕將校北京文武大臣迎見 壬戌昧爽上乘法駕入京城躬告天地宗廟社稷畢御奉天門朝百官上表賀平胡

一 再征阿魯台

永樂二十一年秋七月 虜中有来降者言阿魯台將犯邊 上召諸將諭曰去秋此寇犯興和朕率師擣其巢穴復東剿其黨兀良哈之衆其窮亦甚矣今以朕既得志必不復出故萌妄念朕當率兵先馳塞外以待之虜不虞吾兵已出而輕肆妄動我因其勞而擊之破之必矣諸將皆曰善是日命柳升陳英將中軍鄭亨孟瑛張輔李安王通徐亨將左右軍陳懋等將前鋒先馳攻之 八月 宴勞大營五軍諸將因大閱遂發京師楊榮扈從 甲寅車駕發宣府次沙嶺賜諸將內廐馬 庚申車駕次萬全兵民有進馬牛瓜等物者命倍時值

酬之 九月已卯朔 駐蹕沙城朝鮮國王李祹遣陪臣崔雲詣軍門奏事令還北京待命 虜中阿失帖木兒古納台等率其妻子来降言阿魯台今夏爲瓦剌順寧王脫歡等所敗部落潰散無所屬今若聞天兵復出必疾走遠避豈復敢萌南向之意命賜酒饌衣服且授阿失帖木兒等俱正千户 冬十月戊申朔 陳懋等以韃靼王子及其部屬來降封也先土干爲忠勇王賜名曰金忠也先土干之来也其甥把台罕實贊之遂授把台罕都督俱賜冠帶織金襲衣左右皆贊上功德之

盛上曰昔唐突厥頡利入朝太宗言胡越一家有矜大
自得之意朕所不取惟天下之人皆遂其生邊境無虞
兵甲不用斯朕志也　遣書諭皇太子以也先土干納
款之故遂下詔班師　車駕發萬全　十一月戊寅朔
車駕次懷来在京諸司遣官迎見　甲申車駕至京
師謁告天地宗廟社稷畢御奉天門文武羣臣上表賀
賜忠勇王金忠誥券金印朝服玉帶織金文綺

三征阿魯台

永樂二十二年春正月戊寅朔　大同開平守將並奏
虜寇阿魯台所部侵掠邊境初金忠来歸屢言阿魯台
數為邊患請發兵討之願為前鋒自效　上曰兵豈堪
數動朕固厭之矣忠曰雖天地大德無物不容其如邊
人荼毒何時可已上曰卿意甚善但事須有名姑待之
是日邊報至召公侯大臣計之且告以金忠之意群臣
奏曰忠言不可拒逆賊不可縱邊患不可坐視用兵之
名不得避也惟上決之上可其奏即日勑緣邊諸將整
兵以候　三月　戊寅大閲　夏四月　戊申以親征
胡寇命皇太子告天地宗廟社稷遣官祭旗纛山川等
神　己酉車駕發北京楊榮金幼孜扈從　癸丑遣太
常寺官祭告居庸山川車駕度居庸關　庚午車駕次
隰寧　五月己亥朔　車駕次威虜鎮　乙卯車駕次
開平　甲申　上召太學士楊榮金幼孜至幄中諭之
曰朕昨夕三鼓夢有若世所畫神人者告朕曰上帝好
生如是者再此何祥也豈天屬意此寇部屬乎榮對曰
陛下好生惡殺誠格于天此舉固在除暴安民然火炎
崑岡玉石俱燬惟陛下留意上曰卿言合朕意豈以一

人有罪罰及無辜即命草勑遣中官伯力哥及所獲胡
寇齎往虜中諭其部落曰往者阿魯台窮極歸朕朕待
之甚厚爾等所知朕何負於彼而比年以来寇掠不止
朕聞者以天人之怒再率師討之如狥將士之志奮雷
霆之威爾等豈復有噍類朕體上帝好生之仁亦猶冀
其或改而自新也今王師之来罪止阿魯台一人其所
部頭目以下悉無所問有能敬順天道輸誠来朝悉待
以至誠優與恩賚毋懷二三以貽後悔　壬辰車駕次
長樂鎮楊榮金幼孜侍　上曰漢　高祖過栢人慮道於

人今朕至長樂思與天下同樂何時而庶幾也榮等對曰陛下聖志如此天必助順矣　丙申車駕次清鎮即元之應昌路是日兩重車皆在後　上諭諸將曰輜重者六軍所恃以為命兵法無輜重無糧食無委積皆危道曹操所以屈袁紹者先盡其輜重今諸軍皆至而重車在後閘等獨不遠慮耶遂命分兵接之　丁酉駐蹕清平鎮　己亥車駕次威遠川　六月甲辰朔　帝出塞已久尚未抵賊巢而士卒多艱楊榮金幼孜夙夜計慮奏言虜已遠遁遂獲班師之命　戊午車駕次玉沙泉　己未車駕次龍武岡　庚申車駕次天馬峯復行數十里陳懋等遣人奏臣等已至荅蘭納木兒河彌望荒塵野草虜隻影不見車轍馬跡漫滅疑其遁已久矣

上遣張輔王通等分兵山谷大索仍命懋及金忠前行覘賊　癸亥車駕次連秀坡陳懋金忠引兵抵白邙山咸無所遇以糧盡還於是英國公張輔奏願假臣等一月糧率騎深入罪人必得　上曰今出塞已久人馬俱勞虜地早寒一旦有風雪之變歸途尚遠不可不慮楊榮金幼孜言是卿等且休矣　甲子車駕次翠雲屯

召張輔等諭曰昨日之言朕思之不可易也古王者制夷狄之患驅之而已不窮追也且今孽虜所存無幾茫茫廣漠之地譬如求一粟於滄海可必得耶吾軍失有罪不欲重勞將士朕志定矣遂命班師　秋七月甲戌朔　庚辰車駕次清水源道傍有石崖高數十丈命楊榮金幼孜刻石紀行曰使後世知朕親征過此也　丁亥車駕次翠微岡　上御幄殿憑几而坐楊榮金幼孜侍上顧問内侍海壽曰計程何日至北京對曰八月中可至上頷之既而諭榮幼孜曰東宮歷涉年久政務已熟還京後軍國事悉付之朕惟優游暮年享安和之福矣榮幼孜對曰殿下孝友仁厚天下屬心允稱皇上付託上喜顧太監馬雲賜榮幼孜羊酒　戊子車駕次雙流濼以旋師遣禮部尚書呂震齎書諭皇太子并詔告天下　己丑車駕次蒼崖戍　上不豫下令太營五軍將士嚴部伍謹哨瞭毋忽　庚寅車駕次榆木川　辛卯上崩

征漢王高煦

宣德元年八月　漢王高煦反遣親信人枚青等入京
約舊功臣爲内應青至英國公張輔所輔暮夜縶之以
聞　上親問之悉得其實遣中官侯泰齎書與高煦言
昨護衛餘丁枚青來言叔有督過朝廷之舉予誠不信
然慮是小人離間不可不告　高煦遣百戶陳剛齎奏
言　仁宗皇帝不當違洪武永樂舊制與文臣誥勅封
贈謂上不當修理南巡席殿斥二三大臣爲奸臣而指
夏原吉爲首並索誅之　上覽之曰高煦之不臣天地
祖宗實監臨之出其奏及書示群臣命行在兵部榜示

中外　上將親征命蹇義楊士奇夏原吉楊榮楊溥吳
中胡濙張本顧佐協同扈從　辛未以高煦之罪告天
地宗廟社稷百神遂親征　是日車駕發京師率大營
五軍將士以行　東南天鳴聲如萬鼓　上遣書諭高
煦曰人言王反朕初不信及得王奏知王志在禍生靈
危宗社朕興師問罪非得已也王太宗皇帝之子　仁
宗皇帝之弟朕嗣位以來事以叔父禮不少虧何爲而
反耶朕惟張敖失國本之貫高淮南受誅成於伍被自
古小人事藩國率因之以圖富貴而陷其主於不義

及事不成則反噬主以圖苟免若此者多矣今朕師已
壓境王能悔禍禽所倡謀者來獻朕與王削除前過恩
禮始終善之善者也王如執迷或出兵拒敵或嬰城固
守圖僥倖於萬一當率大軍乘之即成禽矣又或麾下
以王爲奇貨執以來獻王以何面目見朕雖欲保全不
可得也王之轉禍爲福一反掌間耳其審圖之　辛巳
昧爽至樂安駐蹕城北　上念矢石之下禍及無辜乃
遣諭高煦云今山東都布按三司及衛所府州縣官弁
爾護衛軍校餘丁民人奏爾反逆朕皆未信及覽陳剛

齎至本上誣先帝遂及朕躬爾罪著矣朕以祖宗付畀
之重天下生民大計親率問罪之師已至城下爾不來
朝亦不遣護衛王府官出見是負固不服今以誠心待
爾爾能戰則戰不能則詣軍門而陳爾情庶得保全始
終如怙終不受命城破之日悔罔及矣午復遣勅諭之
曰前勅諭爾備矣朕言不再爾其審圖之又以勅繫矢
射城中諭逆黨以禍福於是城中人多欲執高煦來獻
者高煦狼狽失據密遣人詣行幄陳奏願寬假今夕與
妻子別明旦躬赴軍門歸罪上許之是夜高煦盡取積

歲所造兵器與凡謀議交通文書燬之城中通夕火光
燭天　壬午駐蹕樂安城南　高煦將出叛黨王斌等
固止之曰寧一戰以死不可為人擒也高煦紿斌等復
入宮遂潛從間道出為官軍所執以獻文武羣臣列奏
其罪請正典刑　上曰彼固不義祖訓待親藩自有成
法群臣復言春秋之法大義滅親上却之但命以羣臣
劾章示之高煦䟺言臣罪萬死惟生殺在皇上遂令高
煦為書召諸子同歸京師　乙酉班師　庚寅駐蹕獻
縣之單橋戶部尚書陳山迎駕山言漢趙二王實同心

宜乘今席捲之勢移兵彰德襲執趙王國家可永無虞
上召楊榮蹇義夏原吉楊士奇謀之義原亦以為可
上令士奇草勑士奇執不從遂促還京　九月辛卯朔
甲午駐蹕新城縣北　丙申車駕至京師　上御奉
天門高煦父子家屬皆至京師行在刑部都察院大理
寺暨文武廷臣劾奏高煦謀危宗社大逆不道宜正國
典以為亂臣賊子之戒上曰國家待宗藩具有祖訓朕
不敢違命行在工部築館室於西安門內處高煦夫婦
男女其飲食衣服之奉悉仍舊無改　上出御製東征

記以示群臣凡書高煦之罪及朝廷不得已發兵之故
蓋詳備云

駕巡諸關

宣德三年八月　上御奉天門召公侯伯五軍都督府
諭之曰胡虜每歲秋高馬肥必擾邊比來邊備不審何
似東北諸關隘皆在畿內今農務將畢朕將親歷諸關
警飭兵備卿等整齊士馬以俟　命蹇義夏原吉楊士
奇楊榮胡濙王驥施禮吳忠凌宴和楊溥姚文直王文

貴等各率其職扈從　勑駙馬都尉袁容隆平侯張信
尚書張本張瑛鄭敦右都御史顧佐等居守　丁未車
駕發京師度潞河駐蹕虹橋召諸將諭曰朕深居九重
豈不自樂但朝夕思念保民故為此行今日渡河道路
所經皆水潦之後秋田無穫朕念民艱憫焉於心爾將
士敢有一毫侵擾民者必殺不赦遂命錦衣衛遣官巡
察　九月庚戌朔　車駕入薊州境內上覽郊原平遠
山川明秀田疇刈穫之後頗有遺秉滯穗　上甚喜歎
曰使他處皆若此朕何憂焉駐蹕薊州西之五里文武

官吏耆老朝見上進其州官諭之曰此漢漁陽郡也昔張堪爲政民有樂不可支之歌流聞至今古今人材性不相遠爾曹勉之又進其耆老諭曰今歲斯郡獨豊稔無他虞善訓勵子孫務禮義廉恥之行毋安於温飽而自棄也衆叩首而退　辛亥車駕至石門驛喜峯口守將遣人馳奏兀良哈之寇萬衆侵邊已入大寧經會州將及寬河　上覽奏曰是天遣此寇投死耳遂駐蹕石門之東召問諸將諸將咸請擊之亦有請益徵兵者上曰孽虜無能爲但謂吾邊無備故敢来若知朕在此當

驚駭走矣今惟擒之勿縱也然此出喜峯口路隘且險單騎可行若候諸將並進恐緩事機朕以鐵騎三千先進出其不意擒之必矣或言三千未必足用上曰兵在精與和不在多三千精兵足辦擒賊諸軍可後進遂决策親征　乙卯車駕出喜峯口夜軍士皆銜枚斂甲韜戈馳四十里昧爽至寬河距虜營二十里虜望我軍以爲戍邊之兵即悉衆來戰　上命分鐵騎爲兩翼夾擊之上親射其前鋒三人殪之兩翼飛矢如雨虜不能勝繼而神機銃疊發虜人馬死者大半餘悉潰走上以數

百騎直前虜望見黃龍旗知上親在也悉下馬羅拜請降皆生縛之　丙辰斬其酋渠駐蹕寬河分命諸將搜山谷擣虜穴忠勇王金忠及其甥都督把台奏請自效上從之有密言於上曰虜其類也往則不復矣上曰去留亦任所欲耳朕爲天下顧獨少此二人耶果如其志欲去雖朝夕置於左右亦終去寧能久縶之耶曰如不欲沮其行則遣一人足矣上曰朕以誠心待之遣即俱遣留一人乃使之蓄疑矣朕待此二人甚厚犬馬識豢養之恩况人乎彼當有以見報遂遣之　戊午駐蹕

會州以重陽節賜扈從文武官宴并饗將士　上既斬獲虜寇仍遣將士捕其潰散之黨至是有俘獲還者上喜大饗又親製詩歌慰勞之　總兵官覃廣奏和寧王阿魯台遣使来朝貢馬已至宣府命中官王貴馳往宣府勞之　忠勇王金忠獲虜寇數十人馬百餘牛羊數百至　上喜命中官賜之内厨酒饌而飲以金爵併爵賜之都督把台獲虜生口及馬牛羊繼至賜亦如之上初命諸將索虜巢穴約畢至則班師至是召文武大臣諭曰諸將至者今已六七孟冬廟享之期不遠應早

旋師群臣有言諸將未至者宜少俟之廟享之期如迫
請勅一親王代行禮上曰事祖宗與待將士孰重孔子
言吾不與祭如不祭有如諸將更五日未至亦可俟耶
今朕留將士二萬於此以俟未至者必以明日班師遂
命都督任禮太監楊慶等率官軍二萬留俟諸將畢至
則歸　甲子詔班師　車駕發鐵將軍店　乙丑駐蹕
偏嶺　丙寅車駕入喜峯關駐蹕關內　庚午駐蹕三
河縣在京諸王及文武衙門各遣官進平胡表至　壬
申駐蹕齊化門　癸酉車駕至京師謁告太廟朝太皇

后置酒上壽
宣德九年九月上將率師巡邊命蹇義楊士奇楊榮胡
濙楊溥吳中等扈從　癸未車駕發京師　丁酉駐蹕
洗馬嶺　庚子回鑾

征北虜也先

正統十四年己巳七月北虜也先大舉入寇大同兵失
利邊塞城堡多陷警報時至王振不與大臣議勸駕親
征百官伏闕上章懇留不從是月十七日丙戌駕發京
師命郕王居守英國公張輔成國公朱勇等率官軍及
私屬共五十餘萬出居庸關過懷來至宣府連日風雨
人情洶洶聲息愈急駙馬都尉井源等敗報踵至隨駕
文臣連上章留之振怒悉令掠陣未至大同兵士已乏
糧僵屍滿路寇亦佯避誘我深入至大同振又欲進兵
北行朱勇膝行聽命戶部尚書王佐竟日跪伏草中惟
欽天監正彭德清斥振曰象緯示警不可復前若有疎
虞陷乘輿于草莽誰執其咎學士曹鼐曰臣子固不足
惜主上繫天下安危豈可輕進振怒詈之曰倘有此亦

天命也會暮有黑雲如繖覆營雷雨大作人畜驚懼振
惡之會前軍西寧侯宋瑛武進伯朱冕全軍覆沒鎮大
同中官郭敬密言於振其勢決不可行振始有回意明
日班師大同副總兵郭登謂駕宜從紫荊關入庶保無
虞振不聽　八月　辛酉上至土木壬戌我師敗績車
駕北狩先數日師過雞鳴山虜追至遣朱勇率兵五萬
禦之勇無謀冒入鷂兒嶺虜兩翼邀阻夾攻殺之殆盡
兵部尚書鄺埜請車駕疾驅入關嚴兵為殿振怒曰爾
腐儒安知兵事次日駕至土木日尚未晡去懷來城二

十里欲入保懷来振輜重千餘輛在後未至留待之遂駐土木虜四面合圍渴極掘井深二丈無水虜見我營不行遣使持書通和召曹鼐草勑與和遣二通事與虜使偕往振急傳令移營南行未三四里虜復四面攻圍兵士争先奔走行列大亂勢不能止虜騎蹂陣而入奮長刀以砍我兵大呼解甲投刃者不殺衆裸袒相蹈藉死蔽野塞川官侍虎賁矢被體如蝟　上與親兵乘馬突圍不得出虜擁以去英國公張輔尚書鄺埜王佐學士曹鼐張益而下數百人皆死其幸免者踰山墜谷連

日饑餓僅得達関驛馬二十餘萬并衣甲器械輜重盡爲虜人所得　虜酋也先奉上居伯顔帖木兒營伯顔亦也先弟也　戊辰報至京師大寰皇太后遣使齎黄金珠玉段疋等物詣也先營請還車駕　甲戌虜擁上至大同城下索金幣約賂至即歸駕都督郭登閉門不納　上傳旨曰朕與登有姻婭何外朕若此登遣人傳奏曰臣奉命守城不敢擅啓閉隨侍校尉袁彬以頭觸門大呼於是廣寧伯劉安孫祥霍瑄等括公私金銀共萬餘兩出迎駕既獻虜笑不應竟擁駕去初虜来索

賂郭登曰虜給我耳莫若以計伐其謀刼其營奪駕入城此爲上策乃謀以壯士七十餘人餉之食令奪前執其弓刀因擁駕還召壯士與之盟激以忠義約事成高爵厚賞士皆奮躍用命已書劵給之會有沮者既淹久虜警擾而去　虜擁上皇道宣府總兵楊洪閉城門不出朝廷聞之逮洪繫詔獄　上既陷虜營也先屢欲謀害一夜忽大雷雨震死也先所乘馬虜人由是恐怖益加敬禮錦衣校尉袁彬爲虜所掠得侍　上左右頗知書識字百凡警敏又有哈銘者先隨使臣吴良羈留在

虜至是亦與彬同侍駕留虜廷維持調護二人之力居多又有衛士沙狐狸者亦隨　上至虜中汲水取薪備極勞苦也先問之亦善於應對云　九月朔上在虜營也先遣使来言欲送上還京師使回以金百兩銀二百兩綵段二百疋賜也先　也先復遣使致書辭甚悖慢兵部尚書于謙言于帝曰虜賊不道氣滿志得將有長驅深入之勢不可不預爲計邇者各營精鋭盡遣隨征軍資器械十不存一宜急分遣官四散召募官舍餘丁義勇起集附近民夫更替沿河漕運官軍令其悉隸神

機等營操練聽用仍令工部齊集物料内外局廠晝夜
併工成造攻戰器具京師九門宜令都督孫鏜衛潁等
統領軍士出城守護列營操練以振軍威選給事中御
史如王竑輩分投巡視勿致踈虞徙郭外居民於城内
隨地安插毋爲虜所掠通州壩上倉糧不可捐棄以資
寇宜令在官人員悉詣關支准作月糧之數實爲兩得
帝嘉納施行之　冬十月朔上皇在虜營也先以送
上皇還京爲名與可汗脫脫不花入寇紫荆關京師戒
嚴先是太監喜寧原係胡種及土木之敗降于也先盡

以中國虛實告之爲彼嚮導奉上皇自紫荆關入敗我
師殺指揮韓清等都御史孫祥走死朝野洶洶人無固
志太監金英召廷臣問計侍講徐珵自以爲通曉天文
倡言上占天象京師必不可守必須南遷語瑣瑣不已
英叱之令人扶出　練綱復上勤王急務疏其畧曰虜
勢猖獗非直要求金帛而已未必不欲效金人以汴宋
待我也我國家國富兵強固非宋比然求其人如种師
道李綱亦未多見乞遴選武臣授以方畧俟其深入乃
奮擊之及勅邊將勒兵内向邀其歸路設有倡爲和議

緩於武備且請南遷以圖偷安者即爲奸臣宜即加誅
以爲衆戒帝閲悟命施行之且奇其才即授以浙江道
監察御史　明日于謙上疏言京師天下根本宗廟社
稷陵寢百官萬姓帑藏倉儲咸在若一動則大勢盡去
宋南渡之事可鑒矣太監金英宣言於衆曰有以遷都
爲言者　上命必誅之乃出榜曉諭固守之議始決
時承平日久城外壩上等處倉場芻粟以數百萬計于
謙聞虜迫于關遂分遣五城兵馬司縱火焚之一面奏
聞或謂姑待報謙曰寇在目前若少緩彼將據之適以

資其糧餉宋時牟駞岡之事可監矣衆皆是之　虜破
紫荆關孫祥走死遂薄京城命于謙石亨等率師出德
勝門守禦　虜焚長陵獻陵景陵　虜既抵城下連日
攻城四散抄掠石亨等與之戰殺傷相當虜知我有備
少沮喜寧嗾也先遣使來議和索大臣出迎駕衆知其
詐以通政司參議王復爲禮部侍郎中書舍人趙榮爲
鴻臚寺卿出朝上皇復等至虜營見　上皇及也先也
先謂爾等皆小官可令胡濙王直于謙石亨楊善等來
復辭歸上皇諭二人曰彼無善意爾等宜急去二人方

回而虜復縱騎四面剽掠攻城益急石亨折弓厲聲曰宰臣不出計策能支矣先是陳循等疏請勑宣府遼東總兵楊洪曹義各選勁騎與官軍夾擊至是又請勑數道諭回回韃靼及漢人有能擒斬也先來獻者賞萬金封國公復致書與司禮太監興安云約誘也先入寇宜乘其孤軍合兵勦殺詔許之所致書爲也先邏卒所獲既而宣府遼東兵至我軍大振石亨與其從子彪及管神機營都督范廣以飛鎗火箭殺傷甚衆也先宵遁復以上皇北去脫脫不花聞之遂不敢入關亦北遁

也先出居庸伯顏帖木兒奉　上皇出紫荊關連日雨雪乘馬踏雪而行上下艱難遇險則袁彬執控哈銘隨之既入虜境也先來見宰馬披刀割肉燎以進云勿憂終當送還食訖辭去　脫脫不花遣使來獻馬議和朝廷却之胡濙王直言不花也先君臣素不睦宜受其獻以間之從其言使人入見賜衣服酒饌金帛視常年有加　釋楊洪于獄中使之自効洪與孫鏜范廣等率兵二萬擊餘虜于涿州紫荆等處逐至固安大捷捕虜阿歸等四十八人斬首四百八十邀還俘掠人萬計　先是郭登欲率所部兵幷糾集忠義入援登者鞏昌侯郭子興之孫初爲勳衛從征麓川有功擢都督僉事協守大同時我師屢衄邊堡無完地大同軍士戰没之餘城門晝閉人心危懼有愛登者謂之曰事已至此柰何登曰天若祚國家必無可憂之事若胡勢莫遏吾與此城誓相存亡當不使諸君獨死也登雖處危疑而氣益壯弔死問傷親爲裹創傳藥晝夜籌慮脩城繕兵以圖後舉既而虜侵京師登議率所部幷糾集忠義從鴈門入援先以蠟書馳奏大畧謂胡馬南驅三關失險賊留連

內地爲患非輕欲悉起各處官軍民壯入護內廷京兵擊于內臣兵擊于外使賊有腹背受敵之虞首尾不救之患且曰忠誠切已敢忘報國之心成敗在天不負爲臣之節奏至賊已退優詔褒答焉　尚書石璞鎮守宣府　都御史沈固鎮守大同　都督王通守天壽山　僉都御史王竑守居庸城昌平　都御史鄒來學提督京東軍務　平江伯陳豫守臨清　十一月虜退京城解嚴降詔撫安天下　楊洪等班師還京　時大臣有奏留邊將守京師者兵科給事中葉盛上言今日之事

邊關爲急往者獨石馬營不棄則六師何以陷土木紫
荊白羊不破則虜騎何以薄都城即此而觀邊關不固
則京城雖守不過僅保九門無事而已其如陵寢郊社
何其如田野之民荼毒何宜急遣固守宣府居庸爲便
從之　先是土木既敗邊城多陷宣府孤危既而朝議
復召宣府總兵官率兵入衛京師人心皇皇或欲遂棄
其城衆紛然就道都御史羅亨信不可仗劍坐當門拒
之下令曰敢有出城者手斬之衆始定城中老稚懽呼
曰吾屬生矣因設策捍禦督將士誓死以守虜知有備

不敢攻北門鎖鑰賴以保全亨信之力也　上皇北至
小黃河蘇武廟老營伯顏帖木兒設帳迎駕進膳上壽
虜寇遼東提督都御史王翺等嚴兵禦之虜遁去
十二月　虜寇甘州都御史馬昂收斂人畜悉入城堡
簡精銳選驍射躬擐甲冑出屯山隘以伺之虜聞遁去
景泰元年春正月朔　上皇在虜營遥表祝天行禮也
先迎上皇幸其帳宰馬設宴　上皇書至索大臣来迎
命公卿集議廷臣因奏請遣官使北賀節進冬衣上謂
必能識太上皇帝者始可行群臣懼謝罪繳納原奏事

遂寢　北虜入朔州大同守將郭登敗之於栲栳山初
賊入境登率兵躡其踪行七十里至水頭日已暮休兵
以覘之夜二鼓東西沙窩賊營自朔州掠回登召將士
問計或言賊衆我寡莫若全軍而返登曰我軍去城已
百里若一退避人馬疲倦賊以鐵騎来追難以自全即
按劍起曰敢言退者斬於是徑薄賊營天漸明賊以數
百騎迎戰登奮勇率先諸軍繼之呼聲震山谷登射中
二人手刃一人遂大破其衆追奔四十餘里至栲栳山
斬首虜二百餘奪回被擄人口牛馬弓刀器械以萬計

捷聞賜勑褒美進封定襄伯食禄千一百石與世券
閏正月鎮朔大將軍石亨都督范廣率兵出大同宣府
尋召還　三月　虜分道入寇　四月　叛臣喜寧伏
誅寧懷二心數教也先擾邊且不欲送上皇還京上皇
深惡之謂不誅寧還京未有期也寧又忌袁彬誘彬出
營將殺之上皇急救之乃免及是彬與上皇謀遣寧傳
命入京令軍士高磐與俱密書於磐髀間令至宣府與
總兵等官計擒之既至城下宣府參將楊俊出與寧領
書磐抱寧大呼俊從兵遂縛寧去京師誅之自寧既誅

虜失其嚮導稍稍厭兵矣　大同叅將許貴請使虜議
和不許　五月　虜攻代州　六月　北虜使来議和
遣禮部左侍郎李實等使虜先是也先以和議不成俾
其知樞密院阿剌爲書遣叅政完者脱歡齎番文赴京
請和是時韃靼政事皆也先專之其兵最多脱脱不花
雖爲可汗兵稍少知院阿剌兵又少衆虜咸立外親内
忌其合兵南侵利多歸也先而弊則均受及欲和耻屈
意而陰使阿剌等来言於是禮部會奏虜遣使迎復當
從明日帝御文華殿召文武羣臣諭曰朝廷因通和壊

事欲與虜絶而卿等累以爲言何也吏部尚書王直首
對曰上皇在虜理宜迎復必乞遣使勿使有他日之悔
帝不懌曰當時大位是卿等要朕爲之非出朕心于謙
對曰大位已定孰敢有議但答使盡禮紓邊患耳帝意
始釋曰從汝從汝言已即退群臣出太監興安復出傳
旨言爾等固欲答使且言孰可行者孰爲文天祥富弼
其人耶衆未答王直面發赤厲聲曰豈可如此言今日
群臣皆朝廷人一惟朝廷是用孰敢有不行者如是言
之至再興安語塞既而陞都給事中李實爲禮部左侍

郎羅綺為大理右少卿充正副使以行勑書既下惟言
報禮不及迎復實驚訝詣内閣白之遇興安被詬曰爾
奉黄紙幹事他何與焉實等遂偕虜使北行　秋七月
朔　李實等起行十一日至也先所營失八兒禿之地
也先曰你毎来的好我正歡喜料得你毎事務成就了
若不来呵我毎七月十五日人馬到北京也明日引實
等見　上皇進紵絲四疋粳米魚肉煤炒燒酒等物實
等泣下叩頭畢見上皇所居者皮帳布幃蓆地而寢牛
車一輛馬一匹以為移營之具上皇謂實等曰比先我

来非以游畋而出乃爲天下生靈計躬率六軍征討迤
北不意被留皆王振陳友馬清馬雲所致也及也先實
有意送我回被喜寧引路先破紫荆關搶殺人後至小
黄河及乾河屢欲送我回俱被喜寧阻住喜寧聞已凌
遲處死陳友等不要饒他因問聖母及今上安好上皇
泫然淚下既又問舊臣數人又曰在此踰年始見卿等
實曰昔陛下錦衣玉食今服食粗陋乃如此因極言王
振當日寵之太過以致傾危國家而陛下有蒙塵之禍
上皇曰振未敗時無人肯言此亦朕不能燭姦今悔何

及也先宰馬置酒以宴李實實以迎駕之意告也先也先曰大明皇帝勅書內只說講和不曾說接駕　上皇帝留在這裏是一箇閑人我還你每我千載之後只圖箇好名你每回去奏知務要差太監一二人及大臣三五人來迎我便差人送去如今送去可或輕易了你每皇帝復再三言之十四日實等辭　上皇歸也先遣其右丞把禿同赴京復遣人同羅綺往大同調回山西大同一帶擾邊人馬時虜主脫脫不花普化可汗亦遣其平章皮兒馬黑麻來議和朝廷復遣右都御史楊善侍

郎趙榮使虜報命是月壬子起行甲寅至懷來遇李實亦至丙辰實等至京奏請使臣奉迎不許文武大臣上章懇請遣使亦不許帝問李實也先講和之意虛實如何實對曰臣入番境彼處虜人皆忻悅交道謳歌沿途乳酪勸臣飲之咸願和好蓋因彼處人馬相繼病死又因離家駐邊上日久論其和意似有實情帝曰待楊善回來再定奪　八月　丁卯楊善等至虜營也先見善等至甚喜許送　上皇還京有平章昂克問有何禮物來迎皇帝善曰太師仁義克順天道敬我君父故送還

豈為財物乎此舉萬代瞻仰若將財物來後人說太師愛錢了也先曰都御史說的是昂克說不合理我只圖垂名後世耳也先復問善皇帝回去還做否答曰天位已定難再更換也先曰堯舜當初如何來答曰堯讓位於舜今日兄讓位於弟正與堯舜一般明日善等見上皇于伯顏帖木兒營又明日也先設筵宴請上皇至其營餞行善等亦待飲也先曰都御史坐上皇曰太師着坐便坐對曰雖居草野不敢失君臣禮也先顧羡曰中國好禮數又明日伯顏亦設宴與上皇餞行又各設羅

宴與使臣送行癸酉上皇駕起也先率衆頭目羅拜而別伯顏率兵護送乙亥日過野狐嶺丙子至萬全右衛演武亭駐蹕丁丑宣府南城東駐蹕戊寅仍駐宣府

下千戶龔遂榮詔獄時上皇已入塞朝廷猶以虜情多詐為疑禮部連日會奏議奉迎禮未定遂榮寓書於學士高穀言奉迎當從厚大略謂上皇之出非游畋無益為宗社計耳今都人一聞駕旋無不喜躍則人心尚未厭上皇也今日奉迎禮當從厚主上當避位懇辭而後受命乃可不然恐千載史書難洗穀袖其書入朝以示

廷臣曰武夫尚知此禮況儒臣乎王直曰此禮失而求之野耳胡濙欲封進庶見朝野同情以感動上心都御史王文止之陳循見之恚甚言遂榮非分請治其罪遂下錦衣衛獄尋會赦得釋　己卯上皇至懷來將抵居庸禮部始得旨群臣同禮部議迎復儀注兵部總戎議防變方畧朝退多官集會議所王文忽厲聲曰來孰以為來耶黠虜豈誠直欲不索金帛必索土地有許多事在孰以為來耶衆素畏文聞此皆相顧無復有言者胡濙獨具儀注送内閣　庚辰上皇至唐家嶺遣使回京詔諭避位免群臣迎丙戌百官迎于安定門　上皇自東安門入今上迎拜上皇答拜各述授受之意推遜良久乃送上皇至南宮陛座群臣就見而退大赦天下

劉定之曰聖朝承平既久釁孽潛滋内而姦臣播弄外而驕虜憑陵故己巳中秋之變亘古所無然尚賴天心默佑皇圖鞏固振威以遏其侮厚德以順其化故庚午中秋之變亦亘古所無斡旋乾坤撥亂返正何其神速也哉雖然聖神相繼于億萬年撫念前事豈不留心于制治保邦之良圖也　王鏊曰英廟北狩蒙塵虜人悔禍旋奉駕歸此自古之所無也固國家國勢之強亦人事有以中其機會是時郕王監國不欲急君邊人謝之曰中國有主矣虜人抱空質而負不義於天下所以汲汲來歸蓋合鄭公孫申之謀也魯成公時晉人執鄭伯公孫申曰我出師以圍許爲將改立君者晉必歸君故鄭人圍許示晉不急君也晉欒武子曰鄭人立君我執一人焉何益不如伐鄭而歸其君以求成於是諸侯伐鄭鄭伯歸　按建文時節義之士相踵視死如歸至正統景泰間未五十年也土木之難未聞皎然死節如所謂南朝李侍郎者豈亦建文末年摧抑太過而士氣不無少挫邪噫此士氣之所以當培植也

議征北虜

弘治十五年五月北虜逼近塞下邊臣告急　上以兵事屬中官苗逵謀出兵圖之密言于上乃召劉大夏議之大夏以為不可　上曰永樂間頻年出塞破虜今何不可對曰　皇上聖武固同于太宗奈今將士遠有不逮且當時如淇國公丘福稍違節制數萬甲兵俱陷虜

地况今之将又在丘福下不若且令各边料敌战守上
乃悟曰善朕几为人所误事乃寝

宪章类编卷之五终

憲章類編卷之六

巡幸京都

洪武元年八月帝幸北京　十月戊寅　上還南京以

克燕京詔天下

洪武八年四月　上幸中都次滁州遣官祭滁陽王廟

上駐中都祭告天地

永樂六年八月丙戌詔明年二月巡北京

永樂七年正月　車駕欲巡北京命學士胡廣諭德楊

榮金幼孜修撰王英等扈從時榮丧母陛辭特留之

二月　上巡北京啓行命皇太子監國　三月車駕至

北京御奉天殿受朝賀

永樂八年十月丁酉車駕發北京　十一月癸亥朔冬

至　車駕還京

永樂十一年二月　上巡幸北京皇太孫從

永樂十四年冬十月　上還南京

永樂十五年三月壬子　上巡北京皇太子監國命胡

廣楊榮金幼孜扈從

車駕巡近郊

宣德五年九月　車駕巡近郊　冬十月　丙子車駕

發京師　駐蹕王河諭成國公朱勇等曰今農收雖畢

而禾稼在場民間公私之費皆出於此扈從官軍不許

入民家有所求索違者處以重刑其申令各悉知之

壬午駐蹕雷家站召學士楊士奇楊榮金幼孜楊溥問

曰唐太宗過此非征遼時乎衆對曰然　上曰太宗恃

其英武而勤遠畧此行所丧不少帝王之鑒戒也又問

此山崩於順帝時人率謂元亡之徵卿等以爲如何衆

對曰順帝自是亡國之主雖山不崩國亦亡上曰此言

正合朕意昔聖帝明王之世未嘗無災異大抵國之存

亡繫其君德之仁與不仁而已　戊子回鑾駐泥河

壬辰車駕至京師

六月　上在南京　秋七月　上駐蹕南京既久復有
游蘇杭泛江浙泝湖湘登武當山之意畿內郡縣供給繁
難梁儲蔣冕自執章奏懇請廻鑾泣跪於行宮門外自
未至酉上遣中官取奏入且諭之起對曰臣未奉旨不
敢起中官復出傳旨云已知道日下便要廻鑾儲等乃
起　八月　上在南京　閏八月　上至鎮江　幸楊
一清宅　又幸靳貴宅撫柩嗟悼者久之　九月　上
在南京　羣黨欲自獻俘襲功張永曰昔未出京宸濠
已擒奈何襲之於是以大將軍鈞帖令王守仁重上捷

音守仁乃節畧前奏入諸人名于疏內上之始議北旋
十月　上自南京班師凱旋　十二月　駐蹕通州
正德十六年春正月　上還京

憲章類編卷之六終

衛獄命舒芬張衍慶姜龍孫鳳陸俸等百有七人跪于
午門外五日林大輅周敘余廷瓚等二十餘人俱下獄
明日同黃鞏等六人亦跪五日於是數日京師陰霾晝
晦人情震駭宮城內海子水溢四五尺折橋下鐵柱有
金吾衛指揮張英明言車駕出必不利乃肉袒露刃于
胸以死諫於是有旨命錦衣衛將舒芬等百有七人俱
午門前各杖三十為首者調外任芬調福建市舶副提
舉餘俱罰俸半年　夏四月　命錦衣衛將黃鞏等六
人午門前杖五十徐鏊發充軍鞏震良勝潮九川俱為

民林大輅周敘余廷瓚杖五十降三級調外任其餘俱
杖四十降二級調外任時被杖而死者陸震余廷瓚主
事劉校何遵評事林公黼照磨劉珏行人孟陽李紹賢
劉平甫李翰臣詹軾十有一人車駕遂不果出雖士氣
少振江彬姦謀少沮而國體亦少損矣　八月　下詔
南征大學士梁儲將晁庇從時王守仁擒宸濠捷音猶
未至京諸邊將在豹房者各逞所見獻擒宸濠之策
上亦欲假親征南游太監張忠等見錢寧臧賢事敗又
欲因此邀功　上出師駐蹕良鄉都御史王守仁擒宸

濠捷音至奏入　上令遣回待至南京另奏大學士梁
儲將晁以宸濠就擒江西已寧屢請回鑾不聽　九月
上至南京　十月　上在南京　禁約人民不許養
猪及易賣宰殺違者發極邊衛分充軍以猪音同國姓
故也遠近流傳旬日之間各處城市鄉村居民將所養
猪盡行減價賤賣　十一月　上在南京　十二月
上在南京
正德十五年正月　上在南京欲就南京舊壇大祀天
地梁儲等言南北配位不同且典章不可紊乃止　二

月　上在南京　三月　上在南京　楊廷和毛紀疏
請回鑾謂大祀之禮行於正月社稷之祀舉在仲春
孝貞皇后大祥在二月二日禮應即時祔廟今俱改卜
至再甚為非宜天下朝覲官員吏部考察上請未奉定
奪各官離任既久政務悉廢殿試進士之制亦已踰期
自去秋聖駕南行至今八月有餘在京在外各衙門題
奏俱未蒙發出施行伏望亟賜班師還京舉行前項大
禮各衙門題奏文書早賜發出毋致事務久稽致生他
虞不報　夏四月　上在南京　五月　上在南京

庶天地易位冠履混淆自古及今未之有也邇者皇上時出巡游天下人心無不疑懼柰何又復爲此萬一宗藩之中或有援引祖訓指此爲言不知陛下何以應之又或以朝無正臣内有奸邪爲名不知陛下之左右及臣等代言之臣又將何以自解臣等戮身亡家固不足恤但恐朝廷之上禍亂或從此始耳此臣等之所以日夜痛心疾首而不敢以自默也疏上不省　時　上必欲内閣草勅屢遣中官促之楊廷和稱疾不出上御左順門召梁儲面促草勅儲奏曰勅不敢草上曰何乃逆

命對曰凡事可將順獨此勅不敢草　上曰何不敢對曰陛下爲君乃自卑而列於臣臣草勅是以臣名君故不敢上大怒手劍立曰不草勅齒此劍儲免冠解帶伏地流涕曰臣逆命有罪願就死若草勅則以臣名君臣死不敢奉命良久上亦察其誠擲劍而起更命廷和草之既而禮部尚書李遜學等建議欲建儲居守時朱寧陰受寧王宸濠賂謀入寧世子司香太廟江彬亦欲立所厚遠藩各陰有所主梁儲厲聲曰　皇上春秋鼎盛建儲未宜輕言萬一有他吾輩伏斧鑕矣邪謀豈可聽

徇王瓚王鴻儒亦助言之議遂寢　八月　上北巡出居庸關遂歷宣府至大同　九月　上在大同　冬十月　上自偏頭關渡河幸榆林　十一月　上在榆林

十二月　上在榆林

正德十四年春正月　上在榆林　二月初旬　上自榆林還京師　三月　上欲巡視泰岱歷徐揚抵南京下蘇浙浮江漢登武當且遍觀中土繁麗諸處都下人情恟恟時江西寧藩久蓄異謀俟釁而發内外咸以爲憂於是翰林修撰舒芬等約諸同志上疏乞留俱會闕

下吏部尚書陸完迎諸上疏者曰主上聞直諫輒引刀爲刎狀今日撤賴矣其容色詞氣盡歸咎於　上以沮言者一時言官又多其黨遂爲所沮芬乃邀吏部郎中夏良勝儀制郎中萬潮太常博士陳九川各疏連入太醫院醫士徐鏊以醫諫又明日吏部郎中張衍慶禮部郎中姜龍兵部郎中黄鞏孫鳳員外陸震刑部郎中顧崇等率部僚合疏入又明日工部郎中林大輅等大理寺正周敘等行人司副余廷瓚等並連名疏入於是

上大怒下黄鞏陸震夏良勝萬潮陳九川徐鏊于錦衣

大閱

永樂八年三月大閱誓師

永樂二十年四月乙卯駐蹕雲州閱兵

永樂二十一年八月大閱

永樂二十二年三月戊寅大閱

正統元年冬十月　車駕閱武于將臺

正統十一年冬十月　閱武于近郊

天順四年冬十月　上御西苑閱將臣騎射令三營管操侯伯都督以下皆騎射以三矢爲率上親按籍記中矢多寡賜鈔有差既而試御馬監勇士亦如之有畏避不趨事者罪黜之自是將士咸加警畏知所奮勵

出游

正德十二年八月　上出居庸關至懷來宣府等處游獵邊將江彬輩導之也先是彬與邊將許泰劉暉等皆有寵于　上賜姓朱氏號外四家與　上在豹房同卧起狎近而彬寵尤盛屢導　上出宮游戲近郊至居庸關巡關御史張欽閉關上疏不聽遂遠出關外楊廷和等累疏請回鑾且言居庸臨邊北虜不時出沒爲寇正統末年之事未遠可爲明鑒不聽　九月　上幸大同獵陽和虜以衆數萬掠應州　上命諸邊將擊之虜尋引去

正德十三年春正月郊祀畢　上復出關游幸　二月二日太皇太后王氏崩　上還京　六月虜入寧夏塞　上復議北巡楊廷和等諫萬乘不宜輕出　上不聽乃自稱威武大將軍太師鎮國公朱壽巡邊又欲以朱彬爲威武副將軍扈從以行命內閣草勅廷和語毛紀具疏連名上之疏畧曰人君承天命以爲天子四方萬國皆其臣妾今乃假稱威武大將軍國公名號下同臣

憲章類編卷之七

御製詩文

洪武六年十一月壬子吏部尚書詹同御史中丞劉基
侍上燕于乾清宮之便閣同醉而還史館時舉人黃杲
在館校對日曆同賦一詩贈之少選奉御傳宣召同等
赴右順門會　上適乘步輦而至同餘酲猶未解上謂
同曰卿醉未醒耶同對曰臣雖醉猶能賦詩贈黃秀才
上曰詩何在對曰在史館中上顧謂宋濂宜急取之濂

取以進上笑謂濂曰朕即和同詩卿當為朕書之濂書
訖乃以賜杲
洪武八年八月上觀川流不息陋尹程秋水賦乃更為
之賦召翰林諸臣觀之令亦各撰一篇宋濂率同列次
第獻賦上皆親覽評品已而賜坐勑大官設酒饌内臣
行觴上顧濂曰卿何不盡飲濂對不能飲恐愆於禮上
曰卿姑試之濂飲畢上曰更宜一觴濂辭上曰一觴豈
便醉人乎濂舉觴瑟縮上笑曰男子何不慷慨濂一吸
至盡上大悅濂面赬行不成步上復笑曰卿宜自述一

詩朕亦為卿賦醉歌上賦成賜濂濂頓首謝上仍命群
臣各賦醉學士歌見一時君臣同樂也
洪武二十一年八月上賦平湖詩二章命群臣和之
永樂元年十二月上御謹身殿閱　太祖皇帝御製文
集顧解縉等曰皇考文章皆天地之心帝王之度朕宫
中徧尋不可得有言建文自焚時并寶璽皆燬矣朕深
慟之命禮部遣監生三十餘人分詣天下軍民之家有
收藏高廟御製詩文及宸翰者皆送官錄進仍重賚之
永樂四年二月　上以　太祖高皇帝御製嘉禾詩勒

石裝演成軸賜諸王及尚書侍郎内閣學士侍讀國子
監祭酒司業
宣德三年十月戊戌大雪上喜謂侍臣曰今年四月多
言水旱生民艱食朕恒為憂惟冀天地垂祐雨暘及時
庶豐稔可望今冬初即見雪其來歲有秋之兆乎然欲
昭格天心朕當日加警惕因賦雪詩以示不忘
宣德四年四月南京進鰣魚薦奉先殿獻皇太后畢
上御文華殿召大學士楊士奇楊榮金幼孜特賜鰣魚
醇酒加賜御製詩有樂有嘉魚之句士奇等霑醉獻和

章上嘉之曰朕與卿等皆當以成周君臣自勉庶幾不
忝祖宗付託
宣德五年三月庚戌　上御左順門召蹇義楊士奇楊
榮等曰朕昨謁陵還道昌平東郊見耕夫在田召而問
之知人事艱難吏治得失因錄其語成篇今以示卿卿
亦當體念不忘也所錄語曰庚戌春暮謁陵歸道昌平
之東郊見道旁耕者俛而耕不仰以視召而問焉曰何
若是之勤哉惡曰勤我職也曰亦有時而逸乎曰農之
於田春則耕夏則耘秋而熟則穫三者皆用勤也有一

弗勤農弗成功而寒餒及之柰何敢怠曰冬其遂逸乎
曰冬然後熟力役於縣官亦我之職不敢怠也曰民有
四焉若是終歲之勞也何不易爾業為士為工為賈庶
幾乎少逸哉曰我祖父皆業農以及於我我不能易也
且我之里無業士與工者故我不能知然有業賈者矣
亦莫或不勤率常奔走負販二三百里外遠或一月近
或十日而返其獲利厚者十二三薄者十一亦有盡喪
其利者則闔室失意戚戚不樂矣計其終歲家居之日
十不一二我事農而勤苟無水旱之虞歲入厚者可以

支二歲薄者可以給一歲且旦暮得與父母妻子相聚
我是以不願易業也朕聞其言喜賜之食既又問曰若
平居所覩惟知賈之勤乎抑尚他有知乎曰我鄙人不
能遠知嘗躬力役於縣竊觀縣之官長二人其一人寅
出酉入盡心民事不少懈惟恐民之失其所也而陞遷
去久矣蓋至于今民思慕之弗忘也其一人率晝出坐
廳事日未昃而入民休戚不一問竟坐是謫去後嘗一
來民亦視之如塗人此我所目覩其他不能知也朕聞
其言歎息思此小人其言質而有理也蓋周公所陳無

逸之意也厚遣之而遂記其語
宣德五年十二月庚辰先夕大雪是日早朝罷　上示
群臣喜雪之詩復賜賞雪宴蓋久未雪至是大雪盈尺
上喜而成詩群臣遂進和章上親閱視擇其有警戒之
意者別錄之而為之序
宣德六年六月賜蹇義等招隱歌　上謂之曰朕嘗作
招隱詩賜群臣以示求賢之切然古亦有招隱詩蓋彼
欲招隱者與之俱遯朕則意在招徠賢者而用之恐山
林之士猶未悉朕意不肯輕出再賦七言招隱歌以示

卿等

宣德七年七月上燕閒閲内庫書籍得元趙孟頫所繪豳風圖因賦長詩一章召翰林詞臣示之曰豳詩周公陳后稷公劉致王業之由與民事早晚之宜以告成王使知稼穡艱難萬世人君皆當鑑此朕愛斯圖為賦詩欲揭於便殿之壁朝夕在目有所儆勵爾其書于圖之右宣德八年六月　上以天久不雨禱祠未應憂之作閔旱之詩示群臣

宣德九年十二月　上御文華殿召楊士奇等出御書

洪範篇及御製序文示之且諭之曰所論或未當卿等當直言勿隱士奇等對曰聖論真得古人之精藴上曰朕在宮中雖寒暑不廢書冊士奇等對曰帝王勤學問則宗社生民有賴矣惟願陛下始終此心上笑曰卿等亦常須直言

成化十四年五月翰林儒臣編輯御製詩集成凡四卷五百八十九首

成化十八年十二月御製文華大訓成

命賦詩

永樂十一年五月癸未端午節車駕幸東苑觀擊毬射柳聽文武群臣四夷朝使及在京耆老聚觀自皇太孫而下諸王大臣以次擊射皇太孫擊射連發皆中　上喜命儒臣賦詩賜群臣宴及鈔帛有差

幸太學

洪武十五年五月上幸國子監詣先師孔子行釋菜禮

成退御講筵祭酒吳顒等以次講畢上謂之曰孔子生於周末承上古聖人道統之傳率天下後世之人皆欲行聖人之道惜乎魯國君臣無能用之者當時獨一公父文伯之母責其子之不能從則一國君臣可愧矣卿等為師表正當以孔子之道為教使諸生咸知所趨向則朝廷得人矣復命取尚書大禹皋陶謨洪範親為講説反覆開諭群臣聞者莫不悚悅遂賜宴竟日而還

革除建文元年三月帝幸太學御彝倫堂見師生賞幣鈔有差

永樂四年三月　上視太學
正統九年正月太學成　上臨視
成化元年三月　上視太學釋奠先師孔子祭酒司馬
恂率學官諸生表謝賜祭酒等官及孔顏孟三氏子孫
襲衣及諸生寶鈔
弘治元年三月　上視太學謁先師

經筵

洪武戊戌春正月召儒士許元葉瓚王胡翰汪仲山李

公常金信徐孳童冀吳履張啓敬孫履皆會食寧越府
行中書省中日令二人進講經史敷陳王道
洪武三年二月　上御東閣學士宋濂待制王禕進講
大學傳之十章　上曰人者國之本德者人之本德厚
則人懷人懷則國固有土有財自然之理也若德不足
以懷衆雖有財亦何用哉
洪武十六年六月　上御謹身殿吳沉等進講周書國
則罔有立政用憸人上曰有小人必敗君子故唐虞任
禹稷必去四凶魯用仲尼必去少正卯小人巧於愰上

恐於賊下人君若喜其順適己意任其所為受害者必
多怨將誰歸譬如犬馬噬人人不怨畜犬馬者乎況曰
小人中懷奸邪而其言甚似忠信不可不察上曰察之
亦不易小人善於逢迎彼知人主所樂為者不顧非義
乃牽合附會曰是不可不為知人主不樂為者不顧有
益於天下國家亦牽合附會曰是不必為此誠國之賊
也自古以知人為難而知言亦不易也
洪武十八年五月　上御華蓋殿朱善進讀心箴上曰
人心道心有倚伏之幾蓋仁愛之心生則殘害之心息

正直之心存則邪詖之心消羞惡之心形則貪鄙之心
絶忠慭之心萌則巧僞之心伏故人常持此心不為情
欲所蔽則至公無私自無我之累矣　上謂侍臣曰朕
夙興視朝日高始退至午復出迨暮乃罷日間所決事
務恒默坐審思有未當者雖中夜不寐籌慮得當然後
就寢侍臣對曰陛下勵精圖治天下蒼生之福但聖體
過勞　上曰吾豈好勞而惡安向者天下未寧吾饑不
暇食倦不暇寢今天下已安四方無事高居晏樂亦豈
不願顧自古國家未有不以勤而興以怠而衰者天命

去留人心向背皆決於此甚可畏也安敢暇逸

九月上御華蓋殿命朱善講周易至家人上曰齊家治國其理無二使一家之間長幼內外各盡其分事事循理則一家治矣一家既治達之一國以至天下亦舉而措之朕觀其要只在誠實而有威嚴誠則篤親愛之恩嚴則無閨門之失善對曰誠如聖諭

洪武二十年五月上御華蓋殿侍臣進講因論人之善惡感召亦有不得其常者上曰為惡或免禍然理無可為之惡為善未嘗福然理無不可為之善人惟修其在

已者禍福則聽於天彼為善無福為惡無禍者特時未至耳

洪武二十六年七月選秀才張宗濬等俾隨詹事府左右春坊分班入直華蓋殿侍講畢進說民間利害田里稼穡等事兼陳古今孝弟忠信文學材藝諸故事日以為常

洪武二十八年十一月　侍臣進講尚書無逸篇

上曰朕每觀是篇必反覆詳味求古人之用心嘗令儒臣書于殿壁朝夕省閱以為鑒戒今日講此深慨朕心聞之愈益警惕

宣德二年三月　上御文華殿翰林儒臣講孟子離婁章上曰伯夷太公皆處海濱而歸文王及武王伐紂太公佐之伯夷扣馬而諫所見何以不同對曰太公以救民為心伯夷以君臣之義為重上曰太公之心在當時伯夷之心在萬世無非為天下生民計也

冬十月　上御文華殿翰林儒臣進講易觀大象畢

上曰古者帝王有巡狩之禮後世何以不行講官對曰古之君臣上下往來以通禮意至秦尊君抑臣斯禮遂

廢上曰亦時勢不同也舜時五載一巡狩觀虞書所載二月至東嶽五月至南嶽八月至西嶽十一月至北嶽一年遍天下五年又巡以後世觀之人君一出千乘萬騎百姓供億不亦難乎成周十二年一巡已與虞時不同矣況後世乎予以為治貴有實效巡狩之禮考制度觀民風明黜陟此其大節也誠能體古帝王之心選任賢良撫養百姓崇德報功畢協至公不患制度不一民風不振若以後世侍衛之衆征求之廣欲行時巡之禮難矣

宣德三年十月翰林儒臣進講春秋竟　上曰聖人匡世之功憂世之心備見此書當時先王禮樂法度日隳糜亂臣賊子接跡而起有此書而後天下皆知尊周又曰孔子作此書以尊周為本孟子乃以王天下勸齊梁之君何也侍臣對曰孔子之時周室雖微天下猶知尊周孟子之時七國爭雄天下不復知有周矣上曰聖賢之心無非為天下生民之計孟子時不有王者興何以解生民之塗炭遂賜講官坐命左右賜果茗

宣德九年十一月翰林侍臣講周書畢　上因諭周之王業及成康治效侍臣曰成王即政之初三叔挾武庚以叛周公以流言避居東都頑民不靖奄及淮夷煽亂成王得保文武之業亦不易也　上曰當時皆以為周之不造及成王定奄平淮東土始寧罪人斯得而天又大雷電以風用彰周公之德成王迎公歸誅管蔡遷殷頑民而後王室安自是天下太平刑措四十餘年子孫歷年八百則知始之所震撼者正天所以維持鞏固之也成王卒為守成之令主周召為賢臣以永周家一代之基業豈偶然哉

正統元年春正月　上御經筵開講以英國公張輔知經筵事大學士楊士奇楊榮楊溥同知經筵事少詹事王直王英講讀學士李時勉錢習禮陳循侍讀苗衷侍講高穀脩撰馬愉曹鼐並充經筵講官九卿掌印官侍班給事御史各二員侍儀禮畢賜宴及賜金帛鈔錠有差

景泰元年正月初開經筵命太保寧陽侯陳懋知經筵事內閣陳循高穀同知經筵事江淵商輅及侍郎儀銘俞山俞綱祭酒蕭鎡侍講學士劉鉉諭德趙琬皆兼經筵官

天順八年八月憲宗御經筵賜講官學士柯潛等白金文綺寶鈔

成化五年八月　上復御經筵

弘治元年三月初開經筵賜講官程敏政等宴及白金寶鈔有差

秋七月　文華殿講書畢賜講官程敏政等各織金緋衣金帶

弘治十七年九月晦日召輔臣入見上曰令李東陽說

日講時劉機講陳善閉邪陳字解做陳說不是止云數
陳其說乃可耳皆應曰諾劉健曰昨李榮又說以善道
啓沃他他字不是上微笑曰他字也不妨大抵講書須
要明白透徹直言無諱道理皆是書上原有的不是纂
出若不說盡也無進益且先生輩與翰林院是輔導之
職皆所當言健對曰臣等若不敢言則其餘百官無敢
言者矣上曰然謝遷曰聖明如此講官愈好盡心李東
陽曰今年聖學緝熙中外臣民無不仰戴臣等敢不仰
承聖意皆叩頭謝　上又曰先生輩可傳與他不必顧

忌昨所講以有顧忌耳又曰他字亦不妨昨因話偶及
此意以爲啓沃之更好然不必深計也皆復謝而出是
日天顔和悅似以昨所傳未的恐講官因此有所觀望
故特示詳悉如此蓋經筵講章自數歲以來始去舊時
諛頌之習加以規諫未嘗少忤及聞此諭益知
上意所嚮云
弘治十八年三月張元禎上疏勸經筵講太極圖西銘
及性理諸書東宮兼講孝經小學　上嘉納之亟索太
極圖以觀曰天生斯人以開朕也尋命元禎管內閣誥
勅
正德八年四月　脩撰何瑭以經筵進講忤旨謫開州
同知

聖學

洪武丙午年十二月新殿成命博士熊鼎類編古人行
事可爲鑒戒者書于殿壁又命侍臣書大學衍義於兩
廡壁間以備朝夕觀覽
洪武四年九月　上觀大學衍義至晁錯謂人情莫不

欲壽三王生之而不傷眞德秀釋之曰人君不窮兵黷
武則能生之而不傷顧謂侍臣曰晁錯之言所該者廣
眞氏之言所見者切古人云兵者凶器聖人不得已而
用之朕嘗思爲君恤民所重者兵刑濫刑者陷人於無
辜黷兵者驅人於死地有國者當深戒也
洪武十二年十一月　上觀漢武帝紀謂吳沉曰人君
理財之道當視國如家一家之内其父經營儲積未有
不爲子計者父子而異其家必危矣君民猶父子也
若惟損民以益君衣食不給而君獨富豈有是理哉

上與宋濂論持身保業之道上曰人當無所不謹事雖微而必慮行雖小而必防不慮於微終貽大患不防於小終虧大德謹小行而無已者則可以成大善忽細事而不戒者則必至成大惡常人且然況人君乎濂對曰聖慮及此誠社稷永安之道

洪武十五年七月　上謂翰林學士宋訥曰朕每觀尚書至敬授人時嘗歎敬天之事後世中主猶能知之敬民之事則鮮有知者蓋彼自謂崇高謂民皆事我者分所當然故威嚴日重而恩禮寖薄所以然者只為視民

輕也視民輕則與己不相干而畔渙離散不難矣惟能知民與己相資則必無慢視之弊故曰可愛非君可畏非民衆非元后何戴后非衆罔與守邦古之帝王視民何嘗敢輕故致天下長久者以此而已

洪武十六年二月　上觀唐太宗帝範謂侍臣曰此十二篇者雖非帝王精微之道然語意備至曲盡物情使其子孫克守其言亦足為訓自後女主竊柄有乖君體骨肉少恩有乖建親諂諛竝進有乖求賢忠諫者忌之讒佞者悅之驕奢縱佚罔知戒懼賞罰政令不行於天下閹豎小人朋比於國中卒召藩鎮之禍而唐祚遂衰有國家者其可不守祖宗之法乎

洪武十七年夏四月　上謂侍臣曰朕觀大學衍義甚有益於治道每披閱便有警省故令儒臣日與太子諸王講說使鑑古驗今窮其得失大抵其書先經後史要領分明使人觀之易悟真有國之龜鑑也

洪武十八年六月　上閱漢書謂侍臣曰漢文恭儉玄默則有之至於用人蓋未盡道初將相大臣迎自代邸即位首拜宋昌為衛將軍張武為郎中令其諸將相列侯宗室大臣皆在所緩非所以示至公也有一賈誼而不能用竟死長沙竇廣國賢欲相之以其皇后弟不可

曰恐天下以吾私廣國夫以廣國之賢為天下用人何避私嫌乎此其於君人之道所以有未盡也

洪武九年八月　上覽宋史見太宗改封樁庫為內藏庫顧謂侍臣曰人君以四海為家因天下之財供天下之用何有公私之別太宗宋之賢君亦復如此他如漢靈帝之西苑唐德宗之瓊林大盈庫不必深責也宋自乾德開寶以來有司計度之所缺者必籍其數以貸於

内藏候課賦有餘則償之凡有司用度乃國家經費何
以貸為鈇而許貸貸而復償是猶為商賈者自與其家
較量出入及内藏既盈乃以牙籤別其名物參驗帳籍
晚年出籤示真宗曰善保此足矣詒謀如此何足為訓
書曰慎厥終惟其始太宗首開私財之端及其後世困
於兵革三司財帛耗竭内藏積而不發間有發緡錢幾
十萬以佐軍資便以為能行其所難皆由太宗不能善
始故也

洪武二十一年三月　上謂侍臣曰朕觀史見前代
人君好聽讒言者必致敗亂蓋國有讒佞忠賢之害也
賢者事君必以正初若落落難合終實有益讒佞險巧
之人善承人主意人主多為所惑始若無害終實無所
不至其妨賢病國可勝道哉是以人君圖治須保賢哲
去讒佞

洪武二十四年二月　上閱漢書賜民爵之令謂侍臣
曰漢高祖立社稷施恩惠賜民之爵子孫相承以為法
或遇有事輒賜民爵至二級三級者又聽民轉移與子
甚無謂也夫爵所以命有德禮曰以賢制爵豈可濫及
乎且天下之人無賢不肖槩賜以爵則賢人君子何以
為勸高帝詒謀若此誠未盡善

十二月　上御武英殿觀書至惠廸吉從逆凶顧謂劉
三吾曰凡人遭罹凶咎皆已有以取之及事窮勢迫則
僥倖百端冀求苟免於患害何益也三吾對曰如此者
亦當聽命於天　上曰心無所愧可聽之於天若其自
取於天何預

洪武二十九年秋七月　上觀唐書至宦者魚朝恩恃
功翫忽無所忌憚謂侍臣曰當時不當使此曹掌兵政
故恣肆暴橫然其時李輔國程元振及朝恩數輩勢皆
極盛代宗曰去之如孤雛腐鼠大抵小人竊柄苟能
決意去之亦有何難但在斷不斷爾又曰漢末之時宦
官雖號驕縱尚無兵權故凡所為不過假人主之名以
濁亂四海至唐世以兵柄授之馴至權勢之盛劫脅天
子廢興在其掌握大抵此曹只充使令豈可使當要路
執政操權擅作威福朕深鑒前轍自左右服役之外重
者不過俾傳命而已彼既無威福可以動人豈能為患
但遇有罪必罰無赦彼自不敢驕縱也

永樂二年八月解縉等呈大學正心章講義上覽之至再諭縉曰人心誠不可有所好樂一有好樂流而不返則欲必勝理若心能盡虛事來則應事去如明鏡止水自然純是天理朕每朝退默坐未嘗不思管束此心為切要又思為人君但於宮室居處衣食玩好無所增加則天下自然無事

宣德三年六月　上閱皇明祖訓終卷顧侍臣曰自古創業難守成不易我　太祖皇帝起布衣平僭亂奄有中夏萬幾之暇製祖訓一編示法子孫歷六年始克成

書俾世子孫但謹守先訓豈有過舉侍臣對曰誠如聖諭以今日言之躬蹈當自陛下始　上曰然亦賴卿等匡輔若一言一行或背祖訓卿等須直言之書云監于先王成憲其永無愆亦古昔賢臣以之告其君者也卿等勉之

宣德四年二月　上覽歐陽文至夢卜求賢之說顧侍臣曰君臣相遇豈偶然哉高宗恭默思道渴想賢輔而說築傅嚴不能自達一旦得於夢寐間誠千載奇遇由此觀之人君誠心求賢固無不得之理文王因田獵遇太公亦猶此也水流濕火就燥雲從龍風從虎物皆有相感之理況一代君臣乎蓋天祐國家必生賢輔高宗求賢之心蓋有格於天矣又曰有高宗之心然後可以夢言有傅說之賢然後可以為相若漢文以夢得鄧通光武以讖用王梁豈不誤哉　四月　上御便殿與儒臣論史因問漢家諸君在位孰久對曰漢之武帝唐之玄宗皆在位久上曰漢武好大喜功海內虛耗末年能懲前過玄宗初政有貞觀之風久而恣慾遂致禍亂幾身失國武帝猶為從善於此又曰善心生則明慾心生則闇武帝以田千秋為賢玄宗以李林甫為賢此治亂

所由異也

宣德七年五月　上御便殿觀宋史顧問侍臣曰宋有國三百餘年武事終於不振何也侍臣對曰宋太祖太宗初皆以兵平海內其子孫卒流於弱致武備不飭　上曰宋之君誠失之弱將帥雖才亦不得展盖為小人所壞大抵宋之亡柄用小人之過也

憲章類編卷之七終

憲章類編卷之八

論道

洪武二年正月　上御奉天門召元舊臣問其政事得失馬翼對曰元有天下寬以得之亦寬以失之上曰嘗聞寬則得之未聞以寬失之也夫步急則躓弦急則絕民急則亂居上之道正當用寬元季君臣耽於逸樂循至淪亡其失在於縱弛實非寬也聖王之道寬而有制不以廢棄為寬簡而有節不以慢易為簡施之適中則

無弊矣

洪武二年六月　上謂濂曰古之帝王當晏安之餘多好神仙以朕言之使國治民安心神恬康即神仙也濂對曰漢武好神仙而方士至梁武好佛而異僧集使移此心以好賢則賢者至矣天下其有不治乎上深然之

洪武四年六月　上御奉天門謂吏部尚書詹同曰論事當鑒往古卿儒者宜知古帝王為治之道試為朕言之同對曰帝王之治無過於唐虞三代　上曰三代而上治本於心三代而下治由乎法本於心者道德仁義其用無窮由乎法者權謀術數其用易敗為治者違乎道德仁義必入于權謀術數擇術不可不慎也

洪武六年正月　上謂儒臣詹同曰朕思聲色乃伐性之斧斤其為害甚於鴆毒前代人君以此敗亡者不少蓋為君居天下之尊享四海之富靡曼之色窈窕之聲何求不得苟不知遠之則小人乘間納其淫邪不為迷惑者幾人況創業垂統之君為子孫所承式尤不可以不謹同對曰陛下此言乃端本澄源之道誠萬世子孫之法也

洪武九年十一月　上與侍臣論及古之女寵宦官外戚權臣藩鎮夷狄之禍侍臣曰自古亡國多由於此而所以啓之者有漸女寵之禍始于溺愛外戚之禍始于怙恩宦官之禍始于預政權臣之禍始於掌蔽至於藩鎮跋扈則由於姑息夷狄侵暴則由於不振漢唐以下覆轍可鑒矣　上曰木必蠹而後風折之體必虛而後病乘之國家之事亦猶是矣漢無外戚閹宦之禍唐無藩鎮夷狄之禍國何能滅然制之有道若不惑於聲色何有女寵之禍不牽於私愛何有外戚之禍不假以政

事何有宦寺之禍不為所蒙蔽何有權臣之禍兵賦不專何有藩鎮之禍武備不弛何有夷狄之禍凡此數事嘗欲著書使後世子孫以時觀覽亦社稷無窮之利也侍臣頓首曰願著之常典以示將來

洪武十二年八月　上御華蓋殿與侍臣論治身之道上曰人之害莫大於欲欲非止於男女宮室飲食服御而已凡求私便於已者皆欲也然惟禮可以制之先王制禮所以防欲也禮廢則欲肆為君而廢禮縱欲則毒流于民為臣而廢禮縱欲則禍延于家故循禮可以寡

過肆欲必至滅身

洪武十二年十一月　上御奉天門視朝畢顧謂吴沉曰人主治天下進賢納諫二者真切要事也沉對曰誠如聖諭但求之於古能行者亦鮮是以亂日常多治日常少　上曰使其真知賢者能與其國何有不好真知諫者在於忠已何有不納惟其知之不真是以於已難入若誠能好賢則不待招徠而賢者自至誠能納諫則不待旌賞而諫者畢來沉對曰陛下此言誠國家興治之要

洪武十六年三月　上與侍臣論歷代創業及國祚脩短侍臣皆曰前代祚運之長莫逾成周其次莫如漢諫議大夫唐鐸進曰三代以後起布衣有天下者咸稱漢高帝及陛下而已以臣觀之漢高除秦苛法雜伯而不純陛下革胡元弊政一復中國先王之舊所謂撥亂世反之正漢高不事詩書留心馬上陛下留心聖學親灑宸翰制諭萬方卓然與典謨訓誥相表裏陛下豈漢高所能及哉　上曰此不足論周家自公劉后稷奕世積德文王以服事殷武王遂一戎衣而有天下若使其後

君非成康臣非周召益脩厥德則文武之業何能至八百年之久乎書曰皇天無親惟德是輔使吾後世子孫皆如成康輔弼之臣皆如周召則可以祈天永命國祚愈昌侍臣頓首曰陛下斯言宗社萬年之福也

夏四月　上謂侍臣曰人君不能無好尚要當慎之蓋好功則貪名者進好財則言利者進好術則游談者進好諛則巧佞者進夫偏於所好者鮮有不累其心故好功不如好德好財不如好廉好術不如好信好諛不如好直夫好得其正未有不治好失其正未有不亂所以

不可不慎也　上謂諫議大夫唐鐸曰人有公私好惡不齊故言有邪有正正言務規諫邪言務謗訕謗言近於忠訕言近於愛惟不惑於謗言則聽日聰而讒人自去不眩於訕言則智日明而佞人自絕矣鐸對曰聽言之難從古爲然惟不爲所眩惑則讒自遠陛下聖諭深得其情　上曰朕日總萬幾所行有得失非資人言何由以知故廣開言路以衆言有善者則奬而行之風聞不實亦不之罪惟讒佞面訕者決不可容也

洪武十七年七月　上御東閣翰林待詔朱善等侍上曰人君能以天下之好惡爲好惡則公以天下之智識爲智識則明又曰人之常情多矜已能好言人過君子則揚人之善不矜已之善貸人之過不貸已之過又曰萬事不可以耳目察惟虛心以應之多方不可以智力服惟誠心以待之善等皆悚聽

洪武十八年三月　上與侍臣論漢之諸帝侍臣有言明帝亦聰明之主上曰人主不以獨見爲明而以兼聽爲明通於人情察於是非則聰明得其正矣若屑屑於細故則未免苛察上苛察則下急迫反有累於聰明也

洪武十九年春正月戊午朔　上與侍臣論治道曰治民猶治水治水者順其性治民者順其情人情莫不好生惡死當省刑罰息干戈以奠之莫不厭貧喜富當重農時薄賦斂以厚之莫不好佚惡勞當簡興作節徭役以安之若使之不以其時用之不以其道但抑之以威迫之以力強其所不欲而求其服從是猶激水過顙終非其性也

二月　上坐東閣因與侍臣論仁智　上曰聖人篤於仁賢者不舞智若姑息之仁不爲愛物姦欺之智足以禍身又論天人相與之際　上曰天人之理無二人當以心爲天論儉上曰不可儉者祭祀然祭不可瀆不可儉者賞賚然賞不可濫

憲章類編　卷八

洪武二十年八月　上謂侍臣曰人君一心當謹嗜好不爲物誘則如明鏡止水可以鑑照萬類一爲物誘則鏡垢水滓豈能照物侍臣對曰陛下謹所嗜好正心之道莫過於此　上曰人亦豈能無好但在好之得其正耳如人主好賢則不肖者遠好直則諂佞者遠而國治矣茍反其所好則賢者遠而不肖者進正直者遠而邪

佞者進欲國之不亂難矣一嗜好之間而治亂係焉可不謹乎

洪武二十一年三月　上召考試官陳宗顒等諭之曰今日觀列子鄰子竊鈇之事因思人之信疑皆生於心信心常出於忠厚疑心必起於偏私夫信其所好疑其所惡乃人之常情是故不可不察也君之於臣好而信之讒言雖至而不入惡而疑之毀謗不召而自來苟能以大公至正之心處已待人自無獨信偏疑之私其或反乎公道而不得好惡之正未有不流於一偏者也惟

能好所當好惡所當惡信所當信疑所當疑則人無浸潤之譖形似之惑矣又論五性之德　上曰小惠非仁小節非義足恭非禮苛察非智諒而不貞不可謂之信因給紙筆令諸儒撰疑信論

洪武二十二年六月　上退朝與侍臣論及守成之道上曰人常慮危乃不蹈危常慮患乃不及患車行於峻坂而仆於平地者慎於難而忽於易也保天下亦如御車雖治平何可不慎

十一月　上御謹身殿翰林學士劉三吾侍因論治民之道三吾言南北風俗不同南可以德化北可以威上曰地有南北民無兩心帝王一視同仁不可有彼此之間汝謂南方風氣柔弱故可以德化北方風氣剛勁故當以威制然君子小人何地無之君子懷德小人畏威施之各有攸當烏可槩以一言乎三吾慚服稽首而退　上謂侍臣曰興治之要當進君子退小人兵部尚書沈縉對曰君子小人實未易識上曰獨行之士不隨流俗正直之節必不庸常譬如良玉委於汙泥其色不變君子雜於衆人德操自異何難識也縉又曰自古君

子常少小人常多亦不易去　上曰善者進之足以勸善惡者去之足以懲惡故太陽出而群陰消賢者舉而不仁者遠矣何難去哉

三月　上謂廷臣曰朕嘗命寺人發庫藏中古鏡十餘以鑑容貌多失真召冶工數人問之莫能答最後一人言範模不正故鏡體偏邪照人失真朕聞之惕然感悟夫鏡一物耳畧有偏邪則不可鑑形人君主宰天下辨別邪正審察是非皆原于心心有不正百度乖矣正心之功其可忽乎

洪武二十四年八月　上與侍臣論漢高祖聽張良之言即銷六國印　上曰高祖聞善言即能感悟如此者安得不興後之為君者少有及之侍臣曰漢高以後若唐太宗亦能善善故其為治亦有足稱

洪武二十五年七月　上御右順門與侍臣論治道因及理亂　上曰為治之道有緩急治亂民不可急急之則益亂撫治民不可擾擾之則不治故烹鮮之言雖小可以喻大治繩之說雖淺可以喻深侍臣對曰誠如聖諭

洪武二十七年三月　上謂侍臣曰人主之聰明不可使有壅蔽壅蔽則耳目聾瞽天下之事俱無所達矣劉三吾對曰人君惟博集衆論任用賢能則視聽廣而聰明無所蔽若信任憸邪隔絕賢路則視聽偏聰明為所蔽矣　上曰人主以天下耳目為視聽則是非無所隱而賢否自見昔唐玄宗內惑於聲色外蔽於權姦以養成安史之亂及京師失守倉惶出幸雖田夫野老皆能為言其必有今日者玄宗雖恍然悔悟亦已晚矣夫以田夫野老皆知而玄宗不知其蔽於聰明甚矣使其能廣視聽任用賢能不為邪妄所惑則亂何從而生哉

上謂侍臣曰毀譽之言不可不辨也人固有卓然自立不同於俗而得毀者亦有諂媚狎昵同乎流俗而得譽者夫毀者未必不肖而譽者未必賢也第所遇有幸不幸爾人能知其毀者果賢則誣謗之言可息而人亦不至於受抑矣知其譽者果不肖則偏陂之私可絕而人亦不至於倖進矣問君子於小人小人未必能知君子且又忌之鮮有不為所毀者問小人於小人其朋黨阿私則所譽者必多矣唯問於君子則處心公正然後能

得毀譽之實故知人為難而知言為尤難也

六月　上燕閒與侍臣論上曰昔楚莊王謀事而當群臣莫能逮朝而有憂色魏武侯謀事而當群臣莫能逮朝而有喜色夫一喜一憂得失判焉以此見武侯之不如楚莊也夫喜者矜其所長憂者憂其所不足矜其所長則志滿志滿則驕驕則淫佚敗日至矣憂其不足者則志下志下必能虛心而受人則人孰不樂告以善道故莊王卒霸諸侯以興楚國武侯侵暴鄰國而魏業日衰以此觀之人君當遜志納善人臣當以道事君君臣

之間各盡其道則天下之事無不濟矣

洪武三十年七月　上諭群臣曰凡人所爲不能無過舉而其心則有公私但當平其心以觀之若其心本公而所爲之事不當此則識見未至若緣私意而有謬戾者此則其故爲之也君子小人於此可見然君子之過雖微必彰小人之過雖大弗形蓋君子直道而行不事掩覆小人巧於脩餙多所隱蔽人君不察於此則君子小人莫辨又曰朕觀往昔議論於人主之前者君子必多忤意小人必多順從若以忤己而怒之順己而悅之

則小人進而君子斥矣人主取人但當詳審一心之權衡不當遽狥一時之喜慼而汝等亦當勉爲君子不當甘爲小人也

永樂二年三月　上御武英殿與侍臣論用人　上曰人君進一人退一人皆不可苟必須厭服衆心若進一人而天下皆知其善則誰不爲善退一人而天下皆知其悪則誰敢爲悪無善而進是出私愛無悪而退是出私悪狥私而行將何以服天下

永樂二年四月吏科右給事中孫瑾密奏前日禮部所定八人須詔外國皆素非誠實者時已行二日　上曰此非專出禮部定吏部亦言其可使故從之爾在吏科與聞銓注之事彼既不誠則未行之先當言何必俟之既去乃言夫人性皆善有不善者習使之也亦在人主用之如何如叔孫通在秦則僞在漢則誠裴矩在隋則佞在唐則忠本是一人但在人主能用與不能用爾適爾所言慎勿泄也

永樂四年七月　上燕閒與侍臣論及人之壽夭　上曰壽夭在天人貴勉其在已者人壽百歲世多有之無

皆身没無聞顔子三十二令名無窮人苟有德可傳何必百歲之壽

永樂四年閏七月召北京儒士武周文至命爲翰林侍講學士以其老賜勅致仕　上語胡廣等曰朕守藩時王府官亦有三三人知易者然皆不若周文切實但所言亦有拘滯處蓋易道在變通不失其正古人隨時從道之説最得要領唯在虛心以玩之耳又曰爲學不可不知易只內君子外小人一語人君用之功效不小

永樂十年十一月洮州衛所鎮撫陳恭上言侍衛防禁

宜嚴外夷異類之人不宜寘左右玄宗幾喪唐室徽欽幾絕宋祚夷狄之患可爲明鑒　上曰所言禁衛宜嚴甚是但天之生才何地無之爲君用人但當明其賢否不當分別彼此其人果賢則信任之不賢雖至親亦不可用漢武帝用金日磾唐太宗用阿史那社爾蓋知其人之賢也若玄宗寵任安祿山致播遷之禍正是不能知人宋徽宗自是寵任小人以致夷狄之禍不因用夷狄之人也春秋之法夷而入於中國則中國之朕爲天下主覆載之內但有賢才用之不棄近世胡元分別彼

此柄用蒙古韃靼而外漢人南人以至滅亡豈非明鑒

禮部尚書呂震請加恭妄言罪　上曰恭之心本是忠朝廷但未深思耳豈可罪之朕恒語卿等言事之人或有乖謬亦當容之若加之罪則言路塞而人君無由得聞善道矣爾爲大臣乃有此言亦非忠也

洪熙元年宣宗　十二月　上罷朝御左順門尚書蹇義等侍因論及漢光武保全功臣事義曰光武以吏事責三公故功臣不用所以保全　上曰功臣固貴保全而人才不可廢置伊尹相湯伐桀爲商阿衡閎夭散宜生之徒相武王伐紂未嘗不見用於當時叅陵平勃靖安漢室皆高帝之舊臣況天生賢才以爲世用彼誠有公輔之器國家推誠心倚任之固無不保全者矣以其爲功臣置而弗用亦過矣我朝於將臣擇其德望才幹者分掌五府而軍國大政悉決於朝廷彼得效用而大權出於上用人之道保全之意亦可謂兼盡矣

宣德二年九月　上御左順門與侍臣論理兵經國之道　上曰朕昨觀宋太祖承五代分裂之餘平湖南平蜀平江南俘嶺南劉鋹太宗并有吳越親征太原降劉

繼元當時兵力足以混一而幽薊之地終不復歸中國何也侍臣對曰自石晉以關南諸郡賂契丹飛狐以東重關複嶺爲胡虜所有幽薊之南平壤千里蕃漢共之用兵不易也　上曰禦狄之道守備爲先彼得其險已非我利況當時契丹強盛無可乘之機乎然使宋之子孫謹守憲章練兵以備之恒如開寶淳化之時亦足以保其成業何熈寧至宣和小人用事國多弊政遂至金虜之禍高宗南渡并中原而棄之國勢陵夷有其漸矣

宣德五年三月　上御武英殿偶與侍臣論漢以下創

業諸君侍臣有言漢高帝之大度有言唐太宗之英武有言宋太祖之仁厚不相上下者　上曰唐太宗宋太祖皆假借權力襲取天下唐太宗慙德尤多漢高帝及

我朝

太祖皇帝起布衣光明正大可比而同然高帝除秦苛政而禮文制度不脩我　太祖剪除群雄革前元敝俗申明中國先王之教要爲過之侍臣皆叩首以爲至論

七月　上燕閒與侍臣論商周得天下之道侍臣曰湯武順天應人除暴安民功加于時德垂後裔所以天下

歸之傳之子孫歷世長久　上曰天所歸蓋非偶然唐虞之時契敷五教百姓親睦后稷教民稼穡天下享其利至湯放桀武王伐紂遂有天下誠以先世功德在民篤生聖哲用集天命有不可辭者于其子孫享國長久亦惟仁義道德足以培植之也

宣德六年三月　上朝退御武英殿問侍臣曰古之井田最爲善政後世何以終不能行侍臣對曰自秦開阡陌富强者得以兼并遂致因循　上曰朕惟爲國養民在有實惠誠能省徭役薄徵歛重本抑末便是養民亦

何必拘於古法

宣德七年七月　上御武英殿翰林儒臣侍因論漢唐開創輔臣侍臣對曰蕭曹房杜雖皆常才亦當時無過之者今天下之廣未必無才但係於遭際何如耳　上曰然如三老董公及泰山道士徐洪客皆不見用而蕭曹房杜成功誠哉人才遭際爲難也

七月　上登萬壽山坐廣寒殿召翰林儒臣侍命同覽都畿山川形勢既畢　上諭之曰此元之故都也世祖知人善任使信任儒術愛養民力故能混一區宇以成

帝業再傳至武宗元政稍有變更仁宗繼之恭儉愛人卽位之初興學校勵風憲清中書其孜孜爲治一遵世祖之法足以爲賢君英宗果於殺戮奸黨畏禍遂搆大變泰定以後皆享祚不久至順帝在位既久肆志荒淫怠於政事紀綱法度蕩然遂致失國使順帝能恭儉長守世祖仁宗之法天下豈爲我祖宗所有又曰茲山茲宇順帝存日宴遊者也豈不可感侍臣叩首曰桀之跡周之鑒也上曰然

宣德八年秋七月　上與侍臣論漢高帝唐太宗皆開

創之主侍臣有盛稱太宗英武過高帝者　上曰太宗才盛高帝義盛高帝不事詩書而大義瞭然太宗文雅足稱而大義未明

宣德九年三月　上與侍臣論兩晉侍臣曰晉武懲魏氏刻薄奢侈之弊欲矯以仁儉及平吳之後頗事游宴怠於政事掖庭殆將萬人外戚用事勢傾内外曾不一傳禍生閨閫馴致戎羯之亂元帝繼統江左恭儉有餘明斷不足大業未復禍亂内興明帝明敏有機斷故能誅剪兇臣惜其享年不永成帝以後類皆孱弱寄命於

强臣奄奄百有餘年亦爲幸矣　上曰昔武以開創之主不爲遠圖樹立失宜託付非才羌胡鮮卑雜處内郡而不能以時區處所以國禍方殷而戎寇遽至東晉僅能立國逆臣接跡朝政陵夷而猶延數世者亦有賢人爲之用也又曰古先帝王維持天下以禮教爲本兩晉風俗淫僻士習浮薄先王禮樂教化於是蕩然豈以安之道哉

視朝御門及平臺議政

洪武二十九年春正月庚申朔　上罷朝從容問左右民間事禮部尚書門克新對曰聖澤深廣天下之民各安生業幸蒙至治　上曰雖堯舜在上不能保天下無窮民若謂民皆安業朕恐未然何得遽言至治

永樂二年四月　上御奉天門召六科給事中諭曰朕日臨百官可否庶務或有失中爾等宜直言無隱又顧解縉等曰敢爲之臣易求敢言之臣難得敢爲者强於已敢言者强於君所以王魏之風世不多見欲使進言者無所畏聽言者無所忤天下何患不治朕與爾等勉

之

永樂四年正月　上御右順門晚朝百官奏事畢皆趨出　上召六部尚書及近臣諭曰早朝四方所奏事多君臣之間不得盡所言午後事簡卿等有所欲言可就從容陳論朕有欲言者亦欲及此時與卿等商確

永樂五年四月　上謂侍臣曰朕與卿等論政事每不覺坐久或謂朕曰語多傷氣非調養之道當務簡默爲貴朕語之曰人君固貴簡默但天下之大民之休戚事之利害必廣詢博訪然後得之非好多言也侍臣對曰

舜無爲而治然亦好問好察邇言豈舜不貴𥨊默哉

上曰不如是不足以盡群情

按丘濬曰我祖宗以勤爲治無日不朝而每日之間有早午晚三朝或再朝焉誠以自古禍亂之端皆起自蒙蔽蒙蔽之由起自上下之情不通上下之情不通起自君臣不相接見然徒接見而不相親問答猶不見也故　聖祖御製大誥首篇以君臣同游爲開卷第一義所以示萬世聖子神孫者至矣

成化四年十月吏部九卿等衙門尚書等官李秉等俱以午朝失朝不及入侍聯名上奏待罪詔爾等常以勤政爲言及朕視午朝卻又怠慢既引咎姑宥之

成化五年八月　上復視午朝

弘治三年十一月因彗見求言刑部侍郎彭韶言臣獲隨午朝竊見日奏尋常起數於事無補願陛下自今午朝惟議經邦要務如大陞除大災異緊急錢糧邊關軍政工程囚犯之類許令該衙門先期開具事由候駕御左順門就於御前公同計議取旨奉行仍乞温顔俯詢曲折如此不惟世事日達於聖聰而群臣邪正亦因可見既不廢午朝之典又可令群臣率作興事　上嘉之

弘治十年三月命司禮太監韋眷至内閣召徐溥劉健李東陽謝遷至文華殿　上命左右取群臣章奏付溥等看詳相與議定批詞以次陳奏　上或更定二三字或删去一二句批畢發出中有山西巡撫及禮部諸疏皆從容顧問擬議停當然後批答賜茶而退李東陽謂自天順末至今三十餘年間嘗召内閣不過一二語是日經筵罷有此召因得以窺天質之明睿廟筭之周詳庶幾都俞吁咈之氣象云

八月　上御平臺召輔臣議政事

弘治十三年正月大學士劉健等上言自古願治之君必早朝晏罷日省萬機祖宗黎明視朝每日奏事二次邇者視朝太遲散歸或至昏黑四夷朝貢具所觀瞻庶府文移多致寢閣矧今各邊啓釁四方荐災尤爲可慮怠荒是戒勵精是圖庶可以回天意慰人心也　上嘉納之

四月　上御平臺召劉健李東陽謝遷議政事

弘治十五年十二月　上召兵部尚書劉大夏左都御史戴珊問曰邇聞軍民多不獲所焉得天下太平大夏對曰求治亦難太急唯行所當行久之天下自治　上曰閣臣如劉健亦可計事顧其所與之人太雜耳渠嘗獨薦一人甚不愜朕意亦不言其姓名明日大夏詢之内使陳寬寬曰劉學士嘗薦副都御史劉宇才可大用上不答劉學士再言之上亦不答當時已服　上之知人云

弘治十六年五月　上御文華殿召劉大夏諭曰事有不可每欲召卿商確又以非卿部内事而止今後有當行當罷者卿可以揭帖密進大夏對曰不敢　上曰何也大夏曰先朝李孜省可爲鑒戒　上曰卿論國事豈孜省營私害物者比乎大夏曰臣下以揭帖進朝廷以揭帖行是亦前代斜封墨勅之類也陛下所行當遠法帝王近法祖宗公是公非與衆共之外付之府部内咨之閣臣可也如用揭帖因循日久視爲常規萬一匪人目居要職亦以此行之害可勝言此甚非所以爲後世法臣不敢効順　上稱善久之

按宋藝祖謂李沆獨無密啓夫人君公聽並觀于大廷之上而奸邪猶且混淆國是矧密啓乎當時謂沆不唯得宰相之大體而寔人君之大防也劉大夏與李沆之貽謀遠慮其眞後先一揆矣

刑部尚書閔珪讞重獄忤旨批答久不下一日劉大夏入對便殿　上因語及之對曰人臣執法不過效忠朝廷珪所爲無足異　上曰且道自古何君何大臣如此對曰臣幼讀孟子見舜爲天子皋陶爲士瞽叟殺人皋陶亦執之而已似未可深責　上頷之明日允珪所擬

劉大夏議革騰驤四衛軍士　上召大夏密議又及裁抑内臣事大夏至榻前　上左右顧近侍解上意將有密語即退避大夏侍上語久欲起不能　上命司禮太監李榮等扶掖出左順門外榮且扶且請曰吾輩多過失望於上前隱惡揚善大夏曰聖上天性聰明吾於政事外未嘗敢毁譽他人今日以老求退　上曰李榮每在朕前説卿是好官吾與君踪跡疎遠不知何以有此榮曰當朝大臣公爲第一榮何敢蔽賢也

弘治十八年四月　上召劉健李東陽謝遷至煖閣面

出數疏指一揭帖曰此廣東巡按御史聶賢所奏地方盜賊事須緊鎮巡官劉健對曰昨所擬已是切責　上曰然凡一應事務當興當革者皆責在鎮巡今都不見奏報更須加緊皆應曰諾上又指二疏曰此南京科道劾兩京堂上官作何處置健對曰進退大臣事重臣等不敢輕擬　上曰彼首言崔志端是道士出身先年亦有道士掌印者但不多耳健對曰固然　上又曰彼言周季麟喪師失律失律者非止一人健等對曰季麟亦是好官　上曰然洪鍾在薊州時以潮河川開山致損人命故人論之不已健亦對曰洪鍾亦好李東陽曰好處儘多　上曰彼言卑諂大臣要剛正有氣節若果有卑諂之行當退但亦無指實難遽退耳健對曰

皇上每值糾劾欲求實跡最是　上曰若大臣有曠職壞事者誠宜黜以示戒今亦無甚不好者須皆留辦事耳健等奏曰臣等每見留着辦事之文竊有未安大臣宜甄別賢否若槩云留着辦事卽係該退之人姑容不退中有好者似不能堪　上笑閱曰然則先生輩意欲如何處置皆對曰止云照舊辦事可耳　上曰然又指一

疏云太常寺欠行户錢鈔昨有旨查洪武等錢緣何市不通使户部查覆未明仍須別為處置務使通行健等皆對曰此須自朝廷行起如賞賜折俸之類在下如鹽鈔船鈔亦用舊錢乃可通行且民間私鑄低錢聽其行用本朝通寶乃不得行誠非道理謝遷對曰昨令查議正欲通行但私錢不禁則官錢決不能行前年鑄弘治錢曾禁私錢不二三日卽濫使如故　上曰何故如此皆對曰只是有司奉行不至　上曰今須嚴禁東陽奏曰臣等訪得今所鑄錢徒費工料得不償失亦是有司不肯盡心若止如此雖鑄何益遷曰昨令查已未鑄造數目亦是此意　上曰然健等因奏曰今國帑不充府縣無蓄邊儲空乏行價不償正公私困竭之時鑄錢一事最為緊要其餘若屯田茶馬皆理財之事不可不講也東陽因奏曰鹽法尤重今已壞盡各邊開中徒有其名商人無利皆不肯上納矣　上問商人何故不肯上納健等因極論奏討之弊　上曰奏討亦只是幾家東陽奏曰奏討之中又有夾帶奏討一分則夾帶十分商人無利正坐此等弊耳　上曰夾帶之弊亦誠有之健

等又言王府奏討亦壞鹽法每府禄米自有萬石又奏
討莊田稅課朝廷每念親親輙從所請常額有限不可
不節　上曰王府所奏近多不與皆對曰誠如聖諭但
乞今後更不輕與則不敢奏矣健因奏曰臣聞國初茶
馬法初行有歐陽駙馬者販私茶數百斤
太祖皇帝曰我纔行一法乃首壞之遂寘極典高皇后亦
不敢勸止此等故事人皆不敢言、上曰非不敢言乃
不肯言耳因言鹽法須整理邊等贊曰請下户部查議
上曰然明日降旨云祖宗設立鹽法以濟緊急邊備係

國家要務近來廢弛殆盡商賈不行各邊開中雖多全
無實用户部便通查舊制及今各項弊端明白計議停
當來說於是中外稱慶知上意勵精思治如此是日天
顏甚霽問答詳悉藹然家人父子之風誠前古所罕見
也　復召輔臣至煖閣　上問曰昨管河通政奏巡按
御史陸偁私寄書二冊題曰均徭則例又擅革接遞夫
役若干名陸偁爲御史柰何寄人私書於理不當且夫
役係是舊制何得擅減李東陽對曰觀奏詞恐所寄郎
是則例　上曰書自是書皆不敢答劉健對曰均徭事

亦是御史所管　上曰何爲不奏健曰然則罪之乎
上曰今日陸偁已晃姑令回話縱不深罪亦須薄示懲
戒皆應曰諾　上又出一疏曰此户部覆奏處置流民
疏内推刑部侍郎何鑑查已服滿此須會吏部户部安
得自推健對曰凡係本部承行事亦有徑推者　上曰
此前人不是吏部銓衡之職推舉人才乃其職掌若使
會推他日不稱亦無後詞健東陽皆對曰何鑑誠是好
官能了此事　上曰何鑑雖好終要經由吏部健曰然
則通令吏部會議　上曰處置流民是户部事只用是

字答之不須再會吏部惟所推官員須會吏部耳皆諾
而出蓋　上既明習國事論議層出或累數十言臣下
欲盡一二語至無間可入或不竟其辭而退
按嘉靖間霍韜曰天下有論職官臧否政事得失者
初付之内閣内閣惟擬定浮帖進上委之左右由是
有事涉左右者因得旁訴倖免有乘機欺罔者妄言
事體不便或曰格例不合或曰人情不甚甚則曰外
臣朋黨護短徇私故内閣原議時有改易動駭人心
矣請自今每日午刻或御文華殿或御左順門召内

閣大臣二員六部尚書侍郎六員六科給事中六員
講讀學士二員侍立將應發章奏條擬旨意斟酌塡
註大臣有奸回不忠面肆欺罔者給事中得以面糾
其過有古今異宜稱量輕重者講讀官得以備其顧
問如此則在上爲虛心守正以聽天下而無諱過護
短之私大臣爲取人以善而無徇私妬賢之罪内臣
亦得安靖美名而無招權壞事之謗矣

諭文武羣臣

永樂元年正月勅諭内外文武群臣曰上天之德好生
爲大人君法天愛人爲本我
皇考太祖高皇帝受天明命爲天下主政教脩明近古鮮
比朕纉承大統思承付託之重爾文武群臣共遵成憲
悉力一志敬之愼之
四月諭中外文武群臣帝王圖治必審於用人或取諸
亡國或舉於讐怨惟其賢而已若唐太宗用王珪魏徵
房玄齡杜如晦李靖尉遲敬德宋太祖用范質王溥石
守信王審琦輩相與協心比力共建功業載在信史垂

譽後世可鑒也朕涖祚以來思惟文武群臣皆皇考[illegible]
人推誠用之纖悉無間又何嫌疑之有哉其各盡乃心
共乃職朕言不再其深體之
洪熙元年二月　上以災異屢見而進言者鮮勅諭文
武群臣曰間因大理少卿弋謙所言過於矯激朕一時
不懌群臣迎合朕意交章奏其賣直請置諸法朕但免
謙朝參自是以來言者遂少朕於謙一時不能含容方
自愧咎爾群臣亦各思以君子之道自勉勿以盡言爲
戒庶幾君臣相與之義令弋謙朝參知故

勉諭文臣

洪武五年二月　上諭群臣曰凡居官者任雖不同皆
當盡職昔范仲淹居官計日所爲必與食稱或有不及
次日補之君子盡心於國如此朝廷豈有廢事天下安
得不治元之將亡内外諸臣惟日飲肥甘不脩職事生
民疾苦漠若不聞紀綱廢而人心日離遂致土崩明鑒
不遠朕每夜側席未明視朝常恐廢怠民失所依卿等
當體朕懷以脩厥職則無負國家永有譽於青史豈不

美乎
洪武九年十二月　上諭群臣曰朕每事必詳審而後行既行而又有相妨者以一人之智慮豈能周天下之事情左右之人於此能竭誠盡意相與可否豈不事皆盡善何乃惟圖容悅默而不言自謂得計殊不知百世之下難逃清議如張禹孔光之徒誠何人哉群臣皆頓首

洪武十年九月　上謂侍臣曰前代庸君暗主莫不以垂拱無爲藉口縱恣荒寧不親政事而諛佞小人又逢

以主逸臣勞之說殊不知治天下者無逸然後可逸若以荒寧怠政爲垂拱無爲帝舜何爲曰耄期倦于勤大禹何以惜寸陰文王何以日昃不食人君日理萬幾怠心一生則庶務壅滯貽患不可勝言朕常以勤勵自勉未旦臨朝夜卧不能安席或仰觀天象見一星失次即爲憂惕或量度民事當速行者即待旦發遣朕非不欲暫安秪畏天命不得不爾朕言及此者恐群臣以天下無事便欲逸樂股肱既惰元首叢脞民何所賴書云功崇惟志業廣惟勤爾群臣但能以此爲勉朕無憂矣群

臣皆頓首受命

洪武十七年十一月　上御東閣謂侍臣曰責難之辭人所難受明君受之爲無難諂諛之語人所易從昏主聽之尤易入朕觀唐虞君臣賡歌責難之辭氣象雍容垂訓萬世此誠可法後世以諂諛相歡如陳後主江總輩污穢簡策貽譏千古此誠可戒賛善董倫對曰誠如聖諭惟明主則能慎擇之　上曰責難不入於昏君諂諛難動於明主人臣以道事君惟在守之以正若患得患失則無所至矣

洪武三十年十二月癸未　上不豫廷臣數問安勅之曰昔有元治世民庶乂安何期至正之君失於勤民慢於事神由是假手群雄倡亂華夏兵興之時朕潛草野不得已而從戎當時倡亂稱尊者幾人恣爲吞併自相磨滅如此者十有七年朕西定荊楚東平吳越北撫華夏爲衆所推戴定鼎金陵國號大明改元洪武三十年于茲朕壽亦七十矣靜而思之非皇天眷命安得居天位若是久哉古語云天不與首亂豈非朕無心於天下以救民爲心故天特命之乎近者失調受疾卿等頻來

問安禮也堯舜禹湯文武之世皐夔稷契伊傅周召爲
之臣其有志匡主一也朕以此示卿等宜竭忠脩職副
朕至懷

戒諭武臣

洪武三年十一月　上朝罷退坐東閣召諸武臣問之
曰爾等退朝之暇所務者何事所接者何人亦嘗親近
儒生乎往在戰陣之間提兵禦敵以勇敢爲先以戰鬪
爲能以必勝爲功今閒居無事勇力無所施當與儒生
講求古之名將成功立業之故事君有道持身有禮謙
恭不伐能保全其功名者何人驕淫奢侈暴橫不法不
能保全終始者何人嘗以此爲鑑戒擇其善者而從之
則可與古之賢將並矣

洪武四年十一月　上御武樓指揮郭英等侍側　上
謂英等曰朕嘗思保天下汝等能思保身家乎英曰臣
性至愚亦嘗念及此　上曰朕命軍士往臨濠造宮殿
汝等又役之爲私室是保身家之道乎英等駭愕請罪
上曰　朕每思所以保汝輩之道汝輩乃不思保其身

誠愚也昔朕皇考嘗言凡人守分植財如置田穫稻歲
有常入用之無窮若悖理得財如貪官汙吏獲利雖博
有喪身亡命之憂今汝等有勳勞於國朕既酬以爵祿
是即恒業能守而勿失子孫永賴不然將無後憂乎英
等頓首乞哀姑免究

洪武二十一年七月頒賜天下武臣大誥令其子孫誦
習　十一月頒賜武臣保守勑時廣西指揮耿良以科
斂激變良民江西指揮戴宗以收捕山賊貪賄賂致賊
人縱橫皆坐罪　上曰武臣不知受命守禦之方與夫
崇名爵享富貴福及子孫之道特爲保守勑頒諸武臣
使朝夕覽觀知所鑒戒

洪武二十二年二月禁武臣不得預民事

永樂五年十二月以太祖高皇帝戒飭功臣鐵榜及勑
旨頒賜武臣

永樂十七年十二月　上勑武臣曰自古國家盛衰存
亡未有不係於武備之張弛漢唐世遠姑置不言近代
宋太祖太宗將勇兵强削除暴亂四海晏然及其子孫
弗率武備不脩醜虜僭竊馴致海內分裂宗社丘墟元

世祖時戎部嚴整甲兵強盛天下寧謐傳至數世嗣主荒淫軍政廢弛群雄並作竟至覆亡我
皇考太祖高皇帝受天命定天下于時將帥効忠士卒奮勇肅清奸宄遂建洪業朕嗣位以來夙夜惕勵惟恐蹈宋元覆轍以墜丕緒爾等世有爵祿與國家同休戚者脩整武備爲國爪牙此爾等之責所宜夙夜究心用副倚注而比來紀律廢弛隊伍空虛軍士逃亡悉付不問甚至通同有司受賕賣放取回軍明有程限今縱其在外或五六年或十餘年不回及所取回軍十無一二猝

有緩急何以應調武備若此國何賴焉是皆爾等下不恤軍上不忠國所致自今宜鑒古人之得失體國家之委任修職務撫士卒實軍伍繕器械使兵政振舉奸宄不作朝廷有磐石之安爾等亦永保富貴若不遵朕言仍蹈前失必罪不宥

宣德七年九月直隸隆慶衛指揮同知袁泰等奏本衛指揮同知李景鎮守居庸關調度有方行事得宜今缺指揮使請以任景通政司以聞　上不從因召諸武臣語之曰爵賞當自朝廷景若有功朕豈吝此唐自中世以來威權不振河北將帥皆由軍中所立此輩猶欲效之耶爲人臣者但當竭忠盡力爲國立功不患不富貴勿得越制以干憲典群臣皆頓首

戒諭功臣

洪武五年六月作鐵榜申戒公侯

成祖革除建文四年十二月戒諭靖難功臣

諭諸司

洪武十五年六月初諭諸司各存天理行事若是不公鬼神不饒如何消受祿食

洪武十八年六月詔禁諸司納賄布政司毋得送贓六部等衙門若六部等有犯必稽贓自何來司府州縣有犯必遞相窮究

宣德三年五月　上出酒諭示百官時郎官御史以酣酒相繼敗故作酒諭

天順三年二月禁朝臣交通初石彪事發言官交奏且謂恐有漏泄於彪者　上召李賢曰群臣黨惡如此不

可不戒賢曰誠如明言乃勑諭百官今後文武大臣無
故不許徃來近侍官不許造大臣私宅錦衣衛官亦然
於是朝臣肅然交通之弊始息

誅逆詔示

正德五年九月以誅逆𤨏逆瑾詔天下

憲章類編卷之八終

憲章類編卷之九

朝儀

洪武九年八月御史大夫汪廣洋陳寧劾奏李善長李祺父子孫恩失禮又失問候朝參請付法司正其罪上姑宥之

洪武二十四年九月禮部言朝廷之禮貴於嚴肅近者文武官入朝往往爭趨競進品級紊亂高下失倫甚非所以明禮法振朝綱也請自今朝參之時將軍先入近侍官員次之公侯駙馬伯又次之五府六部又次之應天府及在京雜職官員又次之有不如儀從監察御史及儀禮司糾劾從之

洪熙元年春正月壬申朔　上御奉天殿朝群臣命禮部鴻臚寺不作樂群臣止行五拜三叩頭禮先是禮部尚書呂震請於上曰陛下初登大寶天下文武之臣及海外諸國皆來朝宜受賀作樂如大朝之儀不從次日震固請大學士楊士奇楊榮金幼孜黃淮進曰陛下言是上曰山陵甫畢事恐遽即吉朕明日亦不欲出震曰四方萬國之人遠朝新主皆欲一覩天顔固聖孝誠至亦宜勉徇下情上顧士奇四人曰禮過矣對曰誠如聖諭必欲俯徇輿情亦不宜備禮上從之故有是命

便殿奏事儀

永樂七年十月上謂行在禮部尚書趙羾曰北京冬氣嚴凝群臣早朝奏事久立不堪今後朝見畢欲於右順門内便殿奏事爾與群臣斟酌可否於是羾同夏原吉胡廣等議奏每日常朝上御奉天門百官行叩頭禮備班侯鴻臚寺官引謝恩見辭者行禮畢駕御右順門内便殿百官有事奏者以次入奏無事者退治職務朔望朝如常儀制曰可命自十一月朔始行之

弘治元年三月吏部尚書王恕奏言正統以來每日止一朝臣下進見說事不過片時聖主雖聰明豈能盡識盡察不過寄聰明於左右之人左右之人與大臣相見者不多亦豈能盡識諸大臣之賢否或得之毁譽之言或出於好惡之私未免以直為枉以枉為直欲察識之真必須陛下日御便殿宣召諸大臣與之講論治道謀

政事或令轉對或閱其章奏如此非惟可以識大臣而隨才任使亦可以啓沃聖心而進於高明矣

奏事次第

洪武二十九年十月詔定各司奏事次第

景泰二年正月令午朝翰林院先奏事時翰林學士周叙上疏曰臣職叨班行伏見永樂洪熙宣德三朝臨御大班既退各衙門即於門上次第說事君臣相與商確政務罄盡所言人懷畏憚而事幾不泄誠審勿廟堂之

美自正統以來王振擅權獨立在傍於是輔弼大臣及近侍官員不得召對亦不敢盡言以釀成今日之禍今宜令群臣依舊制輪流向前說事庶得吐露肝膽不從

侍班備顧問

洪武二十四年七月命刑部左侍郎李似左僉都御史張構與閣門使同侍班以備顧問百司奏事闕遺者隨事規正

正旦日食免朝賀

永樂十一年春正月辛巳朔日食免朝賀先是鴻臚寺奏習正旦賀儀　上召禮部翰林院官問曰正旦日食百官賀禮可行乎尚書呂震對曰日食與朝賀之時先後不相妨侍郎儀智曰終是同日免賀爲當楊士奇曰日食天變之大者前代元旦日食多不受朝宋仁宗時元旦日食富弼請罷朝宴徹樂呂夷簡不從弼曰萬一契丹行之爲中國羞後有自契丹回者言虜是日罷宴仁宗深悔今免賀誠當上從之

永樂十二年春正月丙子朔日食免朝賀

大昏禮

天順八年三月憲宗　翰林編修張元禎上疏勸行三年喪不報元禎引疾乞歸時禮部奉遺詔百日外請行大昏禮南京吏部侍郎章綸上言先王制禮三年之喪達乎天子陛下臨御之初當以孝治天下以道率臣民本山陵尚新元朔未改諒陰之中遽講昏禮臣竊以爲

不可伏望降勅停來春行之亦不報

神寶

革除建文三年春正月辛酉朔凝命神寶成寶方一尺六寸九分帝親定其文曰天命明德表正萬方精一執中宇宙永昌先是帝在儲位嘗夢神人致上帝命授以重寶元年使者還自西方得青玉於雪山方踰二尺質理溫栗二年春正月帝郊祀宿齋宮夕夢若有覩乃驚寤命玉人琢為大寶冬十二月工成名凝命神寶至是

以告天地祖宗為文宣示遐邇百官稱賀大宴於奉天門頒賞四夷朝使

乘輿冠服諸物

洪武元年八月有司奏造乘輿服御諸物應用金者命皆以銅為之

十一月甲子詔定乘輿以下冠服之制

洪武三年五月詔定歷代服色所尚禮部奏言歷代異尚夏尚黑商尚白周尚赤秦尚黑漢尚赤唐服飾尚黃旗幟尚赤今國家承元之後取法周漢唐宋以為治服色所尚於赤為宜從之

洪武十六年七月詔更定冕服之制

洪武二十四年六月詔六部都察院同翰林院諸儒臣參考歷代禮制更定冠服居室器用制度

耕籍田

洪武二年二月躬耕籍田於南郊

洪武八年二月癸丑享先農躬耕籍田

洪武二十年二月乙未躬耕籍田遣官享先農禮成宴群臣於壇所

宣德元年二月禮部進耕籍田儀注　上觀之謂侍臣曰先王制籍田以奉粢盛以率天下務農天子公卿躬秉耒耜所貴有實心耳為人君者誠念創業艱難愛恤蒼生使明德至治達於神明則黍稷之薦不待親耕矣農夫勤苦終歲猶不免於饑寒國家誠輕徭薄斂貴農重穀禁止游食則人咸樂於耕稼不待勸率矣不然三推五推何益於事侍臣對曰先王制禮有本有文陛下

之言及此宗社蒼生之福也
成化元年二月上祭先農之神遂躬耕籍田
弘治元年二月上耕籍田禮畢宴群臣時教坊司以雜劇承應或出狎語馬文升厲色曰新天子當知稼穡艱難豈宜以此瀆亂宸聰即斥去之
正德元年正月　上耕籍田

求言納諫

洪武元年五月王褘出爲漳州府通判上疏曰古帝王定天下成大業祈天永命以爲萬世無疆計者亦在乎脩德而已矣君德既脩則天眷自固書曰皇天無親惟德是輔此之謂也脩德之要有二曰忠厚以存心曰寬大以爲政是故周以忠厚開國故歷年八百漢以寬大爲政故年亦四百　陛下資不世出志大有爲艱難十載大業已成周文武漢高光蓋無讓焉今日所當急務者唯於忠厚寬大加之意而已陛下建國之始方將立法垂憲其諸可議者尚多未敢悉數特舉帝王爲治之大要以聞上嘉納之

洪武三年三月鄭州知州蘇琦言時宜三事其一屯田積粟以備邊需其二選股肱重臣以分鎮要害其三招徠耕種以實中原上謂琦言可采中書其叅酌行之
洪武四年八月　上遣使致書于劉基問以天象基悉條答大畧以爲霜雪之後必有陽春今國威已立宜少濟以寬奏上命付史館
洪武九年六月　上諭侍臣曰昔大禹以五聲聽治爲銘於筍簴曰教我以道者擊鼓以義者擊鐘以事者擊鐸以憂者擊磬以獄者揺鞀禹聖人也虛已求言如此之切朕屢勅廷臣直言無諱至今少有啓沃朕心者侍臣對曰陛下事無缺失無可言者上曰朕日總萬幾安能事事盡善所望左右盡忠補過如卿所言非朕所望也侍臣頓首謝
洪武十年正月工部奏差張致中上書言三事其一曰監察御史廼朝廷耳目之寄清要之司宜精擇老成謇諤公明廉正者俾居其職庶知官民利病激濁揚清以佐治化其二曰京師廼天下都會之地邇者米價翔踊百物沸騰蓋由年穀不登素無儲積今後宜令各府州

一縣設常平倉以時歛散則物價自平其三曰北方土曠民稀開墾有限所在守令往往責里甲增報額數以爲功蹟罔上損民甚無爲也宜令各處農民自實見墾畝數以定稅糧庶不有名無實民力不困矣 上覽而嘉之擢爲宛平知縣

洪武十五年八月有廣東儒士上治平策者 上覽之顧謂侍臣曰此人不識道理豈有涉數千言論治而不及用賢天下之大欲朕一人自理之乎雖有至聖之君猶必用人爲重曷嘗謂人無足用也盖獨智自用則所見者狹資賢而任則所及者廣學士宋訥對曰誠如聖諭但賢才之在天下在上豈能周知必賴群臣薦舉然得賢與否係夫舉之者何如耳上曰小人所舉未必爲君子君子所舉未必爲小人故觀其舉者即可知其人賢否矣

十月晉府長史致仕桂彦良上太平治要凡十二條一曰法天道二曰廣地利三曰順人心四曰養聖德五曰培國脉六曰開經筵七曰精選舉八曰審刑罰九曰敦教化十曰馭戎狄十一曰蒐前俊十二曰廣咨訪 上曰彦良所陳通達事體有裨於正道世謂儒者泥古而不通若彦良可謂通儒矣

洪武十七年七月皮作局大使許士哲言治道之急者十有四其目曰明賞罰以清官吏問疾苦以安生民均賦役以甦民力嚴銓選以擇賢才揀精卒以壯妄費興武舉以羅英才崇節義以厚風俗明禮樂以教萬民立平準以利商賈置常平以惠農民用直臣以任彈糾開言路以通民情滅亡胡之餘燼以絕後禍監前代之興亡以壽國脉伏願陛下以此數者時時省察乾乾惕厲慎終如始則天下治安爲萬世子孫無窮之福矣 上善其言

河南府盧氏縣主簿徐存義言三代漢宋之盛建邦設都率居中土盖以大梁爲天下之都會洛陽爲中國之形勝誠帝王萬世之基也伏望取法前聖毋安於江左益隆大業以馭四方又言州縣之職於民最親而郡守實民之師師得其人則政舉民安非其人則政煩民擾選廉能之士可任是職者授之夫一州一縣設官不必數多如州有守如縣有令以專其政設一佐貳以贊治

足矣若其廉能可稱則陞賞之貪汚不才則黜罰之賞
罰既明則天下自治又言唐虞之世命夔典樂用之朝
廷奏之郊廟則天神格人鬼享自周之末鄭衛淫哇之
音歷代因之未能復古宜脩明雅樂以成一代之盛典
倡優俗樂不可復用書奏　上嘉之
洪武十八年二月　上以當春久雨陰晦不解間雷雹
雨雪乃諭中外百司下至編民卒伍凡軍民利病政事
得失苟有所見皆得盡言無諱
洪武二十一年四月　上謂庶吉士解縉曰朕今與爾

義則君臣恩猶父子當知無不言縉退上封事大畧謂
願陛下推愛臣之心愛天下推待臣之心待萬物以天
地爲一體以天下爲一人令不宜於數改刑寧失於不
經凡萬餘言具在縉集中皆人所不敢言者上嘉獎之
上嘗好觀說苑韻府道德經心經解縉上言說苑出于
劉向向之學不純所取不經且多戰國縱橫之論壞人
心術韻府出元之陰氏鄙猥蕪穢畧無可采陛下若喜
其便於檢閱願命一二儒臣集唐虞周孔之言勒成一
書以備勸戒且今六經殘闕而禮記出於漢儒舛駁尤

甚宜及時刪改更訪求審樂之儒作樂書以承唐虞以
惠萬世縉又獻太平十策一曰參井田均田之法二曰
兼封建郡縣之制三曰正官民四曰興禮樂五曰審輔
導之官六曰新學校之政七曰省繁冗八曰薄稅斂九
曰務農十曰講武條陳以上上嘉之而未及行
洪武二十四年十月江西建昌府南豐縣典史馮堅言
九事一曰頤養聖躬以爲民社之福願清心省事勿預
細務二曰慎擇老成之臣以爲諸王之福願各王府官
正色直言匡救王失三曰攘夷狄以爲中國之福願務

農講武屯戍邊衞以逸待勞四曰精選有司以爲民生
之福願擇廉正之士任以方面俾察其所屬五曰褒封
祀典以勵忠烈願於歷代忠臣烈士有功德於民者量
加封謚六曰減省宦官以防內權願鑒諸史籍裁擇冗
員勿令干政以防異日弄權之患七曰調易邊將以防
外患凡守邊之將必察其可託腹心然後假以兵權必
時遷歲調不使久居其任八曰採訪廉能以懲貪墨願
廣布耳目之臣公聽並觀以明黜陟九曰增置關防以
革奸弊願諸各設勘合差遣事畢隨即繳報書奏　上

覽之曰堅之言關於政體者多是可嘉也遂命吏部擢堅爲左僉都御史湖廣寶慶衛百戶舍人倪基言四事一任用武臣二制民之產三興舉社學四選賢授職書奏　上嘉之命基叅贊清平衛軍事

洪武二十六年二月遼東開元衛軍士馬名廣上言五事一曰遼東二十一衛定遼等七衛已有都司儒學金復海蓋四州已有州學其間瀋陽廣寧義州舊皆有學今宜復舊二曰天下學校教育人材其出於工商技藝之家者稍涉膚淺即欺人傲物管子曰工商雜類不預

士伍萬一任之以職必無益於治三曰狹鄉之民宜遷於寬鄉地有餘而民力不給則分兵以屯之庶民無游食之憂兵無坐食之害四曰兵老而家無丁者除其籍庶免有司勾補之勞五曰今華夏治安夷狄遠遁正歸馬放牛之日昔唐太宗初年置府兵分隸禁衛天下八百而在關中者五百舉天下之兵不敵關中此居重馭輕之法也臣願外衛軍士老死者勿補且漸收畨衛移置京畿不勝社稷之福書奏　上覽所言有可采者但商技藝之子不預士伍則與孔子有教無類之意悖

矣命禮部擇其可者行之授吉安太和縣縣丞

洪武三十一年十二月建文帝詔以監察御史尹昌隆奏疏頒示天下時帝視朝稍晏昌隆諫曰昔太祖高皇帝鷄鳴而起昧爽而朝百官戒懼故能庶績咸舉天下人安陛下嗣守大業正宜追繩祖武兢業萬幾未明求衣日旰忘食常如不及斯爲庶幾今乃日晏臨朝群臣宿衛疲于伺候曠職廢業上下懈弛臣恐播之天下傳之四夷非社稷之福也　上曰昌隆所言切中朕過禮部可徧行天下不惟使朕有過人得而知之且俾天下

庶官咸能勤于趨事也

詔求直言

遼州人高巍事母至孝母老疾巍奉湯藥不懈母亡廬墓三年洪武壬戌貢入太學以孝行旌尋授督府斷事上疏欲墾河南山東北平兵後荒田及抑末技慎選舉惜名器數事太祖以斷事不稱旨尋謫戍貴州帝即位上疏乞歸田里知州王欽應詔辟巍赴銓曹巍上書論時政其畧曰今欲弱侯王之定經制俾萬世無疑臣請借

漢為喻漢高起布衣推秦滅項以定禍亂遂大封同姓分王天下之半盖欲禦四夷而藩中國也豈其遺文帝不治之痼疾哉故賈誼脛腰指股之喻痛哭流涕之嘆無非欲削六國之意也頼文帝寛厚含容而吳王几杖之賜折其強悍不臣之心迨厲王謀反僅廢處蜀郡已不免有尺布斗粟之謡景帝寛厚不如文考又晁錯輔以刻深徑削諸侯遂挑六國之禍非文帝付托得人民心輔漢幾危社稷是晁錯不能辭其責矣我太祖皇帝起類漢高而神武過之龍飛淮甸汎掃胡元芟刈群雄混一區宇四征不庭所向克捷際天薄海絶塞窮荒三皇五帝之所不能服者莫不納貢輸忱爭先恐後雖曰天與人歸實頼我高皇帝有文王純一之德大行皇后有后妃不妬之行則百斯男無不穠穠皇皇宜君宜王者矣故本宗百世為天子支庶百世為諸侯體三代之封建分茅胙土先封形勢之地陝西百二山河其人勇悍西隣土番以秦府王之山西表裏山河其人剛壯北近朔虜以晉府王之北平雖無名山大川之限而桑土沃饒廣畜牢馬其人衣皮食肉弓馬是務遼金元藉之各興一代之業故以燕府王之四川雖曰西南一隅山河阻深劉備諸葛亮據之而虎視吳魏者也故以蜀府王之其餘楚湘齊兖寧遼谷代慶肅星羅棊布比之前古雖皆分封過制而高皇帝之聖謨神慮莫非欲護中國而屏四夷也今各處親王固多驕逸不削則朝廷紀綱不立削之則傷親親之恩此我皇上之所難處者也以臣愚見不當聽晁錯削奪之策當行主父偃推恩之令秦晉燕蜀四府子弟分王於齊兖楚湘齊兖楚湘子弟分王於秦晉燕蜀其餘寧遼谷代慶肅等府類此而分王之少其力而殺其地如此則藩王之權不削而自弱矣臣又願皇上待遇親王薄其賞而厚其恩常盡親親之禮其賢如漢之河間獻王與東平王蒼者下詔褒賞之其驕逸不法如漢之淮南濟北者初犯則容之再犯則赦之三犯而不改者當合親王告太廟削其地而廢處之豈有不順服哉臣嘗以為人君之有天下亦如人之有一身也天下之患有内外一身之疾有腹膚四夷之患人身疥癬之疾骨肉之患人身腹心之疾疥癬之疾有時掻癢命良醫脩方一掃之而平服矣腹心之

疾非智識膏肓者不能也昔賈誼見漢諸侯強盛故假
栢股爲諭今臣以一身百體爲譬我皇上乃天君一心
也所謂具衆理而宰萬物百體之從命者也各處親王
乃五臟耳目口鼻手足也五臟酸甜嗜欲不同手足安
逸亦異目好色耳好音鼻好臭口好味皆本乎心天君
隨其百體之好則失主宰之道不隨則擾亂吾心故醫
書云智者能調五臟和既和不惟無腹心之疾而亦無疥癬
之疾亦不生矣噫五臟和而一身安一家和而百事遂
里諺曰家不和而隣欺臣亦謂國不和而四夷窺此十

理也伏望皇上鑒察焉未逾年北平兵起
永樂元年九月　高唐州民王政建言治道擢爲刑科
給事中
十一月初上欲聞民所疾苦命吏部尚書蹇義等九郡
縣官考滿至京選其識達治體者令且於六科辦事俾
各言所治郡縣事至是尚未有言者　上諭給事中朱
原貞等曰郡邑之間豈都無一事利害可言今在朕左
右尚猶默默況遠在千萬里外肯言乎爾等退以朕意
申諭之其所治何利當興何弊當去皆勿隱於今不言

有他人言之則不能逃罪矣
永樂四年十一月戶部人材高文雅言時政首舉建文
事次及救荒卹民言辭率直無所忌諱　上命禮部會
官議行之陳瑛等劾奏其言狂妄請寘之法上曰草野
之人不知忌諱其中言有可採勿以直而廢之
永樂十九年四月奉天華蓋謹身三殿災翰林侍讀李
時勉侍講鄒緝等言事其畧曰天下有司官吏不能皆
賢屢蒙勑監察御史按察司考覈黜陟而所司不加詳
察其重厚廉介不能逢迎阿附者多考平常而貪墨姦

詭善於趨媚者多考稱職人無勸懲宜歲勑按察司廉
正官徧歷郡縣察其治行仍命監察御史覆覈具奏果
勤慎廉能政績顯著者請加賚增秩以勵其志貪黷掊
尅怠政廢職者請即時黜罰以警其餘如有善不舉有
惡不糾致賢否混淆他日燕勘得出罪坐所考之官又
言連年四方蠻夷朝貢之使相望於道實罷敝中國宜
明詔海外諸國近者三年遠者五年一來朝貢庶幾官
民兩便又言江西湖廣浙江并直隸應天等府縣秋糧
每年運赴北京道路險遠困敝不堪宜於淮安徐州濟

寧濱河置立倉厫量地遠近分撥運納別設法運至北京少紓民力又言近年營建北京官軍悉力赴工役及餘丁不得生理衣食不給有可矜憫宜勅軍官加意撫恤增給月糧寬餘丁差徭使給其家又言比來兵政不修武備廢弛宜勅內外武臣各整部伍以時操練用備不虞從之

洪熙元年正月召楊士奇楊榮金幼孜黃淮諭曰爲君以受直言爲賢爲臣以能直言爲賢不受直言則過益增不能直言則忠不盡如昨日朝會從震所請今悔何

及賴卿等同心逐免此悔自今卿等視朕行有未當但直言之毋以不從爲慮各賜鈔一千貫文幣一襲先是呂震請正旦受賀作樂如大朝儀士奇等言山陵甫畢事不宜備禮上從之命不作樂止行五拜三叩頭禮

洪熙元年十一月宣宗　雙流縣知縣孔友諒言六事一曰汰冗員二曰任風憲三曰重守令四曰愼科目五曰厚俸祿以養賢六曰薄征徭命行在禮部會議行之

正統四年六月　京師大水詔求直言翰林編脩劉定之上言十事一言號令之出宜求其大公至正久而無弊信賞必罰不爲喜怒二言公卿侍從宜時常召見俾承清問因以觀其才能察其心術而進退之三言降胡近處京畿宜漸分其類移置南地四言宜以京官出任郡縣使民得蒙循良之政五言宜倣唐制朝官陞任之時舉賢自代六言武臣子孫宜習韜畧七言守令之官宜詳加察八言安富恤貧九言丁憂宜令終制十言宜遏僧尼疏留中不下

正統八年夏四月雷震奉天殿鴟吻詔求直言　侍講劉球上言十事其一勤聖學以正心德其二親政務以

總乾綱其三別賢否以親正士其四選禮臣以隆祀典其五嚴考覈以督吏治其六愼刑罰以彰憲典其七罷營作以蘇人勞其八定法守以杜下移其九息兵威以重民命其十脩武備以防外患時錦衣指揮彭德清球鄉人也往來王振門下用事公卿率趨謁而球獨不爲禮德清銜之會球上疏乃激振曰劉球疏中總乾綱使不下移暗指公也振大怒曰必殺之

正統十四年九月景泰帝　時京師擾攘人心洶洶廷臣雖職居臺諫者亦莫敢昌言國是長洲練綱以鄉舉

士歷事都察院上中興要務八條一曰謹天變二曰急先務三曰正軍法四曰布恩澤五曰廣言路六曰屏奸邪七曰公薦舉八曰察群吏援古証今大要謂中興與創業無異因敗為成轉禍為福惟在君心一轉移之間
帝命所司知之

景泰元年正月御史練綱上時政五事皆一時安攘之計 命下其章于所司

景泰二年四月文選郎中李賢上正本十策曰勤聖學顧箴警戒嗜欲絕玩好慎舉措崇節儉畏天變勉貴近

振士風結民心大畧言朝政闕遺有司利病生民休戚中外進言已詳然有關于上之身心者或畧臣以為陛下一身國家天下之本而心又一身之本也正其本萬事理惟陛下之心旣正則國家天下之事可以次第推行乞留中以時省覽詔付外旣而給事中李侃等以災異上疏謂李賢忠言宜賜採納乃復取奏入命翰林繕寫置諸左右禮部尚書楊寧見其奏歎息謂賢曰吾讀崇節儉一事殆欲下淚也時帝頗事聲色奢侈嘗以銀與金錢等物撒地令宮人及宦侍爭拾為閧笑

景泰五年正月積雪恒陰詔求直言

天順五年八月以擒逆賊詔示天下布寬恤開言路時李賢上言曹賊就擒此非小變宜詔天下一切不急之務悉皆停罷與民休息又言自古治朝未有不開言路者或設敢諫之鼓誹謗之木以導之或舉旌獎賞勞陞用之典以勸之猶慮其訒默自保或設不言之刑以懼之聖帝明王其惓惓求言若此者惟恐不得聞其失也惟姦邪之臣惡其攻己必欲塞之以肆其非由是覆宗絕嗣陷于大僇而不悟矣 上曰此吉祥石亨張軏楊

善輩實為之今宜列之於詔咸使聞知先是御史張鵬楊瑄以言獲譴權姦遂肆行無忌相繼反逆故賢以為言乃降此詔言路始開

天順八年五月憲宗 時內臣用事勢甚張在朝無敢公言者南京給事中王淵王徽率同官上言五事一曰覽史書二曰開言路三曰重大臣四曰選良將五曰保全內臣如王振曹吉祥事敗雖欲全之不可得也近有無恥大臣結交內臣或行叩頭之禮或有翁父之稱因而鬻獄賣官擅作威福今後內臣不許管軍管匠置立

田宅其家人義子悉究其來歷發回原籍當差仍嚴交
結之禁凡大小政事悉斷自宸衷惟與館閣大臣計議
則天下覩清明之政而宦豎亦享悠久之福矣保全之
道豈有加於此哉　上嘉納之　按成周之制以冢宰
統閽寺西漢之制以丞相監宮中宋人循周漢之遺亦
以宦官制屬於宰相樞密故內侍任守忠有罪韓魏公
得以檄召而議貶近習梁彥俊言利僕射葉顒得以逮
至政事堂而叱責之他可知矣三代而下制置閹宦之
法莫良於宋故終宋之世宦官鮮專政亂國之禍視漢

唐大不侔矣
成化三年四月六科十三道上言近日以來或日月赤
色或陰氣昏蒙或大風激烈或黃霾蔽天遼東宣府四
川地震雖各遠在一方實關朝廷氣數況三廣四川兵
革之後南北直隸水旱之餘公私俱困虜寇在邊此正
側身脩行思患預防之時伏望以敬爲所以懲自懲游
戲宴樂無益之事必節之以養聖心金豆銀豆無名之
賞必罷之以防國用又於萬幾之餘日御經筵講明聖
學仍勅在朝臣工同加脩省庶足以解天怒慰人心以

保受命無疆之休　上嘉納之
成化四年四月刑科給事中白昂以災異上言六事一
曰謹命令以全大信二曰脩治化以止流民三曰禁科
征以甦民困四曰專委任以華民姦五曰立期限以集
庶物六曰止虛僞以息刁風詔下諸司處之
九月翰林檢討張頤上言八事一曰溥恩澤以廣後嗣
二曰求賢才以圖治理三曰開言路以達遁情四曰接
群臣以察庶政五曰罷冗食以蘇民力六曰節賞賚以
豐財用七曰擇將帥以恤邊軍八曰去異端以崇正道

命下其奏于所司
十一月南京吏科給事中王讓言南京戶部收糧委官
罔恤民困每於收受正數之外又行加增甚至縱容攬
斗肆害百端民困於下怨歸於上召災致禍未必不由
於此乞勅都察院轉行總督糧儲都御史嚴加禁革具
實奏聞區處今年春夏南京處決重囚甚衆甚非法天
用刑之意乞勅刑部等衙門今後凡遇該決重囚除謀逆不
拘外其餘務使秋候會審處決詔下其言於所司
十二月戶科給事中彭序上疏言十事謂保邦之事莫

先於端身心以立治本崇儉約以厚民生審時政以急先務却虛名而脩實行簡大臣以固根本勸節義以敦風化臨午朝以諏治理謹門禁以防不虞時稽考以通選法清版籍以均賦役制治保邦莫此爲要弭災消變莫此爲急禮部覆奏 上曰所言有理條朕躬行者自處其餘所司舉行

成化六年正月兵科給事中郭鏜奏今年正月河南布政司奏地震既而掌太常寺事李希安奏甘露降俱下禮部尚書鄒幹等卽以甘露事上聞臣備位諫官竊覩

二事不敢不言蓋遇災異則懼心起悅休祥則驕心萌懼則脩德驕則怠政故聖人不貴祥瑞春秋獨紀災異商之中宗高宗桑穀生朝雉雊鼎耳二君因巫咸祖巳之言恐懼脩省變災爲祥故能享國長久商道益隆漢文景之時日食地震山崩川湧星變之異未易遽數二君恐懼脩省今年下詔勸農桑明年下詔減租稅以致民和氣應海內富安惟遇災而不知懼者然後亂亡隨之 皇上踐阼于茲六載位列大臣職居典禮者正當如巫咸之告君祖巳之正事鄒幹等乃以先奏地震遲留不言顧以後奏甘露謟言瑞應跡其所存實懷容悅之私伏願皇上以年豐爲瑞以民安爲祥以賢才爲寶遇災而懼聞瑞不喜仍罷幹希安二人以謝天下及禁約天下今後不許獻言祥瑞仍以地震天旱因災求言博訪政事缺失民間病苦以次施行使天下後世知

皇上不愛祥瑞不近謟諛懼災脩德其爲瑞應豈不大哉 上曰朕未嘗以此怠於德政郭鏜安得爲此言姑置之

成化六年三月翰林編脩陳音言養德之要莫先於講

學講學之功莫先於好問今陛下雖開御經筵然勢分尊嚴上有所疑未嘗問下有所見不敢陳願於退朝之暇擇儒臣有學行者引至便殿有疑輒問務使聖心渙然如天開日皎則以之正心正家正百官正萬民而億萬載太平之業基於此矣異端者正道之反害治之大者也當今號佛子法王真人者無片善寸長可采名位尊隆賞與濫溢伏願降其位號杜其恩賞繼今凡有請脩建寺觀者悉置於法永爲定制則妖妄絶正道明而聖學行矣 上曰此事累有人言俱已處置

成化七年四月養病進士盧璣建言自古帝王皆設左右起居注之官所以紀人君言動朝廷政事百官賢否我朝法古圖治豈容獨缺此官宜命執法大臣斟酌以立之遴選以充之置諸左右勅其直書無諱則非徒備我清朝之史事實可維持上下之良心殆見百官庶職皆欲以忠而見書以賢而見録愆惡之人亦將有所畏而不敢肆矣 上命所司知之

十二月大學士彭時等言比者彗星見于天田西掃太微北近紫宮其譴告警懼之至即漢董仲舒所謂天心

仁愛之意也 皇上憂切于心戒諭群臣同加脩省臣等備員近輔無以少裨實深愧懼謹采脩德太端安民大要條陳如左一曰正心術二曰謹命令三曰親接見四曰愼賞罰五曰納諫諍六曰勵官守七曰恤軍民凡此七事伏望皇上鑒除舊布新之象斷自宸衷力行新政以正心為脩德之本以力行為脩德之助德脩於上則群臣咸知效職而善政皆次第舉行矣轉灾為祥莫切於此奏入 上曰具見所言事皆切實卿等宜勉力佐理以副朕懷 諭德謝一夔上言彗星之變災異至

大譴上五事一曰正宮闈以端治本二曰親大臣以[illegible]治道三曰開言路以決壅蔽四曰慎刑獄以廣好生五曰謹妄費以足財用忠懇剴切多人所難言者 上怒斥之

成化十五年七月王恕上奏臣自去年奉命巡撫之後節據撫屬申奉各部勘合派買各項物料未免取辦于民里甲多致逃移臣惟凡此之類朝廷之上固有不可缺者亦有可減省者亦有可缺者糧餉軍需不可缺者也花様段疋可減省者也珍奇玩好可缺者也今當軍

民凋弊之際凡百冗費俱宜撙節一應不急之務俱宜停止俾軍民息肩實為社稷之福又兩京一應收受錢糧內外官員請勅戒諭各公乃心憫念民艱毋刁蹬留難毋巧取財物毋多收斛面務愛惜民力培養元氣如或不悛令科道官指實糸奏拿問則東南困苦庶其少甦矣 上命查理禁約

成化十六年正月兵科給事中孫博言數事一宜編集前代賢君所納諫章以備御覽不報

十二月廣東布政彭韶上言國家昇平一百十餘年生齒

之繁田野之辟商旅之通可謂盛矣然而官府倉庫少
有儲蓄人民衣食艱於自給比之國初無經營戰伐之
需無創作營造之費富強反有不及何哉以害財之多
也國初設官有數今則內外文武加數倍矣國初宗戚
有限今則遠近親疎日益衆矣初僧道有額今寺觀日
增矣初富貢有節今四夷絡繹矣初土賦有常今進獻
多門矣初　上用儉朴今百度侈麗矣初賦役尚簡今
差使繁重矣初士風淳質今人情皆好馳騁矣初民用
節約今閭閻皆競奢華矣凡此皆所以害財者使及今

之時十分愛惜加意撙節猶恐無以爲繼况又更啓他
端而益以雜用其何以善後哉

成化二十一年正月吏書尹旻余子俊禮書周洪謨兵
書張鵬刑書張鎣工書劉昭右都朱英掌通政事尚書
張文質大理卿田景暘等以星變各條陳政事　吏科
都給事中李俊等言今之弊政最大且急者近倖干紀
大臣不職天變之來率由于此國初近侍皆有定制今
或一監設太監一二十員或一事黍內官五六七輩或
分布藩郡或總領邊疆或援引儉邪或投獻奇巧如梁
方章與陳喜輩難以數計大臣如殷謙張鵬艾福杜銘
李本劉俊張鎣田景暘張瑄尹直李溫輩或老儒無爲
或清論不愜皆所以虧聖德損至治而招天變者其間
方士道流如李孜省鄧常恩繼曉輩尤中外所切齒乞
通行革去庶天變可回　上批答曰梁方章與陳喜姑
已之殷謙等令各脩省李孜省鄧常恩降職繼曉革爲
民　浙江道御史汪奎等言妖僧繼曉結太監梁方建
寺又給與度牒二百道江南富僧一牒可售數金當此凶
荒留賑饑民不猶愈於繼曉一人用乎豈能建寺而治

梁方之罪取回繼曉追奪度牒斬首都市以謝天下近
年亡命負販之徒工藝方術之輩傳奉通政太常鴻臚
錦衣中書文思等官者不可勝數如顧賢顧祥顧蘭顧
果顧俊太監顧恒之姪也有何勳勞而俱陞錦衣指揮
千百戶鎮撫之職李孜省緑事之吏也有何才能而濫
授通政之官似此之類難以悉數俸祿之費歲以萬計
宜令所司悉究以去冗濫　勑各處誤事官姑不究繼
曉齋去度牒令巡按御史追取繳來
弘治元年正月以給事中賀欽爲陜西左叅議欽以母

病上疏懇辭且陳四事一曰資真儒以講聖學謂今日急務莫先于講學而經筵勸講之官尤當訪求真儒以充其任不宜苟以俗儒厠其間二曰薦賢才以輔治道謂新會歷事監生陳獻章天性高明學術純正宜以非常之禮起之或任内閣俾參大政或任經筵使養君德三曰遵祖訓以處内官謂内府監司局庫衙門載之祖訓職掌不過灑掃供奉關防出入而已近年如王振喜寧舒良王誠曹吉祥牟玉汪直尚銘梁方陳喜韋或陷主虜庭或勸易儲嗣或謀有易后妃或邀功啓釁或納賂不貲或引用左道或導進淫巧此其陷君誤國蠹政殃民昭昭在人耳目者也宜深鑒已往之弊永絕方來之禍内不可使掌奏牘預大政外不可使守地方握兵權則非惟國家無疆之福亦宦官無疆之福也四曰興禮樂以化天下謂陛下紹基之初罷黜浮屠妄誕之邪術舉行朱子喪葬之正禮真所謂守成業而致盛治也但初政之施方發其端而頹敗之俗尚仍其舊禮讓之化未行淫穢之風日甚乞申明正禮之當行革去教坊之俗樂則國不異政家不殊俗而風俗自美民心自善

疏入允辭

弘治元年三月少詹事楊守陳上講學勤政疏上褒納之

弘治二年六月大雨水溢詔百官各陳政事闕失

弘治三年十一月彗星見詔大臣言軍民利病時政得失

弘治五年四月大學士丘濬上疏陳時政之弊大畧謂太祖開國洪武建元歲在戊申我　皇上登極改元之歲適與相符天意殆欲陛下紹休列祖也遡觀漢唐宋之世自百五六十年以後往往中微政務因弊風俗自薄紀綱日弛由是馴至於不可振起此無他繼體之君皆生于豐亨豫大之際宮闈逸樂之中不歷險阻不經憂患天示變而不知畏民失所而不知恤人有言而不知信好尚失其正用度無其節信任非其人因循苟且而無奮發之志顛倒錯亂而卒爲敗亡之歸故也向使其君若臣當其將微之時灼然預知其中微之象因上天之譴戒汲汲然反躬脩省以祈天永命其國祚豈止於此哉今災異迭見彗見天津地震天鳴無虛日異鳥

三鳴于禁中其咎徵之應甚爲可畏也宜釐庶政盡復舊規以應天意願陛下端身以立本清心以應務謹好尚勿流于異端節財費勿至于耗國公任用勿失于偏聽禁私謁以肅内政明義理以絶神姦慎儉德以懷永圖勤政務以弘至治庶可以回天災消物異帝王之治可幾也因擬爲二十二條以爲朝廷抑遏姦言杜塞希求節財用重名器之助凡萬餘言　上覽奏甚悦以爲切中時弊命議行之

弘治八年十二月天鼓鳴大震電詔直言闕失户部主

事胡爟上疏言地震之類災之小者也西北旱熯父子相食東南饑疫骨肉流離天變也陛下深居九重左右蒙蔽未之知耳今李廣楊鵬等用劉良輔輩左道惑亂聖心齋醮糜費財用差遣往外如虎吞噬其耗天下不可言矣士大夫昏夜乞哀於宦官者多交相賄托不以爲恥言官有所舉劾瞻前顧後者且塞責耳陰盛陽微災異爲由彈乎乞用臣言則邪佞斥而災變消矣疏入未下人皆爲爟危既而廣等果以贓敗由爟啓之也

弘治十年五月京師風霾各省天鳴地震詔求直言

弘治十一年十月户科給事中華泉疏一曰廣言路以開天下之壅蔽大略謂今日致災之由若貪饕之未去闕失之未修生靈困苦之未蘇邊境憑陵之未息諫官得言之庶官亦得言之大臣得言之小臣亦得言之必使天下無不敢言之人無不可言之事又勅所司考諸數十年之前一二年之内有直言獻于朝廷有直聲動于天下而解職謫官者悉復而還諸可爲之位又當明示條章俾凡在臣工無得以言爲諱

弘治十二年四月南京刑部主事胡世寧上言竊惟士

風之邪正係天下之安危今我國家承平日久朝士安於豢養狃於因循廉節掃地趨媚成風以通達爲高致以廉退爲矯激以推姦避事爲老成黨惡和光爲忠厚其群居言議所及心志所向不曰陞官則曰成家其有語及國事當憂民瘼當恤者則衆怒群猜百口排斥不曰生事則曰好名使必無所容身而後已至於公差所過地方則論有司奉迎遲速以爲賢否事故回還原籍則視官府囑托行否以爲毁譽以此賢否混淆是非倒置天下不治民生不安何莫非由於此此等風俗可不

亟思所以挽回之手

弘治十四年二月　馬文升上言地道主靜動則失常考之古典凡言地震者乃坤不承乾臣不承君夷狄不承中國之兆然亦未有震於元旦者亦未有裂地成河者此乃非常之異古今所罕見也陝西四隣番虜而延慶二府又密邇河套地震未已而胡虜乘之侵凌之兆亦已明矣且小王子部落日衆酋首火篩梟雄桀黠往往以詐計敗我官軍值茲民困財竭兵衰將懦之時而欲安內攘外修德以弭災亦甚乎其難矣伏望陛下

祗畏變異節省冗費節金帛以備緊急罷齋醮以省浪費止傳奉之官禁奏討之地將陝西織造緞疋內臣畢取回京以蘇軍民之困宗社生靈庶幾有賴　上曰覽奏具見忠愛所司即便施行

正德九年春正月　乾清宮災吏部尚書楊一清上言五事一謂視朝太遲二謂郊祀大慢三謂不宜創梵宇于西內四謂不宜調邊兵于禁地五謂皇莊皇店及織造等事言皆剴切不報御史張士隆上疏曰陛下前有逆瑾之橫後遭劇盗之亂既不之警方且興居無度遊近非人積戎醜于禁中戲干戈于卧內徹夜燕游外見煙燎內廷大土木權豪競華侈親信內臣取貨于外又扣軍糧皆名進貢織造龍幄科害靡極鄙猥無聞使之巡撫納銀指揮授之政事盗伏而虜發民竭而兵罷守法御史如劉天和則就逮張璞則死詔獄閭閻之苦禍機之萌皆不知也今宜痛懲前弊更宜克慢絕淫早朝親政講官說經師保論道究精一之傳考興亡之故以表天下褒衣博帶之雅孰與市井狡獪之群廣廈細旃之樂孰與邊徼凶危之隊不報

正德十二年正月兵科給事中毛憲上疏臣於去年十月奉命往湖廣遼府冊封今始入境見沿途老幼男婦掘食野草僵卧呻吟死者枕藉蓋連遭洪水田地拋荒而督征部使方且絡繹而至日加鞭撻重以採木煩難遺害非細伏望垂憫勅下該部速行議處賑濟督征使臣暫取回京採木等項稍從寬減更乞罷工作以息勞費節賞賚以惠困窮不報

憲章類編卷之九

憲章類編卷之十

歲宴群臣

天順二年十一月　罷冬至宴初聖節及冬至例宴群臣於奉天殿　上謂李賢曰節固當宴不惜所費但殺牲畜太多尚有正旦慶成一歲四宴朕欲減之如何賢曰大禮之行初不在此陛下減之亦是由是每歲二宴至於正旦亦或不宴惟慶成一宴歲不缺云

成化八年春正月戊戌朔以星變免慶成宴

獎賚

永樂元年十月　賜貴州鎮遠侯顧成銀幣　上謂侍臣曰漢武帝窮兵黷武以事夷狄全盛之力遂至凋耗當時雖得善馬豈足償萬一之費朕今休息天下惟望時和歲豐百姓安寧至於外夷但思有以備之必不肯自我擾之以罷弊生民近成言今日惟當安養中國慎固邊方此言甚合朕意蓋斯人老成非喜功好勝之流以是特嘉獎之

永樂二年九月上御右順門召解縉黃淮胡廣胡儼楊榮楊士奇金幼孜諭之曰朕即位以來爾七人朝夕相與共事朕嘉爾等恭慎不懈故在宮中亦屢言之然恒情保初易保終難朕固常存於心爾等亦宜謹終如始庶幾君臣獲保全之美縉等叩首言陛下不以臣等淺陋過垂信任敢不勉勵圖報　上喜皆賜五品公服

十二月甲午賜六部尚書侍郎金織文綺衣各一襲特賜解縉黃淮胡廣楊榮楊士奇金幼孜與尚書同縉等入謝　上曰朕於卿等非偏厚代言之司機密所寓況

卿六人旦夕在朕左右勤勞功不在尚書下故賜賚必求稱其事功何拘品級又曰朕皇考初封翰林長官品級與尚書同卿等但盡心職任孔子云君使臣以禮臣事君以忠君臣各盡其道可也縉等稽首而退

永樂二十二年十一月仁宗賜夏原吉繩愆糾謬銀圖書諭勉之　上御西角門閱京官誥詞顧大學士楊士奇楊榮金幼孜曰卿三人及蹇義夏原吉皆先帝舊臣朕方倚以自輔凡朕所行有未盡善皆當盡言遂取五人誥詞親製宸翰增二語云勿謂崇高而難入勿以有

所從違而或怠曰此朕實心卿等勉之士奇等稽首曰此陛下聖德臣等其敢不勉

正統六年正月命定西伯蔣貴太監吉祥兵部尚書王驥征麓川賜貴等蟒龍緋衣　賜大臣蟒龍衣始此

天順五年八月賜太子少保兵部尚書馬昂玉帶及繡金麒麟服昂初附曹吉祥常薦曹欽得管大營禁兵至是以誅欽有功因得擢其薦欽之罪自是寵待特隆賜賚無虛日時謂昂有福相雖附吉祥而獲免云

弘治十八年春正月　上召兵部尚書劉大夏左都御

史戴珊面議政事既畢令中使出白金二錠以賜諭曰朕聞朝覲日文官避嫌有閉戶不與人接見者如卿二人雖開門延客誰敢有賄賂通乎以故賜卿二人且命曰勿朝謝恐公卿知之未免各懷愧懼也

崇儉

洪武元年十二月上退朝還宮皇太子諸王侍上指宮中隙地謂之曰此非不可起亭館臺榭爲游觀之所今但令內使種蔬誠不忍傷民之財勞民之力耳昔商紂崇飾宮室不恤人民天下怨之身死國亡漢文帝欲作露臺而惜百金之費當時民安國富夫奢儉不同治亂懸絕爾等當記吾言常存儆戒

洪武七年五月禮部尚書牛諒上進膳禮奏云古禮凡大祀齋之日宰犢牛爲膳以助精神　上曰太牢非常用致齋三日而供三犢所費太侈徒增傷物之心何益事神之道諒曰周禮是古人所定非過侈也上曰周官之法不行後世多矣惟自奉者乃欲法古其可哉

洪武十三年六月上謂戶部曰曩者奸臣聚斂稅及天下纖悉之物朕甚恥焉自今如軍民嫁娶喪祭之物舟

車絲布之類皆勿稅爾戶部榜示天下使其周知

洪武十八年十一月　上諭侍臣曰保國之道藏富於民民富則親貧則離民之貧富國家休戚繫焉自昔昏主恣意奢欲使百姓困之至於亂亡朕思微時兵荒饑饉日食藜藿今日貴爲天子富有天下未嘗一日忘于懷故宮室器用一從朴素飲食衣服皆有常供惟恐過奢傷財害民也

永樂二年十月戶部尚書郁新等言御馬監索白象食

敎 上曰白象何補實用乃欲奪民食以飼之此古人所謂率獸食人者勿聽

永樂十二年二月 上退朝御右順門所服裏衣袖敝納而復出侍臣有贊聖德者上歎曰朕非不知三公布被之譏但念自當惜福昔皇妣躬補緝故衣皇考見而喜曰勤儉如此正可以爲子孫法故朕常守先訓不敢忘耳爾等愼勿諛也

宣德元年二月司苑局言上供蔬菜當用蒿稭三千束蘆葦蒲五千束麻五千斤例當順天府取給 上曰內用

蔬菜幾何而取於民如此可三分減二顧謂侍臣曰大禹惡衣菲食惟恐奉養之過勞民費財朕安可以園蔬重費百姓

視大臣疾

景泰七年正月于謙以病在告帝遣太監興安舒良視之謙以國家多事窮年不還私第居止朝房留一養子自侍至是以疾在告興安舒良奉旨更番來視見謙自奉過儉因以上聞輟尚膳醯醬蔬菜之屬賜之駕幸萬

歲山伐竹爲瀝昇謙和藥諸臣言寵用過重興安曰諸日夜與國家分憂不問家計朝廷正要用此等人今要再尋一箇來換于謙恐未便得衆皆默然

幸大臣第

洪武二十三年春正月乙丑朔 信國公湯和自鳳陽來朝得風疾留京師是日 上幸其第視之

宣德六年秋七月 上幸楊士奇宅時上頗好微行一夕漏下二十刻出臨士奇宅上士奇倉皇出迎上已入

門士奇俯伏言陛下柰何輕出萬一變起倉卒何以備之 上曰思見卿一言耳遂屏左右語既竟士奇叩頭曰車駕今夕俯臨明日必有知者自此愼出事變不測當慮也駕還宮明日遣太監范弘密問士奇車馬臨幸曷不謝對曰車駕夜出臣迨今中心惴慄未巳豈敢言謝弘復命上仍遣賜士奇白金文綺明日士奇入謝上曰自今如汝言不復微行

正德十五年閏八月上至鎭江幸大學士致仕楊一淸宅又幸已故大學士靳貴宅撫棺嗟悼者久之

存問老臣

成化七年八月　御史梁昉奏致仕尚書魏驥年九十有八德望素著詔遣勅存問仍勅有司月給米三石贍其終身以表朝廷優老之意

正德十六年五月世宗　召前戶部尚書韓文文時年八十有一以老疾力辭　上復遣行人齎璽書存問特加宮保柱國月給役米贈先世悉如其官廕孫為光祿丞且望以嘉謨嘉猷入告云　詔陞章懋為南京禮部

旨乃舊致仕着令有司以時存問時懋已年踰八十矣

廷杖

景泰六年八月　杖南京大理少卿廖莊郎中章綸御史鍾同于闕下先是莊嘗上疏勸帝朝上皇及加恩沂王忤旨至是莊以母喪赴京闕給勘合陛見命錦衣衛拿在午門前着實杖八十謫定羌驛丞并拿章綸鍾同名杖一百同死杖下綸不死仍禁錮詔獄

天順元年二月召陝西驛丞廖莊復為大理少卿

成化三年十二月翰林編脩章懋黃仲昭檢討莊昶疏諫上元張燈上命廷杖謫外任

成化四年十二月中官回保誣奏巡視光祿御史邵有良不敬杖之謫外任

成化十五年五月內官奉旨宣諭六科十三道曰爾等職居風紀大肆貪婪馬文升撫按無方用致邊患科道官互相容隱緘默不言可自陳狀於是給事中李俊等二十七人御史王濬等二十九人合詞請罪詔廷杖人

各二十時文升謫不以罪俾贓證未明俊等莫有論列及承詰責而又不敢辨明止以巽辭獲免竟被杖云

成化十八年十二月杖監察御史于璧劉規於朝時一男子行東闕門號呼璧等執以聞詔送錦衣衛以御史但當糾奏令守衛官軍拘執御史何為輕率自執姑宥其杖而釋之

正德元年十一月五官監候楊源奏占天象廷杖三十

正德二年正月兵部主事王守仁抗疏救戴銑等瑾怒廷杖五十謫龍場驛丞

閏正月劉瑾揑旨將戴銑等二十人并呂翀劉蒞各予
杖三十發爲民
正德十四年三月翰林脩撰舒芬吏部郎中張衍慶禮
部郎中姜龍兵部郎中孫鳳等百有七人諫南巡各廷
杖三十舒芬調福建市舶副提舉兵部郎中黄鞏員外
陸震吏部郎中夏良勝禮部郎中萬潮太常博士陳九
川醫士徐鏊俱杖五十鏊充軍鞏等爲民工部郎中林
大輅大理寺正周敘行人司副余廷瓚俱杖五十降三
級調外任其餘俱杖四十降二級調外任杖而死者陸

震余廷瓚主事劉校何遵評事林公黼照磨劉珏行人
孟陽李紹賢劉平甫李翰臣詹軾十有一人

建言得罪

革除建文元年三月京師地震監察御史尹昌隆上疏
言奸人專政陰盛陽微謫見于天執政大怒斥爲福寧
知縣
革除建文二年十二月湖廣參議楊砥言事忤旨謫遼
陽

宣德六年二月　逮巡按江西御史陳祚下錦衣獄
上疏勸上務帝王之實學真德秀大學衍義一書凡聖
賢之格言古今之治道無所不載願於聽朝之暇命儒
臣講說非有大故不可間歇使知孰爲忠賢之可親孰
爲邪佞之可遠古今若何而治若何而亂政事若何而
得若何而失必能開廣聽明增光德業而忠賢以道義
輔上德者愈見於信任邪佞以奇巧蕩上心者自見於
疎遠天下之民受福無窮矣　上覽疏怒曰蠻唖朕不
讀書大學且不識豈堪作皇帝乎差官校逮繫至京并

其父母妻子家屬悉下錦衣衛獄禁錮者五年時上方
以博綜經史自負而祚之措辭若上未嘗學問者遂觸
怒云
宣德十年正月英宗　釋御史陳祚囚復其官
天順八年九月憲宗　南京六科給事中王徽王淵等
以太監牛玉朦朧奏請將巳退吳氏冊立皇后令謫居
南京罪重罰輕因斥內閣李賢阿附權竪籠絡士夫奏
入逮下獄俱謫遠方判官徽普安州淵茂州
成化二年五月翰林修撰羅倫疏劾大學士李賢遭父

喪宜令終制詔謫福建市舶司副提舉

御史楊琅奏天下之士氣與國家之元氣相與流通士氣之壯弱國家元氣之消長繫焉　皇上即位以來頒布明詔開廣言路以振作鼓舞天下之士氣未幾而王徽等以進言遠斥士氣爲之一沮至是羅倫又以論事補外士氣爲之再沮夫士氣之在國家鼓舞振作尚恐其不振況從而沮抑之將諛佞成風聰明日壅甚非朝廷之福也乞追回王徽羅倫等復其舊職以作士氣奏入李賢票旨謂楊琅朋比姑宥其罪

成化三年十二月調翰林編修章懋爲湖廣臨武知縣黄仲昭湘潭知縣檢討莊杲桂陽州判官時以明年上元張燈命翰林詞臣撰詩詞懋等上疏以爲陛下張燈之舉或者兩宮在上欲極孝養然大孝在乎養志豈以張燈爲樂況今兩廣四川遼東賊情難測北虜尤當深慮江西湖廣尤旱數千里民不聊生雖蒙優詔賑卹而公私匱乏計無所出可爲寒心此正宵旰焦勞不遑暇食之時兩宮毋后同憂天下之日至如翰林官以論思代言爲職鄙俚不經之詞豈宜進于君上固不可曲引

宋祁蘇軾之教、勿致語以取侮慢不敬之罪伏望非止火之事一切停止省此冗費以活流離困苦之民賞征伐勞役之士庶兵戈可息百姓可安其爲孝也大矣疏入忤上命廷杖調外任

成化四年七月禮部尚書姚夔奏頃者謝文祥言臣濫舉張岐獲罪是朝廷因臣而罪文祥此臣之罪乞貸文祥俾圖自新仍乞罷臣歸田里以謝言路詔以文祥累肆狂妄故罪之非爲卿也不允既而刑科給事中白昂等亦言文祥論奏事情不實誠爲狂妄若或因此而遂

加竄逐則居言責者由此而解體乞赦文祥以來忠言亦不允

降御史謝文祥爲南陵縣丞文祥既下獄言者論救不已至是御史楊琅等復言文祥一小臣不足惜所惜者朝廷大體乞霽雷霆之威曲賜保全以昭納諫之美作敢言之氣詔文祥狗私植黨姑從輕降用若更奏擾皆不宥

成化十六年八月御史強珍劾奏太監常朗都御史陳鉞等失機罪謫戍遼東

成化十七年二月調國子監丞祝瀾爲雲南廣西府經歷瀾上言請天下府州縣學文廟皆如南京國子監制爲木主上謂文廟制體已定何復紊亂舊章禮部看詳以聞侍郎周洪謨劾瀾輕率妄議命調外任

成化二十年冬十月刑部員外郎林俊上言太監梁方招權黷貨貢獻淫巧引用妖僧繼曉以左道惑上建永昌寺傾竭府庫貽毒生靈請誅二人以謝天下命下俊錦衣衛獄杖三十降雲南姚州判官時欲建寺西市遷買民居數十家工役甚鉅二人勢方熾無敢言者俊上

此章君子壯之　後府經歷張黻上疏言今三邊未靖四方災旱軍民愁苦萬狀凡有世道之憂者惟恐陛下不得盡聞人臣不敢盡言耳今林俊上言而反得罪則遠近相傳以言爲諱豈朝廷之福哉乞察俊忠直恕其僭越使士氣益張讜論無隱詔責黻回護并逮于獄令杖三十調雲南師宗州知州

十一月　南京兵部尚書王恕上疏其畧曰邇聞刑部員外郎林俊陳言過直冒干天威後府經歷張黻爲林俊陳情亦蒙拿問臣當以二臣爲戒而復敢進言者實爲國家天下慮矣今都城内外佛寺不知有幾千百區玆又欲營建遷移軍民數千百家計費帑銀數十萬兩人皆知此事之非而不言獨林俊言之人皆知林俊之是而不言獨張黻言之今悉寘之於法人皆以言爲諱設再有奸邪誤國陛下何由知之乞復林俊等以慰天下停建寺以理兵荒庶宗社可鞏固天命可永保矣疏入留中先是太監懷恩諷兵書余子俊救俊子俊謝不敢至是恩見恕上疏每歎曰天下忠義斯人而已

成化二十一年二月南京兵部尚書王恕應詔陳言有

曰端人正士何代無之異端邪術世亦常有近者林俊張黻蒙召復職繼曉亦被遣歸此固以彰天地之量日月之明矣竊惟諸司之中固嘗有先林俊張黻而被謫者天下之大亦豈無後繼曉而肆術者宜勅吏部通查數年以來有因言事降調閑住者悉令復職仍許直言無隱及勅都察院行委巡城御史嚴加禁治如有奸妄巧技邪術之徒不許潛住京師敢有藏匿者併罪隣佑如此則崇正黜邪災變可弭而協氣交應矣詔所司知之

二十二年九月竟以是疏革恕太子少保令致仕

成化二十二年十二月太監韋泰傳旨降廣西橫州[illegible]州教甌元爲縣丞調雲南邊方初甌元爲進士時以星變言時政辭甚激切疏留中不出後循例放歸至是就選得橫州未幾復有是命

成化二十三年十月孝宗　庶吉士鄒智上疏言星變見於朝廷蓋陽不能制陰之象也宜進君子退小人正天下當自內閣始少師萬安特權怙寵殊無厭足少師劉吉附下罔上漫無可否太子少保尹直挾詐懷姦恬無廉恥皆小人也南京兵部尚書致仕王恕素志忠貞

可任大事兵部尚書致仕王竑秉節剛勁可寢大姦巡撫直隸都御史彭韶學識純正可決大疑皆君子也然君子所以不進小人所以不退豈無自哉宦者陰主之也願陛下法　太祖以待宦官法太宗以任內閣則君子可進小人可退而天下之治成矣夫豈不知刑臣之不可弄天綱哉然一操一縱卒無定守者正心之功未之講也疏上不報尋謫石城吏目

弘治七年四月命太監李興平江伯陳銳協同都御史劉大夏督治張秋決河山東按察副使楊茂仁上疏言官多則民擾治河既委劉大夏又差李興陳銳事權分而財力匱乞將興銳取回專委大夏且謂水陰也其應爲宮闈爲夷狄宜戒飭后戚防禦邊患疏上興等切齒之誣奏茂仁爲妖言逮繫錦衣衛獄科道交章論救乃謫爲長沙府同知茂仁守陳子也

弘治九年四月六科都給事中龐泮等及十三道御史劉紳等俱下獄時武岡州知州劉遜以事忤岷王王訐奏之逮繫錦衣衛獄泮等率同列交章論救　上震怒并逮繫之有御史張淳公差回恥不得與即上疏申救

大學士徐溥等亦力諫言遜情輕罪重言官爲國盡忠而槩以爲罪後有大利害大闕失誰肯言者上乃釋之

正德元年十月下戶科給事中劉蒞獄蒞上疏極陳時政其畧曰近日權姦預政事勢異常聰明漸壅弊端日滋各處地方太監及各省鎮守內臣何必數數更換用新人固不若用舊人養饑虎固不如養飽虎蓋舊人猶或知事飽虎猶或易饜也又云方今備邊無良策只增年例之銀兩理財無良謀賣及廣東之庫藏浙江既奏軍士無糧餉者已累數月山西又奏歲入不敷歲出者

幾五十萬小民困苦而征歛益急帑藏竭之而用度日奢今日之財用如此何所恃而不動心哉疏數千言言皆剴切遂下詔獄　刑科給事中呂翀上疏乞留劉健謝遷亦下獄

遣使取物

成化十八年八月司設監太監杜福友傳旨着國子監生湯棨軍居孫智前往常州府取要截江網古書一部盧岐僧院刻絲作羅漢十八幅觀音二幅兩有古跡書畫壽來進用

豹房

宣德五年五月豹房勇士奏與民分居上曰勇士在京師皆十餘年安得今尚無居此必民居寬好欲奪而執彼民艱難作一居爾欲圖得之耶民何罪爾何功錦衣衛指揮王節奏此人今有居住城中上怒命杖之一百以一百斤枷號令警衆召六科給事中諭曰此曹敢輕身犯法者恃中官爲之救解自今但中官傳朕言釋有罪人並須覆奏始行

校獵

天順二年十月上校獵南苑苑在京城南二十里方一百六十里苑中有按鷹臺臺旁有三海子元之舊也本朝闢四門繚以周垣獐鹿雉兔甚多海戶千餘守視自永樂定都以來歲時蒐獵于此亦所以訓武也是日上親御弓矢命勳戚武將應詔馳射獲輒獻之既畢賜酒饌以所獲分賜從臣而歸

正德十二年春正月　上獵于南海子

皇莊

天順八年十月憲宗　以順義縣安樂里板橋村原抄沒太監吉祥地撥爲宮中莊田皇莊之立始此

弘治二年六月時皇莊屬民戶部郎中周軫言天子藏富於民不當有莊宜捐以與民否亦宜革官莊名目與民佃種責民入租有司解送以進疏入留中

弘治十八年武宗　十月　建立皇莊七處

正德八年八月　立皇莊五處一在昌平州樓子村一在静海縣衛河兩岸一在青縣孫兒莊一在安州騶馬廟一在清苑縣閻莊社

按正德間皇莊及皇親功臣各莊田天順等府内共三百八十餘所每所地土各數千頃共計九萬餘頃弘治末與濟縣皇親免役産當十

國初天下田土税糧具有定額山東河南地方額外荒地則任民儘力開墾永不起科　宣宗又令北直隸地方比照事例許民新開荒田至正統六年則令北直隸

開墾荒田從輕起科實於祖宗之法畧有背戾至景泰尋亦追復洪武舊例再不許額外丈量起科蓋祖宗列聖有見於沮洳瘠薄之地不能以爲生故以此厚之使得以隨處耕墾幫助糧差不致坐窘衣食何嘗有各宮莊田也哉自天順八年抄没太監吉祥地一處撥爲莊田于是爲宮闈莊田之始而數十年間權倖親暱之臣妄聽奸民投獻輒自違例奏討侵占之數遂過於原額七倍矣然皇莊既立則有管理之太監有奏帶之旗校有跟隨之名下幫助爲虐多方掊尅輸之宮闈者曾無什之一二而私入囊橐者蓋不啻八九矣是以小民脂膏吮剥無餘輦轂之下生理寡遂道路嗟怨邑里蕭條皇之一字奸佞之徒假之以侵奪民田則名其莊曰皇莊假之以罔求市利則名其店曰皇店又其甚者假以阻壞鹽法則以所販之鹽名爲皇鹽

内廷祠醮

成化十二年八月大學士商輅等奏祖宗創爲郊祀歲一舉行極爲慎重邇者傳聞　皇上又於宮北建祠奉

祀玉皇取郊祀所用服器樂舞之具依式製造并新編樂章命内臣習之欲於道家所言神降之日舉行祀禮臣等竊詳　皇上爲此無非欲爲母后祝釐爲生民祈福但稽之古禮未協昔傅説之告高宗曰黷于祭祀時謂弗欽禮煩則亂事神則難況天者至尊無對事之之禮宜簡不宜煩可敬不可瀆今乃別立玉皇之祠祀并用南郊之禮二則是一月之間連行三祭未免人心懈怠誠意不專　皇上爲天之子其於事天之禮豈可不斟酌典故致有纖毫不謹伏望將内廷一應齋醮悉宜

停止勿致褻瀆㡿（?）天心昭鑒可以變災為祥矣疏入

上命拆其祠祭器等件送庫收貯

朝驚

成化十四年八月戊戌早朝東班官若聞有甲兵聲者因辟易不復成列衛士爭露刃以備不虞久之始定莫知其故　上命御史究其事所從起竟莫能得也

憲章類編卷之十一

東宮

洪武元年正月立世子標爲皇太子

洪武元年正月劉基陶安言于上曰適聞中書及都督府議倣元制設中書令欲奏以太子爲之　上曰元氏胡人事不師古豈可取法聞禮有成王世子之篇周公教太子之法也卿等宜師之何必效彼作中書令乎乃命詹同等曰朕今立東宮官必須勳德老成者爲之而

新進之賢亦選擇參用不別設府寮而師傅賓友悉以廷臣兼之則讒間不生而卿等可以無疑二也於是以李善長爲太子少師兼詹事馮勝兼少詹事楊憲傅瓛兼府丞徐達兼太子少傅常遇春兼太子少保鄧愈湯和兼諭德葷滋兼贊善劉基兼率更令　三月以劉基爲御史中丞兼太子贊善　十月以梁貞王儀爲太子賓客秦鏞盧德明張昌爲太子諭德上曰朕命卿等輔導太子必先養其德性使進于高明然後於帝王之道禮樂之教及往古成敗之跡民間稼穡之事朝夕與之論說日聞讜言使無非僻之干積久以化他日爲政自然合道卿等勉之　十一月庚子宴東宮官及儒士各賜冠服先是建大本堂取古今圖籍充其中延四方名儒教太子諸王分番夜直　上時臨幸商確古今評論文字是日上命諸儒作鍾山龍蟠賦自作時雪賦故有是燕賜

洪武二年四月命博士孔克仁等授諸子經功臣子弟亦令入學　定東宮官屬之制

洪武三年十二月禮部尚書陶凱請專任東宮官屬罷

兼領之職庶於輔導有所責成　上曰古者不備其官惟其人朕以廷臣兼東宮官者非不欲專任責成慮廷臣與東宮官屬有不相能遂成嫌隙或離間骨肉其禍匪細漢江充之事可鑑也朕今立法令廷臣兼東宮贊輔之職父子一體君臣一心庶幾無相搆之患也

洪武五年十二月復以宋濂爲太子贊善

洪武六年十月以儒士桂彥良爲太子正字

洪武七年十一月皇太子臨大本堂召東宮贊讀及諸王府伴讀諭之曰爾等離父母去墳墓者三年于茲冬

氣向深草木搓落寧不惻然動懷土之情乎吾已爲爾
請于上宜各旋歸歸即遣至無久淹也仍命左右給內
府錢以爲道途費
洪武十年十二月上諭李善長等曰人君聰明雖得於
天性然物理必察識而後知人情必諳練而後熟若臨
事不熟驟然斷决恐未盡善既行之後覺其非而欲改
之妨事已多前者令皇太子躬聽朝臣啓事練習國政
恐聽覽之際處置或有未當自今政事啓于東宮者卿
等二三大臣更爲參决可否

洪武十二年三月助教吳伯宗進講東宮首陳正心誠
意之學皇太子嘉納尋改典籍
洪武十四年十月給事中鄭相同言國初之制凡啓事
東宮惟東宮官屬稱臣朝臣則否蓋尊無二上之意今
一體稱臣於禮未安詔下羣臣議翰林院編脩吳沉等
奏曰東宮國之大本所以繼聖體而承天位者也臣子
尊敬之禮何得有異相同之言非是請凡啓事東宮者
稱臣如故從之
洪武二十五年九月以馮勝傅友德李景隆藍玉詹徽
茹瑺任亨泰杜澤李権唐鐸楊靖皆兼東宮師傅等官
洪武二十五年四月丙子皇太子薨　上哭之慟命禮
部議喪禮侍郎張智等議曰喪禮父爲長子服齊衰期
年又云期之喪達乎大夫今斟酌其宜皇帝當以日易
月服齊衰十二日祭畢釋之謚爲懿文皇太子葬孝陵
之次皇太子生子五一曰雄英早喪追封虞王謚曰懷
次允炆允熥允熞允熙女二　上御東閣門涖諭群臣
曰朕老矣太子不幸遂至於此命也劉三吾進曰皇嫡
長孫富于年願陛下早定大計天下孰不歸心上深然

之　八月庚申祔葬皇太子于孝陵之東謚冊曰朕惟
先王之典生既有名沒必有謚名以彰德謚以表行故
行有大小則謚有輕重此古今通義雖在至親不敢廢
也爾皇太子標在儲位者二十有五年分理庶政裨贊
寔多今焉永逝特遵古典從公議謚曰懿文德以名彰
行因謚顯公論所在朕何敢私
革除建文元年正月立子文奎爲皇太子
永樂元年正月羣臣上表請立皇太子不允　三月文
武百官復上表請立　皇太子　勅曰欲正元良宜須

成其學問姑緩之

永樂二年夏四月冊立世子爲皇太子簡東宮官屬

永樂七年三月上諭黄淮楊士奇曰東宮侍側朕問講官今日說何書對曰論語君子小人和同章因問何以君子難進易退小人則易進難退對曰小人逞才而無耻君子守道而無欲又問何以小人之勢常勝對曰此係上人之好惡如明主在上必君子勝矣又問明主在上都不用小人乎曰小人果有才亦不可盡棄須常警飭之不使有過可已朕甚喜其學問有進爾等其盡心

輔之　五月賜皇太子聖學心法

永樂十二年閏九月　先是上以皇太子所遣使迎車駕緩且奏書失辭曰此輔導者之不職遂徵黄淮等是日淮先至諸司交奏其罪遂下獄後二日楊士奇及司經局正字金問至上曰楊士奇姑宥之朕不嘗識金問何以得侍東宮命法司鞫之已而召士奇至前親問東宮事士奇叩首言殿下孝敬誠至凡所稽違皆臣等之罪上悅而罷於是行在部院諸司交章奏士奇罪不宜獨宥乃下錦衣衛獄繫之未幾特宥復職遂徵楊溥芮善赴繼下獄皆以金問故併逮之也

永樂十五年秋七月　賜皇太子務本之訓

永樂十八年十月赴召北京　皇太子過滁州登瑯琊山指示楊士奇曰此醉翁亭故址也因歎歐陽修立朝正言不易得今日知愛其文而知其忠者鮮矣盖皇太子爲文章尤善修每曰三代以下文人獨修有雍容和平氣象尤愛其奏議切直嘗命刊修文以賜羣臣且諭之曰修之賢非止於文卿等當考其所以事君者而勉之　十一月　皇太子過鳳陽謁祭皇陵畢周步陵旁

顧張本楊士奇曰國家帝業所自也徘徊久而後退耆老進謁有知太祖龍興時事者留從容與語賜勞優厚

皇太子過鄒縣見民男女持筐路拾草實者駐馬問所用民跪對曰歲荒以爲食皇太子惻然稍前下馬入民舍視民男女皆衣百結竈釜傾仆歎曰民隱不上聞至此乎顧中官賜之鈔而召鄉老問其疾苦輟所食賜之時山東布政石執中來迎責之曰爲民牧而視民窮如此亦動念否乎執中言凡被災之處皆已奏乞停止今年秋稅皇太子曰民餓且死尚及徵稅耶汝宜速發官粟

賑之事不可緩執中請人給三斗曰且與六斗汝毋慳
擅發倉廩吾見上當自奏也　十二月皇太子奏前過
山東境内遇民饑即令布政司發粟賑之　上曰正是
昔范仲淹之子猶能舉麥舟濟其父之故舊况百姓吾
之赤子乎
永樂二十一年十一月皇太子聞内侍黄儼江保數造
危語譖之於上召楊士奇至文華殿語之故因歎曰天
可欺乎非賴至尊聖明尚得在此哉士奇對曰殿下並
宜自處盡道皇太子曰盡心子職而已他有何道

憲章類編　卷十一　二

永樂二十二年十月仁宗立皇太孫爲皇太子
洪熙元年四月賜皇太子圖書　壬子　皇太子發北
京
宣德二年二月　詔冊立皇太子
景泰三年四月帝欲易太子恐文武大臣不從與太監
王誠舒良謀先啖内閣諸學士各賜金五十兩銀一百
兩命廷臣俱兼宮寮王直胡濙兼太子太師陳循高穀
于謙並兼太子太傅儀銘俞士悅楊善王文王翺何文
淵並加太子太保江淵蕭鎡王一寧並加太子少師商

輅進兵部左侍郎兼左春坊大學士滿朝感恩遂以太
子爲可易時廣西思明府知府黄𤥭庶兄黄玹以捍奪
功累官廣西都指揮使玹欲奪嫡陰謀使人殺𤥭巡撫
廣西刑部侍郎李棠總兵都督僉事武毅發玹情罪置
獄當死玹知帝意欲易儲無人先發乃遣人赴京賂用
事者然後上疏請易太子下禮部會多官議陳循等遂
承上意覆奏及署名王直有難色循持筆卑跪奉直直
因而署之唯給事中李侃對衆灑泣都給事中林聰御
史朱英亦言不可然皆不能出一語爭之也聰退而語

憲章類編　卷十一　八

人曰唯吾抗議後聽尊顯諛者遂附會云　五月甲午
廢上皇長子皇太子爲沂王出沂邸立皇子見濟爲皇
太子王直得所賜金實和案頓足歎曰此何等大事乃
出一蠻夷耶吾輩愧死矣累疏求退李侃陞詹事府丞
林聰陞右春坊司直皆偃然受之不辭黄玹以大赦原
免復職尋陞都督武毅以事降黜李棠着致仕　先是
帝意欲易儲語太監金英曰七月初二日東宮生日也
英叩頭云東宮生日是十一月初二日帝爲之默然蓋
帝所言者謂見濟英所言者謂上皇長子也

景泰四年十二月　皇太子見濟卒

天順元年正月令翰林院官有帶東宮官銜者俱改別職以景泰易儲故也於是李紹林文黃諫俱改尚寶卿劉定之倪謙呂原俱改通政叅議兼翰林講讀以下官仍舊供職尋並改翰林學士　四月　復立元子爲皇子

天順二年正月　禮部請皇太子出閣讀書當在文華殿朕欲避此徃居武英殿但早晚朝太后不便姑以左廊居太子御可定擬講讀等官且問先讀何書賢對曰

四書經史次第講讀宜先大學尚書上曰書經有難讀者賢曰如二典三謨太甲伊訓說命諸篇明白易曉可先講讀

成化三年九月左春坊左庶子黎淳等奏祖宗東宮官僚俱係兼領今臣等獨專職任於舊制似有未合伏望命臣等仍兼翰林之職庶上合祖宗之制下免素餐之

詔不允

化七年十一月立萬貴妃所生皇子祐極爲皇太子

化八年正月皇太子祐極卒

成化十一年九月文武羣臣上表請立　皇太子　禮部上冊立　皇太子儀注　十一月　癸丑冊立

皇太子詔告天下

成化十四年二月　皇太子出閣講學命萬安劉珝劉吉提調各官講讀王獻黎淳謝一夔汪諧鄭環羅璟更番侍班彭華江朝宗劉健程敏政周經陸釴張昇張順更番講讀　三月　皇太子行冠禮　禮部言皇太子冠禮已成毎月朔望日文武百官于奉天殿朝叅後合赴文華殿行禮　上命以四月朔日爲始

弘治五年三月　冊立　皇子爲皇太子

弘治十一年三月　皇太子出閣講學

弘治十二年十月皇太子講學少間少詹事吳寬率僚屬上疏曰竊惟東宮講學自寒暑風雨朔望令節外一歲之中不過數月一日之内不過數刻況其間又多間歇人生八歲出就外傅居宿于外誠欲離近習親正人也庶民且然況有天下者乎借曰習讀于内終不若出就外傅親近儒臣講習治道所得爲多也

弘治十四年正月南京僉都御史林俊疏乞録正人以

教東宮因薦謝鐸儲瓘楊廉等堪爲輔導
正德六年八月南京吏部尚書張綵等會疏言儲位久
虚請選立太子不報

皇太子監國并攝祭

洪武八年四月皇太子攝祭皇地祇于方丘
永樂七年二月上巡北京命皇太子監國　閱四月
勅蹇義金忠黄淮楊士奇輔皇太子監國
永樂十一年二月上幸北京命尚書蹇義學士黄淮諭
德楊士奇及洗馬楊溥輔皇太子監國

永樂十五年三月上巡北京皇太子監國　按永樂中
獻陵監國南京長陵時時北征有所宣制　天子用廣
運之寶曰勅　皇太子用皇太子寶曰諭選武臣選簿
御前亦用廣運寶　東宮用功懋之記

皇子

革除建文三年十一月皇子文圭生　宣德二年十一
月皇長子生

成化五年四月　辛巳　皇子生賢妃栢氏出禮部奏之
春秋子同生即書于策重國嗣也
成化六年七月　己卯皇子生母妃紀氏初有娠萬貴
妃知而忌之　上令別居至是誕育西内廢后吳氏保
抱唯謹
成化十一年五月勅禮部朕皇子年已六歲未有名其
與翰林院定議以聞既而擬進上親定書名下宗人府
書于玉牒皇子即孝宗也母紀氏生時以萬貴妃所忌
失傳于外廷臣未及奉賀至是已六年矣因乾清宮門

災　上欲顯示於衆乃命司禮監懷恩等向内閣計議
學士商輅曰若降勅於禮部以擬名爲辭則衆亦言而
自喻矣恩等請於上遂有是命越數日　上命皇子至
文華門召文武大臣進見又數日上御文華殿召輅及
學士萬安劉珝吉至御座前問曰皇子既出將何如處
之輅等對曰今天氣尚炎俟秋涼舉行上曰然輅復曰
皇子饑飽寒暖之節須勞聖慮上頷之曰朕知悉矣輅
等退賜酒飯於文華門外命太監懷恩覃昌侍之
成化十二年　七月　癸卯皇第二子生母曰宸妃邵

氏

弘治四年九月二十四日　皇子生詔諭天下

皇太孫

洪武七年十月皇長孫雄英生

洪武九年九月皇太子生子允炆

洪武二十五年九月　庚寅立允炆爲皇太孫詔曰曩者列聖相繼馭宇者首建儲君朕甲辰即王位戊申即帝位於今二十五年前者選將練兵奠生民於田野綏中以乘除奸貪去豪強用心多矣邇來蒼顏皓首儲嗣爲重　九月十三日冊嫡孫允炆爲皇太孫奉宜下神祇以安黎庶太孫英明仁厚好文章典禮既爲太孫中外萬幾時付裁决當是時政治嚴密太孫濟以寬大中外欣欣愛戴

洪武二十八年十月冊光祿寺卿馬全女爲皇太孫允炆妃

皇長孫出閣就學　上召姚廣孝魯瑄鄭禮等諭之曰人於學問常以先入之言爲主朕長孫天資明睿爾等宜盡心開導凡經史所載孝弟仁義與夫帝王大訓可以經綸天下者日與講說不必如儒生繹章句工爲文詞爲能也廣孝等稽首受命

洪武二十九年十月甲辰皇太孫允炆長子曾孫文奎生

永樂六年十一月　勅文武大臣輔導皇長孫

永樂八年二月上親征虜酋本雅失里命皇長孫留守北京夏原吉等進所議留守北京事宜從之

永樂九年十一月　上御奉天殿命皇太子嫡長子爲皇太孫冠于華蓋殿

永樂十年八月　上謂兵部尚書金忠等曰皇太孫年長有志略朕令其學問之暇兼講武事其選人往直隸應天及江北鳳陽滁和等府州北京山東山西陝西河南四川湖廣境内選民間子弟年十七至二十勇健有才藝者官給路費廩食送京師俾充隨從

永樂十年十月命皇太孫演武于方山

永樂十一年五月命禮部侍郎儀智侍皇太孫講讀先是　上命吏部翰林院簡求老成正大儒者侍皇太孫蹇義楊士奇共舉智上喜曰得之矣此人雖老識朝廷

大體能直言不阿向之元正日食呂震等皆欲行賀禮惟此老與楊士奇言免賀朕從之智可用遂令侍太孫授經智山東高密人温重端愨由教官累遷今職遇事務別白是非不少附會既而智以年老薦其同鄉訓導戴綸即擢爲禮科給事中侍從授經

永樂十二年三月親征虜剌皇太孫從行　上謂侍臣曰朕長孫聰明英銳勇智過人今肅清沙漠令侍行俾知用兵之法亦使躬歷行陣見將士勞苦征伐不易又謂胡廣楊榮金幼孜曰每日營中閒暇爾等即以經史

於長孫前講說文事武備不可偏廢

東宮莊田

成化十六年十二月遣戶部員外郎官廉等勘覈東宮莊田時景州獻縣阜城民田萬頃界接東宮莊管莊內侍欲冒占且子粒十倍公家民甚冤之訴于朝乃遣廉偕御史錦衣官往勘內侍容遣人要廉曰田如歸我講讀官可得也廉曰以萬人之命易一官吾弗為也至其地徧集居人指陳故迹卒以所占田盡歸於民援例起

科畝率三升同事者懼有所忤廉曰我戶部也有害吾獨當諸公何憂議命下皆從所擬

憲章類編卷之十一終

憲章類編卷之十二

宮闈

洪武三年五月著令嚴宮闈內外出入之禁

洪武五年六月命禮部議宮官女職之制　定掖庭局司女官　命工部造紅牌鐫戒諭懸於宮中

按洪武五年定女職禮部具陳周制後宮設內官以贊內治漢設內官一十四等凡數百人唐設六局二十四司官凡一百九十人女使五十餘人皆選良家女充

上曰古者所設過多宜防女寵壞法將來命重加裁定遂立六局一司局曰尚宮尚儀尚服尚食尚寢尚功司曰宮正俱正六品尚宮總司紀司言司簿司闈尚儀總司籍司樂司賓司贊尚服總司寶司衣司仗司飾尚食總司饌司醞司藥司供尚寢總司設司輿司苑司燈尚功總司製司珍司綵司計凡二十四司宮正掌戒令責罰之事二十二年令六尚局官服勞既多或五載六載歸其父母從宜婚嫁年高者許歸以終天年願留者聽其在宮闈及見授職者家給與祿視外品

皇太后

宣德十年正月英宗尊聖祖母皇太后張氏為太皇太后聖母皇后孫氏為皇太后

正統二年春正月　太皇太后御便殿召張輔楊士奇楊榮楊溥胡濙入朝左右女官雜佩刀劍侍　上東立輔等西下立太后召問輔等五人顧謂上曰此五人先朝所簡皇帝凡有行必與之計非五人所贊成者則不可行也上受命頃間宣太監王振至俯伏太后顏色頓

異曰汝侍皇帝起居多不律今賜汝死於是女官加刃振頸上跪為之請諸大臣皆跪太后曰皇帝年幼豈知此輩自古誤人家國多矣我且聽皇帝洎諸臣留振此後不得再令干國事初宣廟崩太后將宮中一切玩好之物不急之務悉皆罷去禁中官不差政在臺閣委用三楊　上初即位詔凡朝廷大政必白于太后然後行太后令付閣下議決每數日必遣中官至閣問連日曾有何事商確即以帖開某日中官某以幾事來議如何施行太后乃以帖所開驗之或王振自斷不付閣下議

者必召振責之
正統七年十月太皇太后張氏崩謚誠孝昭皇后　太
后大漸召內閣諸臣至榻前問朝廷尚有何大事未舉
者楊士奇對曰有二三事其一建文君雖已滅曾臨御
四年當命史官修其實録仍用建文年號太后頷之其
二方孝孺已誅　文皇帝詔收其片言隻字者論死乞
弛其禁文辭不係國事者聽令存之太后默然未荅士
奇等即趨下叩頭稱受顧命而出

正統十四年十二月景泰帝　尊皇太后孫氏爲上聖
皇太后尊生母吳氏爲皇太后
天順二年春正月　郊天後上顧謂李賢曰朕居南宮
七年危疑之際實賴太后保護罔極之恩欲報無由可
倣前代尊上徽號如何賢曰陛下舉此可謂孝矣於是
命擬聖母皇太后孫氏徽號賢定四字曰聖烈慈壽皇
太后詔示天下
天順六年九月皇太后孫氏崩尊謚孝恭章皇后
天順八年正月憲宗　尊聖母皇后錢氏爲慈懿皇太
后生母貴妃周氏爲皇太后先是大行既崩上在東宮

即命太監劉永成夏時傅恭會昌侯孫繼宗懷寧侯孫
鏜尚書王翱年富馬昂閣學李賢陳文彭時議處置軍
國重事遵累朝例也　上即位之明日命議上兩宮徽
號夏時倡言錢皇后久病今只尊所生母周貴妃爲太
后李賢曰天子新即位四海顒望宜遵遺詔庶幾順天
理服人心景泰初事例不可法彭時曰此言是也朝廷
所以服天下只要正綱常今若只尊所生恐損聖德夏
時曰待請命少頃出傳仁壽宮旨曰子爲皇帝母當爲
太后豈有無子而稱太后者宣德自有例彭時曰今日

事與宣德年間不同胡后曾上表讓位退居别宮故正
統初不加尊號今日名分固在豈得不加正宮尊號若
阿諛順從是萬世罪人也所以不敢不極言者爲欲全
皇上聖德非有他意若推大孝之心則兩宮同尊爲宜
衆皆然之夏時再入請命良久出曰得上再三勸諭已
蒙俞允矣將草詔李賢彭時復議曰同尊固好然正宮
須例加二字不然無分别乃於錢太后加慈懿之稱而
貴妃止稱皇太后翌日頒詔天下是日同議者懼忤內
旨有後患皆隱默不言惟李賢開端而彭時極力繼其

後頼上孝事兩宮如一故能委曲勸諭仁壽宮以成大
禮
成化元年二月　皇太后誕日建設齋醮禮部尚書姚
夔會大臣歛香相率詣寺觀祈福給事中張寧上言
皇上慰悦聖慈無所不用其極人臣但當和衷敬德仰
替聖孝以綏懿祉不當崇奉釋老導上醮祭以壞風教
不報
成化四年六月甲寅慈懿皇太后錢氏崩　丙辰詔禮
部會文武羣臣議大行慈懿皇太后陵寢彭時等言臣

等仰惟大行慈懿皇太后作配　英宗皇帝正位中宮
及　皇上嗣居宸極尊為慈懿皇太后蓋先帝全夫婦
大倫皇上全母子深恩天下後世無容議矣今壽終之
後所宜奉梓宮祔于裕陵奉神主祔于太廟此古今不
易之理亦先帝與皇上之初心也今聞欲別卜塋地臣
等實切疑懼竊謂　皇上所以若是者必以今皇太后
千秋萬年之後當與先帝同尊于陵廟自嫌二后竝配
臣等考之前代一帝二后並祔陵廟者未易悉數只如
漢文帝尊其所生母薄太后然於其嫡母呂太后雖得

罪於宗社尚且仍與父高帝並葬長陵無所改易宋仁
宗追尊其生母李宸妃為太后然於其嫡母章獻劉太
后雖本無子尚且仍與父真宗同祭太廟無所嫌忌
皇上於慈懿皇太后昔日致其養今日盡其哀雖文帝
仁宗無以加矣若陵廟之祔稍有未合於禮則致貽後
議有掩前美況千秋萬年之後今皇太后與慈懿皇太
后同在陵廟不相妨碍且愈足以見二太后生存之日
雍和無間永久之後並美無窮此臣等深願也伏望體
先帝之心稽前代之制重念綱常之大以臣等所言下

禮部會文武群臣議務合天理允愜人心則天下幸甚
上命禮部會群臣定議以聞　秋七月禮部尚書姚夔
及在廷文武大臣翰林院詹事府國子監科道等官集
議陵廟禮制先後上疏悉如内閣彭時等議毋后不從
文武群臣皆跪伏文華門以待　上悉覽其奏懇請於
皇太后自巳至申稍見從遂出數奏同辭批答云卿等
所言皆合朕意合葬之禮當允行矣於是文武群臣始
退
成化二十三年四月上皇太后徽號

成化二十三年十月孝宗上兩宮尊號皇祖母周氏為
聖慈仁壽太皇太后母后王氏為皇太后
弘治十七年三月　太皇太后周氏崩上尊謚曰孝肅
貞順康懿光烈輔天成聖睿皇后立廟別祭初成化戊
子孝莊錢太后崩大學士彭時等議合葬裕陵時已有
周太后他日祔葬祔廟之說矣至是周太后崩隨上尊
謚同孝莊之制矣既而大學士劉健等乃上疏言成化
初事有難處臣子姑為委曲將順之意今當再議於是
詔禮部會多官詳議以聞　上御便殿召劉健等出示

裕陵圖一紙言孝莊太后玄堂與　英廟皇堂相去數
丈間隔不通因曰此大非禮當釐正健等奏曰此事臣
等初不知今欲釐正仰見皇上聖孝盛德高出前古臣
等不勝忻服　上曰卿等如何得知此事都是內臣所
為內臣有幾人識道理者昨見成化間彭時姚夔輩奏
章先朝大臣都忠厚為國因論祔廟之禮健等奏曰先
年奏議已定孝莊太后居左今大行太皇太后居右合
祔裕陵配享英廟且引唐宋故事為証臣等以此不敢
輕議其實漢以前惟一帝一后唐始有二后宋亦有三

后並祔者　上曰二后已非若三后尤為非禮謝遷對
曰彼三后一乃繼立一則所生母也　上曰事須師古
末世鄙褻之事不足學李東陽對曰皇上當以堯舜為
法　上曰然宗廟事關繫綱常極重豈可有毫髮僭差
太皇太后鞠育朕躬恩德深厚朕何敢忘但一人之
私情耳錢太后乃　皇祖母立正后我朝祖宗以來惟
一帝一后今若並祔乃從朕壞起恐後來雜亂無紀極
耳且　孝穆太后朕生身母止尊稱為皇太后別祀於
奉慈殿今仁壽宮前殿儘寬意欲奉　太皇太后於此

他日奉　孝穆太后於後殿歲時祭享一如太廟不敢
少缺東陽曰　皇上言及孝穆太后尤見大公至正之
心可以服天下矣　上曰此事卻難處行之則理有未
安不行則違先帝意又違群臣議違議猶可柰　先帝
何朕嘗思之夜不能寐先帝固重而祖宗之制尤重卿
等其詳議之健等奏曰容臣等且出計議奏聞時吳寬
以禮部尚書掌詹事府衆推寬言寬對衆議曰魯頌姜
源閟宮春秋考仲子之宮皆為別廟自漢唐來亦然至
宋始有並祔祭其禮已謬然皆諸帝繼室生前作配非

後世子孫嗣位追尊所生之比惟宋李宸妃沒仁宗悲慟乃追尊祔祭雖出至情寔為非禮不足為法衆皆從之會議疏上　上喜曰大義深恩並行不悖改稱孝肅太皇太后祀之奉慈殿殿在奉先殿西上初建以祀孝穆太后至是令展其制中室奉孝肅左奉孝穆於是中外翕然稱合禮云

弘治十八年八月武宗　上皇祖母王太后尊號曰慈聖康壽太皇太后尊母后張為皇太后

正德十三年二月二日　太皇太后王氏崩

正德十六年世宗　四月丙午遣太監秦文等詣藩府奉迎聖母

嘉靖初年追尊　皇考獻皇帝生母為孝惠邵皇太后

廢太后

天順元年二月命郕王所立皇太后吳氏復為宣廟賢妃

皇后

洪武戊申元年正月　立妃馬氏為皇后

洪武十五年八月丙戌皇后馬氏崩后世家于宿州閔子鄉新豐里父馬公性剛直愛人喜施后生元至順壬申七月十八日母鄭早卒后幼父素與定遠人郭子興交厚父卒子興育后同已女后自少貞靖端一孝敬慈惠聰明出人意表尤好詩書既笄嬪于　上誠敬感乎內外咸譽之及上即位冊立皇后正位中宮母儀天下益勵儉勤無時豫怠至是崩年五十一上慟哭終身不復立后謚為孝慈皇后

革除建文元年正月冊妃馬氏為皇后

成祖革除建文四年十一月立妃徐氏為皇后

永樂二十二年十月仁宗冊妃張氏為皇后

宣德三年三月　命駙馬都尉宋琥大學士楊榮為正副使持節冊貴妃孫氏為皇后

正統八年四月冊立皇后錢氏

正統十四年十二月景泰帝冊妃汪氏為皇后後景泰三年廢

景泰三年五月立子見濟生母杭氏為皇后

天順八年秋七月憲宗　立皇后吳氏是年九月廢
冬十月　立皇后王氏
成化二十三年十月孝宗　冊妃張氏為皇后
正德元年八月　冊皇后夏氏　按正德以前皆一帝
一后洪武十五年永樂五年中宮崩皆不復立繼后惟
嘉靖有元后孝潔皇后陳氏繼廢后張氏皆葬西山
孝烈皇后方氏葬永陵

廢后

宣德三年三月皇后胡氏因疾久弗癒請辭位就閒居
別宮為靜慈仙師
正統八年十一月宣德故后靜慈仙師胡氏卒
景泰三年五月廢皇后汪氏居別宮
天順元年二月廢皇后汪氏復為郕王妃四月命景泰
汪妃出居舊王府先是郕王卒　上欲令汪妃殉李賢
奏曰汪妃雖立為后即遭幽廢若令殉情所不堪況兩
幼女無依尤可矜憫上惻然曰卿言是令妃遷居外王府
原侍宮人悉隨之遣老成中官數人以備使令由是母
子保全竟獲善終
天順七年秋七月　追謚宣德廢后靜慈仙師胡氏為
恭讓章皇后宣宗晚年追悔廢后事曰此朕少年事欲
復后位號不果至是孝恭皇太后既崩錢皇后為　上
言胡后賢而無罪廢為仙姑其死也人畏太后殮葬皆
不如禮勸上復其后號上命李賢舉行之
天順八年憲宗　九月廢皇后吳氏下詔言先帝臨御
之日為朕簡求賢淑已定王氏育于別宮以待期不意
內臣牛玉偏狥己私朦朧奏請將已退吳氏冊立並驗不
稱德不得已請命母后廢黜吳氏服正罪牛玉等充發
謫居南京　逮南京六科給事中王徽王淵等下獄時
徽淵等以牛玉罪重罰輕上疏請明刑罰以正朝綱監
往事以防後患數玉大罪四乞寘諸法因斥內閣執政
李賢阿附權豎籠絡士夫中藏奸詐外務掩飾奏入逮
下獄科道交章論救命俱謫遠方判官徽普安州淵茂
州
成化二十三年十二月孝宗念吳后保抱恩命宮中進
膳如母后禮先是母后紀氏為萬貴妃所害成疾卒猶

欲及　上得廢后吴氏保護之云

皇貴妃

洪武十七年十月冊李氏為淑妃攝中宮事
正統十四年十二月景泰冊上皇宮嬪周氏為貴妃即
皇太子所生母也
成化四年九月　初天順宮人萬氏侍　上于東宮及
上即位冊為貴妃專寵居昭德宮父貴為諸城縣吏以
妃貴授都督同知兄通授錦衣衛都指揮恩寵無比通

憲章類編　卷十二

妻王氏出入掖庭學士萬安認為同宗陰使婢僕結通
妻徃來于家朝士希進者羣趨通門劉吉亦附之彭時
言此年以來地震水旱相仍民不聊生適者彗星復見
災異尤甚皆臣下不職所致乞賜罷免　上曰朕自脩
省所辭不允　吏部等衙門尚書李秉等以彗星見俱
引咎乞免不允　戊辰彗星晨見東北方　己巳彗星
昏見西南方　六科給事中魏元等言竊見今春以來
災異疊見近日彗星又見于東方光拂台垣人心恟懼
皆陰盛陽微之證也臣聞君之與后猶天之與地不可
得而參貳者外間傳聞陛下於中宮或有參貳之者其
嬖寵以為言陛下謂內事朕自處置屏息傾聽將及半
年而昭德宮進膳不減中宮不增宮墻雖深而視聽甚
近衽席雖微而懸象甚著陛下富有春秋而震宮尚虛
豈可以宗廟社稷之大計一付於愛專情一之所而不
求子孫衆多以固國本安民心哉伏願思祖宗傳體之
重明伉儷之義嚴嫡庶之分使陰陽各歸其分自男相
益而明宗社萬年之基將在於此上曰所言有理宮中
事朕自處置

憲章類編　卷十二

成化十一年五月皇子母紀氏卒為妃徙居永壽宮
六月　皇妃紀氏薨先是受萬貴妃傷害成疾因而不
起謚贈為恭恪莊僖淑妃即孝宗母后也
八月壬寅葬恭恪莊僖淑妃紀氏於西山
成化二十三年春正月壬寅朔　辛亥萬妃卒妃山東
青州諸城縣人父貴為縣吏謫居霸州生妃四歲選入
掖庭及笄命侍　上於青宮上即位遂專寵皇后吴氏
之廢實由於妃及皇后王氏正位中宮每優容之妃警
敏善迎合上意六宮希得進御生皇子一人未朞而薨

妃亦自是不復娠凡倖幸如錢能覃勤汪直梁芳韋興輩皆假以貢獻買辦科斂民財擅作威福弄兵搆禍皆由妃主之也孝穆皇太后以妃之故遜居西内數年而崩至是慶成宴罷　上還宮急暴妃卒上震悼輟視朝七日葬天壽山西南弘治初言者籍籍不已欲追廢妃號籍其家賴　孝宗仁厚置不究云

弘治二年二月時　上不置妃嬪繼體未立禮科給事中韓鼎上言古者天子一娶十二女以廣儲嗣今舍是弗圖乃徒建設齋醮將以徼福於神不足惑衆書上

正德元年八月冊德妃

正德十六年六月

憲章類編卷之十三

諸王府

洪武二年四月定封建諸王國邑

洪武三年四月以封建諸王告太廟禮成宴群臣於奉天門及文華殿上曰先王封建上衛國家下安生民周行之而久遠秦廢之而速亡漢晋以下莫不皆然其間治亂不齊特顧施為何如耳　詔冊封諸王子為王第二子樉為秦王第三子棡為晋王第四子棣為燕王第

五子橚為周王第六子楨為楚王第七子榑為齊王第八子梓為潭王第九子杞為魯王第十子檀為蜀王姪孫守謙為靖江王皆授以冊寶設置相傳官屬

洪武七年正月定親王國中所居前殿曰承運中曰圓殿後曰存心四城門南曰端禮北曰廣智東曰體仁西曰遵義　上曰使諸王能覩名思義斯足以藩屏帝室永膺多福矣

洪武九年二月定諸王公主歲供之數　五月命中書省臣作親王宮室無得過飾省臣言親王宮飾朱紅室飾大青綠亦若不為過度　上曰惟儉養德惟侈蕩心獨不見茅茨卑宮堯禹以興阿房西苑秦隋以亡諸子方及冠年去朕左右豈可使靡麗蕩心

九月更定王府官制

洪武十一年春正月甲戌朔　改封吳王為周王罷杭州護衛

洪武十三年三月燕王之國北平　六月遣使齎勅諭江陰侯吳良等昨者上天垂戒朕思治理恤民為先其王府一切役作皆停罷時良等重建齊楚各王府故諭之

洪武二十四年二月改封豫王為代王漢王為肅王衛王為遼王

洪武二十五年正月靖江王守謙卒守謙皇兄南昌王之孫皇姪子正之子也初子正有罪謫死桐城　上育守謙於宮中日教訓之甚篤既長俾之靖江而陰賊險狠狎比小人肆為淫虐國人苦之上未忍置於法召還京師戒諭之守謙不知悔復肆怨望作詩譏刺上復容貸使居鳳陽力田冀其知稼穡艱難而思所以保富貴

也既七年上以其父歷艱苦必克自新復其爵鎮雲南
又推本親愛之意諄諄訓戒守謙既至雲南復奢縱淫
佚掠殺不辜軍民怨咨　上猶不忍置罪仍召還安置
鳳陽雖在貶斥橫恣自如強取牧馬暴擾一鄉廼召至
京笞而禁錮之至是卒以其嫡長子贇儀為世子
洪武二十六年八月徙慶靖王於韋州　十月徙封岷
王於雲南
洪武二十七年十月罷建岷王宮殿　上諭工部曰邊
境土木之工必度時量力順民情而後為之時可為而

財力不足不為也財有餘而民不欲不為也必有其時
有其財而民樂於趨事然後為之則事易舉今雲南土
曠民稀軍餉轉輸民力甚勞苦若復加興造之役非惟
時力未可於民亦有所不欲岷府姑為棕亭以居俟十
五年後民富力紓作之未晚爾工部遣人馳驛往諭雲
南守臣罷其役
洪武二十八年夏四月　詔停造遼王宮室　閏九月
更定親王歲祿壹萬石
洪武三十年八月　上以在外諸王非時興作擅役工

匠諭工部曰今諸王府宜各守定制不許私有興造勞
吾民匠若有應須造作而不可已者必奏請方許爾可
移文各王府知之
洪武三十一年七月建文命曹國公李景隆即訊周王
橚逮至京廢為庶人
革除建文元年正月封弟允熥為吳王允熞為衡王允
熙為徐王　二月令親王不得節制文武吏士　四月
召湘王柏於荆州柏自焚卒　齊府人曾名深上變告
召齊王榑至廢為庶人留京師誅其護衛指揮柴直等

來幾幽代王桂於大同繫岷王楩於雲南並廢為庶人
革除建文元年八月召谷王橞還京　徙封遼王於荆
州削寧王護衛　還肅王楧於蘭縣
革除建文四年六月成祖復周王橚齊王榑爵土降封
吳王允熥為廣澤王衛王允熞為懷恩王徐王允熙為
敷惠王　九月徙封谷王橞長沙廢廣澤王懷
恩王為庶人　冬十月寧王權來朝改封南昌
永樂元年正月命汝南王有勳居雲南大理有勳周王
橚第二子建文中嘗告其父不軌至是弗容於父遂有

是命　復周王橚齊王榑代王桂岷王楩舊封　四月
楚世子孟烷奏欲遣人於河南境內買人口賜勅諭曰
昔秦愍王遣人於湘江買人口太祖聞之怒秦府官屬
及郡縣承行者皆被罪且河南汝伯父周王封地汝所
遣人入境或有縱恣將斥為爾過可不慮乎其已之
上以代王桂岷王楩所為不法命吏部悉降其王府官
職
永樂二年三月改封懿文皇太子第四子敷惠王允熙
為甌寧王奉懿文皇太子祀　四月封第二子高煦為

漢王第三子高燧為趙王諸王子未受封爵者嫡長子
封為世子衆子為郡王
永樂三年五月上以代寧秦晉永與高平平陽諸王所
為過失且多愆豫訓戒以全親親之義同楚齊蜀等王
俱賜書諭之　六月湖廣都司言楚府付鐵牌一面遇
夜差人出城驗此開門　上以書諭之曰國家舊制在
外各城門鎖鑰皆屬都司軍衛今王府自出此牌禮非
所宜即宜停革以副倚重之意
永樂四年五月齊王榑至京師先是榑結無賴蓄游客

私備帝號及呪詛魘鎮等事屢有告者察之皆驗　上
賜書諭令改行於是榑請入朝面謝既至廷臣交章劾
奏榑罪不當宥榑厲聲曰奸臣又欲喋喋效建文時事
耶會當盡斬此輩上聞之不懌曰此其心可知已命罷
其隨侍護衛及長史等留處之京師　十二月辛亥甌
寧王允熈暴卒懿文太子季子也建文中封徐王上即
位封敷惠王永樂二年改封甌寧王以奉懿文之祀未
遣之國忽夜邸第灾戒于火竟成疾而薨時年十六謚
哀簡云

永樂八年十月上聞周王橚於國中作殿奉祀　太祖
高皇帝賜之書曰禮支子不祭皇祖王國廟祀則肇於
始封之王若太祖之祀朝廷自有宗廟王今祀於國中
僭矣孔子曰祭之以禮若不得為而為之不可為孝王
其審禮而行毋貽物議
永樂九年二月　勅戒秦王尚炳曰昔周天子遣使賜
齊桓公胙且命勿下拜桓公對曰天威不違顏咫尺小
白敢貪天子之命無下拜遂下拜登受春秋書以示褒
遣使賜晉侯命晉侯受之王隋使者歸曰晉侯其無後

成肅公受脤於社不敬劉康公曰成子惰棄其命矣後
皆不得其終春秋書以示戒比屢遣人齎符至王國王
不出迎但命內豎取入及出見使者又侮慢不一此皆
王不學之過致王於此者皆長史紀善典儀之失職也
其械送京師王自今勉力學問庶幾寡過
永樂十二年十一月　降晉王濟熺為庶人俾與長子
美圭同守晉恭王墳園仍賜勅諭曰爾謀為不軌自絕
于天自絕于祖宗論爾之罪有不容誅重念恭王手足
之義特全爾生令守恭園其閉門念咎杜絕外交改過

遷善以保令終慎之哉
永樂十四年三月改趙王高燧封國於彰德漢王高煦
於青州時高煦奏願常侍左右不欲之國復賜勅曰既
受藩封豈當常在侍下前封雲南憚遠不行與爾青州
今又托故如果誠心欲侍去年在此何故又欲南還常
侍之言殆非實意青州之命更不可辭
永樂十四年九月上聞漢王高煦於各衛選精壯軍士
及有藝能者以隨侍為名教習武事造作器械心益疑
之遂有還京之意先勅典漢府兵事右軍都督僉事歐

陽青曰親王護衛官軍自有常數凡各衛選撥隨侍漢
王者令各還原伍不許稽留　十一月以谷王橞謀逆
事條示諸王并勅諸王議其罪
永樂十五年二月谷王橞以謀逆削爵為庶人革其護
衛及長史司等衙門　三月丁亥朔命漢王高煦居山
東樂安州初上在北京聞高煦有異志及還以問楊士
奇曰汝與蹇義在此漢府事皆當悉知昨問義不肯言
汝盡言之如朕未知汝輩屬有離間之罪朕既知矣汝
何慮士奇對曰漢王始冊封雲南不肯行改青州又堅

不行今朝廷將徙都彼欲留南京天下皆疑其心惟陛
下善處之乃詔削其兩護衛處之樂安州曰此去北京
甚邇即其作禍可朝發而夕擒也
永樂十五年九月庶人允熥卒允熥懿文太子第三子
母妃常氏開平忠武王遇春之女允熥建文中封吳王
上嗣位之初改廣澤王以罪免為庶人至是卒上命
以禮祭葬之
永樂二十二年九月寧王權奏欲來朝又言江西非其
封國　仁宗遺書答曰叔欲來見感親愛之厚姪欲見

叔亦切惓惓但祖訓不敢違也所云江西非所封之國與各王封鎮不同叔受之先帝已二十餘年為國南屏非封鎮而何惟叔審之　十月免遠安王貴燮巴東王貴煊為庶人二人前嘗誣告其父有不軌謀至是諭群臣曰正風化當自家族始遂有是命

洪熙元年三月趙王高燧之國彰德

洪熙元年七月宣宗　漢王高煦陳奏利國安民四事上命有司施行仍復書謝之既而顧侍臣曰永樂中皇祖嘗諭皇考及朕謂汝叔有異志宜備之然皇考待之極厚如今所言果出於誠則是舊心已革不可不順

從也

宣德元年正月上以漢王高煦遣人獻元宵燈復書報謝有言於上曰漢府所遣來者多是窺覘朝廷之事特以進獻為名上曰吾惟推誠以待之耳　六月定宗室将軍中尉郡主縣主郡君縣君鄉君儀賓品級冠服儀式若其封爵婚禮則皇明祖訓已有成法凡世子及郡主納妃郡王嫡長襲封者當先上聞朝廷遣人行冊命之禮今後王國自鎮國将軍縣主以下婚禮但須誥命冠服其儀仗粧奩諸物皆王府自辦

宣德二年正月趙王高燧奏辭護衛官校歸之朝廷初戶書陳山襲執趙王之計不從既而戶部主事李儀等上奏比山議更切　上問楊士奇曰言者論趙王日益多柰何士奇請遣駙馬廣平侯袁容齎璽書往開諭之上從其請趙王喜即獻護衛官校且上表謝而言者頓息自是上待趙王日益親厚而薄陳山踰數月召士奇至南齋宮諭之曰吾趙叔不失親親之禮爾有力焉自今有事當悉忠謀勿以見忤為嫌　三月晉王濟熿以其府中軍校數有赴京告其陰事者益不自安遂奏辭

爵　上復書慰之

宣德三年閏四月寧王權奏乞賜南昌府附近灌城一鄉田土俾衆子耕種為自給之計　上諭戶部臣曰古人云王者當食租衣稅今有歲祿足矣一鄉之田民所衣食不當奪以自養宜遣人往勘待報處置　五月汝南王有勳新安王有熺有罪俱免為庶人　七月寧王權遣人進扇且奏求鐵笛　上命工製鐵笛與之謂左右曰古人謂笛者滌也所以滌邪穢納之於正寧王之

意其在此乎鐵笛雖無當新製與之　八月壬申皇子
祁王生上之第二子
宣德四年四月寧王權奏曰宣德元年八月江西布政
司移文謂　太祖高皇帝子孫以祿米定品級臣惟祖
訓所載祿米盖親親次序無有品級子孫皆祖宗一氣
之分不與異姓相同至是四代乃定品級恐萬世之下
謂自今日始靖江王府將軍與諸王同班儀賓亦服麒
麟玉帶不論品級異姓相見還行君臣禮其餘語多忿
戾　上覽奏謂侍臣曰朕自即位以來恪遵成憲祿米

定品級皆出舊制非出自朕今行之三年忽有此語其
意盖未可量乃復書大畧謂祖訓録郡王子孫自鎮國
將軍以至奉國中尉遞有品級洪武二十九年十二月
欽定靖江世子與郡王公侯文武官相見禮儀或答拜
或坐受遇之於途或分道讓左或引馬側立各隨品級
等第別無行君臣禮之說若必如所云行君臣之禮是
教子孫越禮犯分不知有君矣若群臣與靖江府將軍
前皆行君臣之禮是天下紛紛多君也春秋之法天無
二日土無二王尊尊親親各有攸當往者逆賊高煦在

太宗時屢造大罪及予嗣位特加厚之而包藏禍心終
謀不軌輙妄稱太祖時未嘗頒給郡王誥勅以為擅改
舊制且本指斥遂舉兵反及被執至京出洪武諸司職
掌示之煦愧悔不及今叔祖輙有不避斧鉞乞赦免之
說何究何抑而忿恨不平至此乎予以示文武大臣咸
謂來諭盖托此為名耳不然何以宣德元年八月之事
至今始發也予已悉拒群臣之言尚望謹之若復不謹
非獨群臣有言天下皆將言之是時予雖欲全親親之
義不可得矣亮之　五月書與寧王權曰所諭欲得灌

城一鄉田土與衆子耕牧朕不吝惜但户部言灌城之
田一千六百一十七頃鄉民所頼以足衣食別無荒閑
之田況庶子郡王自有歲祿稽之祖訓亦無撥與田地
之例若從叔祖所言百姓失業必歸怨朝廷亦必歸怨
叔祖矣今叔祖為諸王表率使諸王皆倣叔祖所言皆
不背違祖訓而損賢德故撥田之喻不能曲從惟叔祖
亮之
宣德六年十月河南府知府李驥奏伊王居國屢有非
理之求臣不敢曲從府中内官官校軰害百姓者臣到

任稍為禁戢自此王府含怒今年冬至臣以四更往王府陪班行禮適初唱班臣已就列王以為遲縶執儀衛司獄次日始釋緣王府自前遇節行禮未嘗有在四更者臣忝恩守土遭王摧辱不敢不奏　上謂都御史顧佐等曰朝臣於大廷朝賀皆昧爽之際未嘗以四更行禮此必王府讒邪小人教王辱知府之計乃致書伊王諭王宜謹守祖法勿信讒邪府中承奉長史典儀悉械送京師治之

宣德十年正月英宗封皇弟祁鈺為郕王

正統元年七月徙封襄憲王于襄陽淮靖王于饒州

正統八年冬十月　徙封鄭靖王於懷慶

景泰三年六月　岷莊王乞徙封不許

景泰五年五月齊庶人賢爀谷庶人賦㦿移置南京

景泰七年十二月削寧府護衛

天順元年四月襄王瞻墡來朝先是土木之變王兩上疏慰安皇太后乞命皇太子居攝天位急發府庫募勇敢之士務圖迎復仍乞訓諭郕王盡心輔政章上時景泰立已八日矣至是得疏于宮中上覽之感歎手詔取王入朝禮待甚隆諸王自谷府以後不許入朝至是始一行之　按黃瑜曰天順初手詔王文以謀迎立襄世子被誅及襄王來朝上禮待甚隆其後世子竟嗣王位始終親睦無間然則迎立之謀其實未發蓋可知矣謙等之死亨軏實為之上之盛德曷嘗少累哉或謂　上北狩時宜奉太子居攝惜謙等見不及此識者謂謙非見不及此蓋特以祖宗之社稷為重若太子居攝則唯父為重天下為輕而天理至情必圖迎復則虜將以上皇為重質豈有饜足宋徽宗之事可鑒也故遂立郕王

是不以金注而以瓦注竟致社稷獲安而上皇之得以復辟者蓋是權輿於是也但易儲一節謙無一言以救正之難乎免於責備者之議矣

天順四年二月　議諸王出閣讀書　上皇嗣六長皇太子次德王次秀王次崇王次吉王次徽王後秀王國絕

成化六年二月　晉府悼昭王嫡長子奇湞奏乞存留先王時私自淨身二人在府任使　上曰王擅留淨身人教授不行諫阻本當逮問姑宥之所司即以其人送

京仍通行各王府及兩京公侯駙馬伯家充有净身人即送京毋隱違者罪之

成化十三年二月減寧王奠培樂安王奠壘祿米初樂安王奏寧王憸酷貪淫不軌等事命太監羅祥駙馬石璟刑部侍郎杜銘錦衣指揮趙璟往勘多方至是仍命皇親文武大臣議擬各罪　上曰寧王所為不法本當削爵降為庶人但念宗支姑從寬典革去祿米一半樂安王所奏重情不實有乖倫理革去祿米三之一仍下勅切責及書報各王知之

成化十四年十月追降韓府漢陰王徵鈋為庶人王母平氏妃周氏及冒封郡王縣主者皆賜死妃父周恂凌遲及其妻妾子皆斬之籍其家先是王有疾恂入問竊語王曰王疾病無後何不取家人子以奉王後王以為然令二宮人假若有娠者諸王來問疾俱以托之王薨恂與王母及妃謀取其妻之女及他人男前後抱納宮中既長俱受封既而恂之姻家以私忿發其事下撫按諸司官廉得其實刑部尚書林聰等具獄覆奏　上曰周恂陰謀圭使紊亂宗支凌遲處死妻妾子俱斬冒封男女及平氏周氏俱賜自盡徵鈋追降為庶人仍錄獄詞寫書各王府知之

成化十七年七月汾川王頁鋓奏求書籍　上以勸善書為善陰隲孝順事實與之

成化十八年四月賜晉王書該府永和王儀賓劉欽奏要將已故東勝縣主妝貯折色鈔貫及未支祿米四百石并自己祿米二百石俱辭入官以為軍國救荒之助違例奏擾掠美沽名其失有三王即拘欽到府責以前失令其安分守己自有樂地何必為此矯激虛語顯書

以達王其防範之　九月遣少監孫端齎勅戒諭晉王蕊巡撫等官奏慶成王府奇㵎抗拒父命打死平人姦占樂婦王即拘慶成并奇㵎到府令其望闕跪伏數慶成不能教子不啓不奏之過數奇㵎以前項罪惡降奇㵎為庶人

成化十九年十一月禮部奏湖廣武岡州民劉善初等告岷府選用乳婦為軍民害請通行天下今後王府乳婦止於本府所隸軍校之家選用不許外及從之東垣王見湏有家奴吳安童誘王淫戲數與王同卧起無貴

賤禮因欲毒殺王妃不果事覺命官勘實擬罪奏至上謂見濆狎近頑童謀害正妃有乖大義下勅切責令戴民巾讀書改過安童依律斬之

弘治四年十一月興王徙封于安陸

弘治七年春正月興王之國安陸州　上弟九人　興王岐王益王衡王雍王壽王汝王經王榮王岐雍二王無後

弘治十二年十一月上高王宸濠嗣封寧王

正德四年八月榮王之國常德

正德五年夏四月　慶府安化王寘鐇與寧夏都指揮何錦周昂丁廣等集衆反殺總兵江漢巡撫都御史安惟學僞鑄印章封拜賊黨傳檄以誅劉瑾為名刻期渡河關中大震　五月命涇陽伯神英充總兵官太監張永總督軍務起前右都御史楊一清為提督師中外兵討寘鐇　寧夏游擊將軍仇鉞襲執寘鐇父子賊黨悉平時神英兵猶未至陝西諸路兵已先約進勦鉞為內應手斬周昂執安化王父子械繫之又執何錦丁廣於外并誅其黨於是令神英帥師還張永及楊一清仍往寧夏撫安地方　八月太監張永還京獻俘寘鐇等伏誅

正德九年三月寧王宸濠乞復護衛屯田許之宸濠貪殘僭侈志欲無涯而以文行自飾先是天順間寧府以事革去南昌護衛及屯田劉瑾用事宸濠賂瑾復得之瑾誅護衛屯田復革陸完先為江西按察使與宸濠通至是完為兵部尚書宸濠喜曰完為大司馬護衛可復得矣遂遣完書謀乞護衛完答書須以祖訓為言時伶人臧賢有寵于上近習張銳張雄錢寧輩及內閣部院

大臣皆陰結之以求固寵宸濠因賢之壻司鉞以通于賢每親書寄賢輙稱為良之賢字也及是乞復護衛輦載金器銀寶藏於臧賢家分饋諸權要大學士費宏知之大言於內閣曰今寧王以金寶鉅萬打點復護衛苟聽其所為吾江西無噍類矣陸完知宏必為梗乃密謀于朱寧楊廷和時三月既望廷試進士內閣官與部院大臣皆在東閣讀卷先於十四日覆寧王復護衛疏次日中官盧明以疏下閣擬旨過東閣言只請楊師傅到閣諸公不必動勞廷和趨出票旨云既王奏

缺人使用護衛屯田都准與王管業言官交論護衛不
可與不聽　夏四月復興府護衛屯田
正德十年十月謫胡世寧戍遼東瀋陽衛時寧王宸濠
蓄異志誘聚亡命謀反威脅方面守令賄結朝中權貴
在位者皆觀望畏憚莫敢發世寧為江西副使上疏言
寧王自因劉瑾討護衛兵以來威勢日甚剥害遍及於
閭閻三司多被其鈐束禮樂政令漸不出自朝廷地方
之事蓋有可憂乞顧命威望重臣假以便宜之權俾兼
提督巡撫之任以弭變于未形勅王遵依祖訓止治其

國勿干撓有司庶宗室有磐石之固九重紓南顧之憂
矣於是宸濠恨甚賂用事者中以危法逮捕之時世寧
已遷福建按察使過家宸濠又囑其黨巡按浙江御史
潘鵬發卒搜捕其家世寧乃間道赴京投繫詔獄繫再
經冬掠捕備至幾瘦死獄中御史徐文華蕭鳴鳳等咸
訟其冤乃得減死謫戍遼東
正德十二年七月秦王府三上疏請關中田為牧地大
學士梁儲草制言益地不便　上悟不允
正德十四年五月勅差太監賴義駙馬都尉崔元都御
史顏順壽往戒諭寧王宸濠革其護衛先是寧藩世畜
異志追濠奸惡尤甚至是因　上巡游無已儲貳未建
外議籍籍遂興異圖陰養盜賊閔念四凌十一吳十三
等肆行刼掠以佐妄費濠與民爭田不得必使盜屠其
家官司莫敢問既而巡撫孫燧副使許逵捕賊甚急吳
十三等已獲繫南康府獄濠恐泄陰謀令賊黨刼獄奪
去且謀去孫燧以息事乃復令南昌生徒呈舉孝行申
燧及巡按御史王金等保奏乞朝廷褒獎以張聲譽以
惑衆心差人載金寶於臧賢處分饋權要密與司禮監

蕭敬及吏部陸完書必急去孫燧别用一都御史湯沐
許梁宸可王守仁亦可吳廷舉不可不可時江彬寵倖
日盛太監張忠欲附彬以傾朱寧及孫燧等保奏寧王
疏至上見奏曰保官好陞保寧王賢孝欲何為且將置
我何地耶張忠聞是言乃密言于　上曰朱寧臧賢交
通寧王其意未可測奏内稱王孝行譏爺爺不孝也稱
早朝勤政譏爺爺不朝也　上領之東廠太監張銳初
亦黨濠助楊廷和為濠復護衛已而知其有及謀且知
上入忠言乃與楊廷和欲復革去護衛以免後患上

為内主　上知濠差人留京師令太監韋霦傳旨故事
王府奏事人辭見有常無淹期者今故違非制應治之
於是御史蕭淮上疏畧曰近奉勅旨王人無事不得延
留京師臣有以窺陛下微意矣切見寧王不遵祖訓包
藏禍心招納亡命潛謀不軌官校交通積有年歲如致
仕侍郎李士實等皆今日亂臣賊子關係宗社生靈安
危非細故也宜勅錦衣衛凡濠黨與逮繫至京究治以
快人心前鎮守太監畢真等首倮濠賢行及諸前後附
勢者宜坐名罷削布政鄭岳副使胡世寧皆守正蒙害

宜急起用庶幾人知順逆禍變可弭矣疏入忠彬等贊
羨欲内閣降勅切責鎮巡以抑之而給事中徐之鸞御
史沈灼等又倶連章廷和恐禍及將勸濠上護衛自贖
適駙馬崔元聞遣詰問廷和廷和曰宣德中有疑于趙
府嘗命駙馬袁泰往竟得釋或此意也明日元等行勅
諭曰蕭淮所言關係宗社大計朕念親親不忍加兵特
遣太監賴義駙馬都尉崔元都御史顔頤壽往諭革其
護衛盖用廷和意也元等既行廷和復令兵部發兵觀
變王瓊曰此不可洩近給事中孫懋易瓚建議選兵為

江西備留中日乂第請如議行之廷和默然宸濠偵卒
林華匿臧賢家有旨大索賢家多複壁外鑰木厨開則
長巷後通屋甚隱人無覺者華以是得脱歸　六月寧
王宸濠反殺巡撫都御史孫燧按察副使許逵遂遣兵攻
破南康九江先是朝廷差賴義崔元顔頤壽等行京師
讙傳以為必擒治寧王不知止革護衛寧府偵卒林華
在京即無程飛報以六月十三日至江西值濠生日宴
鎮巡三司等官濠聞大驚竊以為詔使此来必用昔日
蔡震擒荆府故事且舊制凡抄解宫眷始遣駙馬親臣

盖不記廷和所云趙府事也宴畢密召李士實劉養正
及承奉劉吉等謀之養正曰事急矣明早鎮巡三司官
謝宴可就擒之因而舉事乃夜集閔念四吴十三凌十
一等飭兵器以待及旦諸司入謝左右帶甲露刃侍衛
者數百人拜畢宸濠出立露臺大言曰孝宗為李廣所
誤抱養民間子我祖宗不血食者十四年於兹矣　太
后有旨令起兵討賊共伸大義汝等知否燧曰請旨看
濠曰不必多言我往南京汝保駕否燧曰天無二日民
無二王此是大義不知其他濠戟手怒曰爾既説我孝

行又遣人奏我如此及覆豈知大義令縛之副使許逵
大呼曰孫都御史朝廷所命大臣汝反賊敢擅殺耶反
覆辯論斥其為賊宜顧燧曰我欲先發不聽令制於人
尚何言罵賊不絕口且曰今日賊殺我明日朝廷殺賊
濠遂喝校尉火信并縛逵同燧曳出惠民門外殺之時
烈日中忽陰曀慘淡遂執鎮巡諸司奪其印於是太監
王宏巡按御史汪金并公差戶部主事馬思聰金山布
政胡濂參政陳杲劉斐參議許效廉黃宏僉事顧鳳都
指揮許清白昂並械鎖下獄思聰與宏不食死濠乃偽

置官屬以劉吉涂欽萬銳等為太監迎士實為太師養
正為國師閔念四等各為都指揮等官參政王綸為兵
部尚書季斅暨僉事潘鵬師夔甘聽役使持檄諭降諸
郡縣布政梁宸按察使楊章副使唐錦為所脇移咨府
部傳檄遠近革正德年號指斥乘輿分遣所親婁伯王
春等四出收兵南贛都御史王守仁奉勅勘處福建叛
軍自贛啓行至豐城知縣顧佖迎告濠反遂易小舟轉
至吉安上疏告變因推都御史王懋中評事羅僑才識
復薦驛丞李忠王思當擢用以勸忠貞守仁以未奉討

濠成命乃與知府伍文定等共謀牽制傳檄四方暴濠
罪惡張疑兵設詐牒以緩賊勢仍奏留復命御史謝源
伍希儒以紀驗軍功濠初欲徑襲南京以圖壯向至是
亦為少沮猶據南昌集亡命括丁壯命凌十一等奪船
順流襲南康知府陳霖等遁隨襲九江兵備副使曹雷
知府汪頴及衛縣官屬俱遁走濠令師夔守之　參政
季斅同南昌府學教授趙承芳旗校十二人齎濠偽檄
榜諭吉安至墨潭王守仁領哨官縛送軍門守仁即固
封以進疏畧曰陛下在位一十四年屢經變難民心騷

動尚爾巡游不已致使宗室謀動干戈冀竊大寶宜天
下之覬覦豈特一寧王天下之奸雄豈特在宗室言念
及此懍骨寒心昔漢武帝有輪臺之悔而天下向治唐
德宗下奉天之詔而士民感泣伏望痛自克責易轍改
絃罷出奸諛以回天下豪傑之心絕迹巡游以杜天下
奸雄之望則太平尚有可圖群臣不勝幸甚　秋七月
朔宸濠屬宗支栱樤與萬銳等留兵萬餘守南昌自與
栱栟李士實劉養正并閔念四等六萬人號十萬以劉
吉為監軍王綸為參贊指揮葛江為都督總一百四十

餘隊分五哨出鄱陽舳艫蔽江而下聲言直取南京經安慶守備都指揮楊銳與知府張文錦安慶衛指揮崔文集衆誓死固守令軍士鼓譟登城大罵之濠怒遂駐師督衆運土填塹攻城城上矢石如雨賊多死傷數日不能克濠乃令僉事潘鵬遣其家人持書入城諭降銳手斬之支解其屍投城下以殉賊勢遂怯　巡撫南贛都御史李充嗣飛章告變兵書王瓊請議左順門衆觀望尚不敢斥言濠反瓊獨曰豎子素行不義今倉卒造亂豈足為慮有王守仁在彼必成擒矣頃刻覆十三疏

首詔削濠屬籍正賊名次請命將出師趨南京勅伯方壽祥防江都御史俞諫率淮兵翌南京戶書王鴻儒主給餉王守仁率南贛兵由臨吉都御史秦金率湖兵由荆瑞會南昌李充嗣鎮鎮江許廷光鎮浙江叢蘭鎮儀真慎防瓜州壩傳檄諸路但有忠臣義士能倡義旅擒反者封侯如此則賊如釜中魚何能為乎且令南京守備操江諸武職并五府掌印僉書即自陳取上裁務在得人以固根本詔悉從之　逮吏部尚書陸完太監蕭敬及秦用盧明錢寧臧賢俱下獄籍其家以交通宸濠也惟蕭敬罰銀二萬兩贖免仍掌司禮監　王守仁起義兵討宸濠躬督知府伍文定通判談儲推官王暐以十三日甲辰發吉安於是袁州知府徐璉臨江知府戴德孺贛州知府邢珣瑞州通判胡堯元童琦南安推官徐文英贛州都指揮余恩新淦知縣李美泰和知縣李楫寧都知縣王天與萬安知縣王冕各以兵至丙午大會于樟樹己酉誓師守仁手書牌曰軍伍不用命者斬隊將隊將不用命者斬副將副將不用命者斬主將次早己酉呼文定等四知府入手是牌授之曰此是實語

不相詐也師遂行次豐城諜知賊設伏新舊厰以應省城遣奉新知縣劉守緒從間道夜襲破之庚戌發市汊辛亥黎明各至信地先是南昌城中為備甚嚴及厰潰一城皆驚又見我師驟集益奪氣衆遂呼譟梯絙入城擒栱樤萬銳等千餘人所遺宮眷縱火自焚守仁乃撫定居民分釋脅從封府庫收印信人心始寧促兵追濠濠聞南昌告急即欲歸援遂解安慶圍移泊于港先分兵二萬趨南昌濠繼其後我衆謂賊勢強盛宜堅壁觀望養銳圖進止守仁曰賊勢雖強未逢大敵唯以爵賞誘

人今進不得逞退無所歸衆已消沮若出奇擊之不戰
自潰所謂先人有奪人之氣也於是各哨兵迎擊之遇
於黄家渡甲寅伍文定哨先進邢珣徐璉戴德孺等各
領精兵分道並進夾擊賊大潰丙辰賊復併力挑戰我
兵少却文定鬚須為砲火所燎乃殊死戰奮斬賊首呉十
三賊衆敗走濠懼退保樵舍盡出金寶犒士丁巳濠猶
晨朝群臣責不用命者守仁令以小舟載柴乘風縱火
焚之賊遂奔潰溺死者萬餘人婁妃及宮人皆赴水死
濠為知縣王冕所執世子諸子及李士實劉養正等偽

憲章類編　卷之十三　三三

授官屬皆被擒江西遂平初濠將反婁妃嘗泣諫之不
聽既就擒檻車乃痛哭曰昔紂用婦言而亡天下我不
用婦言而亡國家悔恨何及　八月上親征至良鄉王
守仁捷奏至且諫止親征其畧曰臣於告變之後選將
集兵振威揚武先攻省城擣其巢穴繼戰鄱湖擊其墮
歸今宸濠已擒謀黨已獲從賊已掃閭廣起調軍士已
散地方驚擾之民已定竊惟宸濠擅作辟威睥睨神器
陰謀久蓄招納叛亡輦轂之動靜探無遺跡廣置其姦細
臣下之奏白旨不一通發謀之始逆料大駕必將親行

先於沿途伏有姦黨期為博浪荆軻之謀今逆不旋踵
遂已成擒法宜解赴闕門式昭天討然欲付之部下各
官誠恐潛布之徒乘隙竊發或虞意外臣死有遺憾矣
蓋時事方艱賊雖擒亂未已也上令遣回待至南京另
奏梁儲蔣冕以宸濠就擒江西已寧屢請回鑾不聽
九月　上至南京王守仁發南昌將獻俘闕下張忠朱
泰等謂當縱之鄱湖俟上親與遇戰而後奏凱論功連
遣人迎至廣信守仁不聽乘夜過玉山張永已候于杭
州守仁至杭謂永曰江西之民久遭濠毒今經大亂繼

憲章類編　卷十三　三六

以旱災又供京邊軍餉困苦已極必逃聚山谷為亂昔
助濠尚為脅從今為窮迫所激奸黨群起天下遂成土
崩之勢至是興兵定亂不亦難乎永深然之乃徐曰吾
之此出為群小在君側欲調護左右以默輔聖躬非為
掩功來也但　皇上順其意而行猶可挽回萬一若逆
其意徒激群小之怒無救於天下大計矣於是守仁信
其無他以濠付之　王守仁至京口將徑趨行在致仕
大學士楊一清固止之會奉巡撫之命遂從湖口赴江
西守仁既還張忠朱泰朱暉等領京邊官軍萬餘人在

南昌勦捕宸濠餘黨給事中祝續御史章綸隨軍紀驗
望風附會肆為飛語北軍曉夜呼守仁名嫚罵或衝導
啓釁守仁一一不為動務待以禮豫令巡捕官諭市人移
家于鄉而以老羸應門冬至將近務哭奠如禮始欲犒
賞北軍泰等預禁之令勿受守仁示内外述北軍離家
苦楚居民當敦主客禮每出遇北軍喪必停車問故厚
與之襯嗟嘆乃去久之北軍咸曰王都堂待我有禮我
安得犯之會冬至又新經濠亂家家上墳哭亡酹酒聲
聞不絕北軍無不思家泣下求歸守仁與忠等語不稍

狥漸已[illegible]忠泰自居所長較射教場中江西官軍射
多不中忠泰乃強守仁守仁不得已勉應之忠泰含笑
守仁連三發三中每一中北軍在傍同聲喝彩遠近嘖
嘖忠泰大不樂而罷且曰我軍皆附於彼柰何遂班師
泰即許泰暉即劉暉皆係邊將賜姓朱
正德十五年十二月上還北通州宸濠及逆黨宗室栱
樤等皆伏誅濠賜自盡乃燔屍揚之

親王系封都祿世除

太祖高皇帝二十六子長懿文太子四成祖　二秦王
國西安祿萬石世封三晉王國太原祿萬石世封伍周
王國杭州改開封祿二萬石除續封六楚王國武昌祿
萬石世封七齊庶人居青州除續封又除八潭王國長
沙罪除九趙王祿萬石無子十魯王國兖州祿萬石世
封十一蜀王國成都祿萬石世封十二湘王國荆州無
子十三代王國大同祿六千石除續封十四肅王國甘
州徙蘭州祿千石世封十五遼王國廣寧徙荆州祿二
千石世封十六慶王國慶陽徙韋州又徙寧夏祿萬石

世封十七寧王國大寧徙南昌祿萬石逆除十八岷王
國岷州徙雲南又徙武岡祿千五百石除續封十九谷
庶人國　徙長沙除續封又除二十韓王國開原改
平原祿三千石世封二十一瀋王國潞安祿萬石世封
二十二安王國平凉無子二十三唐王國南陽祿五千
石世封二十四郢王國安陸無子二十五伊王國河南
祿二千石世封從孫一人靖江王國桂林祿千石除續
封
懿文太子五子長虞王無子二建文帝　三吳王國杭

州祿萬石革改封又除四衡王國衡州祿萬石革改封
又除五徐王國徐州祿萬石革改封又除
成祖文皇帝三子　一仁宗　二漢庶人居樂安逆除
三趙王國彰德祿萬石世封
仁宗昭皇帝十子　一英宗　二鄭王國鳳翔改懷慶
祿萬石世封三蘄王無子四越王無子五襄王國長沙
改襄陽祿萬石世封六荊王國建昌改蘄州祿萬石世
封七淮王國韶州徙饒州祿萬石世封八滕王無子九
梁王國安陸無子十衛王無子

英宗睿皇帝九子　一憲宗　二榮王祿萬石無子三
許王無子四德王國濟南祿萬石世封五秀王國汝寧
無子六崇王國汝寧祿萬石世封七忻王無子八吉王
國長沙祿萬石世封九徽王國鈞州祿萬石世封
憲宗純皇帝十三子　一悼恭太子　二孝宗　三興王睿
宗　四岐王國德安無子　五益王國建昌祿萬石世封
六衡王國青州祿萬石世封七雍王國衡州無子九壽
王國保寧改常德祿萬石世封十汝王國衛輝祿萬石
世封十一涇王國沂州無子十二榮王國常德祿萬石

世封十三申王國叙州無子
孝宗敬皇帝二子　一武宗　二蔚王無子
睿宗獻皇帝二子　一岳王無子　二世宗

玉牒

洪武二十八年十月　上以子孫蕃衆命名之際慮有
重復乃於東宮諸王世系各擬二十字每一字為一世
以其字為命名之首其下一字則臨時酌議以為二名
編入玉牒至二十世後復擬續增
宣德五年夏四月重修玉牒成

諸王祿米

洪武二十年七月定親王歲祿五萬石
洪武二十八年閏九月詔更定親王歲支祿米量減以
資軍國之用
弘治七年正月山西巡撫張敷華奏乞增解池鹽課以
補宗藩歲祿從之時宗室日繁而山西累歲荒歉祿米
多缺故也

房價墳銀

弘治十四年七月逓減王府房價及開壙造墳價銀有差具會典中

事干王府啓請

永樂元年五月諭天下諸司事干王府者遵祖訓啓知之有司合行事務不許一槩啓請若王府事有相關即遣人馳奏不待報而擅承行者論以重罪

諸王省視

洪武二十七年三月韓王瀋王分道省視秦晉燕周齊王

諸王督兵

洪武二十四年五月漢王衛王谷王慶王寧王岷王練兵臨清

洪武二十六年二月晉王統山西河南兵出塞捕虜

永樂元年二月命郡王高煦率兵往開平操備　四月太白出昴北遣書諭高煦曰仰觀天象當知所警占書云金星出昴北北軍勝出昴南南軍勝今欽天監奏金星出昴北而我軍在南宜益加慎不可忽畧

永樂二年正月召世子及高煦還京

宗室有犯安置鳳陽

宣德二年四月廢晉王濟熿為庶人安置鳳陽

天順二年正月遣建庶人出居鳳陽庶人建文君之次子也上復位之後因思建庶人輩無辜淹禁謂李賢曰親親之義實所不忍賢對曰陛下此一念天地鬼神實臨之太祖在天之靈實臨之堯舜存心不過如此左右或以為不可上曰有天命者任自為之左右皆愧服遂遣居鳳陽令有司造房屋給薪米器用聽其婚嫁出入未幾庶人卒自是懿文太子及建文君皆無後

憲章類編卷之十三終

憲章類編卷之十四

中書省

洪武甲辰春正月以李善長爲右相國常遇春俞通海爲平章政事

洪武戊申元年正月改中書省左右相國爲左右丞相左右丞各一人叅知政事二人　以李善長徐達爲左右丞相

洪武三年六月侍御史劉炳劾中書省右丞相汪廣洋事母不孝罷之　七月以中書省右丞楊憲爲左丞尋以罪伏誅憲美姿儀有才辯爲人深刻妬忌害人佞已徇利者多出其門下稍有拂意者輒以計傷之累遷左丞專恣日甚以御史劉炳爲鷹犬劉基發憲奸狀遂與炳皆伏誅

洪武四年正月中書左丞相李善長乞致仕許之以汪廣洋爲中書右丞相胡惟庸爲中書左丞相

洪武六年正月中書右丞相汪廣洋昊桼怠政黜爲廣東行省叅政　秋七月以胡惟庸爲中書右丞相

洪武十年九月命胡惟庸爲左丞相召汪廣洋爲右丞相

洪武十一年三月禁奏事關白中書省

洪武十二年九月以重慶知府殷哲爲中書省右叅政十二月右丞相汪廣洋貶海南死于道廣洋字朝宗高郵人少從余闕學游寓太平乙未歲　上渡江汪廣洋入見留爲元帥府令史洪武三年歷遷中書左丞時楊憲爲右丞惡廣洋軋已嗾御史劉炳奏罷之憲恐其復入復令炳奏遷海南上覺之誅憲召廣洋進封忠勤伯尋拜右丞相居胡惟庸之次至是御史中丞涂節言劉基乃胡惟庸毒死　上問廣洋廣洋對以無是事上以廣洋欺紿貶居海南舟次太平復遣使勅責之廣洋慚懼遂自縊

洪武十三年正月賜左丞相胡惟庸死

胡惟庸等既誅詔罷中書省官陞六部尚書爲正二品不隸中書省

洪武二十八年六月上御奉天門勅諭文武群臣曰自古三公論道六卿分職自秦始置丞相不旋踵而亡漢

唐宋因之雖有賢相然多小人專權亂政我朝罷丞相設五府六部都察院通政司大理寺分理天下庶務彼此頡頏不敢相壓事皆朝廷總之所以穩當以後嗣君並不許立丞相臣下敢有奏請設立者文武羣臣即時劾奏處以重刑

殿閣

洪武十五年十一月倣宋制置殿閣大學士以禮部尚書劉仲質爲華蓋殿大學士翰林學士宋訥爲文淵閣大學士檢討吳伯宗爲武英殿大學士典籍吳沉爲東

閣大學士

洪武十六年十二月武英殿大學士吳伯宗以薦舉失人降爲檢討尋卒

洪武十七年十二月以翰林院待詔朱善爲文淵閣大學士

洪武十八年九月文淵閣大學士朱善以疾賜歸尋卒善字備萬江西豐城人元季隱居著述以理學爲己任洪武初爲郡學教授薦爲翰林脩撰以奏對失旨放歸

尋復徵爲待詔歷文淵閣大學士卒年七十二所著有詩經解頤等集

革除建文二年八月改謹身殿爲正心殿置學士一人罷華蓋文華武英殿文淵東閣大學士各設學士一人改方孝孺爲文學博士

内閣

革除建文四年九月成祖初建内閣以待詔解縉爲侍講中書黄淮爲編脩脩撰胡靖爲侍講編脩楊榮爲脩撰吳府審理楊士奇爲編脩給事中金幼孜桐城知縣

胡儼爲檢討並直文淵閣

永樂十四年四月命胡廣爲文淵閣大學士

永樂十六年五月胡廣卒廣字光大吉安吉水人建文庚辰廷對策以斥逐親藩爲言擢進士第一賜名靖永樂中勑復舊名聖孝瑞應有頌郄封禪有頌逢迎媚悦以希恩寵歷官文淵閣大學士至是卒贈禮部尚書謚文穆

永樂十八年正月以楊榮金幼孜並爲文淵閣大學士

永樂十二年八月仁宗以楊榮爲太常寺卿金幼孜爲户部右侍郎並仍兼文淵閣大學士楊士奇爲禮部左侍郎兼華蓋殿大學士黄淮爲通政使兼武英殿大學士榮幼孜士奇淮俱掌内制備顧問不預所陞職務

永樂二十二年九月加蹇義少傅楊士奇少保楊榮太子少傅金幼孜太子少保賜銀圖書各一其文曰繩愆糾繆仍諭之曰卿等皆國家舊臣祗事先帝二十餘年又事朕於春宮今朕嗣位須卿等協心贊輔凡政事有闕或羣臣言之而朕未從或卿等之言朕有不從悉用此印密疏以聞盡誠相與庶幾不負祖宗付託之重義等頓首受命　十二月勑加太子少傅謹身殿大學士楊榮工部尚書

洪熙元年正月楊士奇黄淮俱奏辭尚書一俸從之楊榮金幼孜亦各辭尚書一俸　上曰卿等事皇考屢經扈從勤勞多矣況皇考賓天遠在塞外賴卿等盡力維持今與三俸豈爲過多榮等復叩首請曰臣等祗事先帝莫非職分所當爲受此厚禄實所不安上曰朕非有私所與三俸其勿固辭　二月陞前光禄署丞權謹爲

文華殿大學士謹居家事母孝有司上其行驛召至京上曰能孝者必忠忠孝之人可任輔導遂超陞是職

宣德二年二月行在户部左侍郎陳山爲尚書兼謹身殿大學士直文淵閣

宣德三年十月　上謂羣臣曰古者師保之職論道經邦寅亮燮理不煩以有司之政今蹇義楊士奇夏原吉楊榮皆先帝簡畀以遺朕者而年俱高今兼有司之務非所以禮之於是賜勑諭義士奇原吉榮可輟所務朝夕在朕左右相與討論至理共寧邦家職名俸禄悉如舊卿其專精神審思慮益致嘉猷用稱朕眷注老成之意

宣德四年正月上御齋宮召楊溥諭曰比來臣下好進諛詞令人厭之卿宜輔朕於善道溥對曰臣荷國厚恩敢忘報稱上曰但覺朕有過舉直言無隱是卽爲報矣溥頓首曰自古直言非難而容受直言爲難陛下樂聞直言臣等敢不盡心

宣德六年十二月丁未大學士金幼孜卒幼孜江西新淦人由進士擢給事中永樂初改翰林檢討陞侍講太

宗巡狩北京及親征北虜皆扈從仁宗嗣位累陞少保禮部尚書兼武英殿大學士至是疾作不起贈少保謚文靖勑有司給驛歸其喪幼孜爲人簡易沉默論事必正眷遇雖隆而自處益謙臨終家人屬求恩澤於子正色曰君子所耻年六十四

宣德十年正月英宗命楊溥復入文淵閣溥丁憂起復爲禮書兼翰學至是復入

正統三年四月進大學士楊士奇楊榮少師楊溥少保武英殿大學士

正統四年二月大學士楊士奇乞致仕不允

正統五年二月命侍讀學士苗衷馬愉侍講曹鼐並入內閣參預機務先是王振謂楊士奇等曰朝廷事虧三楊先生然三公亦高年倦勤矣其後當如何士奇曰老臣當盡瘁報國死而後已榮曰先生休如此說吾輩衰殘無以效力行當擇後生堪任者以報聖恩耳振喜翌日卽薦曹鼐苗衷陳循高穀等遂次第擢用士奇以榮當日發言之易榮曰彼厭吾輩矣吾輩縱自立彼豈自已乎一旦內中出片紙命某人入閣則吾輩束手而已今四人竟是我輩人當一心協力也士奇服其言

正統五年秋七月少師工部尚書兼謹身殿大學士楊榮卒于杭州先是告還省墓遣中官阮江護送既畢事還京至杭州武林驛病卒事聞贈左柱國太師謚文敏

正統八年十月楊士奇子楊稷毆死人命數多逮繫法司至是審實斬之士奇以疾在告御劄慰之曰卿歷事祖宗以及朕躬啓沃弼贊勞勩寔多比卿以疾違朕左右者數月朕心拳拳惟卿子乖家訓干國紀朕不敢私卿其以理自處勉進藥食早圖康復以副注望士奇感泣

正統九年三月少師兵部尚書兼華蓋殿大學士楊士奇卒年八十贈太師謚文貞士奇平生薦達士類有古大臣之風而溺愛不明釀成子惡躭戀榮寵老不知止君子惜之　四月　命翰林學士陳循入內閣辦事

正統十年十月進學士曹鼐吏部左侍郎陳循戶部左侍郎馬愉禮部左侍郎苗衷兵部左侍郎高穀工部左侍郎並兼講讀學士直文淵閣

正統十一年秋七月　少師禮部尚書兼武英殿大學

士楊溥卒年七十五贈太師謚文定
正統十四年五月侍讀學士張益直文淵閣　六月前
少保大學士致仕黄淮卒謚文簡　八月太后懿旨命
翰林脩撰商輅彭時入内閣辦事　九月景泰帝進陳
循爲户部尚書高穀爲工部尚書仍兼學士商輅彭時
並進侍讀　十月改刑部侍郎江淵爲户部侍郎兼翰
林學士入内閣預機務　十二月　命禮部右侍郎俞
綱兼翰林學士入内閣辦事綱無他材能以生員薦入
翰林謄寫宣廟實録除郕府審理至是以從龍恩驟進

寵匇尋改爲南京禮部侍郎
景泰元年正月大學士彭時乞終繼母喪不許忤旨去
二月進苗衷爲兵部尚書兼翰林學士　三月兵部
右侍郎俞綱直文淵閣尋出理部事　八月苗衷致仕
刑部右侍郎江淵兼翰林院學士直文淵閣　九月
改江淵爲户部右侍郎進商輅翰林學士
景泰二年十月以祭酒蕭鎡爲户部右侍郎與禮部左
侍郎王一寧俱兼翰林學士並入内閣參預機務
景泰三年二月進江淵爲吏部左侍郎　七月太子少

師王一寧卒一寧之入閣以中官王誠輩嘗受業報其
私恩遂致顯庸非士論所與也贈禮部尚書謚文通　十月命左
都御史王文入内閣參預機務文初與中官王誠結爲
兄弟謀入閣嘗私以語高穀穀亦嗛陳循獨見寵任思
有以間之乃疏請增内閣員數且云不拘繁劇衙門詔
下内閣推舉陳循曰既不拘繁劇衙門則法司亦可乃
舉都御史蕭維禎穀遂舉文尋改文爲吏部尚書兼翰
林學士直文淵閣
景泰四年五月王文以憂去　九月王文起復

景泰五年六月加王文少保東閣大學士
景泰七年正月出江淵爲工部尚書　五月寰宇通志
成進陳循華蓋殿大學士高穀王文並謹身殿大學士
蕭鎡户部尚書商輅兼太常卿倪謙呂原左右春坊大
學士　八月禮科給事中張寧劾奏大學士陳循王文
因其子入試不中式論計考官不公是私其子失大臣
體不當居内閣乞罷黜不報
天順元年正月命徐有貞以本官兼翰林學士入内閣
典機務明日癸未陞有貞兵部尚書兼職如故　擢太

常寺卿許彬爲禮部左侍郎大理寺卿薛瑄爲禮部右侍郎並兼翰林學士入直文淵閣與徐有貞同視事初石亨輩迎復之謀欲邀彬預之彬曰此義舉也臣子當爲第彬老矣無能爲也乃薦有貞亨輩遂與有貞合謀成功至是亨與有貞薦彬于上前瑄素爲衆望所歸故並用之　斬王文于市籍没其家家屬戍邊陳循江淵免死戍邊蕭鎡商輅原籍爲民高穀落保傅致仕三月封徐有貞爲武功伯兼華蓋殿大學士掌文淵閣事

按詞林記曰掌文淵閣事有貞所自署也閣在御府大內非臣所可掌劍非軍功冐進封爵識者固占知其不

終矣　命吏部右侍郎李賢兼翰林學士直文淵閣典機務尋進吏部尚書兼職仍舊　五月進許彬薛瑄禮部左侍郎　六月下徐有貞李賢詔獄降布政司參政尋轉賢爲吏部左侍郎事具宦官石亨本末中　內閣學士薛瑄致仕瑄見曹石恣横日甚遂引疾去　命通參兼侍講呂原贊善脩撰岳正並直文淵閣　七月復下徐有貞獄免死編發金齒爲民按廖道南曰子觀吳志謂徐有貞短小精悍其學自兵法河渠陰陽方術無不通貫然而心術險賊急嗜功利首倡南遷繼謀奪門比昵姦回屠戮忠勲金齒之行亦天道也夫

天順元年七月調許彬南京禮部左侍郎尋出爲陝西參政　進李賢吏部尚書兼翰林學士入文淵閣辦事九月朔命太常少卿兼侍讀彭時復入內閣參預機務時景泰初召入內閣辦事既而以憂制去起復不預閣事至是上御文華殿召入見諭以擢用之意命中官送赴文淵閣治事　十二月進彭時呂原兼翰林學士　遣中官送先師孔子并四配飾金銅像置文淵閣

天順四年二月內閣致仕尚書學士苗衷卒

天順五年七月加李賢太子少保　十一月上召李賢諭曰朕一日之間五鼓初起拜天畢即拜八廟出則視朝退朝母后畢復親政務司禮監奏疏一一自看既罷進膳飲食隨分未嘗揀擇去取衣服亦俱從便雖着布衣人不以爲非天子也鐘鼓司承應惟時節奉母后方用無事亦不觀聽賢曰如此節儉益見盛德若朝廷節儉天下百姓自然富庶上曰雖然卿當勉輔朕躬

天順六年八月　內閣學士呂原以憂制去位　十一

月呂原卒贈禮部左侍郎諡文懿原與李賢同在內閣
賢通達應酬原守正持重故爵位所至不同亦可爲時
事慨云
天順七年二月以詹事陳文爲禮部右侍郎兼翰林學士入直
文淵閣預機務
天順八年三月憲宗加李賢少保兼華蓋殿大學士陳
文進吏部左侍郎彭時吏部右侍郎仍兼翰林學士
成化二年二月李賢遭父憂命奔喪歸　十二月甲寅
大學士李賢卒賢字原德河南鄧州人初以進士使山

西請見御史薛瑄人稱其知所好尚授驗封主事歷考
功文選郎中景泰辛未超擢兵部侍郎尋改吏部
英宗復位以張軏薦命兼翰林學士入內閣參預機務
進尚書英宗謂賢忠勤特加宮保　上即位進少保兼
華蓋殿大學士獨被眷遇扼於權姦雖承顧問不敢盡
言立朝三十餘年多委曲以容卒年五十九贈太師諡
文達陳文誌其墓謂賢量宏而福厚大臣遭遇之隆無
與比者夫福誠厚矣遭遇寔隆矣但忌岳正張寧王徽
王淵俾終身棄置而奪情戀位不能釋憾於羅倫則未

見其量之宏也　按王鏊曰國朝三楊後得君最久無
如李賢者亦能展布才猷然在當時亦以賄聞矣爲相
而以賄聞此固攫竊之流也比來蓋接踵矣雖小有才
猷苟矯僞以自文耳安足論哉
命太常少卿兼翰林侍讀學士劉定之入內閣參預機
務
成化三年二月復商輅爲兵部左侍郎兼翰林學士入
閣參預機務
成化四年四月文淵閣大學士陳文卒諡莊靖文江西

廬陵人好行鄙事晚遭柄用與李賢同事羅倫之貶文
有力焉賢卒首秉國鈞益恣意不顧大體縱子與僕隸
大通賄賂初及第時頗事脩飾至是人皆醜之　九月
六科給事中魏元等御史林誠疏劾商輅俱廷鞫贖杖
還職商輅乞致仕不允　十月陞商輅爲兵部尚書劉
定之爲禮部左侍郎俱兼翰林學士
成化五年五月　命禮部左侍郎萬安兼翰林學士入
內閣參預機務　八月禮部左侍郎兼翰林學士劉定
之卒定之江西永新人正統丙辰會元及第授編脩歷

陞前職卒年六十一論者謂館閣之士定之可謂愽洽
但泥古而於事不達云
成化十一年正月陞吏部尚書文淵閣大學士彭時爲
少保仍兼舊職理事　三月辛未少保文淵閣大學士
彭時卒時江西安福人卒年六十謚文憲時端謹嚴密
外和内剛立朝三十年公退未嘗語子姓朝廷事每有
大政事大議論持正居多雖不立赫赫之名亦隱然一
代人望云
成化十一年四月勑户部尚書翰林學士商輅兼文淵

閣大學士吏部侍郎劉珝禮部侍郎劉吉俱兼翰林學
士内閣辦事
成化十三年三月勑商輅兼謹身殿大學士加萬安太
子少保陞吏部左侍郎劉珝禮部左侍郎劉吉俱本部
尚書仍兼學士　六月大學士商輅奏乞休致詔陞少
保賜給驛歸
成化十四年二月勑改太子少保户部尚書萬安爲吏
部尚書兼謹身殿大學士户部尚書劉珝禮部尚書劉
吉各太子少保兼文淵閣大學士　十月勑吏部尚書

萬安爲太子太保仍兼謹身殿大學士
成化十八年十二月御製文華大訓成陞吏部尚書萬
安爲太子太傅華蓋殿大學士户部尚書劉珝爲太子
太保謹身殿大學士禮部尚書劉吉爲太子太保武英
殿大學士詹事彭華少詹事王獻侍講學士楊守陳侍
讀倪岳各陞秩有差
成化二十一年九月大學士劉珝致仕珝鄙薄萬安安
聞積恨百計中傷一日申刻太監覃昌傳旨學士萬安
劉吉赴西角門劉珝欲往召者止之昌出紙一緘朱書

封宇乃御筆也啓視之謂劉珝貪財好色與太監汪直
認親納王越銀謀與復爵朝廷若不去珝必壞大事等
語安等佯驚曰此即匿名文書律有明禁朝廷何不火
之惟冀太監扶持昌曰聖意堅不可回明旦發出則無
及矣安等曰必不得已令珝自陳休致昌曰　上意正
如此翌日珝乞致仕許之安等復請賜給驛歸陰爲中
傷而外若從厚奸險固若此云
成化二十一年十二月　勑改太子太保禮部尚書劉
吉爲户部尚書兼謹身殿大學士詹事彭華爲吏部侍

郎仍兼翰林學士入內閣辦事

成化二十二年七月致仕大學士商輅卒輅字弘載浙江淳安人宣德乙卯鄉試又十年始登進士鄉會殿試俱第一卒年七十三謚文毅輅簡重寬厚錢溥嘗爲兖婦傳譏之亦不與較及除名再起黎淳以景泰中易儲事疏歸咎於輅并章攻之輅待之無異平時君子謂其有大臣之量云　九月勑兵部左侍郎尹直爲户部左侍郎兼翰林學士入內閣參預機務　十月加大學士萬安少傅劉吉少保進彭華禮部尚書尹直兵部尚書

並加太子少保仍兼學士俱在閣辦事司禮太監懷恩歎曰內閣用此四人朝廷可謂無人矣

成化二十三年三月　內閣學士彭華乞致仕許之李孜省用事實華囑使之尚隱而不露其後孜省敗人始知所自云　七月少傅兼太子太師吏部尚書華蓋殿大學士萬安以一品官滿九載詔陞少師兼職如故降勑獎諭之

成化二十三年十月孝宗初卽位　除進士李文祥爲陜西咸寧縣丞文祥湖廣麻城人有才名與萬安孫弘璧同年進士安欲引文祥附己使弘璧延欵于家屬題畫鳩文祥卽奮筆作詩末云春來風雨尋常事莫把天恩作己恩安銜之文祥見浮沉世事者輙斥且詈惟與鄒智及御史湯鼐中書舍人吉人等數人往來高自標榜適詔開言路文祥上新政疏請一權立法進賢絀姦廣言納諫語過切直召詰左順門中官傳旨詰中興再造等語以爲不祥文祥從容辯對而出安遂票旨令吏部除文祥縣丞着歷練遂補咸寧　十一月萬安罷先是安結萬貴妃兄弟進僧繼曉以固其寵與李孜省深

相結納凡附己者百計援之異己者百計去之舉朝側目　上在東宮稔聞其惡有倪進賢者少而無行安與之爲腹心取爲庶吉士擢爲御史日與講房中之術憲宗崩內豎於宮中得疏一篋皆房中術也悉署曰臣安進　上遣懷恩取至閣下曰是大臣所爲乎安慚汗不能出一語已而科道交章劾之　上令懷恩以諸疏示安安跪泣乞哀無去意恩令摘所懸牙牌曰請出矣安惶遽索馬歸第去後尋卒贈太師謚文康子翼南京禮部侍郎孫弘璧翰林編脩俱淫恣不檢卒無嗣家貲

鉅萬皆爲妾媵子弟僮奴竊散　擢吏部侍郎徐溥爲禮部尚書兼文淵閣大學士入内閣預機務　十二月尹直罷科道交章劾其阿附李孜省云

弘治元年春正月　擢左庶子劉健爲禮部右侍郎兼翰林學士入内閣辦事　四月左庶子張昇上疏謂應天之實有大本有急務大本在心急務在政心在陛下固當無時而不謹甚矣政以人才爲先人才以輔臣爲先可不愼乎初科道首以萬安劉吉尹直爲言安與直以次罷遣惟吉偃然獨存知今日惟科道得言遂欲超

遷科道不知朝廷用人惟取賢能不論方類吉柔佞取悅無所不至自是科道無復肯言而群臣靡然附之臣思陛下方日御經筵虛心聽納吉以患失鄙夫爲講官領袖臣與之旅進旅退實汗顔也先時貴戚萬通萬喜萬達等依憑宮闈兇焰熏灼吉與締姻請托公府賂入私門李林甫之蜜口劍腹賈似道之牢籠言路吉實合而爲一因數吉十罪請亟譴斥以應災異以回天意疏上御史魏璋等阿吉意交章劾昇左遷昇南京工部員外郎先是大學士萬安尹直既被劾罷劉吉慮科道有言乃阿結科道昏夜款門祈免彈劾遂建言當超遷掌科道之官待以不次之位故疏及云　御史湯鼐以印馬詣内閣會劾萬安劉吉尹直謂曰近日詔書裏面不欲開言路吾輩扶持言官增之耳鼐卽以其語劾[illegible]之謂其不當稱裏面且歸過於君非人臣之義數日司禮監宣鼐入傳旨謂疏已留中鼐大言疏如不出將併劾諸中官遂昂然而出以疏草示人已而安直皆免官鼐與李文祥等以爲小人退則君子進雖劉吉尚在不足慮也吉使門客徐鵬嗾御史魏璋以殊擢使伺鼐鼐家

壽州知州劉槩與書言嘗夢一人牽牛陷澤中鼐手提牛角引之而上蓋人牽牛象國姓此國勢瀕危賴鼐復安之兆也因餽白金爲壽鼐大喜出書示客璋以此劾之謂其妖言誹謗遂捕鼐及槩下錦衣衞獄

弘治二年二月謫兵部主事李文祥爲貴州興隆衞經歷先是文祥既出爲咸寧丞王恕尋奏召還授兵部主事居十餘日中書舍人吉人以言事下獄乃有娸鼐文祥以希劉吉意者於是亦被逮成獄降前職未幾進表南還迈寒至商河城曲河決溺死時年三十人皆惜之

謫御史湯鼐知州劉槩戍邊貶庶吉士鄒智爲廣東石城千户所吏目先是鼐等既下獄馬文升掌都察院以鼐受槩餽遺誹謗朝政問充軍槩比擬造妖言者律死罪時言官畏内閣威權無一人敢爲槩等申白者惟王恕上疏救之劉吉票旨不從竟發充軍時吉憾智嘗劾已諷錦衣衛因鼐獄辭連及智併下之獄逼供與鼐等往來誹謗朝政欲處以死刑部侍郎彭韶辭疾不爲判案王恕又力辯之獲免智謫石城吏目　大理評寺夏鍭上疏曰臣伏見主事李文祥庶吉士鄒智等皆以

言得罪夫言官無流竄之禍則不足以彰其譽有謫徙之苦則愈足以見其難罪愈重而名愈高是言者之得罪雖懼今日之禍亦成後世之名但非人主之福耳人主者知此之故轉而容之則言者無禍然亦無名而名固歸於人主之一身矣疏奏留中遂謝病歸　調南京給事中周紘爲南京光禄寺署丞御史張昺爲南京通政司知事先是紘等奉命南京教場點軍數少不准破調守備内臣奏其刁蹬劉吉票旨令調外任王恕執奏紘昺奉命點軍不宜調吉不聽復票旨周紘張昺點軍不到不即奏聞却乃展轉刁蹬挾制人已從寬調外任了罷恕復奏言天下大事賞與罰而已賞必當功罰必當罪此爲治之良法也今不治失伍者之罪反責點操之官何以使人服哉吉猶不從科道交奏以爲老臣言宜聽紘昺乃得改京職吉在内閣專以報怨爲務

上初卽位言官論薦大臣必以王恕爲首及論劾大臣必指斥萬安及吉南京科道保舉王恕入閣乞速罷去萬安劉吉言尤激切及安既去吉當國專政與恕内外不合恕有所行吉必從中沮之時中官蔣琮等守備南

京訐奏給事中方向等吉票旨貶謫殆盡琮獨自知王恕言宮中府中俱爲一體陟罰臧否不宜異同恕薦户科給事中陳壽爲大理寺丞吉諷御史論壽不諳刑名改南京光祿少卿恕又薦太僕少卿白思明爲僉都御史巡撫延綏吉諷御史魏璋等論其不恊人望調外任知府恕憤吉沮抑屢疏求退人皆知恕爲吉所娼嫉而畏其威權不敢言惟太監懷恩在上左右知恕之賢吉雖嫉恕亦不敢加害云

弘治三年春正月致仕大學士劉珝卒珝字叔温壽光

人以進士庶吉士授編脩歷官殿學善談論遇人無
飾景泰初議迎鑾成化初議睿皇后喪禮末年論李孜
省左道亂政動搖國本卒定儲位有大臣之節而憲宗
實錄乃多隱詞云
弘治四年八月憲宗皇帝實錄成總裁劉吉進少師華
蓋殿大學士徐溥進太子太傅戶部尚書武英殿大學
士劉健進禮部尚書文淵閣大學士　九月大學士劉
吉罷時　上欲封張皇后弟伯爵命吉撰誥券吉言必
盡封周王二太后家子弟乃可封其實無慎重爵賞之
意本過欲稽遲以俟賄耳　上惡之使中官至其家勸
令致仕去　冬十月命禮部尚書丘濬兼文淵大學士
典機務先是召入閣者皆自侍郎而下未有以尚書入
閣者尚書入閣自濬始
弘治七年八月加徐溥少傅吏部尚書謹身殿大學士
丘濬少保戶部尚書劉健太子太保並兼武英殿大學
士
弘治八年二月少保大學士丘濬卒年七十六贈太傅
謚文莊濬平生著述甚多有瓊臺類稿世史正綱家

儀節朱子學的及大學衍義補諸書　命禮部侍郎兼
侍讀學士李東陽詹事兼侍講學士謝遷並入內閣參
預機務　三月中官傳旨命內閣撰三清樂章徐溥等
上言三清乃邪妄之說黷于祭祀時謂弗欽且初設文
淵閣命學士居之者實欲其謀議政事講論經史培養
本原弼正闕失非欲其阿諛順旨以取容悅也　上嘉
納之
弘治九年十月致仕尹直上賀萬壽聖節表及太子承
華箴却之
弘治十一年二月進內閣大學士徐溥少師兼太子
太師劉健少傅李東陽謝遷並太子少保　秋七月徐
溥乞致仕許之　十月乾清宮災大學士劉健李東陽
謝遷各乞罷不允遷復舉學士吳寬王鏊自代亦不許
弘治十二年九月致仕大學士徐溥卒
弘治十六年二月進劉健少師兼太子太師吏部尚書
華蓋殿大學士李東陽謝遷太子太保戶禮部尚書謹
身武英殿大學士
弘治十八年武宗　秋七月加少師大學士劉健左柱

國太子太保大學士李東陽謝遷並加少傅兼太子太
傅
正德元年正月大學士劉健等上疏言臣等遭遇 先帝簡
任内閣臨終顧命以陛下爲托即位詔下天下延頸想
望太平旋致廢格不行變易殆盡以建言爲多言以幹
事爲生事以執奏爲瀆擾以革弊爲紛更憂在民生國
計則若罔聞知事干近幸貴戚則率皆承順以一二人
之私恩而壞定制以一二人之邪說而違公議臣等叨
居重地徒擁虚銜或旨從中出略不預聞或有所擬議

徑行改易宋儒朱熹有曰一日立乎其位則一日業乎
其官一日不得乎其官則一日不敢立乎其位若謬顧
命之名而不盡輔導之實天下後世其謂臣何乞賜罷
黜 上慰留之
正德元年十月大學士劉健謝遷等上疏劾太監馬永
成劉瑾等令健遷致仕獨留李東陽先是閣議時健嘗
推案哭遷亦訾瑾等惟東陽不出一語遂得獨留 李
東陽乞致仕不允東陽上言臣等三人責任一同而獨
留臣將何辭以謝天下疏屢上竟不允 劉健謝遷既

罷瀕行東陽祖餞欷歔泣下健正色曰今日哭爲
使當日出一語則與我輩同去爾東陽無以應
以吏部侍郎王鏊爲戶部尚書兼文淵[illegible]大學士入閣
辦事 十一月 命吏部尚書焦芳兼武英殿大學士
不妨部事入閣辦事尋加太子太保兼謹身殿大學士
解部事專在内閣 按詞林記稱芳性險愎始比尹旻
父子旻敗由侍講學士謫桂陽州同知復累遷至尚書
劉健與韓文謀除瑾黨芳潛通於瑾由是健等相繼斥
罷黨勢益熾瑾遂引芳入閣表裏爲姦凡變亂成憲桎

梏臣工杜塞言路酷虐軍民皆芳導之暨充孝廟實錄
總裁官筆削任意凡先正名卿悉加醜詆授意檢討段
炅以快不忿 十二月加李東陽少師兼太子太師吏
部尚書華蓋殿大學士焦芳太子太保武英殿大學士
王鏊戶部尚書文淵閣大學士
正德二年八月加焦芳少傅兼太子太傅謹身殿大學
士王鏊少傅兼太子太傅武英殿大學士
正德三年三月召南京戶部尚書楊廷和改戶部尚書
兼文淵閣大學士入閣辦事尋加太子太保 八月進

大學士楊廷和少保兼太子太保大學士王鏊致仕鏊見劉瑾兇悖不能沮遏居常戚然不樂遂累疏乞休歸

正德四年五月以孝宗實錄成進焦芳少師兼太子太師華蓋殿大學士　十月大學士焦芳以老病致仕命吏部尚書劉宇兼文淵閣大學士入閣辦事

正德五年二月擢楊廷和爲吏部尚書兼武英殿大學士曹元爲吏部尚書兼文淵閣大學士皆入閣辦事元瑾之黨也正德中入閣不由翰林者三人惟楊一清以才望劉宇與元皆以阿附瑾得之　八月劉瑾既誅大學士劉宇曹元罷前大學士焦芳及子侍讀焦黃中並除名爲民先是黃中爲檢討數月卽陞編脩踰年復陞侍讀狂恣無恥時土官岑濬沒入家口內有殊色芳聞求瑾得之後臥病黃中淫烝天下嗤之言官交章劾其罪遂並褫職　九月以梁儲劉忠並爲吏部尚書兼文淵閣大學士入閣辦事　進楊廷和少傅謹身殿大學士劉忠少傅梁儲少保並武英殿大學士　冬十月南道御史張芹疏劾李東陽當劉瑾專權亂政之時阿諛承順不能力爭及陛下任用得人潛消禍變卻又攘以爲功冒膺恩廕乞賜罷黜不聽

正德六年夏四月大學士劉忠省墓還先是忠有疾累疏乞歸未允強出爲會試主考官揭曉後卽乞省墓時費宏爲禮部尚書知貢舉將會錄所刻文字指摘其疵謬以白紙票粘於文字之旁托中官入奏　上召李東陽等至煖閣命太監張永以所進會錄授之曰今欲別有施行恐壞衙門體面但與卿輩知之耳東陽捧錄叩頭出是日忠適以省墓陛辭聞之抱快而去抵家遂具疏乞休　上已有先入之說遂許之

正德六年十二月命禮部尚書費宏兼文淵閣大學士入閣辦事

正德七年十月進楊廷和少師華蓋殿大學士梁儲少傅謹身殿大學士費宏太子太保武英殿大學士　十一月少師大學士李東陽乞致仕許之東陽家京師既致仕猶歲時賜賚及頒上尊珍饌與見任同郊祀慶成光祿循致宴云

正德九年二月以掌詹事府禮部尚書靳貴爲文淵閣大學士　五月大學士費宏罷先是准復寧王護衛

諸近幸意票旨出於楊廷和宏以讀卷不預知既而旨
出宏言納重賄許護衛者何人也會言官交章論護衛
不可與諸近幸以爲宏屬之乃共謀譖宏于上及宏弟
編脩宋俱勸令致仕　命典誥勑禮部尚書靳貴兼文
淵閣大學士入内閣辦事
正德十年三月大學士楊廷和丁憂　閏四月　命少
傅吏部尚書楊一清兼武英殿大學士入閣辦事
正德十一年七月大學士致仕李東陽卒贈太師謚文
正東陽與楊一清素相善初劉瑾欲害一清東陽力救

之至是東陽病劇一清偕梁儲靳貴就問之一清等知
其不起無以慰之曰國朝以來文臣未有謚文正者公
如不諱請以謚公東陽倚榻頓首遂卒　加大學士梁
儲少師兼太子太師華蓋殿大學士　八月大學士楊
一清罷一清在内閣以時事多乖言不盡用乃因災異
自劾且言用舍違宜宮府異體賞功太濫刑罰失中弊
政日滋疏入朱寧等銜之一清遂謝病乞致仕歸兵科
給事中毛憲上疏留之謂今天下多事百姓困乏四夷
交侵正宜上下德圖謀治理在一清當審人臣之大義

不宜托疾而求去在朝廷當惜老成之難得不宜因請
而遽允詔吏部知之　以掌詹事府禮部尚書蔣冕兼
文淵閣大學士
正德十二年四月　大學士靳貴罷先是辛未春貴主
考會試言事者詆其家人受賄鬻題至是春貴方以病
在告既而稱愈復出典會試益致羣疑於是言官復醜
詆之遂致仕　命禮部尚書毛紀兼東閣大學士入閣
辦事　七月加蔣冕太子太傅武英殿大學士毛紀太
子太保文淵閣大學士　召大學士楊廷和還京師先

是廷和守制不出梁儲力請起之既至儲遜廷和爲首
相
秦府三上疏請關中田爲牧地朱寧江彬及宦官張忠
輩皆受其賂請上許之兵部及科道交章執奏謂
太祖高皇帝有令禁茲土不得畀藩封上曰朕念親親
與之勿爲間言大學士楊廷和蔣冕皆引疾不出梁儲曰
如皆引疾如國事何是時上震怒令内臣督促草制儲
承命上制草曰昔太祖皇帝著令藩封不當益以土地
土地既廣將多畜士馬姦人誘爲不軌不利宗社今王

請求懇篤朕念親親畀地于王得王地宜益謹保慶毋收
聚姦人毋多養士馬毋聽狂人誘為不軌危我社稷是
時雖欲念保親親不可得已王其慎之毋忽上覽制駭
曰若是可慮其勿與事遂寢儲一草制間有回天之力
咸嘉其善諫
正德十五年八月致仕大學士靳貴卒
正德十六年正月加蔣冕少傅戶部尚書謹身殿大學
士毛紀少保武英殿大學士　正德十六年世宗五月大學士梁儲乞致
仕許之　論扈從功以興府左長史袁宗皋為禮部尚

書兼文淵閣大學士其餘陞秩有差　九月大學士袁
宗皋卒　十月召大學士費宏復入內閣　按內閣九
卿國初原無徇出身之例成化弘治來乃以入閣必由
翰林吏部左右堂必用翰林一人禮部非翰林不用兵
部正堂必由巡撫左右堂必兼南北一人都察院正堂
必由御史至嘉靖間乃稍變之天下之事亦有不由豫
習而能成已試而能驗者然豪傑之士則又出於常料
之外況於行之既久弊不能慎於其所從入乎故非酌
而參之則必求當於始然後為無弊　按太祖太宗夫

嘗有師保加秩至洪熙朝始加張輔為太師楊士奇為
少保進少傅楊榮為太子少傅進少保後三楊皆進少
師又夏元吉蹇義黃福亦加師保景泰間以易儲事文
武大臣各進師保之銜天順初悉革罷天順五年曹欽
反李賢幾被害獨加太子少保至成化初復加少保吏
部尚書王翺加太子太保其後或以考滿加或以論功
加漸無制矣　本朝之有內閣輔臣自解縉始輔臣之
繫詔獄亦自縉始其有謹身殿大學士自楊榮始輔臣
之歷官至一品自楊士奇始官至一品入內閣自王文

始一人領四官亦自王文始其論死西市亦自王文始
輔臣如楊榮楊士奇皆領三官陳文高穀領五官矣然
皆領戶工尚書其領吏部尚書亦自王文始楊士奇兵
部楊榮工部終其身自王文後多吏部矣輔臣之有少
師自楊士奇始士奇卒而少師虛位者四十餘年萬安
亦登少師劉吉繼之自後劉健李東陽楊廷和梁儲靳
貴費宏黃淮皆少師矣　霍韜曰考之漢朝凡為賢相
俱由郡守考之宋制凡為宰相須歷州郡蓋取其知閭
閻之困苦與人情之練達也我朝若薛瑄入閣則由御

史李賢入閣則由主事皆爲一時名臣今大學士楊一清亦由巡撫而轉吏部已選入閣矣是誠立賢無方善能變通者也乞議爲定制永世遵行可焉

政府

洪武三十一年六月命兵部尚書齊泰太常寺卿黃子澄預参國政　按洪武中懲胡惟庸之專擅生亂遂罷丞相而分任六卿並定祖訓嚴爲禁革俾永不得設丞相貽謀至深遠也內閣置大學士以備顧問官僅

五品不預政柄而選轉屬於吏部各相鈐制其防范密自三楊入閣乃以少師尚書兼大學士官尊於六卿而口銜天憲自是無丞相之名而有丞相之實矣故中外皆稱之曰宰相云　按絲綸簿之復歸內閣　世宗英力妙筭所以嚴政本然不有大學士張璁執遵承之故內閣票擬奉旨事件開載揭帖類進與六科旨意題本逐日對同亦自璁始人臣操口代之重張不惟承革宿弊且能有所自處曰正德末錢寧家搜出題奏本四十餘件江彬家搜出阻抑邊情本一百三十六件司禮監隱情不報本數百件壅閉之患左右者之不明避豈自福之道

成祖即位之初閣中有文淵閣印印文玉箸篆惟封上詔草題奏揭帖用之不得下諸司下諸司以翰林院印凡入內閣云直文淵閣即官至三殿二閣二坊大學士無入內閣者不得與機務也雖編脩贊善等官有入內閣者亦得預機務矣文淵閣在禁中徐有貞署銜自稱掌文淵閣事謬也

內閣巡視外郡

景泰二年五月直文淵閣戶部右侍郎江淵巡視淮徐諸郡

內閣考覈翰林官屬

成化十三年七月詔翰林院會內閣自覈其官屬時考覈諸司官屬俱聽吏部都察院會覈獨翰林以文學侍從爲職故聽其長自覈

閣臣經畧軍務

永樂十年十一月大學士楊榮經略甘肅軍務老的罕來降

內勑傳奉

成化二十年十一月太監懷恩傳旨進吏部尚書尹旻爲太子太傅取丁憂中書杜昌文華殿書辦凡加大臣保傅皆賜勑授之旻獨出傳奉又與杜昌同受命前此未有也

按朱字傳帖者奉天門朝罷　駕興司禮監太監捧下丹陛呼該衙門官與之次日早朝該衙門官具奏本御前奏云傳奉事理補奏本鴻臚寺官接通司禮內官進覽墨字傳帖則出自順門付該衙門奏行不復面繳若事未穩便須執奏者固不問朱墨也

內閣九卿移文

景泰元年九月初令九卿內閣相移文書名內閣移司屬書孔目名

左右司

洪武甲辰春正月以汪廣洋爲右司郎中張昶爲左司郎中

四輔官

洪武十三年九月始置四輔官以王本杜祐龔斅爲春官趙民望吳源爲夏官

內閣儒臣考滿

永樂五年十一月令內閣儒臣考滿吏部勿改外任

按永樂初內閣儒臣考滿陞任不在內閣如胡若思出爲祭酒以故永樂五年始有是命

殿閣教士

洪武五年三月　上開文華殿禁中妙選英才詔翰林諸臣分教之車駕臨幸閱其所業文親定優劣

洪武六年正月　上擇舉人年少俊異者擢爲翰林編脩令入禁中文華堂肄業詔宋濂爲之師上政暇輒幸堂中評文優劣每食太子親王迭爲之主寵遇甚厚

永樂三年正月初上命解縉等選新進士才識英敏者俾就文淵閣進學至是縉等選修撰曾棨編脩周述周孟簡庶吉士楊相劉子欽彭汝器王英王直余鼎章敞王訓柴廣敬王道熊直陳敬宗沈升洪順章朴余學夔羅汝敬盧翰湯流李時勉段民倪維哲袁添禄吳紳楊勉二十八人入見進士周忱自陳年少亦願進學

上喜曰有志之士也命擢忱爲二十九人

正統十二年春正月　詔選翰林院講讀以下官十人入東閣習制誥讀中秘書與選者侍讀江淵裴綸侍講

杜寧謝璉王玉修撰劉儼商輅編脩陳文呂原李紹劉俊仍命侍經筵

閣門使

洪武二十三年十月置閣門使依宋制秩正六品以前誠意伯劉基次子仲璟爲之

洪武二十四年九月罷閣門使

秘書監

洪武三年三月置秘書監

洪武十三年七月罷秘書監凡內府書籍悉歸翰林院典籍掌之

弘文館

洪武三年四月置弘文館以胡鉉劉基危素王大中睢稼爲學士　上以素老賜小車免朝謁一日上御東閣聞履聲橐橐上方詰之而素適至乃謂之曰是汝吾以爲文天祥耶未幾御史王著等劾素亡國之臣不宜居

侍從乃謫居和州之含山　七月以劉基爲弘文館學士

洪武四年春正月乙酉朔劉基請老賜歸鄉里

洪武九年閏九月罷弘文館

弘文閣

洪熙元年正月建弘文閣於思善門外本年

宣宗　閏七月翰林學士楊溥等奏納弘文閣印各還原任

詹事院

洪武二十二年四月置詹事院

詹事府

洪武二十五年七月改詹事院爲詹事府

革除建文二年六月增改詹事府官置資德院　永樂初復爲詹事府

宣德四年五月命禮部尚書胡濙兼掌詹事府事

部侍郎兼詹事

宣德七年正月辛巳少詹事兼翰林侍讀學士曾棨卒棨江西吉安永豐人爲人温雅英邁喜推薦士士窮流落不偶者多賴以濟卒年六十一

天順二年三月以陳文爲詹事

天順七年二月以孔公恂司馬恂爲少詹事

成化二年正月詹事府少詹事孔公恂以言事下獄出爲漢陽知府公恂以先聖後且衍聖公孔弘緒大學士李賢婿也遂不次用爲少詹事及上即位改大理少卿

尋自奏復少詹事至是上疏謂總兵中正有朱永一人於是諸總兵譁然不平言官聞風劾之遂調外任

成化九年八月少詹事兼學士柯潛卒潛字孟時福建莆田人景泰辛未進士第一授翰林脩撰歷陞前職丰神峻整言動謹飭人皆以公輔望之是年居母憂值祭酒員缺上以潛剛方特起用以厲士論潛疏乞終制謂親喪可短則所以事君者可知上覽疏許之因久居苫塊患左足風痹而寒熱繼作遂卒憲廟實録乃謂守制家居頗爲鄉人所議不知此何以云

成化十年冬十月左庶子兼翰林侍講徐溥服闋至京詔陞少詹事兼翰林侍講學士

成化十三年七月少詹事兼侍讀學士徐溥以母喪去任

成化十八年冬十月詹事彭華爲其鄉人所訐詔宥其罪停俸半年

弘治二年三月以吏部侍郎楊守陳兼詹事府丞掌府事

弘治四年八月憲宗實録成副總裁禮部尚書掌詹事

府丘濬加太子太保少詹事兼侍講學士汪諧進禮部
侍郎
弘治十一年三月以程敏政爲禮部侍郎兼翰林學士
掌詹事府
弘治十二年六月以禮部侍郎兼翰林學士傅瀚掌詹
事府事
弘治十三年五月以右都御史佀鍾爲户部尚書掌詹
事府
弘治十六年二月以吴寬爲禮部尚書兼翰林學士掌

憲章類編　卷二十四　四一

詹事府
弘治十七年七月掌詹事府事禮部尚書吴寬卒寬字
原博長洲人爲諸生時有文行郎負重望歳貢入太學
舉鄉試第三會試殿試皆第一歴官尚書忠信宏厚廉
靖方嚴衆皆屬望柄用而忌者沮之贈太子太保謚文
定
正德五年二月以劉忠爲吏部尚書兼翰林學士掌詹
事府
正德十六年正月以石珤爲禮部尚書兼翰林學士掌

詹事府　按洪武初置大本堂取古今圖書充其中召
四方名儒教太子居文華堂諸儒親王專經面授分番
夜直已而太子居文華堂諸儒臣迭班侍從文選才俊
之士入充伴讀時時賜宴賦詩商確今古評論文學當
是時東宮官有同知詹事院事副詹事左右詹事詹事
丞左右率更令率府使副使同知左右率府事諭德贊
善文學中舍正字侍正洗馬庶子皆勳舊大臣兼之不
别設府僚已又改贊善爲贊善大夫設贊讀洪武十年
置通事司設司令司丞十四年設左右司直郎左右清

憲章類編　卷二十四　四二

紀郎十五年置左右春坊各設大學士又置司經局設
洗馬校書正字二十二年以官聯無統始置詹事院二
十五年改院爲府正三品左右春坊正五品司經局從
五品皆列署府中而事皆總於詹事府建文中增少卿
寺丞各一人賓客二人又置資德院設資德一人資善
二人其屬贊書著作郎各二人掌籍典簿各一人靖難
後復故今詹事府詹事一人少詹事二人府丞二人其
屬主簿一人録事一人通事舍人二人吏四人左春坊
左庶子一人左諭德一人左中允二人左贊善一人左

司直郎一人左清紀郎一人左司諫一人吏一人右春坊右庶子一人右諭德一人右中允一人右贊善一人右司直郎一人右清紀郎一人右司諫一人吏一人司經局洗馬一人校書二人正字二人吏一人　詹事以輔導東宮爲職少詹府丞爲之貳凡侍東宮講讀暨坊局翰林院番直凡講讀畢　上所處分府部軍政要務及撫諭四夷恩義率其僚屬暨坊局陳說於東宮府院官得互兼凡試士備書皆與焉坊局亦如之主簿典局會文移檢稽脫失錄事佐之通事舍人典東朝參謁辭見之禮及承令勞問之事

左右春坊

洪武十四年三月置東宮左右春坊司直郎各一員秩正六品

洪武十五年四月丙申更定春坊爲左右春坊坊置大學士庶子諭德各一人中允贊善司直郎各二人

洪武十七年八月以儒士汪仲魯爲左司直郎　九月以東昌府儒學教授馮獻爲左贊善

洪武十八年正月以儒士劉三吾爲左春坊左贊善三吾名昆孫以字行茶陵人　三吾少習舉業元季避兵廣西行省授靖江路教授遷儒學副提舉王師克廣西乃歸茶陵至是通政使茹瑺薦之三吾雖老而應對詳敏博覽善記侍承顧問多稱旨上甚重之遂有是擢尋陞翰林學士

洪武二十五年九月命廷臣舉孝義篤行之士鄭濟王懃爲左右庶子廷臣以方孝孺薦召至上曰今非用孝孺時稍擢漢中府學教授日與諸生講明聖學蜀獻王聞其賢命世子受學名其讀書之廬曰正學齋

洪武二十六年九月以鄭濟爲左春坊左庶子王懃爲右春坊右庶子初上以東宮官屬久闕命廷臣舉孝友節行之士廷臣以浦江鄭氏對上曰鄭氏朕所素知聞其里人王氏亦倣鄭氏家法皆可選用以風勵天下乃徵兩家子弟年三十以上者詣闕既至令自推舉鄭氏舉濟王氏舉懃其餘給道里費遣還

洪武二十九年十一月增設左春坊清紀郎一人左司課二人右春坊同　十二月復永州府知府余彥誠

人官初彦誠與齊東知縣鄭敏等十八人先後坐事逮獄至是其耆民具列各官善政詣闕以請上嘉之賜彦誠等襲衣靴鈔遣還仍給耆民道里費

永樂十九年正月改楊士奇爲左春坊大學士

宣德二年五月　庚子右春坊右諭德林誌卒誌福州人鄉會試皆第一廷試一甲第二授編脩歷諭德居官十有五年恭勤恬靜若與世無涉者卒年五十

宣德七年八月以京官所薦交趾南靈州黎恬爲右諭德

天順元年七月謫贊善岳正廣東欽州同知時承天門災命正草罪己詔歷陳姦邪蒙蔽詞極切直石亨輩大怒故有是謫　八月復逮岳正繫詔獄謫戍肅州鎮夷千户所

天順五年八月　放岳正原籍爲民先正既謫戍上每語及輒曰岳正到好只是大膽至是曹石敗上思正言乃放還爲民正嘗隱括上語題其畫像誓將之死而靡憾也

成化十二年六月陞翰林脩撰劉健爲右諭德

成化十九年十二月陞脩撰謝遷爲右諭德

成化二十年十月右春坊贊善陳濟卒濟字伯載常州武進人少穎悟與弟洽同游鄉先生謝應芳之門既長貫穿經史百家永樂間以布衣召脩大典書成擢贊善居輔導之職十有五年僑居一室僅蔽風雨常曰文如菽粟布帛貴有益於世不爾雖工奚益所著有綱目集覽證誤　十一月陞翰林脩撰吳寬爲右諭德

按左右春坊大學士典東宮士奏請及下啓箋講讀之事庶子諭德中允贊善各奉其職以從凡東宮監國撫

軍出狩及朝會出入覆啓畫諾審署移啓事凡諸祥眚若僕僕改變新聲導逢非禮者必陳古義申典制糾正而請遠斥之凡內外庶政可爲規諷者隨事贊諭焉司直郎掌彈劾宮僚糾舉職事清紀郎參佐之司諫掌箴誨鑒誡之事以拾遺而補過焉

司經局

洪武十五年四月置司經局設洗馬校書正字各二人

洪武十七年八月以林文爲司經局試正字

洪武二十三年六月，命定東宮司經局官制禮部考唐制言太子司經局洗馬從五品校書正九品正字從九品其餘職官祿各有差本朝祿增多於唐宜從裁減詔自洗馬而下官秩依唐制其俸祿則從本朝

成化二十二年九月調司經局洗馬羅璟爲南京禮部員外郎以璟與尹旻子侍講尹龍有舊故責及之　按洗馬掌經史子集制典圖書刊緝之事立正本副本貯本以備進覽凡天下圖冊上東宮者皆受而藏之校書正字掌繕寫裝潢經史子集制典圖書詮其訛謬調其[illegible][illegible]切以佐洗馬

大宗正院

洪武三年置大宗正院正一品

宗人府

洪武二十二年春正月辛未朔　改大宗正院爲宗人府以秦王爲宗人令晉王爲左宗正燕王爲右宗正周王爲左宗人楚王爲右宗人

革除建文元年五月以宋徵爲宗人府經歷經　按宗人府掌皇九族六親之屬籍以時脩其玉牒書子女適庶名封生卒婚嫁謚葬凡宗室陳請爲聞上達材能錄罪過比建都北京永春侯王寧洪熙宣德武定侯郭玹署事正統三年始建府如南京西寧侯宋瑛嘉靖中京山侯崔元署事寧瑛元皆駙馬都尉玹爲仁廟貴妃弟

憲章類編卷之十四

憲章類編卷之十五

翰林院

洪武甲辰夏五月初置翰林院以陶安爲學士時方召四方宿儒集闕下議禮制命安總之

丁未吳元年三月以朱升爲侍讀學士

洪武二年正月定翰林院官制以侍讀學士朱升爲學士陳橒詹同爲直學士　三月乙未朔　翰林學士朱升以年老乞致仕許之　上謂學士詹同曰古人爲文

或以明道德或以通世務如典謨之言皆明白易知無深怪險僻之語至如諸葛亮出師表亦何嘗雕刻爲文而誠意溢出使人感激近世文士不究道德不達世務立辭艱深意實淺近卽使過於相如楊雄何裨實用自今翰林爲文但取通道理明世務者無事浮藻　十一月上御外朝召翰林學士宋濂危素詹同王褘等列坐進饌賜酒上屢命盡觴濂數以弗能飲辭上笑曰卿但飲雖醉無傷也酒終上賦詩一章命各以詩進復命之酒霑醉而退

洪武三年七月翰林學士宋濂待制王褘失朝降爲編脩

洪武六年七月以宋濂爲翰林侍讀學士仍兼贊善

洪武七年五月賜翰林承旨詹同致仕同徽之新安人元擧茂才爲郴州學正遇亂家黃州陳友諒以爲翰林學士承旨及王師下武昌同見　上授國子博士歷遷學士承旨兼吏部尚書至是命致仕　六月復以詹同爲翰林學士罷兼吏部尚書

洪武八年三月以廣西按察司僉事答祿與權爲翰林

脩撰　十一月　上欲命宋濂參中書大政濂辭曰臣無他長唯文學是攻今待罪禁林恩莫大矣臣誠不願居要樞上愈厚之每日令侍膳詢訪舊章講求治道

洪武九年五月復命宋濂爲學士承旨知制誥如故六月時宋濂爲翰林學士承旨有寧海方孝孺從游濂大奇之

洪武九年十一月宋濂致仕先是　上以濂艱於行步特詔皇太子選良馬以賜上親作良馬歌命羣臣咸和以寵耀之及詔致仕加贈濂父文昭爲禮部尚書祖德

政為太常寺少卿二代誥詞皆上所親製天下榮之
十二月　頒建言格式時刑部主事茹泰素上書論時務五事累萬餘言　上令中書郎中王敏誦而聽之虛文多而實事少次夕又於宮中誦之再三審其切要可行者四事纔五百餘言因慨然曰朕所以求直言者欲其切于事情而有益於天下國家彼浮詞者徒亂聽耳遂令中書行其言之善者具為定式頒示中外使言者無事繁文　宋濂行既有期　上眷念尤深曰卿去何時復來見朕乎姑徐徐行由是朝夕左右者累日時詔許言事朝臣有上疏萬餘言者上厭其迂衍怒欲罪之以問羣臣有阿意者指其疏曰此不敬此誹謗罪當誅上咨之而怒未解濂曰彼應詔上疏其心為上耳烏可深罪乎已而上覽疏中有足采者召阿意者詬曰吾怒時若等不能諫乃激吾誅之何異以膏沃火向非宋景濂之言不幾誤罪言者耶
洪武十年春正月庚辰朔　宋濂以學士承旨致仕上命舉可以自代者濂以蘇伯衡對先是伯衡嘗為翰林編脩以耳聵辭至是召至復固辭上亦憫其誠特賜文綺遣之　二月宋濂辭歸瀕行賜楮幣文綺及御製文集皇太子又賜衣二襲　上諭曰朕最慎于賞嘉卿忠誠故以賜卿卿今年幾何濂曰六十有八上曰藏此綺俟三十二年後作百歲衣也濂頓首謝上復屬曰大江漲不可行宜循內河至家仍命使護行濂感恩請歲一來朝　宋濂抵家上表謝　九月宋濂來朝越十有四日見于端門　上見大喜皇太子諸王皆喜上遣儀曹備膳羞諸物抵寓館以賜自是日侍上游恩禮備至　十一月宋濂在朝七旬餘以歲暮辭還　上曰方今四夷皆知卿名卿其自愛濂謝不敢當復遣中貴人賜上尊道所經行皆為指畫既行數日上謂其子宋璲曰朕疇昔之夜夢見爾父爾父雖去其容儀儼然在朕目中也璲叩頭謝
洪武十一年十二月致仕宋濂來朝賜勑勞之
洪武十二年十月以儒士吳沉為翰林院待制　十二月致仕宋濂來朝上曰卿多積德以致高壽雖致仕而戀闕甚切不憚祁寒每歲斯時來朝特賜酒穀及日用之物卿其領之

洪武十三年夏四月降翰林院待制吳沉爲編脩
翰林院編脩張美和應奉陳溥致仕各御製詩文賜之
洪武十四年五月召山西右布政趙新爲翰林院脩撰
十二月令翰林院平駁諸司奏啓
洪武十五年冬十月丙子朔朝罷召侍從儒臣訪論古
道上嘉吳沉德業文學之美命善工繪其像賜之以示
褒寵
洪武二十年十一月以河南府儒學訓導葛鈞爲翰林
侍講學士

洪武二十三年十一月　庚戌以重慶府永川知縣王
佐爲翰林侍讀
洪武二十五年十二月免翰林學士劉三吾官時三吾
詣吏部自陳壻户部尚書趙勉夫婦坐法當死皆緣素
失教誨自當引退以勵廉恥吏部以聞遂免其官
洪武二十六年九月復以劉三吾爲翰林學士
洪武三十年正月陞翰林脩撰張信爲侍讀編脩戴彝
爲侍講上諭之曰官翰林者雖以論思爲職然既列近
侍旦夕在朕左右凡國家政治得失生民利病當知無
不言昔唐陸贄崔羣李絳之徒在翰林皆能正言讜論
補益當時顯聞後世爾等當以古人自期毋負朕擢用
之意
洪武三十一年七月建文帝召漢中府學教授方孝孺
爲翰林院侍講
十二月建文帝召宋懌還京師懌故翰林學士濂之孫
濂嘗授先懿文太子經帝念之召懌復官翰林侍書
革除建文元年五月以王叔英爲翰林脩撰　六月召
解縉于河州以爲翰林待詔　十二月以葉砥爲翰林

編脩
革除建文三年十二月吏部試翰林史官楊士奇等以
次錄用復留士奇於翰林
成祖革除建文四年七月罷學士董倫以王景爲翰林
學士
成祖革除建文四年十　月以解縉爲侍讀學士胡靖
黃淮胡儼並爲侍讀楊榮楊士奇金幼孜並爲侍講
永樂二年三月陞翰林院編脩王達爲侍讀學士
永樂三年四月詔以儒士馬巨江爲翰林博士巨江以

老固辭遂授博士賜璽書褒諭令致仕
永樂四年閏七月召北京儒士武周文至命爲翰林侍講學士以其老賜勑致仕
永樂五年二月黜翰林學士解縉爲廣西右叅議
永樂六年七月翰林院學士王景卒景在洪武中歷教諭知州陞山西叅政坐事謫雲南建文中吏部尚書張紞前任雲南雅知之奏陞翰林侍講　上即位陞學士時建文君未葬上詢葬禮景對宜葬以天子之禮
永樂十四年四月命楊榮金幼孜爲翰林學士　十二

月陞翰林院脩撰沈度爲侍讀學士
永樂十五年六月以儒士郭張善爲翰林院檢討
永樂二十二年八月仁宗以洗馬楊溥爲翰林院學士正字金問爲翰林院脩撰
仁宗九月陞翰林侍讀王直爲侍讀學士侍講王英爲侍講學士脩撰林誌檢討錢習禮爲侍讀檢討余學夔五經博士王達爲侍講
永樂二十二年九月仁宗陞翰林脩撰陳循爲侍講
宣德七年八月以京官三品以上所薦福建建安縣學教諭楊壽夫山東臨清縣學教諭彭琉爲翰林編脩
宣德九年十月翰林學士沈度卒度松江華亭人初以善書被薦入翰林累進翰林學士貞靜不苟初入翰林鄉人李至剛爲禮部尚書得君氣勢赫赫希附者日奔走其門度未嘗造謁閉户鳴琴賦詩以自樂云
正統二年四月進錢習禮翰林學士劉球翰林侍講
正統八年六月翰林侍講劉球下獄爲錦衣衛指揮馬順所殺時球上疏忤中官王振振令順盜殺之
正統九年二月陞曹鼐爲翰林學士

景泰元年二月侍講劉定之抗疏言人主當總攬乾綱親決政務凡政事有早朝未及決者宜日御便殿近臣侍于側大臣奏于前言官察其邪正而加糾彈史官書其言動以示懲勸君臣之間詢謀可否以求至當此前代故事祖宗成法也遵而行之則剖決萬幾日益以熟審察百官日益以明聖政益新天命益隆矣若乃仍如前日無事但以奏本進入擬旨批出臣恐偏聽生奸獨任成亂治化無由成也疏入不省
景泰三年三月彭時復爲翰林侍讀

天順二年正月内閣李賢嘗謂翰林實文學侍從之臣非雜流可與景泰間陳循輩各舉所私非進士出身者十將四五率皆委靡浮薄之流一時無由而退至是上欲重脩通志唯推擇進士出身者此輩遂知不當居此願補外職賢乃言於上命吏部外除之翰林爲之一清

按永樂宣德以前翰林不拘進士出身方孝孺楊士奇胡儼輩非進士而文學擅一時至李賢乃有此論豈非時世之一變耶自後特重進士科而翰林非一甲進士及庶吉士不預内閣非由翰林不入迨夤緣阿附以

希進者則又不拘此格遂與祖宗時大異矣

天順八年正月憲宗 下侍讀學士錢溥獄謫廣東順德縣知縣出兵部侍郎韓雍爲浙江參政溥松江華亭人正統時進士浮躁嗜進時太監王振訪可教内侍書者或薦溥試薔薇露詩大加稱賞特受檢討累遷侍讀學士溥所教内侍後多用事溥之居與陳文隣内侍每來謁溥必邀文共飲及英廟大漸太監王倫者嘗受業尋伴讀東宮至是來謁溥文意必召已竟不召乃使人密伺之倫言上不豫東宮納妃如何溥言當以遺詔行事已而内閣草遺詔李賢當秉筆文起奪其筆曰無庸已有草之者矣遂言溥倫定計將退賢以溥代之退兵部尚書馬昂以韓雍代之賢怒以聞乃下溥獄謫外韓雍亦貶

天順八年三月憲宗復前脩撰岳正官至成化五年閏二月以興化知府致仕五年卒

成化七年九月巡視四川南京戶部右侍郎黄琛言故翰林學士承旨宋濂我太祖高皇帝龍飛初召置左右裨益良多一應制度文章多出濂手開國文臣濂誠第

一既老被累謫死於蜀非其罪也蜀獻王已爲葬之華陽縣東臣惟聖朝凡羣臣之有才行勳業沒皆賜以贈謚在前代者亦爲之建葺祠墓復其子孫皆足盛德事臣敢爲濂請上下其章于禮部

成化十年十二月陞翰林編脩程敏政爲侍講陞翰林編脩李東陽爲侍講

成化十一年九月陞翰林編脩倪岳爲侍讀

成化十二年二月陞翰林編脩陳音爲侍讀

成化十六年秋七月翰林侍講彭教卒教江西吉水人

甲申進士第一授翰林脩撰進侍講卒年四十二教性刻厲尚氣不肯下人儕輩多忤因鬱鬱成疾遂不起

成化二十二年五月翰林侍講尹龍除名并革其父旻太子少保以尚書致仕時東廠官校發龍諸陰事下錦衣獄既而吏科給事張雄等言龍竊弄父權納賄如市知縣孫盛送銀三百特授知州指揮吳昂送銀五百兼管糧運尹旻縱子受賕欺公罔上罪惡貫盈人心憤怨御史陳孜等亦言尹旻賄賂公行苞苴競進通判王範濫陞主事經歷張璲驟進少卿子龍素無學問之功父

著貪污之跡夫旻父也龍子也子之惡旻且不知何以別天下之賢否使其知則於家且不齊何以典人物之銓衡事既敗露復何面目立於清班乞特奮乾剛大彰天討以爲父子同惡人臣倖進之戒 上命三法司錦衣衛執尹龍張璲王範于午門前拷訊明白革旻太子少保令致仕龍等發原籍爲民

成化二十二年七月降翰林侍講學士焦芳爲湖廣桂楊州同知先是芳與尹龍爲同官甚密會旻兵部郎中鄒襲坐罪龍囑軍官奏保復職芳爲草奏尋爲東廠緝知以聞下錦衣衛獄降調外任

弘治十三年四月以張元禎爲翰林學士

弘治十七年夏四月授庶吉士何瑭爲翰林編脩

正德元年六月以孔彥繩爲翰林五經博士

正德三年十月 翰林學士張芮見劉瑾長揖不拜遂坐事調爲鎮江府同知

正德五年三月脩撰何瑭以長揖忤劉瑾乞致仕歸

正德六年二月召編脩何瑭復任

按高廟初定東南首召陶安爲學士制度儀章悉安所

議嗣是朱升詹同宋濂魏觀劉三吾葛鈞皆有籍馬洪武初典禮肇脩局且廢制誥記史藝翰有國之首務乃立諸員而總以學士爲提綱學士文學之成者以之侍其讀侍其講以覲其所御其考經執籍執書應詔使以供其所役編焉撰焉檢覈焉以紀其所行此建置之周也中間謂其繁而革之亦各有指殿閣之沿於古即承旨學士直學士之職也待制應奉即知制誥之事也檢閱即檢討之官也秘書監即典籍之司也起居注即史官之業也弘文館即五經博士之屬也蓋廢置有因典

司無鈌而設立甚明其後不就列陳乃典密非奉直原司制誥非承旨舊意脩書非史官故業撰著非學士本色多有非昔之舊者

吳元年置翰林國史院正三品設學士承旨學士侍講學士侍讀學士直學士典簿待制脩撰應奉編脩典籍檢閱尋改翰林院洪武十四年改正五品革承旨直學士待制應奉檢閱典簿設孔目五經博士侍書待詔檢討是年十二月令翰林編脩檢討典籍春坊司直郎正字贊讀考駁諸司奏啓平允則列名封上署曰翰林院兼平駁諸司文章某官某十八年定設學士侍讀學士侍講學士爲正官孔目首領官侍讀侍講五經博士典籍侍書待詔屬官脩撰編脩檢討史官又有秘書監弘文館及起居注等官未幾皆革建文中增學士承旨一人學士一人文學博士二人省侍講侍讀學士置文翰文史二館文翰館設侍書文史館設脩撰編脩檢討靖難後復故今學士一人侍讀學士二人侍講學士二人其屬侍讀二人侍講二人五經博士五人典籍二人侍書二人待詔六人孔目一人史官脩撰三人編脩四人

檢討四人史一人　學士掌詞翰禮文草誥勑備顧問詳正圖書考議制度凡經筵日講備書之事皆統領之侍講侍讀職掌講讀經史五經博士專講經義以佐學士典籍勾輯國書以時什襲而藏之侍書以字書侍上待詔應對孔目典文移出入史官掌脩國史凡天文地理宗潢禮樂兵刑諸大政上所下詔勑書檄批答王言皆謹籍而記之以備實録凡學士講讀史官爲上所簡注皆得入内閣預機務京府鄉試充考試官禮部會試充同考試官詹事府坊局亦如此之

國史實録

洪武二年六月詔宋濂爲翰林學士王褘同知制誥兼國史編脩總脩元史時編摩之士皆山林布衣發凡舉例皆濂褘主之

洪武五年十二月禮部尚書陶凱言漢唐宋皆有會要紀載時政以資稽考今起居注紀言紀事及奏事簿籍紀載時政可以法當時訓後世者宜依會要編類成書使議事者有所稽考從之

洪武六年九月詹同等請編日曆

上命宋濂樂韶鳳爲纂脩官凡興王出治之典命將行師之績釆章文物之懿律曆刑法之詳咸以事繫日以日繫月以月繫年必商確而謹書之

洪武七年五月纂脩大明日曆成自 上起兵臨濠踐天位以至六年癸丑冬十二月凡征伐次第禮樂沿革刑政施設羣臣功過四夷朝貢之類莫不具載合一百卷詹同宋濂率諸儒上進命藏之金匱其副藏於秘書監濂等又言于上曰日曆藏之天府人欲見之有不可得臣請如唐太宗貞觀政要分類更輯聖政爲書以傳於天下後世上從之於是分爲四十類自敬天至制蠻夷釐爲五卷總四萬五千五百餘言名曰皇明寶訓自是以後凡有聖政史官日紀錄之隨類增入宋濂序曰史書甚重古稱直筆不濫美不隱惡務合乎天理人心之公無其事而曲書之者固非也有其事而失書者尤非也況英明之主不世出而記注之官遷易不常無以究夫聖德之高深臣詹同暨濂等獲日侍燕閒十有餘年知之深故察之精察之精則其書也頗謂得其實而無愧茲因日曆成書謹揭其大要於首簡使他日脩實錄者有所採掇庶幾傳信於千萬世也

革除建文元年正月勑脩 太祖高皇帝實錄禮部左侍郎兼翰林學士董倫右侍郎兼翰林學士王景彰爲總裁官太常少卿廖昇翰林侍講學士高遜志爲副總裁官國子博士王紳漢中府學教授胡子昭齊府審理副楊士奇崇仁縣學訓導羅恢馬龍他郎甸長官司吏目程本立等爲纂脩官

革除建文三年十二月太祖高皇帝實錄成

革除建文四年十二月成祖命重脩太祖高皇帝實錄

永樂元年六月解縉等上表進 高皇帝實錄

永樂九年冬十月 命重脩 太祖高皇帝實錄姚廣孝夏原吉爲監脩官胡儼黃淮楊榮爲總裁官楊士奇金幼孜等爲纂脩官皆賜勑勉勵

永樂十六年五月夏原吉等上表進高皇帝實錄 上具皮弁服御奉天殿受之賜夏原吉胡廣楊榮胡儼金幼孜曾棨鄒緝王英余鼎羅汝敬李時勉陳敬宗等鈔錠綵幣有差

洪熙元年二月勅行在禮部行在翰林院脩文皇帝實錄

洪熙元年閏七月宣宗勅禮部纂脩仁宗昭皇帝實錄

宣德元年五月以纂脩實錄勅召金幼孜楊溥錢習禮陳敬宗陳循劉永清等時幼孜敬宗永清以憂去溥習禮循請告省親

宣德五年正月張輔蹇義夏原吉楊士奇楊榮金幼孜楊溥等進太宗仁宗兩朝實錄

宣德十年九月英宗勅脩宣宗實錄

正統三年夏四月 宣宗章皇帝實錄成大學士楊士奇楊榮俱進少師楊溥進少保武英殿大學士王直王英並禮部左侍郎錢習禮爲翰林學士劉球爲翰林侍講其餘進秩有差廷臣以實錄成進官始此

天順八年八月學士陳文等進 英宗睿皇帝實錄

弘治元年閏正月 勅脩憲宗實錄

弘治四年八月 脩憲宗皇帝實錄成總裁劉吉進少師華蓋殿大學士徐溥進太子太傅戶部尚書武英殿大學士劉健禮部尚書詹事兼侍講學士汪諧禮部侍郎 按王鏊曰前代脩史左史紀言右史紀動宮中有起居注如晉董狐齊南史皆以死守職司馬遷班固皆世史官故通知典故親見在廷君臣言動而書之後世讀之如親見當時之事我朝翰林皆史官立班雖近螭頭亦遠在殿下成化以來凡脩史則取諸司前後奏牘分吏戶禮兵刑工爲十館事繁者又爲二館分派諸脩史者以年月編次雜合成之副總裁畧加刪削總裁亦畧潤色三品以上官乃得立傳亦惟紀出身官階遷擢而已間有褒貶又未必盡公後世將何所取信乎

正德元年二月 勅大學士劉健等脩孝宗實錄

正德四年五月 孝宗實錄成進焦芳少師兼太子太師華蓋殿大學士梁儲復吏部尚書兼學士 按王鏊擬罪言曰班固死天下不復有史矣古之所謂史官皆世守之人主所在執筆以從隨其言動皆親見而直書之所謂信史也後世史官雖具員而無定職人主動靜邈不相及政事不及與聞惟易世之後則集前後奏疏而分曹書之以宰臣爲總裁奏疏之語果皆實乎分曹之人宰臣之意果皆公且正乎且生于數十年之後追

書于數十年之前其是非曲直皆茫然無聞或得之傳聞已非其實縱得其實而亦莫能燭其情僞或奪于衆不得書或迫于勢不敢書或局于才不能書故一時君臣謀議勳業泪沒不傳而姦憸情態亦無能發其微以爲世戒監領者又往往以私好惡雜乎其間故曰不復有史矣

正德十六年六月世宗　勑脩武宗實録

庶吉士

洪武十八年三月令觀政進士其在翰林承勑監等近侍衙門者取庶常吉士之義稱爲庶吉士其在六部諸司者仍稱進士

教庶吉士

宣德八年三月禮部尚書胡濙同大學士楊士奇楊榮選進士六員以聞　上命吏部改進士爲庶吉士送翰林院令侍讀學士王直訓督之

正統十三年三月　命内閣選進士爲庶吉士止選北方及四川人而萬安遂與其列

成化元年八月擢庶吉士李東陽倪岳謝鐸焦芳陳音爲翰林編脩吴希賢爲檢討張敷華等九人爲各部主事

成化元年十二月改庶吉士許禮等觀政各衙門自正統以來所選庶吉士内閣奏請學士二員於翰林公署教習與祖宗時文華堂文淵閣舊規不同内閣按月考試第其高下以爲去留之地將及三年則邀求散館不復以進脩爲事至是庶吉士相率入内閣請散館李賢

謂曰教養未久柰何遽欲入仕許禮抗辭對公從何處教養來賢稍責之則曰吾輩教習雖例該三年已燒郎一年矣謂癸未春闈災故也賢怒請旨分散各衙門觀政尋授禮南京刑部主事

弘治十五年三月選新進士何瑭等爲庶吉士

庶吉士歷事六科

宣德八年十一月　上謂吏部尚書郭璡等曰在外庶官亦必有文學可取者卿其爲朕選擇之明日璡引六

十八人入奏上命少傅楊士奇楊榮出題試于廷中擢
其優者知縣孔友諒進士胡端禎廖莊宋璉教諭黃純
徐惟超訓導婁升七人以聞令吏部改進士爲庶吉士
與知縣教諭俱歷事六科以備用

編纂館

成化九年十一月大學士彭時因奏翰林春坊等官劉
翊王獻彭華楊守陳尹直黎淳謝一夔鄭環劉健汪諧
羅璟程敏政陸簡林瀚分爲七館編纂明年丘濬丁憂
起復令同編纂再加一館爲八館云

史館

弘治十八年十二月武宗　翰林編脩何塘上疏臣以
菲薄待罪史官伏覩內外百司各有職守而史官獨若
無所事者朝參之餘退安私室於國家政務無分毫補
益猶且月受俸錢日支廩給既失官守之職難逃尸素
之譏每念及茲不勝惶愧臣謹考古者王朝列國皆有
史官掌記時事我祖宗設脩撰編脩檢討謂之史臣俾
司紀錄法古意也謹按太祖時劉基條答天象之問
上悉以付史館在太宗時王直以右春坊右庶子兼記
註凡聖政聖訓之當書者皆錄之以備纂述由是推之
史官之職在國初猶未失也不知因循廢墜始於何時
沿襲至今未克脩舉方今山陵既畢政治維新伏望遵
祖宗所已行脩史職於久廢勑令脩撰編脩檢討番直
史館凡陛下之起居臣工之論列大政事之因革弛張
大臣僚之陞降拜罷皆令卽時紀錄止用據事直書不
須立論褒貶仍於紙尾書其官其人記藏之匱櫝以待
纂述史職既脩國典斯備上則聖君賢臣嘉謨嘉猷不
至有所遺落下則憸夫小人懼遺萬世之譏亦有所懲
戒不敢縱恣爲惡公則明朝廷無虛設之官私則使人
臣免素餐之愧事體甚便或謂館閣之地所以儲養異
才不必責以職守臣竊謂養才之道當使之周知天下
之務方可以備他日之用今諸人於國家政事初不閒
知雖欲練習其道無由若令史館供職庶因紀錄之間
得練習政事之體他日任用不至疎脫是於脩職之中
實寓養才之意　上命所司知之

按本朝脩撰編脩檢討特有史官名耳實錄進呈焚於太液池一字不傳况中間類多細事重大政體進退人材多不錄每科京師鄉試考官賜宴皆書冢宰内閣大臣其先後相繼竟不可考他可知已

翰林四諫

成化四年春正月　改湖廣臨武知縣章懋為南京大理左評事湘潭知縣黄仲昭為右評事桂陽判官莊𣴎為南京行人司副時六科給事中毛弘等上言元宵張

燈誠　皇上奉兩宮之孝心章懋等輒肆已見過為言論亦竊效因事納諫之意蓋以天下災荒其虜窺伺兩廣猺獞未寧四川苗蠻為梗無非欲皇上常存敬畏制治保邦耳古人有言曰君明臣直今懋等敢言直諫實由　皇上聖明有以致之既不容納其言而又改調外任恐遠近流傳其於從諫之美不無少妨也伏望將懋等從宜處之豈惟慰人心息物議而於國家大體亦未必無少補矣章上遂俱改調南京時羅倫已復南翰脩撰人稱為翰林四諫

翰林改部屬官

正德三年三月　改翰林院編脩顧清等為部屬官先是焦芳子焦黄中會試中式芳意欲為殿魁既而取呂柟為第一黄中居二甲首芳謂諸執事抑之遂入言于劉瑾改清等官擢黄中檢討及劉宇之子劉仁等六七人俱為庶吉士數月黄中與仁等皆擢編脩

正德四年五月　改翰林侍讀徐穆編脩汪俊等為南京部屬先是劉瑾惡諸翰林不行跪禮及脩孝廟實錄

成例進秩瑾謂文士不習世故摘所忌者十餘人陞調南京員外郎主事等官俾擴充政務

九卿巡撫

永樂十九年四月勑吏部尚書蹇義等二十六人巡行天下安撫軍民

宣德三年五月巡撫蘇松等處大理寺卿胡槩奏浙江嘉湖杭三府人民蕃多稅糧浩大府縣有治農官理辦稅糧宜增布政司官一員以總之　上謂吏部曰稅糧

自是常賦國初以來徵斂輸送已有定制朕方裁抑冗濫豈得復設古語省事不如省官所奏不允

宣德五年九月陞吏部郎中趙新爲吏部右侍郎兵部郎中趙倫爲戶部左侍郎禮部員外郎吳政爲禮部右侍郎監察御史于謙爲兵部右侍郎刑部員外郎曹弘爲刑部右侍郎越府長史周忱爲工部右侍郎巡撫各省兩畿總督稅糧新江西倫浙江政湖廣謙河南山西弘北直隸府州縣及山東忱南直隸蘇松等府縣

宣德十年九月以徐禧爲兵部右侍郎巡撫甘肅

正統十年十二月刑部侍郎薛希璉巡撫保定淮安十二郡

正統十三年五月以刑部侍郎薛希璉巡撫福建提督軍務

六月以侍郎楊寧巡撫江西

正統十四年十月改戶部尚書周忱爲工部尚書仍巡撫南直隸

景泰二年八月巡撫南直隸工部尚書周忱乞致仕命戶部侍郎李敏代之

九卿總督糧餉

革除建文四年五月勑刑部尚書侯太轉餉淮安

天順四年三月召耿九疇爲南京刑部尚書總理南京糧儲

成化元年正月命戶部右侍郎薛遠整飭兩廣軍餉

部卿參贊軍務

革除建文二年十二月以鐵鉉爲兵部尚書仍參贊軍務

宣德二年十月勑工部尚書黃福同交阯布政使阮勛曰爾福爾勛皆先朝老成今交阯未靖發兵征討特令卿二人參總機務其同心恊力早成平定之功用安一方之衆事有當陳奏者密封以聞

宣德十年六月命南京戶部尚書黃福參贊南京軍務時楊士奇言上初嗣位當肅軍政飭邊防南京根本重地雖有襄城伯李隆守備宜令黃福參贊遂永爲定制

正統元年三月命兵部左侍郎柴車參贊陝西軍務

正統九年五月以刑部侍郎楊寧參贊雲南軍務

正統十一年十二月召楊寧還以侍郎侯璡參贊雲南軍務

景泰元年三月以孫原貞爲兵部右侍郎參贊浙江軍務

部卿經理屯田

宣德五年八月命尚書黄福經理屯田於濟寧以北衛輝真定以南近河之地役軍民十萬人屯種

宣德六年五月遣兵部侍郎柴車往山東經理屯田時巡按御史張勗言大同地平曠所種粟麥有收多爲軍官據占小民日困乞遣官按視占耕者分與軍民爲便

上命車及御史一人往理之

宣德八年正月勑巡撫侍郎周忱總督南京各衛所屯田

部卿總理河道

永樂九年二月命工部尚書宋禮侍郎金純同都督周長發山東及徐州等處民丁開濬會通河仍命兩御史監督　三月命工部侍郎蔣廷瓚開濬河南黄河故道

正統十二年七月河決張秋潰沙灣入海尋決滎澤入淮工部尚書石璞治之

成化七年十月調南京刑部左侍郎王恕爲刑部左侍郎奉勑總理河道

部卿巡視

洪武三十五年七月成祖命工部尚書嚴震直等巡視河北諸省

正統元年十二月命兵部尚書王驥巡視陝西諸邊整飭軍務許以便宜行事

部卿捕蝗

正統元年四月河北旱蝗遣工部侍郎邵旻等分道督捕

部卿問災

正統四年六月京師大水勑户部侍郎吴璽存問被水軍民具奏賑卹

景泰七年正月順天河間二府民饑命刑部右侍郎周瑄往賑之

部卿鎮守

正統十三年九月以侍郎孫原貞鎮守浙江

正統十四年十月尚書石璞鎮守宣府

景泰二年九月以孫原貞為兵部尚書鎮守浙江福建

採訪使巡行

革除建文元年三月户部右侍郎夏原吉都御史暴昭給事中徐思勉等二十四人充採訪使巡行天下問民疾苦興廉黜貪得便宜行事

憲章類編卷之十五終

皇明憲章類編卷之十六

吏部

洪武元年十月以汪河為吏部侍郎河初為大都督府都事癸卯歲奉使擴廓帖木兒被拘陜右六年至是始還故有是擢

洪武四年五月　以李守道詹同為吏部尚書

洪武十一年三月　上謂吏部臣曰朝廷懸爵祿以待天下之士資格者為常流設耳若有賢才豈拘常例令後庶官之有才能而居下位者當不次用之

洪武十三年正月召山西布政司左參政倪斯為吏部尚書

洪武二十九年正月　以杜澤為吏部尚書

洪武三十一年三月　上諭吏部臣曰用人之道在於隨材任使則天下無棄人矣又曰觀人之法有數等才德俱優者上也才不及德者其次也才有餘而德不足又其次也苟二者俱無此不足論矣若逐勢變移好作威福言是而行非此小人不可用也

洪武三十一年六月　議革冗員以中書舍人蹇義為吏部右侍郎　十二月　以雲南左布政使張紞為吏部尚書

革除建文元年十二月　以練子寧為吏部左侍郎

革除建文二年二月　令蘇松江浙人得官戶部

革除建文三年十二月　起復陳洽為文選郎中

革除建文四年八月

成祖以蹇義為吏部尚書

永樂二年四月吏部尚書蹇義奏請選官　上諭之曰爾等職專銓選但當揆理不當任情揆理則以是非為進退任情則以從違為取舍慎之慎之又曰用人之道各隨所長才優者使治事德厚者令牧民蓋有才者未必皆君子有德者必不為小人不可不察

宣德元年四月吏部尚書　蹇義等奏請選官　上諭之曰庶官賢否關國家之治亂掌銓衡者以進賢退不肖為職一事得人則一事理一邑得人則一邑安推之庶政達之天下無二致也朕嗣承祖宗大統維新治理以安民生選賢任能尤為切要古人取士於鄉以其道

藝著聞有素後世以言貌求其底蘊盖亦難矣况篤實之士率多恬退便辟之才巧於進取非至公無以勝私非至明不能格物嚴選舉以遏冗濫精考核以防矯偽毋俾小人貽患於民斯善矣古之大臣以賢事君國家膺福蒼生受惠聲名流芳於永世卿等勉之

宣德五年正月吏部奏選官　上因與侍臣論前代官制上曰省官安民之道唐虞建官惟百夏商官倍秦漢以下視夏商官益增多何也侍臣對曰時世不同也上曰唐虞三代事簡民淳不可比擬唐太宗定内外官七

百三十員去古未遠亦足為法侍臣對曰然必君心清則事簡事簡則官可省官省則民安矣若國家多事政務煩雜小人倖進冗食者多欲百姓免於煩擾難矣上曰此誠確論清心省事之本朕當勉之　八月　上罷朝謂吏部尚書郭璡等曰東漢初竇融保河西以孔奮為姑臧長姑臧富饒奮獨以潔廉自守衆皆笑之謂其身處脂膏不能自潤光武知之及融率官屬入朝即擢奮為武都郡丞以旌之夫激揚清濁為治之道使清濁無別何以勸懲天下光武即位未幾舉卓茂又舉孔奮東漢多循良吏盖由此也今天下未嘗無潔士卿宜為朕甄别以聞朕當旌之若人有善而上不知則為善者怠矣　十二月　上謂吏部尚書郭璡等曰朕以用人之柄付卿當為朕擇才昨郡守多缺乃命廷臣共舉古之人當斯任者必勤於訪問有得即錄之故官不乏才呂蒙正之夾袋虞允文之材館錄是也自今宜留意璡等皆頓首

宣德七年八月　陞吏部考功員外郎魏驥為南京太常少卿以京官三品以上所薦云

宣德十年正月吏部尚書蹇義卒年七十三謚忠定義歷事五朝五十餘年性乏耿直遇事脂韋王紳謂其與時浮沉李賢謂其依違承順唐之蘇模稜宋之三旨宰相盖其人云

正統元年正月吏部考功郎中李茂弘致仕時中官王振用事茂弘嘗言可憂者君臣之情不通今經筵進講不過應故事以粉飾太平而暌隔蒙蔽未必無意外之虞　遂抗章致仕去

正統七年七月吏部尚書郭璡罷都御史王文劾其貪

墨故罷之　以禮部左侍郎王直為吏部尚書

正統十一年八月以禮部侍郎錢習禮署吏部事

正統十四年十月景泰　擢吏部侍郎何文淵為吏部尚書文淵初由温州知府超陞刑部侍郎以病乞歸至是廷臣乞起之乃召為吏部侍郎至京遂進尚書尋加太子太保

景泰四年正月吏部尚書何文淵罷時科道交章劾文淵貪縱姦邪實跡乞治其罪詔下文淵獄文淵自言易儲有功詔書所云天祐下民作之君父有天下傳之子

已所屬對也乃令致仕人益鄙之　按李賢曰何文淵守温州時廉靜寡欲一郡大治召為刑部侍郎有餽金者却之好事者為立却金舘在刑部雖有深刺意然尚書主之弗克自遂人亦未知其徹也後以病乞歸正統末天下多事廷臣交章薦起之召為吏部侍郎遂進尚書其於擢用人才之際詭譎之跡始露而臺諫公論皆不能容雖百計固位而攻之者益衆指其姦邪暴其情狀終於斥去其初廉於作郡者乃其干進之計也及立身一敗雖有喬新為之子不能盖其愆矣可不畏哉

二月　以王翺為吏部尚書時吏部尚書缺　上命舉可稱任者練綱率諸御史上言左都御史王翺嚴公峭直右副都御史年富操履端方大理寺卿薛瑄持正不回此三人者擇而用之庶能品藻人才追蹤王直　十月召總督兩廣軍務左都御史王翺還為吏部尚書時何文淵既去朝廷以王直年老思得剛明果斷者以協助之乃召翺翺嚴加考察公銓注抑奔競杜請托一時任使並稱得人

天順元年正月以王翺掌吏部事　三月前吏部尚書

致仕何文淵卒先是景泰易儲之詔既下文淵嘗告人曰詔語天祐下民作之君父有天下傳之子吾所屬對也既歸鄉里又屢以告鄙邑親識人皆知之及上復位鄉人固虞文淵必及禍一日訛傳陳都御史將至人皆驚疑文淵遂自縊死時同鄉侍郎揭稽謫官家居與文淵子喬新搆怨奏文淵之死實諸子逼以脫禍喬新亦奏稽巡撫廣東時嘗薦黄竑及代竑草易儲之疏俱命官校逮至京鞫之迹涉巳往俱釋之

天順元年四月吏部尚書王翺以年老乞致仕李賢言

於上曰翺廉謹老成雖老精力未衰乃留之

天順二年四月吏部左侍郎孫弘闕員　上召李賢曰孫弘豈勝吏部賢曰誠如聖諭蓋弘先以知縣考滿赴京爲石亨鄉里囑留京官又因奉迎有功陞工部侍郎復極力謀求得此士林鄙之上又恐其謀奪情即令守制復召賢曰吏部乃天下人物權衡侍郎即尚書之次非他部比必得其人卿以爲誰可賢曰無如鄒幹姚夔上復問其優劣賢曰幹端謹但規模稍狹夔表裏相稱有大臣之量上曰然以姚夔爲吏部侍郎

天順三年九月謫吏部侍郎孫弘爲大理通判

天順四年閏十一月　召巡撫南直隸右副都御史崔恭爲吏部右侍郎恭廣宗人剛廉有爲嘗知萊州府值歲旱蝗恭親督捕發郡縣倉勸富民粟賑之民賴以全活在萊六年屢辨冤獄遷湖廣右布政使威惠大行巡撫蘇松時有清軍御史郭觀持法過刻崑山縣有一人涉誣連逮充軍者至二十四人欲訴冤於恭或謂巡撫與御史各領勅行事訴之無益或謂在京刑部都察院獄情必大理寺評允無礙方敢決斷御史在外行事刑獄苟有冤抑伸理平反非巡撫而誰於是往訴於恭果爲平反二十四人皆復爲民先是有提學歐御史校士不公被黜者相率訴于前巡撫李秉不爲理恭繼至諸生復往訴恭一一親試之移文提學覆試仍送入學不數年有中鄉試者有登進士者南畿巡撫自周忱之後恭爲特著云

天順六年九月少傅吏部尚書致仕王直卒年八十四贈太保謚文端直在翰林侍從三十餘年爲冢宰十六年躋三孤登一品八十致仕

天順七年二月以尹旻爲吏部右侍郎

成化元年三月　加吏部尚書王翶太子太保

成化三年七月吏部尚書王翺寢疾乞致仕從之時翺年八十有四　十一月致仕少保吏部尚書王翺卒贈太保謚忠肅翺直隸鹽山人永樂乙未進士清心寡慾方嚴質直循守禮法不尚文藝久在邊方一惟鎭靜及典銓衡門無私謁明於知人進賢唯恐不及歷仕五十三年第宅服食不改於舊沒後家無餘貲人謂其清白之節雖古名臣何以加焉　以都察院左都御史李秉

為吏部尚書
成化五年正月刑科給事中蕭彥莊劾奏吏部尚書李秉任情行私其大罪十有三且言其暗結年深御史附已專權　上命三法司會多官議聞於是尚書陸瑜會六部衙門議秉銜直沽名顛倒選法詔曰秉有負任使革太子少保令致仕其所言暗結年深御史仍命彥莊指實回奏時大理寺卿王槩彥莊姻家欲謀逐秉而代之是奏槩所授也彥莊既被旨詰秉所結年深御史乃以劉璧吳遠馮徽對蓋以璧等嘗建言推舉官當悉歸

吏部遂俱下錦衣衛獄彥莊所劾退丘陵孫遇李齡亦多誣枉陵累愬辯不已乃命會官并彥莊廷鞫彥莊坐奏事不實降四川永寧驛丞至永寧未幾署大寧縣事以科罰過重為怨者所殺聞者快之丘陵蘭陽人自為知縣以至山西布政俱膺旌典孫遇福山人知徽州拯饑恤冤歷江西河南布政省僉節費李齡朝陽人為比識江西提學諸生皆率服
成化五年五月吏部尚書崔恭以母喪去任　以吏部右侍郎尹旻為本部左侍郎改禮部右侍郎葉盛為吏部右侍郎六月以禮部尚書姚夔為吏部尚書初李秉去商輅欲薦夔彭時欲薦王槩而尹旻又欲得之相持既久乃用崔恭至是乃以夔代恭
成化五年十一月吏部文選郎中陳雲員外劉恒主事乙瑄陳道為吏許其受賂放吏刑部請逮雲等下獄科道官劾吏部尚書姚夔等私昵屬官刑部尚書陸瑜等朋比故縱并掌通政司事侍郎張文質傳晉吏所奏本二日使雲等得以為計　上以雲等既下獄夔等俱置不問刑部以被劾涉嫌乞調別衙門問理改下錦衣衛

鞫之既而都察院擬罪例贖杖還職　上命調雲等於南京部屬其告訐吏孫慶等遣為民
成化九年二月吏部尚書姚夔卒夔浙江桐廬人正統間以春秋舉鄉會試皆第一賜進士擢吏科給事中景泰天順間歷南京刑部侍郎進禮部侍郎吏部尚書至是卒年六十夔豪俊慷慨不拘小節論者謂其類唐杜黄裳而未免通餽謝當時蓋已疵之　以尹旻為吏部尚書　七月吏部尚書尹旻等言本部議奏天下諸司官有缺每五日內申所司巡按御史兩月一次具奏各

司府每三月類上本部而諸司乃有不如期奏報者自今乞下巡按御史并諸司令其一一如前所奏上之違者俱論以法詔從其議

成化十年三月吏部左侍郎葉盛卒盛崑山人正統乙丑進士授兵科給事中己巳之變朝廷多事六科建白多盛與林聰為倡景泰壬申陞山西叅政協賛獨石等處設法創置百廢具興教民耕種多所收穫天順改元擢僉都御史巡撫兩廣成化初巡撫宣府墾田益廣以所積餘糧鬻戰馬千八百匹脩屯堡七百餘所召入為

禮部侍郎卒年五十五賜謚文莊盛留心世務在宣府多所建置但在兩廣不能戢下官軍多馘平人報功又以峒蠻出没不常禁有司不許擅申盜賊必俟年終彙奏未免姑息觀望識者非之

成化十三年六月尹旻調兵部武選司郎中姚璧為廣西思明府同知璧故尚書夔之子夔素與尹旻不協及璧又忤旻意欲注邊郡恐致物議乃擬徽州近地知内批必不從果得旨璧浙人何得處以近地遂有是命璧居廣西數年以病歸卒于家　七月陞耿裕為吏部右侍郎

成化十五年春正月從太監汪直之請勑加吏部尚書尹旻為太子太保

成化二十二年五月革尹旻太子太保以尚書致仕以其子龍納賄行私　八月陞吏部左侍郎耿裕為吏部尚書　十月調吏部尚書耿裕于南京禮部改工部尚書李裕禮部左侍郎徐溥于吏部溥仍兼學士

成化二十三年九月　吏部尚書李裕以附李孜省罷　十月召前南京兵部尚書致仕王恕為吏部尚

書尋加太子太保先是司禮太監懷恩以直道黜居鳳陽至是召還預政恩素知萬安諛佞王恕剛正力言于上請去萬安而召恕用之遂有是命恕至京鄒智往語之曰三代而下人臣不獲見君所以事事苟且公宜先請見君時政之不善者歷歷陳於上前庶其有濟一受官職再無可見之時矣恕善其言而不能用時南京科道交章保薦恕宜入閣　上曰朕用蹇義王直故事委恕吏部若有諫議亦無不聽

成化二十三年十月　孝宗　以少詹事楊守陳為吏

部右侍郎

弘治二年三月以張悦為吏部侍郎　十月吏部右侍郎楊守陳卒謚文懿守陳浙江鄞縣人性恬淡官五品十有六年泊然自處未嘗求進權幸有重其賢欲援之者使所親喻意守陳謝却之謂其人曰吾猶嫠婦也守節三十年今老矣且白首而改節耶嘗被命教內豎多為近侍與守陳同事者率因之取寵貴而守陳獨無所資藉嘗言古人謂國可滅史不可滅我　太祖定天下即命儒臣撰元史太宗靖內難其後史臣不紀建文君

事遂使建文五年政事及當時忠於所事者皆湮沒不傳及今採輯尚可補國史之缺景皇帝已復位號而英宗實錄標目猶書郕戾王附是宜改正草奏欲上以病不果

弘治六年三月太子太保吏部尚書王恕罷時大學士丘濬亦階太子太保兼禮部尚書一日內宴濬以內閣位恕上恕以已冢宰不宜居禮書下頗有言適太醫院判劉文泰援例求進事下吏部議格不行文泰因憾恕遂訐奏恕變亂選法及不當令人作大司馬王公傳內多詳述留中之疏并封所刻傳進之濬謂恕賣直沽名恕上疏自劾乃下文泰獄降御醫恕求去益力詔允之命乘傳以歸有司歲給役米文泰之奏許濬陰囑之於是言官交章劾濬娼嫉妨賢乞賜罷黜上不聽改禮部尚書耿裕為吏部尚書加太子太保

弘治六年八月以周經吳寬為吏部左右侍郎

弘治七年四月改南吏部考功郎中儲巏為吏部考功郎中巏留意人才考注臧否無不曲當

弘治八年二月吏部尚書耿裕卒謚文恪裕遵其父九

疇之教世守清脩不營產業不治居第儉約蕭然無異寒素表儀縉紳世濟其美

弘治九年二月　以屠滽為吏部尚書

弘治十三年五月屠滽乞致仕許之加太子太傅

六月　召南京兵部尚書倪岳為吏部尚書

七月以王鏊為吏部右侍郎

弘治十四年十月　太子少保吏部尚書倪岳卒謚文毅岳在禮部十餘年儀文制度多所擬定在吏部奨恬抑躁不恤恩怨正色盛氣人不敢干以私事當廷議片

言裁決天下皆仰其風采以為譏之争子云
弘治十四年十月改兵部尚書馬文升為吏部尚書
正德元年夏四月　吏部尚書馬文升罷先是御用監
太監王瑞以大昏禮奏書篆儒士缺人吏部已奉旨考
選復有旨令革退人役通送本監考校優劣文升方枉
塞倖門堅執不從瑞慚憤奏文升抗拒科道皆上疏力
辨事乃寢文升素與劉大夏不協文升與許進劉宇皆
河南人在先帝時文升嘗薦進提督團營宇總制宣大
大夏見先帝因言宇之過宇幾不免戶部侍郎王儼兵

部侍郎熊繡皆湖廣人儼與大夏姻親繡以廉著文升
欲抑儼等引進劉宇會兩廣缺總督都御史文升薦繡
往補之繡不樂于外詣吏部辭之不允繡憾之與李東
陽謀去文升以大夏代其任至是乃諷同鄉御史何天
衢屢疏論之文升遂力求致仕章疏前後至二十一上
乃允　以吏部左侍郎焦芳為吏部尚書芳河南泌陽
人時司禮太監李榮亦河南人為芳內援故李東陽輩
之謀不行
十一月調提督團營兵部尚書許進為吏部尚書

十二月吏部侍郎兼學士張元禎卒元禎為江西南昌
人以進士庶吉士入翰林歷前職平生論議慷慨六名
好脩每與陳選羅倫陳獻章以理學相箴警天下之士
皆想望風采晚年以纂脩再出務為貶抑言官詆其營
求竟歿于京邸未免齎恨云
正德三年正月罷吏部尚書許進尋除名為民調兵部
尚書劉宇為吏部尚書皆劉瑾所為　以王瓊為吏部
右侍郎　四月致仕吏部尚書王恕卒年九十四贈左
柱國太師謚端毅恕陝西三原人舉進士授大理評事

寺副知楊州歷江西河南布政使巡撫荊襄河南雲南
進南兵書巡撫南畿復兵書以至冢宰隨在著稱好學
則至老不倦所著有漕河通志介菴奏議玩易意見石
渠意見經籍格言等書
正德四年四月降吏部尚書兼學士梁儲為右侍郎劉
瑛以儲等在弘治中纂脩大明會典壞宗祖制書雜以
新例悉毀之儲因降為侍郎左庶子毛澄左諭德傅珪
等皆降職大學士王鏊致仕免究惟李東陽如故
五月以　孝宗實錄成復梁儲吏部尚書兼學士

十月以吏部左侍郎張綵為吏部尚書綵陝西人弘治
中任文選郎中養病歸劉瑾查京官養病久者悉革為
民綵赴京焦芳薦于瑾復補舊任已而楊一清薦綵諳
曉韜畧堪任邊方巡撫陞都御史尋陞侍郎劉宇入閣
遂以綵代之綵嘗勸瑾今天下諸司官有饋送禮物者
非取于官庫則歛于小民取怨貽患不可瑾納其言遂
禁察饋遺者適巡按山東御史胡節回歛銀欲行饋送
瑾偵知之捕下獄死少監李宣侍郎張鸞錦衣指揮趙
良差往福建回歛銀貳萬兩饋瑾瑾奏收其銀於承運

庫宣等皆降黜其餘因饋送得罪者甚多剝削之弊一
時少息綵又嘗言于瑾謂其左右用事者多騙財壞法
瑾悉去之其他救正頗多衣冠之禍少減然綵在吏部
惟知敬瑾諸官者以為瑾之踈同類皆綵教之
正德五年八月劉瑾既誅下吏部尚書張綵獄初綵在
吏部尊敬瑾故事　吏部推用大臣必關白內閣綵以
為事在劉瑾內閣不得預每忽之及瑾被繫捕綵下都
察院獄病死仍暴其屍家屬流嶺南
九月以傅珪為翰林學士尋陞吏部右侍郎

十月吏部尚書許進卒贈太子太保謚襄毅
正德六年正月改兵部尚書楊一清為吏部尚書
調南京刑部主事王守仁為吏部驗封主事
十二月以蔣冕為吏部右侍郎
正德七年正月以王守仁為考功郎中　前少師吏部
尚書馬文升卒年八十五贈太傅謚端肅文升鈞州人
性介特不尚華侈立朝五十餘年重名節勵廉隅雖位
極人臣退然不敢自居至於值事變臨利害則屹然不
可奪云

正德八年正月以南戶部左侍郎儲巏為吏部左侍郎
未耄而卒年五十七巏先世毘陵人元末從泰州巏少
貧無資勤苦嗜學舉成化癸卯甲辰鄉會試皆第一狷
介清脩與物無競推引名士振起阨窮逆瑾專權時公
卿奔走巏愧憤引疾去既而起用亦遂乞休至是再起
卒謚文懿
正德元年十一月　加吏部尚書楊一清少傅兼太子
太傅給事中王昂以選法不公劾之詔下謫昂一清上
章自劾保留昂朝廷不聽謫昂休寧縣丞期月轉應天

推官鼎不避權貴一清受善納諫天下兩賢之
正德十年四月調兵部尚書陸完為吏部尚書
十二月以王鴻儒為吏部侍郎
正德十四年七月逮吏部尚書陸完下獄藉其家以交
通宸濠故
正德十五年十月 調兵部尚書王瓊為吏部尚書
正德十六年正月以羅欽順為吏部左侍郎
按吏部尚書領太子太保自詹徽始詹坐藍黨死其登
少師自蹇義始馬文升繼之王直則少傅也吏部尚書

一人左右侍郎各一人其屬司務二人文選驗封稽勳
考功四清吏司文選郎中一人員外郎一人主事二人
驗封郎中一人員外郎一人主事一人稽勳郎中一人
員外郎一人主事一人考功郎中一人員外郎一人主
事二人吏四十五人監生六十七人

文武官品階

洪武二十五年十一月上以中外文武百官職名沿革
品秩崇卑勳階陞轉俸祿損益歷年滋久屢有不同無
以示成憲于後世乃命儒臣重定其品階勳祿之制以
示天下惟醫學陰陽僧道官俱不給祿
按太師太傅太保宗人令左右宗正左右宗人左右都
督品正一階初授特進榮祿大夫陞授特進光祿大夫
勳左柱國右柱國祿月支米八十七石太子太師太子

太傅太子太保都督同知品從一階初授榮祿大夫陞
授光祿大夫勳柱國祿月支米七十四石太子少師太
子少傅太子少保尚書左右都御史品正二階初授資
善大夫陞授資政大夫加授資德大夫勳正治上卿都
督僉事正留守都指揮使品正二階初授驃騎將軍陞
授金吾將軍加授龍虎將軍勳上護軍祿以上文武俱
月支米六十一石衍聖公真人俱品正二無勳祿左右
布政使品從二階初授中奉大夫陞授通奉大夫加授
正奉大夫勳正治卿都指揮同知品從二階初授鎮国

将軍陞授定國将軍加授奉國将軍(勳)護軍(禄)以上文
武俱月支米四十八石太子賓客侍郎副都御史通政
使大理卿太常卿詹事府尹按察使(品)正三(階)初授嘉
議大夫陞通議大夫加授正議大夫(勳)資治尹副晋守
都指揮僉事指揮使(品)正三(階)初授昭勇将軍陞授昭
毅将軍加授昭武将軍(勳)上輕車都尉(禄)以上文武俱
月支米三十五石光禄卿太僕卿行太僕卿苑馬卿叅
政都轉運鹽使(品)從三(階)初授亞中大夫陞授中大夫
加授大中大夫(勳)資治少尹晋守指揮同知衛指揮同

知宣慰使(品)從三(階)初授懷遠将軍陞授定遠将軍加
授遠（定入）将軍(勳)輕騎都尉(禄)以上文武俱月支米二十六
石宣慰使係土官無禄餘倣此僉都御史通政大理太
常太僕少卿少詹事鴻臚卿京府丞按察副使行太僕
少卿苑馬少卿知府(品)正四(階)初授中順大夫陞授中
憲大夫加授中議大夫(勳)賛治尹指揮僉事宣慰同知
(品)正四(階)初授明威将軍陞授宣威将軍加授廣威将
軍(勳)上騎都尉(禄)以上文武俱月支米二十四石國子
祭酒布政司叅議鹽運同知(品)從四(階)初授朝列大夫

陞授朝議大夫加授朝請大夫(勳)賛治少尹(禄)月支米
二十石宣慰司副使宣撫司宣撫(品)從四(階)初授宣武
将軍陞授顯武将軍加授信武将軍(勳)(禄)無殿大學士
閣坊大學士翰林學士庶子通政司叅議大理寺丞尚
寶卿光禄少卿部郎中欽天監正太醫院使京府治中
宗人府經歷上林苑監正按察僉事府同知王府長史
(品)正五(階)初授奉議大夫陞授奉政大夫(勳)脩正庶尹
儀衛正正千户宣慰同知(品)正五(階)初授武德将軍陞
授武節将軍(勳)驍騎尉(禄)以上文武俱月支米十六石

侍讀學士侍講學士論德洗馬尚寶鴻臚少卿員外郎
五府經歷知州鹽運副使鹽課提舉(品)從五(階)初授奉
訓大夫陞授奉直大夫(勳)協正庶尹衛鎮撫副千户儀
衛副招討司招討宣撫司副使安撫司安撫(品)從五(階)
初授武畧将軍陞授武毅将軍(勳)飛騎尉(禄)以上文武
俱月支米一十四石 大理寺正詹事丞中允侍讀侍講
司業太常寺丞尚寶司丞太僕寺行太僕寺丞主事太
醫院判都察院經歷京知縣府通判上林苑監副欽天
監副五官正兵馬指揮留守司都司經歷斷事典仗審

理正(品)正六(階)初授承直郎陞授承德郎(勳)無百戶長
官副招討宣撫僉事安撫同知(品)正六(階)初授昭信校
尉陞授承信校尉(勳)雲騎尉(祿)以上文武俱支月米十
石神樂觀提點僧善世正一(品)正六無勳祿賛善司直
郎脩撰光祿寺丞署正鴻臚寺丞大理寺副京府推官
布政司經歷理問鹽運判官州同知鹽課司提舉市舶
河渠副提舉(品)從六(階)初授儒承務郎陞授儒林郎吏
出身宣德郎(勳)無(祿)月支米八石都給事中監察御史
編修評事行人司正五府都察院都事通政司經歷太

常博士典簿兵馬副指揮營繕所正京縣丞府推官知
縣按察司經歷留守司都司都事副斷事審理副安撫
僉事蠻夷長官(品)正七(階)儒初授承事郎陞授文林郎
吏出身宣義郎(勳)無(祿)月支米七石五斗檢討左右給
事中給事中中書舍人行人司副光祿典簿署丞詹事
太僕主簿京府經歷靈臺郎祠祭署奉祀州判官布政
司都事副理問鹽課司副提舉衞鹽運司宣慰招討司
經歷蠻夷副長官(品)從七(階)初授從仕郎陞授徵仕郎
(祿)月支米七石國子監丞五經博士行人部照磨通政

司知事京縣主簿欽天監主簿保章正御醫協律郎典
牧所提領營繕所副大通關寶鈔龍江司提舉衞知事
府經歷縣丞鹽同提舉按察知事宣慰都事王府典寶
奉祀良醫典膳正紀善講經至靈元符崇真宮靈官(品)
正八(階)初授迪功郎陞授脩職郎(祿)月支米六石六斗
清紀郎翰林典籍國子助教典簿博士光祿錄事監事
鴻臚寺主簿京府運司知事挈壺正祠祭署祀丞布政
司照磨王府典膳副奉祀副典寶副良醫副宣慰經歷
神樂知觀崇真宮副靈官左右覺義玄義(品)從八(階)初

授迪功佐郎陞授脩職佐郎(祿)月支米六石校書侍書
國子學正部檢校鴻臚署丞五官監候司曆營繕所丞
典牧所會同館文思院承運寶鈔廣運廣積贓罰十字
庫顏料皮作鞍轡寶源等局織染所京府織染局各大
使龍江寶鈔副提舉府知事縣主簿長史司主簿典儀
正典樂牧監正茶馬大使賛禮郎奉鑾宣撫安撫司知
事(品)正九(階)初授將仕郎陞授登仕郎(祿)月支米五石
五斗待詔司諫通事舍人正字詹事府錄事司務學錄
典籍鳴賛序班司晨漏刻博士司牧大使牧監副圉長

太醫院提舉司鹽課司州所吏目軍儲御馬都督府門倉軍器等局大使承運寶鈔廣運廣積贓罰十字庫副使典牧所會同館文思院副使廣盈大倉銀太僕寺京府庫都稅宣課柴炭司大使顏料皮作鞍轡寶源局織染所京府織染副使草場大使孔顏孟子孫教授按察司檢校府宣撫司照磨典儀副教授伴讀都司運司府京衛宣撫慰司學教授司庫司府雜造織染局稅課司大使司獄巡檢茶馬副使正術正科都綱都紀太常司樂教坊韶舞司樂(品)從九(陞)初授將佐郎陞授登仕佐

郎(祿)月支米五石孔目掌饌學正教諭訓導兵馬斷事長官司吏目司牲司牧副使府檢校典史軍器局柴炭司副使　遞運所大使驛丞河泊所閘壩官關大使牧監錄事群長提控案牘都督府御馬軍儲門倉副使廣盈庫都課都稅稅課司副使茶鹽課司司府州縣衛所倉場大使副鹽運司府衛提舉司所州縣庫大使副使司府州軍器織染雜造局副使茶運批驗所巾帽針工局慶遠裕民司竹副使司庫副使宣德倉司竹鐵冶河州遼陽青州府樂安稅課司大使鹽倉稅課鈔紙印鈔鑄印抽分竹木惠民局水銀硃砂場局生藥庫長史司倉庫大使副使縣雜造局副使典科訓科典術訓術副都綱都紀僧正道正僧會道會以上俱未入品階(祿)月支米三石

官制

革除建文元年二月更定官制

按建文時改官制陞六部尚書正一品設左右侍中各一人位侍郎上諸司去清吏字改戶部為民度支金帛

倉庚四司刑部為詳憲比議職門都官四司罷左右都御史設都御史一人副僉都御史各一人又改都察院為御史府設御史大夫正二品革十三道置察院一定御史二十八人改諸御史為拾遺補缺改通政司為寺通政使為通政卿通政少卿參議寺丞增置左右補缺左右拾遺各一人復大理寺改為司又改卿為大理卿左右寺正都評事寺副副都評事司務都典簿太常寺改卿為太常卿少卿寺丞分左右天壇祠祭署為南郊祠祭署泗州祠祭署為泗濱祠祭署宿州祠祭署為新

豐祠祭署孝陵置鍾山祠祭署及司圃所增神樂觀一人光祿寺改卿為光祿卿少卿寺丞如太常陞少卿從四品省署丞二人增監事二人太僕寺改卿為太僕卿增典廐典牧二署騙騍十五群遂生三群分隸二署詹事府增少卿寺丞各一人賓客二人又置詹徳院設資徳一人資善二人其屬贊禮贊書著作郎各二人掌籍典簿各一人國子監陞監丞為堂上官增司業二人省博士學正學録增助教十七人鴻臚寺改卿為鴻臚卿少卿寺丞如光祿并行人司於鴻臚寺翰林院增學士

承旨一人學士一人設文學博士二人省侍講侍讀學士置文翰文史二館文翰館設侍書改中書舍人為侍書文史館設脩撰編脩檢討又改謹身殿為正心殿設學士一人罷華蓋文華武英三殿文淵閣東閣大學士各設學士一人待設無定員文淵閣設典籍一人六科罷左右給事中改中東西南北城兵馬指揮司為五城兵馬司指揮副指揮為兵馬副兵馬始署京衛武學教授一人啓忠等齋各訓導二人布政司革左右布政使設布政使一人堂上官各陞品一級改提刑按察司為十三肅政按察司廣東鹽課司為廣東都轉運鹽使司罷北平山東河南山西陝西五省及江北學校貢士革五府左右斷事官五軍斷事司增親王官賓輔二人正三品伴讀伴講伴書各一人長史一人左右長史各一人審理正典膳正奉祀正良醫正典寶正竝去正字審理副等改為副審理等郡王賓友二人正四品教授一人記室二人直史一人左右直史各一人吏目一人典印典祠典禮典饌典樂五署典印典祠典禮典饌典樂各一人典儀二人引禮舍人二人儀仗司吏目一人賓

輔三伴賓友教授進對侍坐稱名不稱臣見禮如賓師請難後俱復洪武舊官制惟存大理寺不設斷事官及斷事司正統中復設京衛武學

久任大臣

按永樂至正統間諸老臣在政地既久且專蹇義為吏部尚書夏原吉為戶部尚書皆二十七年黃福尚書兩京三十九年而在交南者十有九年胡濙為禮部尚書三十二年周忱巡撫江南二十二年以故用人理財禮

樂征伐諸大政文經武緯兮各盡其長章程故在後鮮能

及

憲章類編卷之十六終

災異論訐考察

成化四年九月彗星屢見六科給事中魏元等言四方旱澇民困日急盜賊日盛荊襄流民所在刼殺人心搖撼且君者民之父母也子有饑寒疾苦父母必為之寢處不安今陛下作民父母覽民饑之奏不蒙省懼尚循故事付部施行尚書馬昂等凡遇奏報視為泛常持尋常活套之言為終身經濟之策是猶子訴饑寒而父母若

不聞彼若棄父母而不顧則何以處之乞罷征稅之務發內帑之財遣官賑濟又言朝廷於僧徒過於信待每遇降生之辰輒費無限之貲財建無益之齋醮而西番劄實巴等又加以法王名號賞賚隆厚出乘椶轎導用金吾仗乞革去法王等號發回本國追回賞賜以賑饑民仍勅寺觀不得請建醮脩齋又言天下之財不在官則在民今則公私俱困矣蓋由賞賚無節玩好太多或印施經識或填寫佛經或為繪畫之像或造寶石之具及雲南等處鑛場採辦悉宜停止又言大臣者君之家子

而群臣則衆子也若家子懷姦而衆子效尤為父者不之治則國家必敗矣今兩京文武大臣多姦貪蒙蔽之徒陛下勿謂其位高而不忍遽去勿謂先朝舊臣而暫且寬容宜令自陳休致以全大體貪戀不去者令科道糾舉而臣等濫居言路無補於時亦望罷歸以戒不職十三道御史康永韶等亦以為言　上曰所言有理所司即擬行之　御史胡深等六人言邇者天出彗星昭示鑒戒　皇上兢惕不寧臣等亦皆憂畏既已畧陳愚衷詔議行之竊惟應天以實不以文今日雖云上下脩省亦徒為虛文而已未得弭災之實伏望皇上總攬

乾綱凡大賞罰大機務斷自宸衷毋令左右竊以市恩如兵部左侍郎商輅乃先帝親擢恩幸無比當皇上正位青宮郕邸密謀廢立彼以內閣大臣畧無一言正救方且自圖富貴徇其邪謀是乃賣國之姦也兵部尚書程信頃承朝命督師四川聽囑權豪之子弟多分首級以報功禮部尚書姚夔用私臧公貪財黷貨比因度僧受銀鉅萬故京師有反賊劉千斤賊官姚萬兩之謠戶部尚書馬昂不學無術妨政害民納餽送之女結勢要

之人四方水旱賑救無方三邊軍餉調度無策凡此數人皆足致變乞賜顯黜用答天意　上曰如今急切用人之際豈宜求備所言不允翌日早朝兵科給事中黃昊等三人具疏於御前面進上曰進疏自有舊規昊等紊亂朝儀本當治罪姑宥之　姚夔程信商輅懇乞休致不准　馬昂乞致仕許之　丁丑昏刻彗星犯七宮西等四星　壬午昏刻彗星入天市垣　命會官廷鞫給事中董旻等三人御史胡深等六人先是旻等以彗見各上疏請罷商輅姚夔程信輅等不自安各上章求

退夔奏多詆言者於是旻等復言輅等求退之章皆有欲進之意飾非強辯決當罷黜而攻夔尤切　上震怒命錦衣衛三法司執旻等廷鞫之會御史林誠又言臣近劾商輅當郕邸易儲之際不能正救今復起用不合人心　上曰唐太宗用王珪魏徵朕用商輅有何不可而屢奏擾亦命廷鞫之各問擬贖杖還職　十月吏科給事中毛志言邇者京師地震妖星示警御史康永韶等奏稱兩京官員宜從公考覈以消天變奉旨著吏部會同各堂上官考察各堂上官當念陛下克謹天戒以

遵常憲却乃朋姦欺蔽虐應故事如戶部郎中邊永以六十有五被黜而年過於永素行不端如蕭繼者尚留工部郎中鍾成以有疾被黜而久病曠職清譽無聞如彭尚者猶在主事陳瑾行人馬桓貪名素著此而可恕人將效尤乞將府部等衙門堂上官曾預考覈者明正其罪以為大臣欺罔之戒詔考察事已處置矣但今後諸司官考滿吏部都察院務嚴加考覈　甲寅彗星犯天屛西第一星　十一月　戊午夜彗滅　南京十三道御史楊智等言妖彗示譴災異迭至自非君臣恐懼

進君子退小人不足以盡應天之實大臣如南京守備成國公朱儀兵部尚書李賓俱以猥瑣之才濫膺根本之寄吏部右侍郎章綸從事先朝雖有可取及任吏部以來功名大損如以子玄應冒京衛軍餘僥倖薦書欲求事君而先欺君刑部右侍郎王恕不顧名節託本部郎中黃紱娶已故劉指揮妻文氏為繼室以大臣而偶失節之婦工部侍郎范理外似純朴內實姦貪大理寺少卿金紳背公營私詳駁失當伏望嚴加黜責庶可以答天戒安人心南京兵科給事中朱清等亦以為言命

禮部右侍郎葉盛刑科都給事中毛弘往按之
成化五年正月南京吏部右侍郎章綸都察院右僉都
御史高明會各衙門掌印官考察庶官綸明各狥意見
奏罷官九十六員　上曰既會官考察何以掌印官不
同僉名事有未當宜令侍郎葉盛都給事中毛弘將今
次考過官再從公體勘應否來聞時盛弘奉勑往南京
按他事因以命之既而綸又訐奏　上亦命盛等併勘
成化五年二月宥王恕范理金紳章綸等罪初南京科
道因天變劾恕等　上命葉盛毛弘往南京按之俱得

實奏請區處事下刑部尚書陸瑜覆奏章綸縱子冒籍
入試事在革前宜行禮部改正王恕不惜名節范理行
事欠謹金紳衆駁失當乞宸斷將各官或調用或罷黜
逮問　上曰王恕范理金紳事亦在革前并宥之
成化五年閏二月禮部侍郎葉盛奏臣與給事中毛弘
奉命會勘章綸高明考察不公及南京給事中王讓御
史李英等劾綸不公不法事具得其實當會考之時章
綸不能對衆執論偏執已見展轉煩瀆高明亦不與章
綸誠心商確以致積忿猜疑再三訐奏既而奏復之時

又不與諸司掌印官僉名同進二人俱宜逮問綸所言
欲留考退郎中潘孟時等三人黜見留左府經歷吳宣
等十九人但考察已定恐難紛更至於讓等劾綸事亦
皆不實俱下吏部議擬以聞議入　上是其言章綸高
明姑置不問

考察官復職

弘治六年春正月　詔考察官員未及三載被黜者非
有貪暴實跡許復職

冒濫官賞

成化十九年十二月吏科王瑞等言爵賞者天下之公
器自古帝王所以驅策群臣制馭四海者也我祖宗列
聖法古為治設官分職各有定員惟有功德才能者授
之初無倖取之路今恩典內降厮養賤夫市井童稚皆
得以夤緣而進名器之濫一至于此伏覩英廟復辟之
初懲景泰間倖用者多率皆黜罷　皇上臨御之日察
天順初冒功者衆一切革除史冊書為盛事天下傳為

羡政伏乞斷自宸衷一槩革罷以絕弊端御史張稷等亦上疏言之其畧曰比年以來末流賤技多至公卿屠狗販繒亦居清要有不識一丁而濫授文職有不挾一矢而冒任武官末流之弊不可勝言伏望命內閣大臣同吏兵二部一一審實明正其罪以警其後奏入

上曰瑞等所言事朝廷自有處分自今仍有奏擾希求進用者必罪之

久任

正德十年四月戶科給事中黃重上言邇來法制屢變天下司府州縣官員到任未久往往陞擢其間又因別項事故去任不常夫久於其職賢者可以責其成功不肖者難以掩其罪狀今屢更易雖有高世之才年月未久何由積事程功况舊者去而新者代送舊迎新費出小民緣絕簿書弊生姦吏其害有不可勝言者地方不寧民生不安皆由於此不報　按今任板京堂官約一百二十餘京司官約五百方面官約四百進士候選者三年約三百進士為州縣正府佐及舉人官陞京司者約二百三年之間以進士候選者進士為州縣正府佐者舉人官陞京司者共計五百以陞京司五百之缺京司之五百以陞方面之四百及羡餘以補京堂方面之四百合京司羡餘共以陞京堂統共約一千五百員三年之內續益進士三百并舉人陞京司者歲准其益數計合消一百餘員以一千五百人歲得廢黜亡故百餘消息之數亦自然之勢也復慮才溺官無以居之不為久任長便之法或數轉以申情或傍摘以騰缺或添註增設以疏任而士無固志雖欲痛裁奔競不能

給由

弘治三年三月復官員給由例先是成化甲辰令被災所在考滿官員納米預備賑荒免赴部惟造牌冊差人齎繳至是王恕等會題考課之法廢格不行甚非政體令後考滿官俱令給由赴部照例考覈從之

起復

永樂八年二月　上親征本雅失里命胡廣楊榮金幼

孜亳從時榮喪母特留之
永樂九年六月楊榮奔喪還起復至京
正統十二年二月復于謙兵部右侍郎理部事先是謙丁父喪詔起復屢疏乞終制不允遣行人汪琰諭祭營葬事畢還朝陛見遂復前職留京既而復聞母喪朝廷以邊事方殷仍命起復
景泰四年五月內閣吏部尚書王文以憂去九月起復
成化元年二月翰林脩撰陳鑑居憂召脩實録固請終制許之

成化二年五月　李賢奪情起復翰林修撰羅倫疏劾李賢遭父喪宜令終制宋仁宗起復富弼孝宗起復劉珙二臣皆不從綱常倫理所關甚大詔倫狂妄謫福建市舶司副提舉御史陳選等交章留倫不報編脩尹直引文彥博待唐介故事請賢留倫賢曰潞公市恩歸怨朝廷吾則不敢倫雖貶而上歸之
成化三年九月翰林丁憂修撰王獻乞終制許之
成化五年十一月總制兩廣都御史韓雍以憂去　上命兵部議舉代者仍起復韓雍陞右都御史總督兩廣軍務兼理巡撫
成化六年正月韓雍奏乞終制并辭免右都御史兼總督兩廣軍務之任　上曰兩廣用人方急難拘常例守制不允辭
成化七年十一月柯潛以少詹事居憂辭免召命乞終制許之
成化八年四月命詹事兼侍講學士李泰復任泰以伯父司禮太監永昌為父不為所生母終喪士論愧之
成化十九年秋七月前兵部尚書余子俊服闋召為戶部尚書

起廢

宣德二年五月簡用罷黜庶官
景泰三年二月詔各處見任官員有才行政事優長屈在下僚及有文學才行堪授職任之士隱於民間及官員罷職黍無贓犯重情而才學可用者並聽在京四品以上在外巡撫巡按方面并府州縣正官舉薦赴京考用所舉之人後犯贓罪連坐舉主

追復原官

正統三年五月河南參政孫原貞奏故汜水縣典史曾泉始由進士任御史以事降黜自宣德六年到任廉謹勤能課農勸學官有儲積民無科擾歷任三年家給人足俗醇訟簡然其所以裕民者不過用民力因地利以阜其財厚其生耳聖明在上郡邑率多俊乂然求其如泉者不多得也臣至其邑泉沒已三年民之懷惠至今稱之乞勑該部覈實原其過名追復其官以為天下士

風之勸從之

成化元年二月御史趙敔言張鵬楊瑄等在天順元年為石亨搆陷者俱蒙恩例復職即中吕節等為人所累御史葉淇等犯進言之失乞通查復職又言于謙等為石亨等誣陷榜示天下其後亨等不一二年亦皆敗露陳循俞士悅等前後恩宥無俟臣言獨正統十四年虜犯京城賴于謙保固其功不小餘亦可憫伏乞收回前榜死者贈官存者復職　上曰朕亦稔聞謙冤所司其悉如御史言行之　五月復倪謙為翰林學士閑住謙上言天順二年奉命充順天考試官都御史寇深陰縮錦衣指揮逯杲擿摭臣罪除名戍邊今幸遇登極恩釋為民乞賜對以雪冤枉　上以事在赦前不問復職閑住

成化三年十一月復兵部尚書沈敬官敬嘗被石亨等誣與于謙等迎取外藩謫戍邊至是事白

召謫官

洪武九年六月召岐寧衛經歷熊鼎還京師鼎行次中

途西戎朶兒只班要劫死之鼎撫州臨川人陳友諒破江西強之仕不從王師駐南昌召為中書博士編集經史事類拜起居注凡郊祀禮樂官制法律及賜外夷言詔鼎皆與議歷陞山東按察司副使既而為晉王傅以不能弼元四大王出沒謫攺岐寧知西戎徂詐容疏論其雖降且叛之狀召還被害　上悼惜之立祠致祭

洪武十九年五月上諭吏部曰國家人才非一日所能造就曩進士魏安仁等六人嘗以過謫為浙江按察司書吏使知自新今已歷年恐為小人所侮則終身喪志

雖欲改過不可得矣其召還用之

成化二十年十二月命陝西耀州判官張善吉為兵科都給事中善吉初為兵科給事中調外任久之不遷遂以方術托太監高英轉聞於　上因得召見遂有是命士人恥之

成化二十一年正月復雲南姚州判官林俊為南刑部員外郎師宗州知州張黻為南左府經歷梁方等以星變謂俊黻禍由己作恐言者及之遽乞內降復其官

弘治元年三月南京吏部主事儲瓘上疏薦舉謫籍遺

才先是中書舍人丁璣主事張吉王純進士敖毓元李文祥並以言事遠謫瓘言五人者既以直言徇國必不變節辱身今皆棄之嶺海毒霧瘴氛與死為伍情實可憫乞取而寘之風紀論思之地則言論風采必有裨益與其旋求敢諫之士不若先用已試之人　上付吏部起用之

大臣致仕給米撥夫給驛歸

成化十三年六月大學士商輅致仕賜給驛歸

成化十五年十月戶部尚書楊鼎再乞休致詔允所請令有司月給米二石人夫四名應用先是大臣致仕未有給米撥夫之例有之實自鼎始　十二月命禮部尚書鄒幹工部尚書王復致仕有司給月米人夫視楊鼎例

弘治十三年五月吏戶禮刑工部尚書屠滽周經徐瓊白昂徐貫各上疏乞致仕許之滽昂並加太子太傅經瓊並加太子太保各歲給人夫賜璽書給驛以歸

京官養疾

成化十三年五月兵部尚書項忠乞歸養疾許之

正德三年二月養病南祭酒章懋奏乞致仕許之

京官歸省

革除建文元年七月勅令京朝官請告歸省給勘合于內府

正統四年三月大學士楊士奇乞歸省墓遣中官阮濬

護送且促還京師

正統五年二月大學士楊榮乞歸省墓

正統六年二月大學士楊溥乞歸省墓畢還朝

成化二年正月兵部尚書彭時歸省

正德六年四月大學士劉忠省墓還朝

歸養

洪武三年二月　上行後苑見巢鵲翼哺之勞禽鳥且爾況人母子之恩乎令群臣有親老者許歸養

洪武二十三年十二月國子生程通言其祖父以罪謫居陝西年過七十無他子孫侍養乞放還鄉里俾得就養　上憐其志從之

弘治十七年春正月　御史陳茂烈以毋老陳情乞終養許之茂烈世為福建興化衛總旗少喪父茂烈繼其役厲志邁俗不與群兒伍晝入公署夜歸讀書祖母憐其孱弱亟止之乃韜燈默讀不少輟年十八慨然歎曰善學聖人者莫如顏曾顏之克己曾之日省豈非學之法與乃作省克録以自考登進士為吉安府推官明允公恕信孚于民考績歸至淮以乏寒且凍幾死所知覆以敝裘始甦及為御史袍服朴素借騎一牝馬身若無官而自任風紀之重彈劾不避權貴乞歸終養躬自治畦妻子服食粗糲人甚不堪而泰然自足日坐斗室究極經書體驗身心隨得隨録嘗曰儒有向上工夫詩文特土苴耳

正德七年九月漕運戶部左侍郎兼左僉都御史邵寶乞歸省抵家再疏乞終養許之

正德八年八月賜終養御史陳茂烈月米先是吏部以

茂烈養母清苦奏改為晉江教諭俾得資其祿以便養茂烈辭至是福建守臣復上其孝行貧苦吏部援侍郎潘禮例奏給月米制曰陳茂烈清苦可嘉着有司月給米三石以資孝養茂烈仍具疏辭不允

進士觀政

洪武十八年三月上以諸進士未更事俾觀政諸司各照出身次第資格月給俸米

按進士每科大約三百名分試九卿衙門觀政每衙門

大約三十餘人堂長司保與之朝夕而試之事其人端衺能不能若燭照而數計之於是會其賞以上於天官天官籍准以為銓注文學政事風節慈愷隨所成以授其任任則必久而不數更是以無不可用之才無不可知之人此易簡之道　祖宗朝之所以得人今乃無豫以處士而復輕用以棄之士先不幸而嘆其無所遭朝廷亦不幸而咎不得士其誰自哉祖宗之法不存也

進士初授翰林官

洪武三十年六月以進士韓克忠為翰林修撰王恕焦勝為編修

進士選部科官

洪武十八年八月以進士方昇梁德遠等六十七人為六科給事中六部試主事　上諭之曰忠良者國之寶奸邪者國之蠹故忠良進則國日治奸邪用則國日亂觀唐太宗用房杜則斗米三錢外戶不閉玄宗用楊李則安史作亂蒙塵播遷此可鑒矣

成化二十年八月吏部尚書尹旻選觀政進士儲瓘為吏部主事瓘以父老懇求便養改南京吏部考功郎中考察南京官執政親戚不職者咸去之

進士初選知州

景泰五年五月兵部觀政進士常熟楊集上書于謙救章綸鍾同言姦人黃玹進易儲之說以迎合上意脫章綸鍾同死杖下而公坐享崇高奈清議何謙以書示王文文曰書生不知朝廷法度然有膽氣當進一級處之遂出集為六安州知州進士選知州始此

三途並用

正統五年十二月令進士舉人監生吏員官聽諸司保舉

選官給冊車

洪武十年正月上謂中書省臣曰官員聽選之在京者宜早與銓注即令赴任聞久住客邸者日有所費甚至

假貸於人昔元之弊政此亦一端其常選官淹滯在京者輒經歲月資用既乏遂流為醫卜使賢者喪其所守實朝廷所以待之者非其道也自今銓選之後以品為差皆與道里費仍令有司給舟車送之著為令

大臣蔭官

洪武二十三年十月以前誠意伯劉基次子仲璟為閤門使

永樂十七年冬十月 命故大學士胡廣之子種為翰

林院檢討俾在院進學蓋追念廣也

洪熙元年正月擢解禎期為中書舍人禎期前翰林院學士縉之從子縉坐事下獄籍其家產徙邊至是召還以禎期嘗工書故擢用之

成化四年二月改府軍前衛副千戶于冕為兵部員外郎冕故兵書謙之子以父功蔭武職天順初謙殺冕戍邊遇赦得還至是自陳乞改文職從之

成化五年九月 命中書舍人解禎亮復職禎亮故翰林學士縉之子九年考滿時已六十八歲矣例不復用禎亮自言父縉在永樂時擢居內閣頗效忠勤乞仍舊職 上特許之

正德五年八月復蔭大學士李東陽楊廷和子為尚寶司丞戶部尚書楊一清子為中書舍人

正德十六年五月世宗 蔭前戶部尚書韓文孫為光祿丞

恩蔭官政蹟

成化二年四月擢掌新會縣事廣州府同知陶魯為廣

東按察司僉事魯初以父死事蔭為新會縣丞陞同知仍掌縣事至是都御史韓雍請進魯憲職專守新會并肇慶之新興陽江陽春瀧水等縣吏部覆奏從之

成化二十一年十一月 陞廣東按察副使陶魯為湖廣按察使魯以父廕授縣丞歷陞副使至是九年秩滿乞改別省撫按等官各為具奏乃有是擢仍奉勅兼管嶺西道兩廣有警聽往來撫治

弘治十年三月湖廣左布政使兼廣東按察副使撫治兩廣地方陶魯卒魯廣西鬱林人景泰初以父成死事

蔭授廣東新會縣丞年甫弱冠有膽畧適廣西徭賊流刦雷廉高肇勢熾甚蔣及新會督帥其民築輔城置堡寨相聯絡誓死以守賊至不能克遁去時稱其功遂陞知縣進府同知再擢按察僉事專治盜賊九載滿進副使嘗平山後賊置從化縣平恩平陽江賊置恩平縣平新寧白水賊置新寧縣復平廣西潯梧潞浦府江田州諸賊擒斬共數萬計皆親冒矢石前後身被數十創陞按察使進湖廣左布政使兼廣東按察副使並奉勑撫治兩廣民稱為三廣公云蔭其子錦衣衛世襲副千戶

諸司勘合

洪武十五年正月始制諸司勘合

舉富民

洪武八年九月詔舉富民素行端潔達時務者

稅戶人材

宣德元年三月吏部言徵至稅戶人材多有言老疾欲循例令子姪代者上曰故人言有恒產者有恒心今國家用稅戶人材意亦如此其老疾聽以子姪代但須考驗而後用之

錄元臣

洪武二年正月元學士承旨危素學士張以寧王時編脩雷燠刑部侍郎程儒太常博士孫吾與胡益禮部員外郎曾堅主事王肅等自北平至京詔以新製衣冠賜之尋以素及時為侍讀學士以寧為侍讀學士堅為禮

部員外郎儒為刑部侍郎肅為工部主事　二月以侍讀學士秦裕伯為侍制裕伯大名人先從父仕元都就學胄監登第累官至福建行省郎中會世亂棄官寓揚州復避地松江之上海時張士誠據姑蘇遣人招之拒不納吳元年　上命中書撤下松江起之裕伯對使者曰受元爵祿三十餘年背之不忠也母喪未終亡哀而出不孝也乃上書中書省固辭洪武元年復檄起之稱疾不出上乃手書諭之曰海濱之民好鬭裕伯智謀之士而居此地苟堅守不起恐有後悔裕伯拜書入朝裕

伯辨博善為辭說上命為侍讀學士屡以故辭不允授以侍制

洪武九年十二月勅送故元官蔡子英歸塞北子英河南永寧人元季舉進士為擴廓帖木兒所知薦於元累遷顯官王師征定西擴廓帖木兒軍敗子英單騎走關中入終南山有司以形求得之械送京師至江濱亡去至是陜西人捕得之械過洛陽遇湯和不為禮和怒焚其鬚髯之終不屈其妻適過洛陽聞子英至欲與相見子英避不肯見至京　上命釋之授以官英不受退而

上書曰伏惟皇帝陛下乘時而起提三尺劍削平群雄混一四海九夷八蠻莫不賓貢英釜魚漏網假息南山曩見獲河南拘送京師垂及渡江復得脫亡七年之父動勞有司既違陛下又忤大臣揆之常情雖死罪不足以擬英而陛下以萬乘之尊全匹夫之節不降天誅反療其疾易以冠裳賜以酒饌授以名爵陛下之量包乎天地之外矣英感恩無極非不欲竭犬馬之力以報覆載之仁但以名義所在不敢改其初志自惟家本韋布遭值亂離操戈行伍智識粗淺過蒙主將知薦仕至七命擢馬食肉十有五年愧無尺寸之功以報國士之及國家破蕩又復失節何面目見天下士所以寧死敢有他志蓋臣之事君猶女之適人一與之醮終身不改事君之道一食其禄終身無二昔馮道歷仕五朝司馬光曰不正之女中人羞以為室不正之士中君羞以為臣偉哉言乎管子曰禮義廉耻國之四維四維不張國乃滅亡陛下金城湯池兵極其精器極其利府庫充實米粟紅腐國家之盛古未有也猶以為未足於是興學校明人倫褒死節奬忠義蓋謂治天下未有大於禮

義廉耻也夫以今天下之廣人民之衆既不以英一人而加少又豈以英一人而加多授英以官何益於國舍英不用何損於事陛下創業垂統正當提挈大經大法以昭示聖子神孫功臣賢士不宜以無禮義廉耻之俘虜而厠於維新之朝賢士大夫之列也英自被獲以來日夜所思惟追咎昔之不死以為今日惟死可以塞責陛下乃待英以禮沐英以恩臣固不敢賣死以示名然不敢全身以苟禄若察英之愚全英之志禁錮海南以終雞露之命則雖死於炎瘴亦感恩極矣陛下之

加于海内而奔走四夷不患不行於匹夫之賤然英聞仁者不中道而改節義者不苟生以圖榮勇者不見幾而不作故王蠋閉門以自縊李芾闔門以自屠彼非惡安逸而樂危亡顧義之所在雖湯鑊有所不避也耿焉之軀仰止古人死有餘恨冒瀆天顏伏俟鈇鉞不知所言 上覽奏而益重之命館於儀曹忽一夜大哭不止人問之故子英曰思舊主耳語聞上知其志不可奪勅有司送之出塞

録元臣忠節裔

洪武二十二年十一月擢德州同知陳龑為太僕寺少卿龑故元南臺御史大夫福壽之子始由中書宣使授德州同知至是坐事當戍邊 上念其父死節特宥而擢之仍賜以鈔錠

洪武二十五年三月 兩浙鹽運使陳龑坐黨事謫居雲南時有言龑嘗為中書省宣使係胡惟庸黨屬召還京法司奏當付獄 上曰龑元忠臣福壽之子姑宥之令往雲南西平侯沐英處聽差別勅西平侯善遇之

歷事監生

革除建文二年冬十月 更定歷事監生選用法凡歷事一件為滿考分三等上者即授官次下者再歷一年復考考上者亦即授官次量材選授下還國子監讀書

永樂二十二年九月中軍都督府奏本府歷事監生七人今考所治吏事皆勤慎請如例送吏部循次授官仁宗曰為士豈止習吏事而已吏事末也誠能窮經博古

達於脩己治人之道於吏事何難比士習日下率逐末以圖進取而昧於大經大法故用之往往厲民而辱國自今監生歷事可稱者仍命還監進學俾由科舉進庶幾士皆可用官得其人於是通政司引奏六科辦事監生二十人以滿日例應還監幸逢維新之治願仍就六科辦事以圖報效上進二十人者諭之曰諸生不患無位但當圖所以無忝于位者勿徒懷倖進之心士有才德使人求而用之上也而求用於人下也諸生宜立志國家教育爾等固將用之無自汲汲其歸進學有成朕

不汝遺時六科給事中多闕諸生萌僥倖之心上灼知之故有是命

成化四年冬十月　吏部尚書李秉等奏近雖兩奉詔旨監生有不能出仕願告回家者與冠帶閑住今監生中廿於恬退者少本部記名聽選者見有八千餘名逐年起送到部者尤多於聽選之數先後積滯賢否混淆其間衰老者鋭氣已消庸懦者素志不立一旦授以府州縣官不免漁獵以營家欲有司得人而民受其福難矣茲欲將該選監生考選身言書判四事俱可取者居優等選用或三事或二事可取者量才授任其俱無可取而年貌衰老者依詔書例令冠帶閑住則任用得人而選法疏通人才不至於壅滯矣從之

雜流位公卿

永樂二年四月命僧録司左善世道衍為太子少師復其姓姚賜名廣孝

永樂十六年三月太子少師姚廣孝卒廣孝蘇州長洲人初從釋氏名道衍少與高啓楊孟載為友宋濂蘇伯衡輩亦稱其詩文洪武十五年僧宗泐薦住北平慶壽寺事　上在藩邸甚禮遇之每出師命侍世子居守與贊謀策初命為左善世尋賜名廣孝授太子少師至是南京來朝得疾卒謚恭靖廣孝嘗著道餘録詆訕先儒為君子所鄙者其論文曰惟韓退之歐陽永叔曾子固真儒者之文識者亦有取焉

天順五年八月擢吏部郎中萬祺為太常卿祺江西南昌人少遇異人相之曰有仙骨否亦極貴因留一書與之乃禄命法也於是研精以卜公卿貴人多奇中景泰間以吏胥辦事吏部衆奇其術授鴻臚序班進主簿及召見有言輒驗賜以白金綵幣既而景泰不豫有議召襄藩者石亨以問祺祺曰皇帝在宮奚事他求刻期復辟與仝寅筮占及徐有貞迎駕觀象合　上既復位召見文華殿即日擢驗封主事累進員外郎郎中曹欽反執王翺李賢時祺在旁欽問之對曰公勿召國家宜以死上謝則自求多福又徐謂曰尊翁碑文非李公筆耶公當勿忘欽俛首其兄鐸曰萬君言是也王李二人獲免事平上聞而壯之召祺賜宴勞陞太常卿

成化四年二月陞掌太常寺事禮部左侍郎李希安尚書希安起樂舞生歷官至侍郎用蔣守約例進尚書本朝革中書省立六科分掌國政尚書即前代宰輔而乃以雜流為之此景泰之失也一時當事大臣不能執正遂致因循識治體者惜之

成化十五年五月特加工部尚書萬祺太子少保先是皇太子出閣六卿皆加保傅祺時理易州山廠不與竟夤緣得之

成化二十年正月萬祺死祺江西南昌人少為縣學吏

以善星命擢鴻臚序班陞吏部主事天順初贊南城舉事陞郎中曹欽作亂以援太學士李賢於難薦陞太常卿成化壬辰陞禮部左侍郎丁毋憂起復為言官所論改工部丙申陞尚書管易州廠柴炭尋加太子少保至是卒賜葬祭祺起自胥吏居六卿之列且加宮保之任人駭物論一時大臣不能執正科道亦噤不一言人心殊為不平但祺為人謙約故得保全云

成化二十二年正月江西人李孜省以符水得幸授太常寺丞改上林苑監正尋加禮部侍郎兼通政至工部尚書後伏誅

吏員事例

洪武十七年二月定吏員資格

洪武三十一年二月定吏員出身事例皆以九年考滿出身

軍民材藝

洪武三十年四月令軍民有一材一藝者得自陳效用

徵賢

洪武庚子六月遣使徵宋濂劉基章溢葉琛至金陵帝問陶安曰四人者何如安曰皆臣所不及也帝嘉其善讓

洪武元年九月詔求隱士抱德隱於巖穴之士 遣文原吉詹同魏觀吳輔趙壽等分行天下訪求賢才 十一月癸亥以手詔召劉基

洪武二年十月以方克勤為寧海訓導克勤樂於育才負笈來從者甚衆據經陳義聞者悦服

洪武四年閏三月召永豐劉于至初于嘗以賢良徵因病謝歸及是復召至便殿諭曰君子為學當見於世用朕将官之于曰臣在前朝嘗應進士舉試南宮不利今幸逢有道之朝凡有血氣者咸思效用但臣年齒已衰恐負天恩敢辭特賜還山

洪武四年十一月 召宋濂為禮部主事

洪武六年五月命禮部訪求賢才於天下 上曰古之聖王恒汲汲於求賢若高宗之於傅說文王之於呂尚二君者豈其智之不足而遑遑於版築鼓刀之徒實以天下之大非人君之所能獨理而賢才不備不足以為治也今山林之士豈無德行文藝之有足稱者宜令有司以禮起送至京朕将任用之以圖至治

洪武七年八月 上御武樓宋濂侍問曰天下雖定朕猶垂意宿學之士卿知其人乎濂對曰會稽有郭傳者雖寄跡釋氏誠一代奇才也 上頷之未幾復召濂曰郭傳之文卿可持至乎濂以其文進上覽之曰誠如卿言即召見俾日侍左右以備顧問傳精白一心凡可以獻替者咸無隱情擢為翰林應奉陞起居注遷考功丞

洪武九年五月 上御奉天門謂宋濂等曰自古有國家者必資賢才以共理秦之時張良陳平韓信皆隱居釣漢興乃用以成帝業今山林巖穴豈無超拔之才何以能羅而致之濂對曰取士莫善於選舉用人莫善於器使命官莫善於久任陛下行此則人才皆效用矣

洪武十年九月勑諭浙江温州府訪求師儒

洪武十二年十二月詔徵天下博學老成之士先是

上謂禮部曰為國得賢不如薦賢朕自臨御以来十有
二年思得賢士以熙庶績然博學老成之士匿德蔵光
甘於窮餓不肯輕出宜下有司悉心推訪禮送于朝朕
將顯用之至是皆至京師時江西布政使沈立本遣人
招故元吏部侍郎伯顏子中子中飲鴆死子中西域人
祖父仕江西因家焉通春秋五領鄉薦授東湖書院山
長陞建昌路儒學教授尋為江西行省都事陳友諒兵
陷贛州子中招募壯士欲復城不克間道入福建行省
子中出奇計收復建昌遂浮海獻捷元都授福建行省

郎中累遷至吏部侍郎出使廣東比至未幾而廣已歸
附子中墜馬求死不得折其一足於是子中變姓名浪
跡於江湖間往来居進賢之北山先是其妻子已為江
西叅政楊憲送京師朋友有弔之者子中答曰吾身且
不有奚暇顧妻子哉於是周游天下誓不復仕悲歌慷
慨未嘗一日忘于元也嘗懐鴆自隨曰如有強我者便
當以死答之群縣聞而義之不之強至是立本專使招
之子中見使者慨然曰吾今死亦晚矣乃具牲酒祭其
祖父師友作歌七章飲鴆而死　詔徵寧國府訓導陳

廸為翰林編脩

洪武十三年二月詔舉聰明正直孝弟力田賢良方正
文學術數之士

洪武十五年九月吏部以經明行修之士鄭韜等三千
七百餘人入見　上諭之曰朕自即位以来側席賢士
與圖至治然自古知人堯舜所難豈所知者皆賢所未
知者無賢哉故勑天下徵聘遺逸鄉等固皆賢人君子
山林之下又豈無如鄉者其悉舉以為朕用於是濟寧
單縣儒士張寧以董倫等薦復遣使徵之仍賜韜等鈔

人一錠　十一月徵耆儒鮑恂等四人至京師先是禮
部主事劉庸舉鮑恂余詮張長年皆明經老儒達於治
體可備顧問遣使召至　上見之甚喜賜坐顧問命為
文華殿大學士恂等以老疾固辭上諭之曰以卿等年
高故授此職輔導東宮免卿早朝日宴而入從容侍對
不乆當聽卿等致仕庶不負卿等平生所學卿何辭焉
恂等復問辭尋賜還鄉里

洪武十八年十二月丙午詔舉孝廉之士

一洪武十九年七月詔舉經明行脩練達時務之士年七

十以上者郡縣禮送京師　上諭禮部郎中鄭居貞曰
古之老者雖不任以政至於咨詢謀謨則老者閱歷多
而見聞廣達於事情周於物理有可資者居貞對曰人
至六十精力衰耗則不能勝事請六十以上者不遣
上曰正為比来有司不體朕意士有耆年便置不問豈
知老成古人所重文王用呂尚而興穆公不聽蹇叔而
敗伏生雖老猶足傳經豈可槩以耄而棄之也若年六
十以上七十以下者當置翰林以備顧問四十以上六
十以下者則於六部及布政使司按察司用之

洪武二十二年十二月徵士梁寅臨江新喻人世業農
家貧力學通六經之旨累舉于鄉不第遂棄舉業元時
名士多與之交元為集慶路儒學訓導以親老辭歸時
天下兵起遂隱居教授至是徵天下名儒脩述禮樂寅
就徵已六十餘矣時以禮樂制度分為三局寅在禮局
中討論精審諸儒推服書成將授以官寅以老病辭歸
結屋石門山四方士多從之學稱為梁五經卒年八十
二所註有周易叅議詩書演義周禮考註春秋考義及
漢唐以来君臣事畧宋元史節要及石門集

洪武三十一年八月建文帝徵江西處士楊士奇充實
録編纂官尋授齊府審理副仍留編纂　十二月令內
外群臣各舉山林巖穴懷材抱德之士
永樂五年六月勑張輔沐晟劉儁訪求交趾人才禮送
赴京擢用　十月以交趾所舉明經士人甘潤祖等十
一人為諒江等府同知賜勑慰勉
天順元年冬十月　遣行人曹隆齎勑幣聘江西處士
吳與弼時石亨用事邀名飾過其門客謝昭徽張冑教
蔡京招楊時故事勸以薦士亨從之因見李賢說山林

隱士有撫州吳與弼者乃司業吳溥之子以學行名天
下亨慨然代為草奏上之　上召賢問曰吳與弼如何
賢承亨意對曰與弼儒者之高蹈自古聖帝明王莫不
好賢下士徵聘隱逸若陛下行此一事實本朝盛舉上
遂命行人聘之　五月徵處士吳與弼至京師上謂李
賢曰與弼當授以何職賢對曰今東宮講學宜授宮僚
次日召吏部命為左諭德朝士皆驚以為布衣召至一
旦授此與弼䟽辭上召入文華殿問曰特聘爾来何不
就職與弼對以老疾　上曰宮僚亦優閒不必辭於是

賜以文綺羊酒薪米命太監牛玉送至館務令就職與
弼具疏固辭上復召入文華殿賜勑褒嘉賚以銀幣允
其所辭與弼疏陳十事上命有司月給俸米以贍終身
仍命行人送歸與弼復上表謝恩而去　漳州布衣陳
真晟詣闕上程朱正學纂要不報真晟初治舉子業赴
省試聞有司防察過嚴無待士禮乃辭歸自是不復科
舉務為主敬誠意之學至是詣闕上書不報乃聞吳與
弼名欲往見之行至江西見編脩張元禎元禎謂曰濂
洛之學自有真傳如與弼者不可見亦不必見也遂歸

尋卒
成化十九年九月授吏部聽選舉人陳獻章為翰林檢
討獻章廣東新會人巡撫廣東都御史朱永等薦其學
行可以追匹古人乞以禮徵聘吏部謂獻章乃聽選舉
人非隱士比遂移文取至京欲考試授職獻章奏言臣
以舊疾未平未能就試毋年七十有九乞放歸侍養
上特授以翰林檢討聽歸一時推尊之目為道學
成化二十年三月處士胡居仁卒居仁字叔心江西餘
干人自幼穎異有大志嚴毅清苦涵養體驗慨然以

斯道自任所著居業録敬齋集
弘治十三年二月陳獻章卒

薦舉

洪武十五年正月命天下朝覲官各舉所知一人
左春坊正字魏德壽舉文學汪叔瑜等詔有司各以楮
幣聘之　十二月吳沉揭樞薦方孝孺學行　上召入
見喜其舉動端雅曰此莊士當老其才而用之遣還鄉
尋以仇家得罪詞連坐孺籍其家械送闕下上識其名

特命開釋
洪武十七年九月御史秦元之薦金陵處士陳遇　上
召語大悅遂日侍帷幄多所獻納車駕幸其第者再命
之官輒辭既而命為翰林學士者再又固辭尋命為禮
部侍郎進禮部尚書皆固辭凈澹恬退始終一致宸翰
時加存問眷待之厚隆於勳戚尋卒
洪武三十一年閏五月建文詔内外五品以上文官及
縣令薦賢才定保舉連坐法
革除建文二年十二月詔舉優通文學之士以處士唐

愚士為翰林侍讀

永樂九年閏十二月吏部尚書蹇義同六部等官上言在外布按二司府州縣官職在承流宣化以撫字為職必須得人得人之道在銓選精嚴薦舉有法宜令在內文職七品以上在外五品以上及縣正官各舉所知賢能廉幹堪任牧民及居風憲者一人吏部考驗如果賢能量材擢用其所保非才或授職之後闒茸貪汚舉主連坐上是其言命所司速行之

洪熙元年十月宣宗都御史劉觀王彰李素奏舉才能

之士前應天府尹丁璿等十餘人　上曰卿大臣所舉必當昔孫抃言吾輔政無功惟薦一二臺臣無愧卿等必能知此復諭之曰古者除官則署舉主姓名貪穢則連坐今亦當循此法

宣德元年十二月楊士奇薦行人王翺為山東道御史

宣德七年八月　上御奉天門視朝罷召楊士奇楊榮至榻前諭曰今春命京官三品以上者舉方面郡守後又出舊作招隱猗蘭之詩以示意已踰半歲都不舉一人近因卿二人舉黎恬等朕思今天下之廣豈無人上但群臣不以國家生民為心又兼以忌嫉注念故往往視朕言為虛文吏部急忽至此其降勅責之

正統元年正月大學士楊士奇以侍講劉永清才堪繁劇薦為廣東右布政使

正統二年九月楊士奇等上疏言宣德七年以前藩臬二司及府州正官惟聽吏部所舉權衡獨擅聞見不廣未盡得人百姓受害是以宣宗皇帝勅令大臣保舉自茲得人遂多間有一二非才蓋緣舉主審察不至亦或狥私不公所致昔唐太宗命在京三品以上官舉郡守

縣令後來致天下斗米三錢之效近年有等京官無人舉保造為謗語專欲隳壞先帝良法伏望聖斷仍遵先皇帝勅旨行但所舉之人籍記舉主後有犯贓必明正舉主之罪則人知謹畏不敢狥私官必得人矣詔從其議

景泰三年十二月申勅薦舉

按霍韜曰國初用薦舉為重貢舉次之科舉為輕今則科舉為重貢舉次之薦舉不行矣故有行同盜跖心乎商賈者能染翰為文俱隷仕籍此士風所以益偷也

考課

洪武五年十二月勅中書令有司今後考課必書農桑
學校之績官民有不奉天時負地利及師生惰於教學
者皆論如律　山西汾州平遥縣主簿成樂考績州上
其考曰能恢辦商稅吏部以聞上曰地之所産有數官
之所取有制若曰恢辦是額外剥削主簿之職在佐理
縣政撫安百姓豈以恢辦為能州之考非是爾吏部其
移文訊之

洪武十一年三月　河間府知府楊冀安等考績入朝
上命吏部曰考績之法所以旌别賢否以示勸懲今各
官來朝宜課其殿最第為三等稱職而無過者為上賜
坐而宴有過而稱職者為中宴而不坐有過而不稱職
者為下不預宴序立于門宴者出然後退庶使有司知
所激勸

洪武十七年八月吏部尚書俞綸定考績法

洪武二十年三月雲南左布政使張紞秩滿來朝　上
以紞在雲南能撫綏夷人俾復職賜璽書勞之

成化十九年十一月吏科都給事中王瑞等言三載黜
陟朝廷所以勵庶官之典也今天下諸司除土官外無
慮九千餘處諸司官除陰陽醫學僧道外無慮千萬餘
員吏部於各官之賢否在布按二司則據撫按揭帖在
諸司則憑布按等官揭帖上之詢訪雖出於公心下之
奏報多任其私意或假公以市恩或乘機以償怨毁譽
失真賢否失實其他弊端不一而足乞諭吏部榜示各
官凡揭帖所報失實者連坐或有當黜而留者許本處
撫按論奏有當黜而妄訴者亦罪之　上曰朕以黜陟

之典付吏部吏部以賢否之實寄長吏使其所報失實
則黜陟不公賢否無别何以示勸懲于人是宜嚴連坐
之罪其當黜而留與當黜而妄訴者俱如所言

旌異

成化五年閏二月大理寺評事申安言旌異之典朝廷
所以激勸有司今撫按官於廉能者未必旌異旌異者
未必廉能如紹興知府吉惠先為上虞知縣以旌異而
陞今貪酷百狀一郡之人奚罪焉乞詔大臣議自今旌

異必待三年考滿之後若所舉不公後以姦貪敗者連坐庶吏稱其職民安其業矣下吏部覆奏從其議

簡除京官四品以上

成化四年十二月雲南道御史戴用言六事一勵實行二精考察三公薦舉四均爵賞五弭盜賊六革宿弊上曰勵實行朕自處置今後兩京四品以上官吏部具缺朕自簡除方面官照正統間例保舉餘付所司計議以聞

按陞用大臣吏部會推例自成化間始也天順間朝罷宣吏部降　旨除某人為某官前是亦出宸擬成化来法漸以備用大臣之道不可有專屬後以票旨異同或有關白以輿論異同或先為成議

京官遷調

洪武二十三年五月　遷戶部尚書楊靖為刑部尚書詔今後在京官三年皆遷調著為令

景泰七年正月調工部尚書石璞為兵部尚書以江淵為工部時于謙以病在告朝廷欲得二人協掌兵部淵在內閣與同官不相能欲求出補兵部王文與商輅密擬內批調璞於兵部而以淵代璞淵不之知明日旨出淵大恚失望

按科道部屬陞小京堂此弘治初例任賢不次直須慎之天順前方面勢重又不為部使所困其遷轉與小京堂等成化間始重京職遂有借為駕馭之法成化末知釐此弊一於郎中內選用弘治改元乃始有兼補之例近來則全以要職充之夫欲重其任則輕其銜　祖宗用人本意蓋隱其後以殺之所以特心不蔽而逸意自

戢今必并其所後而便以圖焉非法之宜也

汰冗員

宣德三年夏四月　吏部尚書蹇義等奏此者伏蒙聖諭戒飭臣等有曰官不必備貴在得人今事不加多而額外添註苟祿偷安是皆臣等之過近年以來內外各衙門官因營造催辦夫匠牧運糧儲整理農務採取木植在內添設郎中主事在外布按府州縣添設叅政叅

議副使同知縣丞等官今擬在外除馬政農務外其餘依舊制裁減在京從堂上官量事繁簡斟酌去留不許冗濫其在内府各監庫郎中員外郎主事俱宜裁革從之

按冗官寺部卿丞帶俸添註郎中主事增官百倍又競求外差為家鄉便利之圖督速錢穀增郡縣奉承之若是何益乎藩臬則添設管糧叅議海道副使兵備僉事屯田僉事一事添設一官則原額官員何為者乎郡縣佐貳或添註四員三員凡此冗員俱老耄監生艱難省發或納粟入監希圖厚獲者故於未選則揭債以往受任則携奴以行舉十數口以仰食一官責望一官以富厚一世則政何由不弊民何由不窮是將添官以任事實因官以生事也識治體者寧不深遠思慮為國家發憂乎

誥命

成化四年十月給致仕禮部右侍郎倪謙誥命謙子編脩岳考滿例得推恩吏部持之不行岳上奏自陳李秉等言謙先任學士曾犯贓罪充軍原授誥勑俱已追奪後雖遇赦致仕終係犯贓之人例難推封　上曰謙因子推恩其與之不為例

進大臣祿秩

正統二年冬十月　進贊理陝西軍務侍郎柴車祿從二品車盡心邊務每糾劾將佐欺玩章前後凡數十上或怵心後患車曰吾敢愛身以誤國乎同事者多觖望樂怨太討車遂斷謫兩澹泊自處凡燕會皆不與而持論益堅據理守正每有功賞雖勑下必覆驗而後行讒有詐冒必糾正之岷州土官都指揮后能以家人冒功陞賞車奏罷所陞官能復請　上宥之車執復論其罪可曰詐冒如能者非一人臣方次第按覈今宥能如餘人何若無功得官則捐軀死敵者何以待之詔嘉車忠誠遣使賜白金四十兩文綺四表裏仍進從二品祿

進守令祿秩

成化十三年十二月命左都御史王越加俸一級

正統四年六月陞蘇州知府况鍾吉安知府陳本深祿各正三品兩府循良之政卓冠一時

考察京官

宣德三年十二月勑南京刑部侍郎段民考察京官

弘治十七年八月令京官六年一考察

按宣德三年勑段民考察在京百司以民廉介端謹也民武進人永樂二年進士庶吉士與修永樂大典除刑部主事與修五經四書性理大全進員外郎郎中十九年陞山東左參政當是時妖婦唐賽兒急盡逮山東北京尼既又盡逮天下出家婦女先後幾萬人民撫定綏輯曲為解釋人情始安　文廟再征虜勑民舟車轉餉節約曲筭省財力民不擾事集　文廟在道中勑民與巡按御史考所過郡縣吏宣德二年召充會試考官三年召入南京戶部為右侍郎尋改南京刑部九年卒官貧不能喪都御史吳訥力為經紀始克殮成化間吏部右侍郎葉盛請褒民不果

考察外官

宣德七年八月命吏部都察院考察在外方面及郡縣官之貪懦罷軟者罷黜之

景泰三年七月命侍郎李賢姚夔副都御史洪英等發詣兩直隸及十三省考察庶官之不職者[illegible]

按李賢曰洪英儒雅君子泊姓浙江考察為被黜者妄訴之且加謗毁朝廷不及察而罷之令致仕二三然臣雖知其故莫能挾請[illegible]後雖不知其為[illegible]惜之彼譎智者阿世同俗無所可否是非而因循以致高位世顧謂之能人噫此朝廷所以無任怨之臣而小人多致亂邦也

成化六年九月吏部言邇者兩奉詔旨以人才難得恐考察黜退官中尚有一二可用者命臣等集議臣等詳審得廣西平樂府知府袁東山東泰安知州畢宗賢河南脩武知縣劉昭山東濟寧州判官張寧歷城主簿郝志道俱被黜之數舍短取長尚有可用其餘一時難知不敢泛舉至於伸訴奏告之人難以准理宜照舊發遣

從之

朝覲并考察

洪武元年正月天下官來朝

洪武六年春正月癸卯朔守令來朝　上命賜酒饌明日陛辭復諭之曰慈祥愷悌身之德也刻薄殘酷德之賊也君子成其德故惠及於人小人養其賊故殃流於衆朕舉廉興孝崇德勸善惟欲移風易俗若僞為慈祥必無仁愛之實僞為愷悌必無樂易之誠爾等宜勉脩

厥德廣施惠政以副朕懷

洪武八年春正月辛酉朔各省郡縣入朝上以濟寧知府方克勤有善政錫燕儀曹

洪武十八年春正月癸亥朔吏部言天下布按二司及府州縣朝覲官凡四千一百一十七人考其政績詔稱職者陞平常者復其職不稱職者降貪汚者送法司罪之闒茸者免為民　六月　上諭吏部曰天下府州縣官一歲一朝未免曠官滋費自今定為三年一朝齎其紀功圖册赴部考覈布按二司官亦然著為令

革除建文二年春正月丙寅朔天下官來朝免賀

永樂五年十二月廣東布政使徐奇入覲載嶺南藤簟將以饋廷臣邏者獲其單目以進　上視之無楊士奇名乃獨召之問故士奇曰奇自都給事中受命赴廣時衆皆作詩文贈之故有此饋臣時有病無所作不然亦不免今衆名雖具受否未可知且物甚微當亦無他上意解即以單目付中官令燬之一無所問

永樂十一年夏四月　上謂呂震曰朕嘗命布按二司及府州縣官至京者陳民間利病近有以時和歲豐民

安物阜為言者及驗視之田野荒蕪人民饑寒水旱蟲蝗皆不以聞朕已寘諸法今後所言有切民情治理者宜旌賞之否則重懲勿貸

宣德五年正月初天下朝覲官至京　上命行在吏部廉察其賢否又令方面官各具所屬官賢否及不稱職者上名吏部至是吏部奏貪汚者二十五人當充邊軍老疾及鄙猥無能者五十五人當赴京為民上曰老疾者鄙猥無能者皆罷歸為民貪汚者民之害宜發戍邊

正統十年春正月宴天下來朝賢能官布政使丁鉉等

于禮部先是刑科給事中鮑輝言天下各官来朝乞
吏禮二部詢訪有廉能著稱治行超卓者禮部官引赴
御前面獎勸賞吏部具錄姓名待其考滿舉薦擢用
上從之至是會舉司府州縣官丁鐩等賜以勑諭宴于
禮部
天順四年春正月天下諸司官吏朝覲至京　上召李
賢謂曰朝覲之弊不可不革賢曰誠如聖慮即出榜禁
約不許與京官交通餽送土物亦不許下人挾讐告害
由是肅然不犯上曰黜陟之典亦當舉行賢曰此祖宗

舊制時吏部都察院退其不職者數百人旌其才行超
卓政績顯著者布政以下賈銓等十人賜以衣服楮幣
禮部筵宴命太監牛玉及李賢王翱待宴隨於其中召
布政蕭暄為禮部尚書賈銓為副都御史
成化十一年春正月辛亥朔　吏部奏罷朝覲官布政
使楊文琳按察使王琳等一千八十一員
成化十四年春正月吏部以朝覲奏老疾罷輭貪酷及
素行不謹官二千十六員詔老疾者致仕罷輭不謹者
冠帶閑住貪酷者為民唯福建右布政使鍾清浙江按

察使劉釪江西按察使趙敔清慎正直中外所聞為權
奸忌陷俱列不謹君子惜之釪思懸公球之仲子也學
行為尤著云
成化十六年十二月　吏科給事中王瑞等言比者湖
廣江西等處巡撫等官各奏所部災傷民饑盜起請免
各官明年朝覲臣等以為朝廷命官初意惟欲其安養
生民撫綏地方今民饑盜起皆各官不職所致正當罪
以示警顧乃為之請留前後因仍恐為定制諸司正官
既留則進退人才無由而審非憑巡按等官所報揭帖

則考察之典亦應故事而已且地方多事自宜設法拯
濟何至故違舊制使朝覲大典漸至廢弛明年来朝并
在任官乞嚴加考察或有不公者聽科道糾之庶足以
為徇情欺罔之戒　上曰三年述職國家舊典若徇所
司各庇其屬有貪暴荒怠者烏得而黜之給事中言是
其令吏部知之
成化二十三年正月吏部尚書李裕建言朝覲考察天
下官員乞創立才力不及一例照品級調簡僻衙門用
從之遂為定制

弘治十七年五月勅吏部都察院比年考察朝覲官員率多撫按官考語多不得實爾等詢訪亦欠周詳以致賢否倒置明年正旦適當朝覲之期宜預行各撫按官從公開報爾等備細參詳精白一心秉持公道庶幾澤被生民上回天意其欽承之

憲章類編卷之十九

户部

洪武二年十二月壬戌朔　以户部尚書朱昭怠職降爲蘇州知府

洪武十一年三月以西安府知府李煥文賫鈔提舉費震俱爲户部侍郎

洪武十三年正月以應天府尹徐鐸爲户部尚書

洪武十五年八月以秀才曾泰爲户部尚書泰江夏人有學行故不次用之

洪武十八年以翰林院檢討茹太素爲户部尚書

洪武三十一年六月以户部主事夏原吉爲本部右侍郎

十二月建文帝以王純爲户部尚書

革除建文元年五月以錢芹爲户部司務

革除建文二年二月以盧迥爲户部侍郎

革除建文四年八月成祖以夏原吉爲户部尚書

革除建文四年八月成祖召户部尚書王純諭之曰爾向輔建文間朕骨肉今何顔邪純頓首慚謝遂命致仕

成祖革除建文四年十一月以北平左布政使郭資爲户部尚書仍掌北平布政使司事

永樂三年八月户部尚書郁新卒夏原吉還掌部事

永樂二十二年八月戊午仁宗復前户部尚書夏原吉官初　大行皇帝凶問至之三日首釋原吉於獄慰勞之咨以國事至是復其官原吉言在獄時喪母未克成服乞賜歸塟且終憂制　上曰卿老成人今國大喪三望相與共濟艱難安得遽去賜原吉米十石鈔一萬貫

胡椒一百斤令遣家屬護母喪歸塟仍命兵部給驛舟有司治塟事

十一月陞户部尚書郭資爲太子太師命致仕

宣德二年二月户部尚書古朴卒朴河南陳州人洪武中以舉人除工部主事歷陞户部尚書平生不事生産操勵清苦几案間唯有自警編一帙卒之日無一錢尺帛遺子孫

宣德五年正月户部尚書夏原吉卒謚忠靖原吉湖廣湘陰人洪武中自太學生擢户部主事曹務悉有條理

陞侍郎巡撫福建所過郡邑考察吏治咨訪民隱人
悅服太宗即位陞尚書北虜犯邊太宗將親征原吉請
遣將平之無煩六師忤旨收繫之仁宗嗣位復其官上
嗣位尤重倚任云

宣德八年十二月甲寅戶部尚書郭資卒資河南武安
人洪武乙丑進士卒年七十三追封湯陰伯謚忠襄資
平生一介不苟取既卒家無餘貲云

正統元年三月以山東左布政使劉忠敷爲戶部尚書

正統四年五月召山東右布政使王質爲戶部右侍郎

天順四年正月先時吏部舉布政使賈銓爲戶部尚書
上謂李賢何如賢以銓貌不稱名乃別求之賢以巡撫
山東左副都御史年富執法不撓可居此職上亦以爲然
左右不悅富者甚衆謂賢曰上不喜此人不宜再舉一
日上召賢曰戶部之缺果誰當之恐非年富不可賢曰
此人不悅者衆愈見其賢上曰富之執法正宜居此國
計所關豈顧私情不悅者遂召用之

天順六年四月陞戶部侍郎張睿爲本部尚書仍管糧
儲

天順八年五月戶部尚書年富卒謚恭定富鳳陽懷遠
人爲人剛正言不輕發廉靜寡慾遇事敢爲臨利害不
少變氣節才識爲時推重云

成化三年十二月以河南左布政使楊璿爲戶部右侍
郎

成化四年七月戶部尚書馬昂乞罷不允時六科給事
中魏元等十三道御史胡深等言大行慈懿皇太后崩
勅令多官會議陵廟之事昂因事有難處託病不朝勅
在部管事方衆論未定昂蹇身旁視以爲得計及睿斷

已頒則靦顏入朝恬不知愧似此不忠不孝之人難容
於有道之世且昂受濟寧知州于靜餽女一人及受西
僧劉實巴賂幣乞下法司明正其罪詔不問昂上奏自
辯言給事中將臣辱罵比之犬豕乞放歸田里　上曰
言者過實朕已知之卿當盡職不准辭

九月馬昂乞致仕許之

成化五年五月陞都察院右副都御史原傑爲戶部左
侍郎

成化九年五月以兵部尚書商輅爲戶部尚書

成化十三年七月以邢簡爲户部右侍郎
成化十五年十二月陞右都御史陳鉞爲户部尚書
成化十九年七月以前兵部尚書余子俊爲户部尚書
成化二十一年六月户部尚書楊鼎卒鼎陜西咸寧人
正統己未會試第一廷試進士及第授翰林編脩歷陞
户部尚書延綏用兵議欲預徵邊餉鼎言黄河漢唐漕
運故道三門而上小河可達延綏者尚在請身督之竟
沮于議不果居數年乞致仕至是卒謚莊敏鼎初試禮
部不第聞南監學規整肅獨請就之竟爲祭酒陳敬宗

薪知在翰林逈然自異及遷户部亦執法不羣雖不褱
闒鏔一節有可疵云
成化二十二年十二月户部尚書劉昭罷初昭子綺納
粟授錦衣千户例不得管事會緣典司爨奭至是事覺
綺下獄科道馬銓丁隆等交章劾昭貪名素著穢德稔
聞　上曰劉昭縱子違例管事本當重究姑從寬革去
太子少保致仕綺發原籍爲民
弘治八年三月召治河都御史劉大夏爲户部右侍郎
弘治九年四月以吏部左侍郎周經爲户部尚書時郡
寳爲户部郎中經委陳章奏釐正度支一時恩倖請求
多所奏抑
弘治十年十二月以巡撫陜西都御史許進爲户部侍
郎
弘治十一年二月加户部尚書周經太子少保
弘治十三年五月周經乞致仕許之加太子太保
八月侍郎許進督兵宣大遇虜無功令致仕
弘治十五年五月户部尚書侣鍾罷召南京兵部尚書
韓文代之

弘治十七年六月以巡撫陜西户部尚書兼都御史秦
紘爲户部尚書尋致仕
弘治十八年正月以韓文爲户部尚書
弘治十八年九月　致仕尚書秦紘卒年八十紘
單縣人剛毅廉介歷官四十餘年揚兵南北位列孤卿
所居僅蔽風雨及卒家無餘貲贈少保謚襄毅
正德元年九月以王瓊爲户部右侍郎　十一月罷户
部尚書韓文劉瑾所爲文子高唐知州士聰刑部主事
士奇皆爲民　降户部郎中李夢陽爲山西布政司經

歷罷之瑾所爲　以顧佐爲戶部尚書
正德四年三月　以儲瓘爲戶部左侍郎
正德五年正月儲瓘以疾乞致仕許之　八月以誅劉瑾功召總制三邊都御史楊一清爲戶部尚書加太子太保
正德六年正月召南京吏部尚書孫交爲戶部尚書
正德八年六月　以王瓊爲戶部尚書
正德十一年六月　加王瓊太子太保按戶部尚書一人左右侍郎各一人提督倉場侍郎或尚書一人其屬司務二人浙江江西湖廣陝西廣東山東福建河南山西四川廣西貴州雲南十三清吏司各郎中一人員外郎一人主事一人添設浙江湖廣廣東福建河南四川廣西貴州司主事各三人山東司郎中一人主事三人陝西司郎中二人主事三人山西司郎中三人主事四人雲南司主事四人有行郎中曰邊郎掌出納邊儲照磨一人檢校一人監生六十三人吏百七十八人所屬衙門寶鈔提舉司提舉一人副提舉一人典史一人抄紙局廣積庫承運庫廣盈庫太倉銀庫各大使一人節愼庫印鈔局寶盈局御馬倉張家灣檢校批驗所各大使一人副使一人寶鈔廣惠庫贓罰庫各大使一人副使二人甲乙丙丁戊字庫大使五人副使六人吏四十八人外承運庫行用庫軍儲倉大使一人副使一人

天下貨財必有統御而後能度支周禮冢宰制國用此量入爲出之道後世量出以爲入故當事者漫無所紀各求其事之必濟竭民之財而不知唐之錢穀判於丞相宋立三司使雖其法之屢變要之欲一事權以歸主者元豊改制計相職分天下之民困於取之無度而公帑日窘雖欲會其歲之登耗審其儲之盈縮稽其民之虛實以衡出納不可得也今之戶部大宰類此兵禮工光祿太僕等衙門錢糧多有不通籍戶曹者當
祖宗創設之始盖嘗周覽畢議兼摠一時定條貫分布諸司時移事更盈縮登耗虛實不相侔而尚守其二百年之舊知其不能通耳

農桑

洪武二年四月　上幸鍾山歸由獨岡步至淳化門始

騎而入謂侍臣曰朕久不歷農畝適見田者冒暑而耘因憫其勞不覺徒步至此國之所需皆其所出爲司牧者亦曾念之乎朕爲此故不覺惻然于心也

洪武五年五月　上以久旱爲慮宮中自后妃而下皆蔬食是夜大雨

洪武十八年九月　上諭户部曰人皆言農桑衣食之本然棄本逐末鮮有救其弊者先王之世野無不耕之民室無不蠶之女水旱無虞饑寒不至自什一之塗開奇巧之技作而後農桑之業廢一農執耒而百家待食

一女事織而百夫待衣欲人無貧得乎朕思足食在於禁末作足衣在於禁華靡爾宜申明天下四民各守其業不許游食庶民之家不許衣錦繡庶幾可以絶其弊也

洪武二十七年三月　命天下種桑棗

洪武二十九年正月　上以湖廣諸郡宜桑而種之者少命於淮安府及徐州取桑種二十石遣人送至辰沅靖全道永寶慶衡州等處各給一石使其民種之

洪武三十一年春正月己酉朔　上以山東河南民多惰於農事以致衣食不給乃命户部遣人材分詣各縣督其耕種仍令稽其丁男所種田地與所收穀粟之數來聞

宣德元年五月戊申午朝退　上語侍臣曰天氣向炎正農夫耕耘之時因誦聶夷中鋤禾日當午之詩且曰吾每誦此未嘗不念農夫又曰朕八九歲讀書皇考臨視親舉筆寫是詩以示且問曰解否對曰稼穡艱難在此也皇考笑而頷之自是常教以農事銘於心不敢忘今宮車不復還矣言已淚下如注

宣德四年九月申明栽種桑棗之令時有建言洪武中命天下栽種桑棗令民之無知者砍伐殆盡存者亦多枯瘁有司不督民更栽以致民無所資乞令郡縣督民以時栽種仍遣官巡視　上曰古人宅不毛者有里布祖宗養民意甚至爾户部其申明舊令務求成效毋事虛文

宣德五年三月　上謁長陵獻陵還昌平東郊遣見耕者以數騎往視之下馬從容詢其稼穡之事因取所執耒耜三推耕者初不知爲上也既而中官語之乃驚躍

羅拜上顧侍臣曰朕三舉未已不勝勞況當事此手人
恒言勞苦莫如農信矣命耕者隨至營人賜鈔六十錠
已而道路所經農家悉賜鈔如之

稅糧子粒

洪武二年春正月丙申朔　詔免畿輔各府州及北平
河南山東山西稅糧　詔免寧國府及北平燕南河南
山東山西潼關唐鄧光息等處稅糧

洪武三年三月免南畿河南山東北平稅糧　五月免

蘇州逋負秋糧三十萬五千八百石先是户部奏蘇州
多逋稅其官吏當論如法　上曰蘇州歸附之初軍府
之用多賴其力今取逋稅積二年不償民困可知若逮
其官必責之於民民畏刑罰必傾貲以輸官如是而欲
民生之遂不可得矣其悉免之

洪武四年正月　詔免浙江秋糧　四月　詔免江西
稅糧

洪武五年十月　詔免應天太平鎮江寧國廣德秋糧

洪武七年二月　詔免平陽太原汾州等縣田租

洪武九年三月　詔免山西陝西河南福建江西浙江
北平湖廣及直隸揚州淮安池州安慶徽州稅糧其覈
出欺隱及應入官田地不在蠲免之例

洪武十一年八月　詔免應天太平鎮江寧國徽州廣
德安吉長興諸府州秋糧

洪武十三年正月　詔免天下今年田租　三月　命
户部減蘇松嘉湖四府重租糧額

洪武十四年十月　詔太平應天鎮江寧國廣德秋糧
除官田減半徵收民田盡行蠲免

洪武十五年四月　詔免浙江江西河南山東直隸府
州縣稅糧

洪武十六年五月　免應天太平鎮江寧國廣德五郡
稅糧命户部諭其民曰五郡為興王之地其民助朕居
多故數免稅以酬其勞敢有侵漁者必置於法

洪武二十四年十月北平河間大水詔免今年田租

洪武二十八年九月　免山東稅糧

洪武二十九年八月　免太平等五府田租

永樂元年十月户部尚書郁新等奏湖廣今年夏稅過

期數目不足其布政司府州縣官皆當罪之　上曰賦入有經制耕穫有先後地理亦有遠近急則必至於病民其勿問第更定期令照限輸之

永樂三年正月　免順天永平保定田租二年

永樂三年二月　户部言河南懷慶等府比歲蝗請以鈔代輸租稅從之

永樂十年正月河南洛陽知縣姚弘言本縣舊有水田二十餘頃歲輸粳米後伊河水低不能灌溉今爲陸地每歲人民皆易粳米輸納乞令納粟廣東樂昌知縣徐善惠言本縣耕農多稻少麥歲以稻易麥輸官請自今止令輸米並從之

洪熙元年夏四月　詔免山東及淮安徐州今年夏稅秋糧之半

宣德五年十一月直隸廣平大名等府縣奏久雨河溢渰沒苗稼無收　上命户部蠲其稅

宣德七年三月　上退朝御左順門謂尚書胡濙等曰朕昨以官田賦重百姓苦之詔減十之三以蘇民力嘗聞外間有言朝廷每下詔蠲租户部皆不行甚者文移戒約有司有勿以詔書爲辭之語若果然則是廢格詔令壅遏恩澤其咎若何今減租之令務在必行卿等當體朕意濙等皆頓首謝

正統元年三月　命浙江嘉湖直隸蘇松等府官田准民田起科遞減稅糧從巡撫周忱之言也蘇州府減秋糧八十餘萬石別府有差

成化元年三月以旱災免陝西延安等處稅糧八萬七千一百石有奇　十一月保定永平二府所屬十六州縣永免糧一萬八千六百石有奇

成化三年九月　命停徵江西湖廣有災稅糧

成化四年三月以水旱免直隸高郵州成化三年秋糧六萬五百七十石有奇

成化四年六月以旱災免江西南昌等府衛官民田并山塘屯田秋糧子粒凡二百八十八萬六千三百餘石

成化六年三月　免河南汝州糧三萬七千六百石有奇　免直隸蘇松常鎮四府蘇州太倉鎮江三衛秋糧二十四萬八千餘石屯糧七千一百餘石直隸池州寧國二府去年秋糧一萬八千七百餘石宣州衛屯糧二

百六十餘石　夏四月　以水災免直隸溧水溧陽句
容六合江浦當塗蕪湖七縣稅糧共三萬六千四百餘
石　五月大學士彭時等言近來旱傷去處除南方路
遠未知虛實北方山東六府直隸大名廣平順德三府
及河南地方夏麥無收秋田未種雖經累報災傷有司
未免照例覆勘展轉遲延人必不安流移道路勢所必
至請勑三處巡撫官設法賑恤凡災傷州縣今年夏稅
并戶口食鹽鈔貫照數蠲免從之　八月　免陝西臨
洮府屬縣并鞏昌等五衛去年稅糧八萬一千石有奇

年月以水災免保定等衛子粒一萬三百石有奇　以
旱災免河南民田夏稅三十七萬七千七百石有奇軍
屯子粒八萬六百石有奇
成化七年二月以水災免福建福安連江寧德三縣稅
糧一萬五百餘石　十一月以水災免直隸鳳陽府泗
州天長盱眙宿州徐州蕭沛碭山豐諸縣夏稅麥九萬
二千餘石
成化八年十二月以旱災免直隸順德眞定等府所屬
并河間衛秋糧九萬七千餘石

成化九年春正月免湖廣武昌等府糧三十二萬餘石
三月總理河道刑部侍郎王恕奏去年自京師直抵揚
州南北三千餘里水旱災傷今歲雨雪少降狂風彌月
土乾麥槁民不聊生迺三月初四日山東地方忽暗黑
如夜乞詔廷臣講究弭災恤患之策并祭告各處山川
之神　上曰山東既災重民難須行實惠寧年稅糧盡
與蠲免仍遣禮部左侍郎劉吉往祭告東嶽泰山東鎮
沂山及東海之神以祈雨澤　七月以東直門火敗承
旱災免應天池州安慶徽州四府所屬止充保寧等縣

十九縣去年秋糧九萬四千八百餘石
成化十年三月以水災免直隸壽泗和三州霍丘等八
縣成化九年秋糧三萬七千餘石鳳陽留守左等七衛
并洪塘湖千戶所子粒七千五百餘石　以旱災免湖
廣武昌漢陽黃州常德辰州衡州長沙七府成化九年
秋糧五十三萬五百餘石武昌衡州常德靖州沅州五
開茶陵黃州長沙銅鼓辰州十一衛子粒二萬九千六
百餘石　九月以水災免直隸蘇松常鎮四府所屬吳
江等一十四縣并蘇州衛秋糧子粒共四十三萬四千

六百石

成化十一年五月以水災免直隸鎮江府秋糧五萬四千八百餘石鎮江衛屯田子粒五千二百餘石　以水災免福建漳州府龍溪南靖漳浦長泰四縣秋糧二萬三百餘石漳州衛屯田子粒一千三百餘石

成化十三年七月以旱災免福建成化十二年等米十五萬九千九百餘石

成化十五年二月以去歲湖廣荊襄德安府衛所屬水災免夏秋稅二十二萬四千石

成化十六年十一月以旱災免直隸順德所屬九縣秋糧一萬八百石有奇

成化十七年二月以水旱霜雹等災免山西太原等三府澤潞等五州并太原左等十三衛去年夏稅七萬三千四百石秋糧子粒四十萬一千九百石

成化二十一年正月以流火星變詔寬恤天下當年糧米未徵者盡行蠲免已徵者糧米留本處賑濟　十二月以旱災免常州府所屬武進等五縣秋糧十七萬二千百餘石

成化二十三年六月以災傷免陝西西安等府州縣臨洮等衛糧十八萬六千四百餘石　按井田養民而秦廢之漢初輕田租十五而稅一文景三十而稅一光武初行十一之法後亦三十而稅一晉隆和畝收二升五季錢氏稅兩浙畝三升宋用不經王方贄均兩浙田畝一斗元耶律楚材定天下稅則三上畝三升中畝二升五合下畝二升水田五升國初天下田租畝三升五升其後東南之地以都北加運耗又籍沒田募原租額及浙宋六郡公田例遂有畝稅五斗七斗及一石餘者如

蘇郡元秋糧三十六萬張士誠稅額百萬今至二百七十餘萬天之生財國之用財今於昔無異而取者懸絕民何以堪故不議任土不裁費而取之何以能逮氓

應天太平寧國鎮江廣德五府州以興王之地今蠲賦不征近節議畝派勸米今至四升處州青田景寧二縣國初以劉基功臣之鄉亦減派

坐派物料

成化二十一年正月以流火星變詔坐派物料未徵者

盡免已徵物料准作次年之數不許朦朧再徵

農桑絲絹穀草綿花

成化六年八月以旱災免山東濟南東昌兗青萊登六府農桑絲絹

成化七年十一月以水災免直隸鳳陽府泗州天長盱眙宿州徐州蕭沛碭山豐諸縣絲五萬九千三百餘兩

成化八年十二月以旱災免直隸順德真定等府所屬并河間衛穀草二百餘萬束綿花五十二萬餘斤

成化元年九月戶部言鎮江浙江諸處旱澇相繼歲運京儲四百餘萬石今罹災傷優免數多來歲允運不足請以淮浙等鹽召商人於淮徐德州水次倉中納候來歲分撥官軍支運庶民不困於凶年而國用亦無所損矣制可　按嘉靖二十五年北京月支米三十五萬三千五百二十八石京營官軍十六萬五千七十名支十六萬二千三百二十二石雜差軍匠二萬四千三百九十九名支二萬二千七百六十八石班操官軍三萬八千二百九十八名支一萬五千三百十九石八斗將軍勇力校尉二萬六千四百六十五名支二萬六千九百一十三石監局官匠七千五百五名支二千八百二十三石一斗厨役五千五百四十一名支五千四百五十三石四斗武生二百一十一名支六十三石三斗倉場攢斗三千三百四十五名支三千九十一石樂工四百六十四名支二百八十石五斗淨身男弃孫老九千八百名支二千九百四十石屯軍一萬四千二百五名支一萬三百八十三石八斗倉攢甲斗一千三百四十八名支一千一百七十石一斗

京軍歲支冬布五十六萬二千一百三十六疋綿花二十八萬一千五百四十六斤京武官一萬七千八百七員除四月五月例折絹實支折色米銀二十六萬七千八百三兩七錢

太倉庫

正統七年七月始置戶部太倉庫

成化十年十一月運太倉銀三十萬兩以給邊需

成化二十年九月巡撫都御史葉淇奏山西連年災傷

乞給太倉銀數萬兩以備賑濟詔發京庫銀三萬兩遣官齎付洪羅糧應用俟年豐徐議還官

弘治九年四月有旨取太倉銀為張燈具周經言不可以小民膏脂供耳目之玩乃命以明年內庫歲額補還之

按自弘正後至嘉靖二十五年太倉銀庫舊管一百六十二萬餘新收四百八十八萬餘開除三百七十一萬餘羽林前等衛五十二倉糧舊管九百九十八萬餘新收一百四十九萬餘開除一百六十八萬餘

歲祿月糧

洪武四年二月命中書省戶部定文武官歲祿

洪武六年五月會計在京官吏俸糧及各衛軍士月糧凋支米二十五萬五千六百八十石有奇

宣德七年大學士張瑛乞增南北兩京七品以下官俸

正統七年副都御史吳訥言洪武間京官俸全支後因營造減省遂為例近小官多不能贍如廣西道御史劉準由進士授官月支俸米一石五斗不能養其母妻子女貧同道御史王裕等刑部主事廖謨等俸米三十餘石去年病死竟貧無還乞下廷議增俸

成化元年正月國子助教李伸上言五事五曰益小吏之俸常人之情必衣食足斯廉恥興今有司俱無全俸類多折鈔衣食不足未免苟取於民宜勒賜在內七品以下文職官員全俸七品以上半俸　上命議行

按洪武十一年封周王於河南開封一郡惟一王府今則郡王三十九府輔國將軍二百一十二位奉國將軍二百四十四位中尉而下不計矣洪武年間軍職二萬

八千有奇成化五年軍職八萬二千有奇成化訖今不知增幾培算洪武初年錦衣衛官二百五員今一千七百餘員此祿俸所以不足也嘉靖八年春詹事霍韜奏云正德年間親王三十位郡王二百十五位將軍中尉二千七百位文官二萬四百武官十萬衛所七百七十二旗軍八十九萬六千廩膳生員三萬五千八百吏五萬五千其祿俸糧約數千萬天下夏秋稅糧大約二千六百六十八萬四千石出多入少故王府久缺祿米衛所缺月糧各邊缺軍餉各省缺俸廩今宗室王二等將

軍三等中尉四等主吏三等及跡庶人罪庶人凡五萬餘文武官并冗兵并竄名役占徒煩抽補召募名數日增而實用日減加以冗費無經財安得不盡司農告匱有以也

漕運

洪武二十一年九月航海侯張赫督江陰等衛官軍八萬二千餘人出海運糧還自遼東

洪武二十六年八月命崇山侯李新往溧水縣督視有司開臙脂河　上諭之曰兩浙賦稅漕運京師歲實浩繁一自浙河至丹陽捨舟登陸轉輸甚勞一自大江泝流而上風濤之險覆溺者多朕甚憫之今欲自畿甸而疏鑿河流以通于浙俾輸者不勞商旅獲便故特命爾往督其事爾其莅事惟勤役民勿暴暨河成人皆便之

洪武二十八年三月制諭中軍都督僉事朱信充總兵官前軍都督僉事宣信充副總兵官率舟師運糧赴遼東其海運大小官軍悉聽節制

洪武二十九年二月常州武進縣言本縣奔牛呂城二壩河道淺澁請濬深以便漕運從之　夏四月中軍都督僉事朱信言比歲海運遼東糧六十萬石今海舟既多宜增其數　上命增十萬石以蘇州府嘉定縣糧米輸於太倉俾轉運之

洪武三十年十月　上諭戶部曰遼東海運連歲不絕近聞彼處軍餉頗有羸餘今不須轉運止令本處軍人屯田自給其三十一年海運糧米可於太倉鎮海蘇州三衛倉收貯仍令左軍都督府移文遼東都司知之

永樂元年三月瀋陽中屯衛軍士唐順言衛河之源出衛輝府輝縣西北八里太行蘇門山下其流自縣治北經衛輝城下入大名府濬縣界逶邐抵直沽入海南距黃河陸路五十餘里若開衛河距黃河百步置倉廒受南方所運糧餉轉致衛河交運公私兩便　上曰此策亦是命廷臣詳議如議可行亦候民力稍甦行之　八月平江伯陳瑄總督海運四十九萬餘石赴北京及遼東永樂二年十一月工部侍郎趙毅等奏鎮江府民言乞於本處鑿山開河以便漕運約有九十八萬人數月可成請遣官驗視　上曰爾任大臣顧不能料其事而

必欲遣人驗視耶數年以來民困爲甚非有大不得已事豈可輕役且役九十八萬人卽復用如許人供給騷動数十州縣爲百姓植禍豈不殆哉毅等惶懼頓首謝遂寢不行　上以直沽海運商船往来之衝宜設軍衛且海口田土膏腴命調緣海諸衛軍士屯守　上以海運糧船上抵直沽置倉儲糧別以小船轉運赴京命戶部會議皆以爲便復請於天津等衛多置露囤以廣儲畜從之

永樂六年二月命平江伯陳瑄總率官軍都督僉事宣

信爲副海道運糧赴京

永樂十年十月初平江伯陳瑄言蘇州嘉定瀕海之墟正當江流衝會海舟停泊之所無大山高嶼可以依據漕舟於此或值風濤觸堅膠淺輒致傾覆乞於縣之青浦築土爲山立堠表識從之命有司徵軍夫命瑄督其役仍勑俟農隙爲之至是成方百丈高三十餘丈賜名寶山　上親製碑文記之

永樂十三年三月罷海運糧命平江伯陳瑄於湖廣江西造舟二千艘以從漕運

永樂十五年閏五月遣文武大臣分道經理漕運

永樂十七年秋七月行在戶部議運糧宜令浙江江西湖廣及在京水軍等衛軍士仍留轉運其餘衛所軍士令營造如夫役不敷則於浙江江西湖廣及直隷應天安慶池州太平寧國和州量僉夫於淮安臨清諸路給糧轉運其各處歲徵原在淮安等處輸納者如故庶幾官民兩便從之

洪熈元年正月勑平江伯陳瑄洪武中有令許運糧官船內附載巳物以資私用今後准此令官府無得阻當

正德七年三月　命南京造遮洋船三百五十艘給官軍由海道運糧赴薊州諸倉

成化元年九月漕運總兵楊茂奏各處運糧旗軍以洪閘灘淺盤剝多書各帯土産物貨以資用度乞免河西務張家灣等處稅課以紓軍困上下其議行之

成化七年正月定長運法漕運舊例軍民各半互相轉運民運淮安徐州臨清德州水次四倉交收運官分派官軍轉運於通州天津二倉往返經年民多受累宣德間周忱巡撫江南議將民運糧儲俱於瓜州淮安補給

脚價兑於運軍自是轉運變為兑運至是巡撫滕昭議罷瓜淮兑運令官軍徑赴江南州縣水次倉交兑民加過江船費視地遠近有差自是兑運變為長運誠一代良法

成化二十年十一月南京户部主事張倫陳餽運事言黃河自河南入淮直抵南京水路無礙請量摘淮安瓜州充軍糧十萬石南京常平烏龍潭等倉糧十萬石運至沔池縣令河南山西陝西三司委官轉運以五萬石存留懷慶二府等處以五萬石給平陽蒲州等處十萬

石給潼關西安等處以備賑濟又以兩浙鹽七十四萬餘引兩淮鹽一百二萬餘引賣銀送京以給軍餉所司謂其言皆可行且倫陝西人方以公務至京宜遂令奉勑督運俱從之　按海運三道初元伯顏建議自上海劉家港入海經楊州海門黃連沙頭萬里長灘開洋沿山嶴而行抵鹽城縣西海州東海縣密州膠州放靈山洋投東北路多淺沙行月餘抵成山計水程至楊村馬頭一萬三千三百五十里至元二十九年朱清等陳便道自劉家港開洋至撐脚沙轉沙嘴至三沙洋子江過匾擔沙大洪又過萬里長灘血沙放大洋清水洋黑水洋至成山過劉島至芝罘沙門二島放萊州大洋抵界河口其道差徑至正十三年千户殷明畧又開新道劉家港入海至崇明州三沙放洋向東行入黑水大洋取成山轉西至劉家島登州沙門島於萊州大洋入界河口舟行風信有時自浙西至京師不旬日比二道尤便

丘濬曰自古漕運所從之道三曰陸曰河曰海請尋元人海運入故道別通海運一路與河漕並行江西湖廣江東之粟照舊河運而以浙西東瀕海一帶浙江布政

司及常州蘇州松江三府由海運使人習知海道一旦漕渠少有滯塞此不來而彼來亦思患預防也

漕運總兵官萬表議海運為　祖宗已棄之策今人輒以丘文莊之論為言非達于事者也在昔海運歲溺米不止十萬計載米之舟駕舟之卒統卒之官皆所不免必欲為事變之備今浙江海船雖極遠番國皆能通之至京師或不難也松江與太倉通泰州俱有沙船淮安有海鵰船嘗由海至山東寧海縣買米云離天津不遠若以南京等總缺軍缺船衛分坐兑松江太倉等處近

海糧米者求的當船户厚與催值量運三四萬石歲一
行之使海道漸熟哥為日後之備似或可行

官軍兌運

宣德六年十月户部定官軍兌糧民糧加耗則例
成化元年十一月户部以所議漕運叅將袁佑上言便
宜覆奏　上曰律開收受税糧聽納户自槩平斛交收
比来收糧者每石加耗米五升今軍官願加一斗可見
官攢人等侵害過多今後收糧俱用平斛不許官攢人

等勒要因甚財物敢有仍前作弊巡倉御史叅奏究問
成化十年二月罷支運為改兌　按運法凡三變初海
運再海陸兼運三漕運已而漕運之法又二變初轉運
再兌運已而兌運又有支兌改兌遮洋一總猶海運但
不自太倉開洋遶出登萊大洋只從天津入海運至薊
州耳轉運雖變為兌運而淮徐臨德四倉尚存改兌即
改支兌者為兌運其為兑運一也
按萬表云糧運輕齎所謂一六二六三六者即耗糧也
江西湖廣浙江兌運正米一石加耗六斗六升又加尖
米一斗共七斗六升以四斗隨船作耗餘三斗六升則
折銀故謂之三六江南直隸兌運正米一石加耗尖米
共六斗六升除四斗隨船作耗只二斗六升折銀故謂
之二六江北直隸兌運正米一石加耗尖米共五斗六
升除三斗隨船作耗亦只二斗六升折銀故亦謂之二
六若山東河南兌運之耗并尖米只四斗一升除二斗
五升隨船餘一斗六升折銀故謂之一六盖加耗隨地
里遠近為差耳先是耗糧俱本色隨船候到灣顧車起
糧則易銀為用後以灣中米價低昂不一而易賣又滞

交納弘治十三年都御史張敷華都督郭宏方議折銀
每石定價五錢可以輕齎就於交兌之時支領隨船此
一六二六三六輕齎之名由始也然只令完納兌運三
百三十萬石而已餘耗本折皆歸旗卒官固無利之者
是故旗卒富饒糧運於斯為盛其成化一年改淮徐臨
德四倉支運粮七十萬石此山東河南直隸民運西倉
交納者亦令軍船就水次與民交兌運赴京通二倉上
納即今之所謂改兌者其加耗數少止有隨船耗米俱
無一六二六三六折耗輕齎就令於倉[illegible]運輕齎銀內均

貼脚價進倉等用若地方災傷支運倉糧亦以兌運輕
賫處貼之亦只總完四百萬石而已此雖減耗究貼此
之只了兌運者數雖減少然用亦裕而軍無告困至正
德六七年来京師權要始有官債虛立文約逼奪輕賫
而弊又泛此生矣時各總運官多出其門牽引爲害盖
借公物以爲私賂希寵庇耳於是始有鞘封過淮赴漕
運衙門呈驗重封仍委官至張家灣過發之盖以革逼
奪之弊而把總聶欽遂引寅緣驗封查算使用以羨餘
獻之於官故又有扣除之例矣欽雖即以贓敗而後之

相繼者則用意算扣歲增其數咸務多獻以爲功太倉
庫所積羨餘至盈數十萬而官旗揭借賠費貽害不可
勝言欽之倡始爲可罪也夫一六二六三六輕賫乃耗
粮也惟因地有遠近故耗有多寡非脚價也若脚價則
一例矣灣中起粮使用則各總皆同又何必分一六二
六三六之殊哉今以輕賫扣除於官是則正粮四百萬
之外復收其耗糧也豈制法之意乎後又添設參將一
員駐劄通州專一驗封參將革任乃定脚價搜刮倉中
使用如太監則有茶果錢如經歷倉攢每石一釐則謂

之釐兒錢及至吏書門官斗級之類莫不定之以數每
年造報花銷遂以爲例先年倉中使用初無定數每因
人之彼懦而高下增減之司使用之人又有虛數以欺
衆者累致争訐故此法一立一時人亦便之但使用公
行太監茶菓又添火耗催茶果者又有班兒錢其經歷
倉攢徃年各衛得以所帶本地貨物高價與之而今皆
紋銀且以此爲應得又於數外求之爲厚薄低昂矣盖
作法於京其弊猶貪作法於貪弊將焉止故爲法之不
可不慎也後又革去參將只巡倉御史會同通州坐粮

員外驗封查算凡倉中一應無名之費俱不准開銷扣
除愈多粮米不能上納運軍苦逼之甚勢不可行乃以
別淮南河起剝以抵其費爲法不一故倉有掛欠之米
庫有羨餘之銀而理不可通又往往人皆以爲言故又
議以羨銀給軍夫羨餘不復扣之於官而又給軍是矣
然而無救於糧運之弊者盖有說也各總運船只旗甲
一人管事衆軍只任撑挽今以羨餘槩給之使旗甲則
有掛欠鎖扭追賠船軍則有羨餘歌唱歡酒恝然不顧
但恨扣除之不多又相結黨告訐欺打旗甲時灣中粮

運俱集動聚數千人成群哄嚷官亦無如之何為弊一至於此而旗甲受累日益困敝是故旗甲敝而運亦敝之愚謂贏縮之利當歸旗甲旗甲裕而運其有不裕哉衆軍則量賞之以酬其撑挽之勞可也蓋小人薄福領銀二三兩在手便不能勝料群合夥飲酒宿娼無所不至然亦可惜但今之官司驗封査弊者乃以給衆軍為公給旗甲為弊專持此意不復詳審而務抑刻旗甲之羨餘給軍以為盡職使旗甲困苦揭債陷之死而不恤豈不謬哉

漕運事例

按國朝洪武初定鼎金陵天下運舟率由大江達南京洪武二十年始海運遼東以供軍餉然皆民運至　成祖都燕之後凡江南運舟派爲二道一由江入海出直沽口白河運至通州謂之海運一由江入淮入黄河至陽武縣陸運至衛輝府由衛河運至薊州謂之河運　永樂十三年罷海運改沿河轉運議將原坐派蘇松等處稅糧令民轉撥淮安倉交收廬鳳淮揚等處稅糧令民轉撥徐州倉交收徐州并山東兗州府稅糧令人轉撥濟寧倉交收河南山東稅糧令民轉撥臨清倉交收仍令沿河衛所各派船隻裏河船俱於淮安徐州等處支運至北京倉遮洋船俱於河南山東支運至通州倉交收　永樂末年平江伯陳瑄計議凡民運糧儲俱于淮安瓜州補給脚價兌與軍船領運瑄奏請于淮安瓜州水次令軍民於此對船交兌令軍船出給通關付還與民銷繳仍令民補脚價在淮安水次者每正糧一石外加五斗在瓜州水次者每正糧一石外加五斗五升　成化七年都御史滕昭議罷瓜淮兌運奏以裏河官軍各雇江船于江南水次交兌仍令江南民加官軍過江船費視地遠近有差浙江等處每正糧一石外加過江米一斗南直隸等處每正糧一石外加過江米一斗三升　天順間始額漕舟遮洋裏河共額一萬廿千七百七十五隻官軍一十二萬一千五百員名漕舟原設廠淮安造者十九臨清造者十一近移臨清所造於淮安又分淮安所造於浙江湖廣江西直隸等府各順所便竊意山東總遮洋總尚於臨清便江南上江總尚於龍江關便

嘉靖間漕運總兵官萬表疏舊例漕運粮斛四百萬石議單內一款倘有災傷等項停免於附近府分撥補附近府分各有災傷漕運官就臨德二倉照數支運庶不失原運四百萬石之數續以臨德二倉粮米有限故准折銀臣愚以為理財之道莫要於本折通融如豐年米賤全運本色遇奏災傷量減折色而折色相兼為用於

國計亦不可無漕運糧廳除河道工役之費其輕齎
米弁修造淺船料銀官軍行月等糧率四石致一石艱
難險阻實不易得如今年支放京軍月糧每米一石不
過易銀三錢難得而賤用似為可惜若以先年所收折
銀每石七錢者作二石放支京軍莫不鼓舞候至米貴
之年方放本色則軍需實濟故常平之法自古稱善今
於本折出納實寓常平

蘇松米船

成化六年十月戶部會官議巡撫漕運等官所陳事宜
一蘇州松江常州及嘉興湖州五府輸運內府白熟粳
糯米弁各府部造粳米每歲十六萬石俱官給以船令
經沿途甎廠鈔關必欲如民船帶甎納鈔兼遇水涸守
閘又為運軍凌逼及抵楊村等處則攬頭包攬巧肆刻
削是以留滯日久困於負貸請罷帶甎納鈔之例及禁
包攬之害仍移文漕運官令軍民船皆魚貫而行其有
漂流糧米以該納京倉者改納通州省腳價以補其數
議上從之　按在京各衙門俸米出蘇常二府總約十
萬餘石其白米僅派蘇州
萬表云太倉總督廳板刻則例一廒兌正糧一萬二千
石每石加耗米七升共計八百四十石約定四百八十
石作正支銷餘准作耗數內扣五十石或一百石以至
二百石以上經歷官攢甲斗級照依欠數多寡責治有
差數外間有餘剩者則是多收之數不敢別作支銷節
年於倉中隙地掘窖埋之後主收者日計剩餘者漸多
嘉靖十三年周侍郎叙初督倉場見餘米歲埋數多心
切惜之乃言於大司徒儉菴梁公材公曰此出耗米附

餘四百四十石之外若欽具題作正支銷主收放者法
應參究況起此附餘之端他日害大計矣寧復棄之不
敢作備也周乃貯之空廒以數作一手本報部公亦不
受令總督廳自計乃知老臣固識體耳夫每廒明支耗
糧八百四十石以其不得盡耗責以四百八十石附餘
作正支銷然或缺少亦止於責治而已不為深究蓋恐
後之流弊至於多收也宣德年間京通二倉收受斛米
一尖一平尖斛淋尖平斛槩行後將淋尖斛外餘米俱
要入官有虧旗甲成化元年兪將表佑奏要每石不分

平尖明加一斗俱刮鉄收受戶部題奏　欽依只加耗五升此佑之見惟目前之圖而無久長之慮彼當事者循存寬厚之意耳成化二年又該戶部題為收受粮斛事奉　欽依准加八升今載入議单每石充運加耗七升則是加耗米七升原為尖斛而增今於加耗之外復收斛面以為附餘則是耗外又有加耗矣正德十六年表總浙運時每石只加一進倉便發交納常有餘剩土米照出今每石加二五進倉尚有掛欠若不革去耗外斛面行槩平收則軍逊運敝雖有善者亦無如之何矣

蓋所取之斛面餘米不多而　國計根本所繫為害者大矣此只十數年來之弊老成籌　國者固當革弊以存大計可也

屯田

洪武三年九月辛卯中書省臣奏太原朔州等衛所屯田士卒官給牛種者請十稅其五自具牛種者稅其四

上曰邊軍勞苦能自給足矣循欲取其稅乎勿徵

洪武五年春正月巳酉朔　詔令後犯罪當戍兩廣者俱發臨濠屯田

洪武六年夏四月太僕寺丞梁埜僊帖木兒言黃河迤北寧夏所轄境內及四川西南至船城東北至塔灘相去八百里土田膏沃舟楫通行宜命重將鎮之俾招集流亡務農屯田什一取稅兼行中鹽之法可使軍民足食從之

洪武十五年五月士卒饋運渡海有溺死者　上聞之命群臣議屯田之法諭之曰昔遼左之地在元為富庶至朕即位之二年元臣来歸有勸復立遼陽行省者朕

以其地早寒土曠人稀不欲建置勞民但立衛以兵戍之其糧餉歲輸海上每聞一夫航海家人懷訣別之意然事非獲已憂在朕心必至期復命士卒無虞心方釋然近聞有溺死者朕終夕不寐爾等其議屯田之法以圖長久之利

洪武十九年九月沐英奏雲南土地甚廣而荒蕪居多宜置屯田令軍士開耕以備儲蓄　上命戶部曰屯田之政可以紓民力足兵食邊方之計莫善於此趙充國始屯金城而儲蓄充實漢享其利後之有天下者亦莫

能廢英之是謀可謂盡心有志古人宜如所奏然邊地
久荒榛莽蔽翳用力實難宜緩其歲輸之粟使彼樂於
耕作數年之後徵之可也
洪武二十年十一月　命普定侯陳桓靖寧侯葉昇往
雲南總制諸軍就於定邊姚安等處立營屯種以俟農
隙征進又命桓等領兵屯田於畢節等衛
洪武二十一年九月勅五軍都督府臣曰養兵而不病
於農者莫若屯田今海宇寧謐邊境無虞若使兵坐食
於農農必受敝非長治久安之術其令天下衛所督兵

屯糧庶幾兵農兼務國用以舒古之良將若趙充國輩
皆以策勳當時垂名後世其藩鎮諸將務在程督使之
盡力於耕作以足軍儲則可以繼美於古人矣爾都督
府其申諭之
洪武二十四年四月　上謂後軍都督沐春曰曩者胡
虜近塞兵衛未立所以設兵守關今虜人遠遁塞外清
寧已罝大寧都司及廣寧諸衛足以守邊其守關士卒
已命撤之而山海關猶循故事其七站軍士雖名守關
實廢屯田養馬自今一片石等關每處止存軍士十餘

人譏察逋逃餘悉令屯田
永樂元年十月　命靖安侯王忠往北京安插屯田軍
民整理屯種　十二月工部尚書黃福奏陝西行都司
所屬屯田多缺耕牛耕具合准北京例官市牛給之耕
具於陝西布政司所屬鑄造悉從之
永樂二年正月戶部尚書郁新言河南等處管屯都指
揮劉英等上屯田歲收之數臣等計之一人所耕不足
自供半歲之食宜罪之以警衆　上以法令初行姑宥
之遂召英等諭曰屯田軍國之大務爾等不留心於此

徒坐享祿食若復役疲民以贍惰卒則民愈困兵日惰
蓋畜兵以衛民豈以兵而困民汝等其深思之若今歲
仍復怠惰耕穫不前論罪如法悔無及矣
永樂二年十二月　上因管屯官不務勸率軍士顧侍
臣曰朕在藩邸時數因圍獵過田家見所食甚粗糲知
其所苦每親勞問之無不感悅今屯種軍士若管轄者
能知其情時時勞問所若誰不感奮勤力又曰用人之
道須先得其心然後可與圖功若養之於無事之時用
之於感恩之後未有不得其力者

永樂三年正月　上以天下屯田積穀寧夏最多皆總兵何福勤於用心所致又以福請更定屯田賞罰為經久之計降勅奬諭之

永樂三年二月工部尚書宋禮言山東衛所屯田缺牛耕種請於太僕寺給之從之

永樂六年八月戶部言舊定屯田賞罰例已刊著紅牌象聖旨以田土新開墾所收不能及數期三年後依紅牌例考較今已及期當舉行之　上曰屯田固重務若徵收過重人不能堪仍從輕例

永樂二十二年十一月仁宗諭戶部尚書夏原吉曰古者寓兵於農兵食自足無待轉輸漢之屯田猶有古意先帝立屯種法用心甚至迨後所司以征徭擾之既違農時遂鮮收獲以致儲蓄不充未免轉運其令天下衛所凡屯田軍士自今不許擅差妨其農務違者處以重法按軍國之事備邊為急備邊之務兵食為先屯田之法乃足食足兵之要道而通商種鹽則又所以維持屯田於不壞者也洪樂閒唯純任此法所以邊國富強不煩轉運而蠲租之詔無歲無之也後來鹽法漸非其舊而邊餉不足軍民俱困矣豈其弊端固已濫觴於此而况營私漁利者日滋其說乎

洪熙元年六月宣宗　鎮守大同總兵鄭亨上去年屯田子粒數上諭夏原吉曰邊軍屯田可省轉輸之勞卿等宜遣人覈實所積果多當如例賞之

宣德四年五月兵科給事中戴弁奏自山海至薊州守關軍萬人列營二十二所操練之外無他差遣若稍屯種亦可實邊請取勘營所附近荒田斟酌分給且屯且守實為兩便　上嘉納之命戶部同兵部各遣官與都督陳景先經理

宣德五年八月遣吏部郎中趙新刑部郎中劉澤榮華工部郎中張琰禮部員外郎吳政等經理屯田先是尚書黃福言請於濟寧以北衛輝眞定以南近河之地役軍民十萬人屯種積糧以克國用　上命戶部兵部議至是戶書郭資兵書張本等言於緣河屯田實為便宜自鳳陽淮安以北及山東河南北直隸近河二百里內通舟楫處擇荒田驗丁册合官給以牛仍支官錢收買農器如此則軍民樂於用力但山東近年旱饑流民初

復故業官軍亦多有差役宜先遣官往同有司按視田地以俟開墾上從之遂遣新等經理仍命福總其事既而本等惑於人言令軍民各有常業若復分撥點差未免勞擾本以聞於上事竟不行　按嘗因黃福之言而有慨於西北諸處積荒之地不但可以屯種雜糧雖江南之秔稻亦可植也山東通濟沁泗沂諸水河南鑿汝蔡洹息諸渠陝西會涇渭漆沮諸流則西北之田皆秔稻矣柰何經畫疆理既無西門豹鄭國之徒而築舍道旁之言又紛紛也於是軍國之賦盡仰給於東南矣東南民力烏得而不竭哉

宣德六年五月遣兵部侍郎柴車往山東經理屯田時巡按御史張冣言大同地平曠所種粟麥有收多為軍官據占小民日困乞遣官按視占耕者分與軍民為便上命車及御史一人往理之

景泰三年四月學士商輅上言邊務訪得口外田地極廣因先前在京功臣等官將口外附近各城堡膏腴田地占作莊田其諸空閑田地又被鎮守總兵參將并都揮等官占為已業軍士無近便田地可耕夫且耕且守

如漢趙充國諸葛亮晉羊祜皆有已行之明效今日守邊之要莫善於此若舍屯種之外而欲邊城充實雖傾府庫之財竭生民之力柰軍士數多歲月久遠亦難繼矣事下該司議行　按王鏊曰國家邊費最大欲省轉運之費莫若興屯田兵法取敵一鍾當吾二十鍾屯田一石可當轉輸二十石趙充國留田湟中內有十二費之利外有守禦之備卒坐困西羌唐韓重華營田之利東起振武西逾雲州極於中受降城歲省錢千三百萬緡此前事之明效也今三邊之地固在也而人以為不可行者何哉鏊之此論誠當今之急務也

成化元年十月戶部奏景泰末宣府總督都御史李秉嘗上言邊城多空地而守城諸役外復有閑曠軍餘請量支宣府官銀買牛給與耕種收餘糧易銀給貧軍買馬騎操遂於億萬庫支銀一萬兩買牛給軍耕種至天順初有言勞軍不便者行都督楊能等會議俱稱且耕且守經國遠圖而大同宣府自罹兵燹人畜蕩盡幸而朝廷大發帑銀買牛給軍耕種人稍得聊生今宣府巡撫葉盛復申奏先年原買官牛多死又以餘鹽銀買

軍耕種官府不煩督責軍士不致陪償此皆官田官生
之效驗然立法非難守法為難乞申勅守臣恪守俾久
而不廢庶邊事克濟　上曰法既善宜永遵行
正德四年八月劉瑾既止各邊年例銀兩又不令商人
在邊輸納鹽課邊儲遂大匱乏因詢國初如何充足議
者以為國初屯田脩備故軍食自足後為勢家所占以
此軍不自給瑾遂慨然脩舉屯田分遣御史胡汝礪周
東楊武顏頤壽等往各邊丈量屯田以清出地畝數多
及追完積逋者為能否則罪之於是各邊增屯田至數

憲章類編　卷十九　四五

百餘頃悉令出租周東在寧夏與都御史安惟學比較
屯糧尤嚴加刑於軍官妻子人心憤怨指揮何錦等遂
與安化王謀起兵以誅瑾為名瑾禍始於此矣　按鹽
法復舊令商人上納本色則商人佃種邊地不敢荒蕪
鹽課有資屯種自辦苟不復鹽法止清屯田則邊人無
力耕種子粒仍無從出適擾貧軍以釀亂也　按漢之
屯田止於數郡宋之屯田止於數路唐雖有九百九十
二所亦無實效惟我　太祖加意於此視古最詳考其
迹則往所有閑地即令軍以立屯非若歷代于軍伍之

外分兵置司者也考其制則三分守城七分屯種以言
其數則外而遼東一萬一千三百八十六頃內而極安
如浙江者亦有二千二百七十四頃一十九畝六分六
絲六忽推之於南北二京衛所陝西山西諸省尤極備
焉則其于所謂數郡數路九百九十二所者又豈足以
比之哉　永樂二年令各處衛所凡屯軍一百名以上
委百户一員提督之其有餘人自願耕種者不拘頃畝
任其開墾三四五年之間又有紅牌一面等例牛具農
器則總於屯漕細糧子粒則司於户部至於宣德正統

憲章類編　卷十九　四六

每有添設屯田副使僉事之詔景泰天順亦有監督兼
理之命莫非致謹於是也成化十一年十三年二十一
年又有之弘治十三年又令管屯等官用心清查莫非
拳拳於此也然歲久弊生利偏害出嘗聞禮部尚書劉
定之曰有屯田之名無屯田之實耕種之際鹵莽滅裂
收貯之後侵欺移用又有曰以管屯為職者率優游於
城市何嘗有阡陌之巡以典屯而来者亦憑信於簿書
何能校倉庫之實則斯弊也至今猶未息也　大學士
楊一清曰附郭屯地每歸於勢要之家屯田軍餘有終

歲陪糧而不知屯地之所在者又有曰貧難壯丁雖亦良田無牛可耕無種可佈未免將身佃户年雇錢不充一歲之章糧管屯官員或將十歲以下幼男報充屯丁三兩朋合謂之擡糧則斯弊也方今正熾盛也夫弊極則害深天下始有不能堪之情不堪則勢沮天下始有不可為之事何怪於荒蕪之不闢士卒之不勤又何望於貯積之豐贍哉今之當是責者宜惻然思所以振之矣

樣田

永樂二年十一月　上以各處屯田肥瘠不同所穫亦異考較之法宜有等差嘗命各都司摘差官軍給與牛具種子耕種閒田視其歲收之數為例考較謂之樣田除足各軍歲用之外每軍仍有餘糧二十三石於是上命户部詳定賞例除官收正糧及種子外餘糧悉與自用

憲章類編卷之十九終

憲章類編卷之二十

茶法

洪武四年十二月開茶市

洪武五年二月户部言四川産巴茶九四百七十七處茶户三百一十五宜依定制每茶十株官取其一歲計得茶萬九千二百八十斤令有司貯候西番易馬從之

洪武三十一年五月置成都重慶保寧三府及播州宣慰司茶倉四所命四川布政司移文天全六番招討司

將歲收茶課仍收碉門茶課司餘地方就送新倉收貯聽商人交易及與西番市馬

洪武三十一年十月增置陜西洮州茶馬司

宣德四年三月免四川茶户徭役時四川江安縣茶户訴本户舊有茶八萬餘株年深枯朽户丁亦多死亡今存者皆給役於官無力培植積欠茶課七千七百餘郡縣責徵日急乞賜减免并除雜役得專辦茶課庶無逋負通政司以聞　上諭尚書郭敦曰茶之利蜀人資之不但為公家之用今有司加以他役者悉免之宋陳恕為三司使稍增茶課當時非之此事今任於卿歲額决不可增虛耗則當减免並宜從寬　按茶馬司三洮州河州西寧其轉運站八在徽秦州地盖入三司之要途茶産漢中府等處茶課歲額五萬餘斤每百斤加耗六斤商茶歲中率八萬斤令商運賣官取其半易馬納馬番族洮州三十河州四十三又新附歸德所生番一十一西寧一十三茶馬司收貯官茶立金牌信符為驗國初法行無私販後漸出多奸弊延内外

鹽法

洪武三年十二月户部言陜西察罕腦兒之地有大小鹽池設設鹽課提舉司撈鹽夫百餘人蠲免雜役專事煎辦行鹽之地東至慶陽南至鳳翔漢中西至平凉北至靈州募商人入粟中鹽粟不足則以金銀布帛馬驢牛羊之類驗直準之如此則軍儲不乏民獲其利從之

洪武六年正月江西行省商民沮壞鹽法刑官擬以亂法罪當死　上曰愚民無知犯法猶赤子無知入井豈

宜遷以死罪論之法司執奏不已　上曰有罪而殺國之常典然有可以殺可以無殺彼愚民沮壞鹽法原其情不過為貪利耳初無他心乃悉免死輸作臨濠

洪武十三年三月兩浙鹽運使吕本言煑海為鹽始於管仲晏嬰繼之西漢專利禁私鬻東漢弛禁聽入稅唐劉晏設轉運法而利益興宋仁宗朝給亭户官而法愈密元承宋制歲給工本置轉運司各塲置令丞管勾掌鹽出納所給工本有多寡煎鹽有難易國初委官稽考仍依舊額輸官以四百斤為一引官給工本米一石以

米價低昂為準無支錢鈔以資竈民然其間有丁產多而額鹽少者有丁產少而額鹽多者未經覈實今與各道分司即鹽塲所屬地方驗其丁産多寡地利有無官田草塲除額免科新鹵得宜約量增額分為等則逐一詳定均平寔為民便詔從之

正統三年五月江北大水直隷淮揚地方被災鹽課虧少　上命巡撫侍郎周忱往視之忱奏令蘇州等府將撥剩餘米每府量撥一二萬石運揚州各鹽塲收貯照數出給通關准作次年預納秋糧其米聽令竈户將私鹽於附近塲分上納即照時價給米食用于時米貴鹽賤官得積鹽民得食米上下賴之

正統五年夏四月立存積常股鹽法

景泰三年十二月清鹽法

成化四年六月尚膳監太監潘洪奏兩淮運司積有餘鹽乞令其姪潘貴中納户部覆奏言凡内外食祿之家不得中鹽以侵商利損邊儲今洪所請不惟沮壞定制抑且啓在位逐利之心　上曰朝廷存積鹽課以待邊用祖宗禁例食祿之家尚不許中況内臣給事内廷凡所以養生送死皆朝廷為之處置又可損國課以益私家乎其勿與

弘治五年八月令兩淮等鹽運司鹽引俱於運司招商開中納銀類觧户部大倉以備邊儲國初以來天下鹽課俱於各邊開中上納本色米豆商人欲求鹽利於近邊轉運本色以待開中故邊方粟豆無甚貴之時至是户部尚書葉淇淮安人鹽商皆其親識因與淇言商人赴邊納糧價少而有遠涉之虞在運司納銀價多而得易辦之利淇然之内閣徐溥淇同年最厚淇遂奏准商

人引鹽悉輸銀户部送太倉銀庫收貯分送各邊塩銀積至一百萬餘兩人以為利而不知其壞舊法也商人赴邊開中之法既廢近邊米豆無人買運價遂騰湧邊儲自此資於内帑而國匱民貧難整理矣

弘治九年四月有中官織造南京奏給長蘆鹽八千引鬻于兩淮仍給淮鹽價銀二萬兩户部尚書周經言鹽筴本以濟邊且各有分地若許之越境則私販必多官鹽反滯乃命止長蘆鹽勿給

弘治十八年八月武宗　南京浙江織造太監王瓚崔

果奏討長蘆運司塩一萬二千引至南京變賣辦織造物料户部司官李夢陽王崇文徐廷用言于尚書韓文曰今新政之初不當准鹽課織造文等執奏止與六千引　上問内閣曰户部何不全與劉健等對曰内官裝載官鹽中間夾帶数多沿途害人且壅滞商課　先帝末年鋭意整理鹽法此正今日急務　上不悦曰天下事豈只是幾箇内官壞了譬如十人中也須有三四箇好人健等退復具揭帖力請如户部議上不得已從之

正德十三年六月南贛巡撫王守仁請疏通鹽法初都御史陳金以流賊軍餉立厰於贛州抽分廣塩許至袁臨吉三府發賣起正德六年至九年止至是守仁以勅諭有便宜處置語疏請暫行待地方平定之日停止從之

正德十三年十月南贛巡撫王守仁再請疏通塩法初廣塩止行於南贛而淮塩行於袁臨吉以灘高三府之民長苦乏塩守仁乃上議以為廣塩行則商税集而用資於軍餉賦省於貧民廣塩止則私販興而弊滋於奸宄利歸於豪右况南贛巢穴雖平殘黨未盡方圖保安

之策未有撤兵之期若塩税一革軍餉之費苟非科取於貧民必須仰給於内帑夫民已貧而歛不休是驅之從盜也外已竭而禅其内是復殘其本也臣竊以為宜開復廣塩著為定例得俞旨　按兩淮塩課幾二百萬可當漕運米直全數天下各塩運两淮課居其半而浙次之長蘆次之福塲無巡御以行無遠地河東場無運官以出有専所廣塲兼之故巡運俱無清理塩法都臺止一員統治長蘆淮浙兩淮引塩開中七十萬五千二百引又折色銀一千八百三十两長盧開中八萬八百

引折布一萬一千二百六十疋河東開中四十二萬引
山東開中八萬三千一百引折色銀九百两折布四萬
六千六十疋两浙賣銀六萬四千三百四十二两福建
賣銀一萬二千二百餘两折米伍千八百石四川開中
一十萬六千八百引塩井衛龍州司雅州所折米二千
四百引每一百二十斤折米麥一石雲南開中五萬三
千引折銀五千两廣東折銀二萬五千二百两海北折
銀三千二百两靈州開中五萬九千四百引西和漳縣
折銀一千六百二十两

按霍韜淮塩利弊議曰今欲復洪武之法則有上策欵
救今日之急則有中策區區修補近年利弊則已無策
何謂上策須変通鈔法鈔法重則錢法均而塩法行矣
今若立法使鈔一貫值錢千文灶丁為實利則額塩一
大引給工本鈔二貫五百文餘塩一小引亦給工本鈔
二貫五百文各場餘塩盡屬之官私挾私賣即處絞勿
贖則两淮正塩七十萬引餘塩三百萬引舉可召中開
中或如永樂時例一引輸遺粟二斗五升可也或如成
化時例一引折銀四錢可也若國家充足如洪武時例

一引納銀八分歲富于国亦可也盖私塩行由正課重
也正課輕私塩不禁止矣故曰上策何謂中策須更為
令曰凡各商人中正額塩一百引許帶中餘塩三百引
正塩納邊粮二斗五升餘塩納邊粮二斗聽與灶戶價
買又嚴為令曰各商借官引影私塩灶户不辨驗官引
輙賣餘塩者各照私塩律絞勿贖又嚴為令曰正塩一
引只二百五斤餘塩一引亦二百五斤革近年大包之
弊革近勸借米麥之弊革塩場積年轄害各商之弊三
邊選廉而有才者一人為提督都御史兼三邊勸農使

遇塩商納粮即與收受粮賤許納本色粮貴許納折色
俾商無久淹凡積年為商人害者阻壞塩法者悉與革
絕復選廉而有才者一人為漕運都御史兼理塩法俾
自舉用運司提舉等官凡商人納完粮料即與支塩勿
得久淹凡積年為商人害者阻壞塩法者即與革絕則
塩課邊儲互相関通盈縮交與接濟利病均為欣戚邊
方腹裹共為一心两都御史如左右手行之數年即邊
儲可足乃以餘積召募游民開懇邊地勸課農畝邊地
愈闢邊防愈固百世之利也故曰中策

賦役

洪武元年二月定賦法役法

洪武十年二月　上謂省臣曰士民貴賤有等趨事執役以奉上者庶民之事若賢人君子既貴其身復役其家與民庶無別非勸士待賢之道自今任官有田土者輸租外悉免役著為令

洪武二十八年十二月諭户部官曰方今天下太平軍國之事皆已足用其山東河南民人田土桑棗除已入

額徵科目二十六年以後栽種桑棗果樹與二十七年以後新懇田地不論多寡俱不起科共有司增科擾害者罪之　五月　勅户部曰朝廷設官分職本以治民治民之道在乎安養之而已故即位之初一遵皇考成憲首命爾等凡荒蕪田土無人佃種者即令所司蠲貰蠲租爾等不體朕心因循玩愒有司拘於歲額一槩徵收下情鬱而不達上德遏而不宣此豈人臣為君為民之心其速下各布政司府州縣但有荒閑田地無人開懇者即於常歲租額内削除之

永樂二十二年八月仁宗即位以楊士奇等為殿閣大學士士奇謝恩畢聞惜薪司賦棗於山東河南以供宮中香炭之用至八十餘萬入將奏之時蹇義夏原吉奏事未退上望見士奇謂蹇夏曰新華蓋來必有說試共聽之士奇言恩詔甫下兩日惜薪司傳旨賦棗八十萬民何以堪上喜曰吾因知學士必有說吾數日來宮中事叢脞此是急遽中答之不暇致審即令減其半

永樂二十二年十月　上諭户部尚書夏原吉等曰田土民所恃以衣食者今所在州郡奏除荒田租得非百

姓苦於征徭相率轉徙歟抑年饑衣食不給或加以疫癘而死亡歟自今一切科徭務須樽節仍令有司凡政令不便於民者條具以聞被災之處早奏賑恤有稽違者守令處重罪

成化三年九月刑部主事袁絜言自通州抵儀真沿河人民編定夫甲撥送官船每歲自冬月河氷之外晝夜不息民遭重困日就流離請自今沿河州縣雜辦正徭但出十分之二餘派不當夫役之處則勞逸適均而民得安業矣户部覆奏從之

成化七年六月巡按直隸御史梁昉言涿州良鄉等縣密邇京師其民迫於科差困於饑寒往往隱下稅糧虛賣田地產業已盡征科猶存是以田野多流亡之民田甲有代償之擾宜令有司查實歸戶以清賦稅

賦役黃冊

洪武十四年十一月編賦役黃冊　按賦役稽版籍一歲會賦徵十年攢黃冊冊有丁有田丁有役田有租田曰官田曰民田凡二等租曰夏稅曰秋糧凡二等丁曰

成丁曰未成丁凡二等役曰甲役曰徭役曰雜役凡三等皆有力役有僱役計其丁田為產　國初天下田土總計八百四十九萬六千五百二十三頃令徵科之數制為兩次夏稅則納米麥四百七十一萬二千九百石外此復輸錢三萬九千八百錠絹三十八萬八千七百秋糧則納米二千四百七十三萬四百石外此復輸錢五千七百三十錠絹五千九百夫以是田而責之以是賦以漢唐準之似有過於重者殊不知漢唐之田賦雖輕而他賦則重我朝則自兩徵之外而他無雜征況於

茶課酒榷雖前代所倚以侵漁者亦且從而罷之矣其後撥給親王功臣及土地肥瘠開懇災傷等項或增或減歲無常賦則是法雖有一定之則而斟酌之權未嘗不行乎其間也蘇州府一州七縣額田九萬頃歲徵糧二百七十萬帶耗共稅糧三百五十萬淮安府兩州九縣額田十八萬頃歲徵糧三十六萬較農田之廣狹淮安加蘇州一倍較歲糧之徵輸蘇州加淮安十倍又松江府惟兩縣歲輸稅糧一百二十萬北直隸八府一十八州一百一十七縣歲輸稅糧亦一百二十萬以松江

兩縣稅糧視一百一十七縣稅糧重輕懸絕如此彼蘇州之民何辜而獨受其苦哉因求其故蓋以賊虜張士誠伏誅其將帥叛臣亦從殲滅田皆沒官故凡租稅之重皆官田也今頑民埋隱官田以為己業轉將瘠田詭為官稅甚則詭曰水坍沙壓田去稅存里甲賠累害愈不可言今已不早為均恐民病愈甚霍韜曰天下農民之病自江而南由糧役輕重不得適均自淮而北稅糧雖輕雜役則重夫雜役之重非其有益於國也如其有益於國不得已而重猶之可也今州縣有司人自為政

高下任情輕重在手大為民害如徐州雜役歲出班夫五萬八千有奇歲出洪夫一千五百有奇復有淺夫閘夫泉夫馬夫等役洪夫一役銀十二兩統而計之洪夫之役歲銀一萬八千有奇其餘各役不可究言也已徐州之民僅二萬户雜役如此民何以堪故徐州民年年拘役無一丁免者雖窮坊里僅育一人自隨亦歲辦役銀一两是民病已極矣何不寬一分使民受一分澤乎浙江閩省糧役重輕之籍嘗為一牘曰糧役冊將一省丁田糧役先揭大綱後例條目年有定額牘有定式民有定役官有定守贓汙官吏雖欲低昂其手以漁取于

民不可得也豈非良法乎

户口

洪武三年十一月覈民數給以户帖

宣德三年八月　上御武英殿問侍臣歷代户口盛衰侍臣對曰禹平水土民奠厥居至桀而耗之湯始受命視禹時不及及紂淫虐武王得天下之初視湯時又不及成康致治遂多於禹迨春秋戰国以至嬴秦所耗尤多漢高至文景民庶大増武帝征伐不息十數年間天下之衆亦減其半昭帝罷戰務農至成帝初户口極盛東漢承王莽之後率土之民十纔二三明章之後天下無事人口滋殖三國六朝疆宇分裂所存無幾隋文節倹大業之初户口極盛煬帝荒淫役人以百萬計丁男不足役及婦人由是天下之人聚而為盜唐貞觀以後及於永徽户口日增至開元極盛安史之亂遂大耗矣宋承五季之後自太祖至神宗户口日盛高宗南渡中原板蕩所存者東南之民此歷代户口之大槩也　上曰户口之盛衰足以見國家之治忽其盛也本於休養

生息其衰也必有土木兵戈觀漢武承文景之餘煬帝繼隋文之後開元之盛遂有安史之亂豈非恃其富庶而不知儆戒乎漢武末年乃知悔過煬帝遂以亡國玄宗至於播遷皆足為世大戒

宣德四年秋七月户部上户口登耗之數上視朝退因語侍臣曰隋文帝時户口繁殖財富充足自漢以来莫及議者謂當時必有良法後世因其享國不永故無取焉此未必然夫有治人無治法漢唐初間之法未嘗不

善至其子孫力役煩興費用無度天下凋敝隋文勤政節儉足致富庶豈徒以其法哉且如秦法多非先王之制後世猶有存者亦未嘗計其享国長短也大抵人君恭儉國家無事則生齒日繁財賦自足使煬帝能謹守隋文之業安得遽至敗亡哉　按淮以北土無定畝以一望為頃欺隱田糧律條未之能行也江以南户無實丁以系產為户脫漏户丁律條未之能守也　洪武初年甫脫戰爭人民凋殘户一千六十五萬有奇口六千五十四萬有奇弘治四年承平久矣户口宜蕃且息矣

乃户僅九百一十一萬視初年减一百五十四萬口僅五千三百三十八萬視初年减七百一十六萬此其故何也宜司國計者知所以處之矣周忱户口論曰或投倚於勢豪之門而自幼至長無徭糧差或招誘於僧道之途而化緣財物遍遊四方冒名為匠則往南京者應天府不知其名在北京者順天府亦無其籍挈家于舟則四水汪洋莫知踪跡冒引賣貨陶然無憂

倉儲

宣德七年六月巡按湖廣御史朱鑑言洪武間各府州縣皆置東西南北四倉以貯官穀多者萬餘石少者四五千石倉設富民守之遇有水旱饑饉以貸貧民今各處有司以為不急之務倉廒廢弛贖穀罰金掩為已有深負朝廷仁民之意乞令府州縣修倉廒謹儲積給貸以時仍令布按二司巡按御史巡察違者罪之　上諭户部曰此祖宗良法美意比由守令不得人遂致廢弛爾户部亦豈能無過其如御史言違者從按察司監察御史劾奏　八月巡撫侍郎周忱奏置蘇松等府濟農

水次等倉

正統四年十月大學士楊士奇等上言堯湯之世不免水旱而堯湯之民不聞困瘠者有備故也我
太祖皇帝篤意養民備荒有制天下郡縣悉出官鈔糴穀貯倉以時散斂又相其地開濬陂塘修築圩壩以備水旱小大之民各安其業歲久弊滋豪猾侵漁穀盡倉毀凡諸水利亦多湮廢或被占奪稍遇凶荒民無所賴風憲官不行舉正守令漫不究心事雖若緩所繫甚切請擇遣京官廉幹者往督有司凡豊稔州縣各出庫銀

平糴儲以備荒陂塘圩壩皆令修復具實奏聞郡縣官以此舉廢為殿最風憲官巡歷各務稽考仍有欺蔽怠廢者具奏罪之庶幾官有備荒之積民無旱潦之虞仁政所施無切於此　上曰此祖宗良法美意也命户部急行之

正統五年正月令六部都察院推選屬官領勅分詣兩畿及各省府州縣立預備倉發所在庫銀糴糧貯之軍民中有能出粟以佐官者授以散官旌其門

成化十八年春正月命南京糴常平倉糧時歲饑米貴

南京户部請減價糶以濟民候秋成平糴還倉

弘治三年五月定預備倉糧州縣每十里以上積糧一萬五千石州縣官考滿稽其備荒積穀多少以為殿最

功臣田土

洪武二十六年十一月曹國公李景隆奏還莊田六所凡田地山場池蕩一百餘頃

金場

成化十年十二月罷湖廣寶慶等府縣淘金時内貴日侈帑金漸乏乃命寶慶等府武陵等縣開原額金場淘煎以進巡撫等官命所屬十二縣開二十一場歲役民夫五十五萬有奇而武陵之民傷於蛇虎死於大水者無筭僅得金三十五两巡撫等官奏工多金少徒害生民請有司取贓罰銀易金應用從之

河南開墾灘地

成化六年五月巡視河南户部左侍郎原傑奏黄河自

古為河南患盖以水勢瀰漫遷徙不常彼陷則此淤軍民隨處開墾退灘之地以給口食以供租税盖以此而補彼也柰何姦徒陰結王府官校槩指為園場屯地投獻徼賞王府輒便標封界至占收子粒民不聊生請自今有犯者不問軍民舍餘俱終身謫戍其王府官亦不許陰結受獻致興詞訟違者一治以法則奸猾有警而民無横擾矣又彰德懷慶河南南陽汝寧五府山多水漫衛輝一府沙鹻過半軍民税糧之外僅可養生開封一府地雖平曠然河決無時洪武間蒙恩例除常税外

荒地許民耕種永不起科景泰時乃創起科例致令姦民互相告訐徵歛日重民迫於勢傾家賠納請如舊例凡軍民有告訐不起科者不聽則可免賠償之患矣户部覆奏從之

邊餉

洪武三年六月山西行省言大同糧儲路遠費重若令商人於大同倉入米一石太原倉入米一石三斗給長蘆淮鹽各一引引二百斤則轉輸之費省而軍儲之用

充矣從之　九月河州衛指揮韋正言西邊軍糧民間轉輸甚勞而綿布及茶以易粟今綿布及茶輓運將至乞給各衛軍士令其自相貿易庶省轉輸之勞詔從之

洪武八年五月陜西按察僉事虞以文言嘗巡按漢中見其民多居深山遷徙無常以避徭役其膏腴水田皆灌莽彌望莫肯下山開種蓋因用力勞而又虛徵其稅以是不欲下山今若減其租賦寬其徭役使居平野以漸開墾則田益闢而民有恒産矣　上善其言詔陜西行省遵行之

洪武十一年二月勅中書省曰朕初以邊餉勞民商人納粟於邊以淮浙鹽償之蓋欲足軍食而省民力也今既數年軍餉不給皆因鹽價太重商人無利以致輸粟者少爾中書其議減鹽價俾輸粟于邊庶內地之民省輓輸之勞於是定擬凡輸粟于各邊者量地遠近價各有差

洪武十九年正月雲南左布政使張紞言舊例商人納米于金齒者每一斗給鹽十引以穀准米者聽以是商旅輻輳儲蓄充溢其後有司不許輸穀由是商人少至

軍餉弗給請仍其舊從之

永樂二年十二月甘肅總兵官宋晟奏以急乏邊儲乞不為常例無分官民令其甘肅衛倉中納准浙鹽庶邊儲易充從之

永樂十年二月　上以甘肅官軍所用糧多百姓轉運繁勞命户部減涼州鹽糧則例召商中納以供軍餉待糧用充足則仍其舊於是定納涼州鹽糧淮浙鹽每引三斗五升河東每引二斗四川每引一斗五升

宣德二年三月免湖廣運南征軍餉先是夏原吉奏遣

副都御史李素往湖廣督運粮餉赴廣西給征南軍士至是　上謂原吉曰朕昨思之湖廣去年旱百姓貧窘征南軍餉止令廣東廣西附近有司於見有倉儲給之

七月命陝西三司及軍衛有司罪囚納米贖罪時行在户部奏陝西岷州河州洮州臨洮各衛糧餉皆西安等府税糧供給邇来歲歉民貧多致逋負倉無儲峙欲將陝西三司及諸軍衛有司罪囚除真犯死罪依律收贖從之

宣德五年六月初兵部尚書張本奏甘肅寧夏大同宣

府糧餉皆出民力運輸所費浩大近數年来各處邊隅無警田禾豐稔邊衛軍士一切用度多以穀粟易換請遣人與總兵鎮守官會議彼處應用布帛等物户部差人運去依價收糴每歲穀粟或十萬石二三十萬石歲以為常儲為糧餉則民力可省邊儲可充　上令遣官馳驛與各處守將計議以聞至是武安侯鄭亨寧陽侯陳懋都督譚廣劉廣言甘肅寧夏缺絲綿布絹綿花大同宣府缺布絹綿花茶塩及農器犂鏵等物如運至依時易換為便户部遂請以折糧絲綿布絹綿花及收買農器支在官茶鹽遣人運送陝西委叅政陳琰山西委叅政樊鎮口外委户部郎中王良等專理其事從之

宣德七年夏四月募商輸粟塞下

宣德九年二月行在户部員外郎羅通奏令運糧赴開平每軍運米一石又當以騎士護送計人馬資費率以二石七斗致一石今軍民人等有自願運米至開平中納塩糧者乞將舊例二斗五升减作一斗五升若商一人納米五百石可當五百軍所運且省行糧二百石從之

成化六年五月陝西巡撫馬文升奏陝西三邊榆林最為要害甘肅可以堅壁清野而坐困虜寇寧夏可以恃山阻河而守禦數差惟榆林河套山澤之利足以資虜又兼入境抄掠常獲厚利是以侵犯我邊曾無虛歲及我出兵虜輙遁去徒費糧芻為今之計誠莫有過於選將練兵豐財足食請勅該部每歲秋初遣主事一員督軍計辦糧草事竣還京務使當有十數年之積則軍民免轉輸之勞地方無驚疑之患事下户部議以為陝西歲征税糧及部運銀布三百十九萬八千三百三十二

石彼處歲支糧料并銀布折支俸糧及冬衣布花折收
止用二百一十六萬六百八十三石尚餘一百三萬一
千六百四十九石此外又有開中鹽糧之類以三年計
之可足年半之用以十年計之可足四年有餘其所不
足者有司不能依期完納耳乞移文巡撫并布按二司
總督糧儲官預計各邊所用之數酌其地里遠近量為
派撥秋徵完則足以供用不須借撥他省別行措置從
之
　按薛應旂曰嘗備兵延綏其歲徵稅糧年例銀兩
俱撥延安府收貯計應用有餘時有知府某者給散防

秋軍人尅減侵欺數多每稱不足又別行措置嘗揭其
端以達之巡撫總制皆支辭批荅不肯查理上下相蒙
而某亦遂夤緣通顯邊敝百滋必專差科道官以查理
庶乎其可也
弘治四年三月命戶部侍郎劉大夏整理北邊糧草時
北邊倉儲告乏大夏受命經理瀕行周經謂曰北邊糧
草半屬京中貴人子弟經營公素不與此輩合此行恐
不免剛以取禍大夏曰處天下事以理不以勢定天下
事在近不在遠俟至彼圖之既至召邊上父老日夕講

究遂得其要領一日揭榜通衢云某倉缺糧幾千石每
石給官價若干凡境內外官民客商之家但願輸者米
自十石以上草自百束以上俱准告雖中貴子弟不禁
也不兩月倉場蓄積有餘蓋往時糴買法糧百千石草
千萬束者方准告報以故中貴子弟即欲收糴無處可
得邊上軍民云自劉付郎收市法行倉場有餘積私家
有餘財三十年前僅見此耳大夏尋以病三疏乞歸
弘治十七年六月命右副都御史閻仲宇通政司參議
熊偉整理各邊関糧餉先是北虜小王子求貢甚急既

而不至有走回男子報稱虜中有異謀欲搶黃裹黃裹
者謂京城也又云朵顏衛頭目可兒乞蠻領三百人往
北虜通和小王子與一女寄養似有引誘入寇之跡於
是遣仲宇赴大同宣府偉往各関各預整理糧餉以待
出師
正德三年十月罷送各邊年例銀兩劉瑾因戶部奏送
各邊年例銀兩瑾以為祖宗朝無此例命戶部尚書顧
佐查天順以前年例銀數佐報以天順前無此送銀例
瑾大怒曰此戶部官通同邊方巡撫共盜內帑銀兩之

明驗也悉追問罪革罷送銀之例　按自成化間開設榆林衛巡撫余子俊增置城堡陝西民供不繼奏送江南折糧銀以補不足然初亦依江南原折銀例每米一石折銀貳錢伍分放支軍士其後大同等邊缺乏亦暫送銀補足數皆不多未有以為計送者至弘治間戶部尚書葉淇奏改商人赴邊納糧中塩之法令納銀赴司解部分送各邊自此始有年例銀兩而塩法屯田一時俱壞商人既不上納本色而邊方米價湧貴市糴艱難塩課銀兩不敷支用遂日漸增加迨至數萬益以各鈔關商稅猶且不足而加賦於民內帑漸虛東南民力日竭若塩法復國初之舊則邊境田地皆為商人佃種以供本色而年例銀兩可以盡革惜顧佐不盡言於瑾而復正塩法迨後邊儲告缺而年例銀兩終不可罷自茲輾轉侵漁其弊自滋而邊方屯田盡皆荒蕪國計民生將何底極雖逆豎猶知年例之為害邊墻之無益恐不可以人而廢言也

正德九年十一月整理陝西糧儲戶部侍郎馮清奏改西安延綏慶陽等府糧草皆徵折色銀兩解邊自是邊

用益窘遂有朱珠草桂之謡矣　按成化中葉淇既變中塩本色為納銀茲馮清又改陝西糧草為折色邊境既以市糴為艱而官司又有侵尅之弊不免請發內帑而虧國損民二臣寔作俑哉按凡邊主客兵歲費二百三十六萬餘兩而宣大薊居三之二宣大薊歲費一百五十餘萬而薊居二之一宣大歲額之增嘉靖辛丑壬寅始薊鎮之增庚戌始正統丁卯始發內帑濟邊前是俱守常額時遼東止十萬宣大十五萬嘉靖二十五年遼東官軍七萬三千三百歲用糧八十六萬石弱宣府官軍八百六十弱糧九十萬三千強料十二萬三千強大同官軍六萬四千強糧六十八萬四千強料二十萬二千強延綏官軍三萬三千強糧四十三萬強料十萬弱寧夏官軍四萬一千強糧四十五萬六千強料七萬七千強甘肅官軍五萬三千強糧六十萬二千強料十二萬四千強　國初召商中塩量納糧料實邊不煩轉運而食自足謂之飛輓後因積納數多價值亦賤興利之臣遂改議上納折色行之既久習以為常彼時改折糧料有餘而價亦賤計似所入為有羸利未為不可近

來糧料不足價亦騰貴徒煩轉糴邊需索矣大率鹽一引納銀五錢先時可糴米一石今多不過三四斗或二三斗故商人所納數倍於前而國初之所資以餉軍者實則無增於舊彼此虧費其弊益滋是故多得銀不如少得米省和糴之擾也杜侵尅之弊也慰待哺之望也漸墾邊地以致殷富也一舉而四善具焉說者又謂間曾開納本色召商不至蓋何者上納本色時商自募民耕種塞下而得穀為易又塞下之積甚多而價輕又無戎虜之患今則耕種廢矣塞下之積虛矣穀價騰湧強虜出沒勢不安居商人安得糧料應名募乎欲復本色非減頭斗利商人使商人趨利而開墾邊地不可也然必遲之四五年而後得其大利

邊糧疏

按霍韜曰甘肅延綏軍士月糧一石折銀四錢成化米一石價銀二錢軍士得銀四錢買粟二石食焉得不足也今則銀一錢僅買粟二升銀四錢僅買粟八升矣軍士數口之家月食八升之粟如之何可足也空復守邊寒苦交迫無怪其然矣然粟價所以先廉而後厚者何也成化以前邊防嚴固猛將林列故邊地盡耕邊粟自多今則將庸卒弱不堪支持地之出粟者寡人之食粟者衆成化以前鹽引皆輸邊粟故富商自招流民自懇邊地其米價自平而食自足弘治以後鹽引輸銀故富商大賈得輸銀之便而不復開懇邊地粟之所以貴而食之所以不足者殆為此也又曰邊軍每糧一石價銀一兩二錢收受之際惟折八錢餘四錢則官吏漁獵之矣及其給軍又止與四錢存留四錢謂之奉行撙節之例兼之守臣極力苛刻凡軍糧上納盡攘而歸於其家虛出通關以蔽覆其攫奪之罪軍士實糧升勺不沾惟甘凍餓而已夫盜邊糧者服上刑典法具在邇年禁令寬弛貪墨如市若不深切懲創則人心何由反正風俗何由挽回乎

查盤邊糧

成化十三年正月分遣給事中御史查盤邊糧

馬草

永樂十年正月山西布政使周璟言大同地臨邊塞都司歲用馬草皆令太原平陽澤潞運給往復二三千里民用困乏而大同所屬天城陽和等衛地皆平川秋多青草乞令以時採貯往給大同以平陽澤潞諸郡縣草儲於旁近驛舍從之

宣德二年八月行在戶部以宣德三年隨駕御馬監飼象馬牛羊草太常光祿飼牲草分派南北直隸及山東河南山西陝西諸府州於今年地畝穀草內徵納　上曰古者納總納秸皆量地之遠近慮勞民也宜從減省毋困民力

成化四年二月以水旱免直隸高郵州成化三年馬草九萬五百餘包

成化六年三月免河南汝州馬草四萬八千餘束

成化十年九月以水災免直隸蘇松常鎮等府所屬吳江等縣馬草一十六萬九千八百九十餘包

成化十六年十一月以旱災免直隸順德所屬九縣馬草一十九萬餘束

成化十七年二月以水旱霜雹等災免山西太原等三府澤潞等五州去年草八十六萬五千三百九十束

成化二十一年十二月以旱災免常州府所屬武進等縣馬草十六萬九千四百餘包　按山東河南糧草徵與解歲不同各項俱招商收解歲屬藩司堂官一員赴戶部會議舉行

就耕

洪武三年六月上諭中書省臣曰蘇松嘉湖杭五郡地狹民衆細民無田往往逐末利而食不給臨濠朕故鄉也田多未闢土有遺利宜令五郡民無田產者往臨濠開種就以所種田永為己業官給牛種舟糧資遣之三年不徵其稅於是徙者凡四千餘戶

洪武二十一年八月戶部郎中劉九皐言古者狹鄉之民遷於寬鄉蓋欲天地不失利民有恒產今河北諸處兵後田荒居民鮮少山東西之民生齒日繁宜令分丁徙居寬閑之地開種田畝則國賦增而民生遂矣　上

諭戶部侍郎楊靖曰山東地廣民不必遷山西民衆宜如其言於是遷山西澤潞二州民之無田者往彰德真定臨清歸德太康諸閑曠之地令自耕種免其賦役三年仍戶給鈔二十錠以備農具

洪武二十二年夏四月命杭湖溫台蘇松諸郡民無田者許令往淮河迤南滁和等處就耕官給鈔戶三十錠使備農具免其賦役三年　九月山西沁州民張從整等一百一十六戶告願應募屯田戶部以聞命賞從整等鈔錠送後軍都督僉事徐禮分田給之仍令回沁州

召募居民時　上以山西地狹民稠下令許其民分丁於北平山東河南曠土耕種故從整等應募

洪武二十八年八月山東布政使司言青兗濟南登萊五府民稠地狹東昌則地廣民稀雖嘗遷閑民以實之而地之荒閑者尚多乞令五府之民五丁以上田不及一頃十丁以上田不及二頃十五丁以上田不及三頃并小民無田耕者皆令分丁就東昌開墾閑田庶國無游民地無曠土而民食可足也　上可其奏命戶部行之

永樂元年三月河南裕州言地廣民稀請於山西澤潞等州縣無田之家分丁耕種　上命戶部行之

永樂十年正月山東濟寧州同知潘叔正言兗州東昌定陶等縣地曠民稀青登萊諸郡民多無田宜擇丁多者分居就耕蠲其役三年庶地無荒蕪民不失業從之

邊田召種

正統四年六月令大同宣府遼東陝西沿邊空閑田地許官軍戶下人丁儘力耕種免納子粒

專理邊儲

成化八年六月增設慶陽延安二府通判各一員專理邊儲

成化二十年夏四月陞河南南陽知府雍泰四川成都知府毛松齡為山西副使陝西慶陽府同知李蕚鄜州知州周憲為山西僉事時余子俊奏大同宣府二處倉場隔遠政務繁劇乞各增設官二員督理糧草禁革奸弊因舉泰等可任用故有是命

稅課

弘治九年四月諸王府多奏欲自領河泊所賜稅罷其官户部尚書周經言國體非便且民力不能堪乃止

按楊子江蘆課銀及萬兩應天居三之二太平和州次之鎮江又次之此國初科例近漲沙所益統歸勢門宜清勘增稅南雄稅歲上十萬餘梧州稅得三萬韶州太平橋稅亦不下數萬

錢法

洪武八年三月詔開局鑄錢

宣德九年十一月鑄宣德通寶錢

按丘濬議曰選唐宋以來直錢如開元太平之類得數百萬發下户部分散天下於閭閻市集所在用繩聯貫隨處懸掛以為式樣是為舊錢非此樣者俾其具數赴官首告為收之每偽錢十斤量賞以新錢六七斤則民不失利官得其用如此則鼓鑄之銅不求之民自得之矣仍令内外帑藏所無用之銅器没入之偽錢盡行送赴開爐去處照數鑄造一年之後新錢既成方行例換之令例換既多次第改造不出十年偽錢盡矣

鈔法

洪武八年三月詔造大明寶鈔時中書省及在外各行省皆置局鑄錢有司責民出銅民間皆毀銅器輸官鼓鑄甚勞奸民多盜鑄又商賈轉易錢重道遠不便　上以宋有交會法而元時亦嘗造交鈔及中統至元寶鈔易於流轉可以去鼓鑄之害遂詔中書省造之

永樂元年四月以鈔法不通下令禁金銀交易

按丘濬議曰今日制用之法莫若以銀與錢鈔相權而行每銀壹分易錢十文新制之鈔每貫易錢十文四角完全未中折者每貫易錢五文中折者三文昏爛而有一貫字者一文通詔天下以為定制而嚴立擅自加減之罪既定此制之後錢多則出鈔以收錢鈔多則出錢以收鈔銀非十兩以上禁不許以校易銀之成色以火試白者為準寶鈔銅錢通行上下而一權之以銀足國

便民之法盖亦庶幾焉

採珠

弘治十二年十月命採珠於廉州珠池費銀一萬七千两有奇獲珠不償所費

田册

洪武二十年二月浙江布政使司及直隸蘇松等府縣進魚鱗圖冊先是　上命户部覈實天下田土而两浙

富民畏避徭役往往以田產詭託親隣勢要久之相習成風奸弊百出謂之通天詭寄於是奸宄糧差累及善良土聞之遣國子生武淳等往各處集里甲耆民躬履田畝圖其田形方圓次其字號悉書主名用步弓丈量編類為冊其法甚備以圖所繪狀若魚鱗圖然故號魚鱗圖冊

革除建文二年二月初置後湖祇候所

按各省土田惟貴州無頃畝冊應辦糧差各於土官下總行認納

各處鈔關

成化二年十月復徵湖廣金沙洲江西九江船鈔舊制無收船鈔例景泰中以國用不足始筭及之每船百料納鈔十五貫後以鈔法不行又與銅錢兼收第以歲歉商賈少通暫停其課至是所司奏軍士月糧不給復如舊收之

成化七年二月復設九江蘇州杭州三府鈔關以户部奏京庫歲用鈔不足故也　按鈔關臨清河西務滸墅

九江淮安揚州杭州金沙洲内惟河西務杭州金沙洲税貨餘止税船料河西務入京門户杭州出閩廣總道金沙洲出雲貴總道雲貴貨簡故金沙洲近無部差臨清税貨亦税船莫知所云

理財

洪武十四年正月近臣有言國家當理財以紓國用者上曰天地生財以養民故為君者當以養民為務夫節浮費薄税斂猶恐損人况可重為徵斂乎近臣復言自

天子至於庶人未有不儲財而能為國家者上曰人君儲財與庶人不同庶人為一家計則積財於一家人君為天下主當散財於天下豈可塞民之養而陰奪其利乎昔漢武帝用東郭咸陽孔僅之徒剝民取利海內苦之宋神宗用王安石理財小人競進天下騷然此可為戒孔子曰百姓不足君孰與足此言何謂也言者愧悚自是無敢以財利言者

洪武十九年三月上諭戶部曰善理財者不病民以利官必生財以阜民前代理財竊名之官皆罔知此道謂

生財裕國惟事剝削蠹蝕窮錙銖之利生事要功如桑弘羊之商販楊炎之兩稅自謂能盡理財之術殊不知其取財有限而傷民無窮我國家賦稅已有定制樽節用度自有餘饒減省徭役使農不廢耕女不廢織厚本抑末使游惰者皆盡力田畝自然家給人足積蓄富盛爾戶部正當究心毋違聚斂以傷國體　按霍韜曰天下一大家也處天下猶夫處家也今夫千金之家一人享之其百費饒給也固宜再世有五人焉則為二百金之家矣以二百金之家復圖千金之費不日就窮促已乎雖然二百金之家儉以圖存其不墜先業也亦宜再世再有五人焉則為四十金之家矣以四十金之家復圖千金之費不立墜先業已乎雖然四十金之家猶可擴之為二百金之家也二百金之家猶可擴之為千金之家也存乎人者也天下一大家也不再世焉者也限於勢者也我祖宗創業之初猶夫億萬金之家也宗室之分封猶夫子孫也百官猶夫工作也內臣猶夫臧獲也軍士猶夫守家之犬也內府供億猶夫家之調度也率是則者皆如祖宗之舊猶勢窮弊生尚宜思所以救

夫末流之患奈之何年積月冗於是數者不知幾倍于祖宗之舊浮費百出日益日甚不知幾倍於祖宗之舊是猶承千金之後者不知其已落二百金之家矣復妄意夫千金之費也若之何其不窮乎思而及此幸早圖之

奏留兌軍米停免鹽鈔

成化三年十二月巡按江西御史趙敔言近往所屬巡歷百姓羣訴今歲旱傷特甚不能聊生乞勅戶部定議

一請將兑軍米容留本布政司六十九縣倉分上納以備賑濟各衛所運糧官軍遇此凶荒宜暫休息每年徵收户口鹽鈔多被包攬刁徒賄囑吏胥同里甲下鄉逼迫貧民子女牛畜田地房屋准折變賣今遇饑荒愈加無措不免逃移請將今年鹽鈔通行停免户部覆奏俱從之

諸蕃互市

永樂三年二月四川布政司言諸番以馬易茶者例禁夾帶私茶布帛青紙等物出關今番商往往以馬易茶及以他物易布帛有司遵禁例又慮杜絶遠人 上曰邊關互市所以資國用來遠人也其聽之

賑濟

洪武十年五月誅户部主事趙乾勑中書省臣曰荆蘄等處水災朕寢食不安亟命趙乾往賑之豈意乾不念民艱坐視遷延自去年十二月至今年五六月之交方施賑濟民饑死者多矣夫民饑而上不卹其咎在上吏受命不能宣上之意視民死而不救罪不勝誅其斬之以戒不卹吾民者

洪武十七年冬十月 上以河南河決北平旱災勑駙馬都尉李祺等往賑之

洪武二十六年四月湖廣徳安府孝感縣言民饑官有預備倉糧萬一千石請以貸民即命行人乘驛往給之 上諭户部曰朕嘗捐内帑之資付天下耆民糴粟以儲之正欲備荒歉濟饑民也若歲荒民饑必候奏請道途往返遠者動經數月則民之饑死者多矣爾户部即諭天下有司自今凡遇歲饑則先發倉廩以貸民然後奏聞著為令

永樂二年六月命太子少師姚廣孝等往蘇湖賑濟 上諭之曰人君一衣一食皆民所措民窮無衣食君豈可不卹君父也民子也為子當孝為父當慈各盡其道爾卿往體朕此心不可為國惜費盡散財得民仁者之政也

永樂十年六月勑户部曰朕為天下主所務者安民而已茲每歲巡行郡邑惟欲周知歲之豐歉民之休戚近

者河南民饑有司不以聞往往有言年穀豊登者若此
欺罔獲罪于天此亦朕任非其人之過其速令河南發
粟賑民自今九郡縣及朝廷所遣官目擊民艱不言者
悉逮下獄
宣德元年四月戶部奏比者山東青州府言民艱食請
借官粮賑濟而未見開報饑民多寡之數請覆勘然後
給　上曰民饑無食濟之當如拯溺救焚不可少緩若
待覆勘而行豈不可餒死者宜遣人馳驛往山東令布
政司與府官就便分給庶幾有濟

正統四年六月京師大水勅戶部侍郎吳璽順天府尹
姜濤存問被水軍民具奏賑恤
景泰七年正月順天河間二府民饑命刑部右侍郎周
瑄往賑之時二府素無蓄積又連遭大水公私皆竭瑄
奏乞裁省冗官停徵糧草免追久欠馬驢牛羊暫罷供
應柴炭夫役聽民採取皇莊湖泊之利及乞招商中納
鹽糧損其斗數借水次官倉之粟濟民凡七事行之
天順元年四月山東荐饑發內帑銀三萬兩賑濟有司
奏請增給　上召徐有貞李賢問曰可從否賢對曰可

有貞拂然曰不可發銀賑民里胥滋弊民無實惠賢曰
雖有此弊民方待哺不可不救也遂增銀四萬兩有貞
退而不樂蓋其意不論可否惟欲事之出於已也後上
亦覺有貞之非嘗謂賢曰增銀賑民有貞不然卿言其
謬如此
成化元年七月命撫治南陽荊襄右副都御史王恕賑
濟饑民及勘災傷處所奏報定議以寬粮稅　勅南北
直隸浙江河南巡撫巡按官賑濟饑民
成化二年閏三月濟州衛典吏喬禹上言朝廷以淮揚

等處饑饉勅命賑濟而州縣官將賑濟錢糧銀雜銅鉛
米和糠土不堪貿易食用戶部請移文撫按等官將作
弊官吏人等通行究治械送京師官發邊衛充軍民發
口外為民後有犯者一例解京處治從之　巡視淮揚
都御史林聰言鳳陽諸處災傷賑濟別無餘策查得兩
淮運司儀真批驗鹽引所見有沒官鹽二萬餘引已行
召商定價賣銀支用及淮揚所收船料鈔亦行暫改收
米以備賑濟從之　發松江府粮十萬石賑濟淮徐等
處饑民從巡撫都御史林聰之請

成化六年七月命都御史項忠吏部侍郎葉盛賑濟饑民　戶部奏給事中韓文等勘實通州張家灣等處被水軍民二千六百六十戶漂損房舍六千四百九十處

上命所司賑恤之

成化九年三月戶科給事中鄧山奏北直隸山東民饑相食其地密邇京畿萬一患生不測為害叵多　上命各巡撫官即行賑濟不許遲慢

成化十八年三月勅蘇松淮揚等處各巡撫都御史賑濟饑民

成化二十一年五月廣東肇慶大水左布政使陳選具奏災傷未報便宜發粟賑之

官稻貸償發糴

永樂三年二月直隸和州言州民嘗貸官稻三千四百七十餘石今被水未償乞候來歲秋成從之

洪熙元年六月宣宗　河南新安知縣陶鎔奏縣在山谷土瘠民貧泛來薄收去年尤甚今民食最艱採拾不給公私無措獨丞驛頗有儲糧欲申明待報而民命危在旦夕已先借糧一千七百二十八石給之俟秋成還官　上謂夏原吉曰知縣所行良是朕聞近年有司不體人情荷有饑荒必須申報展轉的實賑濟失時民多饑死陶鎔先給後聞能稱任使毋拘文法責其專擅

宣德元年七月大理寺卿胡槩奏臣巡撫浙江蘇松海寧諸衛所各言糧運不繼軍餉不足臣欲待奏報則恐後時已令嘉興等府以近收犯人贓罰糧米支給四萬二千餘石贍軍　上謂夏原吉曰槩能權宜所行良是勿復以專擅議之

成化二年四月南京都察院右僉都御史高明言上元縣民匠高明同妻龐氏將隣家十歲幼女烹而食之實由饑餓所逼請發軍儲倉糧數萬石借與貧民候秋成之時還官　上命戶部定議以聞

成化六年九月大學士彭時等奏京城米價日貴一日在京蓄積之家因而閉糴以要厚利乞命戶部將官俸軍糧預放三月如又不足將東西大倉米平價發糴收貯價銀待豐年支與官軍折俸其德州倉糧亦宜量數發糴以濟河間之急此令一下庶幾人不閉糴米價可

平且荒年盜起不時出沒乞命錦衣衛早加緝捕庶免
貽患　上嘉納之

贖民減租

革除建文元年正月命官贖民鬻子減田租
永樂元年三月南陽鄧州官牛疫死者多有司嚴責民
償民貧至有鬻男女以償者事聞　上大怒曰廄焚孔
子問傷人不問馬今以人易牛何其不仁哉況畜牛本
以為民今反毒民命悉免償所鬻男女官贖還之仍命

法司治擅責民償之罪

銀礦

洪武十五年夏四月廉州府巡檢王德亨上言家本階
州界於西戎有水銀坑冶及青綠紫泥願得兵取其地
以歸於朝　上謂戶部臣曰盡力求利商賈之所為開
邊啓釁帝王之深戒今珍奇之產中國豈無朕悉閉絕
之恐此途一開小人規利勞民傷財為害甚大況控制
邊境責於安靜苟用兵爭利擾攘不休雖悔無及此人
但知趨利不知醸害豈可聽也
洪武二十年正月府軍前衛老校丁成言河南陜州地
有上絞下絞上黃塘下黃塘者舊產銀礦前代皆嘗採
取今錮閉已久若復採之可資國用　上謂侍臣曰君
子好義小人好利好義者以利民為心好利者以戕民
為務故凡言利之人皆戕民之賊也朕嘗聞故元時江
西豐城之民告官採金其初有司貪為己功歲額猶足
取辦經久地產既竭民力消耗一州之人卒受無窮之
害此可以為戒豈宜效之

成化十一年二月詔閉河南宜陽等衛銀洞先是兵科
給事中郭鏜言河南各縣多有銀礦乞開煎以備邊用
有司勘報言銀洞在山谷中道路險阻礦脈細微所得
不多徒費民力遂命封閉至是戶部尚書楊鼎又言內
府及邊儲缺用乞復開煎勘報如前　上命仍封閉之
按礦氣特盛於青兗之間上礦九煎其最上全化為銀
五煎三煎乃其次下惡少盤據人莫能敵其無志於四
方山淺路窮無險可憑驅調則可為用

納粟入監授官

景泰元年二月以邊圉事殷令天下生員納粟上馬者許入監其上選事例與歲貢同自後納粟入監此其肇端云

成化二年三月禮部尚書姚夔奏南京兵部尚書李賓等奉勅賑濟南京流民衆議欲令官員軍民子弟納粟送監讀書切惟國子監乃育才之地朝廷資以致治近因各處起送四十歲并納草納馬生員動以萬計已不勝其濫今又行此將使天下以貨為賢士風日趨于陋尚望其有資於治理哉宜別為處置　上曰祖宗設太學教育人才非由科貢者不得濫送今賓等欲令官民子弟出錢穀賑民補太學生古無此例且天下財賦所生其途孔多學校豈出錢穀之所禮部議是其勿許

成化二十一年三月禮部議覆南京吏部等衙門應詔陳言內一事欲將各處納銀米監生分送南北二監自願具薪米坐監者聽其年十三四或十五六七則俱行各處提學官收入該學肄業滿十年仍復監從之

弘治五年十一月停止生員吏典上納事例王恕等奏訪得永樂宣德正統年間天下亦有災傷各邊亦有軍馬當時未聞有納糧納銀為監生吏典等項事例粮草不聞不足軍民不聞困敝近年以來各邊并腹裏少有災傷所在守土等官輒便奏開生員吏典納粟等項事例遂為長策自有此例雜進者日多一日以致正途監生吏典因而壅滯不得出身候選多至十五六年以上纔得一官年已向衰誰肯盡心職業又況前項納粟人等既以財進身豈能以廉律已欲他日不貪財害民何由而得本部已於弘治元年三月具題停止續該山東巡撫王霽南畿巡撫侶鍾各明知本部題准停止再不許奏開前項納銀事例乃敢故違户部亦不查照輒使朦朧覆奏准行是使後來雜進人數愈多選法愈滯況其所得銀物不及一貴族所積濟人不多壞事實大所宜通行就便停止今後各處災傷任從巡撫等官多方區畫再有奏開前項納銀事例聽從本部并科道官糾劾治罪　上從之

弘治十四年七月掌國子監禮部右侍郎謝鐸言四事

其四曰塞捷徑以遂國學之源謂納馬納粟入監者其賢百不一二而不肖者常千百今日之所輸行將取償於他日若此策再行則彝倫之堂竟為交易之地必嚴塞其途勿令再開雖或國用不足亦當別為區處疏入下所司知之

選立老人

洪熙元年七月宣宗　巡按四川御史何文淵言太祖令天下州縣設立老人必選年高有德衆所信服者使勸民為善鄉閭爭訟亦使理斷下有益於民事上有助於官司此誠良法比年所用多非其人或出自僕隷或規避差科縣官不問年德如何輒令充役使得憑籍官府肆虐閭閻或因民訟大肆貪饕或假公文横加掻擾妄張威福顛倒是非或遇上司按臨巧進讒言易置賢否變亂白黑挾制官府比有犯者謹以按問如律切慮天下州縣類有此等請加禁約　上諭行在戶部曰必申明洪武舊制選年高有德者充之違者併有司皆寘諸法

成化二十年八月授直隷蕪湖縣老人張禮為繁昌縣荻港巡檢禮先後捕獲鹽徒強盜二百餘應得九品散官操江都御史白昂奏請實授官以示激勸從之

糧長

洪武八年十二月上諭御史臺臣曰比設糧長令其收民租以總輸納無有司科擾之弊於民甚便自今糧長有雜犯死罪及流徙者止杖之免其輸作使仍掌稅糧御史臺臣言糧長有犯許納銅贖罪制可

徙富民

洪武二十四年七月徙富民實京師

永樂元年十二月選天下殷實之民田少者徙居順天府以實京師籍名富戶

處置流民

成化七年三月楊璿巡撫荊襄恐流民為變累及於已因為危言以動朝廷自巡按御史薛承學及藩泉守巡

官皆附壤議遂遷發流民各還故土

成化十二年七月北城兵馬吏目文會言荆襄自古用武之地宣德間有流民鄒百川楊繼保等聚衆為惡正統間民人胡忠等開墾荒田始入版籍編成里甲成化年来石和尚劉千斤李胡子相繼作亂遣大臣撫治而處置失宜終未安輯今河南歲歉民饑入山就食者勢不容已敢保無後日之患謹條陳處流民三事其一荆襄之地土地肥饒皆可耕種遠年入籍流民可給還田土收籍管業其新附籍領種田土編成里甲量加存恤

欵回原籍者聽其發充軍逃回者就編本處衛所其二流民潜處出沒不常乞選府州縣正官及軍衛守禦文武皆得其人則流民自安其三荆襄上流為吳楚要害道路多通必於總隘處所添設府衛州縣立為保甲通貨賄以足其衣食立學校以厚其風俗則其民自日趨於善矣都察院是其議請移文撫治都御史原傑斟酌處置從之

成化十二年九月詔撫綏流民户部以河南巡撫張瑄言河南各府流民蟻聚宜設法撫卹請行河南山西山東及北直隸各巡撫官俾曉諭各屬府州縣官凡有流民入境審其原籍省令復業沿途給以口糧并移文原籍官司復其事産之被人侵占者給以牛具種子免其賦役三年若無家不願歸者暫為安插令所司招回撥與閑地如例賑卹仍稽有司之加意與否而黜陟之制可

流民附籍

宣德三年七月青州府民劉中等奏永樂中因歲歉流徙至北京棗強縣凡二百餘户居二十年已成家業今

有追還山東乞就附籍棗強　上謂夏原吉曰彼此皆吾土但得民安即已唐宇文融檢括流民過期不首者謫邊州縣容庇者抵罪州縣承風勞擾百姓愈弊逃竄益多爾其申飭有司以此為戒

優卹

洪武七年八月詔優卹經難兵民

洪武八年正月命中書省令天下郡縣訪窮民無告者

月給以衣食無依者以屋舍

洪武二年十二月禮部尚書姚夔等奏今京城街市多有疲癃殘疾之人扶老攜幼呻吟悲號是以干天地之和亦非所以令四夷使臣見也昔文王發政施仁必先鰥寡孤獨伏望特勅巡街御史督五城兵馬拘審乞丐殘疾之人有家者責其親鄰收管無家者收入養濟院照例時給薪米其外來者亦暫收之俟天道和暖量與行糧遣還原籍有司一體存恤務令得所此亦調攝和氣之一端也　上可其奏曰無間老以男女有無家及外來者順天府尹盡數收入養濟院記名設法養贍毋令失所

成化四年五月詔順天府存恤孤貧先是給事中陳鶴言京城內殘廢無告之徒朝暮哀號排門乞食往往東餓死於道路乞勅有司添設養濟院給以粟布刑部主事薛祺亦以為言　上命府尹收入養濟院外來者給口糧程送還鄉官司存恤毋令失所

成化七年四月戶部奏近日饑民行乞於道多疲不能支相仆以死已令順天府二縣委官收恤其軍餘匠役

各送所司給親收養所親不能贍給宜收入養濟院贍恤其遠方流移如例給糧啟遣復業死無歸者瘞之無令暴露以干和氣詔悉如議行之　五月詔京城外置漏澤園

憲章類編卷之二十終

憲章類編卷之二十一

禮部

洪武三年七月以翰林應奉陶凱為禮部尚書

洪武八年五月貶禮部員外郎吳伯宗于鳳陽伯宗與學士宋訥同脩日曆時丞相胡惟庸專橫伯宗性剛直不屈惟庸啣之故貶伯宗上疏論時政因指斥惟庸罪狀不宜獨任以政恐滋久為國大蠹辭甚切直　上覽其奏即召還賜襲衣鈔錠既而奉使安南獲馴象以歸

獻之改國子助教

洪武十二年夏四月　以朱夢炎爲禮部尚書

洪武十三年正月以河南按察使鄭九成爲禮部尚書前北平按察副使劉崧爲禮部侍郎俱賜誥

洪武十四年正月陞禮部侍郎李叔正爲本部尚書

洪武二十九年己酉禮部尚書門克新卒克新鞏昌秦州人始爲本州儒學訓導秩滿来朝天下學官入覲者咸命侍朝詢問經史及民間政事得失在列者多不稱旨獨克新與紹興府儒學教授王俊華敷奏亮直遂擢俊華爲右春坊右賛善克新爲左春坊左賛善克新尋陞禮書未幾以疾卒　上嗟悼遣官祭之命有司護喪歸塟于鄉

洪武三十一年秋七月以董倫爲禮部侍郎兼翰林院學士倫東昌恩縣人世儒居宛平遨遊山林間布褐藜藿淡如也敦厚有學學者多從之遊勝國時累辟不起國初擢用單縣儒士張寍寍以倫薦遣使徵爲春坊賛善事懿文太子陳説忠厚太祖聞而善之擢左春坊大學士太子薨出爲河南參議留情民瘼嘗上封事數千

言皆當太祖心尋以詿誤免官典教滇南至滇開心訓化不忍鄙夷其人雖蠻童僰豎皆知向慕帝即位眷念舊臣召至京師遂有是擢賜御書怡老堂三字及髹几王鳩各一倫上表稱謝略云桓榮設几杖於太常而不聞有宸翰之賜晏殊題舊學於神道而不見有几杖之頒自今將杖以戒噎則當思四海或有饑餓之民憑几以安身則當念一物或有失所之嘆　上甚嘉之

洪武三十一年八月建文召王景彰爲禮部右侍郎兼翰林侍講尋陞學士

罷禮部尚書鄭沂以雲南右布政使陳迪代之
革除建文二年二月以黃觀爲禮部侍中掌尚寶司事
加禮部尚書陳迪太子少保
成祖革除建文四年八月以宋禮爲禮部右侍郎
成祖革除建文四年十二月以李至剛爲禮部尚書
永樂三年九月改刑部尚書鄭賜爲禮部尚書
永樂五年二月改左中允尹昌隆爲禮部主事
永樂六年六月鄭賜卒賜洪武乙丑進士授監察御史遷北平布政司參議建文中召爲工部尚書 上即位李景隆言賜爲建文所用罪亞齊黃逮至 上問賜吾嘗何如待汝乃遂相背耶對曰亦盡臣職耳 上笑而釋之改刑部尚書尋改禮部同官有不相能者數短之上前雖上素亮之而賜懷兢畏既疾猶强出朝參至是卒上遣官祭塟
永樂十九年四月禮部左侍郎儀智乞致仕賜勑奬諭遣歸智侍皇太孫數年啓廸匡益克盡其誠至是年八十歸
洪熙元年三月改禮部左侍郎胡濙爲太子賓客兼南

京國子祭酒
宣德元年四月禮部尚書呂震卒震陝西臨潼人年二十中鄉舉下第爲太學生擢山東按察司試僉事入爲北刑部主事靖難兵起震侍仁宗居守永樂初陞大理卿進刑部尚書改禮部震爲人罔上厲下畧無顧忌久而朝廷益厭之特念效勞守城故不之棄云
宣德四年五月陞郭璡爲禮部尚書
正統三年四月進王直王英禮部左侍郎
正統七年三月陞郎中侯璡爲禮部右侍郎
正統八年正月以王英爲禮部左侍郎
正統十年十月以翰林學士錢習禮爲禮部右侍郎
正統十二年六月　禮部右侍郎錢習禮致仕
九月　禮部侍郎兼侍講學士馬愉卒
景泰七年六月禮部尚書胡濙因災異乞罷不允時年八十二
天順元年正月出前禮部郎中章綸于獄擢爲禮部右侍郎　胡濙王直並落保傅致仕
天順元年正月以左都御史楊善掌禮部事

四月調禮部右侍郎章綸于南京[illegible]部以與[illegible]楊善
不協數短于上故也
天順六年夏四月朔奉天門奏事畢上起召禮部尚書
石瑁瑁疾出班趨走欲上右階鴻臚寺官呼止方轉回
御道跪承旨授勑選妃朝罷上召李賢謂曰[illegible]止
失措如此如何爲禮部尚書賢曰[illegible]戶
部侍郎[illegible]之[illegible]不忿
其[illegible]曰此小[illegible]監牛玉
吏書王翱與[illegible]之壓張睿爲戶部[illegible]仍管糧儲

命下士論重瑁而疑賢賢曰若非先報瑁求退上意未
可測也
天順七年二月以姚夔爲禮部尚書
八月致仕少傅禮部尚書胡濙卒年八十九贈太保謚
忠安濙居官敬慎立朝幾六十年爲尚書三十餘年恩
榮始終世莫與比但過於畏縮是故罔恤建文之難阨
首王振之專至宣德易后景泰易儲濙職司宗伯無所
匡弼未免保身之意重云
天順八年憲宗　六月禮部左侍郎兼翰林學士致仕

薛瑄卒贈禮部尚書謚文靖瑄山西河津人爲學貴實
踐不立門戶不尚辭說教人以復性爲本國朝稱理學
之儒唯瑄無間言
成化元年三月進陳文禮部尚書
成化三年八月　召宣府巡撫葉盛爲禮部右侍郎
十二月以少詹事萬安爲禮部左侍郎
成化五年五月陞翰林侍讀學士劉定之爲禮部右侍郎
仍侍經筵
成化七年三月以山東布政使雷復爲禮部侍郎

成化九年五月以禮部左侍郎萬安爲本部尚書
成化十二年十二月太監懷恩傳旨國子祭酒周洪謨
陞禮部右侍郎仍掌監事
命掌國子監事禮部右侍郎周洪謨理部事
成化十七年二月以周洪謨爲禮部尚書徐溥爲左侍
郎
成化二十三年九月孝宗　禮部侍郎黄景以附李孜
省罷
弘治元年十月禮部尚書致仕周洪謨卒謚文安

召南京兵部尚書耿裕爲禮部尚書　以張悅爲禮部侍郎

弘治二年八月以周經爲禮部侍郎

弘治六年三月擢禮部左侍郎倪岳爲禮部尚書

弘治九年四月以禮部左侍郎徐瓊爲禮部尚書

弘治十一年二月加禮部尚書徐瓊太子少保

弘治十二年六月致仕禮部侍郎兼翰林學士程敏政卒

弘治十三年五月徐瓊乞致仕許之加太子太保

以禮部左侍郎傅瀚爲本部尚書

弘治十五年二月禮部尚書傅瀚卒以左侍郎張昇爲禮部尚書

正德二年四月禮部尚書李傑以事逆劉瑾罷起前尚書張昇代之尋亦以忤瑾罷

正德五年三月禮部尚書致仕周經卒經山西陽曲人初以庶吉士佪翔翰林者幾三十年一旦畀以政務久掌國計以身任事秉政執法罔恤利害有古大臣風

正德六年十二月以吏部左侍郎傅珪爲禮部尚書

正德七年正月罷禮部尚書傅珪時太監陸誾以陸完等討流賊未有成功乃立監鎗名謀出統軍命下多官議可否衆懼忤中貴意觀望依違不決珪奮然曰今兵老民疲賊方日熾以冒功者多憤事者濫罰失將士心今賊在郊圻民譁然思亂禍旦夕及宗社吾儕死不償責諸公尚首鼠唯唯將何待乎議罷疏上明日竟遣誾監鎗傳旨令珪致仕

正德十年五月以石瑤爲禮部右侍郎

八月以毛紀爲禮部尚書

正德十二年五月擢吏部侍郎毛澄爲禮部尚書

按禮部尚書一人左右侍郎各一人其屬司務二人儀制祠祭主客精膳四清吏司各郎中一人員外郎一人主事二人提督四夷館主客主事一人監生六十一人吏四十八人所屬鑄印局大使一人副使二人教坊司奉鑾一人左右韶舞各一人左右司樂各一人

禮樂

洪武丙午十二月命協律郎冷謙考正宗廟雅樂音律

及鍾磬等器既又定樂舞之制

洪武二年六月　上讀叔孫通傳至魯兩生不肯行因謂侍臣曰叔孫通雖云竊禮之糠粃然創制禮儀於煨燼之餘以成一代之制亦可謂難矣如兩生之言不無迂耶若禮樂必待百年而後可興當時朝廷之禮廢矣朕聞先王之禮因時制宜孔子亦曰朞月三年必世蓋亦因時制宜之謂若謂必待百年則誠迂矣

八月禮部尚書陶凱等言古者人君進膳日一舉樂今擬舉行　上曰古之帝王德隆治洽熙然太和日一

舉樂似未為過今天下雖定人民未蘇北征將士尚在暴露朕宵旰憂勤之不暇而可自為逸樂哉寢之

洪武四年六月命吏部尚書詹同禮部尚書陶凱製宴享九奏樂章成上之一曰本太初二曰仰大明三曰民初生四曰品物亨五曰御六龍六曰泰階平七曰君德成八曰聖道成九曰樂清寧上命協音律者歌之謂侍臣曰禮以道敬樂以宣和不敬不和何以為治元時古樂俱廢惟淫詞豔曲更倡迭和又使胡虜之聲與正音相雜甚者以古先帝王祀典神祇飾為舞隊諧戲殿庭殊非所以道中和崇治體也今所製樂音頗協音律有和平廣大之意自今一切流俗諠譊淫褻之樂悉屏去之

洪武四年六月上退朝御東閣與群臣論禮樂之事曰世之亂治本乎人情風俗故忠信行則民俗淳朴佻巧作則習尚詐偽京師天下統會四方所取則率多奢侈相高浮薄相誇情日肆俗日偷非所以致理禮部尚書陶凱對曰仲尼云道之以政齊之以刑今欲整齊風俗使佻巧不作必以政刑先之然後教化可行上曰教化

必本諸禮義苟徒急於近效而嚴其禁令是欲澄波而反汩之也凱頓首稱善

洪武十五年春正月辛巳朔　上命儒臣重制九奏侑食樂章其曲名一曰炎精開運二曰皇風三曰天眷皇明四曰天道傳五曰振皇綱六曰金陵七曰長楊八曰芳醴九曰駕六龍

洪武十七年六月上御奉天門諭群臣曰治天下之道禮樂二者而已若通於禮而不通於樂非所以淑人心而出治道達於樂而不達於禮非所以振綱紀而立太

中心禮樂並行然後治化醇一或者曰有禮樂不可無政刑朕觀刑政二者不過輔禮樂爲治耳苟爲治徒務刑政而遺禮樂在上者雖有威嚴之政必無和平之美在下者雖存苟免之心終無格非之誠大抵禮樂者治平之膏粱刑政者救弊之藥石卿等於政事之間宜加此意毋徒以禮樂爲虛文也

表箋

洪武二十九年九月命翰林學士劉三吾右春坊右贊

善王俊華撰慶賀謝恩表箋成式頒于天下諸司令如式錄進

成化八年正月禮部奏天下諸司進賀表箋尚有未至者請移文停罷從之

成化十五年十一月吏科給事中王瑞言天下布按二司進表官皆方面重臣乞令各陳所見以通天下之志詔瑞泛言紛擾命錦衣衛杖之

印章

成化三年三月廣西陸川縣印爲流賊所刼知縣謝堅以聞禮部請給舊文曰陸川縣之印鑄給從之

按諸司印九疊篆御史印八疊文淵閣印用玉箸文將軍掛印用柳葉文

國朝書

洪武二年四月詔中書編祖訓錄

洪武三年九月大明集禮成凡朝會燕享樂舞升降儀節制度名數纖悉備具通五十卷詔頒行之

十二月大明志書成編類天下州郡地理形勢降附始

末

洪武四年正月御史臺進擬憲綱四十條　上覽之親加刪定

洪武四年秋七月存心錄成　上覽之謂諸儒臣曰朕聞歷代賢君事神祇肅故休徵類應及乎衰世之君違天慢神感召災譴朕爲是懼每於臨祭必誠必敬故命卿等編此欲示鑒戒夫水可以鑒形古可以鑒今是編所載豈惟行之於今將俾子孫以爲法守

洪武六年正月詔孔克表劉基林温取諸經要言以恒言釋之使人皆得通其說而知聖賢之旨意又慮一二儒臣未達註釋之格乃手釋二章以賜克表等受詔釋四書五經以上賜名曰羣經類要

三月昭鑒錄成先是命陶凱等采摘漢唐以來藩王善惡可爲勸戒者爲書會凱出叅行省編輯未成於是召秦府右傅文原吉翰林脩撰王僎等續脩之至是書成宋濂爲序以進賜名曰昭鑒錄以頒賜諸王

五月祖訓録成其目十有三曰箴戒曰持守曰嚴祭祀

曰謹出入曰愼國政曰禮儀曰法律曰内令曰内官曰職制曰兵衞曰營繕曰供用　上既爲序仍命宋濂序之七月宋濂奉詔捜萃歷代姦臣之蹟編爲辨姦録及進太子諸王各分賜之

洪武七年十一月孝慈録成

十二月御注道德經成　上對儒臣舉老子所謂五色令人目盲五音令人耳聾與聖人去甚去奢去泰之類曰老子此語豈徒托之空言於養生治國之道亦有助也但諸家之註各有異見朕因註之以發其義

洪武八年正月翰林侍講學士宋濂取上所行關於政要者編集成書名曰洪武聖政記

二月御製資世通訓成　上謂侍臣曰朕統一寰宇思以化民成俗復古之道著是書以示訓戒侍臣皆曰此臣民萬世之寶也書凡十四章其一君道章凡十有八事其次臣道章凡十有七事又其次曰民用士用工用商用等十一章皆申戒士庶之意詔刊行之

洪武八年三月洪武正韻成　上以舊韻起於江左多失正音命學士樂韶鳳與諸廷臣以中原雅音校正之

洪武十二年六月編春秋本末成先是　上以春秋本諸魯史而列國之事錯見間出欲究其終始則難於考索乃命東宮文學傅藻等纂録分列國而類聚之附以左氏傳首周王之世以尊正統次魯公之年以仍舊文列國則先晉齊而後楚燕所以内中國而外夷狄也事之始終秩然有序賜名曰春秋本末

洪武十三年六月臣戒録成時胡惟庸事覺　上迺命翰林儒臣纂録歷代諸侯王宗戚宦官之屬悖逆不道者凡二百十二人備其行事以類書之既成賜名臣戒

録頒布中外之臣俾知所警
洪武十六年二月吳沉等進精誠録先是　上將享太
廟致齋于武英殿召沉等謂之曰朕閲古聖賢書其垂
訓立教大要有三曰敬天曰忠君曰孝親君能敬天臣
能忠君子能孝親則人道立矣然其言散在經傳未易
會其要領爾等其以聖賢所言之事以類編輯庶便觀
覧至是書成　上覧而善之賜名精誠録命沉爲之序
洪武十七年十月大明清類天文分野書成
洪武十八年冬十月　御製大誥成頒示天下　賜國

子監生及天下府州縣學生
洪武十九年三月辛未御製大誥續編成頒示天下
上命翰林儒臣編集歷代帝王祭祀祥異感應可爲鑒
戒者爲書名曰存心録朝夕觀覧後復命賛善劉三吾
編類漢唐以來災異之應於臣下者別爲一書名曰省
躬録詔頒行之
十月頒志戒録其書采輯秦漢唐宋爲臣悖逆者凡百
有餘事賜群臣及教官諸生講誦使知所鑒戒
十二月御製大誥三編成頒示天下　上親序之被誅

貪贓官吏一切作奸犯科姓名具列誥中前後三編凡
臣民務要家藏人誦以爲鑒戒倘有不遵遷于化外其
有大誥者偶有所犯减等科罪
洪武二十年二月御註洪範成　上嘗命儒臣書洪範
揭於御座之右朝夕觀覧因爲之註復自序之
十二月上以中外武臣多出自戎伍罔知憲典往往罹
法乃親製大誥三十二篇以訓之俾知守紀律撫軍士
立勲業保爵位頒之中外永爲遵守
洪武二十一年冬十月頒武士訓誡録　上以將臣於

古者善惡成敗之事未能通曉特命儒臣編集申明以
鉏麑樊噲金日磾張飛鍾會尉遲敬德薛仁貴王君廓
僕固懷恩劉闢王彥章等所爲善惡爲一編釋以直辭
俾涖武職者日親講説使知勸戒
洪武二十三年十月詔刊韻會定正時洪武正韻頒行
巳久上以其字義音切未盡當命翰林重加校正學士
劉三吾言前太常博士孫吾與所編韻書本宋黄公紹
古今韻會凡字切必祖三十六毋音韻歸一因以其書
進　上覧而善之賜名曰韻會定正命刊行之

洪武二十四年十一月命賞民間子弟能誦大誥者
洪武二十五年八月頒醒貪簡要録于諸司先是 上
諭廷臣曰四民之中士最爲貴農最爲勞士最貴者何
讀書明道出爲君用坐享天禄農最勞者何當春之時
鷄鳴而起驅牛秉耒而耕及苗既種又須耘耔炎天赤
日形體憔悴秋成輸官所餘能幾一或水旱虫蝗則舉
家遑遑無所望矣今居官者不知民艱刻剥虐害無仁
心甚矣於是命户部臣備録文武大小官品歲給俸米
之數以米計其用穀之數又計田畝出穀之數與其用
力多寡而爲之書至是編成賜名曰醒貪簡要録頒布
中外俾食禄者知所以恤民
洪武二十六年三月諸司職掌成詔刊行頒布中外
洪武二十六年三月頒示稽制録于諸功臣 上即位
以来封賚功臣皆稽考前代典禮凡封爵禄食禮儀等
差悉倣唐宋之制其間因時損益皆適其宜然諸功臣
多武人不學往往恃功驕恣甚或肆情廢法及藍王以
罪誅籍其家服舍器用僭侈踰制 上因詔翰林院稽
考漢唐宋功臣封爵食邑之多寡及名號虚實之等第

編輯爲書名曰稽制録御製序文頒示功臣使之朝夕
省覽以遏其僭奢
洪武二十六年十二月壬申朔永鑑録成其書輯歷代
宗室諸王爲惡悖逆者以類爲編直叙其事頒賜諸王
又輯歷代爲臣善惡爲勸懲者別爲書名曰世臣總録
以頒示中外羣臣
洪武二十七年九月正定蔡氏書傳成初詔徵國子監
博士致仕錢宰等至 上語以正定書傳之意且曰爾
等知天象乎皆對不知上曰朕每觀天象自洪武初有
黑氣凝於奎壁奎壁乃文章之府朕甚異焉今年春暮
其間黑氣始消文運自此興矣爾等宜考古正今慎述
作以稱朕意由是命學士劉三吾等總其事開局翰林
院正定是書時禮遇諸儒甚厚各賜以綺繒衣被等物
又御製詩命次韻和之朝參則班於侍衛之前宴享則
次坐殿中時酒樓成人賜鈔宴其上各獻詩謝 上大
悦復遣禮部尚書任亨泰諭旨諸儒有年老願歸者先
遣之衆皆願留至是書成凡蔡氏集傳得者存之失者
正之又集諸家之説足其未備三吾等率諸儒上進賜

名曰書傳會選命禮部刊行天下賜諸儒宴及鈔俾馳驛而還　修寰宇通志書成

按此書分為八目東距遼東都司又自遼東東北至三萬衛西極四川松潘衛又西南距雲南金齒南逾廣東崖州又東南至福建漳州府北暨北平大寧衛又西北至陝西甘肅為驛九百四十浙江福建江西廣東之道各一河南陝西山東山西北平湖廣廣西雲南之道各二四川之道三為驛七百六十六凡天下道里縱一萬九百里橫一萬一千七百五十里四夷之驛不與焉

洪武二十八年九月頒祖訓條章于內外文武諸司勅諭禮部曰自古國家建立法制皆在始受命之君以後子孫不過遵守成法以安天下蓋創業之君起自側微備歷世故艱難周知人情善惡恐後世守成之君生長深宮未諳世故山林初出之士自矜己長至有奸賊之臣徇權利作聰明上不能察而信任之變更祖法以敗亂國家貽害天下故日夜精思立法垂後永為不刊之典如漢高祖刑白馬誓曰非劉氏者不王以後諸呂用事盡改其法遂至國家大亂劉氏幾亡此可為深戒者朕少遭亂離賴皇天眷命剪除羣雄混一天下即位以來勞神焦思定制立法革胡元弊政至於開導後世復為祖訓一編立為家法俾子孫世世守之爾禮部其以朕祖訓頒行天下諸司使知朕立法垂後之意永為遵守後世敢有言改更祖法者即以奸臣論無赦

洪武二十八年十一月禮制集要成

十二月洪武志書成其書述都城山川地理封域之沿革宮闕門觀之制度以及壇廟寺宇街市橋梁之建置更易靡不具載詔刊行之

洪武二十九年十一月詔頒稽古定制先是　上以諸功臣之家不循禮法往往奢侈自縱以致覆亡雖屢加誠勅終莫之省迺命翰林儒臣取唐宋制度及國初以來所定禮制參酌損益編類成書凡勛舊之家墳塋碑碣丈尺房屋間架及食祿之家貨殖禁例皆有定制命頒之功臣之家俾遵行之

洪武三十年正月頒為政要錄其書載文武官屬體統及僉書案牘次第軍士月給廩餼與宿衛之禁屯田之政凡十有三條

五月大明律誥成　天下講讀大誥師生來朝者凡十九萬三千四百餘人並賜鈔遣還

永樂元年秋七月　上諭解縉等曰天下古今事物散載諸書不易檢閱朕欲悉采各書所載事物名數類聚而統之以韻庶便考索嘗觀韻府等書采摘不廣爾等將自有書契以來凡經史子集百家天文地志陰陽醫卜僧道技藝之言備集爲一書毋厭浩繁

永樂元年十月　上御奉天門命侍臣輯自古以來嘉言善行爲書以授長子

十二月解縉等奉敕修古今列女傳成　上親製文序之

永樂二年四月文華寶鑑成先是　命侍臣輯自古以來嘉言善行有益於太子者爲書以授太子至是書成名文華寶鑑　上顧解縉等曰朕皇考訓戒太子嘗集經傳格言爲書名儲君昭鑑録朕此書稍充廣之昔秦始皇教太子以法律晉元帝授太子以非聖之書帝王之道廢而不講所以速亡朕此書皆大經大法卿等兼輔東宮從容閒暇亦當以此爲說庶幾成其德業他日不失爲守成令主

十一月解縉等進所纂録韻書賜名文獻大典賜縉等百四十七人鈔有差錫宴於禮部

永樂三年冬十月禮部進冕服鹵簿儀仗圖幷洪武禮制禮儀定式禮制集要稽古定制等書　上曰議禮制度國家大典前代損益固宜參考　祖宗成憲不可改更即命頒之所司永爲儀式

永樂五年十一月以仁孝皇后内訓賜群臣俾教于家

太子少師姚廣孝等進重修文獻大成書凡二萬二千

二百一十一卷一萬一千九十五本更賜名永樂大典　上親製序以冠之　賜廣孝等二千一百六十九人鈔有差

永樂七年二月　上出一書示胡廣等曰朕因政暇采聖賢之言若執中建極之類切於修身齊家治國平天下者今已成書卿等試觀之廣等覧畢奏曰帝王道德之要備載此書遂名曰聖學心法命司禮監刊印

永樂八年十月務本之訓成時　上以皇孫生長深宮欲其知稼穡之艱難因巡幸北京命之侍行使歷觀民

情風俗及田野農桑勞苦之事且舉太祖創業之難及往古興亡得失可爲鑒戒者以致飭勵之意書成名務本之訓云

永樂十二年十一月諭胡廣楊榮金幼孜曰五經四書皆聖賢精義要道傳註之外諸儒議論有發明餘蘊者爾等采其切當之言增附於下其周程張朱諸君子性理之言如太極通書西銘正蒙之類皆六經之羽翼然各自爲書未有統會爾等亦類聚成編二書務極精備庶垂後世命廣等總其事仍命舉朝臣及在外教官有

文學者同纂修開館東華門外命光祿寺給饌

永樂十三年九月五經四書大全及性理大全書成命禮部刊刻頒行天下賜纂修官胡廣楊榮金幼孜等鈔幣有差

永樂十四年十二月壬申歷代名臣奏議書成先是上以璽書諭皇太子令翰林儒臣黃淮楊士奇等采古名臣奏疏彙錄以便觀法至是書成上覽而嘉之賜名歷代名臣奏議因謂侍臣曰致治之道千古一揆君能納善言臣能盡忠不隱天下未有不治觀是書足以見當時人君之量人臣之直爲君者以前賢所言便作今日耳聞爲人臣者以前賢事君之心爲心天下國家之福也遂命刊印以賜皇太子皇太孫及諸大臣

永樂十六年六月　詔纂修天下郡縣志書命夏原吉楊榮金幼孜總之仍命禮部遣官徧詣郡縣博采事蹟及舊志書

永樂十七年三月爲善陰騭孝順事實二書成先是上閱載籍遇有爲善獲報者命近臣輯錄之得百六十五人名爲善陰騭尋復輯錄古今孝順之事可以垂訓

者得二百七人名孝順事實上皆製序冠之　命賜諸王群臣及國子監天下學校又命禮部自今科舉取士准大誥例於內出題試諸士

永樂十七年九月　上嘗覽列仙傳因命侍臣博采重加纂輯至是成賜名神仙傳　上親製序冠之

洪熙元年正月賜三公及兵部尚書天元玉曆祥異賦上初得此書以示侍臣曰天道人事未嘗有二有感必應朕少侍太祖每教以慎修敬天朕未嘗敢怠此書言簡理當左右輔臣亦宜知之遂命刊布上親製序

宣德元年四月　御製外戚事鑒及歷代臣鑒二書成
頒賜群臣及外戚
宣德三年二月　御製帝訓及官箴二書成
正統十年三月五倫書成
景泰五年七月復勅禮部纂修天下地理志禮部奏遣
文學之士分詣天下蒐採　詔頒君鑒錄于群臣吏部
侍郎李賢擇其中善可爲法者二十二君每君擇取最
切要者三四事集爲鑑古錄上之奏言前代聖賢之君
事蹟浩漫難於徧覽今特錄堯舜而下二十二君每君

擇取所行之最善者數事集爲一帙臣於每段之後畧
爲解說數句欲陛下易於覧而行之兼此二十二君之
善而有之則功德之隆真比堯舜而光祖宗矣帝覧此
疏問中官王誠等曰此奏欲何爲誠對曰欲陛下學此
數君耳乃頒之
景泰七年五月寰宇通志成
天順二年正月　勅内閣翰林脩大明一統志先是永
樂中令夏原吉楊榮等纂脩天下郡縣志未成景泰中
重脩寰宇通志僅成未刻而　上復位遂命李賢等重脩

天順五年四月大明一統志成凡九十卷
成化四年五月山西按察司提學僉事胡謐請頒大明
一統志於天下禮部乞於司禮監關領原本付福建布
政司書坊翻行
成化十年六月兵科給事中祝瀾言大誥律令及諸司
職掌洪武禮制等書頒布中外俾臣民遵守然民生日
繁庶事百出制書有未備載者或朝廷有所施行臣下
有所建請遂因之以爲條例乞勅在京文武大臣備查
内外新舊條例務歸至當以類相從取旨裁决刊行遵

守詔下所司議行
成化十二年十一月續資治通鑑綱目成　上爲之製序
成化十六年五月禮部右侍郎周洪謨進所纂疑辨錄
三卷言五經四書雖經宋儒朱熹註釋間亦有仍漢唐
諸儒之誤者乞特勅儒臣考訂仰取聖裁　上曰五經
四書漢唐宋諸儒之誤者本朝永樂間儒臣考訂纂脩
悉取其不悖本旨者輯錄之天下學者誦習已久周洪
謨乃以已見紛更不准
成化二十三年十一月孝宗　禮部右侍郎掌國子監

事丘濬進所著大學衍義補　上覽之甚喜曰卿所纂書考據精詳論述該博有補政治朕甚嘉之賜金幣進禮部尚書兼詹事府事仍命禮部下所司刊行

弘治十年三月　命內閣及翰林儒臣纂脩大明會典

弘治十六年春正月　大明會典成

十月前南京兵部郎中婁性上所編皇明政要凡四十篇

學校

洪武戊戌三月　命知府王宗顯開郡學延儒士葉儀爲五經師戴良爲學正吳沉徐元等爲訓導

洪武二年十月郡縣立學

洪武十五年四月　詔天下通祀孔子賜學糧增師生廩膳

洪武十七年六月　命禮部製大成樂器以頒天下儒學

十一月　上謂禮部臣曰近命遼東立學校或言邊境不必建學夫聖人之教猶天也天有風雨霜露無所不施聖人之教亦無往不行昔箕子居朝鮮施八條之約故男遵禮義女尚貞信管寧居遼東講詩書陳俎豆飾威儀明禮讓而民化其德曾謂邊境之民不可以教乎況武臣子弟久居邊境鮮聞禮教恐漸移其性今使之誦詩書習禮儀非但可以造就其才他日亦可資用

洪武二十年十月　上以北方學校無明師生徒廢學命吏部選南方學官之有學行者教之增廣生員不拘額數復其家

洪武二十四年五月　勅禮部侍郎張智等曰古之儒者務學以明體適用窮則忠信篤敬以淑諸人達則忠君愛國而澤被天下朕自御宇以來擢用儒士布列百司思得其人以稱其任而卒少見良由師道不立故成材罕聞爾禮部宜以朕言諭天下俾凡爲儒者必恪遵先聖賢之道以脩巳教人毋徒尚文藝云

七月　命禮部頒書籍於北方學校

洪武二十四年十月定生員巾服之制襴衫用玉色絹布爲之寬袖皂緣皂絛軟巾垂帶　上以學校爲國儲材而士子巾服無異吏胥宜有以甄別之命工部制式

以進上親視必求典雅凡三易其制始定
洪武二十五年七月　勅刑部榜諭天下學校時各處教官訓導有給由到京　上召諭之曰汝等皆老儒來自郡縣民間疾苦稼穡艱難悉為朕言岢嵐州學正吳從權對曰臣為學正以教道為職業民事無聞山陰縣學教諭張恒對曰臣守職常在學未嘗出外於民事無所知　上謂二人曰豈有乂居鄉里不與人交接縱教學不出每月朔望休暇并四時節序朋友往來於民情世務豈不談及汝二人槩言不知詐也且儒者所學皆

聖賢之道古人有心居田野雖未際遇其心常在朝廷伊尹耕於莘野常以致君澤民為念及出相湯發其所藴以安天下甯戚未遇扣角而歌自薦於齊桓公佐興覇業漢賈誼董仲舒輩皆起於田里上書數陳時務議論得失唐馬周不得親見太宗且教武臣言事古人不得進用汲汲求見於君欵行其所學今汝等既集朝堂朕親詢問但黙黙不言學聖賢之道者果如是乎又如宋儒李沆為宰相佐真宗日以四方水旱蟲蝗盜賊等事奏之同僚以為細事不然其奏沆曰人主當使知四方艱難有所敬懼不然則留意於土木禱祠聲色狗馬之事矣此人君不問尚且數將四方水旱等事日奏于君今朕以汝等皆儒者故詢以民事意必有以對朕言迺反支離其辭竟無一語宋儒胡瑗為蘇湖二州教授其教書生皆兼時務治兵治民水利算數等事當時得人皆由其教授有法今汝所言平日在學不出則所教何事民情不知世務不通所訓生徒雖有聰明賢才亦為爾等所壞使天下教官皆效汝輩所為朝廷焉能得人二人皆惶汗失措　上顧謂刑部臣曰若二人者宜

心不誠豈能為聖賢之教虛糜廩祿無補於時宜竄之極邊其以榜諭天下學校使為鑒戒
革除建文元年五月選補儒學官先是學官缺用舉人及中試監生通經儒士至是詔天下凡在任未入流官及坐法謫戍已更者但通經薦試俄又詔衛官舉通經軍士聽布按二司試上吏部詮用
永樂元年八月設雲南楚雄府楚雄縣儒學先是本府言所屬人民類皆爨夷不知禮義惟僰人一種有讀書識字者而縣學未設近委官勸集俊秀子弟入學而無

師範請立學置官從之
洪熙元年六月廣寧中屯衛軍士馮述上言學校風化之原所以明人倫厚風俗今定遼金復海蓋五衛洪武中已建學設官而三萬瀋陽廣寧義州諸衛尚未建學若緣邊軍衛並立學校以教官軍子弟使知忠君親上愛親敬長則禮義興而風俗厚矣
宣德二年二月　上御左順門吏部尚書蹇義等侍上謂義曰昨日卿奏山西臨晉縣學生員年幾十三入學五閱月御史考發充吏朕再思之人非上智安能五月有

成且未成童豈堪吏役朝廷命官考績黜陟亦待九年何況童蒙初學此不近人情甚矣可發此生還學仍移文戒飭御史如再任意妄行必黜罰之
宣德四年四月山西代州儒學署訓導事舉人曹弼上章言臣年少學問未充不堪為人師願就太學讀書或授別職亦得自效上謂吏部曰凡人不自滿者其志可嘉可授縣幕俾習知民事如有餘力亦可進學遂改江西泰和典史後進士及第
宣德五年八月上語學士楊溥等曰民之休戚係庶官之賢否何術可盡得其人溥對曰嚴薦舉精考課不患不得上曰此恐非探本之論若不素教預養則人才已壞徒嚴薦舉精考課譬猶濁其源而求其流之清此豈可得今當崇重學校慎選師儒以責成之
成化元年正月國子監助教李伸上言五事二曰嚴學校之職今天下教官類多匪才以致提學憲臣往往折辱殊非右文之意宜勅提學官凡教官之不類者起送別用其賢者禮貌之以示敬學之意上命議行
成化九年七月北直隸提學御史閻禹錫奏近例廩膳

生考黜者俱追廩為民今奉勅俱發充吏請停追廩之例禮部覆奏從之
成化十一年七月開設陝西榆林鎮番二衛儒學
成化十二年五月設大同左雲川衛大同右玉林衛天城鎮虜衛陽和高山衛四儒學
成化十三年十二月御史胡璘奏近年以來天下儒學教官率多歲貢監生其言語文章不足以為人師範乞今後會試多取副榜舉人選用庶教官可得人而人材可成事下禮部覆奏師儒之職賢才攸係宜如璘言

成化十四年四月設貴州程番府儒學

成化十五年正月巡撫大同都御史李敏奏今天下學校俱有樂以侑祭文廟而大同之樂獨缺乞照例頒降或容臣製造令本學生習演奏用應邊方之遠預觀禮樂之美甲冑之士得習文物之儀上曰大同雖邊方諸生誦法孔子與內郡無異其亟令所司製造樂器侑祭文廟俾本學生習用之

成化十六年二月詔天下學校孔子廟庭所在凡過門者皆下馬

成化十七年十一月開設廣西田州府儒學

成化二十一年四月置密雲後衛指揮使司儒學

弘治十四年七月掌國子監禮部右侍郎謝鐸言四事三曰革冗員以從京府之制謂順天應天寔為京府大興宛平江寧上元四縣皆為附郭學校之設惟二府有之而四縣皆未嘗有凡今附郭縣分俱各有學其視京府寔為冗濫請從順天應天之制量加廩增歸併府學庶冗員革而風教稍重疏入下所司知之

按今天下教官謂可苟具無所繫重輕莫教職若以其實論之庶官之賢不賢其由教職懋不懋始天下教官幾三千餘注銓者却以御末能舉人乙榜洪武十八年例乙榜限年正統八年例歲貢令就教景泰元年例納馬納粟四十五歲令就教成化元年例弘治間懲其太雜一切革不准除止以舉人歲貢及進士內外見任官科目出身願就者此意漸明弘治十五年令入御史選然不能實崇之使得盡職議者欲做古鄉舉里選之制於科甲之外即充歲貢一途嚴其法必得真才而並用之以為教額豈不為養士之

望

憲章類編卷之二十一終

憲章類編卷之二十二

郡學文廟木主

天順六年三月蘇州府知府林鶚時蘇學廟像歲久多剥落者或欲因其舊而加以修飾鶚曰塑像非古我太祖於大學易以木主百年夷俗乃革彼未壞者猶當毀之幸遇其可易以木主有何不可或以毀聖賢像爲疑鶚曰此土泥耳豈聖賢耶孔子生於佛教未入中國之前烏識所謂泥像哉於是併易從祀諸賢皆爲木主

勅額書院

成化十五年十二月兵部右侍郎李敏奏臣往年爲浙江按察使守制還河南襄城縣嘗市地于縣南紫雲山之麓凡三十畝有奇建屋若干楹積書數千卷日與學者講讀其中其地之所入亦足以供教學者之用願籍之于官以爲社學因請勅額併令有司歲時修葺從之賜額爲紫雲書院

提學憲臣

正統元年五月始設提學憲臣南北直隸御史各一員各省按察副使或僉事各一員專勑責成不許巡按御史侵越

正統二年五月大學士楊士奇薦御史彭勗提督南畿學校師道卓立寛嚴得中一時東南士風翕然大振起勗江西永豐人永樂乙未進士

正統五年十二月以孫鼎爲南直隸提學御史鼎初爲

松江府學教授以清慎持己以禮讓化人士民咸信服之有司尊禮踰於上官嘗奉哀詔入臨府中誤翻戴喪冠知府見之亦遂翻其冠鼎前謁曰公冠翻非禮知府曰吾效先生耳見敬信如此至是秩滿選陞提學中外皆稱得師

景泰元年十二月革提學憲臣

天順六年二月復詔提學憲臣以黃潤玉爲廣西提學僉事時以學政衰弛命廷臣舉有學行者督之楊士奇以潤玉薦遂命之

成化三年三月罷兩廣提學僉事時兩廣兵火之餘人
物凋敝按察使夏塤請暫裁革提學官而以他官兼之
上可其奏
十二月以御史陳選提督南畿學校選先巡按江西肅
寮貞度至是以身爲教力變浮華徧歷郡縣以示範模
諸生翕然感化時都御史韓雍居喪吴中猶務崇飾聞
選入境戒其下曰陳御史至矣悉屏儀衛去之
成化六年十二月調江西按察僉事張悅于浙江提調
學校

成化七年九月陞御史陳選爲河南按察司副使提調
學校
成化八年六月擢掌京衛武學事國子監丞閻禹錫爲
御史提調北直隸學校
成化九年二月以御史戴珊提督京畿學校凡考校必
以文藝占器識品藻精明諸生帖服
成化十三年正月河南按察司提學副使陳選陞本司
按察使
成化十四年九月以戴珊爲陝西提學副使珊躬教諸
生窮鄉下邑無不至約束堅明風雨不爽一如在南畿
時云
十月命御史婁謙提督南畿學校
成化十九年七月命御史司馬垔提督南畿學校
成化二十年正月陝西提學副使戴珊爲浙江按察使
弘治九年十二月　以王鴻儒爲山西提學僉事
弘治十四年七月廣東提學僉事宋端儀卒端儀莆田
人雅志理學嘗編考亭淵源初稿未就而卒　以戶部
郎中邵寶爲江西提學副使寶以身爲教先行檢而後

詞藝士類浡興脩濂溪書院檄取其族孫守之改建白
鹿洞書院清學田定課程遠近向慕
正德三年八月南畿提學御史陳琳以劉瑾陰排大臣
顯挫臺諫上言老成不可不惜狂直不可不宥言甚切
至疏入忤旨謫廣東揭陽縣丞
正德四年三月　以席書爲貴州提學副使
正德五年正月起李夢陽爲江西提學副使
正德十四年二月以劉瑞爲浙江提學副使
正德十六年五月世宗　起前東昌府同知何瑭爲山

西提學副使瑭以居憂不赴任
按古養士於庠序今養士於吏部之考課觀察之激揚此義外之所由熾今之學校科目乃開收士之門國初菁莪之化專在學司及提調官至宣德間按察設提學特以稽實毀奸九專則近而能悉簡而有功今一省教化之機悉攬於一人故浮泛而無功學司提調有辭以曠其職欲如古有造是以難得霍韜曰令出而人從之速者莫若督學憲臣故督學者好諂諛則一省皆佞舌也好文藻則一省皆縟辭也好實學則人將反躬也好實行則人將易轍也何也朝廷使之懸其的以示人人之心有不歸往乎

科目制

洪武丁未吳元年定文武科取士之法

洪武三年五月詔設科取士條格詔曰朕聞成周之制取才於貢士故賢者在職漢唐及宋科舉取士各有定制然但貴詞章而不求德藝之實前元依古設科待士而權家勢要結納奔競輙竊仕祿賢者恥與並進甘隱山林風俗之弊一至於此今朕統一華夷顧得賢人君子用之自今年八月爲始特設科舉以取懷才抱道之士務在經明行脩博通古今名實相稱其中選者朕將親策于廷第其高下待以顯擢敢有奔競貪緣之徒坐以重罪五經義限五百字以上四書義限三百字以上論亦如之策惟務直述不尚文藻限一千字以上其高麗安南占城等國如有經明行脩之士各就本國鄉試許貢赴京師會試不拘額數選取遣使頒詔知之

洪武六年二月甲午罷科舉諭中書省臣曰朕設科舉以求賢務得經明行脩文質相稱之士以資任用今有司所取多後生少年觀其文詞亦若可用及試用之不能措諸行事朕以實心求賢而天下以虛文應朕非朕責實求賢之意也今各處科舉宜暫停罷別令有司察舉賢才必以德行爲本文藝次之庶幾天下學者知所嚮方士習歸於務本　按是年罷科舉專用辟薦其目有明經行脩有懷才抱德有賢良方正有人材有孝廉群舉于朝而各省貢士皆令卒業太學以次除用蓋罷進士之科者十有二年時既不喜文士又以初立辟薦

法行之甚嚴每舉者至京　上親校閱不稱旨輒坐舉主往往有謫戍者至洪武十七年復開科今魁星圖下列諸狀元姓名有洪武九年狀元張顯宗謬矣

洪武十五年八月　詔禮部設科舉取士令天下學校三年一試著爲定例

洪武十七年三月命禮部頒行科舉成式凡三年大比子午卯酉年鄉試辰戌丑未年會試舉人不拘額數從實充貢

成化十三年十二月　詹事府少詹事黎淳奏科場出

題作文定式謂洪武年間已常頒降近年所刊程文純粹者少駁雜者多乞移文所司將考試官究治申明科場舊制頒降學校永爲遵守　上曰科舉重事各處出題刊文等事何爲違式差謬該部會同翰林院學士等官覆奏考試等官務取學行老成之士不許徇私濫舉出題校文并刊録文字必須合式依經按傳文理純正不許監臨等官干預

按洪武開科詔五經皆主古註疏及易兼程朱書蔡詩朱春秋左公羊穀梁程胡張禮記陳乃後盡棄註疏不知始何時或曰始于頒五經大全時以爲諸家說優者采入故耳然古註疏終不可廢也

各省鄉試

洪武三年八月京師及各行省開科鄉試

洪武四年二月上謂中書省臣曰今天下已定致治之道在於任賢既設科取士令各行省連試三年庶賢才衆多而官足任使也自後則三年一舉著爲定例

永樂元年二月禮部言科舉舊制應子午卯酉年鄉試

去年兵革倉卒有未及舉行者請以今年秋八月皆補試制曰可

八月復開科鄉試

洪熙元年四月鄭府審理俞建輔言伏讀制敕有曰爲國以得賢爲重事君以進賢爲忠臣竊以進賢之路莫重於科舉近年賓興之士率記誦虛文爲出身之階其實才十無二三蓋有未嘗究心修己治人之道一旦掛名科目而使之臨政往往束手無爲職事廢隳民受其殃自今各處鄉試乞令有司先行審訪務通今博古行

止端重者許令入試比試則務選其文辭典雅議論切實者進之會試尤加慎選庶幾士務實學而國家有得賢之益　上諭禮部曰所言當理其即行之

宣德七年九月御史包德懷給事中虞祥等劾奏順天府鄉試關防不嚴致有詐冒請治提調官府尹李庸監試官御史梁廣成等罪　上命姑宥之已而顧侍臣曰科舉求賢國家重事於此而不用心他事可知已御史給事中所劾本不可宥但念斯事因庸覺察不然則奸弊露矣

憲章類編　卷二十二　九

正統九年令在京各衙門吏典承差人等聽本衙門保勘禮部嚴考通經無犯者送試仍行原籍勘實

景泰元年令各衛官舍軍餘曾送入學者許入試

景泰元年八月翰林侍講學士劉鉉主考順天府鄉試及揭曉第一人劉宣乃盧龍軍士也同事者欲更之鉉爭曰朝廷立賢無方不可乃止時論韙之

景泰四年正月增定各鄉試取士額數（累朝以來漸增取士額順天府應天府各一百名浙江福建皆六十名江西六十五名河南廣東皆五十名湖廣五十五名山東四川皆四十五名陝西山西皆四十名廣西三十名雲南二十名正統三年及景泰元年開科皆不拘額數至是以天下人才彌盛始加增定順天應天各增三十五名浙江江西福建河南湖廣山東各增三十名廣東四川陝西山西廣西各增二十五名雲南增十名）

景泰七年八月洗馬柯潛奉命主考應天鄉試初入境時泊舟淮安有應試生暮夜投潛潛叱之彼以重賂遺前固請潛怒命左右執付有司以法懲之

天順二年令兩京天文生陰陽人及官生子弟許就在京鄉試

成化九年正月北直隸提學閻禹錫奏順天應天兩府鄉試舊制以御史二人監試宜令預於十日前入院庶

憲章類編　卷二十二　十

詳察事端以袪積弊其同考試官宜令所司擇文學優長素行端介者毋徇勢要干請搜檢守號宜用在外都司官軍毋遣京營之人庶革其傳遞夾帶之弊至於校文須主考官詳慎將同考官落卷并二三場通行檢閱務得積學之士不許懶慢推託且兩京主考係侍從格心之臣若引嫌畏避即內不足者隨當罷黜試錄就刻舉人文字不許主考代作以妨校閱詔從之

成化十年八月左庶子黎淳主考順天府鄉試初場得一優卷及觀後場絕不相類疑有弊勾稽墨卷果得謄

錄生截卷狀移簾外按其事而取優卷爲第一拆封乃馬中錫亦一時名士時學士謝一夔主考應天府鄉試得王鏊爲第一試録五策皆刻鏊場屋中墨卷不易一字一時稱得人明年鏊果會元及第

成化十五年十二月　御史許進言國家以科目取士愼選考官近各布政司每遇開科輙徇私情所聘考官者多非其人以致校閲不精兩京俱命翰林官主考故所取得人乞各布政司亦如兩京例命翰林官主考爲是　上諭禮部臣曰科目選賢國家重事若聘主司有

徇私作弊者令巡按御史幷布按二司互相糾舉或爾部中詳看體訪得出奏來必重治之　按嘉靖戊子辛卯各布政司鄉試俱命選京官二人主考亦與許進建言之意同恐此法終不可罷

成化二十三年二月禮部奉成化二十二年天下鄉試録文多乖謬乞將考試官訓導黄奎等追奪聘禮令御史究問蓋教職多非有學識之士聘以典文罕稱其選云

弘治四年令醫士醫生在冊食糧執役者許在京應試

弘治十四年七月掌國子監禮部右侍郎謝鐸言四事二曰重科貢以清入仕之路謂各省考官皆御史方面之所辟召職分既卑權衡無預以外簾之官而專去取關節相通人圖倖進必差京朝官二員以爲主考庶幾革弊而眞才可得疏入下所司知之

中書舍人入鄉試

成化七年五月　中書舍人吕憲乞就順天府鄉試從之

欽賜舉人

景泰七年八月賜大臣子陳瑛王倫爲舉人舊制南北京鄉試令四方之士游太學及依親仕宦者皆得應試至是順天府鄉試命右春坊大學士劉儼侍講學士吕原爲考試官時内閣陳循子瑛王文子倫入試俱不中式循等論奏儼原二人閲卷不公許監試御史黎鵬同邑林挺亦在中列且摘策題有無正統等語以激帝怒請如洪武間罪劉三吾等例重開科考試　上令翰林

院覆閱取中試卷高穀懼儼等禍且不測欲爲申救早
朝奏事畢出班跪稱臣高穀有言因召至榻前具白其
情且曰大臣子與寒士並進已不可況又不安於命欲
搆考官可乎由是儼等得釋而瑛倫特旨欽賜舉人許
赴會試一時異之禮科給事中張寧劾奏循等私其子
失大臣體不當居內閣乞罷黜不報
天順元年正月命景泰特賜舉人陳瑛王倫並除名

會試

洪武三十年二月禮部會試天下舉人學士劉三吾爲
考試官取宋琮等三十八人北方之士並皆黜落
革除建文二年二月壬寅詔禮部尚書陳迪右侍郎黃
觀知貢舉翰林學士董倫太常少卿高遜志充考試官
右拾遺宋逵吉史官吳勤葉惠仲趙友士徐旭張秉彝
爲同考試官御史王度俞吉士爲監試官
永樂二年二月　禮部奏請會試選士之數　上問洪
武中所選幾何尚書李至剛對曰各科不同多者四百
七十餘人少者三十人　上曰朕即位初取士姑擇其

多後不爲例
永樂十六年二月行在會試天下舉人
洪熙元年四月上諭禮部曰科舉之士須南北兼收南
人雖善文詞而北人厚重近累科所選北人僅得什一
非公天下之道自今科場取士南取六分北取四分爾
等其定議各布政司名數以聞
景泰五年二月會試天下舉人
天順元年二月會試天下貢士以內閣學士薛瑄侍講
學士呂原爲考試官
天順四年二月會試天下舉人以學士呂原尚寶少卿
兼脩撰柯潛爲考試官取陳選第一時舉人不中有怨
考官者以李賢弟李讓不中謂賢亦怒考官遂鼓其說
奏考官校文顛倒宜正其罪　上疑之召賢問曰此舉
人奏考官弊何以治之賢對曰此乃私忿考官無弊如
臣弟讓亦不中可見其公　上乃命禮部會翰林院考
此舉子荒疎且其人狂妄遂枷于部前群議方息
天順七年二月場屋災八月　禮部奏補會試命太常
少卿兼學士彭時侍讀學士錢溥爲考試官時中式舉

人二百五十人

成化十一年二月命少詹事徐溥翰林侍讀學士彭華爲會試考官華以從子入場疏辭遂改命侍講學士丘濬

成化十七年正月　禮部言二月會試天下舉人合用考試官今詩易卷多乞每經各增一員　上曰科舉取士務在得人增同考試官庶得詳於校閱從之

成化二十二年十一月　更定會試取士南北中卷額數

弘治三年二月會試天下舉人命大學士徐溥少詹事汪諧爲考試官

成化二十三年令舉人授教官六年有功績者許會試

弘治六年二月會試天下舉人命太常少卿兼侍講學士李東陽少詹事兼侍講學士陸簡爲考試官取汪俊等三百人

弘治九年二月會試天下舉人命詹事兼侍講學士謝遷侍讀學士王鏊爲考試官取陳瀾等三百人

弘治十二年二月會試天下舉人命大學士李東陽掌詹事府禮部侍郎兼翰林學士程敏政爲考試官三場甫畢給事中華昶上疏略曰程敏政素因不謹已放歸田嘗求李廣復官禁近叨爲考官甘心市井將論語表題策三問四問題暗賣與江陰徐經蘇州唐寅二生狂童孺子先以題問人且驕於衆已而果然敗露至此百口難掩臣思景泰年間徐泰冒中順天解元事露覆試學士高穀曲護倖免今徐經與泰同家敏政又從而招徠之遂與唐寅等相率以賂其門朝廷取士之科關繫最大豈容再壞疏入下昶獄候問禮部尚書徐瓊等覆議

奏敏政遠避其私賣三場題目傳誦于外恐或未真況未開榜其所買之人曾否取中難以定奪合令李東陽會五經同考官將場中硃卷凡經敏政看者重加校閱果有情弊出場之後通行究治　是月二十九日揭曉取倫文叙等三百人凡敏政所取者李東陽等俱封收備照不録工科給事中林廷玉復疏程敏政事謂臣嘗爲同考試官與知簾內事且職在諫垣不可循默但據簾內所見敏政閱卷可疑六事上之於是逮廷玉敏政并下獄　夏四月會多官廷鞫華昶林廷玉所劾程敏政

事間黜舉子虗貢徐經等十餘人爲民令敏政致仕調杲南京太僕寺典簿廷玉海州判官

弘治十五年二月會試天下舉人命吏部左侍郎兼學士吳寬侍讀學士劉機爲考試官取魯鐸等三百人

正德三年二月會試天下舉人命少傅大學士王鏊掌詹事府吏部尚書兼學士梁儲爲考試官取邵鋭等三百五十人

正德六年二月會試天下舉人命大學士劉忠學士靳貴爲考試官取鄒守益等三百五十人

正德九年二月會試天下舉人命大學士梁儲翰林學士毛澄爲考試官取霍韜等四百人費宏以儲位在已上仍將會試録旁注貼說指摘以進　上察知之置不問

正德十二年二月會試天下舉人命大學士靳貴少詹事顧清爲考試官取倫以訓等三百五十人

正德十五年二月命吏部左侍郎兼學士石珤侍讀學士李廷相爲會試考官取張治等三百五十人以　上南巡未廷試

按洪武辛亥有進士永樂癸未無進士天順癸未亦然永樂初即位天順南省火皆以明年甲申會試永樂己丑　長陵北征又明年殿試故有辛卯進士正德庚辰康陵南巡明年　世宗即位故有辛巳進士我朝百六十年癸未惟一舉　洪武四年會試録題詞學士宋濂所撰不刻程文　會試考官洪武初以禮部尚書陶凱與前侍講學士潘廷堅爲主司侍讀學士詹同國子監司業宋濂吏部員外郎原本前貢士鮑恂爲同考至十七年始定制以侍詔朱善典籍聶鉉爲考試官而每科

額請翰林官二人主之若同考則正統前猶參用外官教職景泰後始純用京職翰林之外有六科部屬行人司弘治以來定翰林官九人與六科部屬共十四人正德辛未以易詩書房卷多各增一員翰林十一人與科部共十七人云會試去取在同考參定高下則主考柄之至于取士多寡又俱臨期請自　上裁非若鄉試有定數也

舉人會試年限

弘治四年九月大學士劉吉屢被彈章仍加官進秩市人嘲之稱為劉綿花謂其愈彈愈起也或告吉以為出自監中一老舉人好恢諧者吉因奏定舉人三次不中者不許會試及致仕出城兒童走卒群指之曰綿花去矣吉去舉人會試禁限亦除

場屋火

正統三年八年　翰林侍講學士曾鶴齡主考順天鄉試初試之夕場屋火試卷有殘缺者有司懼罪不敢以

更試為言惟欲請葺場屋以終後兩試鶴齡曰必更試然後滌百弊以昭至公不然雖無所私此心亦欺朝廷何惜一日之費不成此盛舉哉有司具二說以進命下悉如鶴齡所言人皆悅服是科稱得士云

天順七年二月會試場屋災舉子被傷者數十人

乙榜舉人

洪武三十年三月令禮部乙榜舉子署教諭訓導年未三十不願署教者聽　按永樂四年傳臚之明日進所

選副榜士臨策之擢周翰等三人進學翰林餘俱付吏部除學官宣德間副榜舉人得冠帶讀書太學蓋循此制自是至正統後副榜始不復廷試矣

廷試

洪武四年三月　親策會試中式舉人於奉天殿賜吳伯宗等一百二十人進士及第出身是科高麗金濤中三甲授東昌安丘縣丞以不通華言請還本國詔給道里費遣歸

洪武十八年三月　上御奉天殿策試舉人賜丁顯等四百七十二人進士是科練子寧對策極言今日朝廷用人徇其名而不求其實以小善而遽進之以小過而遽戮之因歷陳古人所以教養任用之道言甚剴切不顧忌諱　上嘉之擢第二又得黃子澄　後皆難師起以奸黨戮之仆碑削籍

洪武二十一年三月　上御奉天殿策試舉人賜任亨泰等九十七人進士及第出身有差特命立石題名于太學著為令是科得卓敬齊泰

洪武二十四年三月　上御奉天殿策會試中式舉人賜許觀等三十一人進士及第出身有差觀貴池人鄉會試俱第一後復姓黃

洪武二十七年三月　上御奉天殿策會試中式舉人一百人賜張信等進士及第出身有差

洪武三十年六月　上御奉天殿策試復取下第舉人先是禮部會試中式者少而北士被黜落者咸言取士不公　上閱所取多南士亦疑之乃詔考官劉三吾及陳䢿等一甲三人皆下獄命翰林院儒臣重閱落卷得文理優長者六十一人皆山東山西北平河南陝西四川之士至是復廷試之賜韓克忠等進士及第出身有差

革除建文二年三月策試禮部中式舉人　賜胡靖王艮李貫等一百一十人進士及第出身有差以靖等三人並授翰林脩撰廷試策艮最優以貌不揚易靖第一靖初名廣　上特爲易名後復名廣與同榜楊榮金幼孜楊溥胡濙顧佐陳洽皆爲永樂時名臣唯艮死建文之難故曰以貌取人失之子羽艮貫皆吉水人貫獨不顯君子恥之

永樂二年三月　殿試禮部中式舉人賜曾棨等四百七十二人進士及第出身有差是科得陳敬宗周忱新進士李衡自言臣父洪武中得罪死於法臣不當違令干進　上曰古之聖人亦有罪其父而用其子者但爲子能改父行致顯聞於世足以爲賢若以父死非命終身不仕亦未必合中道爾能力學進用雖違令而志可嘉朕不爾罪而其勉之

永樂四年三月壬寅　上御奉天殿試禮部中式舉人二百一十九人賜進士及第出身有差命國子監立石題名是科王驥以軍功著封伯贈侯

永樂九年三月　上御奉天殿試禮部永樂七年會試中式舉人陳璲等八十四人賜進士有差是科得錢習禮

永樂十年三月　上親策禮部中式舉人一百六人賜馬鐸等進士及第出身有差是科得羅通陳益

永樂十三年三月　上御奉天殿閱舉人對策賜進士三百五十一人是科得王翱高穀

永樂十六年三月　上御奉天殿策會試中式舉人賜李騏等二百五十人進士及第出身有差

永樂十九年三月　上御奉天殿試禮部中式舉人及前科未廷試舉人凡二百一人賜曾鶴齡等進士及第出身有差是科得薛瑄劉球于謙

永樂二十二年三月　上御奉天門策禮部中式舉人賜進士邢寬等一百五十人是科得軒輗耿九疇

宣德二年三月　上御奉天殿策試舉人　上既發策退御左順門謂翰林儒臣曰國家取士科目為先所貴

得真才以資任用古人取士於鄉其行藝素有定論至朝廷復辨其官才所以得人為盛後世惟考其文學欲盡得真才難矣然文章論議本乎學識有實學者其言多剴切無實見者其言多浮靡唐虞取士亦嘗敷奏以言況士習視朝廷所尚朝廷尚典實則士習日趨于厚朝廷尚浮華則士習日趨于薄此在朝廷激勵成就之有道也爾等其精擇之朕將親覽焉

上親閱舉人所對策賜進士馬愉等一百一人　按是科始分南北中卷取士愉山東臨朐人楊士奇云宣德以前皆南北士合試未有北士居首選者有之自馬愉始

宣德五年三月　上御奉天門策會試中式舉人上臨軒發策畢退御武英殿謂翰林儒臣曰朕於取士不尚虛文欲得忠鯁之士為用其間有若劉蕡蘇轍輩能直言抗論庶幾所望朕當顯庸之於是賦策士歌以示諸讀卷官云是科賜進士一百人得廖莊劉實

宣德八年三月　上御奉天殿策試禮部中式舉人賜曹鼐等九十九人進士先是鼐舉鄉試授代州學正辭

為泰和典史至是及第第一

正統元年三月　廷策會試中式舉人周旋　等進士一百人省元劉定之名在一甲第三是科又得李東崔恭

正統四年三月　上親策會試中式舉人賜進士施槃等一百人是科得章綸倪謙王竑

正統七年三月　上親策會試中式舉人一百五十人賜進士劉儼等是科有所建立者呂原項忠程信韓雍姚夔

正統十年三月　廷試舉人賜商輅周洪謨等進士一
百五十人得業盛
正統十三年三月　殿試禮部中試舉人岳正等一百
五十人賜彭時等進士及第出身有差岳正一甲第三
又得王恕劉珝夏寅陳俊　彭時上表謝恩之夕坐以
俟旦隱几不寐竟失朝糾儀御史奏令錦衣衛拿禮書
胡濙出班奏狀元彭時不到合令錦衣衛拿　上是之
景泰二年三月　廷策舉人賜進士二百人是科鍾同
馬文升余子俊林鶚楊守陳秦紘高明後皆以功名顯
景泰五年三月　殿試賜進士三百四十九人得張寧
內丘濬何喬新楊瑄耿裕鄧廷瓚皆以功名顯
天順元年三月　殿試賜黎淳等進士二百九十四人
內楊繼宗彭韶後有令聞
天順四年三月　殿試賜進士一百五十人得陳選張
元禎張悅劉健周經黃孔昭
天順八年三月憲宗　上以在疚傳策廷試癸未秋禮
部補試中式舉人賜彭教等進士二百四十七人內劉
大夏張敷華戴珊樊瑩謝鐸李東陽倪岳後皆顯著

成化二年三月　上御奉天殿策試舉人章懋等三百
五十人賜羅倫及第第一時會元狀元咸稱得士內賀
欽莊杲韓文能繡許進林瀚後皆爲名臣
成化五年三月己亥　上御奉天殿策試禮部中式舉
人二百五十八人賜進士張昇等及第出身有差是科
雍泰李侖後皆有聞
成化八年三月　上親策會試中式舉人吳寬等二百
五十人仍賜吳寬進士第一先是寬屢試于鄉不利貢
入國學絕意仕進不復應舉提學御史陳選禮聘敦請
鄉試遂舉第三至是會試殿試皆魁天下不負科名是
科又得陳壽孫需楊一清後皆有聞
成化十一年三月　上御奉天殿親策舉人王鏊等二
百九十七人親閱所對策賜謝遷等進士及第出身有
差
成化十四年三月　上親策會試中式舉人梁儲等三
百五十人賜進士及第出身有差時曾彥年六十餘執
政以其對策簡約遂置第一是科得林俊劉忠彥
成化十七年三月　上親策會試中式舉人賜進士王

華等二百九十八人

成化二十年三月　上親策會試中式舉人儲瓘等賜進士三百人内蔡清邵寶儲瓘王雲鳳俱有聞于世

成化二十三年三月　上御奉天殿策試舉人賜費宏等進士三百四十九人内吴廷舉傅珪王鴻儒鄒智楊廉石珤皆有聞于時

弘治三年三月　殿試賜進士三百人狀元錢福尋以不檢敗内方良永彭澤皆有聞于後

弘治六年三月　廷試賜毛澄徐穆羅欽順等進士及

第出身有差

弘治九年三月　廷試賜朱希周等二百九十八人進士内有陳茂烈

弘治十二年三月　殿試賜倫文叙等進士及第出身有差

弘治十五年三月　廷試賜康海等三百人進士

弘治十八年三月　廷試賜進士三百人

正德三年三月　廷試賜吕柟等進士及第出身有差

正德六年三月　廷試賜楊慎等進士及第出身有差

慎輔臣楊廷和子

正德九年三月　廷試禮部舉人賜進士及第出身有差

正德十二年三月　殿試賜舒芬等進士及第出身有差

正德十六年五月世宗　殿試庚辰年中式舉人禮部奏武宗喪禮事宜從簡　上御西角門發策問賜進士三百三十人狀元率諸進士於西角門上表謝恩

按洪武四年廷試登科録止刻制策一篇進士家狀有籍貫無年歲或字或不字或書祖父名或不書

廷試讀卷官

成化十一年三月命少保吏部尚書兼文淵閣大學士彭時戶部尚書兼翰林院學士商輅禮部尚書兼翰林院學士萬安吏部尚書尹旻戶部尚書楊鼎兵部尚書項忠刑部尚書董方工部尚書王復太子少保兼都察院左都御史李賓王越通政使司工部尚書張文質大理寺卿宋旻翰林院學士王獻侍讀學士彭華侍講學士

尹直爲殿試讀卷官

成化十四年三月以大學士萬安劉珝劉吉吏書尹旻兵書余子俊刑書林聡工書王復兵書熹左都王越掌通政司事工書張文質大理寺卿宋旻充殿試讀卷官

按讀卷官　國初用祭酒修撰等官洪武初國子祭酒魏觀太常博士孫吳與給事中李顏修撰王僎四人充讀卷正統中猶與其事其後非執政大臣不得與而去取之柄則在内閣國初于殿試之明日卽傳臚揭榜今制約以三日内閱卷禮部地專而人衆庶

得盡心鑒别云　凡殿試讀卷官内閣於大學士學士等官内具名送該部奏請至日與各衙門該讀卷官詳定試卷次日同赴文華殿内閣官將第一甲三卷以次進讀俟　御筆批定出將二甲三甲姓名塡寫黄榜又次日早同赴華盖殿内閣官進至御座前以次折卷將姓名籍貫面奏司禮監官授制勑房官塡榜畢開寫傳臚帖子内閣官一員捧榜出至奉天殿授禮部尚書制勑房官將帖子授鴻臚寺官傳臚其授卷彌封掌卷官從内閣於翰林院及春坊等官并制勑房官内推選與各衙門官相兼執事翰林院坊局始不過五人後增至七人遂爲例　恩榮宴所洪武時無考永樂九年宴于會同舘十三年宴于留守行後軍都督府立石宣德五年宴于行在中軍都督府宣德八年始賜宴于禮部遂爲例

復試下第舉人

永樂二年六月　上命禮部曰會試下第舉人旣多其中必尚有可取者或本有學問而爲文之際記憶偏差

以致謬誤或本不謬誤而考閲之官神情昏倦失於詳審以致黜落此皆可矜其令翰林院出題更試擇文詞優等者以聞遂得貢士張鉉等六十人以奏　上召見皆賜冠帶命於國子監進學以俟後科且勉之曰士當立志志立則工專工專則業就爾等於學已有根本但更當進步爾後科第一甲者有不在爾曹乎其往勉之

永樂四年三月　上慮禮部下第舉人中或有遺才復親試之得文學優等二十一人各賜冠帶

永樂十三年三月　上以禮部會試下第舉人中或有

學問可取者命翰林院再試之續取二十四人並賜冠帶給教諭俸送國子監進學以待後科

違限舉人

宣德七年三月 大通関提舉司吏文中自陳臣廣東瓊州府儋州昌化縣學生永樂二十一年鄉試中式因病未及會試繼丁毋憂宣德六年八月至部以違限充吏切思海外之人本圖光顯今乃論謫爲吏伏望聖恩矜念 上命禮部試驗其文可取命復舉人候下科會試

歲貢

洪武十六年二月命天下學校歲貢生員

洪武二十一年九月詔更定歲貢生員例府學歲一人州學二歲一人縣學三歲一人

成化四年五月禮科給事中成實言近禮部奏稱該年歲貢生員若已行起送遇有事故或過一年之上者不許補貢夫以堂堂國學雖納馬納粟者皆得肄業其中何獨於此數人不能容哉乞自今年不分年月久近准令次貢考補庶使人材無所阻滞 上命所司從其言

成化十二年四月禮部言南方府州縣歲貢生員考中者例送南監景泰年間因北監充撥數少暫留今宜仍舊例從之

成化十七年十一月貴州程番府知府鄧廷瓚奏本府新立學校土人子弟在學者乞歲貢一人 上曰朕以蠻夷率化既建學置徒比之內地但科舉之業未可猝成宜歲貢生員一人俾觀光上國相勸於學以稱立賢無方之意

弘治十四年七月掌國子監禮部右侍郎謝鐸言四事二曰歲貢一途雖亦得人但近來提學官類從姑息必責其果通三場方許充貢疏入下所司知之

試歲貢生

永樂二十二年十月禮部引歲貢生奏送翰林院考試 仁宗召楊士奇等諭曰百姓不得蒙福者由守令匪人守令匪人由學校失教歲貢中有不通故事不明道理者此豈可授官自今嚴考試之法不在文詞之工拙但

取有理致者取之嚴則不學者不復萌僥倖之望而有觸進之志矣

選貢

天順五年十一月令天下生員年四十以上者考選送國子監肄業先是宣德中令生員年四十五以上者考選送監以後間一行之

弘治十七年三月南國子祭酒章懋疏奏古者大學所養皆天下之俊秀故人材盛而風俗美我國家稽古制

治尤重太學以敦化原洪武永樂年間在太學生徒動數千計其人類多少俊而教育之法至為周詳計日以通經積分以出仕布列庶位得人為多爰及近年生徒漸少計今本監見在之數科貢兩行共止六百餘人其歲貢一行非無可與共學之資而衰遲不振者十常八九蓋由積累歲月挨次而升故也誨誘雖勤不無扞格其舉人一行節該南京禮部劄付開送新舊舉人共該六七百人又多不肯前來坐監罰雖嚴於違限彼亦視為泛常夫歲貢之入監既由挨次而舉人之坐監又每後時故差撥常患於不敷而教養尤難於見效有養士之名而無得人之實此臣之所甚懼而夙夜不寧者也近年有增貢之舉而所拔亦挨次之人資格所拘英才多滯乞於常貢外令提學憲臣於人才素多去處行選貢之法不分廩膳增廣生員通行精加考選務求行著鄉閭學通經術年富力強累試優等者乃以充貢通計天下之廣約取五六百人照依地方分送而監今年首行一次以後或三年或五年量在監人材多少間一行之如此則生徒之數可以漸及往年且多精銳可進之資

不貽因循自悞之悔臣雖不知所以為教然亦安敢不盡其心勤用提撕嚴加程督稍彷積分之意用申激勵之方務令文行兼脩政教粗舉成材有望附選及時豈惟差撥恒充固將官使克稱庶乎國家有以收養士之效而臣亦少逭尸素之愆也命下所司議行

憲章類編卷之二十二終

圖籍

洪武丙午五月命有司訪求古今書籍藏之秘府

洪武元年四月命工畫古孝行及身所經歷艱難起家戰伐之事為圖以示子孫　命學士朱昇等脩女誡

十一月命啓元十三朝實録建局刪脩

洪武二年二月丙寅朔　詔脩元史上謂廷臣曰近克元都得元十三朝實録元雖亡國事當紀載況史記成敗示勸懲不可廢也乃詔李善長為監脩宋濂王禕為總裁汪克寛胡翰宋禧陶凱陳基趙壎曾魯顔增高啓趙汸張文海徐尊生黄篪傅恕王錡傅著謝徽為纂脩開局於天界寺取元經世大典諸書以資參考　宋濂曰嗚呼傳有之國可滅史不可滅然既亡其國矣而獨謂史為不可滅者何哉蓋前王治忽興衰得失之故皆可為後王之法戒史其可滅乎然自漢以迄于近世類多群臣奏請始克成編惟我　皇上既承大統即以編脩元史為意則其神謨睿斷偉量深仁與天同大巍乎

不可尚已　七月詔遣儒士歐陽佑國子監學饌呂善等十二人往北平等處采訪故元元統及至正三十六年事蹟增脩元史時宋濂等脩元史將成詔先成者上進缺者俟續采補　八月癸酉元史成李善長等奉表進

洪武三年二月儒士歐陽佑等採摭故元元統以後事實還朝仍命宋濂王禕等續脩元史　七月宋濂王禕等進續脩元史以卷計者紀十表二傳三十有六凡前書未備者補之授儒士張宣等官惟趙壎朱右朱世廉乞還田里從之

洪武六年四月命天下州郡繪山川險易圖以進　九月詔禁四六文辭先是上命翰林儒臣擇唐宋名儒表箋可為法者翰林諸臣以柳宗元代柳公綽謝表及韓愈賀雨表進上命中書省臣録二表頒為天下式

洪武二十三年十二月福建布政使司進南唐書金史蘇轍古史初　上命禮部遣使購天下遺書令書坊刊行至是三書先成進之

洪武二十四年六月命禮部印通鑑史記元史以賜諸

王

洪武二十七年四月詔徵儒臣定正宋儒蔡氏書傳

上觀蔡氏書傳日月五星運行與朱子詩傳不同及其他註說與鄱陽鄒季友所論間有未安者遂詔徵天下儒臣定正之

永樂二年二月命工部脩補國子監經籍板

永樂四年三月命禮部遣使購求遺書

宣德五年九月有獻歷代紀年圖者　上覽既顧侍臣曰唐之後不五十年天下五易主生民之禍極矣周世

宗英武觀其進取之畧制治之心足以平定天下而亦享年不永何也侍臣對曰帝王之興自有天命非人謀所及上曰國家創業垂統貴有根本三代以下若漢高帝掃除秦苛以濟蒼生唐太宗革隋弊政以致太平其規模皆弘遠所以傳之子孫皆長久若後周之主稱兵為逆劫掠京城曾無匡濟之功室家先覆而世宗以養子繼之欲其宗祀長久得乎宋太祖陳橋之變一號令之間秋毫無犯拯生民於淪溺革叔季之兵禍子孫享國與漢唐同久者盖有仁厚為之根本豈偶然哉

景泰五年秋七月　勅儒臣纂脩宋元綱目

成化九年二月　上命儒臣校訂宋儒朱熹通鑑綱目命刻梓以傳編脩謝鐸上言曰宋神宗好通鑑理宗好綱目徒知留意於書不能推之於治因勸上親賢講學見諸行事不可為二君之徒好上嘉納之

成化九年十一月　上諭大學士彭時編纂宋元綱目

成化二十年五月無錫處士陳公懋刪改朱子四書集註進呈命毀之仍逓回有司治罪唯以孟子馮婦章士則之為句亦人所傳云

弘治十六年正月命大學士李東陽等脩歷代通鑑纂

要

孔廟

洪武元年二月　上御奉天殿傳制遣官以太牢祀先師孔子於國學仍遣使詣曲阜致祭

洪武二年正月遣前國子監祭酒孔克堅祀孔子于闕里

洪武六年八月　翰林承旨詹同侍講學士樂韶鳳等

上所制釋奠先師孔子樂章禮部尚書牛諒復以所定
禮儀進皆從之　丁丑遣御史大夫陳寧釋奠先師孔
子時胡惟庸劉基馮晃等不陪祭而受胙　上聞之曰
基等學聖人之道而不陪祀使弗學者何以勸旣不預
祭不當享胙命停基晃俸各一月寧坐不舉亦停俸半
月自是不預祭者不頒胙
洪武七年二月丁酉朔日食下禮部尚書給事中等官
議文廟祀禮請改用仲丁制曰可
洪武七年二月命有司脩治闕里先師孔子廟廊廡祭
器樂器法服其田產荒蕪者悉蠲其稅仍設孔顏孟三

氏子孫教授訓其族人
洪武十五年五月　上謂禮部尚書劉仲質曰國學新
成朕將釋菜令諸儒議禮議者曰孔子雖聖人臣也禮
宜一奠再拜朕以為聖如孔子豈可以職位論哉昔周
太祖如孔子祠將拜左右曰陪臣不宜拜周太祖曰百
世帝王之師敢不拜乎遂再拜朕深嘉其不惑於左右
之言今朕有天下敬禮百神先師之禮宜特加尊崇於
是仲質與儒臣定議其儀將釋菜之前一日有司灑掃

設御幄于大成門外至日曰一　上至御幄禮官入奏請
具皮弁服次請行禮導引官導　上出御幄就位百官各
就位導引官導　上詣盥洗位搢圭盥帨出圭詣酒罇所
酌酒詣先師再拜百官皆再拜搢圭執事官跪進爵上
獻爵授執事官獻于神位前出圭又再拜百官皆再拜
四配十哲兩廡分獻如常儀從之
洪武二十年正月詔脩闕里孔子廟宇
革除建文元年三月　帝祀先師於太學盥獻拜跪禮
如廟社

永樂十五年九月脩孔子廟訖工　上親製碑文刻石
洪熙元年七月宣宗　山東德平縣儒學訓導李富言
天下儒學文廟以崇祀先聖先賢近年以來十哲及兩
廡從祀先賢或置木牌或為塑像或封爵差訛或位次
失序甚者闕而不置皆有司因循所致乞依洪武中定
例重加考校刊布內外永為定規　上曰朝廷崇儒重
道為緊要事而有司不得人如此命禮部即考正頒示
天下
正統九年正月上祗謁先聖行釋奠禮

天順八年十月憲宗　時有建言請以天縱二字加號孔子給事中張寧言孔子道大德尊所貴明其理以行其道被之天下傳之後世不在封號求勝于一名一字可得而輕重也議遂寢

成化元年三月　上釋奠先師孔子

成化二年二月　重脩闕里孔子廟成上製文以紀

成化四年八月　襲封衍聖公孔弘緒以先聖廟御製碑亭修造畢奉表謝恩

成化十二年九月命增孔子籩豆佾舞之數國子祭酒

周洪謨言臣比言孔子封號冕服籩豆佾舞等事禮部尚書鄒幹以謚號器數之加否不足為孔子重輕請仍舊為宜臣竊以孔子自唐開元封為文宣王被以衮冕樂用宮縣當時衮冕雖通乎上下而宮縣者天子之樂也樂既用天子之宮縣服必用天子之衮冕是唐之奉孔子已用天子禮樂矣宋承五代衰敝之制至徽宗始加冕為十二旒元時孔子廟貌偏於天下而被以天子衮冕聖朝因之則孔子服冕已用天子之禮佾舞止用諸侯之樂以禮論樂則樂不備以樂論禮則禮為僭矣勑廷臣計議增籩豆為十二佾舞為八則佾舞與冕服相稱禮明樂備補前代闕畧之典備聖明尊崇之制

上曰尊崇孔子乃朝廷盛典宜從所言其籩豆佾舞俱如數增用仍通行天下悉遵此制

成化十三年正月增孔子籩豆樂舞之數遣兵部尚書兼翰林學士商輅告文廟翰林學士王獻告闕里

成化二十三年十二月孝宗　增孔子籩豆樂舞之數

弘治十二年六月　曲阜孔廟災遣翰林學士李傑祭告

弘治十七年閏四月　曲阜重建孔廟落成遣大學士

李東陽祭告及還東陽以所經過天災民瘼上奏詔議行之

孔廟從祀

洪武五年罷孟子配享文廟踰年　上曰我聞孟子辯異端闢邪說發明孔子之道宜祀如故

洪武二十九年三月　行人司副楊砥言孔子廟廷從祀諸賢皆有功世教若漢楊雄事莽忝列從祀以董仲

雝之賢反不與焉事干名教甚為乖錯宜黜雄進仲舒則祀典明矣　上納其言命去雄祀仲舒

正統二年二月　以宋儒胡安國蔡沈真德秀從祀孔子廟庭

正統八年四月追封元儒吳澄為臨川郡公從祀孔子廟庭

成化元年正月　國子助教李伸上言五事一曰明從祀之典孔子廟庭顏淵曾參孔伋配享堂上顏路曾點孔鯉列之廡下先儒熊禾及國初學士宋濂嘗言之

臣謂顏路曾點孔鯉宜配啓聖公廟其諸從祀如公伯寮荀況馬融杜預王弼理宜黜之元儒若劉因許謙宜入從祀上命議行

弘治元年八月　詔議孔廟從祀禮科給事中張九功奏言孔子之道大同天地從祀諸賢豈容或苟如荀況馬融王弼皆在所當黜今之儒臣禮部侍郎薛瑄在所當入少詹事程敏政上言聖王治天下以祀典為重況孔子功德在萬世必文與行無名與實副者乃可以從祀若戴聖身陷贓吏劉向喜談神仙馬融為梁冀草詔殺李固何休觧春秋黜周王魯王弼何晏倡為清談王肅佐司馬昭篡魏杜預為吏不廉為將不義得罪名教皆宜黜祀顏子曾子子思配享于殿而父在兩廡非所以明倫宜別立啓聖一祠祀叔梁紇而以顏無繇曾晳孔鯉及孟孫氏配享祭酒謝鐸則謂吳澄出處不正當黜其祀俱詔廷臣議之學士吳寬言從祀苟有益於經傳則馬融楊雄昔皆不廢侍郎倪岳亦言馬融王弼之徒其立身不無可貶然秦漢以來六經煨燼賴諸子抱遺經專門講授經以復存自是唐之註疏多祖其言今

之經傳引用尚多其說何可盡廢於是從祀咸仍其舊云

弘治九年春正月　追封楊時為將樂伯從祀孔子廟庭

弘治十四年七月　掌國子監禮部右侍郎謝鐸上言四事　曰正祀典以究明倫之實謂當如先儒熊去非之論立叔梁紇之祠而配以顏路曾晳孔鯉以安其子配享之位黜吳澄之從祀以明其事元之非疏　上令所司知之

按孔廟自洪武至正德末稱大成至聖文宣王嘉靖九年始改為至聖先師孔子四配為復聖顏子宗聖曾子述聖子思子亞聖孟子從祀及門弟子稱先賢左丘明以下稱先儒去塑像設木主盡罷公侯伯諸封爵申黨申棖二人存棖去黨公伯寮秦冉顏何荀況戴聖劉向賈逵馬融何休王肅王弼杜預吳澄十三人罷祀林放蘧瑗鄭玄鄭衆盧植服虔范甯七人祀於其鄉進后蒼王通胡瑗歐陽脩陸九淵從祀改稱大成殿為先師廟大成門為廟門別立祠祀齊公叔梁紇稱啓聖公孔氏以顏無繇曾點孔鯉孟孫氏配稱先賢程珦朱松蔡元定從祀稱先儒撤無繇點鯉從祀

衍聖公

洪武元年十一月以孔子五十六代孫希學襲封衍聖公

洪武十七年正月以孔子五十七代孫訥襲封衍聖公

成化五年二月　大學士彭時等奏衍聖公孔弘緒貪淫暴虐宜置之法但弘緒為先聖嫡孫今宜從厚伏望念先師功德在萬世律有八議弘緒正合應議之例上曰弘緒罹法殊玷家聲卿等欲俾散行就逮雖非所以處弘緒而於待孔氏之道則得矣其繫之

成化六年五月國子監丞李伸言前衍聖公孔弘緒自幼失學長狎群小以致干冒刑憲聖明念先聖裔特加寬宥革職為民命其弟弘泰襲封然教之不豫將復蹈前轍伏望留之京師俾隨侍班行獲覩禮制退則從游太學親近師儒俟其學成遣歸奉祀禮部覆奏着弘泰在監讀書一年然後許歸朔望隨班朝參從之

孔氏曲阜知縣

洪武十七年十一月以孔子五十六世孫希文為曲阜世職知縣

孔氏五經博士

弘治六年三月　命孔彥繩為翰林世襲五經博士主衢州孔子廟祀彥繩宋衍聖公孔友端孫也友端從宋

高宗南渡留居衢州遂以衢州為闕里仍世襲衍聖公爵入元始廢遺祭田五頃至是因守臣言授是職奉祀

諸賢五經博士

景泰二年夏四月　詔顏子後裔希惠孟子後裔希文並授翰林世襲五經博士

景泰六年六月　以宋儒朱熹裔孫梴為翰林五經博士世襲

景泰七年五月　以宋儒周敦頤孫冕世襲五經博士

成化十二年七月　命宋儒朱熹十世孫墩翰林五經博士奉祀事

復聖賢裔

洪武十八年十月　上諭工部曰孟子傳道有功名教歷年既久子孫甚微近有以罪輸作者朕聞即命釋之假令朕不知之或至死亡則賢者之後寖以微滅是豈禮先賢之意哉爾等宜加詢問凡有聖賢之後在輸作者依例釋之

正統元年六月　詔免先聖賢子孫差役

三氏學

成化元年十一月　給孔顏孟三氏學印令三年貢有學行者一人入國學

聖賢名儒廟

宣德四年九月　大理卿胡槩奏臣奉命巡撫蘇松及浙江諸郡訪知嘉興舊有陸贄祠湖州有胡瑗書院蘇州有范仲淹祠魏了翁書院今皆頹毀欲從宜脩整未敢專擅　上諭工部尚書吳中曰崇祀先賢盖以表勵後進宜從所請

宣德八年八月　江西吉安知府陳本深言廬陵縣城南舊有忠節祠祀鄉先賢歐陽脩周必大楊邦乂胡銓楊萬里文天祥比來曠闕祀典人無激勸乞舉行之

上諭禮部曰褒崇忠節以正人心厚風化此國家先務其從所言令有司春秋祭祀仍以時修葺祠宇

成化元年九月　命福建延平府立祠祀宋儒楊時以

羅從彥李侗配享　十二月命直隸容城縣立祠祀元儒劉因

成化三年二月禮部奏浙江按察僉事辛訪言欲將宋儒何基王柏金履祥許謙從祀孔廟下禮部尚書陳文等議宜如楊時之例立祠鄉郡行翰林院撰祭文行浙江金華府每歲春秋致祭從之

成化四年五月大學士彭時等言廣東博羅縣儒學訓導游宣等奏乞將先賢熊禾從祀乞令禮部行禾原籍建陽縣立祠致祭為宜從之

成化十年八月直隸博野縣知縣裴泰奏宋程顥程頤二大儒其先博野人祖羽為端明殿學士因家于洛陽本縣程委社實其祖居舊有祠堂近為傾葺乞勅禮部定其祭品儀注令有司春秋致祭事下禮部覆議從之

成化十七年冬十月總督漕運都御史張瓚言宋儒胡瑗楊州如皋縣人與孫明復石守道讀書泰山明體用之學教授蘇湖當時取其學規行于太學所著有資聖集景佑樂議口義中庸解春秋口義言行錄皆有益後學仰惟聖朝崇重儒術凡前代諸有功斯道者悉已列之從祀如瑗者獨在所遺乞下禮官考瑗功行或陞從祀或專建祠事下禮部知之

成化十八年十一月　賜顏氏廟戶初顏氏裔孫博士鈜以乏人灑掃援孟氏例奏請　上曰國朝祀典二廟並隆其令有司如孟氏數給之

成化十九年四月陝西巡撫阮勤奏岐山縣有周公廟咸陽縣有周公墓沔縣有漢諸葛祠鳳翔府有宋范仲淹祠藍田縣有呂大中大臨大鈞祠俱歲久頹圮乞脩治并賜祭　上曰朕考祭法凡法施于民以勞定國者

則祀之周公制禮作樂通行萬世諸葛亮興復漢室范仲淹經畧西夏皆有功當時而呂氏兄弟得伊洛之傳又於名教有補者祠墓弗脩祀禮廢墜豈祭法崇德報功之謂哉其令有司各務脩治於周公廟歲春秋二祭墓以二丁守視亮仲淹及呂氏兄弟俱歲一祀庶稱朕褒表先聖先賢之意　成化二十年四月命江西貴溪縣重建象山書院祀宋儒陸九淵兄弟

追封先儒

成化三年七月追封漢董仲舒為廣川伯宋胡安國為建寧伯蔡沈為崇安伯眞德秀為浦城伯

歷代帝王陵廟祀典

洪武二年二月遣官致祭於昭烈武成王儀同釋奠

洪武三年五月遣使訪歷代帝王陵寢仍令各行省之臣同詣所在審視若有廟祀幷具圖以聞　六月遣使往紹興葬宋理宗頂骨先是　上與侍講學士危素論宋元興替素因言元世祖至元間胡僧嗣古妙高欲毀宋會稽諸陵時夏人楊輦眞伽為江南總攝奏請如二僧言遂發諸陵取其金寶以諸帝遺骨瘞于杭之故宮築浮屠於其上以厭之又截理宗頂骨為西僧飲器天下聞之莫不傷心上嘆息久之謂素曰宋南渡諸君無大失德與元又非世讎元既乘其弱取之何乃復肆酷如是耶即命北平守將吳勉訪求頂骨所在果得諸西僧廬中命有司厝於京城之南至是紹興府以永穆陵圖來獻遂勑葬于故陵

洪武四年三月　上諭中書省臣古先聖帝賢王以及歷代帝王嘗主中原安人民者皆春秋祭於陵寢偏安之君與主中原而昏亂者不祭禮部定議合祭帝王三十五在河南者十陳州祭伏羲商高宗孟津縣祭漢光武洛陽縣祭漢明帝章帝鄭州祭周世宗鞏縣祭宋太祖太宗眞宗仁宗在山西者一滎河縣祭商湯在山東者二須成縣祭唐堯曲阜縣祭少昊在北平者三內黃縣祭商中宗滑縣祭顓頊高辛在湖廣者二酃縣祭神農寧遠縣祭虞舜在浙江者二會稽縣祭夏禹宋孝宗在陝西者十五中部縣祭黃帝咸陽縣祭周文王武王成王康王宣王漢高帝文帝景帝興平縣祭漢武帝長安縣祭漢宣帝三原縣祭唐高祖醴泉縣祭唐太宗蒲城縣祭唐憲宗涇陽縣祭唐宣宗

洪武六年八月御史荅祿與權請祀伏羲神農黃帝上曰五帝三皇及漢唐宋創業之君宜於京師立廟致祭其餘守成賢君令有司祭於陵廟皆每歲春秋祭之

建歷代帝王廟于京師禮部奏定其制宜畧如宗廟同堂異室為正殿五間以為五室中一室居三皇東一室居五帝西一室居夏禹商湯周文王又東一室居周武

王漢武帝唐太宗又西一室居漢高祖唐高祖宋太祖
元世祖從之
洪武七年八月　上躬祀歷代帝王於新廟自伏羲至
元世祖凡十七帝服袞冕行禮奏樂具有儀注
洪武九年八月丙申　躬祀歷代帝王
洪武十八年八月邠州請以姜嫄公劉二廟入祀典詔
從之
洪武二十一年二月　遣官祀歷代帝王初帝王廟為
五室祀伏羲至元世祖凡十七帝至是去隋文帝凡十

六帝
洪武二十一年九月改建歷代帝王廟于雞鳴山之陽
成化二年五月禁侵損古先帝王忠臣烈士名賢顯宦
陵墓
成化九年三月以京師抵揚州南壯三千餘里水旱災
傷遣禮部侍郎劉吉往祭告東岳泰山東鎮沂山及東
海之神以祈雨澤

歷代名臣從祀

洪武二十一年二月　詔以歷代名臣從祀帝王廟先
是禮官具名奏請　上親裁定以風后力牧皐陶夔龍
伯夷伯益伊尹傅說周公旦召公奭太公望召虎方叔
張良蕭何曹參陳平周勃鄧禹馮異諸葛亮房玄齡杜
如晦李靖李晟郭子儀曹彬潘美韓世忠岳飛張浚木
華黎博爾忽博爾术赤老溫伯顏凡三十有七人從祀
歷代帝王廟

諸神祀壇

洪武二年正月　命天下凡祀典神祇有司依時致祭
其不在祀典而嘗有功德於民者雖未致祭其祠宇禁
人撤毀　命中書省定太歲風雲雷雨嶽鎮海瀆山川
城隍諸神壇壝祭禮　命都督孫遇仙等一十八人祭
天下嶽鎮海瀆之神上服皮弁服御奉天殿禮官以香
及祝文進上署御名以香祝文授使者百官公服送至
中書省使者遂行仍與白金市祭物牲用太牢幣各從
其方色各祝文語存諸禮官副在有司　命祀馬祖諸
神築壇於後湖

洪武三年六月癸亥　詔嶽鎮海瀆皆受命於上帝豈國家封號之所可加瀆禮不經莫此為甚並去其前代所封名號以山水本名稱其神郡縣城隍一體改正惟先師孔子及歷代忠臣烈士屬在人倫所有封爵宜仍其舊

洪武八年二月以外夷山川附祭于各省山川之次

洪武八年六月禮部奏五祀之禮孟春祀司戶孟夏祀司竈季夏祀中霤孟秋祀司門孟冬祀司井制可

洪武十年二月　遣官享先農命應天府官率農民耆

老陪祀

洪武二十六年七月　遣禮部員外郎潘善應司務譚孟高徃祭廬山為周顛仙立碑 按碑在廬山白鹿昇仙臺

洪武三十年九月　遣官祭告嶽鎮海瀆之神

革除建文元年正月　遣使告即位于天下神祇

永樂二年二月　遣應天府官祭先農命郡縣耆老陪祀著為令

永樂三年二月蹇義解縉等言周禮地官凡建邦國必立社稷文獻通考云諸侯有國其社曰侯社親王留守之祭固無明文然禮有可以義起者今趙王留守北京當別建國社國稷山川等壇致祭宜如禮部所議從之

宣德七年七月平江伯陳瑄言高郵郡城西北湖中有神祠古碑載神姓耿名遇德宋哲宗時人天性忠實死而為神屢昭靈感累封至靈應侯廟額曰康澤至今其神有靈禱之者舟行無没溺之患旱熯有甘澍之應請令有司春秋祭祀　上謂禮部尚書胡濙曰神有功德及民應在祀典果如瑄所言有應其令有司以時致祭

正統十年十月　命禮部侍郎王英代祀南鎮時浙江

台寧等府久旱民遭疾疫故遣英齎香幣往祀之

成化六年正月以湖廣地震遣官祭告境內山川

成化十三年夏四月禮部言自去春以來各處災異迭見或因山川鬼神有所不寧以致之其嶽鎮海瀆并鎮山之神俱宜遣官致祭從之

成化二十二年四月　封金王二闕真君為上帝遣少傅大學士萬安赴靈濟宮祭之　太常寺奏靈濟宮金玉二闕真君祭祀舊例俱用素羞近加封為上帝宜用牲醴　上曰今後遇朕誕辰用太牢致祭其餘如舊

忠義廟祀

洪武二年正月勅禮部曰自古忠臣義士必褒崇於後代盖以厲風教也元右丞余闕守安慶舉家死節江州總管李黼臨難狥義與闕同轍宜令有司建祠肖像祀之

洪武四年四月　詔立祠祀元御史大夫福壽歲丙申王師下建康或勸之遯福壽曰我臺憲重臣與城存亡竟死之至是上謂中書省曰福壽無外援而臨難不避

誠忠臣矣宜立祠祀之

洪武六年五月　勅中書省議贈元御史大夫福壽死節官封初　上定金陵以福壽能秉節死義旣為之立廟至是復議贈其官禮部上言元已賜福壽浙江行省左丞相上柱國追封衛國公謚忠肅宜仍其舊上是之於是令每歲春秋二仲遣官於廟致祭

洪武八年三月　命有司立張巡許遠廟于歸德州歲時致祭

洪武十三年二月　遣應天府官祀歷代忠臣漢將蔣子文晉卞壼南唐劉仁贍宋曹彬元福壽凡五廟

洪武十六年十一月禮部言元江州路總管李黼與其姪秉昭臨難死節廟食于九江義兵萬戶李宗珂從余闕守安慶城陷闕死宗珂自刎余闕旣立祠安慶宜以李宗珂配享皆從之命著之祀典

洪武二十年冬十月建歷代忠臣廟成先是漢秣陵尉蔣子文晉尚書令卞壼南唐節度使劉仁贍宋武惠王曹彬皆歷代崇祀元御史大夫福壽亦已立祠　上以其皆溷處閭巷詔徙建于雞鳴山之陽至是廟成命應

天府每歲以祭功臣日致祭著為祀典

洪武二十七年正月建漢壽亭侯關羽廟于雞鳴山之陽廟舊在玄津橋西至是改作與歷代帝王及功臣城隍諸廟並列通稱十廟云　夏四月　詔陜西乾州立唐忠臣渾瑊祠先是乾州同知史孟通上言渾瑊在唐德宗時涇原兵變乘輿在奉天逆臣朱泚據長安引兵圍奉天衆心洶洶泚晝夜攻城經月城中資糧俱盡瑊獨引兵苦戰百計禦敵卒能保乘輿全城郭功載唐史今其祠廟在而祀事有關甚非報功勸忠之義宜令有

司每歲春秋致祭廷議是之故有是命

永樂元年三月有司言殷太師比干墓及祠圮壞請發民修治從之

永樂二年五月修漢秣陵尉蔣子文廟

宣德二年二月　遣順天府官祭宋丞相文天祥

宣德五年閏十二月河南歸德州知州李志言歸德唐忠臣張巡許遠死節之地故睢陽有協忠廟祀巡遠雷萬春南霽雲賈賁姚誾宋元以來俱命守臣祭之　上曰此不可闕命禮部定祀儀請以巡遠居正南霽雲等

四人配享從之命翰林撰祭文有司每歲以春秋仲月祭

成化元年正月福建汀州府奏前推官王得仁當鄧茂七作亂時奮力殺賊卒於行陣請立祠宇以昭報祀禮部謂宜如廣東楊信民故事俾有司立祠致祭從之

五月戊申脩比干廟命有司春秋致祭

成化四年三月　命祭宋丞相李綱于邵武府學

成化九年九月永平知府王璽奏伯夷叔齊廟在永平境內洪武中有司春秋致祭景泰中始廢今臣已重建請賜廟額祀文　上特賜額曰清節命詞臣撰祭文令有司仍春秋致祭

成化十一年正月　賜故御史伍驥都指揮丁泉于福建上杭縣立祠祀之先是天順六年盜賊竊發丁泉率兵守備賊不敢犯次年賊勢益熾伍驥初入境聞變單騎冒險親造賊巢諭以禍福賊聞所諭莫不感泣旬日間來歸者一千七百餘戶俱給以牛具穀種俾之復業惟賊首李宗政等恃險不服遂與泉率兵深入攻破營寨泉奮身力戰為賊所害驥總督官軍吊死卹傷激揚

義氣與賊戰十餘合破犁壁等十八寨擒斬八百餘人賊平驥衝冒瘴癘致疾而卒衆皆悲傷痛哭如失父母立祠祀之至是知縣蕭宏奏乞載諸祀典事下禮部覆奏賜其祠額曰褒忠命有司春秋祀之驥江西安福人景泰甲戌進士

功臣廟祀

洪武二年正月　命立功臣廟于雞籠山勅中書省臣曰元末政亂禍及生靈朕倡義臨濠以全鄉曲繼率英

賢渡江遂西取武昌東定姑蘇北下中原南平閩廣越十有六載始克混一每念諸將相從捐軀戮力開拓疆宇有共事而不覩其成建功而未食其報追思功勞痛切朕懷其命有司立功臣廟於雞籠山序其封爵為像以祀之　六月功臣廟成論次諸功臣之功以徐達為首次常遇春李文忠鄧愈湯和沐英胡大海馮國用趙德勝耿再成華高丁德興俞通海張德勝吳良吳禎曹良臣康茂才吳復茅成孫興祖凡二十有一人死者塑像于廟祀之仍虛生者之位

洪武八年正月　遣官祭功臣於雞籠山廟增祀華雲龍李思齊等八人

洪武九年春正月丙辰朔　遣官祭功臣於雞籠山廟以指揮僉事余隆等百三十一人祔　七月遣官祭功臣于雞籠山廟以何文輝及凡有功者一百六人各祔祭于功臣之次

洪武十二年七月　遣官祭功臣於雞籠山廟以吳禎等百九十三人祔

洪武二十五年六月塑西平侯沐英像祀于功臣廟

親王功臣謚

洪武二十五年二月　詔凡親王及功臣賜謚令禮部行翰林院擬奏請旨

按國謚制親王一字郡王二字文武大臣請葬祭贈謚移諸司覈行能上請葬祭有差謚皆二字官品未高而侍從有勞勤事死義夷王若使得特賜

翰林謚文

按翰林始得謚文原無令典如鄭文安儀文簡吳楊三文恪魏文靖薛王邵三文莊何文肅王文毅皆非翰林然亦有官至內閣不得謚文者焉許二襄敏王毅愍陳莊靖是也

封謚褒恤

洪武

追封魏國公徐達中山王謚武寧

追封鄂國公常遇春開平王謚忠武

追封曹國公李文忠岐陽王謚武靖
追封衛國公鄧愈寧河王謚武順
追封信國公湯和東甌王謚襄武
追封西平侯沐英黔國公定遠王謚忠敬
追封江南行省叅知政事胡大海越國公謚武莊
追封江南行樞密院判官耿再成高陽郡公加封泗
國公謚武莊
改封楚國公廖永安爲鄖國公謚武閔
追封管軍總管俞通海蔡國公謚忠毅改封虢國公

謚忠烈
追封樞密張德勝蔡國公謚忠毅
追封江陰侯吳良江國公謚襄烈
追封廣德侯華高巢國公謚武莊
追封宣寧侯曹良臣安國公謚忠壯
追封大都督府副使孫興祖燕山侯謚忠愍
追封濟寧侯顧時滕國公謚襄靖
追封靖海侯吳禎海國公謚襄毅
追封臨江侯陳德杞國公謚定襄

追封都督僉事濮英金山侯謚忠襄
追封六安侯王志許國公謚襄簡
追封都督同知康茂才蘄國公謚武義
追封鞏昌侯郭子興陝國公謚宣武
追封滎陽侯楊璟芮國公謚武信
追封永城侯薛顯永國公謚桓襄
追封廣西行省叅知政事蔡遷安遠侯謚武襄
追封安陸侯吳復黔國公謚威毅
追封宣德侯金朝興沂國公謚武毅

追封武定侯郭英營國公謚武襄
追封帳前萬戶程國勝安定郡伯謚忠愍
追封駙馬曹國公李貞隴西王謚恭獻
追封安慶侯仇成皖國公謚莊襄
追封航海侯張赫恩國公謚莊簡
追封都督僉事孫世富春侯謚忠勇
追封都督僉事高顯汝陰侯謚武肅
追封都督僉事陳清合浦侯謚榮武
追封都督僉事陳文東海侯謚孝勇

追封都督僉事王簡霍山侯謚忠毅

追贈蘄春侯康鐸蘄國公謚忠愍

追封廣西都指揮使王眞臨沂侯謚桓義

追封虎賁衛指揮使潘毅榮陽伯謚武肅

追封都督僉事何德廬江侯謚莊毅

追封僉江南行樞密院事趙德勝梁國公謚武莊

副使孫興謚忠義

建文

贈故翰林侍制王禕爲翰林學士謚文節

贈徐增壽爲武陽侯謚忠愍

永樂

贈徐增壽爲定國公謚忠愍子孫世襲

追封張玉榮國公謚忠顯

追封成國公朱能東平王謚武烈

西寧侯宋晟贈鄆國公謚忠順

陽武侯薛祿贈鄞國公謚忠武

太子少師姚廣孝謚恭靖

文淵閣大學士胡廣贈禮部尚書謚文穆

武成侯王聰贈漳國公謚武毅

鎭遠侯顧成贈夏國公謚武毅

都督同知朱崇贈平陰伯謚武襄

廣寧伯劉榮贈廣寧侯謚忠武

永康侯徐忠贈蔡國公謚忠烈

長史朱復贈刑部尚書謚忠定

成陽侯張武贈潞國公謚忠毅

保定侯孟善贈滕國公謚忠勇

都督曹隆贈安陽伯謚忠毅

都督陳亨贈成武伯謚忠勇

泰寧侯陳珪贈靖國公謚忠襄

都指揮王眞贈寧國公謚忠壯

安平侯李遠贈莒國公謚忠壯

都督僉事程寬贈保昌伯謚忠威

富陽侯李讓贈景國公謚恭敏

豐城侯李彬贈茂國公謚剛毅

都督僉事張欽贈新泰伯謚剛勇

都督僉事陳亨贈涇國公謚襄敏

右都督馬榮贈景城伯諡壯武
都指揮同知譚淵贈崇安侯諡壯節
應城伯孫岩贈翼城侯諡威武
武定侯郭英贈營國公諡威襄
都指揮王真贈臨沂侯諡桓義
駙馬都尉梅殷諡榮定

外國

蘇祿國東王巴都葛叭答剌諡恭定
朝鮮國王李芳遠諡恭定

朝鮮國權署國事李㬲諡恭靖
浡泥國王麻那惹加那乃諡恭順
朝鮮國王李旦諡康獻

洪熙

加封榮國公張玉河間王諡忠武
追贈兵部尚書劉儁為太子少傅陳洽為少保俱諡

節愍

禮部侍郎儀智贈太子少師諡文簡
刑部侍郎馬京贈少傅諡文簡

贊善徐善述贈太子少保諡文肅
贊善王汝玉贈太子賓客諡文靖
禮部尚書鄭賜贈太子少師諡文安
少詹事鄒濟贈太子少保諡文敏
武進伯朱榮贈武進侯諡忠靖
兵部尚書金忠贈少師諡忠襄
成安侯郭亮贈興國公諡忠壯
太醫院判蔣用文贈院使諡恭靖
工部侍郎陳壽贈尚書諡敏肅

户部侍郎王鍾贈太子太保諡僖敏
兵部侍郎墨麟贈太子少保諡榮毅

宣德

都督周長贈萊陽伯諡忠毅
贈户部尚書夏原吉太師諡忠靖
都御史呉訥諡文恪
贈禮部尚書兼武英殿大學士金幼孜少保諡文靖
平江伯陳瑄瑄廬州合肥人自少機警有智畧善騎
射初襲父職為成都右衛指揮同知尋陞右衛指揮

使前建文中命瑄總舟師江上防禦靖難兵至江北
瑄以舟迎濟封平江伯卒謚恭襄
户部尚書郭資贈湯陰伯謚忠襄
武安侯鄭亨贈漳國公謚忠毅
吏部尚書蹇義贈太師謚忠定
都督高成贈營山伯謚武毅
陽武侯薛祿贈鄞國公謚忠武
卭南州知州何忠贈府同知謚忠節
平鄉伯陳懷贈平鄉侯謚忠毅

都督方政贈威遠伯謚忠毅
恭順侯吳允誠贈邠國公謚忠壯
安順侯薛貴贈濱國公謚忠壯
都督冀傑贈清源伯謚忠壯
都督張廉贈榆次伯謚忠敏
兵馬指揮張麟贈彭城伯謚恭靖
兵部侍郎盧淵贈尚書謚恭順
都督郭義贈臨漳伯謚襄敏
少詹事學士魯祭贈禮部侍郎謚襄敏

都督僉事吳守義贈西和伯謚僖順
清平侯吳成贈梁國公謚壯勇
都督梁來謚壯勇
都督馬聚贈邵陽伯謚壯勇

正統

少師工部尚書兼謹身殿大學士楊榮贈左柱國太師謚文敏
贈故翰林侍制王褘為翰林學士謚忠文先是建文中嘗贈褘學士謚文節永樂初凡建文之政悉皆革

去無復敢稱其贈謚者至是義烏丞劉傑復請于朝乞加卹典乃有是命
少師工部尚書吳中謚榮襄
少師兵部尚書兼華盖殿大學士楊士奇贈太師謚文貞
少師禮部尚書兼武英殿大學士楊溥卒贈太師謚文定
平江伯陳豫贈黟國公謚莊敏
少保大學士致仕黃淮謚文簡

贈戶部尚書鄺埜少保謚忠簡
追封英國公張輔爲定興王謚忠烈
吏部左侍郎學士曹鼐沒土木贈太傅文淵閣大學士謚文襄改文忠
定西侯蔣貴贈涇國公謚武勇
都督沐昂贈定邊伯謚武襄
都督山雲贈懷遠伯謚忠毅
黔國公沐晟贈定遠王謚忠敬
恭順侯吳瑾贈凉國公謚忠壯

都督馮斌贈刑臺伯謚襄武
永寧伯譚廣謚襄毅
禮部侍郎馬愉贈尚書謚襄敏
刑部侍郎楊泰贈戶部尚書謚襄敏
太醫院判袁寶贈院使謚襄敏
隆平侯張信贈郧國公謚襄僖
安遠侯柳升贈融國公謚襄愍
修武伯沈清贈修武侯謚襄榮
都督蕭綬贈臨武伯謚靖襄
都督高文贈綿谷伯謚壯靖
招遠伯馬亮謚榮毅
工部尚書吳中贈荘平伯謚榮襄
都督韓僖贈泌陽伯謚榮襄
都督冉保贈宣良伯謚榮壯
右都督陳政贈睢寧伯謚榮靖
新建伯李王贈新建侯謚榮僖

景泰

贈前侍講劉球爲翰林學士謚忠愍球二子長鉽次

釪皆好學通春秋痛父死於非命皆杜門家居養母絕意仕進及王振馬順死球被褒贈時刑部侍郎楊寧巡撫江西召二子慰勉之曰先君忠義顯白子可以出而仕矣乃出應舉釪即舉是秋鄉試第一尋與兄鉽先後登進士鉽仕至參政釪選翰林庶吉士改御史陞浙江提學副使雲南按察使嗣世子孫科第相仍人謂天固所以報忠愍云
國子祭酒致仕李時勉謚文毅
處州賊陶得二寇武義縣浙江按察副使陶成禦之

戰死贈左參政諭祭
南京禮部尚書王英初謚文安改謚文忠
太子太保左都御史陳鎰贈少保謚僖敏
致仕工部尚書周忱謚文襄
兵部尚書苗衷贈少保謚文康
禮部侍郎直閣王一寧贈尚書太子太保謚文通
昌平侯楊洪贈穎國公謚武襄
都督武興贈山陽伯謚忠毅
兵部尚書鄺埜贈少保謚忠肅
恭順侯吳克忠贈邠國公謚忠勇
兵部尚書儀銘贈太師謚忠襄
豐城侯李賢贈豐國公謚忠憲
南京兵部尚書徐琦謚貞襄
工部侍郎王永和贈尚書謚襄敏
副都御史鄧棨贈右都御史謚襄敏
刑部侍郎丁鉉贈尚書謚襄愍
都督吳克勤贈遵化伯謚僖敏
都督紀廣贈歷陽伯謚僖順
忠勇伯蔣信贈侯謚僖順
都督梁成贈任丘伯謚壯勇
戶部尚書金濂贈沐陽伯謚榮襄

前朝臣

宋忠臣謝枋得謚文節
漢將軍紀信謚忠烈
宋丞相文天祥謚忠烈
唐韶州刺史鄧文進謚忠襄
宋知邕州蘇緘謚忠壯

外國王

朝鮮國王李珦謚恭順李裪謚莊憲

天順

贈故御史鍾同大理寺丞蔭其一子
贈大學士高穀太保謚文義
兵部尚書靖遠伯王驥贈侯謚忠毅驥束鹿人永樂四年進士爲兵科給事中歷陞兵部尚書沉毅宏偉有文武才遇事剛果用法嚴明初督兵敗北虜阿台朶兒只伯再敗雲南思任發韋郎羅等屢見軍功世

襲伯職　戸部尚書馬昂贈少保謚恭襄
少傳吏部尚書王直贈太保謚文端
内閣學士吕原贈禮部左侍郎謚文懿
致仕少傳禮部尚書胡濙贈太保謚忠安
吏部侍郎直閣贈太傳文襄曹鼐改謚文忠
南京禮部尚書謚文安王英改謚文忠
禮部侍郎錢習禮謚文肅
侍講學士直閣張益贈學士謚文僖
寧陽侯陳懋贈濬國公謚武靖

永順伯薛綬贈侯謚武毅
安遠侯柳溥謚武肅
興安侯徐亨謚武襄
成國公朱勇謚武愍
南和侯方瑛謚忠襄
左都御史興濟伯楊善贈侯謚忠敏
西寧侯宋瑛贈郢國公謚忠順
武進伯朱冕贈侯謚忠愍
文安伯張輗贈侯謚忠僖

會昌伯贈安昌謚康靖孫忠改謚恭憲
贈寧國公陳瀛謚恭愍
南寧伯毛勝贈侯謚莊毅
豐潤伯曹義贈侯謚莊武
左都御史冦深贈少保謚莊愍
東寧伯焦禮贈侯謚襄毅
南京禮部侍郎許彬贈尚書謚襄敏
修武伯沈榮贈侯謚僖敏
太平侯張軏贈裕國公謚勇襄

懷柔伯施聚贈侯謚威靖
遂安伯陳塤贈侯謚榮懐
贈鉅鹿侯井源謚榮愍
贈襄城侯李珍謚悼僖
戸部尚書年富謚恭定
天順八年六月憲宗　贈致仕禮部左侍郎兼翰林
學士薛瑄禮部尚書謚文清　十二月　追贈已故
南京兵部尚書黄福爲太保謚忠宣
侍讀學士贈禮部侍郎劉儼謚文介

成化
命諭祭故少保于謙復其子冕爲府軍前衛副千戶
刑部左侍郎廖莊贈尚書謚恭敏
大學士李賢贈太師謚文達
致仕少保吏部尚書王翺贈太保謚忠肅
文淵閣大學士陳文謚莊靖
贈國子祭酒李時勉爲禮部左侍郎改謚忠文時勉
先謚文敎至是其孫顒奏時勉歷官四朝鲁効勤勞
請如吏部侍郎曹鼐例改謚加贈　上曰時勉在先
朝直言敢諫敎不足以盡之改謚曰忠文
太子少傅廣寧侯劉榮贈嶧國公謚忠僖
南京吏部尚書致仕魏驥謚文靖
吏部左侍郎葉盛謚文莊
少保吏部尚書文淵閣大學士彭時謚文憲
致仕南京禮部尚書倪謙謚文僖
太子少保刑部尚書林聰謚莊敏
致仕南京禮部左侍郎章綸贈尚書謚恭毅
少保戶部尚書兼謹身殿大學士致仕商輅謚文毅

大學士萬安贈太師謚文康
前御史大理寺丞鍾同謚恭愍
少詹事劉鉉贈禮部侍郎謚文恭
禮部侍郎直閣劉定之贈太傅謚文安
大學士高穀贈太保謚文義
吏部尚書姚夔贈少保謚文敏
南京兵部尚書蕭維禎謚文昭
禮部尚書直閣彭華贈太子少傅謚文思
都督陶瑾贈大同伯謚武毅
伏羌伯毛忠贈侯謚武勇
撫寧侯朱謙贈保國公武襄
左都督和勇贈靖安伯謚武敏
懷寧侯孫鏜贈溧國公謚武敏
武平伯陳友贈沔國公謚武僖
定襄伯郭登贈侯謚忠武
戶部尚書王佐贈少保謚忠簡
廣寧侯劉安贈嶧國公謚忠僖
南京刑部尚書耿九疇謚清惠

刑部尚書王既諡恭毅
武靖侯趙輔贈容國公諡恭肅
右都御史朱英贈太子太保諡恭簡
左都御史賈銓諡恭靖
户部尚書馬昂贈少保諡恭襄
僉都御史楊信民諡恭惠
兵部尚書白圭贈少傅諡恭敏
南刑部尚書周瑄贈太子少保諡莊懿
南吏部尚書崔恭贈太子少保諡莊敏

户部尚書楊鼎贈太子太保諡莊敏
南兵部尚書程信贈太子少保諡襄毅
保定侯梁瑤贈蠡國公諡襄靖
吏部尚書李秉贈太子少保諡襄敏
刑部尚書董方贈太子少保諡襄敏
户部尚書翁世賢贈太子少傅諡襄敏
南户部尚書黄鎬贈太子少保諡襄敏
工部尚書謝一夔贈太子少保諡襄敏
南兵部尚書原傑贈太子少保諡襄敏

左都御史李賓贈太子太保諡襄敏
太常寺卿學士孫賢贈禮部侍郎諡襄敏
太常寺卿學士王獻贈禮部侍郎諡襄敏
定西侯蔣琬贈凉國公諡敏毅
寧遠伯任禮贈侯諡僖武
昌寧伯趙勝贈侯諡壯敏
寧晉伯劉聚贈侯諡威武
彰武伯楊信贈侯諡威毅
順義伯羅秉忠諡榮壯

錦衣衛正千户周能贈慶雲侯諡榮靖

外國王

朝鮮國王李晄諡襄悼李瑈諡恵莊
朝鮮國王世子李璋贈王諡懷簡

弘治

加贈于謙特進光禄大夫柱國太傅諡肅愍建祠墓所命有司春秋致祭時給事中孫需等言謙功在社稷宜賜贈諡廟祀遂有是典
禮部尚書致仕周洪謨諡文安

兵部尚書太子太保余子俊　八保諡肅敏
吏部右侍郎楊守陳贈禮部　㒵諡文懿
刑部尚書彭韶贈太子少保　忠安
少保禮部尚書兼武英殿大　士丘濬贈太傅諡文
莊　吏部尚書耿裕諡文恪
總制三邊左都御史王越諡襄敏
太子少保吏部尚書倪岳諡文毅
致仕南京兵部尚書張悅贈太子太保諡莊簡
致仕刑部尚書何喬新諡文肅

掌詹事府禮部尚書吳寬贈太子太保諡文定
南吏部尚書王㒜贈太子太保諡文肅
大學士徐溥贈太師諡文靖
大學士劉吉贈太師諡文穆
禮部尚書傅瀚贈太子太保諡文穆
大學士萬安贈太師諡文康
大學士劉珝贈太保諡文和
大理寺少卿李奎諡文通
南吏部尚書錢溥贈太子少保諡文通

南工部尚書董越贈太子少保諡文僖
南禮部尚書黎淳諡文僖
保國公朱永贈宣平王諡武毅
都督周玉諡武僖
黔國公沐琮贈太師諡武僖
刑部尚書出爲行省參政吳雲諡忠節
大學士王文贈太保諡毅愍
吏部尚書尹旻贈太保諡恭簡
戶部尚書李敏贈太子少保諡恭靖

開平王常四三諡莊簡
工部尚書王復贈太子太保諡莊簡
成國公朱儀贈太師諡莊簡
壽寧侯張巒贈昌國公諡莊肅
南兵部尚書張鎣贈太子太保諡莊懿
襄城伯李瑾贈芮國公諡莊武
刑部尚書林聰贈少保諡莊敏
兵部尚書項忠贈太子太保諡襄毅
吏部尚書屠滽贈太保諡襄惠

鎮遠侯顧溥謚襄恪
左都御史鄧廷瓚贈太子少保謚襄敏
刑部尚書彭韶贈太子少保謚惠安
兵部尚書張鵬謚懿簡
禮部尚書鄒幹贈太子太保謚康靖
南吏部尚書陳俊謚康懿
工部尚書徐貫贈少保謚康懿
都督同知王鎮贈阜國公謚康穆
刑部尚書白昂贈太保謚康敏

刑部尚書陸瑜謚康僖
宣城伯衛穎贈侯謚壯勇
外國王
朝鮮國王李娎謚康靖
弘治十八年九月武宗
致仕戶部尚書秦紘贈少保謚襄毅
左都御史戴珊贈太子太保謚恭簡
追贈故工部尚書謝一夔謚文莊錫之誥命
致仕吏部尚書王恕贈左柱國太師謚端毅

贈右都御史熊繡南京刑部尚書謚莊簡
前吏部尚書許進贈太子太保謚端毅
禮部侍郎謝鐸贈尚書謚文肅
兵部尚書致仕劉大夏贈太保謚忠宣
前少師吏部尚書馬文升贈太傅謚端肅
吏部左侍郎儲巏謚文懿
贈誠意伯劉基太師謚文成
追謚前文淵閣大學士朱善文恪
前翰林學士承旨宋濂文憲

追贈前廣東左布政使陳選光祿卿謚恭愍
贈大學士李東陽太師謚文正
追贈南京刑部尚書樊瑩太子少保謚清簡
南京戶部尚書王鴻儒謚文莊
太師英國公張懋贈寧陽王謚恭靖
禮部尚書周經贈太保謚文端
禮部尚書劉春贈太子太保謚文簡
禮部尚書李遜學贈太子太保謚文簡
刑部尚書何喬新贈太子少傅謚文肅

禮部侍郎謝鐸贈尚書謚文肅
南禮部尚書吳儼贈太子少保謚文肅
祭酒宋訥謚文恪
南兵部尚書林瀚贈太子太保謚文安
禮部尚書白鉞贈太子太保謚文裕
兵部尚書直閣尹直謚文和
南工部尚書劉宣謚文懿
大學士靳貴贈太傅謚文僖
都督同知安國謚武敏

江西副使周憲贈按察使謚節愍
副都御史馬炳然贈右都御史謚毅愍
慶雲侯周壽贈宣國公謚恭和
兵部尚書王竑贈太子少保謚莊毅
南戶部尚書秦民悅贈太子少傅謚莊簡
黔國公沐崑贈太師謚莊襄
南工部尚書胡拱辰贈太子少傅謚莊懿
刑部尚書閔珪贈太保謚莊懿
魏國公徐俌贈太傅謚莊靖

贈按察使馮傑謚恪愍
左都御史張敷華贈太子少保謚簡肅
右都御史韓雍謚襄毅
戶部尚書秦紘贈少保謚襄毅
工部尚書才寬贈少保謚襄愍
贈洛南伯馮禎謚襄愍
工部尚書楊守隨贈太子少保謚康簡
南戶部尚書胡富贈太子少保謚康惠
南禮部尚書王宗彝謚安簡

成國公朱輔贈太傅謚榮僖　長寧伯周彧謚榮僖
按國初謚美惡兼用洪武二十二年謚魯王曰荒永樂六年謚伊王曰厲洪熙元年有通政使賀銀謚不美上曰銀勞可贈官行不應美謚不如無謚自後不應美謚者則闕之

功臣葬祭

洪武二年十月庚午勅葬常遇春于鍾山之陰追封開平王謚忠武遇春濠州懷遠人元至正壬辰年二十三

為群盜劉聚所得度聚終不能成乙未從　上和陽渡江拔采石取太平上乃授以總管先鋒以至都督大元帥歷取大江東西兩河南北遂下元都蕩平燕薊秦晉嘗自言能將十萬衆可以横行天下及從徐達征伐則又能謙遜守節制所以卒建無前之偉績而為開國元勳也

洪武七年六月壬戌淮安侯華雲龍安豐人年二十謁上于臨濠命為帳前小校從攻金陵定中原取元都所至有功積官進爵淮安侯雲龍動違邦憲日事游燕召

還南京卒故事生封侯者沒必贈公兹止侯禮以示薄罰仍命宋濂撰神道碑銘濂不用誌墓常法特取春秋褒貶之義歷述其過以為人臣之戒云

洪武八年四月丁巳誠意伯劉基卒基處州青田人元至順癸酉舉進士除高安丞有鄧通甫者通術數之學以其術授基治高安未幾辭去尋起為江浙儒學提舉嘗與魯淵宇文公諒等游西湖適有異雲起西北光照湖中基曰此天子氣也應在金陵十年後當有王者起其下我當輔之時杭城猶無事淵等大駭以為狂及方

國珍兄弟起兵海上元行省辟基為浙東元帥府都事俾圖國珍基與參政石抹宜孫守處州　上既取婺州聞基名遣使徵之基遂與章溢葉琛等詣金陵陳時務十八策上喜納之既與上決策取張士誠北收中原以定天下基密謀居多嘗言于上曰甌括間有隙地號淡洋元末頑民負販私鹽因挾方寇致亂民受其害宜設巡檢司以鎮其地上從之處之宿吏持郡縣事匿不以聞基令長子璉奏之時胡惟庸以璉不先白中書怒之及逮至所奏吏因訴基始圖淡洋為墓地民弗與故建設

巡檢司實欲逐民以得地惟庸具言于上上以基舊勳弗問省部欲下璉獄上勑璉歸亦弗問基乃入朝引咎遂居于京師無何疾作惟庸以醫來視基飲其藥不愈上以基久病令給驛遣使送還鄉基至家一月卒年六十五

洪武十一年九月追封劉繼祖為義惠侯誥曰朕昔微時游難親喪艱於宅兆爾繼祖以巳沃壤慨然惠朕朕得安厝皇考皇妣賜兹大惠云何可忘而歲月易流厚德莫報慨念實深兹特贈爾為義惠侯爾其有知服兹

寵命其妻裵氏追贈為義惠侯夫人遣官賫誥命仍以
牲醴祭之
洪武十八年二月己未魏國公徐達卒達鳳陽人家世
農業年二十二從　上起兵濠梁上一見奇之遂位諸
将上託為股肱心膂戮力行陣四征群醜驅逐胡元重
開華夏方其在軍中日延禮儒士説古兵法及将帥行
事親折其是非成敗莫不心服至料敵制勝與漢唐名
将等而忠義仁厚過之故能輔成帝業為開國功臣第
一

洪武二十一年二月己卯東莞伯何真卒真廣東東莞
人元至正間嶺南盗起真集義兵保障一隅王師南征
真即款附以功歴陞布政使封東莞伯至是卒命其子
榮襲爵
洪武二十五年六月丁卯西平侯沐英卒英鳳陽定遠
人年八歲遭兵亂父母相繼沒　上見其孤幼憐之携
歸命后子之賜姓朱氏年十八授帳前都尉累功歴官
封西平侯征雲南諸蠻下之留鎮守至是卒年四十八
上命其子春迎喪還賜葬于江寧之長泰北鄉仍塑像

祀于功臣廟
洪武二十六年春正月中軍都督僉事徐司馬卒司馬
御賜名世為揚州人元季兵亂司馬生九歲無所依
上得之養以為子既長出入侍左右屢從征伐有功歴
陞中軍都督僉事二十五年冬率師征越巂還至成都
疾作至是卒司馬好文學温恭謙讓撫綏士卒振恤貧
窮尤敬士大夫公事之暇退居一室蕭然如韋布之士
自少富貴家無餘貲人皆賢之
洪武二十六年五月　詔工部自今凡功臣卒不建享

堂其墳塋葬具皆令自備惟沒于戰陣者官給之
洪武二十八年八月戊辰信國公湯和卒和字鼎臣鳳陽人
上念其相從之久進封信國公和能知慎卒以功名終
成化十年二月靖安伯和勇卒勇迤北人祖阿魯台初
為瓦剌馬哈木所敗率其部落稱臣内附永樂初封為
和寧王仍居漠北後復背叛宣德九年為瓦剌脫歡所
殺其子阿卜只俺即勇之父窮蹙歸附命為中軍都督
賜之第宅尋卒勇襲指揮使帶俸錦衣衛累軍功歴官
左都督成化初陞靖安伯食禄中府至是卒賜祭葬如

例

辭免賜葬

成化八年八月鴻臚寺序班魏完奏先臣驥以正月卒于家臨終語臣毋曰我即死朝廷賜葬必須辭免又以手書遺臣死後慎勿以葬事累鄉里今者 皇上念先朝老臣特加優卹而臣於先臣遺命不忍棄違故敢昧死以請章下禮部言辭葬固魏驥之誠心賜葬乃朝廷之盛典惟上裁處 上曰朝廷恤典為盡忠者之勸今驥臨終遺言猶恐勞民可謂純臣矣覽之良用惻然重違其志特從之

請錄死事

弘治六年二月兵科給事中吳世忠疏乞推恩典以表忠義謂昔 太宗皇帝奉天靖難當時文臣如方孝孺周是脩練子寧鄒瑾魏公冕齊泰黃子澄諸人皆伏節以死夫太宗之靖難者武王之心天下之大權也孝孺諸人之伏節者夷齊之心天下之大處也徹大權則天下之民命不立徹大處則天下之大義不明二者不可廢一也世之說者徒以諸臣之迹為疑而不敢言此皆不知祖宗之心帝王之孝者太宗嘗謂群臣曰人君立賢無方練子寧若在朕固當用之 仁宗即位之初即詔齊泰方孝孺等俱是忠臣其子孫親識抄沒充軍者悉皆赦回此二聖之所已行者也且仁宗既罪李時勉而日後又有忠文之謚 英宗既誅于謙而未幾又有廟祀之舉祖宗雄畧率多類此陛下以祖宗之心為心褒表諸臣九廟神靈豈特生色而已耶事下禮部議格不行

憲章類編卷之二十三終

憲章類編卷之二十四

洪武名臣

○武寧王徐達鳳陽人　太祖起義兵首謁麾下其動靜語默悉超群英乃命為帥長從渡江定金陵樞運四征幄麾百戰自西自東自南自北謀無所不成攻無所不克王言簡慮精命出不二諸將敬若神明所至攻城不屠受降不殺成功不矜至封姑蘇之府庫置胡宮之美人財寶不以取忠志無疵非人所能同日語也

○忠武王常遇春懷遠人忠信智勇膂力絶世佐　太祖飛渡大江霆擊電掃東南郡縣以次削平既復下兗豫遂議北征至通州禁侵暴務安輯人不知兵市不易肆皆愛戴之如父母乃進兆燕都尋平河東入秦復率師破開平大俘獲以還

○岐陽王李文忠盱眙人　太祖之姐之子年十二無母鞠於　太祖即能事戰初守畧池太及浙江杭嚴東拒偽吳西當偽漢會金華苗僚殺胡大海王率兵趨逐吳以二十萬衆寇新城王與戰衝突敵陣中格殺潰之尋提兵北伐獲元皇孫宮妃復移鎮西蜀已而副中山王驅馳山後至登山不刺攻大寧高州大石崖皆克之王釋兵家居恂恂若儒士尢耽群籍聲色之事澹然

○武順王鄧愈泗州人勇力過人能奉法以惠恩恤下從　太祖渡江命守廣德謝長鎗寇城大敗之移戍宣州領兵克徽州破苗楊攻師十餘萬遂取嚴州畧浙江臨安大破張寇於開林寨擊走偽漢部將命守饒州討陳有諒於江州乃下江西留鎮之復出鎮襄陽西抵巴蜀北控河洛大破王保保於定西南平溪洞窮追番部至崑崙山而廣德宣州徽嚴饒撫南昌襄陽八州民懷

德獨深

○襄武王湯和鳳陽人勇驍智畧始從郭子興　太祖取和州遂委心奉之從渡江克常州江陰平姑蘇諭降方國珍殄姚大膽畧定閩中諸郡同中山宋國北征趙代復下蜀討五開山獠王臨陣決機有語及兵法輒笑為泥古又善繕甓城邪海上多遺世澤

○劉基括蒼人博學精象緯志功安攘著郁離子書始謁　太祖以天道後舉者勝一語契之遂置幄中多所

咨受以成大功性剛毅慷慨有大節論天下安危則義形於色知無不言每遇危急真氣勇發計畫立就人莫能測其機　太祖常稱為老先生而不名且曰吾子房也封誠意伯

○昭靖王沐英鳳陽人八歲歸　太祖憐其孤幼以子鞠之年十八出鎮鎮江綽有聲績內托肺腑外秉節鉞以麾諸夏南平閩越擒陳友定西畧崑崙遠涉流河掀羗洞踣夜郎蹂烏蠻生擒段世下車里八百平緬皆虎視以稚遂留鎮之王以仁智為理闢庠序以示禮廸官

常以示制均政役以示安周撫集以示捄破思倫法以示怒涖俘馘以示恩諸部懷仁服義豫附輯款收其土貢以充軍實

○李善長定遠人　太祖初起兵畧滁陽途迨與語稱旨遂置幃幄俾掌書記已而郭子興欲援入麾下善長強不肯行自是終其官典中書省密議哀然為郡寮之長凡軍機饋餉開國大制度悉所贊畫及推戴稱王立帝度德相時識歸真主為天下臣民先後累陳胡黨基卒員外王國用少卿陳汝輝疏伸其冤　太祖感悔

○學士宋濂金華人少慕古人之學研究經史折理精微而汪濫於百家言悉得其旨要乃發而為文雄麗溫雅浩然不息元末避亂龍門山　太祖徵至甚眷之命司制作一代典章文物承旨揮次皆傳後大紀述天下無賢愚識不識企之日本得潛溪集刻板國中高麗安南使購濂文不啻拱璧濂坦重任真不忤物為人紿亦不較正德中謚文憲

○侍制王禕義烏人屹然有奇氣人初見若不敢即一言之入則情義藹然於經史百家無不究其極其為文

宏麗沉雄　太祖初渡江禮任之洪武五年使雲南諭降梁王辭嚴義正梁君臣駭顧已有降意會元使脫脫以徵餉至欲連兵拒我乃以危言迫梁王拘匿歲餘殺之

○長史桂彥良通經史百家言嚅嚌儒學洪武六年被徵白衣賜宴諮以治道對曰道在心心不正則好惡頗而賞罰差太平未有期也屢援經訓獻納　太祖每稱善有以墨敗官者處死力諫當如律又問法行数犯曰用德佚用法勞嘗進　皇太子心圖及上太平十二策

太祖曰御帝者師也

○陳遇金陵人博究經史有治才　太祖召見禮甚稱先生而不名日侍幃幄坐久必賜宴間命廐馬送歸車駕三辛其第遇竭心攄悃所獻替悉保國安民至計授學士者再固辭授侍郎固辭授禮部尚書又固辭乃不復強之以官欲官其子亦辭謝眷待之隆亞於勳戚

○陳雅言來豐人為人明粹剛直有用世之志窮研經史為文章克衍有格氣慷慨尚義能急人之困損所有而不恤洪武中為教諭

○章溢龍泉人弱冠從王叔剛游明用世之學數以布衣集鄉旅以捍大患及見　太祖擢僉營田司事巡行江東兩淮僉浙江湖廣按察司事命征八蠻守處州隨職效勤事咸中其區畫及議分屯料阮德柔設水軍所計文忠取建寧不爽寸尺惜不為大用令當安攘之寄任其馳驅耳官至御史中丞

○許瑗諸暨人好學秉志能以忠信許人且識攻取之術以儒士謁　太祖因說曰方今元祚垂盡四海鼎沸豪傑才勇之士勢不獨安有勇畧者可以馭進才有奇識者然後能識奇士閤下欲掃除僭亂非收攬英雄[illegible]以成功　太祖深然之命為博士尋守太平偽漢陷太平瑗不屈死之

○吳伯宗洪武開科狀元金谿人性勁直不回忤胡惟庸坐謫鳳陽上疏論時政指斥惟庸罪狀不宜獨任以政召還尋忤旨復謫教諭亦召還拜大學士尋復以事累降檢討初業舉識者見其文嘆曰此兒王光劒氣終不能掩後果克然

○侍郎曾魯新淦人七歲能諳誦九經稍長泛濫史籍

凡古今國體治亂人材忠佞制度沿革悉能言之有叩之者如山川出雲層見疊數十九謁虞伯生知博而反說於約　太祖起脩元史當群言沸騰歷舉傳記答之時謂能以舌為筆宋濂以筆為舌

○胡翰金華人博學無所不究為文章明潔簡峻論議出人意款句灑然不落塵俗之態雅好泉石幅巾短杖著書以自樂有勸之仕劇謝之　太祖聘致授衢州教授預脩元史初學古文於吳淵穎萊柳宋濂攻舉子業移書招之同學

○趙撝謙餘姚人雅追古學欲探造化之原洪武十二年聘至京脩正韻與僚官不合歸二十二年再徵起教授瓊州作瓊臺布學範傳六書本義聲音文字通授造化經綸圖說集補前聖戒書隨物書之以興起斯文為己任蠻俗自茲向風矣

○宋訥大名人動循矩矱不妄言笑洪武十三年徵詣公車授助教橫經發難擊部廓塞學者如客得歸歷陞大學士會國學成生徒日夥而職主者往往異懊師生相訐教尼不行　高皇簡命為祭酒釐正宿弊倡學規立師道提挈鏟硤不遺餘力

○魏觀江夏人讀書勤苦不輟倜儻有治才　太祖初辟入詞垣多所制述擢祭酒尋謫縣令後守蘇州時懲陳寧苛政戎事倥傯百物彫耗禮文衰落能力挽躬率風教勅興課績為天下最後以御史誣劾興士誠既滅之基遂罹害　太祖卒悔之命所在致祭哀賻有加

○尚書錢唐象山人任真有耿槩嘗被召講虞書陛立有斜之唐曰陳古聖言不跪不為踞諫宮中不宜揭武后圖忤旨待罪午門外終日　太祖悟賜飯并撤圖

○陶垕仲鄞人清介自持洪武中為按察使專治贓吏布政使薛大方貪暴亦按其狀劾罷

○高啓吳縣人攻苦力學詩追唐大家文亦汪洋縱則張士誠據姑蘇避居吳淞江日詠歌自適與時俊楊基張羽徐賁王彝杜寅張憲周砥王行宋克輩遊尤好權畧論事數中肯綮　太祖召充兩制史館授編脩擢侍郎乞歸復居江上銳志不少衰以故人魏觀為其郡守坐誣以連死

永樂名臣

○姚廣孝長洲人從釋氏學善詩文烱有謀畧　太祖命十大高僧分往各藩府勸善公適至燕藩住慶壽寺時　文皇已有密謀心許公可托不敢言試一聯天寒地凍水無一點不成氷即對曰世亂民貧王不出頭誰作主遂稱旨置幄中凡檄遣機向悉公指授賜今名官太子少師封榮國公謚恭靖

○胡廣大學士謚文穆吉水人　太宗簡入內閣七人

以廣爲首推論思宥密十有七年始終一節而輔導東
宮扈蹕行幄時各有發明有請封禪者作頌却之其纂
脩充總裁官鋪楊文治爲一代大典
○胡儼南昌人博學爲文尚純實　太宗簡入內閣有
顧問必從容審度而後陳不以才智先人及兼宮僚所
對皆切人情後擢祭酒自處澹素謹於報施遇可否利
害必擬議以求至當群論中有不合即引退不與辯以
故所至能全交
○解縉吉水人自幼頴悟絶人宏才浩志奕閭通捷其

爲文辭勁意精不經慮語出口人輒不能到　太祖寵
眷大庖西室進疉疉萬言拜御史　太宗簡命入內閣
改學士命評侍朝十臣咸切當及容議建儲以正對淇
國公丘福泄其議漢王遂搆外補尚書李至剛復誣怨
望逮繫死獄中
○楊士奇泰和人少師謚文貞爲本朝文賢獨步立朝
務大體藴藉從容事無不舉而卒不失其正汪如也不
可以偏長目凡以名節政事文學聞於世者舉不越度
內其寵遇亦無過之在內閣四十餘年正統七年卒

○文定楊溥石首人以文學潤飾太平大制作咸出其
手時號三楊以文貞爲西楊文敏爲東楊文定爲南楊
云溥永樂中爲洗馬下獄十餘年家人供給數絶糧又
朝命巨測囹圄勵志讀書不輟同難者上之溥曰朝聞
道夕死可矣爲人謙雅無大小無敢慢初鄉試首選考
官胡儼批其文他日必能爲董子之正言而不學公孫
弘之阿曲後果如其言
○文敏楊榮建安人穎識通敏雍佑三朝永樂中有邊
急三命榮往甘肅討之及辨解李夏之怨已政和屬水

之征棄交阯平高煦扈從巡邊之駕秘發塞外之喪治
平靖難能不繁餘力而疏闊自暴無大小歸心焉
○少保黃福萊州人才識夐不凡而忠貞足以居之以
衛經歷上書論國大計　太祖奇之陞侍郎永樂中陞
尚書令撫交趾無綰藩臬章政猷惻怛視民若己子勞
輯訓飭通其好惡新附之衆依依不忍釋　仁宗召公
還號泣以送未幾復叛復命往平之　宣宗朝舊臣依
違承順福持正不阿命觀戲園棋皆以正對不擅從正
統初參贊軍務憂國愛民老而彌篤謚忠宣其歷官倖

餘悉分贍姻族

○忠定蹇義巴縣人初授中書 太祖命朝夕左右者九載謹事愈篤永樂初擢冢宰時欲盡蠲見行欵例義從容陳説本末 文廟以義忠實從其言嗣兼官僚留輔監國政體明達孜孜啓論無倦及命兼禮部事撫巡應天雖職務塡委處之裕如於仁宣二廟靖獻密勿量擴交與未嘗一語傷物

○尚書夏原吉湘陰人謚忠靖稚度能冐物臨政善酌大體筮仕小部若老吏同官質疑者日環左右嗣經畧

南服董辦工材隨在必效成績及輔導儲宮扈從行駕特於公倚重至命統署數章其禎 仁宣廟宥密泯不能遂吉而事各就籌阻 文廟北征及定國恤從征漠庶人倉卒酬理若居平坦然

○陳敬宗慈溪人莊持好禮善論議則容止沉潛於經史百家生平所自負於人鮮所推讓為文雅厚而暢永樂宣德間居大學一十七年以斯文自任當會食諸生稍有失儀即不宥性善飲至酩酊猶自儼然若未嘗飲者人服其德隅

○文端王直泰和人 文皇往來北幸或留輔或扈從正統景泰間任冢宰巳巳車駕欲北征直率廷臣上疏極諫不從明年議迎駕以正對與安盖不為世阿者也時與金谿王英齊名直號東王英號西王論者以德業各如其名

○胡濙武進人不治皎能以其意周旋事為必得其正乃已人終其身不予知充其心盖無悔也初為給事中太宗察濙忠實命巡訪異人歷久還報賜坐語四鼓時屢意有所屬濙力保護其間（正統初提學黄潤玉行部田州遇建文云彼時

胡濙假尋張辣撻實尋我縱我入蜀久遊雲貴至此遂傳送至京）仁宗爲監國値有飛語太宗命往察之密疏七事表其誠敬孝謹 仁宗頗致疑不大用及閲舊章得密疏乃明濙為禮部尚書給事中林聰忤權貴坐死移疾 景皇帝遣問之曰聞林聰事心悸成疾聰遂得未減

○平江伯陳瑄合肥人謚恭襄累立戰功永樂初歲董北京海漕百萬建倉尹兒灣城天津衛籍兵萬人戍守築淮揚海隄八百里尋罷海運浚漕通河通南北餉道疏清江浦以避淮險設儀真瓜州壩港鑿徐州呂梁洪

築刀陽南旺湖堤開白塔河通江築高郵湖堤自淮至臨清建閘四十七建淮徐臨通倉以便轉輸置舍卒導舟設井樹便行者公微密綜理善任使均勞逸秋毫不取於下故能倡此永利

○錢本中永樂中知吉水縣能以簡御煩民樂其政操守甚堅門無私謁去任民思之不忘後復來民歡迎如嬰兒見慈母卒於官民乞留葬本邑爭負土以營封墓

○廣寧伯劉江總戎遼東謀畧不凡永樂十七年倭艄三十餘直逼望海堝入寇劉不經意只餉師秣馬率其部為伏約以識號賊至大勝之斬首無筭師還迫令開

西壁縱之復夾擊生擒數百海上倭艄之敗無踰此者

○戶部主事王良特達豪邁有機畧有御衆才　太宗知其名委督餉口北威服上下雖英國值出師亦屈勢相迓後有部堂繼董乃事無能比也

○周新南海人永樂中為御史彈劾不避權要知無不言雖屢犯天威言愈懇切朝野咸畏之私稱為冷面寒鐵公或有怖小兒曰冷面寒鐵公來輒匿去擢長浙藩憲風裁益揚屬吏皆股栗傳家相戒為潛素有錦衣使浙受賊新捕之被誣訴於朝械至御前猶猛白其狀不已命肆諸市是夕奏文星墜　天子悔之

宣德名臣

○顧佐太康人為御史轉按察副使召為府尹守正嫉邪吏民畏服　宣廟朝為左都御史時競侈靡仕習援聲妓貪墨成風不為異佐剛直不撓糾肅百僚雖豪貴置之法朝綱大振論者擬為包孝肅天下想聞其風采

○李時勉安福人謚文毅老成脩潔剛正任事永樂末殿災在翰林陳十五事皆中時病後復言事忤旨繫獄

洪熙初直言進諫命力士錘十數瓜不死未幾又言事下獄　宣宗召復其官一日懷金錢至史館撒地令諸臣拾取時勉獨正立　宣宗以袖中餘錢賜之正統時為國子祭酒教化大行為王振所怒構以罪枷於監門諸生群疏願代之

○尚書周忱吉水人謚文襄宣德中始巡撫南畿前後凡二十二年督理歲漕鑄鐵量定支撥減重額徵稽羡餘立綱運處穌揚鹽利計賑濟脩圩塍疏水利均加耗

一以舒貧乏置編圖以革逋欠立收糸以省舟費建倉廒以便撥貯處草折以易輸送定金花以抵京俸起布式以釐奸偽收帶徵以禁馬頭謀慮深長善採衆論故鉅細綜畫東南賴以晏然

○况鍾靖安人宣德中知蘇州府至則舉屬僚胥卒不法豎豪右恣侈者繩剎不少恤奏減重額虛徵糧合一百貳拾萬餘辦釋誣入軍千八百餘復逃戶三萬六千七百餘他如種種興革皆紀綱大務正統五年滿績郡民群八萬餘扣闕請留乃再任七年卒於官民哀之若喪父母

○張宗璉吉水人宣德中爲常州同知廉介寬厚鞭策不施而事無不舉有清戎御史峻法誣民爲軍璉堅執不隨卒之日衣衾不能備民老壯奔走哭於庭皆極哀

○侍郎王質博通今古廉約自侍宣德中自爲御史至藩省每蔬食不厭人呼爲王青菜

○韓偉温州人爲御史出巡河南鎮重有體一方籍以爲安及轉河東運使清操特著多所建白

○魯穆天台人英風正誼内恕外嚴豪家皆欲溝谿味凜焉有塵外之趣而官歷都憲克就準范

○英國公張輔謚忠烈祥符人歷事永樂洪熙宣德正統累立戰功征交趾生擒黎季犛漢王謀反密遣人計輔即縛其人以白事得早覺爲朝廷眷毗寵渥日隆官至太師天下倚以爲重四夷咸知其名權璫王振視大臣如屬吏獨禮之

○都御史陳鎰寬厚清慎宣德中鎮陝西民賴以安者十餘年每還朝必遮道送之不能舍及復鎮歡欣鼓舞迎之數程或久旱至則大雨饑則賑之人謂流惠太過而短於激揚豈知鎰之存執謚僖敏

正統天順景泰間名臣

○吏部尚書郭璡精吏事簡切不泛臨事從容喜怒不形於色正統初因蝗旱旨咎諸大臣衆欲乞歸獨以主少不可云受先朝付托若皆罷去不以懟乎識者韙之

○魏驥蕭山人謙虛守禮簡朴性成臞然若不勝衣初爲教官汲汲以成就人才爲務及入考功以清正聞正統初歷冢宰時王振籍寵大臣交媚之驥贊用一[illegible]

不較且重之厚德雅望年九十八終遺命不請謚葬後
謚文靖
○學士曹鼐才志通爽預經筵數納甚明暢正統末扈
從土木權璫忞挾進兵成國公朱勇滕行聽命尚書有
竟日跪伏草中噤無一語者鼐抗聲曰臣子不足惜社
稷安危之繫當無念乎尋被難謚文襄
○尚書鄺埜彬州人飭躬績慮勉勉於學永樂中為御
史命察阻鈔法按犯邊倭寇失律擒山海關賄吏救活
營役疫人辨石州民不軌之誣皆以廉平稱宣德中陝

右華亭宜川饑為移粟移民後權尹京兆節用愛民豪
狡不得為術正統初擢兵部務惜其力養其銳氣以待
不虞天下總小旗例試京師受代以埜請免已巳扈從
遇害謚忠肅
○侍講劉球性廉介從弟為縣令奉匹縑却之又却蜀
王厚餽議論慷慨不為阿比之習平居切於憂時正統
四年京師大水民饑具陳築泄拯濟之方時北虜及麓
川酋不靖上疏請罷南征以專備北八年進言權不可
下移王振怒下錦衣獄指揮馬順阿振意適有董璘囹

太常順拷繼令招球所畫謀在獄盜殺之支解其體瘞
內究之謚文愍
○楊洪昌平侯起行伍有機智累立邊功善用奇劫虜
營擣其虛胡人呼為楊王宣德正統間受知密勿謚武
襄
○襄城伯李隆凝重宏遠識大體守南京最久雖富貴
擬王公而雅重斯文特恭下士之禮正統中以得人心
見疑召還京乃托近聲妓以計自安後代者數易莫能
繼其美者

○郭登定襄伯鎮大同廉而尚謀有古良將風已巳之
變力守邊疆大小十數戰設飛天網攪地龍等法發其
機頃刻數里皆陷又置砲一發五百餘步謚忠武
○蔣貴定西侯起行伍有膂力與士卒同甘苦善擣賊
巢穴當陣必先直衝部下亦以死向敵用是數取勝比
胡西羌咸憚服而麓川之征貴之功居多但不識字短
於謀然天性朴實能聽人指示謚武勇
○都督山雲徐州人深沉有將略用兵如神其持廉守
正文臣中不多得正統中鎮廣西踰十年馭上官以威

信且秋毫無犯始終不渝謚襄毅

○張需長於治民先佐鄭州有聲渠有淤者廢水田數十年需程工費白守疏之三日而就及守霸州置戶簿以驗勤惰民生理日滋又善捕蝗鄰郡悉效其法嘗治豪右之擾民者被譖於王振下獄杖幾斃竟謫戍邊

○曹端霍州訓導專心窮理之學躬率弟子及諸蒲士子爭欲得之不釋竟終於霍一郡人罷市童子亦悲泣上官不敢以屬禮相遇至其境必敬謁之凡考校必質之以去取其父初信佛端作夜行燈一書獻之父即舍去所著述尚多

○李茂弘正統間考功郎為人恬淡有識見與人寡諧合內閣李文達雅敬之卒不樂於仕而歸

○周子良錢塘人正統間為職方郎苦節縮縮自持退數觽戶產以支官費有千戶王者以事褫職良愛其材貸之已而王緣其臧從持三百金入酬良駭而大叱欲暴於官因伏罪索免乃麾去凡世庶士類懷刻削迹此知其非世庶也

○鄺子輔彬州人以訓導謝職歸教其子埜登進士埜為陝西按察使以俸易一紅褐寄之大怒曰不才子何緣得此不義物污我即封還切責之埜欲致父伸承顏之曠以聘典文衡圖之大怒曰父莅子官壞何以示防且將以遺笑又切責之埜由是益勵其操

○兵部尚書于謙錢塘人自入官所至著經畧朝望特隆已巳大駕蒙塵謙誓不與虜俱生整搠操練黽勉百方動切機宜正誤國之罪懲失事之臣阻南遷之策尊嗣君以定國威選將材以當敵慷慨鼓惕中外輯安四方卒使社稷如故鑾輿復還纖毫皆公力也天順復辟謙磔於市卒之日道路咨嗟天日無輝謚肅愍

按論忠賢至肅愍未嘗不高其功而悲其報及語易儲事輒閣舌岐疑偶見唐史編論曰是有大難處者社稷一綫繫肅愍去留以景皇之鋭念不可以口舌諍兩可一决未為依違夫白痰清夢之間泫然心淚不知幾成墮豈惟功利計哉又曰道不可變以難易易心非乎或曰禮從時事從重勢從順守故執以覆公餗罪尤大矣肅愍肯忍為耶

○楊善興濟人景泰元年為都御史英皇北狩歲餘

欲遣迎難其人善負忠義之氣慨然願往虜遣黠慧偵之先以辭鋒挫其鋭暴及見野先風槩射虜應對不窮及覆開諭朝廷威德及牖發好生向善之心遂回鑾輿以歸如善時奉公職不見辱而能成功若晉與宋千載一人而已謚忠敏

○高穀直隸興化人謚文義端簡廉靜不比匪人正統末入閣已巳北征穀居守當乗輿播遷羽檄旁午朝議異同中書趙榮欲迎鑾即解金帶為贈給事中林聰忤權貴置重辟力救之内閣奏考官劉儼黜其子不公命

穀覆試亦為救之時蕭鎡守似矣而歉於穀終苗裒諂似矣而歉於穀施呂原厚似矣而歉於穀達馬愉慎似矣而歉於穀廣

○商輅淳安人本朝中三元一人正統巳巳入閣時天子蒙塵人心洶洶輅力主群議請郕王即真阻抑南遷之説及回鑾慮忠妄言南内事并黄竑言易儲事多阻之巳而曹石用權輅數裁抑被嫉言官構論削為民成化改元復官首疏新政八事及陳弭灾七事復陳弭灾八事力争慈懿并禮請復吴皇后廢號辭引立東宫疏

止王皇閣齊醮疏汪直十罪以罷西廠謚文毅

○林聰寧德人居諫垣正色讜言劾大監王振家僮張伯通奸伏内侍金英增駙馬石璟有罪皆劾之勸迎駕禮宜從厚以忤時論憤沮易儲之舉至不肯署名議牘幾入重辟有銓法未當輒栢斥時宰以是銜之釀聰左遷天順間為都御史巡撫賑饑山東靖盗江淮整飭大同所至有惠績及綰院章長刑曹風裁屹屹足鎮浮薄而繫人望謚莊敏

○尚書程信河間人負才智以當世事自任正統末上

疏劾扈從者失律及追罪首禍薦徵薛瑄等數人時命信捍虜都城備出經畧皆切實用景泰中陳中興固本十事君心政體反覆數千言聞者壯之及督餉廣西破松番夷寇天順中巡撫遼東著有勞績成化初平山都掌叛夷參賛留務獻納謀謨宣威戡暴實兼文武之功謚襄毅

○布政使夏寅華亭人好文學摛而為辭能自出機杼多留心當世務以諸葛武侯范文正文文山自期待聞朝廷有善政令即喜形於色嘗疏論兩京離合之勢以

制天下重臨清徐州以因南北咽喉及論文廟禮樂之
數正風俗立紀綱崇文化作人材之類皆切於政本又
曰此生不學此日閒過此身一敗君子之三惜識者以
為名言
○陳俊莆田人慎持清白位尚書蕭然不異布衣其為
政知大體初以部屬督天津宿遷上疏乞免尋督餉兩
廣假以便宜令越界鹽商引輸二斗以足之京儲令監
羅公約射利者羅不滿石及佐戶部堂事凡出其所裁處
諸屬輒稱如嵌金然謚康懿

○年富懷遠人公廉執法遇事敢為不以利害貳其心
正統己巳督饟濟邊有勞績所至察民隱革奸弊老瘵
賑吏流民聚南陽陳州十數萬富為藩伯撫定之皆願
為編氓及為戶書益懋歫以國計為己任關中數用兵
舉楊璿余子俊可任司饟吏曹以為侵官富上疏極論
薦賢為國之道謚恭定
○都御史軒輗鉅鹿人狷潔性成扣資常祿非其分雖
纖介不取四時布袍蔬食筮仕使淮上冬時溺水衣盡
濕有司製衣一襲堅却不用以衾裯裹之為御史按察

使振揚風紀故舊屢其官所者烹一鷄以為款約其賓
三日米易斤肉為食聞親喪即發行僚屬尚不及知總
督南京糧儲清操益勵
○王翺鹽山人端方清約任事毅然歷仕憲臺鎮松番
巡廣寧征達虜總督兩廣風持凜凜官民畏而愛之嘗
築屯堡使烽燧珠連簡閱行伍處議讞辟咸中其時宜
景泰四年任冢宰剔刷垢弊嚴考察翺銓註抑倖進以
用賢報國為己任門無私謁權勢請托不敢行於恩讐
一不介意謚忠肅

○章綸樂清人景泰初為儀制郎知無不言疏太平致
治十六事疏策衛弍論朝貢議欽法諫幸佛寺陳言恤民
以回天變陳言中興時政論定科舉解額皆欲明國家
大紀鑿鑿中事情至論復儲事大忤旨廷拷一百幾死
天順改元釋綸獄尋陞禮侍復奏蠲山東租請金以賑
宗室論諒陰圖婚之非條救荒四事皆協輿論謚恭毅
○王竑河州人賦性正直剛毅不事苟隨立朝侃侃無
顧忌且聰敏機辯過人己巳中官王振誤國指揮馬順
內臣毛王皆振黨竑為給事中聞大怒爲蒙塵手捽順王

死成化中以都憲巡撫所至有建立郯薦盈朝官至兵
部尚書
○劉實安成人初判金華行撫字之政暇則攻經史尤
崇孝義且介守剛嚴有鄉友為其屬者以髡俎致饋謝
弗納旻泰召脩宋元史後知南雄有中貴使嶺外以貪
肆窘辱實雄民夥入爭蔽之中貴以狀聞逮實及廉得
其情知為良吏釋之
○薛瑄河津人閱宋諸儒書知為道學正脉即專心體
究至不忘寢食務實見而篤踐履乃動合矩度終日儼

然居家孝弟忠信對妻子如嚴賓凡出處取予之間毫
髮不苟其學以復性為柄曰此程朱喫緊為人處大節
凜然死生利害不能動也時呼為薛夫子為大理卿忤
王振坐死瑄怡然就害乃獲宥天順初入内閣尋乞老
○大學士彭時謚文憲安福人端慎貞朴外和内剛辨
閣中不當南向坐伏闕號泣爭慈懿葬禮杭疏正宮闈
廣儲嗣又論景帝固安公主及笄宜嫁沮太監劉永誠
不當封伯及上地震十事彗見七事皆名言也景泰三
年見朝政有感即引退出處之際國見之明處之决者

○都御史葉盛謚文莊崑山人崇道誼尚名檢務文守
正統景泰間丁時多艱論疏侃侃勠危從將臣失律請
誅以謝天下然後選將練兵以復不共戴天之讐又論
邊將不可留守京師及視饑陳州協贊獨石經理馬營
八城處置屯戍定綏兩廣鎮宣府議防河套咸克禆治
體
○王信南鄭人沉毅簡重被服儒素歷鎮通州倒馬關
臨清湖廣及總理漕運靖寇荊襄諭韃永順保靖所至
經畧過人己巳虜犯京師信拒戰西直門外後嘗從犯

闕力戰東市兩部劉武張全智勇過人即懇薦於朝嘗
曰僉可以久不以侈累子孫我所遺也人稱其脊梁鐵
硬心腸木枯
○鄭亨武安侯天順中守大同剛正有為志專為國每
議事數易中貴卒之日中貴悼惜之蓋其公能服人耳

成化名臣

○劉定之永新人謚文安文學迥邁對客携毫運思稿
不易幅及成化初登秘閣折疑議稽古訓或日詠百詩

一揮九制渟泬演迤頓挫开放變化不窮正統間上時
政十事景泰間上敵愾十事又請遣使迎駕諂諂法語
耿耿節義不徒於文已也
○高明廣信人初拜御史除不職吏宣泄理枉所議獄
條多著為令臺囚晝刼獄走衆相顧駭愕明從容馳片
紙報九門毋出行者卒能復繫成化初擢都臺裹南曹
不職三十人理兩淮鹽課劾清巡撫縱法狀又造籌亭
平楊州盜寇置永定縣處上杭寇殪鍾同屍代認趙明
彈文忤旨

○尚書秦紘單縣人諡襄毅歷牧州郡廉守有惠政及
巡撫陝西秦王府肆橫紘悉擒治因奏紘欺臧　憲皇
怒下錦衣獄籍紘家止得匹絹故衣　憲皇嘉其廉釋
之仍賜鈔萬貫改河南約制汪直不為害後總制兩廣
發總兵柳景贓狀被構誣紘亦被逮及綰院章風采益
峻臺綱肅然
○岳正漷縣人天順初以編脩入內閣抱負經濟居家
孝友與人交尚氣誼性剛而志高屹屹不能下物時曹
石勢方熾因極言於帝前且退而開諭之使為保全計

二猾雖陽諾卒羅韓左遷欽州又追逮戍甘州二猾敗
召還成化初有忌者偽為正劾李文達疏草遂出知興
化至則政務惠民號賢守尋致仕
○耿九疇盧氏人廉介自持政尚明肅初為都御史欲
糾石亨之罪以不容先落其所排出為布政使
○楊瑄豐城人為御史耿節敢言劾奏石亨曹吉祥
英皇怒召至文華殿與其寮周斌同楷斥二𠒇罪狀乃
坐死會大風雹走正陽門下馬牌於郊外得末減戍鐵
嶺尋有欲瑄詣二𠒇謝瑄不可後撫戍南丹　憲皇踐

祚起瑄尋改按察使振憲度奉職著勤
○侍郎林鶚太平人歷仕天順成化間簡言語澹於自
奉好古秉禮志切躬行事母盡其孝敬惟待下嚴過律
以正於交遊不苟諧世稱篤行君子
○脩撰羅倫成化二年對策大廷以所學進說峻直不
阿人至今傳之奏名第一未幾劾李文達奪情擭貶性
慷慨樂善內無隱伏不逆人欺遇事無所回避其高風
凌鄭曾人間煙火一點雜乎
○鄒智合州人忠耿滿腹自召銳然成化丁未冬以庶

吉士遇星變抗章極論陰陽之理欲黜萬安劉吉尹直而用王竑王恕彭韶且謂君子小人之進退宦官實陰主之巳酉遂搆禍下錦衣獄貶石城州吏目

○楊守陳鄞縣人侍郎謚文懿獨抱遺經求心術於理致之間不以訓詁辭章為能故其持躬律家居官接物動遵成矩而不以少肆家庭訓乎守阯守隨守隅茂元茂仁咸恂恂如亦俱為顯官而守阯讜言抗志尤著其為文典正祧議全章非時輩能及也

○學士張元禎南昌人留心理學少以奇童七歲為獻

王召見命之詩有心定萬事定之句　憲宗践祚勸行三年喪及上疏論王道幾萬言尋與時宰不合歸後三赴召而出在經筵首勸閱西銘太極圖　孝皇即取二書觀之為人孤削奇梗率以是不容於時輩

○莊杲江浦人南吏部郎中逸思神授浩然於煙雲花鳥之間其詩豪其文宕其行飄乎若乘風太虛富貴利達漠其無繫也同時遊者皆冲邁之似於是流風潑潑人欲滓磨之不暇矣初為庶吉士以諫上元鰲山被謫後薦起尋去

○張弼讀書不治章句獨慕古奇節偉行其卓犖之氣無所洩每發之詩文及草書狂翰醉墨流落人間雖海外之國購求以為異寶成化間官兵部郎不便就俗局數以直道忤長部乃出知南安鑿海嶺之嵌岩梁横浦之崩湍定役道更番之例以求息争端民立生祠祀之

○章懋蘭谿人謚文懿力學敦古襟懷坦蕩嗜好無入於心居常無甚異同至臨大事决大議則據經援古確乎其不能易雖官至侍郎食禄不數載尋請老歸樓林壑隱然繫天下之望者幾二十年

○陳選臨海人苦立潛脩不妄言動以古聖賢為志敝衣糲食人不堪其憂其學以克巳求仁為要為御史正色直言不忌時諱尤嚴於君子小人之進退提學南畿居宿學宮默然端坐以身為教擢布政使務為惠養育材如春持憲如秋其視去就升沉漠然

○周瑛莆田人其立志欲求見聖人之一而必欲由博以反於約於是肆力於百家群藝事必為之所厭人先於靜得必随事窮理求其自然與其當然又會其所以然積累既多於融貫處亦自得之官至布政使

○布政張吉餘干人信古好義恥同流俗以名節自砥礪其為學務窮理致知體之身而驗之心直欲著於事為初任主事劾左道李孜省妖僧繼曉出判景東能申明禮治土官長及夷民咸信化之後知梧州以聖賢之道諄諭郡生一時知所嚮向人以為不有本不能也

○余子俊青神人博達有才畧宏施利斷不殉世耳目以尼事功初守西安輒擅發賑及引渠為民利成化中歷陝西藩使并巡撫經畧榆林墩臺延袤二千里為固備且請置榆林衛墾曠土為屯緻畧訓蒋虜至必嚙指莫敢近又開涇陽堰以便溉鑿南山道以便餉奏易南北更戍收岷番之捷俊畧邊務廣蓄儲有警輒厚賚下乃用命官至兵部尚書謚肅敏

○張寧海寧人力學攻文辭志負經濟授給事中謇諤自將風裁烱射其劾陳循王文私子應試銓約石亨曹吉祥論姚文敏歛會大臣香錢忤内閣以救王徽勸天子芟秕政為脩省以節省為甦民困乃其大者朝鮮讐殺毛憐郎卜兒哈父子命寧往寧以陳譬代重兵咸悅而罷成化初當道嫉寧出為知府

○文敏姚夔善應變濟務可屬大事初為給事中議朝政侃侃成化初居大宗伯連上封事決擇大儀節及慈懿與葬尤詞嚴義正後轉吏部釐正銓法有撓之者卒不聽時彗見四方災亦連疏歸本人事人壯之

○黄孔昭太平人力學有守志趣卓然成化中在文選十有五年汲汲以人才為念始終一節有貴勢干請堅卻之謝方石稱其見其善則知賢者之得進見其憂則知小人之不得退信知言也鄉人有仕其地者餽以尺帛亦不受終身儉素不妄交游官至侍郎

○參政陸容崑山人成化中為兵部郎時邊報旁午封事日上凡虜情虚實地勢險易兵力分合皆犁然中其肯綮事下三邊每驚服進用將臣如呂佐王欽梁宏皆大得人及世襲章英雖出　睿意亦執不可士論壯之後參浙藩政亦整整容自少有志經濟典禮兵刑水利漕運罔不究極其本末利害手書之冊識者以為百不一試也

○毛吉餘姚人尚氣義不少屈筮仕刑書嚴明庶鞭訊鞫多立驗權貴無敢為撓時朝官咸避馬門達君獨與

舉鞭揖會失朝當棧幾死成化初陞憲廣東巡惠潮
强默玉珍海寇擒程鄉寶龍峒巨盜及敗河源清遠二
巢俘獲無算移擊雷廉高諸蠻以漸平尋追新會賊至
陽江雲岫山奮前力屈受害

弘治名臣

○陳茂烈莆田人廉約孝純篤志古人之學以靜一為
主腦貧甚弘治末為御史袍服粗素借騎一牝馬身肴
無官及終養得告短床敝席敝帳不能辦身治畦一蒼

頭給薪出則執小油蓋妻子服食敝糲日坐斗室體究
經訓
○給事中賀欽廣寧人一聞陳白沙講議輒嘆曰至性
不顯寶藏猶霾矣以為世用即日抗疏解官執弟子禮
別則肖白沙像懸於家之別室日瞻企之弘治初內閣
首薦不就陳上治理四事正德初鄉寇暴發戒勿犯欽
家鄉人聞而請往撫之片言遂定
○尚書王恕三原人奇器瑋瓌直任當世事一征湖湘
三出巡撫兩督留務凡言無不當知無不行威畧足以

平寇難貞廉足以激貪墨仁惠足以蘇窮困若祭縉紳
典刑攸寓所在立石建祠時王敬乘傳取寶錢能進貢
禽鳥郭瓊私市外夷恕皆劾而罪之及執奏無驗駕帖
救留林俊李興周紘處增五府勸米孫奏却貢獻禁擅
殺流民晚登銓府一時人望悉引而置之政事之地以
毗
孝皇之治謚端毅
○項忠嘉興人謚襄毅初官陝西賑饑濬渠以拯民為
己任軍民兩詣闕借留者千數立生祠後擒達滿四殲
李鬍子平洮岷番虜旅氣矯矯雖矢石如雨無懼色錦

衣韋瑛挾汪直為詞察屢興大獄以忠劾發戍其黨競
讐忠搆忠死廷辯慷慨不少屈僅落職後起為尚書
○張悅華亭人性素清約平居謹畏無疾言遽色臨事
卓有定見未嘗以恩怨利害動其心居官奉職守法以
不欺為本提學浙江始以糊名校士悅去之曰我且自
疑人誰信我為廉使入朝尚銘居東廠任事衆皆趨其
門悅獨不往佐吏部兩攝選衆稱翕然尋贊留務致仕
居家杜門崇儉謚莊簡
○周經陽曲人秉正執法剸繁應變如流都西域貢獅

敢黃村尼寺為　憲廟盛德事皆經所贊成及不肯奉
行傳陛奏阻李廣獻田過諸王府自領河泊所禁中官
請鹽越境乞停織造不發太倉張燈銀止靈臺增灑掃
卒却雄縣獻東宮莊田皆允當事情官至戶部尚書謚
文端
○張瓚番禺人宏才遠器筆翰俊馳歷守撫州潯州漳
州三府廉靜公正博洽物情所至剔宿弊民之所欲務
與聚之私請謁不能動民感入五內善者吐氣而奸惡
潛跡頌聲布洋隨在去思立碑陳江門亦企重之
○尚書彭韶莆田人苦學危行才識迥出人天順成化
間進言當宁宣力臬藩弘治中效勤於都臺執憲於司
寇所薦王竑李秉葉盛秦紘陳獻章而攻韋眷之乞徭
戶發顧恒之恣求索論沮梁芳之進貢乞正柳景王萌
苗通高永刑罪乞減昌國公墳役皆鑿鑿謚惠安時服
部學識醇正可決大疑有以文請節惠者不遂
○鄧廷瓚巴陵人氣沉雅處事務求其濟不為赫赫名
與人不立疑至所設施其衷炳然必動中機宜守程番
整設夷創蔚如中州鎮貴州剿撫黑苗處轄都勻流土

兼治皆極綜密後總制兩廣以安靜為治不瑣細故與八
群蠻結以恩信其列置治轄并及聞之事宜悉有方度
謚襄敏
○大學士丘濬謚文莊瓊州人博極群書而欲為適用
之學為援筆搖管著述知學的世史正綱大學衍義補
家禮儀節甚羅今古斟酌可行總數十萬言可以廣益
聰明而權衡是庭天下人誦其文家有其書晚際　孝
皇召登內閣凡人才進退政事興廢惟祖宗舊典是循
其為文務渾厚深雅微名詭行亦以寬大啓沃　上心
○何喬新南城人性嚴介就墳史屬書讀之每上下
數千年事論辨異同前哲不執沿成議嘗於著述自警
不營私不阿權貴不以愛憎為賞罰歷官尚書其經猷
注措皆翊正國是粉飾太平之具平生文學氣節而聲
色澹然謚文肅其節惠雖克當其情嘗出異數耳
○禮部尚書倪岳謚文毅上元人生而瓌岸頴秀異人
潛心經史世務然亦考諳凡民政財計邊情罔不留意
弘治中每大廷集議岳慨然高論多所裁定
○尚書林瀚閩縣人謚文肅剛方應務臨事公平弘治

中為祭酒待諸生嚴而有恩其規條不為勢家子及請
托所移故冑監有羨費入堂正瀚悉貯之官購置諸署
廨尋恭留務有經國重務輒上疏極論皆剴切無忌避
正德初忤逆瑾左遷浙江布政使復黜罷瑾敗召還舊
官
○謝鐸黄岩人氣屹屹耆義如渴見不善若將浼然清
脩勇退耻絶功利不為時局所惑弘治中為祭酒持以
身教復嚴約束明出納廣建置上疏正文廟祀典及申
明補敝舉墜凡所建白皆師古義不徇俗見一時士大
夫所推重官至侍郎謚文肅

○程敏政休寧人風神清茂博學攻文辭力模精究欲
泝伊洛宗旨誠本朝操觚巨匠嘗定祧廟禮議立奉先
殿訂文廟從祀及集文衡為道一編咸鑿鑿服人政坦
直不自賢貴升其堂者叩之無際　孝皇甚器眷之後
言官誤以中政政防世之疎亦不咎人也
○楊廉豐城人好學攻文辭以宇宙内事當盡索理會
凡禮樂兵刑之說及計賦數筭雜藝稗談各取而玩之
尋復躋其遊騎低昂百氏而權衡程朱戾厭俗狀於功

利不嗡嗡向前以庶吉士歷官宗伯嘉樂退休之心老
而彌切謚文恪
○大學士徐溥宜興人當弘治盛時入學機務因事從
容調劑甘苦温容柔裕使人能各盡其才盡其心能不
倦不矜坐弭譏怨而消爭修培養國家元氣然救知州
劉遜之逮獄却應製三清樂章又凜然不可犯者時李
文正亞溥職而所上章奏皆出其手則能用才可知矣
謚文穆
○劉健洛陽人弘治二年入内閣正德三年罷正色立

朝以老成率僚下凡諸僚下謁私第者不與交一言及
入朝事關大義累數千言不之弘治末年諳怠政設醮
武當諫建塔朝陽門外諫撰真人杜永祺等誥命法言
盈庭咸被采納正德初健感受先朝顧命盡言無諱瑾
璫用事焦芳私媚之以健同鄉不附已遂力攻之罷
○吴寛長州人行履端潔識趣高邁居官務簡慎不欲
涉據要津雖優詔屢留而引退不置不為慷慨激烈之
行而能以正自持有不可卒未嘗碌碌苟隨言詞雅淳
文翰精妙嘗上疏勸東宫出講及議葬祀慈懿禮侃侃

伎厥之數其事不盡不乏也官至禮書謚文定
○馬文升鈞州人性檢介以身殉國艱險不避敷文飭武名聞夷夏退然若不敢自勝當出總機務生擒達滿四藏李胡子火蝎兒王彪追斬北虜平章鐵烈孫三靖邉犯興復哈密國處置貢苗建夷火篩會忤陳鉞汪直搆升戍重慶升屹然不為動晩際 孝皇柄銓府倚毗甚隆謚端肅
○耿裕盧氏人初授諫垣遷禁林長國學擢宗伯任大宰坦夷無物羽儀多士不設愛憎惟理是若而民用具瞻足為老成之器裕於弘治盛時宜無所見天下以心服其德義曾不待聲色說言也
○劉大夏華容人謚忠宣明識治體忠誠廉潔自兵部郎至尚書平生不以勢位自居於功名富貴子孫福澤泊如也當出而靖難者三行邉者二治水者一所至有成績 孝皇眷注於本兵外凡國有大政大疑每召大夏至内殿面議或令隨御中官避聞又則令中官持護以出常令大夏密進揭帖對以恐開斜封墨勅之弊不敢從大夏在本兵臨事有為皆務合大體養兵惜民節費緩力守法舊剔弊萌正德初忤逆瑾構戍肅州
○戴珊浮梁人謚恭簡德氣和粹中耿耿不苟合而洞達無城府自御史至掌院章奉職惟謹不為少撓偕而意常近厚禄仕四十餘年家無餘貲珊屢靖寇輒戮渠魁其釋活甚多鄖陽豪右竄流聚令刻日為首練士卒能自制營陣法 孝皇每宣面問移晷珊從容啓對多所裨益
○張敷華安福人謚簡肅果介不隨風采凝重辨義利若黑白事有不可不為還就不以進退得失動其心初歷藩撫賑饑弭寇處塩課以濟民歎後督漕黜貪整務及掌院章請嚴天下貪酷之禁留神較運寵臣有坐法不少貸時咸畏之正德改元令致仕蓋不諧於時也
○韓文洪洞人謚忠定風骨玉屹奮厲充養夙夜黽黽以忠愛為主向初在科劾都御史王越釁邉遠訊幾死後為户書划積弊均會計時宣大聲息又值國恤大婚供費不貲文悉心經畫緩急以濟劾太監苗逵征費無功追究羽流妖術抑戚畹中恣奪正窩占引塩沮乞討織造逆瑾熾毒首抗章死論得黜罷複逮獄罰米

三千石

○丁璣丹徒人飭躬勵行持護名檢企志古人之學日以經籍摩擬而患未得所師初為御史上疏諫用萬妃憲皇怒逮繫命擊齒落公毅然不為動後擢憲副提廣東學政死於溺家業蕭然曾未嘗入念

○陳壯京衛人弘治中為御史與人特立雖溷雜都會而性氣山林不能與物湛浮遇節義廉潔士即傾心向慕其嫉惡若將浼乎其身家窶素取與一無所苟弘治中任南臺方操風紀及轉佐憲臬悉心綜治持法惟謹尋致仕

憲章類編卷之二十四終

正德名臣

蔡清晉江人飭躬砥行不入俗浮靡其學以六經爲正宗四書爲嫡傳宋四儒爲眞派生平精力盡於此摩擬闡解一時學者所宗曰虛齋說也正德間爲江西提學忤寧藩欲傾之遂致仕

許進靈寶人謚襄毅偉器度湧風論嚴法抑情不貸權貴勑授御史遷副使皆有聲及巡撫大同嚴爲飭備武

邑王聰沐不律奏置於法又奏太監石岩爲岩所構降知府尋虜犯西陲起進巡撫甘肅乃調赤斤罕東諸夷爲聲援督大軍冒雪夜進遂興復哈密累轉吏部尚書忤逆瑾罷黜復構進幾至不測

儲巏海陵人端默凝重雅操不羣而長才傑出尤足以濟事爲考功太常巡撫户侍所歷職咸克舉遭逆瑾不爲屈精藝翰且好文有世才滯於用無遠近務拔引焉

謝遷餘姚人貞毅天槩豁豁不設鍵械然淵衷寸尺劑發如響以狀元陟樞要率履始終不爲栽進不隱賢亦無矯拂於時未嘗以世升降自爲低昂謚文正

陳恪歸安人徇澹劭毖叩首如礙然令縣視民如子府方伯家食會歲歉饘粥不能繼薦者謂其冰清玉潔云官至大理卿

彭澤蘭州人骯髒山立競風致劇操切官箴以廉以持且疏闢能任人遇事無所避所至文武著聲大者荆襄奏俘及執議哈密官至兵部尚書

王雲鳳和順人廉靖剛方言動不苟處私室如在公門暇則以史冊爲師當事無忌避與人交侃侃正誼有壁

立千仞之意初釋褐觀政禮部知同榜蔡清學傾執弟子禮常處部小署中朗聲誦讀不徹未授職輒疏論國奸後爲都御史俯尊延訪務爲民造福視官如傳舍

員外郎葉釗豐城人剛敏守法務以正自持居刑曹廷無留獄有事干貴戚如法不少貸遇廟堂大事輒直言弘治甲子南畿災上荒政四事乙丑應詔陳八事正德初疏請釋給事中牧相徐蕃戴銑等六人以來忠直起用劉大夏以收人望皆切中其因事陳言如大理寺止應參駁不當用刑訊刑部大理堂官序坐宜照品級寺

丞不當居侍郎之上得俞旨爲例人服其識
楊繼宗陽城人好善惡惡自性成人多憚其方嚴至忠
孝大節議論風采人皆信而欽之爲嘉興守以隻篋孤
擑赴任勤廉厲政民多受其澤尋長浙臬憲振肅綱紀
初藩臬諸司民苦供辦鎮守中官日費既給萬錢宗一
切罷之歸橐惟律書數卷而已後巡撫順天奪還宦戚
占民莊田權貴歛迹成化乙巳以上疏左遷弘治初復
原官
董杰涇縣人具器瓌瑋議論謇諤不能屈以非分氣行
行危直自州郡起歷都憲志切民瘼激揚承宣終始不
怠凡京輔青齊湖湘河洛之間所至懷其德正德初江

右賊砦熾掠杰爲平之
林俊莆田人性簡檢居官廉約至隸金公廩托以謝之
厭末俗侈泰欲以身爲表率自筮仕迄歸田進退無瑕
釁奇議妖僧繼曉挾近倖梁方以左道進俊極論之巡
視江西先事發厓人奸後尚刑書執法不苛理崔文私
人李鳳陽獄不慊申憲遂致仕
王鴻漸南陽人崇實黜浮誠信與物讀書以窮理致用
爲的雖一字異同必審其義之所安善觀史務審得失
辯邪正尤明習國典　祖宗用人行政及前輩立朝行
已之詳皆能一一言之官至尚書謚文莊
張芝歙縣人讀書慕古人之學意氣烱烱弘治中授評
事嘗嘆曰一職所效有限言而見聽所及者廣禍福非
所計也因屢疏上陳無慮數萬餘言皆見施行正德初
論時政闕失欲正體統以收威福以保祖業言俱剴切
通政司以犯權倖不敢進尋擢憲副風采凜然格奸正
法悉有成績及督學政懇懇導人自力

李應禎長洲人介約寡諧合領鄉薦入太學有中貴欲
致爲塾師固拒之爲中書恥伍同官乞改教職嘗以例
寫佛經上言不當尊奉異教言甚訐直雅好古博學喜
面折人過卒之日無爲歛友人營其葬事
新建伯王守仁餘姚人自少負奇氣不欲爲俗學所困
乃遍求百家三氏有所得輒察其敝輒逃之他求如是
者數過乃獨得不傳之緒輒喟然嘆曰致良知平生三
字符不可易也於是風動海内英才就學者輕千里而
至守仁一奮然崛起挺一齊於衆楚之咻聽其言彥髦

心醉雖負氣執已見者亦自致疑官至尚書以功封新
建伯勳名日盛敭歷政繁而時不廢講

楊一清丹徒人博學有用才乆官陝西督茶馬條上五
事監苑胥庇脩復靖虜諸城莊浪諸隘花馬池諸要害
罔弗振耀虜大寇固原公單騎馳至亭驛預設伏寇聞
宵遁復條上軍務及興復河套事宜忤劉瑾逮獄尋復
用會張永征安化一清授計發瑾惡後入内閣朝廷有
大疑一清片言以定援拔士類體局宏肆卒以是受訾
云

吳廷舉蒼梧人耿槩雄傑百折不回從學於陳白沙爲
縣令以忤上官搆誣編管起爲府同知轉兵備忤鎮守
潘牛被繫於逆瑾矯旨枷號錦衣衛門月餘幾死復編
管又起江西叅政姚源洞亂被執入賊巢欲加害挺然
不少動色且諭以順逆之道賊感化禮舉甚後歷陞尚
書士類傾服

胡世寧仁和人偉氣局雄視百夫而才畧足以副之初
仕江西忤濠爲其所搆坐繫戍後起歷巡撫所至有勞
績種園孔棘寧亦預當一面然獨惟寧疏論議和平雖

雖嗚鑾無詭遇獲禽之意寧外矯矯而内綏綏揮霍詳
明淵乎莫得涯涘之也

黃鞏武選郎莆田人沉敏好學志於輔國留武皇欲南
巡奮疏六事留之甚剴切語刺倖臣江彬時車駕員外
郎陸震見其疏稿願同署名以進彬矯詔廷跪二臣五
日杖百餘除名陸竟斃杖下君幸得甦以詩遺其弟曰
不用汝謀方至此須知我道自當然蓋無所悔之也

徐文華嘉州人莊猛偉然克克諫任人不敢撓以私忤
逆瑾坐戍尋起歷官大理丞凡朝廷大議會華職雖末
列見羣長模糊不敢發輙抗聲剖析衆亦愕然唯唯後
以大獄罷

王廷相儀封人氣顏亢不能撓居諫臺敢言謫縣丞益
自勵贊理留都職舉弊絕後久綰院章風表百司凜抑
奔競有要地衆越禮趨之獨不往志好文廣集百家言
苦恁探究述雅述以見向晚尚玄術羣小所愠者以是
黜之

梁材上元人撿滌自飭恐恐惟時套所浼爲縣令著勤
民隱節費恤徭任臬長慎察屬省諸察治狀會大朝一

一揆對以爲黜陟有不恊者力諍之時謂大服輿論他時未有也後尚書計部值大工及邊務倥偬材匱勉籌會以給之太倉老庫銀四百萬執不敢動其守法類此石珤藁城人澹約性成絅絅自戢位躋台鼎供具如寒素士正德末造倖局肇開珤不逐時好然亦不過立異幟嘉靖初入閣嚴誠闇從不濫交與謁者以帕爲儀受則還贄致政歸行李及奩配不滿一輿羅欽順泰和人莊篤由衷動執絜榘不能撓以非因自號整菴人固信其爲整也凡出處取與必欲印有成憲

嘗曰人立身居業必先打破義利關否則擾擾直到底其教人每以是致嚴官至尚書茹清素晚年不下樓數載以終何瑭懷慶人篤遵古誼雖世局變推而公不受染當逆瑾熾威羣寮入見有跪禮公獨挺立瑾大恚然止奪瑭官後起督浙學尋致仕内閣器重之舉翊　聖治期大用之始入京胥晤輒面數其十三愆衆爲諤然官至禮部侍郎

名宦鄉賢祠

洪武十六年十一月禮部言秦蜀守李冰鑿山堰江以備水旱民始殷富漢文翁爲蜀守仁愛化民興學教子弟宋張詠爲蜀守民畏而愛之李冰已載祀典文翁與詠未及奉祀今擬以文翁張詠與李冰同一祠祀卓茂爲密令黃霸爲河南丞皆漢之循吏具載漢史鈞州有霸廟址密縣亦有茂廟址葺而祀之正合祀典陸遜及子抗從子凱世爲吳郡人當三國時文武兼資爲吳將相以勞定國松江舊祠址尚存宜令有司葺祠致祭四川隆川土神垂休侯李龍遷臣事於梁築城保障川蜀

邦人祀之雨暘疾疫禱祈必應唐狄仁傑諫立廬陵王復唐社稷嘗謫爲彭澤令彭澤舊有祠宇理宜褒祀謝夷甫肅宗時爲京畿令孟湜押兵過境縱掠百姓夷甫捕而斬之李輔國譖之於朝流建州卒葬于甌寧後見夢于帝立廟賜名靈通封武英侯皆從之著爲祀典永樂三年二月巡按福建御史洪湛上言福建自漢以來始通中國民不知學至唐常袞爲觀察使始興學校人文日起宜立廟以祀從之　成化五年五月復元臣賽典赤廟祀于雲南元時賽典赤守雲南興水利以溉

田崇學校以勸士民德之迨歿廟食其地國初平雲南有司不廢其祀迨正統間廢之至是三司等官言其有功德於民宜在祀典事下禮部覆奏請脩廟復祀從之　成化十三年八月命杭州府祭唐臣褚遂良遂良仁和縣人前代舊有祠未入祀典至是儒士周璟以爲言下禮部覆實行令有司每歲春秋致祭　成化十八年秋七月命雲南布政司歲祭故翰林學士王禕　成化十九年二月命浙江蕭山縣祀魏驥于德惠祠祠舊祀宋縣令楊時驥家居日躬率鄉民脩築海隄田獲其利邑

人謂驥之功與時等相率赴京具奏請以驥配于時之祠故有是命　成化二十年十二月命有司歲祭巡撫廣東故僉都御史楊信民先是信民爲廣東叅議以詿誤去既而黃蕭養作亂起陞都御史巡撫其地招徠安集多所全活及卒廣人思其德相率請于朝爲之立祠然歲時未有祭也至是聽選官盧從愿等爲之請上特命廣東布政司歲於其忌日祭之　正德八年春正月河南布政使楊子器脩元許文正公祠堂成元時祠在河内者已毀子器捐俸倡懷慶府脩之　正德十一年八月河南右副都御史李充嗣檄河内脩韓文公廟復許文正公祀田

災異

丁未吳元年秋八月屢値災變上引咎自歸不許臣民稱贊功德

洪武戊申元年正月庚寅彗星見于畢昴之間　三月庚寅彗星見昴　五月庚午朔日食　八月京師天鳴

洪武二年五月甲午朔日食

洪武四年七月令奏災異九月庚戌朔日食

洪武七年二月丁酉朔日食　十二月壬午太陰犯軒轅左角上諭中書省臣曰太陰犯軒轅占云大臣黜免爾中書宜告各省衛官知之凡公務有乖政體者宜速改以求自安

洪武八年四月甲寅欽天監言日上有青氣在趙分恒山之北北夷遼東之地勅遣使往北邊諭傅友德并定遼等處都指揮司訓戍練兵嚴飭守備　秋七月巳未朔日食

洪武九年三月壬申太白晝見　九月　上遣吳英往
北平諭徐達曰七月火星犯上將此月金星又犯之占
有奸人刺客當謹備之可徧諭諸將一體嚴密雖左右
將校勿令相近其故元閹官尤宜防範惟南去者可以
使令　閏九月　以五星紊度日月相刑詔求直言
淮安海州學正曾秉正上脩德弭災疏　上嘉之召至
京擢思文監丞
洪武十年十二月乙巳朔日食
洪武十一年八月蘇松揚台等處海溢　十二月乙巳

朔日食
洪武十二年夏四月　乙丑遣使勑曹國公李文忠西
平侯沐英等曰四月庚申日交暈在秦分主有戰鬬之
事已未太白見東方至於甲子順行而西西征大利爾
等宜順天時追擊番寇
洪武十三年五月雷震謹身殿
洪武十四年冬十月壬子朔日食
洪武十五年九月上勑征南將軍傅友德等曰九月乙
丑夜熒惑犯南斗蓋上天垂象以示鑒戒自昔蠻夷叛
服不常卿等率師久勞于外恐衆心懈弛爲寇所乘宜
嚴加戒飭以備不虞且蠻夷好置毒水將士飲食極宜
謹愼以副朕懷
洪武十六年春正月巳巳朔　戊申白虹貫日　八月
壬申朔日食
洪武二十一年五月甲戌朔日食
洪武二十二年九月丙寅朔日食
洪武二十三年九月庚寅朔日食　七月江南北海溢
洪武二十四年三月戊子朔日食　四月彗星出紫微

垣
洪武三十年二月　白虹亘天　五月壬子朔日食
庚申夜有星大如雞子尾跡有光自天厨入紫微垣下
有二星隨之至游氣中沒
洪武三十一年九月長星西南有聲如雷　十月熒惑
守心
革除建文元年三月京師地震
革除建文二年三月丙寅朔日食
永樂元年正月禮部尚書李至剛奏月當食不食請率

百官賀　上曰王者能脩德行政任賢去邪然後日月
當食不食適以陰雨不見豈果不食邪勿賀
永樂四年六月己未朔日食
永樂五年冬十月辛巳朔日食
永樂六年夏四月己卯朔日食　冬十月乙亥朔日食
永樂十一年正月辛巳朔日食
永樂十二年正月丙子朔日食　六月壬寅朔日食
永樂十四年五月壬辰朔日食
永樂十五年夏四月丁巳朔日食　十月癸未朔日食

永樂十八年八月丁酉朔日食
永樂十九年八月辛卯朔日食
永樂二十年春正月己未朔日食
永樂二十一年六月庚戌朔日食
洪熙元年七月南京地震　冬十月丙寅朔日食
宣德元年八月辛未東南天鳴聲如萬皷
宣德五年八月己巳朔日當食陰雨不見禮部尚書胡
濙以爲即同不食請率羣臣上表賀　上不許因勑羣
臣曰古者人君所謹莫大於天戒日食又天戒之大者
傳不云乎君子之過也如日月之食過也人皆見之更也
人皆仰之今以陰雨不見得非朕昧於省過而然歟况
離明照四方陰雲所蔽有限京師不見四方必有見者
比之不食天可欺歟朕尚圖脩省以仰荅天意方賴爾
羣臣匡其不逮其止勿賀
宣德六年夏四月　有星孛於東井　九月　熒惑犯
南斗
宣德七年春正月辛酉朔日食
宣德八年夏四月山東旱饑　八月熒惑犯南斗　閏

八月彗出天倉
正統元年四月河北旱蝗
正統三年五月江北大水
正統四年六月京師大水　八月丙子朔日食
正統五年春正月甲辰朔日食
正統六年春正月己亥朔日食　秋七月丙申朔日食
正統八年四月雷震奉天殿鴟吻　五月畿內旱蝗
六月甲申朔日食　十一月壬子朔日食
正統九年四月大旱遣官請雨于嶽鎮海瀆　閏七月

浙西大水　冬十月丙午朔日食
正統十年四月朔日食
正統十一年夏四月朔日食
正統十二年八月朔日食
正統十三年二月朔日食
正統十四年六月雷震風雨驟作謹身殿奉天華蓋殿災　秋七月熒惑入南斗
景泰元年正月彗星見　閏正月　京師烈風晝晦
景泰二年六月朔日食
景泰三年三月有星孛於畢　八月　熒惑晝見　十一月己未朔日食　癸未客星見輿鬼
景泰四年五月　歲星晝見
景泰五年正月積雪恒陰　夏四月朔日食
景泰六年四月朔日食
天順二年二月朔日食
天順三年十月彗出星變日暈數重
天順四年七月乙亥朔日食
天順五年五月　江南北大水　九月朔日食

天順七年二月晦夜空中有聲李賢上疏曰傳言無形有聲謂之鼓妖上不恤民則有此異惟陛下憫念元元凡一切不便於民者悉皆停罷則災變可弭　上覽之命賢具寬恤事宜以進上皆從之　五月己丑朔日食
天順八年憲宗　五月五日大風雹飄瓦拔木壞郊壇
成化元年春正月己酉朔夜有流星光燭地自左攝提東南行至天市西垣　三月陝西旱災
成化元年夏四月　甲申河南鈞州地震有聲至二十三日方止　八月南北直隸及河南山西湖廣江西浙江所屬郡縣凡一百四十餘處各奏水患詔戶部勘實以聞　十一月乙丑夜月犯太微垣上將星　十二月丙子曉刻金星犯鍵閉星　癸巳夜月犯右執法星
成化二年春正月甲辰朔　辰時日暈及左右珥背氣赤黃色鮮明　七月順天保定開封青州四府大水
成化三年二月丁酉朔日食既　六月　戊申雷震南京午門正樓　秋七月　工科都給事中黃甦等言南京乃祖宗創業之地邇者午門正樓為雷雨所壞實上天示警四川等道御史丁川等亦以為言　上曰朕當

勑之　八月乙未夜火星犯壘壁陣東方第一星

成化四年二月壬辰朔日食　七月巳未夜北方有流星青白色光明燭地自閣道旁西北行衝勾陳尾跡後炸散　八月癸巳辰刻京師地震有聲　甲午夜月犯房宿南第二星　九月癸亥夜客星色蒼白光芒長三丈餘尾指西南變為彗星　戊辰彗星晨見東北方　巳巳彗星昏見西南方　丁丑昏刻彗星犯七宮西等四星　壬午昏刻彗星入天市垣　十月甲寅彗星犯天屛西第一星　十二月戊午夜彗星滅　十二月丁亥朔日食

成化五年春正月乙丑夜月犯五諸侯南第一星　巳巳夜月入鬼宿犯積尸氣　戊寅夜月犯心宿　二月癸巳曉刻金星犯牛宿　丙申夜月犯木星又犯鬼宿　閏二月巳未雨霾天氣昏蒙黃塵四塞是夜月犯昴宿　癸亥夜月犯積薪及木星　甲子夜月犯軒轅御女星　巳卯日變白土霾四塞　癸未夜廣東瓊山縣雨雹大如斗　六月癸丑朔日食　秋七月　巳酉曉刻木星犯軒轅大星

成化六年春正月丁亥河南地震　湖廣地震　三月京師兩霾晝晦陝西寧夏大風揚沙黃霧四塞　癸未昏刻月犯金星　夏四月庚戌立夏雷未發聲陰霾四塞　大雨水　六月戊申朔日食　七月戊戌曉刻月犯昴宿　八月巳巳廣東高雷二府地震有聲夜月犯天鐏星　九月丙子朔曉刻金星犯軒轅左角星甲午夜金星犯左執法巳亥曉刻金星犯木星　庚子曉刻金星犯左執法　冬十月丙午夜東方流星赤色光明燭地自昴宿東北行至井宿

成化七年二月丁卯曉刻月犯羅堰星　四月　乙卯雨土霾夜木星入太微垣留守端門　閏九月辛亥曉刻土星犯天高星　十一月彗見軒轅　十二月丁丑夜彗星北行其光益著横掃太微垣郎位星　巳卯夜彗星光芒長大東西竟天自十一日北行二十八度餘犯天槍尾掃北斗三公太陽　上以星變避正殿徹樂　丙戌立春　昏刻彗星犯天河星

成化八年正月夜月犯軒轅左角星　癸酉曉刻月犯金星　二月甲申曉刻金星犯辰壘壁陣東第五星

夏四月　京畿自二月至是月不雨大風竟日運河水涸　七月丙午陝西隴州大風雨雹中有如牛者五長七八尺厚三四寸六日方銷是月州之北山吼三日裂成溝長半里　十一月癸丑曉刻木星犯鈎鈐

成化九年夏四月辛酉朔日食　六月直隷河間府蝗廣平順德大名真定保定并河南懷慶府大雨水　七月東直門火

成化十年九月癸丑朔日食免朝

成化十一年二月癸卯曉刻月犯牛宿大星　五月乙卯昏刻月犯明堂中星　巳未辰時金星晝見于巳

六月乙酉卯刻日生左右珥重暈背氣皆赤青色鮮明

九月丁未朔日食

成化十二年春正月辛亥南京地震有聲　二月乙亥朔日食　南京六科十三道各以南京陰霾蔽日地震有聲上疏修省　四月庚寅夜山西太原府地震有聲

七月庚戌京師西城有黑物夜出傷人衆蹤跡之不得巡城御史以聞命設法捕之仍戒人毋得傳疑　按此即黑眚也　十月辛巳京師地震薊州等處亦震有聲

成化十三年二月甲午浙江山陰縣地忽湧泉如血高尺餘　閏二月壬子夜月犯進賢星六月京師雨錢

七月陝西鞏昌平涼府諸州縣隕霜傷稼　十一月浙江杭州大雷雨虹見巡按浙江御史侶鍾言按月令八月雷始收聲二月雷乃發聲今十一月初旬一陽始生正閉藏之時而乃雷電交作虹霓出見皆爲非時乞加脩省事下禮部覆奏近年杭湖等府旱澇相仍今又値此災變不可不預爲警備宜移文巡按及都布按三司

等痛加脩省仍究抑捕強橫撫恤軍民操練士馬從之

成化十四年八月　巡按直隷御史范珠奏江北大水爲災漂没田廬倒塌城郭春秋傳曰大水者陰逆與怨氣并所致也伏望親賢遠奸信賞必罰仍勅翰林院博稽往事敷陳致災之由欽天監占候天象推詳災咎之應科道直言無隱吏部用人無私法司鞫囚無枉户工二部一切逋欠之物不急之務宜停徵罷役及將被災之處今年夏秋税糧爲除豁以甦民困疏入　上曰所言皆已行之事所司其知之

成化十五年五月乙丑直隸常州府地震有聲生白毛
九月丙子直隸無錫常熟二縣地震有聲
成化十六年六月長樂平地山起
成化十六年九月　辛丑四川威州地震有聲　夜四
方流星如大盞赤色光燭地自婁宿西北行至霹靂旁
尾跡散
成化十七年三月禮部以二月初十日南京及江北四
府山東河南等府州縣俱同日地震有聲奏言考之傳
記地動千里有大災又云春動者歲凶二月動者水災
今所動不止千里又況鳳陽南京皆祖宗根本之地宗
廟社稷所在關係尤重乞行各處守臣理冤抑恤孤寡
以消變異儲廣蓄省費用以備歲凶濬河渠築河堤以
防水患毋徒事虛文從之　七月直隸宿州民張珍妻
王氏臍下右側裂生一男子
成化十八年九月　庚戌金星晝見於申
成化二十年春正月巳丑朔星變地震勑諭羣臣同加
修省指陳時政利弊　三月甲辰江西新建豐城高安
三縣大風雨雷雹壞民舍宇民多壓死　九月乙酉[illegible]

日食
成化二十一年春正月甲申朔申刻有火自中天西墜
化白氣復曲折上騰聲如雷踰時西方復有火星赤色
自中天西行近濁尾跡化白氣曲曲如蛇形久之如雷
震地
成化二十一年三月泰安州地再震泰山動搖　八月
巳卯朔日食
成化二十二年九月陝西武功縣民王瑾等因歲饑荒
行旅就其家憩息者輙殺而食之雖婦人亦執刀相助
前後死者甚多巡撫官奏發其事命皆依律處決仍梟
首示衆是時民饑無聊如瑾等者比比不能悉奏
成化二十三年六月雷震南京午門　八月甲申夜金
星犯元宿
成化二十三年十月孝宗丙子五更有大星飛流起西北亘
東南光芒燭地蛇蜒如龍朝宁之間人馬辟易下詔求
言
弘治元年四月天壽山大風雹　六月癸巳朔日食
弘治二年六月　京城及通州等處大雨水溢軍民房

屋傾倒人畜多溺死　十二月甲申朔日食
弘治三年十一月彗星見于天津　十二月　勑彗星
垂戒朕與文武羣臣當同加脩省
弘治七年三月己卯朔日食　五月宣府山西河南晝
星隕
弘治八年三月乙酉朔日食　五月東南諸省大疫
秋七月　西北諸省大旱　八月朔日食　十月南京
地震　十一月　陝西貴州地震　十二月靖虜衛天
鼓鳴河南江西大震電禮部以聞　上令兩京文武羣

臣同加脩省直言闕失
弘治十年五月　京師風霾各省天鳴地震求直言
弘治十一年六月　京師西直門有熊入城守衛者不
覺馬文升謂野獸不宜入城奏乞守衛因乞嚴武備以
防不虞兵部郎中何孟春謂同列曰熊之爲兆既當備
盜亦宜慎火同列莫曉未幾城内在處有火災禮部焚
既而禁中亦火乾清宮焚或問孟春此出何占書孟春
曰予不曉占書嘗記宋人紀紹興己酉永嘉災前數日
有熊至城下州守高世則謂其倅趙允縉曰熊於字能

火郡中宜慎火果延燒官民舍十七八余憶此事而云
耳不意其亦驗也　十月　清寧宮災勑文武羣臣同
加脩省　十二月　詔清寧宮災寬恤天下
弘治十三年五月甲寅朔日食　彗星見
弘治十四年春正月朔陝西西安延安慶陽潼關等處
地震有聲韓城縣尤甚聲響如雷傾倒官民房屋五千
餘間壓死男婦一百七十自朔至望震猶未息縣東安
昌八里徧地決破湧水有裂開地長一二丈或四五丈
者湧出溢流如河南京僉都御史林俊上疏援古今徵
應指斥時忌　九月丙子朔日食

弘治十五年五月庚午朔日食　九月庚午朔日食
十一月　雲南晝晦
弘治十六年五月　京師大旱
弘治十八年武宗　九月庚子恒星晝見
正德元年正月天鳴地震　三月　隕星如雨　六月
辛酉雷震郊壇門太廟奉天殿　七月　彗星見　參
井掃太微垣太白經天
正德五年六月　京師旱霾　秋七月　四川威州茂

州等處地震有聲如雷既而潼川州樂至縣皆地震
正德六年十一月京師地震
正德九年正月乾清宮災　八月辛卯朔日食
正德十年十二月癸丑朔日食
正德十一年五月　風霾大旱
正德十二年六月己巳朔日食　九月　雨雹星隕
正德十三年五月己亥朔日食
正德十五年春正月　彗星見　五月江西大水

災異自陳乞免劾奏

成化三年七月巡撫河南都御史王恕奏開封彰德衛輝地方蝗蝻傷稼固雖天災實人事良由臣巡撫失職所致况河南地方連年水旱加以荊襄盜起軍勞征調民困轉輸今年起運稅糧買辦物料多於往年又遭此蝗蝻之災軍民何以聊生伏望將臣罷黜別選賢能代理仍乞去奢崇儉除祭祀軍需之外一應不急之務悉從停止庶幾天意可回災沴可弭矣　上曰王恕不准罷歸所言該部斟酌以聞
成化十七年夏四月　南京十三道御史陳金言南京地震有聲白毛頻長猛虎近城傷人且當春陽和煦之時而寒風淒雨有類秋冬臣惟根本重地災異獨甚皆大臣不職所致劾南京工部侍郎劉俊兵部侍郎馬顯禮部侍郎李本國子祭酒王㒜皆有干清議乞罷歸田里南京六科給事中周紘等亦以爲言且及左副都御史胡拱辰鴻臚寺卿李璿章下吏部覆奏俱留治事
正德十五年五月江西大水巡撫王守仁上疏自劾

祥瑞

洪武五年六月句容縣民獻嘉瓜二禮書陶凱奏曰句容爲　陛下祖鄉雙瓜連蒂之瑞獨見於此以彰及物之德上曰否德不敢當縱使有德天必不以一物爲禎若盡天地間時和歲豐乃王者之禎也賜民千錢遣之
八月河南民獻白兎命放之野
洪武二十八年秋七月　河南汝寧府確山縣野蠶成繭羣臣表賀　上曰人君以天下爲家使野蠶成繭足以衣被天下之人朕當受賀一邑之内偶然有之何用賀爲

永樂二年秋七月　禮部尚書李至剛奏今歲山東郡縣野蠶成繭綿絲進獻請百官表賀　上曰野蠶成繭使徧於山東之地亦不過衣被一方而未及於天下朕之心必天下之民皆飽煖而無饑寒方可爲朕賀也今且止之

永樂二年九月周王橚來朝且獻騶虞百僚稱賀　上謂侍臣曰祥瑞之來易令人驕是以古之明主皆遇祥自警未嘗因祥自怠警怠者國之安危繫焉騶虞若果爲祥在朕更當加慎是日宴周王於華蓋殿賜其從官

宴於中右門

永樂四年十一月　己巳甘露降　孝陵松栢醴泉出神樂觀命中使取獻宗廟分賜廷臣

永樂六年　三月巡按福建御史趙昇及布政司按察司奏以栢生花爲瑞上賜勑切責之　蘇州揚州二府言檜花爲瑞　上曰近蘇松諸郡水澇爲災有司往往蔽不以聞昨有奏栢花爲瑞者已責其欺罔今又言檜花小人之務諛說也可惡遂降璽書切責之

永樂十一年五月曹縣獻騶虞呂震奏稱上瑞請率羣臣表賀　上曰百穀豐登雨暘時若家給人足此爲上瑞騶虞何與民事不必賀震固請上曰大臣之道當務爲國爲民汝能效李沆爲人則善矣震退上顧侍臣曰震可謂不學無術者也　十一月　以野蠶絲衾命皇太子奉薦太廟先是山東民有獻野蠶繭絲者羣臣奏賀瑞應　上曰此祖宗所祐也特命織帛染柘黃製衾以薦

永樂十二年九月榜葛剌國王賽弗丁遣使奉表獻麒麟禮部請上表賀　上曰卿等但當夙夜竭心輔治以惠

天下天下既安雖無麒麟不害爲治其免賀

永樂十三年二月貴州布政使蔣廷瓚言去年北征班師詔至思南府婺川縣大巖山有聲連呼萬歲者三咸謂皇上恩威遠加山川效靈之徵呂震請率羣臣上表賀　上曰人臣事君當以道阿諛取容非賢人君子所爲呼譟山谷空虛之聲相應理或有之布政司官不察以爲祥爾爲國大臣不能辯其非又欲進表媚朕非君子事君之道也　十一月呂震奏麻林國進麒麟將至請於至日率羣臣上表賀　上曰往者翰林院脩五經

四書性理大全書成欲上表進賀朕則許之麒麟有無何所損益其已之

永樂十四年八月癸酉日壽星見呂震率文武百官請上表賀 上不許

永樂十五年七月戊寅日壽星見百官請賀 上曰比歲壽星見卿等以爲瑞致賀然四方旱澇蝗疫比比有之而鮮有爲朕言者朕之所願時和歲豐天下之人俱得其所賢者在位讒慝不作百官舉任其事政平訟理國家清明此可爲瑞壽星之瑞不足賀 十一月金水河及太液池氷凝具樓閣龍鳳花卉之狀奇巧特異上賜羣臣觀之呂震以爲禎祥屢見率百官上表賀不許

永樂十六年正月陝西耀州民獻玄兎呂震請賀不許

永樂十七年十一月 丁巳甘露降孝陵松栢三日

永樂十八年九月山東青州府諸城縣進龍馬縣嘗有牝於海濱者一日雲霧晦暝有物蜿蜒與馬接至是產駒麟臆肉鬉體具龍文其色青蒼蓋龍馬云

永樂二十一年八月禮部左侍郎胡濙進瑞光圖及榔梅靈芝且奏太嶽太和山頂金殿現五色圓光紫雲周匝不散又山石產靈芝尚書呂震率百官進賀 上曰朕創建太和山宮殿上資福於皇考皇妣下爲天下生民祈福初非爲已且朕德涼薄不敢恃此爲祥其勿賀

宣德四年二月 襄城伯李隆獻騶虞二云出滁州來安縣石固山素質黑文馴狎不驚 上命羣臣觀之胡濙等請上表賀上曰禎祥之興必有實德庶幾副之朕嗣位今四年中外所任豈皆得人民生豈皆得所騶虞之祥於德弗類唐太宗嘗曰堯舜在上百姓敬之如神明愛之如父母動作興事人皆樂之發號施令人皆悅之是大祥瑞朕與卿等宜共謹之若騶虞其免賀

宣德五年閏十二月 文武羣臣以含譽星見上表賀

宣德七年五月太原忻州民人武煥家馬生一駒鹿耳牛尾玉面瓇蹄肉文被體如鱗巡撫都御史于謙會同巡按三司視之咸謂其爲龍馬輿而進之禮部尚書胡濙請偕羣臣上表賀 上曰二三年水旱告災者踵至朕方日夕憂勵一獸之微何救民饑而欲表賀其止之

弘治十四年二月保定府臣獻白鵶以爲祥瑞禮部尚

書傳瀚劾其不當奏詔斥遣之

正德二年八月黄河清慶雲見翼軫分野　是月世宗生茲其兆云

正德七年正月黄河清自清河至桃家浦九十里清五日

封禪

永樂十四年夏四月　禮部祠祭司郎中周訥上言今天下太平四夷賓服民物阜豐請封禪泰山刻石紀功德垂之萬世呂震亦言　皇上聖德神功昭格上下宜如訥請上謂震曰今天下雖無事然水旱疾疫亦間有之朕每聞郡縣上奏未嘗不惕然於心豈敢自謂太平之世且聖經未嘗言封禪唐太宗亦不爲封禪魏徵每以堯舜之事望太宗爾欲處朕於太宗之下亦異乎徵之愛君矣爾當以古人自勉庶幾不忝宗伯之任

譯書

洪武十五年正月命翰林侍講火原潔等類編華夷譯語

永樂五年三月禮部選國子生蔣禮等三十八人隸翰林院習譯書遇開科仍令就試置館於長安右門之外處之

按洪武十五年上以前元素無文字發號施令但借高昌書製蒙古字行天下乃命火原潔與編脩馬懿赤黒等以華言譯其語凡天文地理人事物類服食器用靡不具載火元秘史參考以切其字諧其聲音既成　詔刋布自是使臣往來朔漠皆能得其情

各省貢獻

洪武元年四月蘄州進竹簟却之　帝謂中書省臣曰古者貢方物惟服食器用今蘄州竹簟固爲用物但未有命而來獻受之恐天下聞風皆爭進奇巧則勞民傷財自此始矣命却之仍令四方非朝廷所需毋得妄獻

十月司天監進元主所製水晶宮刻漏備極機巧中設二木耦人能按時自擊鉦鼓　上覽之謂侍臣曰廢萬幾之務而用心於此所謂作無益害有益也使移此

心以治天下豈至亡滅命左右碎之

洪武六年十一月潞州遣官貢人參　上諭之曰朕聞人參艱得豈不勞民今後不必進如用當遣人自取因謂省臣曰往年金華貢香米朕止之遂以種於苑中每耘耔刈穫親往觀之足以自適及所計入亦足供用太原歲進葡萄酒自今亦令其勿進國家以養民爲務豈宜以口腹累人哉嘗聞宋太祖家法子孫不得於遠方取珍味甚得貽謀之道也

洪武九年二月泰安州民於蒿里得玉匣內有玉簡十

六獻諸朝驗其刻乃宋眞宗祀泰山后土文　上命仍瘞其地

洪武二十四年九月詔建寧歲貢上供聽茶戶採進有司勿預天下產茶去處歲貢皆有定額建寧茶品爲上其所進者必碾而揉之爲大小龍團　上以重勞民力罷造龍團惟採茶芽以進

永樂元年閏十一月通政使趙彝等引奏山東男子獻陣圖者　上曰自古帝王用兵皆出於不得已今天下無事惟當休養斯民脩禮樂興教化豈復當言用兵此輩狂妄必謂朕有好武之意故上此圖以冀進用其斥去之

永樂二年六月處州青田縣民劉貊進太祖高皇帝所賜其祖誠意伯基手詔八道祭文一道賜鈔五錠

永樂二年十二月通政使趙彝奏山西言介休縣出五色石可爲器用　上曰此僥覬小人不可聽數年軍餉災荒百姓困苦未得寧息今又可以此重困之乎官府求一物則百姓受一害況此石饑不可食寒不可衣累民何爲命急斥之

永樂二十一年十二月　交趾上供絹千七百四十七疋漆三千斤蘇木五千斤翠羽三千箇扇萬把其供自十四年始歲有增損而是歲獨羸

成化元年二月弗提衛都督察阿奴奏欲進海東青　上曰此等野禽能令人蕩心於畋獵有司其卻之

成化三年五月　免遼東歲貢人參時以建州女直頻歲入寇人不聊生巡撫都御史衣愷奏免之

成化十四年三月免浙江府縣收買花木　五月免徵遼東藥材二年遼東都司歲貢人參三百斤五味子一

百五十斤連年貢未至巡撫都御史陳鉞奏藥材產于鳳凰山靉陽等處距遼東四百五里密邇虜巢時被侵掠不得採取乞暫停免俟事寧之日採辦如例從之

射禮

洪武三年五月詔行大射禮　上以先王射禮久廢弧矢惟習於武夫而文士多未解至是詔太學及郡縣學諸生皆令習射

雜流官有謚

本朝姚廣孝謚恭靖邵元節文康榮靖太醫院判蔣用文恭靖院使袁寶襄敏太子太保尚書掌太醫院事許紳恭襄

賞罰

洪武十年五月　上謂侍臣曰賞罰者國之大權人君操賞罰之權以御天下一本於至公故有功者雖所憎必賞有罪者雖所愛必罰賞以當功上不爲德罰以當罪下不敢怨不以小嫌而妨大政不以私意而害至公庶有以服天下之心

洪武十四年正月上諭禮部臣曰人君操賞罰之柄以御天下必在至公無善而賞是謂私愛無過而罰是謂私惡此不足以爲勸懲朕觀漢高帝斬丁公封雍齒唐太宗黜權萬紀賞魏徵皆至當可以服人所謂賞一君子而人皆喜罰一小人而人皆懼朕於賞罰未嘗敢輕若一時處分或有未當卿等宜明白執論寧使賞厚於罰但不可濫及使小人僥倖耳

永樂二年十一月鄭賜等奏奉天征討官有以罪繫獄

者請論功定議　上曰朝廷大公至正之道有功則賞有過則刑刑賞者治天下之大法不以功掩過不以私廢公此輩征討之功既酬以爵賞今有犯而不罪是縱惡也何以治天下其論如律

官民禮儀冠服制

洪武元年十二月御史高原侃言京師猶習元俗喪葬設宴作樂娛尸流俗之壞至此已甚京師者天下之本四方之所視傚況送終禮之大者不可不謹乞禁止

以厚風俗　上是其言乃詔中書省令禮官定官民喪服之制

洪武三年二月命製四方平定巾

洪武四年十二月詔定士民相見禮儀胡俗跪拜悉禁勿用

洪武五年三月命禮部重定官僚士民相見禮

洪武六年五月詔定公侯以下家廟禮儀

洪武二十二年十二月　申嚴巾帽之禁凡文武官除本等紗帽外遇雨許戴雨帽公差出外許戴帽子入城

不許其公差人員出外者亦如之將軍力士校尉旗軍常戴頭巾或榼腦下官舍人弁儒生吏員人民常戴本等頭巾鄉村農夫許戴斗笠蒲笠出入市井不禁不親農業者不許

洪武二十三年正月進士王希曾言其母任氏之喪以改嫁服止朞年願終三年之制　上命禮部議之尚書李原名奏曰不喪出母古之制也希曾之母既已失節難踰定制詔從其議　三月　申定官民服飾

洪武二十三年閏四月除朞年奔喪之制

洪武二十六年六月命禮部申嚴公侯制度僭侈之禁

成化六年十二月户科都給事中丘弘等言近來京城内外風俗尚侈服飾僭用無度酒席皆用簇盤民之窮困由此在京射利之徒屠宗順等數家販賣寶石至以進獻爲名或邀取官職或倍獲價利蠧國病民莫甚於此乞嚴加禁革及將宗順等倍價賣過寶石銀兩追徵入官給發賑濟刑部尚書陸瑜上議以爲弘等所言深切時弊逮宗順等數人治罪追價利以充賑濟詔宗順等姑置不問備榜申明禁約

弘治四年春正月　禁胡服胡語

弘治十七年八月令禮部禁服色　上謂劉健等曰在外文職官讀書明理猶不敢僭爲内官不知道理尤多僭妄皆對曰誠如聖諭但臣等不知内府該禁花樣上歷數其應用花樣甚詳且曰若蟒龍飛魚斗牛皆不許用亦不許私織間有賜者或久而損壞亦自織用均爲不可又曰玄黄紫皂乃是正禁若柳黄明黄姜黄等色皆須禁之又曰玄色可禁黑緑乃人間常服不必禁乃内府人不許用耳皆諾而退

禁文武官乘轎

成化十三年十一月　嚴文武官乘轎之禁太監汪直言洪武永樂間人臣無敢乘轎者正統時文官年老或乘肩輿景泰以來師保既多乘轎延至于今兩京五品以上無不乘轎者文職三品年六十以上可許武職宜一切禁止從之本藁吳綬所撰也是時王越尹旻及戴縉吳綬皆爲直心腹而學士劉珝爲越所誘亦與直通數人者凡有謀議直徑達於上輒見施行人皆畏懼雖司禮監亦謹避之

府部會審會議坐次

成化五年閏二月禮部奏本部右侍郎葉盛奉命體勘南京吏部右侍郎章綸所奏南京六部堂官與六科給事中會官審囚坐次議得南京法司審囚之日給事中與公卿並坐誠有未安但因仍之弊已久宜禁革其將來會得在京法司凡遇會官審錄重囚俱於承天門東西分爲四行列坐公侯駙馬伯列於東班前行都督等官列於東班後行尚書都御史侍郎等官列於西班前行通政司大理寺佐貳官并六科掌科事給事中列於西班後行及會議民情俱於闕左門東直房中序坐尚書左右都御史等官列於上坐侍郎副都御史等官照席對坐通政司叅議大理寺丞等官列於東旁六科掌科事給事中列於西旁俱有次序南京法司衙門會官乞如北京坐次令宜從盛等所擬移文南京文武衙門遵守

命婦朝見

永樂元年三月禮部言洪武間京官文武四品以上命婦朔望朝中宮　上命免之但遇節來朝

永樂二年九月上召解縉黃淮胡廣胡儼楊榮楊士奇金幼孜諭之曰皇后數言欲召見爾七人命婦其令卽赴柔儀殿見是日縉等妻入見中宮訓勞備至皆賜五品冠服及紗幣表裏

永樂三年四月上命禮部自今命婦雖大朝賀亦止於三品以上餘悉免之著爲令

使節

洪武二十三年八月詔考定使節之制禮部奏漢光武時節以竹爲之柄長八尺其旄三重今約漢節長三尺旄牛尾三重詔從之

使臣卹典

革除建文元年七月贈故翰林待制王禕爲翰林學士謚文節先是洪武五年正月禕奉使往雲南詔諭洪武六年十二月雲南人殺禕至是褒之

成化十九年十二月贈故禮科給事中林榮爲都給事中行人黄乾亨爲司副各錄其子一人爲國子生榮充正使乾亨充副使往滿剌加國封王航海遇風溺死兩廣巡撫朱英奏聞乞加恩典命賜祭廕子其官軍人等同行溺死者令有司於海邊設位招魂以祭

養老

革除建文元年正月詔養老賜高年米絮帛有差

天順元年二月詔推恩天下凡庶民八十以上者賜冠服京師民有茹文中者年百有四歲有司以其名上　上御便殿召見憐其狀貌與致辭賜冠服帶履命順天府設燕又命吏部尚書姚夔以下造其第致賀　按崔銑曰三代之禮以養老莫善於燕以養義莫善於享夫養老者養體也民見之而知加愛養義者養賢也民見之而知加敬　英宗其能兼之與嗟乎上敬老則天下莫敢遺年孝弟興而頌聲作矣

天順七年十二月燕耆民茹文中卒年一百十歲文中無錫人永樂初隨其父徙燕性坦易慷慨解書史而遠勢利其壽固有所自蓋亦國之瑞云

成化二十一年八月韓王偕濡奏臺牧所千户朱致曾祖信年一百八歲而終祖全一百二歲俱正千户致仕誠世之上瑞國之休徵乞賜褒嘉以敦養老之禮以表氣化之盛　上曰老壽之人禮所宜厚矧在一門尤不易得有司宜勞以羊酒進全階爲宣武將軍賜米十石絹二疋

儀賓班次

宣德三年十二月　定儀賓班次先是寧王權言慶賀行禮進表箋三司官員皆品秩序列獨儀賓未有定制　上命禮部定考其儀至是尚書胡濙奏洪武禮制郡主

儀賓秩從二品縣主儀賓秩從三品郡君儀賓從四品縣君儀賓從五品鄉君儀賓從六品若遇行禮宜序於同等官員之左　上曰禮不踰等儀賓雖親當守定分此爲定制其須行遵守

鄉飲

洪武五年四月詔天下舉行鄉飲酒禮

洪武十六年十月詔頒鄉飲酒禮圖式于天下

社學

洪武八年正月詔天下郡縣閭里皆立社學延師儒以教民間子弟有司以時程督之

諭民勸俗

洪武三年二月召諸郡富民入見諭以循分守法孝敬和睦周給遜順之道賜酒食而遣之

洪武四年五月　詔勸興禮俗

洪武三十年九月　上命户部下令天下人民每鄉里各置木鐸一内選年老者每月六次持鐸徇于道路曰孝順父母尊敬長上和睦鄉里教訓子孫各安生理毋作非爲又令民每時置一鼓凡遇農種時月清晨聚衆鼓鳴皆會田所及時力田其怠惰者里老人督責之里老縱其怠惰不勸督者罰又令凡遇婚姻死葬吉凶等事一里之内互相賙給不限貧富隨其力以資助之庶使人相親愛風俗厚矣

洪武三十年十一月　上御奉天門見散騎舍人衣極鮮麗問制用幾何曰五百貫責之曰農夫寒耕暑耘早作夜息蠶婦繰絲緝麻纓績手成其勞既已甚矣及登塲下機公私逼索交至竟不能爲己有食惟粗糲衣惟垢敝而已今汝席父兄之庇生長膏粱紈綺之下農桑勤苦藐無聞知一衣制及五百貫此農夫數口之家一歲之資也而爾費之於一衣驕奢若此豈不暴殄自今切宜戒之

宣德元年三月順天府官引京城坊廂里老人等入見

上諭之曰京師五方之民雜居習尚不同朝廷供億百需以其便近多所責辦視外郡尤煩勞皆朕所悉今嗣承大統期與海内相安於無事矧京師乎爾爲民者皆

相訓告勤務本業孝親敬長和睦鄉里不事游惰不作淫巧不犯憲章則爲良民有司體朝廷之心視民如子恤其饑寒均其徵役撫綏良善詰治奸慝俾吾民樂生則爲良有司朝廷於爲善者賞之爲惡者罰之賞罰之典皆祖宗成憲朕不敢違時紀元之初政令維新京師之民拱聽聖諭莫不稱慶

旌表

洪武十五年四月詔有司旌表遼東高希鳳家爲五節

婦之門裴皮鐵家爲貞節之門　七月旌表貞定孝婦劉氏劉氏新樂縣人韓太初妻太初故元時爲知印洪武七年例遷和州挈家以行劉氏事姑甚謹姑在道遇疾劉氏刺臂血和湯以進故疾愈比至和州太初卒劉氏種蔬以養姑又二年姑患風疾不能起劉氏號呼神明刲股和粥以進姑復甦越月而卒劉氏殯之舍側閤中欲還合葬于舅墓凡五年不能歸事聞　上遣中使賜劉氏衣鈔官爲送其姑喪歸葬旌其門復其徭役

洪武十六年二月旌表晉州安平縣烈婦張氏張氏國子生翟德妻德盜同舍生衣物事覺張氏恥之曰夫者非但仰望以終吾身將冀其力學成名以顯榮父母也今若此我何面目見鄉里人乎遂自縊死事聞　上以其素承父母之教命於其父母家旌之

洪武十七年正月旌表山陰縣民徐允讓及其妻潘氏孝節元末兵亂允讓與潘氏奉其父安避兵山谷間遇寇斫安頸流血允讓抱安大呼曰汝寧殺我勿殺吾父寇即捨安殺允讓將辱潘潘紿曰我夫死從汝必矣若

能焚吾夫則無憾也寇以爲然縱潘聚薪焚其夫火方熾潘即投火中死寇驚嘆而去安得不死至是有司以聞　上以允讓能捐生以救父死潘氏能全節以盡婦道詔旌其門

洪武十七年四月禮部言開封府鈞州張宗魯四歲失明二十遭亂負母路氏逃難其妻扶掖以行歲饑宗魯賣卜以爲養日給不足則妻採野菜以繼之天下既定宗魯奉母還故鄉竭力供養母卒仍求其前母曹氏沈氏吳氏三人遺骸合葬父墓　上曰宗魯以瞽子而孝

行如此命表其門

洪武二十七年九月　青州府日照縣民江伯兒以母疾割脇肉食之不愈乃禱於岱嶽祠誓云母病愈則殺子以祀旣而母病愈竟殺其三歲子祭之有司以聞　上怒曰父子天倫至重禮父爲長子三年服今百姓無故賊殺其子絶滅倫理宜亟捕之勿使傷壞風化遂逮伯兒杖一百謫戍海南因命禮部定議旌表孝行事例行於天下禮部議曰人子之事其親居則致其敬養則致其樂有疾則託之良醫投以善藥至於呼天告神斯又

懇切之至此爲人子所爲也卧氷割股前古所爲雖出於後世亦是間見至若割肝殘害尤甚且如父母止有一子割肝割股或至喪生卧氷或至凍死使父母無依宗祀永絶反爲不孝之大者原其所自愚昧之徒務爲詭異以驚世駭俗希求旌表規避徭役割股不已至於割肝割肝不已至於殺子違道傷生莫此爲甚自今人子遇父母有疾醫治弗愈無所控訴不得已而割股卧氷亦聽其所爲不在旌表之例詔從之

宣德元年五月禮部奏錦衣衛總旗衛整女母病篤割肝煑液飲之而愈宜旌表　上曰爲孝有道孔子曰身體髮膚受之父母不敢毁傷剖腹割肝此豈是孝若致殺身其罪尤大況　太祖皇帝已有禁令今若旌表使愚人傚之豈不大壞風俗女子無知不必加罪所請不允

成化四年十二月旌表福建上杭縣故民邵縉紳妻陳氏弟縉纓妻黄氏貞節巡按福建御史涂棐言正統十四年鄧茂七作亂攻上杭縉紳兄弟避難遺二婦奉姑時陳氏年二十黄氏年十九同匿金山巖穴間爲賊所

執欲犯之二婦紿曰幸存殘喘過河入人家可從賊信促之行二婦附姑耳語曰我等寧死不受辱因灑淚各抱兒行至梅谿渡俱投水死越三日三屍浮出兒尚在抱人咸悲之

成化九年四月新會縣民劉銘與狗同往海康貿穀將還海康民吳郝與其弟金童挈家避寇附舟至新會於銘家郝遠出傭工銘狗見金童妻莊氏色美屢欲犯之不從二人乃謀與金童捕魚夜縛金童斫其腦投江中時江濵民關道安聞金童叫呼欲救不果銘歸欲犯莊氏而

拒盗力居數日金童屍浮銘門適莊氏出汲識其爲夫屍哭視之斫瘢宛然得銘謀死狀顧力不能報仇乃先投幼女於水即自投水附夫屍死焉三屍隨潮上下旋繞銘門其鄰李逢春買棺收葬銘夜潛發其屍棄之大海吳祁自外歸得弟屍於海濱乃訴于官儒生李啓李蕃及關道安等爭述莊氏節義并士人弔哭詞章上之銘徇吐伏刑部員外馮俊特爲具奏　上令有司即誅銘徇梟示旌表莊氏刑部尚書陸瑜奏李逢春等收葬三屍誠爲義舉今遭發掘宜命有司即其處窆之立石

大書其夫婦姓名以誌庶可垂示永久詔可

成化二十三年二月旌表直隷桐城縣陶氏四節婦之門

禁溺女

成化二十一年四月溫州府訓導鄭璟建言浙江溫台處三府人民所產女子慮日後婚嫁之費往往溺死殘忍不仁傷生壞俗莫此爲甚乞曉諭嚴禁都察院議此弊不獨三府延及寧紹金華并江西福建南直隷等處亦然宜悉曉諭如璟言　上曰人命至重父子至親今乃以婚嫁之累戕恩敗義俗之移人一至于此此實有司之責自後民間婚嫁裝奩稱家有無不許奢侈所産女子如仍前溺死者著鄰里舉首發戍邊方

術士可稱

○冷謙羽士武陵人能審音　太祖命爲協律郎考正樂器樂舞凡宗廟中和韶樂及朝廷大樂以至迎膳等樂琵琶箜篌等器悉是正之其韶樂大抵因王虔休蔡

氏新書能究其辭意而加以四清聲音律大高非昔比矣官至禮部尚書　太祖問其八音之理對曰聞磬聲關繫本朝士臣廉節云

○袁忠徹南昌人風鑑術神驗荷眷五朝寵渥殊至官至尚寶卿未嘗藉恩以張於世每因事納忠讜議屢出如終大孝之情而慎密機事論養賢之實而贍其取給乞賜孔子玉軸之誥歷言遣使取寶之非議武職宜准終喪諫服藥勿信方士皆喋喋弗沮利害

○蔣用文句容人醇厚恭謹知當世要務以精醫官太

醫院使每侍　仁宗隨事獻規益亟請寡欲清心以強聖治問保和之要則對在養正氣問醫效何緩則對善治者固本急則恐傷其本賜第則懇辭乃僦居蕭寂晏如也時朱丹溪徒戴原禮自負空海内見則推之蓋儒而醫者

彭德清欽天監正扈從　英廟北征時王振擅權威焰震主大臣咸俯首順命初出師金星犯亢明日黑氣四塞又越二日火星犯土彭厲聲斥振曰象緯示警不可復前若有踈虞誰執其咎振怒詈之曰倘有此亦天命也尋被害

五官監候楊源豐城人正德初因劉瑾亂政上言大角及心宿中星動摇天機天璇天權星不明宜絶出遊嚴號令關内侍寵倖又上言連日霾霧交作爲陰干陽小人擅權叛上之象瑾矯詔杖三十又上言火星入太微垣帝坐之前東西往來宜思患預防瑾大怒復矯詔杖三十發戍肅州道卒於懐慶妻斬蘆荻覆屍葬之

僧道

洪武六年十二月　併僧道寺觀擇有戒行者領其事若請給度牒必考試精通經典者方許之禁女子不得爲尼姑女冠

洪武二十四年八月　命禮部清理釋道二教勑曰佛本中國異教也自漢明帝夜有金人入夢其法始自西域而至當是時民皆崇敬其後有以鬚髪出家者有以兒童出家者其所脩行則去色相絶嗜慾潔身以爲善道教始於老子以至漢張道陵能以異術役召鬼神禦災捍患其道益彰故二教歷世久不磨滅者以此今之學佛者曰禪曰講曰瑜珈學道者曰正一曰全眞皆不循本分汙教敗行爲害甚大自今天下僧道凡各府州縣寺觀雖多但存其寛大可以容衆者一所併而居之毋雜處于外與民相混違者治以重罪親故相隱者流願還俗者聽其佛經番譯已定者不許增減詞語道設齋醮亦不許拜奏青詞爲孝子慈孫演誦經典報祖父毋者各遵頒降科儀毋妄立條章多索民財及民有做瑜珈教稱爲善友道友假張眞人名私造符籙者皆治以重罪

洪武二十五年十二月命僧錄司造周知冊時京師百
福寺隱囚徒逋卒往往易姓名爲僧游食四方無以驗
其眞僞於是命造周知冊在京及在外府州縣寺院僧
名以次編之其年甲籍貫及始爲僧年月與所授度牒
字號俱載於僧名之下既成頒示天下僧寺凡游方行
脚至者以冊驗之其不同者卽送有司械至京治罪容
隱者罪亦如之
洪武二十七年春正月辛丑朔　命禮部榜示天下僧
寺道觀凡歸倂大寺觀設砧基僧道一人以主差稅

革除建文三年七月限僧道田人五畝
革除建文四年十一月成祖以僧道衍爲左善世道衍
卽姚廣孝
永樂五年正月直隸浙江諸郡軍民子弟私披剃爲僧
赴京冒請度牒者千八百餘人禮部以聞　上怒命悉
付兵部編軍籍發戍遼東甘肅
宣德二年十二月　禮部奏永樂十六年　太宗皇帝
定制凡願出家爲僧道者府不過四十人州不過三十
人縣不過二十人額外不許濫收俟五年後考試如果
精通經典給與度牒令天下僧道行童赴京請給度牒
者多係額外濫收且不通經典者多請如例悉遣歸若
係額內之數亦待五年考試給與從之
正統元年十一月令僧錄司造周知冊初洪武中凡僧
人給授度牒令僧錄司造冊凡所度僧人姓名在京在
外寺院俱以次編其年甲籍貫及始爲僧年月與所授
度牒字號俱載於僧名之下頒示天下僧寺凡遊方行脚
至者以冊驗之或有不同卽拏送有司解京治罪容留者
罪亦如之名周知冊至是令復照舊攢造

天順二年正月勅今後僧徒每十年一度景泰間太監
興安崇信釋教每三年度僧數萬至是又如期天下僧
徒復集京師　上謂李賢曰僧徒豈可如此氾濫賢曰
陛下明見最是宜禁止之遂出榜曉諭今後十年一度
擅自披剃者俱令還俗違者發邊衛充軍度者俱令照
定額考送於是僧徒散去
成化二年三月命禮部給度牒鬻僧以賑濟饑民
成化十二年八月僧錄司右善世道堅盜賣度牒有發
其事者下刑部主事都存德據實請于尚書董方治之

方庇道堅欲緩其事存德奏聞方上言存德挾私意妄爲詔存德道堅俱下獄存德訐奏方黨比道堅　上以存德獨官違例具奏發吏部降調道堅釋放刑科給事中雷澤等上言當罪道堅而宥存德不從存德竟降山東寧海州同知　十月禮部奏是歲度僧道一萬三千三百四十名

成化二十年十二月預度天下僧道六萬人時山西陝西饑諭江浙等處願爲僧道者輸粟賑濟給以度牒

按洪武五年度僧道五萬七千二百人禮部言往代度牒粥錢資國用名免丁錢　上曰罷着爲令

僧錄司

洪武元年置善世院以僧慧曇掌釋教事

洪武十四年革善世院

洪武十五年改爲僧錄司正六品左右善世左右闡教左右講經左右覺義各一人府有僧綱司都綱一人副都綱一人州有僧正司僧正一人縣有僧會司僧會一人凡僧三等曰禪曰講曰教

道錄司

洪武元年置玄教院以道士經善悅爲眞人領道教事

四年革

洪武五年定爲道錄司正六品左右正一左右演法左右至靈左右玄義各一人府有道紀司都紀一人副都紀一人州有道正司道正一人縣有道會司道會一人凡道二等曰全眞曰正一　三茅山有靈官副靈官龍虎山有眞人

正一眞人

成化五年夏四月　械正一眞人張元吉至京擬罪凌遲下刑部監候處決元吉凶暴貪淫專恣不法前後殺人數多莫敢控訴有縣學生蔡讓因巡按御史趙敔發策詢及民瘼遂以元吉過惡條陳敔亦未敢問元吉益無忌憚爲惡滋甚其族人張留煥赴京具奏　上特命官勘實械送元吉至京更命法司會官廷鞫元吉具服刑部尚書陸瑜等奏張氏遠祖道陵主張玄教其言無

稽天豈有師緣崇其號子孫傳爲故事至援漢張良以爲所自出迨宋以來加以眞靜先生等號猶未有品級胡元入主中國始有封爵三品秩朝革去天師之號止稱眞人延至于今子孫爭襲致成讐隙今元吉所犯律當凌遲處死其妻子當流其黨有當斬絞者且其先世無功於國無補於世宜絶其廕封以扶植正教仍籍其族而徭役之無令印行符籙以誣惑斯世并毁其府第革其所設營勾都目諸人　上如所擬監候處决自後敢有妄稱天師印行符籙者重罪不宥説者謂張氏之禍起於符籙禁之誠是非但正元吉之罪實以杜惑世起亂之端惜當時失於執論不能絶其根源其徒奉行自若也

成化六年十月刑部奏罪人張元吉法當凌遲處死刑部三覆奏詔免死杖一百發肅州衛充軍家屬隨住都給事中毛弘等上言張元吉襲祖左道謬號天師罪重惡極今殺人而獲生何以馭天下伏望戮之於市以昭國法　上以事旣施行姑已之

按洪武初張天師四十二代孫正常以正一主教天師來朝　上曰天豈有師乎改號眞人洪武十三年賜龍山正一玄壇之印印如二品制

詔建宮觀寺院

洪武十七年七月建朝天宮其地卽吳冶城晉西州故址南宋時始置總明觀唐建紫極宮宋眞宗大中祥符間改祥符宮尋改天慶觀元元眞時改玄妙觀文宗時又改永壽宮至是重建賜名朝天宮設道錄司于內

永樂十六年十二月武當山宮觀成賜名曰太嶽太和山山有七十二峯三十六巖二十四澗峯之最高者曰天柱境之最勝者曰紫霄南巖上軼游氣下臨絶壑舊皆有宮南巖之北有五龍宮俱爲祀神祝釐之所元季兵燬至是悉新建之五龍宮之東十餘里名玄天玉虛宮紫霄曰太玄紫霄宮南巖曰大聖南巖宮五龍曰興聖五龍宮又卽天柱峯頂冶銅爲殿飾以黄金範眞武像於中選道士二百人供灑掃給田二百七十七頃并耕户以贍之仍選道士任自垣等九人爲提點分主宮觀凡爲殿觀門廡亭堂廚庫千五百餘楹上親製碑文

以記之
永樂二十二年三月天禧寺將成賜名大報恩寺
景泰五年四月新建隆興寺成車駕擇日臨幸有司夙駕除道太學生濟寧楊浩上疏言陛下即位之初首幸太學海內之士聞風快覩今又棄儒術而重佛教豈有聖明之主事夷狄之鬼而可垂範後世者邪儀制郎中章綸亦疏言佛者夷狄之法非聖人之道以萬乘之尊臨非聖之治史官書之傳之萬世實累聖德帝覽疏即日罷行先是虜也先殺其主而併其衆浩請乘虜使未

還出其不意調遼東陝西諸路兵征討疏雖不行識者壯之　時又有太學生西安姚顯疏言王振竭生民膏血脩大隆興寺極爲壯麗車駕不時臨幸夫佛本夷狄之人信之得禍若梁武帝者足爲前車之鑒請自今凡內臣脩蓋寺院悉行拆毀以備倉廒之用勿復興作萬世之法也時不能用自正統至天順京城內外建寺二百餘區大臣諫官不言而二生言之一時名震中外
成化六年五月上欲於西山建佛閣六科給事中言四方旱暵夏秋無收百姓嗷嗷待哺荊襄流民強梗陝西虜寇侵掠致勞宸慮分遣大臣巡視動調官軍今乃起無名之工爲不急之務徒費國用有傷治體若謂建閣果有福利孰若以之賑濟饑民賞勞軍士其爲福利豈不大哉　上曰歲荒民饑西山佛閣其亟已之
成化八年七月脩隆善寺工畢
成化十九年春正月定給湖廣太嶽太和山香蠟自成化十九年至二十一年止蠟貳萬三千四百三十餘斤香一萬三千八百四十餘斤令於襄陽府吏稅折收給之

成化二十二年十月復建大永昌寺先是寺建于西市已有成緒及繼曉以星變被譴寺亦隨廢至是梁方請更擇地建之乃令工部侍郎杜謙等相度地基得故廣平侯袁瑄宅時瑄家已失侯瑄妻因請以宅獻而託方請襲侯方言于　上而許之既又市其旁民居數十家大興工役視舊寺益加廣矣
成化二十三年五月工部尚書謝一夔奉勑代杜謙督造大永昌寺
弘治十六年十月詔建壽塔于朝陽門外大學士劉健

等上言前代人主信佛莫如梁武帝竟餓死臺城本以求福反以致禍觀諸往事可爲明鑒我祖宗治天下堯舜周孔之道而已浮屠異端蠹財惑衆何關于治欲造佛塔非所以訓天下垂後世也又令撰眞人杜永祺等誥命及封號踵等復言異端不可信誥命不當與誥命朝廷所以奬督勵能雖卿士大臣必待秩滿考最乃得頒給此輩何賢何能頒誥封號流布朝野傳聞後世皆曰此朝廷所給與儒臣所撰擬也天下後世其謂臣何

疏入俱報罷

厲壇

洪武三年十二月命京都府州縣及里社皆設壇祭無祀鬼神歲以三月清明七月望十月朔舉行

洪武十一年四月戊午永嘉侯朱亮祖奏安東沭陽二縣之野暮夜多鬼民人皆驚御製勑文遣使諭祭之曰明有禮樂幽有鬼神國之有祀以爲民也庶民之祀止於祖宗非祖宗而祀謂之非禮神亦不享其嶽鎮海瀆山川之神載之祀典者莫不承上帝后土之命以司福善禍淫之權若禍福倒置不愜民心且將獲戾于天矣今洪武十一年四月十四日永嘉侯遣人奏安東沭陽二縣之野夜有持炬者數百或成列或四散民人相驚逐之不見擊之若有應者朕不能盡信特致牲醴會鬼神而勑問之中原自有元失政生民塗炭死者不可勝計有覆宗絶祀者有生離父母妻子而死於非命者爾持炬者豈無主孤寃而欲人之祀與父母妻子之永隔而有遺恨與無罪遭殺而寃未伸與或有司怠於歲祀而有怨與四者必有一焉朕以四事問爾爾果何爲而

然與朕自卽位以來祀神未嘗缺禮然非當祀者亦不敢佞爾持炬者宜禍其宜禍者而福其應福者勿妄爲民害自貽天憲

求異人

永樂五年十二月命户科給事中胡濙訪求異人

異端

洪武八年十二月陝州人獻天書斬之

洪武十七年七月盱眙人獻天書伏誅

洪武二十八年七月有道士以道書獻　上却之侍臣請留觀之上曰彼所獻書非存神固氣之道即煉丹燒藥之說朕焉用此朕所用者聖賢之道所需者政治之術將躋天下生民於壽域豈獨一已之長生久視哉苟一受其獻迂誕怪妄之士必爭來矣故却之毋爲所惑

永樂三年七月饒州鄱陽縣民朱季友進書詞理謬妄謗毀聖賢李至剛解縉等請置於法　上曰愚民若不治之將邪說有誤後學即遣行人押送鄉里會布按二司及府縣官杖之一百就其家搜檢所著文字悉焚之

永樂五年三月　守衛者有於皇城下誦經不輟者上召諭之曰爾身備宿衛不用心防奸乃一志誦經可乎若存心忠孝不越分違法自然有福如無是數者而望有福無禍得乎今後仍於宿衛之所誦經者必罪不宥

永樂十五年八月　行在通政司言雎寧縣人進金丹及方書　上曰此妖人也秦皇漢武一生爲方士所欺求長生不死之藥此又欲欺朕朕無所用金丹令自食之方書亦與毀之毋令別欺人也

成化四年九月西天佛子劄實巴先因造寺奏討河間靜海縣地爲寺田仍乞宛平縣民爲佃户　上許之既而户科左給事中丘弘等劾其妄請之罪上命户部覈實皆民間地詔仍退還民耕種

成化十九年十月太監李榮傳陞僧錄司繼曉爲左善世惠昇右善世

成化二十年十月刑部員外郎林俊上言太監梁方引用妖僧繼曉以左道惑上請誅二人以謝天下杖三十謫外任　十一月繼曉乞歸養母併乞空名度牒五百道許之詔許毋終仍出供職繼曉自知以邪術進罪將不容於公論故僞陳被恩以來每有納忠陳善之益希免後禍

成化二十一年正月江西人李孜省嘗爲吏以贓敗巡按御史楊守隨逮問充軍孜省逃至京營緣入禁中以符水得幸授太常寺丞守隨還朝劾孜省罪惡不宜典郊廟百神之祀命改上林苑監正尋加禮部侍郎兼通政受密命訪察百官賢否賜圖書封進　工部主事張

吉上疏斥僧繼曉李孜省等罪惡勸　上親賢圖治脩
德遠邪以謝天變中書舍人丁璣上言十事進士敖毓
上言四事皆爲李孜省僧繼曉輩發也疏入俱留中
成化二十二年九月李孜省譖兵部尚書馬文升調南
京兵部
成化二十三年正月調應天府丞楊守隨爲廣西南寧
知府初守隨爲御史嘗論劾李孜省竊柄亂政孜省啣
之及守隨來朝乃譖于上宣諭吏部查守隨歷任之由
吏部言守隨以御史陞應天府丞聞毋憂起復無缺添

註管事奏入　上曰守隨既係添註官可調除外任
三月進李孜省工部尚書仍掌通政司事
成化二十三年九月孝宗　李孜省伏誅僧繼曉發原
籍爲民太常卿趙玉芝鄧常恩等俱謫戍邊四川番僧
國師法王領占竹等悉革職追奪累次誥勅印信儀仗
發回四川原居光相寺
弘治元年六月給事中林廷玉言姦僧繼曉罪惡貫盈
先年雖發爲民然盜竊賞賚家資鉅萬日擁姬妾以自
娛元惡漏網非所以昭法典而示鑒戒也　上納其言

命錦衣官校械繼曉至京伏誅
弘治九年四月時中官李廣以燒煉齋醮被寵大學士
徐溥劉健李東陽謝遷上疏曰我祖宗自洪武至天順
年間亟召儒臣諮議政事令朝參外不得一覲天顏且
經筵日講成就君德裨益治道今每歲進講不過數日
夫人君之心不有繫于此則必繫于彼正士既疏則邪
說乘間而入近有以齋醮燒煉進者此乃異端惑世之
術聖王之所必禁也宋徽宗崇信道流卒使乘輿播遷
社稷傾覆至若燒煉其禍尤慘金石之藥性多酷烈一

入腸腑爲禍百端唐憲宗藥發致疾雖杖殺方士柳泌
竟亦何益今上清龍虎宮神樂祖師殿及番經廠皆焚
燬無遺神如有靈何不自保天厭其穢亦已明甚昔李
絳有言憂先于事可以無憂事至而憂無益于事矧熒
惑失度太陽無光天鳴地震草妖木異四方奏報殆無
虛日伏望嚴早朝之節復奏事之規勤講學之功優接
下之禮遠邪佞之人斥誣妄之說太平之業可保矣
上嘉納之
正德六年十二月時　上方好佛自名大慶法王外廷

雖聞之無可據以進諫會番僧奏討腴田百頃爲大慶法王下院乃書大慶法王與聖旨並吏部侍郎傅珪佯不知執奏曰孰爲大慶法王者敢並至尊書之褻天子壞祖宗法大不敬當誅詔勿問田亦竟止

憲章類編卷之二十五畢

兵部

洪武十二年三月以萊州府知府董俊爲兵部尚書

洪武三十年十二月陞兵部主事齊泰爲兵部左侍郎

洪武三十一年五月進齊泰爲兵部尚書　上嘗召泰問邊將姓名泰歷數無遺又問諸圖籍泰出袖中手冊進簡要詳密上大奇之

洪武三十一年八月建文以劉儁盧淵爲兵部左右侍

郎

革除建文元年十二月茹瑺復爲兵部尚書

革除建文二年十月兵部右侍郎盧淵有罪除名

十二月以鐵鉉爲兵部尚書仍參贊軍務

革除建文三年十二月以兵部武選郎中古朴爲右侍郎

永樂十九年十二月以李慶爲兵部尚書

宣德六年正月兵部尚書張本卒本山東東河人洪武中自國子生擢江都知縣靖難兵及境本率耆老詣軍門朝陞揚州知府內難平歷工部侍郎以至兵書當時謂本一迎候間遂獲終身富貴至其錄高郵餘黨則脅從者多不免云

宣德十年五月英宗以王驥爲兵部尚書

正統元年三月以應天府尹鄺埜爲兵部左侍郎

正統十一年九月　以鄺埜爲兵部尚書

正統十二年二月起復于謙爲兵部右侍郎理部事

正統十三年十一月起復于謙爲兵部右侍郎前以父喪至是以母喪

正統十四年八月皇太后命以于謙爲兵部尚書

十一月　虜退進于謙少保總督軍務

景泰二年正月調兵部右侍郎項文曜爲吏部右侍郎

文曜媚附于謙每朝侍漏時必附謙耳密言及朝退亦然行坐不離時以文曜爲于謙婢妾內議患黨比乃調文曜於吏部　十月以文選郎中李賢爲兵部右侍郎

景泰七年正月兵部侍郎王偉先任職方郎中以于謙薦陞是職未幾伺謙過誤密奏之帝任謙方專召入以偉奏授之謙叩頭認罪帝曰吾自知卿卿勿憾也謙出

偉迎問曰今日聖諭何事議笑曰吾有不是處子當戶
言之未必不從何忍至此乃出奏示之偉惶愧
天順元年正月斬于謙于市籍沒其家家屬戍邊項文
曜免死戍邊王偉爲民　靖遠伯王驥兼兵部尚書尋
解部事陳汝言爲兵部尚書　十一月陳汝言下獄死
籍其家時科道交章劾汝言怙勢亂法贓賄狼籍
天順二年正月以左都御史馬昂爲兵部尚書
天順五年八月以誅曹賊功進馬昂太子少保賜玉帶
金麒麟服

天順七年八月巡撫大同僉都御史韓雍還京擢爲兵
部右侍郎
天順八年五月憲宗　改兵部尚書馬昂爲戶部尚書
時言者交章論昂不職乃改戶部以王竑爲兵部尚書
成化元年六月　兵部尚書王竑以病乞免　上不允
命醫日往視之至是復請　上慰留之　九月王竑三
上章乞放免養疾准其還家調攝竑以前薦岳正張寧
爲李賢所沮遂堅竟求去士論惜之　十月陞禮部右
侍郎彭時爲兵部尚書仍兼翰林學士

成化二年正月彭時歸省以王復爲兵部尚書
成化五年五月陞右副都御史陳宜爲兵部右侍郎
成化十年十一月致仕兵部尚書孫原貞卒原貞本名
瑀以字行江西德興人卒年八十七居官以清慎自將
多著勞效令終壽考亦世所難得云　十二月兵部尚
書白圭卒圭直隸南宮人歷官中外數從軍旅累有勞
效而荊襄之功爲最然之清譽既沒而諸子以分財不
均鬩訟聞者嗤之
成化十一年二月兵部左侍郎李震卒震居侍郎巡撫

兩廣幾二十年弗還而寮長有缺多從他曹叙補至是
以瘍撥于項而卒時謂其不能無觖望云
成化十三年七月陞余子俊爲兵部尚書張鵬爲兵部
右侍郎
成化十四年十月加兵部尚書王越爲太子太保仍兼
左都御史余子俊爲太子少保
成化十五年五月太監汪直執兵部左侍郎馬文升下
錦衣衛獄謫戍邊
成化十七年正月余子俊以母喪去任　二月改戶部

尚書陳鉞于兵部

成化十八年三月右軍都督馬儀奏兵書陳鉞巡撫遼東時姦貪欺罔倚法弄權尅取官銀營求陞職御史強珍劾其失機隱匿侍郎馬文升發其激變　夷情鉞輒報與汪直誣陷二人謫戍御史王崇之不從其濫報功次亦被誣陷降官其子冏昌授錦衣千戶恃勢爲非

上免其勘問令鉞致仕儀閑住冏調永平衛帶俸差操

成化十九年八月前兵部尚書陳鉞革爲民

成化二十一年閏四月　兵部尚書張鵬致仕　五月

改總督宣大余子俊爲兵部尚書令防秋畢始還京

成化二十二年二月戶科等科都給事中等官劉昂等劾奏都御史余子俊取民無度用財無節國家賦有定制今則創爲預徵邊有常供今則索於額外借漕運而京儲因以不充急扻運而京民爲之擾動報虜警而勢多虛張脩邊防而財多妄費徒勞人力未見完功惟務更張無益於事雖侵欺之情未露而妄費之責難逃乞逮至京明正其罪以爲大臣妄費邊儲之戒河南等道御史朱欽等奏余子俊往在陝西繕脩城堡疏開河湟虛張聲績邀倖時譽遂蒙拔自疏遠置諸六卿增其職任委以邊寄昧於審時急於功利乃於凋弊之餘輒興城堡之築事不酌其可否功惟幸其必成遂致邊備空虛群情嗟怨臣等切惟邊防之險不在地利而在人心

朝廷之憂不在四夷而在百姓今疲中國以事邊境重手足而輕腹心非惟不能保邊而適足以擾邊非特不能安民而適足以困民此而不懲何以警後疏並入

上命該部議其事以聞既而命工部侍郎杜謙等勘報還奏以爲子俊在邊未及二年費用官銀一百五十萬

餘兩粮料二百三十萬石雖因供給軍馬脩築墩臺置造軍器皆出公用然亦勞民傷財不爲無罪後下戶兵工三部會議覆奏　上曰余子俊受朝廷重托不審事勢偏執已見處置乖方費用錢穀數多姑置不問革太子太保令致仕去按薛應旂曰嘗視師延綏其遺民故老咸曰鎮城舊在綏德余公遷出榆林軍民役死不下萬計窮簷荒廢千里丘墟孤兒寡婦衰麻扶杖日哭于軍門而浮沙築墻終難就緒向使其攜鎮河湟逼逐套虜與此大役猶可言也顧僅僅止此至今榆林孤城縣

於荒漠旁師戍守歲費萬千綏德藩籬竟失鎖鑰虜騎長驅直闖内地其貽謀蓋不審矣

成化二十二年五月　以馬文升爲兵部尚書　九月改兵部尚書馬文升于南京兵部妖術李孜省爲之

成化二十三年秋七月召致仕左都御史余子俊爲兵部尚書既至加太子太保初子俊巡撫大同被論落太子太保致仕至是起用復加原官

弘治二年二月　兵部尚書余子俊卒贈太保謚肅敏以都御史馬文升爲兵部尚書

弘治十一年二月加兵部尚書馬文升太子太傅

弘治十三年六月加兵部尚書馬文升少傅

弘治十四年十月召總督兩廣右都御史劉大夏爲兵部尚書

弘治十六年五月京師大旱兵部尚書劉大夏引咎乞致仕　上不允

弘治十八年夏四月　命兵部將兩京五府各營及親軍衛分堂上官事并在外鎮守分守守備方面武職官員姓名履歷按季開寫進呈以備觀覽

正德三年正月以曹元爲兵部尚書

正德六年五月　兵部尚書致仕劉大夏卒逆瑾誅大夏自甘肅放還詔復職致仕還家遘疾卒年八十一謚忠宣君子謂劉忠宣公之爲人明識治理如賈誼通達國體如陸贄質直不阿如汲黯廉潔不私如包拯忠誠懇切如司馬光是固先民之遺執云　八月改兵部尚書王敞掌通政司事調刑部尚書何鑑爲兵部尚書時流賊勢日熾敞束手無策言官論敞不職遂改敞而以鑑代之

正德十年四月　調戶部尚書王瓊爲兵部尚書

正德十一年三月加兵部尚書王瓊少保尋復進少傅兼太子太傅瓊善結權幸故遷兵部不二年三進公孤

正德十六年六月世宗　召彭澤爲兵部尚書

按兵部尚書一人左右侍郎各一人其屬司務二人武選車駕職方武庫四清吏司各郎中一人員外郎一人主事一人添設武選郎中一人主事四人車駕郎中一人主事二人職方郎中一人主事四人武庫主事二人守山海關職方主事一人監生三百二十

五人吏一百六十七人所屬衙門京衛武學教授一人訓導六人會同館大使一人副使一人大勝關大使一人副使一人

兵部尚書巡邊

正統元年十二月命兵部尚書王驥巡視陝西諸邊先是鎮守平凉等處都御史羅亨信與都督趙安率岷洮等衛兵巡邊遇虜安與都督將貴聽都指揮安敬議逗留不行亨信至其營責之貴等以芻糧不繼爲解亨信

劾貴敬等老師玩寇侵剋軍餉乞正罪以振軍法

上乃勅王驥巡邊整飭軍務許以便宜行事

正統二年五月王驥巡邊至甘肅稽閱邊備見莊浪永昌山冊路俱廢烽堠軍無紀律大會諸將于轅門問先年大軍遇虜畏敵不畏軍令者誰最甚咸曰都指揮安敬命引出斬之徇于衆曰自今遇敵畏縮者視此三軍股慄因大閱士伍謹斥堠嚴部伍勤訓練利器械軍容肅然

兵政

洪武二十年十月上與諸將論兵政上曰國家用兵猶醫之用藥蓄藥以治疾不可無疾而服藥國家未寧用兵以勘定禍亂及四方承平只宜脩甲兵練士卒使當有備蓋兵能弭亂亦能召亂若恃其富強喜功生事結怨啓釁適以召亂正猶醫家妄以暝眩之藥強進無[illegible]之人縱不殘軀殞命亦傷元氣故爲國者但當常講事不可窮兵黷武爾等皆有軍旅之寄宜深體朕

幾無失

弘治十六年五月兵部尚書劉大夏陳兵政弊端十事一曰京軍苦于出錢供應二曰營軍困於私役做工三曰江南軍以漕運破家四曰江北軍因京操失業五曰漕運艱難而濫食者妄費不稽六曰養馬困苦而私用者法禁不顧七曰鎮守太監貪婪特甚八曰守備内臣占軍數多九曰陞賞多涉勢要十曰禁衛苞苴公行

上覽奏嘉納命所司一一行之

按宋沿唐重樞密院懲藩鎮之弊而唐末設樞密然

能奪宰相權藩鎮之禍卒不免也低昂之勢相因設樞密以弱藩鎮藩鎮弱而邊備日弛唐之藩鎮兆於武德置使十道爲都督品在尚書上獘源有屬何必肆其中以逞爲制方且不豶豕牙而九節度之分封肅宗以成其勢平盧之自立代德以遂其横密院其何能爲宋並兩府不圖飭武於外徒置使置副置知院置同知置簽書置直學士都承旨檢詳編脩奚禦其金元之烈本朝武備布列中外其柄權一主於内然掌握在五府調發在本兵二者不相假借侵奪其在

諸鎮各練以爲本方之用非奉勑不得宣調此其勢執於朝廷實無强幹弱枝之獘宋養兵二十三萬京師諸道各叅以半制諸道而當京師神宗之所自誇者孰知偏重之患更復倚於是乎本朝之兵不較數四方各隨其地而求適於用其偏重之權則盡除之是以不必煩於兼互而血脉無不貫通

軍法

弘治十七年九月　上御煖閣召輔臣議政事一日

上袖出大同總兵官吴江本授劉健曰吴江奏欲臨陣以軍法從事昨所擬太重恐邊將輕易啓妄殺之漸輔臣皆未敢應少頃健對曰臨陣用軍法自古如此兩軍相持退者不斬則人不効死何以取勝上曰雖然亦不可輕許若命大將出師勑書内方有軍法從事之語各邊總兵官親禦大敵官軍有臨陣退縮者止許以軍法處嚴令從重處治如此方可李東陽奏曰此事若不說起尚可今既奏請若明言不許却恐號令從此不行健亦力賛其說　上復申前論健奏曰昨日兵部擬奏儘有

斟酌尋常小敵或偏裨出戰皆不許似止依所奏足矣上曰兵部所擬固好總兵官既奏了一塲若止答一是字亦不為重外邊視奏詞亦不甚着意亦須於旨意說出乃為重耳謝遷曰今遵聖諭批答仍用一是字為宜且軍法亦不專為殺輕重各有法決打亦軍法也上曰然可去整理停當皆諾而退

京營

宣德四年五月陽武侯薛禄奏神機營官軍初冒一萬

五百六十人於古北口守備議於內地衛所選補其缺
今久而未補乞如前議上命兵部補之
正統五年正月以襄城伯李隆提督京營
正統十四年九月　命武清伯石亨總京師兵馬亨先
協守萬全坐不救乘輿械繫詔獄至是使戴罪總京營
兵馬
景泰元年五月立京營團操法于謙以京師兵馬分隸
五軍神機三千諸營者雖各有總兵然不相統一每遇
調遣選摘輳撥號令不同兵將不相識或至誤事乃議

揀選諸營馬步官軍一十五萬分為十營每營各以都
督總領每五千用都指揮一員每千又用指揮一十員
把總每五百名用指揮十員分管每隊用管隊官二員
常令在營操練統體相維兵將相識出征就令原管都
督等官統領前去號令歸一行伍不亂團營之設自此
始
景泰三年閏九月立團營
景泰四年八月　命兵科給事中鄭林操練團營軍士
林既受命遂以軒轅破蚩尤之陣教閱軍伍具疏繪圖

以進曰臣通考古今陣法莫有過於軒轅黃帝破蚩尤
之陣夫古今之蚩尤即今之胡虜也黃帝按井田作陣
法大軍歸中專主旗鼓八節旋繞悉聽指揮若正北受
敵則東北西北二陣為奇兵張左右翼以援之若正南
受敵則東南西南二陣為奇兵張左右翼以援之其正
東正西及四隅受敵亦如之所謂常山之蛇擊其首則
尾應擊其尾則首應擊其中則首尾俱應者也古之名
將知此法者惟太公望孫武子韓信諸葛孔明李靖諸
人而已吳起以下莫能知也其名之曰天地風雲龍虎

鳥蛇八陣者則諸葛孔明也一大陣之中固有八陣而
小八陣之中亦各有八陣大陣則法伏羲八卦小陣則
法文王六十四卦所謂陣間乎陣隊間乎隊者也若夫
造遁甲有九星開八門用三奇者則又黃帝命風后為
之也蓋聖人以神通設教使人莫知其所以然也夫將
居于玄武之位而北嶽則常山也故曰常山蛇陣林
時居兵科見團營軍無統制每出征人馬多雜沓致死
劾其操練不如法當國者遂請以事委之林乃用此陣
教閱隊伍始整其法

天順八年五月　以定襄伯郭登提督團營

成化二年正月御史魏瀚等言自古備邊之策不過練卒擇將廣儲畜脩城池利甲兵而已邇者虜寇長驅動以萬數而沿邊殺掠殊爲可畏兵部以乏兵召募示弱於虜今京師軍士不下三十餘萬或占役於私家或借工於公府或買閑而輸月錢或隨從而備使令其操練者大率老弱不勝甲胄且馬多羸瘠器非犀利使之折衝禦侮安能與敵挫鋭况今之爲將帥者雖曰用勳戚取人望而身任安危忘家徇國爲陛下效力輸忠者則

未之見也邇年各處率無積蓄且水旱相仍連年賑貸戶部不能區畫設或警急何以濟用訪得鴈門偏頭一帶關隘踈畧虜每深入尚不痛懲前弊未見其爲安也伏望切責總兵等官將各營軍士整點操練命給事中御史各一員不時嚴查設有賣放占役等項通行參究仍乞節財省用一應浮費悉從裁損遇有征進軍士加倍賞賚作其勇敢更乞於鴈門一帶關隘并山西地方添設才望重臣智勇參將提督巡撫綏輯地方然大要尤繫於兵部之得人今尚書王復質實有餘應變不足以此之才處此多事未見其克濟更宜圖之　上曰王復陞任未久難責近効頃於三營內選揀精鋭官軍十二萬分爲十二營團操情弊多端轉加廢弛今還歸三營照舊分一等次等訓練差給事中御史不時點閘若仍前作弊即參奏究治所云費用賞賜朝廷更當斟酌

成化三年十二月京師復立十二團營

成化十一年五月兵部奏自景泰初年立團營之後迄今僅踰二紀稽其軍籍已減七萬五千七百有奇而支糧餉如故良由總兵等官因襲作弊若不嚴加追究非

徒糧餉虛費抑恐兵政日弛　上命究理之

成化十八年八月　兵部請自後京軍遇警調發惟神鎗砲銃等物徵車輛丁夫傳送若官軍行李兵仗宜二人共給一馬負之庶軍行不至稽緩民力不至煩費

上是之

成化十九年八月命太監懷恩戶部尚書余子俊閱視團營官軍不許私役隱占

弘治十年三月大同宣府諜報虜犯邊命中官武臣練京營兵以待

弘治十三年四月罷成山伯王鏞寧晋伯劉福遂安伯陳韶以保國公朱暉鎮遠侯顧溥惠安伯張偉爲京營總兵溥同英國公張懋提督團營

弘治十六年六月　鎮遠侯顧溥卒以保國公朱暉提督團營

弘治十七年七月　上召劉健李東陽謝遷至煖閣上袖出大同鎮巡官章奏言虜賊勢重近又殺傷墩軍延綏游奇兵累調未至乞增兵補馬情詞甚急　上曰墩軍皆我赤子乃敢殺傷可選京軍三萬定委將領即日

啓行健等奏曰　皇上垂念赤子一言誠宗社之福京軍亦須整點但未宜輕動遷繼奏曰邊事固急京師尤重君重馭輕亦須内顧　上意未釋猶欲出軍東陽奏曰近日北虜與朶顏交通潮河川古北口甚爲可慮今聞賊在大同稍遠欲往東行不知何處若彼聲西擊東而我軍出大同未免顧彼失此須必之待徐議所向耳健因備言

大同險遠本鎮尚可支持潮河川去京師不過一日最爲切近誠宜先慮　上曰今亦未便出軍但須預備免致臨期失措召劉大夏面諭出師之意大夏力言京軍不可輕出上曰太宗朝頻年出兵逐虜數百里未嘗不利大夏曰太宗之時何時也有糧餉有兵馬又有好將官所以得利今糧餉缺乏軍馬疲敝將官少人士卒玩法非惟不能殺賊又且因而害人徒費財物有損無益

上納之師乃不出已而虜爲沿邊諸將所拒亦引去

弘治十八年七月　起致仕戶部侍郎許進爲兵部尚書提督團營

正德元年十月　命太監劉瑾提督團營張永等並司

務

正德六年八月以惠安伯張偉統京營兵征流賊

按本朝畿内設兵之制畿兵今七十一衛不隸五府者三十九輕重之勢彼此相當漢衛尉主南軍以護宮三署郎期門羽林在焉所以親之也中尉主北軍以護京城八屯八校在焉所以周之也今制如之時去古未遠兵用番上南軍調諸郡國北軍調諸三輔令以山東河南萬全大寧軍輪操京師亦不忘内外出入之意然漢諸呂之亂周勃可令南軍毋納産先

是計除衛尉足為南軍以應巳此南北軍相制漢初設兵之善如此者一壞於武宣大壞於東漢中官統領內省則漢之末政然也但合隸三公非三代而下事更替汎隸天子而無親軍不可唐置十六衛左右千戶四則直待之衛也驍武威領金吾監門十二則警固之衛也業職各分低昂無別後立元從禁軍為北衙而以十六衛為南衙太宗百騎七營今制錦衣如之益以神武神策為天子私人則非所以為制且今有禁掖之幾衛而無四方之調發唐又不得而擬

之德宗後宦官握神策廢立如取乃有王叔文之變卒之神策滅而牛李之禍成其所由來者遠宋懲方鎮取天下兵權萃於輦轂有二司三衙四廂統於樞密院選諸道之勇者以備周廬其尤銳以充班直退癃儘剩員以分州郡且禁旅番更戍邊及今就粮於外大都專強幹弱枝而向衛之勢可相使不相維可相勝不相應設失一樞密而武道荒矣故自景德罷試龍衛巳不能披甲高求以恩得用兵遂以弱建炎後雖極意經武兵愈衆而宋祚日傾由其始偏重之為獘今制以精選為十二團營以老家還三大營握以五府調以兵部練以營長生以勑帥将無常署士無離土隊無出番若併稽名不虛實練可用較前代為獨得

京營操練之法洪武時止為五軍營分大小教場與城內城外操練永樂初分為三大營曰五軍營有步隊馬隊專教陣法曰神機營皆步隸習火器曰三千營皆馬隊專扈從出入管車輦寶纛等事每營以公侯伯二人充提督其營總兵官景泰三年兵部尚書

于謙建議立團營揀三大營中壯士團練就於三營六提督中揀二人充提督團營總兵官即於五府中涖事文臣提督以兵部尚書是年團營總兵武清侯石亨遂請故都察院改為帥府天順元年罷團營成化元年復立團營尋罷成化三年又復團營團營之兵名為頭撥初團營分為十營後增為十二營一營以侯伯都督等官一人為坐營官有事出征不必揀選但撥某營出征則某營將領其士卒啓行承平日久團營非復操練之舊又立東西官廳名為聽征蓋

三營變為團營團營變為東西廳也　祖宗微意不欲武臣權重在內營操官止管操練者無開設衙門亦無印信在內五府有衙門印信理常行政務至于營操非特命不得干預蓋五府三營十二營職掌不相侵也至於出征亦不止大將一人必選二三人名位謀勇相等者參用之出師之日賜平賊討賊平虜平胡征夷征虜等印或將軍或副將軍或大將軍隨時酌與必由兵部題請五府亦不得干預事平之日將歸于府軍歸于營印歸于朝其意深矣至嘉靖庚

戌罷團營仍為五軍營內分十二小營改三千營為神樞營神機營仍舊三營共設總督京營戎政公侯伯一人恊理侍郎一人五軍營副將二人練勇叅將二人叅將四人遊擊將軍四人神樞神機營各副將一人練勇叅將二人佐擊將軍六人以昌國公故宅為戎政廳給戎政之印栁葉篆文虎紐如將軍所掛印通計京操凡大營三內分為小營三十副將以下三十人人坐一營副將用真署都督叅遊佐擊用真署都指揮或都督大抵統軍一專于一人練軍不專於一人皆有意焉

嘉靖六年楊一清曰太祖設五府四十八衛太宗建都燕京仍立五府增七十二衛設五軍神機三千大營都城之外設大教場操演又以河南山東中都大寧西都司官軍輪聚京師歲教月練無事足以壯國威有警足以禦外侮真得居重馭輕之宜矣厥後天下承平兵務漸弛至正統己巳之秋北狄侵侮幾危宗社景泰初兵部尚書于謙乃于三大營中挑選精銳者分立十營團操是為團營體統尊嚴條明甫四

方有警或用一營二營三營以次挨撥而行不用臨期挑選其選剩不堪者退回原營謂之老家天順初年罷之八年復置成化初年又罷之三年復置後增為十二團營分布益嚴我武益張于時一有警報大軍一出四方懾服嗣後因陋就簡垂四十年而戎馬日耗士卒之殷實者出錢包班而其名徒存貧難者饑寒困苦而其形徒在衣裳襤縷氣息奄奄平居且不能自存安能為國以捍禦百戰之虜哉每遇有警欲撥一二萬之兵未免於各營通行挑選欲再選撥

一二萬恒以不足數為慮是團營與老家無異矣夫軍以衛民民以養軍今各官軍月支米八萬一千五百有餘石以一歲計之該食九十七萬八十餘石是皆百姓膏血之餘及選用戰兵求二三萬而不足當事者豈不為之寒心哉至於統兵將官亦皆臨期選用將不知兵兵不知將遷緩月日旋置軍裝將官已至關口士卒尚在京城都人相傳為笑口是不堪用徒費芻粮也中外士夫亦皆以京軍為不足用正德年間山東北直隷等處群盜縱橫乃調宣大陝西遼

東邊軍征之踰年始得平定是豈強幹弱枝之意孰幸而其時三邊無警假使夷狄外侵邊兵不可掣調則內盜置之不問乎啓邊人輕我中原之心不可聞於四夷不可訓於後世矣今失此不為後悔難圖乞勑提督官申教練之法溥優卹之恩禁剥削之害嚴役占之條痛革宿弊修復舊規使耳目一新精采一變內治既舉外攘何難所以壯國家元氣而延生民之命脉者庶其在此也

御將

永樂二年十月御史有言甘肅總兵官宋晟擅竊威權事多專制　上諭侍臣曰任人不專則不能成功况大將受邊寄豈可盡拘文法今當明與晟言使之釋疑勑晟曰前者御史言卿專擅此言官欲舉其職夫為將不專則功不立朕既付卿以閫外之寄事有便宜即行而後聞自古明君任將率用此道忠臣事君亦在推誠朕知卿有素委以重任彼雖有言卿勿置意但盡心邊務以副朕懷

歲報各邊軍馬

成化二十二年五月兵部尚書馬文升等言故事各邊軍馬数目三年一造冊奏報恐其間消長參差卒然有警難以調度宜自今攺議地方稍遠者歲一報邊方多事之地歲再報奏報之法不須造冊具名第以章奏具書兵幾何內騎幾何步幾何任戰者幾何常操者幾何冬操夏屯者幾何有故者幾何歲再報者以夏冬之季

至部一報者以冬季至部有後期及數目不明者奏請處治其三年造冊畫圖仍舊　上曰可

調軍勘合

永樂七年五月置邊城調軍勘合　上以邊戎調遣止憑勑書慮或有詐乃以勇敢鋒銳神奇精壯強毅克勝英雄勇猛十六字編為勘合

戰車

景泰三年正月令廷臣共議備邊長策李賢上言虜所以敢輕中國者恃其弓馬之強而已臣觀今日之拒馬木止能拒馬不能避箭挨牌止能避箭不能拒馬今中國長策惟有所謂戰車若衛青之武剛車可以禦之又有取勝之道則火鎗是也論中國之長技無出於此若用得其法虜弗能當也臣觀車制四圍箱板內藏其人下留銃眼上開小窓長一丈五尺高六尺五寸前後左右橫排鎗頭每車前後占地五步若用車一千輛一面二百五十輛約長四里欲行則行欲止則止謂之有脚之城內藏軍馬糧草輜重以此禦敵使馬不得衝陣箭不得傷人彼若近前火砲齊發奇兵繼出彼若遠遁我勢益張我威益振備邊長策莫善於此　按春秋時晉荀吳毀車崇卒以致車戰法亡而說者又謂漢衛青唐哥舒翰皆嘗用車戰以破敵則是其法猶未亡也但後來用車戰者不唯失利且車亦牽制難行至自為鷓鴣車謂其行不得也李賢余子俊丘濬猶陳車戰之利者豈亦未嘗試與

成化十二年八月都察院左都御史李賓言古者多用

戰車取勝乞制偏箱車五百輛鹿角榨五百具相參而用每小車一輛榨一具共用十八人通用五千人行則為方陣止則為方營乞命所司會臣計造并選閱精兵五千為用命內臣并文武大臣各一人統領教練侯警調用更諭令各邊俱如式製造以備戰守事下兵部尚書項忠言陝西諸邊收蓄兵車數千輛及京營亦嘗因定襄伯郭登之言製小車二千五百輛日久無用俱已毀廢今賓復及此但今宿將邊臣彼此異見如以車為不可用稽之於古如柔然侵魏而太武比征騎十萬車

十五萬輛遂造大漠柔然怖惧不敢南向突厥寇唐而
太宗遣諸將出戰皆戎車步騎相參與鹿角為方陣屢
見大捷以此觀之是車決可用也如以車為可用唐房
琯效春秋戰法車二千乘馬步夾之行至陳濤斜被賊
縱火焚車人馬大亂官軍死亡四萬宋神宗時契丹入
寇取兩河軍民為備沈括以為車行日不過三十里若
被雨雪雖步難進以此論之是車未必可用也今將士
終歲操習自永樂到今止於馬步相參較閱騎射不習
車戰恐一旦咈其所素習強其所不能臨期應用遠悟

非便乞如賓言遣御史及工部官督工如式先署車十
輛榨十具送赴教場仍令賓會同內外官驗其規制可
以施行如虜輕騎剽掠何以分布追之阨險邀遮何以
乘危禦之開闔奇正之妙推挽進退之法宏綱大畧俱
要講明俟車製成之日以聞至是車成兵部以請命賓
及忠等詣教場會三大營內外掌兵官如擬分兵列陣
以驗之既試忠等覆奏謂所造車榨若兩軍對壘之際
用以守城安營可以禦矢石防衝突若追逐奔北登高
致遠履險涉危恐非所宜宜行工部以漸成造付教場

操習若制有宜損益者仍聽臣等會總兵等官酌量
上曰既登高涉險不便其已之
成化二十年八月 余子俊奏自古出師多用戰車今
奉命督軍邊境大同宣府地多平曠寇至車戰為宜大
率以萬人為一軍用車五百餘輛每輛用步軍十人駕
馭行則縱以為陣止則橫以為營兩軍之間空闕處以
鹿角榨補之乞勑工部量運生熟銅鐵至大同造車一
千宣府五百以備戰守 上從其議命速之子俊為此
車費用不貲而遠重窒碍不可用初試之日因而死者
數人卒歸于廢云

歲報各邊軍馬

成化二年六月安遠侯教讀戴仲衡上言陝西用兵事
宜大畧謂兩軍交戰生死定於呼吸摧堅執銳之士奮
不顧身何暇首級之顧此其功最為上也今論功者反以
首級生擒驗功陞賞而當先破敵不為上功所以士無
鬭志惟圖幸取首級往往坐是而敗乞稽洪武永樂間
舊例以當先者為奇功生擒者次之斬首者又次之如

此則人以進死為榮而虜不難滅矣奏入　上令仲徵
隨楊信勦賊仍命兵部看詳以聞王復等奏以為論功
行賞欲以當先破敵為首生擒斬首為次恐事勢難行
蓋生擒斬首者有實可驗而當先者無跡可憑以是為
功賞之差不免有濫報之弊近如涼州奏報功次生擒
斬首者僅及三十而奮勇當先者乃至千餘豈足憑信
上是之既而仲徵考滿停俸妻子在京無養贍命以訓
導俸給之
成化八年四月兵部尚書白圭奏項忠所上荆襄功次

文冊與總兵李震所報名數前後不同又都御史楊璿
先奏潼關南陽等處官兵人等前後擒斬賊首王彪楊
俊王洪等首級九九十餘人今冊內所開擒斬王洪等
賊級不開何人功次以致百户孫廣等有言又生擒數
內張全等三十三人原作謀逆比法司審鞫情可矜又
所報被創軍士十有五人而陣亡者十有八人使賊果
驍以抗官兵則損傷之數豈止於此又豈有陣亡者反
多於被傷之理耶以此推之甚有可疑者請移文巡按
河南陝西湖廣御史審覈前後擒斬之數可作論功陞

賞與否庶恩典不濫詔不須再勘第如忠震奏冊定擬
陞賞論者謂兵部議是而朝廷不從蓋有主之者云
工部給事中韓文自慶陽還奏比奉　命辨驗紀功郎
中張謹所劾總兵官劉聚范瑾等游擊軍祝雄緱謙都
督周賢指揮劉琮都御史馬文升等所報功次多虛少
實其乘機妄殺幼男女婦誠有如張謹所言劉聚馬文
升敢相朋比互遣其子劉祥馬琇奏捷左都御史王越
職居總制幸勝邀功左副都御史余子俊事出遥聞附
衆罔上後知事覺掩奏飾非上曰此曹濫殺妄報功次

本宜重罪今虜賊既遁不為無功總兵參將巡撫等官
姑宥其罪報功得賞者如例陞賞殺幼男婦女者姑免
問俱調發邊遠立功哨瞭　兵科給事中郭鏜等奏總
兵劉聚都御史王越馬文升余子俊等怠於敵愾急於
貪功既無保障之仁反施屠戮之慘萬姓傷心四夷傳
笑郎中張謹劾奏於前給事中韓文覈實於後乞大奮
乾剛重加黜罰以為邊臣妄殺邀功之戒　上曰爾等
所言良是但其事已裁處不必再問所司移文戒飭之
正德七年正月內閣票旨從楊一清之議有能擒斬盜

賊三名顆者陞一級時劉六劉七齊彦名等雖擁衆數萬然多擄掠脇從之徒其親信驍勇善騎射者不及千人官軍每追及賊首驅脇從良民與官軍對敵并棄所掠財帛奔逸而去官軍爭取財帛及斬獲脇從首級屢報捷音降勅奬勵論功陞賞太監谷大用都御史陸完得奬勑十餘次前後報功萬計而正賊無一獲者甚至賊已過而官軍遇平民亦殺之以報功大同遊擊江彬過冀州入人家殺二十三人有司申狀谷大用陸完皆不問大用等復奏帶權勢子弟僕從數多坐冒功級日費廩餼自出芻粮犒賞至費太倉銀二百餘萬兩府庫

為之虛耗

正德十六年六月　命給事中夏言御史鄭本公查革濫受武職言等上疏謂正德年間各處軍功之濫其弊有三奏帶之數太多紀驗之次失實武選之法盡壞如鎮守官奏帶例該五名今則領兵奏帶至三四百名者有之往往安居京師寄名邊方故有一人而數處奏帶一時而數處獲功其在斬馘之列又復巧立別名或曰運送神鎗或曰齎執旗牌或曰衝鋒破敵或曰三次當先或曰軍前効勞紀驗之地既無審覈之公銓選之司又無駁勘之實甚或正重陞併功加授之類私謀巧術弊出百端難以枚舉

按國制首功四等曰北虜曰遼東女直曰西番苗蠻曰內地反賊戰功二等曰奇功曰頭功

憲章類編卷之二十六終

各邊守備

洪武十八年三月遣使諭靖寧侯葉昇等曰邇者上天垂象沿邊城池宜加慎守凡外寇入境但當保障清野靜以待之俟其怠歸急擊勿失不宜輕出外境蹈其不測也

洪武三十一年九月罷築銅鼓衛城召徐輝祖吳傑還京

永樂三年十二月遣書諭趙王高燧曰朕居北京二十餘年每有邊報但令謹守地方未嘗遣人輕出昔中山武寧王開國元勳亦惟嚴守邊境防慎出入故無敗失凡遇警急但令嚴固守備勿輕出兵

成化十七年五月山西巡撫何喬新奏緣邊軍民往往潛出境外伐木捕獸猝遇虜寇拘執其人冀得免死遂用為嚮道侵犯邊境設有桀黠不逞者為匈奴之於衛律趙元昊之於張元吳昊其為邊患可勝言哉是宜嚴立禁防凡守把關隘之人知情故縱俱謫發煙瘴地方充軍有能捕獲者給賞犯人財產庶奸頑知警邊防戒嚴奏上從之

按廢東勝則大同寧夏不為援廢大寧則遼東宣府不為援以榆林援大同寧夏則偏頭關花馬池等處所以孤弱以朵顏三衛代大寧則喜峯古北口黃花鎮等處所以單薄近來益貢之傲雖小而急意者三衛不可不設圖以處吉囊俺答之患雖緩而重意者河套不可不俟時而復

九邊初設遼東宣府大同延綏復設寧夏甘肅薊州

皆文武大臣鎮守提督又以山西鎮巡控偏頭三關陝西鎮巡控固原共為九鎮弘治間設總制於固原嘉靖間設專督於三關權任差異而邊防則壹　北邊有戎警則設總制大臣或都御史尚書侍郎兼憲職自巡撫以下皆聽受節度東路宣府大同一員西路陝西延綏寧夏甘肅一員蓋黃河自金城出中國經戎地東行南入中國在大同西界偏頭河曲延綏東界府谷神木之間故西路有警則宣大遊兵駐河東濱東路有警則延寧遊兵駐河西濱戎入套則西

路之警出奔則東路之警西路總制治固原在延慶凉兆中東路則往來於宣大

城塞說

本朝與秦漢之緩急可得聞乎曰秦漢所急在西北上谷北平為緩我　朝所急在東北井肅寧夏緩也秦漢急西北故秦塞起臨洮漢武置朔方緩東北也故誘匈奴入則于馬邑開樂浪玄菟當時非之我　朝反是然則我　朝長城應始東北乎曰應始夫　神京在燕大

寧論失　天壽與異域為隣宣府與遼東隔絕汲汲圖營以實後背猶恐後也是故開平之轉運難繼則當徙三衛以易大寧大寧之巢穴不除則當通宣遼以為絕塞失時不舉策之可憾者也何失時也曰徙三衛當在國初為絕塞當在成化弘治之間何也曰　國初三衛之置根本未深而開平之廬舍未廢且北虜遠遁三衛得以有之以此相易不為難也成化弘治之間北虜數貢邊警罕聞年穀屢登塞下殷富彼時若城京後虜既不與我競我亦力足辦之紆直進退即少有涉于三衛三衛篾視之也今三衛視大寧為樂土而開平陷入虜庭非惟我不能以大寧為我有且亦不能以開平與三衛矣又邊警所急慎在宣大禍發有形難先未兆而　京後尺寸棄取之間三衛與尤以為厲已故曰失時可憾也然則宜如何曰宣大不可不城所謂白刃在前也宣大既城戰守斯議謹哨望于登陴伏精銳于半道叩垣則矢石備施以為守入塞則左右邀擊以為戰此之為宣大計也而以其閒暇大城　京後慮版築之屢興則寬其諸役恐三衛之有競則陷以徵資土可築則土築而

磚甃繼施石可劚則劚石而灰灌必慎自居庸抵山海以為衷遍其下列堡寨以為援先之以京營出戍繼之以招募成家蓋當天下之力以之而不以煩費阻與還都較輕重而不以勞難輟也是則失時可憾而捄時有要也然有謂長城無益于疆宇者何曰不究始末之言也夫塞下田不塞下人有也為虜墾也一騎長驅耕夫鼠竄耕具牛畜舉為其有矣塞下丁不塞下人有也為息虜也朝取數人焉殺而委諸壑暮取數人焉驅而入之虜夫塞田不墾則粟愈貴非惟居者不可留而兵廩

且不勝轉輸之困矣塞丁不息則地愈孤非惟伍失者無從補而虜幕且愈增其類矣夫當長城之未城也塞下粟有斗數錢者乎塞下有人舍内郡而頤傲居塞下者乎塞兵有一非坐食官廩給地自養為官戰守者乎一遇伍缺清勾拘攝如捕罪人有招幕一呼千百彙集者乎帑金至重也輦輸有遇掠者矣巡察使憲臣也行部有遇害者矣赴簿計即如探虎穴轉商賈即如臨重壘洪蔚内地也虜至境而烽火不聞朔州開府也虜入塞而聲聞永隔今時亦有之乎故曰議長城之無益者不究始末之言也然則長城足恃虜終不能入塞乎曰何言終不入也堤水而浸潰必有方引繩而牽斷必有處長城之利烽燧明而野易清也攻拒久而兵易集也粟入多也生息繁也小舉之莫能犯也大舉之易于調伏為應援突擊也虜慮歸之難而不敢深入也嗟夫守不密則入言必不入則宜廢守矣既入則有戰言必不入則宜廢戰矣古今有廢戰守為國者乎是故謹詰邊之令以嚴乘塞之時精團練之兵以待農隙之入申堡塞之約以盡清野之實固京後之防以居萬乘之重可

戰可守斯固策之中也而近時邊將不求備其所未備顧曰未塞之前虜惟小犯既塞之後必求大舉小犯易遏大舉難支則是以大舉為塞致也嗟夫城塞以止驅猶服藥以已疾小犯必至大舉猶細症必沉痾也以城塞之遏小犯為致大舉則將以服藥之已細症為致沉痾乎繆也甚矣

夫城塞非難也乘之難也乘之非難也久之難也夫集丁壯以事版築恤之有方役有漸斯塞城矣而欲離畝畝損妻子林林總總于亭障陴隍之間不腹怨不力疲稱于奮戈敵愾爭先不能也暫乘之猶可而必歆歷歲年長子孫愢愢慄慄于沙磧斥鹵之外不逃亡不隱匿世嗣家繼如保恒産蓋不能也秦之亡也以長城而非以長城也城成矣而謫戍遍天下天下不能堪也 秦之亡也以謫戍而非以謫戍也謫戍無更踐大平死塞下天下不能堪也夫行者無憩息之所則行不如處負者無息肩之望則負不若仆城長役而不休戍長謫而不代居者必發而無免藉徃者必死而無返期此秦人之所以惧而亂而秦亡也故鼂錯為漢畫尚幕徙而尤謫

戍徵秦失也文景重入奴婢入粟而輕鬻爵贖罪知
情也然秦之城也與今異其戍也亦與今異晁錯之為
漢謀也難而今謀不難審其異知其不難是故塞可城
城可乘乘可久也秦雲用其民而一天下天下既一黔
首引領思治覬一休養匈奴無盜塞之罪邊土無憂劉
之慘而勞師萬里斥不毛之地發謫以戍之轉餉以給
之其結怨天下一也役丁百萬為塞數千里地不計土
石年不計豐歉期以一二歲時盡羅絕漠其結怨天下
二也夫古之為師也不得已命下而哭鑿凶而行軫未

旋國君為之不舉寢不安席而長城之役未休五嶺之
戍復舉阿房驪山一時並作其結怨天下三也今時則
不然醜虜擁衆侮慢不恭其曲在彼邊民罹害骨肉荼
毒其患切身　三駕之後休養者垂二百年須之已久
自　天子以至度支凛凛以財用之困工役之勞憂念
之已深民無得而非上也夫鯀之治水其役豈下于始
皇方命受殛而民無叛者知急其急也故曰秦之城也
與今異也漢之初也諸侯戍邊者皆去楚漢兵爭未暇
顧也秦長城毀矣匈奴闚故河南矣韓信陳豨之叛戎

馬及于晉陽矣晁錯之策曰募民夫漢已徙大族實新
秦三輔五陵矣其徙邊必不以徙新秦三輔五陵者也
其外郡國乎邊塞去外國地甚遼邈水土又不服習也
聞邊土苦惡當徙者憂懼其難一也亭障未立保聚無
所一旦置之荒墟而即責其扞禦其難二也塞田未墾
塞廩未實從口既盛轉運益增始之以坐養繼之以凶
年其難三也富人鬻爵恐不肯身往所入奴婢及罪人
贖者逃亡相繼其難四也今時則不然塞垣已成警急
有備塞下殷富號為樂土人多而苦于無田者比比是

也但有募集必不與冬夏衣廩食也不必拜爵高之增
至卿也分口受田無不樂從者矣　國初鹽利稍寬遠
方商賈有携家居邊塞者以利之所在也而况即募塞
下人耕塞下地乎故曰錯為漢謀難為今謀不難也夫
塞城矣不可以不乘不乘是棄塞也塞乘矣不可以不
久不久是棄乘也更踐則習謫戍不可也今年春城塞集
一丁男若干歷夏入秋而免明年復然今年夏乘塞集兵
若干歷秋入冬而免明年復然乘者至則役者當往役
者返則乘者就道朞月計數百千里而已室家之棄曠

生理之蹙乏形貌之蹈瘠鬬心之懈沮恐非所以圖久
也夫乘塞非古也而亦不可廢也古之乘塞者列亭障
而已今則長羅千里無不受陴者矣古之乘塞者通烽
火而已今則執戟據險日與之戰矣然塞已成矣秋歲
防矣禾稼棲畝恃之以無恐矣婦子嗜餉恃之以罔戒
即廢之不乘則畜牧驅逸之失農樵殺戮之慘士女虜
逼之耻禾稼蹂踐之費無所于償也故曰乘塞非古而
亦不可廢也嘗為之畫曰塞城矣其地卑而圯不便而
受敵者宜更也更矣而無堡在近者宜增也城城、如引

繩急之而不斷列堡如布棊錯之而不雜堡去城不二
三里其相去不三十里堡為廬舍備器用鑿井增竈具
舂列櫪人有所棲馬有所秣使至者如歸寓者如家每
堡五六百人則人受一廛統之以一校則校為一廨步
卒勤嘹望晝夜為二番馬卒遊邏徼彼此為信驗無事
則番上者倚戈于城而番下者休邏徼者遊哨于途而
堡居者習技藝有警則番上者為燧邏者先登堡居者
繼登而番下者亦登則役有番而不疲事有經而可守
矣行之一年人皆便之來歲徵集則令于軍曰乘塞而

欲携室者聽增給養以半口比歸令于軍曰室壹而欲
留者聽增給溫絮且移額廩既留而復令于軍曰欲恒
居此而授田者聽且給牛種夫人情之不能絶者嗜慾
而其甚趨者利也朞月不數旬于里有不願携室者乎
其歸不數旬復往有不願留此者乎既增室養復給冬
絮移廩以為資有田以為産有不願恒居者乎夫為國
家非財用之急也無盛兵之急也非無盛兵之急也無
邊兵之急也非無邊兵之急也無執戟登陴結髮與匈
奴戰者兵之急也乏財用樽節焉已爾乏兵清補焉已

爾乏邊兵清補邊兵焉已爾乏執戟登陴結髮與匈奴
戰者兵則強之怨生廢之蹙守為治者所深憂也不強
之以生怨不廢之以蹙守抜邊兵于中土抜乘塞于邊
兵一轉手之間耳夫秦工役與謫戍並行而致釁吾工
役已息而戍以情誘之異于秦可知也錯為漢謀募遠
道之人吾即募塞下人遠不出百里易于錯可知也故
曰審其異知其不難則塞可城乘可久也凡此行之于
天下之甫定則頋息者咨行之于邊口之未克則應募
者鮮行之于胡患之不數則遠慮者疑今固其時也而

斬不為可謂智乎 國朝城塞不始于近年也而規制品式則備于近年其乘之亦不始于近年也而法令節目則備于近年何者成化弘治之敵臺懸樓大同往年之月壕長塹城塞之始也然臺樓相去太疎壕塹易為填塞垣周于壕壕附于垣蓋近年始為之耳固原花馬池之傳箭境門宣府往年之廬蓆山麓乘塞之始也然傳箭恒失夜警廬蓆不禦風寒步兵登垣而屋居馬兵列營以待戰亦近年始為之耳外此而有不備則規制隨宜移易法令以時申明智者審機運軸不膠一隅而必共軸同輪以合途轍也夫塞城更數人矣乘之亦數

年矣其始也謀之未嘗不僉同其繼也恃之未嘗不有效乃今則甲可乙否方信忽疑急喙莫能辯緩頰莫能曉是何也忿于虜之入惧于役之久惑于當事者之避難而文罪也夫天下之事有禍福倚伏而當局者迷輕重區分而持衡者眩亦惟察其機要究其紀極而已即以乘塞機要察之塞下田盡墾禾盡入轉輸可省也小舉莫能至大舉必歷時烽堠易明也外阻于高墉內限以重関久攻而暫入既入而虜歸鐵輔不震搖也是之

謂三便以其紀極察之痿痺之疾希則生口日盛戎之力節則出塞可期剽掠之路難則盜心漸沮盤詰之令密則奸細可無是之謂四宜今之病乘塞者一曰塞雖成虜百道攻之無不潰而入者夫百道攻必曠時日我援兵可集也潰而入必殺傷相當我不徒損也乘塞之兵憑高拒下以逸待勞既不徒損援兵復集而終莫能支然則不乘塞不相縱之入而與之戰馳擊突剌于平原曠野之間反能支乎此一辯也二曰天下鎖鑰宣慎 京師居庸倒馬紫荊之間足恃則宣大固在所畧夫為防貴周設險宜厚居庸倒馬紫荊 京師之內戸

宣大 京師之外門又宣大之士結髮從戰関南之人鮮任兵革徹彼外門專恃內戸忽結髮從戰之士倚不任兵革之人其能支乎此二辯也三曰兵有奇正勢有倚伏過之于境上不若殲之于既寢夫奇正相生倚伏取利謂我能得士之死力且洞測敵人之虛實也今部曲之衆偃北而膽寒犬羊之詐百出而莫測過之境上稽彼師期弱彼馬力尚能為患縱之境內則捜掠四獲騰槽超乘矣而能殲其疲乎此三辯也四曰長羅絶塞

不若散守内堡矣堡宜守在盡規制具器械團丁壯民自為之耳兵民百年所養也無事食其力有事庇其生分也而乃令之入堡與民雜授陴乎且一堡五十人則百堡五千人千堡五萬人宣大之堡奚止千邪盡數萬公養之兵配數百私築之堡將何以自解于民且使虜人入也野無與戰則勢必攻堡旁無可警則勢必久留堡不百兵亦勢必即破而會食既食而復攻得不長久駐之心啓攻城之漸乎此四辯也五曰馬兵自宜邀擊但令步兵守堡夫邊兵具器械諳旗鼓者馬兵耳步兵

則墩臺之烽燧站遞之送迎衛所之雜役而已散之堡内與民何殊又步兵不堪乘塞而曰足堪守堡馬兵不能援塞而曰可用邀擊且算已為左矣此五辯也六曰連歲乘塞兵皆駐邊虜一潰垣則外實而中虛夫中外皆實首尾聯絡固兵家之勢然亦自料敵有中分布足用者言之今宣大之馬兵不數營而塞外之虜帳亘千里分列于塞下且猶不支何得餘兵布之腹裏且往來未乘塞之時鎮兵數萬但尾虜後來尾之來去尾之去何嘗不内虛邪其算又為左矣此六辯也以上諸論多出于將臣之口將臣者當事者也往年步兵既不出戰馬兵則隨將臣之名曰暗伏虜偶不出其地則自張功伐遇當策應則多方規避不曰傳報失真則曰發遣不早不曰馬力不及則曰數日無糧展轉之間因以脫罪今兵皆乘塞步卒既有分陴馬兵亦有定援前當勍敵退有死刑一有失機辭無可諉以故諸人倡為異說以壞成規也夫縉紳之士言守介胄之士言戰介胄言守且不可而曰步兵不宜乘塞宜守内堡馬兵不能止驅能解堡圍是可信哉事有輕重區分而持衡者昧此之謂也然

則乘塞無可虞乎曰何無慮也受陴既久玩愒乃生將校無教閲之勤行伍鮮闘擊之志忘戰一也始焉應役尚皆軍身繼有顧差半成游食鮮實二也一處潰防千里震動人情詾懼不能固存自擾三也事有禍福倚伏而當局者迷此之謂也然此皆將臣不得其人之故耳夫步兵登陴荷戈馬兵自宜練習有警協力拒擊無警自可番休何忘戰之有五人為伍伍必相親五十人為隊隊必相識何鮮實之有塞高一丈内外皆烽燧之傳必知起止何自擾之有今將臣貪者詠求懦者坐視不

自及其督責之政而但欲歸罪于建議之人又可信乎嗟夫塞之初城難也斧斤遍于山谿版築奪乎畝畝力三時而不懈役連歲而不休孰不為建議者危之而初城極衝次城稍衝又次不衝丁夫役焉帑金發焉浸浸乎可大之業矣塞之初乘亦難也豺虎狠于枕席蹈鋒刃于體膚晝無藩籬之隔夜有掩襲之虞孰不為建議者危之而守長塹次結蘆蓆又次登陴逢秋乘焉入冬罷焉浸浸乎可久之規矣嘗謂危城塞于工役之初與智也棄城塞于工役巳就則所損者大危乘塞于擺守之既久仁也廢乘塞于秋禾之被野則可虞者多何者千里之城悉役塞下之民意外不可以不防萬口之食仰給塞下之粟蹂踐不可以不護而況版築正殷有衝突之患虜馬一入得飼秣之資耶今城成矣壕塹品窖敵臺暗門備矣城乘矣乘罷期日應援節度定矣欲一旦舉而廢之乃不可乎然則今時之所當移易而申明之者何曰城二乘之三二者何曰堵口不便于援兵山麓不支于下擊也夫塞之可守謂以逸待勞自上臨下也今堵口之塞旗幟隔目金鼓隔耳獨以一隊直當虜

鋒譬之鼠鬭穴間勇者勝矣山麓之塞遺矢兩隊土潰石雷轟欲以孤垣仰首拒擊譬之牛僨豕上壓者斃矣是二者城之失也而諸將臣分地巳定軍令甚嚴無一人慮及請移易改築者不亦惑乎四者何曰哨探之不相隸陴兵之無番休派撥之有隱射烽堠之無識別也夫塞之可守習技巧于暇時奮勇力于有警與夫緩急得宜耳目不惑也今乘塞之將既非本地之官而本地長短哨兵復不聽其發縱又其所部悉巳數丁受陴出塞覘望不得專之私人則何以豫知虜情不能豫知虜情勢必晝夜荷戈疑目直覘又何以番休其衆畜養銳氣習試技巧耶分陴主將所對簿也以付軍吏險僻者寥垣衝者疎有以貨賂損軍實者矣烽燧諸將宜各為號也以付墩卒一隅有警四方不寧有以虛聲沮軍心者矣是四者乘之者失也而諸將臣視以為安習以為常無一人慮及請裁酌圖畫者又不惑乎故欲塞之足據須更不任之垣欲兵之番休須布腹心之間欲軍實之不損須正分兵之簿欲軍心之不沮須明諸路之烽自茲以援所當移易而申明者此焉巳耳今以一時之見而

棄塞數人之言而罷兼則所謂忿于虜之入惧于役之久或避難而文非者也

出塞說

蓋嘗觀古人之得失究往跡之成敗而知兵之為用也施之中國則一戰之捷易立而代國之功難成施之外夷則保險之要易求而出塞之畫難講雖然此自前代言之也乃若我 朝之事勢則與前代異亦自往日言之也乃若近日之事勢則復與往日異神于通變者不可不察也夫前代之虜癬疥也平城解圍漢將覆兵馬邑敗謀單于出塞唐則都護置于虜庭君長羈于宿衛不大為我讐也而我 朝取天下于胡元建都邑于涿鹿妥懽之竄未至輿尸愛猷之奔尚延喘息不有以懲之則故穴之念生南牧之志決矣故徐中山李岐陽皆曰王保保必鬪之獸而我 成祖之北伐也兵連駕而不休將屢捷而不止誠先天下之計為萬世急其急也永樂以後虜勢浸微望風北遁啓台之款繼至朓朓之貢恒陳其時蓋凛凛乎日虞我師之至矣出塞難事也封

狼居胥僥功也常勝之家難與慮敵蜂蠆有毒無備可忽幣重言甘慕遠畜北此衛青李靖之所不敢任而李陵廣利之所以敗也宣德以後絕策窮征耀兵保境于計得矣而近日醜虜之生養愈繁塞口之荼毒日甚控弦鳴鏑恣意南馳蓋自虞嶺之役之後以鎮兵為不能戰太原之掠之後以鴈門為不足險永樂北伐之後至今百五十餘年以中國為不復有出塞之師也故其始也射獵塞下時入我疆畜牧被野夜不関視而我邊人出境盜馬者有焉其繼也精騎入寇老弱不徙空幕野宿罔事偵邏而我邊將出塞劫營者有焉今虞盜馬矣夜関視矣虞劫營矣入寇必徙避其老弱即有不徙必設伏以待矣而獨于出塞之師則未備也何者人情安于近常虜計昧于未兆也夫出塞與劫營異也虜舉國入寇或他方讐殺空幕近塞邊將以兵襆之謂之劫營虜冬夏廬居散出孳牧不虞我至我師分數道勦之謂之出塞劫營雖有殺獲老弱駝馬而已虜不大損也出塞稍遠道里所殺皆其精銳虜所至戒也又劫營數舉矣遇有伏設當覆我師近日呂勝李家莊之禍是也出塞

百五十年不舉矣迅雷之下不及掩耳唐李靖白道之功是也而可並論之哉故曰我　朝之事勢與前代異近日之事勢與往日異也嗟夫磧北苦寒水草所鮮虜資畜擾駐幕恒南又其冬不積草馬皆野宿一遇雪深死瘠過半降人曰凡冬有雪則所掠中國之馬盡死中國馬不耐寒又閉鼻不能以鼻入雪齧草根也虜馬亦甚瘠雖齧草根僅活而已然則春二三月之間新草未生舊草已沒之際馬齧雪瘠甚僅活之時分數驍將十道並出每道不三千騎人持五日之粮約出不二百里豫

諳自歸之路而後以步卒數萬結車營者三以繼之騎兵不五日必返步營步營不數里即倚塞下慮我馬之不壯也則初春以備寇為名調集邊邑而食之粟慮虜營之或遠也則平日以通貢為名分遣間諜而視其起止靈旗所指各有定方凱歌將旋不求重載虜婦子啼邀畜牧逸散一聞變作四竄無術求兵不得覓馬焉之速手就殲可以立盡且十道並發虜救援不能為謀車營在後虜追擊不能為患此所謂養之于百年而殲之于一旦棄之于累歲而牾之于中宵也大憸之後虜勢

斯蹶數警之餘王庭遯遠漢所謂孕重墮殰罷極苦之唐所謂逋斥堠千八百里可復見也或謂結怨于虜則讐我愈深噫此懦夫不識虜情之言也虜犬羊耳震之以威則俱而奔示之以怯則驕而至昔呼韓之朝不在于金繒和親之日而在于衛霍分道之餘瓊崖之迫不在于韓岳恢復之時而在于史賈畏竄之後是有明証也　國制以出塞為生事撲殺為起釁者謂往年虜衰我勝之時慮邊將貪徼功以絕貢好怨小敵而損軍威耳如曰越人家死以逆執事斷輿之卒有一不倫而歸者雖得越王之首而為大漢羞之也今虜勢已盛虜情

已驁及絕之貢矣虜數歲犯塞荼毒我人民震搖我畿輔憂勤我　聖天子至旰食矣志士畏馬革健兒不旋踵之秋也而可拘于舊文哉是故匈奴之衆不過漢一大縣以一壯士易彼一壯士不憚損而不為也雖得者機昜集者貲以百緡易一虜首不憚費而不為也畜謀百年成功一旦累歲伺間以規出塞不憚緩而不為也而顧以生事啓釁沮軍乎故嘗謂行成春秋所貴也而宋始終以和誤國由宋不知虜情耳虜戰則和不戰則

不和朱人不以戰求和而以和求和故和卒不久也啓釁　國制所禁也而今以啓釁失機亦由今人不知虜情耳我起釁則可已釁我不起釁則虜恬釁今人不以起釁求已釁而以不起釁求已釁故釁卒不可已也或曰刼營盜馬何如曰此出塞之末支也有善刼者刼之可矣今虜近塞多非空幕空幕必有設伏而邊將不察焉愚惧其堕誘中也有善盜者盜之可矣今虜雖數関視然亦不能遍周而邊將顧厲禁之愚惑其自示弱也

永薊密雲紫荆等邊備

洪武六年四月淮安侯華雲龍鎮守北平遣使言塞上諸関東自永平薊州密雲西至五灰嶺外隘口通一百二十一處相去約二千二百里其王平口至官　坐嶺口関隘有九約去五百餘里俱繫扼衝要之地並宜設兵守之若紫荆関及蘆花山嶺尤為要路宜設千户所守禦從之

洪武十五年九月北平都司言邊衛之設所以限隔内外宜謹烽火遠斥堠控守要害然後可以讋服胡虜撫輯邊氓按所轄関隘曰一片石曰黄土嶺曰董家口曰箭簳嶺諸如此類九二百處宜以各衛校卒戍守其地詔從之

宣德四年四月徙隆慶州永寧縣黒峪巡檢司於紅門口時巡按御史王聰言黒峪口已置官軍戍守其西南三十里有紅門口正當居庸関北天壽山之後有路通昌平軍民逃逸者皆由此請移黒峪口巡檢司於紅門口為便遂從之

成化十二年八月薊州等處總兵右都督馮宗等奏比者兵部以朶顔三衛與北虜交通行令整飭兵備以戒不虞盖朶顔北虜往往由喜峰口入貢熟知我邊虛實尤為可慮薊州沿邊関堡官軍舊額二萬九千八百餘人今逃者已踰三千無可調補乞行法司問擬調戍囚徒量充三五百人及雲南兩廣逃避軍役者潜住境内乞容招集收用且喜峰口羅文谷黄崖口劉家口石門子一片石桃林　等関俱係通寇要路官軍防守不周欲選所屬軍衛有司合餘民壯編伍教練遇冬協守春

深放免事下兵部言謫戍囚徒宜行令法司區處就近收附遠方逃伍軍丁例已禁止曩者巡撫都御史閻本嘗奏允四方軍民人等願投軍自効者聽令收役宜移文宗等會議如例舉行其舍餘民壯俟邊情有急斟酌選用從之

按京城北九十里昌平州州東北九十里黃花鎮自鎮歷白馬陳家吊馬等峪關口四十八口而古北口又一十四關口至峨嵋寨中歷黃松峪將軍石凡五口而薊州東岸峪自關以東歷寬峪等關凡十口而導化縣之馬蘭峪乃歷沙皮羅文松青龍井兒潘家口團亭寨關口三十一而喜峰口又七十口而遷安縣之青山口又十二口而冷口又三口而劉家口又四口而盧龍縣之桃林口又四口而昌黎縣之界嶺箭捍等六口而撫寧縣之義院口又石門等五口而董家口歷大毛山小青山等十口而山海關　北畿東北古北口喜峯口潮河川相密邇直北黃花鎮白羊口去天壽陵尤咫尺惟薊州重屯山後小醜浸突而宣府鎮且繞出其外可為應

薊州導化平谷之馬蘭谷將軍石大喜峰口熊九谷三屯營羅文谷寬佃谷俱邊牆緊要關營豐潤之南即臨大海海運道其四接永平東北當密雲之路誠京輔要地而喜峰口朶顏三衞出入之門尤緊要

居庸關經峽中三十里一夫可守虜但拆墻以進由關不能

紫荊關易州西南保定界倒馬關龍泉關并井陘故關皆真定界北通燕山前後東西路紫荊倒馬大關在北龍泉故小關在南龍泉把總成化二年設原係倒馬提調故關參將嘉靖二十二年設則並制龍泉而龍泉不屬倒馬蓋往年虜犯紫荊倒馬故龍泉為急後每犯山西則故關重為故設故關參將住劄真定當二關之中若警在五臺繁峙赴龍泉警在太原榆次赴故關又西可援廣昌南可趨順德諸路

宣大邊備

永樂九年三月鎮守大同江陰侯吳高言山西行都司屬衞軍士今屯田者多操練者少請留其半操練以備

不虞上諭兵部曰守備固不可單弱若兵食不足亦難與守宜視其地之險夷以定守備之多寡陽和晋什之四朔州留什之三蔚州留什之二餘悉令屯種且耕且守以為定制

永樂十一年冬十月　山西緣邊煙墩成

洪熙元年二月　哈密遣人進硫黃上謂從前不聞哈密蔵此物先帝時亦不曾有進虜中既有硫黃則制造火器不患無人猝遇戰鬪亦須有備勑大同宣府總兵知之

景泰元年八月石亨楊洪率師分道出紫荆居庸巡哨大同宣府

景泰三年夏四月命都督同知孫安鎮守獨石馬營等處以都給事中葉盛為山西右叅政協賛軍務先是獨石馬營等八城遇虜失守殘毁未復議者欲棄之于謙曰棄之則不但宣府懐來難守京師不免動揺乃薦安授以方畧仍命盛賛其軍務盛至列其利害八條以進次第行之與安率兵度龍門関且戰且守八城完復如舊盛又請官銀五千兩買牛千餘頭簡成卒不任戰者俾事耕稼歲課餘粮于官凢軍中買馬除器勞功恤貧諸費皆於是乎取給盛在獨石五年邊人頼以賑給歲亦屢登

景泰四年七月召大同總兵定襄伯郭登還朝先是登上疏曰往者承平日久人心驕逸官無廉耻惟肆貪婪醸成汚濁之風致有夷狄之禍又曰虜勢雖云請和變態豈能預度倘或渝盟則大同一鎮首先受敵及今無事時若不早為措置一旦賊至又似前日手足無措中國受侮已深邊事豈容再壊正欲大興屯田以病召還

成化十三年六月大同巡撫李敏等奏報大同三路計脩邊墻壕塹墩臺共九萬三千七百七十九丈

成化二十年三月宣大總督余子俊奏比奉勑整飭邊備至大同宣府與內外守臣會議邊陲所急保障為先頃臣巡撫延綏嘗議削山築墻建墩挑塹今十餘年民被其利請以其法行於宣大或可捐小費而成大功竭一勞而享永逸條其事以聞

成化二十一年二月巡撫宣府右副都御史李岳等奏連歲兵荒軍民困極今東作方興恐言者仍以脩邊為

事未免動衆妨農乞暫停止以待豐年事下兵部尚書張鵬等以為差官修邊已有成命請自聖裁詔令余子俊至彼酌量處之　秋七月余子俊奏去歲受命行邊即以曩在延綏曾脩邊墻事宜建議聞奏蒙賜允行適歲歉而止今會大同山西宣府一帶邊關内外文武守臣隨方經畧躬率士馬遍歷邊關登高履險凡四十餘日度地定基東自四海冶起西至黄河止長竟一千三百二十里二百三十三步舊有墩一百七十座内該增築四百四十座大約今年八月始事明年四月可以告成

工視昔延綏脩邊之費雖曰有加實一勞永逸之功也上然之即勅所司預備器物　余子俊奏大同宣府并偏頭関等處欲大發兵夫脩築墩臺計用粮一十五萬四千八百石防護官軍馬用豆共八萬五千五十石銀七萬七千四百两鹽二十五萬八千引請詳議措置奏至戸部會議軍民轉運疲敝未可再勞宜准已運宣府者除放之外見在者不必轉運即補作宣府來年脩造之數其大同亦儘見在者放支以候來會計子俊原擬于山東等處添派俾足前數其銀以糴粮料内摘撥塩於順聖川煎辦給用從之

按興和在萬全都司野狐嶺之外乃陰山之脊元之中部地宜耕牧居民亦盛宣德間棄守龍門虜踰狐嶺過宣府又開平去獨石馬營三四百里宣德間棄守獨石遂失桓州興州興安宜興肥要邊地開平四日程則有玻瓈谷諸要地興和四日程則有哈剌罕之險哈剌罕即五雲関関内諸山乃陰山之脊澗壑天塹能守玻璃谷以衛開平戍五雲関以固興和大興耕牧則萬全勢重京師益壯

宣府阻山崎道守力亦勁西達不能繞而東下榆林以西虜入止以妨守迂道腹裏勢不迫敵患在大同為華戎捷徑直抵紫荊更無重險

永寧城四海冶龍門所一帶最单薄以朶顔為藩籬而黄花鎮且無厚戍

國初逐元後於古會州之地設大寧都司為外藩籬又修山海関喜峰口古北口黄花鎮潮河川一帶為内藩籬永樂中遷都北平掣回大寧以其地委朶顔福餘泰寧三衛而以内藩籬為界薊州重屯分守沿邊

関營特移恩薄夷習外交侵噬日肆東北之邊添一
警備
大寧既棄則開平興和不容於不失宣德中移守獨
石勢然也土木之變獨石八城俱陷獨石馬營堡一帶
北當朵部東際三衛所恃長安嶺橫亘虜雖直下惟
大小白陽葛峪青邊柴溝洗馬林渡口可拆墻突入
順聖東西二城為宣府奉地且邇大同陽和天城失
守不惟警困都邑抑為宣府切近之災
偏頭寧武鴈門三關乃通南北之路為大同太原所

達
東勝城在偏頭關西北地倚狼居胥山東勝與二受
降城相存亡正統後東勝不守而河套漸失偏頭關
因以岌岌
寧武處三關之中當華夷之要衝為東西之援應寔是
陽方溫嶺神池義井之門戶外接八角堡內維寄嵐
一守備一千戶居之自偏頭徂鴈門似落莫議處宣
府者補長峪城鎮遠城之募軍益浮圖峪插箭嶺之
防守晉茂山衛京操以益紫荊築李信屯界堡以固

兩鎮
大同地勢平衍無據且增套警而腹裏間道直衝京
輔其鎮西衛朔州諸路四衛保德奇嵐河曲及太原
平陽甚易議者欲於三岔路口入柳樹堡嚴戍之若
三關緊要己巳之變徵調七千餘去又河南山西歲
運掛籌屯粮逋負給馬罷敝昔許襄毅裁占役禁掊
尅恤調遣有益地方而梁總兵家丁雖能畏虜今反
資虜近又有私賂黑毛虜法事流大壞以守正居之
其誠為難矣

固原邊備

景泰元年五月城固原
弘治十五年五月固原州開設總制府成化以前套虜
未熾平涼固原猶為內地得以休息自火篩入寇之後
遂為虜衝於是始改立州治而以固靖甘蘭四衛隸之
設總制叅將遊擊等官遂成巨鎮
按固原開總鎮東為環慶西蘭靖左右大要害固原
西北二百里海納都城控鳴沙州路東北三百里葫

蘆峽城控扼靈州路
王瓔置固原下馬関門脩邊墻一百八十餘里起甜
水堡至蘭州因地勢掘塹八百里後有議塹不便

遼東邊備

洪武十二年六月勑遼東守將潘敬葉旺等曰奏至知
高麗龍州鄭白等率男婦來降朕未審將軍識其計否
高麗僻居海隅其俗尚詐其性多頑况人情莫不安土
重遷豈有舍桑梓而歸異鄉者耶斯必示弱於我如墮
其計則不過一二年間至者接踵其害豈小小哉符至
之日開諭來者令還以破彼奸今中國方寧正息兵養民
之時爾與東夷接境慎勿妄生小隙使彼得以藉口若
我正而彼邪彼果不臧則師有名矣其來降者切不畱
春秋有云毋納逋逃不然則邊患將由此而啓矣
洪武二十八年四月勑武定侯郭英曰遼東軍務物情
來者多言其艱苦况邊境營繕不宜盡力以困之令役
作軍士皆強悍勇力善戰之人勞苦過多心必懷叛故
往往逃伏草野山澤之間乘間劫掠近者高麗表奏言

多不實朕已命有司究之聞彼自中國至鴨綠江凡衝
要處所儲軍粮每驛有一萬二萬石或七八萬十數萬
石東寧女直皆使人誘之入境此其意必有深謀朕觀
高麗自古常與中國爭戰昔漢唐時遼東地方皆為所
有直抵永平之境恃遠不臣時時弄兵自古無狀今遼
東之粮軍士饑困儻不即發沙嶺倉粮賑之必啓高麗
招誘逋逃之心非至計也使高麗出二十萬人以相警
諸軍何以應之令營繕造作暫停止且令立營屋以居
十年之後再為之古人有言人勞乃易亂之源深可念
也

永樂十六年八月遼東總兵劉江言近因巡視各島至
金州衛金線島西北望海堝上其地特高旁可住劄千
餘兵守備詢諸土人云洪武初都督耿忠亦嘗於此築
堡備倭離金州城七十餘里凡有寇必先過此實為濱
海襟喉之地乞用石壘堡築置烟墩瞭望從之

成化十二年十二月整飭邊備兵部右侍郎馬文升奏
遼東地方三面受敵故兵分三路以備外侮廣寧為中
路開原遼陽為東路前屯寧遠錦義為西路遇有警急

彼此應援切見遼陽迤西一百六十里廣寧迤東二百里有遼河一道分界遼之東西冰結則人馬可行易於應援或遇冰開賊先據之我兵雖有渡船不能猝濟彼此勢孤誤事非小正統十四年虜犯廣寧遣兵據此已有明驗今請造大船十數横列河中下聯鐵縤上加木以為浮橋兩岸竪大木為柱總繫其纜遣兵護守以便往來設或有警則東西聲勢相連不至誤事從之

成化十七年七月築遼東鳳凰山等處城堡

按遼東東鴨緑江西山海関相距一千五百七十五里南旅順口北開原相距一千七百里而都司城處其東北稍偏為東一大鎮廣寧處都司城至山海関之中為西一大鎮金州為南鎮而旅順當其衝開原為北鎮三萬鐵嶺瀋陽中接於南蒙州廣寧中屯輔於右撫臺兵備住廣寧按院分守住遼陽舊以郡治又沃壤今置衛而居僑戍亦推靖方近黠卒起叛内荒外警可憂種種

遼東三岔河一帶亘數百里多草木魚鮮之利俱棄與朶顔三衛隔絶東西增費堡戍若自宋家堡直西過鎮遠関截守原是本等形勢不知當時何以分為二城

開平邊備

永樂十一年六月開平備禦郭亮奏開平兵少不足守備勑報亮日軍在精不在多爾能撫卹有道訓練有方千人亦足用軍多不精徒耗粮餉無益也

宣德五年正月徙開平衛于獨石初洪武三年李文忠克元上都設開平衛守之置驛八東曰凉亭沈阿賽峰

黄崖西驛接大寧古北口西桓州威虜明安隰寧四驛接獨石永樂初大寧既棄而開平難守至是遂城獨石而徙開平衛于此棄地蓋三百里云

陝西三邊

洪武九年正月　命湯和傅友德藍玉等帥師往延安防邊

洪武二十四年三月　遣徐輝祖李景隆藍玉桑敬馬鑑龎麟朱銘徐質陳義徐增壽往陝西等處防邊賜鈔

有差　十一月丙申馬勝藍王等遣使入奏請勒兵巡邊就封西番之未附者　上遣使報之曰朕觀天象未利征討慎無輕舉爾勝及傅友德宜還京師王率諸將駐陝西訓練士馬且多市馬為武備待其有釁而後取之朕當有後命也

永樂十三年十二月勑鎮守寧夏寧陽侯陳懋曰瓦剌使者言瓦剌馬哈木等慮阿魯台與中國和好將為巳害擬七月率衆至斡難河北俟冬襲阿魯台斯言雖未可信然吾邊境須有備葢虜多譎詐惟有備無患大抵禦寇之道勿與輕戰但堅壁清野最上計也復勑陝西開平大同遼東亦如之

天順六年三月陝西管糧通政司參議尹旻奏賊退河開軍馬衆多人民供輸困極請乞罷兵議者懼有後警難之李賢上言兵出在外可暫不可久暫則為壯久則為老且達賊在邊安能保其不來侵犯若慮其復來不可退兵更無休息之時今陝西人民困極若不趂河開之時暫退軍馬寬其供給人民愈加逃竄糧草既缺大軍亦難駐劄況今年不得耕種明年愈之糧草寧可暫

去暫來不可久留在彼庶使民得乘閑耕種日後或再用兵不致悞事此時莫若令彼處官軍且耕且守調去軍馬俱令回還只留文武官各一員提督彼處城堡軍馬庶為允當上命廷議從之

成化元年二月寧夏總兵張泰言臣嘗奏准創造兵車以為戰守之具此寔禦虜良法兵部覆奏謂泰久在寧夏虜屢犯邊未聞泰以此破敵宜令巡守等官會議

兵部言延綏總兵官張傑上安邊方畧七事其一謂延綏慶陽等境廣袤千里甚宜耕牧但須增立營堡以時啓閉且所轄東西二十五營堡每堡兵不過一二百人難以應敵府谷縣境極於東偏西距諸營八百餘里倅難應援可選諸營精兵九千分為六哨屯府谷神木二縣龍州榆林二城高家安邊二堡無事則巡歷邊境遇警則彼此應合又延安地臨極邊鄜州定邊慶陽俱在腹裏遇警倅難馳報況虜入寇必經邊堡過延安膚施甘泉等縣方到鄜州慶陽其鄜慶所屯防秋軍士二千乞分布沿邊要害以備調用見今邊軍追捕虧損官馬無力倍償類多逃竄致戰守缺人乞令所司停免買陪

庶不使軍馬兩失餘六事亦多行陣攻守之策宜擇其可者移文總兵巡撫等官舉行從之　按薛應旂云嘗巡歷延綏慶陽諸處張傑之言迄今未盡舉行督撫諸臣率皆推託而邊方有司又多無賴淹延度日者惟恃國家慶澤之宏遠也

成化二年閏三月兵部奏延安知府王鑑言神木府谷等縣堡以至安邊定邊等營寨相去千有餘里撫按分巡等官罕有至者其邊塞士卒為官旗侵漁虐使以至衣食不給戰馬不暇飼牧器械不得脩整莫能禦虜乞

行撫按分巡等官時常行邊禁革姦弊詔可　按王鑑斯言真恫切而有餘悲矣邇來邊方撫按既不巡行邊堡而分巡等官又往往參謁撫按往返動一二千里歲月幾何尚有日力及此哉今之當事者宜深體王鑑之言而嚴為之所也　十一月整飭邊備兵部尚書王復奏臣奉命整飭延綏寧夏甘凉邊備東自黃河岸府谷堡西止定邊營接寧夏花馬池東西縈紆二千餘里內多險隘境外臨邊無有屏障止藉墩臺城堡為守備舊城堡二十五處參差不齊道路不均遠至百餘里近或五

六十里兵馬屯操及居其內人民耕牧多在其外遇賊入境傳報倉卒調兵策應事已無及不過虛聲應援及西南直抵慶陽等處相離五六百里烽火不接北面沿邊一帶墩臺稀踈空濶難以瞭望臣與鎮守延綏慶陽等處總撫等官計議府谷等十九堡俱係極邊要地必增置那移庶幾可守趂今聲息稍寧先行摘撥軍餘採辦木植候春暖土開併力興工府谷堡移出芭州舊城東村堡移出高漢嶺響水堡移出黑河山土門堡移出十頃坪大兔鶻堡移出響鈴塔白洛城堡移出駝營兒

塞門堡移出務柳莊不惟東西對直捷徑而水草亦各利便內高家堡至雙山堡榆林城寧塞營安邊營定邊營相去隔遠合於各該交界地名崖寺子三眼泉柳樹澗瓦劄梁各添哨堡一座就於鄰近營堡量摘官軍哨守又於安邊營起每二十里築墩臺一座通共二十四座連接慶陽定邊營起每二十里築墩臺一座共十座連接環縣俱於附近官軍量撥守瞭北面沿邊一帶空遠者各添墩臺一座共三十四座隨其形勢以為溝墻必須高深足以阻賊來路因其舊堡廣其規制必須寬

犬足以積芻粟容客兵庶幾墩臺稠密營堡聯絡而緩急易於策應可以遥振軍威矣從之　薛應旂曰嘗巡歷斯地營堡墩臺僅有遺址率多廢弛虜人出入如履平地當事者自傳塘馳報收斂人畜之外一籌莫展縱有請纓繫頸之心而委任權力則定有限言之督撫漫不為意求如王復者且不可得矣

成化四年九月吏科左給事中程萬里言陝西重鎮國初以來安置土達於寧夏甘凉等處種類蕃息往年虜賊侵擾今歲亢旱饑饉有司失於撫恤是以滿四等據

險嘯聚況今黄河欲凍虜酋毛里孩去邊不遠寧無姦計且兵荒之後民窮盜起乞勑有司存省賑貸仍選大臣二員奉勑往彼與守臣會議招撫土達中年有高識者宣上恩威諭以禍福使之各率其屬無自疑貳且罷一切苛政庶足歆動其心潛消其患臣又見毛里孩等久不朝貢往來宣府大同其情叵測萬一有變驚擾邊內臣愚意其有可敗者三距我邊方纔二三日程是彼為客而我為主以客就主以勞待逸一也自恃強衆併吞諸郡志滿氣盈兵驕者敗馳驅不息人馬疲勞二也比來邊報見賊煙火有一二百里者有三五百里者散逐水草兵力四分三也為今之計宜選京師騎兵一萬宣府大同各一萬每三千人為一軍驍將十人統之嚴其賞罰密使人探毛里孩所在出其不意晝伏夜行徑擣其壘破之必矣昔李靖以騎兵三千破突厥大衆我今宜及其未發早為之所欲戰則圖方畧欲守則飭兵力毋秪憑文移致悞大計詔下兵部會廷臣議謂毛里孩自前歲朝貢後不復犯邊今無故興師遠涉沙漠恐非萬全之計請勑東北一帶沿邊守臣但戒嚴以備　上是

其議

成化五年二月總督陝西都御史項忠等奏固原地方延袤千里水草豐茂畜牧蕃多內為土達巢穴外為北虜出沒守城惟一千戶所軍少勢孤是以滿四陸梁捍禦無策州北有西安廢城相距三百餘里虜每由此長驅宜於此添設一衛一所以振其要衝事下兵部議如其言

成化七年正月兵部尚書白圭等奏陝西近年以來毛里孩滿四及阿羅出等相繼寇亂民遭荼毒　皇上命

將出師為民除害班師未幾虜寇如故良由鎮守三司等官縱弛偷安負朝廷重托宜嚴加究治　上即馳勅切責之

成化七年七月延綏巡撫余子俊奏慶延邊疆山崖高峻乞役山西陝西丁夫五萬量給口糧依山剷鑿令壁立如城山坳川口連築高垣相度地形建立墩堠添兵防守庶幾一勞永逸事下兵部言往因巡撫王銳建議欲於川空處脩築高垣嘗令會議舉行今余子俊欲復鑿山設險為策固良但緣邊之民頻年困虜遭荒喪亂

逃亡凋敝已甚今須極力撫安難加勞役況延綏境土夷曠浮沙築垣恐非久計鑿山之事宜伺寇警稍寧督令邊城軍卒以漸圖之　上曰設險守邊興工動衆當審度民力姑緩之

成化八年三月葉盛及王越余子俊等會奏陝西三邊曰延慶曰寧夏曰甘肅三邊之中延慶為內地往年虜寇或在遼東宣府大同或在寧夏莊浪甘肅去來不常為患不久景泰初始寇延慶猶不敢深入天順間阿羅出進入河套不時出沒尚不敢迫近民居屋成化初毛里孩率衆入寇威刼中國人為嚮導又留河套故今日賊首孛羅合臥加思蘭相繼為患臣等惟延綏地方自正統初創築榆林城堡外築瞭望墩臺內植軍民種田界石後以守土軍官私役官軍招引逃民於界石外墾田因而召寇七年六月內總兵巡撫官議乃依界石山勢隨其曲折剷削如城川口左右俱築大墩調軍防守以為一勞永逸之計乞勅所司申戒總兵巡撫等嚴加禁約不許軍民於界石外種田召寇仍乞量起山西民一萬陝西民二萬聽延綏會官移文兩布政司各選委

堂上官每年三月八月各一興工脩築邊墻此誠不戰而屈人兵之計也詔脩築邊墻其令本地官軍以漸整理不須借役于民　按白圭搜套之策王越沮尼不行而余子俊脩築邊墻之說先後相踵費財何止百萬而浮沙易傾邊墻實未嘗有唯剷削設險之法庶幾可行耳邊臣屢以築墻為請朝廷屢發帑金輦載相繼至今並無一人敢言邊墻虛費者此誠不知其何謂也夫泰築長城今且平漫矣而謂浮沙可以築墻也哉自非躬歷其地者固難與言也

成化九年十二月刑部主事張冕疏其四曰今邊將上下相蒙互為欺罔遇虜入寇閉門不出或有失機多歸罪於下邊備懈弛日甚一日古之為將者與士卒同甘苦而今之為將者每以供饋勞人於千里之外宜禁絕之余子俊議徙綏德鎮城于榆林又築邊墻千二百里值邊境災荒軍民役死者萬計墻亦旋傾虜竟入套

成化十五年十月命徙延綏定邊營于中山坡初余子俊巡撫陝西建議安邊營平曠難守宜退守中山坡其後都御史丁川復以安邊營為便而巡按御史李敏亦

言開疆展土乃壯國之圖退地棄城豈守邊之策且封疆百里城池三座豈可輕棄若曰空曠難守則定邊花馬池何以防守若曰糧運艱阻則寧夏高橋兒何以運餉議與川合至是子俊為兵部尚書固守前議言臣嘗訪求古今守邊事宜安邊及新興永濟等處水少昔范仲淹守鄜延必據水與險永樂間棄東勝不守亦其明驗況今實未嘗棄乎詔可　按虎牢關潼關誠為險能以寡過衆然貼隣大河若踰河避險而出則關無恃於險矣故虎牢不守孟縣潼關不守蒲州烏乎用其險

甘州古張掖郡肅州古酒泉郡極西北重鎮北倚合黎山山丹界甘肅之中焉支山在山丹東南五十里祁連山在酒泉張掖南連亘一帶古匈奴失此地嘗曰亡我祁連使我六畜不蕃亡我焉支使我婦女無姿本朝設行都司於甘州以肅州為都司門庭肅州城西六十里為嘉峪關乃羌胡要途關外即沙州衛古三危山在焉有羈縻六鎮古燉煌地土番所居西北有鎮夷所尤孤危其地雖險瀕於鹽利華夷欲之　蘭州重地行都司八鎮自此出宋張叔夜以天都山為守界我朝守在定

火城今亦棄去止就河外作金城關關外即倚山較前易守榆林地乏耕牧所籍河套自套失弘治正德間數千里膏腴盡為胡有榆林由是失所養榆林無險可據左右大同寧夏勢非所及雖設迤左烽墩五十六迤右烽墩九十二而軍食兩艱諸邊鎮榆林最忠義每懷復套之憤志以時移漸委無事延綏邊西抵三山饒陽界與固原相接榆林鎮戍而延綏警備緩矣甘肅鎮自蘭州起至嘉峪關幾二千里一綫綿延歲糜邊費止欲絕胡羌勾戎以息其爭其謂斷匈奴右臂非誑之盡乃是

宇宙一體之心而今無有知者　甘肅以西番達相界比亦不剌阿彌兀窟居西海乃西寧西境西寧衛地方番帳九千餘一十三大族番人漸以南徙中國茶馬之利太為減失

河套

天順五年十月虜酋阿羅出渡河入套寇延綏河套周迴三面阻黃河土肥饒可耕桑切近陝西榆林堡東至山西偏頭關西至寧夏鎮東西幾二千里南至邊墻北

至邊河遠者八九百里近者二三百里即周之朔方秦之所取匈奴河南地漢之定襄郡赫連勃勃趙元昊之所據以為國者也唐三受降城在河套北黃河之外元東勝州在受降城之東國初虜遁河外居漠北延綏無事正統以後浸失其險虜始渡河犯邊鎮守都督王禎始築榆林城創緣邊一帶營堡墩臺累增至二十四所歲調延綏綏德慶陽三衛官軍分戍而河南陝西客兵助之列營積糧以遏寇路景泰初虜犯延慶不敢深入天順初阿羅出掠我邊人以為嚮導因知河套所在不時出没遂為邊境剽掠之害矣

天順六年十一月毛里孩阿羅出孛羅出入居河套

成化二年三月延綏紀功兵部郎中楊琚奏延綏慶陽二境東接偏頭關西至寧夏花馬池相去二千餘里營堡迂疎兵備稀少以致河套達賊屢為邊患近有百户朱長年七十餘自幼孰游河套親與臣言套内地廣田腴亦有塩池海子葭州等民多出墩外種食正統間有寧夏副總兵黃鑑奏欲偏頭關東勝關黃河西岸地名一顆樹起至榆溝速迷都六鎮沙河海子山火石腦兒

鹻石海子回回墓紅塩池百眼井甜水井黃沙溝至寧夏黑山觜馬營等處共立十三城堡七十三墩臺東西七百餘里實與偏頭關寧夏相接惟隔一黃河耳當時議者以為地土平漫難據已之後總兵官石亨又奏欲將延綏一路營堡移從直道是雖不免暫勞一時軍民之力實為萬世防邊之長策也　上曰楊琚所奏移堡防邊具有證據其言有理兵部即會官議處以聞　按薛應旂曰嘗歷延綏慶陽二境徃復於偏頭關花馬池二千里間凡諸營堡咸為稽考詢之將官故老猶皆記

憶楊琚之策且曰魯銑幾於復套其計蓋不出此惜乎垂成而殺身也　五月召大同總兵楊信還京李賢等奏胡虜之衆不過中國一大郡連年被其侵擾往往得利而去且河套與延綏接境原非胡虜巢穴今虜酋毛里孩居處其中出沒不常古云不一勞者不永逸今欲安邊必須大舉而後可乞令兵部會官議進兵搜剿務在盡絕其總制將官與凡出兵事宜俱預請處畫又秋禾方熟虜騎必入掠而延綏鄜慶環縣一帶宜推選武將一人統步騎精兵萬人守禦諸處庶幾有備無患於

是兵部尚書王復及同孫繼宗等集議以為大舉搜套必主將得人今鎮守大同總兵楊信舊鎮延綏稔知地利宜召還京面受成筭其陝西延綏寧夏甘涼大同宣府鎮巡諸官亦宜勑令整飭兵備候至期調發信既召還可以脩武伯沈煜代之上允所擬遂召信還　六月勑陝西巡撫項忠太監裴當總兵楊信協謀征勦河套

成化七年二月平虜將軍總兵官撫寧侯朱永等以河套虜寇未退議戰守二策其畧曰今虜賊數萬在邊我軍堪戰者止可一萬而又分散防守何以禦敵為今之計宜於京營大同宣府寧夏陝西等處量調軍馬數萬期三月內俱至榆林地方聽臣等調度相機審勢擣其巢穴此戰之策也若軍馬餽餉一時未辦宜慎固封守嚴督治邊居民無事則分哨耕牧有警則舉號避藏仍令隄備官軍各守城堡伺候會兵截殺此守之策也事下兵部白圭等以馬方瘦損供餉不敷勢難進勦請命諸將慎為守禦以圖萬全　上從之

成化八年二月勑吏部右侍郎葉盛詣陝西延綏寧夏會議邊務兵部尚書白圭上言虜性桀黠宜勑王越等

偕盛至日即調甘涼莊浪蘭縣官軍防守要害必須明年二月大舉搜套庶收一勞永逸之功請先用軍夫五萬擺堡運粮計可足半年之費然後選集精兵十萬簡命文武重臣充總督總兵每兵一萬坐營統領者各一人所須馱馬鹿角榨軍器之類俱宜預備期以十二月啓行　上曰其令盛與越等計議以聞　三月總督軍務都御史王越上言延綏既遣戍卒近以兵部遣官來議方畧仍令留駐朔州孤山諸處但今虜遁日久邊境稍寧且士卒衣裝盡壞馬死過半請如前罷遣休息臣

與所遣官俱暫還京　上曰邊境既稍寧其即移文諭趙令與華盛還京　五月　巡撫延綏余子俊奏虜賊擁衆河套日急一日已嚴兵相機戰守謹以各邊諜報上聞　上曰邊事甚急其令趙輔王越刻日啓行

弘治八年北虜擁衆入河套住牧

弘治十三年十二月火篩入河套　按套賊渡河而東焦家坪娘娘灘羊圈子等處為衝其要在偏頭關受降城唐所築禦虜於河外中城南直朔方西城南直靈武東城南直榆林三壘相距各四百餘里　花馬池極要地成化前虜患在河四虜據套而河東為虜衝花馬池居其中都御史徐廷璋楊一清王瓊新舊城效力甚宜花馬池西至興武營一百二十里又西至橫城堡一百四十里一漫沙漠寇路拆墻頻易入靈州掠環慶犯平固則清水營鐵柱泉小鹽池一帶為捷徑又自大廣武渡河而下至靈州亦易

燒荒

宣德四年九月　遣將出塞燒荒

各邊林木

弘治十三年十二月兵部奏准九大同山西宣府延綏寧夏遼東薊州紫荊密雲等邊應禁林木不許軍民人等砍伐違者問發烟瘴地面充軍若軍職降二級發回衛所終身帶俸差操　文職降邊遠敘用

海防

永樂十四年秋七月　遣將練兵海上防倭

大漢將軍

宣德四年七月金吾左衛將軍李春奏管隊指揮張三未經奏請擅將軍令帶刀入直　上命都察院同錦衣衛鞫之諭之曰將軍侍朕左右最係切要之人非經兵部奏請誰敢擅收唐太宗時長孫無忌入閣忘解佩刀以勳親得免今此輩何人擅令帶刀在朕左右必審問誰所指使縱是公侯大臣亦不貸

京操

永樂十三年十一月勑陝西甘肅寧夏大同遼東諸守將及河南山東山西陝西各都司中都留守司徐宿淮邳淮安楊州武平歸徳睢陽潼關諸衛選所屬步騎兵遣能幹指揮千百戶統領操練俟赴北京閲視

永樂二十二年十一月　張輔李慶等奏請令直隷及近京官軍更番於京師操備上諭之曰古者務農講武皆有定期故兩不偏廢今宜無廢也種令畢農事而後來先農事而遣歸　庶不妨悞

洪熙元年六月　上御西角門諭兵部尚書李慶曰比聞陝西官軍調來京師操備河南山西官軍調往陝西甘肅備禦交互往來甚是勞費凡事當順人情若令陝西官軍就彼備禦河南山西官軍來京操備豈不兩便非徒省費人亦樂從爾兵部宜速行之毋令疲於道路

宣德五年三月成國公朱勇兵部尚書張本等奏京師操備官軍其間有屬陝西緣邊鞏昌等衛及階州文縣千戶所者去京師甚遠每歲更代必俱遣人促之方至請以陝西内地衛所官軍與之兌換又山東内地衛所官軍有調緣海備倭者緣海衛所却調京師操備通州諸衛官軍發淮安運糧而直隷安慶諸衛乃赴京師操備彼此不便請行兌換　上悉從之

弘治十五年秋七月　發保定京操軍回衛團操先是上欲於附近團操以援京師問於劉大夏對曰京西保定地方獨設都司統五衛仰思祖宗恐亦是此意未幾一御史陳言擬將保定兩班一萬人回衛團操奏入上可之遂勑都指揮戴儀往任其事

練習説

練習者教之戰而惜其死也夫民而荷之以戈曰兵生而驅之就死地曰戰不有以教之棄其民矣昔晁錯為漢畫禦戎之策而歸之于卒服習慣以卒與敵也然所謂教者有體有用有常有變又有教兵之法教將校之法不可不察也夫金鼓以一其耳旗幟以一其目賞罰以一其心玆三者黃帝以來未之或異也有所聞見而坐有所聞見而作有所聞見而進有所聞見而退是所

謂教之體也而未必其致諸用也九九之技不足以盡周天之數倉卡之藥不足以應尫羸之求不達其用之弊也可以坐而俾之有聞見則坐可以作而俾之有聞見則作可以進而俾之有聞見則進可以退而俾之有聞見則退是所謂教之用也然皆常也未必其達諸變也刳腹洗腸扁鵲之所任衆醫則懼廻檣倒帆舟師之所習衆人則恐不達諸變之弊也是故金鼓一其耳不金鼓而耳亦一旗幟一其目不旗幟而目亦一其惟心之一乎心之一者賞罰之一也無濫及無倖免則賞罰

一賞罰一則心一心一則常變一夫是之謂練習予君以是繩其將校教將校之法也將校以是繩其兵教兵之法也今之所謂練習者吾知之矣寅而集辰而罷巳而集未而罷其金鼓震也旗幟翩翩也右此而左彼賞罰錯然也問之兵兵不知其故也此歲武場金鼓旗幟賞罰爾也來歲武場金鼓旗幟賞罰爾也又歲武場金鼓旗幟賞罰爾也問之兵兵不知其故也此將登壇校吏以是應之曰練習也彼將登壇校吏以是應之曰練習也又將登壇校吏以是應之曰練習也問之兵兵不

知其故也金鼓以令之南進而北退施之于東西則不旗幟以令之東坐而西作施之于南北則否教閱之金鼓金鼓也卒然有警而金鼓之耳有不聞者矣教閱之旗幟旗幟也卒然有警而旗幟之目有不見者矣是可以為練習乎舉一將而叩之曰子之持戟之士某也勇某也懦不知也彀弩之士某也藝某也未習不知也舉一將而私之曰子部曲有善得上意巧為剽下者則盡知之也吁是教兵法邪始下令曰某守某失入虜者以軍法繼下令曰某邀某失出虜者以軍法事已矣失入

失出矣則將以委之上曰有大監也大監以告于
朝曰請逮治也
朝以下之理曰會律文也于是曰某也奪禄某也贖金則與始下繼下者左矣其令不足信矣吁是教將校法邪故嘗曰將授一兵則其練習之政宜任其將期之曰耳目心一焉已耳金鼓旗幟坐作進退一焉已耳賞罰一焉已耳不必日暴之日中饑疲之也不必郡集之武場觀視之也不必寅而至辰而罷巳而至未而罷也火器千人焉必千人精也弓弩千人焉必千人精也勇力挺

手千人焉亦千人精也將一日而與其火器者數十人適諸野習試之精熟之善者賞拙者厲度不可教者更代之至暮乃歸旬日而火器者遍矣一日而與其弓弩者數十人適諸野習試之精熟之善者賞拙者厲度不可教者更代之亦暮而歸旬日而弓弩者遍矣又旬日而與勇力者俱勇力者亦遍矣由是某也勇某也藝某也遲巧某也疾拙將無不心且之也某之器大良某之器良某之器稍良將無不心且之也問之一則舉其十責之用則呼其名夫是之謂練習也兵是以為式是之

謂教兵將以是為殿最是之謂教將校始下令必慮其可繼繼下令必慮其可終終稽功罪必詢其所始夫軍法者杖百馘剿斬首也庶刑者笞杖徒流贖也始之以軍法而曰杖百馘剿斬首終之以庶刑而曰笞杖徒流贖又何怪其心之不一也又古人之言曰賞善不崇朝欲民速得為善之利也夫善善長者人君之度也威克愛者大將之體也賞善欲民速得其利而軍法可使不逐伏其辜乎是皆所謂教兵教將校之法也

憲章類編卷之二十七終

洪武死事諸臣

洪武庚子閏五月偽漢陳友諒圍太平行樞密院判花雲率兵迎戰城中乏食士馬憊城陷賊縛雲雲奮身大呼縛盡裂起奪刃殺賊五六人賊怒衆執雲縛於舟檣射之雲罵賊至死不變

洪武壬寅二月苗獠軍叛殺胡大海王愷死之

洪武甲辰正月陳友定守將屯兵四萬于錦江胡深還

兵擊之友定率銳卒逆戰深馬蹶被執死之

洪武二年十二月王保保襲蘭州鞏昌守將于光死之

洪武三年孫興祖兵次於三不剌川遇胡兵力戰死于五郎口

洪武四年六月蜀平章丁世真率衆寇文州指揮僉事朱顯忠死之

洪武五年六月追虜至土剌河宣寧侯曹良臣指揮周顯常榮張耀俱戰死

洪武五年七月指揮章存道遇虜于斷頭山戰死

洪武二十年中軍都督僉事濮英殿大軍還道為虜所執自剖腹而死

洪武二十二年五月　僉都御史黄政從征雲南還次普安遇寇與其子琬皆死之

建文死事諸臣

姚善安陸人洪武末守蘇州時承吏偕靡習豪室後用尚明法以整之嚚者或更籍持長短賊譎蠭起善洞達政體周合人情張弛寬容各協事宜由是吏民顧名檢

率圖趨義轉稱大治為列郡最靖難兵至抗大義以死

練子寧新淦人洪武乙丑對大廷即極言朝失無忌避太子嘉之擢第二自少以名節自砥礪聲望蔚然一時以文學行誼歸之建文拜吏部侍郎多所建白尋改都御史靖難兵起廷斥李景隆賣國秘謀後以不屈族誅姻戚被逮論死者百五十一人戍遠方者數百人

鐵鉉鄧州人初為五軍斷事奏對詳明　太祖喜之每法司有疑獄久不能決者獨鉉片時而成尋擢山東參政靖難兵至城圍月餘不下忽以計窘　文皇甚知不

能克乃棄去後登極擒至令一顧不可得去其耳鼻亦
不顧碎分其體至死尚詈聲喃喃也
陳迪宣城人通經術有志操任雲南布政大著聲績陞尚
書疏議清刑獄集流民免獞租皆切政體靖難兵起被
命督軍餉即陳論大計及文皇登阼罵不屈同子鳳山
等六人就戮乃熬鳳山鼻令廸食尤肆指斥
方孝孺寧海人讀書務精思力踐擔荷綱常羽儀斯文
凜乎其不可犯其為文辭藝森樹千變萬化不主故常
而義意濯然常新一時士類推服建文倚重之靖難兵

入以衰絰哭禁掖夷其族死者八百四十七人
高巍遼州人宕軼負奇氣論事欲治其先萌建文初諸
藩釁未作疏論時政借漢以為喻效賈誼太息欲定經
制執幾先以全親厚極數千餘言人未以為的言及靖
難兵起願使燕軍上書亦極數千餘言懇懇陳說大義
乞為分處慷慨從容奮不顧危禍書再上不報　文皇
臨御自縊驛舍死
黄子澄分宜人少務學有俊聲建文初為太常卿諸藩
不靖澄朝夕黽勉與本兵協圖靖難師起遣將調兵多

出指畫及大將李景隆敗奔公哭諫當特誅不聽已而
徐凱盛庸相繼敗顧民等降澄拊膺大慟曰大事去矣
後以北檄攻澄急借謫南檄以圖募兵　文皇踐阼族
誅一子易姓田奔咸寧
齊泰溧水人建文中為兵部尚書初　太祖召問邊將
姓名泰歷數無遺又欲考諸圖籍出袖中手冊甚悉
太祖大漸將傳位建文泰預受顧命靖難兵起泰戮力
竭心戶內閫外嗣君惟召學士輩討論周官法度處便
殿弄柔翰事遂不可支矣廼族誅

景清真寧人氣倜儻擔負大節民有女為妖所憑清館
其家妖不至乃書景清在此四字粘其戶妖竟滅　文
皇御極死事者甚多公為都御史獨晏然侍朝人以其
素少之一日早朝星者奏文曲犯帝座甚急　文皇意固
疑清及見清着緋衣遂檢之而得所帶劒不屈而死
紀善周是脩博學富著述有孝友忠信之行非其義不
苟取靖難兵起陳論大計及指用事者誤國衆共讓挫
之屹不為動　文皇師駐金川門宮中悉自焚乃留書
其家別其友江仲執解縉胡廣蕭執楊士奇付以後事

入應天府學自縊死

暴昭山西潞州人為北平參政時防藩府甚嚴遷刑部侍郎充北平採訪使甫至境聞變亟走歸聞上請預為之備建文元年設平燕布政司於真定陞昭刑部尚書掌司事平安諸兵敗召歸京師靖難兵入城出亡被執見

成祖抗罵不屈去齒截手足罵不絕口斷頸乃已

侯泰順德南和人累官至刑部尚書北兵起泰督餉山東濟寧不守輜重船沒還京建文四年又出淮安總軍餉

得便宜行事京師告急泰還至高郵被執下獄是年七月十日死之弟敬祖子玘皆死籍其家幼子京兒永樂九年猶繫錦衣獄

卓敬戶部侍郎建文初燕王來朝敬密奏裁抑宗藩略曰北平者強幹之地金元所由興也宜徙燕封南昌以絕禍本夫萌而未動者幾也量時而為者勢也勢非至剛莫能斷幾非至明莫能察建文帝覽奏大驚袖之翌日語敬曰燕王骨肉至親卿何得為此言曰楊廣隋文非父子邪建文帝默然良久曰卿休矣事竟寢卓嘗抑姚廣孝

成祖執敬欲殺之而憐其才曰敬欲徙朕內地建文若聽其言則干戈息矣姚廣孝曰不然南昌地居下流金陵加兵特囊底探物耳使敬言用上豈有今日哉 上乃殺敬敬臨刑從容嘆曰變起宗親略無經畫敬死有餘罪神色凜然經日如生夷三族

胡子昭刑部左侍郎建文四年九月死之臨刑詩曰兩間正氣歸泉壤一點丹心在帝鄉時年四十一

郭任戶部侍郎調兵食北兵入金川門任不屈死之

盧迥戶部侍郎靖難後不屈縛就刑長謳而死聞者悲

之

黃魁禮部侍郎靖難初魁不屈死之

茅大芳泰興人建文元年擢副都御史北兵起遺詩淮南守將梅殷云幽燕消息近如何聞道將軍志不磨縱有火龍翻地軸莫教鐵騎過天河關中事業蕭丞相塞上功勳馬伏波老我不才無補報西風一度一悲歌四年八月被執死之

周璿諸城人建文初以神策衛經歷言事擢左僉都御

史靖難後不屈死之
司中洪武三十年擢左僉都御史建文時死事
彭與民萬安人大理寺丞擇知兵有風裁者督察諸將
推與民出淮西至靈璧會何福戰敗被執與陳性善死
之
胡閏鄱陽人大理少卿北兵起數與齊黃議軍國事壬
午七月不屈死之籍其家
盧原質寧海人毋方孝孺姑也太常少卿事建文君屢有
建白靖難後召見不屈死之弟原朴論死族其家

陳繼之莆田人戸科給事中之北兵起建白指斥徐增
壽陰謀北兵入城不屈死之
韓永西安人戸科給事中靖難後杜門不出召見見不
屈死之
戴德彝奉化人左拾遺北兵起與方黄畫兵事靖難後
不屈死之
高翔朝邑人監察御史靖難後
成祖召翔翔服喪服入見大哭語又不遜逐族翔沒其產
諸給高氏產者皆加稅曰令世世罵翔也

王度歸善人監察御史北兵南下劾度勞軍徐州北還
鳳陽失守方孝孺與度書指言死社稷四年七月坐奸黨
謫戍賀州語不遜夷其族死
甘霖懷寧人監察御史靖難後被執抗言死之
謝昇沛縣人御史靖難後不屈死之
葉希賢監察御史松陽人靖難後坐逆黨死之
董庸監察御史倡諸御史劾忠將校懷二心不力戰者
輒彈劾之靖難後為衆所持謂庸逆黨論死
王珉蘇州人監察御史永樂時以匿革除奸黨子孫誅

巨敬平涼人戸部主事靖難後被逮責問不屈死之夷
其族
宋徵宗人府經歷靖難後縛至不屈死并殺其妻子
黃彥清國子博士以在附馬都尉梅殷軍中私謚建文
帝坐死
李文敏蔚州人永樂初以奸惡誅
湯宗為北平按察僉事上言北平按察使陳瑛受王府
金錢有異謀逮瑛謫戍廣西靖難後瑛召還院窮治建
文諸臣宗亦論死

葉惠仲臨海人建文初充史官永樂元年二月二十二日坐修實錄時書靖難事為逆黨論死籍其家

陳彥回莆田人徽州知府北兵至江上彥回募義勇入援事平被繫爭以大義而死籍其家

程通績溪人遼府左長史建文遣人至荊州通上防禦北兵數千言

成祖即位衛士紀綱為錦衣衛指揮使乘間言通囊有封事指斥遂械通至京論死

耿瓛長興侯炳文子尚懿文太子長女江都郡主為附

馬都尉掌前府事建文遜去瓛杜門稱疾竟坐罪死

耿瓛長興侯仲子累官至後軍都督僉事楊文守遼東瓛數請攻永平以動北平文不聽靖難後瓛論死

張倫河北諸衛指揮建文元年十二月薊州衛官起兵攻北平不克死倫聞之發憤合兩衛官率兵南奔結盟報國初從李景隆已而從盛庸並有功靖難後死之

王資以指揮從偏將防守淮北靈璧之役率步護軍餉諸將兵敗被執遣還京遂走鳳陽靖難後追罪廢死

倪諒燕山左護衛千户上變告逮燕府官校于諒周鐸等皆伏誅沒產靖難後諒死之

周拱元沅州人錦衣所鎮撫軍前差遣占候輒中主將令引步兵防餉舟靖難後死之

陳思賢茂名人漳州府學教授靖難詔至慟哭曰明倫之義正在今日遂堅卧不出迎率其徒伍性原陳應宗林珏鄒君默曾廷瑞呂賢即明倫堂為舊君哭臨如禮郡人執送京師思賢暨六生咸以身殉

徐輝祖中山王長子魏國公北兵至江上輝祖及開國公常昇分道出師禦戰

成祖入金川門群臣勸進獨輝祖不屈　成祖親召問嘿不應下吏令自招罪操筆惟書其父開國功及券詞子孫得免死耳　上大怒削爵秩勒罷尋下獄卒

劉瑞南昌人大理寺丞坐方黨死

王高南昌人大理寺左寺丞坐縱方孝孺息樹陰劓鼻而死

鄭公智寧海人建文初從孝孺至京舉賢良為監察御史靖難後坐方黨論死

鄭居貞其先徽州人河南試左參政永樂初坐方黨死

林嘉猷寧海人陜西按察僉事嘗被
成祖召居燕邸最久知三郡王素傾世子以告孝孺孝孺
言之建文君遣錦衣千户張安持書詒燕許世子王燕
燕内使黃儼因間世子計且得行世子竟先發事遂洩
靖難後坐方黨逮至京建文四年九月死之
黃希范為徽州知府北兵起大脩武備金川門失守素
服不治事後坐與程通黃觀共議條上防禦策為錦衣
邏卒捕去論死籍其家
廖鏞巢人歷官至都督建文中與議兵事時宿衛殿庭

靖難後
成祖以廖侯兩子鏞與銘嘗受學方孝孺令召之孝孺怒
曰汝讀幾年書還不識箇是字兩子復命　上怒令收
孝孺族誅之廖兩子拾遺骸葬聚寶門外山上甫畢廖
氏見收兩子逃去永樂元年四月錦衣衛奏獲鏞送刑
部論死
黃觀貴池人禮部侍中掌尚寶司事與方齊並見信用
北兵起觀草詔極其詆斥建文四年觀奉詔募兵安慶
且督諸郡勤王至李陽河聞建文君遜位衣冠號泣東

向再拜自沉于羅刹磯下
廖昇襄陽人太常少卿聞茹瑺等龍潭還慟哭與家人
訣自經死
王叔英黃巖人翰林修撰北兵至淮上游兵逼江于建
文遣使四出叔英募兵廣德聞建文遜位慟哭會齊泰
奔叔英曰泰貳心矣令執之泰至告之故乃相抱慟哭
與泰圖後舉知事不可為乃沐浴衣冠書絕命詞藏裙
間自經於玄妙觀銀杏樹下詞曰人生窮壤間忠孝貴
克全嗟余事君父自省多過愆有志未及竟奇疾忽見

纏肥甘空在案對之不能嚥意者造化神有命歸九泉
嘗念夷與齊餓死首陽巔周粟豈不佳所見良獨偏高
蹤邈難繼偶爾無足傳千秋史官筆慎勿稱希賢又題
其案曰生既久矣未有補於當時死亦徒然庶無慚於
後世
王良祥符人歷官刑部左侍郎建文三年問燕國人罪
從末減遷浙江肅政按察使至浙江謁岳鄂王墓誓曰
苟愧武穆非人也建文遜位大慟九月詔召良良執使
者將斬以狥為衆刼去良乃集諸司印私第嗟嘆者久

之妻問故曰我分應死未知所以處汝耳妻曰我何難遂餽良食抱其子歔欷如厨置其子池旁自投池死良殮妻畢即列薪於户寓遺囑付家人令妾抱幼子逃匿以存宗祀遂舉火闔室自焚死

顔伯瑋廬陵人沛知縣北兵入東門指揮王顯迎降伯瑋冠帶升堂南拜慟哭曰臣無能報國乃自經死

陳性善山陰人北兵起性善為副都御史監李景隆軍建文四年三月辛巳戰靈壁敗績與彭與民劉伯完王資皆被執

成祖縱之歸性善躍馬入河死後加追戮

王艮吉水人翰林脩撰初聞北兵起輒憂不食日羸憊及渡淮閉門涕泣不已訣妻子曰吾不可復生豈能復顧汝等服毒死建文哀其忠遣禮部侍中黃觀諭祭

鄒瑾永豐人大理寺丞與魏冕毆約降者靖難後自殺詔夷其族

魏冕永豐人建文時為監察御史北兵至金川門徐增壽約開門降冕與大理丞鄒瑾率同僚十八人即殿前毆之幾死會輟朝冕及瑾大呼請速加誅臣等義不與此賊同生不聽明日宮中火起或謂冕宜急迎附冕毅色厲聲曰使吾改臣節徒自壞也靖難後冕與瑾自殺法官請追罪詔夷冕族

曾鳳韶廬陵人建文初為監察御史會藩王來朝馳皇道入且不拜鳳韶侍班言殿上宜展君臣之禮宮中乃叙叔姪之倫由皇道不拜大不敬建文曰至親勿問北兵逼議遺書燕使罷兵息民無敢行者鳳韶慷慨請行姚廣孝勸却其書不報靖難後召復御史不至尋加吏部侍郎召又不至刺血書憤詞襟上曰予生廬陵忠節

之邦素負剛鯁之強讀書而登進士第仕宦而至繡衣郎既一死之得宜可以含笑于地下而不愧吾文天祥屬妻李及子公望曰我死勿易衣遂自殺李亦自經死

龔太義烏人都給事中成祖渡江太與妻傳訣曰事至此我自分死爾第攜幼稺歸否則俱溺井無辱也俄宮中火起太馳赴為兵校所執見 成祖金川門以非奸籍得釋太自投城死成祖大怒立命軍卒剉其屍

黃鉞常熟人授刑科給事中改禮科年父喪將歸方孝孺

一吊之屏左右問曰北兵日南蘇常鎮京師左輔君吴人
朝廷近臣今雖去宜有以教我鉞曰蘇州知府姚善忠
義激烈有國士風能當一面但仁慈有餘而御下太寛
此治郡之良才恐不足定亂國家大勢不在江南戎馬
至此而禦之晩矣孝孺因附書善勉以忠孝期戮力王
室濟時艱善得書與鉞相對慟哭以死自誓北兵至江
上善受建文詔總蘇松常鎮嘉興五郡兵勤王以書招
鉞鉞即日營葬竣遂至善所時俊果以鎮江降靖難後
詔暴善罪捕善急善麾下許百户素權詐得親善縛善

邀賞鉞聞善死慟哭起登琴川橋西向再拜祝善又慟
哭曰吾與君同受國恩國有難義同許身君今與希直
同死國吾忍獨生乎祝畢給家人歸祭具遂從容整衣
冠自投琴川橋下而死

何申為中書舍人建文末使四川至峽口聞金川門不
守發憤慟哭吐血不數日疽發背死

程本立江西按察副使聞北兵入金川門自縊死

王省吉水人浮梁教諭毋喪復除睢陽八年又改濟陽
北兵至省為游兵所執從容引譬詞義慷慨衆舍省省
歸坐明倫堂伐鼓聚諸生謂曰若等知此堂何為名明
倫今勿多論且説君臣之義何如省大哭諸生亦哭遂
以頭觸柱死

劉璟其父文成太師基也谷府長史并提調肅遼慶寧
燕趙六王府事璟嘗至燕
成祖與璟奕璟勝　成祖曰卿獨不少讓我耶璟正色曰
可讓處璟不敢不讓不可讓處璟不敢讓也北兵起璟
馳還京獻十六策不聽還家養疾建文遜位璟稱疾不
起法官論璟逃叛逮至京見　上猶稱殿下下詔獄辮

髮自經死

樓璉金華人翰林侍讀北兵入京命方孝孺草詔不從
改命璉惶懼應命歸自經死

北平掌布政司事侍郎張昺都指揮使謝貴彭二燕府
長史葛誠教授余逢辰靖難兵初起死之

靖難兵攻懷來都指揮彭聚孫泰戰死

永樂死事諸臣

靖難兵至東昌與盛庸戰燕大將張玉死之

永樂六年十二月征夷將軍沐晟遇賊於生厥江敗績
都督呂毅尚書劉儁交趾參政劉昱死之
永樂十八年五月交趾參政侯保馮貴禦賊死之
洪熙元年二月上諭禮書呂震曰往年劉儁從征交趾
陷賊不屈而死禮官不言朕思婦人盡節於夫尚有施
典況大臣捐軀為國可無褒恤其贈儁為太子少傅謚
節愍復嘆謂震曰忠臣之心皆欲立功報國不能成功
則惟守義若身為大臣惟阿順取容為保祿固位之計
國亦何賴
宣德三年五月贈祭交趾死節諸臣

洪熙死事諸臣

宣德四年八月加交趾布按二司兵部尚書陳洽恤典
洽常州武進人洪武中為兵科給事改吏部郎中太宗
嗣統陞本部侍郎改大理卿命將征交趾洽參贊軍事
兼總兵餉初交趾平置藩臬府縣黃福兼掌布按二司
事與洽協謀新附之民莫不悅服洽還朝陞兵部尚書
後仍往交趾協贊軍事洪熙元年召福還洽代之仍參
贊軍事內官馬騏苛徵暴斂洽不能制黎賊遂反洽同
總兵官王通率兵分道擊賊戰於寧橋洽被執不屈死
之至是事聞　上惻然謂侍臣曰大臣以身殉國可謂
忠矣贈榮祿大夫少保謚節愍遣官即其家祭之官其
子樞為刑科給事中

正統死事諸臣

正統八年六月侍講劉球言事忤王振下獄振使錦衣
指揮馬順即獄中殺球支解之

正統十三年七月處州賊葉宗留及都督陳詔戰死
正統十三年十一月處州賊盛副總兵陳榮戰歿
正統十四年正月鄧茂七寇建寧掌府事福建左參政
張瑛戰死　七月親征也先西寧侯宋瑛武進伯朱冕
全軍覆沒成國公朱勇被殺　車駕北狩英國公張輔
尚書鄺埜王佐學士曹鼐張益死之　十月虜奉上皇
入紫荊關敗我師殺指揮韓清等都御史孫祥走死

景泰死事諸臣

景泰元年五月處州賊陶得二寇武義浙江按察副使陶成戰死　廕贈左叅政浙江按察副使陶成子魯爲廣東新會縣丞

天順死事諸臣

天順五年七月恭順侯吳瑾左都御史寇深擊曹吉祥姪曹欽反賊被殺死贈吳瑾涼國公謚忠壯寇深少保謚莊愍

成化死事諸臣

成化元年七月贈廣東按察司副使毛吉等官先是兩廣流賊數萬刼掠郡縣吉與知縣王麒驛丞秦瑄隨軍殺賊奮不顧身皆死之事聞皆贈官賜誥以褒其忠吉浙江餘姚人死時年四十四初吉出軍時給以官銀千兩充軍餉委官余文司之已費用十之三矣文憫吉死無以歸以所餘銀寄授其僕俾爲喪具是夜僕之婦忽出中堂據正席坐舉止如吉狀顧左右曰請夏憲長來舉家驚惶走告近沈經歷者沈報僉憲胡榮亟來視之瞪目視胡曰非也須之夏至乃起揖而言曰吉受國恩

不幸死于賊固無餘憾但余文所遺官銀已付我家然官府無所稽考我豈汙辱於地下矣願亟以還官毋汙我言畢忽仆地少頃婦甦

正德死事諸臣

正德六年十二月流賊趙風子破裕州同知郁采死之贈采光祿寺少卿廕其一子時又有上蔡縣知縣霍恩城破被執不屈而死真定知縣王佐棗強知縣段豸與賊戰死朝廷憫之咸贈官賜廕

正德七年正月江西華林賊殺按察司副使周憲二月流賊攻河南總兵馮禎戰歿

正德十年四月兀良哈寇馬蘭谷叅將陳乾戰死

正德十一年九月土魯番犯肅州遊擊將軍芮寧禦之敗沒

正德十四年四月伏闕諫南巡兵部員外陸震行人司副余廷瓚行人黃國用主事劉校何遵評事林公黼照磨劉珏行人孟陽李昭賢劉平甫李翰臣詹軾俱廷杖死　孫燧餘姚人樸謹不外飾然性明澈臨事縝詳自刑曹勅讞刑

獄會瑾橫嫉公連坐贖罰正德末年江西宸濠蓄密謀已漸彰當事者擇公巡撫其地及謀惡大著公屢疏罪狀以聞俱爲中道遮匿弗能達乃與御史范輅參議陳洪謨副使許逵協謀峙粮飭旅布守要害未幾宸濠起兵謀反公不屈死之謚忠烈　許逵固始人初爲樂陵令以靖寇功陞僉事尋轉江西副使時寧藩起叛兵縛巡撫孫忠烈將殺之一時官屬駭愕不敢言獨公反覆辨論且厲聲大罵慷慨激烈并命縳斬於惠民門外刑時公顧孫忠烈云早不聽我言當至此公蓋嘗有先發

後聞之計爲忠烈所阻

封賞功勳

洪武二年九月　上欲封功臣議爲鐵券以賜之而未有定制有言台州民錢允一吳越忠肅王鏐之裔家藏唐昭宗所賜鐵券遂遣使取之準其式而加損益高廣有差等爲七等公二等侯三等伯二等其制如瓦外刻歷履恩數之詳以記其功中鐫免罪減祿之數以防其過每副剖而爲二分爲左右左頒諸功臣右藏諸內府有故則合之以取信仍以舊券還允一厚賜而遣之

洪武二年十二月已丑　上御奉天殿大賞平定中原征南將士及守禦各城池有功官員以大將軍徐達居首副將軍常遇春驗其存日功勞與大將軍等一體優賞其餘准其功過各量賞有差

洪武三年四月上將剖符封功臣下學士宋濂議五等封爵召宿大本堂討論達旦濂歷據漢唐以來故實量其中而奏之　十一月詔議賞征討將士　大封功臣李善長韓國公徐達魏國公常遇春之子茂鄭國公李

文忠曹國公馮勝宋國公鄧愈衛國公湯和中山侯其諸唐勝宗陸仲亨等二十六人皆封侯食祿有差並賜誥券世襲惟善長稱守正文臣餘皆宣力武臣封汪廣洋忠勤伯劉基誠意伯亦稱守正文臣子孫不世襲

上大宴諸功臣宴畢因語之曰天下大業以艱難得之必當以艱難守之卿等今皆安享爵位不可忘艱難之時人之常情每謹於憂患而忽於宴安不知憂患之來常始於宴安也今日與卿等宴飲極歡恐久而忘其艱難故相戒勉明日徐達率諸將議闕謝　上退御華蓋

殿賜達等坐從容語之曰曩者與卿等初起鄉土本圖自全非有意於天下及渡江以來觀群雄所為無救民之心徒為生民之患若張士誠陳友諒尤為巨蠹士誠恃其財富侈而無節友諒恃其兵強暴而無恩朕獨無所恃所恃者卿等一心共濟艱危初與二寇相持人有勸朕先擊士誠以為士誠切近友諒稍遠若先擊友諒則士誠必乘我後此亦一計然不知友諒剽而輕士誠狡而懦友諒之志驕士誠之器小志驕則好生事器小則無遠圖故友諒鄱陽之役與戰宜速吾知士誠必不

能越姑蘇一步以為之援也向若先攻士誠則姑蘇之城并力堅守友諒必空國而來我將徹姑蘇之師以禦之則疲於應敵事有難為朕之所以取二寇者固自有先後也二寇既除兵力有餘鼓行中原宜無不下或勸朕盪平羣寇乃取元都若等又欲直走元都兼舉隴蜀皆未合朕意朕所以命卿等先取山東次及河洛者先聲既震幽薊自傾且朕親駐大梁止潼關之兵者知張思道李思齊王保保皆百戰之餘未肯遽降急之非北走元都則西走隴蜀并力一隅未易定也故出其不意

反旆而北元衆膽落不戰而奔然後西征張李二人望絕勢窮不勞而克惟王保保猶力戰以拒朕師向使若等未平元都而先與之角力彼人望未絕困獸猶鬬聲勢相聞勝負未可知也事勢與友諒士誠又正相反至於閩廣傳檄而[illegible]區區巴蜀恃其險遠此特餘事耳若等可以少觧[illegible]勞矣於是達等皆頓首謝

洪武四年[illegible]詔賞平蜀將士

洪武十一年正月進封中山侯湯和為信國公

洪武十五年十二月孝陵成封都督李新崇山侯

洪武十七年四月論平雲南功進封潁川侯傅友德為潁國公其藍玉仇成王弼等先已封侯當爵及子孫其餘將校遞陞有差

洪武二十一年十二月　封永昌侯藍玉為凉國公玉鳳陽定遠人其姊歸常遇春因隸遇春帳下　上以遇春故特寵擢之歷拜征虜大將軍破故元主于捕魚兒海事見四月既已論功行賞擬封梁國公適有發其私元主妃者　上聞之怒特念其功勞姑從寬假改封凉國公仍鐫其過于券

洪武三十一年十月建文　詔顧成班師先是成以都督僉事充征南將軍帥師征水西蠻既又征五開所向克捷至是征平洲六洞等長官司一百三十七砦皆平之悉撫諭復業師還駐常德待命詔諭班師北還京賞勞成及其副將何清宋晟韓觀有差

成祖革除建文四年九月大封靖難功臣

永樂元年正月諭兵部曰從朕平內難軍士已論功陞賞平九門者可再陞一級功小不在陞例者亦量陞之於是劉江萬得王福胡通海等五十餘人陞職有差

永樂六年六月張輔等平安南　上命吏部尚書蹇義等曰爾同禮部即定議將士功次陞賞視平雲南例增之

永樂六年七月　制諭羣臣頒賞平安南功張輔為英國公沐晟為黔國公柳升為安遠伯其朱榮高士文等各爵級銀幣有差

永樂十三年正月行平交趾功賞

正統三年十月破虜酋阿台朶兒論功命王驥以尚書兼大理卿柴車陞兵部尚書仍贊理陝西軍務僉都御史羅亨信陞俸一級封都督蔣貴定西伯任禮寧遠伯趙安會昌伯並食祿一千石

正統五年九月　封張昇為惠安伯

正統七年三月定西伯蔣貴兵部尚書王驥破麓川賊還論功封蔣貴定西侯驥靖遠伯陞郎中侯璡為禮部右侍郎楊寧為刑部右侍郎餘各陞賞有差

正統十三年十月宣府總兵楊洪破虜阿台封昌平伯

正統十四年十一月景泰　論功封楊洪昌平侯進封武靖侯加于謙少保總督軍務餘陞賞有差

按李賢曰楊洪起行伍生長邊陲用詭道以立邊功歷陞將帥善於刼營虜人畏之然自宣德以來胡人與中國和好厚往薄來未嘗大舉入寇其有擾邊者不過朶顏之類多不過百餘騎少或十數騎而已洪以此得立邊功大抵用譎取之及也先大舉入寇洪在宣府驚惶無措閉門不出若土木之圍洪能在後衛之必無是敗及胡人奉　上皇至城下呼之亦不出救視君父之難畧不為急所存可知矣後召至京師適虜寇猖獗人心驚疑念以舊將遂進侯爵亦終不能大挫賊鋒然在邊

校之諸將紀律頗嚴士卒用命為一時之巨擘云嗚呼由此觀之要亦非忠勇之將也

景泰元年正月大同守將郭登大破虜於栲栳山封定襄伯食禄千一百石與世券　四月都督同知董興平廣東盜黄蕭養封海寧伯

天順元年正月論迎復功進封武清侯石亨為忠國公都督張軏為太平侯張輗為文安侯都御史楊善為興濟伯並子孫世襲軏輗皆英國公張輔弟也軏尋改名賜

天順四年二月　令冒報迎駕功陞官者俱自首改正時法司奏石亨等冒報陞官者俱合查究　上召李賢曰此事恐驚動人心賢對曰朝廷許令自首免罪事方妥帖　上曰然遂行之於是冒報陞職者四千餘人盡首改正

天順五年七月誅曹賊進會昌侯孫繼宗太保孫鏜封懷寧侯馬昂王翱李賢並加太子少保完者禿亮為都督餘將士陞賞有差

成化五年五月以平兩廣蠻賊功賞右副都御史韓雍右都督和勇都督同知歐信都督僉事廉忠都指揮夏鑑葛宗滕僉事陶魯俱從厚餘官軍土兵民快人等四千二百六人陞賞有差時兩廣地方連年用兵人民凋敝徭獞千百成羣如入無人之境而守土官軍動以捷奏虚張名數陞賞日加而盜賊縱横如故云

成化十五年十二月録平建州功陞遼東巡撫副都御史陳鉞為右都御史太監汪直加食米歲三十六石賞朗十二石官旗陞者一千八十九人賞者一千五百四人皆阿附汪直所為陞賞此其最濫云

成化十六年三月太監汪直都御史王越至威寧海子襲破虜營加汪直米歲四十八石王越封威寧伯　四月　録威寧海子殺虜功賜王越誥券封奉天翊衛推誠宣力守正文臣特進光禄大夫柱國威寧伯食禄一千二百石本身免二死子孫世襲仍追封三代子姪家人冒功陞賞者甚衆

弘治元年十二月授沙狐狸金吾衛千户初正統中沙狐狸隨　英宗駕于虜中汲水取薪極其勤勞也先奇之召問中國如爾比者幾何對曰我何足數勝我而精

敏者十萬也先曰何不以此輩來迎駕曰先是往征東
南諸國未回回即來此矣也先色動及駕旋被留虜中
虜授為士卒頭目寖用事納婦生子遂致富貴亦時奉虜
命至朶顏三衞開馬市如是者殆四十年至是訪得舊
在中國時所生子令輸情于朝期以明年當遂歸朝其
子以聞　上允且深憫之如期率其胡婦胡兒一家悉
至所携輜重甚富入見上　上恐其詐命所司詳驗莫
有識者狐狸曰先帝嘗賜我一綉囊曰此周太后手製
也所司取以進太皇太后曰此真先帝物也　上乃授

以千户賜宅一區
弘治十二年正月論興復哈密功并肅總兵官都督彭
清巡撫都御史周季鳳而下陞賞有差
弘治十八年六月敗北虜于宣大加保國公朱暉太保
提督軍務都御史史琳太子少保琳尋卒
正德五年八月論平寘鐇功封仇鉞為咸寧伯　寘鐇
劉瑾既伏誅大學士李東陽等奏言旬月之間二難交
作悉底平定皆太監張永等之功於是封張永兄張富
為泰安伯弟張容為安定伯魏彬弟魏英為鎮安伯馬

永成弟馬山為平凉伯谷大用弟谷大玘為永清伯封
義子朱德為永壽伯給誥券世襲
正德七年九月　論平流賊功封太監谷大用弟谷大
寛為高平伯陸誾弟陸永為鎮平伯咸寧伯仇鉞進封
咸寧侯並賜誥券世襲都御史陸完加太子少保召入
掌院事廕一子錦衣衞百户其餘權勢所託奏帶之人
以首級論功陞授都督錦衣都指揮指揮千百户者千
餘人又以盜賊平定由內閣官運籌定議之功李東陽
楊廷和梁儲費宏各廕一子錦衣衞正千户東陽等固

辭之
正德十四年九月以擒宸濠功改南贛巡撫都御史王
守仁巡撫江西擢吉安知府伍文定為江西按察使贛
州知府邢珣為右叅政
正德十六年十月世宗　論江西平宸濠功王守仁封新
建伯給誥券世襲其餘陞賞各有差　按國制賞三等
曰加賞曰給賞曰量賞　開國功臣封公侯世襲者券
云謀逆不宥其餘若犯死罪爾免二死子免一死若封
公侯而子孫世襲指揮使者則云其餘死罪免二次

正統十四年虜至京城榜購能擒斬也先者賞萬金封國公景泰元年購殺也先者賞銀五萬兩封公官太師殺伯顏帖木兒喜寧等賞銀二萬兩金千兩封侯

洪武開國功臣

徐達封信國公進封魏國公世封

李善長封宣國公進封韓國公爵除

常遇春封鄂國公子茂封鄭國公續封懷遠侯世

李文忠封曹國公除續封臨淮侯世

馮勝封宋國公爵除

鄧愈封衛國公進封申國公除續封定遠侯世

湯和封中山侯除續封靈壁侯世

唐勝宗封延安侯爵除

費聚封平凉侯爵除

陸仲亨封吉安侯爵除

吳良封江陰侯爵除

周德興封江夏侯爵除

吳禎封靖海侯爵除

華雲龍封淮安侯爵除

趙庸封南雄侯爵除

顧時封濟寧侯爵除

廖永忠封德慶侯爵除

耿炳文封長興侯爵除

俞通源封南安侯爵除

陳德封臨江侯爵除

華高封廣德侯爵除

郭子興封鞏昌侯爵除

楊璟封營陽侯爵除

王志封六安侯爵除

康鐸封蘄春侯茂才子爵除

鄭遇春封滎陽侯爵除

朱亮祖封永嘉侯爵除

傅友德封潁川侯進封潁國公爵除

胡美封豫章侯改封臨川侯爵除

韓政封東平侯爵除

梅思祖封汝南侯爵除

黃彬封宜春侯爵除

陸聚封河南侯爵除

曹良臣封宣寧侯爵除

汪廣洋封忠勤伯爵除

劉基封誠意伯除續世封

汪興祖封東勝侯爵除

薛顯封永誠侯爵除

按洪武開國功臣嘉靖中續封常遇春後為懷遠侯李文忠後為臨淮侯鄧愈後為定遠侯湯和後為靈璧侯劉基封後為誠意伯惟李善長後未及或者以其子罪誅故也

洪武征西功臣

沐英封西平侯世封

仇成封安慶侯爵除

藍玉封永昌侯進封涼國公爵除

謝成封永平侯爵除

張龍封鳳翔侯爵除

吳復封安陸侯爵除

金朝興封宣德侯爵除

曹興封懷遠侯爵除

葉昇封靖寧侯爵除

曹震封景川侯爵除

張溫封會寧侯爵除

周武封雄武侯爵除

王弼封定遠侯爵除

洪武平雲南功臣

陳桓封普定侯爵除

胡海封東川侯爵除

郭英封武定侯進封翊國公流世侯

張翼封鶴慶侯爵除

洪武作孝陵功臣

李新封崇山侯爵除

洪武海運封侯

張赫封航海侯爵除

朱壽封舳艫侯爵除

洪武征胡功臣

孫恪封全寧侯爵除

洪武間以父功封侯伯

濮璵以父英封西凉侯爵除

桑敬以父世傑封徽先伯爵除

常昇以父遇春封開國公爵除

洪武征南功臣

俞通淵封越嶲侯爵除

洪武征蠻功臣

張銓封永寧侯爵除

胡顯封梁國公爵除

洪武間降王

陳理封歸德侯徙高麗

明昇封歸義侯徙高麗

洪武間歸降封爵

何真封東莞伯爵除

陳普才友諒父封承恩侯除

陳友富友諒兄封歸仁伯除

陳友直友諒兄封懷恩伯除

元主孫封侯

元主孫買的里八剌封崇禮侯歸北

洪武降胡

納哈出封海西侯子察罕封瀋海侯除

建文戰功

盛庸封歷城侯永樂中除
李堅封滦城侯永樂中除

永樂靖難功臣

丘福封淇國公除
朱能封成國公世封
張武封成陽侯無子除

陳珪封泰寧侯世封
鄭亨封武安侯世封
孟善封保定侯除
火真封同安侯除
顧成封鎮遠侯世封
王忠封靖安侯除
徐忠封永康侯世封
張信封隆平侯世封
李遠封安平侯除

郭亮封成安侯世封
房寬封思恩侯改指揮使世襲
徐祥封興安伯世封
徐理封武康伯無子除　李濬封襄城伯流侯世伯封
張輔封信安伯進新城侯又進英國公世封
唐雲封新昌伯世指揮使
孫岩封應城伯世封
房勝封富昌伯世指揮使
陳旭封雲陽伯無子除

劉才封廣恩侯世指揮使
袁容封廣平侯世指揮使
李讓封富陽侯世指揮使
李彬封豐城侯世封
陳懋封寧陽伯進封侯世封
王友封清遠伯除
陳賢封榮昌伯除
張興封安鄉伯世封
陳志封遂安伯世封

王聰封武城侯無子除
趙彝封忻城伯世封

永樂推戴功臣

王寧封永春伯除
茹瑺封忠誠伯流
王佐封順昌伯除
陳瑄封平江伯流侯世伯封

永樂間以父功封

譚忠以父淵封寧新伯世封
王通以父真封武義伯進成山侯世伯封
徐景昌以父增壽封定國公世封

永樂征西功臣

宋晟封西寧侯世封

永樂間以侯征交趾進公

沐晟進黔國公世封鎮雲南

永樂征交趾功臣

柳昇封安遠伯進封侯世封

永樂間戰功

郭義封安陽侯世指揮使

永樂征胡功臣

何福封寧遠侯除
薛祿封武陽侯世封
朱榮封武進伯世封
金玉封惠安伯世指揮使
薛斌封永順伯世指揮使
薛貴封安順伯
吳永誠封恭順伯進封侯世封

永樂捕倭功臣

劉榮封廣寧伯進侯世伯封

永樂中戰沒功臣

高士文封建平伯世封

永樂中降胡

金忠封忠勇王

洪熙間追封靖難功臣

梁銘封保定伯世封

洪熙征胡功臣

蔣廷瑾封保昌伯除

吳成封清平伯世封

吳管者封廣義伯除

李賢封忠勤伯

宣德征胡功臣

費瓛封崇信伯世封

李玉封新建伯除

滕定封奉化伯世指揮使

李英封會寧伯世指揮使

金順封順義伯世指揮使

正統征胡功臣

蔣貴封定西伯進封侯世封

趙安封會川伯世指揮使

任禮封寧遠伯失律除

譚廣封永寧伯世指揮使

馬亮封招遠伯世指揮使

陳懷封平鄉伯世指揮使

蔣信封忠勇伯除

正統征蠻功臣

王驥封靖遠伯世封

正統間以營建功封

沈清封修武伯世指揮使

景泰禦胡功臣

楊洪封昌平伯進侯世指揮使

石亨封武清伯進侯進忠國公除

石彪封定遠伯進侯除

郭登封定襄伯世指揮使

朱謙封撫寧伯進侯進保國公世侯封

景泰征蠻功臣

方英封南和伯流侯世伯封

毛勝封南寧伯世封

天順奪門功臣

徐有貞封武功伯除

楊善封興濟伯世指揮使

張輗封文安伯世指揮使

張軏封太平侯世指揮使

孫鏜封懷寧伯進侯世封

衛穎封宣城伯世封

曹欽封昭武伯除

天順禦胡功臣

楊信封彰武伯世封

楊能封武強伯世指揮使

曹義封豐潤伯世封

施聚封懷柔伯世封

焦禮封東平伯世封

董興封海寧伯除

李文封高陽伯除

天順征蠻功臣

陳友封武平伯流侯世伯封

成化禦胡功臣

劉聚封寧晉伯世封

王越封威寧伯除

成化征蠻征番功臣

毛忠征番封伏羌伯世封

趙輔征蠻封武靖伯世封

羅秉忠征蠻封順義伯除

和勇征蠻封靖安伯世指揮使

李震討賊封興寧伯除

成化間以營建封

趙勝封昌寧伯世指揮使

正德捕反功臣

仇鉞封咸寧伯進侯罪除

正德禦胡功臣

成英封涇陽伯除

按公侯伯爵凡三等以封功臣皆有流有世並給鐵券高廣凡五等號凡三等佐　高皇定天下曰開國輔運云云佐　成祖曰奉天靖難云云餘曰奉天翊運云云其武臣也曰宣力功臣文臣曰守正文臣歲祿視功有差多不過五千石已封而又有功者仍爵或進爵加祿其才而賢也充團營三營提督總兵坐營官五府掌印

僉書留都守備出充總兵官鎮守官否則止食其祿其襲爵徵券誥論功過覈適孽幼而嗣者學於國子監有過革冠服平巾學於國子監坐罪奪祿重則奪爵

文臣封伯

成祖革除建文四年九月封大寧都經歷司吳中莊平伯

正統七年三月兵部尚書王驥以平麓川功封靖遠伯

天順元年三月封兵部尚書徐有貞為武功伯

成化十六年三月都御史王越以破威寧虜功封威寧伯
正德十六年十一月南京兵部尚書王守仁以平宸濠功封新建伯

按國初至嘉靖中勳臣六十五人公六人侯二十二人伯三十七人開國者三人而已魏國公黔國公武定侯也餘皆靖難征虜平蠻捕倭討賊擒叛之功而外戚恩澤封者亦數人文臣封爵如李善長韓國公汪廣洋忠勤伯劉基誠意伯茹常忠誠伯徐有貞武功伯楊善興濟伯王越威寧伯王守仁新建伯或没

世而革或再傳而罷甚者戮及其身　惟王驥以麓川功子孫尚襲靖遠伯嗣後誠意伯新建伯亦得嗣麓川之役大費財力騷動半天下比再出兵益復虛耗苟且奏捷鐵券金書至今至不絶非宜矣

查理封拜冒濫

正德十六年八月世宗兵科給事中夏言等奉命查革武職上疏謂祖宗開國立為武爵專以待有功之臣品秩之尊莫有過於公侯伯者我　高皇帝闢天啓運一時翊運元臣懋建厥功然在當時封公者六人封侯者二十有八人至我　文皇帝克靖大難其所封拜亦不滿十餘人列聖相承益加慎重未有中官弟姪封拜之濫爵賞之極如先朝者寔鐇背逆實逆瑾結憤所致仇鉞一舉平定張永攘為己功既而太監谷大用馬永成陸誾魏彬等並受褒崇於是張富張容谷大寛谷大亮馬山陸永魏英俱各封伯其他俱加陞都督都指揮者又不下數十人今仰遵詔旨俱已查革合行該部追奪誥券削為編民又凡正德年間巧立别名陞授職級者三

千一百九十九員名兵部尚書彭澤覆奏盡行革退積年宿蠹一旦頓清　祖宗立武爵以待有功莫有過於公侯伯者自非定難拓土之功不以輕授故以我
太祖高皇帝開天啓運奄有區夏而封公者止有六人封侯者止有二十八人我　太宗文皇帝奉天征討克靖大難其所封拜亦不滿十餘人　列聖相承益加慎重中間畧嘗殲夷大憝蕩平群盗戡伐戎虜立功之臣後先相望然未有中官弟姪封拜之濫爵賞之極如正德者也寧夏之役雖曰寘鐇背逆天道實由逆瑾結憤

人心彼時賴指揮仇鉞之兵一舉平定而太監張永聞
風趨赴攘為已功後逆瑾伏誅永與有力偉能以贖黨
悪之罪豈應攄為討賊之功既而太監谷大用馬永成
陸誾魏彬等結為朋黨專權出政乃以運籌帷幄弟姪
並受褒崇貂蟬玉帶勢軼班行鐵券金書光動閭里身
不出國門之外足未履戰陣之地曾無旦夕尺寸之勞
而一槩坐獲殊寵此士夫之所以痛心而將臣之所以
解體也嘉靖改元雖以查革而張容魏羙等復被新命
仍與都督同知等官是其不惟逭有罪之誅而且冒無

功之賞也必行褫奪革其世襲庶足以光昭祖宗之法
而一洗名器之污也　又曰市井庸流不崇朝而立升
朝籍權門厮役不數歲而驟至顯融

功臣裔

洪武三年十一月上已大封功臣思存者得膺爵賞死
者不及一見乃設壇親祭之且撫其子孫俾食其禄又
設壇祭戰歿軍士養其父母妻子復命禮部凡武官有
遷葬者皆官備祭物道里遠者給其費禮部以品秩次
第定給有差

洪武二十三年冬十月　詔封劉基長孫劉廌為誠意
伯增禄二百六十石共食禄五百石子孫世襲給以誥
券

洪武二十五年五月陞陝西寧夏衛副千户何忠為指
揮僉事先是忠以所管軍士鈌伍削官以副千户郭德
代之忠乃詣闕自陳　上問曰爾非萬户何勝孫乎忠
對曰是也上諭兵部曰忠之祖勝昔為萬户克滁和二
州與有功及渡江父震亦從征有功後勝父子俱死行

陣今忠雖坐軍律當免然念其祖父宜報之於是宥忠
罪陞為本衛指揮僉事子孫世襲

永樂五年十二月徐輝祖卒年四十　上曰輝祖與齊
太黃罪同宜論死念中山王平定天下有大功曲赦輝
祖今輝祖病死中山王不可無後輝祖長子釋迦保見
賜名欽令襲魏國公遂乞守墓上怒謫居中都

景泰七年二月以誠意伯劉基孫禄世襲五經博士

弘治五年四月詔以太廟配享功臣追封王爵者俱係
輔佐太祖高皇帝平定天下大有勳勞之人今其子孫

有不沾寸祿與編民無異欲量加恩典俾奉其祀該部
查勘明白具實以聞葢用禮科給事中吳仕偉建言也
於是吏部行各所在查取開平王曾孫常復寧河王玄
孫鄧炳岐陽王支孫李𤪌東甌王玄孫湯紹宗赴京兵
部奏請俱授南京錦衣衛指揮使俾各近其墳墓以便
奉祀　録誠意伯劉基九世孫瑜為處州衛指揮使先
是景泰中録基七世孫與顔孟二氏後並為翰林五經
博士至是給事中吳仕偉復言誠意伯乃功臣其後不
當為博士乃改是職

功臣儀仗户

洪武十三年三月太師韓國公李善長以年老養疾奏
還原給儀仗户二十家從
洪武二十六年五月　魏國公徐輝祖崇山侯李新奏
考稽制録所載公侯家人及儀從户存留如制餘請給
付有司　上命發鳳陽隸籍為民

勲臣提督軍務

洪武元年十一月命徐達往北平操練軍馬葺治城池
濟南濟寧青萊徐州等衛悉聽節制
洪武十二年二月命曹國公李文忠往河州岷州臨洮
鞏昌梅州等處整治城池督理軍務邊境事宜悉從節
制
洪武二十三年四月命東平侯韓勲西涼侯濮璵瀋陽
侯察罕都督僉事王憲往東昌等處訓練軍士
洪武三十一年八月建文勅魏國公徐輝祖練兵山東華
除建文元年二月都督韓觀練兵於徳州

華除建文四年七月以都督李增枝節制荆襄瞿塘安
陸兵備
永樂四年命成國公朱能黔國公沐晟及張輔等率師
征討安南
宣德元年四月成山侯王通佩征夷將軍印充總兵等
官往征交阯勦
正統六年正月命定西伯蔣貴為征夷將軍總兵征麓
川
正統七年十月復命定西伯蔣貴靖遠伯王驥征麓川

緬甸
正統十三年十月命靖遠伯王驥總兵討思機發
正統十四年正月命寧陽侯陳懋等討閩冦
景泰元年八月命保定伯梁瑶征勦湖廣貴州苗冦
弘治五年四月命鎮遠侯顧溥討貴州蠻
弘治十三年正月命平江伯陳鋭總兵禦北虜火篩八
月無功而還罷任閒住
弘治十四年二月命保國公朱暉佩征虜將軍印總諸
路兵赴榆林禦虜

弘治十八年六月命保國公朱暉帥師禦虜
正德五年五月命涇陽伯神英總兵討慶府安化王寘
鐇
正德六年八月以惠安伯充總兵官征流賊尋革爵
十月命伏羌伯毛鋭充總兵官討流賊劉六等

勲臣出鎮

洪武十四年九月命魏國公徐達鎮北平軍民悉聽節
制
洪武十六年正月命魏國公徐達出鎮北平
洪武十七年春正月信國公湯和巡視海道築山東江
南北浙東西海上諸城
革除建文元年二月都督僉事宋晟總兵鎮守甘肅
革除建文四年八月成祖命歷城侯盛庸安職山東都
督劉貞鎮守遼東何福鎮守陜西韓觀練兵江西西平
侯沐晟鎮守雲南
宣德十年八月英宗命寧陽侯陳懋鎮守甘肅
天順元年二月命南和伯方英鎮守湖廣

天順二年七月以宣城伯衛穎鎮守甘肅
天順八年五月憲宗　以定襄伯郭登鎮守甘肅尋召
還
十二月平羌將軍定西侯蔣琬鎮守甘肅
成化十八年閏八月調威寧伯王越鎮守延綏都督同
知許寧鎮守大同時汪直與王越俱留鎮大同萬安等
恐直為越所誘以求復用乃上議調越延綏以寧易之
弘治二年八月以平蠻將軍顧溥鎮守湖廣

遣功臣還鄉

洪武十八年八月遣公侯伯還鄉里

召功臣還京

洪武二十五年二月　詔在外公侯伯還京師

功臣起第鳳陽奉朝請

洪武二十一年六月　勑賜信國公湯和還鄉先是和以年高乞歸　上念之俾建第于鳳陽且謂和曰日本小夷屢擾瀕海之民卿雖老強為朕一行視地要害築城增兵以固守備和歷閩越沿海之地築城數十而歸至是新第成故有是賜

洪武二十一年十月宋國公馮勝以罪召至京　上以其勲舊不加遣命建第鳳陽奉朝請

洪武二十二年冬十月西平侯沐英自雲南來朝　上勞之令起第于鳳陽尋遣還鎮

天順八年八月憲宗　懷寧伯孫鏜奉朝請

進功臣祿秩

洪武三十一年八月建文　進魏國公徐輝祖曹國公李景隆祿秩

正統七年十月進定西侯蔣貴靖遠伯王驥歲祿三百石

正統十三年十一月進靖遠伯王驥祿一百石

弘治七年二月貴州蠻平加鎮遠侯總兵顧溥歲祿

革復功臣爵

天順元年八月　革定襄伯郭登爵謫居甘州初　上陷虜時也先以復駕為名徑逼京師于謙使人謂之曰賴宗廟社稷之靈中國有君矣駕可勿復及至大同郭登言亦如之上銜之故謫

天順八年五月　復定襄伯郭登爵鎮守甘肅尋召還提督團營登事母孝有文武才所上章疏皆自為之

十月　革太平侯張瑾興濟伯楊宗等爵時有内直將軍愬天順初因入直迎駕而陞非冒功者今一切褫職非法意　上念其父于役特復之自是以迎駕奪門陞者紛紛入訴命兵部按其以迎駕奪門陞者自太平侯而

下俱奪爵於是冒功者盡革而紛紛入訴者始息矣
令正統十四年守城者被虜走回遇駕拿馬者及出使
死刺者天順初迎駕者擒獲妖言者凡有陞職俱革不
襲
正德四年閏九月奪平江伯陳熊爵
正德六年九月革惠安伯張偉爵閒住以征流賊不進
正德七年正月罷伏羌伯毛銳歸第以征流賊失事

功臣免為民

永樂十二年冬十月　江陰侯吳高以罪免初高領兵
守大同多不法及　上北征班師至興和高稱疾不朝
被召回京縱家人給驛及私役有司車牛又擅以守邊
官軍千百戶鎮撫張玉等百二十餘人隨行所過騷擾為
御史成務等所劾遂免為民

將領失機

成化八年五月陝西都指揮董縉失機巡撫馬文升械
之至京　上曰縉既臨陣先遁本當處死姑從寬典降
三級今當先殺賊今後失機將領監候奏治不必解京
著為令
成化九年二月陝西總兵白玉巡撫馬文升以虜寇入
境隄備不嚴兵部奏請究治　上宥之　十二月刑部
主事張鼐疏其二曰頃年軍法不行為將者縱賊殺掠
出入自由後有失機宜從律例科斷

武臣致仕

洪武二十九年九月　賚天下致仕武臣銀鈔有差

憲章類編卷之二十八終

憲章類編卷之二十九

武學武舉

洪武二十年七月禮部奏請如前代故事立武學用武舉仍建武成王廟上曰立武學用武舉是岐文武為二輕天下無全才矣三代以上之士文武兼備用無不宜即以太公之鷹揚而授冊書仲山甫之賦政而式古訓召虎之經營而陳文德豈比於後世武學專講韜畧不事經訓專習干戈不聞俎豆拘於一藝之偏之陋哉今又欲循舊立武學建武成王廟是仍後世之陋習也太公宜從祀帝王廟其武成王廟罷之

革除建文四年正月設京衛武學　二月始置京衛武學教授一人訓導二人

成化五年閏二月掌京衛武學事國子監丞閻禹錫言三事一古者學必有廟受成獻馘示先禮義而後勇力也今本學餘堂數楹乞勅所司改為文廟庶學者觀瞻知禮先勇後之義一兵部事例內外武職舍餘薦舉至部試有弓馬策畧者署陞官職今本學應襲子弟乞如

薦舉事例亦試藝量陞庶幾人知所勸一天下各府州縣學生學無成效者例為民充吏追糧今本學武生皆膏粱紈綺之裔糜費廩米者多潛心韜畧者少乞勅所司每歲終考試入學二年以上學無可取者討追廩還官送營操練庶幾人知所警奏入下所司議行之

成化十四年五月兵部尚書余子俊議上武舉科條時太監汪直用事欲以建白為名吳綬為撰草奏請武舉設科鄉會殿試悉如進士恩例下兵部集議於是子俊會文武大臣暨科道官議上武舉科條大畧鄉試以九月會試以三月初場試射二場試論判語三場試策殿試以四月一日賜武舉及第出身有差恩榮次第錄名勒碑亦如進士科制內閣竊計汪直所奏出吳綬所撰祖宗設科取士文武自是不同然沮之必有禍及奏上票旨武舉重事未易即行令兵部移文天下教養數年俟有成效巡按提學等官具奏處置　按本朝武選之途其初深重錄蔭洪武二十二年兵部五軍府官奉旨華蓋殿欽有重勅後漸安於世胄恩收異材宣德五年正統八年成化八年各有旨然尚舉謀而勇者用之天

順八年始開武舉成化四年弘治十七等年各有參條例其所取甚少初止取二名七名至十五名三十餘名及嘉靖年間頗為文流所侮競思以文顯於是非武舉不得陞調郤於自家本等漸疎君子而踰五世功臣之澤斬不有以通之何以為世用

武官襲替

旨

革除建文元年十二月初令武官襲替兵部會五府取

永樂元年十二月定武職新舊官襲替法

成化元年正月國子助教李伸言五事三曰擇承襲之傚今之武臣子孫憑藉世祿鮮克由禮宜勑兵部武臣子孫應襲者倘非其人奏聞革退別選其兄弟之良者襲職上命議行　按每歲六選官二等曰舊官曰新官皆有流有世世曰襲職曰替職其幼也曰優給不得世者曰減革曰通革非真授者曰試職曰署職曰納職

永樂元年冬定軍功襲替例自後洪武永樂宣德年軍職絕不論堂兄弟姪並襲成化十七年以都御史何喬新言凡軍職絕非立功人子孫不得襲弘治十八年又稍許立功人親姪孫已襲者得沿襲正德十四年兵部尚書王瓊又請堂兄弟姪並得襲十六年兵部尚書彭澤言瓊議非是復不許襲會兵部火群失職者流言得復襲嘉靖十年兵部尚書王憲曰不可稍酌議立功人絕同時親弟姪得襲其姪孫以下及堂兄弟姪除親祖例前相沿人自立有軍功者扣襲其無功姪孫以下至堂兄弟姪等及襲後別無立功者不許襲旁子孫革職者俱收總旗

比試

永樂十年十一月　命兵部及五都督府自今武官子弟襲職者循洪武故事初比試不中許襲職支半俸逾二年復試中支全俸不中仍減半又二年亦如之三試不中發充軍

武臣子弟

洪武十四年十二月上召吏部兵部臣諭之曰三代學

者無所不習故文武兼備後世九流判士習分服逢掖者不閑武畧被甲冑者不通經術兼之者其惟達材乎三代而下若諸葛孔明羊祜杜預李靖輩文武兼資難槩以一律夫木直者可以中繩曲者可以中矩人有學問則亦何事不可為也今武臣子弟朕嘗命之講學其間豈無聰明賢達有志於學者若槩視為武人不用則失之矣卿等其審擇用之

洪武二十七年三月詔武官子弟習騎射

宣德三年正月兵部奏請選授武官　上曰是皆因其

父祖有功故録用之比年以來軍官子弟安於豢養浮蕩成風試其武藝百無一能用之臨軍束手無措惟事掊尅祖宗時置武學教以武經七書且俾習騎射當襲職之時嚴加比試試可乃授賞罰之典載在典章爾其申明之務求實效其中果有奇才異能者宜甄別之毋俾沉屈　按天順五年夏季官軍俸折色銀一十四萬至嘉靖七年冬每月米二十四萬七千石有零矣大學士李賢嘗言于　英宗曰軍官有增無減且天地間萬物有長必有消如人只生不死無處着矣自古有軍功者雖金書鐵券誓以永存然其子孫不一再傳而犯法即除其國或能立功又與其爵豈有累犯罪惡而不革其爵今若因循久遠天下官多軍少民供其俸必致困窮而邦本虧矣不可不深慮也　上曰此事誠可慮當徐為之

馬政

洪武八年二月命刑部尚書劉惟謙申明馬政諭之曰馬政國之所重近命設太僕寺俾畿甸之民養馬恐所司牧養失宜或擾害養馬之民皆當告戒之昔漢初一

馬值百金天子不能具鈞駟及武帝時衆庶街巷有馬阡陌成群遂能北伐強胡威服戎狄唐初纔得隋馬三千及張萬福為太僕至七十餘萬此非官得其人馬政脩舉故耶爾其為朕申明馬政嚴督有司盡心芻牧務底蕃息有不如令者罪之　五月　遣內使趙成往河州市馬初　上以西番產馬其所用泉貨與中國異自更錢幣馬至者少乃命成以羅綺綾帛并巴茶往市之仍命河州守將善撫循以通互市馬稍集率厚直償之

成又宣諭德意自是番酋感悅山後歸德等州西番諸部落皆以馬來售

洪武二十年三月指揮僉事高家奴等市馬高麗還言高麗王表請不受馬直　上諭禮部曰朕待諸番國以誠信彼前聽約束許其互市故遣人市馬今彼言不敢受直豈其本心蓋畏勢也以勢逼人朕所不為爾其以朕意咨其國王知之仍令諭延安侯唐勝宗侯高麗馬至擇其可用者以直償之駑弱不堪者量減其直仍折東與其王知之勅至遼東適高麗送馬三千四十匹至勝宗如勅償其直既而暹羅國亦以馬來貢詔如高麗償之初己亥之歲遼陽瀋陽兵起民因避亂轉徙高麗久未得還及高家奴徐質等往市馬而故元降將咬住等以為言　上乃令高家奴等就索之至是高麗因遂以所市馬及以遼瀋流民奈朶里不歹等戶四十五口三百五十人來歸

洪武二十三年正月詔增江北養馬人戶初江南人俱以十一戶養一馬江北鳳陽廬州等府滁和二州止一戶養馬至是　上念其勞佚不均命江北民增至五戶

養一馬仍命太僕寺江南江北各存牝馬萬匹為孳生種馬其餘悉發草地牧放江北之人每戶再給鈔三百貫別市種馬孳生以補見缺之數其正從馬二匹官止歲收一駒餘聽民自鬻其飛熊廣武英武三衛牧馬亦如江北五戶之例

革除建文三年六月遣太僕少卿祝孟獻使朝鮮市馬

永樂三年三月　上謂兵部曰福餘衛指揮奏其部屬欲來貨馬計兩月始達京師可遣人往遼東諭保定侯孟善令就廣寧開原擇水草便處互市俟馬至官給其直即遣歸　十二月　上謂兵部榜諭邊北官民示以朝廷懷遠之意今後西番馬至必與好茶若復以謬欺之令巡按御史采察以聞

永樂四年八月上以甘肅寧夏山西皆近邊可畜馬勑守將宋晟何福吳高等相擇牧地計議以聞

永樂十年七月選在閒韃官教民畜馬　上諭兵部曰朔方多馬固土地所宜亦其人習於畜牧今韃官閒居者多可選其老成謹厚者令教民畜養於是兵部奏委都督薛斌吳成等選擇其居永平薊州通州者就留本

處敎民居真定州者更番赴順天府敎民但令敎飼
飼之宜若孳息不及敎者無預
永樂十三年十二月　上諭行在兵部尚書方賓行太僕卿楊砥曰北京論戶養馬其間丁有多寡宜與戶部計議均之賓等議以丁計為均請十五丁以下養一馬十六丁以上養二馬選發為民種田者不論丁七戶養一馬從之
永樂十五年九月　再定應天鳳陽滁和等府州養馬例

洪熙元年正月　上諭兵部尚書李慶等曰馬資於國用甚大然嘗思之當與民同其利漢文景時閭巷有馬千百為群蓋民生樂業馬自蕃息先帝嘗聽民間皆育馬然又急於官馬孳息以故民不暇於其私唯寬恤之庶幾可望民安物阜今後民間畜官馬者令二歲納駒一匹著為令　罷給朝覲官牧馬初兵部尚書李慶以畿內之民困於牧馬乃請令山東山西河南陝西浙江江西湖廣七布政司及南北直隸府州縣文武衙門每官一員給馬一匹乘坐就令牧馬其孳生准民間例無者追陪都布按三司及衛所府州縣各衙門正官給兒馬佐貳首領官給騍馬俱從太僕寺及都司提督考較用寬畿內之民上命與群臣議既而慶復奏群臣所議皆合遂下令榜示中外凡官員至京者令兵部給馬時朝覲官在京已給者過半大學士楊士奇密奏謂朝廷求賢任官今乃使養馬而責課與民同非貴賢賤畜之意請內批罷其事不報明日又入對請罷上曰吾偶忘之當即批出不爽也時陝西按察使陳智上章曰按察司官受太僕寺提督牧馬是風憲受制於人上遂御思

善門諭士奇曰內批豈真忘耶念卿旅立恐為衆所傷不欲因卿言而罷耳今有名矣即出示智所上章命士奇擬几草勅止之已領馬者依洪武中欽給官員乘馬例不責其生息有虧損者不責其償未領者悉止勿給復謂士奇曰繼今令有不便惟密與朕言李慶輩不識大體不足論也
宣德元年十二月　行在兵部尚書張本言國家馬益蕃息北京軍民牧養艱難宜分養於大名府及山東河南諸郡請遣官同太僕寺官審覆軍民丁力及土地之

宜然後分給從之
正統十四年十二月景泰帝令順天府所屬州縣寄養各處起解備用馬匹照此直隸事例論糧分俵
成化五年十二月　暫停比較民間牧馬舊制民間牧馬歲一比較責限有司征解兵部言馬政固不可緩而民隱尤所當恤今年山東河南兩直隸多水旱宜輕之以待來年從之
成化六年五月太學士彭時等言近來旱傷州縣其見今追賠各項馬匹乞暫停止太僕寺丞暫令回京待後

豐年再令買補從之
成化七年五月　兵部奏陝西巡撫馬文升所陳收茶易馬事深切邊務宜令陝西布政司將庫貯茶課及綿花等物易銀遣官領送河南湖廣市茶運赴西寧等茶馬司收貯移文巡茶官同守備分巡官市易番馬俵給甘涼固原靖虜慶陽等衛缺馬官軍騎操仍行甘肅寧夏延綏總兵巡撫等官覈實缺馬官軍數目亦如前例行之詔可
成化九年十二月命暫停徵馬時兵部言北直隸山東河南等處水旱民間馬宜停徵　上曰馬政固國家急務但歲歉民貧救死不贍喪彼得此將安用焉兵部議是南直隸等處凡災傷地皆暫停之
成化十七年十月嚴遼東馬市之禁先是陳鉞巡撫遼東奏開馬市於開原廣寧二處朶顏諸夷每月兩市後通事劉海姚安稍侵侮之諸夷懷怨寇廣寧不復來市至是鉞為兵部尚書懼罪及己乃奏言初立馬市非資外夷馬以為中國之用蓋以結朶顏之心撤海西之黨今宜申嚴禁例每為市令參將一員布按司官一員監

之有侵剋者重罪之庶無激變之患詔可仍令巡按御史治劉海姚安之罪以聞
成化二十二年正月兵部覆議准揚巡撫劉璋所奏淮揚滁和四處產馬小弱許令納價廬鳳并徐州水草便利之地宜仍令納馬從之

保馬說

環堅接銳騎不如步逐利追鋒步不如騎山林積石經川丘阜車騎二不當一平原廣野曼衍相屬步兵十不

當一古人有是較矣然步易集騎難集步易養騎難養人盡兵也故步易集馬非廣字而素畜之百金不可得一故難集一夫所食終歲數鍾故步易養一馬所秣十車不能載也故馬難養然今所與戰者北虜也虜恃馬力我不可不用騎所與戰之地平原也虜便馳突又不可不用騎是故馬宜保也夫

國家注意馬政久矣自孳牧曰辭僕曰給兌曰補買而馬日不足者飼秣之實不盡耗失之科不明地產之宜不辨生養之源不開也一兵授馬舉家乘之甚至有供

役負者矣一將主兵衆俾役之甚至有供送迎者矣芻菽之不備水飲之不時不稽之矣甚至無芻菽而給之金曰兵自易也金入兵手孰不妄用有傾囊易芻菽者乎徵調之不時馳驟之不法不稽之矣甚至暗伏之所無芻菽而分之商賈曰與商賈首為交子也商賈析利秋毫兵見小利有不私他貨者乎凡此皆飼秣之實不盡也家市之馬失者不深罪官市之馬失者不深罪關兌之馬失者又不深罪是不明馬所從來也從戰六七歲失者又不深罪三四歲失者不深罪一二歲失者又

不深罪是不明馬所服役也瘟疫斃者認尼喘汗斃者馳疾癖疥斃者櫪械羸瘠斃者失飫一皆不之問也至若從征有期或行役半道稱馬斃者奸人戕之以避戰陣歸伍全身不重傷稱馬斃者懦將棄之以餌敵又者一不之問是不明馬所困踣也凡此皆耗失之科不明也胡種閑馳突歸正人之所將時屬勢家中產畏霜雪闕南之所鮮多給絕塞又中產逢冬不厚其秣遇雨不惜其險蹄距損傷病胃且作死者相繼伍為之空凡此皆地產之宜不辨也西北馬鄉也有買補無孳養東南

風氣弱也有給養復有字息出盜籍乘于敵也厲禁以禁之通貢遺我以利也戮使以絕之凡此皆生養之源不開也欲盡秣飼之實在以肥瘠課將校欲明耗失之科在以倍償懲行伍欲辨地產之宜在以遠近科給配欲開生息之源在以稅糧為保馬也是數者立法行之至易獨保馬之法宋人以為擾民今時衆咻旁指不敢主議者也愚則曰國有至計民有至神政有大機時有大順引而伸之一轉移之間耳夫塞下田不少也自軍隨身官屯種之外皆有租于上者也州縣曰稅糧衛所

曰地畝糧數亦廣矣然不過祿　藩府廩兵而已夫祿
藩府廩兵所需者金與粟也金至易得粟次之不與馬
班也今中州之費可以裁而得金者何限又邊塞不通
舟楫稔而和糴得粟何限移所得之金以祿　藩府出
所糴之粟以廩兵不必取足于租也而合郡縣之稅糧
衛所之地畝糧行保馬之法斯足馬矣嚴其科十石保
一馬可也寬其分二十石保一馬亦可也其嚴其寬視
租為較而復准種馬之例以一資養之實自春徂夏為
芻菽若干自秋徂冬為芻菽若干兵民可自收授也又

准驛馬之例以一資補之直從征歲久者與全科歲淺
者與半科有故失者兵全科兵民宜均任其責也然則
官養不費官直不損可自足馬矣僉軍丁之義勇以代
□□之雜役出雜役之步兵而配之馬所謂不他求而
步□足也步以乘塞扼要伏之堡為衛虜騎以據塞
追□□之後為邀擊無不可也

驛傳

洪武五年十月上念驛傳煩難諭中書省必以丁糧

庶者充役非軍國重差不許給驛
洪武二十年十二月河間阜城驛馬戶以孳生馬來進
上曰馬戶芻豆之給其費不輕故常命兵部榜諭凡驛
馬孳生聽民間出賣今復來進者豈朕言不信於民耶
無乃有司奉行之不至也其即還之
洪武二十三年秋七月　詔兵部追還在外軍衛氷馬
驛符驗初國朝制符驗皆用錦織文具制詞及船馬之
狀付都布按三司及諸衛有急則給之乘傳而行還則
納之時多假以營私者乃令都布按三司仍舊且各衛
悉追取之若有急俾乘快船以行

洪武二十四年春正月己丑朔　北平布政司參議周
倬言大寧會州山海三衛所屬驛馬皆屯田軍士牧養
有丁產者衣食僅足芻菽可供其貧窶者家且不給何
有於馬以故歲多損瘠宜令官核之凡貧者仍發為軍
而於大寧各衛選軍士之稍富者充之庶兩便馬通州
白河北接太山諸河東南至直沽海口每霖雨時降水
潦泛漲橋梁頹圮修築勞民其通州舊有糧船六十餘
艘罷運已久宜改為浮梁于白河之上以便經行北平

之遵化石門灤陽三驛北接大寧要路使客絡繹驛置馬十四而永平府榆關遷安盧峯口三驛惟往遼東一路驛置馬十七匹多寡不均臣以為宜令榆關等三驛止存馬十四餘馬撥置遵化等為便北平府鄭村常渡深溝三壩比因通州裏河漕運故設官管領人夫遞送今河道淤塞舟楫不通三壩所置官夫亦當裁減疏奏

命廷臣議行之

永樂元年十一月　定給驛傳例凡五府六部都察院遣人馳驛辦幹公事必同都布按三司委官者水路許

乘驛船若都布按三司自委官并承差人等於各府州縣催辦公事者水路都司所委官乘軍衛快船布按二司所委官及承差人等乘遞運所船陸路都司委官乘自己官馬驢騾布按二司委官給馬驢騾承差人等悉自備諸番朝貢使至市舶提舉司馳報者給驛

宣德四年二月兵部尚書張本奏驛馬之設本以飛報軍機今在外凡有符驗官司及鎮守官每以常事泛濫給驛皆宜禁止請令年終各具一歲給驛起數及所幹事務所差人員造冊奏聞以憑稽考又凡遣人齎送勅書例與雙馬及回仍前關給此皆虛費請給一驢若齎勅人有事回奏者可與一馬從之

成化三年正月禮部奏遼東邊關驛遞致入貢夷人嗟怨　上命移文鎮巡等官令各嚴勅守關官軍及驛遞凡遇夷人入貢務待以禮必使其感恩懷惠庶見朝廷柔遠之意

成化五年二月　山東濟寧州老人李巘奏外夷朝貢經過者擾害有司驛遞乞勅該部遣官伴送事下禮部覆奏謂不必遣官宜令原來伴送人管束并行沿途官

司嚴禁違者治罪如律　按陝西京兆驛文曹特煩其丞歲獲數千金良鄉固節驛河間瀛海驛景州東光驛肇慶崧臺驛韶州芙蓉驛之類亦次之大率是馬遞衝處省國財濟馬卒不可無處

邊軍入衛

正德七年十月調邊軍入衛京師時近幸有客獻計者托言京軍不習戰陣欲調大同宣府邊軍各三千入衛京師而以京衛軍充數戍邊每歲春秋番換如班操例

上即欲行之遣司禮監與谷大用同至內閣議李東陽等力辯以為不可府部科道皆交章以為不可不聽復遣司禮監文書房官至閣促令擬票旨 上坐乾清宮必欲是夜批出東陽等復陳其十不便狀翌日乃以內降傳旨行之

京軍工役

弘治十五年七月減脩清寧宮夫役先是詔兵部撥用軍夫萬餘人劉大夏知工少人多蓋監督中官有所利

而為此也奏請減去十分之五督工者訴于 上上令司禮監語內閣曰劉大夏不以朝廷大工為重率意減去人夫可調旨切責之劉健曰愛惜軍夫兵部職也近日劉大夏每以老辭位朝廷每下溫旨勉留請猶未已若切責旨下彼將以不職固辭更於何處討得這等人來替他司禮監以其言入告 上欣然納之所役軍夫悉如大夏所裁之數

邊軍役辦

宣德九年二月 免邊衛軍士歲辦柴炭初都督府歲供柴炭後及邊軍至是陽武侯薛祿言宣府懷安永寧諸衛俱臨邊境將士當嚴守備又令採辦柴炭致多逋逃乞罷其役上諭行在工部尚書吳中曰邊衛軍士專務守備何得勞以他役柴雖山谷所有運送甚艱宜其有逃避者其即免之自今凡有差用軍民必須計議停當而行不可輕率

宣德二年六月 雲南都司奏新興等場煎辦銀課其礦夫初以大理等衛軍士充之後取征交趾又於各衛

撥補緣極邊之地屯守為急命罷之

宣德四年正月 免宣府各衛軍士給京薪炭初宣府十七衛所歲辦薪炭給京師 上聞之言邊軍豈應重困命行在工部免其薪炭

邊軍犯流徙

永樂二年十二月巡按山西御史張著習言山西行都司所屬地方切近沙漠軍衛實則虜不敢犯比軍人犯徒流罪者悉徙興州屯戍恐邊衛軍士圖易逃難必多故

犯以求遷徙則隊伍日減邊備不足乞今臨邊衛所軍人犯徒流罪者止從法科斷仍留原衛戍守從之

外衛指揮使司

洪武九年正月定衛所官軍將帥將兵之法自京師達於郡縣之險要者皆立衛所大率以五千六百人為一衛一千一百二十人為一千戶所一百一十二人為一百戶所每百戶所設總旗二名小旗十名通以指揮千百戶等官領之有事征伐則詔總兵官佩將印領之既

旋則上所佩印於朝官軍各回本衛總兵官不敢擅調

洪武七年春正月丁卯朔　上以河南山東北平建置兵衛偃武連年士卒懈怠兵餉日取諸民謂都督僉事王簡等曰兵鎮北邊寂重今皆坐食民租將不知教兵不知習猝欲用之豈能濟事況農夫百養戰士一若徒疲民力以供閒卒非長策也古人有以兵屯田者無事則耕有事則戰兵得所養而民力不勞此長治久安之道然必委任得人庶不廢事今命王簡往彰德王誠往濟寧李伯昇往真定統理軍政凡鎮守屯田訓練之務爾各專之

洪武九年十二月置寧夏諸衛

洪武十五年六月置大渡河守禦千戶所征南將軍傅友德調從征千戶吳中領兵千人守之復造舟以渡往來之人

洪武十八年五月以沔陽指揮僉事潘進為雲南右衛指揮同知雲南叛服不常軍儲不給進能謹屯田繕甲兵由是軍不乏食事無廢弛

洪武二十年二月置兩浙防倭衛所

洪武二十三年十一月置景東蒙化二衛

革除建文元年二月革松磻衛　四月革南丹衛附慶遠　六月置千戶所於戎縣　以開平王甥趙諒為留守左衛指揮僉事　七月徵謫戍指揮僉事伏顒等入京復其官　十一月省平夷衛　留守左衛指揮同知李申伏誅籍其家

革除建文二年九月置威武中衛募建武充衛壯士

革除建文三年三月革鎮番衛　十二月初置豐沛軍民指揮司

革除建文四年正月置四川英武前衛

永樂元年四月　巡按福建御史周新言朝廷設立軍民諸司彼此頡頏兩非統屬今福建都司所轄各衛官每與府官爭較相見禮節及各衛千戶所遇有公務不申本衛徑令有司理辦有乖治體請自今府官以公事至衛者行正道平體相見道路相見分別而行遇聖節正旦令各衛官悉於府治行禮其千戶所遇有文移不許徑移文府縣亦不許凌辱有司官吏又開讀詔書乃各布政司職掌既已差人於府開讀衛所官同行禮而

都司又差人下衛所開讀犒賞軍士筵宴餽送請自今開讀詔書除附近府衛所一同行禮外其邊海衛所亦從布政司抄謄差人開讀為便上悉從之命禮部行諸司遵守

永樂元年十月兵科給事中言今天下衛所官吏所進軍馬文冊或額數虧盈或姓名互異或不用印信或書名不稱臣或不著年月日若此者衆無誠敬之心皆當治　上曰人之才力不濟而軍馬之數煩或短於計數或成於迫速容有謬誤姑釋勿問其條舉所失詰之俾更詳具進來

永樂二年十一月設天津衛

天順五年四月上謂李賢曰今府庫錢糧所入者少所出者多且軍官俸一季關銀十四萬餘兩奈何賢對曰自古國家惟畏冗食今一衛官有二千餘員者在京軍官老弱殘疾者宜令兵部漸調出外却以軍補其缺以省冗費　上曰此時恐難行賢曰宜安靜行之如無事然使其不覺可也上頷之賢又言軍官有增無減且天地間萬物有長必有消如人只生不死無處安着矣自

古有軍功者雖金書鐵券誓以永存而子孫犯法即除其國豈有累犯罪惡而不革其爵者今若因循久遠天下官多供俸應役民必困窮而邦本虧矣不可不深慮也上曰此事誠可慮當徐為之

成化五年二月設陝西固原衛

成化十八年閏八月　南京留守前衛百戶高洪等已用管事復謀管屯　上曰國家倣古屯田之法用戍卒耕守蓋寓兵於農之意也地有定業官有定員行之既久其法漸廢戍卒多役於私家子粒不歸於公廩管屯

者有積蓄之利而無差操之苦所以啟後來者之謀此
洪等宜加究治自後兵部凡軍官有濫役者悉退出差
操

弘治十五年七月召劉大夏問天下衛所軍士何如大
夏對曰貧與民同安能養其銳氣　上曰各軍居有月
糧出有行糧何故貧對曰江南困於運糧江北困於京
操此外浪費猶有不能盡知者翌日即詔各衙門條上
軍民疾苦有造飛語帖于宮門以誣大夏者　上曰宮
門豈外人能到必內臣憎忿不得私役此軍者所為耳

按江南東海之防守在崇明吳淞江口而要在蘇州故
崇明吳淞江設所而蘇州重鎮設三衛江北淮南海防
守在泰州通州興化鹽城而要在揚州高郵淮安故泰
州通州興化鹽城各設所而惟揚州高郵淮安設衛淮
安當大瀆通海為重鎮設二衛淮北海防患在東海守
在海州而要在邳州故東海海州設所而邳州設衛
左右二江之中設奉議馴象南丹三衛以斷其連奉議
居貴縣為潯州西徼馴象居橫州為南寧東徼南丹居
賓州為柳州南徼

遷江五屯二所直隸廣西都司欲其無係屬易於治也
外衛及護衛三百七十五守禦屯田群牧千戶所三百
七十儀衛司三十二

官軍戶說

官軍戶者古無是稱也蓋自後世始武階之家嫡嗣職
孽受庇于是稱官戶兵役之家一補伍餘供裝于是稱
軍戶夫古者兵民之合也謂有事荷戈則為兵無事秉
耜則為民兼役以為省也後世兵民之分也謂兵出力

以衛民民出資以養兵相濟以為便也夫相濟兵民之分
也而其本未嘗不一也自兵視之則委身于國而籍養
于家自民視之則家役一人而齎送也迨後官軍戶者
出則法制始不一繇輸始不均不惟失古封建井田之
遺而并秦人所以罷侯置守分土不分民之意并失矣
厥所由蓋自置衛始也非自置衛始也置衛而不慮其
後始也夫置衛以衛民也衛必資兵于是有旗甲有伍
隊有司營群萬千百人而恒役之是曰軍兵必隸帥于
是有百夫長千夫長萬夫長聯萬千百人而恒主之是

曰軍官軍有子以補伍餘子歸之州縣以待伍鈌有所
清也官有子以嗣職餘子亦歸之州縣以待職鈌有所
嗣也補伍嗣職者役其身而合之于衛所待清待嗣者
責之供而統之以州縣所謂其本一也今抜軍于州縣
矣補伍以其子矣而餘子不歸之州縣曰軍戶州縣之
繇冐繇也累偕于伍矣嗣職以其子矣而餘子不歸之
州縣曰官戶州縣之繇冐繇也一軍役伍而俟而補者
五六十人焉一官嗣職而俟而嗣者百餘人焉議官戶
之冐繇也則曰　國家以酬功議軍戶之冐繇也則曰

軍不與民同由是民繇莫共而衛所無名之繇百出于
軍之身矣夫授田而責之耕曰屯田以授民可也授軍
餘亦可也今授軍餘而督課收受必以衛所官籍之以
營其家者人人也不得已而有所鳴曰訟以赴于監司
可也于州縣吏亦可也今赴訟者必于衛所官籍之以
逞其私者人人也古謂屯田即役兵也故可統之将校
今以役伍外之丁而必曰将校非古法矣律曰約會謂
民與軍訟也故可質之衛所官今軍餘自相訟而必曰
衛所官非律意矣甚至民憤軍戶之冐役也則遞運夫

役之類必與之較曰軍民各半也州縣吏憤衛所官之
營家逞私也則供應廪餼之類必與之較曰州縣衛所
各半也夫衛以衛斯民也其軍之勇悍者當為騎兵以
出戰無戰則日習其技擊老稚不任者當為步兵以城
守無警則日修其陴睨伍鈌而取之州縣清解補伍者
州縣吏責也既補則授之約束訓練簡閱者衛所官責
也衛所官不思其訓練簡閱之道而悾惚于簿書期會
之間諸軍不習其技擊城守之方而困斃于鞭朴奔走
之下百戶長百人冐百人敵千戶長千人冐千人敵指

揮長萬人冐萬人敵而日計其何以督課何以剖析以
求營家逞私于屯田訟獄之間旗甲冐旗甲實伍隊冐
伍隊實司營冐司營實而日計其何以輸作何以賂賄
以求免戾于屯田訟獄之間安望其将良而兵精也凡
此者軍戶之弊也
國家之酬功也章之以物釆優之以祿給申之以世胤
厚矣而必曰其子姓咸復焉則前代未聞也夫古之戍
邊也丞相子皆在遣中其曰世世無與者褒佐命元功
也品官封君則有給親丁占佃戶崇卑内外有差矣今

不問其功之重輕階之崇卑子姓之賢不肖貧富衆寡悉舉而復之非古也

國家之置武階也百戶以三級千戶以五級指揮以七八九級非佐命元功也而世世無與以比元功不可也

國家之制世祿也百戶歲不過二三金千戶歲不過四五金指揮歲不過五六金非古諸侯比也而世世無與以比古諸侯不可也

國家之酬戰士也一級畀四金二級畀八金三級畀十二金止矣今以三級得百戶不三世優數十人以至十百千世是無殺敵之勳而坐費守功之賞也

國家之厲武功也重傷者給其養死事者字其孤以鼓勇責報也今已畀之官而復復其所出以至十百千世是無重傷死事之憯而亂鼓勇責報之典也官戶之富者官之貪者之子孫也不重其禁而縱之貪又賞其貪而復之後既非所以昭德而塞違其子姓之蒙復者始而恃功降而緦再降而路人矣挾優占之私逞饕食之計抑勒其族以取益往往有之又非所以崇讓而敦薄也宗人之爵自　親王之子姓咸有遞降而顧于武臣之後不為之規軍官之祿往往以不恪之故即于其躬有所褫奪而顧于其子姓不為之靳非所以一政體也凡此者官戶之弊也欲軍戶之弊除則軍餘必歸之州縣欲官戶之弊除則官餘必置之差繇軍有理裝則歸州縣者輸之可也損數丁專之輸如儒生吏胥之供亦可也官有優占則限以一世二世可也損十餘丁專之復如封君戶之給亦可也故曰法不立不行行不變不繼或曰　國初置衞也胡不歸餘于州縣曰始也但恤其無兵繼也但恤其無繼夫婦二人三世成族

國初未之及思也今州縣民籍固有抜丁為軍世輸之裝而繇民繇如故者謂非

國初之制乎

國初置武階也胡不討其給復曰始也但旌其戰功繼也復籍其死力數世之下世系踈遠

國初未之及思也今隅省調衞軍官固有身任征戰而原籍族屬繇民繇如故者謂非

國初之制乎合兵民以一其本稽丁中以齊其繇是在與權者也

軍伍

宣德二年正月上諭尚書張本等曰近來清理軍伍九一户有充二三處軍而丁力消耗者皆許歸併若不歸併民間勾擾不已官府亦自煩勞今各處清理軍伍皆是廷臣朕所信任者正當明白爲之開豁豈可畏避不理致其紛紛勞朕聽覽君臣之間誠心相與但須務實勿用自嫌何况已有定例卿宜以朕意移文諭之　三月福建按察使奏平海衛指揮同知卜祥指揮僉事朱

銘受軍士賄賂縱令閑逸脱漏行伍　上諭行在都察院曰朝廷養軍豈爲彼利朕聞皇祖言殘元時管軍頭目貪財好貨放㢢軍伍遂至大壞此不可不戒令罪之

成化二年夏四月　巡撫山西都御史李侃奏臣嘗讀唐陸贄論守邊事有曰直北窮邊寒風裂膚飄沙慘目自非生於其域者罕能寧其居而狎其敵也南際遐荒山巒瘴氣亦惟生於其地者方能服習水土今南方之人補西北軍伍西北之人補南方軍伍各不相宜多致疾病逋逃俱不得用兹山西人當補南軍者就令補山西邊衛南方人當補北軍者就令補南方各衛庶乎得其所而習於戰鬭矣事下兵部覆奏詳議檢閲今年南方各衛發冊所取山西軍丁幾何山西各衛發冊所取南方軍丁幾何若數目相當堪以兩易各依發冊取補詔可

成化十三年五月兩浙清軍御史丘山奏廣東如高雷廉瓊肇五府地僻民稀而廣西荒落殘破尤甚有司如例清軍觧遠衛補伍率多逃入賊中况今兩廣寇賊出没缺軍調用乞將兩廣清出軍丁發附近衛所差操仍行原衛停勾爲便兵部覆奏從之

成化十八年十二月申明犯罪充軍不勾丁補役之例御史姜昂言天下官民犯罪充軍宣德十年詔令止終本身今有司遇死逃亡事故率多勾丁補役殊失罰弗及嗣之義并違舊制章下兵部言比因陝西巡撫阮勤之言已嘗如例禁止今宜再加申明通行天下從之

抽丁説

抽丁者伍耗而籍兵餘之丁以爲兵也蓋

國初之為兵也取之亦多途矣有從征有歸附有謫
有籍選從征者諸將素將之兵也平定其地有留戍者
矣歸附者元之故兵與諸僭偽者之兵也舉部來歸有
仍其伍號者矣謫發則以罪人籍選拔之編戶途不一
也夫取之多途則人無定貫人無定貫則額難久盈積
之百九十年而欲伍不耗不可也雖然一夫一婦異世
為族積之百九十年而謂丁無餘不足更籍以為兵亦
不可也今之言足兵者有三曰清勾也召募也徵調也
清勾責辦于歲年效緩而功倍召募責辦于時月費後

而弊滋徵調責辦于旦夕廩困而力老嗟夫非其所樂
並之循逸數往數來伍無恒丁矣清勾不足恃也見利則
趍遇害則避以逃以匿費無實効召募不足恃也介胄
蟣虱于道途戈鋋朽敗于羈寓士憊而疲馬踣而什徵
調不足恃也故議者有抽丁之說焉然抽丁事大懦者
憚于賈怨溺者惑于守常夫莫非
王臣天地之大分也以籍為定
國家之永制也今閭閻之民有一不服庸調者乎甚至
藩府之護衛功臣之佃丁有一不供　藩府之用功臣

之役者乎由　國初以至于今百九十餘年矣始而一
軍繼而餘繼而也丁繼而復餘理勢必有者也始而一
軍繼而絕繼而不絕又繼乃絕亦理勢必有者也絕者
以理勢之必有則罷其勾空其伍餘者不以理勢之必
有抽其丁籍為兵是豈兼除之道哉取之于民則曰籍
定矣民不可以為兵取之于兵之餘復以賈怨守常巳
之則亦幸絕者十一也即不幸而十二三焉十四五焉
將不拔堅荷戈矣乎是宜日紛紛于清勾召募而日不
足也夫為清勾之善者不過曰謹畢籍之造慎里甲之

挨嚴解補之限而已然亦及于戶在丁存者也丁戶盡
者吾末如之何矣為召募之善者不過曰厚募直以鼓
其集速月廩以樂其駐處墾田以永其業而已然亦及
于身在長子孫者也身死無子孫者吾末如之何矣夫
戶丁單弱者並血食如綫民之無告者也今執縛之拘
縶之曰補爾祖伍宜爾也而期功林立族大且茂者則
以賈怨守常而不及召募應募者其家徒壁立民之遊
惰者也今優厚之責望之曰籍其死力宜爾也而業產
丘峙丁廣且閑者則以賈禍守常而不及安在其為絜

矩也故嘗曰以費計則召募不如清勾以措用計則濤勾不如召募兩計之則清勾召募皆不及抽丁也然有欲行之者矣擬議而心駭指措而頰謗主者未竟其畫而隱匿欺漏之弊作賄賂公行矣抽者未至其伍而告訐爭奪之風熾訟獄無已時矣故嘗為之策曰衛所之丁與州縣之丁一也州縣之丁有庸衛所之丁有雜役一也州縣之丁庸也有則衛所丁之雜役也無則政之不一也州縣之丁有籍衛所之丁無籍政之大不一而于理大不通者也夫十年編籍制也州縣行之衛所則

否三年均徭亦制也州縣行之衛所則否夫不編籍則名姓不登于版圖自

天子不得以知其數不均徭則產業不較其盈歉其長又烏得而差別之故曰政之大不一而于理大不通者也夫軍戶族滿十丁者曰其一兵也二三或屯田也其餘則以供是兵也而族滿百丁者亦然胡此供之夥邪官戶族滿十丁者曰品官有優典也是不宜強之也而族滿百丁者亦然胡此優之厚邪是又所謂政之大不一而于理大不通者也欲其一則十年之編衛所宜與州縣同也欲其通則三年之徭衛所亦宜與州縣同

夫州縣之十年有編也合丁以為家合家以為甲合甲以為里役諸公者有定也衛所亦十年有編則三十抜其一五十抜其一百抜其一其所以為兵者不有定乎州縣之三年有徭也一金役民壯二金役快手為武備者不少也衛所亦三年有徭則准民壯以為步兵准快手以為騎兵其所以為兵者不既多乎是二者以十年編行之尚難以三年徭行之至易今衛所之丁苦于無徭以差別其雜役望其長者不少也上之人誠能即是

而導之曰三年一審編如民也有不懽然樂從者乎是編也不必付其長也而取諸兩鎮若山西州縣吏之良遠而取諸北直隸若山東河南州縣吏之良合二鎮不十餘人人不二三衛所集其丁而公審之有不有謂有無謂無衆曰衆寡曰寡者乎兵身罔論也而仍給之供視其步騎三四五六人馬官身罔論也而仍給之優視其祿秩八九十數人馬餘籍之以為庸有產籍之以為調總之以為徭調以為銀差衛所之雜用辦矣單丁以為力差衛所之雜役辦矣壯丁茂族以為兵兵之耗伍

充矣兵不曰兵别立之目以實曰僉丁以識曰義勇三以一金為歩二金為騎或以二金為歩三四金為騎皆可也若騎為難則盡以為歩亦可也其無事時畊于野秋集之以乘塞可也秋免乘塞春役之以城塞亦可也今固虜乘塞者寡矣使即守腹裹之墩而以墩卒乘塞亦可也今固虜民堡不守矣使即具器械守附近之民堡亦可也夫無事畊不妨其業有乘城則餽之行糧守民堡保其親故守墩則餽之墩糧有不願從者予行之二三年則令甲有不願歸農恒于伍者歲給金糧如歩

兵共從者當過半也更二三年則令曰有願因乘塞即家塞上者給金糧且給墾田則從之者當又過半也是非合一政體轉移民心足補軍伍之一大機哉然其始則固宜秘之初曰均雜役次曰僉義勇所謂秘之也

宥免軍丁

洪武二十三年正月通政使茹瑺引奏潮州府學生陳質言父戍大寧已死令有司取其補伍自念從幼荷國教育願賜卒業上謂兵部尚書沈縉曰國家得一卒易得一才難此生既有志於學可削其兵籍遣歸進學對曰此生學未見成效若遂削其兵籍則缺軍伍　上曰人才必養之於未用之先而用之於既成之後事有輕重難拘一律茍軍士缺伍不過失一力士耳若獎成一賢才以資任用其繫豈不重乎

洪武二十七年五月詔免孝子郝安童軍役安童永州府祁陽縣人父玄戍定遼以卒安童補役以母老無他兄弟供養且有姑守節老而無依亦仰給於巳詣闕自陳　上憐復其身　禮部主事蓋霖以事繫獄其父伏

闕言霖以菲才受任觸犯國法罪當大辟雖死莫贖但臣年老父子之情有所不忍願次男從軍以贖其罪死上憫其言特宥之

宣德四年四月上虞縣人李志道充楚雄衛軍死而無繼止有孫宗侃巳鄉試中式而衛尤追補軍役有司達於兵部尚書張本請依洪武中石堅事例開其軍伍俾讀書會試以自效　上從之曰祖宗立法如此正以作士氣成賢才朕承舊制又何急於一卒之用乎

官降人

洪武二年十月以降人方國珍為廣西行省左丞李思齊為江西行省右丞俱不之官食祿于京師

土兵

成化二年三月巡撫延綏都御史盧祥等言營堡兵少而延安慶陽府州縣邊民多驍勇習見胡虜敢與戰鬭若選作土兵練習調用必能奮力各護其家有不待驅

使者兵部覆奏請勑御史往會官點選於是延安之綏德州葭州慶陽之寧州環縣皆選民丁之壯者編成什伍號為土兵每名量免戶租時得丁壯五千餘名委官訓練聽調由是土兵盛強而毛里孩連年入寇皆退却矣　按此土兵之法不但可行於延綏若九邊行之則邊民不困於賦役而心皆内向無復北走之人虜雖欲入誰為嚮導比寔久安長治之至計竟無有申明此意者雖延綏此法亦就廢弛而各邊多事兵力財賦日不暇給矣安得如盧祥者當事而力主此議也

成化九年十二月刑部主事張鬯疏其三曰今官軍出敵罔有克捷蓋由腹裏官軍素係怯弱惟土兵驍勇而邊將多侵奪其功故多畏避宜立法召募特加優卹有功不得隱蔽則土兵效勇而鄉道可得矣

民壯

正統十四年九月景泰帝令各處招募民壯就令本地官司率領操練遇警調用民壯之設蓋肇於此云

弘治二年十月令州縣選民壯

按民壯原非祖宗舊制始于正統年間已巳之變邊關有警建議山西編僉無警放回至正德年間提督憲臣議令分備番操遂成長年戍守無復休息今山西通省民力困於此役數年以來幾不堪命矣或鬻田産子女或貸家具畊牛以給路費又無月糧花布之給其苦數倍有甚于軍况到邊關亦不能折衝禦侮徒滋包辦役占之弊其貧無力者則勒修邊挑草備極苦楚班滿之日空有皮骨而已其他省亦照例編僉虛費工食徒供執事以送往迎來噫孰知其為民膏民脂之所係而使

之必以其道也哉

狼兵

按廣西左江兵不可用可調惟右江右江土官喜於見調兵人日米一升計價月可一錢俱為土官所得兵自齎糧且獻名倍役數以規糧給

卹虜中歸民

宣德三年四月永平及山西民張簡等自虜中逸歸

上謂戶部曰此皆身陷虜中數年艱苦多矣今獲來歸可憫也其令充御馬監勇士給衣糧以優之仍免其原籍之家差役著為令

禁民下海

永樂二年正月禁民下海福建浙江瀕海居民私置海船交通外國因而為寇郡縣以聞遂下令禁民間海船所在有司防其出入

憲章類編卷之二十九終

憲章類編卷之三十

地方守備事宜

成化八年九月　吏部尚書姚夔言南京及浙江等處守臣各奏今年七月狂風大雷雨江海湧溢環數千里城郭廬舍人畜田禾多致漂溺况前歲妖彗示變水旱蟲荒山東河南湖廣尤甚加之胡虜猖獗暴骨千里兵疲於奔命民困於供億萬一姦人乗機煽亂禍将不測請命廷臣共條所以安民弭患急務事下禮部尚書鄒

幹會府部大臣議南京承平日久宜勅守備叅賛大臣整飭兵備臨清地控京師鳳陽接境淮汝浙江福建連山濱海各宜簡大臣巡撫其地三司郡縣官有不勤政務者悉行究治其濱海兵民多以魚鹽為生如肩挑馱負貿食者戒所司勿禁災甚之地今年糧芻鹽課類料草束俱令勿徵邊關士卒率為主将私役宜悉究其弊議上詔皆允行

成化十二年九月　撫治荆襄右副都御史原傑奏地方事宜初河南巡撫張瑄請於荆襄南陽添官總理於信陽添設守備都指揮於光州添設守禦千戶所兵部以為不可行詔令傑會官審處至是傑言信陽固始等州縣南抵蘄黄西接荆襄東連鳳陽霍丘等處山勢綿亘河流四達盜易出沒且鳳陽陳州等處近皆被災流民載道盜入霍丘刼掠帑藏執縛縣官民庶騷擾誠宜思患預防今兵部既云光州不可置所則汝寧所屬信陽等一十三州縣宜令二司巡守官各選譏察兵牌人等令備器械馬匹選委所屬州縣佐貳首領官一人督之不得累以他役致妨緝捕又信陽州地方軍民雜處

奸盜尤衆宜調守備南陽河南都指揮等官俾得專禦盜賊禁治銀洞又商城縣南接六安州二百餘里四野曠漫而金剛臺巡檢司乃在縣北今宜遷置縣南馬頭山使便於巡邏詔如議行之

正德十二年正月巡撫南贛都御史王守仁至贛行十家牌法其法編十家共一牌開列各戶籍貫姓名年貌行業日輪一家沿門按牌查察遇面生可疑人即報之官如或隱匿則十家同坐且諭所屬無遠近皆務實行之告諭其父老子弟務要父慈子孝兄愛弟敬夫和婦

隨長惠幼順小心以奉官法勤謹以辦國課恭儉以守家業謙和以處鄉里心要平恕毋懷險譎事貴含忍毋輕鬬爭見善互相勸勉有惡互相懲戒父老子弟曾見温良遜讓卑己尊人而人不敬愛者乎曾見有凶狠貪暴利己侵人而人不疾怨者乎夫嚚訟之人爭利而未必得利求伸而未必能伸上辱祖父下累子孫亦何苦而為此也言教懇懇其勉聽之又以南贛地連四省山險林深盜賊盤據三之一窺伺剽掠大為民患當事者不勝忿多調狼達土軍動經歲年糜費逾萬有損無益

乃使四省兵備官于各屬弩手打手機快等項挑選驍勇絶群膽力出衆者每縣多或十餘人少或八九人務求魁傑或行召募大約江西福建二兵備各以五六百名為率廣東湖廣二兵備以四五百名為率中間有出衆者優其廩餼署為將領除南贛兵備自行編選餘四兵備官仍其原額臝留三之二委該縣賢能官統練專以守城防隘為事其餘一分揀退疲弱不堪者免其着役止出工食追解該道以益募賞所募精兵專隨各兵備官屯劄別選官分隊統押教習之如此則各縣屯戍之兵既足以護守防截而兵備募召之士又可以應變出奇盜賊漸知所畏服矣

民堡説

昔晁錯為文帝畫備戎之策曰遠方之卒守塞一歲而更不知胡人之能不如選常居者家室田作且以備之以便為之高城深塹具藺石布渠荅又曰要害之處通川之道調立城邑毋下千家夫錯通事變審機權漢智囊也其所圖畫城城而已則所謂實勝不為誇辭者與

夫自井田之制廢而地險盡夷封建之典隳而兵力大弱塞鄙之地密邇異類吞噬日聞必待烽火徹于甘泉六軍屯于細柳然後徐興問罪執言田禽則塞地赤矣故曰百戰百勝不若先為不可勝以待之先為不可勝城城其首務也嗟夫錯之為文帝畫也時值其難姑舉其大乃今而用錯畫則時易而當致其詳事半而功倍之者也何者楚漢兵爭燕代反覆漢其時塞口至絶少夫錯首言更戍之無功次陳謫戍之賈怨立拜爵之科開贖罪之路多方以求懼無人也調立城邑毋下千家

處不守也乃若今時則生養既久戶口大溢由塞垣以達畿輔林林總總不憂無人也覩邑甚希不憂不守也所慮者村落之民耕作之輩耳徙之城市則奪我農時任其便安則遭罹虜患故必鄉為之堡而家教之守鄉為之堡險在地者也家教之守險在人者也在地者宜固在人者宜周蓋嘗考諸前圖事者矣宣德之間虜警絕音塞宜城也而不城成化弘治之間塞田屢稔鄉宜堡也而不堡弘治正德之間虜馬擾矣民亦漸為堡矣官宜為之制也而不制塞宜城而不城則疆埸伸縮之

間形勢之憾生矣鄉宜為堡而不堡則胡馬數警之後奔命之疲急矣官宜為之制而不制則以徒勞財徒費堡名而不實矣夫凡民者圖其近而忘其遠安于常而不知變者也官不為制則仍餘以為崇雉數以為廣剝落以為堅危逼以為安又富者侈其慾貧者玩其期狹者舞其智武斷者逞其僭是故塞下堡無一可式者也道里不于相去之遠近也形勢不于首尾之應援也丁口不于集聚之衆寡也智勇不于夙昔之遴別也古人曰有生地有死地謂其可以生人可以死人也然則近

一日之堡固非生人者與今之言禦虜者曰選精銳以衛其中虛是之謂戰城塞垣以遏之境上是之謂守而必終之曰堅壁清野夫言戰曰養士矣言守曰城塞矣至言堅壁清野則惟付之虛文可乎夫民堡不固是壁不堅也虜入有獲是野不清也知戰而不知固民堡不殖其根而長枝葉者也知城塞而不知固民堡不去其餌而欲止魚者也烏可得乎嗟夫欲戰必先守欲守必先清野欲清野必先堅壁一定之畫也城民堡而約之制團丁壯而教之戰以民堡之固不固稽守令保障之功

以團丁之精不精察守令佚使之績必使虜至塞不能入也入無所掠也不能入則費日無所掠則饑疲衝其中虛邀其惰歸此其時也或問民堡之制宜如何曰載鄉約

各省寇盜

洪武十二年七月丁玉等討四川賊人彭普貴等平之初普貴等為亂焚掠十四州縣四川都指揮司以兵討之不克至是玉盡殲其衆遣人奏捷 上賜勅勞之

洪武十四年十月衢處溫三府山寇吳達三葉丁香連結作亂命延安侯唐勝宗右軍都督僉事張徳總兵討之　潮州揭陽民作亂南雄侯趙庸討平之擒賊千餘人并其家屬二千七十人至京　十二月延安侯唐勝宗率兵討衢處溫山寇擒首賊吳達三葉丁香及其黨三千三百餘人家屬一千五百餘人斬首二百八十級餘黨遂平

洪武十六年九月命申國公鄧鎮為征南將軍臨江侯陳鏞濟寧侯顧敬為左右副將軍率兵討龍泉等縣山

寇時廣東徭賊作亂江西永新龍泉山民互相煽動結聚徒黨自稱順天王勢甚猖獗江西都指揮戴宗率兵勦捕不克至是命鎮等將兵往討之

洪武二十六年十一月　東莞叛寇何迪伏誅東莞伯真之弟其次子宏以罪誅迪自疑禍及遂聚衆作亂南海衛以兵捕之迪伏衆阻殺官軍三百餘人入海島廣東指揮使發兵擊敗之械迪送京師誅之

永樂四年正月河南布政司奏南陽皂君山草寇竊發上謂兵部曰此雖小醜不治將大元末汝潁初亂才數千人順帝恬不加意遂至大亂此今日殷鑒也夫治患於初萌則為力易及其盛而治之則費力多而所傷不少矣遂命豐城侯李彬新城侯張輔率兵捕之

永樂二十二年五月巡按浙江御史王復奏浙江麗水福建政和二縣賊首周叔光王均亮等聚衆刼掠漸致滋蔓請兵勦之　上命兵部尚書李慶等率兵捕之楊榮金幼孜曰此愚民無知或為有司所苦或窘於衣食逃竄山林求活朝暮耳若寬而撫之當各散矣急之恐未易獲且堅其為盜之心况兵戈所加不免枉及良善

上曰卿言良是可令巡按御史及浙江福建三司招撫如負固不服調軍勦之未遲

宣德八年五月四川盜起副都御史賈諒討平之

正統十二年冬十月浙東葉宗留反

正統十三年夏四月福建沙縣民鄧茂七反僭稱閩王先是巡閩御史柳華檄各郡縣令鄉村置隘門望樓編鄉民為什伍設總小甲統率之以防寇盜不從令者聽總小甲究治由是總小甲各得自恣號召鄉民無敢違者茂七與弟茂八皆編為總甲當佃人田例於輸租外

餽田主以新米鷄鴨茂七始倡其民革之又以輸租於遠者令田主自運歸不許輒送其家田主訴於縣縣逮茂七不至乃下巡檢追攝之因而殺弓兵數人縣聞於上官調官軍三百人與之格鬭殺傷殆盡遂刑白馬歃血誓衆舉兵反別縣游民皆舉金鼓器械應之烏合至十餘萬人僭稱王號署官職八閩騷動詔遣都督劉聚為總兵陳榮為副總兵陳詔劉德新為左右叅将僉都御史張楷監軍事討之 秋七月 處州賊葉宗留猖獗征閩都督陳詔遇之與戰不利敗死遣工部尚書石

璞都督徐恭督諸軍討之 十一月張楷分兵討浙賊葉宗留副總兵陳榮戰歿楷進兵討閩賊 朝廷慮葉宗留與閩寇合命御史朱英與中官分守閩浙要地英榜諭脅從示以禍福降者甚衆以計生致賊首周明松等數人械于慶元諜報賊衆三萬來刼明松等中官大懼欲走英不可即誅明松等尸于市賊聞之遁去

正統己巳十四年春正月 大發兵討閩寇先是陳詔既敗賊勢益熾遂圍延平汀州張楷奏請益兵乃命寧陽侯陳懋充總兵官保定伯梁珤平江伯陳豫為左右副總兵都督范雄董興為左右叅将刑部尚書金濂叅賛軍務太監曹吉祥陳蕪監軍御史張海丁瑄紀功大發兵討之 鄧茂七寇建寧掌府事福建左叅政張瑛戰死瑛初知建寧府多善政進叅政仍掌府事至是茂七寇城瑛憤率兵拒戰陷陣而死 二月鄧茂七寇延平劉聚禦之茂七中流矢死賊黨推茂七兄子伯孫為主

正統十四年三月浙江僉事陶成招賊首葉宗留陳諫胡降之擢成按察副使時都督徐恭尚書石璞等屯師

日久賊深入險阻乘間倏出官軍調集又復遠遁師老財費莫能為計成請招諭之乃從僕隷四五人徑抵賊巢諭以禍福言辭懇惻宗留等環聽竦動悔悟率其黨出降惟陶得二殺使者引餘黨遁入山中 八月廣州盜黄蕭養圍廣州殺副總兵都指揮使王清遂僭稱東陽王蕭養者南海冲鶴堡人以強盜事繫禁郡獄踰年所卧竹床漸生竹葉同禁者謂曰此祥瑞也因教以不軌設謀越獄出凡十九人先已潛通其黨艤舟以待遂遁入海嘯聚群盜赴之者旬日至萬餘人遂攻圍郡城

官軍禦之輒為所敗城中困餓死者相籍製雲梯呂公車衝城幾為所破招誘愚民至十餘萬王清自高州引兵赴援至沙角尾舟膠淺水有小艇載柴及鹽魚者奔迸若避賊狀官軍問蕭養所在伏兵出柴中擒清盡殲其軍賊擁清至城下使諭衆開門降清罵賊而死蕭養既屢勝遂僭號改元據五羊驛為行宮授偽官百餘人

十一月　寧陽侯陳懋尚書金濂等討福建盜執鄧伯孫誅之餘黨悉平先是懋等受命南征至建寧鄧茂七已敗死伯孫繼之勢益熾懋等乃揭榜招諭立賞格能

自相擒殺來降者與斬敵同賞於是擒斬而降者相繼有千戶龔遂榮者入尤溪山中降其衆數千而還賊將張留孫勇而健鬬自茂七起事恒倚仗之遂榮乃為書遺之許其自新諜者傳致之伯孫伯孫果疑留孫殺之由是賊將人人自疑棄伯孫來降遂進兵沙縣破貢川掛口陳山諸寨伯孫就執乃分兵解汀漳之圍八閩遂平　命都督同知董興總諸道兵討廣東盜黃蕭養以兵部侍郎孟鑑贊理軍務

景泰元年四月　都督董興等大破廣州賊黃蕭養於大

之初楊信民為廣東參議有惠政恩信素孚於民及為都御史巡撫至廣州民爭歸之信民發粟賑濟民益喜賊衆日散既而信民卒興等帥兵至時天文生馬軾隨行至中道夜半聞鷄鳴興問之曰此何祥也對曰鷄不以時鳴由賞罰不明顧公嚴軍令經清遠峽有白魚入舟中軾曰昔武王伐紂有此徵此逆賊授首之兆也時蕭養聚船河南千餘艘勢甚張衆欲請益兵軾曰兵貴神速若復請兵則緩不及事以所徵西廣江西狼兵取勝猶拉朽耳興從之三月初旬夜有大星墜于河南岸

軾以所占告曰四旬內破賊必矣至是興帥官軍至大洲頭與賊遇果大破之蕭養中流矢被擒伏誅餘黨悉平封興海寧伯　五月處州賊陶得二寇武義縣浙江按察副使陶成禦之戰死得二先已招降既而復叛率衆來攻武義無城惟設木柵賊大至或勸成稍卻以避其鋒成不可麾兵與戰自辰至申餓而城中火起盖賊有潛入城為內應者兵遂大潰成策馬突陣死之事聞贈左參政諭祭配享越國公胡大海廟廕其子魯為廣東新會縣丞成廣西鬱林人初舉鄉試告就遠方授交

趾典史以有守有為累薦至今職
景泰三年六月四川巡撫李匡破草塘賊　七月處州
盜平　十月　浙閩盜平
天順二年九月　副都御史林聰捕江淮鹽盜
天順七年九月　兩廣盜起太寧侯陳經都督歐信都
御史葉盛討平之
成化元年四月荆襄流民劉千斤反初北方流民聚襄
鄧山中凢數十萬有錦衣千户楊英者奉使河南策其
必反上疏言流逋之衆宜選良吏賑恤其饑漸圖所以

散遣之辭甚詳切不報至是追頌英之先見者比于茂
陵徐福云　秋七月　御史李志剛言近日四川兩廣
盜賊縱横所經兵民之家需酒食亂婦女驅人負擔或
少留所掠貨與之其恐貽累辭弗受者多被殺戮迨賊
既去有司追捕者得所留與物輒為通盜分贓拷訊誣
伏撫按但據成案被誣者懲拷訊之酷甘心速死受誣
含冤終莫能辯彼真為盜者聞之曰其人且爾吾屬可
知是以不肯革心聽撫乞勅各處撫按分巡等官躬詣
盜所廉察情實此等寃獄咸與伸理庶幾良善獲安盜

賊向化章下都察院覆奏從之　十月　兵科給事中
袁愷奏湖廣荆襄等處流賊攻陷地方甚為民患鎮守
總兵李震巡撫都御史王恕王儉巡按御史王瀛都布
按三司汪澤等既無撫馭之方又無勦捕之策宜各究
治以為人臣誤事之戒　上以王恕王儉大臣姑記過
王瀛汪澤等俱奪俸仍令同心協力平賊以弭民患
成化二年三月兵部言提督荆襄軍務尚書白圭等奏
賊首劉千斤等在襄陽房縣豆沙河等處萬山之中分
作七屯臣等會總兵等官議欲分兵四路一從南漳一

從安遠一從房縣一從榖城犄角並進尅期會勦　上
曰兵不可遥制宜如圭等所擬行　六月巡按湖廣御
史王瀛等奏賊首石和尚集衆千數燒刼四川大昌縣
治瞿塘衛指揮曹能夔州府通判王禎率官軍民快往
禦之被殺者亘六百餘人禎與奉節縣典史并百户二人
俱遇害因劾能易敵傷威請治之事下兵部王復等請
勅提督湖廣軍務白圭等議留京營及山東官軍分往
勦殺仍勅四川守臣馳赴夔州調兵協勦及移文都御
史王恕停能等俸俾戴罪殺賊兼守城池從之　又

賊劉通等伏誅通即劉千斤河南西華縣人㓜有膂力縣門有石獅約重千斤通手舉之人因以為號正統中惑於妖言潛往襄陽房縣與妖僧允天峯謀亂至天順八年有石龍者即石和尚糾合馮子龍等四散刼掠通令男聰約子龍等舉事乃於地名大木廠立黃旗聚衆據梅溪寺稱王偽號為漢建元德勝聚衆至四萬餘人攻陷城池為官軍殺敗通等就擒與賊黨四十八人磔於市男子十一歲以上者皆斬之　兵部奏荆襄賊黨雖已剷平而元惡石和尚劉長子等尚未就戮茲又逃

往巫山瞿塘等處攻刼縣治請乘大軍勦殺之以除後患從之　十月提督湖廣軍務白圭等奏賊首石和尚劉長子等復聚衆千餘燒刼巫山大昌縣治調叅將喜信鮑政都指揮白玉等隨賊向往勦殺賊計窮力屈兼以食盡乞降官兵乘機誘之劉長子縛石和尚送至都督喜信營受之長子詣信營告缺食信給之食俾近營居住既而併劉千斤妻連氏偽國師常通偽給事中王靖偽都指揮苗虎張石英等三十人偽千百戶張剛等六百餘人盡擒之奏聞區處下兵部議賊餘黨恐有竄伏山林者宜移文總兵等官督兵搜捕俾噍類不遺庶無後患因詔總兵等官候地方寧靖區處得宜然後班師　十一月磔反賊劉通黨石和尚劉長子等七十三人于市并斬其家屬五十二人和尚名龍詭言石亨家屬劉長子即馮喜

成化六年十月總督兩廣韓雍等奏斷藤峽殘賊二百餘徒夜入神電衛城燒燬電白縣治

成化六年正月白圭等言先因荆襄等處流賊猖獗特勑項忠總督征勦今賊王彪就擒餘黨多因於饑寒出

於逼脅宜令項忠相度賊勢會彼處巡撫總兵等官計議撫捕長策不必動調永順保靖等處土兵騷擾地方

上是之

成化七年三月湖廣總督項忠奏近詔臣撫諭流賊不必調土兵以擾民臣等議賊在萬山中據險為亂復有流民從之患將不測而分哨官軍不親履行陣已行保靖土兵分河南諸路兵刻期俱會南陽且以詔旨諭其生路流民攜扶老幼出山晝夜不絶計四十餘萬今若中止土兵恐流民聞之仍懷二心且王彪雖授首而元

兇李胡子等鳥伏鼠竄鼠設復再聚重調為難事下兵部
白圭言征勦流賊必須宥其脅從毋使玉石俱焚今賊
首已得又招撫四十餘萬則李胡子雖未即誅計亦無
能為矣宜行項忠等如土兵已到嚴約不得擾民其流
民在山眷戀生業不至為非從宜區處詔曰可仍勅忠
等用心設法撫捕以靖地方
成化七年十一月荆襄南陽等處流賊平先是總督軍
務項忠等已生擒首惡李胡子等而餘孽未除忠等復
率漢達官軍移營竹山諸處分路撫捕時流民有自洪

武以來住城家業多聽撫當差生子及孫未嘗為惡者
兵刃之加無分玉石悉草薙之死者枕藉山谷其觧去
湖廣充軍者多死棄尸江滸說者謂忠此役寔多濫殺
十二月　項忠獻荆襄俘李胡子等一百二十九人刑
部尚書陸瑜等會奏坐罪有差
成化十二年三月強盜宋全伏誅全武驤左衛勇士以
山後女直人又稱宋達子與都指揮滕雲相結為盜往
來京城外刼掠人財強姦婦女多所殺傷官校莫能捕
後雲被獲服罪全削髮如僧將扯走廣地為千戶李端

等所獲命梟首示衆
成化十七年九月誅強賊劉通等六人於市通直隷鎮
海衛人成化十五年犯罪亡命因聚衆奪民船往來江
湖中販鹽為盜剽刼殺人南京僉都御史白昂奉命巡
江遣人誘致之通等亦饑困遂與其黨束身自歸於昂
收其兵器一千六十件械通等二十一人送京師法司
議通當凌遲處死餘悉當斬詔通等聚衆刼殺拒敵官
軍本當依律但力窮投首俱减等通斬首惡五人皆絞
餘擬罪有差

弘治八年六月　上杭盜復起
弘治十五年正月江西盜起勅都御史林俊巡視江西
俊至榜示許盜自新賊首王五率衆來降餘黨觧散
正德三年十月四川盜起
正德四年九月　遣御史甯杲殷毅薛鳳鳴督捕盜賊
于真定等處京師之南固安永清霸州文安地方京衛
屯軍雜居其地人性驕悍好騎射往往邀路刼財號為
響馬盜至是聚黨益熾劉瑾遣御史甯杲于真定殷毅
于天津薛鳳鳴于徐淮專一捕盜舊例御史出差不得

以家口隨至是許杲等令携家以臧賊為期鳳鳴在歸
德與守備指揮石璽會飲歌舞為樂瑾遣邏卒緝知之
傳旨降鳳鳴為徐州弓手毅在天津稍收斂惟杲奏立
什伍連坐之法盜賊捕獲無虚日每械繫盜賊入真定
城用鼓吹前導金鼓之聲彌月不絕由是姦人無所容
盜賊多内官張忠姪張茂為窩主杲親往捕斬之啖其
心霸州盜劉六劉七齊彦名因是聚衆為亂瑾以杲毅
捕盜有功皆陞為僉都御史仍專督捕盜　十月四川
保寧賊劉烈聚衆作亂僭號稱王侵掠陝西漢中等處

又有藍廷瑞鄢本恕廖惠等亦僭稱王衆至十萬侵入
湖廣鄖陽等處
正德五年七月四川賊藍廷瑞廖惠破通江縣四川巡
撫林俊調發官兵及儸回石砫等處土兵討敗之殺溺
死者六千餘人廖惠被擒藍廷瑞奔紅口會合鄢本恕
越過陝西漢中三十六盤至大巴山俊復遣兵追及大
敗之賊棄輜重走
正德六年正月四川江津賊曹甫復起僭稱順天王攻
圍縣治僉事吳景被殺巡撫林俊聞報馳赴秉元旦賊

方醉酒不設備乃夜半蓐食銜枚而往圍而燒之甫伏
誅前後所得賊級千數百人
正德六年四月江西盜起召守制右都御史陳金總制
軍務以右副都御史俞諫提督軍務發兵征之先是江
西諸郡盜賊蠭起贛賊犯新淦執叅政趙士賢靖安賊
據越王嶺碼磁寨華林賊破瑞州府既而撫州東鄉饒
州姚源洞等處賊亦作亂金等奏調廣西田州東蘭等
處狼兵共征之　六月總制尚書洪鍾巡撫四川都御
史林俊陝西都御史藍章會兵討藍廷瑞鄢本恕等賊

擒之加鍾太子少保陞俊右都御史章右副都御史
秋七月　流賊劉六劉七齊彦名等刼掠畿内州縣劉
六等皆霸州文安嚮馬盜太監谷大用馬永成張忠皆
霸州文安人劉六等嘗因諸内官家人混入禁内至豹
房縱觀　上游幸之所及為都御史甯杲所逼遂聚衆
拒捕劉瑾誅杲亦罷兵部尚書王敞行有司擒捕已獲
齊彦名繫安肅縣劉七等帥衆刼獄奪去旬日間聚衆
數百到處窮民嚮應增至數千遂横行北方殘破州縣
屢敗官軍　八月流賊劉七等擁衆北向京師戒嚴

上命兵部侍郎陸完提督軍務師已出涿州忽報賊在固安甚急　上召李東陽楊廷和梁儲至左順門問曰賊在東師乃西出恐緩不及事適令兵部追還陸完令東出東陽等對曰甚當但恐官軍在北賊若南奔逸不可制　上曰張俊等皆在南料亦無害東陽復奏曰願朝廷賞罰嚴明諸將効力必有成功上慰諭令退　以惠安伯張偉充總兵官右副都御史馬中錫提督軍務統京營兵征流賊　流賊劉六趙風子等分夥寇掠河南山東州縣風子名璲初為霸州文安縣生員有勇力

好任俠劉六劉七齊彥名邢老虎楊虎率衆萬餘攻掠文安璲偕家屬避賊立水中賊劫其妻將污之璲怒奮往殺傷二賊為劉六劉七所擒因降為盜又之劉六等欲分夥為寇於是璲與楊虎邢老虎合為一夥轉掠河南劉六劉七齊彥名為一夥寇掠山東其勢愈熾　九月　逮總兵官惠安伯張偉提督軍務都御史馬中錫下獄先是二人受命征劉六等所領京營人馬皆未經簡閱中錫書生欲效龔遂化渤海盜事招撫解散張偉紈袴之子亦不知兵既出兵中錫偏檄諸路凡劉六等經過所在有司不許捕捉仍與飲食若聽撫待以不死劉六等聞之所至不殺掠然且信且疑中錫至德州桑兒園駐兵劉六等來謁中錫開誠撫之劉六欲降劉七曰今內臣主國事馬都堂豈能自踐其言乎潛使人至京師探諸中貴無招降意又以山東所掠金銀輦載至京饋權幸求赦不得遂大肆劫掠衆至數萬中錫故城縣人賊至故城戒令勿焚劫馬都堂家房屋財物由是謗騰謂中錫玩寇殃民遣錦衣官校捕中錫及偉下獄論死後中錫竟死獄中宥偉革爵閑住　冬十月　大

發兵討流賊命伏羌伯毛銳充總兵官太監谷大用總督軍務兵部侍郎陸完提督軍務先是馬中錫等既撫功中官因以為此事非書生所能辦遂命谷大用總督令與陸完在臨清駐箚調宣府遊擊許泰郤永大同副總兵張俊遊擊江彬各領邊兵入征內地俱聽谷大用陸完節制調遣　逮巡撫山東都御史邊憲巡撫直定都御史蕭翀下獄除名為民時兵部奏憲翀撫馭無方遇賊失機　十一月流賊攻徐州掠淮西　十二月流賊趙風子攻破裕州　趙風子與劉六等分夥為盜衆

至數萬漸引而南河南北山東两淮地方俱被其害所
破州縣數十間有以金幣遺賂求免攻城者則斂兵而
過官軍追討拒戰亦互有勝負　流賊趙風子入泌陽
前大學士焦芳僅以身免盡發其先世塚墓無遺骸取
芳衣冠被庭樹歷數其惡命劒士斮之曰使吾手誅此
賊以謝天下進攻鈞州不克賊黨聲言欲屠城趙風子
以馬文升尚書家在圍中引衆去之
正德七年正月伏羌伯毛鋭師師與流賊劉七等戰敗
績鋭衰老怯懦所領京營兵萬餘皆未嘗經戰陣谷大

用擁衆觀望鋭師師至真定地方遇劉七等與戰大敗
適宣府遊擊許泰兵至救援鋭僅以身免失去所佩将
軍印徵回京師以與谷大用同事不問失律喪師之罪
但罷歸第而已　遣太監陸誾監鎗督諸軍討流賊
江西華林賊殺按察副使周憲總制陳金檄按察使王
秩與南昌知府李承勛討敗之斬首三千餘級　二月
流賊攻河南總兵馮禎戰歿　三月都御史彭澤遣兵
擊賊於西平大破之　夏四月　賊轉掠畿内　五月
流賊趙風子伏誅風子寇掠河南州縣為延綏寧夏官

軍所敗轉寇至六安州官軍復追擊之其衆多道散亡
劉三楊虎邢老虎先後俱死走至商城風子知事不濟
遇一僧奪其度牒削髮詐為僧欲渡江投江西賊尋船
将渡遇武昌軍人趙成等執而誅之超授成正千戶
閏五月　流賊劉六劉七齊彦名等為官軍所敗遁走
至黄州府團風鎮奪船入揚子江下南京操江官軍不
敢逼至鎮江官軍禦之敗績劉六等欲自通泰登岸趍
淮安復還山東為揚州官軍所拒　六月復自通州泝
流上至九江　七月　流賊又下過南京凡三往來如

入無人之境　八月　劉六等舟至江陰海濱遇颶風
大作舟覆登狼山陸完兵至因而平之生擒齊彦名招
稱劉六劉七投江溺死　按山東群盗不過狗鼠之雄
烏合而起攘隣相驅乃醖此大患朝廷命将出師散中
帑銀帛不下數百萬而卒借邊徼之兵然而山東西两
畿河淮南北城陷者十三死者十五僵尸成丘流血成
川使天下悔禍有隱憂矣　十二月江西總制陳金等
督率官軍狼兵征討華林碼磁諸寨盗賊
正徳八年正月江西姚源崗賊作亂總制等官歷年征

討贑以萬計叅政吳廷舉欲設奇取勝不用甲冑单騎入賊巢諭令觧散為賊所留糴武刼威廷舉畧不為動久之因得以識其左右之有謀勇者重犒賞之使執其酋因奉廷舉歸　時華林碼磂東鄉賊皆平移師姚源賊聞狼兵至議降按察使王秩欲受其降已有納欵者議者以賊反覆不可信欲乗兵威撲絶取來降者殺之賊復大亂棄巢寨奔突四出踰饒越信衢掠徽衢諸縣皆被其害　按正德間平中原盗用邊兵平蜀盗用苗兵平江西盗用狼兵而兩京十三省之兵舉無一可恃

自是以後不但邊兵日益驕悍而福建省城之兵亦效尤矣

正德九年正月總制都御史彭澤討四川賊號令嚴明賞罰公信先平劇賊麻六兒喻思俸次征内江駱松祥次討崇慶州范藻群盗悉平

正德十二年十一月南贑都御史王守仁督兵攻桶崗賊大戰西山界賊大潰盡殪之凡破巢八十四擒斬三千餘俘三千六百有奇釋其脅從千餘流亡復業

正德十四年五月　福建福州左右中三衛軍人進貴葉元保等二千餘人因月糧缺少吶喊擁入左布政伍符衙内要將符殺死時符已陞都御史脱走遂將符子伍三及經歴顔玉驛丞梁繼道用繩背綁驅逼軍前行走擇日殺死祭旗進貴等僭稱大總兵等名號餘各分為隊伍鎖閉城門斷絶來往鄉官居民之富者盡行打刼逼要鎮守尚太監銀二萬兩三司等官請致仕尚書林瀚都御史林廷玉等前去賊營撫諭不聽

正德十四年六月福建叛軍進貴葉元保糾集林銘等盟誓刻期攻打延平等處　八月福建叛軍進貴等以

鎮守府前官臨移兵開元寺屯駐有軍人姚壽鍾通等率衆赴義擒賊各賊卒不相照惶懼進貴縊死葉元保躲入九仙觀藏匿被軍人張齡等用鎗搜截廟屋頂板跌下就同姚壽綁縛餘黨星散　按鄱湖口殊曠贑瑞閩廣之盗所出沒如登陸則池之建德徽之祁門可以四達兩邑宜於設戍令沿湖建巡司十有四雖足譏捕而寇每時發

妖賊

永樂十八年二月　山東蒲臺縣妖婦唐賽兒作亂
兒縣民林三妻少好佛誦經自稱佛母詭言能知前後
成敗事又云能剪紙為人馬相戰鬬往來益都諸城安
丘莒州即墨壽光諸州縣扇誘愚民於是奸人董彥杲
等各率衆從之擁衆五百餘人據益都卸石棚寨出沒
青州衛指揮高鳳領兵捕之賊夜乘間衝擊官兵潰散
鳳等皆陷都布按三司以聞遣人馳驛招撫之　三月
直隷沂州衛奏莒州賊董彥杲等聚衆二千餘人以紅
白旗為號大行刼殺莒州千戶孫恭等往招撫不服殺
其從者勢甚猖獗　上勑安遠侯柳升分兵勦之　柳
升兵至益都圍賊於卸石棚寨賊遣人乞降云寨中食
盡且無水東門舊有汲道升即往據之夜二皷賊襲官
軍營與戰多被殺傷都指揮劉忠力戰死賽兒與其黨
劉信等潛遁黎明升等始覺分兵追捕獲賊黨劉俊等
男婦百餘人而賽兒等竟不獲　山東都指揮衛青大
敗賊衆於安丘先是賊首賓鴻等攻安丘知縣張旟縣
丞馬撝集民夫八百餘人以死拒戰賊不能攻復帥莒
州即墨之衆合萬餘人併力攻之賊聲言屠城將陷時

青備倭海上聞安丘圍急率千騎晝夜兼行猝至城下
奮擊敗之賊收餘衆再戰城中人亦鼓譟出擊大敗賓
鴻遁去殺賊二千餘人生擒四千餘人皆斬之既而柳
升至青迎謁升怒其不待已捽出之青不為屈是日鰲
山衛指揮王真亦以兵一百五十人擊敗賊衆於諸城
盡殺之各檻首惡送京師山東賊悉平　行在刑部尚
書吳中等劾奏柳升奉命征剿山東妖賊唐賽兒等聖
諭諄諄指授方畧升受命不恭不即就道勑諭以賊徒
憑高無水且乏資粮當坐困之勿圖近功升全不留心
及臨賊境又不設備致賊夜斫營殺傷軍士時都指揮
劉忠與升夾攻忠身先軍士幾破賊壘升忌其成功不
救致忠力盡而斃賊乘間遁去升遣指揮馬貴等追之
所過騷擾不可勝言升亦不問及備倭都指揮衛青聞
賊圍安丘急躬率所部兵晝夜兼行遂敗賊衆三日升
始至反忌青功而摧擊之人臣不忠莫此為甚請治其
罪　上曰朕每命將遣師必反覆籌度丁寧告戒俾圖
萬全今升方命失機媢功忌能者不可宥遂下升於獄
上以唐賽兒久不獲慮削髮為尼或溷處女道士中遂

命法司凡北京山東境内尼及道姑逮至京詰之
永樂八年八月長沙妖人季法作亂皇太子命豐城侯
李彬討平之時　上幸北京皇太子監國
成化十二年九月　妖人李子龍等伏誅子龍本姓侯
名得權保定易州民幼名立柱兒為狼山廣壽寺僧更
名明果稍長遊方至河南少林寺遇術士江朝推其命
當極貴又遇道人田道真傳與妖書有云陝西長安縣
曲江村金盆李家有母孕十四月生男子龍有紅光滿
室白蛇盤繞之異得權聞其說遂更名子龍蓄髮往來

真定間交結不逞之徒又有術士黑山者批其命若遇
猴鷄鳳凰交之語得權謂與江朝所言符信之又遇道
士方守真引至京寓軍匠楊道仙家先是道仙有僞朝
章勘合并勾軍詩符印散與内使鮑石崔宏長隨鄭忠王
鑑常浩左少監宋亮右副使穆敬得權乃得夤緣出入
内府石忠等皆為所誑敬信之時引至萬歲山觀望羽
林衛百户朱廣素與鮑石鄭忠相識密言其事廣遂同
小旗王原訪得權稱有貴相乃傳與宋亮等往還日久
情稔各遺以鞍馬服用等物鮑石嘗報織染局内官韋

寀設饌具以待每入内府石忠等稱為上師比向拜謁
權不為禮勢日張大既而為錦衣衛官校孫賢等所發
執得權等下獄将送都察院出衛門忽報曰韋寀死矣
都察院鞫實得權及楊道仙黑山朱廣鮑石皆伏誅餘
黨皆發充軍已而刑科都給事中雷澤等言得權鮑石
等内外交通陰謀不軌醖釀禍亂死有餘辜乃止令得
權等五名處死餘黨王原等九名俱獲宥免罰太縱
恐無以謝神人之怒彰朝廷之法乞追究悉誅之　上
以事既行不聽

成化十三年十一月山西太原府石州民桑冲伏誅初
大同府山陰縣有男子習女工為婦人裝以誘淫良家
女婦有不從者用魘魅淫之冲盡得其術從而效之者
七人冲歷四十餘州縣淫女婦莫有疑其偽者至晉州
有男子欲強淫之始知其偽告官械至京都察院具獄
以聞上以其情犯醜惡有傷風化命凌遲于市且令捜
捕七人者誅之
正德七年十二月初成化間劉千斤石和尚相繼作亂
皆山西李姓者以幻妄之術佐佑之及劉石敗李揆重

資遁走至是其孫李五世習幻術復來延安府地方坐卧一深室内令其徒黨鼓惑愚俗謂彌勒佛出世當王天下其人當為文武将佐其女當為后妃嬪御置水一盆令其自照果見各樣冠服于是人皆尊信不疑凡來照者置立簿籍記其姓名約各出財共舉大事愚民被其誑惑遠近争附所獻金帛隨其貧富以為多寡至有千餘金者雖傾家破産亦所甘心或子女或器物接踵而至所積輜重陸續潛移他所惟留孳身鼓衆刼縣殺官兵敵敗五先遁走

憲章類編卷之三十

刑部

洪武二年十一月以廣東行省叅政周禎為刑部尚書上諭之曰刑以輔治唐虞所不免觀舜命臯陶之辭始雖曰明刑終期於無刑臯陶告舜亦曰與其殺不辜寧失不經當時君臣莫不恤刑為重而民亦自不犯所以能致雍熙之治朕嘗觀此深有所契卿當體之

洪武四年二月以刑部郎中劉惟謙為尚書

十一月命自今官吏犯贓罪者無貸初元末仕進者各賂遺權要邀買官爵下至州縣簿書小吏非納賂者不獲進　上深知其弊嘗曰此弊不革欲成善治終不可得故有是令

洪武十四年十月命法司論囚擬律奏聞從翰林院給事中及春坊正字司直郎會議平允然後覆奏論決

洪武十五年七月起前國子助教開濟試刑部尚書楊汝賢試刑部侍郎賜冠帶衣一襲濟字來學洛陽人元季嘗為察罕帖木兒掌書記入國朝為河南府學訓導擢國子助教以病免十四年四輔官安然薦其有治才以母憂未終至是始徵入覲故起擢之

十月刑部尚書開濟奏曰欽惟聖明治在復古凡事務從簡要今內外諸司議刑奏劄動輒千萬言泛濫無紀失其本情況一日萬幾似此繁瑣何以能究此皆胥吏不諳大體苟非禁革習以成弊　上曰虛詞失實浮文亂真朕甚厭之自今有以繁文出入人罪者罪之於是命刑科會諸司官吏議成式榜示中外

洪武十六年正月上諭刑部尚書開濟都御史詹徽等

曰凡論囚須原情不可深入人罪蓋人命至重常存平恕之心猶恐失之況深文乎昨民有子犯法當死其父行賄求免御史執之并欲論罪朕以父子至親子死而父救之人之至情也故但論其子而赦其父自今凡有論決必再三詳讞覆奏而行毋重傷人命

洪武二十三年十二月諭刑部尚書楊靖等曰自今惟犯十惡并殺人者論死餘雜犯死罪皆令輸粟北邊以自贖力不及者或二人或三人併力輸運仍令還家備貲以行劉三吾等曰聖心仁恕垂念及此罪人受更生

之恩矣 上曰善爲國者惟以生道樹德不以刑殺立威

刑部尚書楊靖逮一武官將鞫之門卒檢其身得一大珠卒持至靖前僚屬方駭愕靖徐曰安有許大珠此必僞物命摧碎之因以上聞 上嘉歎曰千金之珠卒然至前畧不動心遽斥以爲僞物而碎之免致意外生事靖有過人之智應變之才矣

革除建文元年十二月法司奏令歲論囚視往歲減十三

成祖革除建文四年十一月以保定知府雒僉爲刑部尚書仍掌府事

永樂三年九月陞真定府知府呂震爲刑部尚書

宣德五年八月南京江西道御史張楷劾奏刑部尚書趙羾侍郎俞士吉曠職瘝官本部所繫强盜吳福金者覆奏待決仍詐病死相驗瘞之其後復出强刼又有蘇州富民過達者安港巡檢司圖其財誣作强盜械送刑部而私賂獄官獄卒縊死於獄皆由羾等怠縱所致今該司官吏皆已遠問羾等亦當罪之 上覽奏怒曰縱有罪殺無罪豈可恕也既又曰羾等歷事先朝今皆老矣其召之來令都御史熊槩兼理刑部

正統二年九月以温州知府何文淵爲刑部右侍郎

正統七年三月陞郎中楊寧爲刑部右侍郎

正統八年正月以馬昻爲刑部右侍郎

天順元年二月召南京督儲副都御史軒輗爲刑部尚書 七月刑部尚書軒輗致仕輗以亨吉祥恣横侵官稱疾懇乞致仕陞辭上勞之曰昔浙江廉使考滿歸家僅一竹籠是汝耶輗頓首又問年未老再可用乎輗頓首以疾告上知不可强賜白金綵幣遣之

天順三年二月擢山東左布政使陸瑜爲刑部尚書

天順五年四月以程信爲刑部侍郎

成化元年十一月陞南京刑部右侍郎廖莊爲刑部左侍郎先是南道御史鄭安論莊法律生疎至是莊以進表入京上章乞歸上以莊在景泰間大節可取不允其去特陞用之

成化二年十二月刑部左侍郎廖莊卒莊江西吉水人由進士改庶吉士授刑科給事中正統辛酉奉命賑陜

西饑民多所全活歷陞南大理少卿景泰甲戌莊上疏
請景帝篤友愛以重天倫復儲位以固國本忤旨未幾
以丁母憂赴闕陛見景帝大怒命衛卒廷杖八十謫河
州定羌驛丞　英宗復位召為大理少卿時毋喪未終
復遭父喪起復調南大理寺天順五年陞南禮部右侍
郎七年調南刑部成化元年御史劾其不謹　上曰莊
景泰間言事大節可取陞刑部左侍郎至是以疾卒賜
祭塟贈尚書謚恭敏莊性剛直而心坦夷人有不當輒
面斥之已則釋然脫節稍弗逮識者惜之

成化十年十一月改左都御史項忠為刑部尚書
成化十三年六月刑部尚書項忠具奏草革西廠太監
汪直啣之搆誣他事革為民本末在西廠類中　七月
刑部尚書董方自陳衰老乞休致許之陞林聰為刑部
尚書
成化十四年十月加刑部尚書林聰為太子少保仍管
部事
成化十八年閏八月刑部尚書林聰卒聰福建寧德人
少舉進士授刑科給事中改太子司直歷官刑書卒謚
莊敏景泰中論諫之臣以聰為稱首後與汪直鞫遼東
守臣獄蓋多偏徇君子有異議云　按崔銑曰銑聞之
張元禎曰初景帝將廢儲而立其子令百官各署狀惟
給事中東安李侃執筆大慟給事中閩林聰退而語人
曰惟吾抗議景帝聞之改聰為太子司直郎聰欣然自
負今諸家文集謂聰為忠蓋聰後尊顯諱言相傳爾元
禎又曰使李侃推慟心於狀豈不毅然大丈夫哉是時
諫者三人鍾同死于獄章綸廖莊晚雖貴咸黷貨敗節
也景帝易儲時薛瑄以大理丞治餉于滇署狀無瑄名
謝理乃識瑄非也然本朝士節不屬少遭變事鮮不諂
附者

成化十八年九月以巡撫山西左副都御史何喬新為
刑部左侍郎
成化二十二年十月孝宗　召直隷巡撫彭韶為刑部
右侍郎
弘治元年正月召南京刑部尚書何喬新為刑部尚書
弘治四年正月刑部尚書何喬新致仕喬新執法不阿
羣小多不悅有御史鄒魯謀蹶陞大理寺丞喬新甥為其

屬郎中魏紳補之昝遂誣劾喬新受親故餽遺值劉吉素銜喬新得昝劾章從中主之遂下喬新錦衣衛鞫訊無驗喬新仍乞致仕而歸昝尋亦謫外　以吏部左侍郎彭韶爲刑部尚書　十二月以戴珊爲刑部右侍郎

弘治六年三月刑部尚書彭韶罷先是亢旱求言韶陳時政得失乞減去皇親昌國公墳塋工程及乞速正中官王萌苗通高永之刑皆時所不敢言者左右及戚畹皆不悅大學士徐溥亦與韶不協韶乃引疾乞骸骨歸尋卒贈太子少保謚惠安韶字鳳儀莆田人舉進士筮

仕刑部司屬以至尚書始終一節林俊奏謂彭韶正色立朝先憂爲國生今之世無愧古人没而易名宜如吳訥魏驥葉盛等謚斯爲近之不知定議之時何取惠安之義舍大錄細不副其平生之行不足以服中外之心請乞改謚不報

弘治六年三月以右都御史白昻爲刑部尚書

弘治九年十一月以巡撫陝西副都御史張敷華爲刑部侍郎

弘治十一年二月加刑部尚書白昻太子太保

弘治十三年五月白昻乞致仕許之加太子太傅　以左都御史閔珪爲刑部尚書　六月加刑部尚書閔珪太子太保

弘治十五年八月刑部致仕尚書項忠卒　十二月前刑部尚書致仕何喬新卒謚文肅喬新剛介寡與平生唯與彭韶丘濬爲相知所著有周禮註解宋元史臆見椒丘文集等書

按刑部尚書一人左右侍郎各一人其屬司務一人浙江江西湖廣陝西廣東山東福建河南山西四川

廣西貴州雲南十三清吏司各郎中一人員外郎一人主事二人添設司主事一人漕運理刑主事一人照磨一人檢校一人司獄六人監生八十四人吏一百八十四人

律令

洪武丁未吳元年十月命李善長楊憲傅瓛劉基陶安等詳定律令

洪武戊申元年正月中書省御史臺進所脩大明律令

須行天下
洪武六年八月更定親屬相容隱律惟謀反惡逆不用
聞十一月　詔刑部尚書劉惟謙詳定大明律每成一
篇輒繕寫以進　上親加裁定篇目一準之於唐合六
百有六條分爲三十卷其間或損或益或仍其舊務合
重輕之宜及成宋濂爲表以進命頒行天下
洪武九年十月　上覽大明律謂胡惟庸汪廣洋等曰
古者風俗厚而禁網踈後世人心漓而刑法密是以聖
王貴寬而不貴急務簡而不務煩國家立法得中然後

可以服人心而傳後世昔蕭何作漢律九章張湯猶得
以私意亂之况始未盡善其能乂而無弊乎今律條猶
有議擬未當者卿等可詳議更定務合中正仍具存革
者以聞於是惟庸廣洋等復詳加考訂釐正者凡十有
三條
洪武十六年三月　命刑部尚書開濟議定詐僞律條
洪武二十二年八月　更定大明律
永樂元年二月嚴誣告法　冬十月　丙午承天門守
衛千户奏先晚工匠出門遺木牌無姓名有寶鈔提舉
司字且條列本司官吏不法數事　上諭法司曰投匿
名文書告人罪者律有明禁此蓋小人假公法報私忿
其速毀之自今有此者悉勿問
永樂十六年十二月申嚴官吏犯贓之禁進法司諭之
曰唐太宗惡官吏貪濁有犯贓者必寘於法故吏尚清
謹民免於掊尅貞觀之治所以爲盛朕屢勑中外諸司
不許妄役一夫擅歛一錢而不才官吏恣肆自若百姓
苦之繼今犯贓官吏必論如法
宣德二年八月上御便殿問侍臣曰聞朝廷下寬恤之

令或爲有司沮格者誠有之乎侍臣對曰亦間有之
上曰治天下以信爲本朕每出一詔令必預度可行可
守而後發不然徒失信於民豈爲君之道爲臣輔君理
民以信義爲要君欲施仁而臣沮格於下不忠孰大焉
侍臣對曰此實政事之臣負陛下唯陛下明斷耳
成化十三年正月刑部議覆馬文升言武職多不恤軍
士侵尅月糧蓋以事發止於帶俸差操立功贖罪故視
以爲常不知警戒乞勑法司查照舊例若都指揮指揮
侵欺軍士糧料布疋者依律議罪立功滿日俱降一級

帶俸差操不許营軍管事宜行遼東禁約指揮千百户等官及通行天下從之

成化十五年閏十月命毀刋行會定見行律條南直隷巡撫王恕奏律乃治天下大法我　太祖高皇帝斟酌歷代律條定為大明律凡四百六十條頒示天下而名例律有曰凡律令該載不盡事理若斷罪而無正律比附應加應减定擬罪名近在京書坊刋行大明律後有會定見行律一百八條不知何時會定者在内法官老于刑名者必不依此比附但恐流傳四方未免有誤新

進之士略舉其岔律多支廪給條及刑律罵制使及本管長官條皆輕重失倫不可行于天下乞以其板毀之至是法司會議宜以恕言通行内外法官自後斷罪悉依大明律并奏准見行事例敢有再稱會定律條比擬出入人罪者以故出入人罪論仍行書坊即將所刻本燒毀違者並治以罪從之

成化十六年正月兵科給事中孫博疏一令法司大臣刋布累朝奏准條例輔翼律令並行不報

弘治二年八月　刑部尚書何喬新等言伏覩大明律四百六十條其間計贓科罪者居多至於計贓又須估鈔方可定罪然計贓科罪者律也律一定而不可易以贓估鈔者例也例所以輔律可隨時損益之但國初制律之時每銀一兩值鈔一貫今則值鈔八十貫是國初常人盗銀八十兩方得絞罪監守盗銀四十兩方得斬罪今常人盗銀一兩監守盗銀五錢即坐絞斬罪名雖曰民俗澆漓恐人易犯故重以懲之然非祖宗制律之本意矣查得正統成化間都御史陳智御史李至剛等各有論奏或欲照依國初估鈔常人盗銀八十兩方坐

絞罪或欲照今時估鈔常人盗銀一兩即坐絞罪合而論之贓輕罪重者似過於刻贓重罪輕者似失於縱合無今後估計鈔貫銀每一兩銅錢一千文各值鈔四十貫庶幾得中時議者以銀錢估鈔舊例行之已久宜仍依原估喬新等議遂不行

弘治十三年春正月　命法司删定條例時法司苦累朝條例繁多　上命刑部尚書白昂會九卿大臣删定畫一須中外行之　三月問刑條例成

正德六年十月着為令州縣官被賊攻破城池北守邊

將帥例抵死

大誥減等

按洪武十九年大誥三篇俱成二十八年始令法司擬罪引大誥減等並因大誥初序末云一切官民諸色人等戶戶有此一本若犯笞杖徒流罪名每減一等無者每加一等故也然至今但有減等而無加等

刑罰

洪武二年二月上與侍臣論待大臣之禮劉基曰古者公卿有罪盤水加劍詣請室自裁未嘗輒辱之詹同侍坐因取大戴禮及賈誼疏以進且曰古者刑不上大夫所以勵廉恥而君臣之恩義兩盡也上深然之

洪武四年五月上與廷臣論刑罰御史中丞陳寧曰法重則人不輕犯吏察則下無遁情上曰不然法重則刑濫吏察則政苛鉗制下民而犯者必衆鉤索下情而巧偽必滋夫壘石之岡勢非不峻而草木不茂金鐵之溪水非不清而魚鱉不生古人立法置刑以防惡衛善故唐虞畫衣冠異章服以為戮而民不犯秦有鑿顛抽脅之刑慘夷之誅而囹圄城市天下怨叛所謂法正則民慤罪當則民從今施重刑而又委之察吏則民無所措手足矣朕聞帝王平刑緩獄而天下服從未聞用商韓之法可致堯舜之治也寧慚而退

刑部尚書開濟議法巧密　上覽而惡之曰刑罰禁民為非使之遠罪非以陷民也汝張密法以罔民無乃用心太刻夫竭澤而漁害及鯤鮞焚林而田禍及麛㲉巧密之法百姓其能免乎此非朕所以望汝也濟大慚

洪武十九年十二月左都御史詹徽上言陛下於刑獄每存欽恤蓋欲期于無刑而頑民狃玩犯者不止臣愚以為莫若嚴刑以制之使知所畏而重犯法　上覽之曰刑不可使縱弛亦不可使過嚴縱弛則為惡者無所畏過嚴則為善者或濫及用刑之道但貴得中得中則刑清失中則刑亂而政衰矣如爾所言恐流於濫其可哉

洪武二十年四月左都御史詹徽奏有軍人犯罪當杖其人嘗兩得罪並宥免矣今復不悛宜并論前罪誅之

上曰前罪既宥今後論之則不信矣用刑不信使人何所措手足且其罪至死而縱之則爲縱惡不至死而誅之則爲濫刑今罪未至於死而輒欲殺之在爾有故入之罪在朕無恤刑之仁皆不可也杖而遣之

洪武二十六年五月　陝西民有坐事謫戍邊妻病留中途其弟夫婦請代往監送者聽之御史責弟不當代兄并罪監送者其人訴于朝　上曰弟之代兄義也監送者能聽其代是亦有仁心矣命賜其弟道里費而併賞監送之人

洪武二十八年六月上御奉天門勅諭文武羣臣曰朕自起兵至今四十餘年親理天下庶務人情善惡眞僞無不涉歷其中奸頑刁詐之徒情犯深重灼然無疑者特令法外加刑使人知所警懼然此特權宜處置頓挫奸頑非守成之君所用以後嗣君統理天下止守律與大誥並不許用黥刺剕劓閹割之刑蓋嗣君生長深宮人情善惡未能周知恐一時所施不當誤傷善良臣下敢有奏用此刑者文武羣臣卽時劾奏處以重刑

永樂二年五月巡按北京御史周新言北京所屬吏民有犯徒流者蒙恩免罪就發北京人少處爲民種田公私兩便若監候詳擬往復數月饑寒憂愁多死獄中請今後死罪及職官有犯詳據待報其吏民所犯徒流者悉從北京刑部或監察御史詳擬允當就發種田如此則下無淹禁之患而上不負寬恤之恩　上曰御史言是且命北京百姓有犯應決者許收贖

永樂二年十月鄭賜等言北軍士初犯罪者皆蒙宥免小人作過豈當全無懲戒　上曰天不於惡木廢發生君不於小人忘矜恤朕特矜其初犯耳如怙終固不宥

鄭賜劾奏廣東儋州知州陳敏同海南衛千戶陳善等運糧遭風壞舟擅以官糧濟軍士請逮問之　上曰運糧所以養軍有急安得不與賜等曰法非有命不得擅給上曰事有權宜待報而後給無及矣汲黯所以達大體也其置勿問　十一月江浦知縣周益以罪當刑其妻梅氏訴益母老無養願代益死上憫其情特宥益

永樂九年三月民有盜勸善書者刑部黥戍邊奏聞　上曰黥卽爲棄人欲改過無由矣況盜勸善書豈可比盜財者與黥之宜免使邊去所黥字令自今凡情可矜

疑者必先具奏
永樂九年九月 通政司言黄巖縣民告豪民持建文時士人包彝古所進楚王書稿與衆聚觀書中有干犯語請法司治之 上曰此必與豪民有怨而欲報之朕初即位命百司凡建文中上書有干犯語言皆朕未即位以前事悉毁之有告者勿行今復行之是號令不信矣況天下之主豈當念舊惡如唐之王魏太宗棄宿憾而信任之卒相與成治功帝王之度如海納百川無所不容故能成其大豈可一一追咎往事所告勿聽

十月兵科都給事中倪峻言有内官奏千户不待朝命輙發兵捕盗者請治其專擅之罪 上曰國家養兵正以除姦衛民境内盗發千户能率衆捕之使民免於暴横正是能盡其職若必待奏報而後發兵小則亡逸大則勢張民受害多矣閹竪不達事體爾亦從其言乎千户無罪峻惶恐而退

永樂十年十一月通政司奏有老婦告前夫之子不能供養請治其不孝罪 上問是親生之子否對曰此婦於前夫亦是繼室蓋此子之繼母 上曰所謂子母無絶道者非為繼母已失節於夫廼責以不能盡孝所言勿聽

洪熙元年九月宣宗 大理寺卿虞謙奏通州衛千户趙璉侵用軍糧二十石應斬 上曰五品軍官子孫世襲而以二十石糧喪身何異剖腹而藏珠者免死發邊衛充軍立功無功乃坐原罪

宣德三年二月上御文華殿謂侍臣曰朕觀先王治民有本有末制田里以給衣食設學校以明教化不幸而有頑慝者然後刑之蓋非得已不然則無以安良善然

觀肉刑則過於慘侍臣曰古人用肉刑故人人自愛而重犯法至漢文帝除之自是人輕冒法 上曰古人教民之道周備故犯法者少後世教民之道不至故犯法者多未必係於肉刑之存否舜法有流宥金贖而四凶之罪止於流放竄殛可見當時被肉刑者必皆重罪況漢承秦敝挾書有律若槩用肉刑傷殘者多矣以不教之民而遽斷其支體刻其肌膚亦所不忍隋唐以後以笞杖徒流死為五刑亦良法也又曰文帝除肉刑唐太宗觀明堂鍼灸圖禁鞭背皆後世仁政文帝培植漢之

國脉太宗肇啓唐祚享國長久有以哉

成化二十三年五月詔凡旱蹢時田苗枯槁已嘗寬恤刑獄條示合行事宜內外衙門着實舉行

弘治四年二月　勅兩京三法司及天下大小問刑衙門欽恤刑獄

奏詞

宣德二年二月巡按四川御史裴俊奏比來奸人黠吏多緣已私訐告他人小事不經本管官司輒造誣詞實封聞奏及發追問十常九虛不惟煩瀆聖聽抑且枉害良民乞勅法司禁約凡軍民詞訟必須自下而上若官吏貪贓壞法許赴巡按御史按察司陳告果有便於軍民及機密重事者方許具本實封達者乞以犯人於三法司及府衛門外枷項示衆庶使奸頑悛革良善獲安從之

成化元年七月　大理卿王槩言天下軍民詞訟自下而上違者罪之近來軍民徑赴京陳奏者法司多從寬貸遂至訟繁民擾臣請今後違例越奏者遞送押解原

籍官司重究庶幾奸弊可革而訟事可簡也從之

成化七年五月都察院等衙門會議江西按察使牟俸奏江西人民健訟往往虛揑情詞告訐乞將洪武年間榜文及前後議奏事例出榜於通政司門外張掛以革刁風時御史任璽亦奏近例以四川路遠軍民赴愬于京者免其遞解給引照回聽理以此告訐者多乞不分遠近一體遞遣都御史李賓等議合如所言　上從之

朝審

洪武三十年六月置政平訟理二旛論罪囚　上諭刑部官曰人言法家少恩此後世用法之過朕觀唐虞之世好生之德洽于民心安有是言爾等每論囚引至朕前雖詳其致罪之由然一時裁決恐未得其情自今惟武臣死罪朕親審之其餘但以所犯來奏引至承天門外其有未服欲訟理者命行人持訟理旛諭之訟理其無罪應釋者持政平旛宣德意遣之繼今五軍都督府六部都察院六科給事中通政司詹事府詳加審錄冤者即爲奏聞無冤者實犯死罪以下悉如律其雜犯死

罪者准贖
永樂元年二月上慮獄囚有淹滯冤抑命刑部都察院大理寺引奏仍依洪武中例會官於承天門覆審施行
永樂二年十一月上御奉天門録囚既多矜宥尚慮有冤抑者復召錦衣衛鴻臚寺等官諭曰囚皆久於獄則雖枉而不求辯初至朕前則畏威而不敢言有此二者刑法豈能皆當爾等更以朕言從容審之果尚有冤卽來白
永樂二十二年十月仁宗　大理寺奏决重囚令三法司會内閣府部司科於承天門審録

熱審

宣德元年五月諭三法司曰古者孟夏斷薄刑出輕繫仲夏援重囚益其食所以順時令重人命也我祖宗之時每遇隆寒盛暑必命法司審録囚繫卿等皆先朝舊臣所聞知者朕體祖宗之心敬慎刑獄庶不枉民命今天氣鬱炎不分輕重而悉繫之非欽恤之道古人謂刑爲祥刑以其用之至當足以召和氣福國家卿等當體此心卽量情罪輕重而區別之務存平恕毋致深刻
下詔赦交趾有罪者
弘治六年夏四月　太監韋泰傳旨如今天氣暄熱兩法司錦衣衛見監囚犯笞罪無干証的便放了徒流以下的減等發落重囚可矜疑并枷號的都寫來看

録囚

洪武十六年七月遣御史録囚於諸省
天順三年八月命三法司霜降後會官録囚
弘治二年六月大雨水溢詔審録獄囚
弘治四年夏四月　勅諭三法司堂上官審録在京罪囚
按國制凡重囚京師歲霜降後會五府九卿科道慮之上請情眞者决矜疑者戍邊有詞者調司再問比律者監候

遣使恤刑

成化元年十一月刑部奏南京户部左侍郎陳翌因災

異言審録重囚乞照正統間事例差官請勑分往各布政司并直隸府州會同巡按御史審録事下臣等議竊見是年各處司府州縣例該赴京朝　覲廣東廣西湖廣四川賊情未息南北直隸浙江等處水旱災傷分官賑恤事務煩冗若再差官審録不無勞擾乞通行各處問刑衙門見監罪囚輕者從宜發落重罪會官詳審不許淹滯隱匿違者撫按并按察司官嚴加究治仍候時年豐稔地方寧靖會議差官審録從之　按差官審録本非冗員而當時司寇若廖莊者猶恐擾民嘉靖末年

徵科常政撫按任之巳有餘力當國者顧動勤制使供億浩繁此豈為國恤民以固邦本之長慮哉

刑獄奏請裁決

洪武十七年十二月左都御史詹徽奏太平府民有毆傷孕婦至死者律當絞其子乞代父受刑奏請裁決詔大理寺卿鄒俊議曰子代父死情固可矜然死婦繫二人之命寃曷由伸犯人當二死之條律何由貸與其存犯法之人孰若全無辜之男詔從其議

矜疑奏請

永樂九年三月令自今凡情可矜疑者必先具奏

遣官按事

成化四年夏四月　巡撫遼東僉都御史張岐以挾私生事酷害邊軍為軍士所奏命給事中鄧山刑部員外郎周正方往按之

十一月南京十三道御史楊智等疏劾南京守備成國

公朱儀兵部尚書李賓吏部右侍郎章綸刑部右侍郎王恕工部侍郎范理大理寺少卿金紳　上命禮部右侍郎葉盛刑科都給事中毛弘往按之

進士在部僉書問刑

成化四年八月刑部奏以辦事進士丘俊等與見任官一體僉書問刑候遇缺選用從之

成化十一年九月選進士楊茂元等二十人于刑部問刑尚書董方等言本部專理刑名非得通曉律例者無

以稱欽恤之意乞依正統間例選諸司辦事進士同本
部見任官問刑待半年後主事有缺以可用者叙補詔
從其議

禁科罰

成化七年十二月禁革官司科罰左都御史李賓等奏
在外官司聽斷軍民詞訟動輒罰人財物始則暫寄官
庫以欺人終則通同庫役以入己至有假立文簿虛作
支銷者昔唐臣陸贄有言建官立國所以養人賦人取

財所以資國今舍法而重罰既非所以養人罰物以為
私又非所以資國使不通行禁革則貪風愈盛末流之
弊不可勝言矣今後官司於軍民詞訟悉依律問擬或
復科罰宜治其罪使無為下民之害從之

安置

洪武二年十二月吏部奏凡庶官有罪被黜者宜除廣
東儋崖等處　上曰前代儋崖在化外以處罪人朕今
天下一家何乃為此若其風俗未淳更宜擇良吏以化
導之豈宜以有罪人居那
洪武十二年八月安置日本使僧於陝西　十二月安
置右丞相汪廣洋於海南縣卒
洪武十三年冬十月　宋濂之孫慎以黨罪被刑舉家
當置重辟　上念濂特降赦安置茂州明年五月　甲
辰宋濂卒於夔州
洪武二十年九月鄭國公常茂坐前驚潰虜衆罪當誅
上念其父遇春之功釋之安置于廣西龍州
成化十九年八月削王越威寧伯追奪誥券編管安陸

州越以諂事大監汪直獵取顯貴

刑具

成化十一年二月國子祭酒周洪謨言天下有司聽訟
輒用夾棍等刑具百姓不勝苦楚請勑法司禁約除人
命強竊盜奸犯死罪須用嚴刑其餘止用鞭朴違者風
憲官錄其酷暴以備考劾詔可

誅逮

洪武十三年春正月癸巳朔　御史中丞涂節告胡惟庸與陳寧等謀反及前藥殺劉基事命廷臣審錄　上親鞫之初自楊憲誅惟庸總中書政專生殺黜陟以恣威福内外諸司封事有病己者輙匿不聞四方奔競者趨其門諸武臣多附之徐達嘗言於上惟庸忌之達有閽者福壽惟庸陰誘爲己用冀以圖達乃爲福壽所發劉基亦嘗爲上言惟庸不可用惟庸知之恨基及基病詔惟庸挾醫往視基飲藥逾月死事在八年正月惟庸兄女妻李善長從子佑相結擅權吉安侯陸仲亨平涼

侯費聚見惟庸專政往來益密惟庸令掌晉軍馬又與陳寧在省中閱天下軍馬籍令都督毛驤取衛士劉遇寶及亡命魏文進等爲心膂太僕寺丞李存義善長之弟惟庸之壻父也以親故往來惟庸家惟庸令存義陰說善長以邪謀事皆未發會惟庸子有馬馳驟于市奔入輓輅中傷死惟庸殺輓輅者　上怒命償其死惟庸請以金帛給其家　上不許涂節迺上變告時商暠謫降中書省吏亦以惟庸陰事告上命羣臣更訊惟庸辭窮不能隱遂論死　戊戌殺左丞相胡惟庸御史大夫陳寧羣臣奏惟庸等罪狀請誅之於是賜惟庸陳寧死又言涂節本爲惟庸謀主見事不成始上變告不誅何以戒人臣之奸宄者迺并誅節餘黨皆連坐　羣臣又請誅李善長陸仲亨　上曰朕初起兵時李善長來謁軍門時朕年二十七善長四十一所言多合遂命贊畫功成爵以上公以女妻其子陸仲亨年十七父母兄弟俱亡恐爲賊兵所掠持升麥藏草間朕見之呼曰來遂從朕長育成就以功封侯此皆吾初起時腹心股肱吾不忍罪之其勿問

洪武十六年十二月　刑部尚書開濟等有罪誅濟洛陽人初爲國子助教與丞相胡惟庸善以疾罷歸訓徒里中御史大夫安然薦其才召拜刑部尚書　上以濟有才信用之濟由是自負好以法中傷人擅移文督責諸司若中書省所爲者又爲榜戒其僚屬曰尚書到任及事之遲錯皆寬大容忍復爾則罪不爾貸奏請揭于文華殿以示于衆　上曰爾告戒僚屬之言欲張之殿廷豈人臣禮耶濟慚謝未幾又立簿曰寅戌之書以限僚屬出入上聞切責曰聞之古人以卯酉爲常道今使

趨事赴工者朝自寅暮盡戌奉父母會妻子能幾何時耶濟不聽獄囚有禁死者濟亦不問嘗受一囚賂以獄中死囚代而脫之爲獄官所發　上詔濟諭之歸部與侍郎王希哲主事王叔徵執獄官於獄扼其吭而殺之上怒乃下濟獄幷執王希哲等詔廷臣訊之濟具服於是幷希哲等誅之濟陰毒狡險外事謙恱嘗朝罷　上召與論政事濟略無建明但稱曰眞聖人眞聖人故上又深惡其諂佞云

洪武十八年四月吏部尚書余熂以罪誅時國子祭酒

宋訥以嚴爲衆所嫉助教金文徵與熂同鄉謀逐之吏部移文令訥致仕訥陛辭　上驚問故遂鞫得實以熂專擅威柄幷文徵等誅之

洪武二十三年五月太師李善長自縊　上命以禮葬之厚恤其家子祺爲駙馬都尉後卒於江浦孫茂爲指揮僉事旣解縉上疏曰臣聞君親無將春秋誅意臣子事嫌于不軌固天下之所共誅幽冥之所同憤者也然於事嫌不軌之中辯析幾微之際此禍機之所不測骨肉之所難言者惟明主能察焉竊見太師李善長與陛下同一心出萬死以得天下爲勳臣第一生封公死封王男尚公主親戚皆被寵榮此人臣之分極矣志願亦已足矣天下之富貴無以復加矣若謂其自圖不軌尚未可知而今謂其欲佐胡惟庸者揆之事理大謬不然人情之愛其子必甚於愛其兄弟之子安享萬全之富貴者豈肯僥倖萬一之富貴哉善長於胡惟庸則姪之親於陛下則子之親豈肯舍子而從姪哉使善長佐胡惟庸成事亦不過勳臣第一而已太師國公封王而已尚主納妃而已豈復有加於今日之富貴者乎當元之

季欲爲此者何限莫不身爲齏粉世絕宗祀僅保首領者幾人哉此善長之所熟見也又其子事陛下托骨肉至親無纖芥之嫌何得忽有深讐急變大不得已之謀哉凡爲此者必有深讐急變大不得已而後父子之間或至挾以求脫禍圖全耳未有平居晏然都無形跡而忽起此謀者也此理之所必無也若謂天象告變大臣當災則殺人以應天象夫豈上天之所欲哉今不幸已失刑而臣懇惻爲明之循願陛下作戒於將來也天下孰不曰功如李善長又何如哉臣恐四方之解體也且

臣至踈賤非不知言出而禍必隨之然恥立於聖明之朝而無諫諍之士始者側聽私室引耳朝端意謂羣臣豈無忠智左右侍近必有爲陛下言者公卿大臣必有爲陛下言者臺諫御史必有爲陛下言者乃今卒無有一言及之者臣所以忘其踈賤冀陛下之感悟臣并就鼎鑊無所復恨矣

洪武二十六年二月　涼國公藍玉伏誅初玉以開平王常遇春妻弟屢從征伐有功胡陳之黨玉嘗預焉上以開平之功及親親之故宥而不問後擢爲大將總兵征伐所向克捷自恃功伐事恣暴橫上聞之不樂會有發其私元主妃者上切責之玉漫不省總兵在外擅

陛降將校黥刺軍士至是征西還意覬陛爵命爲太傅王怒攘袂大言曰吾此回當爲太師迺以我爲太傅退語所親曰上疑我矣時鶴慶侯張翼普定侯陳桓景川侯曹震舳艫侯朱壽東莞侯何榮都督黃輅吏書詹徽侍郎傅友德及諸武臣嘗爲玉部將者晨夜會玉私第爲錦衣衛指揮蔣瓛告變命羣臣訊狀皆伏誅

洪武三十年六月駙馬都尉歐陽倫坐販私茶事賜死

革除建文元年十二月駙馬都尉王寧謀叛幽于其家

永樂元年四月右副都御史王信以泄漏獄事誅先是李至剛妻父有犯都察院逮問當處以重刑至剛乞免於　上上曰法司鞫獄情之輕重外人何以知之對曰此王信與臣言上命錦衣衛鞫之有實狀特命誅之

九月歷城侯盛庸暴卒　上初即位命庸鎮守淮安移鎮山東庸每不自安至是千户王欽發庸罪狀都御史陳瑛劾庸心懷異圖遂削爵死　十月長興侯耿炳文暴卒炳文老將洪武初擒張士誠破北虜有功子璿尚懿文長公主至是鄭賜陳瑛等劾其僭侈命籍其家炳文自盡

永樂二年十二月禁錮李景隆周王發其建文時嘗至邸即訊受賂羣臣又劾景隆與弟增枝匿亡命革爵没其家下獄四十五年而卒

永樂三年二月陳瑛劾奏雒僉居官貪婪暴虐擅作威福縱其妻於所部郡縣逼索財物遂並處以死　八月禮部尚書李至剛有罪下獄　十一月殺庶吉士章朴

永樂七年六月　刑科都給事中耿通等劾奏都御史陳瑛及御史袁綱覃珩朋比蒙蔽誣搆兵部主事李貞

陷之死地綱亦巳下獄瑛爲長官不宜獨宥請并治之皇太子召綱亦面詰之皆承伏具其罪狀詣行在奏請處分

永樂八年八月寧遠侯何福懼罪自殺

永樂九年三月陳瑛有罪下獄死籍其家初瑛有寵恣意羅織逢迎凡建文諸臣得罪深重瑛寔贊之既而給事中耿通劾其誣陷李貞中允劉子春劾其方命廢事皇太子皆宥之至是上聞遂下獄死　六月逮交阯右叅議解縉下獄縉先爲翰林學士出爲廣西叅議會有

言縉嘗洩建儲時密議漢王高煦銜之誣縉無人臣禮遂改交阯時檢討王偁亦謫交阯二人遂共趨廣東游玩山水忘返縉又上言請用數萬人鑿贛江以便往來上曰爲臣受事則引而避去乃欲勞民如此併逮偁皆下獄

永樂十年十二月　殺浙江按察使周新新廣東南海人由鄉舉爲御史彈劾不避權貴擢雲南按察使尋改浙江屢有異政名震一時錦衣指揮紀綱怙寵差千户往浙緝事作威索賂新捕之千户遁入京訴綱綱奏新專擅　上命官校逮至陛前新抗之曰在內都察院在外按察司朝廷法官也臣奉法捕惡奈何罪臣上怒命殺之臨刑大呼曰生爲直臣死爲直鬼吾無憾矣上尋悟其冤而惜之

永樂十三年正月　解縉暴卒於錦衣衛獄徙其家于遼東初　上欲征交阯縉謂自古羈縻之國得其地恐亦難守上不喜東宮而寵高煦縉謂不宜過寵致起覬覦縉由此得罪云

永樂十六年秋七月　右贊善梁潛以輔導有闕逮下

獄潛初以文學簡侍皇太子監國南京有陳千戶者害民取財皇太子謫交阯立功後念其舊有軍功宥之或言陳千户不當宥潛及司諫周冕預聞之而不諫止遂逮下獄後冕在獄不謹遂併潛皆死

永樂　九年十一月　上以北虜攜貳命尚書夏原吉方賓呂震吳中等議將親征原吉等共議宜且休養兵民而嚴勑邊將備禦未奏會上召賓賓言今糧儲不足遂召原吉問邊儲多寡對曰僅給將士備禦之用不足以給大軍卽令原吉往視開平糧儲而吳中入對與方

賓同上以導虜空虛不慄召原吉繫獄大理寺丞鄒師
顏嘗署戶部弃繫之於是賓懼遂自縊死
永樂二十年九月逮楊士奇呂震蹇義下錦衣獄以士
奇輔導有闕震嘗戶部主事張鶴朝參失儀皇太子以
震故曲宥之而義在側不言故也　尋釋楊士奇復左
春坊大學士
五月　常山中護衛總旗王瑜上變告言常山中護衛
指揮孟賢等糾合羽林前衛指揮彭旭等舉兵將推趙
王高燧爲主而謀弒上及皇太子　上命急捕賊既

悉得遂召皇太子趙王及文武大臣皆至　上御右順
門親鞫之先是上以疾多不視朝中外事悉啓皇太子
處分皇太子往往裁抑宦寺宦官黃儼江保等尤見疎
斥儼等日讒之於上且素厚高燧常陰爲之地因僞造
毀譽之言傳播於外謂上注意高燧以誑誘外人由是
賢等遂起邪心欽天監官王射成與賢厚密言於賢曰
觀天象當有易主之變賢等邪謀益急與其弟孟三常
山左護衛老軍馬恕田子和興州後屯衛老軍高正通
州右衛鎮撫陳　事日夜潛謀連結貴近圖就宮中進

毒藥於上候上晏駕卽以兵刼內庫兵仗符寶分兵執
府部大臣豫令高正僞譔遺詔付中官楊慶養子至期
從禁中議以御寶頒出廢皇太子而立趙王高燧爲帝
布置已定正密以告其甥瑜瑜曰此舅氏滅族之計力
止不從瑜遂入告　上覽僞譔遺詔震怒立捕楊慶養
子誅之顧高燧曰爾爲之耶高燧惴慄不能言皇太子
爲之營解曰高燧必不與謀此下人所爲耳上命文武
大臣及三法司鞫治羣臣奏賢等所犯大逆具有顯實
當並寘極典上曰卽日先籍其家王射成以天象誘人

速誅之賢等更加窮鞫毋令遽死遂下錦衣衛研治尋
倂其黨悉誅之
宣德二年九月宥浙江按察使林碩命復任時中官裴
可力督事浙江有湯千戶者以賄結之裴惟湯之言是
信湯因勢漁獵百姓驅迫羣縣無不承順碩時初至振
舉憲法旌別善惡湯懼不容讒碩於裴裴亦懼碩遂誣
奏碩誹謗沮格詔旨　上遣人逮碩至親問之曰爾勿
怖但盡實對碩叩頭言臣往年爲御史嘗巡按浙江小
人多不便臣今陞按察使至浙東久中官在彼者亦無

乖迕惟左右小人舊不便臣者設謀造詐欲去臣以自便耳臣感陛下超陞恐不能報敢有誹謗上曰朕固未信逮汝面問今既明白汝即馳驛復任朕推誠心以待臣下汝無他慮遂降勑切責裴可力謂歸必罪之不貸也碩勑被逮衆皆危之既見逮釋之中外頌聖德云

宣德三年六月工部尚書吳中下獄先是中私以官木磚瓦遺太監楊慶作私第甚弘壯 上登皇城樓遥望見之問左右得其實遂下中獄 十月逮都御史劉觀至命左右以監察御史彈章示之觀自陳歷事太祖太

宗仁宗累官至左都御史加太子少保二俸並支皇上嗣登寶位常加賜賚臣日夜孜孜思圖補報今右都御史顧佐搜求臣罪主令各道御史糾劾又逼書吏安中妄指臣受贓等罪伏望皇上憐憫察情明辯庶無寃枉上曰臣下密察觀罪者非一人朕以其舊臣未忍罪之今尚欲文過耶遂出臣下密察示觀蓋言其前後鬻獄得白金千餘兩觀不能隱皆引伏法司議觀所犯皆枉法於律應斬命下錦衣衛獄

宣德四年七月 給事中賈諒張居傑劾奏户部郎中蕭翔等不理職務惟日挾妓酣飲恣樂命悉下之獄上謂夏原吉等曰飲酒人之常情朕未嘗禁但君子當以廉恥相尚倡優賤人豈宜褻狎近頗聞此風盛行如劉觀輩尤甚每赴人邀請輒以妓自隨故此輩倣傚若流而不返豈不大壞禮俗大臣者小臣之表也卿當以朕此言徧諭之

宥劉觀死罪併其子輻俱充軍觀爲都御史貪贓狼籍敗壞憲體輻貪淫很愎靡所不至 上初有聞猶以觀舊臣曲容及御史劾奏其父子之罪備得實狀然後發

之至是法司論觀斬罪輻應流上曰刑不上大夫觀雖不善朕終不忍加刑命與子輻及其黨御史嚴暟李綸郎中許性等皆發遼東充軍

正統八年四月下大理寺少卿薛瑄獄瑄爲中官王振所害坐死罪將決大臣有申救之者得免死除名放歸田里

正統十一年八月户部侍郎奈亨下獄

正統十二年五月下霸州知州張需獄需治州有異政或譖于中官王振遂下獄謫戍邊

景泰元年十二月陳鑑王文下獄尋釋之

天順元年正月十六日上皇復位即日詔逮于謙王文及都督范廣太監王誠舒良張永王勤等下獄石亨徐有貞等言其共謀迎立外藩故也逮內閣學士陳循蕭鎡商輅尚書俞士悅江淵侍郎項文曜王偉古鏞丁澄沈敬等下獄以其知于謙王文等前謀故縱　丁亥斬于謙范廣并誅王文及太監王誠等于市　初于謙等下獄徐有貞張軏楊善曰不殺謙等今日何名言官劾謙與王文等迎立外藩所司勘得金符見存禁中別無顯跡石亨等揚言雖無實跡已有此意及廷鞫徐有貞令所司痛加拷掠王文反覆力辯謙俛首不言但曰事已如此辯之何益法司成獄奏　上上猶豫良久曰于謙曾有功衆未及對有貞直前曰若不置謙等於死今日之事為無名上意遂決謙等斬于市籍沒其家家屬戍邊陳循江淵俞士悅項文曜俱免死戍邊蕭鎡商輅王偉等原籍為民王直胡濙高穀並落傳保致仕

天順元年三月械前給事中徐正盧忠高平至京磔誅之以其在景泰中嘗行離間

天順三年二月定遠侯石彪下獄死彪魁梧驍勇景泰中頗立邊功遷都督為大同遊擊天順初以石亨故累進封侯彪性凶暴貪狡包藏禍心謀鎮大同邀人奏保朝廷覺其有異遣人廉察果皆虛詐言官交章劾之遂逮繫詔獄論死

天順六年六月　國子監祭酒劉益下錦衣獄

成化元年十一月左府都督過興鎮守廣西召還道湖廣祁陽縣怒知縣李翰接應夫船不時令子得隆率部卒拽翰及其子釗榜掠俱死興亦以疾死于道翰妻入愬于朝事下法司得隆伏死罪其毋擊登聞鼓稱冤　上以其妄愬命即誅之

成化十五年三月吉安知府黃景隆死于獄初知府許聰之死景隆任同知有力焉至是景隆坐罪下獄死屍腐流蛆滿地猶不及收或以為有陰報云　六月　命斬劉八當哈於遼東梟示幾張驢兒等六人充軍八當哈東寧人天順間因盜馬事露奔建州張驢兒等成化初為虜所掠因相與導虜寇邊至是各冒虜酋阿卜等名朝貢比還遼陽為親知所識拘留之陳鉞等奏請梟

二首以示衆事下兵部尚書余子俊言八當哈等雖華
人然旣冒虜名朝貢亦使臣也若拘留之恐開將來之
隙宜姑縱之以懷遠人詔下公卿議咸言八當哈叛華
附夷宜伏顯戮張驢兒等爲虜所掠可待以不死議
上乃有是命
浙江湖州知府李雄苛刻取民贜穢狼籍巡按御史張
銳牒按察副使王齊按實劾奏未下會吏部調雄貴州
石阡府雄將行齊素與雄有隙乃給銳留雄使不得行
且檢其裝得金銀器皿封識之誣雄半夜斬關而出爲

千户所執銳不察復奏其事命官校往智械雄至京下
錦衣獄雄奏稱銳等挾讐害之再命刑部郎中顧福錦
衣千户謝瑛押雄往竟其獄併逮銳齊鞫治福等擬雄
監守自盜齊增減官文書銳奏事不實俱坐罪有差刑
科叅着福等會勘雄等事情罪輕重不倫福等亦被逮
刑部各擬合坐者律雄發充軍齊革職爲民銳調梧州
府推官福調永州府同知智瑛俱調邊衛帶俸
成化二十年五月大同總兵官都督許寧巡撫右僉都
御史郭鏜鎮守内官蔡新下獄　上以去年大同失機

命三法司錦衣衛執寧新之午門前問狀錦衣衛卽遣
人執鏜至三法司會鞫且奏詔寧等輕率進兵折損官
軍致虜賊剽掠邊民情犯深重本當處死姑從輕寧降
羽林左衛帶俸指揮同知鏜降四川射洪縣知縣
成化二十年十一月萬全右衛百户韋瑛伏誅瑛先任
錦衣衛從太監汪直用事及罷西廠調外任居萬全欲
邀功以希起用乃自撰妖言以誣巫人劉德興等十餘
人謀不軌走告監督軍務太監張善善令人助瑛捕獲
德興等加以毒刑取其家貲無不誣服善等以聞命官

會鞫皆誣　上曰韋瑛累襲罪當死朕已從輕謫調而稔
惡不悛宜亟斬之仍梟首于被害處其惡黨論罪有差
被誣者皆釋放瑛初附直爲惡直敗其黨多屠死瑛獨
不及人皆疑之至是自致死地天下聞而快之
成化二十一年十三月京城外有軍民巢玘靳鸞等發
人墓取髑髏及頂骨以爲葛巴剌椀假以爲西番所産
乘時市利愚民競趨之至是緝事者聞于朝番僧嘗貢
以進者皆遁去獲玘等送刑部鞫治得其黨俱坐罪如
律　上曰律載發墓罪死况取人髑髏市於人挾左道

以激厚利其視支解之罪同當即誅之錦衣衛仍嚴加緝捕

成化二十二年五月逮廣東左布政使陳選至南昌卒時太監韋眷因選具奏勘問未結知中官咸疾選乃誣撫選黨比高瑶　上怒遣刑部員外郎李行會同巡按御史徐同愛鞫之行同愛畏眷不敢互異復賂公所黜吏張褧令誣執公褧不從行等阿眷執褧拷掠褧曰死即死耳安敢以私憾滅公義陷正人也行等羅織無所得乃誣公矯制發粟意在侵欺褒奬屬官志圖報謝論

罪當徒奏入詔奪選官遣錦衣衛千戸張福逮選士民數萬人號泣遮留至南昌疾作卒於石亭寺時年五十八張褧乃上言臣聞周公元聖而四國之謗乃致上疑於其君曾參大賢而三至之言不免搖惑於其母是豈成王之不明參母之不親哉凡以口能鑠金而毀能銷骨也陛下臨御區宇明並日月恩同父母詎圖怙冒之中尚罹屈抑覆盆之下復有沉冤竊見廣東布政使陳選素崇正學夙抱孤忠孑處羣邪之間獨立衆憎之地太監韋眷通番敗露知縣高瑤按法持之陳選移文嘉

奬以激貪儒固監司之體也李何宋旻徐同愛怯勢保姦首鼠兩覷以致韋眷横行胸臆穢蠛清節熒惑聖明勘官李行承眷順指鍛鍊成獄竟無左驗臣本小吏以詿誤觸法爲選罷黜豈臣自取非選有加於臣眷乃妄意臣必憾選以厚賂啗臣令扶同陷選臣雖胥徒亦知廉恥安敢欺昧心術顛倒是非眷既知臣不可利誘乃屬行等逮臣於理彌日拷掠身無完膚臣甘死籲天終無異口行等乃依傍眷語文致其詞劾選勘災不實擅便發倉曲蔽屬官意圖報謝是毀共姜爲夏姬詬夷齊

爲盜跖也本年嶺外地震水溢漂民廬舍屬郡交牒報災老弱張口待哺而撫按藩臬若罔聞知選獨抱隱憂食不下咽謂展轉行勘則民命垂絶其何能待所以便宜議振志在救民非有他也選素剛正不堪屈辱乃爲勘官凌侮憤懣成疾旬日而殂李行韋其就死不爲瞀瘵又潛遣養子寗以選死報眷以快其忿小人佞毒交結權倖一至於斯司寇之屬要在詰奸刑暴安取此輩爲也夫選砥節奉公横罹讒搆君門萬里孰諒其冤臣以罪人擯斥田野秉耒自給百無所圖敢冒死披陳其

心𠔨鑊者誠痛忠蓋之士銜屈抑之冤長讒佞之奸

聖明之累也奏入不報第以他事罷眷鎮守選浙江臨

海人自少沉靜端慤立志以聖賢自期潛脩默識不求

人知終身儉約有寒士所不及者善篤行之儒爲已之

學也南畿河南廣東皆立祠祀之

弘治十七年十月　劉山伏誅

命婦受杖

成化二十三年四月　禮部致仕侍郎楊宣下獄宣妻

王氏妬悍杖殺使女十餘人宣不能制東廠廉得其事

奏之下錦衣衛鞫問併逮治宣刑部各擬合坐者律宣

贖杖仍致仕　上曰王氏雖係命婦納贖但肆意殘酷

仍命刑部決杖五十使知所警

憲章類編卷三十一　卅

憲章類編卷之三十二

工部

洪武十二年三月以明州府知府余文昇為工部尚書

洪武三十一年十二月建文帝以鄭賜為工部尚書黄福為右侍郎

革除建文四年八月成祖以黄福為工部尚書

永樂十年九月陞工部主事藺芳為本部右侍郎初芳為吉安知府坐事謫為辦事官專治河渠以通漕運累有建明既還授都水司主事至是宋禮薦其才故有是

命

永樂十五年十一月工部右侍郎藺芳卒芳山西夏縣人倜儻闊達有大節讀書通古今不以富貴貧賤動其心洪武中舉孝廉授刑部員外郎陞郎中　上即位陞吉安知府先是金華朱仲智為吉安知府被召改重慶民思慕之而難其繼者已而芳至以愛民為心而處事曲當民吏大喜吉水有無賴民詣闕言縣故有銀冶烹煉可獲厚利朝廷遣官覆視既至父老群訴於芳曰即用無賴者言吾屬不能保而邑有無窮之患矣芳顧問詣闕告者告者即叩頭吐實言我愚昧人居鄉素貧鄉之人皆華衣美食揚揚然未嘗齒我我寔不甘故妄意禍之死罪死罪芳遂草奏大略謂告者愚昧妄意上陳今詢邑人長老皆云素無銀冶即不實甘受斧鑕之誅同官畏懼不肯署芳曰吾輩奉命守此土獨不為民乎有罪芳請獨任同官不得已亦強署焉上得奏曰吾固意愚民之妄也遂罷其事然以告者出於率意也亦不之罪芳歷陞工部右侍郎至是以疾卒吉安自芳去其民思慕賢守必曰朱藺朱藺云

永樂二十年七月乙亥工部尚書宋禮卒禮河南永寧人洪武中由太學生擢山西按察僉事坐事左遷上即位歷陞工部尚書治河及營建北京命取材于蜀伐山通道深入險阻然馭下嚴刻小過輒繩以法在蜀數年民苦其酷云

正統七年六月少師工部尚書吳中卒中山東武城人初以國子生授大寧都司經歷以靖難功累遷至尚書封荏平伯謚榮襄　七月以兵科都給事中王永和為

工部右侍郎永和初由教官簡任兵科時方營建諸司廨署役繁事殷廷臣多舉永和遂超擢焉

景泰五年十二月致仕工部尚書周忱卒年七十三謚文襄忱吉水人宇量恢弘才識通敏莅事精勤臨民和易有善謀者雖卑官賤吏破去崖岸開心訪納是以集衆思廣忠益而成軍國之務或又以其未免徘徊於王振之間短之此其苦心之所在亦未免招物議云

天順元年正月以侍郎趙榮為工部尚書

天順五年八月上與李賢論人才及工部尚書楊榮賢曰此人可取如曹賊反時文職皆畏縮逃避況兵非已任誰肯當先惟榮獨披甲躍馬呼於市曰好漢皆來從我曹家是亂臣賊子當共剿殺我輩是忠臣義士不可退避於是從者數十百人能於陣前鼓舞獎厲士卒滅賊成功如此存心行事人豈能及　上曰是忠臣也

初正統末也先奉乘輿入寇京師時虜情叵測人心洶洶趙榮時為中書舍人獨請往迎學士高穀壯其志解所束金帶贈之至是又滅曹賊二事忠義凜然一時鮮儷

成化六年五月工部左侍郎霍瑄卒瑄陝西鳳翔人由舉人授大同府通判薦陞知府正統己巳　英廟北狩車駕至城下守城者戒嚴不敢啓瑄從水竇下匍匐出謁叩馬嗚咽進膳羞靴袍等物出府庫金帛犒虜尋還山西叅政仍掌府事英廟復辟徵拜工部侍郎賜二品服成化初因詈其屬何經經訐其擅費工料瑄不自安以老乞休至是卒瑄質樸少文勤於幹理在大同最久熟知邊務雖官至工侍然亦不究其用

成化十四年十月加工部尚書張文質為太子少保仍管部事

成化二十二年六月六科十三道劾奏工部尚書劉昭心懷奸險性復剛愎居官不法處家不齊昭比尹旻而聲勢相倚子紳復比尹旻而夤緣陞官君旻父子既已明正其罪劉昭父子亦合置之於法　上曰劉昭不能謹慎以致物議是宜究治姑宥之

成化二十三年五月工部尚書謝一夔卒一夔江西新建人天順庚辰狀元授翰林脩撰歷官工部尚書當事者以其嘗有謹妄費以足財用之疏故以督建永昌

後難之辭疾不允遂憒憊卒一夔平生篤於友義初舉會試第三寔尹直所取而終身以座主事直直與李孜省通一夔不為崖異而中實介然也後都御史閔珪之調人謂直為之而鄉人有忌一夔者纂脩　憲録遂併入云

弘治十一年二月加工部尚書徐貫太子少保

弘治十三年五月徐貫乞致仕許之　以工部左侍郎曽鑑為工部尚書

正德五年八月罷工部尚書畢亨時亨請折毀劉瑾原籍陝西祖塋且云内官脩墳不係舊例宜悉革罷規彬

等大怒曰洪武禮制豈有文官脩墳例耶遂票旨劉瑾祖塋不必拆毀勒亨致仕

按工部尚書一人左右侍郎各一人易州廠侍郎一人其屬司務二人營繕虞衡都水屯田四清吏司各郎中一人員外郎一人主事二人添設郎中虞衡二人都水四人屯田一人員外郎營繕二人虞衡二人主事營繕四人都水八人監生九十七人所屬衙門營繕所所正一人副二人丞四人文思院大使一人副使四人軍器局皮作局各大使一人副使二人寶源局鞍轡局廣積通積通州白河抽分竹木局織染所雜造局各大使一人副使一人蘆溝橋抽分竹木局大使一人副使三人大通關提舉一人典史一人吏一百四十九人

部臣治河

永樂元年四月命户部尚書夏原吉往浙江諸郡治水

六月命户部侍郎李文郁佐夏原吉治水

永樂二年正月命尚書夏原吉往蘇松治水以大理少

卿袁復佐之

永樂九年二月命工部尚書宋禮侍郎金純開會通河

正統十二年七月命工部尚書石璞治張秋河道

成化二十年十一月命工部侍郎杜謙疏濬運河

弘治三年四月命户部左侍郎白昂治原武決河

部臣採木

永樂七年十二月左中允周翰等劾吏部右侍郎師逵

往湖廣採木務行刻薄皇太子曰違誠可罪然皇上所
遣須其還日請罪之

在京官署

洪武十七年三月詔改建刑部都察院大理寺公署于太平門外勑曰肇建法司於玄武之左鍾山之陰名其所曰貫城貫法天之貫索也是星七宿如貫珠環而成象乃天牢也若中虛而無凡星於內則刑官無邪私政平訟理獄無囚人若凡星出貫內者刑官非人若中有星而明者貴人無罪而獄今法司以法天道建置爾諸職司各勵乃心愼乃事法天道而行之如貫之中虛庶不負朕肇建法司之意也爾其敬哉

洪武二十五年八月改建宗人府五府六部太常寺官署　上諭廷臣曰南方爲離明之位人君南面以聽天下之治故殿廷皆南嚮人臣以左文右武北面而朝禮也五府六部官署宜東西並列其建六部於廣敬門之東皆西嚮建五府於廣敬門之西皆東嚮惟刑部法司已置於西北太平門之外悉改造令規模宏壯命主事高常董其役

洪武二十六年冬十月改建翰林院于皇城東南宗人府之後詹事府次之太醫院又次之

洪武二十七年冬十月翰林院詹事府成詔皆賜宴落成之

進士題名碑

永樂二年三月命工部建進士題名碑於國子監命王達撰記

抽分廠

成化七年三月增置工部屬官三員往直隸太平之蕪湖湖廣荊州之沙市浙江杭州城南三處專理抽分

織造

洪熙元年宣宗八月行在工部奏內府供用紵絲紗羅計九千疋請下蘇杭等府織造　上曰供用之物雖不可缺然當念民力今百姓艱難可減半造又諭尚書吳

中等曰昔魏徵告唐太宗每以恤民爲言御等其體此
意

黃河

洪武十四年八月河南原武祥符中牟諸縣河決爲患
有司以爲言　上曰此天災也今欲塞之恐徒勞民力
但令防護舊堤勿重困吾民

洪武二十三年七月河決江南

洪武二十四年六月河決原武入淮

洪武二十五年正月河決陽武

洪武三十年八月河決開封

永樂九年三月濬河南黃河故道河水累歲爲患脩築
隄防民用困敝至是河決日甚事聞遣工部侍郎張信
往視信訪得祥符縣魚王口至中灤下二十餘里有舊
黃河岸與今河面平濬而通之俾循故道則水勢可殺
遂繪圖以進詔發河南民丁十萬命興安伯徐亨工部
侍郎蔣廷瓚相度開濬仍命宋禮兼董之

永樂十年夏四月尚書宋禮奏近因御史許堪言衛河
水患命臣相度措置臣嘗自衛輝至直沽視河岸低薄
非止一處若不究其源析其流但務修築隄岸恐水復
衝塌不免屢勞民力須定長久之計臣先視會通河至
魏家灣與土河相連宜於彼開二小河以泄於土河則
無漫衍之患今復視德州城西北亦可開小河一道蓋
自衛河岸東北至舊黃河一十三里內五里舊有溝渠
五里係古路二里係平地今開通泄水以入舊黃河至
海豐縣大沽河入海凡四百五十七里約用軍夫三千
餘人十日可完　上諭工部曰禮所言誠當但農務方
興令候秋成後爲之

正統十二年秋七月河決張秋潰沙灣入海尋決滎澤
入淮工部尚書石璞治之

正統十三年七月河決滎陽東過開封城西南經陳留
自亳入渦口又經蒙城至懷遠界入淮

弘治二年五月河決汴城入淮復決黃陵岡入海

弘治三年四月河決原武議遷河南省城不果命戶部
左侍郎白昂往治之

弘治五年七月河決張秋

弘治七年二月河復決張秋　夏四月　命太監李興平江伯陳銳協同都御史劉大夏督治張秋決河先是大夏既受命循河上下千餘里相度形勢乃集河南山東二省守臣議之大夏曰黃河猛悍張秋乃下流襟喉未可輒治治于上流分導南行復築長堤以禦橫波且防大名山東之患俟其循軌而後決可塞也疏上報可工方興而張秋東堤決九十餘丈合運河水盡由東阿舊鹽河以入于海糧運愆期訛言沸騰謂河不可治宜復前元海運或謂陸輓雖勞無虞乃復命興等協治之

塞張秋隄更名安平鎮先是劉大夏等發丁夫數萬於黃陵岡南濬賈魯河一帶分殺水勢又濬孫家渡口別開新河一道導水南行由中牟至潁州東入于淮又濬四府營淤河由陳留縣至歸德州分爲二派一由宿遷縣小河口一由亳州渦河會于淮築長堤起河南胙城經滑長垣東明曹單諸縣盡徐州長三百六十里始塞張秋隄分土命工五旬而事竣

按治河之議自漢迄今紛載史集可謂周悉但河決不常亦無定處治之寔無上策惟宋濂謂自禹治水之後無河患者數百年以其自大伾而下北過洚水至于大陸播爲九河入海蓋河流分而其勢自平也今河合汴泗東南以入淮使一淮兼受黃河之全欲其不潰溢而洸濫胡可得哉今黃河以北古道形跡尚存因而相其地勢濬爲支河以達平原直沽諸處既可以殺其合流衝決之勢又可以得其灌溉潤澤之利而北方旱溢之災亦因之而可免矣乃今興脩水利之說獨聞於江南而北方則置不一講何也

弘治八年三月張秋隄成

弘治十三年六月河決曹單

按黃河自蘭州入中國五千餘里至開封界不爲患決溢惟開封大名居多二府地東斥孟津而下無山岡東隘且土疏善崩又下流所受已多旁無渟瀦而河身易淤冬春止丈許其湍駛不能過固勢也古黃河周定王五年徙砱礫始失故道漢而下徙決無常漢武帝時已通淮泗宋太宗時始入淮自是南北交注今河水全達淮入海一道自開封蘭陽縣趙皮寨口東南流由杞縣睢州寧陵縣德夏邑宿州下符離橋出宿遷縣小河口

至清河縣入淮乃嘉靖七年新開趙皮寨口今盛流一道自趙皮寨口至寧陵縣南入渦河經亳州蒙城懷遠縣出荆山口之西開趙皮寨口今由馬一道自儀封縣北折經黄陵岡蔡家口縷水堤入梁清口出徐州小浮橋下清河縣入淮其梁靖之行自宋初今流漸微梁靖以上至儀封北乃黄河東行舊道此三流之南又正統十三年徙開封西北滎澤縣孫家渡口入汴河至壽州入淮弘治二年塞三流之北又新開榆林集口經虞城縣碭山縣四口衝出蕭縣出小浮橋今塞又正德四年決

曹縣單縣直衝沛縣出飛雲橋今塞又嘉靖九年決單縣東北流衝出穀亭運河今塞又弘治二年決荆隆黄陵岡口經曹州濮州出張秋運河今塞

按鄭曉今言曰洪武二十四年河決武原黒洋山東經汴城北五里又南至項城入淮而故道遂淤正統十三年決張秋沙灣東流入海又決滎澤東經汴城歷睢陽自亳入淮景泰七年始塞沙灣而張秋運道復完自後河勢南趨而汴城之新河又淤弘治二年以後漸徙而北又決金龍口等處直趨張秋横衝會通河奔流入海而汴城南之新河又淤乃命副都御史劉大夏治之施功未竟伏流潰溢人皆言黄陵岡塞口不合張秋護堤復壊河不可治運道不可復且有爲海運之説者蓋滎澤孫家渡口舊河東經朱仙鎮下至項城南頓猶有河流淤淺僅二百餘里若多役夫力疏濬深廣使由泗入淮可殺上流之勢黄陵岡賈魯舊河南經曹縣梁進口下通歸德丁家道口足以分殺水勢然梁進口以南滔滔無阻以北淤澱將平計其功力僅八十里若多役夫力疏濬深廣使徐入淮可殺下流之勢水勢既殺則決口可塞運道可完矣但既疏之後不能保其不復淤既塞之後不能保其不復決耳是時劉大夏能虛懷博訪推心任下五旬而事竣

萬表云黄河自野雞岡而下分爲二股其自東南渦河而行者則爲河身其自孫繼口出徐州小浮橋者則爲支流然皆併合于淮以入海是故黄河入海舍淮無他道也嘉靖庚子洪水涸漕舟並阻議者謂黄河改流愚則曰非也夫河流遷改宜必有漫溢之處計今水道只渦河孫繼口耳今孫繼口之出徐州者既淤則當泛溢

于東南之渦河而渦河之水即今亦微至可截以壩也斷可識矣蓋自清河以至徐沛地勢隆擁節高一節如往年黃河盛溢之時則上漫濟寧其魯橋諸閘皆爲渰沒而淮水亦幾浸城後水勢少降則自魚臺以出谷亭再降則由飛雲橋以出沛縣而淮水亦以次漸小又降而出徐州小浮橋則淮水亦漸平矣近年黃河之水日微故小浮橋之水淤塞宿遷桃源二小河亦塞今淮安河口合流入海之處可以褰裳而涉也此徐水之通塞實本于黃河之贏縮豈關于河之改流哉

運河

永樂九年二月開會通河自濟寧至臨清舊通舟楫洪武中衝決淤塞故於陸路置八遞運所每所用民丁三千車二百餘輛民困其役永樂初屢有言開河便者上重民力未許至是濟寧州同知潘叔正言會通河道四百五十餘里其淤塞者三之一濬而通之不但山東之民免轉輸之勞實國家無窮之利乃命工部尚書宋禮都督周長侍郎金純發山東及徐州等處民丁開濬給以糧餉蠲其他役及今年田租仍命兩御史監督

六月會通河成河以汶泗爲源汶水出寧陽縣泗水出兗州至濟寧而合置天井閘以分其流南流達于淮而新開河則其西北流由新開河過東昌入臨清計三百八十五里自濟寧至臨清置十五閘以時啓閉舟行便之

永樂九年八月工部尚書宋禮等百六人開會通河畢還京師命禮部定賞格宋禮言會通河以汶泗爲源夏秋霖潦泛溢則馬常泊之流亦入焉汶泗合流至濟寧

分爲二河一入徐州一入臨清河流深淺舟楫通塞繫乎泊水之消長泊水夏秋有餘冬春不足非經理河源及引別水以益之必有淺澁之患今汶河上流自寧陽縣閘已築壩堰使其水盡入新河東平州之東境有沙河一道本汶河支流至十里口通馬常泊比年泊沙淤塞河口宜趁時開濬况沙河至十里口故道具存不必施工河口當濬者僅三里河中宜築堰計百八十丈從之

永樂十三年五月　開清江浦河道凡漕運北京舟至

淮安過壩渡淮以達清河挽運甚勞平江伯陳瑄時總漕運故老爲瑄言淮安城西有管家湖自湖至淮河鴨陳口僅二十里與清河口相直宜鑿河引湖水入淮以通漕舟瑄以上聞遂發軍民開河置四閘曰移風曰清江曰福興曰新莊以時啓閉人甚便之

宣德四年十月平江伯陳瑄奏自徐州至濟寧河水多淺轉運甚難今遣官巡視謝溝胡陵城八里灣南陽淺及東昌梁家淺師家莊仲家淺皆當置閘其徂徠諸山泉源所出舊有湖塘今多淤塞乞加脩濬庶有停蓄通

利往來從之

宣德七年秋七月　置呂梁漕渠石閘初陳瑄以呂梁上洪地形水急漕舟難行奏准令民於舊洪西岸鑿渠深二尺濶五丈有奇夏秋有水可以行舟至是復欲深鑿置石閘二時其啓閉以節水庶幾往來無虞事聞命附近軍衛及山東布政司量發民夫工匠協成之

景泰四年八月命太監阮安治張秋決河道卒安交趾人爲人清苦介潔善謀畫尤長於工作之事其脩營北京城池九門兩宫三殿五府六部諸司公宇皆大著勞績平生所受賜予悉出私帑歸之官用不遺一毫蓋中官中之不易得者

景泰四年十月遣僉都御史徐有貞治張秋決河先是河溢滎陽自開封城北經曹濮以入運河至兗州沙灣之東隄大洪口而決濟汶諸水皆從之入海會通河遂淤漕運艱阻先後遣工部尚書石璞侍郎王永和都御史王文相繼治之皆績弗成至是集廷臣議于文淵閣舉可以治水者以有貞名上有貞奉命循行度地行水作九堰八閘以制水勢濬漕渠凡四百餘里歷三載始

訖工

成化四年十二月巡撫江南都御史邢宥脩復運河壩閘先是正統初巡撫周忱經理運道武進奔牛呂城設爲壩閘俾漕舟由京口出江最稱便利迨景泰間壩閘漸頹以致水道淤淺有議從蔡涇瀆出江者因迫海洋漕舟多覆溺且鹾盜因之出沒天順己卯巡撫崔恭奏請從周忱故道增置五閘至是宥委常州知府卓天錫成之

成化七年十月戶部尚書楊鼎工部侍郎喬毅上膚言

惠河舊道事宜　上諭以前元曾引西北諸水行船通行踏勘明白來聞於是畀毅等親詣昌平縣元人引水去處及宛平大興通州地方各河道故跡逐一踏勘及據元史并各閘見樹碑文所載事跡稽考回奏命下所司相度行之

成化十一年八月　命濬舊通惠河

成化十二年六月　濬通惠河成自都城東大通橋至張家灣渾河口六十里

成化二十年十二月大學士萬安等言我　朝廷都於

北而上下供用多取給於江南然必藉船而後可達於京師是運道水利所係甚重如河南懷慶地方築隄障沁水以濟徐呂二洪及邳州宿州桃源運道山東兗州等處導引汶泗洸河諸泉以濟濟寧上下運道今沁水衝決堤岸流入黃河汶泗洸諸泉歲久不濬亦多壅塞以致河流淺澁糧運稽遲請勑工部重臣選領諳練屬官詣彼會撫按督有司一一踏勘衝決壅塞之處脩築疏濬　上命工部侍郎杜謙率郎中蕭冕員外李瀋往董其事

按山東平度州東南境有南北新河元時所開以避海運放洋之險其水源發高密至膠州分流爲南北新河自膠州入新河二百四十里至萊州之海倉口入海自迤北新河店置閘以達安東止八十里可通海歲久盡塞近王副使獻方御史遠宜力主開復并於馬家濠鑿山麓通海近該巡按山東御史商爲正題會同都御史李世達勘議欲從元人故河引泉瀦水通漕間道但南海田海口至店口三十餘里多沙自麻灣以上係沽河流沙與沙互壅麻灣以下則金海中隨潮湧進淖沙勢

俱難取欲由把浪廟地名路溝另開二渠至鴨港繞避麻灣十三里之沙由鴨綠港迤南尚有沙洲見露水中即空舟尚不能行况古路溝未挑通地脉相似安知下無沙安保他日海沙之不湧入北海海倉口龍王廟前沙數十里許用徒夫及昌邑夫三千餘人撈二十餘日給過工食二千二百兩去沙僅二尺路止二里沙雖積岸上大潮一至沙壅如故且復議築堤約水障沙不知海口之堤用土則勢不能當用石則費不可計分水嶺自嘉靖十七年十八年二十二年三十二年隆慶五年

節次勘測皆高海面五丈以上上接白河流沙先年胡
給事中謂流來之沙旋𣲖旋壅況沙中乃有石沙見水
則可摶濕泥帶水即成縱滋軟土故役人言地底有泉
泉內有沙工力難施夫海口之沙既欲避而不可得兩
海之潮又勢遠而不能通縱欲引附近張曾河白河膠
河都泊諸水以益之而春夏旱乾俱各微細既不足恃
秋潦沙壅輒復爲患徒費挑濬奏聞報罷
又按漕運總兵萬表云漕河原不用黃河之水惟用洸
汶沂泗諸泉溝湖之水足以濟之渡淮而西皆是清水

故名清河正統十三年黃河決滎陽至陽穀入漕河潰
沙灣以達於海景泰四年都御史徐有貞塞之乃分流
自蘭陽東至徐入于漕河以疏殺之而黃河始來然亦
小小與清水合流清水七分黃水三分並入于淮正德
六年水勢方盛行浸漫而衝洗之矣先是黃河未衝之
時清河河道皆狹故易充然亦有淺故沿河俱設淺鋪
每年轉運固無滯也後黃河水大來而淺鋪亦設而不
用矣今觀二洪之舊堤宛然正是先年河道但二洪一
向黃水浸漫一旦水落石出而清河一帶淺涸人心乍

見不能無異其實則故河也蓋自淮達濟由會通以至
會河一路隄防只恐黃河之水衝入爲漕河之害今徐
州二洪以下一向反用黃河之水而忘其故及水不來
則用工挑濬以引之日望其來而不可得此即所謂以
病爲藥也○渦河論云渦河在淮之南商船皆自淮入
渦河至河南祥符銅瓦箱以達陽武陽武去衛河只六
七十里議者欲鑿而通之只萬夫一月之力耳可以直
至河北之會通河甚便且渦河雖比會通差險不愈于
海運之險乎其言固是但先會通河之役也築金口堰

於兖東而障泗水流西南築堽城壩於兖北而障汶水
以南注疏渠出漕流分南北南達于徐北通于衛當時
會通河之塞自濟寧至臨清共三百八十里內止七十
七里有小河可通漁船其三百餘里皆爲陸地工部尚
書宋禮都督周長發山東濟兖青東四府丁夫十五萬
登萊夫三萬以成之而開河建閘所費不貲當時若可
爲豈有棄七十里之易不爲而顧爲其難哉今若鑿而
通之則黃衛二河之水合矣二水相合則衝激非常誰
復測之此會通之運誠永久而不可易者若於衛輝府

置倉每年糧運就以鳳陽等衛軍船兌鳳陽等府糧米
者今由渦河達陽武陸路七十里輸于衛輝倉交納遇
有災折支運至京則由衛河順流而下甚易此或可通
且會通運船得以分減而河道船行亦爲疏便如昔年
山東流賊之變運道不通京師阻絶則又可爲事變之
備殆亦一策但多七十里之脚價耳
通惠河元郭守敬議開引昌平白浮村神山泉過雙塔
榆河引一畝王泉諸水進都城繞至通州置閘以宣節
之後漸湮廢嘉靖間御史吳仲議脩築爲五閘閘置剥

船六十每米一石減陸輓費銀四分五釐歲省漕價十
萬餘兩
會通河元至正二十六年開漕東南之粟罷海運始元
漕至濟寧舍舟陸行數百里入臨清衛河後由濟寧開
渠直抵臨清復於兗州城東築金口壩堨泗水注濟寧
以勝其高洪武二十四年河決原武黒洋山過安山
湖而會通河乃淤永樂九年尚書宋禮濬通之十三年
復罷海運又用老人白英策築壩戴村社遏汶水東入
海令盡去南旺乃賴其利元亦嘗引汶亦借黄河爲濟

而近來患在於河一至而淤且旱暵臯泉微及欲引黄河
以濟此河引之至而來之盛則又不能自勝其勢禹之
順水之性而今若以逆焉則此河之不可常恃雖有善
者不能必也近又有引沁之議
近運河梗塞　廟堂廑念督責大臣濬治無效或謂永
樂元年瀋陽中屯軍士唐順言開衛河交運似亦可行
語具漕運類中○考元初糧道自江入淮由黄河至封
丘縣中灤旱站陸運至濬縣淇門一百八十里入衛河

洪武八年十月濬涇陽縣洪渠堰涇陽屬西安府其堰
歲久壅塞不通灌漑遂命長興侯耿炳文督工濬之涇
陽高陵等五縣之田大獲其利
永樂元年四月命戸部尚書夏原吉往浙江諸郡治水
時嘉興蘇松諸郡頻年水患屢勑有司督治訖無成績
故有是命　六月　上以久雨謂戸部侍郎古朴曰蘇
松嘉湖四郡水必泛溢宜速遣人視之遂命侍郎李文
郁往佐夏原吉相度水田量免今年租税　八月　初
上以蘇松水患爲憂遣僉都御史俞士吉齎水利集賜

夏原吉使講究拯治之法至是原吉上奏臣與共事官屬及諸曉水利者參考輿論得其梗槩蓋浙西諸郡蘇州松江最居下流嘉湖常三郡土田下者少高者多環以太湖綿亘五百餘里納杭湖宣歙諸州之水散注澱山等湖以入三泖頃爲浦港堙塞匯流漲溢拯治之法要在濬滌吳淞諸浦港泄其壅遏以入于海按吳淞江舊袤二百餘里廣百五十餘丈西接太湖東通大海前代屢疏導之然當潮汐之衝沙泥淤積屢濬屢塞不能經久自吳江長橋至下界浦約二十餘里雖云疏通實

多淺窄自下界浦抵上海縣南蹌浦口可百三十餘里沙草壅障已成平陸工費浩大難以施功臣等相視得嘉定之劉家港卽古婁江常熟之白茆港皆係大川水流峻急宜濬吳淞江南北兩岸安亭等浦港以引太湖諸水入劉家白茆二港使直注江海又松江之大盈浦乃通吳淞要衝今下流壅塞難卽疏濬旁有范家濱至黃浦口蹌浦口可徑達海宜濬令深濶上接大盈浦以達泖湖之水此卽禹貢三江入海之跡俟既開通相度地勢各置石閘以時啓閉每歲水涸之時修築圩岸以禦暴流如此則事功有成於民爲便　上從其言命集民丁開濬

永樂元年十一月命工部尚書黃福罷遣濬河民夫初洪武中免直隸應天等府夏秋二稅但擇其丁壯每歲農隙聽供力役及是內河淤塞發其丁壯濬治適時暄暖胥樂赴工將畢是日早風沍寒　上召福等謂曰民供役久衣食未必盡給今且遽寒其各賜鈔二錠罷遣歸未畢之工令京衛軍士次第成之

永樂二年正月復命夏原吉往蘇松治水原吉時自蘇松還言水雖由故道入海舊河港未盡疏通非經久計於是命復行仍命大理寺少卿袁復副之

宣德七年九月蘇州府知府況鍾上言蘇松嘉湖之地其湖有六曰太湖曰傍山曰楊城曰昆承曰沙湖曰尚湖聯屬廣袤凡三千餘里其水東南出嘉定吳淞江東出昆山劉家港東北出常熟白茆港永樂初朝廷命尚書夏原吉督理疏濬水不爲患民獲有秋年久淤塞不通一遇久雨遂成巨浸田皆沒溺乞仍遣大臣督各府縣官於農隙時發民疏濬則一方永賴矣　上命周忱

與鍾計工力多寡難易以聞

正統五年正月令天下有司秋成時脩築圩岸疏濬陂塘以便農作仍具數繳報俟考滿以憑黜陟

天順七年冬十月　濬涇陽鄭白故渠

按揚州之田明溝洫築堤塍可歲取無量淮之鹽城亦然今頃畝一望而上湖水盈漫而下汪洋連海上湖之水意不難治所欲以待其蓄洩在瓜州一帶置閘立表節以啓閉之何患其勢之漫堤

河堤　覇路

洪武二十四年正月築浙東海堤　十二月　命景川侯曹震往四川治道路震至瀘州按視有支河通永樂界乃鑿石削崖直接其地以通漕運復闢陸路作驛舍郵亭駕橋立棧自茂州一道至松潘一道至貴州以達保寧通陝西由是往來者便之

永樂元年四月設溧水縣廣通鎮閘壩置閘官一員

直隸河州吏目張良興言州麻澧二湖之田約五萬餘頃唐宋時俱係熟田比歲間有耕者輒爲水渰乞自本州至含山縣界增築圩岸三十餘里以防水澇從之

宣德四年五月福建福清縣民奏縣之光賢里官民田百餘頃舊堤六百餘丈以障海水因隄壞田荒永樂中縣民嘗奏請築堤工部移文令農隙用工至今有司未曾興築民不得耕　上命工部責有司脩築因諭尚書吳中曰陂池堤堰民賴其利外無賢守令舉其政爾宜申飭郡縣務及時脩濬慢令者罪之

宣德七年五月復開平凉府開城縣迭烈孫道路先是陝西參政楊善言西安諸府州歲運糧餉赴甘州凉州山丹永昌諸衛皆經平凉府隆德縣六盤山嶮嶄嶺山

澗陡絶人力艱難開城縣舊有路經迭烈孫黄河平坦徑直抵甘州諸衛近五百餘里洪武中官置渡船平凉撥軍操濟人以爲便既乃罷之今請如舊開通以利民上命陝西三司覆實至是皆以爲宜仍命布政司給官錢造八舟平凉鞏昌二府擇善水者操之每舟十一人俱隸迭烈孫巡檢司

宣德九年六月工部尚書吳中奏北京城東南有兩水磨及通惠河諸閘皆爲河水所壞今南門外舊有減水河若加疏鑿長二十餘丈即與郊壇後河通流可泄水

勢　上曰盛夏炎暑未宜勞民姑緩之

景泰七年四月沙灣堤成

成化七年閏九月命工部右侍郎李顒往浙江祭海神脩江岸是年九月風潮衝決錢塘江岸洪水漲盈自近江以至山陰會稽蕭山上虞乍浦瀝海錢清諸處民居田產皆為渰沒守臣以聞事下工部尚書王復等覆奏永樂年間浙江堤岸為潮水衝塌嘗遣官齎香祝祭江神及命大臣治水築堤以除民害乞如永樂事例　上以命顒

弘治二年十一月築高郵湖堤

按河南防河堤湖廣防江堤南直浙江防海堤一決而魚其人今日之事土勢岌岌人力訑訑

種樹

洪武二十四年二月命種桐棕漆樹於朝陽門外鍾山之陽時以海運及防倭戰船所用油漆棕纜悉出於民為費浩繁故有是命凡種桐棕漆樹五十餘萬株歲收以資工用以省民輸

營建工料

按本朝營建惟嘉靖間最甚十五年題述已用過銀六七百萬兩之數十五年後之費又將十數倍不止當時慈慶慈寧七陵壽宮行宮先蠶壇殿西苑仁壽宮皷樓六聖碑亭景帝碑逕簡王端妃等墳一時合發在京做工官軍撥七萬餘每名支月糧行糧賞米冬衣布花該六兩之數又不在所費之內時工場二三十處每日雇覔夫匠九萬四千七百餘歲費一百八十七萬餘兩又歲雇車脚價銀三十四萬五千餘兩鋪商料價一百餘

萬兩又承天起工一十餘處扣除湖廣及河南事例銀七十萬兩江浙川湖南直隸貴州扣除買辦料銀五百餘萬兩蘇州臨清磚廠扣除價運百萬餘兩兵部沙河城池工程借用及各撫按借留軍器折色銀十萬餘兩其湖廣採木用銀七十餘萬兩用夫五百餘名又月食米數時論事論禮諸臣競奇轃舉不顧惜費只當事所司却宜力論會計豈可量出為入惟梁材不肯動支太倉庫銀去繼劉麟以事去

工匠

洪武十九年夏四月　定工匠驗其丁力以三年爲班更番赴京輸作三月如期交代名曰輪班匠議而未行至是工部侍郎秦逵復議舉行量地遠近以爲班次因置籍爲勘合付之至期齎至工部聽撥免其家徭役著爲令於是諸工匠便之

成化八年七月脩隆善寺畢工命陞工匠張定住等三十人爲文思院副使寫碑官爲尚寶寺少卿工科都給

事中王詔等言陛下紹承鴻業于茲九載頻年天變於上而星妖示見地變於下而江海泛溢或炎夏霜降或平地阜出或猛虎食人或雨雹傷稼夷狄侵邊師久暴露加以水旱相仍瘟疫流行日甚一日於此汰冗官去冗食以節國用以救凶荒猶且緩不及事乃因寺成碑完而濫陞官爵如此彼西征北伐捐軀殞命之人將何以酬之方術寺之初臣等失於論諫固已獲罪於陛下不容於清議矣於此而又不言如祖宗設官之意何伏望斷自宸衷追寢前命則名器不濫國體斯正矣不允

按國制工匠二等曰輪班曰住坐凡工四二等曰正工曰雜工雜工三日當正工一日凡撮工歇工視役煩省節其財力

建京都酒樓

洪武二十七年秋八月　新建京都酒樓成先是　上以海內太平思欲與民偕樂乃命工部作十樓于江東諸門之外令民設酒肆其間以接四方賓旅其樓有鶴鳴醉仙謳歌鼓腹來賓重譯等名既而又增作五樓至

是皆成詔賜文武百官鈔命宴於醉仙樓

柴炭

成化六年十二月管理柴炭工部侍郎王詔言惜薪等司諸項柴炭年增一年令順天眞定保定俱被災傷救死不贍焉能應役乞勑工部行內外諸司自今合用柴炭頊爲減省以節民力從之

物料

永樂十七年六月初山西行都司軍士採石青於沙淨州舊塘用工多而所得甚少忽見青蛇隨所往三百餘步夫役發其下得石青加倍其色視舊塘產者益鮮明至是都指揮李謙繪圖以進

洪熙元年四月停罷一切官買物料

宣宗　十一月　工部尚書吳中言製造御用朱紅戧金龍鳳器用物料不足請買於民間　上曰漢文服御帷帳無文繡史稱其恭儉愛民朕方慕之以儉約率下所造服食器用當從朴素不須華靡所用物料就庫藏中給用不必買於民

鐵冶

洪武七年夏四月　命置鐵冶凡一十三所每所置大使副使各一員

洪武十五年五月廣平府吏王允道言磁州臨水鎮地產鐵元時嘗於此置鐵冶都提舉司總轄沙窩等八冶爐丁萬五十戶歲收鐵百餘萬斤請如舊置爐冶鐵　上曰朕聞治世天下無遺賢不聞天下無遺利且利不在官則在民民得其利則利源通而有益於官官專其利則利源塞而必損於民今各鐵冶數尚多軍需不乏而民之生業已定若復設此必重擾民是又欲驅萬五千家於鐵冶之中也杖之流海外

洪武二十年三月　復設太原府交城縣大通鐵冶所初大通置冶歲貢雲子生熟鐵十萬斤後罷之聽民採取至是朝廷繕治兵器當用雲子鐵而他所不產工部以爲言故命復設之

宣德元年二月工部尚書吳中奏造軍器熟鐵請於江南諸處收買道遠恐不及期今擬發民往遵化鐵冶先

運鐵二十萬斤備用　上曰遵化既有鐵何用買於江南況鐵重滯遠運尤更勞民今當農時而有此役官吏里胥逼迫民必妨廢農功止取於遵化足矣

銅場

宣德三年十月　詔蠲免江西德興鉛山銅場

易州廠

按易州廠自宣德間設於平山繼遷沙峪口景泰間移滿城西天順間移易州執此役者歲縻億萬計近周數百里內採斫一空車馬輳集欲重其權勢是以有部堂之差八府五州官環集今止差郎中一員督理官省則費省矣

弛禁

永樂二十二年十二月仁宗　罷海子至西湖巡視官西湖受房山之水流經城南出注海子凡三十餘里官

常遣人往來巡視禁民不得取魚而並緣爲奸者其旁近之草及灌田之水民皆不得取至是　上命吏部悉罷之謂尚書蹇義曰古者山澤之利皆與民共之朕之心凡可推以利民者雖府庫之儲不吝況山澤所産哉

洪熙元年七月宣宗　順天府懷柔縣知縣邵原亨奏本縣山場舊禁樵採輸官薪炭措辦實難今自黃花鎮東至紅螺山去天壽山已遠乞弛禁以便民　上可其奏諭行在工部尚書吳中等曰弛禁便民朕所不吝若採之無節恣意砍伐則材木易竭宜令以時取之仍禁傷其根本庶幾可常資用

內府禽獸

洪武五年十二月縱內府禽獸

免民賃錢

革除建文元年二月免民賃舍錢

六部屬司

洪武二十九年八月改六部諸屬部爲清吏司

憲章類編卷之三十二畢

憲章類編卷之三十三

御史臺

洪武元年八月御史中丞劉基致仕先是　帝北巡命丞相李善長及基留守京師且語基督察奸惡以肅輦轂中書都事李彬素附善長竊弄威福奸惡事覺善長託基緩其獄基遣人奏請誅彬上允其奏時大旱禱雨而誅彬之報適至善長曰今方禱雨可殺人乎基曰殺李彬天必雨遂斬彬善長啣之及上還善長極言基專恣上不聽會基妻喪乞歸上許之

洪武二年五月御史中丞兼太子賛善大夫章溢卒年五十六溢字三益浙江處州龍泉人弱冠從其鄉王叔剛游從事於正心脩身之學寇亂日起知不可為乃退處匡山遁入閩中　上遣使徵之與劉基葉琛宋濂同至建康入見授營田僉事歷拜御史中丞尋兼太子賛善溢雖儒者而矢謨宣力不在諸將之後上甚倚之至是卒上悲悼特甚親撰文遣官即其家祭之

洪武六年七月以陳寧為右御史大夫

洪武十年九月陳寧為左御史大夫丁玉為右御史大夫

洪武十二年九月以右御史大夫丁玉為左御史大夫浙江布政使安然為右御史大夫四川參政秦中為右御史中丞

洪武十三年正月賜御史大夫陳寧死　五月賜御史臺左中丞安然歸鄉里命李善長理臺事

都察院

洪武十七年二月　更定都察院官以詹徽為左都御史　八月　以通經儒士陳玄為右僉都御史　九月以河南懷慶府通判戴莅湖廣都司副斷事高翼陝西靜寧州判官元善俱為右僉都御史

洪武二十一年正月　以浙江道御史凌漢為右副都御史漢鞫獄平恕人有德漢者遇諸途厚報以金漢曰子罪當爾律有定法非我私子何以金為固拒不受有廉得其事以聞者故陞用之

洪武二十六年六月　復以左春坊左賛善凌漢為右

僉都御史洪武十七年漢以秀才舉至京獻烏鵲論
上喜之擢司經局正字未幾出知會稽縣以事繫浙江
按察司獄久不決會按察使陶晟在京　上知漢無罪
獄為晟所淹命械晟還釋漢與俱來至即拜監察御史巡
按廣西奏陝西民病數事具言古人謂大夫出疆有可
以安國家利社稷者專之臣竊以為在春秋戰國則可
在今大一統之時則不可苟許其專恐啓大臣擅權之漸
上嘉其言召其子賜鈔二百錠衣一襲又以不受私遺
尋陞右副都御史時詹徽為左都御史議論數不合每

面折徽徽啣之奏遣按事蘇松還朝以失職為御史桂
滿所劾左遷刑部侍郎未幾署吏部改禮部上以漢年
老命歸田里漢叩頭曰臣願生居京都死葬京土上許
之命居于私第歲餘起為左贊善又歲餘復拜右僉都
御史尋致仕還河南陛辭上問先賜歸不行今歸何漢
對曰先是詹徽在臣有後憂今徽伏誅臣無憂故敢歸
爾漢頗長於政事然出言不檢人亦以此少之
洪武三十一年十二月建文調僉都御史劉觀為嘉興
知府　以韓宜可為都察院左副都御史程本立為左

僉都御史
革除建文元年十二月　以茅大芳為左副都御史
革除建文二年二月甲子改都察院為御史府革十二
道置察院一詔曰頃以治獄煩與易御史臺號都察院
與刑部分理庶獄今賴宗廟神靈斷獄頗簡其更都察
院仍漢制為御史府專糾貪殘舉循良匡政宣教化為
職省御史員定為二十八人務為忠厚以底治平改都
御史景清為御史大夫
革除建文四年七月以陳瑛為副都御史

永樂元年正月陞副都御史陳瑛為左都御史史仲成
為右僉都御史
宣德元年四月釋義勇衛軍閆群兒等死罪初群兒妻
毛氏有淫行李宣者嘗以告群兒群兒數箠擊毛欲殺
之毛於是誣群兒與宣等九人強刼校尉陳貴家財御
史悉論罪當斬貴被刼之日宣等各有事他適實不為
盜擊登聞鼓訴冤給事中李庸以聞　上曰平人豈可
枉殺果以事他適當有証驗命都察院辯之至是行勘
他適有驗實不為盜上命釋群兒等毛氏論死諭左都

御史劉觀曰昔隋煬帝令王士澄治盜但有疑似輒加拷掠同日斬決二千餘人其中六七人者盜發之日先禁他所不勝楚毒亦自誣服有司明知不復執奏今非各人自陳豈不寃抑而死是爾等皆士澄也宜戒約諸道凡治獄必察實情此事若已論决朕必不汝貸矣

宣德元年七月溧陽縣民史英父子恃富暴橫毆殺鄉人乃賄有司誣為刼盜又執其家屬禁錮之大理寺卿胡槩廉察得實械送英父子并受賄者二十餘人至京上命都察院鞫之曰殺人必死不可宥但二十餘人中

或有無辜者宜推究情實庶不枉濫御史鞫之皆伏罪應死至大理寺審覆亦無異詞遂引奏上召至前親問之當英父子死餘罰輸作以無罪釋者七人

宣德三年六月　上召楊榮楊士奇謂曰祖宗時朝臣無貪者今之貪者孰為甚榮以都御史劉觀對士奇曰風憲所以警肅百寮憲長如此則諸寮皆效之上撫掌歎曰除惡務本又問廷臣中誰可掌憲士奇對曰通政使顧佐廉公有威榮曰佐嘗為京兆尹政清槩革上喜曰顧佐乃能如此彼劉觀者成何人哉　七月命治劉觀罪　以通政使顧佐為右都御史

宣德九年冬十月都察院右都御史熊槩卒槩舉進士擢御史歷陞大理卿奉命治水蘇松常鎮杭嘉諸處所至恩威並行禮賢興學以治行稱陞南院右都御史會顧佐有疾召掌行在都察院槩頓改素節徇子弟之欲虧廉潔之行君子惜之

正統元年六月　以江西左布政使陳智為右副都御史

正統二年五月左都御史顧佐致仕

正統二年六月僉都御史魯穆卒穆浙江天台人由御史遷福建僉事超拜前職剛正清慎歷任中外二十餘年家無餘貲既沒無以為歛公卿賻治其喪而還

正統六年六月陳智免以大理寺卿王文為右都御史

正統六年十一月右副都御史吳訥乞致仕許之訥蘇州常熟人自幼力學尚義兼善醫術永樂末舉醫生至南京仁宗監國以楊士奇薦命教功臣子弟尋拜監察御史歷陞副都御史懇乞致仕還家杜門著述闡明理學周忱巡撫江南見其宅隘欲為創第于城中訥曰訥

素不愛華靡不喜城市何敢勞民傷財以重吾罪耶恍
乃止
正統八年四月召巡撫陝西右都御史陳鎰掌院事鎰
蘇州吳縣人忠厚端謹寬平簡易鎮陝十餘年雨暘時
若年穀屢登民親愛之真如父母每出行皆頂香迎候
爭為扶轎雖禁之不息也及鎰去民多圖其像事之如
神及文代之欲懲其寬而濟之以猛民陽畏而陰實怨
之年歲洊饑邊事日擾非復昔時之氣象矣吳人稱鎰
父子孟玉平居好善一夕夢神告曰吾降生為而子以大

而門遂生鎰
景泰三年二月　以王翺為左都御史掌院事
景泰四年九月左都御史陳鎰卒以蕭維禎羅通為左
右都御史
景泰七年八月　以徐有貞為副都御史
天順元年二月　以林聰為僉都御史　調左都御史
蕭維禎於南京都察院　召巡撫陝西副都御史耿九
疇為右都御史掌院事　六月逮耿九疇羅綺下詔獄
降九疇布政綺參政事具宦官石亨等本末中

天順二年十一月左都御史羅通致仕
天順五年八月　以大理寺卿李賓為右都御史時寇
深被害舉代深者李賢首薦南京刑書蕭維禎　上曰
此人曾在吉祥處通情吉祥嘗力薦之非端士也乃用
賓
成化元年正月召李秉為左都御史
成化三年八月召巡撫陝西右副都御史項忠署都察
院事　冬十月左都御史李秉討董山誅之以秉掌院
事

成化四年六月都察院左僉都御史張岐有罪除名
成化六年三月致仕右都御史羅通卒通江西吉水人
永樂中舉進士歷官兵部郎中以貪淫謫廣東東莞縣
河泊所官己巳之變通上戰禦之策于謙薦為兵部員
外守居庸關尋至副都御史大學士陳循復薦之景泰
中轉右都御史通好談兵遇人輒喋喋不已其言詭怪
不經說者謂其狡詐以取功名如通比者世常擬其邊
才云
成化十三年七月都察院左都御史李賓自陳衰老乞

休致許之　陞程宗為右副都御史　八月左都御史王
越自陳職專院事無提督各營操練軍馬恐顧此失
彼乞免督操一事詔不允時既用余子俊為兵部尚書
越忽忽不得志故有此奏　十二月　命左都御史王
越無兵部尚書加俸一級越自陳紅鹽池獲勝之功為
故尚書白圭抑沮録功反在諸將之後事下兵部尚書
余子俊言越統領孤軍深入虜境此捷從前所無上准
擬陞授故有是命
成化十五年夏四月都察院右副都御史韓雍卒雍年五

十七雍直隸長洲人自幼英邁不群為御史時年甫二
十一出按江西刁豪斂跡其所規畫多合事宜督戰兩
廣民夷畏服雖費用過侈而兩廣之民不怨以費財之
害輕于喪生也既而為廣西鎮守太監黃沁所劾致仕
雍志於功名至是鬱鬱不樂家居僅四年遂卒廣人立
祠祀之　五月陞右僉都御史戴縉為右都御史屠滽
為右僉都御史王濬為南都察院右僉都御史先是王
越言御史王濬屠滽侶鍾楊守隨俱才識明達乞峻擢
之詔吏部擬缺以聞內批陞二人因及於縉

成化十五年九月致仕右副都御史夏塤卒塤浙江天
台人剛介廉潔不屈意于人自為御史以致布按兩司
推鞫得情所至無寃抑然性涉高亢故多齟齬不得盡
行其志子鍭亦舉進士
成化十七年三月太監懷恩傳陞都察院右副都御史
戴縉為右都御史　六月左僉都御史李綱卒綱山東
長清人天順丁丑進士授御史陞太僕少卿嘗過薊州
盜奪其篋問其隷曰乃李少卿邪是無錢者擲篋而去
歷陞僉都御史卒于官

成化十九年九月都察院副都御史李裕等奏太監汪
直偏信兵部尚書陳鉞錦衣指揮吳綬之言報復私讎
擠斥良善誣都御史牟俸謫死且累翰林學士江朝宗
遠調巡視侍郎馬文升巡按御史王崇之強珍俱奏鉞
遼東冒功致忤直意謫戍調官給事中趙良張善吉工
部主事方賓御史沃頖張銳陳導毅按察司副使王齊
皆以忤直官校被緩文致其罪或除名或遠謫今直等
罪露前事已明乞復各官原職召還　上以事已處分
裕等煩擾各停俸半年

成化二十三年九月右都御史劉敷以附李孜省罷
弘治元年正月召巡撫遼東副都御史馬文升為左都
御史　二月召提督兩廣軍務右都御史屠滽回掌都
察院事
弘治四年十二月　以白昂為左都御史
弘治十一年二月　加左都御史閔珪太子少保
弘治十三年六月南京刑部尚書戴珊為左都御史
弘治十七年七月左都御史戴珊累以疾求退不得言
于劉大夏曰珊老病子幼萬一客死京師如何為處公

受知于　上獨不為我一言未幾上召大夏議事畢因
問戴珊近來如何大夏言珊有病累疏乞休出于至情
伏望憐允　上曰渠倩卿奏乎對曰珊在告臣往視珊
珊恐微誠不能動天聽令臣進見時為彼申達上曰卿
為朕說與珊朕以天下事推誠付托猶家人父子太平
未延何忍捨朕而歸大夏以告珊泣曰吾不得還家矣
弘治十八年十二月左都御史戴珊卒諡恭簡珊江西
浮梁人耿耿不苟合而洞達無城府奉職守法不為物
撓祿仕四十餘年家無餘貲剔歷中外所至有聲而學

政則尤著云　召南京刑部尚書張敷華為左都御史
時南都稱四君子蓋指敷華與尚書林瀚都御史林俊
祭酒章懋云
正德元年十一月罷左都御史張敷華敷華凝重端介
不為詭隨瑾惡之捏旨令致仕以兵部尚書劉宇攝之
十二月召前吏部尚書屠滽為左都御史
正德二年二月　勅諭都察院左都御史劉宇御史凡
有章奏必先呈稟爾等仍令南京都察院一體遵行前
此所未有也

正德七年十二月致仕都御史艾璞卒璞江西南昌人
居家孝友立朝持正晚值逆瑾芘勢家中禍瀕死播遷
及瑾誅且復用之而遽以計聞君子為之深惜云
正德十年四月　召總制甘肅軍務右都御史彭澤回
京掌院事
按丘濬云唐御史大夫即今左右都御史之職中丞即
今左右僉都御史之職唐有三院今併其臺院殿院于
一院　祖宗設都御史六員職專糾劾百司辯明冤枉
提督各道凡事之不公不法者皆在所理其屬有十三

道各設監察御史分掌其各布政司事其京衛并直隸府衛則分隸焉御史之職在糾劾百司照刷文卷問擬刑名巡按郡縣是則　朝廷耳目之任所以振肅紀綱而防邪革弊者也六部之職各有攸司而都察院惟所見聞不繫職司皆得以糾察焉

都察院左都御史一人左副都御史一人左僉都御史一人其屬經歷都事各一人司務二人照磨一人檢校一人十三道監察御史河南浙江江西山東各十人福建廣東廣西四川貴州各七人陝西湖廣山西各八人雲南

十一人司獄六人在外都御史或副僉都御史總督陜西軍務一人總督宣大一人總督薊遼一人總督漕運兼巡撫江北一人總督糧儲兼巡撫江南一人總督南京糧儲一人提督兩廣軍務兼巡撫一人提督南贛汀漳軍務兼巡撫一人提督紫荊三關巡撫保定等府一人提督鴈門三關巡撫山西一人總理河道一人贊理軍務兼巡撫陜西一人提督軍務兼巡撫浙江一人提督軍務兼巡撫福建一人甘肅一人寧夏一人延綏一人大同一人宣府一人遼東一人湖廣一人四川一人雲南一人貴州一人整飭薊州邊備巡撫順天等府一人撫治鄖陽等處一人巡撫河南一人山東一人江西一人鹽法屯田督餉一人捄水討賊禦虜總制經畧巡視無常員監生三百五十人吏三百三十二人

總督都御史

成化六年十一月　命右副都御史項忠總督河南湖廣荆襄軍務

成化八年四月兵科給事中梁璟等言頃者荆襄盜起

皇上命項忠往總軍務諭令罔及非辜後賊首王彪就擒盜亦漸息宜令附籍者聽其生業未附籍者斟酌驅遣忠偏聽檢討張寛御史劉潔總兵李震等貪利要功所過州縣見在附籍者不論久近一槩逐之又縱兵驅逼畧無紀律以致寃聲震天肝腦塗地比之夷狄侵擾慘酷過之邇者彗出旱傷未必非忠等所致且寛以奸邪小人簡侍親藩惟便身圖潔貪婪著一善無聞忠為所誘伏願陛下察之衆論斷自聖心正忠等濫殺之罪以釋神人之怒以紓萬姓之寃上曰荆襄流民為患

中外皆以為憲令忠等奉命袪除已畢若等所言未免出於偏見不聽　六月項忠上疏辯誣且乞致仕不允忠奏雖辯說者謂流民一百五十餘萬遣回何所謫戍并家屬幾六萬人能生存者幾何槩以古人征伐要在平定安輯之言難乎免於公論矣

成化十年春正月　勅都御史王越專居固原總督諸路軍馬

弘治八年八月　以副都御史金澤總制江廣湖福軍務撫捕荊襄群盜

弘治十年十一月　以王越總制寧夏甘涼軍務　十二月　加王越少保

正德五年正月　命刑部尚書洪鍾兼左都御史總制軍務督陝西川湖三省兵征剿四川流賊

正德六年四月　召守制右都御史陳金總制軍務征江西諸盜　六月洪鍾以平四川流賊功加太子少保　十二月　命右副都御史彭澤提督軍務節制寧夏延綏諸路軍馬討河南流賊

正德七年十一月　以都御史陳金總制江西軍務　十二月　罷總制軍務洪鍾巡按四川御史王綸劾其縱寇殃民

正德八年正月　命右都御史彭澤總制四川軍務征剿盜賊

正德九年八月　命右都御史彭澤總督甘肅等處軍務經畧哈密

正德十一年十月總制都御史彭澤削籍為民時兵備副使陳九疇敗土魯番于肅州土魯番陰遣使寫亦虎仙以秘術干進得預養子之列知兵部尚書王瓊與彭

澤有隙即誣奏澤九疇激變番夷瓊為覆奏擅命遣使納幣土魯番復許增幣失信致起邊釁閣部大臣及言官多救之者命下多官會議戶部尚書石玠禮部尚書毛澄等議以為大夫出使于外苟有利于國家專之可也奏上朱寧嘗有憾于澤內批褫職為民都御史李昆降叅政副使陳九疇亦為民先是澤嘗與言官論及朱寧輒忿曰吾恨不手刃此奴王瓊因以語寧且曰吾為君致彼來君私察之於是招澤過瓊居寧屏後瓊激怒之澤徧大罵寧由是啣之澤剛毅遇事敢為累征流賊

有功

總督宣大都御史

成化二十年二月　命戶部尚書余子俊兼左副都御史總督大同宣府軍務兼督糧儲

成化二十一年二月復命戶書余子俊兼副都御史往宣府大同等處總督軍務倉場尚書殷謙兼理部事俟子俊還日各仍舊

按太原周七百餘里無山太原北至代州三百里代州

又北三十里始入山過鴈門鴈門山厚四十五里偏頭鴈門寧武三關乃通此山之隅也偏頭至鴈門三百五十里寧武一百四十里鴈門寧武一山兩口鴈門山中三關十八隘口代州過山至大同三百六十里大同東南為蔚州東為渾源州正南為應州西南為朔州朔州西南一百四十里為偏頭關大同以西偏頭關以北皆虜地總督鴈門住劄代州所以防其入總制宣大住劄朔州所以便其運

兩廣總督都御史

景泰三年秋七月　命左都御史王翺總督南廣軍務時兩廣寇作兩鎮將官互相觀望故命翺總督之至景泰四年十月召還為吏部尚書

景泰四年十月　以副都御史馬昂總督兩廣軍務兼理巡撫

天順二年四月　召守制山西右參政葉盛擢右僉都御史巡撫兩廣盛乞終制不允時廣西流賊多入廣東

為害而兩鎮將官不協各分彼此討賊迄無成功盛至請革兩廣守將立總鎮于梧州居中調度則賊可平矣衆是其策而不果行盛不得已乃請益兵　上命都督顧處率兵赴之盛與處協謀破賊砦八百所擒斬數萬人而還　按何喬新曰葉盛巡撫兩廣合兵勦賊屬廣東參議朱英督察叅將范信以兵會勦大藤峽信利虜掠馳至橫蒼間誣宋泰永平等鄉居民皆賊屠戮殆盡又欲併進城等鄉屠之以為功英力爭其非辜且遣間使請盛亟班師諸鄉民始免屠戮即此觀之則當

時所謂破砦八百擒斬數萬者亦未免屠戮平民如宋泰永平類者不知其幾矣盛被殺降之謗殆亦有由也夫

成化元年正月陞浙江叅政韓雍左僉都御史贊理兩廣軍務

成化二年十一月　以兩廣平賊功陞左僉都御史韓雍為左副都御史初雍受兩廣之命會于南京衆議欲分江西軍從游擊率達官由庾嶺入廣東大軍則從湖廣入廣西以賊在廣東宜逐之在廣西宜困之雍曰不

然古者仗鉞臨戎專制閫外謂可安國家利社稷雖專之可也夫兵有聚而為正亦有分而為奇今兩廣已無完郡大藤峽為賊巢穴舍此不圖而趨其末未見其能濟苟全師至彼南可以攻大藤峽援高廉雷東可以應南韶西可以取柳慶北可以斷陽峒諸路勢如常山之蛇動無不應舉無不克何煩於還乎自古蠻夷來寇不可以禮義較惟勝之而已軍志曰先人有奪人之心所以兵貴拙速不尚巧遲又何泥於困乎於是命將分兵示以賊勢可滅之機先破脩仁荔浦次及大藤峽前後生擒斬首奪回被虜俘獲賊屬四萬五千七十有奇顛越死厓谷者不可勝紀捷聞陞左副都御史仍提督兩廣軍務兼理巡撫

成化五年十一月設總府於梧州府總制兩廣地方時都御史韓雍以憂去兩廣賊勢復張僉事陶魯言兩廣地勢猶一人之身今軍政分而為二以是賊入寇掠無人任其責者乞勅大臣總督兩廣如馬昂葉盛韓雍故事庶軍體歸一巡按御史龔晟亦言宜立總府於梧州簡命大臣兼制兩廣則事統于一而責有所歸兵部亦

言兩廣互為唇齒廣東藉廣西之兵力廣西藉廣東之糧儲今巡撫等官名位頡頏議論之際甲可乙否宜如魯等所請　上命兵部會官議舉其人以聞　起復右副都御史韓雍陞右都御史總督兩廣軍務兼理巡撫

成化七年三月總督兩廣韓雍等奏近立總府於梧州守禦士卒止三百餘人乞移奉議衛官軍駐梧州以守城池又梧州舊城三面距江內包高山不足以容士馬城東南有教場遺址欲別立城與梧州城聯絡相通詔可

成化九年冬十月總督兩廣都御史韓雍以疾乞致仕不允

成化十年三月　命總督兩廣右都御史韓雍致仕先是鎮守廣西少監黃沁訐奏雍坐視猺賊出没隱匿不報以致斷藤峽賊復嘯聚滋蔓流刼郡縣上免雍罪命致仕雍在兩廣威令素行沁不得恣其欲布政何宜迁而固按察副使張斆貪而暴不為雍所禮乃與沁攻訐之及差官往覈適委宜斆行勘竟醖釀以成其罪雍督軍嶺南賊勢雖不盡遏絶而功多于罪乃為内侍奏黜公論不平兩廣人思之不置

弘治四年正月總督兩廣右都御史秦紘劾兩廣總兵官安遠侯柳景下獄景奪爵紘亦坐免景在鎮貪暴不法紘具列其狀劾之逮景下刑部獄抵法追贓鉅萬㤪其爵景求援于戚畹壽寧侯内降㦸其贓且摭他事誣紘以圖報復由是紘亦被逮坐免既而景贓銀追及八百兩詔免其餘彭韶上言陛下優待貴近之臣如此臣固知陛下有所不得已也但臣忝列守法之官不宜阿順以圖自便景所追贓數十未及一乃特蒙恩盡行蠲宥如物論何且景贓既可免他日爵位亦可營求而復矣爵位既復又可營求出鎮矣姦回藉口良善解體誠非國家之利也不聽

弘治十三年五月起養病户部侍郎劉大夏為右都御史總督兩廣軍務先是兩廣軍多為鎮閹及總兵私役大夏至申明曉諭各出其私役者歸伍十之三村素強悍悉服從帖息

正德十年十二月以右都御史陳金總督兩廣軍務

正德十三年三月以右都御史楊旦總督兩廣軍務

按梧州開總府初意重廣西且廣東山海盜事漸生則兩廣之備不得無而遥制又顧募打手自梧州始其初行頗可應用後漸流玩局成虚器梧州乃兩廣輪轄八桂門户水陸要衝民夷總節開設三堂自成化元年始其設鎮守總兵永樂間始總制都御史景泰三年始

總制三邊都御史

成化九年十二月刑部主事張鼎上疏言臣生長陝西比見邊務日殷水旱繼作謹陳事宜以備採擇其一曰

陝西八府三邊腹裏俱有鎮守總兵巡撫都御史等官不相統一遇事各為可否有警不相援救宜推文武兼濟者一人總制三邊副將以下悉聽調遣則事體歸一

弘治十年三月召前左都御史王越入見加太子太保命總制陝西三邊軍務經略哈密先是越奪爵謫居安陸弘治改元詔放還鄉尋以當緣皇親壽寧侯張鶴齡復左都御史致仕至是乃起用之

弘治十一年十二月總制三邊軍務左都御史王越卒謚襄敏

弘治十五年四月以秦紘總制陝西三邊軍務整鹽課興屯田先後斬虜首九千修堡寨一萬四千所剷山崖三千里

正德元年正月命都御史楊一清總制陝西三邊軍務

正德二年八月罷總制三邊都御史楊一清先是一清巡邊因上疏陳戰守之策且言河套即古朔方地唐張仁愿築三受降城自是無寇乞修濬墻塹以固邊防增設衛所以壯邊兵奏上報可一清遂興築邊墻剋期完功會劉瑾憾一清遂乞休工亦停罷

正德五年八月以楊一清總制陝西三邊諸軍事初一清之起征寧夏也實張綵薦之劉瑾不得已從之事平瑾不欲一清還京師遂留總制

按都御史總督軍務自正統四年麓川之役王驥始也總兵官悉聽節制驥以兵部尚書師師當王振好大之心遂擬糧儲故事糧儲稱總督宣德中始也繼是而己巳之變虜薄都城石亨營城北于謙督之孫鏜營城西則江淵叅之而已繼是而四方多警類率如例如馬昂於兩廣石璞於關外王來於湖廣侯璡於雲南然事平則罷又繼

是景泰天順及成化初白圭葉盛韓雍等皆稱提督意屬協同勑名贊理又繼是則為任官矣成化六年開總府於梧州此任官之所由始也三邊總制自弘治末年秦紘楊一清張泰始便於徽發策應今亦為任官議者謂秉低昂文武之鈞濟無制勦綏之術是矣而進上異同柬於和混內外援搆隱於奸宄其能制而協之更當潤飾令必無伏機不亦盡乎又繼是而陳金華陽之役陸完劉六七之役至統制七省故近平海之役亦援以為例尾大之弊可無慎之

總督漕運都御史

天順元年四月謫漕運副都御史王竑為浙江右參政尋除名為民安置江夏皆石亨輩所惡也

弘治十二年五月以張敷華為右都御史總督漕運兼巡撫淮揚等處

正德四年春正月以邵寶為右副都御史總督漕運劉瑾勒令致仕

正德五年八月起邵寶巡撫貴州尋陞戸部左侍郎兼左僉都御史督理漕運乞歸養不許至七年九月再疏

乞終養許之

正德九年十二月以都御史陶琰總督漕運

按萬表議云漕運者漕則漕河運則糧運然河道糧運原只一事其事權不容分今漕運都御史　勅諭有自通州至揚州一帶水利有當蓄洩者嚴督該管官司并巡河御史管河管洪郎中等官設法疏築以便糧運總職悞事者一體參奏凡有便於糧運利於軍民悉聽便宜處置一向事權歸一先年遇有河決則專勅大臣一員往治之竣事還京後連有水患遂作缺補以為定員其職專管黄河於曹州駐劄故河南山東管河副使則屬之管河郎中洪閘主事舊不相屬也故管河都御史勅諭今特命爾前去總理河道其黄河北岸長隄并各該隄岸應修築者亦要着實用工修築高厚以為先事預防之計如各該地方遇有水患即便相度防究水源可以開通分殺并可築塞隄防處所仍嚴督各該官員斟酌事勢緩急定限工程分投用工作急修理此原勅也近今添奉　勅云近年沛縣迤北漕河屢被黄河衝決已經差官整理今特爾前去總理河道督率管河

管洪管泉管閘郎中主事及各該三司軍衛有司掌印管河兵備等官時常往來親歷多方經畫遇有淤塞去處務要挑濬深廣蓋此勅亦為近年黄河變遷不常衝塞漕河故有是命其實專為黄河也先年漕運都御史總兵官每歲進京會議往迴查看河道比年都御史以巡撫地方常托巡按御史奏留不行遂成故事自嘉靖元年都御史俞諫後更不赴京矣至嘉靖二十年二洪淺阻糧運不通漕運衙門不肯身任其責協力為處乃

具本盡推之河道奉 旨切責自管河都御史而下俱戴罪整理自此河道糧運遂岐而二豈特岐而二竟成仇讐凡運船上閘則用意窘虐之而洪閘使用比昔數倍漕法自此亂矣

巡撫都御史

正統八年四月以左都御史王文巡撫陝西

正統十三年九月以都御史軒輗巡撫浙江

正統十四年三月以監察御史韓雍為右僉都御史巡

撫江西先巡按江西有聲吏民奏留再巡一年回京遂有是擢時年纔二十有八民情吏治素所諳練恩威大著凡臨衆决事皆引經據律一時皆以為不及云

景泰元年十一月以僉都御史楊信民巡撫廣東

景泰二年正月命右僉都御史王竑巡撫兩淮諸郡時徐淮大饑民死相枕藉竑至晝救荒之術既而山東河南流民猝至竑不待奏報大發廣運倉官儲賑之近者日飼以粥遠者量散以米流徙者給米以為道食鬻子女者贖還之共用米一百六十餘萬石全活數百萬人以空庾六十楹處流民之病者擇醫四十人療之死者給以棺為叢塚瘞之竆晝夜想精慮事躬理有所委任必委曲戒諭出於至誠人人為盡力君子述其行事為救荒録云

景泰三年七月四川巡撫都御史李匡罷命侍郎羅綺都督徐海整飭四川軍務

景泰四年三月以軒輗為副都御史巡撫浙江尋丁內艱歸

天順元年四月逮巡撫大同副都御史年富下獄尋令

致仕時富被総將石彪奏害自大同逮繫至京 上問李賢曰年富何如賢對曰行事公道在彼能革宿弊上曰此必石彪憚富不得遂其私耳賢曰陛下明見真得其情遣官體勘無實狀富遂致仕歸彪亨姪也亨因此與張軏等同請盡罷各邊各省巡撫及提督軍務等官

天順二年四月復設各邊巡撫官初石亨等以文臣提督各邊軍務武臣不得自逞因請罷之未幾邊徼騷然上召李賢謂曰如今各邊革去文臣巡撫軍官縱肆貪暴士卒罷敝且曰朕初復位奉迎之人紛紛以此為不

便令乃知其謬也卿為朕舉才能者用之賢因請曰遼東宣府大同延綏寧夏甘肅此六處須人最急上曰卿與王翺馬昂商議推選務在得人於是議推十二人進呈遂定浙江布政使白圭任遼東山東布政使王宇任宣府僉都御史李秉任大同監察御史徐瑄任延綏山西布政使陳翌任寧夏陝西布政使芮釗任甘肅俱以京官巡撫其地上曰武人所以惡文臣者只是不得遂其私耳在任者即遣使召還馬昂以貴州賊情甚急速請一人往理遂陞白圭右副都御史賛理貴州軍務以太

僕卿程信巡撫遼東

天順四年十月命右僉都御史韓雍巡撫大同雍在都察院時錦衣指揮劉敬因石亨連坐有謂敬曾邀亨至直房同飯欲坐朋黨雍曰律之本意謂交結朋黨紊亂朝政者今敬與亨交而非亂政況亨得志時誰不蠅聚其門若以一飯即坐此罪則曾赴宴會者何以罪之衆以為然敬得輕坐

天順六年九月以項忠為右副都御史巡撫陝西先是忠為陝西按察使適陝饑忠不待奏報輒發倉賑之民感其惠聞繼母喪軍民詣闕乞留詔奪服返任至是徵為大理卿陝人復赴闕借留乃有是命

天順七年八月以山東按察使王越為右副都御史巡撫大同時吏部舉大同巡撫上諭李賢曰須得似韓雍者方稱賢以越對及越至陛見上曰王越丰姿是武臣之英邁者遂用之

天順八年十月憲宗　調僉都御史葉盛巡撫宣府時盛以右僉都御史巡撫兩廣議事至京給事中張寧等合議舉盛堪入內閣盛在廣東時或譏於李賢曰盛自

負能文訾公文不善賢銜之至是沮其進轉盛左僉都御史巡撫宣府盛至鎮脩復官牛官田之法墾田益廣積糧益多以其餘易補戰馬千八百餘匹其屯堡廢缺者力脩築之不數月完七百餘所　九月巡撫宣府都御史葉盛陳乞罷免不許

成化七年正月以浙江左布政使余子俊為都察院右副都御史巡撫延綏

成化十年二月免各處巡撫都御史赴京議事　七月巡撫延綏余子俊奏乞終養不允

成化十一年十二月命巡撫延綏余子俊巡撫陝西等處

成化十二年八月改南京戶部左侍郎王恕爲左副都御史巡撫雲南　九月雲南巡撫王恕奏帶男王承祿隨侍從之

成化十三年六月陞王恕爲右都御史仍巡撫雲南

成化十五年正月改南京兵部尚書王恕爲兵部尚書兼左副都御史巡撫蘇松等處　秋七月南直隸巡撫王恕以災異自陳休致詔不允

成化十八年六月以秦紘巡撫陝西時秦府旗校肆橫侵軍害民紘悉擒治不少貸王不能堪訐紘欺凌親王上怒逮紘下獄命内臣尚亨籍其家得黄絹一疋故衣數事亨還具言紘貧狀上親閱所籍家貲嗟歎良久立釋之且賜鈔以旌其廉

成化二十年二月陞大理右少卿侶鍾爲右副都御史巡撫保定等處兼提督紫荆等關改南京刑部右侍郎盛顒爲左副都御史巡撫山東　四月陞浙江按察使楊繼宗爲右僉都御史整飭永平山海等處邊備兼巡撫順天永平二府

成化二十一年五月起馬文升爲左副都御史巡撫遼東

成化二十一年五月順天府管河治中陳翼以巡撫楊繼宗屢拒參見不加禮遇訐奏其平日諸過以爲失大臣體及巡按御史鄧庠擅停夫役有妨濬河皆當究治事下刑部奏遣官勘問覆奏　上以繼宗執性既偏處事過當難任巡撫調除外任翼訐奏事多不實降級調外任庠恤民停役置不問　改大理寺卿彭韶爲右副都御史巡撫順天等府

弘治元年七月以山東按察使許進爲僉都御史巡撫大同　八月擢湖廣按察使楊繼宗爲左僉都御史巡撫雲南尋卒繼宗山西陽城人好善嫉惡與人不苟合先爲嘉興知府止携老僕一人蕭然旅寓九載考績民老幼遮道留之不忍捨去陞浙江按察使憲綱振肅初藩臬諸司所用咸辨於下鎮守中官供給日費萬錢一切革去之陞左僉都御史巡撫順天外戚官官莊田凡占民間地土者悉奪而還之權貴斂跡成化乙巳星變上疏左遷雲南副使既復巡撫雲南居官三十餘年剛

直廉介之操雖庸人孺子皆知其名云
弘治三年八月以侶鍾為副都御史巡撫江西　閏九
月以副都御史王繼巡撫陝西　十二月以副都御史
張敷華巡撫山西
弘治六年閏五月復以張敷華巡撫山西
弘治七年七月以許進為副都御史巡撫甘肅
弘治八年四月張敷華改陝西巡撫
弘治九年七月以副都御史許進巡撫陝西
弘治十二年八月以雒泰巡撫宣府

弘治十三年十二月以浙江左布政使孫需為副都御
史巡撫河南
弘治十四年二月以南京鴻臚寺卿陳壽為右僉都御史
巡撫延綏　十二月召戶部尚書秦紘兼都御史巡撫
陝西
弘治十七年五月加秦紘太子少保　七月改督理茶
馬都御史楊一清巡撫陝西兼經理邊務
正德二年四月逮巡撫南畿右副都御史艾璞下獄發
海南為民劉瑾所為事具瑾類中　十一月劉瑾以巡

撫非舊制票旨將各省巡撫都御史取回惟邊方及漕
運仍舊　逮各邊巡撫都御史及管糧郎中下獄劉瑾
因科道官查盤奏内有糧粗草爛者既至鎖扭差人押
至所任地方加倍陪償
正德三年十月四川盜起召服闋家居右副都御史林
俊巡撫四川兼贊理軍務督兵討之
正德六年六月四川流賊平陞四川巡撫副都御史林
俊右都御史陝西巡撫僉都御史藍章右副都御史
八月四川巡撫林俊乞致仕許之時宦官用事每各邊

征剿必以其子弟私人寄名兵籍冒功次陞賞俊一切
相絕不許權幸惡之且與總制洪鍾議多不合因乞致
仕疏上忌者謂盜已衰内批即允之時蜀賊尚有餘黨
科道保留不從俊歸蜀人號哭追送未幾而兩川逋寇
方四任鬍子及麻六兒等復熾殘破蜀土人民益遭荼
毒矣　十月逮巡撫山東都御史邊憲真定都御史蕭
翀下獄以撫馭無方遇流賊失機並除名為民
正德十年十月以孫燧為副都御史巡撫江西
正德十一年九月陞王守仁為左僉都御史巡撫南贛

汀漳等處

正德十二年七月南贛巡撫王守仁請提督軍務許之

正德十三年十二月以僉都御史張潤巡撫順天

正德十四年九月改王守仁巡撫江西

正德十五年正月上在南京太監張忠朱泰屢矯偽命召王守仁不赴乃譖于　上前謂守仁必反　上問曰何以驗其必反對曰試召之必不至張永聞之乃密遣人報守仁既而召守仁守仁即行忠等復拒之蕪湖守仁入九華山宴坐上遣人覘之曰王守仁學道人也召之即至安得反乎仍命還江西從湖口過南康過開先寺刻山石紀擒宸濠事于讀書臺後

正德十六年正月擢湖廣按察使胡世寧為右僉都御史巡撫四川　按

太祖不欲以重臣合典錢糧兵馬永樂十九年勑尚書侍郎都御史少卿等官十三員各同給事中一員巡行天下是謂巡撫宣德間令巡撫官每歲八月一赴京議事蓋不欲踈逖以懸機重景泰四年統差都御史其意尚在執持風紀有故則入參廟議而握蕃變之柄則有司存自是則曰整飭曰提督曰總制曰鎮守又復以兵部尚書侍郎之職兼都御史百寮群將俯首聽一人之謀似於兼制少踈故復以巡按權參殺之然表裏異同病養或不相關其司鋒鏑者每掣肘不能自盡近年失事并罪撫臣天順間石亨曹欽請罷巡撫正德間劉瑾取回巡撫皆不為無意苟使其置布腹心其為毒又不可勝言切念天下錢糧兵馬之重所賴鎮撫不以躁僨事巡撫之不可缺者而書生涉仕必由此以致卿輔能允文武得全才不素習而器與之恐不易為稱也

提督軍務都御史

正統七年三月命右僉都御史王翺提督遼東軍務時遼東守將屢失機勑翺往督之令便宜行事翺至詰責玩寇失機故將約欲斬之因其叩頭祈免且未受巳約東姑令戴罪立功踰月躬出巡邊自山海關直抵開原築墻垣濬溝塹五里為堡十里為屯烽燧斥堠千里相望仍簡閱戍卒措置糧餉邊用充足人樂於戰守

正統八年五月陞王翺為副都御史仍撫遼東提督軍

務
正統十二年五月進王翱為右都御史仍提督遼東軍
務
成化十三年七月陞陝西左參政秦紘為右僉都御史
提督鴈門等三關兼巡撫山西
弘治十四年二月以右都御史史琳提督榆林軍務
正德五年五月起前右都御史楊一清為提督師中外
兵討安化王寘鐇
正德六年四月以右副都御史俞諫提督江西軍務

八月以右副都御史馬中錫提督軍務征流賊　九月
馬中錫招撫解散賊不聽益肆焚掠逮中錫下獄死
正德七年正月陞提督軍務陸完右都御史

撫治南陽荊襄都御史

成化元年三月以河南布政使王恕為右副都御史撫
治南陽荊襄三府流民
成化四年三月改戶部右侍郎楊璿為右副都御史撫
治荊襄南陽等處流民

成化十二年十一月陞撫治荊襄等處左副都御史原
傑為右都御史馳璽書賜之　十二月開設湖廣鄖陽
府即其地設湖廣行都司衛所及縣蓋荊襄流民自永
樂宣德以來言者每以為憂至是都御史原傑徧歷諸
郡縣深山窮谷宣上德意延問流民父老皆忻然願附
籍為良民傑於是大會湖陝河南三省撫按藩臬合謀
僉議籍流民得十二萬三千餘戶皆給與閑曠田畝令
其開墾以供賦役建置郡縣以統治之遂割竹山之地
置竹溪縣割鄖津之地置鄖西縣割漢中洵陽之地置

白河縣又陞西安之商縣為商州而析其地為商南山
陽二縣又析唐縣南陽汝州之地為桐柏南召伊陽三
縣使流寓土著參錯以居又即鄖縣城置鄖陽府以統
鄖及竹山竹溪鄖西房上津六縣之地又置湖廣行都
司及鄖陽衛于鄖陽以為保障之計經畫既定乃上言
謂民猶水也水性之就下猶民之秉彝而好德也襄鄖
從之黨豈皆盜耶設若置立州縣簡經賢能輕徭薄賦
先以羈縻其心佩犢帶牛漸以化成敗俗則荊榛疆土
入貢於版籍之間反側蒼生安枕於閭閻之下撫安之

策莫良於此因薦鄧州知州吳遠為鄖陽知府諸州縣皆選才以充復慮新設郡縣漫無統紀薦御史吳道宏才德優裕堪代已任總治三省　上悉從之擢道宏為大理少卿撫治三省八府州縣遂帖然安堵論者皆頌原傑之功云

撫治鄖陽都御史

弘治二年七月陞福建布政使戴珊為副都御史撫治鄖陽

正德十二年十月改都御史王縝撫治鄖陽縝先巡撫南畿諸郡上疏乞省內臣以慰民望數事不報至是改撫治鄖陽聞　上欲幸武當諸郡預備供億動以萬計有求活虎豹以獻者悉令罷之

按荊襄流逋自元已然山深土沃嵌湖廣四川陜西之間劉千斤野王剛藍鄢老人廖麻子何淮喻思俸徐學楊文政李胡子小王洪等擾續無寧時自撫治鄖陽之設寂然樂土流逋不特為避逃計實所以利之自終南一帶東至荊襄其地饒肥閑曠物產天然之利貧無育者亦合招安不得棄諸無用但恐雜以不逞之徒故曰撫治其藩臬員曰撫民蓋善撫則無事矣

參贊軍務都御史

正統元年三月上命兵部左侍郎柴車參贊陜西軍務先是虜酋朶兒只伯擁衆入寇鎮番副總兵劉廣往援遇虜而退虜隨逼涼州廣閉門不出虜大掠而去廣奏功徼賞車劾其罔上不法諸事請寘之法又劾奏寧夏守將失律詔各械繫至京下獄朝廷以車公嚴執法可

當師帥之任故有是命仍以白金文綺賜之

正統四年八月松番用兵以王翺巡撫四川贊理軍務

景泰三年三月以右僉都御史李秉參贊宣府軍務總督邊儲秉既抵任請銀三萬兩買牛給貧乏軍民耕種秋成償其價軍民樂業邊餉充足時北虜以剽掠男婦易米朝議每大口米一石小口米五斗虜不從秉曰是重物而輕人也每口與米一石總兵官以為碍例秉曰何忍使吾赤子為夷人耶專擅之咎吾任之悉如數與之後聞帝以秉為是

天順五年八月起前都御史王竑參贊甘涼軍務時西師未解而京師有變大軍未可輕出李賢請起用竑俾與兵部侍郎白圭分道督兵禦虜竑等至邊虜引退

河道都御史

景泰四年冬十月以左諭德徐有貞為右僉都御史遣治張秋決河有貞先名珵以倡南遷之議為太監金英所鄙遂累被薦不允乃為陳循推筭星命循以玉帶一東謁循曰珵推公命玉帶當至矣故敢以獻循納之遂

教之曰汝當更名無使内家習知庶朝廷忘前議而薦可允也乃更名有貞至是遂舉治河有貞又求循舉入閣不得因啣之

弘治六年三月擢浙江左布政使劉大夏為右副都御史督治決河先是河復決楊家金龍等口東衝張秋堤命工部侍郎陳政治之政卒乃命大夏

提督南贛汀漳軍務都御史

正德十一年正月王守仁為僉都御史巡撫南贑汀漳

正德十二年七月王守仁請加提督軍務從之

按南安在西贑州在東贑州東南為汀州汀州東南為漳州贑州南為惠界龍南縣山峒接惠州三浰寨安遠縣東過登頭嶺即汀州府武平縣安遠縣南過打鼓嶺皆惠州山峒南安縣南二十五里過梅嶺為南雄南安西過橫水桶岡聶都山為桂陽州奉人溪峒連接郴州桂陽州以都御史總轄有以也

巡視都御史

正統七年八月以僉都御史曾穆巡視江南

成化元年八月命僉都御史吳琛巡視民瘼

弘治十五年正月江西盜起勑都御史林俊巡視江西兼督軍務俊至榜示許盜自新抵新昌親入賊巢賊首王五率衆出營擒四十餘賊自效賊黨解散遂改巡撫庶務一新尋以憂歸江西人皆攀轅不忍其去

鎮守都御史

宣德十年九月以陳鎰為右副都御史鎮守陝西兼督

延寧邊備

正統元年二月以僉都御史王翺鎮守江西

正統六年二月以僉都御史王翺鎮守陝西

正統十年十二月右都御史王文鎮守陝西

正統十四年九月擢兵部郎中羅通給事中孫祥並為副都御史分守居庸紫荊等關

景泰元年正月以副都御史軒輗鎮守浙江兼理鹽課

景泰四年正月改侍郎耿九疇為副都御史仍鎮守陝西以陝西左布政使許資言侍郎鎮守與巡按御史不相統攝文移輒碍故也時詔陝西市羊角為上元燈九疇上疏畧曰昔宋神宗買浙燈蘇軾諫止今買羊角製燈無乃類是書曰不矜細行終累大德 上遂止

成化二十二年十月命都御史賈俊鎮守臨清先是浙江叅政夏寅疏言國家兩京並建其勢宜常合以制天下徐州地連山東饑饉無聊宜加振卹臨清南北咽喉宜遴大臣有實望者鎮守二邦訓兵屯田示天下形勢廷議是之乃出銀四萬兩賑徐州

練兵都御史

宣德十年十月以羅亨信為僉都御史練兵平涼

馬政都御史

弘治十五年十月以都御史楊一清提督陝西馬政

鹽法都御史

正德元年五月以王瓊為副都御史總督鹽法

正德十年八月以僉都御史王雲鳳清理兩浙鹽法尋致仕

捕盜都御史

正德四年九月劉瑾以御史甯杲敢毅捕盜有功皆陞為僉都御史專督捕盜

按漕運之有都御史自王竑始兩廣之有總督文臣自王翺始鄖陽之有撫治自原傑始江南之有巡撫自周忱始汀漳撫臣之提督軍務自王守仁始陝西之有鎮

守都御史自陳鎰始巡撫侍郎之兼都御史自耿九疇始

御史

洪武四年閏三月以兵部尚書劉真為治書侍御史

洪武二十三年八月改鑄監察御史印先是既分察院為河南等十三道每道鑄印二其文皆曰繩愆糾繆守院御史掌其一每道御史分巡印藏於内府有事則受印以出復命則納之至是副都御史袁泰言各道印篆

相類乃命改其制守院印十三如浙江道則曰浙江道監察御史印餘道並同其巡按印則曰巡按浙江監察御史印餘印亦如之惟浙江江西直隸府州縣事繁劇每道置印十餘皆五

洪武三十一年十二月謫監察御史解縉於河州初縉舉洪武戊辰進士以中書庶吉士改御史累上封事指斥時政兵部尚書沈溍疾之　太祖謂縉年尚少命其父挈歸鄉里臨行語之曰十年後来朕必用汝未及期而　太祖崩縉遂奔喪京師時縉母喪未葬父年九十矣有司以非而詔旨謫河州衛吏或言其為左右所中云以曾鳳韶為監察御史

永樂八年十二月上諭蹇義曰御史國之司直必有學識達治體廉正不阿乃可任之前以刀筆吏為之知利不知義知刻薄不知大體前之由吏為御史者爾吏部悉罷之繼今風憲更不得用吏著為令

洪熙元年四月擢儒士吳訥為監察御史　五月上諭少師蹇義曰御史朝廷耳目之官惟老成識治體者可任新進小生遽受斯職未達政體而有可為之權遇事風生以喜怒為威福以好惡為是非甚者貪穢無籍賢

人君子正直不阿往往被其変辱小人阿順從諛則相與為膠漆其於政事得失軍民利病畧不用心安在其為耳目也爾吏部自今須慎選擢既又嘆曰都御史十三道之表如都御史皆廉清公正各道御史雖間有不才亦當知畏憚今之不才者無畏憚矣爾其咨訪可任都御史者以聞

宣德元年十二月以太和山佃戶陳祚為監察御史

宣德三年八月都察院右都御史顧佐奏監察御史嚴

愷等三十二人俱宜黜降　上命貪淫不律者發遼東各衛充吏不達政體若降典史老疾者罷為民　顧佐奏監察御史多缺訪舉進士鄧棨等十四人監生程富等十一人聽選教官方端等二十人志操端謹堪任御史　上曰風憲固當用端謹者亦須有才猷方稱未可遽受此職俱令於各道歷政三月爾察其言考其賢否第為等朕將選擇任之

宣德五年十月嚴皚伏誅皚初為南京御史數受賕御史劉弘道奏黜之皚賂左都御史劉觀得復職右都御史顧佐劾御史之貪淫無恥者十餘人而皚為之首俱謫吏於遼東各衛皚不受役潛逃至京仍造詞脅取財物　上命三法司鞫之奏皚所犯應死上命戮於市

景泰五年五月御史鍾同以言事死杖下

天順元年二月贈御史鍾同大理寺丞　勅都察院掌院事右都御史耿九疇考察諸御史　六月十三道御史張鵬楊瑄周斌等糾中官石亨曹吉祥不法事下詔獄俱謫戍遼東鐵嶺衛事具宦官石亨等本末中

天順八年三月復前御史楊瑄張鵬官

成化六年八月兩京御史員缺吏部請循舊例選行人進士中文學優長年貌相宜者理刑試職　上曰御史職司風紀糾察百僚自非學行老成之士鮮有不變亂黑白者今可遵憲綱選用務在得人凡以科目進身歷任三年者不限內外皆用之

按監察御史有分道道無專官一人嘗兼數道河南道獨掌內外官考察之事十三道各奏其職監察內外百司糾劾官邪大班露章面劾或封章奏劾凡差在內京畿道刷卷及巡視京營提學巡倉巡庫巡視光祿巡青

恤軍監課在外巡按清軍刷卷巡鹽巡河巡關巡茶印馬屯田捕盜督糧勘事征行則監軍紀功各以其事凡差三等點差上二人奏差上一人劄差不請上諸差巡按為要

河南道考滿

成化十三年七月兵部主事陸容六年考滿御史張蕙掌河南道因私忿考容有兩京從仕公不勝私之語容不能平亦奏蕙心術陰險倫理有虧下吏部容竟從考

稱

巡按御史

洪武十年七月詔遣監察御史巡按州縣入辭　上諭之曰近日山東王基不務正論乃用財利之術以惑朕聽今汝等出巡事有當言者須以實論列勿事虛文凡為治以安民為本民安則國安汝等當詢民疾苦廉察風俗申明教化處事之際須據法守正務得民情惟專志以立功勿要名以取譽朕深居九重之中所賴以宣

布條章申達民情者皆在汝等汝其慎之

永樂元年二月命監察御史分詣各布政司巡視諭之曰朕居深宮在下之情不能周知爾等為朝廷耳目其用心咨訪悉行具奏利有當興弊有當革亦悉以聞

永樂二十二年十一月遣御史湯濙等十四人分巡天下考察官吏

宣德七年七月蘇州知府況鍾言憲綱有云御史所至之處博採諸司官吏廉勤公謹者禮之薦之汙濫姦佞者威之糾之勸懲得體人自畏服至於御史與在外官相見禮儀及凡迎詔勅詣學校皆有一定禮制比來各處公差御史多有逆越禮分各府知府亦自顧闒茸貪暴畏其糾劾諂諛拜跪甘受詈辱間有奉法持已不肯阿屈者御史輒求小過擅作威福使賢良不安於位而邪佞得以苟全伏乞禁約　上命禮部同翰林院會議申明

正統四年三月逮巡按湖廣御史陳祚祚按湖廣上言遼王不軌數事　上怒遣官械繫下錦衣獄論死未幾王事自覺乃宥之戍南京雲南道御史

景泰五年十二月謫福建巡按御史練綱為邠州判官再徙甘州前衛經歷時福建官臺山民聚為盜綱趣兵捕其渠魁而釋其脅從於是與諸司相忤按察使楊珏奏其縱盜當道亦多忌綱遂致還謫綱適遭父喪自是遂不復出矣

成化四年七月巡按江西御史趙敔言府州縣官徵派糧差分理爭訟未免結怨於民朝廷建置風憲以糾察百僚必須激揚有道然後清濁分而公道明江西俗尚健訟有司官稍不順情者動輒揑詞告害其風憲官之忠

厚正大者必先察其賢否以為行止其用意深刻者惟欲張威干礜不復顧惜人才一槩逮繫甚至刁民自知所告不實潜行遠避致將被告者久稽不結受害殊甚誠恐各處亦有此弊請嚴禁之都察院議敬言有理洞悉人情宜行各處巡按御史及按察司官今後按臨所屬地方務先詢察官員賢否體訪事情虛實不許逞威肆暴一槩凌辱則賢否庶有分别而詞訟得以少息矣

查刷御史

宣德元年六月上御奉天門諭左都御史劉觀曰中外文武諸司文卷已遣御史照刷其內府諸衙門皆有錢糧出納近聞其弊甚多即選能幹御史率監生於東華門外廡下取各監局文卷簿籍詳加磨勘有隱匿錢糧虛冒支給者悉以聞

巡察屯鹽御史

永樂十四年九月初令御史巡鹽

宣德二年正月上命行在戶部申明屯田之法因謂侍臣曰今海內無事軍士量留守備餘悉屯種所收足以給衣食則國家可省養兵之費且軍士平日不習勞苦遇有征調畏懼艱難即思逃避使之屯種服勞農隙習武亦無驕惰之患我皇祖臨御深用意於此勸懲考較皆有成法所以食足兵強朕以為立法固善尤在任用得人其令兵部移文所司選老成軍官提督屯田仍命風憲官以時巡察

宣德六年五月遣御史一人經理山東屯田

景泰二年正月勑御史練綱巡視兩淮鹽課自是權貴

中鹽者斂戢

成化十三年八月詔留巡鹽御史雍泰撫恤兩淮竈丁

清軍御史

宣德四年十月遣御史李立清軍立銳意得軍為功凡軍戶絕者必取同姓人酷刑使承

正統三年六月大學士楊士奇楊榮楊溥上言今遣御史清軍有以陝西山西山東河南北直隸之人往南方清邊補伍者有浙江閩廣川湖之人往北邊補伍者其

水土不相習北人苦於瘴癘南人苦於嚴寒多致死亡深為可憫又西北二邊急於防守而其地勇壯之人乃發戍南方自今邊卒清觧發戍宜從南北所宜庶幾人宜水土兵政有備詔廷臣議行之時兵部侍郎鄺埜掌部事曰此舊制不可紊稍有變易恐啟弊端咎將誰歸竟寢君子謂三楊之議是矣未免循以專柄為嫌而不果於行若鄺埜則硜硜自守而不達時宜者也

按清軍宣德間始遣差科道正統間乃批差道盖必道而後能周行而叢設天順初定差三年勾攝查行盖非

三年不能及省遠者歸遲以為不便嘉靖五年詔住差十一年事例撥造總冊勾单限期送部發各地方故定例五年一差但以完銷軍单回道十七年後之差則踈於例期天下所衛之不振雖欲充之而未有益弊案之更子孫雖欲釐之而失其緒更當於有差之外圖之

巡京通倉各草場光禄寺十庫象牛羊等房御史

宣德九年十二月命御史分投巡視京通倉各草場光禄寺甲乙等庫象牛羊等房禁革奸弊一年一代云

成化四年十二月調御史邵有良為四川蒲江知縣時有良巡視光禄寺以光禄寺費出無經諭所司具報實數署吏遲之不報有良杖之中官回保素惡有良執法誣奏有良素報各宫日用之數事涉不敬　上大怒命杖之調外任

成化五年八月廣西道御史李璿言臣巡視甲字等庫看得各處解納錢糧有數少而其來自遠者如四川儀隴縣解成化四年分生漆二斤五倍子十斤其直為銀四錢而間關道路凡四閱月其費將十倍請自今凡課

程數多者許州縣徑解少則送府或布政司類解璿又言臣覩內庫所藏弓矢動以億萬計其間弓之漆角觧脫矢之翎榦蛀蠹者既多積於無用而有司續解者亦惟取其文移以致吏民並緣為姦弓矢多不犀利有警何所資藉臣請申飭所司必使用心如式造解仍於歲辦額內量減十之一二或取其直為脩整之費或徵其材為成造之資庶上下財用不乏而內外之姦弊可除矣事下工部覆奏以定制不容增損惟命所司如式督造而已

按薛應旂曰嘗監收太醫院藥材亦各處解戶通同本院官吏濳收價值將舊積藥材掩映亜直內庫而已此類寔多安得如李瑢者一一言之也言亦勿用可如何哉

憲章類編卷之三十三終

憲章類編卷之三十四

察言司

洪武三年置察言司設司令尋革至十年始改爲通政
使司

通政使司

洪武十年七月置通政使司掌出納諸司文書敷奏封
駁之事曾秉正爲通政使

洪武十二年十二月　以東宮侍書張紞爲通政左參
議翰林脩撰逄原霖爲右參議
革除建文元年二月改司爲寺通政使爲通政卿通政
參議爲少卿寺丞增置左右補闕左右拾遺各一人五
月以監察御史戴德彝爲左拾遺
靖難後復爲通政使司使一人左右通政各一人謄黃
通政一人左右參議各一人
弘治六年三月内旨以通政司經歷高祿爲本司參議
王恕言祿出自科目自可遠到而越次超升恐非所以
愛之唯以天下之官待天下之士勿以親戚妨公義事
乃止

大理寺

洪武三十一年九月以馬京爲大理卿
革除建文二年十二月以鄒瑾爲大理寺右寺丞　大
理卿馬京坐事謫肅政按察司副使
革除建文三年二月大理左右少卿汪善聞良輔坐
事調河南湖廣肅政按察司副使以鎮江知府薛嵒補

闕胡閏爲大理左右少卿
永樂三年九月改吏部左侍郎陳洽爲大理寺卿
永樂二十二年十一月召前峽山縣知縣弋謙爲大理
寺右少卿謙初爲御史巡按江西言事剴切　上心識
之故有是命
洪熙元年二月大理少卿弋謙數言事呂震劉觀謂其
賣直沽名令御史劾謙誣罔　上雖不聽而心猶不懌
命弋謙但坐司治事並不許朝參
正統八年四月下大理寺少卿薛瑄獄瑄以山東提學

僉事召拜少卿至是爲中官王振所害遂下獄免歸

景泰二年二月大理寺丞薛瑄乞致仕不允

景泰四年九月召薛瑄爲大理寺卿

天順七年十二月以王槩爲大理卿

成化七年八月刑科給事中白昂等言大理寺以審錄罪囚叅詳罪名蓋欲刑歸有罪不陷無辜良法美意具載諸司職掌至爲詳密比者大理寺審錄有詞稱寃人犯駁回再問者多行令謂問者少及巡按巡撫官并在外衙門詳議所屬申詳囚犯內有情弊者亦皆駁回再問致被偏執已見不與辯明多用非法重刑鍛鍊成獄囚人慮其駁回必加酷刑雖有寃枉不敢再言今後乞命在外法司使遵諸司職掌事例行之叅審所屬申詳囚犯中間如有問招不明擬罪不當及有詞稱寃者俱聽改調別衙門官員問理不許仍行原問官鍛鍊成獄如此則刑罰適中人無寃枉而酷暴者知所警矣奏下三法司議如所言從之

弘治十六年五月大理寺副李承芳卒承芳湖廣嘉魚人舉進士授評事進寺副以講學明道爲務常謂今之天下者莫如學校科舉儒先註疏可一切廢棄當直探孔孟之奥聞者莫察其意指爲狂惑而承芳自信不疑尋謝病去與其弟舉人承箕講學于黄公山蔬食屢空相顧自得也承箕早謝會試不仕以理學著聞

按大理寺洪武吳元年置設卿少卿丞評事元年革十四年復置二十九年又革三十一年九月建文又置改寺爲司卿爲大理卿左右寺正爲都評事寺副副都評事司務都典簿靖難後盡革建文官制惟大理復爲寺卿少卿丞評如故寺卿一人左右少卿各一人左右寺丞各一人其屬司務二人左右二寺各寺正一人寺副一人評事四人監生三十二人吏三十五人　洪武三年置磨勘司有令左右丞凡諸司刑名錢糧有寃濫隱匿者稽其功過以聞洪武十四年設審刑司屬大理寺凡刑部十三道五軍斷事官按囚覆問移審刑司評駁十九年

六科

洪武六年九月設六科給事中

洪武二十二年三月改給事中魏敏卓敬凡八十一人爲元士後復改爲給事中

洪武三十年四月陞刑科給事中張思恭爲刑部右侍郎人有暮夜以金遺思恭者思恭却不受其人委金而去詰旦思恭言於朝　上善思恭有守遂陞其官仍以其金賜思恭

革除建文三年十二月龔泰爲禮科都給事中

永樂三年七月改江西道御史汪俊民爲刑科給事中

永樂十四年十二月陞戶科都給事中胡濙爲禮部右

侍郎

永樂十九年五月陞給事中柯暹御史何忠鄭惟桓羅通等俱爲知州時暹等應詔言事頗訐直　上嘉納之然其詞侵工部尚書李慶等慶等不能平數請於上罪之上曰敬天故求言今罪言者是逆天可乎又曰朕於今欲聞過古之明王皆獎直言今汝數請罪之是欲朕爲何如主且彼所言汝等過失若誠有即因而改之豈不有益果若無之於汝何損今罪之將重其名而益朕與汝等之過矣慶等慚而退然上猶慮慶等或害之故悉陞外任

永樂二十二年九月　改淮府長史王榮爲吏科左給事中荆府長史曹曼齡爲翰林脩撰二人侍上於春宮凡書表奏及機務文字悉專之至是不欲其去近侍故有是命

宣德元年七月命六科給事中凡内官内使傳旨諸司皆須覆奏時中官奏旨傳之六科輙令徑行諸司　上聞之即下法司治因諭給事中曰爾官近侍職在紀注凡朕一言一令或令内使傳出者爾當備錄覆奏再得

旨而後可行庶幾關防欺蔽不然必有詐偽者爾等自今恪謹乃職不許依阿隨附

宣德四年二月吏部奏六科給事中駁出河南浙江等布政司及諸府縣幷土官等衙門奏本字有洗補錯謬者皆屬不敬其布政使蕭省身等官俱應逮問　上曰此治文書者之罪官則一時倉猝失點檢耳俱勿問

八月　上諭六科給事中曰朝廷置給事中所以出納命令封駁章奏朝政闕失民情休戚皆得言之非他職比也朕嗣承大統期于庶政脩和爾等尚思委任之重

夙夜在公庶幾朝無失政官無廢事不惟國家有賴爾亦有聞於後矣其懋勉之

宣德六年十一月降刑科給事中李芳為浙江嘉興府海鹽縣丞　上每退朝御便殿與大臣議事芳直前言洪武中百官朝退凡大臣奏事必給事二人與俱所以防弊上顧謂侍臣曰芳言是芳退輒自矜每見百司所為事少不如意卽詣上前言之衆皆側目至是上亦惡其訐故有是命

成化五年正月刑科給事中蕭彥莊劾奏不實降四川

永寧驛丞未幾署大寧縣事科罰過重為怨家所殺

按中書尚書官尊得門下省相為持衡惟漢武宣以任宦者弊於褻成帝以吏士人弊於輕晉宋而來以屬相臣弊於合隆光武事歸臺閣則繼之者弊於尚書任重魏置祕書令監典尚書奏事則中書密勿弊於尚書疎遠東晉南北朝天子以侍中常在左右弊於權歸門下唐武德中門下省置政事堂開元後移政事堂於中書省皆先議同而後行之宋宰相兼統三省以三省為空官元以中書省為都省弊於和光而無建　白呂公著司馬光請三省合班奏事分省行遣議者謂既同進呈不應自駁已行之命蓋無補於事宋宰相權合三省所籍後省給舍尚存參復之意元豐制則以給舍為宰相屬官由是風采茂聞我朝

太祖深識此意重六科封駁與天子抗議而特卑其銜超越前古之見其能一洗諸弊　初設科官始示名元士又名士源蓋言繫之重也弘治前以進士筮仕注銓意在初出山人無世情入心必能恪守成法率眞不懼弘治十五年馬公文升題議始開行人博士兼除之例而

推官知縣行取入選則正德中始也蓋法與時更事由諳得有不可以強一者夫道於科言責同而政本之在科尤為關繫道選多途眞是舊例然又加以試事科之未有處雖後例通融亦終未之悉國初新進士分習九卿衙門各衙門朝夕親試堂上官以其通敏諳歷纇出者咨銓司首充科選是以得人有以　六科各都給事中一人左右給事中各一人給事中吏科四人戶科八人禮科六人兵科十人刑科八人工科四人監生六科四十人六科凡臣民題奏下讀而署之駁正其違失凡

制勑宣行大事覆奏小事署而頒之有失則執奏封還凡百司官非其人政失其理露章班劾或封章奏劾凡日朝六科輪一人侍殿廷左右執筆記旨凡大事廷議大臣廷推大獄廷鞫掌科預焉凡旨下東科類吏科西科類兵科日早朝進揭帖凡諸司題奏日附科籍五日一註銷覈稽緩朝參門籍六科流掌內官傳旨下補奏得旨而後施行之

尚寶司

成化十三年十月陞御史戴縉為尚寶司少卿縉欲得都御史及是命下悻悻不樂縉諂事太監汪直具疏請復西廠遂有是命士論鄙之

成化十四年五月以尚寶司少卿戴縉為右都御史掌院事　按尚寶司國初為符璽郎正七品後置尚寶司正三品洪武元年改正五品今卿一人少卿一人司丞三人恩廕寄祿無常員監生六人卿職在禁廷守寶璽符牌印章而辦其所用有事請於內既事奉而藏之

寶璽

按寶十四曰奉天之寶以鎮萬國祀天地用之曰　皇帝之寶以冊封賜勞用之曰　皇帝信寶以徵召軍旅用之曰　天子之寶以祭享鬼神用之曰　天子行寶以封賜夷蠻用之曰　天子信寶以調發番兵用之曰制誥之寶以識誥命用之曰勑命之寶以識勑命用之曰廣運之寶以識黃選勘籍用之曰御前之寶以進御座從車駕用之曰　皇帝尊親之寶以答賜宗人用之曰敬天勤民之寶以訓廸有司用之凡用寶捧寶從寶洗寶尚寶司官與印綬監內官俱

令牌金牌銅符銅牌符驗

按尚寶司所掌凡宮守侍衛令牌之號六曰申曰木曰火曰土曰金曰水以警夜巡金牌之號五曰仁曰義曰禮曰智曰信以嚴守衛凡半字銅符之號四曰承曰東曰西曰北巡者左半守者右半合勢而從事焉凡銅牌之號一曰勇以稽衛卒凡雙魚銅牌之號二曰嚴以肅直衛曰善以潔祀壇凡符驗之號五曰馬曰水曰達曰通曰信以給傳郵通制命

牙牌

洪武十一年三月始製牙牌給文武朝臣

洪武十六年九月磨勘司奏增朝官牙牌律詔從之

正德六年十二月優人臧賢者有寵能軒輊榮辱人縉紳或趨附之因請改牙牌製如印文爲方者吏部侍郎傅珪不可召老優吏事者詰曰爾優敢亂法爾寵可常保否果爲此爾禍無旣矣優乃戢而聽命

按牙牌之號五曰勲曰親曰文曰武曰樂以祭朝參

祭牌

按祭牌之號三曰陪曰供曰執以謹祀事凡陪郊廟者帶之

中書科

永樂十四年十二月陞中書舍人沈粲爲翰林院脩撰

景泰二年十月中書舍人何觀調外任時觀辨事文淵閣奏言大臣如尚書王直胡濙等正統中皆阿附權姦今此輩老猾不宜在左右及言北虜來朝宜驅置于南方下科道看議以聞吏科給事中毛玉爲奏稿謂觀誣陷大臣擅開邊釁宜正觀罪等語同列林聰葉盛皆勸玉易稿不從盛曰朝廷大開言路未嘗罪一言者雖罪觀猶令我曹看議蓋甚盛德也君獨不念劉球之事乎球之死人至今以王振爲恨此諸君所親見也雷霆之下萬一不測是我曹爲之而成朝廷不容直言之名且諸君亦言官獨不爲他日計乎玉意解乃稍易數語奏上詔令錦衣衛杖觀調外任明日盛道遇錦衣二

鎮撫語及杖觀事皆曰彼何可深罪杖惟具數耳是武臣猶知事體毛玉言官顧獨覬望云

成化四年十二月中書舍人黄瑝等奏本朝置中書舍人紀錄綸命書寫誥勑在朝廷爲近侍之臣永樂宣德間皆以進士舉人爲之陞擢亦異比年來有由勳舊錄用者有由技術乞恩報効者猥以白丁冐居清秩名器之濫莫此爲甚請自今除中書舍人一如永樂宣德間例下吏部覆奏從之仍定其陞進之格進士舉人出身者陞員外郎主事其他光祿寺署正著爲令

按中書舍人本屬中書省洪武七年置直省舍人從八品九年改中書舍人正七品十年隸承勅監監省革改從七品建文中改侍書入文翰館靖難後復故今中書舍人二十人恩蔭寄禄及文華殿門東房内閣誥勅制勅房分直者無常員監生三十五人　中書舍人無正貳印屬資深者掌書誥勑冊符鐵券凡草請翰林院審請諸内府左券寳籍歸諸古今通集庫凡誥勑勘合籍以急就章爲號凡誥勑之號四曰仁曰十二支曰文行忠信曰千字文字以千號爲滿滿則續

中書選科道

正德元年十二月以中書李憲改選給事中憲與劉瑾同鄉瑾謂中書由進士出身者當與博士行人一體選科道遂以憲選科而中書得預科道之選自此始

太常司

洪武元年置太常司

洪武三十年正月改太常司爲寺官制仍舊

太常寺

永樂二十二年九月黜太常少卿周納爲交阯所屬知府納永樂中爲祠祭郎中嘗上疏請封禪不許未幾丁憂至是來朝　上曰諛佞之人宜置遠外不可以玷朝班遂有是命

成化二十二年七月太常少卿劉淳東廠緝其弊競于尹旻父子謫爲郴州知府

弘治十六年十月以張元禎爲太常卿兼翰林學士

按太常寺洪武元年置稱司正三品洪武二年置神牲所設廩儀令大使副使四年革神牲所十二年置神樂觀二十四年設各祠祭署奉祠祠丞三十年改司爲寺建文中改卿爲太常卿少卿寺丞今卿一人少卿二人提督四夷館少卿一人其屬典簿二人博士二人神樂觀提點一人知觀二人協律郎二人贊禮郎九人司樂二十八人天壇祠署奉祀一人祀丞二人地壇祠祭署奉祀一人祀丞一人祈穀殿祠祭署奉祀一人祀丞一人祖陵皇陵孝陵長陵獻陵景

陵裕陵茂陵泰陵康陵十一祠祭署各奉祀一人祀丞二人楊王徐王墳各有奉祀犧牲所吏目一人吏十一人　提督四夷館少卿掌譯書之事以聽于翰林院凡八館曰韃靼曰女直曰西番曰西天曰回回曰百夷曰高昌曰緬甸以國子監生譯字兼官民子弟時校其業裁俾進焉

光祿司

洪武三十年正月改光祿司為寺官制仍舊

光祿寺

宣德五年二月光祿寺廚役訴其寺官竊減外夷供給通政司以聞　上命刑部侍郎施禮執而治之且諭禮曰光祿之弊不止此自祖宗以來飲食供給皆有定規今擅自增減應給之人率不得凡得者率非應給之人惟虛立案牘以掩人目宜究治之因顧侍臣曰毋謂飲食細故不干大體昔華元殺羊享士羊斟不與遂致喪師勾踐投醪於江與衆共飲人心感悅遂成霸業以此而論所繫豈輕

正統十一年八月吏部尚書王直侍郎趙新曹義掌光祿寺事

成化二年九月光祿寺以供應不足奏添歲費禮部言正統間本寺雞鵞羊豕之類歲費不過三四萬天順以來增至十六七萬費用過多暴殄天物莫此爲甚宜從元年正月詔例令本寺裁節冗費歲用不得過原定之數庶不靡耗民財

成化四年七月兵科左給事中陳鉞等奏近光祿寺遣人於街坊市物不復計直槩以勢取負販者不幸遇之輙號呼痛哭如被刼掠臣惟國家富有四海凡光祿寺

所供用者既有天下州郡歲辦之額又有上林苑監進納之數昔皆足用於今何獨不然若非宮掖間宣索過額必是供應者侵漁妄費伏望念京師根本之地憫生民負販之難自今上供之數務從節約嚴飭供應之人不許侵漁遇有買辦依時估價兩平交易如仍前強奪許巡城御史訪察治罪疏入上納其言命戶部議行

弘治十六年五月兵部尚書劉大夏應詔陳言盡罷光祿寺無名供億歲百萬計

按光祿寺吴元年置宣徽院尚食尚禮二局設院使

同知院判典簿統二局明年改光禄寺正四品移太常寺供需庫隷之洪武四年置法酒庫設内酒房大使副使八年改寺爲司陞從三品置大官珍羞良醖掌醢四署署設令丞監事又設孳牧所局庫俱革三十年復爲寺改署令爲署正又設司牲局改孳牧所爲司牧局建文中改卿爲光禄卿少卿寺丞分左右陞少卿從四品省署丞二人增監事二人靖難後復故令光禄寺卿一人少卿二人寺丞二人其屬典簿二人録事一人大官珍羞良醖掌醢四署各署正一

人署丞四人監事四人司牲局大使一人牧局大使一人吏二十五人　寺中牲菓菜雜物取之上林苑不給市諸民視時估十加一凡市直季支天財庫錢鈔大官供祭祀宫膳節筵給夷濟貧之事珍羞供膳茶飯之事良醖供獻殿膳宫均給内外官人夷匠之事掌醢供祭祀茶飯齋禱之事司牲司牧皆養牲

國子監

洪武三年六月定大學生資格

洪武三年十二月以侍講學士魏觀爲國子祭酒編脩宋濂爲司業

洪武四年七月司業宋濂坐考祭禮遅滞謫知安遠縣

洪武六年五月以河南府學訓導開濟爲國子助教

洪武十二年三月　上聽朝之暇延諸儒臣賜坐便殿講論治道時國子學官李思廸馬懿緘默不言　上惡之勑諭國子師生曰賢者以學爲本推而行之有裨於國家無愧於所學俾善名立於兩間斯成其爲賢也若懐詐自私上無助於君下無益於世朕何頼焉如李思

廸馬懿者朕以其學官日召同游期在嘉言善行啓朕未明輔朕不足乃終日緘默旁有講說者因而問及不過就他人之辭以對未嘗獨出一言豈朕昏昧不足以聞耶抑朕之禮未至耶何訪之以道而不相告也及遣侍東宫欲其發明古帝王之道以匡弼輔賛而緘黙如故無異事朕之時其懐詐甚矣昔孔孟懐聖賢之道恨不得用世以拯生民故歴聘列國至老不倦今思廸等發身草野一旦與人君同游殿庭之上人君躬就問之而緘默如此學孔孟者果如是乎孔子入周廟見金人

三緘其口曰此古慎言人也蓋謂非法之言耳若理道之辭果宜禁乎且思廸等事朕如此其肯盡心訓國子生乎朕諭爾等自今爲師爲弟子者一以孔孟爲法以副朕責望之意愼毋如李思廸馬懿之爲也

洪武十三年十一月以儒士宋訥爲國子學助教

洪武十四年四月命國子生兼讀劉向說苑及律令

洪武十五年四月以儒士吳顒爲國子監祭酒　十月貶助教吳伯宗爲陜西金縣教諭初遷伯宗爲太常丞辭至是進司業又辭故貶行至淮召還擢爲檢討十一

月上命禮部官脩治國子監舊藏書板

洪武十六年正月以文淵閣大學士宋訥爲國子祭酒

洪武十九年七月國子博士吳沉以老疾乞致仕許之沉（字濬仲金華人）故元國子博士師道子也洪武十二年薦授翰林院待制歷陞東閣大學士考功劾其怠事降爲侍書尋改國子博士至是致仕

洪武二十三年二月丁酉國子祭酒宋訥卒訥大名滑縣人登元至正癸卯進士知鹽山縣入國朝爲國子助教陞翰林學士改文淵閣大學士轉國子祭酒嚴立學規諸生知敬　上特厚眷之至是以疾終命賻祭遣使護其柩歸葬復命其子復祖爲司業

洪武二十四年二月擢河間府景州學學正胡季安試國子祭酒

洪武二十六年四月陞大名府滑縣學訓導宋復祖爲國子司業復祖故祭酒訥之仲子

洪武二十八年七月詔國子生曰孔子作春秋明三綱叙九法爲百王軌範脩身立政備在其中未有舍是而能處大事決大疑者近諸生專治他經者衆至於春秋

鮮有明者繼今宜習讀以求聖人大經大法他日爲政臨民庶乎有本

洪武三十一年七月建文以王紳爲國子監博士紳（字仲縉先翰林）待制禕之子也禕使雲南爲元孽梁王所殺時紳年甫十三聰敏過人善屬文與兄綬事母盡孝及母卒哀毁踰禮未幾綬亦歿紳煢煢憂患中綜理生業而傑然負奇志暇日益取經史百氏窮其指歸宋濂一見器之曰子克有後矣蜀獻王聞其賢幣聘賓禮教授蜀郡紳痛父遺骸未返丘壟白其情事王憫之給道里費以行至

雲南訪求不獲即死所哀奠號慟幾絶道路悲之至是
給事中徐誠御史黄凱薦之遂有是擢
洪武三十一年八月增國子監司業一員
永樂二年五月禮科言國子監祭酒徐旭書奏不謹當
降　上問吏部尚書蹇義曰徐旭爲人何如義曰有文
學持守而於人寡合上曰持守之人固當寡合蓋其中
有所主而不能脂韋依阿於外况兼有文學宜置之近
侍遂命爲翰林脩撰九月以左諭德胡儼爲國子祭酒
永樂三年正月國子祭酒胡儼請申明洪武中所定學
規從之　二月賜國子監雲南天全六番招討司等處
官民生高虎等五十人夏衣
永樂五年六月助教王達卒達（字達善無錫人）自縣學訓導以
薦陞國子助教　上即位用姚廣孝言陞翰林院編脩
再陞侍讀學士達謙和恭慎爲文章以詩名上問建文
君過失事達對曰可與爲善但輔導者非人故誤之耳
達卒年六十五命有司歸其喪
洪熙元年二月命國子祭酒胡儼爲太子賓客仍兼祭
酒致仕

宣德二年秋七月改翰林侍講陳敬宗爲國子司業
宣德八年三月殿試進士畢禮部尚書胡濙同大學士
楊士奇楊榮選舉人二十四人以聞　上命舉人俱賜
冠帶給訓導俸送國子監肄業
正統六年閏十一月以李時勉爲國子祭酒
正統八年七月中官王振惡祭酒李時勉守正誣構傾
擠傳旨荷枷國學門諸生石大用上章願以身代號哭
奔走闕下者數千人命釋之遂乞致仕去　八月致仕
國子祭酒胡儼卒年八十三儼（字若思南昌人）洪武二十年鄉
舉明年中乙榜授華亭教諭時年尚少抗立師道以學
行率諸生内艱服闋改長垣薦知桐城入爲翰林檢討
直内閣歷諭德祭酒掌翰林院加授太子賓客致仕家
居沉潛理學玄養日粹晩年益有得云
正統九年春正月新建太學成先是太學循因元陋吏
部主事李賢上言國家建都北京以來太學日就廢弛
佛寺時復脩建舉措舛錯何以示法天下請以佛寺之
費脩舉太學以示養賢及民之意從之至是太學成
上臨視祇謁先聖行釋奠禮京師翕然快覩

正統十一年三月大師英國公張輔等奏曰臣等皆武夫不諳經典願賜假詣國子監聽講上許之命以是月三日往祭酒李時勉命諸生講五經各一章講畢設燕諸侯伯皆列坐惟輔與時勉抗禮諸生歌鹿鳴之詩薄暮始散

正統十二年二月祭酒李時勉乞致仕許之以蕭鎡爲國子祭酒

景泰元年四月國子祭酒致仕李時勉卒年七十七謚文毅時勉名懋以字行安福人永樂二年進士庶吉士

授刑部主事召脩書進翰林侍讀十九年以言事下獄二十一年出獄復職洪熙宣德初累上疏觸怒下獄正統三年進學士陞祭酒觸王振怒幾不免乞致仕平生操行脩潔嚴以持己恕以待人蓋剛方正大之士云

景泰七年正月帝用人多密訪於于謙時缺祭酒翰林徐有貞屬意補之以門生楊宜爲謙內姻托爲懇請謙曲意從之因中官以達於上　上宣謙至文華殿辟左右諭之曰徐有貞雖有詞華此人存心姦邪豈堪爲祭酒若從汝用之將使後生秀才皆被教壞了心術謙無所對惟叩頭謝過及退汗出浹背有貞竟不之知自是遂銜謙矣

成化三年三月國子祭酒邢讓等奏祖宗以來欽降監規周備歲久恐致遺失乞鐫石樹立本監中門外使師生人等永遠遵守從之

成化六年十月放國子監生歸原籍以聽取用時吏科給事中程萬里言饑民流集京師米價騰踴吏部聽選官及監生不下萬餘率多缺食故准回籍

成化七年三月翰林脩撰耿裕爲國子司業時侍郎祭

酒司業缺員命吏部舉學行老成者各二人於是尚書姚夔舉山東布政雷復與廣東布政張瑄可任禮部侍郎養病侍郎李紹與南京祭酒王僎可任祭酒裕與脩撰鄭環可任司業且言國子養賢之地風化所關祖宗立法至嚴擇官尤慎如宋訥以碩德重望爲祭酒劉崧以致仕吏部尚書署司業自是以後如胡儼陳敬宗李時勉俱師範可尊近年人不以此官爲重而居是官者亦不知所以自重以致監規廢弛放肆無忌乞命禮部申飭監規崇重祭酒司業俾作新風化庶於賢才治道有賴

詔吏舉各二人以盡一時之選既用復裕而驛召紹于
江西召命未至而紹已卒云
成化十二年十二月陞司業耿裕爲祭酒
成化十六年八月陞國子祭酒丘濬爲禮部右侍郎仍
掌監事
弘治三年十二月以林瀚爲國子祭酒
弘治十二年八月謝鐸以禮部侍郎掌國子監
正德三年十一月禮部侍郎掌國子祭酒事謝鐸致仕
十二月起前江西提學副使蔡清爲國子祭酒未至

卒清福建晉江人平生好學至老不倦家極貧雖位至
四品恒貧於人以自給云
正德四年四月以王雲鳳爲國子祭酒
正德五年二月致仕禮部侍郎國子祭酒謝鐸卒鐸浙
江黃巖人以進士庶吉士歷官前職孤介廉直取與進
退一斷於義雖未究其素志而激貪立懦蓋大有足尚
云
正德五年九月以石珤爲國子祭酒
正德八年九月以王瓚爲國子祭酒

按國初爲國子學正四品設博士助教學正學錄典
樂典書典膳吳元年添設祭酒司業典簿改典膳爲
掌饌洪武八年置中都國子學十五年始改國子學
爲國子監從四品十六年車駕時時臨視以故監官
不得中廳而坐中門而行二十六年革中都國子學
建文中陞監丞爲堂上官增司業二人省博士學正
學錄增助教十七人靖難後復故今祭酒一人司業
一人其屬監丞一人博士五人助教十五人學正十
人學錄七人典簿一人典籍一人掌饌一人吏四人

勳臣領國子監事

洪武十六年正月命曹國公李文忠兼領國子監事諭
之曰國學爲育才之地公侯之子弟咸在焉雖講授有
師然貴游子弟非得威望重臣以莅之則恐怠於務學
故特命卿兼莅其事必時加勸勵俾有成就

分序撥歷

成化十一年十月國子監生三百六十一人奏臣等皆

發身科貢近有納粟入監者一千五百餘人率多幼稚而撥歷及在臣先乞從宜處分必在學曾爲廩膳者方可與臣等相兼撥歷於是納粟監生亦奏以爲臣等皆出自學校有曾經科舉者朝廷以邊儲缺用下輸粟入監之例初不以長少年齒論也俱下禮部議科貢乃祖宗舊典納粟實一時權宜况納粟送監其復班之日多在科貢者入監之先若仍緣舊規以次取撥是使納粟者得以遂捷取之願而科貢者不能無淹困之嗟宜勅國子監於此兩途酌其多寡分序撥歷議　上從之

國子監會饌錢鈔

成化七年三月禮部侍郎邢讓國子祭酒陳鑑司業張業並除名國子監舊有會饌椒油錢鈔輸納者多後期師生不得時給出監則委而去之致有餘積監中相循以爲公用讓前爲祭酒凡造作等類一切任意爲之不立案稽考迨遷禮部鑑代其任亦循其舊給事中成實丘弘皆嘗言及至是掌助教事檢討葉時等訐典簿王允發其事下刑部請逮讓等置對詔不許讓等各上奏申辯科道據時所奏交章劾之詔併逮讓等下刑部遣官覈實凡鈔三十三萬六千五十八貫錢一百四十九萬九千餘文俱無歸着刑部遂以監守自盜坐讓論斬贖爲民典簿王允亦以倉糧受賂充軍

廕子入監

成化元年正月國子助教李伸上言五事四曰廕大臣之子大臣非有過犯子孫應錄用者當先入國子監讀書習禮考其知所嚮往然後如例廕補上命議行

成化三年三月初因前代任子之制居官一品至七品皆得廕子至是命在京三品以上官許廕子孫一人入監

成化十八年五月　故刑部右侍郎林鶚子薇乞爲國子監生　上不允仍諭禮部曰廕敘大臣子孫所以崇德報功示激勸也其間或有容身保位無益於時者恩典何可泛及今後在京三品以上官果政績顯著者廕一子亦必能通經書大義乃許入監毋容一槩濫授

成化二十一年十月南京刑部侍郎陳儼子泉乞恩爲

國子監生不許再勑所司今後大臣子孫乞恩入監須
審其父祖歷任久而政聲著者方許奏聞

外戚親屬入監

成化十年四月駙馬都尉馬誠乞録其兄誥爲國子監生詔許之後不爲例都給事中霍貴等言國學乃首善之地教化之原惟科貢之士及大臣恩廕子弟得肄業其中馬誥身非科貢父非大臣而馬誠爲乞恩入監祖宗以來未聞弟爲駙馬而兄得録用者也誠之狎恩蠹

政誥之當緣求進俱當論罪詔既准入監姑已之

外夷子弟入監

成化十八年夏四月琉球國中山王尚眞奏乞以陪臣子蔡賓等五人於南京國子監讀書禮部按舊例以聞
上曰遠夷嚮慕文教朕甚嘉之先朝已有舊制其令蔡賓等南監肄業有司歲給服饌俾知中國禮儀永遵王化

成化二十二年三月琉球國中山王尚眞咨禮部官生蔡賓等五人在南京國子監肄業已經五年乞放回本國省親禮部覆請　上曰昔陽城在太學諸生三年不歸省者斥之其卽放回以遂其定省之私

羣牧監

洪武六年二月改羣牧監爲太僕寺

太僕寺

弘治十年二月以考功郎中儲瓘爲太僕少卿

弘治十八年二月　陞太僕寺少卿儲瓘爲本寺卿瓘

疏上馬政便民者四事悉見施行語在太僕寺誌中

按太僕寺初爲羣牧監洪武六年改爲太僕寺其在北平者爲行太僕寺永樂六年又設北京苑馬寺領六監二十四苑十六年革馬歸北京行太僕寺牧民間凡領府衛州縣三百六十八年改太僕寺洪熈元年復稱北京行太僕寺正統六年定爲太僕寺南京太僕寺卽國初羣牧監也洪武六年移滁州今太僕寺卿一人少卿三人寺丞八人其屬主簿一人常盈

庫大使一人吏二十二人少卿三人一提督京邊一提督東路一提督西路寺丞分理諸路京衛畿府山東河南六郡孳牧寄牧三年更

國制馬政掌在太僕其法凡牧人皆視其丁產而授馬蠲其役賦乏則更凡孳牧軍民皆有種馬馬有牝牡牡十二牝十八牝牡五歲徵馬一曰備用馬齊其馬力以給京邊將士將士足寄牧於畿府土非所宜及人民耗散或征馬金輸兵部市馬凡馬肥瘠登耗籍其毛齒而時省之三歲太僕寺偕御史一人印烙選其良健而汰

其羸劣凡草場歲徵其租金災祲出佐牧人市馬凡租金恩蠲或災蠲馬及馬金災蠲不得恩蠲即蠲必轉移相抵不得虧軍賦主簿勾省文移常盈庫貯馬金

鴻臚寺

洪武三十年正月改儀禮司爲鴻臚寺

按鴻臚寺國初爲侍儀司從六品洪武九年改爲殿廷儀禮司設使副承奉鳴贊序班十三年革承奉增司儀十九年更使爲司正副爲左右司副三十年始改鴻臚寺正四品外夷通事亦隸焉建文中改卿爲鴻臚卿少卿寺丞左右靖難後復故今卿一人左右少卿各一人左右寺丞各一人其屬主簿一人司賓司儀署各署丞一人鳴贊八人序班五十四人吏八人　卿掌朝會賓客吉凶禮儀之事少卿寺丞爲之貳主簿典出納移文司賓署典四夷朝貢酋渠領從辨其等而教其拜跪之節司儀署典陳設引奏禮儀皆丞領之鳴贊贊禮凡內贊通贊對贊接贊傳贊各供其事序班侍班齊班糾儀引入舉案及傳贊

行人司

洪武二十七年三月陞行人司爲正七品左右司副爲從七品行人爲正八品凡設官四十員咸以進士爲之先是所任行人多孝廉人材上以其將命四方往往不稱使指至是始命以進士爲之凡齎捧詔赦奉使外夷諭勞賞賜祭祀徵聘賢才賑濟饑荒整點軍馬等事則遣之餘非奉旨諸司不得擅差行人之任重矣

按行人司洪武十九年置正九品設行人左右行人

尋改行人爲司正左右行人爲司副更設行人三百
四十五人二十七年改正七品定行人員三十六人
建文中并行人司於鴻臚寺靖難後復故今行人司
正一人司副二人行人三十六人監生四人吏一人
司正司副坐司凡須行詔赦冊封宗藩撫諭番夷徵
聘賢才及賞賜慰問賑濟軍旅祭祀敘差爲凡法司
讁戍囚徒送五府者填精微繳內府

大都督府

洪武三年十一月命曹國公李文忠領大都督府事頴
川侯傅友德吉安侯陸仲亨濟寧侯顧時臨江侯陳德
六安侯王志榮陽侯鄭遇春江陰侯吳良南雄侯趙庸
同知都督府事
洪武四年八月改製用寶金牌付中書省與大都督府
各收掌之凡有詔急令調軍省府各出所藏金牌入內
請寶如大都督府先奉旨亦如之其有不行約會者以
姦臣論
洪武十二年七月曹國公李文忠自陜西還命掌大都
督府事
洪武十三年正月分大都督府爲中左右前後五軍都
督府

五軍都督府

洪武二十五年春正月癸未朔　上諭五軍都督府臣
曰天下衛所分兵屯種者咸獲稼穡之利其令在屯軍
士人樹桑棗百根柿栗胡桃之類隨地所宜植之亦足
以供歲歉之不給爾五府其徧行程督之

革除建文元年十二月掌中府事駙馬都尉謝達署左
府事孝陵衛指揮使黃鉉右府都督僉事陳春掌前府
事駙馬都尉耿瓛掌後府事駙馬都尉君清以衷義爲
右府都督僉事
永樂七年三月右軍都督僉事平安卒安滁州人父定
從　高皇帝起濠梁克元都戰沒安襲職以功擢右軍
都督僉事　上舉兵靖難安率衆拒戰被擒特宥爲北
京衛督僉事至是暴卒
成化二十一年二月都督同知陳逵卒逵應天六合人

神廕授忠義左衛指揮同知景泰初賂結中貴屢進都督同知天順初于謙遭極刑是時羣兇氣焰可畏乃獨收謙屍歛葬君子取其一事云

弘治元年八月以都指揮王欽梁宏爲都督僉事時太監李良典御廝爲欽宏乞陞得之武選郎中陸容上疏極論都督武官極品體勢甚重不宜授無功及非人而良等招權市恩當正典刑疏兩上竟奪其新命士論壯之

一按國初立大都督府皇姪文公爲大都督節制中外

諸軍事以其權太重尋設左右都督都督同知都督一僉事洪武十三年又以其權統于一衙門設中左右前後五軍都督府分領在京各衛所在外都司衛所其在京錦衣等親軍上直衛又不隸五府若有征討一之役以公侯伯及三等真署都督充總兵官名曰掛印將軍其在外鎭守地方武臣原無掛印至洪熙元年二月始頒各鎭總兵叅將佩印總兵六人雲南黔國公沐晟征南將軍大同武安侯鄭亨征西前將軍廣西鎭遠侯顧興祖征蠻將軍遼東武進伯朱榮征虜將軍宣武都督譚廣鎭朔將軍甘肅都督費瓛平羌將軍叅將四人交趾榮昌伯陳智都督方政征夷副將軍寧夏保定伯梁銘都督陳懷征西將軍後設薊州淮安總兵皆在畿內不得掛印稱將軍

左右都督各一人都督同知二人都督僉事二人恩功寄祿無常員其屬經歷一人都事一人監生五十人吏一百四十五人府各領其都府衛所以達於兵部凡武職流官世官土官襲替優給優養所衛都司上府引奏送兵部請選移府下都司衛所凡首領官

聽吏部者給由選授亦如之凡武職誥勑旗役併鎗水陸步騎操練俸糧屯糧器械舟車賞賜聲息軍情勾者補邊腹畫圖貼說薪炭荊葦之事分移所司而綜理之經歷典出納文移都事佐之

都督撫治屯營

成化六年七月右軍都督僉事李泉撫治屯營

副副將軍

洪武三年春以信國公徐達爲征虜大將軍李文忠馮勝爲左右副將軍鄧愈湯和左右副副將軍北伐六年五將軍統兵備山西北平諸塞當時蓋有副將軍又有副副將軍後遣征南諸將以參將代副副將軍

掛印總兵

弘治十五年十二月甘肅副總兵魯麟自先世歸附居莊浪之西其大同部落甚衆麟結納變近求爲掛印總兵不得遂棄官歸大同不臣之風漸聞于京師　上召

劉大夏問曰何以處之對曰亦聽其歸耳上曰恐彼恃其部落爲亂奈何對曰聞麟貪酷失下心去其兵權無能爲矣麟家積黃金數十萬使使至大夏願竭貲取掛印大夏語其使曰麟苟篤忠貞且國家名將何掛印之足言今歸未旬月遽求起用不可麟竟怏怏病死

按凡天下要害之地不係一郡者設所係一郡者設衛勢重則衛多其尤重者設鎮特官主之總鎮一方者爲鎮守獨鎮一路者爲分守各守一城一堡者爲守備與主將同處一城者爲協守又備倭提督提調巡視等官稱掛印專制者爲總兵次爲副總兵爲參將爲遊擊

都督江彬錢寧等

正德七年十月以邊軍入衛京師大同遊擊江彬因此得入京尋致寵幸

正德八年十月以都督錢寧掌錦衣衛事寧本内臣家人有寵于　上賜姓朱

正德十年五月浙江左布政使方良永劾奏朱寧鬻鈔

害人時寧黷貨無厭以鈔二萬發浙江十一府易銀三萬餘兩良永上言今四方羣盗甫息瘡痍未瘳邊塞多虞浙東西諸郡自冬徂春雨雹爲災待哺之民嗷嗷千里此何時也臣苟隱忍不爲陛下言之則已歛之財必入朱寧之手而民心傷矣民心傷則邦本動搖陛下寧不爲之寒心乎臣惟朱寧籍寵以來陛下之賜予無算四方之饋遺不貲篋笥之中必不少此又不病狂喪心何乃爲此負恩之賊伏乞陛下割偏私之愛下之詔獄明正典刑仍乞急行巡按浙江監察御史將已歛鈔銀

盡給還民則民怨猶可慰解臣死且甘心倘不以臣言爲然置之不問日復一日尾大不掉必蠶食軍民肆無厭之求有出於尋常所不料者陛下於是時悔之晚矣疏入朱寧頗懼乃委過下人遣衛卒追所發鈔而以償銀還之民時寧怙寵恣横舉朝無人敢言者獨良永亟攻之寧憾之不置良永三上疏乞致仕

正德十一年十月兵部奏都御史彭澤擅啓邊釁奏上朱寧内批褫職爲民先是澤與言官論及朱寧輒忿曰吾恨不手刃此奴兵部尚書王瓊因以語寧又招澤來

匿寧屏後瓊激怒之澤復大罵寧由是銜之

正德十二年八月江彬與邊將許泰劉暉等皆有寵于上賜姓朱氏號外四家與　上在豹房卧起狎近而彬寵尤盛屢導　上出宮遊戲事具出游類

十月　南京吏科給事中孫懋上疏言自古國家信用姦邪未有不爲所禍者都督朱彬以梟雄之資懷憸邪之志自緣進用以後專事從諛導非或游衍馳驅或聲色貨利凡可以蠱惑聖心者無所不至去年導陛下幸南海子幸功德寺又幸昌平等處流聞四方驚駭人聽今又導陛下出居庸關既臨宣府又過大同以致引惹虜寇深入應州等處與之交戰使當時各鎮之兵未集狂虜之衆沓來幾何不蹈土木之徃轍哉是彬在一日則爲宗社一日之憂故議者皆曰容一江彬國之安危未可知也疏上不省

十二月　上出游還京封左都督江彬爲平虜伯許泰爲安邊伯先是上出游大同值虜寇應州諸邊將擊去之彬等冒應州功

正德十四年七月錢寧以交通宸濠下獄籍其家

正德十五年正月上在南京時江彬等統領邊軍數萬扈從彬恃恩跋扈傲很無人臣禮下視公卿潛懷不軌喬宇爲南京兵部尚書獨任留守機務諸司皆倚之爲重宇鎮之以静每事稍裁抑之彬亦敬憚不敢甚肆一日彬遣兵官索各城門鎖鑰城中驚駭督府遣人謀于宇宇曰守備者所以謹非常城門鎖鑰孰敢索亦孰敢與雖天子詔索何督府乃以宇言拒之竟寢彬每假傳旨有所求索日或數事宇每得旨必請面奏彬計遂不行

正德十六年三月皇太后懿旨誅江彬籍其家黃金七十櫃銀二千二百櫃金銀首飾五百一十箱金銀湯盞四百餘錦綉珠玉珍寶不可勝紀隱匿奏本數百件

京衛

按在京上二十二衛曰錦衣曰旗手曰金吾前曰金吾後曰羽林左曰羽林右曰府軍曰府軍左曰府軍右曰府軍前曰府軍後曰虎賁左是爲上十二衛其金吾左金吾右羽林前三衛本北平三護衛所改者

曰燕山左曰燕山右曰燕山前曰大興左曰濟川曰通州本北平都司衛是爲上十衛凡二十二衛名親軍指揮使司曰騰驤左曰騰驤右曰武驤左曰武驤右是爲四衛亦名親軍指揮使司曰武功中曰武功左曰武功右以匠故隸工部曰永清左曰永清右曰彭城三衛長陵景陵獻陵裕陵茂陵泰陵康陵七衛爲陵衛並不隸都督亦不稱親軍曰留守左瀋陽左瀋陽右驍騎右鎮南龍虎六衛隸左府留守右虎賁右武德三衛隸右府留守中神策和陽應天四衛牧馬千戶所隸中府留守前龍驤豹韜三衛隸前府留守後武成中神策後忠義左忠義右忠義前忠義後義勇前義勇右大寧前大寧中蔚州左會州富峪寬河興武鷹揚神武左十九衛隸後府留守五衛者本國初都鎮撫司總領禁衛改爲留守五衛專巡察守衛京衛隸都督府者上府移兵部親軍衛直達兵部凡入營者聽京營文武大臣督理

拱衛司

即後錦衣衛

洪武甲辰設拱衛司領校尉隸都督府尋改拱衛指揮使司又以拱衛司類古衛尉寺改都尉司

都尉司都尉府

洪武二年定爲親軍都尉府統中左右前後五衛軍士而儀鑾司隸之

洪武十五年罷都尉府及司置錦衣衛親軍指揮使司鎮撫司理衛中刑名南鎮撫司兼管軍匠後添設北鎮撫司專理詔獄

錦衣衛

洪武二十年正月焚錦衣衛刑具先是天下官民有犯者俱命屬法司其有重罪逮至京者或令收繫錦衣衛審實情辭用事者因以非法凌虐　上聞之怒命取其刑具悉焚之以所繫囚送刑部審理

革除建文元年十二月選募謀勇以中年人楊本爲錦衣衛鎮撫沅州人周拱元爲所鎮撫

洪熙元年二月改兵部右侍郎張信爲錦衣衛都指揮

同知子孫世襲信英國公張輔從兄也　上嘗問輔所親輔以信對遂有是命

天順元年正月論隨駕功擢鎮撫哈銘百户袁彬並爲錦衣衛指揮僉事以千户盧旺彦敬爲錦衣衛指揮使先一日石亨引二人侍於文華殿前　上問曰此二人者何人亨對曰臣有機密事必與二人謀他人不知如迎　陛下復位時皆與之謀其功實多乃特擢二人爲指揮使自是求請無虛日冒報功陞職者至四千餘人錦衣之濫自此始

天順二年六月上一日屏去左右召李賢言政治得失賢因言今天下百姓頗安惟有一害　上曰何害賢極言錦衣官校差出抄提罪人勢如狼虎所至貪求無厭有司不勝其擾　上曰此害誠然今後非大故重事不差既而左右貴近有譖賢妄言者上因疎賢復密察錦衣官校皆得其實尤有甚於賢所言者遂召其指揮戒之曰今後差人敢有似前者必重罪不宥旬日復召賢待之如初

天順五年二月錦衣衛指揮緝江西弋陽王敗倫事涉

虛　上召李賢曰宗室中豈願有此醜事彼初咸以爲實今却謂無以此觀之其餘所緝枉人多矣賢曰誠如聖論上因言法司明知其枉畏避此輩不敢辯理賢曰乞自今詔諭法司但有枉者悉與之辯不許畏勢避嫌上曰然遂召法司戒飭之賢曰清平之世若刑獄枉人實傷和氣陛下明見如此斯民幸甚

天順七年八月錦衣衛指揮僉事袁彬下獄尋釋之調南京錦衣衛時都指揮門達有寵總督官校緝事兼鎮撫問刑權傾中外橫恣羅織人莫敢言惡袁彬質直不

阿自計得以進言于御前者惟李賢與彬二人而已謀排去之乃使邏卒摭拾彬陰私數十事上之　上欲法行不以彬沮諭之曰從汝拿問只要一箇活袁彬還我彬既下獄達拷掠欲置彬死罪有彩漆軍匠楊暄者憤然不平上疏言昔者駕留虜庭獨彬以一校尉保護聖躬備嘗艱苦今卒然付獄乞御前審錄則死無憾并條陳達不法二十餘事擊登聞鼓以進　上令達逮問達逼暄令供李賢主使暄懼拷死于獄乃陽諾曰此實李閣老教我爲之但我言於此無人証見不若請會多官

廷鞫我對衆言之彼無得辭達信之遂以聞命中官會法司官訊于午門暄大言曰死則我死耳何敢妄指李閣老鬼神昭鑒此實門指揮教我攀指也達失色計沮彬遂得從輕調南京暄亦得免　按黄瑜曰石亨欲陷徐有貞得馬士權不屈而免門達欲陷李賢以楊暄不屈而免世曷嘗無義士哉主使之套今猶襲用之豈成憲然哉賢之不爲有貞特天幸爾吾於二義士有感

天順八年二月錦衣衛都指揮門達下獄謫戍南丹衛召袁彬復舊職先是達掌詔獄任情張威大興羅織遣官校徧行郡縣緝訪事情有犯者即遣官屬拘逮所至狼籍天下騷然至是言官劾達欺罔故殺諸大罪數十謫戍煙瘴達卒死謫所

成化十年十二月都御史李賓等奏錦衣衛鎮撫司累獲妖書圖本舉皆妄誕小民無知往往被其幻惑乞備錄其妖書名目榜示天下使愚民咸知此等書决無証驗傳習者必有刑誅不至再犯奏可

成化十二年九月妖人李子龍伏誅兵部言錦衣衛官校孫賢等俱都指揮袁彬提督能捕獲妖賊例應陞賞

詔命袁彬孫賢等各陞一級

成化十三年三月錦衣衛旗校捕寧晉縣人王鳳等譖與瞽者康文秀於臨清縣人于源家謀逆拜受妖書僞職以緣事知縣薛方致仕通判曹鼏與鳳同縣預其謀發隸卒圍其家搜檢無驗榜掠誣伏方鼏先後令子壻擊登聞鼓稱冤鼏故學士鼐之弟事下法司時西廠緝事旗校以捕妖言圖官賞無籍者多爲贋書誘愚民行事者捕之加以法外之刑冤死相屬無敢言者至是都察院奏擬妄報妖言者坐斬　上曰自後但遇冤抑者

必推情審辯不許成害無辜

五月太監懷恩傳旨錦衣衛副千戶吳綬令於鎮撫司同林巒問刑綬貌陋心險頗通文移詞翰

成化十四年始給印分司得直達

成化十四年八月陞錦衣衛問刑副千戶吳綬爲指揮僉事仍掌鎮撫司事

成化十五年五月調錦衣衛掌鎮撫司事指揮吳綬于南京錦衣衛以指揮趙璟兼掌司事綬初附汪直得用事後知不容於公議凡文臣下獄非其罪者不加箠辱

遂忤直意爲所斥去

成化十九年冬十月錦衣衛帶俸都指揮使王時除名隨居安陸時前威寧伯越次子

弘治四年十二月錦衣衛都指揮使朱驥少保于謙壻也天順初坐累謫戍邊成化初得還任二年以兵部薦陞指揮僉事尋掌錦衣衛印奉勅兼理機密糾察之務驥爲政不苛時重妖言禁凡株連波及者悉置不問司衛事二十餘年善始令終君子稱其老成得體敦厚不刻云

按錦衣以任權制親軍二十一衛府軍等二十一衛以衆勢制錦衣合親軍二十二衛并武功永清彭城七陵衛與五府兵適相當爲彼此相維之局祖宗微權非人所能易識東廠之設二流並事鎮撫逕奏不由堂勘上直巡綽親軍相兼奉　旨逮繫必給刑科駕帖都察院批文譏察所獲必下部議皆所以繩其專也北鎮撫非祖宗之舊乃置衛後之添設成化十四年鑄印比原設鎮撫司印增一之字十司者即十百戶所司五所各有十司此正設衛本意以其親之

故重之故儀鑾上五司尤親而重之蓋其爲上殿司弓箭而下則已略云洪武十五年自儀鑾司改置所隸有將軍力士校尉等役其職專掌直駕侍衛巡捕等事有重囚下本衛鎮撫司推鞫二十年以非法凌虐罪其官毀其刑具所繫囚改送刑部二十六年申明鞫刑之禁罪囚俱送法司永樂後任遇漸加而聲格因以爲異二鎮撫司專理刑名洪武制不得用參語送刑部擬罪發落則廷尉之評亦未嘗得而撓之也弘治十三年令法司將東廠錦衣衛送到囚犯從

公審究有枉即與辯理不許拘定成案　錦衣天子親軍不容不盛只其官置廢能關涉本兵便得持衡之體

按緝捕官陞授朝廷之有親軍稽不執大事今錦衣所緝乃五城之邏職以國初事勞甚簡天順後門達袁斌朱驥等提督尚以十數年爲率奏請一次正德間葉廣錢鑑東廠王岳鄭旺一時更代一年奏請四次陞賞後雖定歲終類一奏其勞則瑣

衛凡十八所錦衣中左右前後五所領軍士五所各

分鑾輿擎蓋扇手旌節旛幢班劍斧鉞戈戟弓矢馴馬十司分領將軍校尉上中上左上右上前上後中後親軍分領將軍力士軍匠馴象所領象奴養象衛掌侍衛之事恩功寄祿無常員恒以都指揮都督領之凡將軍力士校尉分番護駕直宿巡察凡大朝常駕出入督設鹵簿儀仗凡皇城四門日夜番直巡警之凡盜賊奸宄街塗溝渠密緝而時省之凡奉旨鞫獄錄囚勘事與三法司從事凡比試併鎗得監視鎮撫司掌衛刑獄兼理軍匠添設鎮撫二人別印分司專理詔獄獄成直達上下法司覆擬經歷典出納文移吏百五十九人　霍韜曰天下軍衛一體也錦衣等衛獨稱親軍備禁近也復使之兼刑獄不亦甚乎夫天下刑獄付三法司足矣錦衣衛復橫撓之越介冑之職侵刀筆之權甚非所以養氣節也昔光武崇高節名義之士滿東都以扶漢鼎宋祖敦廉恥刑法不加於衣冠忠義之徒爭死沒世今江西事變死者不過四人而已而猶不知所以養之可乎士夫有罪顧使官校當衆執之脫冠裳以就鎖梏屈體貌以聽

武夫朝列清班暮幽汚獄則氣由此折盡矣雖或察其情而恕之使之復披冠帶然武夫悍卒得以指之曰某也吾辱之矣某也吾得辱之矣有志之士不其自汚此豪傑所以多山林之思變故所以少節槩之士也昔漢文帝以賈誼一言士夫遂不加刑戮曾謂主上盛德顧肯讓文帝乎自今乞令錦衣衛勿治刑獄東廠勿預朝儀士夫有罪宜謫則謫宜廢則廢宜誅則誅宜贖則贖勿加笞箠勿加鎖梏以培養廉恥以激勵節義此於世教甚非少補蓋救人心振士風

之至切者也

五城兵馬指揮司

洪武元年設兵馬指揮司都指揮副都指揮知事尋改
兵馬指揮司指揮使副指揮知事城門設兵馬
洪武十年改兵馬指揮司指揮為指揮副指揮革知事
洪武二十三年定為兵馬指揮司正六品
革除建文元年二月改為五城兵馬司指揮副指揮為
兵馬副兵馬

永樂元年定為中東西南北城兵馬指揮司
按今五城兵馬司各指揮一人副指揮五人其屬吏
目一人吏六人指揮掌巡捕盜賊街道溝渠囚犯火
禁之事副指揮為之貳吏目受事發行

司天監

洪武元年四月改太史院為司天監
洪武三年九月改司天監為欽天監

欽天監

洪武十八年十一月築欽天監觀星臺于雞鳴山
洪武二十四年四月鑄渾天儀
天順四年閏十一月禮部右侍郎掌欽天監事湯序下
獄降為太常寺少卿仍掌監事時望後見月食欽天監
失於推算不行救護　上召李賢曰月食人所共見欽
天監乃失於推算如此因言湯序掌監事凡有災異必
隱蔽不言或見天文有變必曲為解說甚至書中所載
不祥字語多自改削而進惟遇天文吉事却詳書以進
且朝廷正欲知災異以見上天垂戒庶知脩省而序乃

隱蔽如此豈為臣盡忠之道賢曰自古聖帝明王皆畏
天變實同聖意序若如此罪可誅也於是下序獄降職
成化十一年四月欽天監五官靈臺郎劉伸奏自洪武
以來凡天象有變本臺官輒自具奏不用本監印信至
正統間監正彭得清等始變舊制具本監官俱故陰陽
官子孫繫專門之學所奏天象不據舊書以為占候今掌
監事太常少卿童軒出自科目以天象隱匿不奏又所
奏多增損舊書不以實對　上宥之命所占天象乃會
本封進

正德元年十一月杖欽天監五官監候楊源先是七月中源奏占候大角及心宿中星動搖天璇天璣天權星不明因勸上安居深宮絕嬉戲禁游獵罷芳馬嚴號令毋輕出入至是復奏言十月末占候連日霾霧交作爲衆邪之氣陰冒於陽臣欺於君小人擅權爲下叛上引譬甚力劉瑾怒揑旨楊源假以天象妄言禍福廷杖三十

正德二年八月杖欽天監五官監候楊源謫戍肅州死于道時源復奏自今年以來一向占候得火星入太微

垣帝座之前或東或西往來不一勸　上思患預防意在劉瑾也瑾將源疏留中不出召源面斥之曰你何等官要學作忠臣遂揑旨拿送錦衣衛着實打三十棍發肅州衛永遠充軍差官押送至河南河陽驛因傷重死馬妻段氏斬蘆荻覆屍葬于驛後源江西豐城人御史瑄之子瑄以劾曹石謫戍嶺外循幸生還源累疏獻忠不愧其父而身遂不免朝野悲之

按今欽天監監正一人監副二人其屬主簿一人春夏中秋冬官正各一人五官靈臺郎四人五官保章正二人五官挈壺正一人五官監候二人五官司曆二人五官司晨二人漏刻博士二人吏四人　凡日月星辰風雲氣色之變異監正率其屬而占候密疏上凡玄象圖書非其職不得預凡習業者分爲四科曰天文曰漏刻曰回回曰曆自五官正下至天文生陰陽人各專科習之凡觀象登臺臺四面面四人凡歲大統曆御覽月令曆七政躔度曆六壬遁甲曆並先期奏行下凡曆註上曆三十事民曆三十二事壬遁曆六十七事凡歲祭日先一歲會選奏上立春先

期候氣於東郊凡大朝賀設定時鼓于文樓報時鷄唱擊鼓各供其事凡日月交食先期算其分秒時刻起復方位上聞下禮部移內外諸司救護按占書條奏食不及一分回回曆雖一分以上奏而不救凡四季天象占驗曆御覽天象録以時奏上五官止專理曆法造曆司曆監候佐之靈臺郎辯日月星辰之躔次分野以占候天文之變凡瑞星妖星瑞氣妖氣考諸雜占保章正專志天文之變辯其吉凶之占挈壺正知漏刻孔壺爲漏浮箭爲刻以考中星分明之候

漏刻博士凡定時以漏更時以牌報更以鼓警晨昏以鐘鼓司佐之

曆日法

洪武丁未吳元年十一月太史院劉基率其屬高翼以所定戊申曆進　上命頒行之

洪武二年四月徵元回回曆官鄭阿里等十一人至京師議曆法占天象給廩賜服有差

洪武十年三月丁未　上與羣臣論天與日月五星之

行翰林應奉傅藻典籍黃麟考功監丞郭傳皆以蔡氏左旋之説爲對上曰天左旋日月五星右旋蓋二十八宿經也附天體而不動日月五星緯乎天者也朕自起兵以來與善推步者仰觀天象二十有三年矣嘗于天氣清爽之夜指一宿爲主太陰居是宿之西相去丈許盡一夜則太陰漸過而東矣由此觀之則是右旋此曆家亦嘗論之蔡氏謂爲左旋此則儒家之説爾等不析而論之豈所謂格物致知之學乎

洪武十一年九月欽天監進明年大統曆日　上御天殿頒曆于諸王百官

洪武十七年閏十月　欽天監博士元統言曆日之法其來尚矣蓋一代之興必有一代之制隨時脩改以合天道今曆雖以大統爲名而積分猶授時之數況授時曆法以至元辛巳爲曆元至今洪武甲子積一百四年經云大約七十年而差一度每歲差一分五十抄辛巳至今年遠數盈漸差天度擬合脩改臣今以洪武甲子歲冬至爲大統曆元而七政之源有遲疾逆順伏見不齊其理深奧實難推演聞磨勘司令王道亨有師郭伯

玉者精明九數之理若得此人推演大統曆法庶幾可成一代之制蓋天道無端惟數可以推其機天道至妙因數可以明其理是理因數顯數從理出故理數可相倚而不可相違也書奏上是其言

洪武二十六年七月欽天監監副李德秀言臣按故元至元辛巳爲曆元上推往古每十年長一日每百年消一日永久不可易也今監正元統改作洪武甲子曆元不用消長之法考得春秋晋獻公十五年戊寅歲距至元辛巳二千一百六十三年以辛巳爲曆元推得天正

冬至在甲寅日夜子初三刻與當時實測數相合洪武甲子元正上距獻公戊寅歲二千二百六十六年推得天正冬至在己未日午正三刻此辛巳為元差四日六時五刻有此不合今當用至元辛巳為元及消長之法方合天道疏奏元統言臣所推甲子曆實與舊法相同晷無差謬故敢上聞　上曰二說皆難憑只驗七政交會行度無差者為是

成化十七年八月　真定縣學教諭俞正巳上言曆象授時乃敬天勤民之急務後世曆法失差由不得古人隨時損益之常法也我　朝盡革前代弊政獨於曆法可議臣竊以經傳所載日月行天下之常度本曆元以步算又以陰陽虧盈之理求之以驗今曆謹詳定成化十四年戊戌十一月初一日己丑子正初刻合朔冬至日月與天同會於斗宿七度至三十三年丁巳十月初一日戊辰酉正初刻合朔冬至日月與天復同會于斗宿七度所謂氣朔分齊是為一章者也今將一章十有九年七閏之數冬至月朔閏月節氣年月日時逐月開坐編成一冊上進請勅該部精加考訂頒行欽天監從

宜造曆頒布天下詔以曆法已嘗稽定今奏有差所司其看詳以聞禮部尚書周洪謨等會堂欽天監事太常卿童軒集曆科官生與正巳參考講論竟日不能決洪謨等因奏正巳止據邵子皇極經世書及歷代天文志推算氣朔又祖述前代術家評論歲差之意言古今曆法俱各有差曾不知與天合雖差而可今正巳膠泥所聞輕率妄議請下法司治罪詔以正巳不諳事體妄議曆數錦衣衛其執治之

夏冬二至日夜刻

正統十四年己巳大統曆夏至冬至晝夜各六十一刻

按二至六十一刻識者以為用事大臣任私智廢曆法必有拔本之禍是年八月六師陷土木

按洪武吳元年太史院使劉基率其屬高翼等上戊申大統曆洪武元年改院為司天監又置回回司天監是年十一月徵元太史院使張佑張沂司農卿兼太史院使成隸太史同知郭讓朱茂司天少監王可大石澤李義太監趙恂太史院監候劉孝忠靈臺郎張容回回司天監黑的兒阿都刺司天監丞迭里月

實十四人二年又徵元回回曆官鄭阿里等十一人至京議曆法占天象三年定爲欽天監掌察天文定曆數

嘉靖初光禄少卿管欽天監事華湘言曆之來由黄帝訖秦末凡六改漢高帝訖漢末凡五改由魏文帝訖隋末凡十三改由唐高祖訖周末凡十六改由宋太祖訖宋末凡十八改由金熙宗訖元末凡三改然歷代長於曆者不數歲而輒差杜預曰陰陽之運隨動而差差而不已遂與曆錯夫所以差者由天周有

餘日周不足也天周有餘則天常平運而舒日周不足則日常內轉而縮天日之差於中星驗焉堯之冬至初昏卯中而日在虛七度虛者北方之宿則日行北陸躔於玄枵之子也今之冬至初昏室中而在箕三度箕者東方之宿則日行東躔於析木之寅也計今去堯未四千年而差五十度矣再以赤道考之勝國至元辛巳改曆天正冬至赤道歲差一度五十秒今退天三度五十二分五十秒也黄道歲差九十二分九十八秒今退天三度二十五分七十四秒也故洪武中漏刻博士元統上言我　朝承運以來曆雖以大統爲名而積分猶授時之數年遠數盈漸差天度以元辛巳辰元統上言時歲在洪武甲子僅一百四十年訖今則二百四十二年授時曆法每歲差一分五十秒約七十年差一度今合差三度餘矣年愈遠而數愈盈治曆者當隨時修改以求合於天否則曆必差是以正德戊寅日食庚辰月食時刻分秒起復方位多與欽天監推算不合夫古今善治曆者三家一曰漢太初曆以鍾律起二曰唐大衍曆以蓍策起

三曰元授時曆以晷影測就日體測之毫忽微渺不可得而遁者元史所謂自古及今推驗之精蓋未有出于此者今欲正曆而不登臺測影臣竊以爲皆空言臆見也宜及今冬至之前選諳曉本業善于書算者詣觀象臺晝夜推測日影赤道黄道中星分秒日計月書至來二冬至以驗二十四氣二至二分日月交食合朔弦望日躔月離黄赤二道及昏旦中星七政躔度紫氣月孛羅侯計都之類視元辛巳所求委有所差備録上覽乞勅禮部延訪四方有能知曆理

如楊雄善立差法如邵雍以潛智巧如許衡許守敬
者令其評定歲差以成一代之懿制

太醫院

洪武三十一年十月建文以戴元禮爲太醫院使元禮學于
朱彥脩以御醫事太祖大漸時常目之曰此人仁義
上記憶之故有是命
按國初爲醫學提舉司改太醫監又改太醫院設院
使同知典簿洪武十四年定爲正五品更設太醫院

令丞吏目御醫如文職授散官二十二年復院令爲
院使丞爲院判内府又有御藥房嘉靖中改爲聖濟殿
令院使一人院判二人其屬吏目一人御醫十八人
所屬衙門惠民藥局大使一人副使一人生藥庫大
使一人副使一人吏九人　凡烹調御藥同内官監
視合二服爲一俟熟均二器其一堂屬官繼嘗之内
官又嘗之其一進御

上林苑監

洪武二十五年議開上林苑北圖上　上曰妨民業不
可遂止
永樂五年設上林苑監正五品其屬良牧蕃育嘉蔬林
衡川衡水鑑典察左右前後凡十署各設典署丞錄事
洪熙元年以蕃育兼良牧川衡嘉蔬兼水鑑林衡典吏
四署皆并蕃育嘉蔬
宣德十年定蕃育嘉蔬良牧林衡四署
按令上林苑監左右監正各一人左右監副各一人
左右監丞各一人其屬典簿各一人良牧蕃育林衡

嘉蔬四署各典署一人署丞一人錄事二人吏六人
苑地東至白河西至西山南至武清北至居庸關
西南至渾河並禁圍獵典簿勾稽文移良牧牧牛羊
豕蕃育育鵝鴨鷄皆籍其牝牡之数而課孳卵焉林衡
典果實花木嘉蔬典蒔藝瓜菜皆計其畦町樹植之
數而以時苞進

行在府部

永樂元年二月　設北京留守行都督府行部國子監

以掌北平布政郭資掌保定府雒僉俱爲行部尚書
平安爲行都督僉事
永樂三年二月陞左通政朱濬爲北京行部尚書
洪熙元年三月命諸司在北京悉加行在二字復建北
京行部及行後軍都督府
宣宗十月擢儒士楊翥爲行在翰林院檢討
宣德元年四月以胡濙爲行在禮部尚書　冬十月復
李時勉行在翰林侍讀
宣德二年十二月陞王驥爲行在兵部右侍郎署事縛下

獄尋復任陞尚書
宣德三年八月革北京行後軍都督府及行部永樂初
建及遷都北京已置五府六部而行都督府行部猶存
至是革之
正統六年十一月詔京師各衙門除行在之稱永樂初
議遷都設六部等衙門各稱行在十八年定都于北除
行在二字其舊在南京者加南京二字洪熙初仁宗欲
都南京北京各衙門復稱行在至是宮殿完仍定都北
京復除行在二字遂爲永制

順天府

永樂元年二月改北平府爲順天府
成化八年冬十月　順天府尹李裕言本府所屬宛大
二縣多玩法之徒往往詐稱奉各衙門差遣挾勢囑託
又有詐稱內府催辦公務往各處司府州縣需索財物
乞勅都察院懸榜禁約有若是者無問眞僞械送法司
明正其罪庶使人知警懼奏下都察院如議行之
成化十七年八月順天府府尹杜謙奏請較定權量以

給民用從之
正德六年十二月以楊廉爲順天府尹
按順天府即北平府洪武二年置北平行省於北平
府已而改行省爲布政司北平爲會府靖難初改爲
順天府永樂十年陞正三品如應天府應天府本設
知府洪武四年改知府蘭以權爲府尹今府尹一人
府丞一人治中一人通判六人推官一人其屬經歷
一人知事一人照磨一人檢校一人庫大使一人所
屬衙門宛平大興二縣各知縣一人縣丞二人主簿

二人典史一人府學教授一人訓導六人正術正科各一人司獄一人都稅司大副使各一人宣課司四各大使一人或副使一人稅課司二各大使一人分司二各副使一人巡檢司四各巡檢一人大興縣遞運所大使一人批驗茶引所大使一人鐵冶所大使一人閘官三人倉草場大副使五十人吏三百四十八人府尹掌京府事府丞治中通判推官爲之貳歲攢實徵十歲造黃冊冊有民數田數凡賦役皆按冊丁産爲多寡繁簡之差三歲合試諸曹六館圻府諸

生而貢士月朔奏老人坊廂聽宣諭歲立春迎春進春耕耤田奉青箱隨播種於後三月一上勳戚家引帳

漕運司

洪武元年十月置京畿漕運司龍賁辟祥爲漕運使

憲章類編卷之三十四畢

外戚

洪武二年五月上遣封外王父爲楊王立廟京師御通天冠絳紗袍以祭祭畢召大臣問曰朕祭外王父卿等以爲不當服衮冕何也宋濂對曰衮冕惟祭天地宗廟用之餘則當降禮也楊王姓陳氏世爲維揚人不知其諱宋季隸籍軍伍從世傑扈從祥興帝駐南海至元己卯春世傑戰敗士卒多溺死王幸脫死達岸糧絕計無

所出同行者曰聞髑髏山有死馬共烹食之不識可乎王未及行疲極輙晝仆地睡夢一白衣人謂曰汝愼勿食馬肉今夜有舟來載也王恍惚中未深信俄又夢如初至夜將半夢中彷彿聞櫓聲有衣紫衣者以杖觸王曰舟至矣王驚寤身忽在舟中見舊所事統領官時統領已降於元將元將畏舟壓凡附舟者擲棄水中統領憐王亟藏之舟板下日取乾餱從板隙投之王掬以食又與王約渴則以足撼板張口向隙受漿居數日事將洩皆彷徨不安忽颶風撼舟元將大恐徧求禁祈者不可得統領知王能巫術遂白而出之王仰天叩齒若誥魘鬼神狀風濤頓息元將喜因飲食之至通州送之登岸王歸維揚避居盱眙津里鎮以巫術行王無子生二女長適季氏次即 皇太后晚以季氏長子爲後年九十九歲卒

洪武四年正月詔工部改建楊王廟于盱眙之墓所徐王廟于宿州之墓所

洪武九年七月以韓國公李善長長子李祺爲駙馬都尉尚皇長女臨安公主

革除建文元年二月進封江都郡主爲公主以儀賓耿璿爲駙馬都尉

永樂二年十一月陳瑛等劾奏駙馬都尉梅殷畜亡命出入其家者八十餘人又私匿韃靼人又與女秀才劉氏女爲邪謀乞正其罪 上曰梅殷朕自處之因命户部考定公侯駙馬伯應得儀仗户及從人數以聞命錦衣衛執殷所匿韃靼人送遼東

永樂三年十月盜殺駙馬都尉梅殷

景泰元年正月都督汪全恃威畹勢縱家人奪民田御

史朱英等劾之詔責全歸其田于民
天順二年正月加贈太后兄弟五人長孫繼宗㑹昌
侯次皆都督子孫數十人皆爵禄之又有爲其宗親求
恩澤者　上謂賢曰外戚[illegible]氏一門亦足矣太后之心
正不以此爲慰此者授其子弟官特清於太后數次方
允且不樂者累日曰有何功於國家濫受禄秩如此物
盛必衰一旦有干國憲吾不能救今若聞求恩澤必大
怒矣賢曰此太后盛德因問祖宗以來外戚不預政繼
宗爲侯太后知乎　上曰太后正不樂此初爲内庭近

侍惑以閑防之說至今猶悔曰侯爲人淳謹不妨但後
不可爲例耳　上曰然　四月會昌侯孫繼宗弟顯宗
家人私起䕶肆專利以病客商事聞　上謂李賢曰皇
親豈可如此法之不行自上犯之賢對曰若陛下以至
公斷之誰不畏服乃命毀其䕶肆家人抵法顯宗姑免
罪戒飭繼宗爲其弟乞恩　上召賢謂曰繼宗不知自
責爲弟乞恩朕終不允賢頓首曰真可謂王者不私矣
成化五年八月户科等科給事中李森等言昔奉
英宗勑諭皇親多有強占軍民田地及投獻者悉發邊

衛充軍當特貴戚罔敢犯法近給事中丘孜建請不許
權貴奏求田地荷蒙聖諭俞允中外懽忻鼓舞今錦衣
衛帶俸指揮周或翊聖夫人劉氏屢蒙給賜田土今或
又求武強武邑二縣地共六百餘頃劉氏又求通州武
清縣地三百餘頃陛下念及親親不忍拒之殊不知谿
壑之欲無厭畿内之地有限小民賦稅衣食皆出於此
一旦奪之何以爲生且入皇朝來百年于兹民生日衆
安得尚有不耕不稼之閒田名曰求討實則強占伏望
特勑有司仍將二家之田地與民爲業今後敢有投獻

奏求者許科道劾奏各治以重罪則豪強畏法小民被
惠宗社之幸也　上以所言良是待勘報區處　九月
刑部郎中彭韶御史季琮下錦衣衛獄初錦衣指揮周
或奏請武強武邑二縣空閑田地事下户部主事戴玉
會巡按御史黎福按視因據民田籍步之每畝百步之
餘皆没入爲餘田得七十四頃有奇或不滿復言於
上故命韶暨琮覆按韶往不復步田但言田皆貧民恒
産近在京畿之内不當動擾以失民心況土多瘠薄尢
當使民歳耕培養地力豈可從而奪之且自劾不能步

田之罪詔以田歸諸民因責韶等邀名方命昧大體命
錦衣衛治之
弘治二年二月　封后父張巒爲壽寧伯
弘治四年十二月封皇太后兄王源爲瑞安伯弟王清
爲崇善伯王濬爲安仁伯源尋進爵爲侯
弘治五年八月　壽寧侯張巒卒追封昌國公尋命其
子鶴齡襲封壽寧侯
弘治十二年六月時外戚張氏有河間賜地數百頃欲
併其旁近民田千餘頃得之且乞畝加稅銀二分户部

尚書周經上言河間地多沮洳比因久旱貧民以退灘
地耕之遇潦輒沒卽欲加稅將貽無窮之害且王府賜
田例畝稅三分而此獨加稅人將謂朝廷待外戚與宗
親異矣又聞憲廟后妃家亦有私田與民田比一切奪
之彼亦無以爲業又將謂朝廷待張氏與他外戚異矣
疏至三四上後有以雄縣退灘地獻爲東宮莊者　上
因經奏皆抵之罪一時貴戚近幸有所陳請經一切裁
以法皆歛不得肆
弘治十八年三月户部主事李夢陽上疏大畧謂今天

下爲病者二爲害者三爲漸者六而終之曰水防惟土
國防惟禮水決則潰禮決則陵昔者　高皇帝置親令
曰皇親之家不得與政臣伏讀歎息以爲聖主不易之
論是所謂禮之防也此固保全而使之安也陛下至親
莫如壽寧侯所宜保全而使之安者亦莫如壽寧侯今
其招納無賴罔利賊民顧不嚴禮以爲之防臣恐其潰
且有日矣中外側目而視切齒而談皆飲恨于壽寧者
上陵下逼勢將必潰萬一法行陛下雖欲保全而使之
安得乎臣竊以爲宜及今愼其禮防則所以厚張氏者

至矣亦杜漸萌之道也疏入后母金夫人及張鶴齡
痛恨之日在　上前泣訴不平　上不得已下夢陽獄
科道官交章論救金夫人猶在上前泣訴求加重刑上
不聽既而鎮撫司具獄辭以請上徑批李夢陽着復職
罰俸三月他日上游南宮二張夜入侍酒皇后金夫人
亦預上獨召大張膝語左右咸莫聞知第遥見大張免
冠觸地蓋因夢陽之言而罪壽寧也既而劉大夏被召
便殿奏事畢上曰近日外事若何大夏曰近釋李夢陽
中外懽呼上曰夢陽本内張氏二字左右謂其語涉皇

后朕不得已下之獄及鎮撫司本上朕試問左右作何批行一人曰此人狂妄宜付錦衣衛杖以釋之朕揣如此輩欲重責夢陽致死以快宮中之怨朕所以即釋復職更不令法司擬罪也大夏頓首謝曰陛下行此一事堯舜之仁也

正德元年八月夏皇太后父授都督同知尋封慶陽伯德妃沈氏賢妃吳氏父並授錦衣衛千户尋進指揮僉事並給莊田

正德二年冬十月　賜皇親沈傳吳讓靜海縣莊田六

千五百餘頃讓妻厲氏奏稱河間靜海莊田一處原係河淤退灘田土乞比照皇親夏儒事例給與管業蓋姦民李良等揑稱投獻也事下户部查河間府莊田冊並無靜海河淤退灘地及差官勘前地頃畝數多見有軍民管業難便定擬覆奏　上不從卒賜二家為莊田永業

正德十年四月皇親慶陽伯夏儒卒　按楊一清曰自古君天下者據春秋褒紀詩美申伯繇漢而降日寖廣傅顉使之預政干紀恃恩而驕顛敗隨之者比也

國朝禮遇外戚雖極貴寵例不治事故凡姻婭帝室皆得善保祿位不失令名若慶陽以椒房之恩榮被顯封列于五等賜第命服可謂盛矣然能循禮畏法翼翼小心子姪臧獲皆遵約束不敢恃恩澤為驕縱門庭閴然若慶陽者不失為賢矣

按徐王姓馬宿州人　高后父也配鄭氏無子初立廟　太廟東

洪武四年即王居立廟滁陽王定遠郭子興首事濠梁徐王避兵以高后托之遂育為已女卒於和陽葬

滁州夫人張氏三子長戰没次陷没幼以陰謀伏罪次夫人張氏一女為　皇妃生蜀王豫王如意王豫王即代王洪武元年建廟滁陽楊王　高皇外王父也墓在盱眙王姓陳楊州人卒年九十九無子長女即　淳皇后廟祔在　太廟東後即墓立廟三王皆有歲時祭

外戚封爵世除

孝誠昭后家　張杲封彭城伯世封　張昇封惠安伯

世封

孝恭章后家　孫忠封會昌伯進侯除

吴太后家　吴安封安平伯除

孝莊睿后家　錢承宗封安昌伯除

孝肅太后家　周壽封慶雲伯進侯除　周彧封長寧伯除

孝貞純后家　王源封瑞安伯進侯除　王清封崇善伯除　王濬封安仁伯除

孝惠太后家　邵喜封昌化伯除

孝康敬后家　張巒封壽寧伯進侯進昌國公除　張延齡封建昌伯進侯除

慈孝獻后家　蔣輪封玉田伯除

孝靜毅后家　夏儒封慶陽伯除

孝潔皇后家　陳萬言封太和伯除

孝烈皇后家　方銳封安平伯進侯除

駙馬都尉封侯

革除建文元年七月封駙馬都尉李堅為灤城侯

永樂元年五月進封駙馬都尉袁容李讓侯爵

按駙馬都尉無封侯伯例灤城侯李堅富陽侯李讓西寧侯宋晟永春伯王寧皆以軍功封惟京山侯崔元以迎立　世宗封　孝陵少公主駙馬趙輝天順中求封侯不得　都尉位次於侯凡尚公主長公主大長公主並稱駙馬都尉國初駙馬多功臣子弟如韓國公李善長子祺尚臨安東川侯胡海子觀尚南康西寧侯宋晟子琥尚安成瑛尚咸寧吉安侯子陸仲亨子賢尚汝寧汝南侯梅思祖姪殷尚寧國鳳翔侯張龍子麟尚福清武定侯郭英子鎮尚永嘉長興侯耿炳文子璿尚江都西平侯沐英子昕左都督袁洪子容皆尚公主

宮人親屬

洪武三十一年七月建文以張鳳等為錦衣衛千百户等官有差初　太祖崩于西宮宮人殉葬者若干人張鳳李衡趙福張弼汪濱孫瑞王斌楊忠林良李成張敏劉政皆殉葬者之家故以是官俾世世承襲

元宮人

洪武元年八月放元宮人

正德間以義兒封

武德封永壽伯除　江彬封平虜伯罪除

許太封永定伯除

正德間内官兄弟封

張富太監張永弟封泰安伯除　張容太監張永弟封安定伯除

谷大寬太監谷大用兄封高平伯除　馬山太監馬永成兄封平涼伯除

陸永太監陸誾弟封鎮平伯除　魏英太監魏彬弟封鎮安伯除

谷大亮太監谷大用兄封永清伯除

憲章類編卷之三十五畢

憲章類編卷三十六

太監内使

洪武二年十二月定内侍諸司官

洪武三年冬十月　朝退雨有二内使朝靴行雨中　上見召責之曰靴雖微物民之為此非旦夕可成汝何不愛惜乃暴殄如此命左右杖之因謂侍臣曰嘗聞元世祖初年見侍臣有着花靴者責之曰汝將完好之皮為此豈不糜物勞人此意誠佳大抵為人嘗歷艱難則

自然節儉若習見富貴未有不奢靡者因勑百官自今入朝遇雨雪皆許服雨衣

洪武四年閏三月　命吏部議定内監等官品秩　上因謂侍臣曰古之宦竪在宮禁不過司晨昏供役使而已自漢鄧太后以女主稱制不接公卿乃以閹人為常侍小黄門通命自此權傾人主及其為患如城狐社鼠未可易去朕謂此輩但當服事宮禁豈可假以權勢縱其狂亂吾所以防之極嚴但犯法者必斥去之不令在左右戒履霜堅氷之漸也

洪武五年六月　定宦官禁令

洪武六年冬十月命考究前代糾劾内官之法禮部議置内正司設司正司副各一人專糾察内官失儀及不法者

洪武十年五月監官供事内庭言及政事　上即日斥遣還鄉命終身不齒遂諭群臣曰自古賢明之君凡有所謀必謀諸公卿大夫而斷之於已未聞近習嬖幸可得預者况寺人朝夕左右聲音笑貌日接耳目其小善小信皆足以固結君心而便辟逢迎其常態也苟一為

所惑而不省將必假威福竊權勢以干與政事及其久也遂至於不可抑由是而階亂者多矣朕嘗以是為監戒故立法寺人不過傳奉灑掃不許干與政事今此宦者雖事朕日久不可姑息決然去之所以懲將來也群臣頓首稱善

十二月置神宮監天地壇祠祭署及皇城門各設内使令丞正副品級有差

洪武十七年四月更定内侍監局司庫門官品職　七月　勑内官毋預外事凡諸司毋與内官監文移來往

上謂侍臣曰為政必先謹內外之防絕黨比之私庶得朝廷清明紀綱振肅前代人君不鑒於此縱宦寺與外臣交通覘視動靜夤緣為奸假竊威權以亂國家其為害非細故也間有奮發欲去之者勢不得行反受其禍延及善類漢唐之事深可歎也夫仁者治於未亂智者見於未形朕為此禁所以戒未然耳

革除建文三年十二月詔禁內臣出使侵凌吏民

永樂二年十二月　上聞中官於應天府私取工匠役之召府尹向寶等責曰爾職牧民當體國家愛民之意

宮禁使令之人汝何畏而輒聽其役民汝為京尹朝夕在朕左右尚畏人如此若遠外小官當如何今姑宥汝若復蹈前非必誅私役工匠中官命錦衣衛執而治之

永樂十年七月　上謂都察院曰比者朕慮在外諸司行事或於民有不便間遣中官往詢之未嘗有所委任況在外有都布按三司及巡按御史事之當行者所司自行奏請何與中官事比聞中官多有干與有司事者自今不許即移文中外知之

洪熙元年二月　上諭刑部尚書金純等曰自宮以求用者惟圖一身富貴而絕其祖宗父母古人求忠臣於孝子彼於父母尚不顧豈有誠心事君朕已決意不用此等人然其不孝之罪須懲治今後有自宮者必不貸若加入宮刑者朕亦惡之蓋宮刑下死刑一等爾亦須嚴切禁止顧楊士奇曰此事須以詔書行之

宣德二年七月　上御左順門諭禮部尚書胡濙曰昔皇考在位禁止自宮之人謂其毀傷父母遺體最是不孝凡有此等皆發充軍朕遵承先志亦嘗援例發遣比者小人復犯孔子曰示之以好惡而民知禁卿宜出榜

徧諭天下使之遵守

十一月司禮監太監侯泰下獄初山東官吏軍民奏高煦反上命泰賚書諭之且察其所為泰還力言高煦無反狀泰後奉命於直隸選駙馬擅作威福杖義勇前衛經歷董鈍至死上因記憶前事諭都御史劉觀曰渠嘗力言高煦不反幾誤大事者今所犯更不可貸遂下獄

宣德五年五月工匠有告內使常宗盜官銅造鍍金器物其制過於御用器者　上命付法司治之如律

宣德六年十二月太監袁琦有罪凌遲誅其黨陳海等

十人詔天下諭都御史顧佐内臣出外有犯令所在官司奏聞重治知而不奏罪同軍民擾置害人者罪死

景泰元年正月内侍單增下獄時增恃寵驕縱威勢日熾大臣有給武弁持賄賀其生日如往年王振故事都給事中林聰合科道上疏暴其罪惡且謂復起群邪趨媚之風大開小人奔競之路乞急治之不然必蹈覆轍

帝覽疏命錦衣衛捕治尋釋之

二月山西行都司天城衛令史賈斌上疏言漢桓帝權歸宦竪唐文宗受制家奴宋徽欽聽用閹寺皆馴致敗

亡太上皇失位去國亦由此輩今皇上肇登寶位宜法

高皇帝以爲治事無大小必悉經宸斷閽人專備洒掃不許竊柄凡阿諛者必斥之端本澄源謹終如始則天下一新矣臣於歷代直諫盡忠守節之士與恃寵宦官撮其尤者録成四卷名曰忠義集伏乞刊布臣僚必能觀感以興起其忠義之誠而宦者亦不得縱其姦宄之私矣事下禮部尚書胡濙覆奏謂斌言雖有理然章皇

帝御制臣鑑已行頒給足爲勸戒所編不必刊布且言斌擅自離役發回原衛斌後莫究所終

景泰二年六月　上皇居南宫錦衣指揮盧忠妄言告變帝怒殺中官阮浪

景泰四年九月太監金英奉使至南京還南公卿俱餞於江上大理寺丞薛瑄獨不往英賢之至京言於衆曰南京好官唯薛卿耳君子謂至誠動物瑄固有之而英亦可謂公於觀人也孰謂中官盡無人哉

天順元年二月贈少監阮浪爲太監

天順五年十一月　上召李賢至文華殿因説曹吉祥事曰此輩放縱既見吉祥敗稍收斂近又放縱朕每戒

之曰汝等不可如此即如吉祥非無功勞一旦犯法誅殛無遺且朕在南城時汝輩如何今日得志却又忘了朕今復位五年矣未嘗一日忘在南城時此等言語常時告戒卿豈知之

天順八年九月　憲宗内臣牛玉朦朧奏請將已退吳氏冊立皇后免死謫居南京

成化九年四月司禮太監沈繪下獄繪恃寵稔惡後見踈斥常懷怨望奉御賈祥因教其私造兵器家僮演習以備不虞有畏祥者遂發其平日盜内帑金銀器物諸

不法事及其弟千户廣不時披甲出入皇城莫測其意
下法司推問獲實命繪祥斬廣絞其黨二十一人送司
禮監奏請處治
成化十年十一月有自宫者三百一十四人先已謫戍
皆逃至京師復希進用　上命錦衣衛重杖而遣之仍
嚴加禁約
成化二十年五月山東黄縣民李安逃居京師大興縣
陳留村村民田政等四人各有子年十歲皆猜安閹以
求進其欲自求進者安輒爲閹之事覺刑部論安等皆

當置之法因據近例自閹者本身處死全家充軍以具
獄上請詔李安遠例爲人淨身情實殘忍重杖一百發
遼東鐵嶺衛充軍田政等四人減死發遵化厰炒鐵三
年其子俱發本縣嚴督户長收管
成化二十一年正月户部主事周軫兵部郎中崔陞蘇
章各上疏皆言星變者因閹竪干政妖僧蠱惑接𥁞憸
壬竄逐忠良所致疏入皆不報　時言者漸及宫闈
上怒因書言者六十人姓名于屏吏部皆不敢推陞
成化二十二年十二月内官熊保奉命往河南以鴻臚
寺帶俸右寺丞黄鉞等二十人自隨所過發賣私鹽求
索財貨杖死人命河南三司鎮守王府各餽遺甚厚得
金銀鉅萬玩器書畫稱是鉞得銀八百餘兩還京爲東
厰緝事官校所奏下錦衣衛獄訊之具狀刑部論保罪
絞鉞徒餘悉坐罪有差　上曰熊保沿途貪暴致死人
命發南海子充淨軍黄鉞等擬置害人俱押發遼東鐵
嶺衛充軍
弘治三年十一月彗見求言刑部侍郎彭韶上言内臣
出入左右言語輕重能爲禍福人所畏憚今軍馬錢糧

工匠盡付其手分例相沿更相倣傚虚實憑掩誰能詰
之比見凡有章奏先允而後下部該部承行不復審處
及至有犯多從寛宥第宅踰制服食求奇聲勢移人望
風震慴於斯極矣可不亟爲懲戒乎上嘉納之
正德五年八月　命太監魏彬掌司禮監印時劉瑾誅
詔凡瑾所行各衙門逐一裁革但又云百官緘默順從
皆非得已事干人衆都不查究於是逆瑾流毒尚在而
魏彬馬永成等仍濁亂朝綱賞罰失當山東河南北江
西四川諸處盜賊蠭起而天下不勝煩擾矣

按平吳之歲置内使監洪武二年諭吏部定内侍諸
司官顧侍臣曰此輩自古以來求其善良千百中不
一二見若用爲耳目即耳目蔽矣用爲腹心即腹心
病矣但常戒敕之畏法不可使之有功有功則驕恣
畏法則檢束檢束則自不敢爲非乃定置内使監奉
御凡六十人又置門官又命吏部定品秩五年六月
詔定宦官禁令六年令禮部議考糾劾内官之法置内
正司十七年更定諸監局庫品職二十八年頒
皇明祖訓遂爲定制

内官監門局庫分職掖庭凡監十一曰神宮監掌灑
掃曰尚寶監掌玉寶勑符將軍印信曰陵神宮監掌
灑掃并栽種等事曰尚膳監掌供養及玉膳并宮内
食用之物及催督光祿寺造辦宮内筵宴茶飯曰尚
衣監掌御用冠冕袍服履舃靴襪等事曰司設監掌
御用車輦牀被褥帳幔曰内官監掌成造婚禮粧奩
冠舃傘扇被褥帳幔儀仗并内官内使帖黄一應造
作并宮内器用首飾食米土庫架閣文書鹽倉氷窖
曰司禮監掌冠婚喪祭一應禮儀制帛及御前勘合
賞賜筆墨裱褙書畫管長隨當差内使人等出門馬
牌等事并催督光祿寺造辦一應筵宴曰御馬監掌
御馬并各處進貢及典牧所關收馬驢曰印綬監掌
誥券帖黄印信選簿圖畫勘合符驗曰直殿監掌灑
掃殿庭樓閣廊廡監各有大監正四品左右少監從
四品左右監丞正五品典簿從五品長隨奉御正六
品凡門四奉天門午門端門承天門掌晨昏啓閉關
防出入各有門正正四品門副從四品凡司二曰鐘
鼓司掌奉先殿祭樂御樂并宮内筵宴樂更漏早朝

鼓曰惜薪司掌宮内柴炭各有司正正五品左右司
副從五品凡局六曰兵仗局掌御用兵器并督造刀
甲等及宮内所用梳篦刷牙針剪等物曰内織染局
掌染造上用并宮内一應叚疋曰針工局掌成造一
應婚禮衣服并内官衣服曰巾帽局掌内官紗帽靴
襪及賞賜巾帽等物曰司苑局掌宮内菜蔬并種田
曰酒醋麵局掌宮内食用酒醋麵糖等物各有大使
正五品左右副使從五品凡庫三曰内承運庫掌叚
疋金銀珠玉象牙等物并同司鑰庫管鈔曰司鑰庫

掌内各衙門鎖鑰并收藏釸等物曰内府供應庫掌
上用香米并内用香燭油米及内官飯食果木等物
各有大使正五品左右副使從五品東宮典璽局掌
璽寶翰林等物典藥局掌監同御醫脩合藥餌典膳
局掌監造膳食典服局掌冠冕帽衮袍常服珮帶靴
履等物典兵局掌甲冑戈矛弓矢刀劍典乘局掌車馬
各有局郎正五品局丞從五品三十年内府又置都
知監銀作局公主府中使司司正司副雜職
按淩翰曰國家閹宦寔與公孤之權相盛衰　天子
早朝晏退日御便殿則天下之權在公孤一或宴安
是懷相臣不得覩其面則天下之權在閹宦盖公孤
處侍君側累日積月朝鐘不鳴章疏之入司禮監文
書房則主之可否時出於内批公孤不得而與矣故
三楊在　宣宗時言無不售至　英宗初則拱手唯
命莫如之何盖宣宗則日臨群臣躬攬庶政故與公
孤親而權在公孤英宗初政頗事燕閑故與閹宦親
而權在閹宦一人之身前後所遭如此國家政權所
寄之由也是故王振汪直劉瑾之徒得私盗國柄以

威弄於肘腋今　天子龍飛英睿神武日親機務延
接公卿閹宦之徒雖有巧佞而無所干售且稍有踰
越輙鞭笞以死是故喙息竄伏唯任使令昔也公孤
出閹宦之門今也閹宦出公孤之門又何勞　聖天
子復講制之之權乎雖然事固貴于謹始勢尤難於
克終懷老成忠愛之心者固不敢即以爲快也

鎮守太監

景泰六年正月　命太監班佑鎮守兩廣太監鎮守始
此
成化二年十二月鎮守開原右監丞韋朗坐失機召還
以監丞張鑑代之於是遼東屬衛指揮王綸等詣鎮守
太監李良保留良因奏朗失機固宜置法但勝敗兵家
常事昔武侯失利街亭韓琦喪師西夏自古用人未嘗
以一事之失而遽棄韋朗之事揆之古人跡相似而情
實輕今爲綸等保留乞令戴罪殺賊兵部覆奏謂武侯
漢之名臣韓琦宋之賢相街亭好水川之敗以馬謖任
福違節制非武侯韓琦之過也朗私役軍人圍獵誤事

豈得援以為比且良劾朗有罪茲復為朗乞留前後反
覆朝廷常法具在宜勿許内批常朗既為良等保留仍
舊開原守備張鑑回李良處監鎗俾各用心禦寇
成化十三年六月巡撫雲南王恕上奏鎮守雲南太監
錢能令指揮熊誌將黃袱苫蓋黃鸚哥一隻送臣進貢
臣因思去年太學士商輅奏蒙准却貢献今却令臣進
貢前僉誠恐近日別有勅旨轉行能查理能輒稱不容
鎮守行文都布按三司將為中臣之地雖朝廷明見萬
里必不為其所惑臣不得不明言之能在雲南逅年差

官屢安等前去外夷孟密等處求索金寶禽鳥等物擾
害夷人致指揮郭景投井身死臣聞漢時鼠巢于樹野
鵲變色識者以為不祥鸚哥本綠羽而今黃豈非變色
類耶能何取于此故違詔旨遠取徼外而必欲進乎雲
南近來貢献少息人心稍安若容進此物獘端復開伏
望痛却錢能此貢仍通行各處玩好物件一切禁止天
下幸甚上嘉納之
成化二十一年正月兵部尚書張鵬等奏邇者本部陳
言謂内地鎮守等官可以量減五府陳言邊城沿海添

設官可取別用刑部及十三道陳言又欵查照天順八
年正月詔書通行斟酌鎮守等官地方緩急量為去留
俱下本部覆議查自天順八年以前接管已定者不復
開具謹將八年至今各處添設鎮守等官上陳但地方
有事河南又有流民江西盜賊浙江福建俱邊海鎮守
内外等官應否去留伏乞聖裁詔鵬等既言地方有事
鎮守内外等官姑存之時謂鵬之罪不容誅云
弘治十八年十月武宗　更易各處鎮守等内臣
正德二年四月勅天下鎮守太監如巡撫都御史之任

干預刑名諸政皆劉瑾所為

織造太監

弘治九年四月遣中官南京織造
弘治十八年八月武宗　差承運庫太監王瓚崔果往
南京浙江織造

審録太監

成化十七年四月勅司禮監太監懷恩三法司審録囚

徒

監督軍務太監

正統六年正月　命太監曹吉祥監督征麓川軍務

正統十四年正月　命太監曹吉祥陳蕪監督討閩寇軍務

成化十七年五月　命太監汪直監督宣府軍務

正德七年正月遣太監陸誾監鎗督諸軍討流賊

總督軍務太監

正德五年五月　命太監張永總督軍務帥中外兵討安化王寘鐇

正德六年十月　命太監谷大用總督軍務討流賊劉六等

正統十四年正月　命寧陽侯陳懋等討閩寇以太監曹吉祥陳蕪監軍

正德七年正月遣太監陸誾監鎗督諸軍討流賊

提督市舶太監

成化元年九月浙江提督市舶内官福住居寧波不法別築公館於杭州騷擾軍民苦之寧波知府張瓚禁戢其下住因誣奏張瓚瓚遂列奏住諸不法事下布按二司覈實於是布政使李顒等具實會奏上以住年老悉宥其罪但加戒飭而已

成化十六年十二月廣東左布政使彭韶奏乞停罷市舶太監韋眷所請造辦進貢均徭餘戶

成化二十一年五月廣東市舶司太監韋眷奏乞均徭

餘户六十人添辦方物布政使陳選奏近奉詔例宜悉停免　上諭户部從之　番人馬力麻貿貨海上詭稱蘇門答剌國貢使韋眷利其珍奇許焉陳選發其偽遂之

成化二十一年十二月廣東左布政陳選奏擾番禺縣知縣高瑤呈鞫犯人黄肆招稱縣民王凱父子招集番商交結太監韋眷出海通番恃勢殺人驚擾地方被縣遣兵壯人等搜沒番貨鉅萬見在奏下都察院請行巡撫都御史宋旻勘報旻畏眷不敢詰問姑緩之

命官教內使

宣德四年十月　命謹身大學士户部尚書陳山專授
小内使書

内官出獵

天順二年十月鷹房司内臣奏乞出外採獵　上不許
復固請上曰爾輩欲出獵但不許擾害州縣既出外不
能獲一禽有司懼其威歛之於民聚鹿獐兎雉而獻之

内臣以爲出獵所獲遣人預進上令人密訪某州若干
某縣若干皆得其數候其至各杖而黜之

歷朝内官（賢）

太監雲奇南粤人守西華門邇胡惟庸第刺知其逆謀
胡誑言所居井湧醴泉請　太祖往觀鑾輿西出雲慮
必與禍急走衝蹕勒馬銜言狀氣方勃崒舌駃不能達
太祖怒其犯左右撾捶亂下雲垂斃右臂將折猶奮指
賊臣第　太祖乃悟登城眺顧見其壯士披甲伏屏帷
間數匝亟返㨾殿罪人就擒召奇則息絶矣　太祖追
悼奇錫贈葬令有司春秋祀之墓在南京太平門外鐘
山西

太監阮安交阯人清苦介絜善謀畫　太宗營建北京
及治塞村驛諸河皆大著勞績諸屬一受成筭

太監陳蕪交阯人永樂五年入宮至景泰時卒歷事五
朝保抱皇子四夷征討悉與行賜更姓名曰王瑾寵賚
爲本朝中璫之冠　太宗賜範金圖書四一忠肝義膽
一金貂貴客一忠誠自勵一心跡雙清

太監沐敬建文宮中人　太宗北征四十日不見寇兵
困糧竭六卿勸回鑾督鎖項敬復苦諫　太宗罵曰反
鑾敬舉首曰不知不知　太宗怒命縛斬之敬言猶不
已　太宗悟曰使我家養人悉如此何患不好遂釋之

太監劉永誠虎視屹屹便習騎射三扈　太宗北征奉
宣宗使偵漢邸逆謀三師師討兀良哈俘馘無筭捕執
磁相妖人李宣張普祥　英宗朝監鎮井凉糶兵境外
鏖陣於沙漠數取勝擒其酋景泰末召還總督團營内
城之謀預勤披甲獨以滿盈索退姓屬令辭職遺榮杜

謁泊如素門成化初具辭累朝所賜產第祿從之
太監興安性廉守不能干以私當國家多難景皇縱樂
中外恐恐安雖短於才能諾信二三故老贊襄救正盡
其力之所可為但廷議迎駕多沮之蓋甚不得已者也
潛諭默挽興之力居多興好佛甚遺命化沉香龕子粉
其骨作浮圖供其不流染本習亦以此
太監懷恩成化中以直道黜居鳳陽弘治改元召還司
禮監預聞朝政　孝宗信任之恩首白內閣萬安不愜
人望王恕以雄才淪落宜黜安進恕　孝宗即罷安召

恕為吏部尚書
王岳何文鼎弘治末年賢宦鼎力抵戚畹張司禮李榮
希內旨杖之慘甚迄死罵不絕口岳清介不伍俗正德
初劉瑾等用事出岳居東廠每維持士節執法認真諸
要門各遣緝之科道官走謁岳門岳以正對瑾因中傷
岳篤言岳授意九卿等官令論列閹宦且云請試之諭
岳欲杖朝官觀其辭否　武宗如其試岳果長跪乞宥
武宗怒甚謫戍孝陵行至臨清賜死於舟中
太監蕭敬詳諳國典持重老成歷事數朝正德中諸奸

疊肆誣　上行私　武宗每召之問輒對非先朝故事
多所救正嘉靖初言官交中之以罷司禮
孫裕　孝皇時舊璫嘉靖間懷　孝皇不考及戚畹罹
憲泣控　天子頗踰激　天子欲明倫執法撻之遂自
縊　廟中

歷朝內官

劣

王振

宣德十年九月英宗以太監王振掌司禮監
正統四年十月福建僉事廖模杖死驛丞楊濬欲坐償
命楊士奇欲擬因公致死互爭不決請裁於太后王振
因而進言謂溥與驛丞同鄉士奇與僉事同鄉未免皆
有私意償命過重因公過輕宜對品降僉事為府同知
太后韙之自是擬漸撼內閣之過而權歸掌握矣
正統八年四月初張太后與聞國政三楊居輔弼凡朝
廷大事三楊處分數年政治清明自太后崩楊榮卒楊
士奇以子稷之故堅臥不出惟楊溥一人當事亦年老

勢孤後進皆委靡不前於是内閣之柄悉爲王振所攘
生殺予奪盡在其手去大臣之不附已者兵部尚書徐
禧工部侍郎王佑皆儉邪小人首開趨媚之路百計效
勤極盡諂媚之態自是舉朝皆以翁父稱振禧等又宣
言於衆曰吾輩不進見致禮者必且得禍衆聞之益懼
皆具金銀幣帛進見自此遂以爲常初惟府部院寺大
臣以後百執事及在外方面皆行之當朝覲日郡邑庶
職無不進見有致千金者一時以廉者爲拙貪者爲能
被其容接者若登龍門上下交征利如水去隄防勢不

可止矣　王佑貌美無髭鬚媚事王振振甚暱之一日問
佑曰王侍郎爾何無鬚佑對曰老爺無鬚兒子豈敢有
鬚時聞之閭巷傳笑　下大理少卿薛瑄獄初王振問
於楊亦奇吾鄉人誰可大用者士奇薦瑄時瑄爲山東
提學僉事乃召爲大理少卿瑄至京士奇曰瑄宜詣振
謝瑄曰安有受爵公朝謝恩私門邪後遇諸塗瑄復不
禮振滋不悦會有武官病死其妾有色振姪王山欲娶
之妾待不可妾因誣告妾毒殺其夫都察院問已誣服
理辨其冤屢駁還之都御史王文謟事振譖之振嗾御

史劾瑄受賄故出人死罪請廷鞫竟坐瑄死罪下獄瑄
怡然曰辨冤獲咎死何愧焉在獄讀易以自娱至復奏
將決家人乞代死大臣有申救之者得免死除名放歸
田里　南京國子祭酒陳敬宗考績至京王振素慕敬
宗名欲致之門下適南畿巡撫周忱時亦在京謁振振
知忱與敬宗同年語之以意忱詣敬宗達之敬宗不從
曰吾爲人師表而可求謁中官忱乃謂振曰陳祭酒書
法極高以求書爲名先之以禮幣彼將謁謝矣振然之
乃遣文綺羊酒求書程子四箴敬宗爲書之而返其禮

幣竟不往見於是士夫之賢者稱其風節云　六月翰
林侍講劉球下錦衣衛初球以災異上疏中謂太常不
可用道士宜以進士處之至是編脩董璘自陳願爲太
常少卿振因誣球與璘同謀故先以言爲璘地并逮球
下獄即令其黨錦衣衛指揮馬順以計殺球一日五更
順携一小校推獄門入球與董璘同卧小校前持球球
知有變大呼曰太祖太宗之靈在天汝何得擅殺我小
校持刀斷球頸流血被體屹立不動順舉足踢倒曰如
此無禮遂支解之裹以蒲包埋衛後空地董璘從旁匿

球血裙數日客歸球家家人始知球死乃以血裙爲襯歸葬小校本盧氏人與献九疇爲鄉鄰九疇素愛其年少俊美因與往來後久不至甚訝之一日來見九疇視其貌黃瘁不類惜之曰汝無有疾乎狀貌乃頓異如此小校吐實且曰馬順將舉事之日密語吾曰今夜有事汝當早來至期令懷刃相隨迫於勢不敢不行比聞劉公忠臣吾儕小人無故作逆天理事吾殆死有餘罪矣特來別公且謝媿愛耳因慟哭悔恨不已未幾果死馬順子亦發狂疾代球數順罪一時謂爲球所憑云　秋七

月王振惡祭酒李時勉守正誣構傾擠傳旨荷枷國學門諸生石大用上章願以身代號哭奔走闕下者數千人命釋之遂乞致仕去諸生涕泣送者塞途京師爲之罷市

正統十二年五月下霸州知州張需獄謫戍邊需才長於治民先佐鄭州有聲洎守霸見民游食者多每里置簿列户各報男女大小口數派其合種粟麥桑棗紡績之具鷄豚之數徧曉示之暇則下鄉至其户簿驗之缺者罰之於是民皆勤力無游惰者不一年俱有恆產生

理日滋蓋以生道使人其易如此後朝覲至京遂受旌典尋畿內蝗作捕之有法吏部侍郎魏驥巡至其郡異之下其法于諸郡人皆便之有牧馬者摟其民需笞之領牧者譖於王振捕之下獄箠楚幾死竟謫戍邊

正統十三年四月初福建叅政宋彰交阯人結納中官侵漁銀以萬計餽送王振遂陞左布政抵任計營所費驗户科斂貧乏者甚爲所迫不能聊生於是鄧茂七因人心搖動遂畜異志乘縣勾攝嘯聚窮民一

呼而集旦夕數萬東南震動浙寇聞風而作若火燎原矣

正統十四年十二月比虜酋也先遣使二千餘人進馬報作三千餘人王振怒其詐減去馬價虜使回報遂失和好入寇大同　貴州苗反　按彭韶曰先是麓川之役朝議皆以爲不可獨王振與王驥主之盡調雲南貴州兵以行連兵十年陞秩萬數而夷酋終逋將士多死大軍未班列衛空虛苗獠乘間竊發攻圍城堡於是貴州東路閉矣驥與都督官聚張軏等先後擁歸師所至

人遮泣陳苗獠之害皆曰吾征麓寇不受命殺苗也去之苗前截後殪我軍無復紀律死亡數萬軏等僅以身免諸城被圍歲餘乃解饑死大半而東南因之騷動驥輩不得辭其責矣惜哉昔唐天寶之盛而有事雲南今我正統之盛亦以麓寇爲意世道升降之幾無乃有數存焉吾於是不能無感　七月北虜也先大舉入寇大同兵失利邊塞城堡多陷警報時至王振不與大臣議勸駕親征百官伏闕上章懇留不從十月十七日駕發京師八月至土木敗績車駕北狩事具親征也先本末

中　八月皇太后命籍王振宅珍奇寶玉綺繡金銀几十餘庫磔振姪錦衣衛指揮王山于市族屬無少長皆斬

天順元年四月追復王振官立祠祀之先是正統中張太后既崩振益恣肆作大第于皇城東又明年作智化寺于宅左以祝釐及土木之難言官劾其擅權誤國或有謂今陷虜中及爲虜用者振族黨並坐誅夷第宅沒官改爲京衛武學至是振黨以聞上大怒曰振爲虜所殺朕親見之追責言者過實皆貶竄詔復振原官刻木爲振形招魂以葬塑像於智化寺北祀之勅賜祠額曰旌忠以僧照勝奉其香火

曹吉祥黨石亨

天順元年六月逮十三道御史張鵬楊瑄周斌等下詔獄復逮都御史耿九疇羅綺内閣徐有貞李賢皆下獄降謫有差時石亨曹吉祥等恃功恣横御史楊瑄自河間印馬還京劾奏亨吉祥家人占奪民田併言其怙寵擅權之罪　上謂有貞及賢曰御史敢言如此實爲難得命吏部記之將以大任也既而彗孛連見亨吉祥勢益張於是十三道御史張鵬等將並糾亨不法兵科都

給事中王鉉知之潛以告亨亨疑有貞與賢主使乃與吉祥合謀入譖遂同泣於上前訴其迎駕奪門之功有貞等欲加排陷悲哭不已且言鵬乃已誅姦臣内官張永從子故結黨誣臣及疏入上震怒召諸御史詰文華殿俾誦彈章而歷詰之有御史周斌且誦且對歷陳二凶罪狀明甚上意已主先入之譖竟莫能回悉收鵬瑄并各御史下錦衣衛獄嚴刑拷訊究主使之人王鉉及錦衣衛官劾奏耿九疇羅綺諷使爲此併執鞫之謂其阿附有貞及賢遂併下有貞賢于獄是時士大夫莫不

驚懼方喜上嘉御史敢言以爲朝廷清正可卜不料如
此是日忽雷雹大作大風拔木走正陽門下馬牌于郊
外京師震恐於是獄皆從減翌日赦有貞等出獄降有
貞賢綺皆布政司叅政九疇布政瑄鵬等俱謫戍遼東
鐵嶺衛　上亦心知亨吉祥輩之非但以初復位亨等
自以爲功日在左右只得狥從既而曰近日主張行事
皆是徐有貞一人李賢在朕前未嘗有一妄言今與有
貞同謫於心不堪即召王翺曰李賢不可放去還欲用
之遂轉吏部左侍郎　李賢曰上之復位天下人心無

不懼戴若無亨輩攬擾左右前後皆得正人三代可復
不幸遇亨輩讒言一八未能遽解數年之久言路猶塞
所謂開國承家小人勿用可不戒哉　七月復下徐有
貞獄先是有貞既降廣東叅政石亨輩猶慮其復起必
欲殺之令人僞作奏疏毀謗朝政假養病給事中李秉
彛名上之命逮秉彛拷訊至死不承緝捕匿名者甚急
亨等因譖有貞怨望使所親馬士權爲此而臧其迹上
遂遣官校捕有貞于途收士權等俱下錦衣衛獄時掌
衛都指揮門達陳諸刑具于庭拷掠瀕死數四士權終

無所言乃摘有貞武功伯誥券中有纘禹神功之語出
有貞自撰實謀作逆故出語不臣士權始大呼曰豈有
自撰誥券露其逆謀之理耶門達不能折會承天門災
肆赦刑部侍郎劉廣衡等猶劾奏有貞作撰制文竊弄
國柄自謂治水希蹤神禹敢以定策貪冒天功大不敬
無人臣禮當斬　上以有貞犯在赦前釋編發金齒爲
民士權秦州人博極郡書有氣節寓京師教授多與學
士先生游與有貞尤厚故亨輩擠之使士權稍怵于威
則有貞不免矣有貞出獄感其義以女許婚其子既而

曹石敗有貞自金齒歸負盟士權亦無言時論皆重士
權之義而薄有貞云時緝捕匿名毀謗朝政者未獲石
亨勸　上出榜募能告捕者賞以三品職上令內閣撰
榜格呂原岳正見上曰爲政自有體式盜賊責兵部姦
宄責法司豈有天子自出榜購募之理昔堯設建善之
旌舜立誹謗之木秦始皇讙短杜諫乃下誹謗妖言之
令由此過失不聞卒至亡國陛下新復寶祚正當以堯
舜爲法以秦爲戒縱欲窮治其事緩則人情怠忽事自
覺露急則人情危懼愈求韜晦不如勿究時曹吉祥在

傍請究其力上徐謂曰正等言是也謫贊善岳正初正入直文淵閣　上嘗召問曰卿何以輔朕正曰今內臣武臣權重上頷之曰已諭正退告曹欽石彪令謝兵歸第不然上將有疑心欽彪走告曹吉祥吉祥詣上垂泣免冠請死具道所由　上曰無之乃召正責其漏言正曰固也臣觀二家必有背叛之心即今無可按之誅臣欲全君臣共難之情故令早自爲計上不悅會承天門災上命正草罪己詔歷陳姦邪蒙蔽詞極切直石亨輩大怒遂指爲謗訕內批謫廣東欽州同知有士人告之曰

公犯孔子未信而諫之戒矣正曰簡用置左右責任甚至敢不盡心若子以諫官處我則恐未然也　復謫前御史張鵬楊瑄戍廣西南丹衞先是鵬瑄謫戍遼東鐵嶺衞未至道遇赦還或謂宜詣曹石謝庶免後禍鵬瑄不從復謫戍南丹　初石亨怙寵專恣官軍守諸關者悉放歸以市恩徐有貞李賢許彬薛瑄在內閣以爲言上重違亨意別選兵以戍之由是亨惡有貞等皆被讒斥薦其私人參議盧彬太常寺少卿王謙入閣　上不聽與王翺謀仍復賢內閣　八月逮岳正繫詔獄謫戍

肅州正既降欽州同知道漷縣以母老留閱月兵書陳汝言曹石黨也憾正嘗言其不可用至是復希曹石意嗾邏者以私事中之逮繫錦衣衞獄拷掠備至謫戍肅州鎮夷千戶所　九月勅左順門閽者今後非有宣召總兵官不許擅入時石亨張軏輩每朝退頻入見出則張大其言使人畏其勢而趨附之　上厭之召李賢謂曰先生有文書整理每日當來若其餘總兵等官無事不必來蓋賢自再入閣立意退避必待宣召然後往上覺其意故召諭之　十月虜酋孛來近邊打圍傳聞寶

璽在其處石亨欲領兵巡邊乘機取之　上召李賢問之賢對曰景泰以來連年水旱府庫空虛軍民疲困已極陛下初復位正宜與之休息况胡虜雖近邊不曾侵犯今無故舉兵伐之不可若寶璽乃秦始皇所造李斯所篆亡國之物不足爲寶上然之乃罷巡邊　十一月陳汝言下獄死籍其家時科道交章劾汝言怙勢亂法贓賄狼籍先是于謙被籍自朝廷所賜外無他物至是所司陳所籍汝言家財物于大內廡下　上召大臣入視且曰景泰間任于謙久籍沒無餘物汝言未朞何得

賂之多君是耶時上怒甚色變石亨等皆俛首自是上漸悟謙冤而惡亨等矣初于謙等之死皇太后不及知後始知之乃爲上備言于謙匡濟多難之功迎立外藩之誣上始疑之事定日久察迎立事無狀毎詰石亨張軏曹吉祥等迎立外藩之故皆對曰臣亦不知乃徐有貞等向臣言耳於是上深啣亨輩待時而發有貞有金齒之行而亨輩俱不免者皆由於此

太平侯張賜初名軏先是景泰初賜自貴州征苗召還于謙劾其失機不可用景帝宥之自是賜與石亨皆恨

謙既奪門復辟首謀殺謙以謙信任范廣併誣殺之廣既死賜一日遇諸途爲拱揖狀左右問之曰范廣過也歸家發病死

天順二年六月上躬理政務凡天下章奏一一親決有難決者必召李賢商議可否且厭曹吉祥石亨等干預嘗於静中召賢歎曰爲之柰何賢對曰惟在獨斷可以革之上曰非不自斷如某事某事皆不從其說但依之則悒不從便怫然見於辭色賢曰於理果不可行者宜從容諭之上曰今後彼欲用人不當者卿亦當執而阻之賢曰臣欲頻沮其勢必怨惟陛下明見以爲不可庶幾漸能革之上曰然

天順三年九月石亨奉朝請

冬十月石亨貪恣日甚賄賂公行強預朝政易置文武大臣邊將以張其威子姪廝養勢焰燻灼天下寒心而亨恬不知戒上干天象彗出星變日暈數重累月不息蓋郡陰圖蔽太陽之象也時亨門下有瞽目指揮童先手出妖書曰惟有石人不動謂天意有在促亨舉事亨信之乃與其黨盧旺彥敬杜清謀曰大同人馬甲天下

我撫之素厚今石彪在彼充遊擊將軍異日命彪代李文掛鎮朔將軍印北塞紫荊關東出山東據臨清以絶餉道則京城可不戰而疲遂議以盧旺守裏河一帶是年春虜寇延綏命亨帥師禦之童先力贊亨成前謀亨曰爲此事不難天下各處都司除代未週爲之未晚也童先曰時者難得而易失也恐時一失不可復得亨不聽童先私罵曰這廝不足幹大事亨帥無功而還已而石彪事發罪連于亨　上初念其功累宥之惟罷其兵權命以本爵歸第未幾家人傳說怨謗遂露其不軌之

謀於是下亨獄死其黨董先等皆坐死李賢曰石亨
惡貫盈神人共怒一旦除之當時若以石彪鎮大同誠
爲可懼且在京武官多出亨門下而亨又握兵權天下
精兵無如大同稍有變動内外相應其禍可勝言哉今
辨之於早除此大害非　上之剛明果斷不能如此而
亦祖宗在天之靈有以默相之又曰天順初以迎駕爲
功者大開賄賂之門在朝文武之士靡然從風奔走其
門惟恐或後以財寶先投者先得美職無復論才之賢
否風俗大壞不可勝言　上亦極知其罪但復位之初

附而從之明年稍自振作十從其四五又數月十從其
二三又明年九百自斷其賄賂之門徒開而已初時有
美要職事一鈌謀之如蠅聚腥爭欲得之自後鈌雖多
而謀之者無一人蓋用人之柄在上權貴不與焉雖欲
賄賂何所投乎向日奔競之風一變而爲恬退之習可
見士風之振否係上人何如矣天下氣候關於朝廷驗之
果然　上一日從容與李賢言及迎駕奪門之功賢對
曰迎駕則可奪門二字豈可示後況景泰不諱陛下宜
復位天命人心無有不順文武群臣誰不願請何必奪

門且内府之門豈可奪奪之一字尤爲非順幸賴陛下
洪福得成其事假使景泰左右先知此事亨輩何足惜
不審置陛下于何地　上曰然彼時何以自解方悟此
輩非爲社稷計不過貪圖富貴而已賢曰臣彼時極知
此舉之非亦有邀臣與其謀者臣不從以臣愚見若景
泰果不起率文武羣臣請陛下復位安用如此勞攘雖
欲陛賞以誰爲功老成耆舊依然在職豈有殺戮降黜
之事致干天象而群小之計無所施矣招權納賂何由
而得忠良之士亦無擠排之患國家太平氣象豈不由

此而盛易曰開國承家小人勿用言其必亂邦也於此
驗之爲由信　上曰然
天順五年秋七月太監曹吉祥及其姪曹欽作亂吉祥
在正泰間屢領兵出征麾下多達官結以恩惠收爲腹
心天順初呼召此輩迎駕俱陞峻秩石亨事發冒功者
俱革去此輩仍爲吉祥所庇如故吉祥初以迎駕爲功
一家弟姪俱得大官又賣官鬻獄贓貨無厭　上初不
得已從之後不能堪稍疎抑之吉祥輙懷異志令其姪
昭武伯欽糾集所恩之人謀爲不軌會馬昂孫鏜統兵

往井泉殺賊期七月二日早辭朝欽與吉祥約就乘是日殺馬昂孫鏜因擁兵入宮爲亂吉祥居禁中爲内應幸而都指揮完者禿亮風聞異謀時漏下二鼓詣長安門通孫鏜等潛報於内直先執吉祥將禁門嚴閉欽兄弟與諸同惡者不知其謀已洩乃詣錦衣衛指揮逯杲宅前遇杲方出斬其首碎其尸蓋杲亦吉祥所惡之人朝廷委任行事嘗緝欽過惡欽所最恨者故先殺之然後分布諸惡於各禁門待開擁入欽兄弟四五人俱在東長安門李賢四更時到朝房聞搶馬驚亂以爲出征

之軍及入房聞呼錦衣衛指揮焦壽郭英等拿住俄又呼尋李學士賢方恐未省何事即出至門見披甲持刀者數人中一人砍賢一刀又擊背一下適曹欽至見賢不忍殺執賢手曰無恐叱持刀者退謂賢曰我父子兄弟盡忠迎駕復位今被逯杲潛毀反欲相害提杲頭示賢曰誠爲此人激變不得已也賢曰此人生事害人誰不怨恨既除此害即可請命欽曰就與我寫本進入即令人挾賢至吏部朝房尚書王翺處就紙筆寫成賢拉翺同行於門縫投進欽見門不開乃舉火焚燒復欲殺

賢令持刀者同賢尋尚書馬昂幸翺等觧之及天明欽上馬呼衆馳往東安門又令披甲持刀者一人馳馬尋賢翺等復觧之忽孫繼宗孫鏜領官軍襲而圍之賢乃得脱時恭順侯吳瑾左都御史寇深各率軍逆擊俱被殺死至晚大雨官軍圍欽等於其家盡誅之賢被傷在吏部慮脅從者不寧即上疏請急宣旨脅從者罔治以安反側之心是晚上出御午門朝百官下吉祥等于獄皆伏誅籍欽等家以賞將士餘黨竝流嶺南追封吳瑾梁國公

謚忠壯贈寇深少保謚莊愍孫繼宗加太保孫鏜進封懷寧侯馬昂王翺李賢竝加太子少保進完者禿亮爲都督餘將士陞賞有差　京師有賀三老者曹欽妻父也先是見欽聲勢日盛絶不與往來欽嘗欲爲求一官力辭不可及欽敗凡姻親誅竄殆盡三老獲免

汪直

成化十三年二月福建建寧衛指揮楊曅故少保榮之曾孫與其父泰戕害人命爲讐家所奏命刑部主事王

應奎錦衣衛百戶高崇往勘未報暑潛至京營解主於錦衣衛百戶韋瑛家瑛紿暑盡得其所挾營解情由傾取其貲執送西廠太監汪直勾取獄詞連及其叔父兵部主事仕偉姊夫禮部主事董序令瑛夜入仕偉家搜檢財物拷掠及其妻屬京城驚怖侍講陳音與仕偉鄰居乃登墉呵曰爾何人敢爾不畏國法瑛曰爾何人敢爾不畏西廠音曰爾欲知我乎我翰林侍講陳音也瑛亦爲之稍戢韋瑛本一市井無賴因投内官常姓者爲家人從征延綏冒功陞百戶汪直先爲昭德宮内使年

幼得寵陞御馬太監去歲九月因黑眚之異侯得權之誅命出外詗察物議初出布衣小帽時乘驢往來京城内外人不之知至是詗得暑事執以取信於上且謗及諸大臣上益委任之遂權寵赫奕時吏部尚書尹旻好結中官爲内助都御史王越因西征識瑛欲倚以濟事皆密遣人預通情欵云

成化十三年四月刑部郎中武清廣西勘事還至通州西廠官校言其有所齎載汪直執而繫之廠訊鞫無實釋之竟不以聞　汪直令韋瑛執太醫院判蔣宗武下西廠獄　禮部郎中樂章行人張廷綱同使安南還汪直遣韋瑛執送西廠獄　浙江布政使劉福起復至京聽選有搆其事于汪直者執繫西廠獄　建寧衛指揮楊泰子曅爲汪直所誣下獄死　上命太監錢僖百戶韋瑛籍曅家産并械泰及其同居男女百餘人至京獄具泰坐斬監候其餘擬罪有差財産没官獨祠堂與田三十頃給還泰家屬以延禜祀泰弟仕偉調台州府通判婿董序調河間府通判弟中書舍人仕敬調惠州衛經歷原勘官王應奎高崇下獄崇瘦死應奎充軍後泰

以審録宥爲民　五月　發御史黄本爲民本往雲南貴州清軍刷卷還韋瑛承汪直風旨就其寓舍搜得象笏等物送錦衣衛究問遂以罪坐之　汪直令韋瑛執掌太醫院左通政方賢下西廠獄　丙子罷西廠緝事者時汪直行事官校勢横道路以目朝臣皆不安商輅萬安劉珝劉吉上言近日伺察太繁法令太急刑網太密人心洶洶各懷疑畏承平之世豈容有此蓋緣陛下委聽斷於汪直一人而汪直轉寄耳目於羣小羣小之中如韋瑛者自言親承密旨得專與奪同惡相濟如王

英者肆無忌憚傷害良善陛下若謂防微杜漸不得不
然則前數年間何以帖然無事往者曹欽之反皆由逯
杲生事有以激之可謂明鑒伏願收回伺察之人誅逐
奸邪之輩不然此風日長國之安危未可知矣　上怒
命司禮監太監懷恩覃昌黃高至閣下謂輅等曰朝廷
用汪直緝訪奸弊爾等遽如此說是誰先主意輅對曰
汪直違祖宗法壞朝廷事輅等同心一意為朝廷除害
無有先後恩曰不然聖意疑此奏未必四人同下筆必
有先之者安曰汪直挾勢害人人人要說誰獨為先珝

曰珝等奉侍　皇上於青宮迨今已二十年幸而朝廷
清明四方無事今忽汪直為害遠近不安何忍坐視吉
曰汪直之罪縱使吉等不言必有言之者今既奏入貶
黜謫罰皆所不避於是恩降辭色徐曰朝廷命恩等問
且奏之由今皆執論如此當且嘗回話倘　上召問幸
勿變前言輅等曰變者天殛之恩等去輅舉手加額曰
三公肯為朝廷任事如此輅復何憂已而懷恩傳旨曰
卿等所言良是汪直壞事朕實不知今便革去西廠散
遣官校卿等各安心辦事輅等皆頓首謝懷恩曰先生

不知吾輩數人者已犇其二黃賜陳祖生皆攔在東華
門外不容進見矣汪直謗福建人與楊曅通　上疑此
奏出二人所使翌日兵部尚書項忠具奏草會諸部院
大臣共上之奏留中不出遂罷西廠召懷恩數直罪而
責之退還本監調韋瑛於邊衛差操散諸旗校錦衣衛
因奏直所遣旗校在外者二十人日久未還命都察院
私文令各該巡按御史隨處曉諭不得留滯人心快之
・但上意猶未釋然　初項忠具奏草令武選郎中姚璧
持赴尹旻請署名旻曰本兵部所撰當以兵部為首璧

・曰公六卿之長當以吏部為首旻怒曰今日譊認得六
卿之長既署名即遣人報韋瑛曰本兵部所寫旻但以
次居首爾又數日都御史王越遇劉珝劉吉於早朝越
曰汪直行事儘公道如黃賜專權納賂非直誰能去之
且商萬二公在任久是非多故有所忌憚二公入閣幾
日況直又扶持何為亦論列乎珝曰不然吾等言事為
朝廷非為身謀也設使汪直行事皆公道朝廷置公卿
大夫欲何為天下後世謂此為何等時邪越無以應
初西廠所執人既多皆無案籍可證至是廠革其人各

散去有太醫院判蔣宗武者因服到家家人猶不之覺

五月西廠罷革　上有時密召汪直察外間動靜且令訪能文事者爲之輔有一軍卒報直云錦衣千户吳綬能寫本通行移直遂召至批答封進稱旨遂有是命

六月革兵部尚書項忠爲民忠初具奏草革西廠令郎中姚璧請各衙門堂上官署名汪直啣之至是直囑東廠官校發江西都指揮劉江與指揮黄賓事謂賓求于兄太監黄賜囑忠并武選郎中姚璧得由京衛陞江西都司事下都察院給事中郭鏜御史馮貫等交論忠

違法詞連其子錦衣衛千户綬　上命三法司錦衣衛會問于廷忠抗辯不服然衆知出直意無敢違者獄成忠革爲民其餘降罰有差　御史戴縉言近年以來災變荐臻伏蒙　皇上諭兩京人臣同加脩省未聞大臣進何賢才退何不肖亦未聞群臣革何宿獘進何謀猷惟太監汪直緝捕楊曅吳榮等之姦高崇王應奎等之貪奏什馮徽等寃抑之囚禁裹河害人之獘是皆允合公論足以服人而警衆柰其部下官校常瑛等張皇行事大臣奏蒙俞允即將西廠革罷伏望推誠任人及時脩政乞命兩京大臣自陳去留斷自聖衷　上悦其言命所司議行之時西廠方革人心稍安縉九年考滿不遷以西廠雖革汪直猶幸乃假災異建言頌直功德以覬倖進先以奏草示直然後上之於是直復開西廠詗察益苛人不堪命勢焰薰灼天下聞而畏之其禍端實肇於縉又縉奏內自陳一事尤迎合直意盖直嘗訪楊曅按商輅李賓董方求緩其罪　上信之而難於施行縉言適中機會故尤爲直所喜云

成化十四年六月命太監汪直領通事百户王英往遼

東處置邊務初王英謀欲往遼東撫諭諸夷會遣馬文升不得遂至是聞文升等招安功垂成復囑直往而佐之行其意謂建州雖安朶顔三衛宜撫欲因是以爲已功且沮詹昇之進後英竟得陞千户而文升之禍肇於此矣　七月江西人楊福嘗爲崇府内使僕役隨入京旣而逃還過南京遇所識者謂其貌似汪直福乃詐稱爲直而所識者僞爲校尉先自蕪湖乘傳給廪歷常蘇由杭州抵紹興寧波諸府有司及市舶司等官皆信畏承奉軍民多以詞訟往訴亦爲受理至台温處州繞建

寧延平皆操兵盤糧以張威福所過假廳以取信而跟
隨僞校尉則任其納賄及抵福州稱有勅旨二司而下
迎候惟謹小官忤意者輒杖之竟爲鎮守太監盧勝等
察知執問如律時直勢振天下故小人乘之擾害如此
云　執蘇松巡撫都御史牟俸翰林學士江朝宗下錦
衣獄事連浙江僉事吳綬等多人差官校逮問初太監
汪直欲往遼東詗察事情不果遼東巡撫陳鉞聞之懼
遣人賂直相厚者蘄爲之解既又令人自廣寧抵山海
關一帶諷其居人候直過群伏道左右保鉞行事公當

時直左右已有納鉞賂者因加稱賛直信之不疑至廣
寧鉞便服雜僕從中朝夕左右惟直所命直遂大喜相
合鉞因譖馬文升及俸俸巡撫山東時鉞爲布政有隙
及巡撫南直隸適汪直南京公幹多造言於直者直歸
未發也至是俸議事至京直還朝鉞因囑直發之下獄
鉞子澍前以奏捷陞錦衣衛冠帶小旗至是鉞言澍嘗
爲生員不能操練乞入國學自効因引李秉子華項忠
子綬俱以奏捷陞所鎮撫之例事下兵部尚書余子俊
請免澍旗役而令冠帶入監從之

成化十五年五月太監汪直執兵部左侍郎馬文升下
錦衣衛獄　初牟俸與江朝宗下獄幾半年吳綬等始
逮至會鞫理刑指揮吳綬承汪直意備極拷掠訊之皆
不實俸獨誣伏受常熟等縣糧長銀三千五百兩刑部
擬俸受財枉法者律謫戍湖廣鎮遠衛朝宗以嘗有事
囑俸調廣東市舶司提舉編等皆無罪釋之俸至戍所
逾年卒俸爲江西按察使時知府許聰之死寔有力焉
已不爲公論所與至是獄竟人皆知其爲汪直所陷而
無恤其冤者　謫兵部侍郎馬文升戍邊文升奉勅往

遼東撫諭夷人汪直亦往按事陳鉞譖文升於直直還
朝會余子俊有劾陳鉞疏鉞疑文升所爲遂囑奏文升
專擅行事撫按無方致啓邊釁初建州海西夷非一種
文升招撫之多順服間有未服而犯邊者故直以此陷
之吳綬承直意附會成獄刑部不敢違比依指揮千百
戶致所部軍人反叛者律遂命謫戍四川重慶衛
成化十五年七月　命太監汪直行邊　十月　命汪
直監督軍務撫寧侯朱永佩靖虜將軍印充總兵官討
建州夷時巡撫遼東都御史陳鉞希直意奏建州女直

伏當加聲言來寇遼東請命謀勇大臣假以賞罰之權
掩其不備搗其巢穴時鉞附直勢而司禮內閣又有結
爲心腹者遂主鉞奏而有是命直弄兵之禍實始于此
云　命陳鉞參賛東征軍務初建州之役其謀實起自
鉞而王越亦有垂涎之意余子俊以越開邊啓釁惡之
既而　上命汪直朱永將兵而不及越越疑爲子俊所
沮乃言本朝未嘗有武職節制文職大臣者且征討重
務豈可無文臣總督意蓋自薦于是子俊言前命出于
聖斷不可復移今鉞自以風憲大臣不受節制故爲沮

撓宜勅其協濟共謀毋分彼此而鉞以直故且以計沮
王越竟得參賛之命時稱鉞越相競云　閏十月　初
汪直朱永之討建州也余子俊等建議諸夷不犯邊者
勿令驚疑至是直等以其所擬示弱損威乃遣使招誘
建州夷人郎禿等四十人來貢欲置之死且言建州三
衛法當殄滅若今日縱還明日復爲邊患勅汪直等便
宜行事至是直等械郎禿等至遂令都察院錦衣衛禁
錮之　十二月録平建州功加太監汪直食米歲三十
六石韋朗十二石陞陳鉞爲右都御史官旗陞者一千
八十九人賞者一千五百四人
成化十六年正月　命太監汪直監督軍務兵部尚書
王越提督軍務保國公朱永佩平虜將軍印充總兵官
率京兵萬人赴延綏禦虜其參將等官即令直等推舉
以聞并速具從征什物待報啓行時鎮守延綏太監張
遐奏傳聞虜賊擁衆渡河潛圖入寇及巡按陝西御史
徐舟亦言靖虜等處虜賊入境乞下廷臣議戰守機宜
奏下兵部尚書余子俊採知汪直等意不敢違拒奏請
會官廷議且言往時各邊有警朝廷命將出師多因整

治什物遷延以致緩不及事今宜早定議爲措置　上
是之遂會官議上合行機務并請命監督提督總兵等
官故有是命　三月　監督軍務太監汪直提督軍務
都御史王越至威寧海子襲破虜營奏捷　勑吏户二
部臣曰汪直王越出境勦殺虜寇有功直歲加米四十
八石越封威寧伯御史許進等奏王越原兼都察院左
都御史今蒙以靖虜功勑封伯爵寵遇非常臣工胥慶
乞照先年兵部尚書王驥禮部尚書楊善事例仍令本
官兼職管事愈見增重奏上命兼都御史掌印提督團

嘗如故薛應祈曰王越逢迎汪直躐取爵位許進又
而附會之一時皆謂之名臣士風習尚可知矣　六月
兵科都給事中吳原等劾奏遼東鎮守太監韋朗總兵
官緱謙前巡撫陳鉞等啓釁冒功失機匿罪以祖宗法
度為不足畏生靈血肉為不足恤不忠不仁莫此爲其
雖為御史強珍所劾不過停俸戴罪情重法輕公論未
愜請重加懲治為人臣欺罔之戒御史許進等亦以為
言且謂陳鉞如宋黃潛善賈似道其罪尤甚　上曰爾
等所言皆是朗等本當重罪但事已處分其已之既而

汪直自遼東還憾珍奏其事乃奏珍行事乖方妄忝被
虜人畜名數過多請治其罪命錦衣千戶蕭聚往覈如
珍奏不實即械至京鞫之　八月謫強珍戍遼東先是
珍劾韋朗緱謙陳鉞失機罪汪直奏珍欺罔命錦衣千
戶蕭聚械珍至京直先執珍於御馬監拷掠然後奏聞
謫之　冬十月南京十三道御史徐完等劾奏戶部尚
書陳鉞巡撫遼東時為御史強珍所劾止停俸一年而
鉞罪重罰輕不誅何以示戒六科給事中章玄應等亦
言鉞存心陰險制行憸邪玩寇殃民冒功希賞乞明正

典刑以為人臣不忠欺罔之戒不報
成化十七年五月　命太監汪直監督軍務威寧伯王
越佩平胡將軍印充總兵官率兵三千赴宣府調度擊
賊　十一月太監汪直威寧伯王越督兵宣府乞班師
兵部尚書陳鉞謂宜如所請會巡撫宣府秦紘奏虜數
出沒　上以邊務方殷不許　十二月　命王越佩征
西前將軍印鎮守大同偈與汪直提督各路軍馬防禦
虜寇
成化十九年五月　鎮守大同太監汪直等馳奏有自

虜中逸歸者傳報北虜小王子欲糾率部落大衆復讎
恐衆寡不敵乞將直舊所統達官頭目都督盧深等一
千一百人兼程赴援下兵部議尚書張鵬等謂時方盛
暑師難久戍計大同各邊士馬數及四萬使内外守臣
戮力齊心兵亦足用直所請姑勿許宜勅大同宣府等
處守將合兵禦虜仍令永平山海遼東各邊嚴謹隄防
且言京師武備所以控制四夷必須養威蓄銳於閒暇
之時方能折衝禦侮於有事之日邇來因於差役銳氣
消沮一旦警急難以調用宜悉停其役詔可　六月調

汪直於南京御馬監巡撫大同都御史郭鏜奏直與總兵許寧共事以來寧恐直之見陵直忌寧之相軋互生嫌隙不相和協平居如此猝遇大敵豈不僨事　上降勑切責調直南京初直之出使有司追候不及動遭箠撻有定州知州裴泰者預饌且以待僕從皆醉飽直心悦之至是被調道經曲陽縣有司皆避之直困卧公館孤燈熒然適泰至曲陽迎謁上司直喜甚求食且曰吾非復前比矣吾南行　上意猶未可測明發但得夫馬起程足矣人謂小人得喪之態可爲世戒云　八月汪直

有罪罷削王越威寧伯追奪誥券編管安陸州兵書陳鉞工書戴縉錦衣衛都指揮吳綬俱革職爲民工侍張順致仕初越縉等諂附汪直内外交結朋比爲姦勢傾中外翰林都御史科道布按等官江朝宗牟俸王崇之趙良張善吉方賓沃頠馬文升强珍張鋭王齊等皆罹其害至是公論快之越濬縣人鉞獻縣人縉南海人順江都人山西軍籍皆進士出身可爲科目愧云

王敬

成化十九年十一月太監王敬千户王臣等以購書採藥爲名乘傳南行所至縱暴横索貨財搜取奇玩官民並受其害凡江南書畫玩器之奇絶者檢括殆盡至蘇州府令生員抄録所謂子平遺集者衆以妨廢學業辭敬即令有司追逮至驛中亂箠之生員趙汴等鬨然攘罵數其擾害百姓諸罪敬還京奏訴下巡按御史提問擬杖贖罪奏繳從之　江南巡撫王恕疏奏太監王敬其畧曰近見内官監太監王敬齎来駕帖止開前往蘇常採取藥餌收買書籍别無行拘大户索要銀兩緣由豈期王敬動以朝廷爲名需索銀兩無有紀極東南騷

然民不堪命王敬方來太監段英又至造辦藥梅氷梅蘇松常三府已辦與價銀六千兩鎮江太平池州寧國安慶徽州廣德七府州與銀壹千五百兩又發鈔四百塊于松江府索銀二千兩王敬發鹽一萬五千五百引與寧國等府逼銀三萬二千五百兩又有鹽數百船發去江北廬州等府衛江西南昌等處逼賣不知又得銀幾十萬兩至蘇常等府刑驅勢逼索取官民銀三萬六千餘兩其在江浙二布政司并南京沿途索要官民金銀不知又有幾千萬數千户王臣專弄左道邪術而王

敬聽伊擬置舳艫相啣蕭載而歸虧損國體大失人心謹將臣該管地方索取金銀開數具題伏望留意於難保之天命割恩於壞事之小人明正法典詔差官校械三人下錦衣獄王敬段英充淨軍王臣伏誅中外雖稱快以為敬等猶倖免云時常州知府孫仁為王敬誣奏被逮恕亦奏釋之

李廣

弘治十一年十月太監李廣自殺廣以左道見寵任權傾中外大臣效賄求之廣進言建毓秀亭于萬歲山亭成幼公主中痘醫藥不效廣飲以符水遂殤于宮中方

咎廣而清寧宮災咸謂建亭年月犯太歲　太皇太后怒曰今日李廣明日李廣興工動土致此災禍累朝所積一旦灰燼廣懼飲鴆死　戶科給事中華泉上言一事二曰明國法以誅天下之奸諛大畧謂吏久而奸法久而玩今天下之財效聚於大臣大臣之財效聚於內臣內臣之惡莫甚于李廣雖云自殺寔天所誅也其餘黨猶蟠據于中外里巷傳誼士人鬨議凡有欲為大京堂者必以二三千計此輩盜擬剝削已不容誅況又納諸宦官之門以為固結之計將何所不至耶願亟發李廣之私籍盡收李廣之私入合其數十百萬之賂內充帑藏之虛外舒軍國之用亦足以寬一分之民力非止弭災之一端也　上命內侍搜索李廣家得一納賂簿籍首進之簿中某送黃米幾百石某送白米幾千石通計數百萬石　上因詢左右曰廣所食幾何乃受許多米對曰黃米即金白米即銀上悟廣贓濫遂籍沒之科道請出簿籍按名究問凡預名者惶懼危甚各潛赴咸寧

壽寧侯處求救昏夜奔馳不期而會者十有三人事雖得寢而納賄者之姓名一一書傳於朝野矣

劉瑾八黨

弘治十八年十月武宗　上初即位舊東宮內使馬永成谷大用劉瑾張永魏彬羅祥丘聚張興等日夕近侍與　上同卧起宴游謀議時稱為八黨內劉瑾通文墨熟世故而性剛狠尤甚惡文臣專權屢於　上前言弘治間朝權俱為司禮監及內閣所掌金銀盡入其手朝

廷不過虛名而已　上信之新差者盡數收回于是內
臣欲出分守者隨地方大小借貸銀兩進貢方得差出
到任肆意誅求無忌甚至取于官庫莫敢不從者
正德元年冬十月　命太監劉瑾掌司禮監事兼提督
團營大學士劉健謝遷罷初　上即位內臣馬永成及
劉瑾等八人以深宮舊恩日導上弓馬鷹犬歌舞角觝
為樂舊內臣侯敏黃偉端慎斥不用戶部尚書韓文每
朝退對屬官言及輒泣下郎中李夢陽曰公為國大臣
義同休戚徒泣何益文曰柰何曰比諫官有章入交論
諸閹下之閣矣閣三老持諫官章甚力公誠及此時率
諸大臣殊死爭閣老以諸大臣爭持之更易為力事或
可濟也文毅然改容曰是也汝為我草疏即事弗濟吾
年足死矣李夢陽具疏草文讀而芟之曰是不可文文
恐　上弗省不可多多恐覽弗竟疏具遂合九卿諸大
臣上言人上以辯姦為明人臣以犯顏為忠臣等伏覩
近來朝政日非視朝漸晚仰窺聖容日漸清癯皆太監
馬永成谷大用張永羅祥魏彬劉瑾丘聚等置造巧僞
淫蕩上心或擊毬走馬或放鷹逐犬或俳優雜劇錯陳

于前或導萬乘之尊與外人交易狎暱媟褻無復禮
日遊不足夜以繼之勞耗精神虧損至德遂使天道失
序地氣靡寧雷異星變桃李秋花考厥條占咸非吉兆
切緣此等細人惟知蠱惑君上以行私而不知皇天眷
命祖宗大業皆在陛下一身今大婚雖畢儲嗣未建萬
一游宴損神起居失節雖將此輩虀粉菹醢何補於事
乞將馬永成等拏送法司明正典刑以潛消禍亂之萌
先是科道交章請除群姦　上命司禮監至內閣傳諭
已悟當痛加脩改所劾太監馬永成等姑示涵容劉健
李東陽謝遷上言此數人者蠱惑誘引罪大惡極得罪
祖宗非　皇上所得而赦再疏乞誅永成等　上不允
於是健等以去就決之各上疏求退初閣議持言官章
不下諸閣業已宮相對涕泣會諸大臣疏又入於是
上遣司禮監八人齎諸閣議一日而遣者三健等卒提
不下內司禮太監王岳者亦東宮舊臣惡儕輩所為獨
是閣議明日召韓文等諸大臣至左順門以太監李榮手
諸大臣疏傳　上諭曰諸先生良是無非愛君憂國之
心但各奴儕事上久不忍即置之法幸少寬之待上自

虜耳衆皆惴慄莫對惟韓文述群小導非之罪榮曰疏
備矣　上非不知今第欲寬之耳是日諸閹業盖窘自
求安置南京而閣議猶持不從時王岳與司禮太監范
亨徐智亦助文等姿奏於上言外朝多官論劾不可不
從　上不得已允之明發詔捕劉瑾等下獄瑾等趨至
上前環跪伏哭以首觸地訴岳等交通外臣欲害奴
輩上為之動瑾因進曰狗馬鷹犬何損於萬機今左班
官敢譁而無忌者司禮監無人也有則惟上所欲而人
不敢言矣　上怒立命劉瑾入掌司禮監兼提督團營

收王岳等繫獄設內行官校太監丘聚提督東廠谷大
用提督西廠張永等並司營務分據要地各遣官校巡
察先是瑾等嘗言內閣專執朝權納賄行私及言文官
欺壓內臣武職之事至形于戲劇　上又信之至是遂
准令劉健謝遷致仕惟獨留李東陽盖前閣議時健嘗
推案哭遷亦訾瑾等罔休惟東陽不出一語遂得獨留
既而王岳李榮范亨徐智並發南京充淨軍仍遣人縊
殺王岳于途由是大權一歸瑾等勢傾中外莫敢誰何
文臣慘禍自此始矣初舉朝共攻瑾等欲誅之閣議堅

持期在必克兵部尚書許進謂同事者曰此屬得踈斥
足矣若峻其事恐有甘露之變既而果貽搢紳數年之
禍識者恨之　十一月五官監候楊源奏占天象言小
人擅權為下叛上劉瑾怒捏旨廷杖三十　南京六科
給事中戴銑等十三道御史薄彥徽等上疏黜權閹正
國法留保輔托大臣以安宗社劉瑾大怒捏旨差官校
俱逮繫錦衣衛獄　調提督團營兵部尚書許進為吏
部尚書時劉瑾與進同提督團營故用之　罷戶部尚
書韓文劉瑾恨文令人日伺其過會有進納內府折銀

者內有假偽以文不能防姦矯詔令落職閑住瀕歸復
陰遣邏卒伺察于途文乘一驢宿野店而去戶科給事
中徐昂上言文率九卿上疏忠憤所激不應勒停昂坐
除名為民於是文子高唐州知州士聰刑部主事士奇
皆坐為民　劉瑾捏旨令左都御史張敷華致仕　劉
瑾知韓文等奏疏寔李夢陽贊成之　降夢陽山西布
政司經歷罷之　十二月劉瑾既入司禮監上悉以天
下章奏付瑾剖斷初亦送內閣後瑾自於私宅票旨批
出專用松江人張文冕者紀錄謄寫府部等衙門官票

公事日候其門自科道部屬以下皆行跪禮都察院一
日審錄重囚内寫劉瑾傳奉字樣重複數多瑾大怒罵
之都御史屠滽率十三道御史謝罪跪堦下瑾數其罪
斥責皆叩頭不敢仰視大小官公差出外及回京者朝
見畢皆赴瑾宅見辭以爲常 惟瑾自建白本則送内閣
票李東陽輩必爲溫旨有曰爾剛明正直爲國除弊等
語
正德二年春正月逮尚寶卿崔璿按察副使姚祥主事
張偉下獄時劉瑾方張威勢適璿以册封回祥以御史

陞出偉以公差各馳驛乘轎爲邏卒所緝瑾奏拿下獄
璿祥枷于長安門偉枷于張家灣内閣部院大臣連上
章乞寬宥始釋獄各充邊衛軍　謫兵部主事王守仁
爲貴州龍場驛丞守仁以戴銑薄彥徽等繫獄抗疏言
銑等以言爲責如其言善自宜嘉納如其未善亦宜包
容以開忠讜之路今逮至拘囚恐中外以言爲諱自是
而後雖關宗社危疑之事陛下孰從而聞之伏願宥銑
等仍舊供職疏入瑾怒廷杖五十絶而復甦因謫龍場
閏正月劉瑾揑旨將戴銑薄彥徽等二十人弁呂翀劉

莚各廷杖三十發爲民時南都御史陳壽抗疏救諸言
官併奪職　謫南京兵部尚書林瀚浙江右參政勤致
仕先是戴銑等言事被逮瀚連疏論救瑾怒揑旨槭繫
赴京罰米叁百石行居庸關監禁追納罷其官　二月
以詹事楊廷和爲南京戶部右侍郎學士劉忠爲南京
禮部右侍郎時　上御經筵講書故事講書畢因致諷
諫語是日廷和忠直講既罷　上謂劉瑾曰經筵講書
耳何又添出說話瑾因奏曰二人當打發南京去遂遷
南部侍郎雖若遠之實陞之也蓋瑾與廷和等皆舊東

宫官廷和等見事勢難處亦欲南官以爲自全之計嘗
善爲辭以杙於瑾因得是擢未幾罷南京戶部尚書秦
民悅復陞廷和爲本部尚書　三月劉瑾傳敕譴責奸
黨朕以幼冲嗣位惟賴廷臣輔弼其不逮豈意去歲奸
臣王岳范亨徐智竊弄威福顛倒是非私與大學士劉
健謝遷尚書韓文楊守隨張敷華林瀚郎中李夢陽主
事王守仁王綸孫磐黃昭檢討劉瑞給事中湯禮敬陳
霆徐昂陶諧劉蒞艾洪呂翀任惠李光翰戴銑徐蕃牧
相徐暹張良弼葛嵩趙士賢御史陳琳貢安南史良佐

曹閔王弘任諸淳愢王薈蕎浩陸崑張鳴鳳蕭乾元[illegible]
學禮黃昭道蔣欽蒲彥徽潘鏜王良臣趙祐何天衢徐
鈺楊璋熊卓朱廷聲劉玉遞相交通彼此穿鑿彼各反
側不安因自陳休致其勅內有名者吏部查令致仕毋
俟惡稔追悔難及　夏四月王守仁被謫在途瑾遣人
隨偵將置之死行至錢塘度不免遂乘夜佯投于江冠
屨浮于水上遺詩有百年臣子悲何極夜夜濤聲泣子
胥之句浙二司及杭守楊孟瑛皆信之命漁人索尸不
得祭于江上家人亦成服守仁乃潛附商舟浮海至閩

中入武夷山且將遠遁或謂之曰汝有親在未免為累
遂旋赴龍場　時新差天下鎮守太監奏乞如巡撫都
御史之任干預刑名諸政劉瑾從之令內閣撰勅增入
由是中官挾勢剝害憲臣不能禁矣其最為害者河南
鎮守廖堂剝取民財輦送數十萬于京師畢眞者初差
天津取海鮮後請勅自山東沿海達于蘇松浙江福建
所至括民財凌辱官司莫敢言者　逮巡撫南畿右副
都御史艾璞下獄發海南為民先是勳戚徐傭受無錫
[illegible]投獻田地民訟之朝璞承勘悉以還民傭賂劉瑾別

差官覆勘承瑾風旨乃悉以其田歸傭且劾璞前勘非
是瑾揑旨逮赴詔獄訊之璞不屈曰實民田也瑾怒箠
之幾死數日方蘇全家流徙海南瓊州　罷禮部尚書
李傑時晉府鎮國將軍表㯩賂劉瑾求封郡王傑不與
瑾啣之竟以是罷去復起前禮書張昇代之尋亦以忤
瑾罷　劉瑾矯詔以大學士謝遷尚書劉大夏韓文林
瀚都御史張敷華為朋黨頒示天下　八月瑾恨總制
三邊都御史楊一清請乞休許之　杖欽天監五官監
候楊源謫戍肅州死于道時源奏火星入太微垣帝座

前勸上思患預防瑾怒揑旨送錦衣衛着實打三十棍
發肅州衛永遠充軍傷重死于河陽驛　九月瑾揑旨令
南京戶部尚書雍泰致仕仍罰米千石芻千束輸宣府
馬文升劉大夏并劉鐸等數十人皆以舉泰罰米有差
泰先是瑾專國鄉佐遷除皆厚賂行謝泰不謝未幾遷
尚書又不謝瑾怒遂有是舉　十一月劉瑾以天下巡
撫官非舊制票旨將各省巡撫都御史俱取回惟邊方
及漕運都御史仍舊其餘衙門添設官員悉裁革不用
逮各邊巡撫都御史及管糧郎中下獄劉瑾素知邊方

召商賈納糧草情弊因戶部奏差科道官三年一次查盤田奏內有糧料粃草浥爛者票旨逮繫各巡撫及各官糧官下獄既而鎖扭差人押至所任地方加倍賠償凡商人納過糧草拖欠價銀皆沒官不給由是商賈困弊邊儲愈乏

正德三年春正月天下諸司官員朝覲劉瑾令每布政司送銀貳萬兩皆借于京師富家及回任括民財倍償之　李夢陽下錦衣獄夢陽代韓文草疏瑾已謫出之猶不快前忿羅以他事械至京遂下之獄將置之死時

翰林脩撰康海與夢陽同有才名各自負不相下瑾慕海嘗欲招致門下而海不往瑾恒先施必欲其一至海每閽亡答之竟不一入其門至是夢陽所親有左姓者詣獄謂夢陽曰子殆無生路矣唯康子可以解之夢陽曰吾與康子素不相能今臨死生之際乃始托之獨不愧于心乎吾寧死矣左曰不謂李子而爲匹夫之諒也強之再三以片紙請書數字夢陽乃援筆曰對山救我唯對山爲能救我餘無一言對山者海別號也左持書詣海海曰是誠在我我豈敢吝惡人之見而不爲良友一辟咎也遂詣瑾瑾焚香迎海延置上座海不少遜瑾曰今日有何好風吹得先生來也命左右設席海曰吾有言告公公如聽吾言當為公留不然吾且去矣瑾曰云何海曰昔唐明皇任高力士寵冠群臣且爲李白脫靴公能之乎瑾曰瑾即爲先生脫之海曰不然今李夢陽高於李白數倍而海固萬不及一者也下獄而公不爲之援柰何欲爲白等脫靴哉即奮衣起瑾固褰而止之曰此朝廷事今聞命即當斡旋之海遂解帶與之痛飲天明始別夢陽遂得釋歸而海自是與瑾往復遂罹

清議矣　吏部尚書許進不媚劉瑾然亦不與抗事終調停朱瀛者每為劉宇謀欲傾進乘間言于瑾曰許尚書佯為恭謙而外示抗直如雍泰平昔剛暴朝廷貶謫不用因其有虛名乃欺公舉用却又揚言于外曰公雖與泰同鄉不阿于公乃吏部委曲用之耳瑾方怒泰不置及聞此言大怒屢票旨責進欺罔進乞歸遂落職以劉宇代之　三月下御史涂禎獄謫戍邊未行死于獄禎江西新淦人初知江陰縣政蹟顯著適朝覲吏部奏禎天下治行第一徵爲御史差巡長蘆鹽課劉瑾欲令

割送該年餘鹽銀兩禎弗從瑾深啣之後禎復命俟於
朝門適遇瑾又不行跪禮卽捏旨拿送錦衣衛獄二次
各杖三十發肅州衛永遠充軍禎傷重死於獄仍行原
籍查取禎男涂朴起解補伍　逮前總制三邊都御史
楊一清至京下獄劉瑾惡其築邊太費王鏊言于瑾曰
一清有高才重望為國脩邊乃可以爲罪乎李東陽亦
救之乃得釋還　五月南京右都御史熊繡致仕　六
月給事中安奎御史張彧以盤糧報數不明枷于東西
長安門外都御史劉孟以到任遲枷于吏部門外時劉

瑾益務嚴刻動以一百五十斤大枷枷號威衆暑雨晝
夜不輟文臣垂首喪氣惟恐獲罪　執朝官三百餘人
下詔獄時早朝有遺匿名書于丹墀者　上見之命拾
以進乃備言劉瑾等亂政瑾下殿入班詰問無肯承者
瑾疑群臣所為乃分五品以下官三百餘人出午門跪
聽處分至午後不放時酷暑暴于烈日中仆地死者十
餘人至晚悉械送錦衣衛獄追究竟無踪跡李東陽奏
此事必一人陰謀所為同朝諸臣倉卒拜起豈能知之
乃得釋　逮前戶部尚書韓文瑾已勒文落職銜恨

未已乃以戶部廣東司遺失簿籍差官校械繫至京下
錦衣衛獄拷訊欲置之死監禁數月罰米一千石押赴
大同親納續以他事數次罰米二千餘石家產不能償
皆稱貸以給　八月逮前兵部尚書劉大夏先是大夏
在兵部議革騰驤四衛勇士議節光祿無名供饋歲省
宮府浮費數百萬近幸者滋不悅大夏既歸有激怒于
上者太監甯瑾素重大夏叩頭諫曰此先帝意非劉大
夏建白乃免時劉瑾日誅求臣僚劉宇與大夏有怨言
于瑾謂抄沒大夏家可得金數萬焦芳亦忌大夏共譖

之瑾因廣西土官岑濬獄辭連大夏遂逮繫至京下錦
衣衛獄將坐以激變土官罪死大學士王鏊曰岑氏未
叛何名為激變衆大臣議都御史屠滽謂大夏不宜深
罪瑾怒乃與劉宇謀謂大夏輕議夷人遷徙發肅州衛
永遠充軍大夏卽顧騾車出都城觀者如堵所在罷市
父老涕泣有焚香露禱願大夏生還者　以南京右都
御史張泰為南京戶部尚書令致仕泰成化中為御史
嘗言宮闈預政被箠幾死累遷長南臺所至有聲至是
奉表入賀聖節惟以土葛布遺劉瑾瑾知其清苦然猶

啣之會吏部以南京戶部尚書員缺疏奏姓名以請瑾
令陞職致仕　十月調翰林學士張芮為鎮江府同知
芮見瑾長揖不拜遂坐事謫之　下陝西舉人郝序獄
序戶部侍郎郝志義之子志義卒序援例乞祭葬劉瑾
以爲無此例遂下錦衣衛獄問發充軍瑾自擅政大率
抑文右武允崇重內臣馬永成等八黨皆封父爲都督
造墳塋祭所命祭文皆李東陽撰臺諫不敢言
正德四年正月以邵寶爲右副都御史總督漕運時劉
瑾擅權公卿多出入其門寶一無所過瑾啣之數令人
以危言撼之不爲動乃勒令致仕　廣東盜起陞松江
同知吳廷舉為廣東兵備僉事征十三村池水盜平之
時天下鎮守恣横廷舉劾廣東鎮守太監潘忠二十罪
忠亦列上廷舉罪逮鞫之無狀止以枉道回枷于吏部
門外十有二日尚書張綵心服廷舉言于劉瑾釋之發
鴈門充軍　五月劉瑾惡諸翰林官不行跪禮遂改侍
讀徐穆編修汪俊等為南京部屬　八月瑾分遣御史
周東等在邊嚴刑比較屯糧人心憤怨指揮何錦等與
安化王謀起兵誅瑾

正德五年二月劉瑾專政欲盡除軋己者一日伺間言
于　上調張永于南京旨未下即日逐永出就道榜諸
禁門不許放永入永覺之直趨至御前訴己無罪為瑾
所害召瑾至語不合永即奮拳毆之谷大用等解之令
諸近臣皆置酒和解　八月劉瑾謀不軌伏誅瑾擅政
五年毒虐遍中外無不怨恨切齒者張永既憾瑾征寧
夏平與楊一清定謀誅瑾永既回京獻俘與素所厚宦
侍張雄張忠等乘間共訴于　上言瑾流毒海內激變
寧夏心不自安陰謀不軌其形已具宜早擒之因疏其
大罪十七事　上猶豫未決永等曰少遲我輩皆虀粉
矣陛下安所之乎　上乃允其奏即命禁兵逮瑾永等
勸上親至瑾第觀變時漏下三鼓瑾方熟寢禁兵排闥
入瑾驚起曰事可疑矣趨出戶遂被執詔多官廷鞫皆
錯錯索索莫敢先發言衆促刑書何鑑乃問瑾胡為引
用鄉人瑾笑且罵曰汝文武大官皆由我進何得言鄉
人駙馬蔡震將瑾拷掠具獄刑部主事王宗哲亢朗讀
瑾要詞坐以謀反凌遲三日諸被害者爭取其肉啖之
悉誅其家屬抄沒財產金二十四萬錠又五萬七千八

百兩銀元寶五百萬錠又一百五十八萬三千六百兩寶石金甲蟒衣衮龍袍金龍盔甲玉印玉琴玉帶數多皆籍內帑

東西廠

成化十三年正月置西廠　二月太監汪直掌西廠恣橫無忌事具直類中　五月大學士商輅等上言西廠汪直違祖宗法壞朝廷事　上命革西廠散遣官校　六月御史戴縉假災異建言頌汪直功德以覬倖進疏入　上悅汪直復開西廠詗察益苛人不堪命

成化十六年兵科給事中孫博疏一東西二廠緝事旗校多毛舉細故以中傷大臣旗校本廝役之徒大臣乃股肱之任豈旗校可信反有過於大臣縱使所訪皆公亦非美事一或失實所損實多乞嚴加禁革奏入　上曰孫博不諳事體本當究治姑恕之時汪直聞博奏涉西廠事怒甚呼博面加詰責人皆為博危之

成化十八年三月復罷西廠時汪直在大同科道交章奏西廠苛察紛擾大傷國體內閣雖萬安亦謂宜罷劉珝不從萬安乃上疏謂官民人等衆口一辭皆稱革去西廠為便　上乃罷西廠中外欣然珝有慚色

成化二十年正月械司禮太監尚銘杖一百押發南京充淨軍孝陵種菜銘本汪直所屬謀入司禮監與當道者相埒至是籍其家得貲數萬輦送內府者累日不絕云　王瑞等奏近蒙逐去東廠太監尚銘臣民大悅但不去其黨將來之患猶未可知尚銘嘗為汪直所引得入東廠近為李榮蕭敬所引得入司禮監司禮監乃朝廷機密重地豈可同惡相濟引用匪人臣等又聞榮昔在大同嘗黨汪直隱蔽邊情以致胡虜入寇鼓使湖廣所過貪殘用貽數千里之患其他隱惡未易悉數天下大事以衆賢人治之而不足以一匪人壞之而有餘榮等既黨汪直又黨尚銘人皆言汪直開西廠而黑眚見尚銘入司禮而地道震若非　皇上早見而勇去之後日壞事或不止此更望并去榮等以絕其黨宗社生民之幸也疏入　上曰李榮蕭敬朝廷自有處置　錦衣衛軍餘責鐸擊登聞鼓訴太監尚銘因索金珠寶石不得誣其子宗源以殺人罪用刑訊鞫備極慘毒索受賂

金一百兩銀三千兩及他奇寶事下都察院以銘已被罪去宜令鐸與其黨對辯詔宗源已免死發遣銘贓已入官連坐者置勿問鐸業巫祝家素貧與内局人匠凌安徐茂董市青紅石餙為奇巧首餙器用託内侍親幸者以進互相估值得利百千倍歲費内帑金鉅萬諸人暴富屋舍服用窮極奢僭京師人多效慕之

正德元年十月設内行官校命太監丘聚提督東廠谷大用提督西廠各遣官校巡察

内官娶妻

成化五年四月御用監左監丞龍閏娶南和伯方瑛妾許氏為妻事覺　上曰在昔帝王以内官給事内庭以其絶生道無外覬也今閏在外娶妻何異常人其即離異閏仍送司禮監處治之

憲章類編卷之三十六終

憲章類編卷之三十七

南京吏部

宣德十年九月英宗以黄宗載爲南京吏部尚書

正統十三年八月以魏驥爲南京吏部尚書

景泰元年十一月南京吏部尚書魏驥進表至京以老乞骸骨許之內閣陳循驥考試時所取士請曰先生雖位冢宰然未嘗立于朝願少待事在吾輩而已驥不從退謂人曰渠將朝廷事爲一己私事安得善終

成化七年閏九月吏部尚書崔恭起復至京改南京吏部尚書

成化八年正月致仕南京吏部尚書魏驥卒驥浙江蕭山人由乙榜授松江府學訓導諸生多所成就與脩永樂大典陞太常博士宣德初陞考功員外郎歷太常少卿吏部左侍郎正統間進尚書屢請老不許景泰改元得請致仕年已七十七矣家居二十年不別治生惟以文學自娱至是　上遣行人持勑存問未至已先卒時年九十八遺書戒其子勿以塟事擾鄉里賜謚文靖論者謂自古大臣之最壽者惟宋文彥博而驥年比之尤高蓋古今罕有云

成化十二年十二月太監懷恩傳旨翰林侍讀學士錢溥陞南京吏部左侍郎

成化十三年七月南京吏部尚書崔恭致仕

弘治八年十二月以張悅爲南京吏部尚書尋改兵部

弘治九年四月改禮部尚書倪岳爲南京吏部尚書

弘治十三年九月以林翰爲南京吏部尚書

正德二年十二月　以劉忠爲南京吏部尚書

正德四年九月吏部尚書梁儲劉瑾惡其不附已改爲南京吏部尚書

正德五年九月以羅玘爲南京吏部侍郎

正德八年八月　以石瑶爲南京吏部侍郎

正德九年六月　以孫需爲南京吏部尚書

正德十年五月以羅欽順爲南京吏右侍郎　按南京吏部尚書一人右侍郎一人郎中四人主事四人司務一人

南京户部

弘治四年十二月復起秦紘為南京戶部尚書紘既免科道交章論救王恕亦極言紘清忠不宜罷遂起用

弘治十三年七月以王軾為南京戶部尚書

弘治十六年五月命南京戶部尚書王軾兼左副都御史督兵討貴州女苗米魯苗平進軾太子少保

弘治十八年九月武宗　以周經為南京戶部尚書

正德二年二月以詹事楊廷和為南京戶部右侍郎事具劉瑾類中　九月以副都御史雍泰為南京戶部尚書　南京戶部尚書雍泰罷以侍郎楊廷和代之泰陝

西咸寧人由進士為知縣御史按察使都御史所至紀綱肅然人不敢干以私按察山西時以事摧太原知府伊珍為珍所訐奏繫詔獄左遷湖廣參政尋擢都御史巡撫宣府參將李傑不法部下訴于泰將劾奏之傑庭參謝罪泰按軍法呼左右縛而杖之三十三軍股栗傑有內援遂以泰擅打將官劾罷既而尚書馬文升劉大夏交薦之給事中潘鐸等復疏泰有敢死之節克亂之才許進素善泰薦于劉瑾瑾原籍陝西興平人以同鄉故起為南京操江副都御史時瑾專國卿佐遷除皆厚賂行謝鄉人以喻泰泰曰進退在天若柰我何未幾遷尚書又不謝瑾怒遂提旨令致仕仍罰米千石芻千束輸宣府文升大夏并潘鐸等數十人皆以舉泰罰米有差

正德三年八月以南京右都御史張泰為南京戶部尚書令致仕泰入賀聖節惟以土葛布遺劉瑾瑾知其清苦然猶嗛之至是推前缺瑾令致仕

正德七年春正月　起致仕戶部左侍郎儲瓘為南京戶部右侍郎　十一月以王鴻儒為南京戶部侍郎

正德九年十二月南京戶部尚書致仕雍泰卒

正德十四年七月南京戶部尚書王鴻儒卒鴻儒南陽人少穎悟書過目成誦家貧為府史佐書知府段堅見而奇之命讀書府中續食授衣俾專志于學提學副使陳選試之謂為經世之文尋發解河南第一舉進士授南戶部主事歷山西提學國子祭酒吏部侍郎以至南戶書學有體要明習國家故事處己待物開誠布公人亦不敢干以私至是以宸濠反方督餉起兵又聞車駕南巡忽疽發背卒謚文莊

按南京戶部尚書一人右侍郎一人郎中十三人員外郎十人主事十七人司務一人照磨一人

總督南京糧儲

宣德八年正月　勑南京守備襄城伯李隆同巡撫侍郎周忱總督南京各衛所屯田較其所入之數以充軍倉必使耕種以時毋令下人侵擾

天順四年三月召前副都御史軒輗為左都御史總理南京糧儲石亨既死　上念輗廉正故復召用

正德元年三月以太僕卿儲瓘為左僉都御史總督南京糧儲

南京禮部

正統十三年八月以王英為南京禮部尚書

景泰元年五月南京禮部尚書王英卒初謚文安改謚文忠英江西金谿人平生直諒好規人過不為三楊所喜

天順五年春正月以廖莊為南京禮部右侍郎

成化九年五月起致仕禮部右侍郎倪謙翰林侍讀學士錢溥于南京管事六科給事中唐仁等十三道御史羅明等劾奏溥謙擢自先朝累承異寵不顧清議汚壞名節過蒙什其罪從遣歸田里待之已厚而乃營求起用乞俾溥等仍舊致仕庶得始終保全　上批答曰朕念錢溥倪謙徃勞特起用之所言不准

成化九年八月南京六科給事中汪直等十三道御史吳禋等劾奏倪謙錢溥不當起用仍乞放歸田里以為姦貪者之戒不聽

成化十年夏四月調南京禮部主事林孟和為陝西慶陽府通判時孟和言本部右侍郎倪謙壞法狥情市恩

釣譽臣堅以理法執請謙始為信從而心寔啣恨伏望調臣別用或罷歸田里貶竄荒域仍居前職實非臣所願也詔孟和以屬官不知大體毀辱大臣可調邊方

成化十二年十月南京禮部左侍郎章綸自陳衰老乞致仕許之　十二月太監懷恩傳旨南京禮部左侍郎倪謙陞本部尚書

成化十三年九月南京科道官交論倪謙錢溥皆老耄不職又為清議所鄙乞罷斥之不允

成化十五年三月致仕南京禮書倪謙卒謙應天上元縣人舉進士第三授翰林編脩歷陞學士主考順天鄉試舉子有援拾謙陰事者付行事校尉發之謫戍開平遇恩例放免尋上疏自陳復職閑住既乃復入史舘陞禮部侍郎御史陳選抗疏極言之罷謙致仕後七年復起爲南禮侍進尚書以疾致仕至是卒謚文僖謙在翰林與錢溥相類好比匪人景泰中選内官聰慧者數人俾謙教之後俱柄用謙躋而復起者此數人力也子岳後爲尚書有名克蓋前愆云

成化十九年三月南京禮部左侍郎致仕章綸卒贈禮部尚書謚恭毅綸浙江樂清人少好學至老讀書不廢忠節炳然爲世所傳誦云

正德二年二月以學士劉忠爲南京禮部右侍郎事具劉瑾類中

正德六年四月起章懋爲南京禮部右侍郎疏乞致仕許之

正德九年六月以喬宇爲南京禮部尚書

正德十年二月以楊廉爲南禮部侍郎

按南京禮部尚書一人右侍郎一人郎中四人主事二人司務一人

南京兵部

景泰三年九月南京兵部尚書王驥致仕

成化元年十二月追贈已故南京兵部尚書黄福太保

成化十三年二月命都察院右都御史原傑改南京兵部尚書吏部以南道御史任英等建言會推南京兵部正官乃擬侍郎滕昭翁世資名上皆不從待命傑時傑方撫治荆襄命事竣回任都御史王越忌其來密通内

閣學士劉珝沮之珝違衆議力主其事遂有是命

成化十三年六月南京兵部尚書原傑卒傑山西陽成人正統己丑進士授御史巡按江西有聲歷左副都御史處置荆襄流民任滿擢右都御史掌院王越沮之改南京兵部尚書時傑已因勞成疾竟卒於南陽驛舍年六十一傑樂聞讜言誠心待物故所至成功而區畫流民一事尤爲偉偉使國家意外無窮之變一旦潛銷默定其功蓋不可掩云

成化十四年三月以南京右都御史王恕爲南京兵部
尚書參贊機務
成化十五年正月起致仕戶部尚書薛遠爲南京兵部
尚書參贊機務　吏科都給事中趙侃等御史王濬等
交章糾劾薛遠潛住京師夤緣復用且南京根本重地
參贊軍國重務遠昔總京儲尚孤委任今參贊機務豈能
濟事況又以奔競而起臣等切恐天下效尤而來者必
接踵矣乞仍罷遠致仕弗從
成化二十年五月蘇松巡撫兵部尚書王恕仍改南京

兵部尚書參贊機務　六月南京兵部侍郎萬翼以父
安爲大學士乞改北部許之
成化二十二年九月南京兵部左侍郎馬顯乞致仕許
之仍就顯奏疏批曰今南京米貴民饑尚書王恕參贊
機務胡爲坐視無一策拯濟可見年老無爲革太子少
保亦令致仕蓋恕屢有諫疏忤旨留中不下故及之工
部主事王純奏曰王恕屢上封章直陳時事陛下每容
其言及以年老屢乞致仕輒蒙懇留不許今革去太子
少保令以尚書致仕羣情驚駭莫知其由昔莊助論汲

黯于漢武帝帝以爲古社稷之臣如黯近之臣竊見一
時大臣遇事敢言者無踰于恕妄意以恕爲社稷之臣
則恕之去就豈容不言伏乞特賜寬假復太子少保召
還以竟其用　上以純出位妄言要求名譽命杖之送
吏部降調爲貴州思南府推官
弘治四年十月以吏部左侍郎張悅爲南京兵部尚書
弘治十二年十二月南京兵部尚書張悅致仕
弘治十三年九月以秦民悅爲南京兵部尚書
弘治十五年十月致仕尚書張悅卒悅松江華亭人自

少篤學力行鄉里推重筮仕刑部出爲浙江提學請托
不行歷官宮保清約以終其身儉素一如寒士謚曰莊
簡眞無愧云
正德元年四月以林瀚爲南京兵部尚書
正德二年閏正月南京兵部尚書林瀚連疏論救戴銑
等太監劉瑾怒謫爲浙江右布政使勒致仕
正德十六年六月世宗　召王守仁尋中止陞爲南京
兵部尚書參贊機務守仁疏乞省葬
按南京兵部尚書一人右侍郎一人郎中四人員外郎

二人主事五人司務一人

南京叅贊軍務

宣德十年六月英宗　命南京户部尚書黄福叅贊南京軍務時楊士奇等言上初嗣位當肅軍政飭邊防南京根本重地雖有襄城伯李隆守備宜令黄福叅贊遂永為定制

正統五年正月叅贊南京機務少保户部尚書黄福卒以兵部侍郎徐琦代之

景泰元年冬十月以王驥為南京兵部尚書總督機務

按南京設叅贊機務自户部尚書黄福始已而福兼掌兵部事正統五年代福者兵部侍郎徐琦正統十四年琦陞尚書景泰元年止掌部事王驥代琦總督機務成化間崔恭以南京吏部尚書王恕以南京右都御史叅贊機務

守備南京

永樂十四年六月　襄城伯李隆守備南京

正統五年正月豐城侯李彬守備南京

弘治六年十月勅南京内外守備曰我國家並建兩京南京乃　太祖開基重地列聖相承恒必慎擇其人以司留鑰爾等受兹守備之寄不為不重惟昔成周雖營洛邑而猶宗豐鎬唐人雖都長安而猶重晋陽我　祖宗慎重南京在永樂洪熙付之監國儲君自宣德正統以來委之内外重臣其憂深慮遠思患預防之心蓋與古人同一揆也爾等其思祖宗慎重根本之意體朕委任責成之心恊恭和衷同心戮力俾朕無南顧之憂則爾等功德茂著朕亦官賞懋加矣欽哉

按南京諸司守備叅贊機務為要重守備以公侯伯兼領南京中軍都督府事恊同守備以侯伯都督得領五府事孝陵奉祀禮或守備或恊同守備大抵戚畹勲舊也叅贊機務以南京兵部尚書治所在中府

永樂二十二年秋　命襄城伯李隆駙馬都尉沐昕同鎮守南京洪熙元年又以内臣守備南京　宣德五年改鎮守為守備　南京叅贊機務守備文武大臣掌皇城京城畿甸留守之事以時行視陵廟凡大

小教場練將士新江口薛水軍神機營習文器以時督察之官軍騎數歲一報地圖文冊三歲一報諸江關浦口歲再遣人行視之軍器歲製貢舟均其差遣而嚴緝之武學課業旗役併鎗程督而監視焉盜賊歲更官行緝屯田請專官巡視凡便宜事會九卿五府議請上

南京刑部

天順二年七月南京刑部尚書薛希璉卒耿九疇爲南

京刑部尚書先是九疇降江西布政尋轉四川上一日對輔臣論人才言九疇去非其罪李賢對曰九疇操行誠不易得未幾召至京爲禮部尚書上憐其老改南京刑部曰遂卿優閒

成化二十三年十月孝宗　擢刑部侍郎何喬新爲南京刑部尚書喬新父爲人望所屬萬安輩不欲其在朝故薦徃南京雖陞之實遠之也懷恩一日詣內閣言新君即位如何令喬新陞去南京萬安默然

弘治九年九月　以戴珊爲南京刑部尚書

正德五年十二月　陞廬陵知縣王守仁爲南京刑部主事

正德六年八月推巡撫陝西右都御史陳壽爲南京刑部尚書乞致仕壽卒壽江西新淦人貫遼東衛籍登仕四十年建明樹立多可述而廉名尤著居常布衣蔬食如寒士沒無以爲殮親舊共資助之諸子旅寓南京環堵蕭然

正德十六年十二月選進士張璁爲南京刑部主事

按南京刑部尚書一人右侍郎一人郎中十三人員

外郎五人主事十四人司務一人照磨一人司獄二人

南京工部

成化六年四月致仕南京工部尚書王來卒來浙江慈谿人由乙榜舉人授江西新建教諭擢御史巡按蘇松常鎮貪暴望風引去歷陞右都御史征勦湖廣苗賊縛渠魁韋同列等以獻轉南京工部尚書天順初致仕至是卒年七十六訃聞賜祭葬來臨事明達奉命宣力四

方所至以幹辦稱

成化十九年三月　陞都察院右都御史戴縉爲南京工部尚書　九月革戴縉爲民縉諂附太監汪直至是公論快之

弘治四年六月　南京工部侍郎黄孔昭卒孔昭浙江太平人初舉進士授工部主事歷調吏部文選郎中以人才爲念常曰粟積于豐年乃可以濟饑才儲于平時乃可以濟事爲文選而以杜門謝客爲高人才何由而知故客至輒見薦用必參輿論終其身以純慤正直稱于人云

正德六年十二月　以孫需爲南京工部尚書

正德十一年十一月　以黄珂爲南京工部尚書

按南京工部尚書一人右侍郎一人郎中四人員外郎二人主事八人司務一人

南京都察院

宣德三年八月癸未南京都察院右副都御史致仕向寶卒寶江西進賢人洪武乙丑進士歷仕四十餘年

之日家具蕭然

天順八年憲宗　十一月以高明爲南京僉都御史

成化十三年九月改王恕爲南京都察院右都御史參贊軍務

弘治五年六月改黄紱爲南院左都御史

弘治六年七月南京右都御史黄紱致仕以張悦爲南京右都御史

弘治七年二月陞副都御史鄧廷瓚右都御史掌南院事

弘治十三年十二月右都御史鄧廷瓚卒

弘治十四年十一月　以張敷華爲南京右都御史

弘治十六年四月陞延綏巡撫僉都御史陳壽爲南京都察院副都御史

正德二年閏正月南京都御史陳壽抗疏救諸言官事奪職

正德四年六月南京右都御史熊繡致仕　按南京都察院右都御史一人右副都御史或僉都御史一人操江各道監察御史三十二人經歷一人都事一人司務

一人照磨一人司獄二人後革副都御史

操江都御史

弘治十三年正月以林俊爲南京都察院右僉都御史兼理操江　按南京有操江都御史一人巡江御史二人專職江防

南京通政司

正德五年九月以國子祭酒王雲鳳爲南京右通政

按南京通政司右通政一人右參議一人經歷一人

南京大理寺

景泰二年七月以薛瑄爲南京大理卿

成化元年十二月以福建按察使馬文升爲南京大理寺卿

成化五年五月南京大理評事張珏陳言大理寺之設所以審録刑部都察院鞫問罪囚其間或擬罪不當者一再駁還並令改擬或仍不當許參問刑官此係舊制近見南京法司多徇私意或動輒嚴刑以威平人輒相誣服往往情罪不合追及駁改而玩忽舊制恣意出入至於不可掩飾亦止於改正而無罪乞自今許本寺參問大理寺卿王槩覆奏從之

成化十二年九月陞應天府府丞白昂爲南京大理寺右少卿　按南京大理寺卿一人右寺丞一人左右寺正各一人左右評事各三人司務一人

南京翰林院

成化元年三月陞左春坊左庶子兼翰林侍講王倎爲

南京翰林學士

成化二年六月改翰林學士倪謙于南翰謙自謫戍復職閑住至是詣闕謝恩特命於東閣辦事言官劾其貪冒無耻改命南京　陞南京翰林學士倪謙爲禮部右侍郎　秋七月　倪謙致仕科道會劾謙貪邪佞交結外藩本當寘于極典幸而得戍邊方復蒙寬恩復職閑住自合靜居閭里却乃不召而來希求進用玷污清班知不容於公論僞乞休致　皇上復徇所請俾官南

京又貳宗伯朝野驚駭衆論諠騰臣等官居耳目職在激揚竊附呂誨之知人敢辭陽城之竄逐伏望俯徇輿情將講革職以爲希求倖進者之戒　上曰倪謙有隨侍舊勞特留任用今公論既不可仍令致仕

成化三年六月復福建市舶提舉羅倫爲南京翰林脩撰

成化五年九月南京翰林脩撰羅倫以疾去倫江西永豐人初授脩撰甫二月值大學士李賢遭喪起復上疏劾之謫福建泉州市舶提舉既而改南京翰林脩撰逾

年辭官歸學者多從之游居金牛山中中嵐氣得疾倫性直戇不恤世情與人言竭盡底裏不察言觀色不好名不營利剛腸疾惡爲縉紳所忌憲廟實錄傳多貶詞此亦必有忌之者云

成化十四年三月南京翰林脩撰致仕羅倫卒　按南京翰林院學士或侍講讀一人孔目一人

南京太常寺

正德五年十一月以章懋爲南京太常卿辭不赴　按南京太常寺卿一人少卿一人典簿一人博士一人協律郎二人贊禮郎七人司樂二人奉祀三人祀丞三人

南京光祿寺

成化二年八月南京光祿寺卿蔚能卒能陝西朝邑縣人以吏員授光祿寺典簿累陞本寺卿進禮部右侍郎後以忤旨調南京光祿寺卿能在光祿三十餘年未嘗私持禁臠還家其光爲人所稱者能偕同僚聯名上疏請查入內供應器皿詔下禁獄問所由能私謂少卿葦

曰上怒不可測能老矣當獨任之勿累諸公也既而獨受責降官調南京未嘗有後言論者謂以吏奮身如能與况鍾者殆士人之高等云　按南京光祿寺卿一人少卿一人典簿一人署正四人署丞四人

南京鴻臚寺

正德九年正月陞南京太僕少卿王守仁爲南京鴻臚卿　按南京鴻臚寺卿一人主簿一人署丞二人鳴贊二人序班九人

南京國子監

洪武八年三月命御史臺官選國子生分教北方　上諭之曰近北方喪亂之餘人鮮知學今太學諸生中年長學優者卿宜選取俾往北方各郡分教庶使人知務學於是選國子生林伯雲等三百六十六人給廪食賜衣服而遣之

宣德九年十月陞南京國子監司業陳敬為南京祭酒

景泰元年十二月南京國子祭酒陳敬宗致仕

天順三年五月致仕南京國子祭酒陳敬宗卒年八十

三敬宗浙江慈谿人容儀端整步履有則德望文章名聞朝野官太學二十餘年矜嚴好禮約束諸生時北監祭酒李時勉亦以師道自立時稱南陳北李云

成化三年八月以周洪謨為南京國子祭酒

成化七年三月陞南京翰林學士王㑺為南京國子祭酒

成化十三年六月命南京工部修理南京國子監文廟兩廡廚庫共八十六間從祭酒王㑺之請

弘治三年七月以謝鐸為南京國子祭酒

弘治四年四月南京國子祭酒謝鐸致仕　五月以王㦖為南京國子祭酒

弘治十四年八月起致仕僉事章懋為南京國子祭酒時遭父喪詔司業署事員缺不補聽懋終制赴官

弘治十五年四月以羅欽順為南京國子司業

弘治十六年八月南國子祭酒章懋服闋到任　十一月南京國子祭酒章懋到任後謹矩度尚德行厲廉耻諸生翕然尚風

正德元年八月南京國子祭酒章懋上疏乞致仕先陳言治道要務五事曰勤聖學隆繼述謹大昏重詔令敬

天戒再疏乞休未允至是以任滿三載年踰七十上疏不待報而歸歸復三疏未獲允命

正德二年二月南京國子祭酒章懋准回養病

正德三年四月南京國子司業羅欽順除名

正德四年六月以石瑤為南京國子祭酒

正德五年九月以王瓚為南京國子祭酒羅欽順為南京國子司業　按南京國子監祭酒一人司業一人監丞一人典簿一人博士三人助教六人學正五人學錄

二人典籍一人掌饌一人

南京太僕寺

正德七年十二月以吏部考功郎中王守仁爲南京太僕少卿　按南京太僕寺卿一人少卿二人寺丞二人主簿一人寺在滁州

應天府

革除建文二年十二月署應天府事兵部郎中方賓謫

戍廣東

成化十九年八月應天府尹曾崇志卒崇志浙江天台人故僉都御史複之子平生少嗜好於人不苟合安分自守不附勢以干進云

成化二十三年正月妖術李孜省讒應天府丞楊守隨謫爲廣東西南寧知府

弘治五年十二月以河南按察使樊瑩爲應天府尹

按應天府府尹一人府丞一人治中一人通判二人推官一人

憲章類編卷之三十七

憲章類編卷之三十八

行中書省

洪武庚子六月以胡大海爲江南行省叅政分省于婺
以王愷爲左司郎中分治省事
洪武元年四月置山東行中書省調江西叅政汪廣洋
爲山東叅政以陶安爲江西叅政　九月癸卯江西行
省叅政陶安卒太平當塗人肆力問學博極羣書究心
濂洛講明朱陸之學元末舉浙江鄉試爲明道書院山

長乙未謁　上從克金陵授江南行省員外郎中歷知
黄饒二州迨入翰林至江西叅政英謀密議幽賛神明
而一統鴻業之成尤肇於首謁轅門之數語人知其爲
王佐之才而不知其寔一代之儒宗也
洪武二年四月置陝西山西二行省以中書叅政汪廣
洋爲陝西叅政御史中丞楊憲爲山西叅政還治書侍
御史周禎爲廣東行省叅政改河南分省爲行省
置福建行省以福汀漳泉興建延邵八府隷之命中書
省蔡哲爲叅政

洪武七年三月　以兵部尚書劉仁刑部主事鄭九成
爲廣東行省叅政陛辭上諭之曰嶺海在京師數千里
外方面之寄必得重臣以授之庶可以輯寧其人茲特
命卿等往凡政事之施宜恩威兼濟一以恩而無威則
寛而無制一以威而不仁則嚴而無恩惟恩不流於姑
息威不傷於刻暴則政事自舉由是郡縣轉相視傚而
民生自遂雖嶺海之遠朝廷無可憂矣仁等頓首受命
洪武八年二月以工部尚書李敏爲江西行省叅政
洪武九年六月詔改行中書省爲承宣布政使司

布政司

洪武九年九月中書省言福建布政使司叅政魏鑑瞿
莊笞姦吏至死　上賜璽書勞之曰朕觀自古天下之
治亂在於君臣能馭不能馭耳君能馭臣以禮臣能
馭吏以法則治君不能馭臣臣無以馭吏則亂或云胥
吏小人何預治亂是大不然吏詐則蠧政政蠧則民病
朕嘗著令凡吏卒違法繩之以死此令行之已久奈何
貪官動爲下人所持任其縱橫莫敢誰何以致民多受

害今丞相奏福建兩叅政置姦吏於極刑所謂惟仁人能惡人也斯民庶幾有賴矣故特往諭之爾尚慎終如始乃能其官

洪武九年十月 上以手詔諭山東布政使吴印曰嘗聞殷高宗思治而賢人入夢得傅說於版築殷籍以興周文王起磻溪之釣叟遂相武王而創八百年之業古有是君亦有是臣自是之後如是者蓋鮮昨天厭元德羣雄並起朕於是摧強撫順綱維海内以主黔黎已九年矣其間尚有不廸于教而罹法者欲以刑治之則不

可勝誅姑緩其刑俾之輸作冀其向化期于無刑頃者天變於上朕心皇皇詔告臣民許言朕過獨卿敷露肝膽面陳國計朕以至意諭卿卿若夙夜如此為國為民非特盡心於朕卿之令名亦不朽矣

洪武十三年十月勅諭浙江布政司自洪武五年至十二年終更置衙門已前中書堂都察院及六部凡有行下着令有司科派事理一一具陳奏聞故行隱蔽凌虐下民即係黨惡

洪武十四年二月 以鄭湜為福建布政司叅議湜金華浦江人鄭綺八世孫鄭氏素以孝義聞時胡惟庸敗四方有仇怨相告訐者凡指為胡黨率坐重獄及是有訐鄭氏交通惟庸者湜兄弟六人吏捕之急諸兄爭欲行湜曰弟在其忍使諸兄罹刑辟獨詣吏請行仲兄濂先有事京師暨弟至迎謂曰吾家長當任罪弟無與焉湜曰兄老吾往辯之萬一不直弟當服辜二人爭入獄 上聞之俱召至廷勞勉之謂近臣曰有人如此而肯從人為非邪即宥之詔賜酒食擢為叅議賜冠帶襲衣

洪武三十一年十二月建文帝以吏部尚書如瑺掌河南布政司事尚書如舊

永樂十一年二月設貴州等處承宣布政使司

三月思州宣慰使田琛田宗鼎伏誅以工部侍郎蔣廷瓚為貴州左布政使

永樂二十二年十二月仁宗書各都布按三司官姓名于奉天門西序先是 上諭蹇義李慶曰庶官賢否軍民休戚之所係唐太宗書刺史之名於屏朝夕省覧皇考亦嘗書中外官姓名於武英殿南廊時一覲之今府

部之臣朕朝夕接見得詢察其賢否若都布按三司官
朕既不能盡識其人又不悉其姓名雖或聞其賢否又
則易忘爾吏部兵部具各都布按官姓名履歷揭諸西
序朕得時考其行事而黜陟焉至是悉書之
洪熙元年六月宣宗　罷浙江布政司叅議王和袁昱
陝西按察僉事韓善爲民和等時皆坐贓罪遇赦行在
吏部奏擬還職上曰士大夫當務廉耻古人不飲盗泉
盖悪其名也三人者皆貪汚豈可復任方面悉罷爲民
宣德三年五月巡撫蘇松等處大理卿胡槩奏浙江嘉

湖杭三府人民畨多税糧浩大府縣有治農官理辦税
糧宜增布政司官一員以總之庶農務以時糧税不欠
上謂吏部臣曰税糧自是常賦國初以來徵歛輸送已
有定制朕方裁抑冗濫豈得復設古語省事不如省官
所奏不允
宣德四年八月河南右布政使蕭省身卒省身江西泰
和人永樂初進士預脩永樂大典授刑部主事進郎中
蚤暮勤勞廉介自執名實孚于上下超遷河南右布政
時河南頻歲旱蝗省身一務寛恤郡縣承風民賴以安

省身能容人過而不能自容已過毋有小失輒赧然面
赤即改圖焉卒年五十君子惜之
宣德五年八月陞禮部右侍郎李琦爲湖廣左布政使
景泰元年四月吏部侍郎何文淵請罷貴州布政司不
許
景泰二年九月　以陳文爲雲南右布政使
天順四年十二月　以王恕爲江西左布政使
成化三年九月陞陝西叅政余子俊爲右布政使
成化四年九月　兵部奏陝西布政余子俊等俱職居
方面不能撫綏防範以致土達滿四叛逆及與總兵任

壽進兵又不能運籌畫策以致軍旅喪敗皆當究治
上然之命停余子俊等俸
成化六年八月巡視浙江刑部侍郎曾暈奏罷布政張
清清四川巴縣人宣德庚戌進士授户部主事歷官布
政清奉職廉謹非客至罕御酒肉人號爲青菜張以其
執法太嚴又謂之板張浙俗後靡清一敦之以節儉同
僚多不堪竟致以老疾去人多惜之
成化十九年十二月　以職方郎中劉大夏爲福建右

參政　八月調廣東左布政使彭韶于貴州先是鎮守内臣顧恒歲有進貢之儀里胥乘之求索多方民不勝其擾韶上言自古明王不寶遠物廣東民力竭矣守臣以此事上爲恭不知凋傷國本爲害㕛大市舶内臣韋春請以均徭餘剩六十戶隸舶司爲造辦進貢之需韶上疏減其半太監梁方弟錦衣千戶在鄉私採禽鳥等物進貢官民俱罹其害韶復上疏言狀忤旨遂調貴州廣州父老皆涕泣如去父母云

成化二十年正月陞廣東右布政使陳選爲左布政使

弘治元年十月以兵部郎中陸容爲浙江右參政容蘇州崑山人弱冠爲縣學生即有志經濟大肆力于經史百家凡典禮兵刑漕運水利之類莫不通究曉晰舉進士累官兵部職方郎中時邊報旁午章奏日三四上凡虜情虛實地里險易兵力分合皆具中肯綮事下九邊邊人驚服而於沮征安南沮太監李良乞陞數事尤偉改武選郎中值　上登極上疏論八事曰儲養台輔教導勳戚愛惜人才久任巡撫經理武衛選練禁兵均平鈔法慎重會議言多懇切在職方有名例遷京堂時劉吉柄國謂容侵官將陰中之出爲浙江參政容蒞浙江尤有聲既而竟以朝覲考察去位聞者大駭凡在君子之列者無不憤惜容著述甚富有式齋稿菽園雜記等書

弘治十二年五月起林俊爲廣東右布政使辭不起

弘治十三年十二月以孫需爲浙江左布政使

正德三年三月以浙江右布政使邵寶爲湖廣左布政使

正德五年十二月致仕參議賀欽卒欽世居定海其先

戍廣寧後屯遂爲遼西人不務博覧惟讀五經四書舉進士爲給事中上疏解官游于陳獻章之門反身實踐薦授參議尋以母老疏辭晚更好易究心象數手不釋卷既卒鄉人祠之學者稱爲醫閭先生

正德八年十二月　河南右布政使楊子器卒子器浙江慈谿人初舉進士歷知崑山常熟二縣即稱循良有異政歷官所至以賢能著聞

正德九年八月江西右布政使鄭岳坐事爲民提學副使李夢陽閑住時寧王宸濠恣横雲害軍民岳先爲按

察使每事執法沮之遂致恨濠以夢陽有文名慕之每托以詩文交懽既而夢陽與巡按御史江萬實相訐奏行都御史陳金委三司掌印官會勘岳因與夢陽言語相激夢陽因通宸濠遂執岳門子拷掠逼供無名贓私數多奏差大理卿燕忠勘問岳因爲民時以夢陽附勢借威逞私誣善不爲士論所與冠帶閑住

正德十年七月浙江左布政使方良永劾奏都督朱寧以鈔二萬發浙江十一府易銀三萬餘兩乞下詔獄明正典刑疏入寧懼委過下人遣衛卒進所發鈔以償銀

還之民寧憾之良永三上疏乞致仕

按國初爲行中書省或分中書省六部尚書往往出爲叅知政事叅政入爲尚書洪武九年八月詔改浙江江西福建北平廣西四川山東廣東河南陜西湖廣山西諸省爲承宣布政使司正二品十三年改正三品十五年置雲南布政司二十二年改從二品建文中革左右布政使設布政使一人堂上官各陞品一級靖難後復故永樂五年置交阯布政司十一年置貴州布政司宣德三年罷交阯布政司令布政司左右布政使各一人左右叅政各一人左右叅議各一人叅政叅議因事添設無定員其屬經歷一人都事一人照磨檢校各一人理問一人副理問一人案牘一人庫局各大使一人副使一人陜西四川有茶馬司大使一人副使一人

布政司官慶賀禮班首

洪武四年禮部尚書崔亮定外官慶賀禮以都司官爲班首

洪武十五年廣東布政使司請慶賀班秩　上曰禮行

於藩司班首以品秩叙今都司無實授者惟實授都指揮使正二品乃得爲班首

按察司

洪武十五年九月特置天下提刑按察司凡官吏賢否軍民利病皆得廉問糾舉　十一月命都察院以巡按事宜頒各處提刑按察司俾各舉其職

洪武二十五年十二月河南按察司言王府長史與按察司僉事俱五品然僉事爲風紀之職今王府筵宴長

史上殿僉事乃坐於殿外廡下公聚序坐長史復居僉事之上禮有未當詔下廷臣議以爲公宴序坐長史宜在僉事下若王命長史上殿則不拘此例　上曰按察司僉事方面官也王府筵宴亦宜入殿坐於長史之上

洪武二十六年九月河南按察司僉事王平巡按至孟津有司歛衆財以賂平平械其人并所賂來奏　上嘉平得憲臣體命賜平文綺襲衣及鈔百錠書吏衣鈔減平之半仍以勅書勞勉之

洪武三十年春正月初置雲南按察司先是以雲南地

荒服未設按察司命布政司兼理之至是始置司設官

革除建文三年五月調刑部左侍郎王良爲浙江肅政按察使　十二月改程本立爲江西肅政按察副使

永樂五年十月初設屯田按察僉事

永樂十八年夏四月湖廣按察司副使斬義卒義河南淇縣人洪武中以太學生任北平道御史永樂初出按北京糾治貪墨决疑獄滯訟皆得其情吏民畏服日恒蔬食毫髮無取於下時皇太子居守北京賜魚米以旌其廉且語左右曰靳義可謂真御史也未幾陞湖廣按察副使首舉正按察使吳公悦都指揮王玉奸贓之罪風紀肅然入覲卒于京

宣德五年八月陞鴻臚寺卿徐永達爲湖廣按察使

宣德五年閏十一月江西按察司副使李綸謫戍綸先爲御史與都御史劉觀子輻游及受海鹽縣豪民金銀文綺出其殺人之罪至是事覺都察院以聞　上命追所受贓及奪給勅命發戍遼東邊衛

宣德九年五月河南按察使朱仲安卒仲安浙江蕭山人由學官陞常州武進縣主簿又陞本縣知縣坐累降

定興縣丞以薦授御史陞湖廣按察副使調交趾復坐累降御史秩滿陞河南按察使以學行見知於仁宗一日顧侍臣曰朱仲安今御史之翹楚也蓋有意進用之而宮車上賓矣仲安居官廉臨事必存大體云

天順七年十二月以馬文升爲福建按察使

成化四年三月陞刑部郎中何喬新爲福建按察司副使　七月陞御史趙敔爲江西按察使敔巡按江西將代值歲旱荒户部請勅敔賑濟候事竣代之江西士民多上奏懇留遂有是命

成化十四年秋七月浙江按察使楊瑄卒瑄江西豐城人初舉進士為御史極論石亨曹吉祥被譖下獄減死謫戍二凶敗復御史歷陞浙使力振憲度視天下事無不可為者年五十四卒于官人皆惜之　九月以嘉興府知府楊繼宗為浙江按察使

成化二十三年十二月孝宗　擢南京刑部員外郎林俊為雲南按察副使為廷臣交薦云鶴慶玄化寺有活佛歲時士女會集常數萬人爭以金塗其面俊至焚之毀淫祠三百六十區

弘治元年二月以許進為山東按察使

弘治四年正月以林俊為湖廣按察使

弘治五年十二月以樊瑩為河南按察使

弘治十一年十月湖廣按察使林俊上疏陳時政且引疾乞致仕不待報徑歸

弘治十八年正月以邵寶為浙江按察使

正德四年閏九月起謫戍前廣東兵備僉事吳廷舉為雲南副使尋陞江西參政

正德八年七月以席書為浙江按察使

正德四年閏九月起謫戍前廣東兵備僉事吳廷舉為雲南副使尋陞江西參政

正德八年七月以席書為浙江按察使

正德十年十月江西副使胡世寧劾奏寧王宸濠不軌事繫詔獄謫戍遼東

正德十二年七月以許逵為江西按察副使

正德十四年六月宸濠反江西按察副使許逵死之

正德十五年十二月起胡世寧為湖廣按察使　按崔銑曰自閹人谷大用八人思蠱君以極其欲而無游啓

八人又進劉瑾使脅廷論而士禍慘自論者欲劉大夏為冢宰以攻馬文升而黨與分自瑾逐劉健而相權失自杖言官而言路塞自遷秩免罪以賂而利門肆朱寧進而閹寵衰江彬入而巡幸興官輕而頹民窮而盜桀夫思亂驕藩候隙而生心矣胡世寧曹琥之持法孫燧許逵之死義嗟乎懿哉若人政奚底于壞哉

按提刑按察司洪武甲辰十一月初置於湖廣道正三品設提刑按察使僉提刑按察司事丙午令僉事周湞等定議按察事宜具憲綱洪武九年浙江江西湖廣三

提刑按察使李祥潘鼒滕毅允議律官上大明令十年改正四品十三年罷各道按察司明年復十五年定各道按察分司以儒士王存忠等五百三十一人爲試僉事人按二縣諭之曰治吏之弊莫甚於貪墨而庸鄙者次之今天下府州縣官於斯二者往往有之是以弊政日滋民受其害故命爾等按治其地凡官吏賢否軍民利病皆得廉問糾舉二十年改按察分司爲四十一道二十二年復正三品三十年始置雲南按察司建文中改按察司爲十三道肅政按察司靖難後復故今十三

省各按察使一人掌一省刑名按劾之事糾察官邪擒治貪酷禁詰強暴平讞刑獄雪理冤枉以振揚風紀副使二人因事添設無定員僉事亦如之其屬經歷一人知事一人照磨檢校各一人司獄一人　副使僉事分巡提學兵備撫民巡海清軍屯田水利治河驛傳各專事焉官不備則兼領之凡分巡浙江二道浙東浙西江西五道南昌湖東湖西九江嶺北福建四道福寧建寧武平漳南湖廣五道武昌湖南湖北荊南荊西河南四道大梁河北河南汝南山東三道濟南東兗海右山西四道冀寧冀南冀北河東陝西六道關內河西關南隴右西寧關西四川四道川東川西川南川北廣東五道嶺南嶺東嶺西海南海北廣西四道桂林蒼梧左江右江雲南四道普安臨沅金滄洱海貴州四道貴寧新鎮安平思仁以上分巡各道皆有印其提學屯田兵備三道有關防餘道無

兵備副使僉事

弘治十三年六月以梧州知府張吉爲廣西按察副使

備兵府江

正德四年正月以松江府同知吳廷舉爲廣東兵備僉事劉瑾惡之遠至發鴈門充軍

正德六年十月擢山東樂陵知縣許逵爲山東按察僉事備兵于武定州逵河南固始人由進士令樂陵期月令行禁止時流賊勢熾逵預築城浚隍貧富均役踰月而成又使民各築墻高過屋簷仍開墻竇如圭僅可容一人家令一壯丁執刃俟于竇內其餘人皆入隊伍令曰守吾號令視吾旗鼓違者軍法從事又設伏巷中洞

開城門未幾賊果至旗舉伏發賊火無所施兵無所加盡擒斬之自是賊不敢近樂陵城撫按交薦其才遂超擢是職既而劉七楊寡婦以千騎犯利津逵率衆追至高苑斬首四十餘級復破之于德平自是賊遠遁不敢犯　按兵備憲員之設此弘治間例馬文昇居本兵慮武職不修欲增一臬司勅之時内閣劉健力阻不欲行後因奏設九江兵備夏給事疏論不可旨着馬回話劉馬皆秉正才克濟時而議見迥不恊劉欲修我朝祖宗之舊以振武職馬則拯倉卒之急以疏時滯自後卒以

馬勝兵臬盈天下然兵臬項下未多見有精練而得效者是以創業之本世遠愈不明於天下故曰冗世費不能的濟所用惟增名色

布按二司

洪武二十二年賜布按二司及有司馬諭兵部試尚書茹瑺曰布按二司官方面重臣府州縣官民之師帥跨驢出入非所以示民或假馬部民因被浸潤不能舉職甚乖治體其官爲市馬司二十四府半之州縣又半之

馬一率十戸食之歲一更

華除建文元年三月勅布按二司糾察屬吏

永樂元年二月華北平布按二司

成化十六年正月兵科給事中孫博疏一令各布按二司及守巡官各府知府每於歲首即開僚屬考語冊報巡按御史以俟考覈其有徧徇不公逓加降黜治罪不報

遣布按二司巡各郡

洪熙元年正月遣布政使周幹按察使胡槩叅政葉春巡行應天鎮常蘇松嘉湖杭八府察民利病

布按二司官叅賛軍務

按本朝景泰天順間叅政葉盛大同叅政沈固宣府叅政劉璉山東叅議周順廣西副使劉紹皆叅賛軍務盖始于洪熙元年以武臣疎于文墨選方面部屬官於各總兵官處整理文書商確機密於是有叅賛叅謀軍務總督邊

推用布按二司官

按推用方面官銓曹舉兩人以聽簡任此天順末年例宣德間三楊用事勅方面有缺令在京三品以上官舉保銓曹專業乃成虛設此可行於三楊而不可守於其後三楊後此例罷止該部以年資出補雖低昂課試不齊而公議時重爭亦稱協正德後士尚雜趨而器品難定故人才之定於仕途以時而雜見矣

交阯布政使司

永樂五年六月安南平置交阯都布按三司都督呂毅

掌都司事尚書黃福兼掌布按事　置交阯府州縣改大理卿陳洽爲吏部左侍郎遣郎中張宗周等以吏部勘合二千道付給凡當授官必與張輔沐晟劉儁計議量才授職給與勘合

永樂六年三月掌交阯布政司事尚書黃福言交阯初平其地徵歛不一請酌量重輕爲定制　上曰比除交阯郡縣官朕數諭之爲政務寬簡以綏新附之民無重徵歛福所言良合朕意遂命戶部會官定議務從輕省

永樂六年六月交阯總兵官張輔沐晟等旋師至京輔等上交距地圖其地東西相距一千七百六十里南北相距二千八百里　上嘉勞之賜輔晟等及諸將宴於中軍都督府旗軍人賜鈔五錠　已丑吏部尚書蹇義等同六部尚書奏新城侯張輔等平定交阯建設軍民衙門總四百七十有二都司布政司按察司各一衛十千戶所二府十五州四十一縣二百八市舶提舉司一巡檢司百稅課司局等衙門九十二置城池十三所安撫人民三百一十二萬有奇　十二月交阯總兵官沐晟與交阯賊首簡定戰於生厥江敗績都督呂毅尚書

劉儁交阯參政劉昱死之　張輔總兵帥師討簡定

永樂七年八月張輔敗賊黨阮世每於鹹子關　十一月張輔沐晟等獲賊首簡定

永樂八年正月張輔敗賊餘黨阮師檜於東潮州斬賊首四千五百餘級生擒二千餘人皆斬之　張輔檻送簡定等至京師伏誅　十二月交阯賊首陳季擴遣胡彥臣等上表請降　上以其能遷善許之以爲交阯布政使

永樂九年正月命張輔爲副將軍會沐晟討交阯勅四

川廣西江西湖廣雲南貴州六都司安慶十四衛發兵二萬四千隨征　二月詔赦交趾軍民罪犯諸所課稅停徵三年　七月張輔沐晟敗賊黨阮帥於月常江　十一月張輔率舟師追捕陳季擴等梟賊首千五百餘人以狥餘賊散走林莽泥澤中追殺殆盡自是慈廉福安諸州縣皆平

永樂十年十月命鎮守交趾都督韓觀運廣東糧萬石赴交趾給軍食

永樂十一年五月交州府所隸十七州縣土官判官陳

麻歷比江府所隸五州縣土官同知阮必恭等及耆民百有八人來朝自言交趾之人久被黎賊荼毒荷王師滅之民獲蘇息故詣闕謝恩悉賜勞遣還　十二月張輔沐晟會兵敗賊黨阮帥等于愛子江

永樂十二年八月交趾總兵張輔檻送賊首陳季擴阮帥至京師伏誅

永樂十三年夏四月征夷將軍英國公張輔鎮守交趾

永樂十四年十一月勅交趾總兵官張輔馳傳還京　十二月命監察御史黃宗載巡按交趾

永樂十七年十二月巡按交趾御史黃宗載言交趾人民新入版圖勞來安緝尤在得人今府州縣官多係兩廣雲南等處歲貢生員下第舉人因其願仕遠方遂授以職既乏太學教養之素又非諸司歷試之才所以牧民者不知撫字理刑者不明律意若俟九年黜陟廢弛益多宜令到任二年以上者從巡按御史及布按二司嚴加考覈上其廉汙能否實跡以憑黜陟庶幾有所勸懲　上從之因謂行在吏部曰守令民之師帥不得其人民受其殃前除交趾郡縣官出一時之宜今御史所

言良是繼今宜慎選之

永樂十八年五月交趾右參政侯保率民兵禦賊死之左參政馮貴亦以討賊戰死

永樂十九年五月交趾總兵官李彬言交趾新附其地荒遠不通饋運乞依各都司衛所例分軍屯田以供糧餉約十分爲率度地險易量事緩急以爲屯守征調之多寡其各衛土軍雖隸兵籍然攻戰之際心持兩端往往不得其死力令議屯田分數土軍居多官軍居少從之

永樂二十二年九月仁宗　召掌交趾布按二司事工
部尚書黃福還京兵部尚書陳洽兼掌交趾布按二司
事　十月改大理寺卿楊時習爲交趾按察使紀諄爲
交趾布政使
洪熙元年十一月宣宗　總交趾布政司按察司事兵
部尚書陳洽奏賊首黎利名雖求降實則携貳招聚逆
黨日以滋蔓望勅總兵者早滅此賊以靖邊方　上覽
奏勅榮昌伯陳智安平伯李安都督方政及交趾三司
曰及賊黎利包藏禍心已非一日信庸人之言惟事招
撫延今八年終不聽命養成猖獗之勢使忠臣無辜而
罹害良民被毒而未厭其誅之過勅至陳智方政專督
進兵務在協和成功不許緩機誤事若來春捷報不至
責有所歸
宣德元年三月交趾總兵陳智方政討叛冦黎利敗績
尚書陳洽以聞　上遣勅切責　夏四月命成山侯王
通佩征夷將軍印充總兵官都督馬瑛爲參將往交趾
征勦叛冦撫安軍民仍命尚書陳洽參贊軍務　上視
朝罷御文華殿蹇義夏原吉楊士奇楊榮侍　上曰

太祖皇帝祖訓有云四方諸夷及南蠻小國限山隔海僻
在一隅得其地不足供給得其民不足使令又云若有
自不忖量來撓我邊彼爲不祥彼不爲中國患而我興
兵伐之亦不祥也吾恐後世子孫倚中國富彊貪一時
戰功無故興兵切記不可後因黎氏弑其國主奪其國
人太宗皇帝不得已有弔伐之師初意但討平黎賊之
後即求前王子孫立之盖興滅繼絶之盛心也而前王
子孫爲黎賊殺戮已盡乃狥土人之請建郡縣置官守
非出太宗本心自是以來交趾無歲不用兵一方生靈
遭殺已多中國之人亦疲於奔走甚矣皇考常念及之
深爲惻然故即位之詔於彼特厚昨日遣將出師朕通
夕不寧誠不忍生靈之無辜也反覆思之只欲如洪武
中及永樂初使自爲一國歲奉常貢以全一方民命亦
以休息中土之人如何義等皆未有對　上曰此固不
背祖宗之心義原吉對曰太祖皇帝平定此方勞費多
矣今小醜作孽何患不克若以二十年之勤勞一旦棄
之豈不上損威望願更思之上顧士奇榮曰卿兩人云
何對曰陛下此心固天與祖宗之心交趾於唐虞三代

皆在荒服之外當時不有其地而堯舜禹湯文武不生爲聖君漢唐以來交趾雖嘗爲郡縣叛服不常喪師費財不可殫紀漢元帝時珠厓反發兵擊之連年不定有司議罷珠厓郡前史稱之夫元帝中主猶能布仁行義如此况陛下父母天下何用與此豺豕輩校得失耶原吉曰容臣等四人更審思以對上曰但朕素志如此本不係用兵之如何明日士奇榮奏事畢上曰昨日所論交趾事朕意有在矣卿兩人意與朕同第未可以遽言耳

宣德元年五月復黄子威爲松江知府先是子威以親喪去官大理卿胡槩巡撫至松江郡民千餘人言子威蒞事公勤治民有方稅糧無虧訴訟不作願得其復任槩以聞　上謂吏部尚書蹇義等曰朕聞松江煩劇難治渠能得民心如此必是有才其從之又顧蹇義曰有才之人如又有德斯尤難得卿等亦聞其德行何若義對曰其才蓋屢聞之德行臣等不能盡知也　十一月總兵官王通等進兵擊交趾賊分道而出參將馬瑛至清威遇賊戰大敗之至石室縣與通兵會俱至應平縣駐師寧橋諸將言其地險隘且結營以觀賊勢未可輕進通不從麾衆度橋路皆泥淖人馬匍匐賊伏起官軍遂敗尚書陳洽死之　十二月　交趾布按二司奏交趾人民為黎賊迫脅從逆者多尚書黄福舊在交趾多歷年歲庶務民隱無不周知比召回朝民心思慕甚於父毋乞令本官復至以慰民望遂召福於南京命即馳赴闕議之

宣德元年十二月以黄福掌交趾布按二司事

宣德二年正月上御文華殿召楊士奇楊榮諭之曰前

者相與論交趾事蹇義夏原吉拘牽常見昔徵舒弑陳靈公楚子討之殺徵舒既縣陳申叔時以為不可楚子即復封陳古人之服義如此太宗初得黎賊定交趾即欲為陳氏立後當時下人不能順承朕今欲成先志使中國之人皆安於無事今卿等為朕再思果以為何如士奇榮對曰此盛德事惟陛下斷自聖心古之荒服朝貢各以其時商高宗伐荆楚既克之亦使復其朝貢之常而已陛下興滅繼絶使訪求陳氏子孫復立俾脩職貢華夷之人皆安生樂業雖唐虞三代之聖不過如此

上曰朕志已定無復疑者但干戈之際便令訪求恐未暇及俟稍寧靜當令黃福專意求之未晚也

宣德二年二月交趾賊黎利攻交趾城王通等出兵與戰敗之諸將言於通曰宜乘勢亟擊通猶豫不決賊集衆復掠　三月命行在刑部侍郎樊敬往廣西副都御史胡廙往廣東李素往湖廣總督運糧往交趾給軍勅調武昌護衛成都護衛南京原下西洋精銳官軍中都留守司湖廣浙江河南山東廣東福建江西雲南四川都司并福建四川行都司官軍三萬三千人從安遠

侯柳升黔國公沐晟等征交趾　夏四月交趾黎利以賊八萬餘攻昌江城守城都指揮李任與指揮顧福等竭力與鬭不支皆自刎死中官馮智大哭北向再拜誓不從賊與指揮劉順知府劉子輔等俱自縊死城中軍校及男女同時死者無數賊縱火焚民居刼掠一空

交趾總兵王通等以賊攻圍益急斂兵不出賊致書請和通自寧橋之敗氣大沮喪雖獲城下一勝而志不固遂許清化等州之地與賊意以柳升之師雖出未能猝至且道路多梗黎利既求和不如徇其所請諸將校或以為善或默無語或雖不然通言而未有面沮之者獨按察使楊時習曰奉命討賊乃與賊和棄地旋師何以逃罪通厲聲叱之曰非常之事惟非常之人能之汝何所知自是人無復敢言遂遣人同利所遣人進表及方物

宣德二年九月安遠侯柳升等師至交趾隘留關黎利及諸大小頭目具書遣人詣軍門乞罷兵息民立陳氏後主其地升等受書不啓封遣人奏聞時賊於官軍所經處悉列柵拒守官軍連破之直抵鎮夷關如入無人之境升勇而寡謀不嚴戒備前至倒馬坡獨與百數

十騎先馳度橋既度而橋遽壞隊阻不得進賊伏兵四起升中鏢死從升者皆陷沒副總兵梁銘叅贊尚書李慶皆死崔聚率官軍進至昌江遇賊奮力死戰賊驅象以助勢官軍遂亂聚為賊所獲賊大呼降者不殺官軍或死或奔散竟無降者郎中史安主事陳鏞李宗昉等皆死惟主事潘原大脫歸　十月勅工部尚書黃福交趾布政使阮勛曰爾福爾勛皆先朝老成今交趾未靖發兵征討特令卿二人叅總機務其同心協力早成平定之功用安一方之衆事有當陳奏者密封以聞　行

在鴻臚寺奏進黎利等與總兵官柳升等書其書曰昔
當　太祖皇帝龍飛之初我安南前王先諸國以入貢
特蒙褒奬錫以王章世守封疆朝貢罔缺自黎季犛作
孽覆我宗祧上欺朝廷下重民苦　太宗皇帝興師吊
伐一舉平之詔求陳氏子孫以繼陳祀是時陳氏之族
遭罹季犛之毒皆奔竄遠徙一時無從訪求今陳氏遺
嗣有曰暠者竄身老撾蓋二十年本國之人不忘陳氏
先王之澤已求暠於羈寓之次欲得暠繼宗祀是以利
等輒布狂言冒聞制閫伏干上奏倘蒙天恩得循太宗

皇帝繼絶之明詔使陳氏既滅而復續非獨暠蒙天地
大恩實一國之人蒙載天恩於無窮也　總兵官王通
遣指揮聞忠同黎利所遣人奉表及方物至表曰安南
國先臣陳日烇三世嫡孫臣陳暠惶恐頓首上言曩被
賊臣黎季犛父子纂國殺戮臣族殆盡臣暠奔竄老撾
以延殘息今二十年近者國人聞臣尚存遥臣還國衆
與臣云天兵初平黎賊即有詔旨訪求先王子孫而立
之一時訪求未得乃建郡縣今皆欲臣陳情請命臣仰
恃天地生成大恩謹奉表上請　上覽之以示文武羣

臣且諭之曰昔　太祖皇帝初定天下安南最先朝貢
及賊臣篡弑其主　太宗皇帝發兵誅之固求陳氏之
後立之求之不得乃郡縣其地我皇考每念陳氏無後
形諸慨嘆數年以來一方不靖屢勤我師朕豈樂於用
兵哉今既陳氏有後矣與之便乎抑不與便乎群臣皆
曰陛下之心祖宗之心也且偃兵息民上合天心與交
便上曰論者不達止戈為武之義必謂與之不武但得
民安朕亦奚恤人言其與之　十一月　命行在禮部
侍郎李琦工部侍郎羅汝敬為正使通政王驥鴻臚卿

徐永達為副使齎詔撫諭安南冊封朝貢仍遵洪武舊
制總兵官王通等即率兵各回原衛所交趾都布按三
司衛所府州縣文武官吏旗軍人等各帶家屬回還鎮
守公差内官内使皆悉回京　掌交趾布政司事黄福
還初柳升既死福奔回至支稜關為黎利守關者所獲
福即欲自殺守關者力止之皆羅拜曰公交民父毋也
交民令延頸望父毋公可自殺耶利聞之曰朝廷遣官
治交趾使人人如黄尚書民皆得安兵不復興矣遣人
馳往守護待以厚禮曰奉送公還朝遂遣頭目阮孚禮

送出境　十二月　交阯三司文武官員旗軍吏典承
差人等及家屬還者八萬六千六百四十人然亦有黎
利閉留而不遣者　按永樂六年定興定遠二王上交
阯地圖東西一千七百六十里南北二千八百里乃郡
縣其地設布按都三司分十七府曰交州北江諒江三
江建平新安建昌奉化清化宣化太原鎮蠻諒山新平
乂安順化升華四十七州一百五十七縣衛十一所三
市舶司一改鷄陵關為鎮夷關

行太僕寺

洪武三十年置山西北平陝西遼東行太僕寺　按卿
一人少卿一人寺丞無定員其屬主簿一人卿掌馬牧
之事而聽於兵部少卿寺丞分理之凡邊衛營堡府州
縣軍民壯騎操馬印烙課校孳牧以時督察之凡馬種
牡十二牝十八馬金地畝十七椿朋十三凡馬瘠耗罰
俸罰馬降級出草徵董之藩臬不得預馬事考馬官苑
馬寺亦如之主簿典守籍牒

苑馬寺

永樂四年九月設陝西甘肅二苑馬寺　按苑馬寺永
樂四年置於陝西甘肅六年又置於北平十六年并入
行太僕寺遼東亦有苑馬寺寺卿一人少卿一人寺丞
無定員其屬主簿一人各監牧監正一人監副一人録
事一人圉長一人卿掌馬牧之事而聽於兵部少卿寺
丞分理之凡馬種上苑萬匹中苑七千下苑四千不及
則銀市而茶易焉凡牧地曰草場曰荒地曰熟地嚴禁

令而封表之凡牧人曰恩軍曰隊軍曰改編之軍曰充
發之軍曰抽選之軍皆籍而食之凡馬駒二年一科十
八年而免定駒頭駒重駒籍而報之有常期凡虧駒有
罰主簿如行太僕寺監正領苑監之事監副佐之録事
守籍牒圉長率群長而修牧事

海上巡檢

華除建文元年三月以散騎常侍張成等七十二人為
海上巡檢

都司

洪武十五年正月置貴州都指揮使司命平凉侯費聚汝南侯梅思祖署都司事　命置雲南都指揮使司遣使諭傅友德沐英曰比得報知雲南已克然區畫布置尚煩計慮前已置貴州都指揮使司然其地去雲南尚遠今雲南既克必置都司於雲南以統率諸軍既有土有民又必置布政司及府州縣以治之其烏撒烏蒙東川芒部建昌之地更宜約束其酋長留兵守禦禁其民毋挾兵刃至於諸羣輩不盡服之雖有雲南亦難守也其從征軍士有疾病疲弱者每衛毋限十人百人可先遣還

洪武十六年五月令都司上衛所城池水陸地理圖

永樂元年三月遼東都指揮同知沈永有罪伏誅先是虜寇侵遼東三萬衛永不能追襲又匿不以聞　上以其欺蔽誅之令兵部榜諭天下都司軍衛凡有賊寇不即奏聞者鎮守官以下罪與永同

宣德五年六月置萬全都指揮司　按國初為翼元帥

府又改為行都督府省城或稱都衛都鎮撫司

洪武八年改都衛及行都督府為都指揮使司今都指揮使司十六自十三省外有大寧萬全遼東　都指揮使二人都指揮同知二人都指揮僉事四人其屬經歷一人都事一人斷事一人副斷事一人吏目一人司獄一人一貴州偏橋清浪銅鼓五開四衛及黎平中潮龍里新化亮寨新化屯五所俱隸湖廣據上游也雲南霑益所隸貴州開行道也四川黃平所隸貴州厚夷防也河南汝寧所隸鳳陽守中都也河南磁州所隸山西重壺關也山西廣昌所隸萬全嚴紫荊也山西平定所隸後軍謹外應也浙江嘉興所隸蘇州運海防也潼關衛隸中軍系親戍也山西蒲州所隸潼關衛援關戍也

行都司

洪武二十年九月建北平行都指揮使司於大寧

永樂元年三月改北平行都司為大寧都司隸後軍都督府徙於保定

成化十二年正月設湖廣行都司　按行都指揮使司

五四川陝西湖廣福建山西　北畿防禦之勢山西行
都司當其衝萬全都司護其背大寧都司藏其備蘇州
守備斷其徑萬全都司一衛一所嵌山西行都司之境
瞭遠之道也大寧都司五衛一所嵌薊州守備之境夾
持之法也

留守司

按留守司二曰中都曰興都中都領皇陵衛即英陵興
都領顯陵衛留守一人副留守二人指揮同知二人其
屬經歷都事斷事副斷事吏目司獄各一人留守掌守
護防禦之事政務如都指揮使司

王相府王傅府

洪武二年定為王相府左右相各一人正二品左右傅
各一人從二品叅軍府叅軍一人録事二人紀善一人
未幾申定王府官制王相府左右相正二品王傅府文
武傅從二品
洪武九年定王相府左右相二人武相一人文相一人
左右傅二人武傅一人文傅一人長史二人録事二人
罷王傅府及典籤司諮議官增伴讀四人伴講四人
洪武十一年三月命太子正字桂彥良為晉王右傅
洪武十三年罷諸王相府設長史司

叅軍府

洪武二年設叅軍府叅軍一人録事二人紀善一人未
幾申定王府官制相傅如故叅軍司叅軍録事儀衛正
副審理典籤典祠典膳典服典工典醫典牧紀善並有
正副又有引禮舍人

護軍府

洪武九年罷王府護軍府

長史司

洪武八年改叅軍為長史
洪武十三年設長史司左右長史各一人正五品　三
月以葛誠為燕府長史

洪武二十年十二月晋王府長史桂彦良致仕

洪武二十八年置靖江王府諮議所尋改為長史司革除建文元年二月周是脩為衡府紀善

革除建文三年十二月以程通為遼府左長史

宣德四年二月降漢府教授曹彦昌為廣東高安縣典史彦昌在府先以丁憂去後高煦敗服闋遂不起吏部移文促之始至侍郎郭璡奏彦昌在任久雖先事去亦當坐以同謀之罪　上曰一時同預起事今尚有釋之者矧其先事去乎不聞漢窮治楚獄濫及無辜乎彦昌

但治其服闋不起降一等

宣德五年八月陞刑科給事中方祖為楚府左長史九月陞越府長史周忱為工部右侍郎巡撫南直隷蘇松等府縣

正統五年冬十月以儀銘楊翥為郕府左右長史

正統十四年九月　景泰帝擢郕府左長史儀銘為禮部左侍郎右長史楊翥為兵部右侍郎審理正俞綱為太僕卿審理副余儼遷僉都御史伴讀俞山為鴻臚寺丞楊輿為戶部郎中

成化二年八月進士周鑑以避選王府官問遣為民時崇王將出就學詔吏部選進士官侍講讀鑑在選中稱病覬免尚書王翱奏鑑懷姦不忠遂坐除名　按建文中增親王賔輔二人正三品郡王賔友二人正四品靖難後革今長史司左長史一人右長史一人其屬典簿一人所屬衙門審理所審理正一人審理副一人典膳所典膳正一人典膳副一人奉祠正一人奉祠副一人典樂一人典寶所典寶正一人典寶副一人紀善所紀善二人良醫所良醫正一人良醫副一人典儀所典儀

正一人典儀副一人引禮舍人一人工正所工正一人工副一人倉大使一人副使一人伴讀一人教授一人郡王府教授一人

王府官兼行省文武職

洪武九年秦王府武傅耿炳文兼陝西行省右丞郭子興兼陝西行都督府僉事晋王府武傅汪興祖兼山西行都督府同知燕王府左相華雲龍領北平行中書省參知政事秦王府右相顧時領陝西行省右丞

王府官改有司

成化六年三月改趙府左長史雷霖為金華同知

王府護衛

按護衛指揮使司使同知僉事衛鎮撫所正副千戶所鎮撫百戶並如衛掌儀從王邸防禦非常

王府儀衛

按儀衛司儀衛正一人儀衛副二人典仗六人儀衛正掌侍衛儀仗之事典仗聽命焉

王府承奉司

洪武二年定王府承奉司

洪武六年置王府典膳典珍二所以中官流官為之

按承奉司掌王府一應事有事呈長史司并護衛指揮司發落并內官衛門無相統攝承奉正正六品承奉副從六品典寶所典寶正典寶副典膳所典膳正典膳副典服所典服正典服副品如承奉正副內使凡十人司冠一人司衣三人司珮一人司履一人司藥二人司弓矢二人各門官門正正六品門副從六品

都轉運鹽使司

洪武二年正月置河間長蘆河東陝西都轉運鹽使司

按都轉運鹽使司洪武丙午初置於兩淮吳元年置於兩浙洪武二年置於河東陝西河間長蘆福建五年置四川納谿白渡二鹽馬司四川茶鹽都轉運司六年革

茶鹽都轉運司十三年定都轉運司正四品從改從三品儒學惟河東有之制如府令都轉運使一人同知一人副使一人判官無定員其屬經歷一人知事一人庫大使一人副使一人所屬衙門鹽課司批驗所鹽倉各大使一人副使一人　凡常股存積之鹽以時征而貯之以待商人種支以供邊儲京師之用凡分司鹽課司鹽倉批驗所各以僚屬分任其事而運使總領之糾禁私煎私買賣窩買窩諸奸弊謹受巡鹽御史及鹽法方面之政而申勵焉

鹽課提舉司

按塩課提舉司始于國初已漸增設建文中改廣東塩課司為都轉運塩使司又有前塩提舉司靖難後復故令提舉一人同提舉一人副提舉無定員其属吏目一人庫大使一人副使一人所属衙門塩課司批驗所塩倉各大使一人副使一人其職如都轉運使條属亦如之

憲章類編卷之三十八終

府州縣

洪武庚子八月改龍興路爲洪都府

洪武二年三月改奉元路爲西安府

洪武四年正月中書省臣上天下府州縣官之數府州縣凡一千二百三十九官五千四百八十八員

洪武十三年五月復以湖廣漢陽州爲漢陽府德安州爲德安府隨縣爲隨州長寧縣爲歸州桂陽縣爲桂陽州

洪武十六年正月以雲南所屬烏撒烏蒙芒部三府隸四川布政司先是烏撒等部諸蠻復叛傅友德等率兵討之大敗其衆餘黨有潛匿者皆捕而殺之諸蠻相率來降至是悉平以其地近四川故割隸之

革除建文元年三月革畧陽縣　六月省興濟縣入青縣　七月省碍嘉臨西睢寧三縣和曲祿勸二州　以京口驛隸京師　睢陳歸德三州直隸河南布政司

革除建文二年正月省翁源縣入英德　二月　降漢陽府爲州降南雄府爲州省保昌縣省忻城縣併入東蘭縣　七月省汭縣入褒城　八月省兩當縣入徽州

革除建文三年三月降欽州爲縣省陽山縣入連州　五月改利州直隸廣西　八月改泗城州直隸廣西　九月省恭城縣　降平樂府爲州

革除建文四年二月改向武都康州直隸廣西

永樂十一年二月設貴州思州等府洪武中止設貴州思南思州諸宣慰司管束士民及設都指揮使司鎮守其地既而思南宣慰使田宗鼎與思州宣慰使田琛數相攻殺抗拒朝命乃勑鎮遠侯顧成以兵擒之以思州

所轄二十二長官司分設思州新化黎平石阡四府思南所轄十七長官司分設思南鎮遠銅仁烏羅四府

永樂十二年三月　設隆慶州并永安縣隸北京行部隆慶古縉雲氏所都之地今置縉山縣元仁宗生於縣東改爲隆慶州國初移其民入關內州遂廢至是以其路當要衝土宜稼穡改爲隆慶州又設永寧縣隸焉以有罪當遷謫者實之

宣德五年三月增置嘉興府秀水嘉善桐鄉平湖四縣

景泰二年七月處州盜平析麗水青田二縣地置雲和

宣平景寧三縣
成化三年十一月移直隸武進縣小河巡檢司於孟瀆河口孟瀆北通大江唐元和中刺史孟簡所開議將通漕及出洋多罹覆溺且大盗出沒遂塞爲細流至是復移置巡檢以關防之
成化五年十二月浙江台州府黄巖縣地分設太平縣
成化七年正月開設浙江金華之湯溪縣割金華蘭谿龍游遂昌四縣地隷之　三月開設福建汀州之歸化縣割沙縣清流寧化將樂四縣地隷之　閏九月開

設直隷常州府靖江縣從巡撫都御史滕昭奏請　十二月併廣東石康縣于合浦縣
成化十一年夏四月　析河南汝州地置寶豐縣固始地置南城縣　正月設鄖陽府商州竹溪鄖西桐柏南召伊陽山陽商南七縣
成化十二年十月析廣東海陽縣地置饒平縣
成化十四年六月設廣東肇慶府恩平縣
弘治二年九月　徽莊王乞陞鈞州爲府不許令改禹州
弘治十五年五月陞開城縣爲固原州

正德八年六月江西姚源賊走徽衢者皆爲官軍所擒總制陳金等奏立東鄉萬年二縣分治地方撫安人民
正德十三年三月南贛都御史王守仁平江西諸賊數開縣置官司明示約束盡爲治境虔吉人皆立生祠祀之　按洪武六年定府爲三等賦二十萬石上爲上府知府從三品二十萬下中府正四品十萬下下府從四品已乃並爲正四品吳元年定縣三等賦十萬石以下爲上縣知縣從六品六萬以下中正七品三萬以下下從七品已乃並正七品京縣正六品

府州縣官

洪武元年詔中書省自今除府州縣官賜銀十兩布六疋　五月徵天下賢才爲守令八月至京授以守令厚賜而遣之
洪武三年五月詔天下守令詢舉有學識篤行之士禮送京師
洪武四年六月以方克勤知濟寧府事克勤至官榜於通衢諭上愛養元元之意民有不平皆得詣府自言吏

胥不得呵禁曰引耆老端人訊以得失聘賢士為師選
補弟子員葺廟堂闢射圃日再視學親為正句讀較射
禮屬縣各立社學凡數百區民墾廢田者閱三載乃稅
丁產科徭均定等則凡有役使務詢民便尤慎於庶獄
月錄日省不使久淹永嘉侯朱亮祖將舟師數百艘北
征河涸舟膠亮祖即趣五千夫浚河否則以軍法論克
勤不忍煩民泣禱于天夜大雨數尺舟竟去
洪武四年十二月漢中府知府費震有罪逮至京詔釋
之初震在漢中多善政值大軍平蜀之後陝西旱饑漢

中尤甚鄉民多聚為盜莫能禁戢是時府倉儲糧十餘
萬石震即日發倉令民受粟自是摽竊之盜與隣境之
民來歸者令為保伍驗丁給之賴以全活者甚眾至秋
大熟民悉以粟還倉　上聞而嘉之至是以他事被逮
上曰震良吏也釋之以為牧民者勸震初為吉水州知州
亦以寬惠愛民有善政後累官至戶部尚書
洪武六年五月陞蘇州知府魏觀為四川行省參政
上以蘇州大郡難其代命觀復知蘇州觀深知徵陳寧
苛酷一以寬厚為政明教化正風俗郡中翕然

洪武九年六月陞彭州知州胡子祺為延平知府子祺
初擢御史上書請都關中其畧曰天下形勢之地可都
者四河東地勢高厚控制西北堯嘗都之然其地苦寒
江淮士卒不便汴梁襟帶河淮宋嘗都之然其地平曠
無險可守洛陽周公嘗卜之周漢嘗遷之然嵩邙諸山
非有殽函終南之固瀍澗伊洛非有涇渭灞滻之雄故
唯關中據百二山河之勝可用以建都者莫此若也
上覽奏稱善尋陞廣西按察僉事子祺克舉憲典多平
冤獄聞元祐黨人碑尚在融州巖谷中出而碎之政知

彭州值元末兵荒野多暴骨咸為聚瘞州有沿江諸堰
築自秦時歷代皆用鐵石修築春夏水溢旋復衝決子
祺以竹木代之費省而利博民甚便焉至是陞延平府
善政尤多踰年以疾卒于官　莒州日照知縣馬亮考
滿入覲州上其考曰無課農興學之績而長於督運吏
部以聞　上曰農桑衣食之本學校風化之原不知務
此而曰長於都運是棄本務末民必受患宜黜降之使
有所懲　七月以監察御史郎敏為饒州知府敏之官
有樂平縣民詣闕訴邑之大姓五十餘家謀逆者詔密

兵捕之敏廌得告者素無賴以假代諸大姓不獲故重
誣之敏為奏辯詔誅無賴其被誣者釋之
洪武九年十月甲戌濟寧知府方克勤卒克勤台州寧
海侯城里人弱冠徧窮濂洛關閩遺書至正間嘗入場
屋言國家利害無所顧忌有司不敢取遂入山不出值
我明歷仕濟寧多善政曹縣知縣程貢以不職被笞誣
奏克勤用苫倉廩帝下御史楊通廉審通乃貢之故人
如其奏遂逮克勤至京師次子孝孺頓以身死而克勤年
僅五十

洪武十三年六月以蘇恭讓為漢陽知府恭讓為治簡
而明嚴而不苛漢陽密邇省城凡徭役科徵倍於他郡
故政繁而民困前守無敢言者恭讓每遇重役必懇請
上官簡省民賴以安先是有趙廷蘭者知漢陽縣愛民
如恭讓朝廷嘗遣使下縣取陳氏散卒他縣率多以民
丁應數規免已責廷蘭獨為民辨明民得不擾漢陽之
民言郡守則稱蘇恭讓言縣令則稱趙廷蘭云
洪武十三年九月詔戒守令曰朕君主華夷十有三年
立綱陳紀所以安民曩因奸臣弄權恣行不法内外官

貪贓蠹政以干邦憲邇來有司皆出編氓深知稼穡艱
難民生疾苦是用授以職任相與圖治當竭誠報效無
蹈前非其有舊任未代者若仍肆意妄行則國有常憲
洪武十六年八月　上諭僉都御史詹徽等曰民之休
戚係守令之賢否激濁揚清則風紀之官寔司之今御
史及按察司巡歷郡縣凡官吏賢否政事得失風俗美
惡軍民利病悉宜究心若徇私背公矯直沽名苛察瑣
細妄興大獄遺奸不究見善不舉皆為失職卿等其宣
布朕意令其知之

洪武十八年四月郴州馬平縣主簿孔性善言溪洞猺
獞恃險竊發殺掠吏民及官軍討捕率不能獲兇頑自
恣為患益深然此雖盜賊豈無良心昔者陳景文為知
縣猺獞皆應差役厥後長吏撫字乖方始復反側誠使
守令得人示以恩信諭以禍福彼雖兇頑豈不革心向
化為良民乎　上嘉納其言命吏部凡溪洞郡縣擇賢
守令以撫輯之　七月鎮江丹徒知縣胡孟通縣丞郭
伯高以事當就逮耆民數十人詣闕訴其撫民有方
上特命釋之仍遣使往勞以酒　十月陞宜興縣主簿

王復春爲常州府同知遣吏科庶吉士楊靖齎勑勞之
曰朕觀歷代名臣其流芳至今而不泯者由其竭忠以
事君務公以福民生不苟且以營利死不屈節以喪名
其泛泛之徒弗厲名節是以生無益於時死無聞於後
深可惜哉今以宜興縣主簿王復春不肯朘民之利以
狥上官之欲觀其所言實爲公論方今有司鮮有如此
者特遣使齎禮以勞就陞爾奉議大夫同知常州府事
爾其竭乃心力以光朕志
洪武十九年二月遣使勑勞蘇州府常熟知縣成篤奇

時府吏詣縣徑由中道入公堂篤奇怒其越禮執之事
聞　上嘉其能命以酒勞之　四月陞慈谿知縣秦仲
彰爲寧波府知府降知府李仲文爲慈谿縣丞時仲文
遣吏馬仁生行縣違法仲彰械仁生至闕下　五月上
聞嘉興崇德縣知縣畢輝縣丞齊摶剛正能官遣行人
齎勑往勞之　常州府官范好古言行人王良至郡奉
職不謹黷貨無厭　上諭禮部曰朕觀自古材智之士
不屈於無能之下故克流芳于後設使居官蒞事之時
屈於常人之下無補於君無益於民壞法亂政何所不

有今好古乃能守邦憲以尊朝廷發奸貪以安黎庶其
不屈於無能之下可見矣爾禮部即遣人齎禮以勞仍
令械良至京罪之　處州麗水縣民有賣卜者嘗干謁
富室不應所求乃詣闕告大姓陳公望等五十七人聚
衆謀亂命錦衣衛千户周原往捕之知縣倪孟賢聞原
將至密召父老詢之父老皆曰無是事孟賢又微服往
察見其男女耕織如故乃歸謂僚屬曰朝廷命孟賢令
是邑惟欲撫輯斯民安於田土今使良善者受惡逆之
名豈　朝廷命孟賢意耶即具疏聞復令耆老四十人

詣闕訴其妄　上命法司論妄告者賜耆老酒食及道
里費遣還孟賢南昌人　六月　詔天下有司敬老尊
賢報功崇德恤孤賑寡　秋七月　蘇州府吏錢英姦
宄不律知府王觀等廉得其狀箠死之以聞　上遣使
齎勑諭之曰朕聞居官蒞政設施不一然非威無以治
下非恩無以得衆惟中正之士秉公平之心勵廉潔之
操臨民治政恩威兼行吏胥徒卒焉敢侮慢朕常戒勑
諸司鮮能如命惟爾觀及同知曹恒經歷王耶能秉公
心行正道將奸吏箠死蒞下之方得矣政令必行奸邪

斯遠境內肅清民安有日矣今特遣行人齎勑并禮以
勞爾其益勵厥志用成嘉績故諭
洪武二十一年春正月丙子朔　召前諸城知縣陳允
恭於河南　上諭吏部曰為國以任人為本作奸者不
以小才而貸之果賢者不以小疵而棄之奸者必懲庶
不廢法有過而用則無棄人陳允恭前任諸城以簿書
之過謫戍雲南比有言其治縣時能愛民夫長民者能
愛民雖有過可用也於是召允恭還復其官
洪武二十二年二月遣行人齎勑并以上尊楮幣賜温

州府平陽縣知縣張礎勑曰朕惟郡守縣令民之師帥
其職惟其愛民乃者通政司言浙江金鄉衛因造軍器
意在擾民爾平陽縣知縣張礎執法不從即具以聞朕
深嘉歎縣令之職實稱焉特遣使以鈔三千錠內酒一
封往勞以旌爾能爾其領之
洪武二十四年九月復以吏部考功主事周冊為新化
縣丞冊温州永嘉人性明敏有治才初由進士授新化
丞在官以廉勤稱門無私謁吏卒不敢欺驗民貧富及
丁税多寡第為上中下籍記之遇有賦役隨輕重使之

故民不擾而事易集至於獄訟文牘之務皆躬理之吏
胥不得為奸罷諸役作民晏然安業由是流民之歸者
益衆滿考課最陞考功主事既而縣民蕭俊等詣闕言
自本官去職縣政復擾民不安業乞令再任　上命吏
部俾復為縣丞仍令禮部宴賞而遣之
洪武二十七年十一月鳳陽府泗州盱眙縣耆民劉本
等詣闕言知縣方素易在職三年民受其惠今以母喪
去官乞留復任從之復遣齎勑旌勞素易受賜詣闕謝
恩復命賜宴於禮部陛辭請歸葬母而後復任詔許之

洪武三十一年六月以平江知縣陳彥回為徽州府知
府八月以臨江府推官劉翼為知府
革除建文元年十二月以顏伯璋知沛縣胡儼知桐城
縣粱潛知陽春縣
永樂六年七月上御奉天門顧廷臣曰近日郡縣數奏
水旱朕甚不寧右通政馬麟對曰水旱出於天數堯湯
之世所不免今聞一二處有之不至大害　上曰爾此
言不學故也洪範恒雨恒暘皆本於人事不修顧尚書
方賓等曰朕與卿等皆當修省更須擇賢守令守令賢則

下民安民安於下則天應於上麟言豈識天人感應之理
麟慚而退
永樂十年正月　上諭蹇義等曰守令郡邑之長昔人
每戒數易蓋牧守之寄甚重須久於其職比聞諸司以
造作雜務輒差正官意在成事之速此俗吏不識事體
自今一應公務不許擅差守令俾專職理民
永樂十三年秋七月　上諭都御史李慶曰朕屢戒郡
縣官不許一毫取民前欒州知州何敬誅求剥削已寘
諸法近代州知州安損武清知縣李潛等仍蹈覆轍饕

餮貪殘無異於敬亦寘以法爾宜備録所犯以示牧民
者俾知所警懼
永樂十八年七月湖廣衡州府同知方素易卒素易江
西樂平人洪武中爲盱眙知縣廉能平恕吏民戴之陞
浙江金華府同知治行益著永樂初坐累謫戍興州未
幾驛召至京以左通政奉命諭交趾叛寇陳季擴還奏
稱旨復奉命往思州廉察田宗鼎等罪狀悉得其實還
除湖廣衡州府同知往捕桂陽州峒寇龍卯銘衆詭言
卯銘已死素易不信已而果獲送京師有鋪卒訴年老

惟一子今爲虎所噬素易爲文檄山神明日虎死道側
後有告衡州民匿谷庶人槵貨財不送官者上官併劾
素易不舉坐是死獄中人多惜之　冬十月　乙卯湖
廣辰州府同知劉叔毖卒叔毖廬陵人初爲沅陵知縣
以愛民爲務勤於撫綏縣介溪峒先是民多困徭役竄
山谷叔毖至流徙者悉歸復業有爭訟不治以法爲開
諭再三心服而後遣之陞北京行部員外郎時置行部
未久且饑饉相仍庶務叢脞凡中外造作財物率取具
焉董役者皆中官氣勢尤不可近以叔毖廉勤不敢加

侮尋召修永樂大典沅陵民累累陳乞還叔毖遂陞辰
州府同知一州七邑之民得叔毖如得父母及建北京
宮殿率郡民就役歲餘卒於北京郡民在役者皆悲慕
之具殮祭役滿而歸相率載其喪葬辰州
永樂二十二年五月大名府濬縣蝗蝻生知縣王士廉
齋戒僚屬耆民禱于八蜡祠士廉以失政自責越三日
有烏萬數食蝗殆盡皇太子聞而嘉之顧侍臣曰此誠
意所格人患無誠耳苟出於誠何求不得　五月浙江
處州知府謝子襄卒子襄江西新淦人洪武末以人才

薦授青田知縣實心爲政上下感孚陞處州知府郡多
虎及旱蝗子襄禱于神大雨二日蝗盡死虎遁去嘗有
盜竊官鈔即投檄城隍盜方閲所竊千室忽疾風入室
捲墮市中因遂獲盜有盜牛鬻於市將屠之牛逸至于
子襄前俛首若訴者遣人訪問得實追還其主軍校吳
米嘯聚山谷時出爲民患朝廷發官軍二千勦之處人
大恐子襄適至止軍城中毋出以計擒捕之兵不勞而
民賴以安先後歷官三十年不以家累隨
洪熙元年十月　復禮凱思州府通判凱爲通判九載

當陞其民詣闕言凱廉介豈弟乞復其任吏部以聞
上歎曰貴州至北京甚遠民跋踄艱難求其復任必其
撫字有道命吏部即遣還任予正五品俸以優之因顧
侍臣曰爵禄所以勸士朕聞古人制禄之意有三曰優
外官優小吏優故老優外官勉其治民無侵於下優小
吏俾其廉潔優故老尊其宿德况州縣官之賢者先朝
恒加禄矣通判外官可不優之乎
宣德四年十月常州府同知張宗璉卒宗璉江西吉水
人由進士爲翰林　吉士授刑部主事嘗録囚廣東人

稱長者以其恤民改常州府同知視民如子時朝廷遣
御史李立清軍銳意得軍爲功凡軍戶絶者必取同姓
人酷刑使承宗璉不阿御史意遇有誣枉必力辯理御
史怒其異已數詬辱之宗璉憤鬱疽發背死喪歸屬邑
民皆哭送之立祠江陰之君山同時有薊州同知張徽
山西人酷暴奉御史風旨專誣執民爲軍辯者輒死杖
下民率誣服後爲怨家所訴逮繫京獄御史成規惡其
虐民痛杖之竟死獄中鼠嚙其目精人皆稱快
宣德五年五月陞禮部郎中况鍾等九人爲知府先是

上聞除郡守須由資格多不稱任甚至有貪黷暴刻者
至是吏部奏郡守缺九員　上命六部都察院堂上官
舉京官之廉能者擢用之　九月宥山東曹縣知縣范
希正罪令復職希正在曹縣得民心有奸吏詐取民財
縱火延燒公廨希正執之械送京師奸吏誣希正以他
事被逮縣民八百餘人詣於通政司言本縣累年正官
有廉而無能者有能而不廉者希正廉能公勤寬平
正大嚴約吏卒愛恤人民不一年間政簡訟息今爲奸
吏所誣此吏欺公玩法蠹政害民通邑所患希正被逮

之日民人老少莫不流涕如失慈母若不為伸究恐被
誣陷通政司以聞時侍郎許廓過曹縣耆民父老相率
號訴于廓廓移文吏部吏部亦具以聞時刑部方奏希
正不應徑解奸吏赴部論以違制　上曰聽民之言希
正君子其徑解赴部盖欲急去惡耳君子不當論其小
過即遣復職以慰民心奸吏令刑部盡法治之希正蓋
仲淹之後云
宣德六年八月常州知府莫愚奏守令親民之官而黜
陟臧否出自朝廷邇來公差官倚勢作威是非顛倒以

廉謹者為貪汚以諛佞者為正直乞加禁止庶善有所
勸惡有所懲　上命吏部公差官有如此者指名陳奏
處置
宣德七年八月釋故城縣丞陳銘復任先是　上聞內
官內使差遣在外者多貪縱為民害以太監劉寧清謹
忠良命同御史馳往各處盡收所差內官資橐并其人
解送京師既還道經故城縣丞陳銘聞有內官至不問
所從來輒奮前捽寧而手擊之御史遂奏丞無狀逮至
上曰丞固可罪朕以其一時偏於所惡昧於所聞且宥

之侍臣或言銘酗酒擅擊朝使陛下縱赦之亦不可使
復任　上曰朕既釋之矣彼當因此知改過也
景泰五年十二月以王恕為揚州知府
天順元年九月擢御史林鶚為鎮江知府河東運司判
官楊浩為順德知府時　上厲精求治命吏部選內外
臣僚為郡守陛辭日召至文華殿親賜戒諭燕勞及給
鈔為道里費
天順五年四月南雄知府劉實卒實安福人
宣德五年進士以庶吉士未嘗投足權門自陳才薄親

老乞教職不允授金華府同知廉操直節不與流輩伍
擢順天治中景泰中召修元史筆削任心無所屈遜陞
南雄知府南雄當嶺南孔道商稅鉅萬實止稅十之一
餘斥以寬商賈僅足公賦不私一錢中貴使嶺外至南
雄意得重賄不遂實入見輒加呵辱郡人擁實競出中
貴去至韶州聞實節操懼將不免急馳奏實抗毀使勑
大不敬詔逮實至京下獄獄中上書言臣歷官三十年
未嘗以家累自隨餐粗衣敝唯圖為國養民不忍勞費
以是觸忤天使無所逃罪　上亦漸聞實名而竊治不

數日竟卒獄中實書者書中夜有得如獲至寶然燈起
書平生清苦君子謂其與古范冉李及無異云
天順六年三月調鎮江知府林鶚知蘇州
天順八年十月　擢真定府東鹿縣知縣盛顒爲邵武
府知府顒常州無錫人初爲御史以論石亨謫知東鹿
邑之豪右聞其來相戒曰是嘗劾石總兵者其人不可
犯也顒至變搏擊爲撫循吏畏而民安之未幾丁內艱去
民留之不可俟其服闋相率詣闕奏乞顒再任從之顒
至不復用刑法有爭訟者諭之以理輒叩頭聽受不復

辯隣邑訟久不決者上官委顒折以片言各心服而去
時人有清如水明如鏡之謠邑介真保二府間四境之
民雖非所治亦聞風趨赴市易郊外有荒落地遂聚以
成市人皆目爲清官店至是陞知邵武後歷陞左副都
御史
成化元年四月以都給事中張寧爲汀州知府脩撰岳
正爲興化知府先是南科給事中王徽等劾李賢不職
俱遠謫寧會六科申救忤賢復有忌岳正者僞爲正劾
賢疏草賢亦啣之會兵書王竑薦寧堪任僉都御史正

堪任兵部侍郎賢乃假歷練之說票旨各陞知府士論
不平
成化五年閏二月興化知府岳正乞致仕許之正順天
漷縣人以進士及第授翰林編脩陞春坊賛善剛方正
直與俗不羣英宗復辟王翱薦入內閣參預機務極
言曹吉祥石亨怙寵作威福曹石憾之遂承天門災詔
正視草有自責語曹石遂指爲誣謗貶正欽州同知正
因母老未即行嘱行事者發其遲滞復逮錦衣衛獄備
極搒掠謫戍鎮夷吉祥等敗旋復脩撰入史館尋改兵

部武選貼黄李賢惡之陞興化知府至是入覲乞致仕
家居五年卒年五十五正豪邁負氣博學多才慨然欲
樹功業每與人言恒自許若得柄用必開世太平竟致
顛躓不偶君子謂正浚恒起卤不容失身僅得善終已
爲幸矣世道固如此云
成化七年冬十月　殺江西吉安知府許聰聰以吉安
民好訟刼盗方熾且奉勑行事特嚴刑立威以禁制其
下死於獄者五十餘人其爲人矜傲藩臬官多疾之會
副使夏寅提學至吉安聰屢抗拒寅不堪回語按察使

牟俸嗾寅奏發其平日凶惡及侵欺官錢諸事未及勘報適南京大理卿夏時正巡視江西考察官員入寅等言考聰貪酷黜為民聰不服守禦千户蔣慶具以其貪酷事呈稟時正遂委牟俸等執聰下獄具疏以聞巡按御史俞藎以聰與寅有隙事當究問亦具奏　上遣刑部員外郎李廷美會藎勘問還奏所勘人多病死於獄即有傷於杖者亦非挾私所致惟侵欺罪實特擬聰監守自盜律贖罪為民刑部以為宜盡受贓枉法例充軍聰以被俸等搆陷亦具各人姦貪不法將人命誣害等

情訴辯不已　上以聰人命數多疑廷美等有所私時藎以代還俱被逮復遣錦衣衛千户金璋械聰至京仍命都察院會官廷鞫之乃比故勘律擬斬命即如所擬處決刑科都給事中白昂等以未經審録為請不從且命毋覆奏遂以是日夜四鼓押赴市曹斬之廷美坐勘聰事不實降湖廣衡州府通判藎降澧州判官寅等事俱免勘聰之死說者謂其凶暴致禍固宜但係比律不許覆奏又乘夜行刑則以司禮太監黄高納其所厚吉安人洪僧官賄譖以聰嘗籓辱其徒至以尾擦其首流血積恨所致人不能無議云得召為太僕卿亦高之力也

成化十四年四月　吏科都給事中趙侃等言州縣守令親民之職不宜以監生序補恐任非其人適為民害乞諭吏部取發身科目者選授之下吏部覆奏以為先年大學士李賢請選監生有學識者授知州知縣等官至今行之歲責有才識可用者固難以科目拘自今大選比舊嚴試之其于府同知知州知縣有缺仍視李賢所奏為便詔可　十二月巡按江西御史沃頖奏吉安知府黄景隆濫禁凌虐故勘致死人犯自成化十一年

至十三年計三百八十七人都察院覆奏命刑部郎中屠勳錦衣衛百户楊綱會撫按三司官鞫治閲籍致死者總四百十七人其無罪而故勘故禁死者實百有六人有一家五人者有父子兄弟三四人者景隆坐凌遲罪械繫至京下法司議

成化二十二年二月　許州知州邵寶躬課農桑教養無舉倣朱子社倉立積散法為備荒計作興學校諭諸生義利公私之辨讀書為文之則正潁考叔祠墓改魏文帝廟以祀漢愍帝立范忠宣公祠於襄城裴晉公祠於

郾城毀龍骨杖妖巫而詐之風化蔚然改觀父之還秩
士民遮道號呼咸稱不忍別既去立祠祀之
成化二十三年五月改紹興府知府袁清于鄖陽府先
是清爲刑部員外郎勘事浙江隣轢藩臬比還得紹興
懼不敢往奏乞改任至累章不已吏部奏清側媚狡譎
倡狂妄誕由部署而驟遷牧守已踰涯分今乃假以徼
嫌希求改調請付有司治罪遂下清錦衣衞獄既而有
旨清不必擬罪准調别用乃調鄖陽先是清阿附萬安
通同太監郭閏挾勢造言譭害良善吏部尚書李裕特

還清紹興而清不欲往累乎安閏囑裕不從安乃邀
尹直爲援直囑李孜省爲之忽得旨調任　六月致仕
南安知府張弼卒松江人讀書不治章句獨慕古奇節
倜行舉進士歷兵部郎中數以直言忤尚書張鵬出守
南安平徭賦息詞訟表章先賢拆毀淫祠鑿梅嶺嶮梁
橫浦崩湍而居者行者無不謳歌樂頌六年不調以病
乞歸民立生祠祀之
弘治三年十二月以樊瑩爲平陽知府
弘治九年十二月吏部尚書屠滽陞廣東順德知縣品

廷舉爲四川城都府同知先是廷舉初令順德值屠滽以
都御史提督廣東軍務檄廷舉至督府温言問勞廷舉
曰知縣越境奔命必有地方重事滽乃以順德權鐺家
廟工程相托廷舉曰時歉民貧一夫不敢役分金不敢
用遂辭出滽爲别處巡按御史汪宗器亦惡廷舉曰彼
專抗上官市名遂捕縣所縱盜逼誣廷舉加以嚴刑盜
曰死吾分也不敢誣廉令廷舉因服梏手日候訟廷事
卒得白順德之政邁古循良中外久知至是滽啣舊怨
僅遷同知尋以憂回復改松江

正德元年五月以彭澤爲眞定知府
正德四年閏九月　陞龍場驛丞王守仁爲廬陵知縣
正德十年四月陞開州同知何瑭爲東昌府同知　九
月　東昌府同知何瑭奏乞致仕不允
正德十一年三月　東昌府同知何瑭再乞致仕允歸
按天下之親於民得以盡其牧之之意莫州縣若天下
之近於民得以持其牧之之道莫府若惟其有能牧之
親亦能居可肆之地於是乎持之以府臨之以監司糾
之以觀察府上其計監司會之觀察稽之於是乎考課

法當廢置與明舊意漸湮當事者或欲以低昂平其變
不信監司觀察是職無統紀非易簡之法也監察者便
自決或欲以搜剔囊其分不容任所作爲是事無體制
非平易之道也夫上下有體大小有職王澤壅而不濟
其患坐混施據上陵下九牧十羊無體無職民何得養

市舶提舉司

洪武七年九月復設市舶司

永樂三年九月　上以海外諸番朝貢之使益多命於

福建浙江廣東市舶提舉司各設驛以館之福建曰柔
遠浙江曰安遠廣東曰懷遠各置驛丞一員　按廣東
市海西洋爲官番東洋則有私番官番貨入游魚島盤
驗後出海至近洋别島交貿私番貨與沿海人潛竊行
事謂接濟番官入貢國暹羅占城滿剌加爪哇真臘又
大泥國稱隸暹羅助貢佛郎機國假充别國名入市西
國來貨多品餘少來貨只欲去貨西來船大者謂獨檣
次謂牛頭三木料河其横江則出新會烏尾則出東莞
有議開東洋之市與衆共之卒不及行

洪武初設太倉黄渡市舶司至今稱爲六國馬頭尋以
海夷黠勿令近京師遂罷之已復設于寧波泉州廣州
七年九月又罷後乃復設提舉一人副提舉二人其屬
吏目一人所屬衙門驛丞一人提舉掌海夷朝貢市易
之事辨其使人表文勘合之真僞禁通番征私貨閑其
出入而館穀之

巡檢驛遞河泊

洪武元年設水馬站及遞運所尋改站爲驛

洪武十五年定歲課米五千石上河泊所官三人千石
上一人後並一人　按巡檢司始於洪武中當時每歲
冗巡檢後增置漸多

憲章類編卷之三十九終

憲章類編卷四十

北虜

洪武十八年二月國子祭酒宋訥獻守邊策曰今海內既安蠻夷奉貢惟沙漠胡虜未遵聲教若置之不治則恐歲久為患若欲窮追又恐勞師萬里餽運艱難陛下欲為萬世之計要不過謹備邊之策耳備邊在乎足兵足兵在乎屯田屯田之制必當法漢本始中匈奴帥十餘萬騎南寇趙充國將四萬騎分屯緣邊九郡單于聞

之引去夫以四萬騎分屯九郡而充國統制其間則當時之籌畫區分槩可想見我朝諸將中勇智謀略豈無如充國者哉陛下宜選數人每將以東西五百里為制隨其高下立法分屯布列緣邊之地遠近相望首尾相應遇敵則戰寇去則耕此長久安邊之策也又何必勞師萬里求僥倖之功以取無用之地哉

洪武二十五年十二月勅馮勝傅友德等以明年三月發京師壯勇及河南山西鋭卒皷行塞上立屯既成率數十萬衆蒐獮虜庭耀張威武勅至毋違朕命

永樂元年二月遣使齎書諭韃靼可汗鬼力赤曰今天下大定薄海內外罔不朝貢可汗亦能來王使邊陲萬里偃兵息民豈不共享太平之福哉

永樂二年六月封哈密安克帖木兒為忠順王

永樂三年三月忠順王安克帖木兒卒以脫脫嗣封忠順王

永樂四年五月遣忽都帖木兒苔剌罕齎勅諭鬼力赤部下阿魯台曰曩者丑閭回言爾聰明識天命有歸誠之心近忽都帖木兒至又言爾毋子同心自古名世之

臣懷先見之明者能審時宜識去就如王陵陳平去楚歸漢尉遲敬德李靖舍隋歸唐曹彬潘美安身事宋此數人者皆知天命去留之幾是以功成名遂福及子孫况爾明達不下古人既知天命所在則當决之趨吉避凶就安去危在此一舉他日進退兩難雖悔莫追爾宜審之仍賜阿魯台織金文綺二端

永樂六年四月　上謂兵部曰朕即位以來東北諸胡來朝者多願留居京師以南方炎熱特命於開原置快活自在二城居之俾部落自相統屬各安生聚近聞多

有思鄉土及欲省親戚去者爾即以朕意榜示之有欲去者令明言鎮守官勿沮之

永樂七年四月遣給事中郭驥齎書往虜中諭本雅失里本雅失里欲殺驥驥不屈死之

五月封瓦剌兀哈木為順寧王太平賢義王把禿孛羅安樂王

七月命淇國公丘福為征虜大將軍武城侯王聰同安侯火真為左右副將軍靖安侯王忠安平侯李遠為左右參將率師征本雅失里　甘肅總兵何福奏韃靼脫

脫卜花等各率所部來歸今止於亦集乃　上遣楊榮齎勅諭福曰脫脫卜花等既來而止於亦集乃遲回日久或致生變爾可與楊榮計度從長行事須斟酌權宜處之務在得當　八月　丘福等率將校千餘人至臚朐河獲虜一人福飲勞而詢之言本雅失里知大兵至惶懼欲北遁去此可三十餘里福喜曰當疾馳禽之是時官軍未集諸將皆曰恐虜遣此人誘我且駐兵候諸軍俱至而後擊之毋墜虜計福不從令所獲者為嚮道率衆直薄虜營每戰虜輒佯敗引去福銳意乘之李遠曰將軍輕信諜者孤軍深入進必不利莫若結營自固以待我軍畢至王聰亦力言不可福皆不從謀遣火真使虜營假言求和自率騎繼之火真猶豫未決福厲聲曰不從命者斬乃先馳馬麾士卒行控馬者皆泣下諸將不得已與之俱行虜衆奄至李遠王聰率五百騎突虜陣聰戰死遠馬蹶被執罵不絕口而死福與火真王忠為虜所執俱死之

永樂九年二月督罕提吉兒女直野人頭目馬吉你等來朝授督罕河衛令馬吉你為指揮餘為千百戶鎮撫

賜誥印冠帶襲衣及鈔幣有差　上諭胡廣等曰朕非欲併其土地蓋以此輩自昔擾邊至宋歲賂金幣卒為大患今既來朝從所欲授一官量給賜賚捐小費以弭重患亦不得不然

永樂九年閏十二月虜酋阿魯台遣使納款且請併女直吐蕃諸部屬其約束　上以問侍臣多請許之黃淮獨曰此虜狼子野心使各為心則易制若併為一則難圖矣此舉實其姦謀也上顧左右曰黃淮如立高岡無遠不見諸人如處平地所見惟目前耳乃不許阿魯台

之請
永樂十一年七月　封韃靼太師阿魯台為和寧王
永樂十九年二月　虜寇寧夏
永樂二十年閏十二月阿魯台弒其主本雅失里自稱可汗
永樂二十一年四月瓦剌脫歡攻阿魯台敗之
宣德元年春正月丙申朔遣使齎勑命瓦剌賢義王子揑烈忽襲王爵　遣使祭故哈密忠順王兊力帖木兒仍命其姪守苍失理嗣封忠順王

宣德六年八月　忠勇王金忠卒初名也先土干元太保不花六世孫自永樂二十一年以其部屬來歸太宗嘉之封忠勇王賜姓名金忠宣德三年扈從巡邊至會州遇虜忠奮勇當先有斬馘功四年陞太保其卒也
上甚悼之賜祭塟
宣德九年夏四月　瓦剌脫歡攻阿魯台殺之欲領部落人心不服乃立元之後脫脫不花為主居沙漠之北哈喇嗔等部皆應之
十二月　瓦剌順寧王脫歡使其昂克等朝貢陛辭命指揮康駈等送之還幷齎勅諭脫歡曰王克紹爾先王之志遣人来朝進馬具見勤誠聞殺阿魯台尤見王之克復世讐所云已得玉璽欲獻亦悉王意然觀前代傳世之久歷年之多皆不繫此王既得之可自留用仍賜脫歡紵絲五十表裏以荅其貢獻云
正統二年五月　阿台朶兒只伯寇甘涼　九月虜入甘肅時兵部尚書王驥奉命巡邊督諸軍禦之
正統三年四月王驥等帥師敗虜于塞外虜酋阿台朶兒只伯走死先是驥至邊復申號令將士咸奮曰願與

虜一戰雪數年之恥居無何虜入寇驥選精兵二千遣都督蔣貴將之瀕行戒之曰兵精氣銳遇賊不能剿殺無復相見貴父子感奮繼遣趙安率兵由東涼州逾白鵝狐口壯抵赤林鐵門諸関為倚角之勢貴遇虜於石城兒泉破走之驥與太監曾安都督任禮帥馬步出鎮夷關與貴期以狼心山舉火為號貴襲阿台朶兒只伯巢穴與任禮等縱兵夾攻于梧桐林擒其偽賊虎都丹等三十餘人復進兵攻野狐川青羊山轉戰二千餘里俘賊男婦二千餘口馬駝畜産不可勝計虜酋率數

十騎遠竄尋死　十月　召王驥等還京
正統六年十二月　普花可汗及也先遣
正統八年四月㐌剌太師順寧王脫歡死子也先嗣自
脫歡殺阿魯台併吞諸部勢浸強盛至也先益横屢犯
塞北邊境自此多事矣
正統九年秋九月　兀良哈入寇成國公朱勇率諸將
分道出塞擊之
正統十二年二月巡撫宣大都御史羅亨信上言虜酋
也先專俟釁端以圖入寇宜預於直北要害增置城衛
備之議者寢不行時參將石亨欲以大同四州七縣之
民二丁取一為兵又有勅令軍餘盡撥屯種量畝起科
亨信奏言北虜方驕邊民疲甚加以邊地磽薄若如所
言是絕其衣食而逼其逃竄也且當今事勢正宜布恩
信以結人心苟絕其衣食未有得其心者詔從之
正統十三年十月宣府總兵楊洪破虜阿台於塞下封
昌平伯尋總兵鎮守宣府
正統十四年二月北虜也先入寇大同　是年八月車
駕北狩

憲章類編　卷四十　七

景泰三年正月　也先遣使通好固邀我使往報言官
以虜懷窺伺之心宜絕之執政謂苟不往報恐開邊釁
侍講劉定之言宜遣使羈縻之使我得以益脩内治朝
廷從言官之議詔絕之　二月　也先攻敗普花可汗
来獻捷
景泰三年三月虜寇廣寧
景泰四年正月北虜也先弒其主脫脫不花併其部落
遣使入貢自稱大元田盛大可汗朝廷欲答詔而疑所
以稱之者命群臣議禮部郎中章綸言可汗乃夷狄極
尊之號今以稱也先則非宜若止稱太師恐虜酋慚忿
犯我邊陲宜因其部落舊號稱為㐌剌王庶幾得體從之
十一月虜寇遼東　十二月　㐌剌諸酋並遣人貢馬
天順二年二月虜孛来寇陝西總兵安遠侯栁溥禦之
敗績　十一月　虜酋孛来寇延綏守將都督僉事張
欽連戰敗之進都督同知命佩征虜副將軍印總延綏
慶陽諸路兵先是也先以殘虐為其部下哈剌所殺哈
剌復為孛来所殺諸虜酋迭為雄長自相讐殺久之始
定於是孛来毛里孩阿羅出孛羅忽等相繼入寇東掠

憲章類編　卷四十　八

延寧甘涼西侵宣大北邊無寧歲矣
八月　虜酋孛来大舉入寇自大同威遠西擁衆南行邊將高陽伯李文按兵不敢當其鋒已而虜衆直抵鴈門關代朔忻州一帶四散搶掠砲火徹于京師人民驚疑棄家走避擁入京城莫能止　上初謂北虜窮乏不過在邊掠牛羊而去李賢言於上曰京師宜出軍於紫荆倒馬二關駐劄非欲與之對敵一則安撫人民二則使彼知懼不敢深入久停會兵部奏欲遣將統京軍赴大同殺賊上曰緩不及事徒勞人馬駐關之説可行於

是遣都督頴彪領兵赴紫荆關馮宗領兵赴倒馬關然此虜已有所獲見我軍不動去而復来遂復勅二關之軍赴鴈門人民恃此以不恐既而虜亦引去
九月　寧夏總兵都督張太破虜於東壩
天順五年六月　虜酋孛来寇河西甘涼莊浪等處總兵仇廉敗績虜益猖獗關中震恐乞大軍勦殺遣懷寧伯孫鏜師師禦之以兵部尚書馬昂總督軍務
八月曹賊反京師大軍未可輕出輟馬昂孫鏜兵起前都御史王竑參賛甘涼軍務與兵部侍郎白圭分道督兵禦虜竑等至虜引退
天順六年春正月　虜酋共立脫思為可汗
成化元年二月　勅諭迤北使臣孛来曰我祖宗以来四方朝貢使臣管待賞賜俱有定例不可增減朶顔等三衛曩時無所依倚我祖宗特加憐憫設立衛分授以官職俾近邊住牧每年朝貢俱從東路喜峰口進入今都督朶羅干等不遵舊例却差人與爾等同来希圖混賞悉照舊例分别厥見朝廷厚待爾處特諭爾知之
成化二年十二月　迤北瓦剌太師阿失帖木兒遣使

哈三帖木兒等貢馬及銀鼠皮等物舊例迤北使臣入貢必由大同路其賞賚宴勞優於他夷至是哈三帖木兒等乃挾朶顔三衛人從喜峰口入兵部先期以聞上曰迤北使臣既混同三衛来只以三衛常禮待之哈三帖木兒以待薄不平形於言通事諭之始悟乃上番書服罪上曰虜使既服罪仍以本等禮待之求討官職者給以冠帶惟過分如蟒龍等物不與比辭禮部奏阿失帖木兒兩月之間遣使進貢二次又不經由故道其用詭計以結各虜由近徑以窺邊方情顯然矣宜有以

遏其機破其詐庶無後患上然之遂勅阿失帖木兒曰自爾祖脫歡以来遣人朝貢有常時往来道路有定處未嘗牽引他夷混取賞賚朝廷亦待之不疑無有敗事爾宜遵守前人家法何乃不依時月既差使臣兀納阿等糾同卜剌罕衛来朝回還未及兩月又遣使臣哈三帖木兒等同朶顏衛不依故道却從東路来朝况卜剌罕朶顏衛俱是我朝設立屬衛彼之朝貢自有常例今爾無故糾引而来甚非所宜爾今後當順天道敬朝廷體爾前人所為每年冬月農隙之時遣使来朝不過三

四十人仍由大同舊路進入則事無猜疑人不紛擾朝廷得以專意款待以篤爾世好庶幾永享太平之福

平虜將軍總兵官楊信等奏虜酋毛里孩近雖北遁然畏逼北強虜復回河套駐劄請更調大同宣府等處馬隊官軍與臣等原統官軍計有十萬以来春三月初旬會合尅期進兵併力剿絶以除邊患

成化三年正月毛里孩侵大同求貢詔禦之　二月虜酋毛里孩入大同界　上命原調大同宣府偏頭關等處搜剿河套官軍仍留各城守禦

成化四年七月命巡撫陝西都御史項忠總督軍務都督劉玉充總兵官都指揮夏正劉清充左右叅將統調京營及延綏寧夏甘凉等處軍馬共一萬三千征剿固原反賊滿四　十一月項忠等征剿滿四叅將伏羌伯毛忠力戰死事聞命與贈謚致祭　十二月順天府學生馬溪痛父貞從征滿四死于賊上章乞同兄璠往討賊為父復讐　上憐其志命馳驛而往

成化五年二月　項忠馬文升督兵進攻石城擒滿四等檻送京師伏誅　勅陝西巡撫馬文升等撫綏土達

給之衣糧農具時滿四平後其餘黨反側未寧巡按御史江孟綸以為言故勅文升等撫安之

成化十二年夏四月　御史薛為學等言近者虜酋滿都魯自稱可汗癿加思蘭亦自稱太師逆謀已著一旦大舉入寇倉卒之間難於制馭况今災異屢見南京地震陰霾榆林天鳴如砲流星隕於城中有聲大抵皆兵象也乞勅在廷文武大臣及科道等詳議兵備若不先時而慮患至而後圖之不曰將才難得則曰軍士不足不曰器械不備則曰糧餉不給失機貽患可勝道哉

上命所司詳議以聞
成化二十三年十二月孝宗　北虜入寇涼州蘭州等處
弘治元年六月達虜犯大同宣府詔鎮守等官各陳所
見　十一月　把禿猛可可汗死阿歹立伯顏猛可為
可汗
弘治三年六月　伯顏猛可遣人貢馬
弘治十年三月大同宣府諜報虜犯邊以兵部左侍郎
李介兼僉都御史提督軍務介等至邊虜已引去
十一月　火篩寇宣大許仁率師劉大夏轉餉禦之

弘治十二年十月虜寇榆林寧夏大同
弘治十三年正月北虜火篩寇宣府大同等處京師戒
嚴分遣文武大臣守潮河川天壽山居庸紫荊白羊倒
馬關命平江伯陳銳總兵戶部右侍郎許進兼都御史
提督軍務經略宣大　七月虜寇榆林　八月　陳銳
總兵宣大遇虜畏怯嬰城自保無功而還罷任閒住許
進亦致仕　十一月　虜寇偏頭關
弘治十四年正月虜酋火篩擁衆入寇榆林
二月命保國公朱暉佩征虜將軍印總諸路兵赴榆林

禦虜右都御史史琳提督軍務暉等臨邊覘虜酋所在
至河套而還　以南鴻臚卿陳壽為右僉都御史巡撫
延綏時火篩侵犯劇甚邊堡失事鎮城晝閉壽兼程赴
任先卹陣亡官軍隨易諸路將領兩旬間與虜戰三勝
虜知有備遂渡河北遁同事者諷壽注子弟姓名戰籍
中當有功賞壽曰吾子弟皆不諳弓馬竟不許時論賢
之　秋七月　虜酋火篩復擁衆寇大同威遠勢甚猖
獗京師戒嚴　上親灑宸翰賜馬文升以尚膳品具召
入便殿議戰守之策命保國公朱暉等整搠官軍以待
且令各邊謹斥堠修戰具既而虜引去　八月　火篩

寇固原總兵恭順侯吳鑑罷還京以武安侯鄭英代之
弘治十七年七月　虜寇大同　八月虜寇環慶平鳳
弘治十八年六月武宗　北虜寇大同宣府邊將失利
命保國公朱暉師師禦之右都御史史琳提督軍務暉
等出師分駐大同宣府虜引去斬獲百餘級　十月北
虜數萬入寧夏乘勝直抵固原關中震恐道無行人巡
撫陝西都御史楊一清時在平凉率帳下五千餘人馳
至瓦亭驛會總兵曹雄議方略嚴守備虜見兵馬駭之

移侵隆德夜薄城下我師連發火砲納喊響應如數十萬人虜疑我大兵至遂引去

正德四年十月　虜寇寧夏殺總制尚書才寛

正德五年五月　達賊入掠大同渾源靈丘繁峙等處

正德九年七月　北虜入寇大同宣府等處

正德十年四月　朶顏通小王子部落兀良哈寇馬蘭谷參將陳乾戰死　六月　提督軍務兵部侍郎陳玉都督桂勇帥師討兀良哈　七月　北虜大寇固原平涼等處　八月虜寇固原平鞏

正德十一年二月　虜寇榆林　六月虜寇大同提督軍務兵部侍郎丁鳳都督劉暉率師禦之　七月　虜入宣府　十月北虜突入白羊口大掠而去　十二月虜入宛平清水社殺掠人畜

正德十三年七月　虜寇擁衆深入陝西固原靖虜臨洮鞏昌秦州等地方殺掠而去時小王子三子長阿爾倫次阿著次滿官嗔太師亦不剌殺阿爾倫遁入河西西海之有虜自亦不剌始吉囊俺答皆出入河套二酋皆阿著子也　按許論曰北虜自永樂挐庭之後百餘年來生聚既繁侵噬漸近開平興和東勝河套之地皆爲所據自也先火篩之後益輕中國恃其長技往往深入風雨飄忽動輒數萬我軍禦之不過依險劄營以防衝突僅能不亂即爲萬全視彼驅掠莫敢誰何虜志日驕我氣日奪自來有與之交戰者其零騎出沒雖稍有俘斬亦乘其間隙蓋衆寡之勢殊強弱之形異耳幸彼狼貪鼠竊無有他志計日數程不能持久每一大舉贏肉晾馬頗亦勞費若得不償失即懊悔無已是以邊境得苟免焉近年以來虜勢轉横既連得利心益歆豔而

吉囊者復跳梁其間最稱雄黠控弦之士餘二十萬益以中國驅掠逋逃之衆竊知內地虛實若一旦改慮不爲狗鼠之計則又敵之鎮不免外憂供餽之擾或生內變誠不知邊事所終矣

正德十五年八月　瓦剌掠土魯番

按北虜食腥羶夜目不明睡則沉熟可乘故被虜者每竊馬以逃但爲頭墩哨夫害以報功

虜情說

國初以至于今虜勢強弱之不同其爲中國害亦屢遷
變易而不一矣知虜之所以爲害而我之所以思患預
防者不有道乎夫自妥懽既奔愛猷再竄
成祖奮三駕之威曾台送軍門之欵虜真脅肩屏息潛
伏窮荒矣而東勝之守不嚴開平之餉難繼疆埸出入
胡騎數臨馬直與尤血刃屢見虜蓋寖強焉及夫
英皇旋軫諸將協謀宣大之長城始繕脫脫之貢使數入
虜亦貪漢財物希復内犯矣而大節之部漸蕃火篩之
詐屢徃威遠肆侮姚信敗謀虜嶺失機張俊隕首則虜

勢愈勃然焉近年以來虜我丁口生養日滋登我叛人
虛實盡諳吉囊俺答號稱梟雄把都青台盡領部落每
一入寇動稱十萬揚塵亘塞聲弦鳴雷視前爲何如也
故曰虜勢強弱之不同然其初爲寇也有乘騎馬持木
兵者矣伺隙則進兵出則走矣過堡砦飛備遇大鄉落
疑畏不敢入矣而繼也則振轡直前不避兵陣精騎約
戰餘衆標掠此一變易也然尚未攻堡也邊人曰堡斯
免矣又其繼也則分道直前蔑視我衆殿數百以羈全
營紛千萬以蹂零堡此又一變易也然所破者百之一

二耳邊人曰堡稍嚴整斯免矣而今也則盛兵入塞自
結長圍方數十里莫測音耗鐵騎外馳輭軼營壘步兵
内集肉薄陴俔所過無不盡之鄉所攻無不破之堡則
又一變易也又其始掠騎畜得粟不知炊而食也繼則
入鄉必劚窖則粟必囊徃今乃入秋操禾既揉舂米是
漸知粒食也又其始掠婦女遇男子多褫其衣縱之繼
則嬰稚必掠丁壯必戮今乃婦女老醜者亦戮丁壯有
藝能者亦掠是漸知集衆也又其始掠布帛繼則取刃
器取釜今乃接戰奪甲得車焚輪是漸知貴鐵也又其

始獲丁口重役之故不堪役者多謀歸正繼則妻之妻
遺之畜今乃揀盡力者授之部曲使將是漸知用長也
又其始恃馬力聞炮聲奔見燃鎗避繼則以數騎誘我
矢石俟乏乃進今乃肩門闔抗木牌突來薄陴矣是漸
知避火器也又其始以攻墩恐墩卒求援烽繼則有交
餽今乃易買攏具是漸知廣奸細也又其始未嘗用步
兵今則步騎雜至未嘗用我人戰今則驅破堡之丁攻
不下之堡或約言開門皆大有變易也而其重者則始
也志邊塞庚子辛丑志山西甲辰志真保定今則每每

聲
京師諸關厢故曰虜之爲害屢遷變易而不一也夫虜勢始弱而今強備之自宜有加爲害變易而不一則夫相機酬應以爲勝畧者固不可膠于故轍也夫過無不攻之堡矣而舊堡大不數雉高不數仞者莫之易攻無不破之堡矣而新堡敵臺不加角臺不制者莫之禦虜知粒食矣將無食馬之耗而我馬顧日削虜知用長矣當有意外之防而邊人顧曰因虜知貴鐵矣而我不求濟于短兵薄刃之外虜知集衆矣而我不求逞于離交間

好之策虜知避火器矣而我火器愈不精虜知廣奸細矣而我奸細愈不詰以至虜用步而衆我用騎而寡虜驅我攻我而逸我絶彼通貢而勞彼志山西真保四關厢以搔動我而我動燕然擣賀蘭曾不一置諸口奚可哉故曰知虜之所以爲害而我之思患預防者有道也
抑又有說焉天下之事備于未兆者爲力易也兆者爲力難圖于始作者其禍淺已成者其禍深虜之所以屢遷變易而不一者大率中國人爲之謀也大同之擒戮尚存思憶鄉貲掠口之恩養日厚絶念首立是故石天爵之奉使求貢王三之糾虜犯邊利比西成榮同晝錦于是餡虜以肥甘衣虜以輕便而虜一一中之嗜慕愛悅以從其言而逞其慾曰數舉則數舉曰深入則深入堡可攻則攻堡陣可陷則陷陣於戲其亦幸而志擄掠也幸而思鄉貲貴希帛子女也不幸而他有志焉則將如之何哉備其未兆圖其始作是在體國者夫

哈密

永樂九年十月　哈密忠順王脫脫卒封免力帖木兒

爲忠義王尋卒封孛羅帖木兒爲忠順王
宣德三年正月　以哈密忠順王卜答失里尚幼遣使立故忠義王免力帖木兒之子脫歡帖木兒嗣爲忠義王俾嗣忠順王綏撫部屬
成化元年冬十月　禮部尚書姚夔會昌侯孫繼宗等議哈密乃西域諸番要路近年爲癿加思蘭殘破其國人民潰散不時來貢動以千百貪饕宴賜朝廷固不恤此然道路疲於遞接合酌量事體哈密使臣歲一入朝不得過二百人癿加思蘭五十人其土魯番亦力把力

等或三年五年入貢經哈密者依期同來不得過十人宜勑陝西甘肅等處鎮守總兵撫按三司等官撫諭夷民嚴加防範及勑哈密王母努溫答失力收集流散保守境土庶全朝廷始終優厚之意從之

成化二年閏三月兵部奏哈密地方被北虜癿加思蘭侵掠忠順王母率部屬避居赤斤苦峪今北虜已退宜勑王母復還哈密舊地收其衆以衛邊塞詔可

成化九年七月　勑遣都督同知李文右通政劉文往甘肅規復哈密城哈密既為土魯番擅阿力所併累

求救援兵部言哈密實西域諸夷咽喉之地若棄而不救竊恐赤斤蒙古罕東曲先安定苦峪沙州等衛亦為土魯番所脅則我邊之藩籬盡徹而甘肅之患方殷設使河套之虜不退關中供億愈難繼矣　上命集廷臣議會昌侯孫繼宗等謂宜及今賊勢未盛遣使勑赤斤蒙古罕東等衛諭以大義俾知唇亡齒寒之勢且速檀阿力今亦遣使進貢因賜之勑使悔過自新庶可以散其姦謀縱哈密不能自存亦足以堅各衛內嚮之志因舉文等習知夷情宜委以使事乃勑文等往

成化十二年十一月　鑄哈密衛印給都督罕慎以舊印為土魯番所刼

成化十三年十月　復立哈密衛於苦峪谷時苦峪旁近赤斤罕東二衛屢相仇殺都督僉事王璽等於苦峪谷築城復立哈密衛令罕慎等居之且賜以布帛米糧分給田土及牛具穀種

弘治元年十二月　土魯番殺忠順王罕慎復據哈密

弘治五年二月　封陝巴為忠順王入哈密

弘治六年十月　土魯番侵哈密執陝巴命兵部侍郎

張海都督侯謙經理哈密

弘治七年四月兵部侍郎張海都督僉事侯謙經畧哈密還京下獄哈密在肅州西北千五百里本古之伊吾廬唐之韃靼回回雜處之國也其北天山與瓦剌相界西接火州為諸夷要路永樂初即其地設哈密衛封元肅王之裔脫脫為忠順王賜金印令為西域之喉襟以通諸番之朝貢脫脫死傳其子卜答失里以及孛羅帖木兒無嗣王母理國事成化九年土魯番王鎖檀阿力侵哈密虜王母金印以去其衆逃居肅州及苦峪城朝

廷屢命守臣經畧而王母金印竟不獲返十四年鎖檀
阿力死子阿黑麻立十八年甘肅守臣乘間請封王母
外甥都督罕慎為忠順王罕慎畏吾兒種也二十年遣
使送入哈密甘肅鎮巡而下皆以與復哈密受賞弘治
改元阿黑麻以罕慎非肅王後乃假結婚而殺之尋遣
使入貢求封不許弘治四年王母巳故阿黑麻乃以金
印城池來歸會曲先安定王遣使入貢自稱忠順王裔
蓋姦人教之其實非也五年兵書馬文升誤聽三種頭
目告保遂立安定王姪陝巴為忠順王甘肅守臣急欲

成功倉卒遣使送之識者曰夷虜貴種類曲先本西戎
安定本韃靼別部強合為一又與罕慎異矣土魯番必
不心服阿黑麻聞之果怒六年復虜陝巴及金印以去
報至適阿黑麻先所遣頭目寫亦滿速兒等四十餘人
入貢至京師上遂命張海侯謙往經畧之海等至甘州
遣使齎勑諭阿黑麻順天道歸陝巴又不報海等上言
遠夷不可加兵來則撫之叛則拒絕之而巳遂脩嘉峪
關捕通阿黑麻黠詐回夷二十餘人奏發廣西海等還
上以其無成功下之獄降海山西叅政謙住俸閑住焉

亦滿速兒等四十人皆安置閩廣閉嘉峪關絕不與通

弘治八年二月命甘肅巡撫許進總兵劉寧帥師經畧
哈密入其城而還先是張海等既撫處無功阿黑麻益
驕肆聲言領夷兵一萬用雲梯攻肅州城并踩甘州復
令頭目牙木蘭率番夷數百據哈密時肅州撫夷指揮
楊翥以奏事至京翥熟諳夷情兵部尚書馬文升詢以
襲殺牙木蘭之策謂從罕東衛至哈密道路徑捷若調
罕東番兵三千為前鋒以漢兵三千為後援各持數日
熟食兼程襲之取之必矣文升喜乃奏請勑甘肅守臣

如翥策進偕寧至肅州駐師嘉峪關外候罕東兵久之
不至乃與副總兵彭清督兵冒險進至哈密城牙木蘭
預知之率眾遁去惟餘番夷八百人登臺自保進諭之
使下將士盡欲屠之進不可乃止僅斬首四十餘級而
還

弘治九年二月土魯番復據哈密

弘治十年八月土魯番請歸陝巴於哈密

十一月以王越總制軍務經畧哈密

弘治十一年八月　復封陝巴為哈密忠順王

弘治十二年春正月　遣官復送前忠順王陜巴入哈密先是土魯番王阿黑麻以不得通貢留哈密夷使寫亦滿速兒等皆安置閩廣不得歸乃遣使將陜巴及金印送至甘州以來寫亦滿速兒等復通貢如舊王越在鎮時奏言哈密爲土魯番所破久弗繼立近番酋引罪還所侵地宜封其故王以守之兵部尚書馬文升因越奏乃請給陜巴蟒衣冠服令甘肅鎮巡護入哈密

弘治十七年二月　哈密人逐陜巴而以真帖木兒守哈密　八月陜巴還哈密真帖木兒居甘州

正德八年八月哈密忠順王速檀拜牙即降于土魯番先是弘治己未朝廷遣使護送陜巴回哈密弘治末哈密屬夷阿孛剌等怨陜巴掊尅陰誘土魯番王阿黑麻子真帖木兒來哈密陜巴棄城走沙州真帖木兒亦退避剌木城曰我來恐達賊占奪哈密若有受命來守哈密者我歸本土無他意也甘肅鎮巡官遣都指揮朱瑄送陜巴還哈密復立殺阿孛剌等陜巴尋死子速壇拜牙即立淫酗不道屬夷謀害之至是走歸土魯番其王速壇滿速兒令頭目火者他只丁占守哈密

正德九年八月命左都御史彭澤總督甘肅等處軍務經畧哈密先是土魯番王速壇滿速兒旣遣火者他只丁占守哈密尋遣使遺書甘州鎮巡曰哈密城池金印在我與我段一萬將城與他差去使臣速打發出來不來我領軍馬往漢人地方去總制三邊都御史鄧璋巡撫甘肅都御史趙鑑以土魯番書聞乞照先年差張海故事差官往經畧時彭澤在四川征盜適平兵部遂奏差澤往總督經畧戶部侍郎馮清總督軍餉命澤徵調三邊人馬外遏番夷内逐達賊仍勑諭速壇滿速兒并火者他只丁令其獻還哈密城印將忠順王拜牙即送

回本城居守時給事中王江御史張麒各上言治病者[illegible]藥無二君奕棋者局無二帥甘肅之路旣有鄧璋總制不宜復令彭澤總督不聽澤至甘肅調集兵馬適土魯番寇赤斤苦峪諸處殺掠甚慘復遣人來甘州遺書曰速送段來澤以爲番夷可以利啗遣通事火信馬馹齎段幣二千銀酒器一副同哈密衛都督寫亦虎仙往土魯番贖取哈密城印

正德十年四月先是彭澤於二月初旬遣通事火信齎

叚幣往土魯番贖取哈密城金印猶未至番境澤即奏
西夷事寧乞休致詔彭澤待處置哈密事情停當行取
回京時巡按甘肅御史馮時雍奏言土魯番之酋長尚
爾驕悍哈密之印猶未歸復遣使講和大開溪壑之欲
要我以難從之事後來之變故無形非愚臣所能逆覩
時陞完猶在兵部寢其奏既而澤又奏言土魯番速壇
滿速兒王畏威悔禍已將哈密城池金印獻還乞將鎮
巡等官各加恩典遂取澤回京而哈密終不可復
正德十一年九月　土魯番復占據哈密縱兵犯肅州

游擊將軍芮寧禦之敗沒　十月　兵備副使陳九疇
敗土魯番於肅州先是火信等至土魯番納幣贖哈密
城印仍許增幣速壇滿速兒大喜差頭目虎都六寫亦
火者撒者兒同來送印取賞甘肅巡撫李昆以雜幣二
百疋付來使亦思馬因等歸貽速壇滿速兒令其送忠
順王還國拘留虎都六及撒者兒於甘肅爲質以制其
變亦思馬因歸以質留二夷告速壇滿速兒怒差火者
他只丁牙木蘭復來占守哈密差斬巴思等來貽番書
訐問遂引兵直犯肅州芮寧與戰敗沒九疇以哈密回
夷居肅州城者謀爲内應并進貢頭目并失煙答及斬
巴思等凡褁甲者皆收繫捶死令内附夷兵刼其營外
結死刺使據哈密九疇自摶戰敗其兵土魯番懼乃引
去時總制彭澤經畧哈密諭火者他只丁速還哈密城
印土魯番計窮陰遣間使寫亦虎仙以秘術干進得預
養子之列知兵部尚書王瓊與彭澤有隙即誣奏澤九疇激變
番夷以啓邊釁瓊爲覆奏下九疇獄論死澤削籍爲民

女直

洪武二十七年十二月女直寇遼東都督宋晟劉貞禦
却之

朶顏等三衛

永樂元年十一月勑諭兀良哈部落曰朕承天眷君臨
天下嘗遣使齎詔諭爾爾等聞命即遣人來朝其誠可
嘉今仍舊制設泰寧福餘朶顏三衛俾爾等統屬軍民
鎮守邊境舊嘗授官者列名以聞咸復之若頭目人等今
欲授者亦第其名來聞朕即授之俾世居本土安其生業

永樂九年十二月　遣指揮木荅哈阿升哥齎勑諭福餘朶顏泰寧三衛頭目昔兀良哈之衆數爲韃靼抄掠不安乃相率歸附誓守臣節我　太祖高皇帝矜厥困窮設福餘朶顏泰寧三衛而授爾等官職俾各領其衆臣屬既久後竟叛去及朕即位復遣人來朝朕畧其舊過加意撫綏數年以來生聚蕃息朝廷於爾可爲厚矣比者爾等爲本雅失里所脅掠我邊卒又遣苦列兒等紿云市馬實行窺伺狡詐如此罪奚可容今特遣指揮木荅哈等諭意如能悔過即還所掠戍卒仍納馬三千

匹贖前罪不然發兵誅叛悔將難追

成化元年十二月泰寧等衛右都督劉王兀喃帖木兒等奏欲於邊地收買牛隻農具并乞賜蟒衣禮部以聞

上曰蟒衣不可與其欲與民交易可許之　朶顏三衛頭目兀研帖木兒奏乞職事兵部覆奏以未有功勞例無陞授不許

成化十一年七月　朶顏等三衛夷人請開馬市不許

成化十五年七月朶顏福餘泰寧三衛屢遣各奏報迤北滿都魯乩加思蘭已死且請從便入貢并求開市兵部言三衛意在邀功希恩宜令遼東守臣即在邊犒賞仍諭以朝廷恩義俾堅歸附之心詔從之

成化二十年秋七月兵部奏泰寧等衛夷人欲從遼東開原入貢舊例三衛入貢俱從永平喜峰口無自開原入者況今大同宣府屢報虜勢東向此地正其入寇之衝難從其請宜令遼東鎮守等官諭之俾循舊路從之

按東北夷女直永樂初歸附設奴兒干都司衛百八十四所一十四兀良哈永樂初歸附設朶顏福餘泰寧三衛女直許歲一貢三衛歲二貢歲每一千六百人近又

數請益貢數又賞賜欵宴給馬價何其費耶此正羈縻之道也一以收狼野之情一以漸中華之化費之而無所惜拒之而不忍絶若拒而費於攻防而費於守其費亦若相當西有烏思韓胡等設諸衙門亦此意

海西建州夷

成化二年十月整飭邊備左都御史李秉言建州毛憐海西等諸部落野人女直來朝貢邊臣以禮部定擬名數驗其方物貂皮純黑馬肥大者始令入貢否則拒之

且貂產於黑龍江迤北非建州毛憐所有臣聞中國之待夷狄來則嘉其慕義不計其物之厚薄若必責其厚薄則虜性易離或以啓釁非厚往薄來之意今海西建州等夷人結搆三衛屢擾邊疆進貢使臣一介不至若不更定其制恐邊患日甚所係非輕禮部因請勑戒遼東守臣自後夷人入貢驗數放入不得過爲揀選以起邊釁從之

成化五年十二月禮部尚書鄒幹等奏海西等處并朶顏等衛女直達子來貢宜令通事都督武忠等曉諭各

夷除馬及貂皮常貢外其海東青兎鶻今後不許來進上是之　禮部尚書鄒幹等奏天順年間因建州等衛野人女直來朝日衆供給浩繁勑令一年一次來朝其數不許過五十人已經通行遵守今年自正月起至十二月止海西等處女直人等進貢者已踰千人宜勑遼東鎮守總兵等官照例驗放仍勑通事都督武忠等省諭夷人使知此意

成化十四年三月勑兵部左侍郎馬文升等往遼東招

安建州三衛夷人

按朶顏在漁陽塞外福餘泰寧建州海西在遼陽塞外皆我藩離今皆通迤北爲我邊患恐數年之後北虜見京東塞外水草畜牧之利將并朶顏建州我東塞亦與北虜爲鄰如宣府大同矣亟諭東虜毋引賊入室自受其害如景泰時事諸酋或有悔悟者不然憂未已也

雲南兩廣湖貴等處韃官

天順二年六月　先是兵部尚書陳汝言阿順權宦將往時送去雲南兩廣湖貴等處韃官盡數取回物論沸

騰以爲不便李賢言於上曰韃人非我族類自古爲中國患前已送之遠方今復取來甚是不便聞此類在彼住定亦不願來上曰吾亦悔之初取時聽其不願最善若後願去者仍從之

按國初內附達官從而南援是以永樂後乃有近畿近邊之處蓋當時有欲便於土宜之請國家推誠與之且利其報效終非永計其後如滿四李俊張把腰滿濤等致有隱禍今乃姑息繁衍愈見掣肘若如丘濬所議行之亦可

遣使虜中

成化元年二月禮部言廸北虜酋奏欲朝廷遣使舊無此例宜令通事中諭來使還語其酋曰我中國凡事法祖今爾欲中國遣使往來洪武年間舊無事例正統中嘗一遣之反失和好　英宗皇帝深自悔悞遂不復遣朕遵祖宗之意不敢有遣爾每差人朝貢朝廷如例優賞不得别有希冀

野人

洪武二十八年正月都督周興總兵宋晟劉貞副之帥師捕野人

憲章類編卷之四十終

憲章類編卷之四十一

高麗國

洪武元年十二月遣符寶郎偰斯奉璽書賜高麗

洪武二年十二月高麗國使者言其國王王顓有姪女遇亂陷沒于軍上令中使訪得之賜以衣資廩餼令使者護歸本國

洪武二年冬十月壬戌朔 高麗使者辭歸 上以書賜其國王王顓諭以持危保國之道戒其奉佛求福之

謬而倭人出沒尤當慎禦又以六經四書通鑑漢書賜之

洪武五年三月高麗國王王顓遣使奉表賀平夏貢方物且請遣子弟入大學

洪武八年六月 命中書省臣諭安南高麗占城等國自今惟三年一來朝貢若其王立則世見

洪武十七年五月高麗遣其臣崔清貢馬二千疋至遼東訴言金非其地所產願以馬代其餘皆如約 上許之

洪武十八年正月高麗遣使進馬五千疋金五百斤銀五萬兩布五萬匹賜其使金庚等八十七人鈔三百八十二錠

洪武二十五年閏十二月高麗權知國事李成桂欲更其國號遣使來請命 上曰東夷之號惟朝鮮之稱最美且其來遠矣宜更其國號為朝鮮

朝鮮國

永樂元年二月朝鮮國王李芳遠遣使臣言洪武中賜

金印龜紐建文時更之請復舊制命如舊賜之

永樂二年六月朝鮮國王李芳遠遣使送耕牛萬頭至遼東先是 上欲廣屯田於遼東命禮部遣人徵牛於朝鮮至是送至命戶部每一頭酬絹一疋布四疋仍賜其王文綺表裏各百疋敕遼東都司以牛分給屯田

宣德八年十一月賜朝鮮國王李祹五經四書大全諸書

天順三年二月遣使朝鮮及建州女直先是朝廷諜聞建州酋董山潛結朝鮮命巡撫遼東都御史程信識

察之信使自在州知州佟成詐以他事廉其境上得朝鮮授董山爲正憲大夫中樞密使制書還報信具以上聞請乘其未發遣使往問之可伐其謀　上乃命給事中往朝鮮錦衣譯者往建州兩衛不肯承出制書示之皆驚服各上表貢馬謝罪

安南國

洪武元年十二月遣知府易濟頒詔于安南

洪武三年正月遣使往安南高麗占城祀其國山川仍命各國圖其山川及摹錄其碑碣圖籍付使者還

洪武二年六月壬午安南國王陳日煃遣其臣黎安世等來朝貢因請封爵遣翰林學士張以寧典簿牛諒齎詔往封日煃爲安南國王賜以塗金銀印未至而日煃卒以寧護詔駐于境上令諒往諭之

洪武三年四月安南使臣杜舜欽以其王陳日煃卒來告哀請命　上素服御西苑之幄殿召舜欽入見親製祭文命翰林編脩王廉往祭既至其嗣君陪臣出迎于郊議授受之禮往返數四不決廉厲聲訶之乃奉御製文於龍亭迎入其殿別設日煃靈位於殿前靣南而布宣之其君臣拜伏以聽成禮而還

洪武十四年六月安南國王陳煒遣使奉表貢方物時思明府來言安南攻其永平等寨安南亦言思明府攻其脫峒諸處　上以其詐命還其貢以書詰責陳煒言其作奸肆侮生隙搆患欺誑中國復勑廣西布政司自今安南入貢並勿納

洪武二十一年十二月安南國王陳煒爲其國相黎一元又名季犛所弒

洪武二十二年十一月安南陳煒陪臣阮同叔來貢方物及金銀器皿賜同叔及其從人鈔有差時陳煒已爲其國黎一元所弒恐朝廷討之乃匿其事仍假煒名遣同叔來貢

洪武二十三年閏四月　廣西布政司奏安南國遣使入貢　上謂禮部尚書李原名曰安南遠居海濱率先效順朕念彼綢繆中華豈在數貢故嘗諭以海外諸國三年一朝今安南不從所諭又復入貢爾禮部其速令廣西遣還必三年乃來

洪武二十六年四月詔絕安南國朝貢時安南弒主廢
立故絕之
永樂元年四月安南權理國事胡𡗥遣使奉表文及方
物賀即位　禮部言遠夷情𢙣難信宜遣使廉察從之
閏十一月安南遣使隨行人楊渤等入朝進其陪臣耆
老奏章請封胡𡗥為安南國王從之
永樂二年八月安南故陪臣裴伯耆來告急奏曰臣世
事安南陳氏祖父皆為執政大夫死於國事臣自少事
國王受爵五品後隸武節侯陳竭真為裨將洪武三十

二年代竭真領兵出東海禦寇而奸臣黎季犛父子殺
主篡位屠害忠良滅族者以百數臣兄弟妻子亦彼收
戮遣人捕臣欲加葅醢臣事變逃轉入山林深居窮
僻與猿狖雜處耿耿忠誠鬱抑無告近聞皇上入蒞大
寶統正萬方敢瀝膽披肝請滅此賊寢險乘危得至境
上與商人負任而至今年四月到思明府接送幸覩天
日臣切惟姦臣黎季犛乃故經畧使黎國髦之子世事
陳氏叨竊寵榮及其子蒼亦忝貴仕一旦得志遂成弒
奪改姓名胡一元子曰胡𡗥僭號改元不恭朝命肆虐
下民百姓含冤呼天叩地忠臣良士疾首痛心臣義激
于中上干天聽願廣一視之仁哀無辜之衆興吊伐之
師隆繼絕之義臣得負弩矢前進道揚天威忠義之徒
必當雲合響應擒滅此賊剪除奸宄復立陳氏子孫使
主此土則區區遠夷仰戴聖德恭修職貢永作外藩臣
不才竊効申包胥所為敢以死請伏望陛下哀矜　上
憫之命有司給衣食　八月老撾軍民宣慰使刀線歹
遣使護前安南王孫陳天平來朝奏曰臣天平前安南
王恒之孫天明之子日熞弟也日熞恭遇天朝率先歸

顧　太祖高皇帝封為安南王賜之章印在位二年而
卒其弟暾立亦止二年子晛繼之賊臣黎季犛當國擅
作威福晛稍欲抑損季犛弒之而立晛之子顒國之大
權盡出季犛與其子蒼左右前後皆其逆黨顒惟拱手
而已未幾復弒顒而立顒子𤇼𤇼然幼稚尚在襁褓季
犛父子乃大弒陳氏宗族并𤇼弒之而取其位更姓名
胡一元子曰胡𡗥為大虞皇帝臣以先被棄斥越在外
方季犛父子志圖殺奪臣幸以遠外見遺臣之僚佐激
於忠義推臣為主以討賊復讐方議招軍而賊兵見迫

倉皇出走左右散亡逆黨窮追遣兵四索臣竄伏窮荒
採拾自給饑餓困阨萬死一生久之度其勢且少息稍
稍間行艱難跋踄以達老撾然時老撾多事不暇顧臣
瞻望朝廷遠隔萬里無所控告屢欲自絶苟且圖存延
引歲月忽讀詔書知　皇上入正大統率由舊章臣心
欣忭有所依歸又以抱疾積久至于今年始獲躬覲天
顔伏念先臣受命　太祖高皇帝世守安南恭修職貢
豈謂此賊造逆滔天悖慢聖明蔑棄禮法累行弑逆遂
成簒奪陳氏宗屬横被殲夷所存者惟臣而已臣與此

賊不共戴天伏望聖恩俯垂矜憫因叩頭流涕又言賊
臣黎季犛已老詭謀逆計多出黎蒼攻刼占城欲使臣
屬又侵掠思明府奪其土地究其本心實欲抗衡上國
暴征横歛酷法嚴刑百姓愁怨如蹈水火臣之祖宗世
尚寛厚今國人嗷嗷願見恩憶陛下德配天地仁育四
海一物失所心有未安伐罪吊民興滅繼絶此遠夷之
望臣之大願也　上憐而納之命有司賜居第月給其
廩　十二月安南賀正旦使者至　上命禮部出陳天
平見之使者識其故王孫也皆錯愕下拜有感泣者裴

伯耆亦責使者以大義皆惶恐不能對　上聞之謂侍
臣曰安南胡奃初云陳氏已絶彼為其甥權理國事請
襲王封朕固疑之及下詢其陪臣父老皆對朕謂陳氏
以壻得國今奃以甥襲之於理亦可乃下詔封之孰知
其弑主簒位暴虐國人攻奪隣境此天地鬼神所不容
也其臣民共為蒙蔽是一國皆罪人也如何可容
永樂三年正月遣御史李琦行人王樞齎勑往問安南
國胡奃俾具簒奪陳氏之故以聞　六月安南胡奃遣
使臣阮景真等隨御史李琦等入朝上表謝罪請陳天

平歸國　秋七月遣行人聶聰等齎勑諭安南胡奃阮
景真等與聰俱行　十二月　丁丑安南胡奃復遣阮
景真等隨行人聶聰等來貢迎還陳天平　上許之
勑廣西總兵韓觀左右將軍黄中呂毅率兵五千送陳
天平歸國令安南胡奃遣使來迎
永樂四年正月戊戌陳天平陛辭命陜西參政王麟送
之勑封胡奃為順化郡公　三月黄中等以兵五千護
送陳天平至丘温胡奃遣陪臣黄晦卿等以廩餼迎候
及牛酒犒師晦卿及諸從者見天平皆拜舞踊躍中問

胡奎不至何也晦卿曰屬有微疾中遣晦卿還促奎且
遣騎覘之往來皆無所見而迎者壺漿相續於道中以
爲實遂徑進度隘留雞陵二關將至芹站山路險峻林
木蒙密軍行不得成列且遇雨潦忽伏發大呼鼓噪動
山谷遂殺天平中等亟整兵擊之寇已斬絕橋道不得
前中等引兵還時大理卿薛嵓謫在廣西中舉以輔行
天平被刼嵓在其中亦自經死嵓陜州閿鄉人慷慨負
志操有政治才嘗歷官鎮江知府民皆思之　夏四月
黄中等奏胡奎刼殺陳天平事　上大怒謂成國公朱

能等曰蕞爾小醜罪惡滔天猶敢潛伏奸謀肆毒如此
朕推誠容納乃爲所欺此而不誅兵則何用能等皆曰
逆賊罪大天地不容　上遂決意興師　勑鎮守雲南
西平侯沐晟曰比遣都督黄中等送安南王孫陳天平
還國中等輕視黎賊率意而進以至辱國今興師南伐
勑四川等都司選卒七萬并勑蜀王於成都三護衛選
卒五千聽爾調遣大軍合用糧儲須預爲會計規畫輸
運不可後期賜白金五百兩　命大理卿陳洽赴廣西
計議軍事以黄中呂毅前送陳天平失律徵赴京　秋

七月　上以是月十六日命將出師討安南黎賊遣使
告嶽鎮海瀆之神　命朱能沐晟張輔李彬陳旭　率
師征討安南黎賊命劉儁黄福陳洽等督理軍務　冬
十月　丙午總兵官征夷將軍朱能卒於安南之龍川
訃聞上命副將軍張輔代之
永樂五年正月　張輔王友沐晟柳琮等合兵討安南
賊於籌江柵破之　張輔沐晟等敗黎賊於木丸江
三月張輔沐晟等敗黎賊於富良江　五月征安南官
軍獲賊首黎季犛及其子澄　張輔等平安南捷奏至

群臣入賀復以開設三司及郡縣爲請　上命降詔行
之　六月　以安南平詔天下置交阯都布按三司府
州縣　九月張輔沐晟等遣都督柳升等齎露布檻送
黎季犛黎蒼等獻俘至京　上御奉天門受之文武羣
臣偕兵部侍郎方賓讀露布至弑主篡國僭號紀元等
語上使問季犛父子曰此爲人臣之道乎季犛父子不
能對詔以季犛及子蒼及其僞將相胡杜等悉付獄赦
其子孫澄芮等命有司給衣食
一永樂十六年正月安南黎利反李彬遣兵討之利敗走

宣德二年十月陳日㷆三世嫡孫陳暠遣使奉表貢方
物請立許之　十一月　命行在禮部侍郎李琦等齎
詔撫諭安南冊封朝貢仍遵
洪武舊制總兵官王通等即率兵各回原衛所交趾都
布按三司衛所府州縣文武官吏旗軍人等各帶家屬
回還鎮守公差內官內使皆悉回京
宣德六年六月　遣禮部侍郎章敞通政徐琦齎詔命
安南頭目黎利權署安南國事　十一月安南黎利遣
頭目何栗等陳情謝罪貢方物栗等又同頭目耆老人

等奏請求封內稱欽遵敕命大集國人徧行詢訪陳氏
子孫委的無存臣等切惟本國地不可無人管攝而黎
利未奉朝命臣等所以懇款陳詞伏望允臣所請使黎
利得以守土南荒奉貢天闕上以弘聖天子一視之仁
下以蘇一方生靈之命　上納之
宣德九年三月廣西總兵山雲奏交趾黎利已卒長子
狂妄次子幼弱姦臣黎問黎察搆黨讐殺良民驚懼諒
山府土官阮世寧七源州土官阮公庭各率家屬及部
下冬百餘人避難來歸願於廣西龍川及太平府居住

上敕雲曰黎利本起賊微因奉陳暠以從人望堅請立
之朕志在息民遂詔罷兵將察實建立而彼遽奏暠死
暠之死利所爲也此時朝廷即欲加兵但不忍荼毒生
靈姑令權署國事其行不義如此宜爲天所斃也爾宜
戒飭邊兵嚴謹守備阮世寧等避難來歸聽隨便居住
凡所食用皆官爲處置使之得所無失遠人來歸之心
成化十四年三月安南國王黎灝奏占城頭目波籠阿
麻先與臣國通好成化十一年得琉球國海船漂風之
衆遂率以侵掠爲臣國邊兵所敗今陪臣黎弘毓回自

天朝恭奉敕諭責臣占奪占城地方改爲州邑此臣不
能不瀝血陳辭而訴其無此也夫占城提封全非沃壤
家稀畜積野絕桑麻山無金寶海之魚鹽止有象牙犀
角烏木沉香而臣國所產寔多不足爲貴得其貨不足
以富得其勢不足以強而守之甚艱臣何所利而占奪
占城改爲州邑也今朝廷又諭臣復其土宇不得殄其
宗祀誠恐天使急遽之際緝訪難詳而占城避亂之人
與臣國爲仇言不足信伏望特遣朝使申畫郊圻興滅
繼絕使占城上下輯寧臣國邊陲休息以藩中國以康

遠人此臣之大願也謹遣陪臣阮逹濟以聞上下其章于所司

成化十七年九月兵部奏安南國僻在西南萬里之外與雲南兩廣接壤永樂間王師克伐郡縣其地其後守臣失馭乃復陷没今又轉肆憑陵東吞占城西併老撾殘破八百偽勑車里宣慰司殺滿剌加使臣先年有邉人還自安南稱其國欲犯雲南以其毋諫而止都御史王恕亦稱安南遣人偽爲商人來覘虚實又聞有江西人王姓者亡命爲偽御史爲之畫策督兵累次侵擾未

必非此人之謀占城使臣亦言安南治戰船三千欲襲海南不可不爲之備　上曰朕視安南禮絶外國毎優容之而彼外示恭謹中懷桀黠迹其所爲蓋有不可揜者兵法曰毋恃其不來恃吾有以備之宜申命雲南兩廣守臣嚴越境亡命之禁彼若有犯當整兵問之

弘治八年三月安南侵占城占城國王遣使入奏請命官往問其罪　上欲從之徐溥等上言春秋王者不治夷狄安南雖奉正朔脩職貢然恃險負固積歳已多今若遣官往至其國小必掩過飾非大或執迷抗命若置而不問損威已多若問罪興師貽患尤大宜勿聽乃止

正德十一年四月　安南國王黎晭爲其臣陳暠所弑無子國人共推立其兄子黎譓管國事年號光紹陳暠子陳昇占據諒山府等處稱王年號天應

日本國

洪武二年正月遣使以即位詔諭日本占城瓜哇西洋諸國賜以璽書

洪武二年正月倭寇山東並海郡縣又寇淮安

洪武二年四月倭寇出没海島侵掠崇明沿海諸處太倉指揮翁德率兵出海捕之獲倭寇九十二人及其兵器海舟奏聞陞德爲都指揮遣使祭東海之神

洪武四年冬十月　日本國王良懷遣其臣僧祖來率僧徒九人進表貢方物因送至明州台州被虜男女七十餘口

洪武六年正月廖永忠上言曰陛下定四海君萬國臻於太平而北虜遺孽亦遠遁萬里之外獨東南倭夷鼠伏海島時因風便以肆侵掠來如奔狼去若驚鳥似不

易捕臣請令沿海軍衛添造多櫓快船命將領之沿海巡徼若倭夷一來則大船薄之快船逐之彼欲為寇不可得也　上善其言從之

洪武十三年十二月　遣使詔諭日本國王不得縱民侵擾

洪武十四年七月　日本國王良懷遣僧如瑶等貢方物　上郤其貢仍命以書責之曰大明禮部尚書致意日本國王王居滄溟之中不奉上帝之命不守己分但知環海為險限山為固肆侮鄰邦縱民為盜上帝將假

手於人禍有日矣吾奉至尊之命移文與王王若不審其徵并觀蠡測自以為大無乃搆隙之源乎王之國始號曰倭後惡其名遂改日本自漢魏晋宋梁隋唐宋之朝皆遣使恭表貢方物當時帝王或授以職或爵以王由歸慕意誠故復禮厚也若叛服不常搆隙中國則必受禍如吴大帝晋慕容廆元世祖皆遣兵征伐俘獲男女以歸千數百年間往事可鑑也王其審之

革除建文三年九月倭寇浙東

永樂二年三月　命通政趙居任使日本令十年一貢

永樂四年正月遣使齎璽書褒諭日本國王源道義先是對馬臺岐等島海寇劫掠居民勑道義捕之獲渠魁以獻而盡殲其類　上嘉其勤誠故有是命仍賜道義白金千兩綵幣綺繡銀壺諸物并海舟二艘又封其國之山曰壽安鎮國之山立碑其地

永樂九年五月　倭寇盤石

永樂十五年正月倭寇浙東　五月倭寇浙東　十月遣禮部員外郎呂淵等使日本時捕倭將士擒寇數十人獻京師賊首皆日本人羣臣言日本數年不修職貢

夆賊首乃其國人宜誅之以正其罪　上乃遣淵賜勑切責之

永樂十六年四月行人呂淵自日本還其國王源道義特遣使奉表謝罪

正統四年夏四月倭寇浙東

正統五年五月倭寇浙東

正統八年九月倭寇浙東按察僉事陶成整飭海道率兵平之

正統十一年四月倭寇浙西

成化四年六月日本國通事林從傑等三人奏原係浙江寧波等府衛人幼被倭賊掠賣與日本爲通事今隨本國使臣入貢將還乞容便道省祭從之仍禁其勿同使臣至家及私引中國人通番如違聽有司治罪

成化五年二月日本國使臣回還揑稱海上遭風喪失方物乞給價回國禮部執奏不與且欲治其通事閻宗達𢾈誘之罪宗達本浙江奉化人先年逃入海島今隨使來朝　上曰宗達且不究治若再犯覆族其原籍親屬

成化五年五月浙江定海衛副千户王鎧言倭夷姦譎時掠海邊見官軍追捕乃陽爲入貢伺隙則掩襲邊境往者大嵩曾被其毒近見使臣清啓入貢臣恐使回有異謀或爲掩襲之計乞勑鎮守總督巡海等官設策防禦之兵部因言邇者倭使清啓嗾轢館僕殘殺市人迹實桀驁鎧言誠當宜移文備倭巡海等官令督緣邊官軍務振軍容嚴斥堠以防其姦

正德四年七月日本南海酋遣使來貢

正德六年六月日本遣寧波叛民宋素卿來貢

按海寇舊乘風信易於爲備歲凡仲春東南風始起番舶乃西北行至秋而歸今任其何風可轉帆借發往者由新羅百濟至遼陽南下本朝初由大小琉球迂繞福建至浙近乃發五島由八山霍山直對寧波不五日夜必至浙發則無時

按國初吳淵頴論倭書說盡事情乃引辛毗對魏文帝之言曰罷我互市任被貿易中國免徼利之名外夷知効順之實計莫便於此惟其商道不通而利之所在人必趨之不免巧生計較商轉而爲寇商道既

通則寇復轉而爲商彼其既犯國禁思圖苟安因陷引勢家同作勾當行之既久不免惹起奸圖大生覬覦時則不因商道不通而實成寇心矣伏按　國初禁海之例始因遣諭不來繼恨林賢巨燭之變欲與閉絶之故非以通商之不便耳惟其不通商而止通貢所以正德年間各道爭貢以規利市在彼國則強請勘合倭王遂不能制在中國則有宗設宋素卿之禍而漳寧惡少則幷蹈貿固而肆横行然以前狡僞未備華夷兩家行之既久併力合作乃有不可支者

推厥所原各爲行商之意而終貽地方之害能無慮乎

蒙古色目

洪武三年四月禁蒙古色目人更易姓名

錫蘭山國

永樂九年六月内官鄭和等使西洋諸番國還執錫蘭山國王亞烈苦柰兒歸而獻俘上姑釋之擇其屬之賢者嗣立

榜葛剌國

永樂十二年九月榜葛剌國王賽弗丁遣使奉表獻麒麟

占城國

洪武二年十二月占城國遣平章蒲旦麻都來貢言安南以兵侵擾其國遣翰林編脩羅復仁兵部主事張福齎詔往諭詔至兩國聽命罷兵

洪武二年二月遣使齎詔印封占城國阿答阿者爲占城國王仍賜洪武三年大統曆一本織金文綺紗羅四十疋

洪武四年七月占城國王阿答阿者遣其臣答班瓜卜農來朝奉表言曰　大明皇帝撫有四海如天地覆載日月照臨阿答阿者欽蒙以金印封爲國王感戴倍萬惟是安南侵擾疆域殺掠吏民伏願垂慈賜以兵器樂人俾安南知我占城乃聲教所被之地庶不敢欺凌上

感其意及答班瓜卜農陛辭命中書省移咨其國王云占城安南既皆臣事朝廷同奉正朔而乃擅自搆兵既失事上之禮又失交隣之道已咨安南即日罷兵爾國所請兵器朝廷若以與爾則是助爾相攻甚非撫安之義又所請樂人語音有華夷之異難以發遣若爾國有能習中國華言可教以音律者擇數人赴京習之并諭福建行省占城海舶貨物皆免征以示懷柔之意

永樂十三年十一月兵部尚書陳洽言朝廷初討黎賊陳季擴時占城國王占巴的賴雖聽朝命出兵來助然

實陰懷二心請發兵征討　上以交趾既平民方安
不忍窮兵遠夷但遣使齎勑諭

西洋剌泥國

永樂元年十月甲戌西洋剌泥國回回哈只馬哈沒奇等來朝貢方物因附載胡椒與民互市有司請徵其稅　上曰商稅者國家以抑逐末之民豈以爲利今夷人慕義遠來乃侵其利所得幾何而虧辱大體多矣不聽

浡泥國

洪武三年使御史張敬之諭浡泥國

洪武四年八月浡泥國王馬合謨沙遣其臣亦思麻逸進表箋貢方物

麻林國

永樂十三年十一月麻林國進麒麟

蘇祿國

永樂十五年九月蘇祿國王巴都葛叭答剌來朝卒

三佛齊國

洪武四年九月三佛齊國遣使奉表朝貢　上御奉天門諭省府臺臣曰海外蠻夷諸國不爲中國患者不可輒以兵加之古人有言地廣非久安之計民勞乃易亂之源隋煬帝妄興師旅征討琉球徒慕虛名自弊中土朕寔鄙之今惟西北胡戎世爲中國患不可不謹備之卿等當知朕此意

琉球國

洪武五年正月使楊載詔諭琉球

洪武九年夏四月刑部侍郎李浩還自琉球國王察度遣弟泰期上表謝恩貢方物浩因言其國俗市易不貴紈綺但磁器鐵釜自是賜予及市馬多用是物

永樂九年夏四月　琉球國中山王思紹遣使坤宜堪

彌等貢馬及方物并以長史程復來見表言其國長史王茂輔翼有年請陞茂為國相兼長史事又言復本中國饒州人輔臣祖察度四十餘年不懈于職今年八十有一請命致仕還其鄉從之陞復為琉球國相兼左長史致仕還饒州茂為琉球國相兼右長史仍賜坤宜堪彌等鈔幣遣還

成化七年三月　上御午朝　遣都給事中丘弘為正使行人韓文為副使往琉球國封其世子尚貞為中山王

暹羅國

永樂二年九月　福建布政司奏有番船漂泊海岸詢之暹羅國遣使與琉球通好已籍記船物請命

上謂李至剛等曰暹羅與琉球修好是番邦美事船漂至此正宜嘉恤豈可利其物而籍之鄉有善人猶能援人於危况朝廷統御天下哉其令布政司舟壞者修理乏食者給粟俟有便風其人欲歸或往琉球導之去

佛菻國

洪武四年八月遣佛菻國故民捏古倫持詔往諭其國俾知大明平定四海之意

八百媳婦國

革除建文二年六月八百媳婦入貢

番夷諸國

洪武二年四月遣使持詔以登極改元諭吐番

洪武六年十月封西番朶甘烏思藏諸酋為王師官長

洪武七年七月西番獻葡萄酒　上謂中書省臣曰昔元時造葡萄酒使者相繼於途勞民為甚豈宜效之且朕性不喜飲况中國自有秫米供釀何用以此勞民遂郤之使無復進賜酋長文綺襲衣遣還　有御史自廣西還進平蠻六策　上覽畢諭之曰汝策甚善但立威之說則偏中國於蠻夷在制馭何如蠻夷非威不畏非惠不懷一於威則不能感其心一於惠則不能攝其暴

惟威惠並行此馭蠻夷之道也
洪武十年四月　命鄧愈爲征西將軍沐英爲副將軍率師討吐蕃先是吐蕃所部川藏邀殺使者鞏哥鎖南等故命愈討之
洪武十一年十一月西番屢寇邊命平西侯沐英爲征西將軍率都督僉事藍玉王弼將京衛及河南陝西山西馬步官軍征之
洪武二十四年九月　遣主事寬徹御史韓敬評事唐

政使西域
永樂十一年八月　遣吏部員外郎陳誠使西域
永樂十三年十月吏部員外郎陳誠使西域還上使西域記所歷凡十七國山川風俗物產悉備
宣德六年十月都督陳懷等討松潘番寇平之
天順五年八月甘肅總兵官城伯衛穎破西番兵于涼州都督毛忠爲虜所圍穎提兵往救全師而還
天順八年三月憲宗　甘肅總兵官宣城侯衛潁巡撫僉都御史吳琛率師討西番破之先是西寧番酋把沙作亂命潁等討之潁與琛將中軍都督甘涼蘭華山丹莊浪等衛所官軍三萬五千人分五路以進追至駱駝山俘斬共七千七百餘人獲牛馬羊二萬有奇
成化十二年八月巡撫甘肅右副都御史宋有文等奏土魯番速檀阿力復遣其使赤兒米即等入貢且致書鎮守總兵等官飾其攻滅哈密之罪謂王母已死城郭人民與金印俱存須朝廷遣使往諭之即獻納然虜性狡獪實無還意其赤兒米即等宜令赴京撫慰遣還事下兵部言速檀阿力蕞爾小夷誘詐無憚屢遣使臣游說搆亂宜先究治其使然後徐興問罪之師以彰興滅

之義但自古中國之馭夷狄視如禽獸不足與較況哈密夷衆流亡之餘存亡無幾縱使得其城池及印符難興復宜暫用羈縻之術以俟可乘之機乞行甘肅鎮守總兵巡撫等官拘集土魯番前後所遣使者曉諭之謂赤兒米即欺誑無信朝廷念爾小國之臣曲加涵貸免其解京量加犒勞遣人護送出境仍倍加謹飭以戒不虞詔可既而禮部復言宜俯順夷情許其入貢而限其名數不許過多復有旨每十人內許一人來貢
成化十七年三月西域撒馬兒罕進二獅子至嘉峪關

奏乞命大臣迎接職方郎中陸容言獅子之爲獸在郊
廟不可以爲犧牲在乘輿不可以備騎服蓋無用之物
不宜受禮部尚書周洪謨亦言不當命官迎接　上乃
遣内臣迎之

成化二十一年五月番人撒馬兒罕使臣泊六灣還國
枉道至廣東謂將往滿剌加市狻猊入貢所過震動驚
陳選上言臣聞西旅貢獒召公進諫越裳獻雉周公致
規蓋不惟防玩好之漸寔以杜窺伺之萌也邇者珍禽
奇貨旁午徵求外夷小醜探聽舉動豈眞有貢獻之誠

惟以邀賞賜之利陛下必以爲娛玩之物於民無損不
知奸貪憑藉因緣爲利招引殊方營圖攘克即如狻猊
本非澤國所產假借意旨入海宣索驚擾寰中貽譏海
外是陛下忽細行之矜而爲大德之累也疏下禮部覆
奏從之

弘治二年二月西域撒馬兒罕遣使進獅夷人所過橫
爲侵擾禮科給事中韓鼎上言陛下初政放驅珍禽異
獸天下聞之今未踰年遽受夷人貢獅恐無以杜方來
獻者况猙獰之獸非宜狎玩且供費不貲宜罷遣之

弘治三年九月　撒馬兒罕道南海貢獅却之

正德四年十一月　亦不剌阿爾禿厮掠西寧諸番

正德八年二月眞帖木兒還土魯番

正德十年夏四月土魯番歸哈密大掠嘉峪諸夷

五開蠻

洪武十一年十一月總兵官辰州衛指揮楊仲名討破
五開叛蠻捷奏至京

烏思藏

成化元年九月定烏思藏番僧三年一貢例

成化四年九月因星變陳言六科給事中魏元等言西
番剌實巴等加以法王名號賞賚隆厚出乘椶轎導用
金吾乞革去法王等號發回本國下所司議行

御史左鈺言比者科道因星變陳言欲革番僧名號陛
下謂所言有理及吏部欲行發遣陛下又謂恐失遠人
之心臣以爲陛下不忍失遠人心乃忍失邇人心乎乞

發廷臣計議不報

按吐魯番自肅州外西寧而南至雲南西北之境皆其地洪武初立爲烏思藏都司衛所宣慰宣撫司凡三拾三以羈縻之歲通朝貢有警遣西僧諭之即已其岷州洮州河州在陝西境者舊亦吐番地今久内屬惟差南近四川松番者地險尚數生梗

虜番諸國封王

按本朝外夷封王如朝鮮安南占城海島諸國來朝

貢者各以其國名封惟琉球封中山王山南王山北王共三王今存中山王北虜封王者四人韃靼阿魯台和寧王瓦剌馬哈木順寧王太平賢義王把禿孛羅安樂王西域二人哈密忠順王阿端安定王西番七人正覺大乘法王如來大寶法王闡化王闡教王輔教王賛善王賛化王

憲章類編卷之四十一終

憲章類編卷之四十二

雲貴夷苗

洪武十四年八月　上諭在廷文武諸臣曰雲南自昔為西南夷至漢置吏臣屬中國今元之遺孽把匝剌瓦爾密等自恃險遠桀傲梗化遣使招諭輒為所害負罪隱慝在所必討群臣合辭以贊於是命諸将簡練軍士先給以布帛鈔錠為衣裝具　九月上御奉天門命傅友德為征南将軍藍玉為左副将軍沐英為右副将軍

統率将士往征雲南　十二月傅友德等師至曲靖擊敗梁王将達里麻兵于白石江　遣內臣齎勅烏蒙烏撒諸酋長曰西南諸夷自古及今莫不朝貢中國朕受天命為天下主十有五年而烏蒙烏撒東川芒部建昌諸處酋長猶桀傲不朝朕已遣征南将軍潁川侯左副将軍永昌侯右副将軍西平侯率大軍往征猶恐諸酋長未諒朕意故復遣內臣往諭如悔罪向義來朝入貢攄爾誠款朕當罷兵以安黎庶爾其省之　癸酉藍玉沐英師至雲南之板橋元右丞觀音保等出降明日駐師金馬山故梁王以金寶來獻父老焚香迎拜玉等入城戒戢軍士無犯吏民大悅

洪武十五年正月元曲靖宣慰司行省樞密院廉訪司中慶澂江武定三路及嵩明等七州昆明等六縣元帥平章副使達魯花赤等官詣藍玉沐英降獻金銀銅印七十四金符七馬一萬二千五百六十匹　詔諭烏蒙烏撒東川等處人民曰曩者元政不綱豪傑縱橫朕提師旅與之並驅十有三年然後命将四征五年而天下定萬姓寧建號紀元又十五年矣華夏蠻貊罔敢不服

惟爾烏撒烏蒙東川芒部建昌諸夷抗命弗庭而雲南梁王尤肆陸梁誘我逋逃擾我疆埸用是命征南将軍傅友德左副将軍藍玉右副将軍沐英統三十萬衆問爾西南諸夷之罪今得捷報言雲南部落俱已降附故特遣使齎詔諭爾諸夷自今有不遵教化者即加兵討之爾等其洗心滌慮效順中國朕當一視同仁豈有間乎　閏二月勅諭傅友德藍玉沐英曰近者指揮何福至京得報知摧堅撫順之方運籌决勝之畧然雲南自漢以來服屬中國惟宋不然胡元則未有中國已下雲

南近因彼俘朝廷命卿等討平之今諸州已定惟大理未服尚生忿恨當即進討故命福馳回諭諸將軍夷雖頑獷詭詐多端阻山阸險是其長計若頓師宿旅非我之利要在出奇制勝乘機取進一舉而定再不勞兵可也所奏事宜悉從爾請　沐英進兵攻大理克之段世就擒乃分兵取鶴慶略麗江破石門關下金齒由是車里平緬等處相率降諸夷悉平

洪武十五年閏二月遣使詣雲南賜各土酋冠帶給以誥勑使任本州知州等官　三月藍玉等遣兵攻三營

萬户砦拔之　征南將軍傅友德等遣人至京奏事先是　上諭友德等以雲南既平留江西浙江湖廣河南四都司兵守之控制要害考元時所常留兵數并計歲支稅糧徭役之法與凡事之便宜以聞至是友德奏自元世祖至今百有餘年屢經兵燹圖籍不存兵數無從稽考但當以今之要害量宜設衛以守其稅則元司徒平逹里麻等嘗言元末土田多爲僧道及豪官隱占今準元舊則於歲用有所不足已督布政覈實雲南臨安楚雄曲靖普安普定烏撒等衛及霑益盤江等千户所見儲糧數一十八萬二千有奇以給軍食恐有不足宜以今年府州縣所徵并故官寺院入官田及土官供輸鹽商中納戍兵屯田之入以給之　上可其奏

四月吉安侯陸仲亨遣使馳奏烏撒諸蠻復叛　上勑諭藍玉沐英曰烏撒諸蠻伺官軍散處大勢不合故有此變朕觀雲南之地如曲靖普安烏撒建昌即今勢在必守東川芒部烏蒙未可守也且留大軍屯聚蕩除芒部烏撒等戮其酋長使之畏威方可分兵守禦彼蠻負固者尚多爾其慎之　七月傅友德沐英進兵擊烏撒

大敗其衆斬首三萬餘級獲馬牛羊以萬計餘衆悉遁復遣兵捕擊之　八月遣使勑勞征南將軍傅友德等曰卿等提兵深入振揚國威擒首帥於曲靖之西敗烏蠻於河渡之北席卷長驅掃金馬碧雞而撫金沙至於金齒不戰而服撫定百蠻威加八譯將軍之勞至矣欲勞以鐏酒遠不能及特以朕心勞之尚勗之哉

九月雲南諸夷復叛沐英等討平之

洪武十六年十月詔授武定軍民府女知府商勝賜勝朝服及織金羅衣紗帽金帶

洪武二十一年三月西平侯沐英討百夷思倫發平之時思倫發衆號三十萬象百餘隻復寇定邊欲報摩沙勒之役勢甚猖獗英集將佐告曰賊之所恃者象耳吾知其無能爲也乃令軍中置火銃神機箭分爲三隊俟象進則火銃以次而發破之必矣及陣既交象皆披甲衝突而前我軍矢石俱發象皆股慄而奔乘勝直擣其柵寨遂縱火焚其巢穴復以兵邀擊之賊衆大敗斬首三千餘級俘萬餘人象死者過半思倫發遁去英奏捷還師所過城邑百姓爭持牛酒迎勞之

洪武三十年二月水西蠻叛征南將軍顧成討平之

洪武三十一年八月建文帝以何福爲征虜將軍總兵征百夷都督徐凱副之　十月征虜將軍何福進兵金齒討諸蠻平之

革除建文三年八月老撾入貢

永樂元年正月設普安安撫司以土酋慈長爲安撫賜以印章置流官吏目一員隸四川布政司　三月鎮守貴州鎮遠侯顧成言金筑安撫司等處每有征討輸率官軍土軍兼進有功均賞宜令一槩操練　上曰土軍皆夷人樂散逸而憚拘束若與官軍同役或情有不堪馭夷之道當因其俗行之

正統三年十月雲南麓川宣慰思任發叛侵掠騰衝南甸等處

正統四年春正月　遣主事楊寧往諭麓川思任發不聽　五月鎮守雲南黔國公沐晟率兵討麓川都督方政戰死晟以疾卒子斌襲封

正統五年十二月　廣西思恩州獲異僧陞爲思恩府擢思恩州土官知州岑瑛爲知府異僧見西内老佛事中

正統六年正月　命定西伯蔣貴爲征夷將軍總兵征麓川討思任發以太監吉祥監督軍務兵部尚書王驥提督軍務麓川本百夷僻遠不當中國一郡時王振專政欲立功名遂大發兵十五萬轉餉半天下命貴等征之驥奏舉廷臣隨軍贊畫太僕少卿李賁郎中侯璡楊寧主事蔣琳等皆在行陛辭賜貴等金兜鍪細鎧弓矢蟒龍緋衣　侍讀劉球上言帝王馭夷狄不窮兵於小敵以傷生靈惟防患于大寇以安中國今北虜脫歡也先父子併吞諸部深謀入寇而思任發依阻山谷悔過

乞降議者乃釋豺狼攻大豕舍門庭之近圖邊徼之遠
非計之得也臣愚以爲麓川僻陋滅之不爲武釋之不
爲怯至於西北諸邊宜謹烽堠脩墩堡選將師練士卒
豊糧餉備器械庶爲有備無患王振不從　十一月蔣
貴王驥等討麓川大破之思任發遁去移兵討帝郎羅
帝郎羅者維摩賊也驥遣偏師抵賊境言王尚書大軍
且至帝郎羅走安南傳檄入安南追之安南人斬其首
來獻

正統七年三月王驥班師還京　十月復命定西侯蔣
貴充總兵官靖遠伯王驥兼兵部尚書提督軍務征麓
川緬甸先是思任發既敗走緬甸大軍還復出爲寇命
貴驥再督諸軍往征之至雲南檄緬令縛送思任發緬
人懷詐黨惡匿思任發不遣貴等促兵攻緬破之思任
發復遁去俘其妻子旋師加貴驥歲祿各三百石　按
李賢曰麓川叛逆王振操柄欲逞其忿楊士奇等議
謂遠夷不足較且爲耕守計振不從與兵部謀王驥阿
振意遂興兵驥督東南兵五十萬給餉者倍之窮其巢
穴而思任發不可得焚寨而還殺無辜十數萬且以爲

功驥封靖遠伯以次陞者萬餘未幾寇勢復盛驥再往
起兵如前東南騷擾軍民疲敝殆不可言復窮其所思
任發又不可得而還賞功陞秩復半於前麓川不如中
國夫大縣縱得其地與人有何利益而連歲興兵軍需
所費與夫陞秩之俸各萬萬不可勝計所得較所失誠
不忍言兵連禍結貽害生民人以驥爲功之首其實罪
之魁也

正統十三年冬十月雲南思機發叛總督軍務靖遠伯
王驥總兵都督宮聚副總兵張凱田禮帥師討之

十一月　王驥兵至金沙江思機發堅柵以拒驥潛渡
破賊柵乘勝進至孟養賊斂衆據鬼谷山及芒崖山等
寨皆攻拔之斬獲無算思機發遁孟養在金沙江西去
麓川千餘里自古中國兵無渡金沙江者至是深入夷
酋皆震恐驥還詔增祿一百石

正統十四年二月貴州苗反總督軍務兵部侍郎侯璡
副總兵都督方瑛率兵討之　四月王驥擒苗重富檻
送京師伏誅尋召驥還　五月湖廣苗反右都御史王
來保定伯梁珤率兵討之

景泰元年八月命保定伯梁珤右都御史王來督同參將都督方瑛陳友等征勦湖廣貴州等處苗寇先是靖遠伯王驥與都督宮聚張軏等還自麓川即命征苗聚軏皆失利惟驥擒其苗魚富檻送京師然苗勢愈熾驥不能定奏言久在南裔身染瘴毒乞還朝廷乃以珤等代之先是永樂間韃虜來降者多安置于河間東昌等處生養蕃息驕悍不馴方也先入寇之際皆將乘機騷動幾至變亂至是發兵征湖貴及廣東西諸處寇盜于謙奏遣其有名號者厚與賞犒隨軍征進事平遂奏留于彼於是數十年積患一旦潛消

景泰二年三月都御史王來擒苗酋韋同烈香爐山平

七月王來率兵討貴州賊

景泰三年六月以苗寇稍寧召征苗總兵官保定伯梁珤提督右都御史王來回京

成化十四年六月貴州普定等處蠻賊刼掠總兵官都督吳經等欲大發湖貴雲南兵擊之兵書余子俊以經乃吳綬之兄畏勢欲准其奏　上曰兵凶戰危豈可輕動蠻夷為患在防禦有術若大發兵恐首惡未得徒傷無辜況貴州山菁茂密縱使兵至豈能得志乎其勑巡撫都御史陳儼相度事情緩急應否調兵征勦奏來處置

成化十五年五月貴州總兵官吳經等以平西堡蠻賊報捷　上命馳勑奬勵之陞報捷人各一級是役也蠻夷零賊刼赴任雲南參政姚和家屬吳經奏欲大舉興兵殱之　上命都御史陳儼相度事勢為進止而儼畏經弟綬之勢竟遷延于家以致經大肆殺戮地方疲敝冒濫功賞人莫敢非議云

弘治五年四月提督軍務副都御史鄧廷瓚總兵鎮遠侯顧溥討貴州蠻

弘治七年二月貴州蠻平

弘治十六年五月貴州女苗米魯作亂命南京户部尚書王軾兼左副都御史督兵討平之米魯普安土知州妻也知州死魯主州事殺其庶子欲自襲夫職鎮巡官不許且欲正其罪魯遂反因鎮守内臣戕殺文武藩臬官兵勢甚熾事聞命軾統湖廣四川廣西雲南及貴州諸路漢土官軍共十餘萬討平之斬首五千餘級加軾

太子少保
按百夷之種麓川緬甸數爲梗元江永昌之外設宣慰者七以統百夷以沐氏遷轄亦其毅中事雲南之地南以元江爲關車里爲蔽而達八百大甸西以永昌爲關麓川爲蔽而達木邦西南通諸緬以底南海東南統寧遠而界安南西北盡麗江而通吐蕃蓋南北重地沐氏世覲可四運不乏諸省惟雲南諸夷雜聚之地其爲中華人惟各衛所戍夫耳百夷種曰僰人爨人各有二種卽黑羅羅白羅羅麽此禿老此門蒲人和泥蠻土獠羅舞羅落撒摩都摩察儂人沙人山後人哀牢人哦昌蠻犢蠻魁羅蠻傳尋蠻色目瀰河尋丁蠻栗步

两廣徭黎土司

洪武元年七月廣西左江太平土官黃英衍右江田州土官岑伯顏等遣使齎印章詣軍門降

洪武二年正月湖廣行省臣言慶遠府地接八番溪洞所轄南丹宜山等處宋元皆用其夷酋爲安撫使以統之天兵下廣西安撫使莫天護首來款附宜如宋元制録用以統其民　上從之詔改慶遠府爲慶遠南丹軍民安撫司置安撫使同知副使經歷各一員以天護爲同知王毅爲副使

洪武二年七月廣西右江田州府土官岑伯顏思明府黃忽都向武州萬世鐵龍州趙帖堅等各遣使奉表貢方物詔以伯顏等各爲本府知府世鐵帖堅各爲本州知州皆世襲

永樂三年七月巡按廣東御史汪俊民言瓊州府周圍皆海中有黎母等山皆生熟黎人所居藏亡匿叛侵擾居民今朝廷遣使招諭臣愚以爲黎性頑狠未易信從又山水峻惡風氣亦異中國之人惟其瘴毒鮮能全活臣訪得宜倫縣熟黎峒首王賢祐嘗奉命招諭黎民信從歸化者多兄其服習水土不畏瘴癘臣請仍詔賢祐至京量授以官俾招諭未服黎人戒約諸峒無納逋逃其熟黎則令隨産納稅一切差徭悉與蠲免生黎歸化者免其産稅三年峒首則量所招名數多寡授以職事如此庶幾黎民順服從之

景泰六年正月　總督兩廣都御史馬昂征廣東瀧水
猺賊破之時瀧水猺賊趙音旺作亂合諸山叛猺大肆
殺掠民罹其害昂乃調廣西狼兵同官軍直抵猺巢斬
獲甚衆　按瀧水羅傍猺賊自馬昂此年征後天順初
葉盛成化初韓雍復一再征之至今無復議征者賊日
益肆夫今邊臣猶議西復哈密北復大寧東勝河套今
此瀧水羅傍一帶乃郡縣内地距德慶州治僅隔一江
去梧州總府不百里爲兩廣往來咽喉柰何坐視其暴
切吾民阻截江面爲肘腋之患而不恤緣江南岸數百

里山林家密不敢毁傷其一草一木朝廷設重鎮置兵
衛果何用也霍韜嘗謂羅傍綠水之賊爲害深矣而有
司不肯議征非不能征不肯征也若調狼兵達舍并官
軍分爲數道一自欝林入一自高州入一自新會入一
自德慶瀧水入四面並進而梧州大兵上流振之且縱
火盡爇其林木使無所蔽伏羅傍綠水之賊反掌可平
嗚呼馬昂葉盛韓雍獨何人哉
天順五年十二月征夷將軍都督顔彪都御史葉盛討
平兩廣諸蠻

成化元年正月命都督同知趙輔爲總兵官右都督和
勇爲遊擊浙江參政韓雍陞左僉都御史贊理軍務征
兩廣蠻賊劾雍有無若葉盛殺降之語盖出自李賢也
刑部主事馮俊上言生長廣西深識夷情盖廣西境内
猺獞多居民少洪武間設立田州泗城等府州選用土
官世相統攝遇警悉聽調用使之懷德畏威其餘種類
令流官兼管是以反側靡常近年益甚今總兵趙輔等
奉命往征賊平之後恐有遺孽遠遁宜遣官招撫或委
附近土官管束或别立司府推選其類爲衆所信服者

授以世襲長官俾從容以治之事下兵部議令趙輔韓
雍等平賊之後斟酌舉行　李賢言翰林編脩丘濬廣
東人深知兩廣賊情近見朝廷命將出師致勤宸慮因
條陳用兵事宜於臣謹録上進是亦平賊之一助也
上命所司録示總兵巡撫等官俾見之施行　兵部尚
書王竑言京營官軍因見總兵趙勝奏帶指揮鄒勝等
多私投勢要謀爲旗牌意圖妄報功次希求陞賞及乘
機生事貪索害人卽今兩廣寇擾不支若令此輩再擾
恐致意外之虞乞移文趙輔等凡軍前應用止許在從

征官軍內選舉從之　八月廣東按察使夏塤言兩廣地方連年用兵未見成功猺獞逼脅平民使為賊黨進則驅我民以當矢石退則殺我民以抒怨怒今用兵不已供費日繁臣恐外患未除而內釁將作誠宜慎選府州縣官善為撫綏招致俾見在之民懷惠而固守被脅之衆聞風而來歸又擇方面官以兼總之則力分而事專勢親而人附矣兩廣藥石端在於此奏入命兵部審處韓雍會趙輔等統率大軍在廣西全州湖廣陽峒及桂林大藤峽等處節與賊戰勝之

成化三年正月巡按廣西御史端宏言賞罰明信則人力於事功如趙輔等討賊破峽之功當賞妄言賊盡民安之罪當罰況統兵大臣俱冒賞過分今賊黨漸萌流毒愈甚不罪輔等無以示戒輔亦上疏自陳其功且言守將歐信忌功縱寇故毀成績乞治信罪事下兵部言輔等捕賊實未盡殄今宏所奏切中其病輔乃歸咎於人宜治如法輔見衆論交攻願率兵自效　上曰殘寇韓雍督同和勇奮勵輔不必去

成化三年五月　提督兩廣都御史韓雍總兵歐信奏旨自陳隱匿賊情罪狀　上特宥之

成化十二年十月總督兩廣軍務都御史朱英奏廣西猺獞屢服屢叛無有已時然彼亦人類尚可善化臣與鎮守等官會議將撫治勸誘之方揭榜曉諭有願去逆效順者即定為編戶復其徭賦三年或家業未成願還本貫者聽時則有荔蒲縣立山鄉賊首李公主令其子扶寶率衆四十來詣軍門告稱本山乃古蒙州之立山縣請復立為州縣見有衆數萬俱願歸順臣因行三司勘處分守柳慶等處參政袁愷復招出馬平等縣猺獞

五百二十八人參議謝綬招出蒼梧等縣猺獞一千七百九十人副使范鏞等亦招出陽朔等縣猺獞陸續報官其餘未順者諒皆漸可招徠俟其編戶且籍復奏而處之疏下兵部尚書項忠等言英等能下順民情施恩布信令出未及數旬歸幾及萬數宜賜敕獎之

弘治十八年正月廣西官軍討思恩府土官知府岑濬先是濬謀叛襲破田州府逐其知府岑猛總督兩廣都御史潘蕃等奏討詔調湖廣永順保靖二宣慰苗兵一萬合兩廣兵征濬誅之蕃等上言宜照馬湖府例改設

流官知府以變其俗從之
按廣西五屯所居荔浦斷藤府江藤縣之中當斷藤峽右臂及白石寨十二磯濠江口之衝爲諸猺要道其間山泉佳秀嘼木豐麗田沙衍沃足以裕其居而過其患洪武間立所近增置城堡集狼兵以守之借其力以爲用亦一隅雄鎮也
廣西猺獞獠蠻雜生蕃類然微各有别猺多姓槃氏初靖江之興安義寧古田融州之融水懷遠有之猜忌輕生烙蹏善奔能忍饑獞初慶遠南丹之人呼爲獞今桂之荔浦脩仁永福且多而忻城荔波天河永順永定尤厲其慶遠思恩分生熟二種以入編籍爲熟獠無酋長板籍惟推勇者爲郎火餘自稱火蠻有撫水蠻出慶遠酋多蒙姓有西原蠻出廣容之南邕桂之西酋多甯姓有廣原蠻出邕州西南今羈縻州峒多古蠻地
瓊州居浮海中週二千餘里中有黎毋山絶峻五峯諸蠻盤據號黎人最中者爲生黎不與州人交其外爲熟黎雜耕州地原姓黎後多姓王及符熟黎之産

今半爲湖廣福建奸民亡命又南恩藤梧高化征夫利其土占居之各稱峒酋成化來副使涂棐有犂庭之計漸就編差弘治末符南蛇之亂連郡震驚其小醜浸突無時而息故欲拔其根株可編甲食土或遷置高雷湖廣冀籍之亦可

湖廣蠻苗幷土司

洪武十四年五月五溪蠻作亂出師討之江夏侯周德興請行時德興年老上未之許德興請益力且示其矍鑠狀上壯而遣之賜以手書曰古之將臣忠於爲國者盡智慮筋力之所能及禦災捍患終其身而後止若趙充國圖取西羌馬援請討交趾朕嘗歎美謂古有其人而今不可得廼者五溪蠻叛阻遏王化貽禍良民朕方擇將命師爾德興奮然請行朕憫卿年老不忍煩卿卿廼固請爰命爲大將往靖南服於戲忠勤不怠卿之志見矣禦侮安民尤在斯行功成師旋當有以報卿也
景泰七年九月　湖廣苗叛兵部尚書石璞討之
天順元年二月湖南諸苗平兵部尚書石璞還京總兵

官南和伯方英鎮守湖貴
成化十七年三月鎮守湖廣都督僉事王信上言湖廣蠻夷實無能為但我軍姦黠之徒利其竊發可以邀功今但選精鋭常加隄防其患自息湖湘田地高下不齊農家無所蓄積歛穫未竟徵歛一空求免饑寒不可得矣乞選方面守令大加存恤公以格物廉以律己端本澄源在朝廷而已上下其章飭厲衆職信本寬河衛千户以功累遷至都督持廉秉公雖蠻夷亦信服之永順保靖二夷世相仇殺信諭以大義尋自解靖州及武岡

蠻久不靖守臣議勦之信愬邊面諭竟不煩兵而下召諸苗犒以牛酒且詰其逆順故皆稽顙曰累歲苦靡使徵索故作亂今將軍待我如此我方願為屬役尚敢反耶信沉毅簡重敝袍糲食間居輒展玩經史歷鎮大邦不營私産金玉奇玩一無所好嘗曰倫足以久死之後不以後累子孫者我所遺也總兵權者皆為子弟奏官信絶不為只令讀書自力雖公卿士人亦鮮見其儔云

四川蠻番并土司

洪武二十八年五月討平四川洞蠻
洪武二十八年十一月征南將軍楊文等討平龍州諸蠻
成化元年四月　周洪謨陳四川勦賊方畧六條一曰阻絶路徑二曰先勦賊黨三曰固守重地四曰廣募土兵五曰多用利器六曰密行反間兵部允其議　上命移文四川總兵官吴琮督理軍務都御史吴琛採用之
成化二十二年九月刑部左侍郎何喬新等以播州宣慰使楊愛為其兄宣撫楊友訐奏奉命往勘因奏播州

古夜郎牂牁之地自唐乾符間太原楊原端據之歷五代宋元至今子孫承襲雖慕華風而頑獷暴戾終為夷俗今友因家財不均奏其弟愛僭侈淫暴妖言等事命臣等往勘使監候處治竊惟楊氏據有播州五百餘年蠻夷服從久矣歷代撫以恩信寬以文法蓋治之以不治也今欲以友愛之事勘問監候則夷人驚疑互相煽誘恐生他變宜提二人面對虛實即省發聽候免其監禁為便從之
按天全六番無險而險在雅州故禁門紫石二関以

雅州所戍之巴蜀地居極高而烏蒙特甚烏蒙南臨
六詔東控諸蠻故畢備諸種羅羅玀工猺蠻夷人悉聚
疊州生吐番介四川松番陝西洮州之中且東接陝
西岷州其地山多層疊番虜出没為患不細洪武十
五年指揮馬燁以三萬卒擒獲其酋失剌谷五千餘
衆全師以歸要渠三面受敵勢不能應故取之甚易
今復為番族有其地自後周置州歷隋唐宋元皆為
中國郡縣宜不可終棄但令林密道塞内犯少息可
姑為置

土官

按土官始於洪武七年西南諸蠻夷來朝貢者多因
元官授之稍與約束定糧差發曰宣慰使十一曰
招討司一曰宣撫使司九曰安撫司二十曰長官司
百七十三番夷都指揮使司三指揮使司三百三十
五宣慰使三招討司六萬户府四千户所四十一站
七地面七寨一　宣慰司使一人同知一人副使一
人僉事一人其屬經歷一人知事一人宣撫司使一
人同知一人副使一人僉事一人其屬經歷一人知
事一人安撫司使一人副使一人僉事一人其屬吏
目一人招討司使一人其屬吏目一人長官司長官
一人副長官一人其屬吏目一人有流官者銓於吏
兵二部又有蠻夷官苗民官千夫長副千夫長百夫
長軍民萬户府有儒學如府制

憲章類編卷之四十二終

ISBN 7-5013-1393-8

9 787501 313938 >

北京圖書館古籍珍本叢刊 46

史部・政書類 皇明制書・憲章類編

編者 北京圖書館古籍出版編輯組

出版 書目文獻出版社

（北京文津街七號）

印刷 北京大興古籍印刷裝訂廠

定價 叁佰壹拾圓

ISBN 7-5013-1393-8/Z·213